Joachim Bahlcke und Wojciech Mrozowicz (Hg.):

Adel in Schlesien

Band 2

Repertorium: Forschungsperspektiven – Quellenkunde – Bibliographie

Schriften des Bundesinstituts für Kultur
und Geschichte der Deutschen im östlichen Europa

Band 37

R. OLDENBOURG VERLAG MÜNCHEN 2010

Adel in Schlesien

Band 2

Repertorium:
Forschungsperspektiven – Quellenkunde – Bibliographie

Herausgegeben von Joachim Bahlcke und Wojciech Mrozowicz

unter Mitarbeit von
Karen Lambrecht, Petr Maťa und Marian Ptak

R. OLDENBOURG VERLAG MÜNCHEN 2010

Bibliografische Information der Deutschen Nationalbibliothek
Die Deutsche Nationalbibliothek verzeichnet diese
Publikation in der Deutschen Nationalbibliografie;
detaillierte bibliografische Daten sind im Internet über
<http://dnb.d-nb.de> abrufbar.

Redaktion, Register, Satz und Layout: Oliver Rösch, Würzburg
Druck und Bindung: Isensee Verlag Oldenburg

ISBN 978-3-486-58878-1

Inhalt

Teil C
Quellen und Darstellungen

Teil D
Verzeichnisse

Register

Joachim Bahlcke und Wojciech Mrozowicz

Anliegen, Struktur und Benutzung des Repertoriums „Adel in Schlesien". Zur Konzeption des Bandes

Die Beschäftigung mit dem europäischen Adel in den vergangenen zwei Jahrhunderten kennt vielfältige Konjunkturen, zeitliche sowie räumliche Schwerpunkte und länderspezifische, der Entwicklung der jeweiligen Nationalhistoriographien geschuldete Forschungsinteressen. In England, Frankreich und Spanien etablierte sich eine moderne Adelsforschung früher und nachhaltiger als in Deutschland, wo bei sozialgeschichtlichen Fragestellungen eine ungleich stärkere Konzentration auf städtische Führungsschichten oder aber Unterschichten in Stadt und Land zu beobachten ist. Hinzu kamen in der zweiten Hälfte des 20. Jahrhunderts politisch bedingte Ab- und Ausgrenzungen. Östlich von Elbe und Saale litt die Adelsforschung vor 1989, wie Ronald G. Asch zu Recht betont hat, „naturgemäß darunter, daß die Geschichtsschreibung in der DDR sich allenfalls für die Geschichte der ländlichen Herrschaftsverhältnisse, aber nicht für die Geschichte des Adels an sich interessierte, die entsprechenden Archive aber auch für Historiker aus dem Westen nur schwer oder gar nicht zugänglich waren".[1] Gleiches läßt sich *mutatis mutandis*, trotz der für die eigene Geschichte und Libertaskultur hohen Bedeutung des Adels, für die Staaten des östlichen Mitteleuropa konstatieren. Auch hier sind jedoch seit nunmehr zwei Jahrzehnten zahlreiche Initiativen zu erkennen, ein bisher vernachlässigtes Thema auf ganz unterschiedliche Weise aufzugreifen und neu zu beleben: von Fachtagungen, Kolloquien und Ausstellungen über die Erarbeitung oft mehrbändiger Lexika und Nachdrucke älterer Standardwerke bis hin zu populären Darstellungen adeliger Häuser und genealogisch-heraldischen Veröffentlichungen.

Obwohl Adelskultur und -geschichte keine nationalen, sondern nationenübergreifende Phänomene darstellen, sind Kooperationen und gemeinsame Forschungsanstrengungen über staatliche Grenzen hinweg mit Blick auf das östliche Europa allerdings noch immer die Ausnahme. In dieser Hinsicht beschritt das 2005 begonnene interdisziplinäre Forschungsprojekt „Adel in Schlesien / Szlachta na Śląsku" mit mehreren Modulen in den Bereichen Grundlagenforschung, Literaturwissenschaft, Sepulkralkultur und dem angeschlossenen Graduiertenkolleg neue Wege. Die von Historikern, Kunsthistorikern, Literatur- und Kulturwissenschaftlern aus Deutschland, Polen und Tschechien bearbeiteten Themen reichen von adeliger Repräsentation und Lebensführung im Mittelalter über Aspekte der frühneuzeitlichen Wirtschafts-, Bildungs- und Kulturgeschichte bis hin zu Fragen von

---

1 Asch, Ronald G.: Ständische Stellung und Selbstverständnis des Adels im 17. und 18. Jahrhundert. In: ders. (Hg.): Der europäische Adel im Ancien Régime. Von der Krise der ständischen Monarchien bis zur Revolution (ca. 1600–1789). Köln/Weimar/Wien 2001, 3–45, hier 3.

Krisenerfahrung, Elitentransformation und Selbstverständnis im 20. Jahrhundert.[2] In diesem Forschungsverbund reifte die Idee zu dem vorliegenden Repertorium. Seiner von Beginn an verfolgten Zielsetzung nach wollte sich das Werk nicht nur an den kleinen Kreis über Schlesien arbeitender Spezialisten wenden, sondern auch und vor allem bei denjenigen das Interesse an der Region wecken, denen die reiche archivalische Überlieferung zum schlesischen Adel weniger vertraut und die zumeist polnisch- oder tschechischsprachigen jüngeren Fachstudien unzugänglich sind.

Das von Fachleuten in Polen, Tschechien und Deutschland konzipierte Repertorium, das den zweiten Band des Sammelwerks „Adel in Schlesien" bildet,[3] versteht sich als Hilfsmittel und zugleich als Orientierungswerk. Es dokumentiert zentrale Quellenbestände zur Geschichte einer alteuropäischen Adelslandschaft, die sich heute in Archiven und Bibliotheken Polens, Tschechiens und Deutschlands befinden, sowie die besonders durch die Konfliktgeschichte des 20. Jahrhunderts zerstörten Überlieferungen. Darüber hinaus bilanziert es die bisher weitgehend selektiven Forschungen zum schlesischen Adel in unterschiedlichen Nationalhistoriographien. Und schließlich gibt es Anstöße für eine vergleichende europäische Adelsforschung, die die Staaten und Regionen zwischen Baltikum und Adria bisher nur ansatzweise berücksichtigt hat.

Mit dem Untertitel „Forschungsperspektiven – Quellenkunde – Bibliographie" sind bereits die drei zentralen Teile des Repertoriums benannt. In Teil A werden dem Leser zunächst in fünf Beiträgen, die jeweils als Überblick vom Mittelalter bis zum 20. Jahrhundert konzipiert sind, grundlegende Informationen über die Entwicklung Schlesiens und des schlesischen Adels gegeben. Im Mittelpunkt stehen dabei die Außen- und Raumbeziehungen des Landes und seiner Eliten, die über lange Jahrhunderte komplizierte territorial-rechtliche Binnenstruktur des Oderlandes, die soziale Zusammensetzung und politisch-gesellschaftliche Rolle des dortigen Adels, seine ökonomischen Grundlagen sowie seine Erinnerungskultur. Die hier skizzierten Entwicklungslinien sind in ihrer Gesamtheit stets auch für Fragen archivalischer Überlieferung und Bestandsbildung relevant, zeigen sie doch aus verschiedenen Perspektiven den Wandel adeliger Kontakt-, Kommunikations- und Interaktionsräume auf. Die Beiträge machen den Leser darüber hinaus mit den wichtigsten Darstellungen zum Thema bekannt und ermöglichen ihm so eine punktuelle Vertiefung.

Den einzelnen Beständen zum Thema „Adel in Schlesien" gilt Teil B, der die in diesem Zusammenhang wichtigsten Archive, Bibliotheken und Museen in Polen, Tschechien und Deutschland vorstellt. Darunter befinden sich sowohl große, aus

---

2 Weber, Matthias: Deutsch-polnische Forschungsprojekte zur Geschichte Schlesiens. Adel in Schlesien. Herrrschaft – Kultur – Selbstdarstellung. In: Berichte und Forschungen. Jahrbuch des Bundesinstituts für Kultur und Geschichte der Deutschen im östlichen Europa 13 (2005) 65-86; polnisch unter dem Titel: Szlachta na Śląsku – władza, kultura, autoprezentacja. In: Hałub, Marek/Mańko-Matysiak, Anna (Hg.): Śląska Republika Uczonych – Schlesische Gelehrtenrepublik – Slezská Vědecká Obec, Bd. 2. Wrocław 2006, 530-553.

3 Harasimowicz, Jan/Weber, Matthias (Hg.): Adel in Schlesien, Bd. 1: Herrschaft – Kultur – Selbstdarstellung. München 2010 (Schriften des Bundesinstituts für Kultur und Geschichte der Deutschen im östlichen Europa 36).

verschiedenen Archivkörpern zusammengewachsene Häuser wie das Staatsarchiv
Breslau (Archiwum Państwowe we Wrocławiu), in denen die Aktenbestände nach
Regalkilometern gemessen werden, als auch kleine Privatarchive wie das Ballestremsche Firmen- und Familienarchiv Berlin. Basierend auf umfangreichen eigenen Recherchen, Anfragen und Gesprächen mit Archivaren und Bibliotheksleitern
am Ort, wurden schließlich 36 Institutionen ausgewählt. Die einzelnen, größtenteils
von Mitarbeitern der jeweiligen Einrichtung verfaßten Beiträge folgen einem festen
Schema: Die einleitenden Hinweise auf die Entstehungsgeschichte der Institution
und die räumliche Ausdehnung ihres Zuständigkeitsbereichs enthalten in der Regel
zugleich Details über den Umfang der Bestände, Zeitpunkt und Art der Erschließung,
kriegsbedingte Verluste sowie Angaben über eventuelle vorherige Kassationen in der
abgebenden Behörde. Am Ende des Vorspanns werden neben Kontaktadressen die
für eine erste Orientierung wichtigsten Findhilfsmittel und die auf den Bestand bezogene Spezialliteratur genannt. Die den schlesischen Adel betreffenden Bestände
– soweit möglich mit exakter Angabe des Umfangs – und deren innere Ordnung
werden im Anschluß dargestellt, gefolgt von einer knappen Bestandsanalyse, in der
Aussagen über das historische Gewicht der Quellenüberlieferung und deren bisherige Auswertung getroffen werden.

Für die Auswahlbibliographie zur Geschichte und Kultur des Adels in Schlesien in
Teil C, die neben der historischen Fachliteratur auch kunst- und literaturgeschichtli-
che Darstellungen erfaßt, schien es sinnvoll, eine eigene Einleitung an den Anfang zu
stellen. Die Auswahlkriterien, die Art der Aufnahme der einzelnen Titel und deren
Anordnung werden darin exakt beschrieben, ferner die Anlage der Bibliographie und
deren Benutzung.

Von klassischen Bestandsverzeichnissen, Findbüchern und sachthematischen
Inventaren grenzt sich das Repertorium konzeptionell ebenso ab wie von traditionellen landeskundlichen Bibliographien. Angesichts der Vielzahl der in staatlichen, kirchlichen und Familienarchiven in mehreren Ländern liegenden Bestände
zum Adel in Schlesien war hier ebenso eine Auswahl zu treffen wie bei der reichen Forschungsliteratur, bei der eine Abgrenzung zu anderen Themenfeldern oft
nur schwer möglich ist. Im einen wie im anderen Fall konnte es nicht um eine
vollständige Erfassung und Vorstellung des Materials gehen. Im Fall der Archive,
Museen und Bibliotheken gibt es zudem einzelne Häuser, in denen sich sowohl der
polnische als auch der deutsche Benutzer durch andere Hilfsmittel gut orientieren
kann. Das gilt beispielsweise für das zum Rahmenthema zentrale Archiv, das
Staatsarchiv Breslau. Mit dem nahezu 500 Seiten umfassenden, 1996 zeitgleich in
polnischer und in deutscher Sprache erschienenen „Wegweiser durch die Bestände
bis zum Jahr 1945" liegt ein zuverlässiges Verzeichnis für die Bestände des wichtigsten und zugleich größten Archivs in Schlesien vor, das naturgemäß auch über
eine Vielzahl von Adelsfamilien informiert.[4] Die zunächst in die engere Wahl gezo-

---

4 Żerelik, Rościsław/Dereń, Andrzej (Hg.): Archiwum Państwowe we Wrocławiu. Przewodnik po
zasobie archiwalnym do 1945 roku. Wrocław 1996; deutsch unter dem Titel: Staatsarchiv Breslau.
Wegweiser durch die Bestände bis zum Jahr 1945. München 1996 (Schriften des Bundesinstituts für
ostdeutsche Kultur und Geschichte 9).

genen österreichischen Archive wiederum blieben schließlich in ihrer Gesamtheit unberücksichtigt, da mit der mehr als 1.100 Seiten umfassenden „Quellenkunde der Habsburgermonarchie" seit 2004 ein Kompendium vorliegt, das auch dem am schlesischen Adel interessierten Benutzer wertvolle Informationen vermittelt.[5] Hinzu kommt, daß sich die historische Schlesienforschung des 19. und 20. Jahrhunderts ganz auf die im Repertorium berücksichtigten Länder konzentrierte.[6] Nur in einem Fall – beim Museum des Teschener Schlesien (Muzeum Śląska Cieszyńskiego) in Polen, wo sich als Depositum der Nachlaß der Familie Saint-Genois d'Anneaucourt befindet – konnte eine in die engere Wahl gezogene Institution nicht aufgenommen werden, da die Nachfahren der Familie die notwendige Zustimmung nicht erteilten.

Trotz aller inhaltlichen Vorgaben und redaktionellen Vereinheitlichungen spiegeln alle Beiträge die Eigenarten der jeweiligen Bestände, den Grad ihrer Erschließung und nicht zuletzt die individuellen Arbeitsschwerpunkte des Bearbeiters wider. Wo es im einen Fall ausreichend erschien, lediglich summarisch auf einen größeren Bestand hinzuweisen, konnte es im anderen Fall sinnvoll sein, auch einzelne Dokumente genau aufzulisten. Ähnliche Ungleichgewichte sind zwangsläufig bei den Bestandsanalysen entstanden: Während in kleineren Archiven nahezu alle Untersuchungen benannt werden konnten, die ein bestimmtes Quellenmaterial zur Grundlage hatten, mußte in größeren Häusern eine strikte Auswahl erfolgen.

Die Zitierweise – bei der Titel in ostmittel- und osteuropäischen Sprachen übersetzt werden – sowie die Schreibweise von Personen- und Ortsnamen richtet sich nach den auch in Band 1 des Sammelwerks „Adel in Schlesien" berücksichtigten Richtlinien des Bundesinstituts für Kultur und Geschichte der Deutschen im östlichen Europa in Oldenburg. Bei den Ortsnamen wird, sofern vorhanden, die deutsche Namensform verwendet; andere Namensformen werden in der Ortsnamenkonkordanz am Ende des Buches genannt. Sehr viel schwieriger gestaltete sich dagegen die Identifikation einzelner Adeliger, da hier die Schreibweise häufig von der Art und Sprache der Quelle abhing und vielfach unvollständig war. Grundsätzlich gilt, daß mit der Schreibweise keine Aussage über die sprachlich-nationale Zugehörigkeit des Betreffenden verbunden ist. In das Personenregister wurden zudem die Autoren aufgenommen, deren Werke in die Auswahlbibliographie Aufnahme fanden – in diesem Fall beziehen sich die einzelnen (zur Unterscheidung kursiv gesetzten) Ziffern nicht auf Seitenangaben, sondern auf die Nummern der Titel.

Während der fünfjährigen Arbeitszeit am Repertorium sind die Herausgeber von vielen Seiten unterstützt worden. Unser Dank gilt zuvorderst den Autorinnen und Autoren für die ebenso konstruktive wie geduldige Zusammenarbeit, den am Forschungsprojekt „Adel in Schlesien" beteiligten Kollegen und Stipendiaten für

---

5   Pauser, Josef/Scheutz, Martin/Winkelbauer, Thomas (Hg.): Quellenkunde der Habsburgermonarchie (16.–18. Jahrhundert). Ein exemplarisches Handbuch. Wien/München 2004 (Mitteilungen des Instituts für Österreichische Geschichtsforschung. Ergänzungsbd. 44).

6   Bahlcke, Joachim (Hg.): Historische Schlesienforschung. Methoden, Themen und Perspektiven zwischen traditioneller Landesgeschichtsschreibung und moderner Kulturwissenschaft. Köln/Weimar/Wien 2005 (Neue Forschungen zur Schlesischen Geschichte 11).

ihre Unterstützung und Kritik sowie den vielen Mitstreitern namentlich in Breslau und Stuttgart, ohne deren Engagement dieses Sammelwerk nicht entstanden wäre. Peter Hallama unterstützte uns bei den Übersetzungen aus dem Tschechischen, Rafael Sendek übernahm die Übertragung aus dem Polnischen und bewährte sich wie schon so oft bei der gesamten Textredaktion, Registerarbeit und Satzkorrektur. An der sich über Jahre erstreckenden Detailarbeit der Auswahlbibliographie waren mit Aufnahme, Fernleihen und Recherchen zahlreiche Studentische Hilfskräfte am Stuttgarter Lehrstuhl für Geschichte der Frühen Neuzeit beschäftigt. Hier ist vor allem Franziska Zach und Mirjam Mayer zu danken. Daß die vielen Einzelteile des Repertoriums schließlich zu einem Buch wurden, ist in besonderer Weise Oliver Rösch zu danken, der nicht nur in bewährter Weise den Satz besorgte, sondern darüber hinaus auch zahlreiche andere kniffliche Probleme der Text- und Bildredaktion löste und die Einzelregister zusammenführte. Unser abschließender Dank gilt den im Repertorium vorgestellten Archiven, Museen und Bibliotheken in Polen, Tschechien und Deutschland, die uns über Jahre hinweg unterstützten und auch bei der Auswahl der Abbildungen zu den einzelnen Beiträgen behilflich waren, sowie dem Beauftragten der Bundesregierung für Kultur und Medien, der das Gesamtprojekt sowie die Drucklegung dieses Werkes finanzierte und von Beginn an großes Verständnis für die Eigenheiten und auch Schwierigkeiten einer trilateralen Kooperation zeigte.

Teil A

Beziehungen, Strukturen und Prozesse

Joachim Bahlcke

Raumbeziehungen und Raumvorstellungen.
Zur politischen Verortung Schlesiens im östlichen
Mitteleuropa vom Mittelalter bis zum 20. Jahrhundert

1. Adel, Raum und Kommunikation

Die territoriale Vielfalt und das damit verbundene Nebeneinander unterschiedlich gefestigter Herrschaften in Schlesien, aber auch die Nachwirkungen der durch die hussitische Revolution im gesamten böhmischen Länderverband ausgelösten Krise und die unmittelbaren Folgen des Machtkampfs zwischen Georg von Podiebrad und Matthias Corvinus begünstigten um 1500 eine traditionelle Landesgrenzen überschreitende Interessenpolitik hochadeliger Familien. Ein gutes Beispiel hierfür sind die böhmisch-mährischen Herren von Pernstein, deren politisches Denken und Handeln die Grenzen der familiären Lebenszentren weit überschritten.[1] Das Engagement dieses Magnatengeschlechts wirft nicht nur ein Licht auf die spezifische Binnenstruktur des Herzogtums Schlesien, das den Weg zu herrschaftlicher und institutioneller Verdichtung erst deutlich später einschlug als die Nachbarterritorien, sondern zeigt auch exemplarisch die Dimension adeliger Kontakt-, Kommunikations- und Interaktionsräume und die Bedeutung der Außenbeziehungen für die innere Festigung eines Herrschaftsgebildes.[2]

Die Pernstein hatten vor allem die Entwicklung im Fürstentum Teschen im Blick, das nach 1471, als ein Jagiellone aus dem polnischen Königshaus auf den böhmischen Thron gewählt worden war, erheblich an politischem Gewicht gewann. Dies gilt besonders für die Regierungszeit Herzog Kasimirs II., der bis zu seinem Tod 1528 weitreichende Projekte verfolgte. Auch in der Ehe seines Sohnes Wenzel mit Anna, einer Schwester Markgraf Georgs von Brandenburg-Ansbach, im Jahr 1518 sah er einen nicht unerheblichen Prestigegewinn, war doch der Reichsfürst seit Anfang des 16. Jahrhunderts überaus erfolgreich mit dem Erwerb eines größeren Territorialbesitzes gerade in Oberschlesien.[3] Als Georg jedoch 1523 auch Jägerndorf erwarb und zwei Jahre später eine Tochter Herzog Karls I. von Münsterberg-Oels

---

1 Vorel, Petr: Páni z Pernštejna (českomoravský rod v zrcadle staletí) [Die Herren von Pernstein (ein böhmisch-mährisches Geschlecht im Spiegel der Jahrhunderte)]. Pardubice 1993.

2 Vgl. die methodischen Überlegungen bei Vybíral, Zdeněk: Politická komunikace aristokratické společnosti českých zemí na počátku novověku [Die politische Kommunikation der aristokratischen Gesellschaft der böhmischen Länder zu Beginn der Neuzeit]. České Budějovice 2005 (Monographia historica 6).

3 Schuhmann, Günther: Die Markgrafen von Brandenburg-Ansbach als schlesische Territorialherren im 16. Jahrhundert. In: Schlesien. Kunst, Wissenschaft, Volkskunde 28 (1983) 129-138.

heiratete, wurde dem Piastenherzog die Gefahr einer hohenzollernschen Expansionspolitik für sein eigenes Fürstentum und ganz Schlesien immer bewußter. Bei seinen Bemühungen, die königliche Autorität zu stärken und weitere Eingriffe auswärtiger Fürsten zu unterbinden, war er sich mit dem mährischen Magnaten Wilhelm von Pernstein einig. Aus Sicht Kasimirs II. war es daher nicht nur konsequent, sondern auch taktisch klug, 1525 mit Johann, einem Sohn Wilhelm von Pernsteins, einen Familien- und Erbvertrag zu schließen. Als der Piast drei Jahre später starb, lebte nur noch ein Enkel, der später eine Tochter Johanns heiraten sollte. So kam es, daß der mährische Adelige in den Jahren 1528 bis 1545 im Fürstentum Teschen die Vormundschaftsregierung führte.[4]

Der Statthalter und Vormund des minderjährigen Herzogs wußte seine Aufgabe als Sprungbrett zu nutzen, um über die Befugnisse in Teschen hinaus in die gesamtschlesische Politik einzugreifen. Bemerkenswert ist der Weitblick, mit dem er die bisherige Entwicklung Schlesiens und dessen aktuelle innere wie äußere Gefährdungen beurteilte. Nicht weniger frappant ist, wie klar Johann von Pernstein die unübersichtlichen und sich stets ändernden Raumbeziehungen Schlesiens bewertete. In einem Schreiben an Adam von Sternberg vom August 1540 kritisierte er schonungslos die eigenmächtige Politik der schlesischen Fürsten und Stände: Herzog Friedrich II. von Liegnitz, Brieg und Wohlau etwa, der wie alle anderen schlesischen Fürsten auch nur Lehensfürst („kníže lenní") der Böhmischen Krone sei, wolle als Reichsfürst („kníže říšské") gelten, und die Stadt Breslau strebe danach, als Reichsstadt („říšské město") anerkannt zu werden; das Selbständigkeitsstreben in Schlesien, so Pernstein, habe unterdessen bedrohliche Ausmaße angenommen und gefährde die gesamte böhmische Staatlichkeit.[5] Der mährische Magnat suchte freilich auch familiären Nutzen aus der Situation in Schlesien zu ziehen und die eigenen Sozialbeziehungen auszubauen. Nur knapp scheiterte ein eigenes Heiratsprojekt zwischen Pernsteins Söhnen Jaroslav und Vratislav und den Töchtern Markgraf Georgs von Brandenburg-Ansbach aus zweiter Ehe, Anna Maria und Sabine, das seine Position auch gegenüber dem habsburgischen Oberherrn nicht unerheblich aufgewertet hätte.

Schon diese kurze Episode aus dem 16. Jahrhundert macht deutlich, daß beim Thema „Adel in Schlesien" immer auch die Außen- und Raumbeziehungen des Landes und seiner Eliten zu berücksichtigen sind, die sich für Fragen adeliger Existenz, Herrschaftsbildung und Karriereplanung als ebenso wichtig erweisen konnten wie ein Wechsel der Oberherrschaft – und die naturgemäß auch für Fragen archivalischer Überlieferung und Bestandsbildung zu beachten sind. Für Schlesien gilt dies wohl in besonderer Weise, gelang es dem zwischen Polen, Böhmen, Ungarn und dem Reich schwankenden Land doch nur langsam, eine Landeseinheit und ein Zusammengehörigkeitsgefühl der Bevölkerung zu entwickeln. Einen „Staat von Schlesien" – un-

---

4 Bahlcke, Joachim: Die Herren von Pernstein und die Herzöge von Teschen (Ständische Interessenpolitik in der ersten Hälfte des 16. Jahrhunderts). In: Vorel, Petr (Hg.): Pernštejnové v českých dějinách. Pardubice 1995, 203-211.

5 Dvorský, František (Hg.): Dopisy pánův Jana a Vojtěcha z Pernštejna z let 1509–1548 [Briefe der Herren Johann und Adalbert von Pernstein aus den Jahren 1509–1548]. Praha 1902 (Archiv český 20), 1-276, hier 100 (Nr. 206).

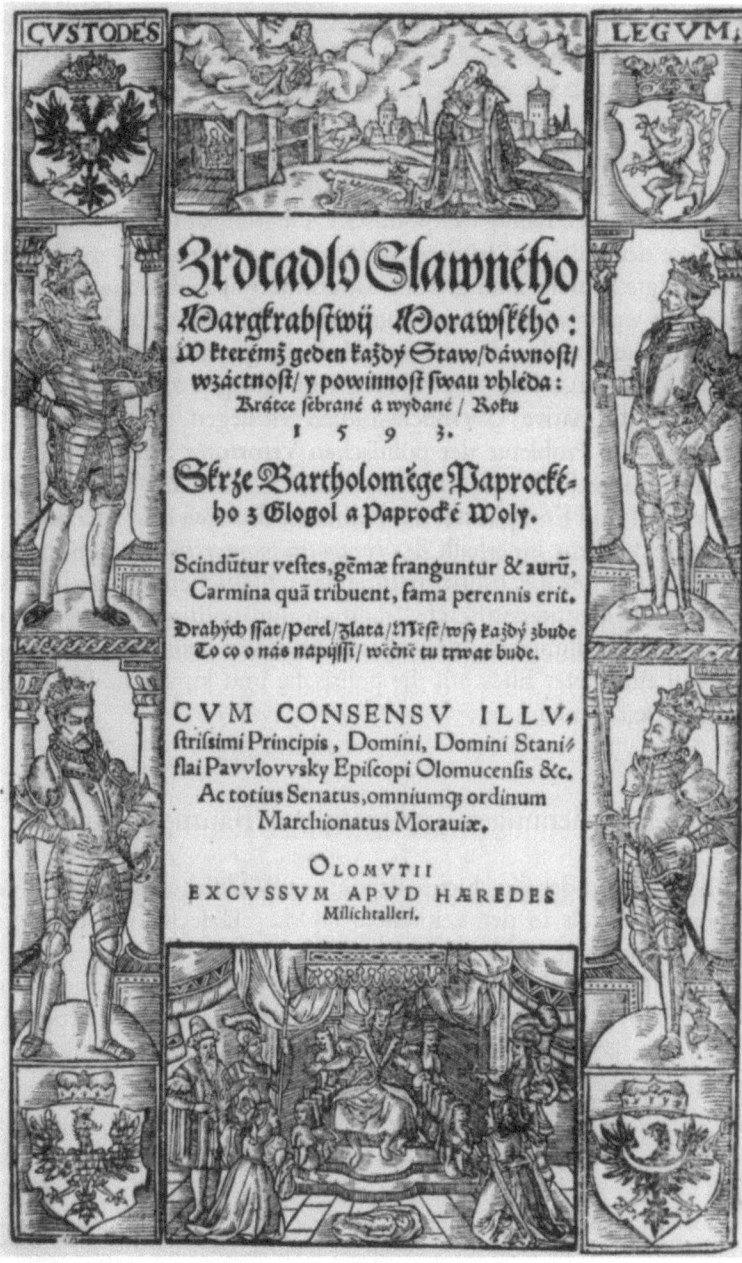

1 Protegiert vom Olmützer Bischof Stanislav Pavlovský, der selbst aus Oberschlesien stammte, verfaßte der aus Masowien gebürtige katholische Publizist Bartołomej Paprocki (1540–1614) mehrere historische Werke über die ostmitteleuropäischen Adelsgesellschaften. In seinem 1593 gedruckten „Spiegel
der ruhmreichen Markgrafschaft Mähren" interpretierte er den oberschlesischen Raum als wichtige
Kontakt- und Vermittlungszone für die slawischen Stämme in Polen und Böhmen.
Bildnachweis: Projektbereich Schlesische Geschichte, Universität Stuttgart.

ter diesem Titel veröffentlichte Anfang des 18. Jahrhunderts der Publizist Heinrich
Ludwig Gude eine großangelegte Landeskunde[6] – im Sinn eines mehr oder weniger
souveränen Flächenstaats hat es in Schlesien, das politisch stets zu einer der benachbarten Territorialgewalten gehörte, nie gegeben.

In der älteren Forschung zu den Raumbeziehungen Schlesiens stand denn auch
nicht zufällig das „staatsrechtliche" Verhältnis des Oderlandes zu seinen Nachbarn
im Vordergrund, wobei häufig zeitpolitische Deutungsinteressen und Legitima-
tionsbedürfnisse den Blick auf frühere Jahrhunderte trübten: Der machtpolitischen
Gegnerschaft folgte beinahe zwangsläufig die erinnerungspolitische Konkurrenz. Im
Folgenden sollen weniger die politisch-juristischen Beziehungen Schlesiens zu einzelnen Ländern und Aspekte der engeren Verfassungs-, Rechts- und Verwaltungsgeschichte im Vordergrund stehen, zu denen im übrigen zumindest zu einzelnen
Zeitabschnitten informative Überblicksstudien vorliegen.[7] Im Zentrum werden
vielmehr ausgewählte Probleme der politischen Verortung Schlesiens im östlichen
Mitteleuropa und ihre Reflexion vom Mittelalter bis zum 20. Jahrhundert stehen,
die von der Vielfalt und Komplexität der Raumbeziehungen des Oderlandes zeugen:
die Bedeutung Schlesiens innerhalb der *composite monarchy* der Böhmischen Krone, die Hintergründe der Reichsorientierung der schlesischen Fürsten, die Funktion
des Piastenkults als identitätsstiftende Tradition und politische Strategie sowie abschließend Raumvorstellungen Schlesiens in der neueren deutschen Historiographie.
Zuvor aber soll ein kurzer Blick auf die politische und kirchliche Raumgestaltung
Schlesiens geworfen werden.

2. Weltliche Grenzziehungen und kirchliche Raumgestaltung

„In allen Gliederungen der Geschichte liegt etwas Willkürliches, in den räumlichen
vielleicht noch mehr als in den zeitlichen!"[8] Oskar Halecki, von dem dieses Zitat stammt, war sich der sachlichen und methodischen Schwierigkeiten einer ge-
schichtsräumlichen Einteilung Europas ebenso bewußt wie der Tatsache, daß jeder
historisch-politische Raum von einem ganzen Geflecht verschiedenartiger Grenzen
erfüllt ist. Unterschiedliche Grenztypen schaffen dabei unterschiedliche Kontakt-
und Kommunikationsräume, die zumindest in älterer Zeit selten deckungsgleich waren und insofern stets in einem gewissen Spannungsfeld von Anpassung und Selbst-

---

6 Gude, Heinrich Ludwig: Staat von Schlesien. [Halle um 1708].
7 Für Spätmittelalter und Frühe Neuzeit vgl. exemplarisch Boras, Zygmunt: Związki Śląska i Pomorza
   Zachodniego z Polską w XVI wieku [Die Beziehungen Schlesiens und Westpommerns zu Polen im
   16. Jahrhundert]. Poznań 1981 (Uniwersytet im. Adama Mickiewicza w Poznaniu. Seria historia
   93); Pustejovsky, Otfried: Schlesien zwischen Polen und Böhmen vom 14. bis zum 16. Jahrhundert.
   In: Die Rolle Schlesiens und Pommerns in der Geschichte der deutsch-polnischen Beziehungen im
   Mittelalter. Braunschweig 1980 (Schriftenreihe des Georg-Eckert-Instituts für internationale Schul-
   buchforschung 22/III), 57-70.
8 Halecki, Oskar: Europa. Grenzen und Gliederung seiner Geschichte. Darmstadt 1957, 111.

behauptung standen.[9] In der Tendenz läßt sich hier wie andernorts beobachten, daß der frühmoderne Staat darauf abzielte, seine Herrschaft in einem festumgrenzten Territorium zu konsolidieren, fremde Hoheitsrechte – weltliche wie geistliche – zu beseitigen und so ein *territorium clausum* zu schaffen, in dem politische, kirchliche, wirtschaftliche und andere Grenzen entweder zur Deckung gebracht worden waren oder zumindest der Vorrang der politischen Grenzen unangefochten akzeptiert wurde.[10]

Seit der Mitte des 12. Jahrhunderts, als sich Schlesien vom polnischen Staatsverband zu lösen begann und einen unabhängigen politischen Weg einschlug, sah sich das Land immer wieder von der Machtpolitik Polens, Böhmens und Ungarns bedroht. Die wechselnde Zugehörigkeit des Landes zu den benachbarten Territorialgewalten sowie das lehnsartige Verhältnis zu Kaiser und Reich behinderten einen inneren Einigungsprozeß, der durch Landfrieden und Fürsteneinungen nur ansatzweise erkennbar wurde. Auch die gemeinsame Zugehörigkeit der Einzelgebiete zur Böhmischen Krone seit Mitte des 14. Jahrhunderts förderte nur allmählich Integrationsbestrebungen im Innern.[11] In der literarisch-historischen Überlieferung erschienen die schlesischen Landesteile erstmals um das Jahr 1000 n. Chr. als politische Einheit. Während des Mittelalters verschob sich der Grenzverlauf besonders im östlichen Landesteil, wo es zu etlichen Gebietsverlusten und -abtretungen kam. Auf der anderen Seite gab es Verschiebungen zugunsten Schlesiens. Die wichtigste Erwerbung war das Fürstentum Troppau, das zuvor zur Markgrafschaft Mähren gehört hatte und im Laufe des 14. Jahrhunderts allmählich in den schlesischen Territorialverband eingegliedert wurde. Die gegen Ende des 15. Jahrhunderts erreichten äußeren Grenzen erwiesen sich dann nahezu zweieinhalb Jahrhunderte lang als beständig.[12]

Die Teilung des Oderlandes, erzwungen in drei 1740 bis 1763 gegen das Haus Habsburg geführten Kriegen, und der Übergang des größeren Teils unter preußische Herrschaft markieren den wichtigsten Einschnitt in der neuzeitlichen Geschichte Schlesiens. Nach der im Hubertusburger Frieden von 1763 bestätigten Teilungsgrenze verblieben Österreich lediglich das Fürstentum Teschen sowie die südlichen Teile der Fürstentümer Neisse-Grottkau und Troppau-Jägerndorf, die als „Österreichisch-Schlesien" eine eigene, weiterhin mit der böhmischen Geschichte verbundene Entwicklung nahmen. Das preußische Schlesien wurde nach dem Wiener Kongreß von 1815/25 noch um den von Sachsen an Preußen abgetretenen Teil der Oberlausitz

---

9 Schmidt, Hans-Joachim: Kirche, Staat, Nation. Raumgliederung der Kirche im mittelalterlichen Europa. Weimar 1999 (Forschungen zur mittelalterlichen Geschichte 37), 11-38, 513-540.

10 Reinhard, Wolfgang: Geschichte der Staatsgewalt. Eine vergleichende Verfassungsgeschichte Europas von den Anfängen bis zur Gegenwart. München 1999, 42-47.

11 Rüther, Andreas: Landesbewußtsein im spätmittelalterlichen Schlesien: Formen, Inhalte, Trägergruppen. In: Werner, Matthias (Hg.): Spätmittelalterliches Landesbewußtsein in Deutschland. Ostfildern 2005 (Vorträge und Forschungen 61), 293-332; Conrads, Norbert: Regionalismus und Zentralismus im schlesischen Ständestaat. In: Weczerka, Hugo (Hg.): Stände und Landesherrschaft in Ostmitteleuropa in der frühen Neuzeit. Marburg 1995 (Historische und landeskundliche Ostmitteleuropa-Studien 16), 159-170.

12 Orzechowski, Kazimierz: Śląsk w przeszłości i jego terytorialne podziały [Schlesien in der Vergangenheit und seine territoriale Einteilung]. In: ders./Przybytek, Dariusz/Ptak, Marian: Dolny Śląsk. Podziały terytorialne od X do XX wieku. Wrocław 2008, 15-102.

erweitert. Neben den beiden preußischen Provinzen Nieder- und Oberschlesien, die 1938 erneut zu einer Provinz zusammengelegt wurden, begegnet uns der Name Schlesien zu jener Zeit auch im benachbarten polnischen und tschechischen Umfeld. Die polnische Woiwodschaft Schlesien, die sich aus dem zuvor preußischen Ostoberschlesien und dem östlichen Teil des Teschener Schlesien zusammensetzte, entstand durch die östlichen Gebietsabtretungen Deutschlands nach dem Ersten Weltkrieg; der in der Tschechoslowakei liegende Teil Schlesiens wurde 1928 mit Mähren zu einem einzigen Land zusammengefaßt. Die Schicksale Schlesiens im und nach dem Zweiten Weltkrieg führten schließlich ganz zum Verschwinden des Namens Schlesien als Verwaltungseinheit.

Ungleich weniger erforscht als die politischen Grenzen Schlesiens und damit zusammenhängende Fragen sind Details der kirchlichen Zirkumskriptionen, die nach kanonischem Recht als Binnengliederung einer einzigen Institution gelten und insofern keine „Außengrenzen" kennen. Das Recht, die Sprengel von Kirchenprovinzen und Diözesen zu verändern, gilt als ausschließlich päpstliche Prärogative. Mochte auch die Kirche den Bedingungen jeder Gruppen- und Gemeinschaftsbildung unterliegen, so gelang es ihr doch, „auch gegen weltliche Herrschaften, gegen nationale Integrationsprozesse und gegen räumlich definierte Kommunikationsgemeinschaften ein weiträumiges Gebiet nach eigenen Vorgaben zu gestalten".[13] Deutlich wird dies auch am Beispiel Schlesien: Die Zugehörigkeit des im Jahr 1000 gegründeten Bistums Breslau zum Metropolitanverband Gnesen blieb über Jahrhunderte von allen politischen Umbrüchen unberührt. Selbst Autoritäten wie König Karl IV. von Böhmen im 14. oder König Friedrich II. von Preußen im 18. Jahrhundert vermochten ihre Pläne zu einer Neuordnung der kirchlichen Raumgestaltung nicht durchzusetzen. Erst nach dem Wiener Kongreß kam es parallel zu einer Verwaltungsreform auch zu einer Neuregelung der kirchlichen Verhältnisse. Sie fand ihren Abschluß am 16. Juli 1821 mit der päpstlichen Bulle *De salute animarum*: Das Bistum Breslau wurde damit aus der formalrechtlich unverändert bestehenden Abhängigkeit von der polnischen Kirchenprovinz Gnesen gelöst und unmittelbar dem Heiligen Stuhl unterstellt.[14] Mit Ausnahme der Grafschaft Glatz und des Archipresbyteriats Katscher-Branitz – diese Gebiete blieben bei den Erzbistümern Prag und Olmütz – waren damit die politischen und die kirchlichen Grenzen einander weitgehend angeglichen worden. Bei der evangelischen Kirchenverwaltung fiel es ungleich leichter, die Er-

---

13 Schmidt: Kirche, Staat, Nation, 31; ders.: Grenzen in der mittelalterlichen Kirche. Ekklesiologische und juristische Konzepte. In: Marchal, Guy P. (Hg.): Grenzen und Raumvorstellungen (11.–20. Jh.). Frontières et conceptions de l'espace (11e–20e siècles). Zürich 1996, 137-162.

14 Dola, Kazimierz: Związki diecezji wrocławskiej z metropolią gnieźnieńską w latach 1418–1520 [Die Beziehungen der Breslauer Diözese zur Gnesener Kirchenprovinz in den Jahren 1418–1520]. In: Studia Theologica Varsaviensia 15 (1977) 147-188; Bobkowa, Lenka: Biskupstwo wrocławskie i jego powiązania z Koroną Czeską (1327–1742) [Das Breslauer Bistum und seine Verbindungen mit der Böhmischen Krone (1327–1742)]. In: Śląski Kwartalnik Historyczny Sobótka 56 (2001) 92-99; Kopiec, Jan: Bistum Breslau. In: Gatz, Erwin (Hg.): Die Bistümer des Heiligen Römischen Reiches von ihren Anfängen bis zur Säkularisation. Freiburg im Breisgau 2003, 128-144.

2 Die im oberschlesischen Vorge-
birgshügelland, wenige Kilometer
nördlich der Weichsel gelegene Stadt
Pleß gehörte kirchlich bis zum Jahr
1821 zum Bistum Krakau. Erst mit
der Bulle *De salute animarum* erfolgte hier eine Anpassung der kirchlichen an die politischen Grenzen.
Nicht zuletzt durch die kirchliche
Raumgestaltung blieben die Kontakte zum polnischen Kulturraum
eng. Verordnungen des Königlichen
Landratsamtes erschienen in den
örtlichen Zeitungen in polnischer
Sprache.
Bildnachweis: Projektbereich
Schlesische Geschichte, Universität
Stuttgart.

richtung von Provinzialkonsistorien nach 1815 unter dem jeweiligen Oberpräsidenten den Provinzgrenzen anzupassen.

Trotz dieser auf den ersten Blick scheinbar übersichtlichen Verhältnisse besaß man
an der Wende vom 15. zum 16. Jahrhundert selbst in Rom nur vage Vorstellungen
über die Raumbeziehungen des Bistums Breslau: 1482 ist im Zusammenhang mit
der Wahl eines neuen Bischofs bei der Vorstellung im Kardinalskollegium die Angabe „Wratislaviensis in Ungaria" zu finden; 1520 wurde bei einem Konflikt um die
Breslauer Kathedra in den Konsistorialakten vermerkt, sie liege „in Polonia". Die
wechselvolle, stets von den realpolitischen und dynastischen Verhältnissen sowie verschiedenen Interessengruppen abhängige Stellung des Bistums Breslau im östlichen
Mitteleuropa korrespondierte mit anderen Faktoren: der vielfältigen Einflußnahme
auf die Bischofswahlen, der häufig umstrittenen Zulassung zu Dignitäten und Kano-
nikaten der Breslauer Kirche und weit über die engeren Landesgrenzen hinausgehen-
den Patronage- und Klientelbeziehungen adeliger Familien, die sich in der *hierarchia
ecclesiastica* zu etablieren suchten.[15]

---

15 Bahlcke, Joachim: Bischöfliche Traditionen des schlesischen Adels in der Frühen Neuzeit. In: Harasimowicz, Jan/Weber, Matthias (Hg.): Adel in Schlesien, Bd. 1: Herrschaft – Kultur – Selbstdarstellung. München 2010 (Schriften des Bundesinstituts für Kultur und Geschichte der Deutschen
im östlichen Europa 36), 337-362.

3. Kontakte und Konflikte innerhalb einer zusammengesetzten Monarchie

Die Rolle Schlesiens in der Geschichte des frühneuzeitlichen böhmischen Staates ist in der historischen Forschung des 19. und 20. Jahrhunderts vielfach mißverstanden und fehlinterpretiert worden, von preußisch-deutschen Historikern ebenso wie von tschechischer oder polnischer Seite. Noch 1993 erschien in Prag eine zweibändige „Geschichte der Länder der Böhmischen Krone", in welcher die historischen Nebenländer – und damit auch und vor allem das Herzogtum Schlesien – bei Territorialgewinnen und -verlusten zwar Erwähnung fanden, ansonsten aber eine gänzlich marginale Rolle spielten.[16] In dieser Hinsicht brachten die vergangenen zwei Jahrzehnte eine Fülle neuer Einblicke.[17] Immer deutlicher tritt hervor, daß Formen der Annäherung oder Distanzierung zwischen den Ländern beziehungsweise Ständegemeinden nicht auf die einfachen Formeln zu bringen sind, die in der älteren, die national- und konfessionspolitischen Antagonismen übergewichtenden Forschungsliteratur vorherrschend waren. So bewegten sich überraschenderweise gerade Böhmen und Schlesien, in religiöser wie in politischer Hinsicht, zum Ende des 16. Jahrhunderts stärker aufeinander zu, während sich Mähren umgekehrt Schritt um Schritt zurückzog, 1608 im Alleingang aus der Untertänigkeit des böhmischen Königs löste und einseitig die bisherige Zuständigkeit von Kanzlei, Kammer und Appellationsgericht über die Markgrafschaft aufhob. Diese Vorgänge sollen hier beispielhaft betrachtet werden, um die komplizierten Raumbeziehungen in einer zusammengesetzten Monarchie – und eine solche war der alte böhmische Staat bei Lichte besehen[18] – zu veranschaulichen.

Die gewachsenen Traditionen, Loyalitäten und innerständischen Hierarchien sprachen im Grunde gegen einen Schulterschluß der böhmischen und schlesischen Eliten. Von der Konstruktion der in luxemburgischer Zeit verankerten Staatlichkeit und der Frage, ob die Nebenländer nun der *corona Bohemiae* oder dem *regnum Bohemiae* inkorporiert worden seien, gab es seit jeher unterschiedliche Lesarten und Auslegungen. Spannungen unter den Ländern konnten nur schwer ausbleiben, da die böhmischen Stände ihre Vorrechte bei der Königswahl und Krönung wahrten,

---

16 Čornej, Petr/Bělina, Pavel/Pokorný, Jiří: Dějiny zemí Koruny České [Geschichte der Länder der Böhmischen Krone], Bd. 1-2. Praha 1993. Vgl. die kritische Rezension von Jaroslav Pánek. In: Český časopis historický 91 (1993) 298-302.

17 Vgl. besonders die von Lenka Bobková initiierte Tagungsreihe „Korunní země v dějinách českého státu" [Die Kronländer in der Geschichte des böhmischen Staates], deren Ergebnisse seit 2004 fortlaufend dokumentiert werden.

18 Malý, Karel: Die Verfassung des Staates der Böhmischen Krone. In: Becker, Hans-Jürgen (Hg.): Zusammengesetzte Staatlichkeit in der europäischen Verfassungsgeschichte. Berlin 2006 (Der Staat. Beiheft 16), 71-85. Vergleichsfälle im östlichen Mitteleuropa diskutieren Dybaś, Bogusław/Hanczewski, Paweł/Kempa, Tomasz (Hg.): Rzeczpospolita w XVI–XVIII wieku. Państwo czy wspólnota? [Die polnisch-litauische Rzeczpospolita im 16.–18. Jahrhundert. Staat oder Staatenbund?]. Toruń 2007; Maťa, Petr/Winkelbauer, Thomas (Hg.): Die Habsburgermonarchie 1620 bis 1740. Leistungen und Grenzen des Absolutismusparadigmas. Stuttgart 2006 (Forschungen zur Geschichte und Kultur des östlichen Mitteleuropa 24).

der böhmische Adel im königlichen Rat und in den königlichen Ämtern saß und damit auch in die Angelegenheiten der Nachbarländer eingriff. Dem böhmischen Herrenstand, der während der Krise des Königtums im 15. Jahrhundert die Rolle eines Souveräns der Krone übernommen hatte und seither eine gewisse Führungsrolle beanspruchte, waren besonders Selbstwertgefühl und rechtliche Vorrangstellung des schlesischen Fürstenstandes ein Dorn im Auge. Diese Spannungen, die permanent zu unterschiedlichen Lesarten von Gesetzen und Ordnungen führten und sogar die Fälschung königlicher Urkunden einschlossen,[19] lassen sich exemplarisch an der Interpretation eines Privilegs ablesen, mit dem der König 1498 den Fürsten und Ständen zusagte, das wichtigste Amt in Schlesien künftig nur noch mit einem schlesischen Fürsten zu besetzen. Die Ernennung Karls I. von Münsterberg-Oels führte der böhmische Adel darauf zurück, daß der neue Oberlandeshauptmann „ex origine, und der güetter halben, ein Behaimb" gewesen sei und daher „wegen des Behaimbischen Ursprungs, und nit als Schlesischer Fürst" das Amt erhalten habe.[20] Bei allen handfesten Konflikten zwischen Böhmen und den Habsburgern im 16. Jahrhundert: Wenn sich die Gelegenheit bot, die Autonomierechte des schlesischen Adels einzuschränken, unterstützte man sogar die königliche Autorität. Dem Hof konnte dies, wie die Ereignisse im Umfeld des Schmalkaldischen Krieges zeigen, handfesten Nutzen einbringen. Hinzu kam die religiöse Frage, die nach der hussitischen Revolution einen tiefen Keil zwischen die Bevölkerung beider Länder getrieben hatte. Daß man sich in Schlesien früh der von Wittenberg ausgehenden reformatorischen Bewegung angeschlossen hatte, brachte zunächst keine Veränderungen.

Erst unter dem Druck der politischen Ereignisse, die an der Wende vom 16. zum 17. Jahrhundert zu einer tiefen Dynastie- und Staatskrise in den böhmischen Ländern führten, und angesichts zunehmender Erfolge der Gegenreformation kam auch in die Länderbeziehungen Bewegung.[21] Der Druck, eine klare Position zu beziehen und nach Verbündeten auch jenseits der Landesgrenzen zu suchen, nahm von Jahr zu Jahr zu. In Schlesien läßt er sich an den Konversionen der noch bestehenden Piastenlinien nach 1600 erkennen: In Liegnitz-Brieg entschied man sich für das reformierte, in Teschen für das katholische Bekenntnis.[22] Die neue Interessengemein-

---

19 Pánek, Jaroslav: Výpověď krále Jana – Odraz politického programu české šlechty z poloviny 16. století [Die Aussage König Johanns – Ein Abbild des politischen Programms des böhmischen Adels aus der Mitte des 16. Jahrhunderts]. In: Polívka, Miloslav/Svatoš, Michal (Hg.): Historia docet. Sborník prací k poctě šedesátých narozenin Ivana Hlaváčka. Praha 1992 (Práce Historického ústavu ČAV C-7), 341-355.

20 Bahlcke, Joachim: Das Herzogtum Schlesien im politischen System der Böhmischen Krone. In: Zeitschrift für Ostmitteleuropa-Forschung 44 (1995) 27-55, hier 36f.

21 Adamová, Karolina: K otázce konfederačních snah v českém státě na počátku 17. století [Zu den Konföderationsbestrebungen im böhmischen Staat am Anfang des 17. Jahrhunderts]. In: Právněhistorické studie 27 (1986) 57-96.

22 Pawelec, Mariusz: Idea protestanckiego irenizmu w księstwie brzeskim i legnickim w początkach XVII wieku [Die Idee eines protestantischen Irenismus im Herzogtum Liegnitz-Brieg zu Beginn des 17. Jahrhunderts]. In: Harasimowicz, Jan/Lipińska, Aleksandra (Hg.): Dziedzictwo reformacji w księstwie legnicko-brzeskim. Das Erbe der Reformation in den Fürstentümern Liegnitz und Brieg. Legnica 2007 (Źródła i materiały do dziejów Legnicy i księstwa legnickiego 4), 171-189.

schaft, die sich einem markanten Wandel in der Schlesienpolitik der böhmischen Stände verdankte, gipfelte 1609 in einem gemeinsamen Widerstandsbündnis, in dem die protestantischen Stände beschlossen, gegen jeden, notfalls mit militärischer Macht, vorzugehen, der sie in ihrer Religion bedränge oder angreife. In den folgenden Jahren konnten die schlesischen Stände weitere Anliegen durchsetzen: So waren sie erfolgreich mit ihrer Forderung, den Bischof von Breslau künftig von der Oberlandeshauptmannschaft auszuschließen und diese einem weltlichen schlesischen Fürsten – das bedeutete zu jener Zeit einem Protestanten – zu übertragen. Eine eigene Kanzlei für Schlesien und die Lausitzen gab dem Selbstbewußtsein dieser Territorien einen weiteren Schub.

Gerade die Sonderkanzlei wurde in der älteren Geschichtsschreibung oft als Indiz für die wachsende Entfremdung Schlesiens von Böhmen und eine allgemeine Lockerung des Länderverbands mißverstanden. Die eigentliche Politik der schlesischen Fürsten und Stände zielte jedoch nicht auf eine Lösung *von*, sondern auf eine Gleichstellung *in* der Krone Böhmen. Die Ereignisse seit der Jahrhundertwende hatten einem Emanzipationsprozeß aller Nebenländer ungeahnten Auftrieb gegeben, der nun die Vielzahl ungelöster staatlicher Probleme – von der Königswahl über die Kompetenzen zentraler Institutionen und Ämter bis hin zu Staatssymbolik und politischer Ikonographie – ans Tageslicht brachte. Ihren Höhepunkt fand diese Entwicklung 1619 in einer bemerkenswerten Unionsverfassung, deren Modernität aufgrund des nur wenig später erfolgten radikalen Systemwechsels in Prag lange Zeit übersehen worden ist.[23] Die konstruktive Reformpolitik der Stände in jenen Jahren, die Ressourcen und Freiräume einer zusammengesetzten Monarchie zu nutzen wußten, ist aus einer rein landesgeschichtlichen Binnenperspektive nicht zu erkennen.

Die Einzellandschaften entsprechender Gemeinwesen werden, wie die Jahre nach der militärischen Niederlage von 1620 exemplarisch zeigen können, in der Regel von Krisen und Konflikten nicht in gleicher Weise betroffen. Verfassungsänderungen, Elitenwechsel und Besitzverschiebungen wie in Böhmen und Mähren blieben den schlesischen Fürsten und Ständen erspart. Die Raumbeziehungen des Oderlandes änderten sich gleichwohl innerhalb kürzester Zeit: Die 1624 mit der Verlegung der Böhmischen Kanzlei auch äußerlich sichtbare Gewichtsverlagerung von Prag nach Wien nahm der böhmischen Ländergruppe das Zentrum. Der Generallandtag der böhmischen Länder verlor vollends seine Berechtigung und wurde nicht einmal mehr zur Genehmigung der Pragmatischen Sanktion einberufen. Das Werden der Habsburgermonarchie nahm im Lauf des 17. Jahrhunderts immer konkretere Züge an.[24] Erst im späten 19. Jahrhundert, als auch die letzte zusammengesetzte Monarchie Europas an immer größeren Herausforderungen zu zerbrechen drohte, sollten

23 Bahlcke, Joachim: Modernization and state-building in an east-central European Estates' system: the example of the *Confoederatio Bohemica* of 1619. In: Parliaments, Estates and Representation 17 (1997) 61-73.
24 Evans, Robert J. W.: The making of the Habsburg Monarchy: 1550–1700. An interpretation. Oxford 1979, deutsch unter dem Titel: Das Werden der Habsburgermonarchie 1550–1700. Gesellschaft, Kultur, Institutionen. Wien/Köln 1986 (Forschungen zur Geschichte des Donauraumes 6).

die Anfänge dieses Staatsgebildes und einer „österreichischen Gesammt-Staats-Idee"
auf das Jahr 1526 rückdatiert werden.[25]

4. Reich und Österreich

Nach dem Dreißigjährigen Krieg deutete sich eine nachhaltige Veränderung der gesamten politischen Raumstruktur des Heiligen Römischen Reiches an, die eng mit
dessen konfessioneller Entwicklung zusammenhing. Das eigentliche Machtzentrum,
das katholische Haus Habsburg, begann sich sukzessive aus dem Reichsverband her-
auszuentwickeln und auf die Festigung der eigenen Territorialherrschaft in den öster-
reichisch-böhmischen Ländern und Ungarn zu konzentrieren. Mit Argwohn hütete
Wien zwar auch weiterhin den Anspruch auf das Kaisertum, doch stand dahinter zugleich das Kalkül, durch die Kaiserwürde das internationale Ansehen der österreichischen Monarchie zu festigen.[26] Konkret ergaben sich hieraus in den Überschnei-
dungszonen vielfältige Spannungen, denn ein und dieselbe Person konnte, wenn sie
etwa in Schlesien als Kaiser des Reiches oder als König von Böhmen agierte, völlig
andere Interessen verfolgen und Entscheidungen treffen. Im Kern waren die Fragen
von Reichsnähe und Reichsferne und die damit einhergehenden Konsequenzen für
die politischen Raumbeziehungen freilich schon in früheren Jahrhunderten angelegt.
Böhmens faktische Sonderstellung im und zum Heiligen Römischen Reich in
Spätmittelalter und Früher Neuzeit, die sich rechtlich an zahlreichen Exemtions-
privilegien ablesen läßt, wirkte sich zwangsläufig auch auf die Geltung und Akzep-
tanz der vom Reichstag verabschiedeten Gesetze im Königreich Böhmen und dessen
Nebenländern aus. In der Regel besaßen diese hier keine Rechtsgültigkeit, es sei
denn, daß der König aus eigener Initiative tätig wurde und die Stände – wie im Fall
der Reichsmünzordnung von 1551 etwa – der Übernahme eines Reichsgesetzes aus
freien Stücken ihre Zustimmung gaben.[27] Der vom Spätmittelalter bis in das 18.
Jahrhundert hinein geführte Kampf um die Deutungshoheit in der Frage, ob Reichs-
gesetze in Böhmen und dessen Nebenländern, also auch in Schlesien, Geltung hatten
oder nicht, war Teil einer in ihren Grundzügen auch in anderen Teilen Europas zu
beobachtenden macht- und konfessionspolitischen Auseinandersetzung – und damit einem steten Richtungswechsel unterworfen. Deutlich wird dies am Beispiel des
Augsburger Religionsfriedens von 1555, der in Böhmen wie in Schlesien völlig unterschiedlich bewertet wurde. Im Zuge eines Konflikts im Fürstentum Glogau 1580

25 Bidermann, Herm[ann] Ign[az]: Geschichte der österreichischen Gesammt-Staats-Idee 1526–
   1804, Abth. 1: 1526–1705, Abth. 2: 1705–1740 [mehr nicht erschienen]. Innsbruck 1867–1889
   [ND Wien 1972].
26 Brauneder, Wilhelm/Höbelt, Lothar (Hg.): Sacrum Imperium. Das Reich und Österreich 996-
   1806. Wien/München/Berlin 1996; Klueting, Harm: Das Reich und Österreich 1648–1740.
   Münster/Hamburg/London 1999 (Historia profana et ecclesiastica 1).
27 Weber, Matthias: Die schlesischen Polizei- und Landesordnungen der Frühen Neuzeit. Köln/Wei-
   mar/Wien 1996 (Neue Forschungen zur Schlesischen Geschichte 5), 215-218.

etwa äußerte Rudolf II. gegenüber den dortigen Ständen sein Befremden, daß der „Religionsfriede des Römischen Reichs mit wäre angezogen worden, und derselbe I. Majestät Erbländer mitbegreifen sollte". Denn die Reichsordnungen könnten „Länder, so zu Reichstägen nicht gehörten", gar nicht betreffen: Der Religionsfriede gelte daher weder für Glogau noch für ganz Schlesien, wo man sich ausnahmslos an „die sonderliche Ordnung" der Krone Böhmen zu halten habe. Knapp drei Jahrzehnte später sah sich der Kaiser dagegen zu einer vollständigen Kehrtwende und zum Zugeständnis der freien Religionsausübung auch für Protestanten in den geistlichen und Erbfürstentümern Schlesiens auf Basis der Bestimmungen von 1555 genötigt.[28]

Die semisouveränen schlesischen Fürsten, die prinzipiell den Spielraum für eine eigenständige Innen- und Außenpolitik besaßen, suchten ihrerseits enge Tuchfühlung mit dem Reich und dessen Institutionen, knüpften dynastische Verbindungen mit Reichsfamilien und setzten alle Hebel in Bewegung, um als Reichsfürsten anerkannt zu werden. Weniger ausgeprägt als bei den Herzögen von Liegnitz, Brieg und Wohlau war dieses reichsfürstliche Selbstverständnis, das erst im 17. Jahrhundert voll zum Tragen kam, bei den Landesherren in Teschen und den schlesischen Podiebrad. Einzig diese Nachkommen Georg von Podiebrads, die seit Mitte des 15. Jahrhunderts in Münsterberg und Oels regierten, erlangten unter den schlesischen Fürsten den Reichsfürstentitel. Sitz und Stimme auf dem Reichstag aber besaßen auch sie ebensowenig wie andere schlesische Fürsten.[29] Die in der älteren deutschen Historiographie gern ethnisch und kulturell erklärte „Reichsorientierung" dieses Personenkreises hatte vorwiegend politische und religiöse Ursachen. Dies zeigt nicht nur jene bei der späteren Eroberung Schlesiens durch Friedrich II. 1740 erneut präsentierte „Erbverbrüderung" von 1537, durch die Liegnitz, Brieg und Wohlau für den Fall des Erlöschens der beiden piastischen Linien an die Kurlinie von Brandenburg beziehungsweise an die fränkische Linie fallen sollten – dies wird auch durch die Ungültigkeitserklärung des liegnitz-brandenburgischen Vertragswerks durch den habsburgischen Oberherrn ein Jahrzehnt später deutlich, die sich vergleichbar nüchternen Abwägungen verdankte.

Mitte des 17. Jahrhunderts erhielt das Bewußtsein der Reichszugehörigkeit Schlesiens, verstärkt durch die Territorialisierung des habsburgischen Herrschaftsgebiets, neue Impulse. Obwohl die schlesischen Fürsten und Stände reichsrechtlich gesehen unverändert nicht zu den unmittelbaren Reichsständen zählten, gelang ihnen 1648 ein wichtiger Durchbruch: Mit den auf Schlesien bezogenen Paragraphen 38-41 des Artikels V des Westfälischen Friedens gelang erstmals eine reichsrechtlich verankerte Privilegierung des schlesischen Protestantismus.[30] Dies hatte zur Folge, daß sich das

---

28 Bahlcke, Joachim: Religionsfreiheit und Reichsbewußtsein. Deutungen des Augsburger Religionsfriedens im böhmisch-schlesischen Raum. In: Schilling, Heinz/Smolinsky, Heribert (Hg.): Der Augsburger Religionsfrieden 1555. Heidelberg 2007 (Schriften des Vereins für Reformationsgeschichte 206), 389-413.

29 Weber, Matthias: Das Verhältnis Schlesiens zum Alten Reich in der Frühen Neuzeit. Köln/Weimar/Wien 1992 (Neue Forschungen zur Schlesischen Geschichte 1), 36-41, 89-105, 118-145.

30 Šindelář, Bedřich: Slezská otázka na mírovém kongresu vestfálském 1643–1648 [Die Schlesische Frage auf dem Westfälischen Friedenskongreß 1643–1648]. In: Sborník prací filosofické fakulty

Corpus Evangelicorum künftig auch für das Herzogtum Schlesien zuständig sah, obwohl die dortigen Stände selbst nie Mitglieder der Vertretung aller lutherischen und reformierten Reichsstände waren. Vom Beginn des Immerwährenden Reichstags 1663 bis zum Jahr 1750 wurden insgesamt mehr als 150 Interzessionsschreiben an den Kaiser gesandt, um Gravamina der schlesischen Protestanten vorzubringen. Die Autorität, die Schweden und Brandenburg in diesem Zusammenhang als evangelische Schutzmächte gewannen, zeigt sich in Religionsverträgen wie der Altranstädter Konvention von 1707 und den Ereignissen nach 1740 in Schlesien. Schon diese wenigen Beobachtungen zeigen, in welchem Maße innerschlesische Begebenheiten überregionale Resonanz erhielten. Sie legen abermals die Verwendung eines politisch-dynamischen Verfassungsbegriffs nahe, der bei Untersuchungen von Raumstrukturen auch informelle Beziehungen der einzelnen Akteure, Fragen von Zeremonie und Selbstdarstellung sowie Kanäle und Medien zur Beeinflussung von Entscheidungen und Haltungen mitberücksichtigt.

5. Sarmatismus und Erinnerungskultur

Die Erinnerung, daß die Piasten – genauer: die selbständige schlesische Linie der polnischen Herrscherdynastie der Piasten – einst die einzigen Landesherren von Schlesien waren, war auch in der Frühen Neuzeit erstaunlich lebendig. Auf den ersten Blick muß dies überraschen, denn die schlesischen Piastenherzöge waren bereits im Mittelalter politisch und ökonomisch immer stärker in die Defensive gedrängt worden. Das Prinzip der Herrschafts- und Dynastieteilung hatte im 13. und 14. Jahrhundert zu einer territorialen Zersplitterung des Landes und Auffächerung der in ihm herrschenden Piastenlinien geführt, deren weitere Entwicklung von langwierigen Erbstreitigkeiten und Machtkämpfen geprägt war. Deutlich wurde der Niedergang besonders in den Jahrzehnten nach 1420: In Münsterberg erlosch die piastische Linie 1428, und auch in Oels, Liegnitz, Glogau und Teschen kam es zu dynastischen Krisen. Bei den Piasten in Teschen-Auschwitz erwies sich dagegen die hohe Zahl der Familienmitglieder als nachteilig, da nun zähe Verteilungskämpfe um die vergleichsweise kleinen Besitztümer auftraten. Andere Linien waren gezwungen, ihr Land zu verkaufen oder zu verpfänden. Auf diese Weise kamen landfremde Adelshäuser – Wettiner, Hohenzollern, Württemberger und andere, auch nichtfürstliche Familien – in den Besitz schlesischer Territorien. Kulturell orientierte man sich, abgesehen von einzelnen Gebieten in Oberschlesien, längst zum deutschen Kulturraum im Westen.[31]

brněnské university C 8 [10] (1961) 266-295; Schott, Christian-Erdmann: Die Bedeutung des Westfälischen Friedens für die Evangelischen in Schlesien. In: Hey, Bernd (Hg.): Der Westfälische Frieden 1648 und der deutsche Protestantismus. Bielefeld 1998 (Religion in der Geschichte 6; Studien zur deutschen Landeskirchengeschichte 3), 99-111.

31 Szczur, Stanisław/Ożóg, Krzysztof (Hg.): Piastowie. Leksykon biograficzny [Die Piasten. Ein biographisches Lexikon]. Kraków 1999; Jasiński, Kazimierz: Rodowód Piastów śląskich [Genealogie der schlesischen Piasten], Bd. 1-3. Wrocław 1973–1977 (Wrocławskie Towarzystwo Naukowe. Seria A 154, 167, 183) [ND Kraków 2007].

Als die Habsburger 1526 Herzöge von Schlesien wurden, bestanden noch drei piastische Linien in Oppeln, Teschen und Liegnitz-Brieg, die freilich auch bis 1675 im Mannesstamm aussterben sollten. Von den Piastenherzögen gingen nicht nur vielfältige Kontakte nach Polen aus, sie waren auch Adressaten der polnischen Schlesienpolitik. Besonders seit der polnisch-litauischen Union von 1569 und den Interregna im letzten Drittel des 16. Jahrhunderts gab es mehrfach Bestrebungen, das – in den Vorstellungen des polnischen Kleinadels – sarmatische Schlesien wieder fest an den polnischen Staat zu binden. Obwohl die schlesischen Piasten realistisch betrachtet keine Chance mehr hatten, den polnischen Thron zu besteigen, wahrten sie dennoch ihr Selbstverständnis als *Piasti, Polonorum regum nepotes*, als Nachkommen der polnischen Könige, und pflegten an ihren Fürstenhöfen polnische Traditionen. Ihre Bedeutung für Erinnerungskultur und Traditionsbildung Gesamtschlesiens wuchs paradoxerweise in einer Phase an, in der ihr politisch-wirtschaftliches Gewicht immer stärker abnahm.[32]

Bis zum Ende des 17. Jahrhunderts gab es wohl keinen schlesischen Dichter und Gelehrten, der nicht in das Lob des piastischen Hauses eingestimmt hätte. Daniel Czepko von Reigersfeld publizierte 1626 in Breslau ein „Gynaeceum Silesiacum Ligio-Bregense", eine Genealogie der Liegnitz-Brieger Piasten, Wenzel Scherffer von Scherfferstein verfaßte eine (heute verschollene) „Genealogia durch die 13. Fürstliche Häuser, welche alle von Piasto herkommen". Darstellungen über die Herkunft der schlesischen Piasten aus dem polnischen Königsgeschlecht waren ein beliebtes Motiv lyrischer, epischer und dramatischer Werke sowie gelehrter Dissertationen. Andreas Gryphius verfaßte 1660 das Lust- und Gesangspiel „Piastus", dessen Schlußsatz „Piastus Haus blüh', wachs' und lebe!" zweierlei Gefühle ausdrückte: die Hoffnung auf den Fortbestand der Piastenfamilie in Schlesien und die Sorge um das Schicksal des ganzen Landes.[33] Ähnlich wie in der Literatur wurde der politisch inszenierte und sorgfältig gepflegte Herkunftsmythos auch in den Schloßbauten der piastischen Haupt- und Nebenresidenzen deutlich.

Doch auch die letzten Piasten starben 1675 im Mannesstamm aus. Daniel Caspar von Lohenstein setzte ihnen ein Jahr später mit seiner „Lob-Schrifft" ein Denkmal, das die älteren Raumbeziehungen Schlesiens zu Polen noch einmal lebendig werden ließ: „Das gantze Pyastische Fürsten-Haus ist in Staub verfallen [...]. Das Königliche Geschlechte ist außgestorben/ welches denen/ Könige zu wählen/ nicht zu empfangen gewohnten Sarmatern/ Sechs Hundert Jahr fürtreffliche Könige/ dem Lande Schlesien über Acht Hundert Jahr Lob-würdige Fürsten gegeben. Das Pyastische Ge-

---

32 Bahlcke, Joachim: Deutsche Kultur mit polnischen Traditionen. Die Piastenherzöge Schlesiens in der Frühen Neuzeit. In: Weber, Matthias (Hg.): Deutschlands Osten – Polens Westen. Vergleichende Studien zur geschichtlichen Landeskunde. Frankfurt am Main u. a. 2001 (Mitteleuropa – Osteuropa. Oldenburger Beiträge zur Geschichte und Kultur Ostmitteleuropas 2), 83-112.

33 Szczerbicka-Ślęk, Ludwika: Mit Piastów w literaturze XVI–XVIII w. [Der Piastenmythos in der Literatur des 16.–18. Jahrhunderts]. In: Heck, Roman (Hg.): Piastowie w dziejach Polski. Wrocław u. a. 1975, 229-248; Pietrzak, Ewa: Andreas Gryphius und die schlesischen Piasten. In: Weltgeschick und Lebenszeit. Andreas Gryphius, ein schlesischer Barockdichter aus deutscher und polnischer Sicht. Düsseldorf 1993, 229-242.

3 Für Erinnerungskultur und Traditionsbildung kam den Piasten in Schlesien während des 17. Jahrhunderts große Bedeutung zu. Auf dem Frontispiz des 1685 gedruckten monumentalen Geschichtswerks „Schlesische Fürsten-Krone" von Friedrich Lucae – veröffentlicht unter dem Pseudonym „Fridrich Lichtstern" – wird ein historischer Zusammenhang zwischen dem legendären ersten Piasten (links) und dem letzten schlesischen Piasten, Herzog Georg Wilhelm von Liegnitz, Brieg und Wohlau (rechts), hergestellt.
Bildnachweis: Projektbereich Schlesische Geschichte, Universität Stuttgart.

schlechte ist vergangen/ welches die unbändigen Sitten der gefrornen Nord-Welt in den Stand wol-gesitteter Völcker gesetzt [...]. Das Geschlechte ist außgerottet/ welches die Wüsteneyen der unwirthbaren Sarmatischen Wälder in fruchtbare Länder und Volck-reiche Städte verwandelt hat. Das Haus ist verfinstert/ welches Polen/ Schlesien/ Pommern/ Preussen und das gröste Theil der kalten Mitternacht zu dem Lichte deß Christenthums/ und in das Hauß des wahren Gottes geleitet. Dieses Geschlecht ist hin/ das durch Außrottung der Heydnischen Abgötter/ deß todten Unglaubens/ in Polen und Schlesien/ mehr Ungeheuer/ als Tausend Hercules/ außgetilget."[34]

---

34 Lohenstein, Daniel Casper von: Lob-Schrifft/ Deß Weyland Durchlauchtigen Fürsten und Herrn/ Herrn George Wilhelms/ Hertzogens in Schlesien/ zu Liegnitz/ Brieg und Wohlau/ Christmildesten Andenckens. [Brieg 1676] (ohne Paginierung).

Die Pflege dieser piastischen Tradition in Schlesien fiel in eine Zeit fortschreitender Zentralisierungs- und Rekatholisierungsbemühungen und verdankte sich dem Streben nach politischer Autonomie und konfessioneller Toleranz. Eine politische Option im engeren Sinn war damit nicht verbunden. Die selbst immer mehr an Zahl und Einfluß verlierenden Piasten personifizierten vielmehr die Selbstbehauptung des schlesischen Ständestaats, der sich im 17. Jahrhundert mit neuen Herausforderungen konfrontiert sah. Die Erinnerung an die letztlich gleiche „sarmatische" Herkunft wurde darüber hinaus zum Bindeglied der unterschiedlichen Einzelterritorien und Rechtslandschaften. Über die rechtliche Argumentation hinaus war es ein kluger Schachzug Friedrichs II., sich 1740 bei der Eroberung Schlesiens in diese Tradition einzureihen. „Verjüngtes Schlesien! das seinen Jammer-Stand, Der mit gehäufftem Weh, so wohl dein Volck als Land, Geplagt, bedrängt, erschöpfft, geseegnet überwunden, Und die Versicherung der güldnen Zeit gefunden", hieß es am 3. Januar 1742 in der ersten Ausgabe einer neuen, vom preußischen König privilegierten Zeitung des Breslauer Buchhändlers Johann Jakob Korn. „Denn Preußens Friederich, Piastens grosser Sohn, Kommt, sieht, besiegt, ersteigt mit seiner Väter Thron, Auch alle Möglichkeit, von Hoffnung, Wunsch und Fügen."[35]

6. Geschichtsschreibung und Geschichtspolitik

Die politische Zäsur von 1740 in Schlesien markierte auch in anderer Hinsicht einen klaren Einschnitt: Der Gegensatz von preußisch-protestantisch und österreichisch-katholisch, der sich als Leitmotiv durch die gesamte Propaganda und Publizistik der Kriege um Schlesien gezogen hatte,[36] wurde auch für die gesamte Geschichtsschreibung über das Oderland bestimmend. Der politisch-konfessionelle Antagonismus zwischen Preußen und Österreich im Alten Reich und im östlichen Mitteleuropa änderte nicht nur den Blick auf die bisherige Vielfalt historischer Traditionsstränge und Raumstrukturen, sondern beeinflußte auch nachhaltig Bildungswege und Themenschwerpunkte. Der Übergang vom borussisch-protestantischen Superioritätsanspruch gegenüber den Katholiken zu einem Überlegenheitsgefühl gegenüber den Slawen war fließend.[37] Es ist kein Zufall, daß in Preußen während des 19. Jahrhunderts ausgerechnet die Erinnerungen des Hans von Schweinichen über das Vagantenleben Herzog Heinrichs XI. von Liegnitz – dieses mit den Worten Heinrichs Wendts „abenteuernden, unwirtschaftlichen Herzog[s]" und „mit den Schwächen des polnischen Nationalcharakters so stark belasteten unverwüstlichen Sanguiniker[s]"[38]

---

35 Schlesische Privilegirte Staats-Kriegs- Und Friedens-Zeitung vom 3. Januar 1742.
36 Mazura, Silvia: Die preußische und österreichische Kriegspropaganda im Ersten und Zweiten Schlesischen Krieg. Berlin 1996 (Historische Forschungen 58).
37 Bahlcke, Joachim: Historische Schlesienforschung zwischen nationaler Verengung und disziplinärer Weitung. In: ders. (Hg.): Historische Schlesienforschung. Methoden, Themen und Perspektiven zwischen traditioneller Landesgeschichtsschreibung und moderner Kulturwissenschaft. Köln/Weimar/Wien 2005 (Neue Forschungen zur Schlesischen Geschichte 11), IX-XX, hier X-XII.
38 Wendt, H[einrich]: Hohenzollern, Piasten und Polen. In: Schlesische Geschichtsblätter. Mitteilungen des Vereins für Geschichte Schlesiens 3 (1917) 49-55, hier 53.

– zu einem Bestseller wurden. Aufschlußreich ist in diesem Zusammenhang auch eine Äußerung František Palackýs, der sich 1872 an Colmar Grünhagen wandte und dem preußischen Historiker seine Lektüreeindrücke von dessen jüngst erschienenen Hussitismus-Studien mitteilte. Palacký zeigte sich zutiefst erschüttert, daß es selbst einem „so human und rechtlich denkenden Deutschen" wie Grünhagen scheinbar unmöglich sei, „die Genesis und das Streben des Hussitismus objectiv aufzufassen und zu würdigen". Die Kritik Palackýs gipfelte schließlich in der Frage: „Die wirkliche Gerechtigkeit – zumal den Slawen gegenüber – wann wird sie in der deutschen Geschichtschreibung die Oberhand gewinnen?"[39]

Die Arbeiten der deutschen Geschichtswissenschaft über das östliche Europa waren nicht zwingend nationalpolitisch motiviert, aber sie waren in einer Zeit konkurrierender Nationalbewegungen und ideologischer Konfrontationen in hohem Maße der Gefahr politischer Instrumentalisierung ausgesetzt. Am Beispiel von Schlesien, das nach dem Ersten Weltkrieg gleichsam über Nacht von zwei neuentstandenen slawischen Staaten umgeben war, läßt sich schließlich ein folgenschwerer Paradigmenwechsel besonders klar erkennen: Aus der zwischen dem europäischen Westen und Osten vermittelnden Brückenlandschaft wurde nun das „Ausfallstor deutscher Kultur nach dem Osten"[40] – so der Titel einer Veröffentlichung Hermann Aubins, eines führenden Vertreters der neuen deutschtumszentrierten und völkisch akzentuierten Ostforschung. Vielfach durch Bezeichnungen wie „Grenzmark des Deutschtums" oder „Bollwerk gegen den Osten" ersetzt, wurde das ursprünglich vermittelnde und ausgleichende zum trennenden Element.[41] Mit Nachdruck betonte man 1937 anläßlich des vierhundertjährigen Jahrestags des liegnitz-brandenburgischen Erbvertrags, daß dieser „einen wichtigen Baustein in der Geschichte des deutschen Volkes" gebildet habe und unauflöslich eingefügt sei „in das tausendjährige Ringen der Deutschen um ihre Ostgebiete"; wie in der Vergangenheit gelte es auch in der Gegenwart, das „schlesische Land als Wahrzeichen deutscher Leistungsfähigkeit und deutschen Machtwillens" gegen die „rassefremde asiatische Unkultur" zu verteidigen.[42]

Auch in den ersten Jahrzehnten nach 1945 blieb die historische Schlesienforschung – im Zeichen von Antikommunismus, Flucht und Vertreibung, Kaltem Krieg und marxistisch-leninistischer Geschichtsdeutung – im geteilten Deutschland ebenso wie in Polen und der Tschechoslowakei von politischen Postulaten, ideologischen Vorgaben sowie fachwissenschaftlichen Ab- und Ausgrenzungen geprägt. Daß ältere Raum- und Geschichtsbilder auch durch religiöse und kulturelle Diskurse wie den nach dem Zweiten Weltkrieg wieder aufgegriffenen Abendland-Diskurs eine Re-

---

39 Meinardus, [Otto]: Zu Colmar Grünhagens Gedächtnis. In: Zeitschrift des Vereins für Geschichte Schlesiens 46 (1912) 1-65, hier 49-51.

40 Aubin, Hermann: Schlesien als Ausfallstor deutscher Kultur nach dem Osten im Mittelalter. Breslau 1937. Zum Hintergrund vgl. Mühle, Eduard: ‚Ostforschung'. Beobachtungen zu Aufstieg und Niedergang eines geschichtswissenschaftlichen Paradigmas. In: Zeitschrift für Ostmitteleuropa-Forschung 46 (1997) 317-350.

41 Meyer, Arnold Oskar: Schlesien in der deutschen Geschichte. In: Historische Zeitschrift 155 (1936) 278-295.

42 Schönborn, [Theodor]: Die Liegnitzer Erbverbrüderung von 1537. In: Mitteilungen des Geschichts- und Altertums-Vereins zu Liegnitz 16 (1936/37) 208-218, hier 208, 210.

naissance erleben konnten, läßt sich an einem geradezu programmatischen Beitrag in einem der führenden Periodika zur schlesischen Kirchengeschichte 1954 nachlesen: Die besondere Lage Schlesiens sei, heißt es dort, „durch das Wort Grenzland gekennzeichnet, und diese Lage zwingt zur erhöhten Wachsamkeit".[43] Kapitelüberschriften wie „Der opferbereite Schutz des Abendlandes" oder „Auf ständiger Wacht gegenüber dem Slawentum" geben den Blickwinkel des Betrachters klar zu erkennen.

Die Zeiten, in denen mit dem Argument der Geschichte Macht- und Volkstumspolitik betrieben und um die Erinnerungshoheit gestritten wurde, in denen historische Darstellungen Besitzansprüche auf der Landkarte anmeldeten oder zumindest den Anteil des jeweils eigenen Volkes in einem von mehreren Völkern besiedelten und geprägten Raum über Gebühr in den Vordergrund rückten, sind vorbei. Die von Polen, Tschechen und Deutschen gemeinsam gestaltete Sektion auf dem Polnischen Historikertag 1999 über „Umbrüche in der schlesischen Geschichte" zeigte eindrucksvoll, daß Historiker heute diesseits und jenseits von Oder und Neiße neue, gemeinsame Fragen an die schlesische Geschichte stellen, die nicht mehr das Trennende betonen, sondern das Verbindende suchen.[44] Auch für einen neuen Blick auf ältere Raumbeziehungen und Raumvorstellungen im östlichen Mitteleuropa scheint die Zeit günstig.

Weiterführende Literatur in Auswahl:

Bahlcke, Joachim: Regionalismus und Staatsintegration im Widerstreit. Die Länder der Böhmischen Krone im ersten Jahrhundert der Habsburgerherrschaft (1526–1619). München 1994 (Schriften des Bundesinstituts für ostdeutsche Kultur und Geschichte 3).

Bahlcke, Joachim (Hg.): Historische Schlesienforschung. Methoden, Themen und Perspektiven zwischen traditioneller Landesgeschichtsschreibung und moderner Kulturwissenschaft. Köln/Weimar/Wien 2005 (Neue Forschungen zur Schlesischen Geschichte 11).

Barciak, Antoni (Hg.): Tysiącletnie dziedzictwo kulturowe diecezji wrocławskiej [Das tausendjährige kulturelle Erbe der Diözese Breslau]. Katowice 2000.

Barciak, Antoni (Hg.): Piastowie śląscy w kulturze i europejskich dziejach [Die schlesischen Piasten in der Kultur und in der europäischen Geschichte]. Katowice 2007.

Bartkiewicz, Kazimierz: Szlachta pogranicza śląsko-lubuskiego w okresie wczesnonowożytnym (XVI–XVIII wiek) [Der Adel im Grenzgebiet Schlesiens und des Lebuser Landes in der Frühen Neuzeit (16.–18. Jahrhundert)]. In: Rocznik Lubuski 26/2 (2000) 11-26.

---

43 Eberlein, Hellmut: Die Bedeutung Schlesiens für die Kirchengeschichte. In: Jahrbuch für Schlesische Kirche und Kirchengeschichte N.F. 33 (1954) 7-34, hier 7.

44 Ruchniewicz, Krzysztof/Tyszkiewicz, Jakub/Wrzesiński, Wojciech (Hg.): XVI Powszechny Zjazd Historyków Polskich. Wrocław 15–18 września 1999 roku. Pamiętnik [XVI. Allgemeine Zusammenkunft der polnischen Historiker. Breslau 15.–18. September 1999. Dokumentation], Bd. 1-2. Toruń 2000.

Baumgart, Peter (Hg.): Kontinuität und Wandel. Schlesien zwischen Österreich und Preußen. Sigmaringen 1990 (Schlesische Forschungen 4).

Begert, Alexander: Böhmen, die böhmische Kur und das Reich vom Hochmittelalter bis zum Ende des Alten Reiches. Studien zur Kurwürde und zur staatsrechtlichen Stellung Böhmens. Husum 2003 (Historische Studien 475).

Bein, Werner: Schlesien in der habsburgischen Politik. Ein Beitrag zur Entstehung des Dualismus im alten Reich. Sigmaringen 1994 (Quellen und Darstellungen zur schlesischen Geschichte 26).

Bobková, Lenka/Konvičná, Jana (Hg.): Korunní země v dějinách českého státu [Die Kronländer in der Geschichte des böhmischen Staates], Bd. 1-4. Praha 2004–2009.

Boras, Zygmunt: Związki Śląska i Pomorza Zachodniego z Polską w XVI wieku [Die Beziehungen Schlesiens und Westpommerns zu Polen im 16. Jahrhundert]. Poznań 1981 (Uniwersytet im. Adama Mickiewicza w Poznaniu. Seria historia 93).

Dziaduch, Bronisław: Stosunki i powiązania księcia oleśnicko-kozielskiego Konrada Białego z Polską po wojnach husyckich [Die Beziehungen Herzog Konrads des Weißen von Oels und Cosel zu Polen nach den Hussitenkriegen]. In: Acta Universitatis Wratislaviensis 195. Historia 23 (1974) 153-204.

Eliášová, Jana: Księstwo Głogowskie pod bezpośrednią władzą królów czeskich w latach 1331–1384 [Das Herzogtum Glogau unter der unmittelbaren Herrschaft der böhmischen Könige in den Jahren 1331–1384]. In: Sadowski, Jerzy B. (Hg.): 750-lecie powstania Księstwa Głogowskiego. Głogów 2002, 19-63.

Fukala, Radek: Jan Jiří Krnovský. Stavovské povstání a zápas s Habsburky [Johann Georg von Jägerndorf. Der Ständeaufstand und das Ringen mit den Habsburgern]. České Budějovice 2005.

Gmiterek, Henryk: Związki intelektualne polsko-czeskie w okresie Odrodzenia (1526–1620) [Polnisch-tschechische intellektuelle Beziehungen in der Zeit der Renaissance (1526–1620)]. Lublin 1989 (Uniwersytet Marii Curie-Skłodowskiej – Wydział Humanistyczny. Rozprawy habilitacyjne 54).

Grawert-May, Gernot von: Das staatsrechtliche Verhältnis Schlesiens zu Polen, Böhmen und dem Reich während des Mittelalters (Anfang des 10. Jahrhunderts bis 1526). Aalen 1971 (Untersuchungen zur deutschen Staats- und Rechtsgeschichte N.F. 15).

Heck, Roman (Hg.): Piastowie w dziejach Polski [Die Piasten in der Geschichte Polens]. Wrocław u. a. 1975.

Jaworski, Tomasz (Hg.): Bibersteinowie w dziejach pogranicza śląsko-łużyckiego [Die Biberstein in der Geschichte des schlesisch-lausitzischen Grenzgebiets]. Zielona Góra 2006.

Karłowska-Kamzowa, Alicja: Fundacje artystyczne księcia Ludwika I brzeskiego. Studia nad rozwojem świadomości historycznej na Śląsku XIV–XVIII w. [Die künstlerischen Stiftungen Herzog Ludwigs I. von Brieg. Studien zur Entwicklung des historischen Bewußtseins in Schlesien vom 14. bis 18. Jahrhundert]. Opole/Wrocław 1970.

Karp, Hans-Jürgen: Grenzen in Ostmitteleuropa während des Mittelalters. Ein Beitrag zur Entstehungsgeschichte der Grenzlinie aus dem Grenzsaum. Köln/Wien 1972 (Forschungen und Quellen zur Kirchen- und Kulturgeschichte Ostdeutschlands 9).

Kłoczowski, Jerzy/Matwiejczyk, Witold/Mühle, Eduard (Hg.): Doświadczenia przeszłości. Niemcy w Europie Środkowo-Wschodniej w historiografii po 1945 – Erfahrungen der Vergangenheit. Deutsche und Ostmitteleuropa in der Historiographie nach 1945. Lublin/Marburg 2000 (Tagungen zur Ostmitteleuropa-Forschung 9).

Lemberg, Hans (Hg.): Grenzen in Ostmitteleuropa im 19. und 20. Jahrhundert. Aktuelle Forschungsprobleme. Marburg 2000 (Tagungen zur Ostmitteleuropa-Forschung 10).

Malý, Karel/Pánek, Jaroslav (Hg.): Vladislavské zřízení zemské a počátky ústavního zřízení v českých zemích (1500–1619) [Die Wladislawsche Landesordnung und die Anfänge der Verfassungsordnung in den böhmischen Ländern (1500–1619)]. Praha 2002.

Malý, Karel/Soukup, Ladislav (Hg.): Vývoj české ústavnosti v letech 1618–1918 [Die Entwicklung der böhmischen Verfaßtheit in den Jahren 1618–1918]. Praha 2006.

Orzechowski, Kazimierz: Historia ustroju Śląska 1202–1740 [Geschichte der Verfassung Schlesiens 1202–1740]. Wrocław 2005 (Acta Universitatis Wratislaviensis 2806).

Pustejovsky, Otfried: Schlesiens Übergang an die böhmische Krone. Machtpolitik Böhmens im Zeichen von Herrschaft und Frieden. Köln/Wien 1975 (Forschungen und Quellen zur Kirchen- und Kulturgeschichte Ostdeutschlands 13).

Struve, Kai/Ther, Philipp (Hg.): Die Grenzen der Nationen. Identitätenwandel in Oberschlesien in der Neuzeit. Marburg 2002 (Tagungen zur Ostmitteleuropa-Forschung 15).

Trepte, Hans-Christian/Gil, Karoline (Hg.): Identität Niederschlesien – Dolny Śląsk. Hildesheim/Zürich/New York 2007 (westostpassagen 8).

Tukay, Heinrich: Oberschlesien im Spannungsfeld zwischen Deutschland, Polen und Böhmen-Mähren. Eine Untersuchung der Kirchenpatrozinien im mittelalterlichen Archidiakonat Oppeln. Köln/Wien 1976.

Veldtrup, Dieter: Frauen um Herzog Ladislaus († 1401). Oppelner Herzoginnen in der dynastischen Politik zwischen Ungarn, Polen und dem Reich. Warendorf 1999 (Studien zu den Luxemburgern und ihrer Zeit 8).

Weber, Matthias: Das Verhältnis Schlesiens zum Alten Reich in der Frühen Neuzeit. Köln/Weimar/Wien 1992 (Neue Forschungen zur Schlesischen Geschichte 1).

Wünsch, Thomas (Hg.): Oberschlesien im späten Mittelalter. Eine Region im Spannungsfeld zwischen Polen, Böhmen-Mähren und dem Reich vom 13. bis zum Beginn des 16. Jahrhunderts. Berlin 1993 (Tagungsreihe der Stiftung Haus Oberschlesien 1).

Wyder, Grażyna/Nodzyński, Tomasz (Hg.): Polacy – Niemcy. Pogranicze. Studia historyczne [Polen – Deutsche. Grenzgebiet. Historische Studien]. Zielona Góra 2006.

Żerelik, Rościsław (Hg.): Studia i materiały z dziejów Śląska i Małopolski [Studien und Materialien aus der Geschichte Schlesiens und Kleinpolens]. Wrocław 2001.

Marian Ptak und Wojciech Mrozowicz

Die territorial-rechtliche Binnenstruktur Schlesiens. Ein historischer Überblick vom Mittelalter bis zum Ende des 20. Jahrhunderts

1. Die Binnenstruktur Schlesiens in der Stammesperiode

Die Anfänge einer territorial-rechtlichen Binnenstruktur Schlesiens sind schon in der Zeit der Stammesbildungen zu suchen.[1] Informationen über diesen Zeitraum liefern geschriebene Quellen aus dem 9. bis 11. Jahrhundert, aber auch archäologische Forschungen, aus denen hervorgeht, daß im 9. Jahrhundert mindestens sechs beziehungsweise sieben kleine Stämme Schlesien besiedelten.[2] Der sogenannte Bayerische Geograph führte um die Mitte des 9. Jahrhunderts vier solcher Stämme mit Namen auf und gab die Anzahl der sie bildenden *civitates* an, das heißt der wahrscheinlichen Siedlungszentren (Burgen) und der mit ihnen zusammenhängenden Gaue: die Slensanen („Sleenzane") mit 15 und die Dedosizen („Dadosesani") mit zwanzig *civitates* im heutigen Niederschlesien sowie die Opolanen („Opolini") mit zwanzig und die Golensizen („Golensizi") mit fünf *civitates* in Oberschlesien. Wahrscheinlich müssen zu den letzteren noch die „Lupiglaa" mit dreißig *civitates* gerechnet werden. Im sogenannten Prager Dokument aus dem Jahr 1086, das allerdings die Verhältnisse ein Jahrhundert früher beschrieb, wurden zwei weitere Stammesnamen

---

1 Einen Überblick über die territoriale Gliederung Schlesiens liefern Orzechowski, Kazimierz/Ptak, Marian J./Przybytek, Dariusz: Dolny Śląsk. Podziały terytorialne od X do XX wieku [Niederschlesien. Räumliche Gliederung vom 10. bis zum 20. Jahrhundert]. Wrocław 2008; Pysiewicz-Jędrusik, Renata/Pustelnik, Andrzej/Konopska, Beata: Granice Śląska [Die Grenzen Schlesiens]. Wrocław 1998; Jurek, Piotr (Hg.): Podziały terytorialne Polski. Przeszłość – teraźniejszość – przyszłość [Die räumliche Gliederung Polens. Vergangenheit – Gegenwart – Zukunft]. Wrocław 1997; Weczerka, Hugo: Geschichtliche Einführung. In: ders. (Hg.): Schlesien. Handbuch der historischen Stätten. Stuttgart ²2003 [¹1977]. XVI-XCIII.

2 Arnold, Stanisław: Terytoria plemienne w ustroju administracyjnym Polski Piastowskiej (w. XII–XIII) [Die Stammesgebiete in der Verwaltungsstruktur des piastischen Polen (12.–13. Jahrhundert)]. In: Prace Komisji dla Atlasu historycznego Polski, Bd. 2. Kraków 1927, 96-111; Łowmiański, Henryk: Początki Polski. Z dziejów Słowian w I tysiącleciu [Die Anfänge Polens. Aus der Geschichte der Slawen im ersten Jahrtausend], Bd. 4. Warszawa 1970, 466-472; Lodowski, Jerzy: Dolny Śląsk na początku średniowiecza (VI–X w.). Podstawy osadnicze i gospodarcze [Niederschlesien zu Beginn des Mittelalters (6.–10. Jahrhundert). Grundlagen zur Besiedlung und Wirtschaft]. Wrocław 1980, 112-127; Wachowski, Krzysztof: Śląsk w dobie przedpiastowskiej. Wrocław 1997, dt. u. d. T.: Schlesien in vorpiastischer Zeit. Dortmund 2000 (Veröffentlichungen der Forschungsstelle Ostmitteleuropa an der Universität Dortmund B 66); Moździoch, Sławomir: Społeczność plemienna Śląska w IX–X wieku [Die Stammesgesellschaft Schlesiens im 9. bis 10. Jahrhundert]. In: Młynarska-Kaletynowa, Marta/Małachowicz, Edmund (Hg.): Śląsk około roku 1000. Wrocław 2000, 25-71.

genannt: die Trebowanen („Trebouane") und die Boboranen („Pobarane"), diesmal jedoch ohne Angabe der Anzahl lokaler Untereinheiten. Man geht davon aus, daß die Stämme in geschlossenen Siedlungskernen von unterschiedlicher Größe lebten, die voneinander durch Urwälder, Sümpfe und Anhöhen getrennt waren. Nur die Flüsse und ihre Täler stellten ein natürliches Verkehrsnetz zwischen einzelnen Stämmen dar, so daß am häufigsten an ihnen oder auf nahe gelegenen Anhöhen Burgen als wahrscheinliche Zentren der genannten *civitates* angelegt wurden.

Die vollständige Identifizierung all dieser Stämme und die Bestimmung ihres Siedlungsgebiets sind immer noch Gegenstand wissenschaftlicher Kontroversen.[3] Die Dedosizen werden am häufigsten im nordwestlichen Teil Niederschlesiens lokalisiert, im Winkel zwischen Oder und Bober mit ihren ältesten Siedlungen nahe Glogau (poln. Głogów) und auf dem rechten Oderufer bis zum Kreutscher und zum Polnischen Landgraben. Ihr Territorium – höchstwahrscheinlich mit dem Mittelpunkt Glogau – umfaßte ungefähr 1.400 Quadratkilometer. Als demographisch größter und ökonomisch stärkster Stamm in diesem Teil Schlesiens unterwarfen sie am Ende des 10. Jahrhunderts kleinere benachbarte Stämme zwischen der Lausitzer Neiße und dem Bober. Die Lokalisierung der Trebowanen und Boboranen, die nur das Prager Dokument von 1086 erwähnt, ist am stärksten umstritten. Das ursprüngliche Siedlungsgebiet der Trebowanen lag wahrscheinlich an der mittleren Katzbach mit dem Mittelpunkt Liegnitz (poln. Legnica) und erstreckte sich über eine Fläche von etwa 400–450 Quadratkilometer. Den Boboranen wurde noch vor kurzem ausschließlich ein kleineres Siedlungsareal am mittleren Bober zugeordnet. Unter Berücksichtigung archäologischer Argumente gibt es jedoch neuerdings Theorien, sie an der oberen und mittleren Obra zu vermuten und ihren Namen „Pobarane" vom Flußnamen abzuleiten. Archäologisch nachgewiesen ist jedenfalls die Existenz eines kleinen Siedlungsgaus an der oberen und mittleren Obra, der im Westen an die Dedosizen grenzte und von einem unbekannten Stamm bewohnt war.

Das Territorium der Opolanen lag beiderseits der Oder mit Oppeln (poln. Opole) als Mittelpunkt. Seine westliche Grenze bildete ein als Preseka („preseca") bezeichneter Urwaldgürtel, der von Süden entlang der Glatzer Neiße nach Norden verlief. Am rechten Oderufer in der Nähe von Ritschen (poln. Ryczyn) setzte sich die Preseka in Form eines ausgedehnten Waldgebiets am Zusammenfluß der Stober und der oberen Weide fort, das im Nordosten entlang des Zuflußgebiets der oberen Prosna und der Liswarta sowie weiter südlich in Richtung der oberen Weichsel verlief, ohne Beuthen (poln. Bytom) in Oberschlesien einzuschließen. Hier im Osten grenzten die Opolanen an das Siedlungsgebiet der Wislanen und im Süden an einen Wald-

---

3　Zum aktuellen Diskussionsstand vgl. Rosik, Stanisław: Opolini, Golensizi, Lupiglaa... Ziemia opolsko-raciborska we wczesnym średniowieczu (uwagi w sprawie dyskusji historyków) [Opolini, Golensizi, Lupiglaa... Das Gebiet von Oppeln und Ratibor im frühen Mittelalter (Bemerkungen zur Historikerdiskussion)]. In: Pobóg-Lenartowicz, Anna (Hg.): Sacra silentii provincia. 800 lat powstania dziedzicznego księstwa opolskiego. Opole 2003 (Z dziejów kultury chrześcijańskiej na Śląsku 27), 27-36; ders.: Najdawniejsze dzieje Dolnego Śląska (do roku 1138) [Die früheste Geschichte Niederschlesiens (bis 1138)]. In: Wrzesiński, Wojciech (Hg.): Dolny Śląsk. Monografia historyczna. Wrocław 2006 (Acta Universitatis Wratislaviensis 2880), 28-33.

gürtel, hinter dem sich die Siedlungskerne der Golensizen befanden. Diese lagen am Zusammenfluß der Oppa und Mohra mit den Zentren in Grätz (tsch. Hradec nad Moravicí) und Kreuzendorf (tsch. Holasovice). Wahrscheinlich nördlich davon, das heißt zwischen den Opolanen und Golensizen, muß der Stamm der „Lupiglaa" mit einer Rekordzahl von dreißig *civitates* gesiedelt haben. Archäologische Funde weisen jedoch in dieser Region kein eigenes Siedlungsgebiet nach.[4]

Als wichtigster schlesischer Stamm gelten die Slensanen, deren älteste Sitze an der Lohe lagen, wo sich auch ihre Kultstätte auf dem Zobtenberg befand. An der Mündung der Lohe in die Oder entstand Breslau („Wratislavia") (poln. Wrocław), das seit dem Jahr 1000 Bischofssitz und spätestens seit der Wende vom 11. zum 12. Jahrhundert Hauptort für die gesamte schlesische Provinz im Rahmen des polnischen Staates war. Das Siedlungsgebiet der Slensanen umfaßte einen Raum von ungefähr 2.500 Quadratkilometern, dehnte sich im Norden über die Oder aus und schloß die Region der unteren Weide ein, erstreckte sich im Westen bis zur Weistritz, im Süden bis zum Glatzer Kessel, der vom Eulen- und Warthaer Gebirge umschlossen ist, und bis zum mittleren Lauf der Glatzer Neiße. In diesem Teil des Slensanengaus befand sich nach den Berichten Thietmars von Merseburg vom Anfang des 11. Jahrhunderts die Burg Nimptsch, die mit dem Zusatz „in pago Silensi" genannt wird. Im Osten bildete die Preseka eine natürliche Grenze, die nicht nur eine Trennfunktion zwischen den Siedlungsgebieten der Slensanen und Opolanen hatte, sondern auch zwischen zwei Siedlungs- und politischen Verbänden, dem nieder- und dem oberschlesischen.

Zweifelhaft ist, ob eine gemeinsame politische Organisation der Stämme an der mittleren Oder entstand. Für ihre Existenz kann die Tatsache sprechen, daß das gesamte Gebiet den Namen Schlesien erhielt, der sich vom Stammesnamen der Slensanen ableitete, und daß in späteren Zeiten das Land als Einheit sowohl in den staatlichen Strukturen Polens und Böhmens als auch in der kirchlichen Raumordnung behandelt wurde. Obwohl der Name die gesamte Landschaft bezeichnete, lebte die dichotome Binnengliederung aus der Stammeszeit später in der offiziellen Terminologie Schlesiens erneut auf: als Herzogtum Ober- und Niederschlesien.

In der politischen und sozialen Struktur der schlesischen Stämme spielten die Stammesältesten eine besondere Rolle, die sich von der Gesamtheit der freien Stammesbevölkerung abgesondert hatten und – wenn nicht im ganzen, dann zumindest teilweise – die Grundlage für eine neue soziale Gruppe im Rahmen des polnischen Staates bildeten, die als Ritterschaft und später als Adel bezeichnet wurde.

Die schlesischen Stämme, die von auswärtigen Beobachtern noch am Ende des 11. Jahrhunderts erwähnt wurden, verschwanden vollständig zu Beginn des folgenden Jahrhunderts. Eine erstaunliche Kontinuität wiesen dagegen ihre territorialen Untereinheiten auf, das heißt die bereits erwähnten *civitates*. Insgesamt existierten – den Angaben des Bayerischen Geographen folgend – sechzig (beziehungsweise neunzig) solcher Einheiten. Hinter dieser Bezeichnung verbergen sich am wahrscheinlich-

---

4 Moździoch, Sławomir: Dzieje ziemi opolsko-raciborskiej w średniowieczu z punktu widzenia archeologa [Die Geschichte des Gebiets von Oppeln und Ratibor im Mittelalter aus der Sicht des Archäologen]. In: Pobóg-Lenartowicz (Hg.): Sacra silentii provincia, 15f.

sten Nachbarschaftsverbände („vicinia", „opole").[5] Auch wenn die einzelnen Namen nicht bekannt sind, kann ihre Anzahl dank archäologischer Funde doch verifiziert werden. „Opola" waren territoriale Verbände von Menschen, die in einer Hauptburg und in benachbarten Siedlungen lebten und nach Schätzungen häufig eine Fläche von 100–250 Quadratkilometern besiedelten. In der Stammesperiode übernahm einer der Nachbarschaftsverbände mit seiner Hauptburg die Zentralfunktion im jeweiligen Stammesverband. In den Dokumenten des ausgehenden 12. und des 13. Jahrhunderts taucht „opole" als eine Nachbarschaftsgemeinschaft („universitas viciniae") von Menschen unterschiedlicher sozialer Stellung auf, die bereits bestimmte Eigenschaften einer Rechtsgemeinschaft besaß. Davon zeugen der Name und die mehr oder weniger definierte räumliche Ausdehnung, bestehende Kollegial- und Einzelorgane sowie eine Rechtspersönlichkeit. Letztere ist an den Rechten und Pflichten erkennbar, die Grenzangelegenheiten, die Bestätigung von Grundbesitz, fiskalische Leistungen und Ordnungsfunktionen betrafen. Zu den Organen des „opole" zählten die allgemeine Versammlung seiner Mitglieder sowie die sogenannten Ältesten („seniores viciniae"), die – im damaligen Sinn – die Leitung und Vertretung nach außen übernahmen. In diesem Zusammenhang kann von einer Selbstverwaltung des „opole" gesprochen werden, der einzigen vorständischen Selbstverwaltungsform im sogenannten polnischen Recht. Besondere Aufmerksamkeit verdient die Tatsache, daß es sich dabei um einen Nachbarschaftsverband aller in einem „opole" lebenden Grundbesitzer handelte, und zwar sowohl der adelig Geborenen („nobiles") als auch der gemeinen Bevölkerung, das heißt hauptsächlich der Bauern.

2. Die Organisation Schlesiens in der frühen Piastenmonarchie

Die Eroberung der schlesischen Stammesgaue durch den Piastenstaat am Ende des 10. Jahrhunderts machte eine straffe Verwaltungsorganisation in diesen Gebieten nach den Bedürfnissen des zwar jungen, jedoch stark in den Stammestraditionen verwurzelten Staates notwendig. Aus dieser Zeit stammen die ältesten Verwaltungseinheiten, die als „pagi" bezeichneten Bezirke. In der Chronik Thietmars von Merseburg werden zu Beginn des 11. Jahrhunderts die „pagi" der Slensanen und Dedosizen erwähnt.[6] Daher liegt es nahe, daß die „pagi", die sicherlich alle früheren

---

5 Matuszewski, Jacek S.: Vicinia id est... Poszukiwania alternatywnej koncepcji staropolskiego opole [Vicinia id est... Die Suche nach einer alternativen Konzeption des altpolnischen opole]. Łódź 1991; ders.: W obronie alternatywnej koncepcji opola [Zur Verteidigung der alternativen Konzeption des opole]. In: Studia z Dziejów Państwa i Prawa Polskiego 2 (1995) 19-39; Modzelewski, Karol: Chłopi w monarchii wczesnopiastowskiej [Die Bauern in der frühpiastischen Monarchie]. Wrocław 1987; ders.: L'organisation de l'opole (vicinia) dans la Pologne des Piast. In: Acta Poloniae Historica 57 (1988) 43-76; Kossmann, Oskar: Vom altpolnischen Opole, schlesischen Weichbild und Powiat des Adels. In: Zeitschrift für Ostforschung 42 (1993) 161-194.

6 Thietmari Merseburgensis episcopi Chronicon. Editionis quam paraverat R. Holzmann textum denuo imprimendum curavit Werner Trillmich. Darmstadt ⁸2002 [¹1957] (Ausgewählte Quellen zur deutschen Geschichte des Mittelalters. Freiherr vom Stein-Gedächtnisausgabe 9), IV 45, VII 20, VII 59.

Stammesgebiete umfaßten, unter Boleslaw dem Tapferen (Chrobry) ein wesentliches Fundament in der Herrschaftsorganisation bildeten. Spätestens im Lauf des 11. Jahrhunderts entstand eine den „pagi" übergeordnete Einheit: die Provinz („regio"), die ganz Schlesien umfaßte und allmählich die aus der Stammesperiode tradierte Raumgliederung aufhob. Provinzhauptort („sedes regni principalis") wurde Breslau, das namengebend für die gesamte Provinz wurde.[7] An ihrer Spitze stand ein vom Herrscher ernannter Statthalter, der mit weitreichenden militärischen und gerichtlichen Kompetenzen ausgestattet war. Bekannt sind zwei Breslauer Statthalter des ausgehenden 11. und beginnenden 12. Jahrhunderts: Magnus und Wojslaw, die in der Chronik des Gallus Anonymus als „comites" bezeichnet werden;[8] Magnus wurde in der späteren Chronik des Bischofs Wincenty Kadłubek als „praeses" tituliert.[9] Aus dem in der Chronik des Gallus Anonymus enthaltenen Bericht über den Konflikt zwischen Zbigniew und Boleslaw Schiefmund (Krzywousty) einerseits und dem Palatin Sieciech andererseits am Ende des 11. Jahrhunderts wird ersichtlich, daß damals eine Versammlung („contio") in Breslau tagte, an der das gesamte Volk („totus populus") teilnahm. Ihren Beschlüssen ging ein von den Magnaten („magnates", „maiores et seniores civitatis") gefaßter Ratschlag voraus.[10]

Die kleinsten Gebietseinheiten des polnischen Gemeinwesens waren die Burgbezirke, deren Hauptorte die bedeutendsten „opole"-Burgen wurden. Auf diese Weise wurde das gesamte Gebiet in etwa neunzig Burgbezirke („castrum") unterteilt, von denen etwa sechzig in Schlesien lagen und sich überwiegend aus mehreren „opola" zusammensetzten.[11] Im 13. Jahrhundert fand hierfür die Bezeichnung Kastellanei („castellania") Verbreitung, an deren Spitze ein herzoglicher Beamter stand. Dieser wurde im Lateinischen zunächst als „comes" (auch „marchio"), ab dem beginnen-

---

7 In der Chronik des Bischofs Wincenty Kadłubek wurde Schlesien als „divina Silencii provincia" und „sacra Silencii provincia" bezeichnet. Vgl. Plezia, Marianus (Hg.): Magistri Vincentii dicti Kadłubek Chronica Polonorum. Cracoviae 1994 (Monumenta Poloniae historica. Series nova 11), III 18 11, III 30 7.

8 Maleczyński, Karol (Hg.): Galli Anonymi Cronicae et gesta ducum sive principum Polonorum. Kraków 1952 (Monumenta Poloniae historica. Series nova 2), II 4, II 16. Zum Problem der Mehrdeutigkeit des Begriffs *comes* in der Terminologie hochmittelalterlicher polnischer Ämter vgl. Bogucki, Ambroży: Komes w polskich źródłach średniowiecznych [Komes in den polnischen mittelalterlichen Quellen]. Poznań 1972 (Roczniki Towarzystwa Naukowego w Toruniu 76, 3).

9 Plezia (Hg.): Magistri Vincentii, II 22 16.

10 Maleczyński (Hg.): Galli Anonymi Cronicae, II 4.

11 Uhtenwoldt, Hermann: Gauhauptburg, Kastellanei und Stadtschloß. Schlesische Burgenfragen im Lichte der Bunzlauer Burgen. Liegnitz 1938; Gąsiorowski, Antoni: Castellanus. Przyczynek semazjologiczny [Castellanus. Ein semasiologischer Beitrag]. In: Slavia antiqua 18 (1971) 207-221; Kuhn, Walter: Kastellaneigrenzen und Zehntgrenzen in Schlesien. In: Zeitschrift für Ostforschung 21 (1972) 201-247; Schmilewski, Ulrich: Der schlesische Adel bis zum Ende des 13. Jahrhunderts. Herkunft, Zusammensetzung und politisch-gesellschaftliche Rolle. Würzburg 2001 (Wissenschaftliche Schriften des Vereins für Geschichte Schlesiens 5), 270-289; Kurtyka, Janusz: Hofämter, Landesämter, Staatsämter und ihre Hierarchien in Polen im mitteleuropäischen Vergleich (11.–15. Jh.). In: Wünsch, Thomas (Hg.): Das Reich und Polen. Parallelen, Interaktionen und Formen der Akkulturation im hohen und späten Mittelalter. Ostfildern 2003 (Vorträge und Forschungen 59), 149-152.

den 13. Jahrhundert am häufigsten als „castellanus", im Deutschen als Burggraf bezeichnet und übte in der jeweiligen Kastellanei militärische, gerichtliche, fiskalische und Verwaltungsfunktionen aus. Der Kastellan stand der gesamten Bevölkerung seines Burgbezirks vor, in der die Ritterschaft eine – hauptsächlich aus militärischen Gründen – immer größer werdende Rolle übernahm. Er führte bei Bedarf deren Mobilmachung durch, nahm deren Dienstleistungen entgegen und befehligte sie.[12] Bis zum Ende des 13. Jahrhunderts verschwanden die Kastellaneien allmählich wieder, nur in Oberschlesien hielten sie sich etwas länger. Dieses System ging im allgemeinen aufgrund der Ausbreitung des deutschen Rechts und der Entstehung von Weichbildern unter.

3. Mittelalterlicher Landesausbau und politisch-territoriale Zersplitterung

Die am Ende des 12. Jahrhunderts in Schlesien einsetzende deutsche Ostsiedlung und das damit zusammenhängende Eindringen deutscher Rechtsformen führten zu einer weitgehenden Umgestaltung des bisherigen „ius ducale", das sowohl die höhere Gerichtsbarkeit als auch zahlreiche wirtschaftliche Privilegien umfaßte.[13] Eine besonders große Bedeutung bei diesem Veränderungsprozeß hatten die Stadt- und Dorfgründungen nach deutschem Recht, mit denen die Befreiung von traditionellen Frondiensten des polnischen Rechts einherging. Die natürlichen rechtlich-ökonomischen Verbindungen zwischen der nach deutschem Recht begründeten Stadt und den sie umgebenden, nach demselben Recht gegründeten Dörfern stellten die Grundlage für einen Bezirk nach deutschem Recht dar, der als „districtus" bezeich-

---

12　Die Konzeption, daß die Kastellaneien als Verwaltungseinheiten in Schlesien fungierten, wird jedoch in Frage gestellt, wobei u. a. darauf hingewiesen wird, daß keine Kontinuität zwischen den Burgbezirken und den Kastellaneien bestand, diese sich an fremden – vermutlich böhmischen – Mustern orientierten und in der Praxis als Einnahmequelle des Herzogs dienten, der sie wie Lehen an hauptsächlich schlesische Herren vergab. Vgl. Cetwiński, Marek: Kasztelanowie i kasztelanie na Śląsku w XIII i XIV wieku [Die Kastellanen und Kastellaneien in Schlesien im 13. und 14. Jahrhundert] [1989]. In: ders.: Śląski tygiel. Studia z dziejów polskiego średniowiecza. Częstochowa 2001, 255-275; kritisch dazu die Rezension von Tomasz Jurek in: Śląski Kwartalnik Historyczny Sobótka 45 (1990) 553-555. Ein anderer Blick auf die Genese des Kastellaneisystems, nämlich als Ergebnis einer Rezeption deutscher Muster, bei Gawlas, Sławomir: Die Territorialisierung des Deutschen Reiches und die teilfürstliche Zersplitterung Polens zur Zeit des hohen Mittelalters. In: Quaestiones medii aevi novae 1 (1996) 25-42; ders.: O kształt zjednoczonego Królestwa. Niemieckie władztwo terytorialne a geneza społecznoustrojowej odrębności Polski [Um die Gestalt des vereinigten Königreichs. Die deutsche Landesherrschaft und die Genese der gesellschaftsrechtlichen Eigenart Polens]. Warszawa ²2000 [¹1996], 74-76.

13　Zum Verständnis des Begriffs *ius ducale* vgl. Menzel, Josef J.: Jura ducalia. Die mittelalterlichen Grundlagen der Dominialverfassung in Schlesien. Würzburg 1964 (Quellen und Darstellungen zur schlesischen Geschichte 11); Gawlas: O kształt, 65-71.

net wurde und im Lauf der Zeit den deutschen Begriff Weichbild erhielt.[14] Mit dem Weichbild kam ein neues Gliederungsprinzip für die Verwaltungseinheiten auf, das in der rechtlichen Zuordnung einer gewissen Anzahl benachbarter Dörfer zu einer Stadt bestand. Da die Städte zu Kristallisationspunkten für die Weichbilder wurden, erhielten diese konsequent die Namen der Städte. Die Weichbilder besaßen wichtige ökonomische Funktionen, da das deutsche Recht deutlich günstigere Bedingungen für die wirtschaftliche Entwicklung schuf. Die ökonomische Funktion bestand in der bewußten Schaffung eines lokalen Marktes mit einer klaren Arbeitsteilung zwischen Stadt und Land. In diesem System war die Stadt der Ort des Gewerbes und Handels, während die Dörfer die Herstellung der Lebensmittel und Rohstoffe übernahmen. Miteinander verbunden waren beide Wirtschaftsbereiche über den Markt der Stadt. Vom wirtschaftlichen Potential der Stadt und der Entwicklung des lokalen Marktes hing auch die Entwicklung des gesamten Weichbilds ab. Aus diesem Grund variierte die an der Anzahl der Dörfer gemessene Größe der Weichbilder sehr stark. Neben Weichbildern, die mehrere Dutzend Dörfer zählten (Striegau etwa siebzig Dörfer), existierten auch solche, die nur einige Dörfer umfaßten, beispielsweise Neustädtel mit sieben Dörfern. Man kann davon ausgehen, daß ein Weichbild im Durchschnitt 15 bis zwanzig Dörfer umfaßte mit einer landwirtschaftlichen Nutzfläche von 500 bis 1.000 Hufen, das heißt 8.400 bis 24.200 ha, je nachdem, ob es sich um flämische oder fränkische Hufen handelte. Die Entfernung zwischen den Weichbildstädten in Schlesien betrug ungefähr zwölf bis 25 km, so daß jede Stadt von den entlegensten Dörfern aus innerhalb eines Tages (einschließlich des Rückwegs) erreicht werden konnte, sogar zu Fuß.

Auch wenn das Organisationsprinzip eines Weichbilds in der Zuordnung einer bestimmten Anzahl von Dörfern zu einer Stadt nach deutschem Recht bestand, gab es Ausnahmen. So war der Hauptort des Weichbilds Rützen ein gewöhnliches, mit einem Marktrecht ausgestattetes Dorf. Zu Beginn der Entstehungsphase von Weichbildern existierten auch solche Weichbilder, deren Mittelpunkt eine Burg war, zum Beispiel Auras, Zobten, Kotzenau oder Slawentzitz. Solche Orte trugen die Bezeichnung „geweichbildete Festen", was offenbar mit der Hoffnung auf eine Stadterhebung verbunden war. In diesem Zusammenhang sollten die in den Dokumenten

---

14 Croon, Gustav: Die landständische Verfassung von Schweidnitz-Jauer. Zur Geschichte des Ständewesens in Schlesien. Breslau 1912 (Codex Diplomaticus Silesiae 27), 147-154; Loesch, Heinrich von: Die schlesische Weichbildverfassung der Kolonisationszeit. In: Zeitschrift der Savigny-Stiftung für Rechtsgeschichte, Germ. Abt. 58 (1938) 311-336; ders.: Beiträge zur schlesischen Rechts- und Verfassungsgeschichte. Konstanz/Stuttgart 1964, 83-98; Kuhn, Walter: Die Stadtdörfer der mittelalterlichen Ostsiedlung. In: Zeitschrift für Ostforschung 20 (1971) 12-17; Zientara, Benedykt: Z dziejów organizacji rynku w średniowieczu. Ekonomiczne podłoże „weichbildów" w arcybiskupstwie magdeburskim i na Śląsku w XII i XIII w. [Aus der Geschichte der Marktorganisation im Mittelalter. Die wirtschaftlichen Grundlagen der „Weichbilder" im Erzbistum Magdeburg und in Schlesien im 12. und 13. Jahrhundert]. In: Przegląd Historyczny 64 (1973) 681-695; Menzel, Josef J.: Stadt und Land in der schlesischen Weichbildverfassung. In: Stoob, Heinz (Hg.): Die mittelalterliche Städtebildung im südöstlichen Europa. Köln/Wien 1977 (Städteforschung A 4), 19-38; Ptak, Marian J.: „Weichbild" w strukturze terytorialnej Śląska [Das „Weichbild" in der territorialen Struktur Schlesiens]. In: Jurek (Hg.): Podziały terytorialne Polski, 5-11.

des 14. Jahrhunderts häufig gebrauchten Formeln „Stadt und Burg sowie zugehörige Dörfer" oder „Stadt und Burg mit dem Distrikt" erwähnt werden, die dort vorkamen, wo eine Stadt um eine Burg entstanden war, und die somit in der Übergangszeit das Nebeneinander von Burg und Stadt als Hauptorte des polnischen und deutschen Rechts widerspiegelten. Das Weichbild wurde ebenfalls zu einem Bezirk polnischen Rechts für diejenigen Dörfer und Güter, die entweder nicht nach deutschem Recht gegründet worden waren oder sich in polnischem Allodialbesitz befanden.

Im Organisationsrahmen der Weichbilder bildete sich nicht die Gemeinschaft aller freien Bewohner heraus, sondern die Gemeinschaft der Grundbesitzer (Landschaft, „terrigenae", „communitas terrigenarum") mit einem ständischen Charakter, der der Adel (Ritter und Herren) und die über Grundbesitz nach Ritterrecht verfügende Geistlichkeit (Klöster und Kapitel) angehörten. Zu den Grundbesitzern konnte auch die Weichbildstadt gezählt werden, sofern sie im Besitz eines Gutes war, oder andere zur Kategorie der „freien Bevölkerung" (Erbschulzen, Freibauern) gehörende Personen. Eine führende Stellung in dieser Gemeinschaft nahm jedoch der Adel ein. Die Gemeinschaft der Grundbesitzer eines Weichbilds hatte den Charakter einer Rechtskörperschaft, die im Lauf der Zeit auch als Weichbild bezeichnet wurde. Ihr wichtigstes Organ war die Versammlung all ihrer Mitglieder, die am häufigsten als Weichbildtag oder Kreistag bezeichnet wurde, und deren Ausschuß, der sich aus den Landesältesten und Landesdeputierten sowie etwaigen anderen Weichbildbeamten zusammensetzte. Neben den Kollegialorganen verfügte die Gemeinschaft über besondere Ämter, die von den Landesältesten als Bevollmächtigte und Vertreter der Körperschaft besetzt wurden. Das Weichbild hatte eine eigene Landkasse und Gerichte. Die Weichbildgemeinschaft schuf sich somit eine multifunktionelle Selbstverwaltung, die mit der Selbstverwaltung in der polnischen Adelsrepublik verglichen werden kann. Im Rahmen des Weichbilds wurden alle wichtigen Aufgaben wahrgenommen, die zur eigenständigen ökonomischen wie auch politischen Existenz unentbehrlich waren. Aus diesem Grund kam es in Schlesien zur Aussonderung von Weichbildern als selbständige politische Einheiten in Form von Herzogtümern und Standesherrschaften.

An der Wende vom 17. zum 18. Jahrhundert bestand Schlesien aus 74 Weichbildern, die größtenteils zwischen 1250 und 1350 entstanden waren. Die Größe der Weichbilder war recht unterschiedlich. Die größten unter ihnen – wie das Teschener und Oppelner Weichbild – zählten über 1.700 Quadratkilometer (30 Quadratmeilen), während die kleinsten wie das Zülzer Weichbild rund 85 Quadratkilometer (1,5 Quadratmeilen) groß waren. Zwei Weichbilder, Liegnitz und Bunzlau (die nicht unbedingt zu den größten gehörten), hatten eine eigene Binnenstruktur mit jeweils drei Bezirken.

Eine politisch-administrative und rechtliche Einheit in Schlesien stellte – allerdings auf einer höheren Ebene – das Herzogtum dar.[15] Im Jahr 1138 wurde ganz Schlesien, das bis dahin eine Provinz des Königreichs Polen gewesen war, aufgrund

---

15 Orzechowski/Ptak/Przybytek: Dolny Śląsk, 38-62.

1 Die in der zweiten Hälfte des 13. und in der ersten Hälfte des 14. Jahrhunderts entstandenen Weichbilder stellten bis zur preußischen Zeit die grundlegenden Verwaltungseinheiten Schlesiens dar. Zu den wichtigsten zählte das Breslauer Weichbild. Die abgebildete Karte dieses Weichbilds wurde vom Militärkartographen und Zeichner Friedrich Bernhard Werner (1690-1776) angefertigt. Topographia seu compendium Silesiae. Biblioteka Uniwersytecka we Wrocławiu, Handschrift, Sign. IV F 113b, Bd. 2, 285.

einer früheren Entscheidung Herzog Boleslaws III. Schiefmund als Teilfürstentum mit der Hauptstadt Breslau herausgetrennt. Es unterstand fortan dem in Krakau (poln. Kraków) residierenden Seniorfürsten. Erster Herzog von Schlesien wurde der älteste Sohn des genannten Boleslaw, Wladislaw II. der Vertriebene (Wygnaniec). 1172 begann ein Teilungsprozeß dieses Herzogtums, der mit unterschiedlicher Intensität bis zum 17. Jahrhundert andauerte. Die dabei entstehenden schlesischen Einzelherzogtümer fanden dauerhaft, zum Teil auch nur vorübergehend einen Platz auf der politischen Landkarte Schlesiens.

Im Jahr 1172 entstanden zwei Herzogtümer, die für die beiden Söhne Wladislaws des Vertriebenen vorgesehen waren: Boleslaw der Lange (Wysoki) erhielt den größeren Teil Schlesiens, während Mieszko Schlenkerbein (Plątonogi) das Gebiet um Ratibor (poln. Racibórz) zufiel. Diese Aufteilung wurde infolge der Ereignisse von 1177 revidiert, als Boleslaws Brüder und ein Sohn ihren eigenen Herrschaftsbereich forderten. Schließlich wurde das Herzogtum Mieszkos nach Osten um Sewerien (poln. Siewierz), Beuthen und Auschwitz (poln. Oświęcim) erweitert; Boleslaws zweiter Bruder Konrad erhielt Glogau und Liegnitz, Boleslaws Sohn Jaroslaw das Herzogtum Oppeln, während Boleslaws Herzogtum auf den mittleren Teil Schlesiens mit Breslau reduziert wurde. Diese vier Herzogtümer existierten nur bis zur Wende vom 12. zum 13. Jahrhundert, als Boleslaw der Lange, Konrad und Jaroslaw starben und sich die Zahl der Herzogtümer auf zwei verringerte: Die Gebiete Konrads und Boleslaws erbte dessen jüngerer Sohn Heinrich I. der Bärtige (Brodaty), während das Oppelner Land an Mieszko fiel. Nach dem Tod Kasimirs I. von Oppeln im Jahr 1230 schloß Heinrich der Bärtige die Gebiete seines Vetters dem eigenen Herrschaftsbereich an und vereinigte auf diese Weise ganz Schlesien. Zugleich strebte er die Oberherrschaft über alle polnischen Teilfürstentümer an, was ihm jedoch nur teilweise gelang, da er lediglich Kleinpolen und einen Teil Großpolens unterwerfen konnte.

Der Tod Heinrichs des Bärtigen 1238 und der seines Sohnes Heinrich des Frommen (Pobożny) in der Schlacht auf der Wahlstatt bei Liegnitz 1241 unterbrachen den Prozeß, die feudale Zersplitterung nicht nur der polnischen Gebiete, sondern auch Schlesiens zu überwinden. Sofort beanspruchte Mieszko II. der Dicke (Otyły), ein Sohn Kasimirs I., das Herzogtum Oppeln für sich. Als die Söhne Heinrichs des Frommen volljährig wurden, erfolgte um die Mitte des 13. Jahrhunderts eine weitere Teilung des Landes, deren Auswirkungen noch bis zum 20. Jahrhundert andauerten. Neben dem bereits bestehenden Herzogtum Oppeln entstanden infolge von Teilungen das Herzogtum Breslau, das bis Kreuzburg (poln. Kluczbork), Pitschen (poln. Byczyna), Neisse (poln. Nysa) und Ottmachau (poln. Otmuchów) reichte, sowie die Herzogtümer Liegnitz – dieses umfaßte auch Schweidnitz (poln. Świdnica)– und Glogau. In jedem dieser vier Herzogtümer herrschte seitdem eine eigenständige Linie der Piastendynastie, die in den kommenden Jahren jeweils noch weitere Teilungen vornahmen.

So entstanden auf dem Gebiet des anfangs von Konrad regierten Herzogtums Glogau nach dessen Tod um 1273/74 drei Herzogtümer: Glogau, Steinau und Sagan. Aus dem früheren Herzogtum Liegnitz, das unter der Herrschaft Boleslaws des Kahlen (Rogatka) stand, wurde 1274 das Herzogtum Jauer und 1281 das Her-

zogtum Löwenberg für dessen Nachkommen abgetrennt – letzteres wurde fünf Jahre
später dem Herzogtum Jauer erneut eingegliedert. Auch das Herzogtum Oppeln
zerfiel nach dem Tod Herzog Wladislaws um 1281/82 in kleinere Einheiten: die
Herzogtümer Oppeln, Cosel-Beuthen, Ratibor und Teschen. Bis zum Beginn des 14.
Jahrhunderts war Breslau das einzige von weiteren Teilungen verschonte Herzogtum;
zu territorialen Veränderungen kam es lediglich an seinen Randgebieten: 1277 fielen im Westen Neumarkt (poln. Środa Śląska) und Striegau (poln. Strzegom) an
das Herzogtum Liegnitz, während neun Jahre später das Herzogtum Steinau einverleibt wurde. Daneben entstand im mährisch-schlesischen Grenzgebiet 1269 das
Herzogtum Troppau, das von einer Nebenlinie der böhmischen Přemysliden regiert
wurde. Zusätzlich wurde auf Grundlage eines Abkommens von 1287, dem drei
Jahre später eine formelle Bestätigung folgte, ein weltlicher Herrschaftsbereich der
Breslauer Bischöfe eingerichtet: das Fürstentum Neisse-Ottmachau. In den achtziger
Jahren des 13. Jahrhunderts existierten in Schlesien gleichzeitig bereits zehn bis 13
selbständige Fürstentümer.

Die territoriale Zersplitterung setzte sich jedoch noch weiter fort. Nach dem Tod
Herzog Heinrichs IV. Probus von Breslau 1290 sollte dessen Herzogtum an den
Glogauer Herzog fallen, doch mit Unterstützung der Breslauer Bürgerschaft konnte Herzog Heinrich V. der Dicke (Brzuchaty) von Liegnitz das Erbe antreten. Für
die Unterstützung durch seinen Bruder Bolko I., den damaligen Herzog von Jauer,
mußte er jedoch den südlichen Teil des Breslauer Herzogtums 1291 an diesen abtre-
ten. So entstand das neue Herzogtum Schweidnitz-Jauer, das 1301 nach dem Tod
des Herzogs unter dessen Söhnen in die Herzogtümer Schweidnitz, Jauer und Münsterberg aufgeteilt wurde. Die Herrschaft Heinrichs des Dicken über das vereinigte
Herzogtum Liegnitz-Breslau dauerte dagegen nur fünf Jahre, bis er zu Zugeständ-
nissen an Heinrich III. von Glogau gezwungen wurde. Ihm überließ er den größten Teil seines Herrschaftsgebiets rechts der Oder. In dieser Gestalt überdauerte das
Herzogtum Liegnitz-Breslau bis 1311, als die Söhne Heinrichs des Dicken volljährig
wurden. Durch eine erneute Teilung entstanden neue Herzogtümer: Breslau, Liegnitz und Brieg, wobei die beiden letzteren aufgrund von Mißverständnissen unter
den Nachkommen Heinrichs des Dicken bald zu einem Herzogtum Liegnitz-Brieg
vereinigt wurden. Währenddessen wurde auch das große Herzogtum Glogau, das
1304 mit dem Herzogtum Sagan verbunden worden war, unter den Erben des 1309
gestorbenen Heinrich III. aufgeteilt. Nachdem diese anfangs versucht hatten, wenn
nicht im gesamten Herzogtum, so doch zumindest in ihren jeweiligen Teilgebieten
gemeinsam zu regieren, entstanden schließlich bis 1321 die Herzogtümer Sagan,
Glogau, Steinau, Oels und Namslau. Weitere Teilungen erfolgten ebenso auf dem
Gebiet des ehemaligen Herzogtums Oppeln: Aus dem Herzogtum Beuthen entstanden 1312 die Teilgebiete Cosel-Beuthen und Tost. Ein Jahr später zerfiel das Herzogtum Oppeln in die Teilherzogtümer Oppeln, Falkenberg und Groß Strehlitz, und
aus dem Herzogtum Teschen gingen einige Jahre später die Herzogtümer Teschen
und Auschwitz hervor.

4. Die schlesischen Fürstentümer als Teil der Böhmischen Krone

In den zwanziger Jahren des 14. Jahrhunderts existierten somit in Schlesien insgesamt 17 Teilherzogtümer, die von Angehörigen der Piastendynastie beinahe souverän regiert wurden, obwohl sie weiterhin in einer lockeren politischen Verbindung mit anderen polnischen Gebieten standen.[16] Darüber hinaus existierten das Herzogtum Troppau und das Neisser Bistumsland. Die schlesischen Territorien standen abseits, als im letzten Jahrzehnt des 13. Jahrhunderts Versuche unternommen wurden, die politische Einheit Polens, die erst unter Wladislaw Ellenlang (Łokietek) vollendet werden sollte, wiederherzustellen. Im selben Zeitraum wurde das Interesse der böhmischen Könige an Schlesien immer deutlicher. Bereits Wenzel II., dem späteren polnischen König, gelang es, die oberschlesischen Herzogtümer in den Jahren 1289/92 zur Anerkennung der böhmischen Lehnshoheit zu bringen. Diese Politik der lehnsrechtlichen Unterwerfung Schlesiens nahm König Johann aus der neuen Dynastie der Luxemburger wieder auf. Fast alle Piastenherzöge Schlesiens erkannten in den Jahren 1327, 1329 und 1336 die Lehnshoheit des Königs von Böhmen an, und in den folgenden Jahren wurden die schlesischen Herzogtümer durch eine Reihe von Inkorporationen Bestandteil der Böhmischen Krone. Abgesehen vom Fürstentum Neisse, das unter besonderem Schutz des böhmischen Königs stand, blieben nur die Herzogtümer Schweidnitz und Jauer unabhängig, die 1346 zum Herzogtum Schweidnitz-Jauer vereinigt wurden. Unter der Regierung Bolkos II. des Kleinen (Mały) wuchs das Herrschaftsgebiet beträchtlich: Das Land Sewerien, Zobten (poln. Sobótka), Reichenstein (poln. Złoty Stok), Kreuzburg, Pitschen, die Hälfte von Ohlau (poln. Oława) und Brieg (poln. Brzeg), Grottkau (poln. Grodków) sowie die Hälfte des Glogauer Herzogtums kamen ebenso hinzu wie die Pfandherrschaft Goldberg (poln. Złotoryja) und das Markgraftum Lausitz auf Lebenszeit. Trotzdem konnte das Herzogtum seine Unabhängigkeit nicht bewahren: Bolko II. schloß mit König Karl IV. von Böhmen einen Vertrag, demzufolge das Fürstentum als Mitgift für Anna, die Nichte des Piastenherzogs, an die Böhmische Krone übergehen sollte, allerdings erst nach dem Tod des Herzogspaares. Anna heiratete 1353 Karl IV., die Einlösung der Mitgift konnte jedoch erst nach dem Tod von Agnes, der Witwe Bolkos II., 1392 erfolgen.

Aufgrund des Übergangs an die Böhmische Krone verloren die schlesischen Herzogtümer ihre frühere Selbständigkeit. Ihre Abhängigkeit von Böhmen hatte jedoch nicht immer dasselbe Ausmaß. Im allgemeinen waren die Herzöge zum Heeresdienst verpflichtet und gehalten, dem König den Zugang zu ihrem Territorium und ihren Burgen zu ermöglichen. Eine gewisse Handlungsfreiheit auf dem Gebiet der Außenpolitik wurde ihnen belassen, während sie in inneren Angelegenheiten ihre Unabhängigkeit weitgehend behielten. Aufgrund spezifischer Verwaltungsstrukturen,

---

16 Ptak, Marian J.: Schlesien und seine Beziehungen zu Polen, Böhmen und dem Reich. In: Willoweit, Dietmar/Lemberg, Hans (Hg.): Reiche und Territorien in Ostmitteleuropa. Historische Beziehungen und politische Herrschaftslegitimation. München 2006 (Völker, Staaten und Kulturen in Ostmitteleuropa 2), 35-50.

verschiedener Rechtstraditionen sowie Unterschieden im Steuer- und Währungssystem stellten die schlesischen Territorien keine Einheit dar. Das Fehlen einer starken Königsgewalt schuf dabei günstige Bedingungen für gleichsam anarchische Zustände im Innern, was besonders in der Hussitenzeit spürbar wurde.

Die Herzogtümer verfügten über eigene Hofämter, die in der Anfangszeit einander stark ähnelten und im übrigen identisch mit denen in anderen polnischen Gebieten waren. Im 13. Jahrhundert spielten der (Ober)kämmerer – in den oberschlesischen Herzogtümern der Woiwode – und der Marschall die wichtigste Rolle unter den Beamten, im Gerichtswesen war es der Hofrichter.[17] Infolge der Veränderungen im 14. Jahrhundert begannen einige Ämter wie das des Kämmerers, das vom Hofmeisteramt abgelöst wurde, an Bedeutung zu verlieren; andere wiederum, hauptsächlich die niedrigeren Chargen, verschwanden allmählich. Andererseits kamen völlig neue Ämter auf wie dasjenige des Hauptmanns („capitaneus"), der als Vertreter des Herrschers im Herzogtum fungierte und weitreichende Kompetenzen im Polizei- und Gerichtswesen hatte.[18]

Fast alle Fürstentümer bestanden aus mehreren Weichbildern. Ausnahmen waren die Herzogtümer Teschen und Troppau, in denen aufgrund der schwachen Ausbreitung deutschen Rechts eine Gliederung in Weichbilder nicht existierte. In den Fürstentümern entstanden darüber hinaus ständische Organe, die Landtage, an denen sowohl die Ritterschaft als auch das Bürgertum teilnahmen.

Auch der Status der schlesischen Herzogtümer, die aufgrund des Aussterbens einzelner Piastenlinien als sogenannte königliche Erbfürstentümer unter die unmittelbare Herrschaft des böhmischen Königs kamen, änderte sich. Dies hatte zur Folge, daß die Anzahl der piastischen Lehns- oder Mediatfürstentümer systematisch zurückging: Das Herzogtum Glogau wurde nach dem Tod Przemkos 1331 zum Erbfürstentum, Breslau nach dem Tod Heinrichs VI. 1335, Ratibor – trotz der Proteste der Oppelner Piasten – nach dem Tod Leszeks 1336, das bereits erwähnte Schweidnitz-Jauer 1392, Münsterberg mit dem Glatzer Land nach dem Tod Johanns 1428, Oels, das um Bernstadt (poln. Bierutów), Cosel (poln. Koźle), Militsch (poln. Milicz) und andere Landstriche vergrößert worden war, nach dem Tod Konrads X. des Weißen (Biały) 1492. Die letzten Mediatfürstentümer in der Hand der Piasten – Liegnitz, Brieg und Wohlau – bestanden bis 1675.

---

17 Verzeichnisse der Hofämter und -beamten bis zum Ende des 13. Jahrhunderts bei Schmilewski: Der schlesische Adel, 254-343; Cetwiński, Marek: Rycerstwo śląskie do końca XIII w. Biogramy i rodowody [Die schlesische Ritterschaft bis zum Ende des 13. Jahrhunderts. Biogramme und Genealogien]. Wrocław 1982 (Prace Wrocławskiego Towarzystwa Naukowego A 229), 220-227; Żerelik, Rościsław: Biogramy rycerstwa śląskiego. Uzupełnienia [Biogramme der schlesischen Ritterschaft. Ergänzungen]. In: Śląski Kwartalnik Historyczny Sobótka 44 (1989) 459-473. Die Erstellung entsprechender Verzeichnisse für spätere Jahrhunderte gehört zu den wichtigsten Desideraten der historischen Schlesienforschung.

18 Wółkiewicz, Ewa: *Capitaneus Slesie. Królewscy namiestnicy księstwa wrocławskiego i Śląska w XIV i XV wieku* [*Capitaneus Slesie.* Die königlichen Statthalter des Herzogtums Breslau und Schlesiens im 14. und 15. Jahrhundert]. In: Pysiak, Jerzy/Pieniądz-Skrzypczak, Aneta/Pauk, Marcin R. (Hg.): Monarchia w średniowieczu. Władza nad ludźmi, władza nad terytorium. Warszawa/Kraków 2002, 169-225.

Der König von Böhmen, der über die Erbfürstentümer frei verfügen konnte, ließ sich Zeit, um sie mit neuen, landfremden Dynastien zu besetzen. Auf diese Weise kam 1453 Georg von Podiebrad, der damalige Landesverweser Böhmens, in das Herzogtum Münsterberg und das Glatzer Land. Seine Nachkommen erhielten 1495 auch das Herzogtum Oels, mußten jedoch vorübergehend auf Münsterberg und Glatz verzichten. Nach ihrem Aussterben folgte ihnen im Herzogtum Oels 1648 das Haus Württemberg. Zur Übernahme eines Herzogtums konnte es auch auf andere Weise kommen, etwa durch Kauf oder durch Pfandherrschaft. So übernahmen benachbarte Territorien einige im Grenzgebiet gelegene schlesische Gebiete. In den Jahren 1443, 1447 und 1454 gingen die Herzogtümer Sewerien, Zator und Auschwitz entweder in den Besitz des Krakauer Bischofs über oder wurden Lehen des polnischen Königs und der Polnischen Krone, um schließlich Teil des Königreichs Polen und der Woiwodschaft Krakau zu werden. Das Herzogtum Auschwitz-Zator bildete den sogenannten schlesischen Kreis, während Sewerien ein gesondertes Gut des Krakauer Bischofs wurde. Diese drei Herzogtümer als Ganzes wurden im damaligen Polen als Schlesien bezeichnet, wobei es sich hier formell um „Polnisch-Schlesien" handelte.[19] Außerdem gelangte das Herzogtum Sagan 1474 zum Teil an die sächsischen Kurfürsten. Ein anderes deutsches Herrschergeschlecht, die Hohenzollern, erhielt hingegen ab 1482 das Herzogtum Crossen als Pfand, das schließlich 1535 – faktisch als „Brandenburgisch-Schlesien" – Bestandteil der Neumark wurde. Auch das Herzogtum Jägerndorf erhielten die Hohenzollern 1523 als Lehen.

Trotz der lehnsrechtlichen Abhängigkeit der schlesischen Fürstentümer und der Veränderungen in ihrem Status dauerte die Umgestaltung der territorialen Struktur Schlesiens weiterhin an, obgleich ein großer Teil dieser Änderungen nur vorübergehenden Charakter hatte. Zu Beginn des 16. Jahrhunderts existierten in Schlesien folgende Fürstentümer, die bis 1740 Bestand hatten: Breslau, Glogau, Sagan, Liegnitz, Wohlau, Brieg, Oels, Schweidnitz-Jauer, Münsterberg, Neisse-Grottkau, Oppeln-Ratibor, Teschen, Troppau und das daraus entstandene Jägerndorf.

Am Ende des 15. Jahrhunderts tauchten in der politisch-territorialen Struktur des Landes neue Einheiten auf: die aus den bestehenden Herzogtümern herausgetrennten Standesherrschaften. Unterteilt wurden sie in größere, das heißt freie Standesherrschaften (*status maior*) und kleinere Minderstandesherrschaften (*status minor*). Bis zum Ende des 17. Jahrhunderts existierten ununterbrochen vier freie Standesherrschaften: Trachenberg, Militsch, Groß Wartenberg und Pleß. 1697 entstanden zwei neue durch Erhebung von Minderstandesherrschaften: Beuthen in Oberschlesien und Beuthen-Carolath. Zu den Minderstandesherrschaften zählten zu Beginn des 17. Jahrhunderts zehn Territorien: Beuthen-Carolath, Bielitz, Friedek, Freistadt, Olbersdorf, Groß Peterwitz, Auras, Sulau, Großburg und Rothsürben.[20] Der rechtli-

---

19 Kromer, Marcin: Polska czyli o położeniu, ludności, obyczajach, urzędach i sprawach publicznych Królestwa polskiego księgi dwie [Polen oder zwei Bücher über die Lage, Bevölkerung, Bräuche, Ämter und öffentlichen Angelegenheiten des Königreichs Polen]. Bearb. v. Roman Marchwiński. Olsztyn ²1984 [¹1977], 23, 117, 134, 137, 139, 162, 167.

20 Ptak, Marian J.: Lenno zamkowe Żórawina (1608–1615) [Das Burglehen Rothsürben (1608–1615)]. In: Acta Universitatis Wratislaviensis 2294. Prawo 273 (2001) 71-82.

che Status der freien Standesherren entsprach der Stellung der anderen schlesischen Fürsten, obwohl sie nicht den Herzogstitel besaßen. In der Hierarchie standen sie unmittelbar unter den Fürsten, was sich beispielsweise im Zeremoniell bei wichtigen Feierlichkeiten zeigte, an denen der König teilnahm: Die Fürsten schritten immer voran, die freien Standesherren folgten ihnen. Die minderen Standesherren hatten dagegen einen den freien Standesherren ähnlichen Status, ohne freilich zur privilegierten Gruppe der Fürsten und freien Standesherren zu gehören, das heißt ohne Sitz und Stimme in den gesamtschlesischen ständischen Organen, dem Fürstentag sowie dem Ober- und Fürstenrecht.[21]

2 Karte „Das Fürstenthum Gros-Glogau mit der Freyen Standes-Herrschaft Nieder-Beuthen in Schlesien", kolorierter Kupferstich von Johann Georg Schreiber. Der Besitzkomplex der Freiherren von Schönaich wurde 1698 zur Freien Standesherrschaft Beuthen erhoben und als solche auf der Karte eingezeichnet. Der Standesherr Hans Georg Freiherr von Schönaich wurde zwei Jahre später in den erblichen Reichsgrafenstand erhoben. 1741 verlieh König Friedrich II. von Preußen Hans Carl Graf von Schönaich den Titel eines Fürsten und erhöhte die Standesherrschaft zum Fürstentum. Stiftung Kulturwerk Schlesien, Würzburg, Historische Landkarten.

---

21 Ders.: Pozycja publicznoprawna wolnych panów stanowych na Śląsku [Die öffentlich-rechtliche Stellung der freien Standesherren in Schlesien]. In: Acta Universitatis Wratislaviensis 1477. Prawo 222 (1993) 79-102.

In der Verwaltungsstruktur Schlesiens nahmen die Städte eine wichtige Position ein. Dies galt sowohl für die königlichen Städte in den Erbfürstentümern als auch für die dem Herzog unterstehenden in den Mediatfürstentümern. Ihre Gesamtzahl betrug rund 140. Die meisten königlichen Städte hatten das Recht, eigene Vertreter in den Fürstentag zu entsenden, die dort eine eigene Kurie bildeten.

Um 1500 bot Schlesien in politischer Hinsicht eine eigentümliche föderative Struktur, bestehend aus Weichbildern, Standesherrschaften und Fürstentümern. Da die gesamtschlesischen Stände, die Stände in den einzelnen Fürstentümern und Standesherrschaften und sogar die Stände in den Weichbildern über eigene Rechte und Privilegien verfügten, war diese Struktur durch einen weit entwickelten rechtlichen Regionalismus gekennzeichnet, unter anderem durch Ständeversammlungen auf unterschiedlichen Ebenen.[22] In dieser Situation tauchten Bestrebungen auf, ein Repräsentativorgan zu schaffen, das sich den wichtigsten Anliegen der gesamten Region widmen sollte.[23] Die Anfänge dieser Bestrebungen können schon ab dem Ende des 14. Jahrhunderts beobachtet werden. Sie verstärkten sich in der Hussitenzeit, als die wichtigsten politischen Kräfte zur Kooperation gezwungen waren, um die innere Sicherheit zu gewährleisten. Die damals einberufenen Versammlungen nahmen am häufigsten die Form einer Konföderation an, deren Zuständigkeit allmählich erweitert wurde. Sie paßten sich den aktuellen politischen Problemen an, indem sie unter anderem Landfrieden beschlossen.[24]

---

22 Ders.: Zgromadzenia i urzędy stanowe księstwa głogowskiego od początku XIV w. do 1742 r. [Die ständischen Versammlungen und Ämter des Herzogtums Glogau vom Beginn des 14. Jahrhunderts bis 1742]. Wrocław 1991 (Acta Universitatis Wratislaviensis 1344. Prawo 210); ders.: Zgromadzenia stanowe księstwa legnickiego (1311–1741) [Die Ständeversammlungen des Herzogtums Liegnitz (1311–1741)]. In: Acta Universitatis Wratislaviensis 2070. Prawo 261 (1998) 19-81; ders.: Zgromadzenia stanowe księstwa brzeskiego (1311–1742) [Die Ständeversammlungen des Herzogtums Brieg (1311–1742)]. Ebd., 1853. Prawo 249 (1996) 39-105; ders.: Urzędy stanowe księstwa brzeskiego (1311–1742) [Die ständischen Ämter des Herzogtums Brieg (1311–1742)]. Ebd., 1953. Prawo 256 (1997) 19-46; ders.: Zgromadzenia i urzędy stanowe księstwa cieszyńskiego [Die ständischen Versammlungen und Ämter des Herzogtums Teschen]. Ebd., 1193. Prawo 191 (1992) 31-60; ders.: Zgromadzenia i urzędy stanowe księstwa karniowskiego (1377–1743) [Die ständischen Versammlungen und Ämter des Herzogtums Jägerndorf (1377–1743)]. Ebd., 1247. Prawo 194 (1992) 47-82; ders.: Zgromadzenia i urzędy stanowe wolnego państwa pszczyńskiego (1517–1742) [Die ständischen Versammlungen und Ämter der freien Standesherrschaft Pleß (1517–1742)]. Ebd., 1692. Prawo 240 (1994) 105-153; ders.: Zgromadzenia i urzędy stanowe wolnego państwa sycowskiego (1489–1742) [Die ständischen Versammlungen und Ämter der freien Standesherrschaft Groß Wartenberg (1489–1742)]. Ebd., 1277. Prawo 197 (1992) 5-29; ders.: Zgromadzenia i urzędy stanowe wolnego państwa żmigrodzkiego (1492–1742) [Die ständischen Versammlungen und Ämter der freien Standesherrschaft Trachenberg (1492–1742)]. Ebd., 1384. Prawo 213 (1992) 29-58; ders.: Zgromadzenia i urzędy stanowe wolnego państwa milickiego (1521–1742) [Die ständischen Versammlungen und Ämter der freien Standesherrschaft Militsch (1521–1742)]. Ebd., 1444. Prawo 215 (1992) 19-26; Hatalska, Marta: Sejmik księstwa opolsko-raciborskiego w latach 1564–1742 [Der Landtag des Herzogtums Oppeln-Ratibor in den Jahren 1564–1742]. Wrocław 1979.

23 Orzechowski, Kazimierz: Ogólnośląskie zgromadzenia stanowe [Gesamtschlesische Ständeversammlungen]. Warszawa/Wrocław 1979.

24 Jurek, Piotr: Śląskie pokoje krajowe. Studium historyczno-prawne [Schlesische Landfrieden. Eine rechtshistorische Studie]. Wrocław 1991 (Acta Universitatis Wratislaviensis 1094. Prawo 176).

Als erste Zusammenkunft eines gesamtschlesischen Vertretungsorgans, das Landtag genannt wurde, wird im allgemeinen die für den 25. Oktober 1469 nach Breslau
einberufene Versammlung angesehen, die der Stellungnahme zur Wahl des Matthias
Corvinus zum König von Böhmen diente. Zu Beginn des 16. Jahrhunderts verfügte der schlesische Fürstentag bereits über eine vollständig entwickelte Organisation. Das Recht, an den Sitzungen teilzunehmen, hatten die Fürsten und die freien
Standesherren, die die erste Kurie bildeten. Den beiden anderen Kurien gehörten
gewählte Vertreter der Ritter und Städte an. Der Fürstentag sollte vom König oder
seinem Vertreter einberufen und vom Breslauer Bischof geleitet werden. Seine Kompetenzen beschränkten sich im Grunde auf die inneren Angelegenheiten Schlesiens;
in anderen Fällen bestand lediglich die Möglichkeit, eigene Wünsche zu äußern.
Für die Ausführung der Fürstentagsbeschlüsse war der Oberlandeshauptmann ver-
antwortlich, der stets ein schlesischer Fürst sein sollte. Dieses Amt gehörte wie der
Fürstentag und das Ober- und Fürstenrecht zu den gesamtschlesischen Institutio-
nen, die seit der Regierungszeit König Matthias Corvinus' (1469–1490) von der
Tendenz zeugten, gemeinsame administrative Strukturen oberhalb der politischen
Teilfürstentümer zu errichten. Dieser unter der Herrschaft des Jagiellonenkönigs
Wladislaw (1490–1516) verstärkte Prozeß führte zur Bildung eines eigenen Landes
Schlesien im Rahmen der Böhmischen Krone.

Unter den neuen Bedingungen war die innere Gliederung des Landes in Fürstentümer und freie Standesherrschaften in der Frühen Neuzeit durch eine deutlich
größere Stabilität gekennzeichnet als in früheren Zeiten. Auf ihrer Grundlage entstanden weitere gesamtschlesische Elemente, etwa das Steuer- und Verteidigungssystem.
Die ständische Struktur des Fürstentags, der sich aus drei Kurien (Fürsten
und freie Standesherren, Ritter und Städte) zusammensetzte, festigte sich. Der
Oberlandeshauptmann berief den Fürstentag ein, leitete die Beratungen und war
zugleich dessen Ausführungsorgan. Andererseits war er weiterhin der Hauptvertreter
des Königs in Schlesien. Auf diese Weise formierte sich eine eigentümliche dua-
listische, königlich-ständische Struktur der Herrschaft in Schlesien. Während
des Dreißigjährigen Krieges wurde das Amt des Oberlandeshauptmanns 1629 in
ein Kollegialorgan, das Oberamt, umgebildet, das das höchste königliche Amt in
Schlesien blieb.

5. Schlesien in der preußischen Monarchie (1740–1918)

Im Dezember 1740 begann der preußische König Friedrich II. unter dem Vor-
wand, das Erbe der 1675 ausgestorbenen Piasten von Liegnitz und Brieg anzu-
treten, mit der Eroberung Schlesiens, die mit der Inbesitznahme fast ganz Schlesiens und der Grafschaft Glatz endete – mit Ausnahme eines südlichen Streifens
östlich der Grafschaft Glatz, das heißt von Teilen der Fürstentümer Neisse, Jägerndorf und Troppau sowie des ganzen Herzogtums Teschen mit den dortigen
Minderstandesherrschaften. Das dadurch entstandene Preußisch-Schlesien wurde
anfänglich als „Herzogtum Niederschlesien" bezeichnet, dann als „Souveränes Her-

zogtum Schlesien und Grafschaft Glatz". Neben dieser zweigliedrigen Bezeichnung tauchte parallel auch eine neue auf: Provinz Schlesien. Das von Preußen eroberte Schlesien wurde bereits 1741 in zwei Kammer-Departements aufgeteilt, die von Kriegs- und Domänenkammern in Breslau und Glogau verwaltet wurden.[25] Die nach geographischen Gegebenheiten und praktischen Überlegungen gebildeten Departementgrenzen wichen von den älteren Grenzen der Fürstentümer und Standesherrschaften ab. Der Aufbau neuer Verwaltungsstrukturen war begleitet von der Auflösung aller ständischen Institutionen auf gesamtschlesischer Ebene und in den Fürstentümern und Standesherrschaften (Fürsten- und Landtage, Ausschüsse und Ämter); beibehalten wurde allerdings das partikulare Rechtssystem.

Im Jahr 1741 wurden anstelle der Weichbilder auch Kreise gebildet, deren Ausdehnung sich an den bisherigen Weichbildgrenzen orientierte, wobei die

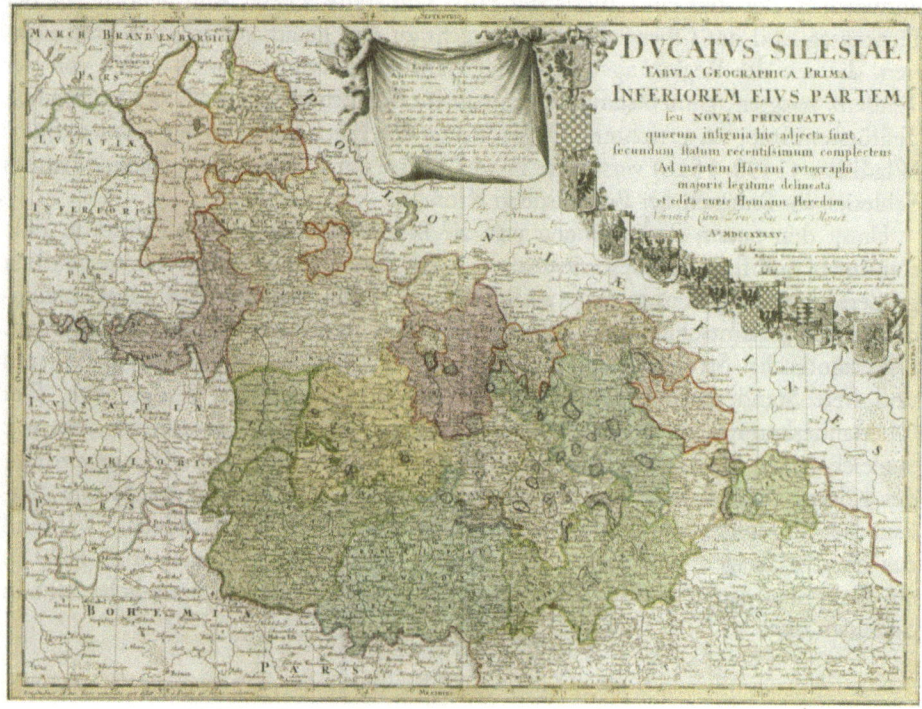

3 Die älteste Übersichtskarte Niederschlesiens, die auf der Grundlage amtlicher Vermessungen von dem bekannten Kartographen Johann Matthias Hase (1684-1742) angefertigt worden ist, wurde erst nach dessen Tod im Jahr 1745 herausgegeben. Historisch aufschlußreich ist dabei die eigentlich nicht zu erwartende Beibehaltung der Einteilung Schlesiens in Herzogtümer und Standesherrschaften sowie die Markierung der alten Weichbildgrenzen.
Biblioteka Uniwersytecka we Wrocławiu, Karte, Sign. 2462-IV.B.

---

25 Baumgart, Peter: Die Annexion und Eingliederung Schlesiens in den friderizianischen Staat. In: ders. (Hg.): Expansion und Integration. Zur Eingliederung neugewonnener Gebiete in den preußischen Staat. Köln/Wien 1984 (Neue Forschungen zur brandenburg-preußischen Geschichte 5), 81-118.

Weichbilder meistens in ihrer bisherigen Gestalt fortlebten oder benachbarte kleinere Weichbilder zu größeren zusammengelegt und Enklaven aufgelöst wurden. Insgesamt entstanden 48 Kreise, die jeweils nach der Kreisstadt benannt wurden. 1741 wurde ebenfalls die Organisation der Kreise und der Kreisstände geregelt. In jedem Kreis waren ein Landrat (selten zwei), zwei Kreisdeputierte (gelegentlich einer), ein „March Commissarius", ein Einnehmer, ein Kreisphysikus, ein Kreisschreiber und zwei „Ausreuter" beziehungsweise Landdragoner vorgesehen, die aus der einheimischen Ritterschaft zu wählen waren. Der Landrat war im Gegensatz zum Kreisältesten ein königlicher Beamter, doch die Kandidaten wurden vom Kreistag – der „Versammlung der Kreis Eingesessenen", im Grunde einer Fortsetzung des Weichbildtags unter preußischen Bedingungen – aus den Rittergutsbesitzern des Kreises gewählt. Diese zentrale Versammlung hatte nur in denjenigen Kreisen ihre Existenzberechtigung, wo eine größere Zahl von Adeligen wohnte. Nur dann nämlich konnte der Adel als Partner des Landrats auftreten und eine größere Rolle im Kreis spielen. Anderswo wurde die Mehrzahl der Routineangelegenheiten per Umlauf erledigt. In den siebziger Jahren des 18. Jahrhunderts bewegte sich die Zahl kreisangehöriger Adeliger zwischen fünf (Sprottau, Brieg, Groß Strehlitz) und 64 (Trebnitz). Bei Berücksichtigung der Gesamtzahl der ansässigen Adeligen ergibt sich für jeden Kreis ein Durchschnittswert von zwanzig Personen.

Die Kreise waren Verwaltungseinheiten für die ländlichen Gebiete, so daß 1741 auch für die städtische Verwaltung zehn eigenständige Einheiten eingerichtet wurden, die als Steuerratliche Departements bezeichnet wurden. Für militärische Aufgaben wurden 1742 insgesamt 15 Kantonbezirke eingerichtet; im Gerichtswesen entstanden Gerichtsbezirke, die den Oberamts-Regierungen untergeordnet waren. Deren räumliche Ausdehnung wiederum deckte sich mit den Kammerdepartements. Anfangs gab es zwei solche Regierungsbezirke, Breslau und Glogau; 1744 wurde ein dritter Regierungsbezirk für Oberschlesien mit Sitz zuerst in Oppeln, später in Brieg gebildet. Aus diesen Regierungsbezirken wurden allerdings auf den Gebieten einiger privilegierter Fürsten und Standesherren zwölf sogenannte Mediatregierungen ausgeklammert mit Sitz in Sagan (poln. Żagań), Carolath (poln. Siedlisko), Trachenberg (poln. Żmigród), Militsch, Goschütz (poln. Goszcz), Groß Wartenberg (poln. Syców), Oels (poln. Oleśnica), Neisse, Leobschütz (poln. Głubczyce), Loslau (poln. Wodzisław Śląski), Pleß (poln. Pszczyna) und Tarnowitz (poln. Tarnowskie Góry). Hierbei handelte es sich um ein Relikt früherer Gerichtshoheit der Fürsten und Standesherren in Schlesien, das sich unter den Bedingungen der absoluten Monarchie in Preußen erhalten konnte.

In diesem Zeitraum müssen auch die neuentstandenen Adelsbezirke erwähnt werden, die ihre Entstehung der Einberufung der Schlesischen Landschaft im Jahr 1770 verdanken, einer ständischen Kreditanstalt, deren territoriale Organisation in großem Maß an die vorpreußische Einteilung in Fürstentümer, freie und Minderstandesherrschaften sowie teilweise an die preußische Kreiseinteilung anknüpfte.[26]

---

26 Schlesisches Allergnadigst Confirmirtes Landschafts=Reglement. De Dato Breßlau, den 9ten Julii, 1770, Zu haben bey Wilhelm Gottlieb Korn.

Das gesamte preußische Schlesien wurde in acht Fürstentums-Landschaften eingeteilt, in denen sogenannte Fürstentums-Collegien arbeiteten. Es handelte sich dabei
um die Oberschlesische Landschaft, die Landschaft des Departements Breslau, des
Fürstbistums Breslau, Oels, Schweidnitz-Jauer, Liegnitz-Wohlau, Glogau-Sagan und
Münsterberg-Glatz. Flächenmäßig am größten war die Oberschlesische Landschaft,
am kleinsten die Landschaft des Fürstbistums Breslau. Die militärische Niederlage
Preußens in den Napoleonischen Kriegen führte zu einer Staatsreform, die nicht
ohne Folgen für die territorial-administrative Struktur Schlesiens blieb. 1808 wurden die Kriegs- und Domänenkammern in Regierungen umbenannt, die ihre
Zuständigkeit auf dem Gebiet der Rechtsprechung verloren, so daß ihre Bezirke
als Regierungsdepartements bezeichnet wurden. 1809 hob man den Dualismus
einer getrennten Verwaltung der ländlichen, in Kreisen organisierten Gebiete
und der Städte mit ihren Steuerratlichen Departements auf, wobei die Städte in
die Kreise eingegliedert und den Landräten unterstellt wurden. Eine Ausnahme
stellte Breslau dar, das 1812 aus der Kreisverwaltung ausscherte. Die Grenzen der
militärischen Kantonbezirke und der Gerichtsbezirke wurden an die allgemeine
Verwaltungsgliederung angepaßt. Ab 1815 bestand Preußen aus zehn Provinzen,
unter denen an fünfter Stelle Schlesien stand. Dabei verlor diese Provinz den Kreis
Schwiebus und erhielt im Gegenzug drei oberlausitzische Kreise (Lauban, Görlitz und
Rothenburg) und 1825 einen – am weitesten nach Westen ausgreifenden – vierten
Kreis Hoyerswerda. Die Erfordernisse einer effizienten Verwaltung machten vor allem
in den Jahren 1815 bis 1821 eine Anpassung von Kreisgrenzen nötig. Zur Bildung
neuer Kreise kam es in späterer Zeit nur selten. 1854 wurde aus dem Kreis Glatz
der Kreis Neurode ausgegliedert und 1873 aus dem oberschlesischen Kreis Beuthen
die Kreise Tarnowitz, Zabrze und Kattowitz, was die Zahl der Kreise auf 61 anhob.
1875 tauchten mit Breslau, Liegnitz und Görlitz auch die ersten Stadtkreise auf. Ihre
Zahl stieg im Lauf der Zeit weiter an, vor allem im oberschlesischen Industriegebiet.
Die gesamte Provinz wurde in vier Regierungsbezirke eingeteilt, deren Namen sich
an geographischen Gegebenheiten orientierten: Niederschlesien mit Sitz in Liegnitz
(13 Kreise), Mittelschlesien mit Sitz in Breslau (14 Kreise), Gebirgsschlesien mit
Sitz in Reichenbach (poln. Dzierżoniów) (14 Kreise) und Oberschlesien mit Sitz
in Oppeln (14 Kreise). Die geographischen Bezeichnungen waren jedoch schon
bald nicht mehr in Gebrauch, so daß diese Verwaltungseinheiten nach deren
Hauptstädten benannt wurden. 1820 folgte die Auflösung des Regierungsbezirks
Reichenbach, dessen Kreise auf die Bezirke Breslau und Liegnitz verteilt wurden.
Mit der Aufhebung der patrimonialen Gerichtsbarkeit und der Polizeigewalt der
Gutsbesitzer bildeten sich nach 1872 Amtsbezirke, die mehrere Gemeinden und
Gutsbezirke umfaßten. Am Ende des 19. Jahrhunderts gab es in der ganzen Provinz
insgesamt 1.571 Amtsbezirke.

Im Jahr 1824 wurde eine gesamtschlesische ständische Vertretung unter dem
Namen „Provinzial-Landtag des Herzogtums Schlesien, der Grafschaft Glatz und
des Markgraftums Oberlausitz Preußischen Anteils" reaktiviert, so daß für den Adel
und andere Besitzer der Rittergüter besondere Wahlkreise, bestehend aus vier bis
fünf benachbarten Kreisen, eingerichtet wurden. Insgesamt bestanden zwölf solche

4 Verwaltungskarte Schlesiens von 1905, auf der die Einteilung in Kreise und Regierungsbezirke erkennbar ist.
Privatsammlung Dr. Wojciech Mrozowicz.

Wahlkreise: Glogau, Liegnitz, Hirschberg, Schweidnitz, Glatz, Breslau, Wohlau, Oels, Brieg, Groß Strehlitz, Ratibor und Neustadt. Der adelige Charakter dieser Bezirke blieb – mit einigen Änderungen im Zusammenhang mit der Entstehung neuer Kreise – formell bis 1875 erhalten, als die Provinzialordnung desselben Jahres ein neues Wahlsystem für den schlesischen Landtag festlegte und die Wahl nur noch in den Kreisen erfolgte. Jeder Kreis bildete fortan – ohne Unterschied des Standes – einen Wahlkreis. Dieses Gesetz beseitigte somit die letzten formellen Relikte eines ständischen Systems im politischen Leben Schlesiens, darunter auch die gesonderte territoriale Organisation des Adels. Zu den größten Errungenschaften des schlesischen Landtags zählt die Vorbereitung umfangreicher Gesetzesinitiativen zur Kodifikation des schlesischen Provinzialrechts in den dreißiger Jahren des 19. Jahrhunderts, auf die man jedoch nach 1848 verzichtete.

6. Österreichisch-Schlesien von 1740 bis 1918

Österreichisch-Schlesien, das auch als Mährisch-Schlesien bezeichnet wurde, setzte sich aus zwei getrennten Gebieten zusammen: dem Teschener und dem Troppau-Jägerndorfer Gebiet, die später als Teschener Schlesien und Troppauer Schlesien bezeichnet wurden. Im einzelnen handelte es sich dabei um das ganze

Herzogtum Teschen, Teile der Fürstentümer Troppau, Jägerndorf und Neisse sowie zwölf Minderstandesherrschaften.[27] Bereits 1743 wurde Bielitz durch besonderes kaiserliches Diplom zur freien Standesherrschaft erhoben, 1752 zum Fürstentum und zwei Jahre später zum Herzogtum. Die genannten Fürstentümer
und Minderstandesherrschaften wurden als „obere Landesstände" bezeichnet, die
übrigen Herrschaften und Güter – insgesamt 127 – als „fürstliche Stände" oder
als „Stände der Fürstentümer". Die Stände in diesen Fürstentümern unterstanden
der Jurisdiktion der durch die Fürsten eingerichteten Ämter und Regierungen.
Darüber hinaus bestanden sowohl im Herzogtum Teschen als auch gemeinsam in
den Herzogtümern Troppau und Jägerndorf jeweils ein eigenständiges Landrecht
als Gericht. In jedem der Fürstentümer existierte eine Hierarchie der höheren und
niederen Landesbeamten („Ober- und Unter-Landes-Officiere"), eigene Landbücher
und eigenes Landesrecht. Die Minderstandesherren unterstanden unmittelbar der Jurisdiktion des „Oberherzogs in Schlesien", also des böhmischen Königs. Die Fürsten
und Stände dieses kleinen Gebiets behielten ihre bisherigen Rechte und Privilegien
sowie die wichtigsten ständischen Institutionen, den Fürstentag und Konvent („conventus publicus") mit Sitz in Troppau (tsch. Opava), Landtage, Ausschüsse und
Landgerichte sowie gesamtschlesische ständische Ämter und solche in den einzelnen
Fürstentümern.

Im Jahr 1744 ließ Maria Theresia nach preußischem Vorbild aus diesen unterschiedlichen territorial-rechtlichen Einheiten drei Kreise einrichten: Teschen,
Troppau-Jägerndorf und Neisse. Diese Kreise erfüllten Aufgaben der öffentlichen
Verwaltung, vor allem Steuer- und Militärangelegenheiten. Die Leitung eines Kreises
oblag dem Landesältesten, der ein einheimischer Adeliger, formell aber ein königlicher
Beamter war und dem ein besonderer Beamtenapparat unterstand, bestehend aus einem Einnehmer beziehungsweise „Steuer-Cassier", einem „Executions-Commissar"
sowie einem (im Kreis Neisse) beziehungsweise zwei Landesdragonern. Jeder Kreis
verfügte über eine eigene Kreiskasse. Um die Kontinuität der Amtsführung zu gewährleisten, wurden später in jedem Kreis ein bis drei Kreiskommissare als Vertreter
des Landesältesten ernannt. Die Gerichtshoheit, auch über den Adel, überließ man
den fürstlichen Ämtern und Regierungen: in Teschen (poln. Cieszyn, tsch. Těšín) für
das gleichnamige Herzogtum, in Troppau und Jägerndorf (tsch. Krnov) (seit 1746
nur in Troppau) für die gleichnamigen Herzogtümer, in Weidenau (tsch. Vidnava)
(ab 1767 in Johannesberg, tsch. Jánský Vrch) für das Fürstentum Neisse sowie in
Bielitz (poln. Bielsko) für die Standesherrschaft und das spätere Herzogtum Bielitz.
Darüber hinaus funktionierten als Gerichte für Adel und Gutsbeitzer jeweils ein
Landrecht im Herzogtum Teschen und eines gemeinsam für die Herzogtümer Troppau und Jägerndorf.

---

27 D'Elvert, Christian: Die Verfassung und Verwaltung von Oesterreichisch-Schlesien, in ihrer histo-
rischen Ausbildung, dann die Rechtsverhältnisse zwischen Mähren, Troppau und Jägerndorf, so
wie der mährischen Enklaven zu Schlesien. Brünn 1854 [ND Wien 1970]; Berthold, Karl (Hg.):
Schlesiens Landesvertretung und Landeshaushalt von ihren Anfängen bis zur neuesten Zeit, Bd. 1.
Troppau 1909; Malý, Karel/Sivák, Florián: Dějiny státu a práva v Československu [Geschichte von
Staat und Recht in der Tschechoslowakei], Tl. 1. Praha 1988.

5 Christian d'Elvert (1803–1896) wurde nicht nur als herausragender Politiker in Mähren berühmt, sondern auch als Autor umfangreicher historischer Werke, die der Kultur- und Verfassungsgeschichte vor allem Österreichisch-Schlesiens gewidmet waren. Die Abbildung zeigt das Titelblatt einer bis zur Gegenwart äußerst wertvollen Darstellung zur Verwaltungsgeschichte des nach 1740 bei Österreich verbliebenen Teils von Schlesien.
Privatsammlung Dr. Wojciech Mrozowicz.

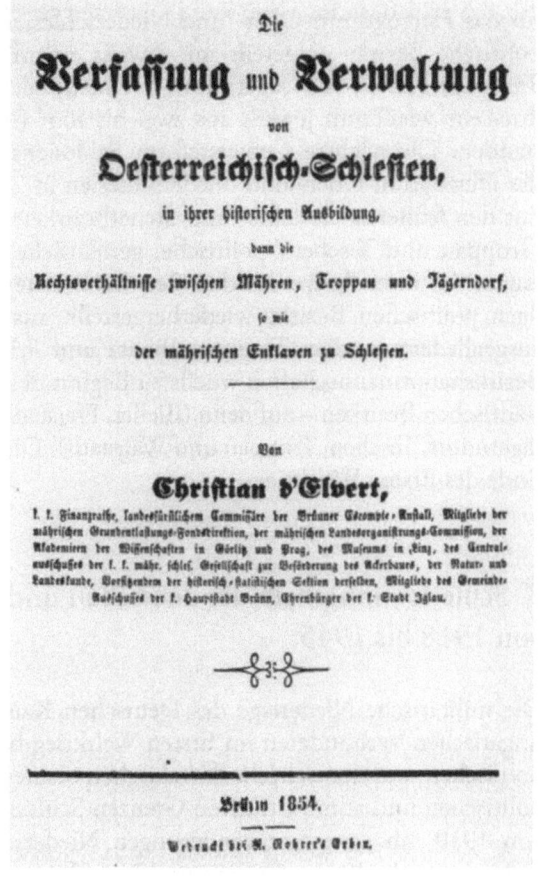

Im Jahr 1782 wurde das königliche Oberamt in Troppau aufgelöst; seine Kompetenzen übertrug man an das mährische Gubernium in Brünn (tsch. Brno). Beibehalten wurde jedoch – mit geringen Änderungen – die innere Struktur Schlesiens einschließlich der ständischen Ordnung. Dies offenbarte zugleich die Tendenz zur Beseitigung der territorial-rechtlichen Eigenständigkeit Schlesiens. Ein Jahr später wurde ein kleiner Teil Schlesiens in den mährischen Kreis Prerau eingegliedert, während das restliche Land auf die Kreise Teschen und Troppau-Jägerndorf mit der Hauptstadt Jägerndorf (1793 nach Troppau verlegt) aufgeteilt wurde. Proteste schlesischer Fürsten und Stände, die die Zugehörigkeit schlesischer Orte zu schlesischen Kreisen forderten, führten zu entsprechenden Grenzkorrekturen in den Jahren 1793 und 1797. Dabei wurden auch die mährischen Enklaven der Kreisverwaltung in Troppau unterstellt, jedoch unter Beibehaltung anderer politisch-rechtlicher Bindungen an Mähren.

Diese politisch-administrative Gliederung bestand bis 1848. Im Verlauf der Revolution erhielt Schlesien den Status eines österreichischen Kronlandes mit einer eigenen, durch das kaiserliche Patent von 1849 erlassenen „Landesverfassung für das Herzogthum Ober- und Niederschlesien". Das Kronland wurde in sieben politische Bezirke eingeteilt mit jeweils einem Bezirkshauptmann an der Spitze: Troppau, Freiwaldau, Jägerndorf, Freudenthal, Teschen, Friedek und Bielitz, die ihrerseits wiederum jeweils aus zwei bis fünf (insgesamt 22) Gerichtsbezirken bestanden. Die nächste Gebietsreform Schlesiens wurde 1855 durchgeführt, wobei das Herzogtum Ober- und Niederschlesien in 22 Bezirke eingeteilt wurde, die sich mit den früheren Gerichts- und Steuerbezirken deckten und mit zwei Ausnahmen (Troppau und Teschen) politische, gerichtliche und steuerliche Kompetenzen besaßen. An ihrer Spitze standen Bezirksvorsteher. 1868 wurden die sieben ehemaligen politischen Bezirke wiederhergestellt, aus denen Städte mit eigenem Statut ausgegliedert wurden: Troppau, Bielitz und Friedek (tsch. Frýdek). Die Zahl der Bezirkshauptmannschaften wuchs zu Beginn des 20. Jahrhunderts – neben den drei städtischen Bezirken – auf neun (Bielitz, Freistadt, Freiwaldau, Freudenthal, Friedek, Jägerndorf, Teschen, Troppau und Wagstadt). Diese Gliederung überdauerte bis zum Ende des Ersten Weltkriegs.

7. Schlesien innerhalb des deutschen und des polnischen Staates von 1918 bis 1945

Die militärische Niederlage des Deutschen Kaiserreichs und seines österreichisch-ungarischen Verbündeten im Ersten Weltkrieg brachte – infolge der Gründung des polnischen und des tschechoslowakischen Staates – wesentliche Änderungen für die politischen und administrativen Grenzen Schlesiens mit sich. Der Versailler Vertrag von 1919 sah erste Grenzänderungen Niederschlesiens zu Polen vor, das kleine Gebietsteile der Kreise Guhrau und Namslau sowie einen größeren Teil des Kreises Groß Wartenberg erhielt. An die Tschechoslowakei fiel das gesamte Troppauer Schlesien, das heißt der Westteil Österreichisch-Schlesiens, mit dem südlichen Teil des Kreises Ratibor, dem sogenannten Hultschiner Ländchen, das bis dahin zum preußischen Teil Schlesiens gehört hatte. Über die staatliche Zugehörigkeit der zwischen Polen und dem Deutschen Reich umstrittenen Teile Oberschlesiens sollte eine Volksabstimmung entscheiden, über die Teilung des Teschener Schlesien zwischen Polen und der Tschechoslowakei ein internationaler Schiedsspruch. Über den endgültigen Verlauf der Grenze zwischen Polen und Deutschland in Oberschlesien entschieden jedoch die drei Schlesischen Aufstände und der Beschluß der Botschafterkonferenz vom 20. Oktober 1921, wobei der Republik Polen die Kreise Kattowitz und Pleß ganz, der größte Teil der Kreise Lublinitz, Tarnowitz und Rybnik, Teile der Kreise Beuthen und Hindenburg O.S., der östliche Teil des Kreises Ratibor bis zur Oder, kleine Gebietsstreifen des Kreises Tost-Gleiwitz sowie die Stadtkreise Königshütte und Kattowitz zugesprochen wurden.

Auch über den Grenzverlauf zwischen Polen und der Tschechoslowakei im Teschener Schlesien entschied endgültig die Botschafterkonferenz am 28. Juli 1920. Die Grenze verlief entlang des Flusses Olsa, ließ aber die Umgebung von Freistadt

(tsch. Fryštát) auf der tschechoslowakischen Seite. Der bei Deutschland verblie-
bene Teil Oberschlesiens wurde seitdem im amtlichen deutschen Schriftverkehr
als Westoberschlesien beziehungsweise Deutsch-Oberschlesien, der an Polen ge-
fallene als Ostoberschlesien, Polnisch-Oberschlesien beziehungsweise Polnisch-
Schlesien bezeichnet. Für den polnischen Teil Oberschlesiens wurde im polnischen
Schriftverkehr die Bezeichnung Woiwodschaft Schlesien gebraucht, die sich allerdings auf die gesamte Woiwodschaft mit dem östlichen Teil des Teschener Schlesien
bezog. Die Woiwodschaft, deren Hauptstadt Kattowitz (poln. Katowice) war, bestand aus zehn Land- und drei Stadtkreisen (Kattowitz, Bielitz und Königshütte).
Durch das vom polnischen Sejm beschlossene Organische Statut von 1920 erhielt
die Woiwodschaft eine weitgehende Autonomie.

Die 1919 gegründete Weimarer Republik war ein aus Ländern zusammengesetz-
ter Bundesstaat. Eines dieser Länder war der Freistaat Preußen, seit 1920 mit einer
eigenen Landesverfassung. Verwaltungsmäßig gliederte sich Preußen in Provinzen,
Regierungsbezirke und Kreise. In der Weimarer Republik hatte Schlesien den Status
einer Provinz, die 1919 in zwei Provinzen geteilt wurde: Niederschlesien mit Breslau
und Oberschlesien mit Oppeln als Hauptstadt. Während Niederschlesien aus den
Regierungsbezirken Breslau und Liegnitz bestand, war Oberschlesien mit dem
Regierungsbezirk Oppeln identisch. Die Entscheidung der Botschafterkonferenz
von 1921 veränderte auch die Kreisgrenzen in Oberschlesien und ließ sogenannte
Restkreise entstehen (Lublinitz, Rybnik und Tarnowitz). Die beiden letzteren wur-
den benachbarten Kreisen eingegliedert, während aus dem Restkreis Lublinitz der
Kreis Guttentag gebildet wurde. 1933 wurde die föderale Gliederung des Reiches
aufgehoben, so daß Nieder- und Oberschlesien aufhörten, Provinzen des Freistaats
Preußen zu sein. Die Gliederung in zwei schlesische Provinzen blieb bis 1938 er-
halten, als die administrative Einheit Schlesiens wiederhergestellt wurde. Im selben
Jahr fielen das Hultschiner Ländchen an den Kreis Ratibor und nach Auflösung der
Grenzmark Posen-Westpreußen der Kreis Fraustadt und der südliche Teil des Kreises
Bomst an Schlesien.

Der Angriff Deutschlands auf Polen im September 1939 führte zur Eingliederung
von Teilen Polens in die Provinz Schlesien und damit zur Ausweitung des deutschen
Rechtssystems. Im Osten Oberschlesiens betraf dies die gesamte Woiwodschaft
Schlesien einschließlich des Olsagebiets sowie die Kreise Saybusch, Biala und
Bendzin ganz, Teile der Kreise Wadowitz, Chrzanów, Olkusch und Zawiercie, ei-
nen Teil des Kreises Tschenstochau als Kreis Blachownia sowie den Stadtkreis Sosnowitz. Dieses Gebiet bildete anfangs eine eigene Verwaltungseinheit unter dem
Namen Ostoberschlesien. 1941 wurde die Provinz Schlesien wieder zweigeteilt in
die Provinzen Niederschlesien (Hauptstadt Breslau) mit zwei Regierungsbezirken
(Breslau und Liegnitz) und Oberschlesien (Hauptstadt Kattowitz) mit ebenfalls zwei
Regierungsbezirken (Kattowitz und Oppeln). In der Provinz Oberschlesien und besonders im Regierungsbezirk Kattowitz, das auch Ostoberschlesien umfaßte, wurde
im selben Jahr die Kreiseinteilung verändert.

8. Das Troppauer und Teschener Schlesien von 1918 bis 1945

Am 29. Oktober 1918 wurde die Tschechoslowakische Republik ausgerufen, einen Tag später proklamierten die Deutschen Mährens und Schlesiens die Bildung einer Provinz Sudetenland mit der Hauptstadt Troppau, die sich einer neu zu bildenden Republik Deutsch-Österreich anschließen sollte. Die Prager Regierung beseitigte diese Ansätze eines nationalen Separatismus jedoch umgehend. 1919 wurde die Zugehörigkeit Österreichisch-Schlesiens, das fortan Tschechoslowakisch-Schlesien hieß, zur Tschechoslowakei beschlossen. Vergrößert wurde dieses Gebiet um das bis dahin preußische Hultschiner Ländchen. Die bisherige territoriale Zusammengehörigkeit Schlesiens wurde durch den tschechoslowakisch-polnischen Konflikt um das Teschener Gebiet in Frage gestellt, der zunächst durch eine am 5. November 1918 durch polnische und tschechische Vertreter, den Nationalrat des Herzogtums Teschen *(Rada Narodowa Księstwa Cieszyńskiego)* und den Nationalen Landesausschuß für Schlesien *(Zemský Narodní Výbor pro Slezsko)*, friedlich geschlossene Vereinbarung beigelegt wurde. Die ethnisch polnischen Kreise Bielitz, Teschen und ein Teil des Kreises Freistadt mit dem Karwiner Industriegebiet unterstanden aufgrund dieser Vereinbarung dem polnischen Nationalrat. Die Regierung der Tschechoslowakei akzeptierte diese Regelung jedoch nicht und fiel – unter Ausnutzung des militärischen Engagements Polens in der Ukraine und Weißrußland – militärisch in den polnischen Teil des Teschener Schlesien ein. Das tschechische Vordringen konnte mit Hilfe polnischer Truppen erst bei Skotschau (poln. Skoczów) beendet werden. Den dadurch ausgelösten Grenzkonflikt zwischen zwei neu entstandenen Staaten entschärfte die Entscheidung des Botschafterrats der Großmächte vom 28. Juli 1920: Polen erhielt nur den Kreis Bielitz und den östlich der Olsa gelegenen Teil des Kreises Teschen. Westlich der Olsa blieben ethnisch polnische Teile der Kreise Teschen und Freistadt. Von dem 2.283 Quadratkilometer großen Gebiet erhielt Polen 1.012 Quadratkilometer und 141.000 Einwohner, die Tschechoslowakei 1.270 Quadratkilometer und 293.000 Einwohner. Der polnische Teil des Teschener Schlesien wurde verwaltungsmäßig der autonomen Woiwodschaft Schlesien mit der Hauptstadt Kattowitz zugeschlagen. Auf diese Weise fand sich das historische Schlesien in den Grenzen dreier Staaten: Deutschland, der Tschechoslowakei und Polen. Im Februar 1920 beschloß das tschechoslowakische Parlament eine Neugliederung des Staates in Bezirke. Das Teschener Schlesien bildete einen eigenen Bezirk, während das Troppauer Schlesien mit Mähren verbunden wurde. Das 1927 folgende Gesetz vereinigte – in Anlehnung an die Vereinheitlichungstendenzen von 1782 bis 1849, die die administrative Zugehörigkeit Schlesiens zu Mähren festgelegt hatten – ganz Tschechoslowakisch-Schlesien mit Mähren zum Land Mähren-Schlesien. Seitdem verschwand die administrative Eigenständigkeit Schlesiens innerhalb der Tschechoslowakei, obwohl der Doppelname der neuen Verwaltungseinheit an die Region erinnerte.

Dieser Zustand im Verwaltungsgefüge des tschechoslowakischen Staates hielt bis 1938 an. Auf der Münchner Konferenz vom 29. September 1938 wurde der „Anschluß" des Sudetenlands an das Deutsche Reich beschlossen. Auf diese Weise entstand der Reichsgau Sudetenland, der sich aus drei Regierungsbezirken, darunter dem Regierungsbezirk Troppau, zusammensetzte. Dieser umfaßte den Westteil des früheren Österreichisch-Schlesien ohne das Hultschiner Ländchen, das erneut an das preußische Schlesien und den Kreis Ratibor angeschlossen wurde, sowie benachbarte mährische Gebiete.[28] Territoriale Ansprüche auf das im westlichen Teil des Teschener Schlesien gelegene Olsagebiet stellte auch Polen, das sich der schmerzhaften Ereignisse aus den Jahren 1919 und 1920 erinnerte. Ein polnisches Ultimatum ließ die tschechoslowakische Regierung verstreichen, und das polnische Militär besetzte am 2. Oktober 1938 das Olsagebiet. Das Inkorporationsdekret des polnischen Staatspräsidenten vom 11. Oktober 1938 bezeichnete das Olsagebiet als ein „wiedergewonnenes Gebiet". Der polnisch-tschechische Grenzkonflikt um das Teschener Gebiet wurde nach 1945 beigelegt und die Grenzlinie der Zeit vor 1938 wiederhergestellt. Gegenseitige Gebietsforderungen, die sich auf das ehemals österreichische und preußische Schlesien (Grafschaft Glatz, Leobschütz, Ratibor und Cosel) bezogen, wurden endgültig in einem bilateralen Abkommen „über Freundschaft und gegenseitige Hilfe" von 1947 entschieden.

9. Schlesien nach dem Zweiten Weltkrieg

Grundlegende Veränderungen in der Geschichte Schlesiens und seiner territorialen Binnenstruktur traten 1945 ein im Zusammenhang mit dem Untergang des Dritten Reiches und den vor allem auf den Konferenzen von Jalta und Potsdam getroffenen Vereinbarungen unter den Alliierten. Gemäß dem Beschluß der Provisorischen Regierung Polens vom 14. März 1945 wurden die „West- und Nordgebiete", die damals auch als „wiedergewonnene Gebiete" bezeichnet wurden, in vier Verwaltungseinheiten eingeteilt, darunter zwei schlesische: Niederschlesien und Oppelner Schlesien. Die provisorische zivile Gewalt im Namen des polnischen Staates übten in den Bezirken Bevollmächtigte der Regierung aus. Im November 1945 wurden diese Bezirke einem eigens eingerichteten „Ministerium für die wiedergewonnenen Gebiete" unterstellt. Der rechtliche Vereinheitlichungsprozeß dieser Gebiete mit dem restlichen polnischen Staatsgebiet kam im Januar 1949 zum Ende, was sich auch in der Auflösung dieses Ministeriums zeigte. Die Verwaltungsgrenzen Schlesiens im Rahmen des polnischen Staates wichen von den historischen Grenzen aus der Weimarer Republik und dem Dritten Reich ab. Im Westen wurde ein Teil der Niederlausitz mit Sorau (poln. Żary) angeschlossen, während im Osten die aus der Zwischenkriegszeit stammende Woiwodschaft Schlesien um zwei Kreise der früheren Woiwodschaft Kielce (Bendzin und Zawiercie), die bereits während der deutschen Besatzung Teil der Regierungsbezirke Kattowitz und Oppeln gewesen waren, erweitert wurde. Außerhalb dieser Grenzen blieben das frühere Österreichisch-Schlesien (von 1918 bis 1945: Tschechoslowakisch-Schlesien) ohne den 1920 Polen zugespro-

---

28 Reichsgesetzblatt 1939, I, 745, 764.

chenen Teil des Teschener Schlesien, im weiteren kleine Teile der Kreise Namslau, Groß Wartenberg und Guhrau, die im selben Jahr Polen zugefallen waren, sowie der gesamte Kreis Fraustadt, die zusammen mit den historisch schlesischen und nieder-lausitzischen Kreisen Grünberg, Schwiebus, Crossen an der Oder und Guben in die Woiwodschaft Posen eingegliedert wurden.

Die innere Gliederung dieses Gebiets legte provisorisch die Verordnung des Ministerrats vom 29. Mai 1946 fest, die zwei Woiwodschaften, Breslau mit der gleichnamigen Hauptstadt und Schlesien mit der Hauptstadt Kattowitz, einrich-tete. Die Grenze zwischen den Woiwodschaften Breslau und Schlesien verlief ent-lang der früheren Grenze zwischen den Regierungsbezirken Breslau und Oppeln. Die Woiwodschaft Breslau umfaßte 38, Schlesien 35 Kreise, was sie nach der Woiwodschaft Posen zu den größten Verwaltungseinheiten Polens machte. Eine neue Einteilung Schlesiens erfolgte 1950, das heißt zur selben Zeit, als die Grenze zwischen der Republik Polen und der Deutschen Demokratischen Republik im Görlitzer Abkommen vom 6. Juli 1950 geregelt wurde.[29] Auf dem Gebiet des hi-storischen Schlesien wurden neben den beiden bereits existierenden zwei neue Woi-wodschaften eingerichtet: Oppeln und Grünberg. Die Woiwodschaft Oppeln wur-de aus der Woiwodschaft Schlesien, die fortan Kattowitz genannt wurde, gebildet und um zwei niederschlesische Kreise der Woiwodschaft Breslau erweitert: Brieg und Namslau. Um den Gebietsverlust der Woiwodschaft Kattowitz, die von 1953 bis 1956 den Namen Stalinogród trug, auszugleichen, wurden ihr im Norden drei Kreise zugeschlagen: Myszków, Kłobuck und Tschenstochau. Die Woiwodschaft Grünberg entstand durch Verbindung einiger nördlicher Kreise der Woiwodschaft Breslau (Sagan, Freystadt, Sprottau, Sorau und Glogau) mit mehreren westlichen Kreisen der Woiwodschaft Posen und umfaßte größtenteils den östlichen Teil der früheren Landschaft Lebus.

Neben der Bildung neuer Woiwodschaften und der Änderung bisheriger Gren-zen wurden bis 1964 Kreise aufgelöst, zusammengelegt und neugebildet, fer-ner auch Stadtkreise und städtische Woiwodschaften gebildet. Bei der folgenden Verwaltungsreform von 1975 wurde ganz Polen – bei gleichzeitiger Beseitigung der Kreisebene – in 49 Woiwodschaften gegliedert.[30] Das historische Schlesien fand sich dabei in acht Woiwodschaften ganz oder größtenteils wieder. Diese Ver-waltungsreform brach vor allem auf der Woiwodschaftsebene in großem Maß mit alten und neueren historischen Grenzen Polens, darunter auch Schlesiens. Die Bestrebungen, historische Grenzen zu verwischen, waren auch in der konsequenten

---

29 Układ między Rzecząpospolitą Polską a Niemiecką Republiką Demokratyczną o wytyczeniu ustalo-nej i istniejącej polsko-niemieckiej granicy państwowej, podpisany w Zgorzelcu dnia 6 lipca 1950 r. [Abkommen zwischen der Republik Polen und der Deutschen Demokratischen Republik über den Verlauf der beschlossenen und bestehenden deutsch-polnischen Staatsgrenze, unterzeichnet in Görlitz am 6. Juli 1950]. In: Dziennik Ustaw (1951), Nr. 14, Pos. 106.

30 Ustawa z dnia 28 maja 1975 r. o dwustopniowym podziale administracyjnym państwa oraz o zmia-nie ustawy o radach narodowych [Gesetz vom 28. Mai 1975 über die zweistufige Verwaltungs-einteilung des Staates und über die Gesetzesänderung zu den Nationalräten]. In: Dziennik Ustaw (1975), Nr. 16, Pos. 91.

Namengebung sichtbar, die sich vom Woiwodschaftssitz und nicht von historischen Regionen ableitete.

Die Opposition der polnischen Gesellschaft gegen das durch die Sowjetunion gewaltsam aufgedrängte kommunistische System, die in den Jahren 1980 und 1981 begonnen hatte, führte zu folgenreichen Veränderungen im politischen und rechtlichen Bereich im Jahr 1989. Zu den ersten Neuerungen zählte das Gesetz über die kommunale Selbstverwaltung von 1990 und die damit zusammenhängenden Gesetze über die Gemeindeverwaltung, die die Grundlage für einen Umbau der territorial-administrativen Struktur Polens bildeten. Geplant war damals – in Anlehnung an zahlreiche westeuropäische Modelle – die Bildung von zwölf bis 15 Woiwodschaften als regionalen Verwaltungseinheiten. Schließlich trat diese Reform am 1. Januar 1999 in Kraft. An Stelle der 49 Woiwodschaften und des zweigliedrigen Verwaltungssystems (Woiwodschaft und Gemeinde) wurden 16 größere Woiwodschaften und eine dritte, mittlere Verwaltungsebene in Form von Kreisen eingeführt.[31] Das historische Schlesien fand sich nun in den Grenzen mehrerer Woiwodschaften wieder. Aus ausschließlich oder mehrheitlich schlesischen Gebieten bestehen folgende Woiwodschaften: Niederschlesien (mit der Hauptstadt Breslau), Oppeln (mit der gleichnamigen Hauptstadt) und Schlesien (mit der Hauptstadt Kattowitz). Ein großer Teil des früheren historischen Nordschlesien befindet sich in der Woiwodschaft Lebus, deren Verwaltungszentren Landsberg an der Warthe (poln. Gorzów Wielkopolski) und das schlesische Grünberg (poln. Zielona Góra, Sitz des Woiwodschaftstags) sind. In der Woiwodschaft Großpolen befinden sich nur die Teile der Kreise Guhrau, Groß Wartenberg und Namslau, die bereits 1919 Polen zugesprochen worden waren. Dagegen liegen die früheren Herzogtümer Auschwitz und Zator in der Woiwodschaft Kleinpolen.

In der 1945 wiederentstandenen Tschechoslowakischen Republik wurde das Land Mähren-Schlesien mit sieben schlesischen Kreisen reaktiviert. 1949 führte man jedoch eine Verwaltungsreform durch, die in Anlehnung an die Reform von 1920 das historische Böhmen und Mähren in 13 Kreise, 179 Bezirke und 10.867 Gemeinden einteilte. In Mähren und Schlesien wurden fünf Kreise eingerichtet, wobei die Grenzen Österreichisch-Schlesiens in noch größerem Maß als 1927 verwischt wurden. Dessen Gebiet verteilte sich auf zwei Kreise: Olmütz und Ostrau. 1960 wurde im Zusammenhang mit der Proklamation der Tschechoslowakischen Sozialistischen Republik (ČSSR) eine erneute Verwaltungsreform durchgeführt,[32] bei der der dreistufige Aufbau aus Gemeinden, Bezirken und Kreisen sowie die historische Gliederung in Böhmen und Mähren beibehalten wurden. 1989 brach in Prag die Samtene Revolution aus, die 1993 mit der Teilung der seit 1969 föderativen Tschechoslowakei in zwei unabhängige Staaten endete. Im Jahr 2000 wurde eine

---

31 Ustawa z dnia 24 lipca 1998 r. o wprowadzeniu zasadniczego trójstopniowego podziału terytorialnego państwa [Gesetz vom 24. Juli 1998 über die Einführung der dreistufigen Verwaltungseinteilung des Staates]. In: Dziennik Ustaw (1998), Nr. 96, Pos. 603.

32 Zákon o územním členění státu [Gesetz über die Territorialverfassung des Staates]. In: Sbírka zákonů Československé socialistické republiky 15/1960.

neue Verwaltungsgliederung eingeführt,[33] wonach die ehemals schlesischen Gebiete Bestandteil der Kreise Olmütz (nördlicher Teil mit Freiwaldau, tsch. Jeseník) und Mähren-Schlesien (nördlicher und östlicher Teil mit Freudenthal, tsch. Bruntál, Troppau, Ostrau, tsch. Ostrava, Karwin, tsch. Karviná und Friedek-Mistek, tsch. Frýdek-Místek) wurden. Im Namen einer dieser Einheiten taucht zwar der Name Schlesien wieder auf, doch seine territorial-rechtliche Eigenständigkeit wurde dabei nicht wiederhergestellt, auch wenn es solche Stimmen in der Diskussion um eine neue Verwaltungseinteilung Tschechiens durchaus gab. Nicht zu vergessen ist allerdings die Tatsache, daß das Wappen Schlesiens im offiziellen Wappen der Tschechischen Republik enthalten ist.

Weiterführende Literatur in Auswahl:

Bahlcke, Joachim: Das Herzogtum Schlesien im politischen System der Böhmischen Krone. In: Zeitschrift für Ostmitteleuropa-Forschung 44 (1995) 27-55.

Dąbrowski, Franciszek: Studia nad administracją kasztelańską Polski XIII wieku [Studien zur Kastellaneiverwaltung Polens im 13. Jahrhundert]. Warszawa 2007.

Dziewulski, Władysław: Terytorialne podziały Opolszczyzny w XIII-XV w. [Die räumliche Gliederung des Oppelner Landes vom 13. bis zum 15. Jahrhundert]. In: Śląski Kwartalnik Historyczny Sobótka 28 (1973) 323-346.

Gawlas, Sławomir: Przemiany systemów prawa na Śląsku w dobie kolonizacji w XIII wieku [Der Wandel der Rechtssysteme in Schlesien während der Besiedlung im 13. Jahrhundert]. In: Barciak, Antoni (Hg.): Kultura prawna w Europie Środkowej. Katowice 2006, 45-73.

Grawert-May, Gernot von: Das staatsrechtliche Verhältnis Schlesiens zu Polen, Böhmen und dem Reich während des Mittelalters. Aalen 1971 (Untersuchungen zur deutschen Staats- und Rechtsgeschichte. N.F. 15).

Hintze, Otto: Die Behördenorganisation und die allgemeine Staatsverwaltung Preußens im 18. Jahrhundert. Berlin 1901.

Irgang, Winfried: Oberschlesien im Mittelalter. Einführung in Raum und Zeit. In: Wünsch, Thomas (Hg.): Oberschlesien im späten Mittelalter. Eine Region im Spannungsfeld zwischen Polen, Böhmen-Mähren und dem Reich vom 13. bis zum Beginn des 16. Jahrhunderts. Berlin 1993 (Tagungsreihe der Stiftung Haus Oberschlesien 1), 11-32.

Kaczmarek, Ryszard/Nowak, Krzysztof: Pojęcie i granice Górnego Śląska w ujęciu historiograficznym – próba uporządkowania [Der Begriff und die Grenzen Oberschlesiens aus historiographischer Perspektive – Versuch einer Systematisierung]. In:

---

33 Zakon ze dne 12 dubna 2000 o krajích (krajské zřízení) [Gesetz vom 12. April 2000 über Bezirke (Bezirksverfassung)]. In: Sbírka zákonů 129/2000.

Spyra, Janusz (Hg.): Kronikarz a historyk. Atuty i słabości regionalnej historiografii. Cieszyn 2007, 231-276.

Klueting, Harm: Die politisch-administrative Integration Preußisch-Schlesiens unter Friedrich II. In: Baumgart, Peter (Hg.): Kontinuität und Wandel. Schlesien zwischen Österreich und Preußen. Sigmaringen 1990 (Schlesische Forschungen 4), 41-62.

Moździoch, Sławomir: Wczesnośredniowieczne grody śląskie a ówczesne podziały plemienne [Die frühmittelalterlichen schlesischen Burgen und die damalige Stammesgliederung]. In: Kóčka-Krenz, Hanna/Łosiński, Władysław (Hg.): Kraje słowiańskie w wiekach średnich. Profanum i sacrum. Poznań 1998, 99-114.

Orzechowski, Kazimierz: Historia ustroju Śląska 1202–1740 [Verfassungsgeschichte Schlesiens 1202–1740]. Wrocław 2005 (Acta Universitatis Wratislaviensis 2806).

Orzechowski, Kazimierz: Terytorialne podziały na Śląsku [Die räumliche Gliederung in Schlesien], Tl. 1-6. In: Kwartalnik Opolski 17/2 (1971) 53-69, 17/3 (1971) 74-91, 17/4 (1971) 83-105, 18/1 (1972) 5-21, 18/2 (1972) 28-44, 18/3 (1972) 5-22.

Orzechowski, Kazimierz: Uwagi o periodyzacji historii ustroju i prawa na Śląsku w epoce feudalnej [Bemerkungen zur Periodisierung der Verfassungs- und Rechtsgeschichte Schlesiens in der feudalen Epoche]. In: Czasopismo Prawno-Historyczne 20 (1968) 53-69.

Ptak, Marian: Pozycja publicznoprawna wolnych panów stanowych na Śląsku [Die öffentlich-rechtliche Stellung der freien Standesherren in Schlesien]. In: Acta Universitatis Wratislaviensis 1477. Prawo 222 (1993) 79-102.

Rachfahl, Felix: Die Organisation der Gesamtstaatsverwaltung Schlesiens vor dem Dreißigjährigen Kriege. Leipzig 1894 (Staats- und socialwissenschaftliche Forschungen 13/1) [ND Bad Feilnbach 1990].

Rajman, Jerzy: Terytorium opolsko-raciborskie w prowincji wrocławskiej i kształtowanie się pojęcia Górny Śląsk w średniowieczu [Das Gebiet von Oppeln und Ratibor in der Breslauer Provinz und die Entstehung des Begriffs Oberschlesien im Mittelalter]. In: Roczniki Historyczne 64 (1998) 13-34.

Śreniowski, Stanisław: Historia ustroju Śląska [Verfassungsgeschichte Schlesiens]. Katowice 1948 (Pamiętnik Instytutu Śląskiego 2/14).

Weber, Matthias: Rechts- und Verfassungsgeschichte. In: Bahlcke, Joachim (Hg.): Historische Schlesienforschung. Methoden, Themen und Perspektiven zwischen traditioneller Landesgeschichtsschreibung und moderner Kulturwissenschaft. Köln/Weimar/Wien 2005 (Neue Forschungen zur Schlesischen Geschichte 11), 125-158.

Ulrich Schmilewski

Der schlesische Adel – Herkunft, Zusammensetzung und politisch-gesellschaftliche Rolle vom Mittelalter bis zum 20. Jahrhundert

Adel als sozial exklusive Gruppe mit anerkanntem gesellschaftlichen Vorrang ist ein universalhistorisches Phänomen. In Europa entwickelte sich diese Personengruppe zum Geburtsstand und bildete geschlossene Heiratskreise heraus. Sie erlangte zudem Herrschaftsrechte, die besonders in Mittelalter und Früher Neuzeit zur Verfügungsgewalt über Land und Leute führten, und verfügte über politische Privilegien sowie rechtliche Sonderstellungen.[1] Die lange Dauer dieser in den verschiedenen Ländern unterschiedlich intensiv ausgeprägten Adelsherrschaft ist für Europa charakteristisch.[2] Zusätzlich zu allen übergreifenden politischen und kulturellen Gemeinsamkeiten wurde der Adel auch vom historischen Werden der jeweiligen Region, in der er ansässig war, bestimmt – es entstanden sogenannte Adelslandschaften. Schlesien ist hier mit seinen polnischen Ursprüngen und deutschen Anfängen, mit seiner Orientierung nach Böhmen, mit seiner Zugehörigkeit erst zum Habsburgerreich, dann zu Preußen und mit seiner landesherrschaftlichen Zersplitterung von besonderer Vielfalt und eigenem Reiz. Den sich aus diesen geschichtlichen Abläufen ergebenden Auswirkungen war auch der schlesische Adel ausgesetzt, dessen Entwicklung im folgenden unter den Aspekten Herkunft, Zusammensetzung und politisch-gesellschaftliche Rolle im Überblick vorgestellt werden soll.

1. Herkunft

Die Anfänge Schlesiens und seines Adels liegen im Dunkel der polnischen Geschichte. Bereits in den frühesten erzählenden und urkundlichen Quellen, etwa bei Gallus Anonymus[3] für die Wende vom 11. zum 12. Jahrhundert und in einer Urkunde von 1143/45,[4] tritt ein regionaler, sich auf Schlesien beziehender Adel hervor, aus dessen noch namenloser Masse zwei Einzelpersönlichkeiten, die Grafen Magnus und Peter Wlast, hervorragen. Dieser zahlenmäßig recht große Adel ist polnischen

---

1 Definition nach Wienfort, Monika: Der Adel in der Moderne. Göttingen 2006, 8.

2 Demel, Walter: Der europäische Adel. Vom Mittelalter bis zur Gegenwart. München 2005, 8.

3 Maleczyński, Karol (Hg.): Galli Anonymi Cronicae et Gesta Ducum sive Principum Polonorum. Cracoviae 1952 (Monumenta Poloniae Historica. Nova Series 2), 69f.

4 Appelt, Heinrich (Hg.): Schlesisches Urkundenbuch. Bd. 1-6. Wien/Köln/Graz 1963–1998, hier Bd. 1, 971-1230, Nr. 11, 8f.

Ursprungs, stammt aus der an der Landesherrschaft beteiligten, aber mit dieser in Gruppen von regionaler Bedeutung zerfallender Gefolgschaft und geht auf die Zeit vor der Herauslösung Schlesiens aus dem polnischen Herrschaftsbereich zurück.[5] Diese begann mit der Einführung der Senioratsverfassung in Polen 1138, setzte sich mit der mit Hilfe des deutschen Königs und Kaisers Friedrich I. Barbarossa erfolgten Rückführung des schlesischen Zweigs des Herrschergeschlechts der Piasten 1163 fort und endete mit der Auflösung der gesamtpolnischen Senioratsverfassung in der ersten Dekade des 13. Jahrhunderts.

Bereits bei ihrer Rückkehr nach Schlesien hatten die schlesischen Piasten sich auf deutsche Hilfe gestützt und dabei, wenn auch in relativ geringer Anzahl, deutsche Adelige als Ritter mit nach Schlesien gebracht. Prägend für die Kulturlandschaft Schlesien wurde die im 13. Jahrhundert von den einheimischen Landesherren systematisch betriebene Besiedlung Schlesiens im Rahmen der Ostsiedlung, die nicht nur wirtschaftliche, soziale, rechtliche und kulturelle Weiterentwicklungen brachte, sondern auch in großem Umfang deutsche Bauern und Bürger, Mönche und Geistliche sowie Adelige ins Land führte. Bei diesen deutschen Adeligen handelte es sich um landesherrliche und Reichsministeriale sowie einige wenige Edelfreie, die ganz überwiegend aus den Lausitzen, aus Meißen, Sachsen und Thüringen stammten. Einige weitere Zuwanderer kamen aus den böhmischen und polnischen Randgebieten. Diese beiden Gruppen, eingesessener und zugewanderter Adel, betrachteten sich auf Grund ihrer sozialen Herkunft und Stellung als ebenbürtig und gingen schon früh Eheverbindungen ein. Beide Teile – der eingesessene, polnisch geprägte Adel und der zugewanderte, deutsch geprägte – verbanden sich also im Konnubium und bildeten somit den eigentlichen schlesischen Uradel.

Da der Adel bis zum Ende des Mittelalters kein fest abgeschlossener Geburtsstand war, kam es immer wieder zu Veränderungen. Häufig führte der wirtschaftliche Niedergang einer Familie zu deren Abgleiten aus dem Adel, wogegen etwa städtischen Patriziern über den Erwerb von Landbesitz[6] oder Schulzen der Aufstieg gelang. Bekannt ist beispielsweise der Versuch des Siegfried Rindfleisch, Schulz von Altreichenau (poln. Stare Bogaczowice), über die Leistung von Roßdienst gegen Ende des 13. Jahrhunderts in den Adel aufzusteigen.[7] Zu allen Zeiten hat es zudem eine mäßige Ab- und Zuwanderung von Adeligen gegeben, wovon vor allem die Nachbarregionen betroffen waren. Auf Grund der geographischen Lage war dabei im späteren Oberschlesien der Austausch mit Mähren und den polnischen Gebieten enger, was den Adel dieser Region charakterisierte.

---

5 Jurek, Tomasz: Geneza szlachty polskiej [Die Entstehung des polnischen Adels]. In: Nodl, Martin/ Wihoda, Martin (Hg.): Šlechta, moc a reprezentace v středověku. Praha 2007 (Colloquia mediaevalia Pragensia 9), 63-140, hier 66-85.

6 Pfeiffer, Gerhard: Das Breslauer Patriziat im Mittelalter. Breslau 1929 [ND Aalen 1973 (Darstellungen und Quellen zur schlesischen Geschichte 10)], 70, 73f., 89f., 156-170, 243-269.

7 Grodecki, Roman (Hg.): Liber fundationis Claustri Sanctae Marie Virginis in Heinrichow czyli Księga Henrykowska [Liber fundationis Claustri Sanctae Marie Virginis in Heinrichow oder das Heinrichauer Gründungsbuch]. Wrocław 1991, 172f.

Mit dem Beginn der Neuzeit setzte ein Wandlungsprozeß ein, der dazu führte, daß der Adel sich ständisch nach unten abschloß und sich – analog zum Aufkommen eines gesamtschlesischen Landesbewußtseins – als eine regional definierte Korporation verstand. Dieser Verfestigung wirkten als schlesische Oberlandesherren seit 1526 die Habsburger im Sinne des Ausbaus eines frühmodernen Staates entgegen. Hierfür benötigten sie eine loyale, in Recht und Verwaltung sachkundige und konfessionell kongruente Gefolgschaft, die sich jedoch in dem mehrheitlich protestantischen Adel Schlesiens mit seinen Vorbehalten gegenüber einem Dienst beim katholischen Landesherrn nur schwer finden ließ. Die Habsburger griffen deshalb vorzugsweise auf den Adel in ihren anderen Ländern zurück und vergaben an ihn schlesische Ämter und Würden. So setzte in der Epoche der in Schlesien frühzeitig rezipierten lutherischen Reformation mit landesherrlicher Unterstützung ein beachtlicher Zustrom fremder und ganz überwiegend katholischer Adeliger ein, die vor allem aus Böhmen und den anderen habsburgischen Territorien kamen. Darunter befanden sich als habsburgische Parteigänger auch fürstenähnliche Geschlechter wie die Liechtenstein, Hatzfeld, Lobkowitz und Auersperg, die den schlesischen Adel bis auf einzelne wenige Geschlechter an Ansehen, Würde und Besitz bei weitem überragten. Eine

von Dobschütz.   Gr. von Oppersdorf.   von Küster.

1 Die Herkunft des schlesischen Adels spiegelt sich auch in seinen Wappen – die Dobschütz führen das polnische Wappen Śreniawa, bei den Reichsgrafen Oppersdorf finden sich die rot-weiß-rot gestreiften Farben der Habsburger, und das 1813 gestiftete Eiserne Kreuz erhielten die Küster als Wappenbild bei ihrer Erhebung in den preußischen Adelsstand 1815.
Bildnachweis: Dorst, Leonhard: Schlesisches Wappenbuch oder die Wappen des Adels im Souveränen Herzogthum Schlesien, der Grafschaft Glatz und der Oberlausitz. Görlitz [1847], Tafel 33, Abb. 89 (Dobschütz), Tafel 76, Abb. 232 (Oppersdorf), Tafel 23, Abb. 59 (Küster).

weitere Möglichkeit der Adelsvermehrung war die Nobilitierung, ein Recht, das den Habsburgern als böhmischen Königen und römisch-deutschen Kaisern ebenso zustand wie das der Rangerhöhung. Zum alten, landsässigen Adel trat somit als neues Element der habsburgische Briefadel hinzu, vertreten etwa durch die Dietz von Dietzenstein und die Götz von Schwanenfließ. Der Wandlungsprozeß wurde mit der Einrichtung von Freien Standesherrschaften und Minderstandesherrschaften sowie der Verleihung verschiedener Adelsränge – Freiherr und Graf – fortgeführt, der schlesische Adel damit in sich differenziert. Die beabsichtigte Folge dieser Politik war gleichsam eine Austrifizierung der obersten Adelsschicht. Insgesamt führten diese Vorgänge unter den Habsburgern im Verlauf ihrer über zweihundertjährigen Herrschaft im Oderland zur stärksten Umformung des schlesischen Adels in seiner Geschichte überhaupt.

Die drei Kriege um die Zugehörigkeit Schlesiens zu Habsburg oder Preußen zwischen 1740 und 1763 führten für den prohabsburgischen Adel dieser Region zu einem Loyalitätsproblem, besonders wenn Familien Grundbesitz nicht nur in Schlesien, sondern auch in Böhmen, Mähren oder den österreichischen Landen besaßen. Einige Adelsgeschlechter lösten diese Schwierigkeit mit der Aufspaltung in verschiedene Linien mit getrenntem Besitz oder mit dem Verkauf ihrer schlesischen Güter, wobei der Preußenkönig seine Interessen durch eine besonders hohe Besteuerung solcher Besitzungen oder durch die Unterstützung von Kaufinteressenten untermauerte. Der habsburgtreue Adel Schlesiens wanderte vielfach ab, vor allem aus Oberschlesien, spürte er doch die politischen Vorbehalte Friedrichs II., formuliert in seinem politischen Testament von 1768: „Die Grafen von Oberschlesien sind meist mit den Österreichern verschwägert [...]. Man kann auf sie keineswegs bauen."[8]

Dieser Abwanderung stand ein anhaltender Zustrom von Adeligen aus den Provinzen der preußischen Monarchie gegenüber. Die Förderung des schlesischen Adels durch Friedrich II., seine Einbindung in den preußischen Staat und das preußische Militär führten im Laufe der Zeit umgekehrt zu seiner gewissen Borussifizierung. Ergänzt wurde der Adel auch weiterhin durch Nobilitierungen, etwa von Kaufleuten wie den Loesch, Beamten wie den Merckel oder Industriellen wie den Winckler, sowie durch die Dotation von schlesischen Gütern wie an Feldmarschall Gerhard Leberecht von Blücher, und zwar bis zum Ende der Monarchie in Deutschland im Jahr 1918.

2. Zusammensetzung

An der Spitze des schlesischen Adels, als Landesherren jedoch realiter über ihm, standen die schlesischen Piasten. Der eigentliche Adel bildete bis zum Ende des 13. Jahrhunderts wohl eine in sich nicht gegliederte Gemeinschaft, trotz aller wirtschaftlichen, funktionalen und die Titel betreffenden Differenzen. In den Urkunden wurde der einzelne Adelige in dieser frühen Zeit als „dominus", „miles", „baro", „comes" und „nobilis" bezeichnet, jedoch durcheinander und offensichtlich unsystematisch. Der Titel „miles" – mehrdeutig, wie er ist[9] – kennzeichnete den einfachen Krieger, seit

---

8 Dietrich, Richard (Bearb.): Die politischen Testamente der Hohenzollern. Köln/Wien 1986 (Veröffentlichungen aus den Archiven Preußischer Kulturbesitz 20), 590f.

9 Bogucki, Ambroży: Termin „miles" w źródłach śląskich XIII i XIV w. [Der Terminus „miles" in schlesischen Quellen des 13. und 14. Jahrhunderts]. In: Społeczeństwo Polski średniowiecznej 1 (1981) 222-263.

dem 13. Jahrhundert als Angehörigen einer privilegierten sozialen, aber ökonomisch differenten Gruppe, „baro" das Mitglied des Herzogsrats, „comes" war oft mit den Hof- und Landesämtern verbunden und verwies auf umfangreicheren Grundbesitz; zu den „nobiles" wurden überwiegend die „comites" und „barones" gezählt. Diese Titel bezogen sich auf Einzelpersonen, erblich innerhalb einer Familie waren sie noch nicht. Im weiteren Verlauf des Mittelalters – das Spätmittelalter ist für den Adel allerdings so gut wie noch nicht erforscht – reduzierten sich die Titel auf „dominus" und „miles" bzw. „herr" und „ritter" in den deutschsprachigen Urkunden, was auf die Egalität des schlesischen Adels hinweist.

Der Beginn einer ständischen Untergliederung innerhalb des Adels setzte in der zweiten Hälfte des 15. Jahrhunderts mit dem Erwerb schlesischer Herzogtümer durch landfremde Fürstengeschlechter (Podiebrad, Wettiner, Hohenzollern, Korviner, später noch Liechtenstein) ein; damit stieg die Zahl der in Schlesien ansässigen Fürsten. Die territoriale Zersplitterung Schlesiens führte zur Herausbildung von Freien Standesherrschaften, bei denen es sich um mit landesherrlichen Rechten ausgestattete Territorien im Besitz nichtfürstlicher Familien handelte, nämlich Groß Wartenberg (poln. Syców; 1489),[10] Trachenberg (poln. Żmigród; 1492),[11] Militsch (poln. Milicz; 1494),[12] Pleß (poln. Pszczyna; 1517),[13] Beuthen (poln. Bytom; 1697),[14] Carolath (poln. Siedlisko; 1698)[15] und schließlich noch Bielitz (poln. Bielsko; 1751).[16] Dazu kamen Minderstandesherrschaften – als eine der frühesten und größten Loslau (poln. Wodzisław Śląski; 1515) –, die eine Mittelstellung zwischen den selbständigen Territorien und den Grundherrschaften einnahmen, im Unterschied zu diesen jedoch direkt dem Oberamt in Breslau (poln. Wrocław) unterstellt waren. Die unterschiedliche Qualität dieser Herrschaften führte zu ersten Differenzierungen. So benennt Jacob Schickfus in seiner Chronica von 1625 für Schlesien sechs fürstliche Geschlechter, vier freie Standesherren, 20 Familien des Herrenstands und weitere 206 ritterschaftliche Familien.[17] Hier fand eine Angleichung an die böhmischen Verhältnisse statt, gehörte doch der neuzeitliche Adel Schlesiens zur größeren Adelsgemeinschaft der

---

10 Im Besitz der von Haugwitz (1489–1517), der von Rožmital (1517–1529), der Freiherren von Maltzan (1529–1570), der Freiherren von Braun (1570–1592), der Burggrafen zu Dohna (1592–1711), der Burggrafen von Dohna-Schlobitten (1719–1734), der von Biron (1734–1740), der von Münnich (1740–1742) und wieder der von Biron (1764–1945).

11 Im Besitz der Freiherren von Kurzbach (1492–1592), der Freiherren Schaffgotsch (1592–1635) und der Grafen von Hatzfeldt (1641–1945).

12 Im Besitz der Freiherren von Kurzbach (1494–1590) und der Freiherren von Maltzan (1590–1809).

13 Im Besitz der Thurzó (1517–1548), der von Promnitz (1548–1765), der von Anhalt-Köthen (1765–1846/47) und der Grafen von Hochberg-Fürstenstein (1846/47–1945).

14 Im Besitz der Grafen Henckel von Donnersmarck.

15 Im Besitz der Freiherren von Schönaich.

16 Im Besitz der von Haugwitz (1751–1752) und der Grafen Sulkowski (1752–1918).

17 So Conrads, Norbert: Adelsgeschichte. In: Bahlcke, Joachim (Hg.): Historische Schlesienforschung. Methoden, Themen und Perspektiven zwischen traditioneller Landesgeschichtsschreibung und moderner Kulturwissenschaft. Köln/Weimar/Wien 2005 (Neue Forschungen zur Schlesischen Geschichte 11), 347–381, hier 355 nach Schickfus, Jacob: New vermehrte Schlesische Chronica unnd Landes Beschreibung [...]. Jena/Breslau [1625], Buch 4, Kap. 2, Buch 9, Kap. 6, 39–41.

Krone Böhmen, wenn auch als eigene Korporation. Dennoch, Nobilitierungen und Standeserhöhungen erfolgten für den schlesischen Adel häufig auch in den böhmischen Ritter- oder Herrenstand oder gar in den Reichsadel mit den Titeln Reichsfreiherr oder Reichsgraf. Fehlte bisher in Schlesien ein Grafenstand, so wurde er nun im Interesse einer habsburgischen Klientelbildung durch Rangerhöhungen geschaffen, ebenso der Briefadel durch die Verleihung des Adels in Form eines Diploms, beides ab Anfang des 17. Jahrhunderts. Gegen Ende der Habsburgerzeit verzeichnet Sinapius im Register des zweiten Bandes seines 1720 bis 1728 erschienenen Werks über den schlesischen Adel bereits 136 gräfliche, etwa 228 freiherrliche und einige hundert sonstige adelige Familien.[18] Mit der Einführung und Verleihung von Titeln wurde die mittelalterliche Egalität des schlesischen Adels aufgehoben, anhand der Adelsränge wurde nun zwischen höherem und niederem Adel unterschieden.

An dieser neuen Zusammensetzung des schlesischen Adels änderte sich nach 1740/41 nichts. Auch der preußische König machte von den Möglichkeiten der Nobilitierung und Rangerhöhung Gebrauch, erstmals Friedrich II. bei der Huldigung der schlesischen Stände am 7. November 1741 im Breslauer Rathaus.[19] Für die Jahre 1785/86 liegt erst- und einmalig eine zuverlässige Berechnung der Anzahl der Adeligen vor. In den Familien- und Vasallentabellen von Preußisch-Schlesien waren rund 8.000 Adelige eingetragen, was einem Bevölkerungsanteil von etwa 0,5 Prozent entsprach. 931 Adelige verfügten über Grundbesitz in Schlesien und waren damit landgesessen; sie hatten 3.025 Angehörige, so daß diese Gruppe rund 4.000 Personen umfaßte. Etwa 1.300 Adelige lebten nicht ständig in Schlesien, rund 2.700 Adelige waren Beamte, Offiziere und andere Personen ohne Grundbesitz.[20]

Adel war damit, das verdeutlichen diese Angaben, nicht mehr an Landbesitz gebunden. Um den Adel als Stand zu erhalten, waren Nobilitierungen notwendig, wobei die Könige auf wohlhabende Bürger, Beamte und ab der zweiten Hälfte des 19. Jahrhunderts auch auf Industrielle zurückgriffen. Rangerhöhungen brachten dagegen keinen realen territorialen oder Machtzuwachs, sondern wurden zu reinen Titelvergaben, wie das Beispiel des Feldmarschalls Blücher zeigt. Dem pommerschen Adeligen wurde 1814 für seine Verdienste in den Befreiungskriegen neben Gut und Dorf Krieblowitz (poln. Krobielowice; Kreis Breslau) der Titel eines Fürsten von Wahlstatt verliehen – das Gut Wahlstatt (poln. Legnickie Pole) gelangte jedoch erst 1847 in den Besitz der Familie. Die 1741 gefürsteten Hatzfeldt erhob Kaiser Wilhelm II. 1900 zu Herzögen, 1901 den jeweils Ältesten aus der Linie Tarnowitz-Neudeck der Grafen Henckel von Donnersmarck zum Fürsten.

---

18 Sinapius, Johannes: Schlesischer Curiositäten [...] Vorstellung, Bd. 1-2. Leipzig 1720–1728 [ND Neustadt an der Aisch 1999–2000].

19 Korn, Johann Jacob: Triumph von Schlesien oder Beschreibung der Huldigung zu Breßlau. Deme beygefüget: Die Nahmen derer Herren Deputirten, die Gedichte, und Devisen der Illumination. Breßlau 1742, 19f.

20 Ziekursch, Johannes: Hundert Jahre schlesischer Agrargeschichte. Vom Hubertusburger Frieden bis zum Abschluß der Bauernbefreiung. Breslau ²1927 [¹1915] [ND Aalen 1978 (Darstellungen und Quellen zur schlesischen Geschichte 20)], 47.

2 „Repräsentation des Fürsten-Saales auf dem Rath-Hause der Haupt-Stadt Breslau in Schlesien,
Wie in demselben, den 7. November 1741, Ihro Königl. Majestaet von Preussen von Sämtl. Nieder-
Schlesischen Fürsten, Ständen und Staedten die allgemeine Erb-Landes-Huldigung abgelegt worden",
Kupferstich von Friedrich Bernhard Werner (1690–1776). Bereits während des Ersten Schlesischen
Krieges, als die Stände noch an ihren Eid an das Haus Habsburg gebunden waren, mußten sie König
Friedrich II. von Preußen huldigen und ihm den Lehenseid leisten. Auf die Huldigung folgten
Standeserhöhungen für mehrere schlesische Adelsfamilien, Huldigungsmünzen wurden unter das
Volk geworfen. Das Bild zeigt die schlesischen Stände bei einer letzten Hauptaktion, denn über ihre
politische Mitbestimmung setzte sich der Preußenkönig mit dem Recht des Eroberers hinweg; die
Rolle des Adels veränderte sich.
Bildnachweis: Projektbereich Schlesische Geschichte, Universität Stuttgart.

3. Herrschaft und Politik

An der Herrschaftsausübung des Landesherrn war der Adel von Anfang an in besonderem Maße beteiligt, indem er ihn beriet, seine Entscheidungen mittrug und diese umsetzte. Einfluß- und Beratungsmöglichkeiten ergaben sich für den einzelnen Adeligen durch seine Präsenz am Hof, vor allem in Ausübung eines Hofamtes als Richter, Kämmerer, Truchseß, Schenk, Marschall, Schatzmeister, Banner- und Schwertträger oder – wohl eher in Sachfragen – als Palatin, Kastellan oder Tribun, also in den Landesämtern. Den größten Einfluß besaßen jedoch die Kanzler, wegen der notwendigen Lese- und Schreibkenntnisse Geistliche, im 13. Jahrhundert ganz überwiegend adeliger Herkunft. Besondere Bedeutung kam der Gruppe der Barone zu, die den Landesherrn nicht nur in allen Angelegenheiten von Belang beriet, sondern bei seinen Entschlüssen mitwirkte und auch Öffentlichkeit darstellte. Sie verbürgte dessen Entscheidungen über seinen Tod hinaus, war an seinen Vereinbarungen mit auswärtigen Herrschern beteiligt und handelte im Landesinteresse anstelle des Herzogs, wenn dieser etwa gefangen war. Zudem nahm sie die Aufgabe eines Vermittlers bei Differenzen zwischen einzelnen Adeligen und dem Landesherrn oder der Kirche wahr. Durch ihre Nennung in den Zeugenlisten der Urkunden trugen Adelige herzogliche Verfügungen mit, die sie als Inhaber von Landesämtern oder als Grundherren gegenüber der ihnen untertänigen Bevölkerung zugleich umsetzten. Mit der herrschaftlichen Zersplitterung Schlesiens ab dem 13. Jahrhundert nahm die Zahl der dem Adel vorbehaltenen Hof- und Landesämter zwar zu – und damit der politische Einfluß des Adels insgesamt –, dieser Vorgang führte jedoch zugleich zu einer Verengung, einer Regionalisierung der politischen Rolle des Adels. Einzelne Adelsgruppierungen vertraten gelegentlich Eigeninteressen, und zwar auch gegen den Landesherrn.[21]

In der mittelalterlichen hierarchischen Ordnung der Gesellschaft stellte der Adel den ersten Stand dar, gefolgt von der höheren Geistlichkeit und den Städten. Diese soziale Gliederung bildete die Grundlage auch für das politische Leben, das sich in der Ständeverfassung zu Beginn des 14. Jahrhunderts herausbildete und im wesentlichen bis 1741 Bestand hatte. Der Adel war als Ritterschaft in Form einer eigenen Kurie mit einem Kurialvotum in den verschiedenen Ständeversammlungen Schlesiens vertreten: in der Weichbildversammlung, im jeweiligen Fürstentumslandtag und beim gesamtschlesischen Fürstentag. Die Stände, und damit auch der Adel, beteiligten sich dabei und wirkten mit an der Gestaltung des staatlich-politischen und sozial-kulturellen Lebens in all seiner Breite: Sie berieten über die auswärtige Politik, über das Finanz- und Steuerwesen, die Landesdefension, das Kirchen-, Religions-, Schul- und Bildungswesen, über Kultur, Gesundheit, Sittenaufsicht, Agrar- und

---

21 Zur politischen Rolle des Adels in dieser frühen Zeit vgl. Schmilewski, Ulrich: Der schlesische Adel bis zum Ende des 13. Jahrhunderts. Herkunft, Zusammensetzung und politisch-gesellschaftliche Rolle. Würzburg 2001 (Wissenschaftliche Schriften des Vereins für Geschichte Schlesiens 5), 251-358, zu den Baronen vor allem 343-348.

Bauernprobleme, Handel und Gewerbe, Juden-, Bettler- und Umläuferaufsicht.[22] Die Art der Mitarbeit konnte sich dabei – auf den Monarchen wie auch auf die anderen Stände bezogen – zwischen freiwilliger Zusammenarbeit, der Ausübung von Druck und Widerstand bewegen. Aufschlußreich wäre, hier nach einer adelsspezifischen Interessenlage und Politik sowie nach dem Beitrag des Adels an der Entwicklung einer modernen Staatlichkeit in Schlesien zu fragen. Führte die Institutionalisierung des gesamtschlesischen Fürstentags unter Matthias Corvinus ab 1474 zunächst zu einer Stärkung der königlichen Position in Politik und Verwaltung, so verschob das Große Landesprivileg von 1498 die Gewichte zugunsten der Stände,[23] bis nach der Schlacht am Weißen Berg 1620 der beginnende habsburgische Absolutismus zu deren Rückzug in die engräumigen Landschaften führte, wo die Stände Rückhalt an der Autorität von Landrecht und Landesordnung fanden. Damit verbreiterte und vertiefte sich zwar der Einfluß der Stände und somit auch des Adels auf die landesherrliche Politik, regionalisierte sich aber auch zunehmend.[24]

Die Ständeverfassung mit ihren Körperschaften und Institutionen, die alte Ordnung überhaupt, wurde mit der Eroberung Schlesiens durch Preußen aufgehoben. Der Adel als Stand verlor seine direkten politischen Mitwirkungsmöglichkeiten. Adelspolitik betrieb nun der König, und zwar mit dem Ziel der „Konservation" dieser Schicht, etwa durch die 1770 erfolgte Einrichtung der „Schlesischen Landschaft" als eines Kreditinstituts für den verschuldeten adeligen Grundbesitz. An der Umsetzung königlicher Politik waren Adelige als Mitglieder der Provinzialregierung, als Beamte oder als Landräte in dienender Funktion beteiligt, wobei sie jedoch die Interessen des Adels befördern konnten, indem sie versuchten, königliche Initiativen zu unterstützen, zu erschweren oder in der Umsetzung scheitern zu lassen. Dies galt vor allem für die lokale Ebene, war doch das Amt des gewählten Landrats einem kreisgesessenen Adeligen vorbehalten.

Infolge der Befreiungskriege wurden in den Provinzen Preußens 1823 „Provinzial-Stände" eingerichtet: erste Provinzialparlamente, die allerdings fast nur beratende Funktion hatten. In Schlesien gehörten ihm als jeweils eigener Stand Fürsten und Standesherren, Ritterschaft, Städte und Landgemeinden an. Diese Einteilung entsprach formal geburtsständischen Kriterien. Entscheidend für die Standschaft war

---

22 Orzechowski, Kazimierz: Ogólnośląskie zgromadzenia stanowe [Gesamtschlesische Ständeversammlungen]. Warszawa/Wrocław 1979; ders.: Kompetencje ogólnośląskich zastępczych zgromadzeń stanowych i ich miejsce w systemie zjazdów [Die Befugnisse der gesamtschlesischen ständischen Verfassungsorgane und ihre Stellung im System der Zusammenkünfte]. In: Śląski Kwartalnik Historyczny Sobótka 35 (1980) 577-586.

23 Ders.: Rola przywileju króla Władysława z 1498 r. w dziejach śląskiego stanowego parlamentaryzmu [Die Rolle des Privilegs von König Wladislaw von 1498 in der Geschichte des schlesischen Ständeparlamentarismus]. In: Malý, Karel/Pánek, Jaroslav (Hg.): Vladislavské zřízení zemské a počátky ústavního zřízení v českých zemích (1500–1619). Praha 2002, 153-163; Schmilewski, Ulrich: 1498 – Großes Landesprivileg für die Fürsten und Stände in Schlesien. In: Ostdeutsche Gedenktage 1998. Persönlichkeiten und historische Ereignisse. Bonn 1997, 353-357.

24 Bahlcke, Joachim: Das Herzogtum Schlesien im politischen System der Böhmischen Krone. In: Zeitschrift für Ostmitteleuropa-Forschung 44 (1995) 27-55; ders.: Ständeforschung. In: ders. (Hg.): Historische Schlesienforschung, 207-234.

jedoch der Grundbesitz, was sich bei der Ritterschaft – also dem niederen Adel – darin zeigte, daß hier auch die bürgerlichen Rittergutsbesitzer eingeschlossen waren, und zwar sowohl als Wähler als auch als Deputierte. Der Adel, das heißt die beiden höheren Stände, bestimmte die Politik, da er über die gleiche Stimmenzahl wie die Städte und Landgemeinden verfügte und zudem den die Verhandlungen leitenden Landtagsmarschall stellte. Da der Adel königstreu – und das hieß ganz überwiegend reformfeindlich – agierte, funktionierte der Schlesische Provinziallandtag wie geplant staatstragend-restaurativ.[25] Doch war der Adel bereits vor 1848 nicht mehr in der Lage, eine ständisch-geschlossene Politik zu betreiben. Grund dafür war das Aufkommen der individuellen politischen Weltanschauungen, die die Mehrheit der Adeligen zwar im konservativen und in geringerer Zahl auch im liberalen Lager fand, einzelne jedoch in anderen wie etwa die Brüder Eduard und Oskar Graf Reichenbach im radikal-demokratischen. So ist auch die Tätigkeit schlesischer Adeliger als Abgeordnete im preußischen Herren- bzw. Abgeordnetenhaus ab 1850 sowie im Berliner Reichstag zwischen 1871 und 1933 aus individueller und/oder parteipolitischer Perspektive zu sehen, wenn auch ihre Mitgliedschaft in einzelnen Kammern oder die erbliche Mitgliedschaft im Herrenhaus auf geburtsständischen Privilegien beruhte. Diese Vorrechte und somit die politische Stellung auch des schlesischen Adels als Stand wurden infolge der Revolution von 1918 aufgehoben, erklärte doch die Weimarer Reichsverfassung in Artikel 109 Absatz 3 jede ständische Bevorrechtigung für erloschen.[26]

4. Adel und Recht

Die Anfänge eines spezifischen schlesischen Adelsrechts gehen auf das polnische Ritterrecht und das westeuropäische Lehnsrecht zurück. Das 1227 erstmals erwähnte[27] *ius militare* faßte verschiedene, sich entwickelnde Einzelrechte zusammen, die sich zu Anfang des 13. Jahrhunderts von persönlichen Sonderrechten Einzelner zu Vorrechten des gesamten Adelsstandes wandelten. Grundlage des Ritterrechts war das freie Eigentum des Adels an seinem Grund und Boden, verbunden mit dem in der zweiten Hälfte des 13. Jahrhunderts auch auf die Töchter ausgedehnten Erbrecht und weiteren Berechtigungen. Zu diesen gehörten das für Schlesien angenommene Wehr- und Sühnegeld, das Recht der freien Zehntleistung an eine Kirche eigener Wahl und in Körnern, militärische Vorrechte – Kriegsdienstpflicht nur innerhalb, Soldzahlung bei Zügen außerhalb des Landes, Auslösung aus der Gefangenschaft durch den Landesherrn – sowie die Immunität für die Hintersassen der Adeligen und die Adeligen selbst. In wirtschaftlicher Hinsicht wurden mit der Immunität Abgaben und Dienste an den Herzog erlassen, in rechtlicher die Jurisdiktion der herzoglichen Beamten über die Hintersassen an den Adel übertragen und dieser selbst von ihr befreit; der Adel er-

---

25 Gehrke, Roland: Parlamentarismusforschung. In: Bahlcke (Hg.): Historische Schlesienforschung, 235-265.
26 Wienfort: Adel in der Moderne, 41-50.
27 Appelt: Schlesisches Urkundenbuch, Bd. 1, Nr. 281, 206-208.

langte somit für sich einen privilegierten Gerichtsstand vor dem Herzogsgericht und über seine Hintersassen die niedere Gerichtsbarkeit. Im Unterschied zum Lehnsrecht waren mit den Vergünstigungen nach Ritterrecht keine Verpflichtungen verbunden; die Kriegsdienstpflicht hatte persönlichen Charakter.

Der Grundgedanke des Lehnswesens bestand dagegen in der leihweisen Vergabe eines Lehnsguts gegen die am Lehnsgut haftende Leistung von Roßdienst bei gegenseitiger Verpflichtung zwischen Leihgeber und -nehmer zu *consilium et auxilium*. Dem Wesen der Leihe stand jedoch das Bestreben nach Vererbung, letztlich nach dem Eigentum an der Leihgabe seitens des Lehnsmannes, gegenüber, das sich im 13. Jahrhundert bereits weitgehend durchgesetzt hatte. Die Lehnsbeziehungen können daher auch in Schlesien nur als lehnsartig bezeichnet werden, zumal das Eigentumsrecht an Grund und Boden nach polnischem Ritterrecht die genannten Bestrebungen zusätzlich stützte. Hier ergänzten und verbanden sich Ritterrecht und Lehnsrecht, so daß sich die Erblichkeit des Besitzes durchsetzte. Indem der Adel die für ihn günstigeren Elemente aus beiden Rechten übernahm, erlangte er ein ihn privilegierendes Adelsrecht, das er als schlesisches Ritterrecht bis weit in die Neuzeit hinein bewahren konnte.[28] Hinzu kamen interne Regeln, die auf den Wert- und

3 In der Frühen Neuzeit begann die schriftliche Niederlegung des aus dem Mittelalter tradierten schlesischen Ritterrechts, das in diesem Traktat „durch offenen Druck an den Tag" gebracht wird zur Sicherung der „wolerworbenen Freyheiten vnd Privilegien" des schlesischen Adels, wie es in der Vorrede heißt. Adel und Ritterstand sind hier als regionale Korporation – „in vnserem geliebten Vaterlande Schlesien" – mit eigenem Verhaltenskodex und Ehrengericht zu erkennen. Der Traktat des Georg von Wentzky und Petersheide († um 1590) existierte vorher nur in Abschriften, wird nun aber von dem Breslauer Buchhändler Johann Perfert zum Druck befördert. Bildnachweis: Stiftung Kulturwerk Schlesien, Würzburg, Bibliothek für Schlesische Landeskunde, Sign. SH 110 W 481.

28 Schmilewski: Der schlesische Adel, 139-157.

Ehrvorstellungen des Adelsstandes beruhten und etwa Fragen der Repräsentation nach außen, des gesellschaftlichen Umgangs miteinander, der Zugehörigkeit zum Adel und des Ausscheidens aus ihm, beispielsweise bei Unehrenhaftigkeit oder unstandesgemäßer Erwerbstätigkeit, betrafen.[29] Verhandelt wurden solche Fragen vor einem besonderen Adelsgericht, dem „Ritter-Recht"; ein anderes, das „Ober- und Fürsten-Recht", war ab 1498 speziell für die freien Standesherren und die Fürsten zuständig.[30]

Ein weiterer Komplex an Rechten leitete sich aus der Stellung des Adeligen zunächst als Grundherr und – etwa seit der Wende zur Neuzeit – als Gutsherr ab. Zur Herrschaft über die Hintersassen des Grundherrn gehörten der Vorbehalt des Obereigentums an Grund und Boden, der die Freizügigkeit der Bauern im Fall eines Abzugs leicht einschränkte, sowie polizeiliche und richterliche Befugnisse. Mit dem Aufkommen der Gutsherrschaft als Wirtschaftsform verschärfte sich der Zugriff des adeligen Gutsherrn auf seine Leute bei Abgaben und Diensten bis hin zum Gesindezwang und zur Erbuntertänigkeit der Bauern. Der Herrschaft standen das Jagd- und Forstprivileg, die Brau- und Brenngerechtigkeit zu, der adelige Grundherr übte das Kirchen- und Schulpatronat sowie die ländliche Polizeigewalt und die Patrimonialgerichtsbarkeit aus. Auf die letzteren verzichtete er im Verlauf des 19. Jahrhunderts nach und nach aufgrund der staatlicherseits immer stärker geforderten höheren fachlichen Qualifikation. Das Privileg der Grundsteuerfreiheit für Rittergüter konnte der Adel in Preußen bis 1861 bewahren.

Eine besondere, vorrangig den adeligen Grundbesitz schützende Rechtsform war schließlich jene des Fideikommiß. Dabei handelte es sich um eine obrigkeitlich bestätigte Stiftung, bei der ein Familienvermögen, meist Grundbesitz, ungeteilt in der Hand eines Familienmitgliedes verblieb, eine Erbteilung also verhindert wurde. Zudem durfte das Fideikommißvermögen nicht verkauft oder mit Krediten belastet werden. Der Inhaber, beim Adel meist der älteste Sohn, konnte damit nur über die Erträge verfügen, an denen jedoch die Geschwister und weitere Familienangehörige mit Leistungen zum Unterhalt zu beteiligen waren. Mit dem Fideikommiß sollte die soziale Stellung der Familie wie diejenige des grundbesitzenden Adels gesichert werden. Die Rechtsform des Fideikommiß setzte sich in Deutschland im 17. Jahrhundert durch und erreichte mit einer Gründungswelle nach der Revolution von 1848/49 einen Höhepunkt. Im Jahr 1890 gab es in Schlesien rund 200 Fideikommisse, die etwa 15 Prozent der Landesfläche umfaßten. Die Weimarer Reichsverfassung hob die Besitzform des Fideikommiß auf, dessen juristisch komplizierte Abwicklung sich noch bis in die dreißiger Jahre hinzog.

---

29 Conrads: Adelsgeschichte, 372-375.
30 Orzechowski, Kazimierz: Historia ustroju Śląska 1202–1740 [Verfassungsgeschichte Schlesiens 1202–1740]. Wrocław 2005 (Acta Universitatis Wratislaviensis 2806).

5. Profession und Tätigkeitsfelder

Adel und Grundbesitz gehörten konstitutiv und gehören noch heute idealtypisch zusammen, benennt sich der Adel doch üblicherweise nach seinem Besitz. Dies gilt in Schlesien beispielsweise für die von Domanze,[31] wogegen etwa die aus Sachsen zugewanderten von Zedlitz[32] ihren Namen auf mehrere schlesische Dörfer[33] übertrugen. Entsprechend war die Landwirtschaft stets der vorrangige Tätigkeitsbereich des schlesischen Adels und zugleich seine maßgebliche ökonomische Basis. Hinzu kam, daß sich die oberschlesischen Magnatengeschlechter in besonderer Weise an dem dort gegen Ende des 18. Jahrhunderts einsetzenden Industrialisierungsprozeß als Un-

4 Kux-Schein der Gewerkschaft Castellengo-Abwehr, ausgestellt am 1. März 1928 in Gleiwitz. An der Industrialisierung Oberschlesiens beteiligte sich unternehmerisch auch der dortige grundbesitzende Adel. Einzelne Geschlechter wie die Henckel von Donnersmarck, Schaffgotsch, Tiele-Winckler, Hohenlohe, Pleß und Ballestrem wurden so zu Industriemagnaten. Die Bezeichnung „Gewerkschaft Castellengo-Abwehr" geht auf den aus Italien stammenden, seit 1742 in preußischen Diensten stehenden Grafen Giovanni Battista Angelo Ballestrem di Castellengo zurück. Dessen Sohn erlangte 1798 über das Erbe seiner Frau die Majoratsherrschaft Plawniowitz (poln. Pławniowice), auf der um 1840 Kohlevorkommen entdeckt wurden. Für die Zeche Castellengo erfolgte die erste Mutung 1857. Nach der Teilung Oberschlesiens 1922 und der damit verbundenen Teilung des Ballestremschen Bergwerksbesitzes wurde 1928 die Zeche Castellengo mit der Abwehrgrube in Mikultschütz (poln. Mikulczyce) unter dem Namen „Gewerkschaft Castellengo-Abwehr" vereinigt.
Bildnachweis: Stiftung Kulturwerk Schlesien, Würzburg, Historische Wertpapiere.

---

31 Domanze (poln. Domanice), Kreis Schweidnitz.
32 Zedlitz bei Borna in Sachsen.
33 So gibt es Dörfer mit dem Namen Zedlitz in den Kreisen Fraustadt (Siedlnica), Grottkau (Siedlec), Lüben (Siedlce), Ohlau (Siedlce), Oppeln (Grabice), Schweidnitz (Pasieczna) und Trebnitz (Siedlec).

ternehmer beteiligten. Daneben gehörte zur adeligen Profession stets der Dienst am Hof, als Kämpfer oder seit der Frühmoderne für den Staat, wogegen unstandesgemäße berufliche Tätigkeit in Handel und Handwerk noch in der Frühen Neuzeit zum Ausscheiden aus dem Adel führte. Im nur vorübergehend ausgeübten Hofdienst erlernte der junge Adelige im Mittelalter als Knappe ritterlich-höfischen Umgang und erhielt hier seine kämpferische Ausbildung und womöglich den Ritterschlag. Page, Kammerjunker und Kammerherr wurde man in der Neuzeit, lernte ebenfalls die unter Standesgenossen üblichen Gesellschaftsformen und knüpfte Verbindungen, auch zu den adeligen Kammerfräulein, die ebenfalls Hofdienste leisteten. Ergab es sich, verblieb man längere Zeit in einem Hofamt – bekannt ist der Fall des Hans von Schweinichen als Hofmarschall Herzog Heinrichs XI. von Liegnitz und als Fürstlicher Rat[34] – oder war in diplomatischer Mission für seinen Herrn unterwegs. War der militärische Dienst im Mittelalter meist auf das temporäre Landesaufgebot und bestimmte Züge beschränkt, so führte die Professionalisierung des Krieges zum Beruf des Landsknechts und Söldnerführers, der dem Adeligen gut anstand. Einer der frühesten Generäle aus schlesischem Adel war Hans Ulrich Freiherr von Schaffgotsch, der in kaiserlichen Diensten unter Wallenstein kämpfte.[35] Mit dem Stehenden Heer bot sich dem Adel, vor allem den nachgeborenen Söhnen, die ihm lange Zeit vorbehaltene Laufbahn des Offiziers an, zunächst in kaiserlichen, dann in preußischen Diensten. Gerade im Offiziersberuf konnte man die adeligen Tugenden von Ehre und Ritterlichkeit leben und noch bis ins 20. Jahrhundert weitertragen.

Eine weitere standesgemäße Berufsmöglichkeit bot der Staatsdienst, in dem aufgrund ständischen Vorrangs dem Adel die höheren, repräsentativeren Positionen zustanden, wenn ihm nicht sogar bestimmte Ämter wie das des Landrats (bis 1918) vorbehalten blieben. Mit der fortschreitenden Entwicklung des frühmodernen Staates und seiner Verwaltung gab jedoch immer mehr die fachliche Qualifikation den Ausschlag für den beruflichen Aufstieg, worauf der Adel mit Ausbildung und Studium reagierte. Andererseits konnte eine entsprechende Position in der Verwaltung auch zur Nobilitierung des bürgerlichen Staatsdieners führen. Mit dem nicht grundbesitzenden und landgesessenen, sondern Dienst tuenden Adel entstand somit auch in Schlesien der Typus des Dienstadels als Teil eines sich zunehmend differenzierenden Gesamtadels.

---

34 Büsching, Johann Georg (Hg.): Lieben, Lust und Leben der Deutschen des sechzehnten Jahrhunderts, in den Begebenheiten des Schlesischen Ritters Hans von Schweinichen von ihm selbst aufgesetzt, Bd. 1-3. Breslau 1820–1823; die letzte, allerdings gekürzte Ausgabe bei Raaba, Hildegard (Bearb.): Hans von Schweinichen, ein Lebensbild aus dem 16. Jahrhundert. Begebenheiten des schlesischen Ritters Hans von Schweinichen, von ihm selbst aufgesetzt. Heidenheim 1971 (Abenteuerliche Lebensläufe 7).

35 Kuzio-Podrucki, Arkadiusz: Schaffgotschowie. Zmienne losy śląskiej arystokracji [Die Schaffgotsch. Die wechselhaften Schicksale der schlesischen Aristokratie]. Bytom 2007, 23-31; Krebs, Julius: Hans Ulrich Freiherr von Schaffgotsch. Ein Lebensbild aus der Zeit des dreißigjährigen Krieges. Breslau 1890.

6. Adel und Kirche

Bereits der Adelige Peter Wlast beteiligte sich in der Frühzeit an Auf- und Ausbau der Kirchenorganisation Schlesiens, indem er Reliquien des Heiligen Vinzenz von Magdeburg in das Land an der Oder transferierte, an Klöstern das Sand- und Vinzenzstift gründete sowie zahlreiche Kirchen. Im 13. Jahrhundert fundierten die Pogarell das Kloster Kamenz (poln. Kamieniec Ząkowicki), die Würben das Franziskanerkloster in Schweidnitz (poln. Świdnica) und die Liebenthal das gleichnamige Nonnenkloster (poln. Lubomierz), während sonst nur die Landesherren Klöster stifteten. Wesentlich geringerer Grundbesitz war für die Errichtung von Kirchen – meist in Zusammenhang mit Dorfgründungen im Zuge der deutschen Ostsiedlung – nötig, mit denen der Adel seine weltliche Grundherrschaft um eine Art geistliche Aufsicht über die abhängige Bevölkerung erweiterte. Über die Kirchen stand ihm das Patronat zu, verbunden mit Baulasten und Fürsorgepflichten, aber auch mit dem Recht der Wahl eines Pfarrers. Der Adel richtete sich freilich ebenso auf die lokalen Klöster als kulturelle Zentren aus, die er mit Schenkungen und Stiftungen bedachte und denen er Hilfe und Schutz gewährte. Dafür nahmen ihn die Ordensgemeinschaften in ihre Nekrologe und in ihr Gebet auf, Klöster und Kirchen dienten dem Adel häufig als Grablegen.[36] Einzelne Konflikte ergaben sich aus den kirchlichen Versuchen der Beschränkung des adeligen Rechts auf freie Zehntleistung und hinsichtlich Grundbesitzansprüchen. Der einzelne Adelige als Gläubiger nahm an Wallfahrten – besonders adelige Damen – an das Grab der Heiligen Hedwig nach Trebnitz (poln. Trzebnica), aber auch nach Krakau (poln. Kraków), Rom und nach Jerusalem sowie vereinzelt an Kreuzzügen ins Heilige Land und nach Preußen teil, hinzu kamen individuelle Frömmigkeitsstiftungen an unterschiedlichen kirchlichen Einrichtungen.[37]

Mit seinen in den geistlichen Stand wechselnden nachgeborenen Söhnen und unverheirateten Töchtern stellte der Adel einen nicht unbeträchtlichen Teil der Geistlichkeit. Es gelang ihm jedoch nicht, rein adelig zusammengesetzte Klöster oder Stifte zu bilden. Denn in Schlesien galt von Anfang an und über das Mittelalter hinaus hinsichtlich der personellen Zusammensetzung kirchlicher Institute das gemeinständische Prinzip, auch wenn das Breslauer Domkapitel als Ausnahme bis zum Ende des 13. Jahrhunderts nahezu ausschließlich adelig besetzt war. Geistliche adeliger Herkunft konnten für ihre Personengruppe jedoch gewohnheitsrechtlich die

---

36 Wiszewski, Przemysław: Stifterfamilie und Konvent. Soziale Wechselbeziehungen zwischen schlesischen Nonnenklöstern und Ritterfamilien im Späten Mittelalter. In: Heimann, Heinz-Dieter (Hg.): Adelige Welt und familiäre Beziehungen. Aspekte der „privaten Welt" des Adels in böhmischen, polnischen und deutschen Beispielen vom 14. bis zum 16. Jahrhundert. Potsdam 2000, 87-103; Adamska, Dagmara: Schlesische Klöster als Begräbnisstätten des Adels im Fürstentum Schweidnitz-Jauer des Spätmittelalters. In: Kruppa, Nathalie (Hg.): Adlige – Stifter – Mönche. Zum Verhältnis zwischen Klöstern und mittelalterlichem Adel. Göttingen 2007 (Veröffentlichungen des Max-Planck-Instituts für Geschichte 227; Studien zur Germania Sacra 30), 291-306.

37 Adamska, Dagmara: Fundacje dewocyjne rycerstwa księstwa świdnicko-jaworskiego w średniowieczu [Adelige Frömmigkeitsstiftungen im Herzogtum Schweidnitz-Jauer im Mittelalter]. Poznań/Wrocław 2005.

leitenden Positionen in den kirchlichen Instituten reservieren; so war der Großteil der Äbte und Äbtissinnen adeliger Abkunft, blieben die wichtigsten Dignitäten – im Domkapitel die Propstei, das Dekanat und die Kustodie – in der Regel Angehörigen des Adels vorbehalten. Dennoch ging der Anteil des Adels beispielsweise in dem als Diözesanregierung fungierenden Domkapitel im Laufe der Zeit immer weiter zurück, so daß für das 16. Jahrhundert ein Überwiegen des bürgerlichen Elements festzustellen ist. Der Versuch des Breslauer Bischofs Johann V. Thurzó von 1520, dem Adel zwölf Kanonikate im Domkapitel zu reservieren, scheiterte in einer Zeit, als in Deutschland und Polen die meisten Domkapitel bereits rein adelig waren. Ab Anfang des 17. Jahrhunderts dominierten im Breslauer Domkapitel dann Geistliche adeliger Herkunft, denen ab etwa 1650 alle Dignitäten vorbehalten blieben. Erst die Statuten von 1736 schrieben für die Aufnahme eines Geistlichen in das Domkapitel adelige Geburt vor, und so blieb es bis zur Säkularisation im Jahr 1810.[38]

Betrachtet man die Liste der Breslauer Bischöfe, so ist festzustellen, daß diese bis 1835 fast stets dem Adel entstammten.[39] Vor allem im 13. und 14. Jahrhundert stellte der eingesessene Adel – von den Piasten abgesehen – mit Thomas I. Goslawitz, Thomas II. von Strehlen, Johann III. Romka, Heinrich I. von Würben und Preczlaus von Pogarell in einer längeren Phase den Breslauer Bischof, sonst fast stets nur noch vereinzelt: im 16. Jahrhundert mit Balthasar von Promnitz und Kaspar von Logau, im 17. Jahrhundert mit Johann VI. von Sitsch, im 18. Jahrhundert mit Philipp Gotthard Fürst Schaffgotsch und im 19. Jahrhundert mit Emanuel von Schimonsky und Leopold Graf Sedlnicky. Keine schlesische Adelsfamilie stellte also zwei Breslauer Bischöfe – ein Befund, der auch für die Weihbischöfe dieser Diözese gilt, von denen aus bekannteren Familien wenigstens Johann Moritz von Strachwitz und Anton Ferdinand von Rothkirch und Panthen genannt seien.[40] Auch auf auswärtige Bischofsstühle gelangten nur einige wenige schlesische Adelige.[41]

Hinzu kam, daß Schlesien seit dem 16. Jahrhundert ein konfessionell geteiltes Land war. Der Adel förderte die Ausbreitung der Reformation in seiner Eigenschaft als Patronatsherr, indem er frei werdende Pfarrstellen mit lutherischen Geistlichen besetzte, ein Recht, von dem er im folgenden Jahrhundert freilich auch im Sinn der Gegenreformation Gebrauch machte. Zunächst ganz überwiegend lutherisch, sah sich der Adel Schlesiens mit der kaiserlich-habsburgischen Gegenreformation nicht nur konfessionellem, sondern auch politischem Druck ausgesetzt, dem man entweder – wie die reformierten Freiherren von Schoenaich, die sich allerdings mit der Gründung einer protestantischen Universität in Beuthen an der Oder (poln. Bytom Odrzański)

---

38 Zimmermann, Gerhard: Das Breslauer Domkapitel im Zeitalter der Reformation und Gegenreformation (1500–1699). Weimar 1938 (Historisch-Diplomatische Studien 2), 76–85.

39 Bahlcke, Joachim: Bischöfliche Traditionen des schlesischen Adels in der Frühen Neuzeit. In: Weber, Matthias/Harasimowicz, Jan (Hg.): Adel in Schlesien. Herrschaft, Kultur, Selbstdarstellung. München 2009 [im Druck].

40 Jungnitz, J[oseph]: Die Breslauer Weihbischöfe. Breslau 1914.

41 Brzoska, Emil: Katholische Edelleute Schlesiens im Bischofsamt [1964]. Jetzt in: 100 Jahre Vereinigung Katholischer Edelleute Schlesiens 1890–1990. Limburg/Lahn 1993, 50–67.

übernahmen[42] – widerstand, mit der Aufspaltung des Hauses in eine evangelische und eine katholische Linie begegnete, oder aus Gründen von Karriere und Prestigegewinn nachgab. Ein Beispiel hierfür sind die Schaffgotsch, denen schon während des mit der Beschlagnahmung aller Besitzungen verbundenen Verratsprozesses gegen den evangelischen kaiserlichen General Hans Ulrich Freiherr von Schaffgotsch der Gnaden- und Restitutionsweg der Konversion gewiesen wurde. Die Gegenreformation als religionspolitische Frage hat jedenfalls den Adel nicht nur in seiner Zusammensetzung, sondern auch bezüglich seiner Integrität merklich verändert, so daß er sich – wie Schlesien allgemein – in einen überwiegend protestantisch-niederschlesischen und einen mehrheitlich katholisch-oberschlesischen Teil untergliederte. Das Verhältnis Staat – Kirche spielte nochmals 1890 bei der Abspaltung der Schlesier vom Verein Katholischer Edelleute Deutschlands eine Rolle. Konfessionell-organisatorisch unterschieden ist der schlesische Adel heute – sofern der Einzelne Mitglied ist – in katholische Malteser und evangelische Johanniter, vereint sind beide Orden aber in ähnlichen caritativen Zielen.

7. Adel und Gesellschaft

Der Anteil des Adels an der schlesischen Gesamtbevölkerung wird für das Spätmittelalter auf etwa 1 Prozent und auf rund 1,5 Prozent im 16. Jahrhundert geschätzt – für das Fürstentum Schweidnitz in diesem Jahrhundert nur auf 0,8 Prozent. Der Gesamtanteil sank bis zum Ende des 18. Jahrhunderts in Schlesien auf etwa 0,5 Prozent und lag damit unter jenem von ganz Preußen mit 1 Prozent, der dann bis 1918 auf 0,1 bis 0,5 Prozent absank.

Ganz allgemein gilt, daß der gesellschaftliche Vorrang des Adels auf einer Kombination unterschiedlicher, einander ergänzender und ineinander wirkender Faktoren beruhte. Als anfänglicher Kriegerstand war der Adel waffen- und wehrfähig und wurde durch die Übernahme ritterlicher Ideale und Tugenden zu einer ethischen Gemeinschaft, der Einzelne zum *miles christianus*. Der Adel war damit im Mittelalter nicht nur der „wehrhafte Arm Gottes", sondern übernahm über diese Epoche hinaus auch Aufgaben der weltlichen Herrschaft, wie Schutz der Bevölkerung und Verantwortung für sie. Auf lokaler Ebene übte er Herrschaft aus, war Repräsentant von Obrigkeit und Staat. Innerhalb der Gesellschaft hob ihn zudem sein umfangreicher Besitz hervor, der zu einer wirtschaftlichen Dominanz führte. Hinzu kam in einer nicht egalitären, sondern hierarchisch-ständisch geprägten Gesellschaft ein Vorrang auf Grund adeliger Geburt.

Nicht zu übersehen sind im gesamtgesellschaftlichen Bereich allerdings auch negative Einflüsse des Adels. So lehnten sich einzelne Adelige gegen die wirtschaftlichen Umbrüche am Ende des Mittelalters auf, indem sie wie etwa Sigismund von Reichenau auf Burg Neuhaus (poln. Chałupki) Wegelagerei betrieben und so zu Raubrittern

---

42 Wollgast, Siegfried: Zum Schönaichianum in Beuthen an der Oder. In: Jahrbuch der Schlesischen Friedrich-Wilhelms-Universität zu Breslau 35 (1994) 63-103.

wurden. Verstärkt durch die Hussiteneinfälle geriet Schlesien an den Rand einer feudalen Anarchie durch das Verhalten und die Gewaltbereitschaft beispielsweise eines
Nickel von Zedlitz und Alzenau oder auch von Herzögen wie Konrad dem alten Weißen
von Oels oder Johann II. von Glogau-Sagan. Erfolgreiche, vielleicht zu erfolgreich
betriebene adelige Interessenpolitik verhinderte gesellschaftspolitisch notwendige
Reformen nicht erst seit Friedrich II. von Preußen, über die Bauernbefreiung bis hin
zur Landparzellierung im Zuge der Osthilfepolitik der Weimarer Republik. Insgesamt
dominierte auch beim schlesischen Adel eher das beharrende Element, von einzelnen
reformerischen Persönlichkeiten wie etwa Graf Friedrich Wilhelm von Haugwitz und

5 In der Frühen Neuzeit verließ der Adel die wehrhaften Burgen und baute sich wohnlichere Häuser
oder Schlösser auf dem flachen Land im Stil der Zeit. Auf der romantisierenden Darstellung von
Schloß Deutsch Jägel (poln. Jagielno) sind trotz zwischenzeitlicher Umbauten noch Elemente
der ehemaligen Burg zu erkennen. Zu Repräsentation und landadligem Lebensstil gehörte der im
englischen Stil angelegte Landschaftspark. In dem von 1857 bis 1884 erschienenen und König
Friedrich Wilhelm IV. von Preußen gewidmeten Dunckerschen Schlösseralbum mit seinen 959
Lithographien ist Schlesien mit 227 Ansichten die am stärksten vertretene Provinz der preußischen
Monarchie.
Bildnachweis: Deutsch Jägel, Kr. Strehlen. Chromolithographie von Winckelmann & Söhne nach
Theodor Blätterbauer. In: Duncker, Alexander (Hg.): Die ländlichen Wohnsitze, Schlösser und
Residenzen [...] der preußischen Monarchie [...], Bd. 10. Berlin 1867. Stiftung Kulturwerk Schlesien,
Würzburg, Sammlung Duncker.

Freiherr Karl Abraham von Zedlitz und Leipe – der eine habsburgischer, der andere preußischer Reformminister – abgesehen.

Ein Spezifikum des Adels ist sein Denken in verwandtschaftlichen Beziehungen und Generationen, so daß Genealogie zu der Form adeliger Memoria par excellence wurde. Verbunden mit der erblichen Weitergabe von Besitz und dessen schriftlicher Absicherung bildete sich so ein über Jahrhunderte hinausgehendes langes Gedächtnis der Aristokratie, eine spezifische adelige Erinnerungskultur, heraus. Seine wirtschaftliche Dominanz ermöglichte dem Adel die Förderung von Kunst und Wissenschaft, den Bau von Herrenhäusern und Schlössern, die zum Teil modische Sammlung von Büchern, Gemälden und Kuriositäten im Sinne der Selbstrepräsentation, die andererseits aber auch erwartet wurde. Größere Nähe zum Landesherrn, zum Staat, Ausübung übergeordneter Funktionen und Weltläufigkeit führten zu einem Erfahrungsvorsprung des Adels gegenüber anderen Gruppen der Bevölkerung, den er in seinen Führungspositionen auch umsetzen konnte.

Den Adel in Europa verbanden und verbinden noch heute in seiner großen Mehrheit gemeinsame Vorstellungen von Ehre und Pflicht, von Verantwortung für die eigenen Leute und die Allgemeinheit und – seit 1945 vielleicht am wenigsten – der Anspruch auf Führung sowie spezifische standesgemäße Umgangsformen. Adeligkeit präsentiert sich modern mit den Worten von Monika Wienfort als ein „Set von Verhaltensweisen und Mentalitäten".[43] Adeligkeit und Sozialprestige bzw. entgegengebrachtes Ansehen bilden bis in die Gegenwart das symbolische Kapital des Adels, an dem auch jener aus Schlesien bis heute Teil hat.

8. Adel in nachadeliger Zeit

Die Revolution von 1918 setzte an die Stelle der Monarchie die Volksherrschaft. Die Weimarer Verfassung hob jede ständische Bevorrechtigung auf und schaffte damit in Deutschland den Adel als Klasse ab; Adelstitel wurden zu bloßen Namensbestandteilen.[44] Österreich zog im Folgejahr nach, stellte jedoch zusätzlich den Gebrauch von Adelsbezeichnungen und -titeln unter Strafe, so daß aus dem Kaiser offiziell ein Herr Habsburg wurde. Die Jahre 1918/19 stellen für den Adel in politischer Hinsicht eine entscheidende Zäsur dar, wenn auch die Erosion seiner politischen Privilegien und rechtlichen Stellung bereits im 19. Jahrhundert eingesetzt hatte: Die wirtschaftlichen Veränderungen, die Verbürgerlichung der Gesellschaft und die Ver-

---

43 Wienfort: Adel in der Moderne, 20.
44 Der schlesische Adel im 20. Jahrhundert ist bisher noch nicht Gegenstand der Forschung gewesen. Vgl. vorläufig die für Gesamtdeutschland geltenden Entwicklungen (ebd. 9f., 20f., 46-60, 84f., 94-98). Autobiographische Darstellungen von Angehörigen des schlesischen Adels zu dieser Zeit sind vergleichsweise selten; vgl. aber Frisé [geb. v. Loesch], Maria: Meine schlesische Familie und ich. Erinnerungen. Berlin 2004; Moltke, Dorothy von: Ein Leben in Deutschland. Briefe aus Kreisau und Berlin 1907–1934. München 1999; Dobschütz, Sigismund von: Die ersten 50 Jahre in Schlesien (1898–1948). Das Leben des Oberstleutnants a. D. Günther von Dobschütz. In: Ostdeutsche Familienkunde 55 (2007) 70-84, 121-125, 142-157.

vielfältigung der Lebensstile hatten schon im Kaiserreich zu einer Annäherung des
Adels an die bürgerliche Elite und zu seiner Fragmentierung geführt. So machte sich
beim Adel eine gewisse Verunsicherung über sich selbst und seine Rolle bemerkbar
– *den* Adel als mehr oder minder monolithische Einheit gab es nicht mehr. Auch
im öffentlichen Leben gab er nicht mehr den ersten Ton an, zog sich vielmehr von
seinen Ämtern in Politik und Staatsdienst sowie aus den Vereinen zurück. Betrieb
der Adel danach noch Politik, etwa im Rahmen der 1874 gegründeten Deutschen
Adelsgenossenschaft, so war dies in erster Linie Interessen- oder Verbandspolitik.
Seine Position behauptete er dagegen im Bereich der Landwirtschaft als Gutsbesitzer
und in seinem gesellschaftlichen Ansehen, in Schlesien vor allem auf lokaler Ebene.

Empfand sich der Adel bisher stets als königstreu und staatstragend, so war dies
nach dem revolutionären Umbruch von 1918 und bei der demokratisch-egalitären
Ausrichtung des neuen Staates, der mehrheitlich ungeliebten Weimarer Republik, nicht
mehr möglich. Mit der Reduzierung des Heeres auf 100.000 Mann, die im Versailler
Vertrag vereinbart worden war, entließ der Staat zahlreiche adelige Offiziere und stürzte
so vor allem den Militäradel im ostelbischen Preußen in existenzielle Nöte. Ein Teil der
Berufsoffiziere schloß sich deshalb den Freikorps an, darunter aus schlesischem Adel
die Freikorpsführer Hubertus von Aulock und Alfred von Randow. Grenzkämpfe wie
die drei polnischen Aufstände in Oberschlesien zeigten die Schwäche der Weimarer
Republik. Unter diesen Voraussetzungen entwickelte namentlich der Adel Ostelbiens
eine antirepublikanische, nationalkonservative und autoritätsfordernde Einstellung.
Dem schien die nationalsozialistische Bewegung zunächst zu entsprechen, obwohl die
Betonung der „Volksgemeinschaft" adeligem Elitedenken im Prinzip entgegenstand.
Daher ist das Verhältnis des deutschen Adels zum Nationalsozialismus durchaus als
ambivalent und seine Haltung als differenziert zu bezeichnen. Unterstützung fand der
Nationalsozialismus besonders beim besitzlosen ostelbischen Kleinadel, dessen einzelne
Angehörige sich aus Überzeugung oder Opportunitätsgründen entsprechenden Organisationen anschlossen. So sind Adelige in den Führungspositionen von SA und SS
im Vergleich zum Bevölkerungsanteil des Gesamtadels überrepräsentiert (11,8 bzw.
16,5 Prozent zu 0,5 Prozent), was allerdings mit ihrem Führungsanspruch, ihren militärischen Fähigkeiten als ehemalige Offiziere und einer gezielten Förderung seitens
der Nationalsozialisten zusammenhing. Andererseits blieben im Adel – häufig auch
vor dem Hintergrund einer christlichen Überzeugung – ebenso Distanziertheit und
Ablehnung des Nationalsozialismus präsent. Ebenfalls überrepräsentiert war der Adel
im Widerstand, gehörten ihm doch etwa ein Drittel der in Zusammenhang mit dem
Attentat vom 20. Juli 1944 Handelnden an. Hier wie auch bei dem sich mit einer
Neuordnung Deutschlands nach einem verlorenen Krieg befassenden Kreis um die
schlesischen Adeligen Peter Graf Yorck von Wartenburg und Helmuth James Graf
von Moltke – benannt nach dessen im Kreis Schweidnitz gelegenen Gut Kreisau
(poln. Krzyżowa) als „Kreisauer Kreis" – konnte der Adel seine verwandtschaftlichen
Verbindungen als weitreichendes Netzwerk nutzen.[45]

---

45 Wienfort: Adel in der Moderne, 54–60.

Das Kriegsende brachte der Bevölkerung Ostdeutschlands Flucht, Vertreibung und Enteignung, häufig den Tod. Dies galt auch für den Adel, für den das Jahr 1945 nicht nur in wirtschaftlicher Hinsicht eine entscheidende Zäsur darstellte. Mit seinem Grundbesitz und seiner Vertreibung verlor er auch seine Verankerung in dem historischen Raum, den er häufig seit Jahrhunderten in politischer, wirtschaftlicher und gesellschaftlicher Beziehung maßgebend mitgestaltet und der wiederum ihn geprägt hatte. Der Adel wurde im Wortsinn entwurzelt – die letzte, größte und nicht mehr zu bewältigende Krise des schlesischen Adels.

Flohen schlesische Adelige in die Sowjetische Besatzungszone, so traf sie hier das Schicksal des mitteldeutschen Adels, der als „Klassenfeind" enteignet und verfehmt wurde, so daß auch er – gleichermaßen entwurzelt, aber außerdem unerwünscht – in den Westen ging. Beim dortigen Neubeginn halfen dem Adel aus Schlesien zunächst häufig verwandtschaftliche Verbindungen, um Fuß zu fassen. Das alte adelige Landleben ließ sich aber nicht fortsetzen, so daß bürgerliche Berufe ausgeübt werden mußten. Adeligkeit manifestierte sich nun in Familienfeiern, in der Beschäftigung mit der eigenen Familiengeschichte, im sozialen Prestige des Adelsnamens, im adeligen Selbstverständnis und im gesellschaftlichen Umgang mit Standesgenossen in den westdeutschen regionalen Adelsverbänden. Die eigenen schlesischen Verbände – die Vereinigung Schlesischer Adel, die Vereinigung Katholischer Edelleute Schlesiens und der schlesische Zweig des (evangelischen) Johanniterordens[46] – bestehen jedoch weiter, und der Vorschlag, den erstgenannten aufzulösen, scheiterte Anfang des 21. Jahrhunderts am Widerspruch seiner Mitglieder.

Die schlesischen Adelsvereinigungen verstehen sich dabei nicht nur als Traditionsgemeinschaften, die den Nachgeborenen aus schlesischem Adel die alte Heimat näher bringen möchten, sondern auch als Vermittler zwischen Deutschen und Polen und deren Ländern. Dies wird im Vorwort des damaligen Vorsitzenden der Vereinigung Katholischer Edelleute Schlesiens, Wolfram Freiherr von Strachwitz, in der Veröffentlichung zu deren hundertjährigem Bestehen aus dem Jahr 1993 deutlich: „Die katholischen Edelleute Schlesiens wollen [...] nicht nur die persönlichen Interessen vertreten, sondern haben die Verpflichtung, sich um die Menschen in der Heimat und das geschundene Land zu kümmern. Dabei darf der katholische Edelmann keinen Unterschied zwischen alter Bevölkerung und neuen Einwohnern machen, so wie es ihm die Ritterlichkeit in christlich-abendländischer Tradition vorschreibt."[47] Hier werden Herkommen, Tugenden und Selbstverpflichtung des schlesischen Adels nochmals zum Ausdruck gebracht – ein in der Historie wurzelndes Selbstverständnis, aber auch auf die Zukunft ausgerichtet? Während in der Bundesrepublik Deutschland der schlesische Adel kaum noch zur Kenntnis genommen wird, sind dessen Namen im heutigen polnischen Schlesien durchaus wieder bekannt. Aber auch hier zehrt der Adel nur noch vom Prestige aus vergangenen Tagen.

---

46 Schott, Christian-Erdmann (Hg.): Festschrift zum 150jährigen Jubiläum der Schlesischen Genossenschaft des Johanniterordens. Würzburg 2003.
47 100 Jahre Vereinigung Katholischer Edelleute, 4.

Weiterführende Literatur in Auswahl:

Andreae, Friedrich: Gestalten des oberschlesischen Adels. In: Aus Oberschlesiens Vergangenheit und Gegenwart 1 (1922) 57-74.

Asch, Ronald G.: Europäischer Adel in der Frühen Neuzeit. Eine Einführung. Köln/Weimar/Wien 2008.

Büttner, Hans: Ein schlesisches Rittergut. Ein Beitrag zur landwirtschaftlichen Betriebslehre. Diss. Breslau 1901 (Mitteilungen der landwirtschaftlichen Institute der Kgl. Universität Breslau 1/5).

Carsten, Francis L.: Geschichte der preußischen Junker. Frankfurt a. M. 1988.

Carsten, Francis L.: Der preußische Adel und seine Stellung in Staat und Gesellschaft bis 1945. In: Wehler, Hans-Ulrich (Hg.): Europäischer Adel 1750–1950. Göttingen 1990 (Geschichte und Gesellschaft. Sonderheft 13), 112-125.

Cecil, Lamar: The Creation of Nobles in Prussia 1871–1918. In: American Historical Review 75 (1969/70) 757-795.

Cetwiński, Marek: Rycerstwo śląskie do końca XIII w. [Die schlesische Ritterschaft bis zum Ende des 13. Jahrhunderts], Bd. 1-2. Wrocław 1980-1982 (Prace Wrocławskiego Towarzystwa Naukowego. Seria A 210, 229).

Długoborski, Wacław: Die schlesischen Magnaten in der frühen Phase der Industrialisierung. In: Pierenkämper, Toni (Hg.): Industriegeschichte Oberschlesiens im 19. Jahrhundert. Rahmenbedingungen, Gestaltungskräfte, infrastrukturelle Voraussetzungen und regionale Diffusionen. Wiesbaden 1992 (Studien der Forschungsstelle Ostmitteleuropa an der Universität Dortmund 8), 107-128.

Fehrenbach, Elisabeth (Hg.): Adel und Bürgertum in Deutschland 1770–1848. München 1994.

Feigl, Helmuth: Die Entwicklung der schlesischen Grundherrschaft unter den Habsburgern (1526 bis 1742). In: Baumgart, Peter (Hg.): Kontinuität und Wandel. Schlesien zwischen Österreich und Preußen. Sigmaringen 1990 (Schlesische Forschungen 4), 135-165.

Fuchs, Konrad: Zur Bedeutung des schlesischen Magnatentums für die wirtschaftliche Entwicklung Oberschlesiens. In: ders.: Beiträge zur Wirtschafts- und Sozialgeschichte Schlesiens. Dortmund 1985 (Veröffentlichungen der Forschungsstelle Ostmitteleuropa an der Universität Dortmund A/44), 123-152.

Gebauer, Curt: Schlesischer Adel im Spätbarock. Nach den Tagebüchern des Grafen Otto Wenzel von Nostitz, Landeshauptmanns in Breslau. In: Zeitschrift des Vereins für Geschichte Schlesiens 68 (1934) 133-167.

Hoyningen-Huene, Iris von: Adel in der Weimarer Republik. Limburg 1992.

Jurek, Tomasz: Obce rycerstwo na Śląsku do połowy XIV wieku [Fremde Ritterschaft in Schlesien bis zur Mitte des 14. Jahrhunderts]. Poznań 1996 (Poznańskie Towarzystwo Przyjaciół Nauk, wydział historii i nauk społecznych. Prace komisji historycznej 54).

Jurek, Tomasz: Elity Śląska w późniejszym średniowieczu [Die Eliten Schlesiens im späten Mittelalter]. In: Fałkowski, Wojciech (Hg.): Kolory i struktury średniowiecza. Warszawa 2004, 404-420.

Kuczer, Jarosław: Szlachta w życiu społeczno-gospodarczym księstwa głogowskiego w epoce habsburskiej 1526–1740 [Der Adel im gesellschaftlich-wirtschaftlichen Leben des Herzogtums Glogau in der habsburgischen Epoche 1526–1740]. Zielona Góra 2007.

Kuczer, Jarosław: Kryteria definiujące elitę szlachecką księstwa głogowskiego po wojnie trzydziestoletniej (1648–1741) [Kriterien zur Definition der Adelselite im Herzogtum Glogau ab dem Dreißigjährigen Krieg (1648–1741)]. In: Śląski Kwartalnik Historyczny Sobótka 61 (2006) 275-289.

Laubner, Jürgen: Oberschlesische Magnaten im deutschen Kaiserreich 1871–1918. In: Mitteilungen des Beuthener Geschichts- und Museumsvereins 51 (1997) 83-98.

Laubner, Jürgen: Zwischen Industrie und Landwirtschaft. Die oberschlesischen Magnaten – aristokratische Anpassungsfähigkeit und Krisenbewältigung. In: Reif, Heinz (Hg.): Ostelbische Agrargesellschaft im Kaiserreich und in der Weimarer Republik. Agrarkrise, junkerliche Interessenpolitik, Modernisierungsstrategien. Berlin 1994, 251-166.

Nowakowski, Dominik: Siedziby książęce i rycerskie księstwa głogowskiego w średniowieczu [Fürstliche und adelige Wohnsitze im mittelalterlichen Herzogtum Glogau]. Wrocław 2008.

Orzechowski, Kazimierz: Organizacja śląskiego „conventus publicus" [Die Organisation des schlesischen „conventus publicus"]. In: Śląski Kwartalnik Historyczny Sobótka 28 (1973) 453-476.

Orzechowski, Kazimierz: Przyczynki do funkcjonowania stanów śląskich w drugiej połowie XVII wieku [Beiträge zur Funktion der schlesischen Stände in der zweiten Hälfte des 17. Jahrhunderts]. In: Śląski Kwartalnik Historyczny Sobótka 47 (1992) 375-391

Orzechowski, Kazimierz: Sejm i sejmiki w ustroju Śląska [Landesversammlungen und andere Versammlungen in der Verfassung Schlesiens]. In: Śląski Kwartalnik Historyczny Sobótka 31 (1976) 197-207.

Pierenkemper, Toni: Unternehmeraristokraten in Schlesien. In: Fehrenbach, Elisabeth (Hg.): Adel und Bürgertum in Deutschland 1770–1848. München 1994 (Schriften des Historischen Kollegs 31), 129-158.

Rogalla von Bieberstein, Johannes: Adelsherrschaft und Adelskultur in Deutschland. Frankfurt a. M. ³1998 [¹1989].

Wiatrowski, Leszek: Gospodarstwo wiejskie w dobrach pszczyńskich od połowy XVII do początku XIX wieku [Die Dorfwirtschaft in den Plesser Gütern von der Mitte des 17. bis Anfang des 19. Jahrhunderts]. Wrocław 1965 (Acta Universitatis Wratislaviensis 38, Historia 11).

Roland Gehrke

Besitztypen – Wirtschaftsformen – Einnahmequellen: Die ökonomischen Grundlagen des schlesischen Adels vom hochmittelalterlichen Landesausbau bis ins 20. Jahrhundert

Betrachtet man die adelige Wirtschaftsführung in Schlesien beziehungsweise die materielle Versorgung des schlesischen Adels durch beinahe ein Jahrtausend, so ist dabei stets zwischen gesamteuropäischen, spezifisch ostmitteleuropäischen und schließlich genuin schlesischen Faktoren zu unterscheiden. Hinzu kommt, daß sich auch innerhalb des Oderlandes unterschiedliche Adelslandschaften und entsprechend regionalspezifische Wirtschaftsmodelle ausbildeten, sichtbar insbesondere im unternehmerischen Engagement des oberschlesischen Magnatenadels in der Montanindustrie seit dem 18. Jahrhundert. In diesem Sinne sollen im folgenden wesentliche Grundlagen und Entwicklungstendenzen adeliger Besitz- und Wirtschaftsformen in chronologischer Folge exemplarisch beleuchtet werden.

1. Formierung einer Adelsschicht in slawischer Zeit

Wie in den anderen deutschrechtlichen Siedlungsgebieten Ostmitteleuropas war auch in Schlesien der Adel in seinen Ursprüngen ein Konglomerat aus einheimischen slawischen und zugewanderten deutschen Elementen,[1] die in einem relativ raschen Prozeß miteinander verschmolzen. Über die gesellschaftlichen Eliten der Zeit vor Einsetzen der deutschen Ostsiedlung und deren Herkunft ist nur wenig bekannt, doch ist ein enger Zusammenhang mit der Etablierung der frühpiastischen Monarchie in den polnisch-schlesischen Stammesgebieten zu vermuten.[2] Auch in agrarwirtschaftlicher Hinsicht dürfte das ländliche Milieu im früh- und hochmittelalterlichen Schlesien demjenigen im benachbarten Groß- und Kleinpolen ähnlich, also von einer noch ungeregelten, auf den akuten Bedarf ausgerichteten Feldgraswirtschaft geprägt gewesen sein. Anfangs dominierten in der Landwirtschaft vor

---

1 Zur regionalen Herkunft und sozialen Zusammensetzung der adeligen deutschen Zuwanderer vgl. Jurek, Tomasz: Obce rycerstwo na Śląsku do połowy XIV wieku [Die fremde Ritterschaft in Schlesien bis zur Mitte des 14. Jahrhunderts]. Poznań 1996 (Poznańskie Towarzystwo Przyjaciół Nauk. Prace Komisji Historycznej 54).

2 Ders.: Geneza szlachty polskiej [Die Entstehung des polnischen Adels]. In: Nodl, Martin/Wihoda, Martin (Hg.): Šlechta, moc a reprezentace v středověku. Praha 2007 (Colloquia mediaevalia Pragensia 9), 63-140.

allem die typischen ostmitteleuropäischen Waldprodukte wie Honig und Wachs, während für Hopfen, Hanf und Flachs sowie für die Schafzucht erst allmählich ein größerer Markt entstand und der Getreideanbau noch bis ins 15. Jahrhundert hinein eine eher untergeordnete Rolle spielte.

Die um die Wende vom 10. zum 11. Jahrhundert erfolgte Einbeziehung Schlesiens in das polnische Piastenreich hatte nicht so sehr die Methoden der Gütererzeugung als vielmehr die Güterverteilung und die Besitzverhältnisse revolutioniert. Zum einen entstanden große herzogliche Güter, die in einer Kombination aus Zins- und Vorwerksbetrieb bewirtschaftet wurden,[3] zum anderen bildete sich ein grundbesitzender slawisch-polnischer Ritteradel heraus. Schon vor Beginn des hochmittelalterlichen Landesausbaus läßt sich dabei ein Trend zur Vergrößerung des kleinadeligen Landbesitzes auf Kosten der piastischen Güter erkennen, während die nichtadeligen Bauern sämtlich grundhörig und in ihrer Masse auch schollenpflichtig wurden.

Als Matrix für die allmähliche piastische Durchdringung des Oderlandes diente die seit dem frühen 12. Jahrhundert dort anstelle der älteren Gauorganisation nachweisbare polnische Kastellaneiverfassung. Die einzelnen Kastellaneien, als deren Mittelpunkt jeweils eine Burganlage diente, waren militärische und gerichtliche Verwaltungsbezirke, die zudem für den Einzug verschiedener Abgaben und Zölle zuständig waren. Ein Drittel davon fiel dem jeweils zuständigen Kastellan zu, der als lokaler Vertreter der piastischen Herzogsmacht fungierte, der Rest diente zur Deckung der Bedürfnisse des herzoglichen Hofes. Die im Einzugsgebiet einer Kastellanei gelegenen Kirchen- und Adelsgüter waren hiervon nicht ausgenommen, doch bildeten sich schon bald gewohnheitsrechtliche Belastungsgrenzen für Kirchenleute und Adelshörige heraus.

2. Besitzrechtliche Voraussetzungen adeligen Grunderwerbs im Zuge des hochmittelalterlichen Landesausbaus

Die deutsche Ostsiedlung begründete im 13. Jahrhundert zunächst ein Nebeneinander, schon bald aber ein weitgehend unproblematisches und durch zahlreiche Heiratsverbindungen bekräftigtes Miteinander der einheimischen und der zugewanderten Eliten, das zu einer raschen Verschmelzung beider Gruppen führte. Ungeachtet der unterschiedlichen Herkunft herrschte zunächst eine prinzipielle Gleichheit der Adeligen untereinander, doch blieben die Standesgrenzen nach unten noch länger fließend; wie in anderen europäischen Regionen auch läßt sich der schlesische Adel bis zum Ende des Mittelalters nicht als eine geschlossene Sozialformation bezeich-

---

3 Vgl. am konkreten Beispiel Grodecki, Roman: Książęca włość trzebnicka na tle organizacji majątków w Polsce w XII wieku [Der herzogliche Trebnitzer Grundbesitz vor dem Hintergrund der Organisation der Landgüter in Polen im 12. Jahrhundert]. In: Kwartalnik Historyczny 26 (1912) 433-476, 27 (1913) 1-66; Missalek, Erich: Der Trebnitzer Grundbesitz des schlesischen Herzogs im 12. Jahrhundert. In: Zeitschrift des Vereins für Geschichte Schlesiens 48 (1914) 241-262.

nen. Sowohl bezüglich des Aufstiegs in den Adel als auch der standesinternen Aus-
differenzierung bildete der Umfang des Grundbesitzes von Anfang an das entscheidende Kriterium. Der Übergang etwa von Schulzen, die über größere Ländereien
verfügten, in den Adel war ebenso verbreitet wie der Verlust des Adelsrangs für wirtschaftlich erfolglose Gutsherren, deren Grund und Boden unter eine gewisse Min-
destgröße absank. Die hohe Fluktuation ergab sich schon daraus, daß Grundbesitz
im 13. und frühen 14. Jahrhundert sehr häufig in jedem Umfang sowohl erworben
– durch landesherrliche Vergabung, Kauf, Tausch oder Ererbung – als auch wieder
veräußert wurde.[4]

Die Flächengrößen nahmen sich dabei, verglichen mit späteren Epochen, noch
eher bescheiden aus. In den meisten Fällen handelte es sich um den Besitz eines einzigen Dorfes, in selteneren Fällen um zwei oder drei Dörfer und nur ganz vereinzelt
um noch mehr. Der große Umfang der im 13. Jahrhundert landwirtschaftlich noch
ungenutzten Flächen in Schlesien ließ ein Engagement des Adels im beginnenden
Siedlungsprozeß in jedem Fall attraktiv erscheinen. Allerdings betätigten sich nur die
wenigsten Angehörigen des schlesischen Adels selbst als Siedlungsunternehmer (Lokatoren). Vielmehr erwarben sie in der Regel für ein Stück freies Land – das im Zuge
des Siedlungsprozesses noch reichlich vorhanden war – eine Aussetzungserlaubnis
des jeweiligen Landesherrn, der darin die wirtschaftliche und die gerichtliche Immunität gewährte und auf bestimmte Abgaben verzichtete. Während der beauftrag-
te Lokator, in dessen Händen die eigentliche Organisation der Ansiedlung lag, als
Schulze oder Erbrichter der neu entstehenden Gemeinde eine Anzahl abgabenfreier
Hufen nebst weiteren Gerechtigkeiten erhielt, standen dem adeligen Auftraggeber
fortan eine Reihe grundherrlicher Rechte über die Gemeinde zu.

Normiert war das Eigentumsrecht an Grund und Boden zunächst auf der Grundlage des erstmals 1227 erwähnten polnischen Ritterrechts, das dem Eigentümer unter anderem das (in der zweiten Hälfte des 13. Jahrhunderts auch auf Töchter ausgedehnte) Recht der freien Vererbung zuerkannte. Zugleich bewirkte das Ritterrecht
eine Ablösung der älteren Kastellaneiverfassung, indem es den adeligen Grundbesitzern eine weitgehende wirtschaftliche und gerichtliche Immunität gewährte. Auf
dieser Basis konnte der schlesische Adel seine Abgabenpflichten – von der Zehntleistung an eine Kirche eigener Wahl abgesehen – weitgehend reduzieren, gewann
einen privilegierten Gerichtsstand und entzog seine Hintersassen damit der direkten
Jurisdiktion der Herzogsmacht. Das zeitgleich vom Westen ins Oderland gelangte
deutsche Lehnsrecht betraf zunächst nur die mit Lehnsgut ausgestatteten Lokatoren

---

4 Schmilewski, Ulrich: Der schlesische Adel bis zum Ende des 13. Jahrhunderts. Herkunft, Zusam-
mensetzung und politisch-gesellschaftliche Rolle. Würzburg 2001 (Wissenschaftliche Schriften des
Vereins für Geschichte Schlesiens 5), 157-173, 194f.; zur Bedeutung des Grundbesitzes bei der
Genese einer adeligen Sozialformation vgl. Cetwiński, Marek: Rycerstwo śląskie do końca XIII w.
[Die schlesische Ritterschaft bis zum Ende des 13. Jahrhunderts], Bd. 1-2. Wrocław 1980 (Pra-
ce Wrocławskiego Towarzystwa Naukowego. Seria A 210), hier Bd. 1, 117-123, 132-134; Korta,
Wacław: Rozwój wielkiej własności feudalnej na Śląsku do połowy XIII wieku [Die Entwicklung des
feudalen Großgrundbesitzes in Schlesien bis zur Mitte des 13. Jahrhunderts]. Wrocław/Warszawa/
Kraków 1964 (Monografie Śląskie Ossolineum 8).

und wurde erst später auch auf den Adel ausgeweitet. Letztlich gestalteten sich die Lehnsbeziehungen in Schlesien auf der Grundlage meist sehr allgemein gehaltener Verträge allerdings zunächst nur lehnsartig: In der Regel wurden Grundbesitz und andere Immobilien, aber auch Geldrenten und Zinse verliehen. Im Gegenzug hatte der Belehnte seinem Lehnsherrn Roßdienste zu leisten. Das überall festzustellende Bestreben der Lehnsleute, ihre Lehen möglichst rasch in erbliches Eigentum umzuwandeln, verdeutlicht, daß Ritter- und Lehnsrecht in Schlesien nicht isoliert nebeneinander standen, sondern sich in der zweiten Hälfte des 13. Jahrhunderts zunehmend ergänzten und verschränkten.[5]

Obwohl der Besitz einer Stadt prestigeträchtig war und die eigene wirtschaftliche wie militärische Bedeutung erhöhte, gab es Stadtgründungen durch den Adel in Schlesien nur selten, was zumindest teilweise wohl auf die Erfahrung mißlungener Lokationsinitiativen zurückzuführen ist.[6] Von den 134 bis zum Jahr 1300 dokumentierten Stadtgründungen gingen allein 107 auf die Initiative des Landesherrn zurück. Demgegenüber sind in Niederschlesien vier, in Oberschlesien lediglich zwei Adelsstädte nachweisbar, während der umgekehrte Fall, daß der Landesherr mit der Gründung einer Stadt direkt in Adelsbesitz eingriff, wesentlich häufiger vorkam. Es illustriert jedoch die geschilderte Durchlässigkeit der Standes- und Rechtsschranken, daß sich zwischen ländlichem Adel und städtischem Patriziat anfangs ein reger personeller Austausch ergab. Infolge der Abschwächung der Agrarkonjunktur ist besonders für die zweite Hälfte des 14. Jahrhunderts ein Zuzug vor allem jüngerer Adeliger nicht nur nach Breslau (poln. Wrocław), sondern auch in kleinere Landstädte dokumentiert, die dort als Handwerker die Mittel für eine spätere ritterliche Lebensführung zu erwerben suchten. In diesem Sinne kann für das schlesische Spätmittelalter durchaus von einem Phänomen ,Stadtadel' gesprochen werden, der erst mit dem Anbruch der Neuzeit, im Zeichen einer zunehmenden Abgrenzung der einzelnen Stände voneinander, wieder an Bedeutung verlor.[7]

3. Grundherrschaft als vorrangiger Bewirtschaftungstypus des Spätmittelalters

Der sukzessive Übergang vom reinen Lehns- hin zum Allodialbesitz (über den der Eigentümer weitgehend frei verfügen konnte) ist ein im Spätmittelalter in ganz Ostmitteleuropa zu beobachtender Prozeß. Zugleich kam es in Schlesien zu einer weitgehenden Verschmelzung der grundherrlichen mit den herzoglichen Rechten, den *Iura ducalia,* die im Laufe des 14. Jahrhunderts weitgehend an die weltlichen bezie-

---

5 Schmilewski: Der schlesische Adel, 139-157.
6 Rutkowska-Płachcińska, Anna: Strzelin, Ścinawa i Grodków. Nieudane możnowładcze założenia targowe w XIII wieku [Strehlen, Steinau und Grottkau. Mißlungene adelige Marktgründungen im 13. Jahrhundert]. In: Studia z Dziejów Osadnictwa 3 (1965) 39-69.
7 Witzendorff-Rehdiger, Hans Jürgen von: Der ritterliche und der Stadtadel in Schlesien. In: Jahrbuch der Schlesischen Friedrich-Wilhelms-Universität zu Breslau 6 (1961) 193-212.

hungsweise geistlichen Grundherren übergingen. Die Grundherrschaft *(dominium)* als eine Mischung privater und öffentlicher (namentlich richterlicher und polizeilicher) Befugnisse etablierte sich im Oderland auf zwei unterschiedlichen Wegen: Zum einen konnten adelige Grundbesitzer zuziehende Bauern durch das bereits geschilderte Lokationsverfahren auf ihrem eigenen Grund und Boden ansiedeln und so zu privaten Grundherren über die neugegründeten Dörfer werden, zum anderen konnten die Herzöge den Zins und die Grundherrlichkeit über ursprünglich ihnen gehörende Dörfer an – zumeist gleichfalls adelige – Privatpersonen veräußern.[8]

Für die nichtadeligen deutschsprachigen Neusiedler, die die agrartechnisch weit effektivere Dreifelderwirtschaft nach Schlesien mitbrachten, war mit dem Landesausbau ein spürbarer Gewinn an bäuerlicher Freiheit einhergegangen, der sich vor allem im nunmehr erblichen Besitz der Bauernstellen niederschlug. Zwar bestand ein übergeordnetes grundherrliches Eigentum am Grund und Boden fort, aber ohne Frondienste oder vergleichbare Lasten. Anstelle der Ausnutzung bäuerlicher Arbeitskraft lag das wichtigste materielle Recht des Grundherrn – und damit zugleich die wesentliche ökonomische Existenzgrundlage des grundbesitzenden Adels im spätmittelalterlichen Schlesien generell – im Bezug unveränderlich festgeschriebener Zinsen. Als zweite Säule adeliger Existenz- und Statussicherung dienten die in Eigenwirtschaft betriebenen Vorwerke oder „Allode" der Grundherren, bei denen es sich in rechtlicher Hinsicht sowohl um Erb- als auch um Lehnsgüter handeln konnte.

Für die Bauern kam das aus dem Westen importierte Rechtsverhältnis einer dienstfreien Erbzinsleihe im Ergebnis einer maßvollen Besteuerung gleich. Daß diese vergleichsweise komfortable Rechtsstellung ab der zweiten Hälfte des 13. Jahrhunderts vermehrt auch auf die – bis dahin unfreien, schollengebundenen und dienstpflichtigen – slawischsprachigen Bauern übertragen wurde, indem Dörfer von polnischem zu deutschem Recht umgesetzt wurden, begünstigte in Niederschlesien den sprachlichen Angleichungsprozeß, der zumindest auf der linken Oderseite zu einer raschen Durchsetzung des Deutschen führte. In Oberschlesien hingegen, wo sich die älteren unerblichen („lassitischen") Rechts- und Besitzformen stärker behaupten konnten, verlief dieser Prozeß teilweise auch in umgekehrter Richtung.

Gleichwohl waren die wirtschaftliche Freiheit und die persönliche Freizügigkeit der Bauern auch nach deutschem Recht einer Reihe grundherrlicher Beschränkungen unterworfen. So durfte der grundsässige Bauer das ihm übertragene Gut nur dann verlassen, wenn er einen zu der gleichen wirtschaftlichen Leistung befähigten Ersatzmann stellen konnte, und auch die vollständige oder partielle Verpfändung des Gutes bedurfte grundherrlicher Zustimmung. Der Grundherr wiederum konnte seine Hintersassen notfalls auch gegen deren Willen auskaufen und besaß zudem ein Rücknahmerecht für alle Güter, die entweder wüst geworden oder deren Inhaber ohne Erben gestorben waren.[9]

---

8 Menzel, Josef Joachim: Jura ducalia. Die mittelalterlichen Grundlagen der Dominialverfassung in Schlesien. Würzburg 1964 (Quellen und Darstellungen zur schlesischen Geschichte 11).

9 Rachfahl, Felix: Zur Geschichte der Grundherrschaft in Schlesien. In: Zeitschrift der Savigny-Stiftung für Rechtsgeschichte, Germanistische Abteilung 16 (1895) 108-199, hier 117-121.

4. Die Konjunkturkrise des Spätmittelalters und die Anfänge der Gutsherrschaft in Schlesien

Als Folge der Integration in den mitteleuropäischen Wirtschaftsraum wirkten sich die Konjunkturzyklen des Kontinents zwangsläufig auch auf Schlesien aus. Entsprechend wurde das Oderland im 14. Jahrhundert von einer Wirtschaftskrise erfaßt, die in Westeuropa ihren Ausgang genommen hatte und deren katastrophale Begleiterscheinung der große Pestzug der Jahrhundertmitte war. Ihren Höhepunkt erreichte die Seuche in Schlesien erst in den späten fünfziger Jahren des 14. Jahrhunderts, also fast ein Jahrzehnt später als in West- und Mitteldeutschland, und traf das Land zu einem Zeitpunkt, da der deutschrechtliche Siedlungsprozeß im wesentlichen schon abgeschlossen war. Periodisch auftretende weitere Pestschübe sowie die Verheerungen der Hussitenkriege taten ein übriges, um die Bevölkerungszahl bis zur Mitte des 15. Jahrhunderts signifikant sinken zu lassen, wenn auch nicht so stark wie in anderen Regionen Mitteleuropas. Die etwa zeitgleich einsetzende und bis ins 19. Jahrhundert hinein spürbare Klimaverschlechterung – die „kleine Eiszeit" – erzwang generell eine Neuorientierung der Agrarwirtschaft.

Der Aufstieg der Gutsherrschaft zum dominierenden Bewirtschaftungstypus der Frühen Neuzeit ist immer wieder mit den Auswirkungen dieser Krise in Verbindung gebracht, aber auch als der Hebel zu ihrer Überwindung interpretiert worden, da die Rittergüter das Rückgrat einer auf den Export ausgerichteten Getreidegroßerzeugung bildeten. In der älteren Forschung ist diesem Vorgang ein fundamentaler Zäsurcharakter zugesprochen worden. Der Wirtschaftshistoriker Hermann Aubin etwa schrieb, „die Entstehung des Rittergutes [sei] nach der deutschen Kolonisation und vor der modernen Industrialisierung der bedeutsamste wirtschaftlich-soziale Vorgang in der Geschichte Schlesiens"[10] gewesen, verlieh seiner These in der politischen Tradition der deutschen Ostforschung aber zugleich einen deutschnationalen Unterton, wenn er die mit dem Gutssystem verbundene Ausweitung der bäuerlichen Zwangsdienste als die Zurückdrängung von „nach Osten vorgedrungenen deutschen Lebensformen [...] durch den aufgestauten Gegendruck der slawischen Welt"[11] interpretierte.

Die explizit erstmals Ende des 19. Jahrhunderts von dem Nationalökonomen Georg Friedrich Knapp vorgenommene begriffliche Unterscheidung zwischen älterer Grund- und jüngerer Gutsherrschaft[12] sowie die unterschiedliche geographische Zuordnung beider Typen – Westdeutschland versus „Ostelbien" – ist in der jüngeren

---

10 Aubin, Hermann: Die Wirtschaft im Mittelalter. In: ders. (Hg.): Geschichte Schlesiens, Bd. 1: Von der Urzeit bis zum Jahre 1526. Stuttgart ⁶2000 [Breslau ¹1938], 401-483, hier 456.

11 Ders.: Die Wirtschaft. In: Petry, Ludwig/Menzel, Josef Joachim (Hg.): Geschichte Schlesiens, Bd. 2: Die Habsburgerzeit 1526-1740. Stuttgart ³2000 [Darmstadt ¹1973], 100-132, hier 116.

12 Knapp, Georg Friedrich: Grundherrschaft und Rittergut. Leipzig 1897. Einen Forschungsüberblick bietet Weber, Matthias: Quellen zur ländlichen Geschichte Schlesiens in der Frühen Neuzeit, Tl. 1. In: Berichte und Forschungen. Jahrbuch des Bundesinstituts für ostdeutsche Kultur und Geschichte 6 (1998) 117-143.

Forschung erheblich relativiert worden. Legt man mit Hartmut Harnisch die Natur der Herrschaftseinkünfte als das maßgebliche Unterscheidungskriterium zugrunde – hier grundherrliche Feudalrenten, dort der Ertrag aus einem mit bäuerlichen Zwangsdiensten bewirtschafteten Rittergut –, erscheint die Elbe als geographische Trennlinie zwischen beiden Wirtschaftsmodellen sowieso unhaltbar.[13] Eine zu starke Fokussierung auf einen Idealtypus Gutsherrschaft würde zudem den Blick auf die unterschiedlichen herrschaftsrechtlichen und sozialen Bedingungen adeliger Eigenwirtschaften im deutschen Kulturraum sowie auf regionale Spezifika verstellen, die gerade im schlesischen Fall evident sind.

Jedenfalls ist das Oderland in diesem Prozeß der Expansion adeliger Eigenwirtschaft kein Vorreiter gewesen, vielmehr hatte das freie Bauernland dort bis etwa 1400 an Fläche sogar zugenommen und seinen Bestand anschließend noch bis in die beginnende Habsburgerzeit hinein behauptet. Die in der älteren deutschen Literatur anzutreffende Vorstellung von einem zu Beginn des 16. Jahrhunderts noch weitgehend harmonischen grundherrlich-bäuerlichen Verhältnis, vor dessen Hintergrund die südwestdeutschen Bauernaufstände von 1524/26 in Schlesien keinen unmittelbaren Widerhall gefunden hätten, ist in der polnischen wie auch in der jüngeren deutschen Forschung teilweise korrigiert worden.[14] Vereinzelt und spontan ausbrechende bäuerliche Unruhen – etwa 1527 in Peterwitz (poln. Piotrowice) bei Jauer (poln. Jawor) – nahmen gegen Ende des 16. Jahrhunderts an Intensität zu, als auch im Oderland in großem Maßstab das sprichwörtliche „Bauernlegen" einsetzte: die Einziehung wüsten Bauernlandes zu den herrschaftlichen Vorwerken sowie der Aufkauf von Bauernstellen, deren chronisch verschuldeten Inhabern oft nichts anderes übrig blieb, als in neuen Verträgen eine höhere Abgabenlast und zusätzliche Dienstpflichten zu akzeptieren. Resultat dieser Entwicklung war ein sprunghafter Anstieg der Zahl der Vorwerke, aus denen sich dann die klassischen Rittergüter entwickelten.

---

13 Harnisch, Hartmut: Grundherrschaft oder Gutsherrschaft. Zu den wirtschaftlichen Grundlagen des niederen Adels Norddeutschlands zwischen spätmittelalterlicher Agrarkrise und Dreißigjährigem Krieg. In: Endres, Rudolf (Hg.): Adel in der Frühneuzeit. Ein regionaler Vergleich. Köln/Wien 1991 (Bayreuther historische Kolloquien), 73-98.

14 Wiatrowski, Leszek: Stan i potrzeby badań nad dziejami wsi i rolnictwa na Śląsku od XVI do połowy XIX wieku [Stand und Erfordernisse der Forschung zur Geschichte des Dorfes und der Landwirtschaft in Schlesien vom 16. bis zur Mitte des 19. Jahrhunderts]. In: Acta Universitatis Wratislaviensis 801, Historia 51 (1987) 5-16; Weber, Matthias: Bauernkrieg und sozialer Widerstand in den östlichen Reichsterritorien bis zum Beginn des 30jährigen Krieges, Tl. 1-2. In: Berichte und Forschungen. Jahrbuch des Bundesinstituts für ostdeutsche Kultur und Geschichte 1 (1993) 1-53, 2 (1994) 7-57; Herzig, Arno: Wirtschafts- und Sozialgeschichte. In: Bahlcke, Joachim (Hg.): Historische Schlesienforschung. Methoden, Themen und Perspektiven zwischen traditioneller Landesgeschichtsschreibung und moderner Kulturwissenschaft. Köln/Weimar/Wien 2005 (Neue Forschungen zur Schlesischen Geschichte 11), 159-184, hier 175f.

5. Die Arbeits- und Wirtschaftsverfassung der klassischen Gutsherrschaft

Während die Zahl der Bauernstellen entsprechend sank, bildete sich mit den soge-nannten Gärtnern eine zahlenmäßig starke, in sozialer Hinsicht zwischen Bauern-schaft und landlosem Gesinde angesiedelte Kaste aus, die bis ins 19. Jahrhundert hin-ein charakteristisch für die ländliche Sozialverfassung Schlesiens bleiben sollte. Der Begriff bezeichnet Personen, die außerhalb der eigentlichen Dorfflur einen kleinen Grundbesitz bewirtschaften durften und dafür dem Gutsherrn gegenüber an meh-reren Wochentagen zu verschiedenen Handdiensten verpflichtet waren. Jedoch ist regional noch weiter zu differenzieren: Besaßen die auf Ertragsbeteiligungsbasis für die Herrschaft arbeitenden niederschlesischen „Dreschgärtner" ihr Grundstück im-merhin zu Erbzinsrecht, so saßen die oberschlesischen „Robot(t)gärtner" (von poln. *robota* = Arbeit, Werk) auf unerblichen Stellen und wurden für ihre Dienste mit einer festen Geldsumme oder mit Naturalien entlohnt.[15] Im Verlauf des Dreißigjährigen Krieges etablierte sich in Schlesien zusätzlich die wirtschaftlich noch schlechter ge-stellte Gruppe der Häusler, die im 18. Jahrhundert die Gärtner an Zahl bereits über-trafen. Als Inhaber bestenfalls winziger Grundstücke und in Ermangelung eigenen Großviehs waren sie mehr noch als die Gärtner zum Überleben auf Landarbeit im Dienst der Gutsherrschaft sowie auf kleingewerbliche Tätigkeiten angewiesen, waren im Grunde also nichts weiter als Tagelöhner mit Hausbesitz.

Erst auf der Grundlage dieser fundamentalen Verschiebung des ländlichen Sozial-gefüges konnte sich in Schlesien die klassische Gutsherrschaft ausbilden. Vor allem in der marxistisch inspirierten Historiographie ist dieser Umbruch mitunter pau-schal als Herrschaftskompromiß zwischen Krone und Adel zu Lasten der bäuerlichen Bevölkerung interpretiert und als seine Triebkraft primär das Streben nach Gewinn-maximierung benannt worden. Eine solche Deutung verkennt aber den Umstand, daß um 1600 nicht nur die Bauernschaft, sondern auch der grundbesitzende Adel mit teilweise erheblichen Verschuldungsproblemen zu kämpfen hatte, zumal sich die Zinseinnahmen aus Rentenland angesichts der Geldentwertung fortwährend ver-ringerten. Unter diesen Umständen mußte die Steigerung der Erträge durch erhöh-ten Druck auf die eigenen Hintersassen durchaus notwendig erscheinen.[16] Hinzu

---

15 Knapp, Georg Friedrich: Die Bauern-Befreiung und der Ursprung der Landarbeiter in den älteren Theilen Preußens, Thl. 1, Leipzig 1887, 16-18; Feigl, Helmuth: Die Entwicklung der schlesischen Grundherrschaft unter den Habsburgern (1526 bis 1742). In: Baumgart, Peter (Hg.): Konti-nuität und Wandel. Schlesien zwischen Österreich und Preußen. Sigmaringen 1990 (Schlesische Forschungen 4), 135-165, hier 150-152; aus marxistischer Perspektive vgl. Inglot, Stefan: Okres folwarczno-pańszczyźniany (1527–1763) [Die Epoche der Gutsherrschaft (1527–1763)]. In: ders. (Hg.): Historia chłopów śląskich. Warszawa 1979, 106-182, hier 139-151; Kula, Witold: Teo-ria ekonomiczna ustroju feudalnego [Ökonomische Theorie des Feudalsystems]. Warszawa ²1983 [¹1962].

16 Am Beispiel Norddeutschlands vgl. Hahn, Peter-Michael: Fürstliche Territorialhoheit und lokale Adelsgewalt. Die herrschaftliche Durchdringung des ländlichen Raumes zwischen Elbe und Aller (1300–1700). Berlin 1989 (Veröffentlichungen der Historischen Kommission zu Berlin 72), 18.

kommt, daß die entscheidende ökonomische Leistung der Epoche – die drastische Vermehrung der Ackerfläche und des Viehbestands in Schlesien – den Bedarf an Arbeitskräften steigen ließ, die auf dem freien Markt nicht zu bekommen waren. Die Durchsetzung des Prinzips der Erbuntertänigkeit bei gleichzeitiger Ausdehnung von Dienstpflichten auf möglichst alle Hintersassen bot hier in der Tat einen Ausweg aus dem Dilemma an, auch wenn damit langfristig ein sozialer Sprengsatz gelegt war und sich die ländlichen adeligen Lebenswelten in der Folge dieser Entwicklung immer stärker gegen politische und soziale Innovationen abzuschotten begannen.

Die Durchsetzung der Gutsverfassung veränderte die wirtschaftlichen Grundlagen adeliger Lebensführung von Grund auf und ließ aus Rittern im hergebrachten Sinne Agrarunternehmer werden. Einige schlesische Geschlechter wie etwa die Schaffgotsch, Promnitz und Hochberg wurden im Zuge dieser Entwicklung zu Großgrundbesitzern, deren Latifundien im Vergleich zur Größe der üblichen Güter eine neue Qualität erreichten. An die Stelle der Einnahmen aus den alten grundherrlichen Zinsen trat jetzt der Erlös aus dem Getreide-, Woll- und Holzexport, hinzu kamen die herrschaftlichen Brau- und Brenngerechtigkeiten sowie das besonders in Niederschlesien einträgliche Regal der Fischzucht. Mühlen- und Propinationszwang – das heißt das Monopol auf alle Gewinne, die aus dem Alkoholausschank an die Hintersassen erzielt wurden – stellten weitere Einnahmequellen dar. Schon seit dem ausgehenden Mittelalter engagierten sich zudem einzelne adelige Familien, etwa die Grafen von Gellhorn, erfolgreich im Leinengewerbe und erwarben dabei beachtliche Vermögen.

Zugleich verschob die erhebliche wirtschaftliche Privilegierung das im Hochmittelalter ausgebildete Gegenseitigkeitsverhältnis zwischen Land und Stadt immer stärker zugunsten des grundbesitzenden Adels, von der Handelsmetropole Breslau einmal abgesehen. Ungeachtet weiterer potentieller Karrierewege des Adels in Staatsverwaltung, Militär oder Kirche bildete das Rittergut den soziokulturellen Mittelpunkt für die Ausbildung einer feudalen Lebensweise. Hatte das Gros des Adels bis zum Ende des Mittelalters auf eher einfachen Höfen gelebt, die sich von den Anwesen nichtadeliger Bauern oft kaum unterschieden, so setzte auch unterhalb der landesherrlichen Ebene seit dem 16. Jahrhundert und verstärkt dann noch im Zeichen des Barock der Bau von Adelsschlössern ein, mit denen die Besitzer ihr gewandeltes Rollenverständnis nach außen demonstrierten.

Hinzu kam, daß die Dominialherren im Rahmen der schlesischen Ständeverfassung die Kurien der Prälaten, Herren und Ritter zahlenmäßig dominierten und ihre politischen und wirtschaftlichen Interessen auf den Landtagen so leicht durchsetzen konnten, wenngleich die kaiserlich-habsburgische Macht stets bestrebt war, die Position des schlesischen Adels zu Lasten der Bauernschaft nicht zu stark werden zu lassen. Wie andernorts in Mitteleuropa sorgten die zahlreichen seit dem 16. Jahrhundert erlassenen Grundgesetze und Ordnungen zur Regelung des gutsherrlich-bäuerlichen Verhältnisses jedenfalls für eine verbindliche Normierung der Prinzipien der Erbuntertänigkeit sowie der drastischen Einschränkung der Freizügigkeit.[17] So erkannte

---

17 Eine Übersicht bei Rachfahl: Zur Geschichte der Grundherrschaft, 158-172; Wolf, Jürgen Rainer:

der Landfrieden von 1528 die Rechtsfähigkeit der Bauern zwar explizit an, band das Recht zum Fortzug aber an die Genehmigung der Herrschaft. Die Oppelner Robotordnung vom 4. Januar 1559 verpflichtete die Kinder sämtlicher Einsassen, die in der Wirtschaft ihrer Eltern nicht gebraucht wurden, dazu, ihre Dienste zuerst dem Dominialherrn anzubieten. Eine Bestimmung, wonach unliebsame Bauern zum Verkauf ihrer Grundstücke an die Herrschaft gezwungen werden konnten, fand sich bereits in der Oppeln-Ratiborer Landesordnung von 1562, bevor ein solcher genereller Verkaufszwang – bei Weigerung durfte der Gutsherr das umstrittene Gut schätzen lassen und es zu den so ermittelten Konditionen selbst erwerben – auch Eingang in die allgemeinschlesische Untertanenordnung von 1632 fand und damit faktisch ein gutsherrliches Enteignungsrecht für das gesamte Oderland begründete. Die Hoheit über die niedere – und vermehrt auch über die höhere – Gerichtsbarkeit gab dem grundbesitzenden Adel in dieser Hinsicht ein zusätzliches Mittel an die Hand, in

 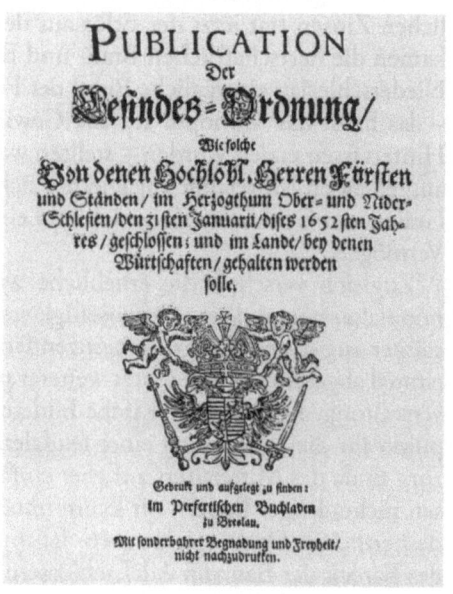

1 Titelblätter der schlesischen Gesindeordnungen von 1623 (links) und von 1652 (rechts). Mit diesen Ordnungen wurde unter anderem der Dienstfreiheit in der schlesischen Landwirtschaft ein Ende gesetzt und der Gesindezwangsdienst festgeschrieben, wovon die adelige Gutsherrschaft in großem Umfang profitieren konnte.
Bildnachweis: Biblioteka Uniwersytecka we Wrocławiu, Sign. 440322 (Kat. Nr. 50) und 436825 (Kat. Nr. 51).

Steuerpolitik im schlesischen Ständestaat. Untersuchungen zur Sozial- und Wirtschaftsstruktur Schlesiens im 17. und 18. Jahrhundert. Marburg a. d. Lahn 1978 (Wissenschaftliche Beiträge zur Geschichte und Landeskunde Ostmitteleuropas 108), 17-66.

Konfliktfällen den Einzug wertvollen Bauernlandes juristisch durchzusetzen.[18] Der schlesische Fürstentag schließlich beschloß am 1. Oktober 1652, die Dienstfreiheit, wo sie überhaupt noch bestand, nur noch als Ausnahme zu betrachten, und schrieb damit den Gesindezwangsdienst fest.

Gleichwohl hat Felix Rachfahl schon 1895 darauf hingewiesen, daß die Gutsherrschaft in Schlesien längst kein so entscheidendes Übergewicht gewann wie etwa in den nordostdeutschen Regionen.[19] Auch blieb das vergleichsweise günstige Erbzinsrecht der Siedlungszeit im größeren Teil Schlesiens erhalten und sorgte dafür, daß sich der Bauernstand insgesamt, wenn auch auf niedrigem Niveau, behaupten konnte. Vor allem durch seine auf dem Dreschgärtnerverhältnis beruhende ländliche Arbeitsverfassung hob sich das Oderland deutlich von den Nachbarregionen ab.

6. Adelskonservation durch Kreditpolitik: Die beginnende Verschuldungskrise des adeligen Grundbesitzes nach 1740

Unmittelbare Folge der Annexion des größten Teils von Schlesien durch Preußen war die jähe politische Entmachtung des schlesischen Adels; mit einem Federstrich hatte Friedrich II. am 25. Oktober 1741 sämtliche ständischen Institutionen des Oderlandes aufgelöst, womit eine der vitalsten Ständeverfassungen Europas nach zweieinhalb Jahrhunderten ihr Ende gefunden hatte. Auf lokaler Ebene gestaltete sich der Wandel freilich weit weniger extrem. Die Implementierung einer Kreisverfassung mit gewählten Landräten an der Spitze stellte zwar begrifflich ein Novum dar, respektierte aber weitgehend die traditionelle, in ihren Ursprüngen schon auf das 13. Jahrhundert zurückgehende Weichbildstruktur des Landes. Zudem knüpfte die dem kreissässigen Adel vorbehaltene Funktion des Landrats fast nahtlos an das ständische Amt des Landesältesten an. Die lokale Autonomie des schlesischen Ritteradels blieb damit erhalten.

In ökonomischer Hinsicht galt die Fürsorge des preußischen Staates nach 1740 zunächst freilich eher den bedrängten Bauern als dem Adel. Die von dem ersten preußischen Provinzialminister für Schlesien, Ernst Wilhelm von Schlabrendorff, verkündeten Maßnahmen umfaßten unter anderem ein Verbot des Einzugs von Bauerngütern sowie des Verkaufs von Gutsuntertanen und zielten darüber hinaus – wenn auch letztlich erfolglos – auf eine Beseitigung des unerblichen („lassitischen") Besitzrechts.[20] Nach Ende des Siebenjährigen Krieges, der viele Adelsfamilien in eine existenzbedrohende Verschuldung gestürzt hatte, kam es allerdings zu einem

---

18 Beispiele hierfür bei Mühlen, Heinz von zur: Die Entstehung der Gutsherrschaft in Oberschlesien. Die bevölkerungs- und wirtschaftsgeschichtlichen Verhältnisse in der Herrschaft Oberglogau bis ins 18. Jahrhundert. In: Vierteljahrschrift für Sozial- und Wirtschaftsgeschichte 38 (1949) 334-363, hier 354f.

19 Rachfahl: Zur Geschichte der Grundherrschaft, 181-183.

20 Kaufhold, Karl Heinrich: Friderizianische Agrar-, Siedlungs- und Bauernpolitik. In: Baumgart (Hg.): Kontinuität und Wandel, 167-201.

Richtungswechsel. Die nunmehr eingeleitete Politik der Adelskonservation äußerte sich in einem 1765 verkündeten dreijährigen Moratorium, das den verschuldeten Adel von seinen Zinspflichten befreite, sowie in der Gewährung von einmaligen Finanzhilfen („Gnadengeschenken") an besonders hoch verschuldete Adelsfamilien. Zudem wurde der erst 1762 erleichterte Erwerb von Rittergütern durch Bürgerliche schon bald nach Kriegsende rechtlich wieder ein Stück weit erschwert. Höhepunkt dieser Maßnahmen war die 1770 auf Anregung des Breslauer Oberamtsdirektors von Carmer auf Kreisebene als genossenschaftliches Kreditsystem eingerichtete „Schlesische Landschaft". Konkreter Zweck dieser Institution war es, in kollektiver Bürgschaft ihrer adeligen Mitglieder verkäufliche Pfandbriefe auszugeben und der Landwirtschaft so das zur Modernisierung der Güter dringend benötigte Kapital zuzuführen. Zugleich diente die Schlesische Landschaft als Vorbild für die bis 1788 erfolgte Gründung entsprechender Organisationen auch in allen übrigen preußischen Ostprovinzen.[21]

Einer Bereinigung des gutsherrlich-bäuerlichen Verhältnisses sollte das spätfriderizianische Urbarienwerk für Schlesien von 1783 dienen,[22] dem eine Instruktion an die schlesischen Justizbehörden über die Festsetzung von Dienstpflichten in Streitfällen vorausgegangen war. Zwar beschnitten entsprechende Maßnahmen die gutsherrliche Willkür und brachten insofern eine gewisse Verrechtlichung in die ländlichen Verhältnisse, tasteten die Grundprinzipien der gutsherrlichen Arbeits- und Sozialverfassung (einschließlich des in Oberschlesien auch weiterhin verbreiteten unerblichen Besitzrechts) aber nicht an. Patrimonialgerichtsbarkeit, ländliche Polizeigewalt, herrschaftliches Jagd- und Forstprivileg, Kirchen- und Schulpatronat sowie die faktische Grundsteuerfreiheit der Rittergüter bestanden ebenso fort wie das den Gutseinsassen auferlegte Abgabensystem, das in seiner Vielfalt oft nur schwer zu durchschauen war: „Sporteln" und „Schutzgelder", die der Entlohnung des vom Gutsherrn angestellten Justitiars beziehungsweise dem Unterhalt der Gerichtsbarkeit allgemein dienten, zählten dazu ebenso wie die „Laudemien" (Lehnsgelder), die bei Besitzveränderungen bäuerlicher Grundstücke fällig wurden und in der Regel einen bestimmten Prozentsatz vom Verkaufswert des Grundstücks ausmachten.

Eine ausreichende Sicherheit gegen die krisenhaften Ausschläge der Agrarkonjunktur und die immer ungehemmtere Bodenspekulation bildeten die wirtschaftlichen Privilegien des Rittergutsbesitzes aber längst nicht mehr. Hinzu kam bei vielen adeligen Grundbesitzern eine noch stark altaristokratischen Wertvorstellungen verhaftete nichtkapitalistische Mentalität, die sich der zunehmenden Konkurrenz durch bürgerliches Kapital oft nicht gewachsen zeigte. Die Verschuldungskrise des schlesischen Landadels erreichte um 1800, also noch vor dem militärischen Zu-

---

21 Mauer, Hermann: Das landschaftliche Kreditwesen Preußens agrargeschichtlich und volkswirtschaftlich betrachtet. Ein Beitrag zur Geschichte der Bodenkreditpolitik des preußischen Staates. Straßburg 1907 (Abhandlungen aus dem staatswissenschaftlichen Seminar zu Straßburg 22).
22 Klotz, Ernst Emil: Die schlesische Gutsherrschaft des ausgehenden 18. Jahrhunderts. Auf Grund der friderizianischen Urbare und mit besonderer Berücksichtigung der alten Kreise Breslau und Bolkenhain-Landeshut. Breslau 1932 [ND Aalen 1978 (Darstellungen und Quellen zur schlesischen Geschichte 33)], 59-71.

sammenbruch des preußischen Staates in der Auseinandersetzung mit Napoleon, einen ersten Höhepunkt und trieb zahlreiche Güter in den Bankrott. Die dadurch bedingte wachsende personelle Fluktuation erleichterte bürgerlichen Käufern den Eintritt in die exklusive Welt der Dominialherrschaft. Es spricht für sich, daß es in einigen Kreisen Schlesiens im Jahr 1800 kein einziges Rittergut mehr gab, das in den vorangegangenen dreieinhalb Jahrzehnten nicht wenigstens einmal den Besitzer gewechselt hatte. Die Kreditpolitik der Landschaft erwies sich, ganz entgegen der ursprünglichen Intention, letztlich als der stärkste Hebel zur Durchbrechung des adeligen Besitzmonopols, auch wenn dieser Prozeß schleichend voranging und von einer wirklichen Verdrängung des Adels auf dem Land nicht gesprochen werden kann: Bis 1847 befanden sich aber immerhin rund tausend schlesische Rittergüter, also ein knappes Drittel, in bürgerlicher Hand. Angesichts der häufigen Besitzwechsel war die adelige Landbesitzerkaste jedenfalls schon um 1800 kein einheitliches ökonomisches und soziales Gebilde mehr; für manch verarmten Grundbesitzer blieb, da sein Stand ihn von der Teilnahme am städtischen Gewerbe ausschloß, eine Anstellung im Staatsdienst und damit der Übertritt in die neue Kaste des Dienstadels der einzige Ausweg. Für den Adel als geschlossene Sozialformation bedeutete dies einen Substanzverlust, da der verstärkte Zugriff des modernen Staates auf den Adel diesen sukzessive von seinen herrschaftlich-hoheitlichen Positionen entband – in der Funktion des Staatsdieners war er nicht länger in der Lage, eine dem bloßen materiellen Wohl des eigenen Standes verpflichtete Interessenpolitik zu verfolgen.

7. Das Oktoberedikt von 1807 und seine sozioökonomischen Folgen für den Adel

Die wachsende ökonomische Unsicherheit und das tiefe Unbehagen gegenüber einer Wirtschaftspraxis, die sich mit den sozialen Traditionen adeliger Lebenswelt offenkundig immer weniger in Einklang bringen ließ, lösten eine Gegenbewegung aus, die sich mit der tiefen Staatskrise von 1806/07 noch verstärkte. Die preußische Reformbürokratie, die unter Führung des leitenden Ministers Karl Freiherr vom und zum Stein beziehungsweise später des preußischen Staatskanzlers Karl August von Hardenberg auf einen grundlegenden politischen Umbau des Staates sowie auf die Auflösung ständischer Strukturen zugunsten der Schaffung einer freien Staatsbürgergesellschaft abzielte, sah sich von Anfang an einer besonders in Schlesien wohlorganisierten adelsständischen Oppositionsbewegung gegenüber. Als ein besonderer Erfolg dieser Bewegung kann das rasche Scheitern des sogenannten Gendarmerieedikts von 1812 gelten, das im Fall seiner Umsetzung das Ende des Ritterguts als gerichtliche und administrative Zwischeninstanz zwischen den staatlichen Behörden und der Landbevölkerung bedeutet hätte.

Wo der grundbesitzende Adel Gesetze nicht verhindern konnte, verstand er es durch massive politische Einflußnahme doch in vielen Fällen, ihre Umsetzung zu hintertreiben oder – wie im Fall der mit dem Oktoberedikt von 1807 angekündigten Aufhebung der Erbuntertänigkeit in Preußen – die ursprüngliche Gesetzesintention

in ihr glattes Gegenteil zu verkehren. Dem leistete der Umstand Vorschub, daß das
Edikt zunächst nichts weiter als ein Rahmengesetz darstellte, gleichsam eine Ab-
sichtserklärung, die eine Regelung der Ablösbarkeit bisheriger Abgaben- und vor
allem Dienstpflichten gegenüber der Gutsherrschaft, durch die die Bauern das volle
und freie Eigentum über ihre Hofstellen überhaupt erst erlangen konnten, lediglich
vage präjudizierte. Noch bevor die Abschaffung der Erbuntertänigkeit überhaupt
rechtswirksam wurde, war per ergänzender Verordnung vom 27. März 1809 die Umwandlung von Bauern- in Gutsland erneut legalisiert worden. Von dieser Möglichkeit, die den grundbesitzenden Adel in Preußen von der Bauernbefreiung letztlich
profitieren ließ, wurde nirgendwo so reichlich Gebrauch gemacht wie in Schlesien:
Der Anteil des gutsherrlichen Landes an der landwirtschaftlichen Nutzfläche des
Oderlandes stieg nach 1809 von 35 auf über 50 Prozent, was innerhalb Preußens
einen Rekord darstellte.

Besonders die unerblichen Robotgärtner in Polnisch-Schlesien wurden das Opfer
einer Politik der fortwährenden Verschärfung der Ablösungsbedingungen.[23] Bereits
das erste Regulierungsgesetz für Preußen vom 14. September 1811, das in seinem ursprünglichen Entwurf den meisten Gärtnern die Ablösung ihrer Handdienstpflich-
ten ermöglicht hätte, war auf eine Intervention des oberschlesischen Grafen Carl
Lazarus Henckel von Donnersmarck hin um eine Bestimmung ergänzt worden, wonach in Schlesien erbliche Besitzer ihre Gärtnerstellen gegen Abtretung eines Drittels,
nichterbliche hingegen nur gegen Abtretung der Hälfte ihres Grund und Bodens als
dienstpflichtfreies Eigentum erhalten konnten – bei der ohnehin geringen Größe der
meisten Gärtnergrundstücke kam dies einem Entzug der Existenzgrundlage gleich.
Mit einer ergänzenden Deklaration vom 29. Mai 1816 wurden diese regionalen Son-
derbestimmungen zwar wieder zurückgenommen; zugleich wurde es den Gutsherren
jedoch gestattet, alle künftig von der Regulierung ausgeschlossenen nichterblichen
Bauernstellen einzuziehen.

Der als ständisches Beratungsgremium fungierende schlesische Provinziallandt-
tag, in dem die beiden oberen Stände der Fürsten und Standesherren sowie der (im
Landtag fast durchweg adeligen) Rittergutsbesitzer über ein institutionelles Veto gegenüber den Vertretern der Städte und Landgemeinden verfügten, plädierte während seiner ersten Sitzungsperiode von 1825 für eine vor allem an der Besitzgröße
festgemachte nochmalige Verschärfung der Ablösungsbedingungen und hatte damit
Erfolg: Auf der Grundlage einer dem Gutachten der Landtagsmehrheit entsprechenden Verordnung vom 13. Juli 1827 konnten bis 1846 in Oberschlesien nur ganze
zehn Gärtnerstellen abschließend reguliert werden. Auch in anderen Fällen nutzte
der grundbesitzende Adel die schlesischen Landtage als Bühne zur Vertretung seiner
ökonomischen Interessen, etwa mit wiederholten Petitionen, die darauf abzielten,
das Privileg der gutsherrlichen Gerichtsbarkeit einerseits zwar zu erhalten, die damit
verbundenen und als drückend empfundenen Jurisdiktionskosten andererseits aber

---

23 Ziekursch, Johannes: Hundert Jahre schlesischer Agrargeschichte. Vom Hubertusburger Frieden bis
zum Abschluß der Bauernbefreiung. Breslau ²1927 [¹1915; ND Aalen 1978 (Darstellungen und
Quellen zur schlesischen Geschichte 20)], 329-354.

auf den Staat abzuwälzen. Wo immer die Interessen des Fiskus berührt waren, zeigte sich die Regierung solchen Begehrlichkeiten gegenüber jedoch abweisend.[24]

Zusammenfassend läßt sich festhalten, daß der Adel in den östlichen Provinzen der preußischen Monarchie aus dem Regulierungs- und Separationsprozeß zunächst scheinbar als der ökonomische Gewinner hervorging; der mit Abstand größte Teil der adeligen Nahrung wurde in Schlesien also auch weiterhin auf dem Land erwirtschaftet. Pläne des 1840 auf den Thron gelangten Königs Friedrich Wilhelm IV., die Rückbindung an den Grundbesitz zum Kernpunkt einer neuen Adelspolitik zu machen und so die vermeintlich gestörte Harmonie der Stände wiederherzustellen, hatten gleichwohl nicht lange Bestand: Zu offensichtlich kollidierte das dahinterstehende konservativ-romantische Gesellschafts- und Adelskonzept bereits mit den gewandelten ökonomischen Realitäten. Die existentielle Herausforderung des Marktes war nach 1815 noch größer geworden und zwang auch in den dreißiger und vierziger Jahren des 19. Jahrhunderts viele Gutsbesitzer zur Aufgabe. Damit beschleunigte sich der Transformationsprozeß von einem auf Tradition gegründeten Geburtsstand hin zu einer offen zugänglichen, neuständisch privilegierten adelig-bürgerlichen Wirtschaftsklasse. Insofern verlief der Streit um die Aufrechterhaltung der überkommenen Vorrechte „einer patrimonial-, dominial- und laudemialvergnügten Junkerschaft",[25] wie er im schlesischen Vormärz rasch an Schärfe zunahm, nicht mehr ausschließlich entlang der geburtsrechtlichen Grenzen.

Der über Jahrzehnte aufgestaute Unmut der Landbewohner entlud sich 1848 vor allem in Niederschlesien in einer ganzen Reihe bäuerlicher Übergriffe gegen ritterliche Gutshöfe.[26] Trotz ihres politischen Scheiterns bedeutete die Revolution für die ländliche Sozialverfassung im östlichen Preußen im Grunde eine wichtigere Zäsur als das Oktoberedikt von 1807, indem sie sowohl der gutsherrlichen Gerichtsbarkeit als auch – in Gestalt des abschließenden Ablösungs- und Regulierungsgesetzes vom 2. März 1850 – allen noch existierenden feudalen Diensten und Abgaben sowie den unerblichen Besitzformen ein Ende bereitete. Als Träger der Lokalherrschaft, also im engeren Sinne als politischer Stand, war der grundbesitzende Adel damit endgültig beseitigt, seine Angehörigen waren mehr denn je auf ihre Tätigkeit als Landwirt und Agrarunternehmer verwiesen.

---

24 Gehrke, Roland: Ständische Selbstinszenierung und sozioökonomische Interessenpolitik. Der Adel auf den schlesischen Provinziallandtagen 1825–1845. In: Harasimowicz, Jan/Weber, Matthias (Hg.): Adel in Schlesien. Herrschaft – Kultur – Selbstdarstellung. München 2010 (Schriften des Bundesinstituts für Kultur und Geschichte der Deutschen im östlichen Europa 36), 393-412.

25 Welp, Treumund [d. i. Eduard Pelz]: Die Dorfgerichte in Preußen. Bruchstück aus den Memoiren eines Schlesischen Bauern. Braunschweig 1843, 26. Der Freigutsbesitzer und eifrige Publizist Pelz profilierte sich in den vierziger Jahren des 19. Jahrhunderts als einer der schärfsten Kritiker gutsherrlicher Privilegienwirtschaft in Schlesien.

26 Bleiber, Helmut: Bauern und Landarbeiter der preußischen Provinz Schlesien in der Märzrevolution 1848. In: Schmidt, Walter (Hg.): Demokratie, Liberalismus und Konterrevolution. Studien zur deutschen Revolution von 1848/49. Berlin 1998, 81-158.

8. Die oberschlesische Magnatenindustrialisierung als wirtschaftsgeschichtliche Sonderentwicklung

Die Anfänge des Gold- und Silberbergbaus sowie der Eisenerzverhüttung reichen in Schlesien bis in das hohe Mittelalter zurück. Intensivere Bemühungen um die Förderung von Edelmetallen sind seit dem frühen 15. Jahrhundert anhand diverser Privilegienvergaben und einer regelrechten Gründungswelle von Bergwerken und Bergstädten belegt. Handelte es sich um größere Montanprojekte, waren die adeligen Bergherren zumeist auf die Kooperation mit kapitalkräftigen Finanziers angewiesen. Der Kapitalbedarf der Bergherren eröffnete auch den oberdeutschen Fuggern den Einstieg in den schlesischen Bergbau und ließ das Oderland um 1500 für kurze Zeit zu einem Bestandteil des Fuggerschen Finanzimperiums werden. Nach dem Übergang Schlesiens an Habsburg machte sich der Machtanspruch der neuen Herren besonders auf diesem Gebiet rasch bemerkbar: Eine 1577 von Kaiser Rudolf II. für Schlesien erlassene Bergordnung behielt die diesbezüglichen Regalien ausdrücklich der Böhmischen Krone vor, erlangte faktische Geltung aber nur in den schlesischen Immediatfürstentümern. Obwohl Rudolf sich nicht scheute, in die bergrechtlichen Privilegien der mediaten schlesischen Fürsten einzugreifen beziehungsweise deren eigenes Engagement im Bergbau zu stören,[27] nutzten diese die rechtliche Unklarheit langfristig dazu, ihre eigenen Bergordnungen zu erlassen und die sonst dem König zugeschriebenen Rechte selbst auszuüben.

Analog zur sozialen Entwicklung in der Landwirtschaft waren die für die Eisenverhüttung zuständigen Hammer- und Hüttenmeister, die im 16. Jahrhundert noch als selbständige Kleinunternehmer agiert hatten, nach 1600 gutsuntertänig geworden und bildeten auf den Güterkomplexen den Stamm für die einheimischen Hüttenleute. Technisch basierte die frühe schlesische Eisen-‚Industrie‘ noch bis ins 18. Jahrhundert hinein auf dem Betrieb von einfachen Luppenfeuern und Wasserhämmern und bot so nur wenige Exportchancen. Auch in industriepolitischer Hinsicht bildete erst der Anschluß Schlesiens an Preußen die entscheidende Zäsur: Zum einen schaltete sich der preußische Staat selbst in den Prozeß mit ein, indem er 1756 damit begann, in Oberschlesien eigene Hüttenwerke anzulegen und so den schon bestehenden Anlagen auf den adeligen Gütern Konkurrenz zu machen. Zum anderen förderte er durch seine bergrechtliche Rahmengesetzgebung aber auch gezielt die wirtschaftliche Eigeninitiative oberschlesischer Großgrundbesitzer. So begannen die neuen, dem Haus Anhalt-Köthen entstammenden Fürsten von Pleß unmittelbar nach dem Erhalt der Standesherrschaft 1765 mit der Steinkohleproduktion,[28] die

---

27 Vgl. am konkreten Beispiel Wutke, Konrad: Die Bergbauunternehmungen Herzog Georgs II. von Brieg (1547–1586). In: Silesiaca. Festschrift des Vereins für Geschichte und Alterthum Schlesiens zum siebzigsten Geburtstage seines Präses Colmar Grünhagen. Breslau 1898, 289-320.

28 Skibicki, Klemens: Industrie im oberschlesischen Fürstentum Pless im 18. und 19. Jahrhundert. Zur ökonomischen Logik des Übergangs vom feudalen Magnatenwirtschaftsbetrieb zum modernen Industrieunternehmen. Stuttgart 2002 (Regionale Industrialisierung 2).

Grafen Henckel von Donnersmarck sowie die Fürsten von Hohenlohe (als Erben eines protoindustriellen Hüttenunternehmens der Grafen Hoym) zogen bald nach.

Für ihr erfolgreiches Engagement, dem sich seit Beginn des 19. Jahrhunderts noch eine Reihe weiterer Familien (Ballestrem, Tiele-Winckler und Schaffgotsch) zugesellten, hat die deutsche wirtschaftshistorische Forschung in den vergangenen Jahrzehnten den Begriff „Magnatenindustrialisierung" geprägt[29] – wobei der Begriff „Magnaten" hier im engeren Sinne eine Gruppe einflußreicher oberschlesischer Großgrundbesitzerfamilien bezeichnet, die über ein Adelsprädikat unterhalb der Souveränitätsebene verfügten und mit ihrer wirtschaftlichen Aktivität eine Art Zwitterstellung zwischen Agrariern und Industriellen einnahmen. Einzelne adelige Hüttenunternehmer wie Andreas Graf Renard, der Begründer des am Malapane-Ufer

2 Die Laurahütte bei Siemianowitz. Das 1839 mit einem ersten Hochofen in Betrieb genommene und bis 1876 auf insgesamt 75 Öfen erweiterte Werk hatte seinen Namen von der Ehefrau seines Gründers Karl Hugo Graf Henckel von Donnersmarck erhalten. Die Anlage steht damit beispielhaft für das Engagement des schlesischen Hochadels in der oberschlesischen Montanindustrie seit Ende des 18. Jahrhunderts.
Bildnachweis: Germanisches Nationalmuseum Nürnberg.

---

29 Pierenkemper, Toni: Oberschlesische Magnaten als Unternehmer. In: ders./Rasch, Manfred (Hg.): Adel als Unternehmer im bürgerlichen Zeitalter. Münster 2006 (Vereinigte Westfälische Adelsarchive 17), 131-155.

gelegenen Zawadzki-Werks, traten noch hinzu.[30] Der Umstand, daß 1822 rund 80
Prozent und 1856 immer noch 63 Prozent der Hochofeneigner Adelige waren,[31] darf
aber nicht zu dem Fehlschluß verleiten, die Industrialisierung Oberschlesiens sei ein
ausschließlich adeliges Projekt gewesen. Stellvertretend für ein schon früh einsetzen-
des bürgerliches Engagement steht der – später freilich nobilitierte – Tuchunterneh-
mer Georg Giesche, der 1704 von Kaiser Leopold I. das Privileg zur Galmeigewin-
nung in Schlesien erwarb und auf dieser Grundlage ein das ganze 18. Jahrhundert
hindurch florierendes Familienunternehmen begründete. Auch der Aufstieg Oberschlesiens zur führenden Weltmarktposition in der Zinkgewinnung im 19. Jahrhundert war nur denkbar, weil bürgerliche Unternehmer auf diesem Sektor über gute
Kenntnisse der internationalen Märkte verfügten, die den ortsgebundenen Magnaten abgingen. So war es im Vormärz mit Karl Godulla wiederum ein Bürgerlicher,
dem dank seiner guten Verbindungen zu kleineren Zinkproduzenten und staatlichen
Berg- und Hüttenbeamten der Aufstieg zum oberschlesischen „Zinkkönig" gelang.
Es charakterisiert aber zugleich die ökonomische Bedeutung des Magnatenadels, daß

3 Die 1827 von Carl Schottelius erbaute eiserne Kettenbrücke über den oberschlesischen Fluß Malapane, im Hintergrund sind Hüttenanlagen zu sehen (Federlithographie eines unbekannten Künstlers
um 1830). Am Ufer der Malapane ließ der adelige Bergbauunternehmer Andreas Graf Renard 1836
das „Zawadzki-Werk" errichten.
Bildnachweis: Wiese, Erich: Biedermeierreise durch Schlesien. Darmstadt 1966, 103.

---

30 Einzelne Personenstudien liegen u. a. vor mit Fuchs, Konrad: Andreas Maria Graf Renard (1795–
    1875) und seine Bedeutung für die oberschlesische Industrie. In: Jahrbuch der Schlesischen Fried-
    rich-Wilhelms-Universität zu Breslau 23 (1982) 215-224; ders.: Hans Heinrich XI. Herzog von
    Pleß als Wirtschaftsförderer. In: ders.: Gestaltungskräfte in der Geschichte Oberschlesiens, Nie-
    derschlesiens und Sudetenschlesiens. Dortmund 2001 (Veröffentlichungen der Forschungsstelle
    Ostmitteleuropa an der Universität Dortmund A 52), 113-125.
31 So die Berechnungen von Kwaśny, Zbigniew: Die Entwicklung der oberschlesischen Industrie in
    der ersten Hälfte des 19. Jahrhunderts. Dortmund 1998 (Veröffentlichungen der Forschungsstelle
    Ostmitteleuropa an der Universität Dortmund B 61), 37.

Godulla seine Adoptivtochter später mit einem Grafen Schaffgotsch verheiratete, eine Verbindung, aus der dann die „Gräflich Schaffgotsche Grubenverwaltung" hervorging.[32]

Daß der Adel in Oberschlesien überhaupt industriell tätig werden konnte, ist einer Reihe besonderer Faktoren zu verdanken. In technischer Hinsicht erwies sich naturgemäß der ausgedehnte Waldbesitz und damit ein unerschöpfliches Reservoir an Brennmaterial als Startvorteil. Der Genuß der verschiedenen Bergregalien wiederum, die von den Rechten des einfachen Grundbesitzers an seinen Bodenschätzen bis hin – wie im Fall der Fürsten von Pleß – zu einem quasi staatlich garantierten Monopol reichten, ermöglichte unter den Bedingungen einer noch merkantilistisch geprägten Wirtschaftsordnung überhaupt erst die private Initiative und die Schaffung einer industriellen Basis. Hinzu kam die feudale Verfügungsgewalt über den Faktor Arbeit, die sich in der Frühphase der Industrialisierung als entscheidender Wettbewerbsvorteil der oberschlesischen Magnaten gegenüber ihren bürgerlichen Konkurrenten auswirkte, die industrielle Entwicklung langfristig aber auch behinderte. So machten sich der immer eklatanter werdende Mangel an einheimischen Arbeitskräften sowie die in Oberschlesien noch bis weit in das 19. Jahrhundert hinein fortbestehende Bindung der Gruben- und Hüttenarbeiter an die ländliche Lebensweise schon bald negativ bemerkbar. Es kennzeichnet einen überkommenen adeligen Denkhorizont, daß der Wunsch nach einer Konservierung traditionaler sozialer Bindungen und Hierarchien, wie er besonders in der Frage der Gärtnerregulierung zum Ausdruck kam, in der ersten Hälfte des 19. Jahrhunderts vielfach noch die Oberhand gegenüber langfristigen industriepolitischen Perspektiven behielt. Auch die Mechanismen adeliger Familienführung konnten sich nachteilig auswirken, da nicht alle Oberhäupter der erwähnten Magnatendynastien das gleiche unternehmerische Interesse aufbrachten beziehungsweise die gleiche Affinität zu der im Grunde gänzlich unadeligen Wirtschaftswelt der Banken und Börsen verspürten wie ihre Vorgänger.

Daß die oberschlesische Magnatenindustrialisierung nicht ausschließlich eine Erfolgsgeschichte war, ist zudem auf strukturelle Faktoren zurückzuführen: Zum einen brachte die Grenzlage des oberschlesischen Industrierreviers zu Österreich und Kongreßpolen hohe Zollbelastungen auf den traditionellen Absatzmärkten aus vorpreußischer Zeit mit sich, zum anderen bedeuteten das qualitativ schlechte Landwegesystem Oberschlesiens und die nur eingeschränkte Schiffbarkeit der Oder einen Wettbewerbsnachteil gegenüber dem Ruhrgebiet beziehungsweise den englischen Produzenten und waren der Erschließung neuer Absatzmärkte hinderlich. Erst der nach 1840 einsetzende Eisenbahnbau bewirkte in dieser Hinsicht eine spürbare Kostenentlastung.

Noch bis Mitte des 19. Jahrhunderts blieben die Besitzstrukturen der oberschlesischen Montanindustrie durch den hohen Anteil aristokratisch-feudalen Eigentums geprägt; erst die beiden Jahrzehnte zwischen Revolution und Reichsgründung

---

32 Twardoch, Irena: Z dziejów rodu Schaffgotschów. Ruda Śląska 1999 [dt. u. d. T.: Geschichte des Geschlechts von Schaffgotsch. Ruda Śląska 2001], 47-68.

brachten eine Wende in der Unternehmenspolitik der oberschlesischen Magnaten. Zumal nach Aufhebung des Direktionsprinzips 1851 und aller noch bestehenden feudalen Vorrechte durch das Allgemeine Preußische Berggesetz von 1865 mußte die fideikommissarische Bindung der Familienvermögen sich tendenziell negativ auf die unternehmerische Handlungsfreiheit auswirken, weshalb immer größere Teile des Besitzes in anonyme Aktiengesellschaften eingebracht wurden. Bis in die achtziger Jahre des 19. Jahrhunderts hatte diese Entwicklung nahezu die gesamte oberschlesische Schwerindustrie erfaßt und deren zunehmende Verflechtung mit den Berliner und Breslauer Großbanken bewirkt, ohne freilich die Magnaten damit völlig aus dem Geschäft zu verdrängen.[33] Noch bis zum Jahr 1922, als infolge des Teilungsbeschlusses des Völkerbundrats der größere Teil des oberschlesischen Montangebiets an Polen fiel, waren unter den Besitzern der insgesamt 165 oberschlesischen Industriebetriebe die Familien von Pleß, Ballestrem, Henckel von Donnersmarck, Schaffgotsch und Hohenlohe an prominenter Stelle vertreten.

In der Bilanz kann für Oberschlesien von einem abrupten Übergang zwischen einem feudalen und einem marktwirtschaftlich-kapitalistischen Produktionssystem jedenfalls keine Rede sein. Vielmehr charakterisiert es geradezu das Phänomen der Magnatenindustrialisierung, daß für einen Zeitraum von rund einhundert Jahren wichtige Elemente beider Systeme nebeneinander koexistierten. Dieses Phänomen in wirtschaftshistorischer Hinsicht allein als einen spezifisch oberschlesischen Sonderweg zu interpretieren, ist freilich nur dann gerechtfertigt, wenn als Vergleichsebene ausschließlich Westeuropa herangezogen wird. Im östlich angrenzenden Kohlebekken von Dąbrowa in Russisch-Polen beziehungsweise südlich der Olsa im Teschener Schlesien engagierten sich die Standesgenossen der oberschlesischen Magnaten gleichfalls in der Montanindustrie, wenn auch im Ergebnis weniger erfolgreich.[34]

9. Krise und Niedergang der adeligen Landwirtschaft in Schlesien nach 1850

Mit der Grundsteuerfreiheit der Rittergüter, deren Abschaffung im Zuge der Revolution von 1848/49 noch einmal erfolgreich abgewehrt worden war, fiel 1861 auch das letzte bedeutende wirtschaftliche Privileg des grundbesitzenden Adels in Preußen. Spürbare Auswirkungen hatte dies zunächst kaum, da zwischen 1850 und 1880 noch einmal eine vergleichsweise günstige Agrarkonjunktur vorherrschte. Der

---

33 Laubner, Jürgen: „Adliger Stand mit bürgerlichem Sinn" – die oberschlesischen Magnaten im deutschen Kaiserreich. In: Stepiński, Włodzimierz (Hg.): Szlachta i ziemiaństwo polskie oraz niemieckie w Prusach i Niemczech w XVIII–XX w. Szczecin 1996, 141-157.

34 Długoborski, Wacław: Die schlesischen Magnaten in der frühen Phase der Industrialisierung Oberschlesiens. In: Pierenkemper, Toni (Hg.): Industriegeschichte Oberschlesiens im 19. Jahrhundert. Rahmenbedingungen – Gestaltende Kräfte – Infrastrukturelle Voraussetzungen – Regionale Diffusion. Wiesbaden 1992 (Studien der Forschungsstelle Ostmitteleuropa an der Universität Dortmund 8), 107-128, hier 107.

nach 1880 um so heftiger einsetzende wirtschaftliche Niedergang der schlesischen Landwirtschaft trieb die Verschuldungskrise der Güter dann aber einem neuen Höhepunkt zu. Während sich der größere Latifundienbesitz dort für einen längeren Zeitraum stabilisieren konnte – 1925 gab es in Schlesien 53 Großgüter mit über 5.000 und davon sogar 23 mit über 10.000 ha Fläche –, wurden die kleineren Güter immer häufiger zum Gegenstand von Zwangsversteigerung und anschließender Parzellierung. Die wachsende Schuldenlast setzte einen Teufelskreis in Gang, indem sie notwendige Investitionen verhinderte und so zu Ertragsrückgängen und immer weniger rentablen Betriebsgrößen führte. Eine weitere Konsequenz dieser Entwicklung war der Verlust an landwirtschaftlichem Fachwissen, dem die um 1900 einsetzende und in Schlesien besonders stark verankerte ländliche Genossenschaftsbewegung gegenzusteuern suchte.

Die 1848 aus der alten Schlesischen Landschaft hervorgegangene und zwanzig Jahre später zu einem selbständig wirtschaftenden Bankinstitut erweiterte „Schlesische Landschaftliche Bank" vermochte mit ihren Krediten die Krisensymptome bestenfalls zu mildern. Das erfolgreichste Abwehrmittel zumindest des größeren Grundbesitzes gegen die Gefahr der Parzellierung lag in seiner fideikommissarischen Familienbindung,[35] die den schlesischen Adel nach der in der ersten Hälfte des 19. Jahrhunderts erfolgten vorsichtigen Öffnung nun allerdings wieder stärker in eine soziale Wagenburgmentalität zurückdrängte. Nachdem dieses Rechtsinstitut in Preußen im Zuge der Ereignisse von 1848/49 zunächst aufgehoben, 1852 aber schon wieder eingeführt worden war, setzte eine ganze Welle von Fideikommißgründungen ein, die sich im Zeichen der Agrarkrise noch verstärkte. Besonders die katholisch geprägten Regionen Schlesiens entwickelten sich zu einer Hochburg dieser Besitzform: Waren im Jahr 1890 insgesamt 6,8 Prozent des deutschen Staatsgebietes in über 2.300 Fideikommissen gebunden, so umfaßten die rund 200 schlesischen Fideikommisse zu diesem Zeitpunkt immerhin 15 Prozent der Fläche des Oderlandes. Die im späten Kaiserreich immer lauter werdende Kritik an den Fideikommissen stand bereits ganz im Zeichen des vermeintlichen „Ostflucht"-Phänomens: Der Vorwurf ging dahin, die „Junker" würden Land blockieren, das für die „innere Kolonisation" gebraucht würde, und so – durch den immer größeren Zustrom billiger polnischer Saisonarbeitskräfte anstelle seßhafter deutscher Landarbeiter – einer „Polonisierung" des preußischen Ostens Vorschub leisten.[36] Die Weimarer Reichsverfassung von 1919 trug dieser Argumentation Rechnung und hob die Fideikommisse auf, auch wenn deren tatsächliche Auflösung sich noch bis zum Beginn der dreißiger Jahre hinzog.

---

35 Eckert, Jörn: Der Kampf um die Familienfideikommisse in Deutschland. Studien zum Absterben eines Rechtsinstitutes. Frankfurt a. M. 1992 (Rechtshistorische Reihe 104).

36 Sternkiker, Edwin: Adel und Fideikommiß in Preußen. In: Münch, Ernst (Hg.): Mecklenburg und das Reich. Agrargeschichte – Sozialgeschichte – Regionalgeschichte, Bd. 1-2. Rostock 1990 (Agrargeschichte 23-24), Bd. 2, 41-51, hier 48f.; Kato, Fusao: Die wirtschaftliche und soziale Bedeutung der Fideikommißfrage in Preußen 1871-1918. In: Reif, Heinz (Hg.): Ostelbische Agrargesellschaft im Kaiserreich und in der Weimarer Republik. Agrarkrise, junkerliche Interessenpolitik, Modernisierungsstrategien. Berlin 1994, 73-93.

Stärker noch als das Kaiserreich war die Weimarer Republik von dem Empfinden einer tiefgreifenden Agrarkrise geprägt, auch wenn neuere Forschungen darauf hinweisen, daß sich in der verbreiteten Krisenrhetorik der Großagrarier eher die Frustration über den beschleunigten volkswirtschaftlichen Bedeutungsverlust der (adeligen) Landwirtschaft gegenüber der Industrie widerspiegelte als eine wirkliche existentielle Bedrohung. Erst die Auswirkungen der Weltwirtschaftskrise trafen die Gutswirtschaft dann in ihrer Substanz[37] – wenigstens ein Drittel der landwirtschaftlichen Großbetriebe Ostelbiens galt kurz vor 1933 als nicht mehr sanierungsfähig. Das von der Reichsregierung 1929 aufgelegte „Osthilfeprogramm", das den bedrohten Gütern durch die Gewährung von Siedlungskrediten, Zinszuschüssen und staatlichen Garantien Luft verschaffen sollte, bezog sich zunächst nur auf Ostpreußen, wurde 1931 aber auch auf die übrigen ostelbischen Gebiete einschließlich Schlesiens ausgedehnt.[38] Der groteske Mißbrauch der hierfür vorgesehenen Mittel durch einige Großagrarier kulminierte im Januar 1933, wenige Tage vor der Ernennung Adolf Hitlers zum Reichskanzler, im „Osthilfeskandal". Die Glaubwürdigkeit all jener nationalen und patriarchalischen Legitimationsformeln, mit denen der grundbesitzende Adel auch nach 1918 noch eine herausgehobene soziale Position für sich reklamierte, war damit endgültig zerstört, der eingetretene Vertrauensverlust trieb bei den letzten noch halbwegs freien Reichstagswahlen vom März 1933 auch in Schlesien die vornehmlich protestantische Landbevölkerung stärker als zuvor in die Arme des Nationalsozialismus.

Der deutsche Angriff auf Polen im September 1939 bildete den Auftakt zur Katastrophe: Anders als in Westdeutschland, wo sich die adeligen Lebenswelten im Laufe des 20. Jahrhunderts eher schleichend auflösten, bedeutete das Jahr 1945 für den Adel in den Gebieten östlich von Oder und Lausitzer Neiße eine finale Zäsur, über die hinaus eine regionalgeschichtliche Betrachtung adeliger Wirtschaftsformen in Schlesien gegenstandslos ist. Nach einer ersten Phase oft willkürlicher Aneignung, Plünderung und auch Zerstörung vordem adeliger Güter wurden, verstärkt ab 1947, die Herrenhäuser und Schlösser von den neuen polnischen Verwaltungsbehörden in Staatsbesitz überführt. Das gleiche gilt für große Teile der landwirtschaftlichen Nutzfläche in Schlesien, wobei die größeren Latifundien zumeist in Einheiten von 100 ha parzelliert wurden. Daneben bewahrte sich die kleinbäuerliche Individualwirtschaft jedoch einen bedeutend höheren Anteil als in anderen Staaten des sowjetischen Machtbereichs, besonders in Oberschlesien, das aufgrund seiner sprachlichen

---

37 Zur Situation speziell in Schlesien vgl. Haase, Alfons: Schlesiens Landwirtschaft. Ein Gang durch die Geschichte der schlesischen Landwirtschaft von den ersten Anfängen bis zum Leistungsstand bei Beginn des Zweiten Weltkrieges. Eine agrarhistorische und agrargeographische Darstellung. Wolfenbüttel 1981, 270.

38 Olszewski, Bogusław: „Osthilfe" – interwencjonizm państwowy w rolnictwie śląskim w latach 1919–1939 [„Osthilfe" – staatliche Interventionspolitik in der schlesischen Landwirtschaft in den Jahren 1919–1939]. Wrocław 1974 (Monografie śląskie Ossolineum 27).

Gemengelage nach 1945 längst keinen so vollständigen Bevölkerungsaustausch erlebte wie die niederschlesischen Gebiete.[39]

Flucht und Vertreibung mußten eine so ortsbezogene und bodenfixierte Sozialformation wie den Adel in ihrer kulturellen Identität fast noch härter treffen als die übrige deutsche Bevölkerung. Mit dem Verlust des Grundbesitzes war auch jenen Teilen des schlesischen Adels, die bis Kriegsende an der ländlich-traditionalen Lebensweise noch festgehalten hatten, die materielle Existenzgrundlage als Adel auf einen Schlag entzogen. Erst der politische Umbruch der Jahre 1989/90 hat den nötigen Freiraum für deutsch-polnische Kulturprojekte geschaffen, in denen vormals adeligen Besitztümern in Schlesien wieder eine wichtige symbolische Funktion zukommt.

Weiterführende Literatur in Auswahl:

Berdahl, Robert M.: Preußischer Adel: Paternalismus als Herrschaftssystem. In: Puhle, Hans-Jürgen/Wehler, Hans-Ulrich: Preußen im Rückblick. Göttingen 1980 (Geschichte und Gesellschaft. Sonderheft 6), 123-145.

Berghoff, Hartmut: Adel und Industriekapitalismus im Deutschen Kaiserreich – Abstoßungskräfte und Annäherungstendenzen zweier Lebenswelten. In: Reif, Heinz (Hg.): Adel und Bürgertum in Deutschland. Entwicklungslinien und Wendepunkte im 19. Jahrhundert, Bd. 1. Berlin 2000 (Elitenwandel in der Moderne 1), 233-271.

Birtsch, Günter: Zur sozialen und politischen Rolle des deutschen, vornehmlich preußischen Adels am Ende des 18. Jahrhunderts. In: Vierhaus, Rudolf (Hg.): Der Adel vor der Revolution. Zur sozialen und politischen Funktion des Adels im vorrevolutionären Europa. Göttingen 1971, 77-95.

Bleiber, Helmut: Zwischen Reform und Revolution. Lage und Kämpfe der schlesischen Bauern und Landarbeiter im Vormärz 1840–1847. Berlin 1966 (Deutsche Akademie der Wissenschaften zu Berlin. Schriften des Instituts für Geschichte, Reihe 2: Landesgeschichte 9).

Boelcke, Willi A.: Verfassungswandel und Wirtschaftsstruktur. Die mittelalterliche und neuzeitliche Territorialgeschichte ostmitteleuropäischer Adelsherrschaften als Beispiel. Würzburg 1969 (Beihefte zum Jahrbuch der Schlesischen Friedrich-Wilhelms-Universität zu Breslau 8).

Braun, Rudolf: Konzeptionelle Bemerkungen zum Obenbleiben: Adel im 19. Jahrhundert. In: Wehler, Hans-Ulrich (Hg.): Europäischer Adel 1750–1950. Göttingen

---

39 Nowiński, Czesław: Odbudowa zagród wiejskich na Dolnym Śląsku w latach 1945–1949 [Der Wiederaufbau der ländlichen Gehöfte in Niederschlesien in den Jahren 1945–1949]. In: Studia Śląskie 40 (1982) 131-185; Cimała, Bogdan: Determinanty odbudowy i rozwoju rolnictwa na Śląsku Opolskim w pierwszych latach po II wojnie światowej [Determinanten des Wiederaufbaus und der Entwicklung der Landwirtschaft im Oppelner Schlesien in den ersten Jahren nach dem Zweiten Weltkrieg]. Ebd., 50 (1991) 103-122.

1990 (Geschichte und Gesellschaft. Zeitschrift für Historische Sozialwissenschaft, Sonderheft 13), 87-95.

Carsten, Francis L.: A History of the Prussian Junkers. Aldershot 1989.

Dąbrowski, Franciszek: Studia nad administracją kasztelańską Polski XIII wieku [Studien zur polnischen Kastellaneiverfassung im 13. Jahrhundert]. Warszawa 2007.

Deßmann, Günter: Geschichte der schlesischen Agrarverfassung. Straßburg 1904 (Abhandlungen aus dem staatswissenschaftlichen Seminar zu Straßburg 19).

Fechner, Hermann: Wirtschaftsgeschichte der preußischen Provinz Schlesien in der Zeit ihrer provinziellen Selbständigkeit 1741–1806. Breslau 1907.

Fuchs, Konrad: Die wirtschaftlichen und sozialen Rahmenbedingungen der schlesischen Verwaltung von 1815–1945. In: Heinrich, Gerd/Henning, Friedrich-Wilhelm/Jeserich, Kurt G. A. (Hg.): Verwaltungsgeschichte Ostdeutschlands 1815–1945. Organisation – Aufgaben – Leistungen. Stuttgart 1993, 942-1005.

Fuchs, Konrad: Vom Dirigismus zum Liberalismus. Die Entwicklung Oberschlesiens als preußisches Berg- und Hüttenrevier. Ein Beitrag zur Wirtschaftsgeschichte Deutschlands im 18. und 19. Jahrhundert. Wiesbaden 1970.

Fuchs, Konrad: Wirtschaftsgeschichte Oberschlesiens 1871–1945. Aufsätze. Dortmund 1981 (Veröffentlichungen der Forschungsstelle Ostmitteleuropa an der Universität Dortmund A 36).

Górecki, Piotr: Economy, Society, and Lordship in Medieval Poland 1100–1250. New York/London 1993.

Górecki, Piotr: Words, Concepts, and Phenomena: Knighthood, Lordship, and the Early Polish Nobility, c. 1100–c. 1350. In: Duggan, Anne J. (Hg.): Nobles and Nobility in Medieval Europe. Concepts, Origins, Transformations. Woodbridge 2000, 113-155.

Górski, Karol: Les structures sociales de la noblesse polonaise au moyen âge. In: Le Moyen Age 73 (1967) 73-85.

Hoffmann, Richard C.: Land, liberties, and lordship in a late medieval Countryside. Agrarian structures and Change in the Duchy of Wrocław. Philadelphia 1989.

Inglot, Stefan: Wieś i rolnictwo [Dorf und Landwirtschaft]. In: Małeczyński, Karol (Hg.): Historia Śląska, Bd. 1/3. Wrocław 1963, 28-142.

Janssens, Paul/Yun-Casalilla, Bartolomé (Hg.): European Aristocracies and Colonial Elites. Patrimonial Management Strategies and Economic Development, 15th–18th Centuries. Aldershot u. a. 2005.

Jaros, Jerzy: Historia górnictwa węglowego w Zagłębiu Górnośląskim do 1914 roku [Geschichte des Kohlebergbaus im oberschlesischen Revier bis zum Jahr 1914]. Wrocław 1965.

Kaak, Heinrich: Die Gutsherrschaft. Theoriegeschichtliche Untersuchungen zum Agrarwesen im ostelbischen Raum. Berlin 1991 (Veröffentlichungen der Historischen Kommission zu Berlin 79).

Krämer, Reinhard: Die schlesische Wirtschaft von ihren Anfängen bis zur Industrialisierung im 19. und 20. Jahrhundert. In: Bahlcke, Joachim (Hg.): Schlesien und die Schlesier. München ³2004 [¹1996], 225-247.

Kuczer, Jarosław: Szlachta w życiu społeczno-gospodarczym księstwa głogowskiego w epoce habsburskiej 1526–1740 [Der Adel im gesellschaftlichen und wirtschaftlichen Leben des Fürstentums Glogau in der habsburgischen Ära 1526–1740]. Zielona Góra 2007.

Kuhn, Walter: Die Städtegründungspolitik der schlesischen Piasten im 13. Jahrhundert, vor allem gegenüber Kirche und Adel. Hildesheim 1974.

Magura, Wilhelm: Geschichte der Landwirtschaft Schlesiens. 2000 Jahre Bauernkultur, Hamburg/Berlin 1986 (Berichte über Landwirtschaft 199).

Menzel, Josef Joachim: Die schlesischen Lokationsurkunden des 13. Jahrhunderts. Studien zum Urkundenwesen, zur Siedlungs-, Rechts- und Wirtschaftsgeschichte einer ostdeutschen Landschaft im Mittelalter. Würzburg 1977 (Quellen und Darstellungen zur schlesischen Geschichte 19).

Michałkiewicz, Stanisław: Ekonomika górnictwa węglowego na Śląsku w latach 1769–1815 [Die Wirtschaft des Kohlebergbaus in Schlesien in den Jahren 1769–1815]. In: Studia i materiały z dziejów Śląska 8 (1967) 5-73.

Moździoch, Sławomir: Funkcje gospodarcze śląskich grodów kasztelańskich w państwie wczesnopiastowskim [Die wirtschaftlichen Funktionen der schlesischen Kastellaneien im frühpiastischen Staat]. In: Studia Lednickie 2 (1991) 23-42.

Moździoch, Sławomir: Konsekwencje gospodarcze przyłączenia Śląska do państwa Piastów [Die wirtschaftlichen Konsequenzen des Anschlusses Schlesiens an den Piastenstaat]. In: Leciejewicz, Lech (Hg.): Od plemienia do państwa. Śląsk na tle wczesnośredniowiecznej Słowiańszczyzny Zachodniej. Wrocław/Warszawa 1991, 153-179.

Moździoch, Sławomir: Organizacja gospodarcza państwa wczesnopiastowskiego na Śląsku. Studium archeologiczne [Die wirtschaftliche Organisation des frühpiastischen Staates in Schlesien. Eine archäologische Studie]. Wrocław 1990.

Mularczyk, Jerzy: Ze studiów nad prawem patronatu na Śląsku w wiekach średnich [Aus den Studien über das Patronatsrecht im mittelalterlichen Schlesien]. In: Śląski Kwartalnik Historyczny Sobótka 32 (1977) 133-148.

Neugebauer, Wolfgang: Der Adel in Preußen im 18. Jahrhundert. In: Asch, Ronald G. (Hg.): Der europäische Adel im Ancien Régime. Von der Krise der ständischen Monarchien bis zur Revolution (ca. 1600–1789). Köln/Weimar/Wien 2001, 49-76.

Nyrek, Aleksandr: Kultura użytkowania gruntów uprawnych, lasów i wód na Śląsku od XV do XX wieku [Die Kultur der Nutzung der landwirtschaftlichen Flächen, Wälder und Gewässer in Schlesien vom 15. bis zum 20. Jahrhundert]. Wrocław 1992 (Acta Universitatis Wratislaviensis 1361).

Orzechowski, Kazimierz: Chłopskie posiadanie ziemi na Górnym Śląsku u schyłku epoki feudalnej [Der bäuerliche Grundbesitz in Oberschlesien in der Epoche des Spätfeudalismus]. Opole 1959.

Peters, Jan (Hg.): Gutsherrschaft als soziales Modell. Vergleichende Betrachtungen zur Funktionsweise frühneuzeitlicher Agrargesellschaften. München 1995 (Historische Zeitschrift. Beihefte N. F. 18).

Popiołek, Kazimierz: Górnośląski przemysł górniczo-hutniczy w drugiej połowie XIX wieku [Die oberschlesische Montanindustrie in der zweiten Hälfte des 19. Jahrhunderts]. Katowice 1965.

Reif, Heinz: Adelspolitik in Preußen zwischen Reformzeit und Revolution 1848. In: Ullmann, Hans-Peter/Zimmermann, Clemens (Hg.): Restaurationssystem und Reformpolitik. Süddeutschland und Preußen im Vergleich. München 1996, 199-224.

Schissler, Hanna: Preußische Agrargesellschaft im Wandel. Wirtschaftliche, gesellschaftliche und politische Transformationsprozesse von 1763 bis 1847. Göttingen 1978 (Kritische Studien zur Geschichtswissenschaft 33).

Szaniecki, Michał: Nadania ziemi na rzecz rycerzy w Polsce do końca XIII wieku [Die Belehnung der Ritterschaft mit Ländereien in Polen bis zum Ende des 13. Jahrhunderts]. Poznań 1938 (Poznańskie Towarzystwo Przyjaciół Nauk. Prace Komisji Historycznej 11/3).

Tebarth, Hans-Jakob: Technischer Fortschritt und sozialer Wandel in deutschen Ostprovinzen. Ostpreußen, Westpreußen und Schlesien im Zeitalter der Industrialisierung. Berlin 1991.

Ivo Nußbicker und Rafael Sendek

Adelsarchive in Schlesien als Orte des kulturellen Gedächtnisses: Entstehung – Überlieferungsproblematik – Erschließung

Archive haben für den Adel bis heute eine besondere Bedeutung. Als Orte des kulturellen Gedächtnisses erfüllen sie eine wichtige Funktion für das Selbstverständnis einzelner Adeliger und ganzer Familienverbände. Um die Entstehung, Überlieferungsproblematik und Erschließung der Adelsarchive in Schlesien zu untersuchen, müssen zunächst jedoch einige grundsätzliche Fragen angesprochen werden, die Adelsarchive im allgemeinen und ihre Bedeutung, vor allem für den Adel selbst, im besonderen betreffen. In einem weiteren Schritt sollen dann die Bestandsgeschichte und Überlieferung schlesischer Adelsarchive anhand zweier konkreter Beispiele verdeutlicht werden.

1. Entstehung von Adelsarchiven

Neben staatlichen, kirchlichen und kommunalen Archiven stellen Adelsarchive allgemein eine der bedeutendsten Archivgruppen dar. Diese auch als Herrschafts-, Familien- und Hausarchive bezeichnete Gruppe läßt sich wiederum – analog zur standesinternen Differenzierung des Adels – in verschiedene Untergruppen einteilen: Es gibt Archive der 1866 und 1918 entthronten Herrscherhäuser und Archive der Standesherren, das heißt derjenigen Fürsten- und Grafenhäuser, die zu Beginn des 19. Jahrhunderts ihre Landesherrschaft verloren, durch den Wiener Kongreß jedoch rangmäßig den damals verbliebenen Herrscherhäusern gleichgestellt wurden. Daneben existieren Archive des niederen Adels – von denen der einstigen Reichsritterschaft bis zu solchen ehemals landsässiger Geschlechter.[1] Dieser Untergruppe gehörten auch die Adelsarchive in Schlesien an, die in ihrer Mehrheit während der Frühen Neuzeit entstanden, zum Teil bis zum Jahr 1945 existierten und als Bestandteil staatlicher Archive unter Umständen heute noch vorhanden sind.

Betrachtet man die Entwicklung im römisch-deutschen Reich, so sind die Anfänge von Archivbildungen beim niederen Adel vor dem 14. Jahrhundert kaum zu erkennen. In einigen Fällen – so auch in Schlesien – tauchten Adelsarchive schon im Spätmittelalter auf, viele von ihnen jedoch erst im 16. Jahrhundert, zum Teil sogar noch später. Die Entstehung von entsprechenden Sammlungen hing allgemein mit

---

1 Richtering, Helmut: Herrschafts-, Familien- und Hausarchive. In: Der Archivar. Mitteilungsblatt für deutsches Archivwesen 37 (1984) 413-420, hier 413.

dem Aufkommen der Archive an der Wende vom Mittelalter zur Neuzeit zusammen, mit der Entstehung moderner Akten also, der Entfaltung von Zentralbehörden in den Territorialstaaten, der Ausdehnung ihrer Zuständigkeit über den älteren Wirkungskreis der Kanzlei hinaus, der Vermehrung des Schriftverkehrs und schließlich der räumlichen Trennung zwischen der in der Kanzlei angesiedelten Registratur und dem neu entstandenen Archiv. Im größeren Kontext spielten die frühneuzeitlichen Staatsbildungsprozesse, die Verschriftlichung und Zentralisierung der Macht auf der Ebene der Territorialstaaten, eine Rolle, wobei der Adel, die Landesherren nachahmend, ähnliche Prozesse auf der Ebene der Grundherrschaft in Gang setzte.

In bezug auf Schlesien müssen jedoch die besonderen politischen und verfassungsrechtlichen Strukturen berücksichtigt werden, welche die Rahmenbedingungen für die Entstehung adeliger Archive im Oderland setzten.[2] Das Land wies noch bis zum 18. Jahrhundert eine aus dem Spätmittelalter überlieferte dezentrale Struktur auf. Die Zersplitterung Schlesiens in eine Vielzahl halbsouveräner Fürstentümer, die als Lehen der böhmischen Könige nicht dieselbe Position wie reichsunmittelbare Territorien beanspruchen konnten, sowie die Zugehörigkeit zu einem größeren staatlichen Verband wie der Böhmischen Krone und schließlich zu einem noch größeren dynastischen Länderkomplex wie der Habsburgermonarchie verhinderten – im Gegensatz zu den Reichsterritorien – staatsbildende Prozesse auf der Ebene der schlesischen Herzogtümer, die sich darüber hinaus entweder in den Händen lokaler Dynastien oder im unmittelbaren Besitz der Habsburger als böhmische Könige befanden. Die Entstehung der Freien Standesherrschaften verstärkte die Binnengliederung des schlesischen Adels zusätzlich. So konnten Archive sowohl auf der Ebene solcher Herzogsdynastien – die wie zum Beispiel die schlesischen Piastenherzöge in Liegnitz, Brieg oder Teschen unter habsburgischer Oberherrschaft eine eigenständige Innenpolitik betrieben[3] – als auch beim landsässigen Adel in den einzelnen schlesischen Territorien entstehen.

Dabei muß beachtet werden, daß Archive in der Frühen Neuzeit in erster Linie rechtlich definiert wurden. Als Herrschaftsinstrument dienten sie dem Archivgründer zur Selbstbehauptung und Machtsicherung. Im Gegensatz zu Bibliotheken und verschiedenen Sachkollektionen waren sie mehr als nur eine Sammlung – sie erfüllten eine wichtige Funktion für die damalige rechtliche und politische Ordnung. Nicht aus allen frühneuzeitlichen Archivdefinitionen tritt die realpolitische Gewichtung so deutlich hervor wie beim brandenburgischen Archivar Philipp Ernst Spieß, der 1777 die Archive als ein Kleinod beschrieb, von dem die Ruhe des Staates als

---

2 Orzechowski, Kazimierz: Historia ustroju Śląska 1202–1740 [Verfassungsgeschichte Schlesiens 1202–1740]. Wrocław 2005 (Acta Universitatis Wratislaviensis 2806); Conrads, Norbert: Regionalismus und Zentralismus im schlesischen Ständestaat. In: Weczerka, Hugo (Hg.): Stände und Landesherrschaft in Ostmitteleuropa. Marburg 1995 (Historische und landeskundliche Ostmitteleuropa-Studien 16), 159–170; Bahlcke, Joachim: Das Herzogtum Schlesien im politischen System der Böhmischen Krone. In: Zeitschrift für Ostmitteleuropa-Forschung 44 (1995) 27–55.

3 Bahlcke, Joachim: „Piasti, Polonorum regum nepotes". Tradition und Selbstverständnis der schlesischen Piasten in der frühen Neuzeit. In: Przełomy w historii. XVI Powszechny Zjazd Historyków Polskich. Wrocław 15–18 września 1999 roku, Bd. 1. Toruń 2000, 209–219.

„Brustwehr wider aller Ansprüche widrig gesinnter Nachbarn"[4] abhänge. Als Archivar eines reichsunmittelbaren Territoriums, dem das *ius archivi* zustand, konnte sich Spieß bei der Präsentation von Dokumenten auf dieses Hoheitsrecht seines Landesherrn berufen, das nach der damaligen Rechtsauffassung den Fürsten und Ständen des Reiches zukam. Es erlaubte die Aufrichtung von Archiven und Reposituren und verlieh den darin befindlichen Urkunden vollen Glauben.[5]

Bereits der Rudolstädter Hofrat Ahasver Fritsch bescheinigte Dokumenten aus öffentlichen Archiven, also solchen, deren Besitzer über das *ius archivi* verfügten, daß sie im Zweifel für authentisch gehalten werden sollten, wenn nicht das Gegenteil bewiesen würde.[6] Somit konnte den adeligen Familien zur Beförderung ihrer ständischen und materiellen Interessen nur daran gelegen sein, durch die Erlangung des aktiven und passiven Archivrechts ihrer eigenen Überlieferung im Streitfall einen höheren Wert vor Gericht zukommen zu lassen. Schon im 16. Jahrhundert verwies Jacob von Ramingen auf den Wert eines wohlgeordneten Archivs für das eigene Geschlecht, da das Archiv es nicht nur ermögliche, die eigenen Vorrechte klar zu benennen und diese leichter durchzusetzen, sondern der Familie auch als Richtschnur dafür dienen könne, welche Rechte und Gerechtigkeiten ihr im Gegensatz zu anderen Geschlechtern noch fehlten.[7]

Eine weitere Bedingung für den rechtsverbindlichen Status der Archivdokumente war die Betreuung des Archivs durch einen ausgebildeten Archivar, dessen Fähigkeiten für die dokumentarische Aufbewahrung der Bestände Sorge tragen sollten. Spieß erachtete mindestens drei Archivare als notwendig für ein herrschaftliches Archiv, hinzu kämen dann noch ein Sekretär, ein Registrator, ein Kanzlist und ein Kopist, um zumindest den notwendigsten Ansprüchen zu genügen.[8] Für die im folgenden zu behandelnden schlesischen Adelsarchive war eine solche Personalstruktur bis zur Mitte des 19. Jahrhunderts jedoch nicht realisierbar, denn erst nach 1750 hatte man hier damit begonnen, die familiäre Überlieferung von ausgebildeten Archivaren ordnen und verzeichnen zu lassen.

Häufiger Ausgangspunkt einer adeligen Archivbildung war der Grundbesitz einer Familie oder auch deren Erhebung in den Adelsstand. Nur ausnahmsweise wurde das private Schriftgut einer Familie ohne umfangreichen Grundbesitz zum Fundament eines echten Archivs. Im Gegensatz zu den Archiven der Antike ging es bei den frühneuzeitlichen Archivgründungen nicht um die sichernde Dokumentation gesetzlich verbriefter Rechte der Allgemeinheit, sondern um die Wahrung der beson-

---

4 Spieß, Philipp Ernst: Von Archiven. Halle 1777, 5. Zum Autor vgl. Wunschel, Hans J.: Philipp Ernst Spieß (1734–1794). In: Fränkische Lebensbilder, Bd. 12. Neustadt a. d. Aisch 1986 (Veröffentlichungen der Gesellschaft für Fränkische Geschichte. Reihe VII A), 206-217.

5 Merzbacher, Friedrich: Ius Archivi. Zum geschichtlichen Archivrecht. In: Archivalische Zeitschrift 75 (1979) 135-147, hier 135.

6 Fritsch, Ahasver: Tractatus de jure Archivi et cancellariae. Jenae 1664, 60.

7 Ramingen, Jacob von: Summarischer Bericht von etzlichen fürtrefflichen Nutzbarkeiten, welche aus anstellung und haltung einer ganzen vollkommenen Registratur entstehen. O. O. u. J. (gedruckt als Anhang in: Fritsch: Tractatus, 67).

8 Spieß: Von Archiven, 10.

deren Rechte und Besitztitel einzelner Institutionen oder Personengruppen. Privilegien, Güterschenkungen und sonstige Erwerbungen wurden neben Kopialbüchern und Besitzstandsverzeichnissen verwahrt und ließen so die frühesten kontinuierlich gewachsenen Archivfonds entstehen.[9]

Mit dem Beginn des sogenannten Aktenzeitalters und dem Ausbau der Verwaltungs- und Kanzleiorganisation traten neue Formen des Schriftguts hinzu und ließen die Archive stark anwachsen. Häufig erfuhren diese eine systematische Organisation, als man die an verschiedenen Orten gelagerten Urkundendepots einer Familie zusammenführte und in Inventaren verzeichnen ließ. Anlaß für eine solche bewußte Erfassung und Ordnung der Urkunden waren oft Erbteilungen in den adeligen Familien, die zur Bildung gemeinschaftlicher „Samtarchive" führten. Im großen und ganzen nahm sich der Eigentümer selbst seines Archivs an. In manchen Fällen waren Archive in einem größeren kulturellen Bereich angesiedelt: zusammen mit Bibliotheken oder Kunstsammlungen, wobei die Abgrenzung zwischen Archiv- und Bibliotheksgut immer fließend war und es auch oft Überschneidungen mit Kunst- oder anderen Sachsammlungen gab.[10]

Adelsarchive, deren engster Kern stets das zur Privatsphäre gehörende Familienarchiv ist, sind zuständig für die in den betreffenden Familien und in der Verwaltung ihrer Besitzungen, Unternehmen und Beteiligungen erwachsenen Registraturen. Hier werden auch die beiden Haupteigenschaften des Adelsarchivs einerseits als Familien- und andererseits als Guts- und Herrschaftsarchiv sichtbar. Beide Typen stehen in engem Zusammenhang, können aber durchaus getrennt auftreten. Auch wenn sie im allgemeinen jahrhundertelang miteinander verbunden waren – begünstigt durch die personelle Identität des Besitzers als Inhaber eines Familienarchivs und Gutsbesitzer –, sind sie ihrem Wesen nach doch recht verschieden und leiten ihren Ursprung aus unterschiedlichen Wurzeln ab. Grundsätzlich können Adelsarchive nicht einem einzigen Typus zugeordnet werden, denn je nach der zugehörigen Familie und ihrer Geschichte hat jedes Archiv seinen eigenen Charakter und seine eigene Struktur.

2. Funktion und Bedeutung der Adelsarchive

Adelsarchive erfüllten für den Adel sowohl gegenwartsbezogene realpolitische und ökonomische als auch kulturelle Funktionen, die aus einer mentalitäts- und sozialgeschichtlichen Perspektive betrachtet werden müssen. Für die Mentalität des Adels in Spätmittelalter und Früher Neuzeit spielten dabei drei zentrale Elemente eine Rolle: die Überzeugung von der Vererbung einmal erworbener Eigenschaften, die große Rolle der Bewahrung der adeligen „Ehre" in den Augen der Mit- und Nachwelt und schließlich die sich daraus ergebende, für die Konstituierung des adeligen Geschlechts und damit des Adels überhaupt zentrale Bedeutung von Gedächtnis und

---

9 Franz, Eckhart G.: Einführung in die Archivkunde. Darmstadt [7]2007 [[1]1974], 9f.
10 Ebd., 10; Richtering: Herrschafts-, Familien- und Hausarchive, 414.

Erinnerung *(memoria)*, die in verschiedenen Gestalten, in Porträt- und Ahnengalerien, in der Totenmemoria und eben in den Archiven des Adels, sichtbar gemacht wurden.[11] Aus adeliger Perspektive wurde der Mensch in erster Linie durch seine Familie definiert, das heißt durch seine Herkunft und somit durch einen Bezug zur Vergangenheit. Dabei kann die Bedeutung der *memoria*, die den Adel als Stand konstituierte, nicht überschätzt werden. Im Adelsstand pflanzte sich durch Generationen hindurch ein in sich „fest verknüpftes Ensemble von Traditionen und Erinnerungen" fort; das „System der adligen Werte" war auf die „Geschichte der adligen Familien gegründet".[12] Nach Otto Gerhard Oexle gibt es „ohne Memoria [...] keinen ‚Adel' und deshalb auch keine Legitimation für adlige Herrschaft".[13]

Dabei muß berücksichtigt werden, daß Erinnerung nicht eine einfache Gegebenheit ist, sondern vielmehr eine gesellschaftliche Konstruktion, die von der Gegenwart aus betrieben wird. Der kollektive Bezugsrahmen von Erinnerung entsteht nicht nur nachträglich durch Kombination von individuellen Gedächtnisinhalten, sondern wird vielmehr von vornherein gruppenbezogen erstellt durch Kommunikation und Interaktion innerhalb einer Gruppe. Vergangenheit ist immer zugleich eine kulturelle Schöpfung. Herkommen, das die Aspekte von Abstammung, Herkunft, Ursprung und Geschlechterfolge umfaßt, und Gedächtnis sind insofern als Leitbegriffe der Adelskultur in der Frühen Neuzeit und gleichzeitig als Zeugnisse historiographischer Reflexion zu verstehen. Dabei standen nicht die Geschichte, sondern das Herkommen, nicht die Überlieferung, sondern das Gedächtnis bzw. das, was der Erinnerung wert war, im Mittelpunkt.[14]

Auch den schlesischen Adelsarchiven kam hier die Aufgabe zu, das Herkommen und die genealogischen und dynastischen Traditionen des Adels in einer vorwiegend mündlichen Kultur schriftlich zu fixieren, was mit dem Zwang zu Legitimation und

---

11 Winkelbauer, Thomas/Knoz, Tomáš: Geschlecht und Geschichte. Grablegen, Grabdenkmäler und Wappenzyklen als Quellen für das historisch-genealogische Denken des österreichischen Adels im 16. und 17. Jahrhundert. In: Bahlcke, Joachim/Strohmeyer, Arno (Hg.): Die Konstruktion der Vergangenheit. Geschichtsdenken, Traditionsbildung und Selbstdarstellung im frühneuzeitlichen Ostmitteleuropa. Berlin 2002 (Zeitschrift für Historische Forschung. Beiheft 29), 129-177, hier 130.

12 Oexle, Otto Gerhard: Aspekte der Geschichte des Adels im Mittelalter und in der Frühen Neuzeit. In: Wehler, Hans-Ulrich (Hg.): Europäischer Adel 1750–1950. Göttingen 1990 (Geschichte und Gesellschaft. Sonderheft 13), 19-56, hier 25.

13 Ders.: Memoria als Kultur. In: ders. (Hg.): Memoria als Kultur. Göttingen 1995 (Veröffentlichungen des Max-Planck-Instituts für Geschichte 121), 9-78, hier 38.

14 Strohmeyer, Arno: Die Disziplinierung der Vergangenheit. Das „alte Herkommen" im politischen Denken der niederösterreichischen Stände im Zeitalter der Konfessionskonflikte (ca. 1570 bis 1630). In: Bahlcke/Strohmeyer (Hg.): Die Konstruktion der Vergangenheit, 99-127; Rösener, Werner: Einleitung. In: ders. (Hg.): Tradition und Erinnerung in Adelsherrschaft und bäuerlicher Gesellschaft. Göttingen 2003 (Formen der Erinnerung 17), 9-22, hier 17f.; Wiszewski, Przemysław: Legnicka tablica pamiątkowa rodu Budziwojowiców. Przyczynek do poznania tradycji genealogicznej rycerstwa na Śląsku w pierwszej połowie XVI wieku [Die Liegnitzer Gedenktafel des Geschlechts Buschewitz. Ein Beitrag zur genealogischen Tradition der Ritterschaft in Schlesien in der ersten Hälfte des 16. Jahrhunderts]. In: Genealogia. Studia i Materiały Historyczne 12 (2000) 69-98.

Repräsentation, Selbstfindung und -behauptung verbunden war. Der Adel erhielt somit die (institutionelle) Deutungshoheit über seine Vergangenheit. Mit der von ihm betriebenen Geschichtsschreibung und -politik verfolge er das Ziel, seine Vorrangstellung innerhalb der Gesellschaft abzusichern. Der Adel ließ Genealogien und Geschichtswerke abfassen, die ihm – häufig in Archiven gesichert – in vielfältiger Weise dienen sollten, um Herrschaftsansprüche sowohl gegenüber der adeligen und nichtadeligen Konkurrenz als auch gegenüber dem Landesherrn durchzusetzen. Die Konstruktion der eigenen Vergangenheit diente nicht nur der Durchsetzung von Rechtsansprüchen, sondern auch der Statussicherung, der Stärkung der Gruppenidentität und der Festigung des ständischen Landesbewußtseins.

1 Eine im Jahr 1715 angefertigte Genealogie der schlesischen Adelsfamilie Schaffgotsch.
Bildnachweis: Krause, Theodor: Miscellanea Gentis Schaffgotschianae, Oder Historisch=Genealogischer Bericht/ Von dem Uralten Geschlechte Derer Herren von Schaff=Gotschen/ [...]. Striegau 1715 (Staatsbibliothek zu Berlin: S 8481<a>).

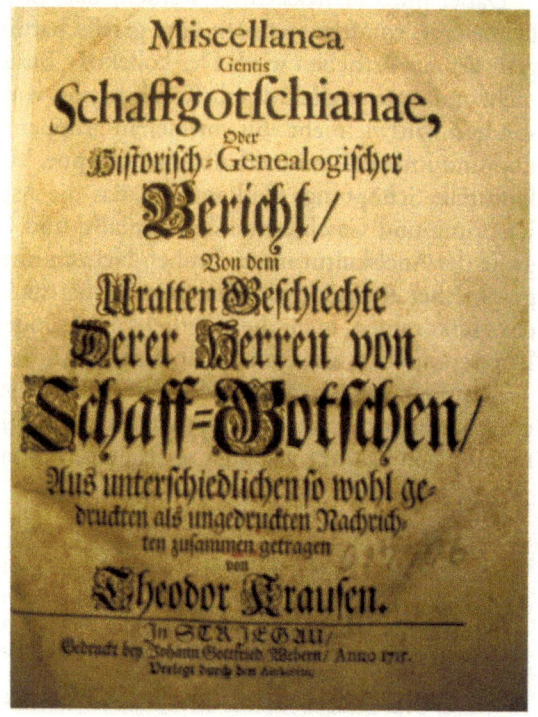

Die Genealogie spielte eine zentrale Rolle in der historiographischen Erinnerungspolitik des Adels, hierbei vor allem der Nachweis eines hohen Alters der Familie und deren würdiger Herkunft. Deshalb gingen viele adelige Geschlechter im Lauf des 16. und 17. Jahrhunderts daran, gemalte und gezeichnete oder sogar gedruckte Ahnen- und Stammtafeln anzufertigen bzw. in Auftrag zu geben sowie Materialien zur Geschichte des eigenen Hauses zusammenzutragen und Familienchroniken anzulegen. Dieses Familienbewußtsein des Adels brachte schließlich die großen genealogischen und heraldischen Sammlungen hervor, die dann in die Archive gelangten. Auch wenn die Entstehung von Stammbäumen, genealogischen Sammlungen und Familiengeschichten auf den historischen Familiensinn und die Kultur des Adels zurückzuführen ist, dürfen dessen gegenwartsbezogene politische und wirtschaftliche Interessen sowie die Notwendigkeit, den Gesamtbesitz der Familie zu erhalten, nicht übersehen werden. Denn die Herkunft stellte eine Art symbolisches Kapital dar, das in reale Güter umgesetzt werden konnte. Ein Archiv diente schließlich als „Gedächtnis der Herrschaft"[15] und bestand aus Urkunden, die Beweischarakter für Ansprüche auf Macht, Besitz und Abstammung hatten.

3. Bestände und Quellengattungen

Die Bestände der Adelsarchive sind ausgesprochen vielfältig und umfassen unterschiedliche Quellengattungen, wobei es freilich von Archiv zu Archiv deutliche Unterschiede sowohl in bezug auf die Größe der Bestände als auch auf deren innere Struktur geben kann. Dabei stehen Adelsarchive heute in enger inhaltlicher Beziehung zu den Staatsarchiven bis hin zu einer bestandsmäßigen Überschneidung. In der Regel lassen sich ihre Bestände drei Gruppen zuordnen: den aus der privaten Sphäre stammenden Familienpapieren (Familienarchiv), den aus der Verwaltung des eigenen Besitzes erwachsenen Archivalien (Gutsarchiv) sowie Unterlagen aus grund-, lehns- und gerichtsherrlichen Verhältnissen, aus kirchlichen und weltlichen Obrigkeitsrechten (Herrschaftsarchiv).

Mit den der Familie zuzurechnenden schriftlichen Unterlagen enthalten Adelsarchive eine bedeutende Bestandsgruppe, die weit über den Archivsprengel hinausreichende Beziehungen dokumentiert. Hierzu gehören nicht nur alle aus der Regelung der Rechtsverhältnisse innerhalb der Familie hervorgegangenen Dokumente (Erb- und Eheverträge, Testamente, Erbfolgeordnungen, Senioratsbestimmungen etc.), sondern auch die persönliche Familienkorrespondenz nichtgeschäftlicher Art. Diese öffneten die Eigentümer nur ungern, was häufig dazu führte, daß die Geschichtsforschung von diesen Kleinoden keinen ausreichenden Gebrauch machen konnte. Diese besonders aufschlußreiche Korrespondenz wurde sowohl mit damaligen Politikern als auch mit Künstlern geführt, mit dem geistigen und kunstschaffenden Bürgertum, das vom Adel protegiert wurde und diesem beispielsweise barocke Schlösser und Kapellen schuf. Gleichzeitig zeigt sie die familiäre Verflechtung des schlesischen Adels mit dem übrigen europäischen Adel, die eine wahre Flut vertrauter, durchaus auch politische Probleme behandelnder Korrespondenzen mit sich brachte.[16]

Diese Unterlagen gelangten zum Teil geschlossen als Nachlässe in die Archive, zum Teil ließen sie sich bei der Ordnung und Verzeichnung als eigenständige Provenienz herausfiltern. Solche auf einzelne Familienmitglieder zurückgehenden Nachlässe entstammen in der Regel einer außerhalb des Familienbereichs ausgeübten, sich

---

15 Assmann, Aleida: Erinnerungsräume. Formen und Wandlungen des kulturellen Gedächtnisses. München ³2006 [¹1999], 343.

16 Taddey, Gerhard: Aufgaben und Probleme eines standesherrlichen Archivs. Dargestellt am Beispiel des Hohenlohe-Zentralarchivs Neuenstein. In: Der Archivar. Mitteilungsblatt für deutsches Archivwesen 31 (1978) 353-362, hier 361.

oft über mehrere Generationen erstreckenden amtlichen Tätigkeit von Angehörigen des Geschlechts, denen in der Frühen Neuzeit wie auch im 19. Jahrhundert die führenden Positionen in Staat und Gesellschaft vorbehalten waren. Zahlreiche Angehörige des schlesischen Adels standen in politischen und militärischen Funktionen im Dienst der Habsburgermonarchie oder Preußens. Neben diesen adeligen Staatsmännern, Beamten, Offizieren und Politikern finden sich aber auch adelige Gelehrte, Dichter und Forscher, deren Nachlässe ebenso von geschichtlicher Bedeutung sind.

Adelige Nachlässe enthalten über Tagebücher und Materialien zur Familie, zur Erziehung und Ausbildung der Kinder sowie zu privaten Interessengebieten hinaus Unterlagen von eminent politischer Bedeutung. Das gilt ebenfalls für die Nachlässe bedeutender aus Schlesien stammender Politiker adeliger Herkunft im 19. und 20. Jahrhundert wie zum Beispiel Franz Graf von Ballestrem, der als einflußreicher oberschlesischer Großgrundbesitzer und Industrieller jahrzehntelang dem Reichstag angehörte, von 1890 bis 1893 die Zentrumsfraktion anführte und von 1898 bis 1906 Reichstagspräsident war. Deshalb kann diese Bestandsgruppe häufig mit Gewinn als Ersatzüberlieferung für verlorene staatliche Akten herangezogen werden, auch wenn ihre Auswertung durch den mangelhaften Erschließungszustand unter Umständen mit Schwierigkeiten behaftet ist. Im Gegensatz dazu beschränkt sich die Überlieferung für die Zeit nach 1918 neben persönlichen Papieren im wesentlichen auf Schriftgut, das die eigene wirtschaftliche Aktivität betrifft.

Um das Familienarchiv als Kern legt sich das Guts- und Herrschaftsarchiv, das aus der Wahrung und Verwaltung von Grundbesitz und herrschaftlichen Rechten erwachsen ist. Da Adelsarchive häufig nicht existierende ständische Archive ersetzten, enthalten sie auch ständisches Archivgut, das im Umfeld von Landtagen entstand und einen Einblick in die Ständepolitik gewährt.[17] Umfangreichen Niederschlag fanden Aufgaben, die aus der patrimonialen Gerichtsbarkeit, die zahlreiche Quellengattungen (Handelsbücher, Konsensbücher etc.) entstehen ließ, den Polizeibefugnissen, dem Patronatswesen und den übrigen patrimonialen Sonderrechten erwuchsen. Diese vor allem für breite Bevölkerungsschichten im ländlichen Raum relevanten Archivalien, zu denen gleichfalls Prozeßakten zählten, beanspruchten mengenmäßig meist einen großen Raum. Deren rein staatlicher Charakter wurde nicht zuletzt darin sichtbar, daß sie nach Aufhebung der patrimonialen Gerichtsbarkeit in Preußen im 19. Jahrhundert den staatlichen Gerichten und Verwaltungsstellen in der Regel vollständig übergeben wurden. Ebenfalls einen staatlichen Charakter tragen die Polizeiakten, die zum Teil bis ins 20. Jahrhundert reichen, als 1927 in Preußen die Gutsbezirke aufgelöst und damit die Reste feudaler Sonderrechte aufgehoben wurden.[18]

---

17 Bahlcke, Joachim: Landtagsakten (unter besonderer Berücksichtigung der Verhältnisse in der frühneuzeitlichen Habsburgermonarchie). In: Pauser, Josef/Scheutz, Martin/Winkelbauer, Thomas (Hg.): Quellenkunde der Habsburgermonarchie (16.–18. Jahrhundert). Ein exemplarisches Handbuch. Wien/München 2004 (Mitteilungen des Instituts für Österreichische Geschichtsforschung. Ergänzungsband 44), 351-364.

18 Schwineköper, Berent: Das „Gutsarchiv" als Archivtypus. In: Archivar und Historiker. Studien zur Archiv- und Geschichtswissenschaft. Zum 65. Geburtstag von Heinrich Otto Meisner. Berlin 1956, 72-88, hier 85.

Adelsarchive, die meist kleiner als staatliche und große kommunale Archive, ärmer an Routineschriftgut, doch bei Berücksichtigung ihres individuellen Charakters von reichhaltigem Inhalt sind, tragen in erheblichem Maß zur Erforschung der Vergangenheit bei und ergänzen die öffentlichen Archive auf wertvolle Weise. Ihre Archivalien besitzen Aussagewert für die gesamte Landes-, Verfassungs-, Rechts-, Sozial- und Wirtschaftsgeschichte und – soweit es die der privaten Sphäre entstammenden Archivalien betrifft – auch für die Genealogie und Personengeschichte, die Mentalitäts- und Kulturgeschichte. So muß beispielsweise die Geschichte des landwirtschaftlichen Betriebes, des Waldes, der Rodung sowie der Verbreitung mancher Baumarten heute vornehmlich aus Adelsarchiven rekonstruiert werden.[19]

4. Das Breslauer Staatsarchiv und die schlesischen Adelsarchive im 19. und 20. Jahrhundert

Die Entstehung des Breslauer Staatsarchivs ist eng verbunden mit dem Säkularisationsedikt vom 27. Oktober 1810, in dessen Folge versucht wurde, einen Großteil der Bestände der in den Besitz des Staates übergegangenen Stifte und Klöster im Provinzialarchiv zusammenzuführen. In Schlesien wurde mit dieser Aufgabe der erst siebenundzwanzigjährige Jurist und später als Germanist, Volkskundler und Antiquitätensammler bekannte Johann Gustav Gottlieb Büsching beauftragt.[20] In seiner Funktion als preußischer Säkularisationskommissar hatte er die Aufgabe, die in den Klöstern befindlichen Bibliotheken, Archive und Kunstsammlungen zu sichten und für eine sichere Aufbewahrung zu sorgen. Hierbei stand zu Beginn aber weniger die Schaffung eines Archivs im Mittelpunkt als vielmehr der von Büsching entworfene Plan einer Zentralbibliothek, die mit den Beständen der Klosterbibliotheken ausgestattet werden sollte. Als dieses Projekt durch die Verschmelzung der Zentralbibliothek mit den beiden Teilen der Universitätsbibliothek – nicht wie von ihm geplant – verwirklicht wurde und ihm so die Perspektive auf den Posten des Bibliotheksdirektors verlorenging, wandte er sich von der Bibliothek ab und übernahm statt dessen das Amt des Archivars.[21]

Eine Beschleunigung erhielt der Ausbau des Archivs mit der Übernahme der schlesischen Archivverwaltung durch Gustav Adolf Stenzel im Jahr 1822. Stenzel

19 Pölnitz, Götz Freiherr von: Der deutsche Adel und seine Archive. In: Der Archivar. Mitteilungsblatt für deutsches Archivwesen 15 (1962) 17-20, hier 17f.

20 Hałub, Marek: Johann Gustav Gottlieb Büsching 1783-1829. Ein Beitrag zur Begründung der schlesischen Kulturgeschichte. Wrocław 1997 (Acta Universitatis Wratislaviensis 1978).

21 Jaeger, Thomas: Königliche Bücher. Die Entstehung der zweiten Breslauer Universitätsbibliothek. In: Breysach, Barbara (Hg.): Europas Mitte – Mitteleuropa – Europäische Identität? Geschichte – Literatur – Positionen. Berlin 2003, 21-31, hier 25-28; Büsching, Johann Gustav Gottlieb: Das Schlesische Akademische Provinzial-Archiv zu Breslau. In: Schlesische Provinzialblätter (1821) 411-425; Neigebaur, [Johann Daniel Ferdinand]: Das Schlesische Provinzial-Archiv zu Breslau. In: Intelligenz-Blatt zum Serapeum, Nr. 26/17 vom 15.9.1865, 129-134; Walter, Mieczysław: Pruska sekularyzacja klasztorów w dziejach Biblioteki Uniwersyteckiej we Wrocławiu [Die preußische Säkularisation der Klöster in der Geschichte der Universitätsbibliothek zu Breslau]. Wrocław 1957.

prägte in den folgenden Jahren entscheidend den Aufbau und die Struktur des Archivs. Unter seiner Leitung und mit der Maßgabe des preußischen Staatskanzlers Hardenberg, die einschlägigen in der Provinz verstreuten Archivalien im Provinzialarchiv zusammenzuführen, gelangten wichtige Überlieferungen in die Bestände des Archivs: das Bistumsarchiv und das fürstbischöfliche Regierungsarchiv zu Neisse (poln. Nysa) etwa sowie das Elisabetharchiv und ein Teil des alten Regierungs- und Hausarchivs der 1675 mit dem Tod Georg Wilhelms im Mannesstamm ausgestorbenen piastischen Herzogslinie von Liegnitz und Brieg.[22] Mit dem letztgenannten Konvolut gelangte zugleich die erste größere adelige Überlieferung in die Regale des künftigen Staatsarchivs in Breslau (poln. Wrocław). Allerdings verabschiedete man sich in den folgenden Jahren vom Provenienzprinzip und begann die Bestände nach dem Sachprinzip zu ordnen, was im Fall des Familienarchivs der Piastenherzöge dazu führte, daß der Herkunftszusammenhang aufgelöst wurde und die Bestände auf die entstehenden Orts- und Personenakten verteilt wurden.

Als nachteilig für die Familienarchive und damit auch für die Adelsarchive sollte sich eine Änderung in dem von Stenzel aufgestellten Ordnungsplan von 1831 erweisen, der im Gegensatz zu seinem Vorgänger von 1828 nicht mehr von Familienarchiven sprach, aus denen der dritte Hauptteil des Archivs bestehen sollte, sondern von Gegenständen, welche die einzelnen Familien und Personen betrafen und die sich von den anderen Hauptgruppen trennen ließen. Aus der ursprünglich der dritten Hauptabteilung zugedachten Funktion als Aufnahmestelle für die Familienarchive entwickelte sich die umfangreiche Personal-Repositur.[23] Auch in der Folgezeit kamen immer wieder Teile adeliger Bestände in den Besitz des Archivs, so zum Beispiel der dem Archiv 1841 zur Aufbewahrung übergebene literarische Nachlaß des 1824 in Paris gestorbenen Grafen Gustav von Schlabrendorff.[24]

Auch unter den Nachfolgern Wilhelm Wattenbach und Colmar Grünhagen wurde das von Stenzel etablierte Sachprinzip mit zehn Hauptabteilungen weitergeführt. Erst mit Otto Meinardus, der am 1. Oktober 1901 die Leitung des Archivs übernahm, begann man mit einer behutsamen Neuorganisation der Bestände nach dem Provenienzprinzip.[25] Die vorhandenen Materialien wurden in die Reposituren 1 bis 140 eingeteilt, während für die neu hinzukommenden, streng nach Herkunftszusammenhang geordneten Bestände Nummern über 200 vergeben wurden, um sie klar von den alten Beständen zu unterscheiden.[26] Damit zog dieses als Fundament der modernen Archivistik geltende Ordnungsprinzip in das Breslauer Archiv ein und

---

22 Wutke, Konrad: Die Entwicklung des Breslauer Staatsarchivs. Breslau 1922, 5f.

23 Krusch, Bruno: Geschichte des Staatsarchivs zu Breslau. Leipzig 1908 (Mitteilungen der Preußischen Archivverwaltung 11), 241f.

24 Ebd., 283.

25 Dereń, Andrzej: Zastosowanie zasady prowieniencji w archiwach śląskich w latach 1810–1945 [Die Anwendung des Provenienzprinzips in den schlesischen Archiven von 1810 bis 1945]. In: Śląski Kwartalnik Historyczny Sobótka 15 (1960) 127-138; Meinardus, Otto/Martiny, Rudolf: Das neue Dienstgebäude des Staatsarchivs zu Breslau und die Gliederung seiner Bestände. Leipzig 1909 (Mitteilungen der k. preußischen Archivverwaltung 12), 12-39.

26 Wutke: Die Entwicklung, 12f.

wirkte sich positiv auch auf die adeligen Überlieferungen aus, die in der Folgezeit in die Bestände des Archivs übergehen sollten. Durch die Bewahrung der historisch entstandenen Zusammenhänge der Überlieferung wird dem Umstand Rechnung getragen, daß nicht nur die Quelle an sich, sondern auch der Zusammenhang, dem sie entstammt, Informations- und somit Quellenwert besitzt.[27] Neben dieser Änderung im Archivierungssystem vollzog sich unter dem Direktorat von Meinardus zudem eine nachhaltige räumliche Veränderung des Archivs, indem das 1875 auf Initiative Colmar Grünhagens in der Nähe des Hauptbahnhofs errichtete Archivgebäude[28] nebst Grundstück verkauft und ein moderner, vor allem aber wesentlich größerer Archivbau in der Tiergartenstraße 13 errichtet wurde, in dem das Archiv bis zur Zerstörung im Jahr 1945 seinen Sitz hatte.[29]

2 Das zu Beginn des 20. Jahrhunderts errichtete Dienstgebäude des Breslauer Staatsarchivs in der Tiergartenstraße 13, in dem das Archiv von 1906 bis 1945 untergebracht war.
Bildnachweis: Meinardus, Otto/Martiny, Rudolf: Das neue Dienstgebäude des Staatsarchivs zu Breslau und die Gliederung seiner Bestände. Leipzig 1909 (Mitteilungen der k. preußischen Archivverwaltung 12).

---

27 Schenk, Dietmar: Kleine Theorie des Archivs. Stuttgart 2008, 76f.
28 Doebner, Richard: Das neue Staatsarchivgebäude zu Breslau und seine Einrichtung. In: Archivalische Zeitschrift 2 (1877) 319-322.
29 Meinardus/Martiny: Das neue Dienstgebäude, 1-23.

Seit der zweiten Hälfte des 19. Jahrhunderts verloren zahlreiche Adelsarchive ihre Selbständigkeit, oft durch Hinterlegung als Depositum in einem öffentlichen Archiv oder durch Verkauf. In den meisten Fällen handelte es sich um Staatsarchive, in die die adeligen Überlieferungen integriert wurden. Erst mit der Gründung der Weimarer Republik kam es zu Veränderungen hinsichtlich des Umgangs mit adeligen Überlieferungen in den deutschen Ländern. Auf die staatlichen Archive hatte der Umbruch von 1918 keine größeren Auswirkungen, da die Länder ihr Archivwesen bereits im 19. Jahrhundert weitgehend geordnet hatten. Anders sah dies im Fall der nichtstaatlichen Archive aus, die sich bis dahin auf einer geringeren Entwicklungsstufe befanden. Eine gewisse Ausnahme bildeten hier einige Adelsarchive, bei denen bereits die Strukturen einer modernen Archivorganisation bestanden hatten und die entsprechenden Praktiken zur Anwendung kamen. Für Schlesien erwähnt Victor Loewe das für die oberschlesische Regionalgeschichte bedeutsame Archiv der Fürsten von Pleß, das durch einen eigenen wissenschaftlichen Beamten verwaltet wurde, der zugleich Leiter des fürstlichen Hausarchivs auf Schloß Fürstenstein bei Salzbrunn (poln. Szczawno) war, sowie das Schaffgotsch-Archiv zu Warmbrunn (poln. Cieplice Śląskie), das gemeinsam mit der Bibliothek durch einen Bibliothekar verwaltet wurde.[30] Trotzdem befand sich nur ein geringer Teil der Bestände der Adelsarchive in einem wohlgeordneten Zustand. Besonders die älteren Teile der Überlieferungen litten häufig, da sie für die damalige Vermögensverwaltung nur eine geringe Relevanz besaßen, unter der nicht befriedigenden Aufbewahrungssituation.

Mit der Abschaffung der Privilegien des Adels als Stand durch die Weimarer Reichsverfassung änderte sich zugleich der Status der Adelsarchive: Sie wurden zwar zu reinen Privatarchiven, bewahrten aber auch künftig einen Großteil der Überlieferung zur Orts-, Territorial-, Wirtschafts- und politischen Geschichte der jeweiligen Ländereien auf.[31] Waren die Adelsarchive vor 1918 als Teil des Besitzes der adeligen Häuser vor dem Zugriff des Staates geschützt gewesen, begannen staatliche Archive nun die Aufsicht über dieses bedeutende Archivgut einzufordern. Mancherorts führte dieses Begehren zu Eigeninitiativen der Archivbesitzer. In Westfalen etwa gründete sich 1923 ein „Verein der Vereinigten Adelsarchive", der sich eigenverantwortlich um die Ordnung, Sicherung und Erschließung der Archive seiner Mitglieder bemühte. Wie begründet die Sorge der Archivbesitzer um ihre Bestände war, hatte sich in Preußen bereits 1921 gezeigt, als die Generaldirektion der Preußischen Archivverwaltung Überlegungen vorantrieb, eine umfassende Aufsicht über alle nichtstaatlichen Archive zu erlangen. Der von Otto Meisner ein Jahr später ausgearbeitete Gesetzesentwurf für ein „Archivalienschutzgesetz" konnte dann allerdings aufgrund von Differenzen zwischen Reich und Ländern nicht verabschiedet werden. Ende der zwanziger Jahre griff Preußen diesen Ansatz ein weiteres Mal auf: In einem neuerlichen Entwurf wurden die privaten Archive ehemaliger Standesherren den öffentlichen Archiven mit der Begründung gleichgesetzt, daß sie zum Großteil in Ausübung

---

30 Loewe, Victor: Das deutsche Archivwesen. Seine Geschichte und Organisation. Breslau 1921, 46.
31 Reimann, Norbert: Kulturgutschutz und Hegemonie. Die Bemühungen der staatlichen Archive um ein Archivalienschutzgesetz in Deutschland 1921 bis 1972. Münster 2003, 4.

öffentlich-rechtlicher Befugnisse entstanden seien und daher in staatliche Obhut gehörten. Allerdings wurde auch dieser Entwurf in Zeiten der sich verschärfenden Staatskrise nicht weiter verfolgt.

Nach der Machtübernahme der NSDAP wurden die Pläne wiederbelebt und in das auf dem Deutschen Archivtag 1934 vorgestellte „Archivgutschutzgesetz" integriert. Dort wurde das gesamte Schriftgut, das bei natürlichen und juristischen Personen erwachsen war, öffentlichem Schutz unterstellt, sofern ihm ein archivalischer Wert für die Gesamtheit von „Volk und Staat" zukam und ein berechtigtes Interesse der Öffentlichkeit daran geltend gemacht werden konnte. Dieser öffentliche Schutz sah weitgehende Befugnisse der staatlichen Archivverwaltungen vor. Zugleich wurde die Einführung von „Schriftschutzrollen" angeregt, in die alle besonders gefährdeten Archivbestände eingetragen werden sollten, was für die Besitzer der Bestände eine massive Beschränkung ihrer Verfügungsgewalt bedeutet hätte. Der Entwurf wurde bis Dezember 1936 in eine Endfassung mit Ausführungsbestimmungen gebracht und dem Reichskanzler zur Unterschrift vorgelegt, der aber – zum Erstaunen aller Beteiligten – die Unterschrift mit dem Hinweis verweigerte, daß mit dem Gesetz in einem zu großen Maß in die Privatsphäre der adeligen Familien eingegriffen werde. Auch zwei Überarbeitungen konnten Hitler nicht zu einer Zustimmung bewegen. Im Juni 1938 ordnete er an, von einer weiteren Verfolgung des Projekts Abstand zu nehmen.

Damit wurde verhindert, daß ein Großteil der adeligen Archive als Deposita oder Kopien in die Magazine der staatlichen Archive gelangte. Dies wiegt besonders im Fall Schlesiens schwer, da dort die noch bestehenden Archive auf den adeligen Besitzungen 1945 in vielen Fällen der Zerstreuung und Zerstörung zum Opfer fielen und heute, wie im Fall der Familie von Maltzan, den ehemaligen Herren der Freien Standesherrschaft Militsch, nur noch einen Bruchteil der einstigen Überlieferung ausmachen.[32]

5. Bestandsgeschichte und Überlieferungsproblematik schlesischer Adelsarchive am Beispiel der Familien Hatzfeldt und Schaffgotsch

Ein nicht ganz typisches, aber für die Besonderheiten adeliger Archive instruktives Beispiel ist das Archiv der Familie von Hatzfeldt, das sich nahezu vollständig im Breslauer Staatsarchiv erhalten hat.[33] Die ersten Hinweise auf ein gemeinschaftliches Archiv der Familie stammen aus dem Jahr 1491. Damals verpflichteten sich nach der Aufteilung der bisher gemeinschaftlich verwalteten Besitzungen Hatzfeldt und Wildenburg beide Vertragsparteien, die Überlieferung auf die Wildenburg zu bringen

---

32 Żerelik, Rościsław/Dereń, Andrzej (Hg.): Staatsarchiv Breslau – Wegweiser durch die Bestände bis zum Jahr 1945. Archiwum Państwowe we Wrocławiu – Przewodnik po zasobie archiwalnym do 1945 roku. München 1996 (Schriften des Bundesinstituts für ostdeutsche Kultur und Geschichte 9), 299f.
33 Ebd., 288-291.

und dort gemeinsam zu verwalten. Von der Durchführung dieser Bestimmungen zeugt ein zeitnahes Urkundeninventar, das Urkunden beider Provenienz aufweist. In der 1598 geschlossenen Erbvereinigung aller Zweige des Hauses Hatzfeldt finden sich weitere Hinweise auf das Bestehen eines Familienarchivs. Dort wurde festgelegt, daß das Stammbuch aller Linien mit dem Verzeichnis der Gerechtigkeiten, die Reposituren, Lagerbücher und Urkunden im Besitz der männlichen Erben bleiben und nicht an die Töchter weitergegeben werden sollten. Das Schriftgut sollte in einem gemeinsamen Gewölbe untergebracht und mit einem Verzeichnis erschlossen werden. Für die Abwicklung des Schriftverkehrs, der Rechtsangelegenheiten und der Verwaltung der Archivalien sollte auf gemeinsame Kosten ein Registrator eingestellt werden. Den Gefährdungen der Zeit versuchte Sebastian von Hatzfeldt durch den Erwerb des Nassauer Hofes in der vermeintlich sicheren Reichsstadt Köln zu begegnen. Dort sollten seine Söhne einen Ort haben, an dem sie die Überlieferung der Vorfahren aufbewahren und zum Vorteil des Geschlechts nutzen konnten. Auch die Verfassung des 1662 begründeten Majorats bestimmte den Nassauer Hof als den Ort, an dem das Archiv und die Hatzfeldtschen Dokumente untergebracht und von einem rechtsgelehrten Archivar und Registrator verwaltet werden sollten.[34]

Die Aufspaltung in verschiedene Linien und Häuser führte allerdings im 18. Jahrhundert dazu, daß dieser ehrgeizige Plan eines Gesamtarchivs nicht verwirklicht werden konnte. So finden sich in dieser Zeit vermehrt Klagen, daß sich mittlerweile auf jedem Gut Urkunden und Akten befänden – ein Zustand, der nicht zuletzt durch die weitverbreitete Aktenverschickung befördert wurde. Für die Zeit zwischen dem 16. und 18. Jahrhundert lassen sich für die verschiedenen Linien des Geschlechts 15 verschiedene Standorte von Archiven und Registraturen ausmachen, die von Wildenburg in der Eifel über das fränkische Laudenbach und das thüringische Blankenhain bis in das schlesische Trachenberg (poln. Żmigród) reichen.

Die Freie Standesherrschaft Trachenberg gelangte in den Besitz der Familie, als Melchior von Hatzfeldt alle anderen Ansprüche auf die nach der Hinrichtung Hans Ulrich von Schaffgotschs konfiszierte Standesherrschaft abwehren konnte und seine Anwartschaft aus dem Jahr 1636 dank kaiserlicher Schenkung 1641 erfolgreich durchsetzen konnte.[35] Seit dieser Zeit befand sich die 1741 zum Fürstentum erhobene Herrschaft Trachenberg im Besitz der Linie Hatzfeldt-Gleichen und ging nach deren Aussterben 1794 an die Linie Hatzfeldt-Werther-Schönstein über. Dieser Besitzwechsel innerhalb des Familienverbands hatte zugleich Auswirkungen auf die Zusammensetzung des Trachenberger Archivkörpers, der sich aus dem ursprünglichen Trachenberger Teil sowie dem Schönsteinschen Archiv zusammensetzte. Dieses gelangte erst 1829 nach Trachenberg und wurde in das Schloßarchiv integriert. Befand sich das Schönsteinsche Archiv zuerst im Privatbesitz der Familie, wurde es

---

34 Friedhoff, Jens: Die Familie von Hatzfeldt. Adelige Wohnkultur und Lebensführung zwischen Renaissance und Barock. Düsseldorf 2004 (Schriften der Vereinigten Adelsarchive im Rheinland 1), 22f.

35 Krebs, Julius: Aus dem Leben des kaiserlichen Feldmarschalls Grafen Melchior von Hatzfeldt 1632–1636. Ein Beitrag zur Geschichte des Dreißigjährigen Krieges. Breslau 1926, V–VI.

1875 von Fürst Herrmann von Hatzfeldt mit Kapital aus dem Fideikommiß für diesen zurückgekauft, weil es in seiner Vollständigkeit erhalten werden und für die nachfolgenden Fideikommißanwärter verfügbar bleiben sollte.[36] Diese Überlieferung enthält mehrheitlich Urkunden und Akten zur außerschlesischen Besitz- und Familiengeschichte der Hatzfeldt.

Bei einem Besuch im Jahr 1876 stellte der damalige Direktor des Breslauer Staatsarchivs, Colmar Grünhagen, fest, daß im Gegensatz zu früheren Zeiten nunmehr eine Nutzung der Bestände möglich sei und die herrschaftlichen Archivbeamten sich zuvorkommend verhalten sollten.[37] Ein direktes Ergebnis dieses Besuchs war die Neuordnung des Urkundenbestandes für die Zeit vor 1600 durch den Breslauer Archivassistenten Richard Doebner. Auch der jüngere Teil der Schönsteinschen Überlieferung, dessen Urkundenabteilung ebenfalls rund tausend Stück umfaßte, wurde in den Jahren nach 1882 vom Breslauer Archivar Franz Wachter neu verzeichnet und geordnet, wobei zu bemerken ist, daß auch hier das Sachordnungsprinzip zur Geltung kam, das zu den gleichen ungünstigen Ergebnissen führte wie im Fall des Breslauer Staatsarchivs.

Für die schlesische Geschichte ist das zweite Archivkorpus von größerer Bedeutung. Das sogenannte Trachenberger Archiv setzte sich wiederum aus dem Breslauer Palaisarchiv sowie dem Trachenberger Turmarchiv zusammen. Der Breslauer Teil erhielt seinen Namen durch seine Aufbewahrung in einem feuerfesten Gewölbe des neuen Hatzfeldtschen Palais. Er wurde bereits 1782 von Isidor Herzog verzeichnet und in zwei Hauptabteilungen gegliedert. Neben den 160 Urkunden der ersten Hauptabteilung befand sich besonders in der in 46 Titel eingeteilten zweiten Hauptabteilung ein reichhaltiges Material zum Wirken der Familie Hatzfeldt in Schlesien und darüber hinaus. Dem Trachenberger Turmarchiv war eine weniger glückliche Überlieferungsgeschichte beschieden. Herzog, der auch diesen Bestand ordnen sollte, beschrieb ihn als ein einem Düngerhaufen nicht unähnliches Konvolut von alten Papieren, das durch Vögel und Mäuse sowie durch widrige Witterungseinflüsse stark in Mitleidenschaft gezogen worden sei.[38] Nachdem zwei Versuche, das Archiv in Trachenberg zu ordnen, aus organisatorischen und personellen Gründen gescheitert waren, wurde Herzog vom Vormund Friedrich Cajetan von Hatzfeldts, dem Apostolischen Vikar und Weihbischof Anton Ferdinand von Rothkirch, mit der Sichtung und Registrierung der Bestände beauftragt. Während der achtjährigen Arbeit gelang es dem Archivar, die mit zwanzig Wagenladungen nach Breslau gebrachten Dokumente in 33 Titel einzuteilen und sie in 2.811 Bände zu heften. Die beiden Archive wurden wohl in den dreißiger Jahren nach Trachenberg verbracht, wo 1844 diejenigen Teile der Bestände verschmolzen wurden, die hinsichtlich der Besitz- und Familiengeschichte von besonderer Bedeutung erschienen.

---

36 Bruchmann, Karl G.: Das Fürstlich Hatzfeldtsche Archiv in Schloß Trachenberg. In: Zeitschrift des Vereins für Geschichte Schlesiens 73 (1939) 248-267, hier 249f.

37 Grünhagen, Colmar: Das fürstlich Hatzfeldsche Archiv zu Trachenberg. In: Zeitschrift des Vereins für Geschichte Schlesiens 13 (1876) 269-270.

38 Bruchmann: Das Fürstlich Hatzfeldtsche Archiv, 254.

Fortan befand sich das so entstandene neue Trachenberger Aktenarchiv, das neben den Überlieferungen der Familien Schaffgotsch und Hochberg zu den am vollständigsten erhaltenen Adelsarchiven in Schlesien zählte, im Trachenberger Schloßturm. Die jüngeren Bestände und das Trachenberger Regierungs- und Kameralamtsarchiv befanden sich nicht im Turm, sondern waren im sogenannten Jägerhof untergebracht. Dieser Teil des Archivs ging bei Kriegsende 1945 verloren. Die ältesten Urkunden des Hatzfeldtschen Archivs wurden von der Familie bei ihrer Flucht mit nach Westdeutschland genommen und werden heute im Familienarchiv in Köln verwahrt.[39] Die heute im Breslauer Staatsarchiv befindlichen Bestände waren nach dem Brand des Trachenberger Schlosses über Posen (poln. Poznań)1950 nach Breslau gelangt, wo ihre Inventarisierung zehn Jahre später abgeschlossen wurde.[40] Aktuell umfaßt der Bestand 7.830 Akteneinheiten mit einer Regallänge von 132 laufenden Metern.

Das umfangreichste und in großen Teilen noch auf seine Auswertung wartende Adelsarchiv schlesischer Provenienz ist die Überlieferung der Familie Schaffgotsch aus Bad Warmbrunn. Der Bestand befindet sich heute im Breslauer Staatsarchiv und umfaßt 32.350 Akteneinheiten auf einer Länge von 722 Regalmetern. Auf die Entstehung und die Entwicklung dieses Bestandes soll hier nicht weiter eingegangen werden.[41] Vielmehr lassen sich anhand des Schaffgotsch-Archivs die Bemühungen nachzeichnen, die die Familie im 19. und 20. Jahrhundert unternahm, um aus dem reichhaltigen Material, das das Archiv bot, eine repräsentative Familiengeschichte entstehen zu lassen. Diese Bemühungen sind eng mit den daran beteiligten Personen verbunden. Zunächst sind hier der im November 1926 gestorbene Hausarchivar und emeritierte Pfarrer Johannes Kaufmann zu nennen sowie sein Nachfolger Konrad Wutke, der nach seinem Ausscheiden als Staatsarchivdirektor in Breslau im Mai 1927 die Stelle als Archivdirektor der Schaffgotsch annahm. Die dritte beteiligte Person war Emil Voigt, der nach fünfundzwanzigjähriger Tätigkeit im Kameralamt zum Kameralamtsinspektor ernannt wurde; im Nebenamt war Voigt in enger Abstimmung mit dem Archivdirektor für die Erledigung der Anfragen an das Archiv, die Ordnungsarbeiten, die Aufstellung und Einreihung der Archivbestände sowie die Neueingänge zuständig.

Bereits im 19. Jahrhundert wurde damit begonnen, die im Archiv befindlichen Bestände auf ihre Vollständigkeit hin zu überprüfen. Im Zug der Erarbeitung einer großangelegten Hausgeschichte der Familie Schaffgotsch, von der letztlich nur ein Band erscheinen sollte,[42] wurden diese Bemühungen beträchtlich intensiviert. So findet sich in den Beständen ein Bericht des Archivars Erich Randt über eine

---

39 Żerelik/Dereń (Hg.): Staatsarchiv Breslau, 302-309; Stojanowska, Aniela: Archiwum majątku Chałupki [Das Gutsarchiv von Neuhaus]. In: Śląski Kwartalnik Historyczny Sobótka 13 (1958) 519-522.

40 Hatzfeldt, Friedrich von (Bearb.): Die Herrschaft Trachenberg und die Familie Hatzfeldt in Schlesien. Königswinter-Heisterbacherrott 1996, 8.

41 Żerelik/Dereń (Hg.): Staatsarchiv Breslau, 288.

42 Kaufmann, Johannes: Hausgeschichte und Diplomatarium der Reichs-Semperfreien und Grafen Schaffgotsch, Bd. 2/2: Die Erhaltung der Schaffgotschischen Stammgüter durch Fideicommisse. Bad Warmbrunn 1925.

archivalische Forschungsreise nach Prag (tsch. Praha) und Wien im August 1917, in deren Verlauf eine Vielzahl der dort befindlichen Archive auf Überlieferungen zur Geschichte der Familie hin untersucht wurde.[43] Bezeichnenderweise stand aber nicht nur die Geschichte der Warmbrunner Linie im Interesse der Nachforschungen. Auch bei anderen, weniger potenten Familienzweigen wurde versucht, eine lücken-lose Familien- und Besitzgeschichte zu rekonstruieren. Hier sei besonders die häufig abseits stehende böhmische Linie der Schaffgotsch genannt, deren Genealogie von 1623 bis 1905 in einem Manuskript nachgezeichnet wird.[44] Es besteht aus einem 115 Seiten langen chronologischen Verzeichnis der Personen nebst Familientafeln und Stammbaumblättern sowie 467 Seiten Urkundenabschriften zur Besitzgeschich-te dieser Nebenlinie.

3 Der Direktor des Breslauer Staats-archivs und von 1927 bis 1931 Leiter des Hausarchivs der Familie Schaffgotsch, Konrad Wutke (1861–1951). Bildnachweis: Projektbereich Schlesische Geschichte, Universität Stuttgart.

All diese Bemühungen um die Schaffung einer nahezu lückenlosen archivalischen Dokumentation gerieten allerdings mit der sich verschärfenden Weltwirtschaftskrise ins Stocken, die auch für die Familie von Schaffgotsch den finanziellen Spielraum erheblich einschränkte. Ein zweiter Band der Hausgeschichte lag als Manuskript vor, erschien aber nie.[45] Auf eine Anfrage im Januar 1937 teilte das Kameralamt mit, daß die wirtschaftlichen Verhältnisse eine Fortsetzung der Arbeit nicht zuließen, so daß vorerst keine weiteren Bände erscheinen würden.[46] Auch das Archivpersonal bekam diese Einschränkungen zu spüren. Archivdirektor Wutke wurde zum 1. April 1931 aus Mangel an Mitteln vom Dienst entbunden und hinterließ diverse unveröffent-

---

43 Achiwum Państwowe we Wrocławiu, Akta majątku Schaffgotschów, Urząd Kameralny, Sign. 857.

44 Ebd., Sign. 637.

45 Voigt, Emil: Titelgeschichte des Erlauchten Reichsgräflich-Schaffgotsch'schen Hauses, Teilbd. 1–4. Mskpt. Hermsdorf/Kynast 1925. Eine Edition dieses heute im Staatsarchiv Breslau liegenden Ma-nuskripts bereitet gegenwärtig Joachim Bahlcke, Universität Stuttgart, vor.

46 Achiwum Państwowe we Wrocławiu, Akta majątku Schaffgotschów, Urząd Kameralny, Sign. 591, 635.

lichte Arbeiten zur Familien- und Besitzgeschichte. Die laufenden Arbeiten im Archiv wurden von Emil Voigt übernommen, aus dessen intensiver Beschäftigung mit der Geschichte der Familie Schaffgotsch nicht nur das erwähnte Manuskript eines zweiten Bandes der Hausgeschichte, sondern auch eine sehr faktenreiche und quellennahe Studie zur Geschichte der Schaffgotschschen Güterverwaltung entstand. Darin versuchte er das Wirken der herrschaftlichen Beamten zu erhellen und zu zeigen, welche Richtlinien sie erhalten und wie sie ihre Amtsgeschäfte geführt hatten.[47] Besonders für die Umbruchzeiten nach der Konfiskation der Güter in den vierziger Jahren des 17. Jahrhunderts sowie für die Zeit nach der preußischen Eroberung Schlesiens und der für die Familie damit verbundenen Schwierigkeiten findet sich dort eine Fülle bislang unbekannten Materials.

Die beiden vorgestellten Adelsarchive beherbergen jeweils eine in ihrer Geschlossenheit für Schlesien höchst seltene Überlieferung einer adeligen Familie. Mit den vorhandenen Findmitteln sollte es möglich sein, dem Wissen über den jeweiligen Familienverband und über dessen Wirken in der schlesischen Adelsgesellschaft noch eine Vielzahl von neuen Aspekten hinzuzufügen. Hilfreich werden dabei die Kenntnis der Überlieferungszusammenhänge sowie die Vorarbeiten der unermüdlichen Archivare in den Adelsarchiven sein, die noch in den Beständen der Entdeckung und Publikation harren.

Weiterführende Literatur in Auswahl:

Bahlcke, Joachim (Hg.): Historische Schlesienforschung. Methoden, Themen und Perspektiven zwischen traditioneller Landesgeschichtsschreibung und moderner Kulturwissenschaft. Köln/Weimar/Wien 2005 (Neue Forschungen zur Schlesischen Geschichte 11).

Bahlcke, Joachim/Strohmeyer, Arno (Hg.): Die Konstruktion der Vergangenheit. Geschichtsdenken, Traditionsbildung und Selbstdarstellung im frühneuzeitlichen Ostmitteleuropa. Berlin 2002 (Zeitschrift für Historische Forschung. Beiheft 29).

Brenneke, Adolf: Archivkunde. Ein Beitrag zur Theorie und Geschichte des europäischen Archivwesens. Bearb. v. Wolfgang Leesch. Leipzig 1953.

Chorążyczewski, Waldemar: Archiwa i pamięć. Z dziejów polskich archiwów [Archive und Erinnerung. Aus der Geschichte der polnischen Archive]. In: ders./Degen, Robert/Syta, Krzysztof (Hg.): Archiwa – kancelarie – zbiory, Bd. 1. Toruń 2005, 13-28.

Dereń, Andrzej: Zarys dziejów Archiwum Państwowego we Wrocławiu (z okazji 150. rocznicy założenia) [Abriß der Geschichte des Staatsarchivs in Breslau (aus Anlaß des 150jährigen Bestehens)]. In: Archeion 35 (1961) 75-88.

---

47 Ebd., Sign. 752.

Dereń, Andrzej: Archiwa na Dolnym Śląsku przed drugą wojną światową [Die Archive in Niederschlesien vor dem Zweiten Weltkrieg]. In: Archeion 18 (1948) 131-154.

Heimann, Heinz-Dieter (Hg.): Adelige Welt und familiäre Beziehung. Aspekte der „privaten Welt" des Adels in böhmischen, polnischen und deutschen Beispielen vom 14. bis zum 16. Jahrhundert. Potsdam 2000 (Quellen und Studien zur Geschichte und Kultur Brandenburg-Preußens und des Alten Reiches 7).

Kaczmarczyk, Kazimierz: Archiwa rodzinne, ich literatura i porządkowanie [Familienarchive, ihre Literatur und Zuordnung]. In: Roczniki Historyczne 23 (1957) 633-646.

Meisner, Heinrich O.: Privatarchivalien und Privatarchive. In: Archivalische Zeitschrift 55 (1959) 117-127.

Nowosad, Wiesław: Archiwa szlachty Prus Królewskich [Die Adelsarchive im Königlichen Preußen]. Toruń 2005.

Oexle, Otto Gerhard/Paravicini, Werner (Hg.): Nobilitas. Funktion und Repräsentation des Adels in Alteuropa. Göttingen 1997 (Veröffentlichungen des Max-Planck-Instituts für Geschichte 133).

Papritz, Johannes: Archivwissenschaft, Bd. 1-4. Marburg ²1983 [¹1976, ND 1998].

Partyka, Joanna: Rękopisy dworu szlacheckiego doby staropolskiej [Adelige Handschriften in altpolnischer Zeit]. Warszawa 1995.

Pauser, Josef/Scheutz, Martin/Winkelbauer, Thomas (Hg.): Quellenkunde der Habsburgermonarchie (16.-18. Jahrhundert). Ein exemplarisches Handbuch. Wien/München 2004 (Mitteilungen des Instituts für Österreichische Geschichtsforschung. Ergänzungsband 44).

Rogalla von Bieberstein, Johannes: Adelsherrschaft und Adelskultur in Deutschland. Limburg a. d. Lahn ³1998 [¹1989].

Rösener, Werner (Hg.): Adelige und bürgerliche Erinnerungskulturen des Spätmittelalters und der Frühen Neuzeit. Göttingen 2000 (Formen der Erinnerung 8).

Rösener, Werner (Hg.): Tradition und Erinnerung in Adelsherrschaft und bäuerlicher Gesellschaft. Göttingen 2003 (Formen der Erinnerung 17).

Roszak, Stanisław: Archiwa sarmackiej pamięci. Funkcje i znaczenie rękopiśmiennych ksiąg *silva rerum* w kulturze Rzeczypospolitej XVIII wieku [Die Archive der sarmatischen Memoria. Funktionen und Bedeutung der handschriftlichen Bücher *silva rerum* in der Kultur der Adelsrepublik im 18. Jahrhundert]. Toruń 2004.

Ryszewski, Bohdan: Archiwa i archiwalia prywatne w archiwistyce polskiej – stan badań i postulaty badawcze [Private Archive und Archivalien in der polnischen Archivkunde – Forschungsstand und -desiderata]. In: Acta Universitatis Nicolai Copernici. Nauki Humanistyczno-Społeczne 236. Historia 25 (1991) 21-39.

Zielińska, Teresa: Archiwalia prywatne (pojęcie, zakres gromadzenia, metody opracowania) [Privatarchivalien (Begriff, Sammelumfang, Bearbeitungsmethoden)]. In: Archeion 56 (1971) 71-88.

Teil B

Quellenkunde, Überlieferung und Bestandsanalyse

1. Polen

Rościsław Żerelik

Staatsarchiv Breslau
(Archiwum Państwowe we Wrocławiu)

A. Gesamtgeschichte und Bedeutung

Die ersten Archive in Schlesien entstanden im 14. und 15. Jahrhundert und entwik-
kelten sich als kirchliche, fürstliche, städtische und private Archive bis zum Anfang
des 19. Jahrhunderts. Durch ein Edikt des preußischen Königs vom 30. Oktober
1810 wurden die schlesischen Klöster säkularisiert. Bei der Konfiskation ihres Vermögens wurden gleichzeitig wertvolle Bibliotheks- und Archivbestände sowie Kunst-
werke gesichert. An der Spitze der Hauptkommission für die Säkularisation stand der
königlich-preußische Kommissar für die Bibliotheken, Archive und Kunstsammlungen Johann Gustav Büsching. Bereits bis Mitte 1812 wurden die Akten beinahe aller
schlesischen Klöster der Universität Breslau (poln. Wrocław) übergeben, wo man
mit einer ersten Bestandsaufnahme nach einem von dem Historiker Johann Gottlieb
Worbs ausgearbeiteten Plan begann. Im Zusammenhang mit der Verwaltungsreform
des preußischen Staatskanzlers Karl August von Hardenberg wurde aus dem Uni-
versitätsarchiv eine eigenständige Institution. Das Dekret vom 8. November 1821
sah vor, daß das Staatsarchiv in Breslau die in ganz Schlesien verstreuten staatlichen
Akten übernehmen sollte, darunter auch diejenigen der früheren habsburgischen
Verwaltungskörperschaften sowie der städtischen Archive. Von 1822 bis 1830 wuch-
sen die Bestände des Archivs um das Zwanzigfache, so daß eine Aufnahme neuer
Akten aus Platzgründen eingeschränkt werden mußte. Die Situation änderte sich
erst, als 1847 durch den damaligen Direktor Gustav Adolf Stenzel ein Gebäudeteil
des Hauses der Schlesischen Stände erworben werden konnte. Nach der Übernahme
der Archivaufsicht durch das Oberpräsidium der Provinz Schlesien erhielt die Einrichtung schließlich einen staatlich-wissenschaftlichen Charakter.
   Im Jahr 1867 wurde das Breslauer Provinzialarchiv in das preußische Archivnetz
eingebunden, und dank des Einsatzes der Direktoren Wilhelm Wattenbach (1855–
1862) und Colmar Grünhagen (1862–1901) wurde 1875 ein neues Gebäude in
der Nähe des Hauptbahnhofs errichtet. Nach dessen Verkauf ließ Otto Meinardus
ein modernes Archivgebäude in der Tiergartenstraße 13 (heute Plac Grunwaldzki)
erbauen. Zu jenem Zeitpunkt befanden sich im Breslauer Staatsarchiv etwa 50.000
Dokumente, 30.000 Bücher und 250.000 Akteneinheiten. Während der Belagerung
Breslaus im Frühjahr 1945 wurden das Archivgebäude und mit ihm die Archivbestände, die zuvor nicht hatten evakuiert werden können, vollständig zerstört. Bereits
seit 1942 hatte das Archiv allerdings seine Bestände an andere Orte innerhalb und
außerhalb Schlesiens verlagert. Zerstört wurden bei Kriegsende rund 100 Archivbe-

stände, weitere Bestände konnten immerhin zum Teil gerettet werden. Darüber hinaus wurde ein Teil der Archivalien in die Sowjetunion gebracht.

Obwohl das Staatsarchiv Breslau seine Tätigkeit offiziell erst am 17. Dezember 1946 wiederaufnahm, war bereits im Herbst 1945 damit begonnen worden, die in ganz Niederschlesien und anderen Gebieten zerstreuten Archivalien sowie die Bestände verlassener Familien- und Gutsarchive zusammenzuführen. Diese Arbeiten wurden anfangs vom Bevollmächtigten des zuständigen Ministers, Józef Stojanowski, und später vom ersten Archivdirektor Michał Wąsowicz geleitet. Die erhaltenen Akten wurden in einem für das künftige Archiv vorgesehenen Gebäude in der ul. Pomorska 2 gesammelt. Neben der Zusammenführung der Archivalien begann man gleichzeitig mit dem Ordnen und Verzeichnen der Bestände für wissenschaftliche und amtliche Zwecke. In späteren Jahren wurden auch die auf dem Gebiet der Tschechoslowakei, der Sowjetunion und der Deutschen Demokratischen Republik befindlichen Akten nach Breslau überführt.

Im Jahr 1948 schuf die Breslauer Stadtverwaltung auf der Grundlage des ehemaligen Stadtarchivs Breslau das Archiv der Alten Akten der Stadt Breslau. Ähnliche Archive entstanden auch in anderen Städten. Durch die Verwaltungsreform von 1950 und das Dekret über die staatlichen Archive von 1951 kam es in Polen zur Gründung eines einheitlichen Netzes von Staatsarchiven, wobei die früher entstandenen städtischen Archive in die staatlichen Archive integriert wurden. Die damals entstandene Struktur des Staatsarchivs der Stadt und Woiwodschaft Breslau (des späteren Staatlichen Woiwodschaftsarchivs) blieb bis 1975 bestehen. Dem Breslauer Archiv unterstanden die Filialen in Hirschberg (poln. Jelenia Góra) und Liegnitz (poln. Legnica) sowie die Kreisarchive in Glatz (poln. Kłodzko), Lauban (poln. Lubań), Waldenburg (poln. Wałbrzych) und Breslau.

Aufgrund der Verwaltungsreform von 1975 wurde die bisherige Zweigstelle Hirschberg am 1. Februar 1976 in ein eigenständiges Archiv umgewandelt, dem die Expositur in Lauban mit den Beständen des ehemaligen Kreisarchivs untergeordnet wurde. Zu Beginn der 1990er Jahre folgte die nächste Neuorganisation der staatlichen Archive in Polen, bei der aus dem Staatsarchiv Hirschberg am 1. März 1991 eine Abteilung des Breslauer Staatsarchivs wurde. Am 30. Juni 1992 löste man die Expositur in Glatz auf, deren Bestände die neu eingerichtete Expositur in Kamenz (poln. Kamieniec Ząbkowicki) und teilweise das Breslauer Archiv übernahmen. Am 1. Mai 1995 wurden aus den beiden Exposituren in Kamenz und Lauban Abteilungen des Breslauer Staatsarchivs. Diesem unterstehen zur Zeit die Abteilungen in Hirschberg, Kamenz, Liegnitz, Lauban und Waldenburg (mit Sitz in Gottesberg, poln. Boguszów; 2003 nach Kamenz umgezogen).

Das Breslauer Staatsarchiv mit seinen auswärtigen Abteilungen zählt bezüglich des Bestandsumfangs zu den größten Archiven in Polen und enthält etwa zwanzig laufende Kilometer Akten, die für die Erforschung der politischen, Sozial-, Kultur- und Wirtschaftsgeschichte Schlesiens von 1175 bis zur Gegenwart von großem historischem Wert sind. Insgesamt befinden sich hier über 5.000 Archivbestände mit etwa 1.700.000 Archiveinheiten. Zu den umfangreichsten und kostbarsten gehören die Dokumenten- (64.500), Karten- (87.500 Karten und Pläne) und Siegelsammlungen.

Archiwum Państwowe we Wrocławiu, ul. Pomorska 2, PL-50-215 Wrocław, Tel.: +48-71-328-810-1, Fax: +48-71-328-804-5, E-Mail: wroclaw@ap.wroc.pl, Homepage: http://www.ap.wroc.pl [Zugriff am 27.10.2009].

Auswahlliteratur: Żerelik, Rościsław/Dereń, Andrzej (Hg.): Staatsarchiv Breslau. Wegweiser durch die Bestände bis zum Jahr 1945 – Archiwum Państwowe we Wrocławiu. Przewodnik po zasobie archiwalnym do 1945 roku. München 1996 (Schriften des Bundesinstituts für ostdeutsche Kultur und Geschichte 9), polnisch u. d. T.: Archiwum Państwowe we Wrocławiu. Przewodnik po zasobie archiwalnym do 1945 roku. Wrocław 1996; Dereń, Andrzej (Hg.): Informator dla korzystających z materiałów archiwalnych [Wegweiser für die Benutzer von Archivmaterialien]. Wrocław 1976; ders. (Hg.): Informator dla korzystających z materiałów archiwalnych (Archiwum Państwowe Miasta Wrocławia i Województwa Wrocławskiego) [Wegweiser für die Benutzer von Archivmaterialien (Staatsarchiv der Stadt und Woiwodschaft Breslau)]. Wrocław 1972; ders.: Zarys dziejów Archiwum Państwowego we Wrocławiu (z okazji 150 rocznicy założenia) [Abriß der Geschichte des Breslauer Staatsarchivs (zum 150jährigen Bestehen)]. In: Archeion 35 (1961) 75-88; ders.: Archiwa na Dolnym Śląsku przed drugą wojną światową [Archive in Niederschlesien vor dem Zweiten Weltkrieg]. Ebd., 18 (1948) 131-154; Meinardus, Otto/Martiny, Rudolf: Das neue Dienstgebäude des Staatsarchivs zu Breslau und die Gliederung seiner Bestände. Leipzig 1909 (Mitteilungen der k. preußischen Archivverwaltung 12); Krusch, Bruno: Geschichte des Staatsarchivs zu Breslau. Leipzig 1908 (Mitteilungen der Preußischen Archivverwaltung 11).

B. Bestandsgliederung

In zahlreichen Beständen des Breslauer Staatsarchivs befinden sich Quellen, die breite Forschungen zum schlesischen Adel vom Mittelalter bis zum Ende des Zweiten Weltkriegs ermöglichen. Im Grunde sind diese Materialien in beinahe allen Archivbeständen und -sammlungen aus der Zeit vor 1945 zu finden, so daß in der folgenden Aufstellung vor allem diejenigen Bestände berücksichtigt wurden, die über eine größere Anzahl entsprechender Quellen verfügen.

Bis heute fand noch keine vollständige Bewertung des Überlieferungszustands der Bestände statt, die aus dem früheren Breslauer Staatsarchiv und anderen vor 1945 entstandenen Archiven stammten und nach Kriegsende ins Breslauer Archiv gelangten. Von den vielfältigen Möglichkeiten der wissenschaftlichen Auswertung einzelner Bestände zeugt am besten die Anzahl der erhaltenen Archiveinheiten und deren (aus verschiedenen Gründen nicht immer möglicher) Vergleich mit den ebenfalls erhaltenen Repertorien aus der Vorkriegszeit. Der Überlieferungszustand einzelner Archiveinheiten ist im allgemeinen gut beziehungsweise sehr gut. Die Verluste unter den für die Adelsforschung relevanten Archivalien infolge des Hochwassers von 1997 sind gering. Die einzelnen Bestände und Sammlungen des Breslauer Archivs wurden detailliert in einem umfangreichen Archivführer beschrieben, der 1996 sowohl in einer polnischen als auch in einer deutschen Version erschienen ist – auf ihn ist für alle Spezialfragen zu verweisen. Die folgenden Angaben können nicht zuletzt aufgrund der Größe des gesamten Archivbestands nur einen allgemeinen Überblick bieten.

Die ältesten Archivalien zur Geschichte des schlesischen Adels sind in den Beständen der schlesischen Dokumente und Akten überliefert. Hierbei handelt es sich um Sammlungen, die durch eine bereits in preußischer Zeit unternommene Zusammenführung ehemaliger fürstlicher Archive entstanden sind und dadurch nur begrenzt den Entstehungszusammenhang wiedergeben können. Zur Zeit befinden sich im Staatsarchiv Breslau 15 Bestände mit Akten der ehemaligen fürstlichen Archive: Fürstentum Brieg (Rep. 21; 476 Archiveinheiten 1358–1890), Fürstentümer Liegnitz-Brieg-Wohlau (Rep. 3; 1.228 Archiveinheiten 1290–1820), Fürstentum Glogau (Rep. 4b Dokumente, Rep. 24; 820 Archiveinheiten 1329–1886), Fürstentum Jägerndorf (Rep. 26; 100 Archiveinheiten 1506–1868), Fürstentum Liegnitz (Rep. 28; 483 Archiveinheiten 1329–1818), Fürstentum Neisse (Rep. 31; 709 Archiveinheiten 1360–1848), Fürstentum Oels (Rep. 33; 1.240 Archiveinheiten 1320–1862), Fürstentum Oppeln-Ratibor (Rep. 4f Dokumente, Rep. 35; 391 Archiveinheiten 1303–1825), Fürstentum Schweidnitz-Jauer (Rep. 39; 253 Archiveinheiten 1305–1836), Fürstentum Breslau (Rep. 16; 836 Archiveinheiten 1261–1811), Dokumente des Fürstentums Breslau (Rep. Ib; 590 Archiveinheiten 1281–1808), Fürstentum Münsterberg (Rep. 30; 273 Archiveinheiten 1468–1822), Fürstentum Sagan[1] (Rep. 37; 47 Archiveinheiten 1528–1858), Grafschaft Glatz (Rep. 4a Dokumente, Rep. 23; 807 Archiveinheiten 1345–1854) und Markgraftum Oberlausitz (Rep. 27; 190 Archiveinheiten 1444–1884). In der Regel enthalten diese Bestände, deren Zusammensetzung und Umfang variieren, Quellen zu den Beziehungen zwischen Adel und Herzögen wie zum Beispiel Adelsregister, Kataster adeliger Güter, Vermögensaufstellungen und Inventare, Unterlagen zu steuerlichen und militärischen Belastungen des Adels, zu verschiedenen Angelegenheiten der Stände sowie Land- und Kreistagen einzelner Fürstentümer, Patente des Oberamts für den Adel, Materialien zu Rechtsangelegenheiten, Hof- und Manngerichtswesen und zu Verlusten adeliger Vermögen durch Krieg und Naturkatastrophen. Besonders aufschlußreiche Quellen befinden sich in den Dokumentenbeständen dieser Herzogtümer. Geordnet wurden sie dabei nach Ortschaften, so daß sie zugleich die faktischen Veränderungen der Besitzverhältnisse in einzelnen Dörfern vom 13. bis zum 18. Jahrhundert widerspiegeln.

Landständisches Archiv der Oberlausitz (2.502 Archiveinheiten 1372–1933): In diesem umfangreichen Bestand befinden sich Quellen zu den Landtagen und Standeserhebungen, Orts-, Besitz- und Adelsverzeichnisse unter anderem aus dem schlesisch-lausitzischen Grenzgebiet, ständische Privilegien, Landesordnungen, Privilegien für die Adelsgüter, Materialien der Landstände (zum Provinziallandtag, zu Ämtern, Verfassung und Organisation der Stände, daneben Beschlüsse und Protokolle der Landtage in Görlitz, Dresden und Bautzen sowie Adelsregister für das Fürstentum Görlitz und die Kreise Lauban und Zittau), ferner Quellen zu militärischen Angelegenheiten des Adels, Kriegsverlusten sowie wirtschaftlichen und steuerlichen Angelegenheiten.

Allgemeines Archiv (Rep. 1a; 102 Archiveinheiten 1235–1794): In dieser Dokumentensammlung sind ständische Privilegien und andere Quellen zum Adel überliefert.

---

1 Rutkowski, Zygmunt: Archiwum księstwa żagańskiego [Das Archiv des Herzogtums Sagan]. In: Rocznik Lubuski 1 (1959) 280-298.

Eine Erhebung in den Adelsstand war nur durch den Kaiser beziehungsweise König möglich, und sie mußte jeweils durch eine besondere Urkunde bestätigt werden. Auf der Abbildung ist ein Ausschnitt eines solchen Adelsdiploms zu sehen, das die oberschlesische Familie Richter von Walspeck betraf. Aus ihr gingen mehrere hohe Beamte des Herzogtums Oppeln-Ratibor hervor. Das Diplom, das die Erhebung von Georg Richter in den Adelsstand betrifft, wurde am 12. Mai 1728 in Laxenburg durch Kaiser Karl VI. ausgestellt. Es bestätigt nicht nur die Nobilitierung, sondern enthält auch eine Abbildung und detaillierte Beschreibung des dabei verliehenen Wappens.

Bildnachweis: Archiwum Państwowe we Wrocławiu, Sign. Rep. 8, Nr. 191, 9.

Eine weitere Bestandsgruppe betrifft die in der ersten Hälfte des 19. Jahrhunderts auf dem Land eingetretenen Veränderungen wie die Aufhebung der Erbuntertänigkeit und die Bauernbefreiung. Zu diesem Zweck wurde 1817 eine Generalkommission einberufen, die für ganz Schlesien zuständig war und während ihrer Tätigkeit Abschriften anfertigte. Bis heute überliefert sind die Akten dieser Generalkommission und Rezeßsammlungen einiger Kreise: Generalkommission für Schlesien in Breslau (53.404 Archiveinheiten [1736–1816] 1817–1919), Sammlung von Eigentumsverleihungsrezessen aus den Kreisen Guhrau (287 Archiveinheiten 1822–1927), Ohlau (51 Archiveinheiten 1823–1876), Strehlen (177 Archiveinheiten 1784–1894), Groß Wartenberg (31 Archiveinheiten 1822–1933) und Trebnitz (150 Archiveinheiten 1821–1921). Die in diesen Beständen aufbewahrten Materialien sind einheitlich und spiegeln im Grunde alle mit der Bauernbefreiung und Ablösung zusammenhängenden Aspekte wider, das heißt beispielsweise den Besitzstand einzelner Grundbesitzer nach den Befreiungskriegen oder die Lasten ihrer Untertanen. Die Akten und Karten wurden nach Regierungsbezirken, Kreisen und Orten geordnet.

Karolinisches Kataster (194 Archiveinheiten 1722–1726): Diese Quelle entstand zu Beginn des 18. Jahrhunderts infolge einer neuen Registrierung der Steuerzahler und der Prüfung bisher geleisteter Steuern. Jeweils zu jedem Fürstentum und jeder Standesherrschaft wurden dabei Materialien zu den Besitzverhältnissen des Adels, Revisionsprotokolle, Steuertabellen und Verzeichnisse der Steuerzahler erstellt.[2]

Akten der Stadt Breslau (1221–1945): Die wohl interessantesten Quellen zum schlesischen Adel befinden sich in den Abteilungen B und C der Bücher des Breslauer Stadtarchivs, die – aufgrund der von der Stadt Breslau ausgeübten Landeshauptmannschaft im gleichnamigen Herzogtum – Materialien aus den früheren schlesischen Fürstentümern enthalten. Auch wenn diese ähnliche Angelegenheiten wie die Bestände der einzelnen Fürstentümer betreffen, stellen sie doch eine wertvolle Ergänzung dar.[3]

Im Jahr 1770 entstand als ständische Kreditanstalt die Schlesische Landschaft, deren Aufgabe in der Gewährung von Krediten an ihre Mitglieder bestand. In der Anfangsphase ihrer Tätigkeit waren die Mitglieder hauptsächlich Adelige. Erhalten sind die Akten der Schlesischen Generallandschaftsdirektion Breslau (86 Archiveinheiten 1770–1945), ferner die Akten der „Landschaft des Fürstenthums Glogau-Sagan in Glogau" (20 Archiveinheiten 1774–1944), „Landschaft des Fürstenthums Schweidnitz-Jauer in Jauer" (433 Archiveinheiten 1771–1944), „Landschaft des Fürstenthums Liegnitz-Wohlau in Liegnitz" (488 Archiveinheiten 1770–1944), „Landschaft des Fürstenthums Oels-Militsch in Oels" (385 Archiveinheiten 1770–1943), „Landschaft des Fürstenthums Neisse-Grottkau in Neisse" (19 Archiveinheiten 1810–

---

2 Brzobohatý, Jan/Drkal, Stanislav (Bearb.): Karolínský katastr slezský [Das Karolinische Kataster für Schlesien], Bd. 1-2. Praha 1972–1973 (Edice berních katastrů českých, moravských, slezských 5-6). Diese Edition des Karolinischen Katasters betrifft nur den im heutigen Tschechien liegenden Teil Schlesiens.

3 Zum Bestand vgl. Dereń, Andrzej: Akta miasta Wrocławia 1221–1945 (zestawienie grup rzeczowych) [Akten der Stadt Breslau 1221–1945 (Auflistung der Sachgruppen)]. In: Śląski Kwartalnik Historyczny Sobótka 34 (1979) 421-436.

1944), „Landschaft des Fürstenthums Oberschlesien in Ratibor" (3 Archiveinheiten 1926–1940), „Landschaft des Fürstenthums Breslau-Brieg in Breslau" (2.576 Archiveinheiten 1770–1944) und „Landschaft des Fürstenthums Münsterberg-Glatz in Münsterberg (292 Archiveinheiten 1771–1944). Darin befinden sich Unterlagen über Wertschätzungen und Schulden der Güter sowie Grundakten und Pfandbriefe. Zahlreiche Einheiten enthalten zudem Materialien zur Genealogie der Gutsbesitzer und detaillierte, mit Karten ausgestattete Gutsbeschreibungen (landwirtschaftliche Nutzflächen, Wälder, Wiesen und Gewässer).

Die privaten Gutsarchive waren kein Bestandteil des preußischen (deutschen) Archivnetzes und gelangten ins Breslauer Staatsarchiv erst im Lauf der Zusammenlegung und Sicherung von Archivalien nach dem Zweiten Weltkrieg.[4] Hierzu zählen folgende Bestände:

Gutsakten der Familie Althann in Mittelwalde (poln. Międzylesie; 3.189 Archiveinheiten 1566–1933): Die Akten wurden nach mehreren Sachgruppen geordnet: persönliche und Familienakten (hauptsächlich Vermögensverhältnisse und Erbschaften betreffende Unterlagen, daneben persönliche Unterlagen einzelner Familienmitglieder), Akten zu vermögensrechtlichen Angelegenheiten, Akten administrativ-wirtschaftlichen Charakters, Bau- und Finanzakten, Akten zu Eigentumsverleihungen, Schulen, Kirchen, Stiftungen und Krankenhäusern sowie militärischen und gerichtlichen Angelegenheiten. Zum großen Teil betreffen sie die unter der Leitung der Familie stehenden Güter und Ortschaften.

Gutsakten der Familie Bibran in Modlau (poln. Modła; 31 Archiveinheiten 1453–1791): Hier befinden sich aus der Gutsverwaltung erwachsene Dokumente, ferner auch ein Stammbaum des Grafen Rydberg.

Gutsakten der Familie Biron von Kurland in Groß Wartenberg (poln. Syców; 440 Archiveinheiten 1811–1942): Die Akten betreffen persönliche und familiäre Angelegenheiten der Biron, Besitzverhältnisse, administrative und wirtschaftliche Angelegenheiten, Schulen, Kirchen und die Rechtsprechung auf den Gütern der Familie.

Akten des Gutes Neuhaus (poln. Chałupki; 532 Archiveinheiten 1607, 1717– 1893, 1921): Überliefert sind hier Akten zu persönlichen und familiären Angelegenheiten einzelner Gutsbesitzer, zu Besitzverhältnissen, administrativen und wirtschaftlichen Angelegenheiten, Schulen, Kirchen und zur Rechtsprechung auf den Gütern.[5]

Gutsakten von Siebeneichen (poln. Dębowy Gaj; 282 Archiveinheiten 1560– 1937): Darunter befinden sich Materialien zu den Besitzverhältnissen, administrativen, wirtschaftlichen und gerichtlichen Angelegenheiten sowie zu Schulen und Kirchen auf den Gütern.

Gutsakten der Familie Einsiedel in Reibersdorf (poln. Rybarzowice; 3.022 Archiveinheiten 1530–1931): Dieser umfangreiche Bestand enthält Dokumente (22

---

4 Zur allgemeinen Charakteristik vgl. Chmielewska, Mieczysława: Zespoły podworskie w zasobie Archiwum Państwowego we Wrocławiu [Gutsbestände im Breslauer Staatsarchiv]. In: Miscellanea Historico-Archivistica 9 (1998) 85-89.

5 Der Bestand wird näher charakterisiert von Stojanowska, Aniela: Archiwum majątku Chałupki [Gutsarchiv Neuhaus]. In: Śląski Kwartalnik Historyczny Sobótka 13 (1958) 519-522.

Archiveinheiten) und Akten, die das Archiv und die Bibliothek, familiäre und persönliche Angelegenheiten, Besitzverhältnisse, administrative, wirtschaftliche, gerichtliche, militärische und polizeiliche Angelegenheiten, Schulen, Kirchen, Krankenhäuser und Stiftungen betreffen.

Akten des Gutes Goschütz (poln. Goszcz; 239 Archiveinheiten 1698–1944): Der Bestand umfaßt familiäre und persönliche Unterlagen sowie Materialien zu den Besitzverhältnissen, administrativen und wirtschaftlichen Angelegenheiten, Schulen und Kirchen.

Gutsakten der Familie Götz in Trattlau (poln. Kostrzyna; 39 Archiveinheiten 1719–1858): Darunter befinden sich Quellen zu den Besitzverhältnissen sowie administrativen, wirtschaftlichen, gerichtlichen, schulischen und kirchlichen Angelegenheiten.

Gutsakten der Familie Hatzfeld in Trachenberg (poln. Żmigród; 7.333 Archiveinheiten 1408–1944): Der Bestand setzt sich aus zwei Teilen, Dokumenten und Akten, zusammen. Ein Teil der Dokumente befindet sich im Kölner Familienarchiv. Im Aktenbestand werden persönliche und familiäre Unterlagen aufbewahrt, daneben Materialien zur Familiengenealogie, den Beziehungen zu anderen fürstlichen und adeligen Häusern und zu Lehensangelegenheiten, Prozeß- und Gerichtsakten sowie Unterlagen zu den Besitzverhältnissen, rechtlichen, militärischen, schulischen, kirchlichen und die Frondienste betreffenden Angelegenheiten.[6]

Gutsakten der Familie Hochberg in Fürstenstein (poln. Książ; 22.988 Archiveinheiten 1318–1945): In diesem recht großen Bestand überwiegen die Akten folgender Abteilungen: Allgemeines (Familiensachen, persönliche und genealogische Unterlagen, Urbare, Materialien zu Schulen und Kirchen, zum Bergbau, zur Forstwirtschaft sowie zum Bau- und Verkehrswesen), Akten der Generaldirektion (administrative, wirtschaftliche und familiäre Unterlagen, Testamente, Materialien zum Bergbau und den Besitzverhältnissen, Grund-, Schul- und Kirchenakten), Landwirtschaftliche Akten, Forstverwaltung, Akten der Bergwerksdirektion, Akten der Haupt- und Rentenkasse, Akten des Privatsekretariats des Fürsten von Pleß und Handschriften der Hochberg-Bibliothek in Fürstenstein.

Gutsakten der Familie Magnis in Eckersdorf (poln. Bożków; 9.900 Archiveinheiten 1529–1945): Der Bestand umfaßt drei Teile: Dokumente (12 Archiveinheiten), Akten und Karten, Pläne und technische Unterlagen. Im Aktenteil befinden sich die Akten der Zentralverwaltung (persönliche, familiäre, administrative, wirtschaft-

---

6 Zum Familienarchiv der Hatzfeldt vgl. Bruchmann, Karl G.: Das Fürstlich Hatzfeldtsche Archiv in Schloß Trachenberg. In: Zeitschrift des Vereins für Geschichte Schlesiens 73 (1939) 248-267; Doebner, Richard: Rheinisch-westfälische Urkunden des Herzoglich von Hatzfeldtschen Archivs zu Trachenberg. In: Zeitschrift für Vaterländische Geschichte und Altertumskunde 61 (1903) 52-94; Grünhagen, Colmar: Archivalische Miscellen. 2. Das Fürstlich Hatzfeld'sche Archiv zu Trachenberg. In: Zeitschrift des Vereins für Geschichte und Alterthum Schlesiens 13 (1876) 269-270; Stojanowska, Aniela: Księgi gospodarki rolnej i hodowlanej z XVII–XIX w. księstwa żmigrodzkiego, późniejszej własności Hatzfeldów [Wirtschaftsbücher zur Landwirtschaft und Tierzucht des 17. bis 19. Jahrhunderts aus dem Fürstentum Trachenberg, dem späteren Hatzfeld-Besitz]. In: Archeion 45 (1966) 49-62.

liche, soziale und finanzielle Angelegenheiten), die Akten der Gutsverwaltungen und Akten der Forstverwaltung.[7]

Gutsakten der Familie Maltzan in Militsch (poln. Milicz; 103 Archiveinheiten 1439–1936): Im Bestand befinden sich persönliche und familiäre Akten, Unterlagen zu den Besitzverhältnissen und Materialien administrativen und wirtschaftlichen Charakters.

Gutsakten der Familie Nostitz und Wolkenstein in Lobris (poln. Luboradz; 1.876 Archiveinheiten 1546–1930): Überliefert sind persönliche und Familienunterlagen, besitzrechtliche, administrative, wirtschaftliche, schulische, kirchliche, militärische und gerichtliche Materialien.

Nachlaß der Gräfin von Reden aus Buchwald (poln. Bukowiec; 34 Archiveinheiten 1720–1854): Hier befinden sich Quellen zur Genealogie und den Besitzverhältnissen sowie die umfangreiche Korrespondenz mit bedeutenden Personen aus ganz Europa.

Gutsakten der Familie Riedel in Reichau (poln. Zarzyca; 36 Archiveinheiten 1603–1753, 1925–1945): Überliefert sind Akten zu besitzrechtlichen, administrativen und wirtschaftlichen Angelegenheiten.

Gutsakten der Familie Saurma-Jeltsch in Laskowitz (poln. Laskowice; 781 Archiveinheiten 1331–1920): Hier befinden sich 69 Dokumente sowie Akten zu persönlichen und familiären, besitzrechtlichen, administrativen und wirtschaftlichen, schulischen, kirchlichen, militärischen und gerichtlichen Angelegenheiten.

Gutsakten der Familie Schaffgotsch in Bad Warmbrunn (poln. Cieplice Śląskie-Zdrój; 29.730 Archiveinheiten 1312–1945): Hierbei handelt es sich um den größten Bestand unter den Gutsarchiven, der sich aus den Abteilungen Dokumente (1.189 Archiveinheiten), Akten, Karten und Pläne zusammensetzt. In der Aktenabteilung befinden sich Akten des Kameralamtes (genealogische Materialien, Archiv, Bibliothek, Korrespondenzen, persönliche und familiäre Angelegenheiten, Unterlagen zu den Besitzverhältnissen, zur Güterverwaltung und zum Bau- und Gesundheitswesen), Herrschafts- und Gutsakten, Akten der Adelsstädte, der Hauptkasse und Forstverwaltung, Grund- und Polizeiakten, Unterlagen zu Kurorten sowie Schul- und Kirchenakten.

Gutsakten der Familie Schimpff in Wohnwitz (poln. Wojnowice; 167 Archiveinheiten 1726–1945): Der Bestand enthält persönliche und familiäre Unterlagen, Prozeßakten sowie Akten zu besitzrechtlichen, administrativen und wirtschaftlichen Angelegenheiten.

Depositum der Familie Seidlitz-Sandretzki in Langenbielau (poln. Bielawa; Rep. 132d; 235 Archiveinheiten 1314–1808): Zum Bestand gehören lediglich Dokumente zu Besitz- und Vermögensverhältnissen.

Gutsakten der Familie Stillfried-Mettich in Silbitz (poln. Żelowice) und Strachau (poln. Strachów; 655 Archiveinheiten 1590–1945): Überliefert sind persönliche und familiäre, administrative, wirtschaftliche, schulische, kirchliche und Prozeßakten.

---

7 Zum Bestand vgl. Kobzdaj, Eugeniusz: Archiwum Magnisów w Bożkowie [Das Archiv der Magnis in Eckersdorf]. In: Śląski Kwartalnik Historyczny Sobótka 13 (1958) 667-669.

Gutsakten der Familie Yorck von Wartenberg in Klein Oels (poln. Oleśnica Mała; 153 Archiveinheiten 1536–1942): Hier befinden sich Materialien zu den Besitzverhältnissen, zu administrativen, wirtschaftlichen, gerichtlichen, militärischen, schulischen und kirchlichen Angelegenheiten.

Sammlung von Fragmenten einzelner Gutsbestände (159 Archiveinheiten 1377–1945): Hierzu gehören Fragmente einiger Dutzend Gutsarchive, darunter genealogische und besitzrechtliche Unterlagen sowie Urbare.

Deposita von Korporationen, Institutionen und Behörden (Rep. 132c; 18 Archiveinheiten 1421–1815): Überliefert sind hier Reste einiger Gutsarchive, darunter Akten zu den Besitz- und Vermögensverhältnissen.

Deutsche Adelsgenossenschaft – Schlesische Abteilung, Breslau (746 Archiveinheiten 1900–1944): In der 1933 entstandenen Schlesischen Abteilung der 1874 in Berlin gegründeten Genossenschaft befinden sich Unterlagen zu größeren Gutsherrschaften, genealogische Korrespondenzen und Nachforschungen, Stammtafeln und -bäume sowie Wappen.

Sammlung von Adels- und Wappenbriefen (17 Archiveinheiten 1547–1734): Diese wenigen Dokumente betreffen Verleihungen von Adelstiteln und Wappen.

Dokumentensammlung zu persönlichen, familiären und öffentlichen Angelegenheiten (Rep. 9; 229 Archiveinheiten 1335–1799): Unter den verschiedenartigen Quellen befinden sich Standeserhöhungen, Ernennungen sowie Unterlagen zu Besitz- und Vermögensverhältnissen.

Personalia, Standeserhöhungen, Inkolate, Vasallentabellen (Rep. 47; 14 Archiveinheiten 1804–1887): Diese Sammlung umfaßt genealogische und vermögensrechtliche Materialien zu mehr als 3.000 schlesischen Adelsfamilien. Erschlossen wurde sie in der ersten Hälfte des 19. Jahrhunderts, so daß heute Repertorien, Register und Verzeichnisse vorliegen.

Deposita von Familien (Rep. 132d; 327 Archiveinheiten 1257–1847): In diesem Bestand befinden sich Dokumente und Bücher aus einigen Dutzend Gütern und Adelsfamilien, die Informationen zu den Besitz- und Vermögensverhältnissen enthalten.

Kleine Akzessionen (Rep. 133; 183 Archiveinheiten 1316–1817): Diese Sammlung enthält mehrere Dutzend erworbene Dokumente zu Besitz- und Vermögensangelegenheiten des schlesischen Adels.

Archivalische und historische Handschriften (Rep. 135; 531 Archiveinheiten 1253/1254–1942): In der Abteilung IV befinden sich Landtagsakten und Landesordnungen einzelner Fürstentümer, während die Abteilung V Materialien zum Landrecht und Neumarkter Recht, zu persönlichen Angelegenheiten, zum Ritterrecht und Turnieren enthält.

Sammlung der Abteilung II (66 Archiveinheiten [1368] 15. Jahrhundert–1945): Hier werden Materialien zu Ständen und der Familie Promnitz sowie genealogische Quellen und Urbare aufbewahrt.

Heimaturkundei des Vereins für Glatzer Heimatkunde (5.306 Archiveinheiten 1331–1933): Diese Sammlung enthält Archivalien aus den Kreisen Glatz, Neurode und Habelschwerdt, darunter auch Urbare, Gutsakten und Archivalien zu fürstlichen und königlichen Geschlechtern wie zum Beispiel Anhalt-Dessau, Hohenzollern oder zu Marianne von Oranien-Nassau.

C. Bestandsanalyse

Unter den beschriebenen Beständen, in denen sich Quellen zur Geschichte des schlesischen Adels befinden, lassen sich verschiedene Bestandsgruppen unterscheiden: Einerseits gibt es Akten der staatlichen Verwaltung (Archive der Fürstentümer und staatlicher Institutionen), der kommunalen, zeitweise mit der staatlichen Verwaltung zusammenhängenden Verwaltung (Breslauer Stadtarchiv), Gutsakten sowie andere Sammlungen und Bestände. Zweifellos sind die großen, einigermaßen vollständigen Bestände für die Adelsforschung am bedeutendsten. Um jedoch einen umfassenden Überblick über den schlesischen Adel zu gewinnen, dürfen die kleineren Bestände nicht vernachlässigt werden, in denen sich bisweilen wertvolle, in anderen Sammlungen kaum überlieferte Materialien befinden. Erst durch eine vollständige Erforschung dieser Bestände kann ein Gesamtbild des schlesischen Adels über mehrere Jahrhunderte hinweg entstehen. Abgesehen von einigen genealogischen und prosopographischen Forschungen weckte diese soziale Gruppe bisher kaum das Interesse der Historiker. Zu den Ausnahmen zählen Arbeiten über die politisch-rechtliche Stellung der schlesischen Stände und deren Herrschaftsbeteiligung in den Fürstentümern – zu nennen sind hier vor allem die Namen der polnischen Historiker Kazimierz Orzechowski und Marian Ptak. Neben einzelnen Studien zu ausgewählten wirtschaftshistorischen Fragestellungen, darunter zur Gutswirtschaft (Roman Heck, Zbigniew Kwaśny, Aleksander Nyrek und Leszek Wiatrowski), ist unser heutiges Wissen über die Besitzverhältnisse des schlesischen Adels begrenzt.

Das Breslauer Staatsarchiv verfügt über die bedeutendsten Aktenbestände in Polen, die für die Adelsforschung in diesem Teil Europas relevant sind. Abgesehen vom schwachen Interesse der Geschichtsforschung an diesen Fragestellungen muß ebenso auf fehlende fachkundige Arbeiten über die Archivbestände selbst (mit Ausnahme der Archivführer) hingewiesen werden. Den Gutsarchiven wurde insgesamt kaum Aufmerksamkeit geschenkt, so daß die Erarbeitung von archivalischen Hilfsmitteln, die sich einzelnen Themen beziehungsweise Beständen widmen und zu weiteren Forschungen anregen sollen, wohl zu den wichtigsten Forschungsdesiderata zählt. Die großen, aus mehreren zehntausend Archiveinheiten bestehenden Gutsarchive sind ausgezeichnete – und zur Zeit die wohl vollständigsten – Zeugnisse nicht nur der wirtschaftlichen Entwicklung der Güter und der gesamten Region, sondern auch der geistigen Kultur der Besitzer. Deshalb bedürfen sie einer besonderen Behandlung und zählen zu den letzten archivalischen Schatzkammern dieser Art in Schlesien.

Neben Darstellungen über das Archiv fehlen andere Hilfsmittel zu administrativ-rechtlichen und genealogischen Fragestellungen, so etwa zuverlässige Beamtenverzeichnisse für die schlesischen Fürstentümer oder Genealogien einzelner Geschlechter. Am wenigsten erforscht ist in diesem Zusammenhang die Neuzeit, so daß man auf einschlägige Arbeiten aus dem 17. und 18. Jahrhundert zurückgreifen muß.

Ivo Łaborewicz

Staatsarchiv Breslau, Abteilung Hirschberg (Archiwum Państwowe we Wrocławiu, Oddział w Jeleniej Górze)

A. Gesamtgeschichte und Bedeutung

Die Abteilung Hirschberg (poln. Jelenia Góra) des Staatsarchivs in Breslau (poln. Wrocław) entstand 1950 als Kreisfiliale des damaligen Breslauer Archivs auf der Grundlage des von 1945 bis 1951 existierenden Stadtarchivs Hirschberg, das im Jahr 1928 begründet worden war. Von 1976 bis 1983 arbeitete das Archiv als selbständiges Staatliches Woiwodschaftsarchiv und danach bis 1991 als Staatsarchiv, bevor es erneut eine Abteilung des Breslauer Staatsarchivs wurde. Das Zuständigkeitsgebiet des Archivs, das seit dem Jahr 2005 auf dem Gelände einer ehemaligen Kaserne untergebracht ist, erstreckt sich auf die heutigen Kreise Hirschberg (Stadt und Land), Landeshut und Löwenberg in Schlesien. In den Jahren 1928 bis 1932 war das Archiv nur für die Stadt selbst zuständig, von 1932 bis 1945 für den gesamten Kreis Hirschberg, unmittelbar nach Kriegsende erneut nur für die Stadt, ab 1950 dann für die Kreise Hirschberg, Landeshut und Löwenberg sowie von 1976 bis 1991 für das gesamte Gebiet der Woiwodschaft Hirschberg.

Archiwum Państwowe we Wrocławiu, Oddział w Jeleniej Górze, ul. płk. Wacława Kazimierskiego 3, PL-58-506 Jelenia Góra, Tel.: +48-75-644-99-40, +48-75-644-99-41, Fax: +48-75-644-99-42, E-Mail: jgora@ap.wroc.pl, Homepage: http://www.ap.wroc.pl [Zugriff am 10.10.2009].

Auswahlliteratur: Łaborewicz, Ivo: Dolnośląskie archiwalia poniemieckie. Niedoceniane źródła? [Deutsche Archivalien aus Niederschlesien. Unterschätzte Quellen?]. In: Nowosielska-Sobel, Joanna/Strauchold, Grzegorz (Hg.): Trudne dziedzictwo. Tradycje dawnych i obecnych mieszkańców Dolnego Śląska. Wrocław 2006, 162-183; Łaborewicz, Ivo/Sachs, Rainer: Der Versuch der Gründung eines Stadtmuseums und die Kunstbestände der Stadt Hirschberg vor 1945. In: Sachs, Rainer (Hg.): Amator scientiae. Festschrift für Dr. Peter Ohr. Breslau 2004, 373-460; Łaborewicz, Ivo: Górnictwo w aktach jeleniogórskiego Archiwum Państwowego [Das Bergbauwesen in den Akten des Staatsarchivs Hirschberg]. In: Grodzicki, Andrzej/Lorenc, Marek W. (Hg.): Uczniowie Agricoli. Jelenia Góra 2002, 232-242; Margas, Czesław: Inwentarz akt zespołu: Miejskie i Powiatowe Archiwum w Jeleniej Górze [1855–1928] 1928–1945 [Bestandsverzeichnis: Stadt- und Kreisarchiv Hirschberg [1855–1928] 1928–1945]. In: Łaborewicz, Ivo (Hg.): Archiwistyka. Historia. Regionalizm. Czesławowi Margasowi w 50. rocznicę podjęcia pracy w Archiwum Państwowym w Jeleniej Górze. Jelenia Góra 2002, 13-24; Łaborewicz, Ivo: Wykaz zespołów archiwalnych przechowywanych w Archiwum Państwowym we Wrocławiu Oddział w Jeleniej Górze [Verzeichnis der im Staatsarchiv Breslau, Abteilung Hirschberg, aufbewahrten Archivbestände]. In: Rocznik Jeleniogórski 32 (2000) 91-118; ders.: Związki i współpraca pomiędzy archiwami w Legnicy i Jeleniej Górze w okresie po 1945 roku [Die Beziehungen und

Kooperationen zwischen den Archiven Liegnitz und Hirschberg nach 1945]. In: Pazoła, Barbara/Sachs, Rainer (Hg.): 45 lat Archiwum Państwowego w Legnicy 1953–1998. Legnica 1998, 59-69; Łaborewicz, Ivo: Archiwum Państwowe we Wrocławiu Oddział w Jeleniej Górze [Staatsarchiv Breslau, Abteilung Hirschberg]. In: Biernat, Andrzej/Laszuk, Anna (Hg.): Archiwa państwowe w Polsce. Przewodnik po zasobach. Warszawa 1998, 494-499; Borys, Anna: Dzieje Miejskiego i Powiatowego Archiwum w Jeleniej Górze do 1945 roku [Geschichte des Stadt- und Kreisarchivs Hirschberg bis 1945]. In: Rocznik Jeleniogórski 29 (1997) 87-93; Łaborewicz, Ivo: Archiwum Miejskie w Jeleniej Górze 1945–1951 [Das Stadtarchiv Hirschberg 1945–1951]. In: Rocznik Jeleniogórski 29 (1997) 94-101; ders.: Materiały archiwalne sprzed 1945 roku do dziejów kolei w Sudetach Zachodnich [Archivmaterialien aus der Zeit vor 1945 zur Eisenbahngeschichte in den westlichen Sudeten]. In: Wiater, Przemysław (Hg.): Drogi handlowe i powiązania komunikacyjne na obszarach Euroregionu Nysa. Jelenia Góra 1996, 89-94; Szczepański, Edmund: Materiały kartograficzne w zbiorach Archiwum Państwowego w Jeleniej Górze [Karten in den Beständen des Staatsarchivs Hirschberg]. In: Annales Silesiae 20 (1990) 109-122; Margas, Czesław: Źródła archiwalne do badań dotyczących województwa jeleniogórskiego [Archivquellen zur Erforschung der Woiwodschaft Hirschberg]. In: Bugaj, Tadeusz (Hg.): Regionalizm i szkoła. Jelenia Góra 1985, 89-100; Szczepański, Edmund: Materiały archiwalne z zakresu turystyki karkonoskiej w Archiwum Państwowym w Jeleniej Górze [Archivmaterialien im Staatsarchiv Hirschberg zum Tourismus im Riesengebirge]. In: Studia i Materiały – Muzeum Sportu i Turystyki Warszawa 4 (1985) 38-45; Triller, Eugenia: Archiwum Miejskie w Jeleniej Górze [Das Stadtarchiv Hirschberg]. In: Wspomnienia pionierów. Dodatek do Rocznika Jeleniogórskiego 23 (1985) 41-44; Margas, Czesław: Archiwum Państwowe w Jeleniej Górze. Przewodnik po zasobie [Das Staatsarchiv Hirschberg. Bestandswegweiser]. Jelenia Góra 1984 (Prace Karkonoskiego Towarzystwa Naukowego w Jeleniej Górze 32); ders.: Archiwum Państwowe w Jeleniej Górze w służbie nauki i gospodarki w regionie [Das Staatsarchiv Hirschberg im Dienst der Wissenschaft und Wirtschaft in der Region]. In: Bugaj, Tadeusz (Hg.): Źródła archiwalne metryką narodu. Jelenia Góra 1984 (Prace Karkonoskiego Towarzystwa Naukowego 13), 13-26; Margas, Czesław: Wojewódzkie Archiwum Państwowe w Jeleniej Górze [Das Staatliche Woiwodschaftsarchiv Hirschberg]. In: Rocznik Jeleniogórski 17 (1979) 157-179; ders.: Materiały do dziejów związków regionu jeleniogórskiego z Polską i Polakami w Archiwum Państwowym w Jeleniej Górze do roku 1945 [Materialien des Staatsarchivs Hirschberg zur Beziehungsgeschichte zwischen der Hirschberger Region sowie Polen und den Polen bis 1945]. In: Prace Humanistyczne Karkonoskiego Towarzystwa Naukowego 8 (1976) 76-104; Göbel, Max: Ungedruckte Briefe der Brüder Contessa. In: Der Wanderer im Riesengebirge 53/3 (1933) 42-43; Stadtarchiv Hirschberg. In: Wentzcke, Paul/Lüdtke, Gerhard (Hg.): Die Archive, Bd. 1. Berlin/Leipzig 1932, 165f.

B. Bestandsgliederung

Quellen zur Geschichte des schlesischen Adels befinden sich in zahlreichen Beständen beziehungsweise Bestandsresten des Hirschberger Archivs, und zwar in beinahe allen vor 1945 entstandenen 232. Hierzu zählen zwölf Bestände mit städtischen Akten, 67 mit Gemeindeakten, 14 mit Gerichts- und Notariatsakten, vier mit Kreisakten, sechs mit evangelischen Matrikelbüchern, 93 mit standesamtlichen Akten, elf Bestände verschiedener Verbände und Organisationen, zehn mit Unternehmensakten (Industrie, Finanzunternehmen, Versicherungen), vier Bestände von Kultur- und Bildungseinrichtungen und elf aus Familien- und Gutsarchiven sowie Nachlässen stammende Bestände, die alle aus den drei genannten Kreisen stammen. Typische Gutsakten dabei ausschließlich aus dem Kreis Hirschberg. Einige Bestände – darunter auch der größte Gutsbestand, das Gutsarchiv der Familie Schaffgotsch aus Warmbrunn (poln. Cieplice Śląskie; 29.730 Archiveinheiten 1312–1945) – befinden sich heute im Breslauer Staatsarchiv.[1]

Der Überlieferungszustand der aus der Vorkriegszeit stammenden Akten ist gut bis sehr gut; nur vereinzelt kommen Einheiten in schlechterem Zustand vor. Abgesehen von den nicht allzu großen Kriegsverlusten (die Mehrzahl der Vorkriegsakten kehrte in den Jahren 1946 bis 1948 ins Archiv zurück) verlor das Archiv nur durch Diebstahl rund fünfzig Pergamentdokumente (aus Hirschberg und Maiwaldau, poln. Maciejowa) sowie einzelne Akteneinheiten. Beinahe alle Archivbestände und -sammlungen wurden in dem 1984 veröffentlichten Archivführer detailliert besprochen. Zu fast allen vor 1945 entstandenen Archivbeständen gibt es heute überdies vollständige Findbücher. Darüber hinaus sind einzelne Bestände, vor allem solche der Gemeinden, auch über die Website der Staatlichen Archive in Polen (www.archiwa. gov.pl) zugänglich; zu den übrigen nicht besonders zahlreichen Beständen sind andere Hilfsmittel und Verzeichnisse vorhanden.

Die ältesten Archivmaterialien zur Geschichte des schlesischen Adels werden in den Dokumentensammlungen aufbewahrt.[2] Die größte von ihnen befindet sich im Bestand der Akten der Stadt Hirschberg und umfaßt 662 Archiveinheiten (1309– 1728), darunter auch Dokumente des Gutes Maiwaldau. Zum Bestand der Stadt Liebenthal (poln. Lubomierz) gehören zudem 21 Dokumente aus den Jahren 1483 bis 1686.

In den städtischen Beständen werden neben Dokumenten auch Akten aufbewahrt, die zum Teil den Adel betreffen. Der größte Bestand, derjenige der Stadt Hirschberg, enthält Akten verschiedener Güter, welche die Stadt im Lauf ihrer Geschichte erwarb. Gelegentlich übernahm die Stadt das Gutsarchiv der Vorbesitzer. Dabei handelte es sich um Güter wie Schwarzbach (poln. Czarne; seit dem 14. Jahrhundert im Besitz der Schaffgotsch), Hartau (poln. Grabary; im Mittelalter im Besitz eines Hans von Czirn und der Familien Nimptsch und Schaffgotsch, 1514 der Zedlitz, 1546 der Stadt Hirschberg) oder Maiwaldau (seit dem 13./14. Jahrhundert im Besitz der Familie Zedlitz; spätere Besitzer waren 1597 die Nimptsch, 1626 die Reder, 1661 ein gewisser Ludwig von Monteverques, nach 1670 Christoph Leopold Schaffgotsch, 1672 Graf Karwarth, 1766 Fürstin Katarzyna Agnieszka Ludwika Sapieha, 1779 Adalbert Paul von Lilienhoff, 1782 Joachim Ignatz von Lilienhoff, 1790 die Familie Schaffgotsch, 1851 Udo von Alvensleben, 1862 bis 1871 Herzog Elimar von Oldenburg, danach unter anderem 1892 Freiherr Karl Rudolf Johannes von Neumann und dessen Erben, von denen das Gut um 1925 in den Besitz der Stadt

---

1 Vgl. den Beitrag von Rościsław Żerelik über das Breslauer Staatsarchiv in diesem Band.
2 Diese Quellengruppe behandeln Stelmach, Roman: Archiwum dokumentów miasta Jeleniej Góry [Archiv der städtischen Dokumente von Hirschberg]. In: Rocznik Jeleniogórski 40 (2009) [im Druck]; ders.: Dokumenty książąt świdnickich (dotyczące osób i instytucji z terenu dawnego księstwa jaworskiego) zachowane w zbiorach archiwalnych [Dokumente der Herzöge von Schweidnitz aus Archivbeständen (zu Personen und Institutionen auf dem Gebiet des früheren Herzogtums Jauer)]. In: Rocznik Jeleniogórski 39 (2007) 27-36; Szczepański, Edmund: Najstarsze dokumenty Jeleniej Góry [Die ältesten Hirschberger Dokumente]. In: Karkonosze 1 (1986) 2-4. Darüber hinaus wurde der Inhalt zahlreicher Dokumente in den schlesischen diplomatischen Kodizes und Regesten veröffentlicht.

Hirschberg gelangte). Unter den zahlreichen Materialien befinden sich unter anderem Urbare sowie Rezeß- und Grundakten. Diese Quellengattungen kommen vor allem in den Beständen folgender Städte vor: Hirschberg (10.171 Archiveinheiten 1309–1945; 180,0 laufende Meter), Schmiedeberg (poln. Kowary; 154 Archiveinheiten 1598–1945; 3,0 laufende Meter), Landeshut (poln. Kamienna Góra; 1.746 Archiveinheiten 1613–1945; 35,0 laufende Meter), Schömberg (poln. Chełmsko Śląskie; 932 Archiveinheiten 1552–1945; 12,0 laufende Meter), Liebau (poln. Lubawka; 723 Archiveinheiten 1604–1945; 16,5 laufende Meter), Löwenberg (poln. Lwówek Śląski; 3.692 Archiveinheiten 1492–1943; 83,4 laufende Meter), Greiffenberg (poln. Gryfów Śląski; 1.813 Archiveinheiten 1397–1945; 33,0 laufende Meter), Friedeberg am Queis (poln. Mirsk; 3.174 Archiveinheiten 1626–1945; 42,0 laufende Meter) und Liebenthal (233 Archiveinheiten 1483–1945; 5,4 laufende Meter).[3]

Die Gemeindeakten enthalten vornehmlich Urbare und andere Akten zu Frondiensten, und zwar hauptsächlich aus dem 18. Jahrhundert. Aus dem 18./19. Jahrhundert stammen Akten zur Verpachtung ehemals zum Rittergut gehörender Grundstücke in Schwarzbach und Hartau. In den Gemeindeakten befinden sich zudem Unterlagen zu Schulen und Kirchen, die dem Patronat des örtlichen Adels unterstanden. Diese Quellen stammen vom Ende des 17. bis zur ersten Hälfte des 20. Jahrhunderts. Vereinzelt gibt es Abschriften älterer Dokumente wie zum Beispiel in den Akten der Gemeinde Berbisdorf (poln. Dziwiszów; 1460–1572), die das dortige, anfangs Hans von Nimptsch und später Magdalene Gotschen, geborene von Kittlitz, gehörende Rittergut betreffen. Besonders viele Akten entstanden im Zusammenhang mit der Bauernbefreiung im 19. Jahrhundert. Ebenfalls von größerem Umfang sind Dokumente, die den Grund- und Gutsbesitz, die Abgrenzung bäuerlicher und Rittergüter und die Gemeindegerichtsbarkeit betreffen.[4]

Zweifellos von größter Bedeutung für die Adelsforschung sind die Aktenbestände zu folgenden Adelsgütern:

Akten des Dominiums Fischbach (poln. Karpniki; 58 Archiveinheiten 1762–1935; 0,7 laufende Meter): Fischbach wurde 1305 erstmals erwähnt und gehörte seitdem verschiedenen adeligen Familien. 1777 gelangte das Gut samt Schloß nach dem Tod des letzten (kinderlosen) Besitzers, Franz Wilhelm Schaffgotsch, in den Besitz der preußischen Könige und wurde in den folgenden Jahren mehrmals verpach-

---

3 Aus dieser Quellengruppe wurde ein Bestandsverzeichnis vollständig publiziert. Vgl. Łaborewicz, Ivo: Inwentarz: „Akta miasta Kowary" 1598–1943 [Bestandsverzeichnis: „Akten der Stadt Schmiedeberg" 1598–1943]. In: Kurier Kowarski 2003, Nr. 2 (78) 7-9, Nr. 3 (79) 6-8, Nr. 4 (80) 7-9. Vgl. auch ders.: Źródła do dziejów Cieplic Śląskich Zdroju w archiwach państwowych na Dolnym Śląsku [Quellen zur Geschichte von Bad Warmbrunn in den niederschlesischen Staatsarchiven]. In: Karkonosz. Sudeckie Materiały Krajoznawcze 10/11 (1993) 217-222.

4 Aus dieser Quellengruppe wurden vereinzelte Bestandsverzeichnisse publiziert. Vgl. Łaborewicz, Ivo: Inwentarz zespołu „Akta gminy Sobieszów" z lat 1601–1945 [Bestandsverzeichnis der „Akten der Gemeinde Hermsdorf" aus den Jahren 1601–1945]. In: Rocznik Jeleniogórski 35 (2003) 197-212; ders.: Inwentarze archiwalne gmin Czarne, Grabary i Goduszyn z lat 1729–1900 [Bestandsverzeichnisse der Gemeinden Schwarzbach, Hartau und Gotschdorf aus den Jahren 1729–1900]. Ebd., 34 (2002) 109-114; ders.: Źródła archiwalne do dziejów Karpacza [Archivquellen zur Geschichte von Krummhübel]. In: Studia i Materiały – Muzeum Sportu i Turystyki Warszawa 8 (1995) 29-37.

Prinzessin Heinrich XXXIII. von Reuss.

Ein Zweig der fürstlichen Familie Reuß ließ sich im 18. Jahrhundert in Niederschlesien nieder. Zu ihrem Besitz gehörte unter anderem Stonsdorf (poln. Staniszów), wo ein stattliches Wasserschloß errichtet wurde. Der letzte hier lebende Vertreter der Familie war Heinrich XXXIII. Prinz Reuß zu Köstritz, genannt Henry (1879–1942), der am 17. Mai 1913 die auf der Fotografie abgebildete Prinzessin Victoria Margarete von Preußen (1890–1923) heiratete. Die Nachkommen aus dieser bis 1922 dauernden Ehe sind heute die einzigen noch lebenden Mitglieder der Familie Reuß. Bildnachweis: Archiwum Państwowe we Wrocławiu, Oddział w Jeleniej Górze, Sign. Reuss 518.

tet. 1822 erwarb Wilhelm von Hohenzollern, der Bruder des preußischen Königs Friedrich Wilhelm III., das Gut, das bis zum Jahr 1945 im Besitz der Hohenzollern blieb. Zu den erhaltenen Akten gehören Unterlagen administrativen und wirtschaftlichen Charakters (1762–1921), persönliche und familiäre Korrespondenzen (1839–1920), Erinnerungen und Tagebücher (1806–1868), Akten zu öffentlichen Tätigkeiten der Gutsbesitzer (1827–1884) sowie Miscellanea (1809–1884, 1930).

Akten des Dominiums der Familie Küster zu Lomnitz (poln. Łomnica; 416 Archiveinheiten [1626–1835] 1835–1926; 9,0 laufende Meter): Lomnitz wurde wahrscheinlich schon im 13. Jahrhundert gegründet, die erste Erwähnung des Ortes stammt aus dem Jahr 1305. Von etwa 1350 bis 1654 gehörte das Rittergut der Familie Zedlitz, anschließend Johann Joseph von Tomagnini, einem Leutnant der habsburgischen Truppen, dessen Nachkommen es 1737 dem Hirschberger Kaufmann Christian Menzel verkauften. Vor 1825 gelangte das Gut in die Hände von Freiherr Moritz von Roth; 1835 erwarb es Carl Gustav Ernst von Küster, Geheimrat und Gesandter am sizilianischen Hof, der seinen Besitz 1841 um Hohenliebenthal (poln. Lubiechowa) bei Schönau an der Katzbach (poln. Świerzawa) erweiterte und ein Majorat einrichtete. Bis 1945 gehörte Lomnitz der Familie Küster. Überliefert sind Materialien zur Kanzleiorganisation und Geschichte des Familienarchivs (1626–1835), zu Rechtstiteln (1631–1926) sowie administrativen und wirtschaftlichen Angelegenheiten des Familienguts (1739–1902) und anderer Besitzungen (1821–1849). Darüber hinaus enthält der Bestand persönliche und Familiendokumente und -akten (1767–1867) sowie Akten und Dokumente zu öffentlichen Tätigkeiten und Ämtern und zum Patronat (1740–1893).

Gutsakten des Grafen Matuschka aus Arnsdorf (poln. Miłków; 1.189 Archiveinheiten 1656–1929; 12,0 laufende Meter): Zum ersten Mal erwähnt wurde Arnsdorf im Jahr 1305; seit dem 15. Jahrhundert gehörte es verschiedenen Rittergeschlechtern. 1656 erwarb Carl Heinrich Graf von Żerotín das Gut, im 18. Jahrhundert folgten ihm die Grafen von Toppolczan, von Waldstein (ab 1737) sowie Johann Nepomuk von Lodron-Laterano und Castel Romano (ab 1765). Im Jahr 1794 erbte Gräfin Maria Theresia von Lodron, die Ehefrau des Grafen Bernhard Maria von Matuschka-Toppolczan (Grafentitel seit 1715), das Gut. Im Besitz der Familie Matuschka blieb Arnsdorf bis 1945. Die überlieferten Akten beziehen sich auf verschiedene Gebiete: Rechts- und Eigentumstitel (1656–1875), Besitz- und Nutzungsrechte (1733–1870), die Güter betreffende Prozeßakten (1657, 1761–1902), Schuldbriefe (1723–1855), Verwaltungsakten (1773–1794, 1848), Grenzangelegenheiten und Grundakten zu Bauernstellen (1701–1875), andere gemischte Akten besitzrechtlichen Charakters (1722–1929), Verwaltungsakten und geschäftliche Korrespondenzen (1660–1925), Bauakten (1730–1863), Vormundschaftsakten (1820–1831, 1840–1847, 1872–1927), Akten zur Ausübung öffentlicher Ämter (1802–1804, 1926) und Akten aus herrschaftsrechtlichen Verhältnissen (1838–1862).

Archiv der Prinzen von Reuß aus Stonsdorf (518 Archiveinheiten 1650–1945; 10,5 laufende Meter): Mitte des 18. Jahrhunderts erwarben Vertreter der jüngeren Linie der aus Sachsen stammenden Adelsfamilie Reuß das Gut Stonsdorf, das bis 1945 im Besitz der Familie blieb. Die überlieferten Akten betreffen das Familienarchiv (Organisation, Bestände und Geschichte, 1760–1941), verschiedene Rechtstitel (Eigentumstitel, Besitz- und Nutzungsrechte, die Güter betreffende Prozeßakten, Schuldbriefe, Gutsleitung, 1680–1944), wirtschaftliche und Verwaltungsangelegenheiten (1728–1944), private und familiäre Angelegenheiten (Genealogie, Familiendokumente, Erinnerungen und Tagebücher, Korrespondenzen, Fotoalben, 1650–1943) sowie öffentliche Tätigkeiten und Ämter (1728–1943).

Gutsakten des Grafen von Bressler aus Altkemnitz (poln. Stara Kamienica; 322 Archiveinheiten 1773–1904; 10,0 laufende Meter): Im Jahr 1790 gelangte das Gut Altkemnitz in den Besitz der Familie Bressler, die eine Majoratsordnung einrichtete. 1937 gehörten zum Majoratsgut neben Altkemnitz auch die benachbarten Ortschaften Reibnitz (poln. Rybnica), Hindorf (poln. Kamienica Mała) und das im Kreis Löwenberg gelegene Blumendorf (poln. Kwieciszowice). Neben diesem Gutskomplex besaß die Familie zeitweise noch andere niederschlesische Güter wie Spiller (poln. Pasiecznik), Johnsdorf (poln. Janice), Matzdorf (poln. Maciejowiec) und Friedersdorf (poln. Biedrzychowice). Überliefert sind verschiedene Archivmaterialien, die hauptsächlich wirtschaftliche Angelegenheiten betreffen: Tabellen und statistische Berichte (1783–1824), Finanzbücher und -akten (1780–1877), Wirtschaftsbücher (1810–1828), Akten der einzelnen Güter (1773–1888) sowie lose Dokumente zu Besitzangelegenheiten (1850–1904).

Zur Gruppe der Gutsakten gehört zweifellos auch ein aus nur einer Archiveinheit bestehender Bestandsrest: das in der „Sammlung Nr. I" aufbewahrte und aus dem Jahr 1864 stammende Urbar des Fideikommisses der Familie Rotenhan aus Buchwald (poln. Bukowiec).

Informationen über den Adel befinden sich darüber hinaus in der umfangreichen Gruppe der Matrikeldokumente, das heißt in den Beständen der evangelischen Matrikelbücher aus Hirschberg (164 Archiveinheiten 1709–194; 10,0 laufende Meter), Boberröhrsdorf (poln. Siedlęcin; 36 Archiveinheiten 1748–1946; 2,0 laufende Meter), Hermsdorf (poln. Sobieszów; 15 Archiveinheiten 1742–1943; 1,0 laufende Meter), Wünschendorf (poln. Radomice; 2 Archiveinheiten 1765–1913; 0,12 laufende Meter) und ferner in 93 Beständen der Standesämter aus den drei anfangs genannten Kreisen (1874–1906).[5]

---

5 Diese Quellengruppe wurde zum Teil besprochen von Borys, Anna: Ewangelickie księgi metrykalne dotyczące Jeleniej Góry i powiatu jeleniogórskiego w zbiorach Archiwum Państwowego w Jeleniej Górze [Evangelische Matrikelbücher aus Hirschberg und dem gleichnamigen Kreis in den Beständen des Hirschberger Staatsarchivs]. In: Rocznik Jeleniogórski 39 (2007) 77-84; dies.: Ewangelickie księgi metrykalne w zbiorach Archiwum Państwowego w Jeleniej Górze [Evangelische Matrikelbücher in den Beständen des Hirschberger Staatsarchivs]. In: Skarbiec Ducha Gór 2003, Nr. 3 (27) 12f.; Łaborewicz, Ivo: Kowarskie źródła genealogiczne [Genealogische Quellen aus Schmiedeberg]. In: Kurier Kowarski 2003, Nr. 1 (77) 6f.; ders.: Źródła do badań demograficznych do 1945 roku w Archiwum Państwowym w Jeleniej Górze [Quellen zu demographischen Forschungen bis 1945 im Hirschberger Staatsarchiv]. In: Oettel, Gunter/Dudeck, Volker (Hg.): Die Besiedlung der Neißeregion. Urgeschichte – Mittelalter – Neuzeit. Zittau 1995 (Mitteilungen des Zittauer Geschichts- und Museumsvereins 22), 102-107; Göbel, Max: Sippenkundlicher Stoff in Hirschberg und dem Hirschberger Tal. In: Der Sippenforscher 9 (Beilage der Schlesischen Zeitung vom 30.9.1936) 1; ders.: Familiengeschichtlicher Stoff im Hirschberger Stadtarchiv. In: Der Schlesische Familienforscher 1932, Nr. 7, 165-171.

Aufschlußreiche Hinweise zur wirtschaftlichen Tätigkeit des Adels findet man in den Beständen der Katasterämter Hirschberg (3.386 Archiveinheiten [1843–1860] 1861–1945; 16,3 laufende Meter), Landeshut (2.048 Archiveinheiten [1740, 1839– 1864] 1861–1945; 15,7 laufende Meter) und Löwenberg (1.647 Archiveinheiten 1861–1945; 35,0 laufende Meter). Alle drei Bestände enthalten Bücher und Karten, wobei im Fall von Löwenberg und Landeshut nur wenige Karten existieren und zudem beide Bestände aufgrund der in den letzten Jahren zahlreichen Zugänge bisher nur teilweise bearbeitet und verzeichnet sind.

Quellen zum schlesischen Adel befinden sich ferner in Gerichtsakten, die in der Regel Stiftungen, erbrechtliche Angelegenheiten sowie Zivil- und Strafprozesse betreffen, darüber hinaus aber auch Vormundschafts- und Grundakten sowie Duplikate der Matrikelbücher (1794–1874) umfassen. Im Hirschberger Archiv liegen Akten des Landgerichts Hirschberg (9 Archiveinheiten 1837–1944; 0,12 laufende Meter), der Stadtgerichte Greiffenberg (6 Archiveinheiten 1752–1849; 0,2 laufende Meter) und Löwenberg (17 Archiveinheiten 1604–1832; 2,0 laufende Meter) sowie der Amtsgerichte in Reichenau (poln. Bogatynia; 2.116 Archiveinheiten [1607–1878] 1748–1945; 23,9 laufende Meter), Schömberg (poln. Chełmsko Śląskie; 2.106 Archiveinheiten 1748–1945; 30,0 laufende Meter; hierzu existiert nur ein Verzeichnis mit fast ausschließlich Grundakten), Hirschberg (345 Archiveinheiten [1725–1878] 1879–1944; 7,0 laufende Meter), Landeshut (4.285 Archiveinheiten [1655–1878] 1879–1945; 85,0 laufende Meter), Schmiedeberg (1.077 Archiveinheiten [1705– 1878] 1879–1945; 10,6 laufende Meter), Liebau (3.690 Archiveinheiten [1675– 1878] 1879–1945; 58,0 laufende Meter), Friedeberg (4.099 Archiveinheiten [1730] 1879–1945; 55,7 laufende Meter) und Lähn (poln. Wleń; 295 Archiveinheiten [1856–1878] 1879–1943; 3,5 laufende Meter).

C. Bestandsanalyse

Trotz der mittlerweile recht umfangreichen Literatur zu den Beständen des Hirschberger Staatsarchivs wurden die hier überlieferten Quellen zur Geschichte des schlesischen Adels noch nicht gründlich ausgewertet. Ebensowenig waren sie Gegenstand detaillierter Studien. Nur selten wurde von Forschern die wohl bedeutendste Gruppe – die Gutsakten – untersucht; Materialien zur Baugeschichte einzelner Schlösser und Paläste hingegen fanden vergleichsweise häufig das Interesse einzelner Forscher, Konservatoren sowie der jeweiligen Eigentümer. Die Akten der Prinzen von Reuß wurden von mehreren Wissenschaftlern genutzt, vor allem für biographische Arbeiten über die bekanntesten Vertreter dieser Familie – zu nennen wäre exemplarisch Heinrich VII. (1825–1906), ein deutscher Diplomat, der unter anderem von 1867 bis 1873 Botschafter in Sankt Petersburg (russ. Sankt-Peterburg), von 1877 bis 1878 in Konstantinopel (türk. İstanbul) und von 1878 bis 1894 in Wien war. Nicht weniger bekannt ist Heinrich XXXIII. (1879–1942), der bis 1914 als Diplomat in Paris, Tokio (jap. Tōkyō) und Wien tätig war und nach 1933 als Informant des Propagandaministeriums arbeitete. Für andere Persönlichkeiten besteht ein deutlich schlechterer

Forschungsstand. Das Alltagsleben der Adeligen im Hirschberger Kessel wurde in den letzten Jahren von Romuald M. Łuczyński[6] untersucht, der jedoch nur vereinzelt Briefe, Erinnerungen, Tagebücher und andere Materialien heranzog.

Auch für die Erforschung der wirtschaftlichen Verhältnisse auf den Adelsgütern wurden die Hirschberger Bestände kaum genutzt. Arbeiten entstanden lediglich über die Güter der Schaffgotsch, deren Familienarchiv sich im Breslauer Staatsarchiv befindet, so daß immer noch relativ große Forschungslücken bestehen. Aufgrund ihrer geographischen Lage blieben die adeligen Güter spätestens seit Ende des 18. Jahrhunderts nicht ohne Einfluß auf die Entwicklung des Fremdenverkehrs im Riesengebirge. Mit dieser Frage beschäftigte sich unter anderem Ryszard Kincel – allerdings nur in bezug auf die Güter Arnsdorf, Stonsdorf und Warmbrunn (dieses im Breslauer Staatsarchiv). Aber auch hier bestehen große Forschungslücken.

Bisher unausgewertet blieben Archivalien der Städte, Gemeinden, Verwaltungsbehörden und Gerichte sowie genealogische Quellen. Gerade diese Materialien können wertvolle Informationen enthalten – beispielsweise über die Gutswirtschaft oder die Beziehungen zwischen dem Adel einerseits und Bürgern, Bauern und Klerikern verschiedener Konfessionen andererseits. Gleichzeitig ermöglichen sie, insbesondere für das 19. und die erste Hälfte des 20. Jahrhunderts, die Erstellung von Stammbäumen und liefern zudem einen Einblick in die öffentliche Tätigkeit des Adels, die Geschichte der Familienarchive und das Kanzleiwesen auf Adelsgütern. Die sukzessive Bereitstellung der Bestandsverzeichnisse im Internet wird mit Sicherheit eine Verbesserung des Zugangs zu allen Archivquellen, darunter auch zu den für die schlesische Adelsforschung relevanten Materialien, mit sich bringen.

---

6 Łuczyński, Romuald M.: Rezydencje magnackie w Kotlinie Jeleniogórskiej w XIX wieku [Adelige Residenzen im Hirschberger Kessel des 19. Jahrhunderts]. Wrocław 2007.

Bartosz Grygorcewicz

Staatsarchiv Breslau, Abteilung Kamenz (Archiwum Państwowe we Wrocławiu, Oddział w Kamieńcu Ząbkowickim)

A. Gesamtgeschichte und Bedeutung

Das Archiv in Kamenz (poln. Kamieniec Ząbkowicki) entstand im Juni 1992 als Expositur des Staatsarchivs Breslau (Archiwum Państwowe we Wrocławiu) und wurde am 1. Mai 1995 zu einer eigenständigen Abteilung dieses Archivs umgewandelt. Zu den Kamenzer Beständen gehörten anfangs Materialien, die von der aufgelösten Expositur in Glatz (poln. Kłodzko) und den Archivmagazinen in Fürstenstein (poln. Książ) und Breslau (poln. Wrocław) übernommen worden waren. Das Kamenzer Archiv, in das 2003 der gesamte Bestand der aufgelösten Abteilung in Gottesberg-Rothenbach (poln. Boguszów-Gorce) gelangte, ist heute im Gebäude der früheren Zisterzienserabtei untergebracht. Zuständig ist es für die heutigen Kreise Frankenstein, Glatz, Reichenbach, Schweidnitz und Waldenburg und zählt insgesamt 1.361 Archivbestände mit 367.955 Inventareinheiten (4.060,6 laufende Meter, Stand 30.04.2009).

Archiwum Państwowe we Wrocławiu, Oddział w Kamieńcu Ząbkowickim, pl. Kościelny 4, PL-57-230 Kamieniec Ząbkowicki, Tel.: +48-74-817-35-40, E-Mail: kamieniec@ap.wroc.pl, Homepage: http://www.ap.wroc.pl (Homepage des Staatsarchivs Breslau) [Zugriff am 31.08.2009].

Auswahlliteratur: Stelmach, Roman: Archiwalia do dziejów Ziemi Kłodzkiej – przemieszczenia, stan zachowania akt [Archivalien zur Geschichte des Glatzer Landes – Unterbringung, Überlieferungszustand der Akten]. In: Kladský Sborník 2 (1998) 309-321; Dereń, Andrzej/Żerelik, Rościsław (Hg.): Staatsarchiv Breslau. Wegweiser durch die Bestände bis zum Jahr 1945. Archiwum Państwowe we Wrocławiu. Przewodnik po zasobie archiwalnym do 1945 roku. München 1996 (Schriften des Bundesinstituts für ostdeutsche Kultur und Geschichte 9); Pabisz, Jerzy/Pasławska, Janina (Hg.): Informacja o zespołach przechowywanych w Archiwum Państwowym w Kłodzku [Informationen zu den Beständen des Staatsarchivs Glatz]. Wrocław 1981; Stojanowska, Aniela: Archiwum majątku Chałupki [Das Gutsarchiv von Neuhaus]. In: Śląski Kwartalnik Historyczny Sobótka 13 (1958) 519-522.

B. Bestandsgliederung

Zahlreiche in Kamenz verwahrte Materialien ermöglichen Forschungen zur Geschichte des Adels in Schlesien. Diese Quellen befinden sich in den meisten vor 1945 entstandenen Beständen, zu denen als bedeutendste Gruppe die ehemaligen Gutsarchive zählen. Besonders erwähnenswert sind: die Gutsakten von (Nieder) Hermsdorf (poln. Sobięcin; früherer Bestandsname: Akten des Gutes und der Stiftung Amalia von Dyherrn-Czettritz', Waldenburg-Hermsdorf; 458 Archiveinheiten, 8,2 laufende Meter, 1658–1944) mit Dokumenten zu finanziellen, administrativen, wirtschaftlichen, gerichtlichen, militärischen, schulischen und kirchlichen Angelegenheiten; die Gutsakten von Neuhaus (poln. Chałupki, 532 Archiveinheiten, 6 laufende Meter, [1607] 1717–1893 [1921]) mit verschiedenen administrativ-wirtschaftliche, schulische, kirchliche und gerichtliche Fragen sowie den Familienbesitz betreffenden Akten aus den drei Einzelgütern Nieder Pomsdorf (poln. Pomianów Dolny), Nieder und Ober Glambach (poln. Głęboka Dolna i Górna) und Neuhaus mit dem Vorwerk Kattersdorf, die den Familien Maltitz, Dippoldiswaldau, Harbuval-Chamare, Zedlitz-Trütschler, Falkenstein und Schaffgotsch gehörten; die Gutsakten von Gellenau (poln. Jeleniów, 6 Archiveinheiten, 0,06 laufende Meter, 18.–19. Jahrhundert) mit recht fragmentarisch überlieferten Materialien zur Tätigkeit der Familie Mutius.

Einen anderen Einblick in die wirtschaftliche Tätigkeit des Adels gewähren dagegen Dokumente zu den sich damals im Besitz der Familien Stillfried, Pilatti, Magnis und Hochberg zu Pleß befindenden Steinkohlebergwerken im niederschlesischen Kohlerevier um Waldenburg (poln. Wałbrzych) und Neurode (poln. Nowa Ruda). Diese Quellen befinden sich in den Beständen der Städte (Magistrate) Gottesberg, Neurode und Waldenburg sowie in der Überlieferung wirtschaftlicher Institutionen wie der „Neuroder Kohlen- und Tonwerke" (959 Archiveinheiten, 9,2 laufende Meter, 1753–1945), der „Niederschlesischen Bergbau-Aktiengesellschaft" (NIBAG) in Waldenburg (6.496 Archiveinheiten, 38,3 laufende Meter, [1792] 1928–1945) und des Bergamtes Waldenburg (2.683 Archiveinheiten, 63,5 laufende Meter, 1793–1945).

Akten der städtischen Magistrate enthalten überdies Informationen zur Teilnahme einzelner Vertreter des schlesischen Adels am politischen und wirtschaftlichen Leben der Kommunen. Zu nennen sind hier: Akten der Stadt Bad Landeck (poln. Lądek-Zdrój, 108 Archiveinheiten, 2 laufende Meter, 1600–1944), Akten der Stadt Bad Reinerz (poln. Duszniki-Zdrój, 2.565 Archiveinheiten, 50 laufende Meter, 1408–1945), Akten der Stadt Frankenstein (poln. Ząbkowice Śląskie, 48 Archiveinheiten, 1,4 laufende Meter, 1530–1930), Akten der Stadt Freiburg in Schlesien (poln. Świebodzice, 106 Archiveinheiten, 5 laufende Meter, 1696–1945), Akten der Stadt Friedland (poln. Mieroszów, 371 Archiveinheiten, 6,2 laufende Meter, 1562–1945), Akten der Stadt Gottesberg (3.274 Archiveinheiten, 85 laufende Meter, 1499–1945), Akten der Stadt Habelschwerdt (poln. Bystrzyca Kłodzka, 2.669 Archiveinheiten, 50 laufende Meter, 1381–1945), Akten der Stadt Lewin (poln. Lewin Kłodzki, 133 Archiveinheiten, 4,5 laufende Meter, 1575–1945), Akten der Stadt Mittelwalde[1] (poln. Międzylesie, 800 Archiveinheiten, 3,8 laufende Meter, 1796–1889), Akten der Stadt Münsterberg (poln. Ziębice, 212 Archiveinheiten, 3,5 laufende Meter, 1543–1945), Akten der Stadt Neurode (1.782 Archiveinhei-

---

1 Zu diesem Bestand existieren keine archivalischen Hilfsmittel.

ten, 20,3 laufende Meter, 1549–1945), Akten der Stadt Nimptsch (poln. Niemcza, 590 Archiveinheiten, 8 laufende Meter, 1582–1934), Akten der Stadt Reichenstein (poln. Złoty Stok, 95 Archiveinheiten, 0,8 laufende Meter, 1549–1945), Akten der Stadt Silberberg (poln. Srebrna Góra, 80 Archiveinheiten, 0,5 laufende Meter, 1574–1851), Akten der Stadt Striegau (poln. Strzegom, 1.756 Archiveinheiten, 36,9 laufende Meter, 1818–1945), Akten der Stadt Waldenburg (3.258 Archiveinheiten, 64,8 laufende Meter, 1654–1945) und Akten der Stadt Wünschelburg (poln. Radków, 393 Archiveinheiten, 5,2 laufende Meter, 1322–1945). Auch in dem Bestand „Sammlung des Heimatmuseums Waldenburg" (203 Archiveinheiten, 2,7 laufende Meter, 1604–1928) befinden sich bedeutende Quellen zum schlesischen Adel wie beispielsweise Matrikeln, adelige Abstammungsbriefe oder Materialien zur Geschichte Waldenburgs und der umliegenden Ortschaften.

Darüber hinaus enthalten die in den Amtsgerichten entstandenen Akten (Grund- und Hypothekenbücher) Informationen über einzelne Adelsgüter (landwirtschaftliche Nutzflächen, Wälder und Wiesen), darunter auch über Kohle- und Erzbergwerke. Zu dieser Gruppe gehören die Aktenbestände der Amtsgerichte in: Bad Landeck (461 Archiveinheiten, 20,8 laufende Meter, [1710] 1879–1945), Bad Reinerz (1.125 Archiveinheiten, 22 laufende Meter, [1741] 1879–1945), Frankenstein[2] (417 Archiveinheiten, 27,4 laufende Meter, [1733] 1879–1945 [1951–1965], unter anderem Materialien zu den Familien Strachwitz, Deym und Preußen), Glatz (1.517 Archiveinheiten, 46,2 laufende Meter, [1710] 1879–1945, darunter Materialien zu den Familien Magnis, Pannwitz, Chamare, Mitrowski, Albert, Humbracht, Frobel, Falkenhausen und Stillfried), Gottesberg[3] (6.159 Archiveinheiten, 57 laufende Meter, [1867] 1879–1945, unter anderem Materialien zu den Familien Pleß und Woikowski), Habelschwerdt (10.995 Archiveinheiten, 120 laufende Meter, [1790] 1879–1945), Lewin (3.393 Archiveinheiten, 45,3 laufende Meter, [1750] 1879–1945, darunter Materialien zu den Familien Camitz, Dallwitz und Mutius), Mittelwalde[4] (5.417 Archiveinheiten, 50 laufende Meter, [1734] 1879–1945, unter anderem Materialien zur Familie Althann), Neurode (7.079 Archiveinheiten, 61,9 laufende Meter, [1710] 1879–1945, darunter Materialien zu den Familien Magnis und Pilatti), (Nieder) Wüstegiersdorf (poln. Głuszyca, 82 Archiveinheiten, 5,8 laufende Meter, [1677] 1879–1945), Nimptsch (1.776 Archiveinheiten, 31,6 laufende Meter, [1701] 1879–1945, unter anderem Materialien zu den Familien Pfeil und Kockwitz), Reichenbach (poln. Dzierżoniów, 79 Archiveinheiten, 5 laufende Meter, [1709] 1879–1945), Reichenstein[5] (84 Archiveinheiten, 6,9 laufende Meter, [1661] 1879–1945, darunter Materialien zu den Hohenzollern), Schweidnitz (poln. Świdnica, 20.908 Archiveinheiten, 247 laufende Meter, [1661] 1879–1945,

---

2 Ein Teil der Akten wurde während des Hochwassers im Jahr 1997 beschädigt.

3 Zu diesem 2003 von der aufgelösten Abteilung in Gottesberg-Rothenbach überführten Bestand existieren keine archivalischen Hilfsmittel.

4 Ein Teil der Akten wurde während des Hochwassers im Jahr 1997 beschädigt, so daß zur Zeit nur die Grundbücher einzelner Ortschaften zugänglich sind.

5 Ein Teil der Akten wurde während des Hochwassers im Jahr 1997 beschädigt.

darunter Materialien zu den Familien Moltke, Waldenburg, Seher-Thoss, Pückler, Getthorn, Winkler, Hochberg, Zedlitz, Zedlitz und Leipe, Blachau, Tschirschky, Keperling und Lüberitz), Striegau (2.106 Archiveinheiten, 52 laufende Meter, [1711] 1879–1944) und Wünschelburg (108 Archiveinheiten, 6,8 laufende Meter, [1749] 1879–1945). Die Bestände der Amtsgerichte in Freiburg in Schlesien (15 Archiveinheiten, 1 laufender Meter, 1733–1874), Friedland (12 Archiveinheiten, 1 laufender Meter, 1735–1839), Münsterberg (11 Archiveinheiten, 0,39 laufende Meter, 1911–1944) und Waldenburg (7 Archiveinheiten, 0,4 laufende Meter, [1745] 1879–1942) sind dagegen nur fragmentarisch überliefert.

Eine weitere für die Erforschung des schlesischen Adels bedeutsame Quellengruppe sind Akten der Bankinstitute wie beispielsweise des Bankhauses Eichborn & Co. in Breslau[6] (4.482 Archiveinheiten, 90 laufende Meter, 1710–1944). Besonders erwähnenswert sind dabei Dokumente, die die zahlreichen Geschäftskontakte des Unternehmens mit Vertretern des Adels widerspiegeln (Korrespondenzen, Kreditverträge), darunter mit den Familien Strachwitz, Hohenlohe, Nostitz, Treutler, Seherr-Thoss und Dyhern. In diesem Bestand befindet sich auch das private Familienarchiv der Eichborn.

Eine Ausnahmeposition unter den Akten nehmen die aus dem Bestand „Auskunftei W. Schimmeplpfeng" stammenden Fragebögen ein, die aus 90.000 Archiveinheiten aus den Jahren 1900 bis 1945 bestehen und einen ausgesprochen detaillierten Einblick in die Besitzverhältnisse des Adels, insbesondere im ländlichen Gebiet, und in die ökonomischen Verhältnisse der Unternehmen, an denen Adelige beteiligt waren, gewähren, wobei der Zugang zu diesen Quellen durch eine alphabetische Anordnung des Bestands erleichtert wird. In den einzelnen Umschlägen befinden sich neben kurzen biographischen Angaben zu den Personen oder Unternehmen auch Presseartikel, Finanzberichte und Anzeigen über die Auflösung, Fusion oder Übernahme einer Firma. Recht häufig wurden dabei die Angaben zum aktuellen Besitzstand von den Eigentümern selbst erstellt, unter denen beinahe alle Vertreter des Adels aus dieser Region zu finden sind.

C. Bestandsanalyse

Die in der relativ jungen Kamenzer Abteilung des Breslauer Staatsarchivs aufbewahrten Materialien ermöglichen die Durchführung interdisziplinärer Forschungen zur Geschichte des Adels in Schlesien. Den Zugang zu den Quellen erleichtern entsprechende archivalische Hilfsmittel (Findbücher, Arbeitsregister), während nur einige wenige Bestände über keine Verzeichnisse verfügen. Bis vor kurzem wurden die Bestände des Kamenzer Archivs nur von Lokalhistorikern benutzt. Das Schicksal einzelner Adelsgeschlechter genoß dagegen eine geringere Aufmerksamkeit. Ein Anstieg des Interesses an der Tätigkeit des Adels in Schlesien ist erst in den letzten

---

6 Ein Teil der Akten wurde ebenfalls während des Hochwassers 1997 beschädigt.

Der Pfandbrief tauchte in den deutschen Territorien im Jahr 1769 auf und diente anfangs als Wertpapier, das – durch Grundbesitz abgesichert – die Gewährung eines Kredits durch die sogenannten Landschaften erleichterte, denen die adeligen Großgrundbesitzer der jeweiligen Region angehörten. Die Abbildung zeigt einen solchen Pfandbrief, der am 24. Juni 1771 ausgestellt wurde und für den als Sicherheit das damals der Familie von Eicke gehörende Gut Nieder-Kummernick (poln. Komorniki) bei Liegnitz (poln. Legnica) diente.
Bildnachweis: Archiwum Państwowe we Wrocławiu, Oddział w Kamieńcu Ząbkowickim, Bestand: Dom Bankowy Eichborn [ohne Signatur], 25f.

Jahren zu verzeichnen, als die in Kamenz überlieferten Quellen für einige von polnischen, tschechischen und deutschen wissenschaftlichen Einrichtungen durchgeführte Forschungsprojekte herangezogen wurden. Besonders erwähnenswert sind hierbei das Projekt „Ökonomische Eliten der schlesischen Zuckerindustrie (1802–1945)", die von Mitarbeitern der Archive in Freiwaldau (tsch. Jeseník) und Nachod (tsch. Náchod) angefertigten Monographien zur Geschichte dieser beiden Regionen und das Forschungsprojekt der Berliner Humboldt-Universität zur wirtschaftlichen Situation in Schlesien während der Weltwirtschaftskrise.

Adam Baniecki

Staatsarchiv Breslau, Abteilung Lauban
(Archiwum Państwowe we Wrocławiu, Oddział w Lubaniu)

A. Gesamtgeschichte und Bedeutung

Die heute zum Staatsarchiv Breslau (Archiwum Państwowe we Wrocławiu) gehörende Abteilung in Lauban (poln. Lubań) entstand 1961 als Kreisarchiv Lauban (Archiwum Powiatowe w Lubaniu) und unterstand unmittelbar dem Staatlichen Archiv der Stadt und Woiwodschaft Breslau. Von 1976 bis 1983 stellte sie eine Expositur des Staatlichen Woiwodschaftsarchivs in Hirschberg (poln. Jelenia Góra) dar, bis 1989 war sie dann dem Staatsarchiv Hirschberg untergeordnet. Eine erneute Veränderung trat im Zusammenhang mit der Umbildung des Hirschberger Archivs in eine Zweigstelle des Staatsarchivs Breslau ein, dem es 1995 als eigenständige Abteilung zugeordnet wurde. Das Zuständigkeitsgebiet des Laubaner Archivs erstreckt sich auf die heutigen Kreise Bunzlau, Lauban und Görlitz (Ost), das heißt auf die früheren, vor 1945 existierenden Kreise Bunzlau und Lauban sowie die heute zur Republik Polen gehörenden Teile der früheren Kreise Görlitz und Zittau. Insgesamt werden hier 366 Bestände mit 42.044 Archiveinheiten (610,75 laufende Meter, Stand 31.12.2008) aufbewahrt. Aus der Zeit vor 1945 stammen 73 Bestände mit 18.667 Archiveinheiten und damit rund 44,4 Prozent des gesamten Archivbestands.

Archiwum Państwowe we Wrocławiu, Oddział w Lubaniu, ul. Bankowa 6, PL-59-800 Lubań, Tel./Fax: +48-75-722-23-00, E-Mail: luban@ap.wroc.pl, Homepage: http://www.ap.wroc.pl [Zugriff am 30.06.2009].

Auswahlliteratur: Baniecki, Adam: Źródła do dziejów Górnych Łużyc do 1945 r. znajdujące się w archiwach państwowych Dolnego Śląska [Quellen zur Geschichte der Oberlausitz bis 1945 in den Staatsarchiven Niederschlesiens]. In: Nowosielska-Sobel, Joanna/Strauchold, Grzegorz (Hg.): Dolnoślązacy? Kształtowanie tożsamości mieszkańców Dolnego Śląska po II wojnie światowej. Wrocław 2007, 83-99; ders.: Quellen zur Geschichte der Oberlausitz bis 1945 in den Staatsarchiven von Niederschlesien. In: Herrmann, Matthias/Weber, Danny (Hg.): Oberlausitz. Beiträge zur Landesgeschichte. Görlitz/Zittau 2004 (Kamenzer Beiträge 5), 101-120; Margas, Czesław: Archiwum Państwowe w Jeleniej Górze. Przewodnik po zasobie [Das Staatsarchiv Hirschberg. Ein Bestandswegweiser]. Jelenia Góra 1984 (Prace Karkonoskiego Towarzystwa Naukowego 32).

B. Bestandsgliederung

Materialien zur Geschichte des schlesischen Adels liegen in den Beständen des Laubaner Archivs nur in kleiner Zahl vor. Diejenigen Quellen, die im weitesten Sinn Angelegenheiten des Adels in der Oberlausitz – die Kreise Lauban und Görlitz wurden 1815 infolge des Wiener Kongresses Schlesien angegliedert – betreffen, befinden sich mehrheitlich in den Beständen „Landständisches Archiv der Oberlausitz" (1372–1933)[1] und „Markgrafschaft Oberlausitz" (1319–1937) in Breslau (poln. Wrocław). Dort werden auch der größte Gutsbestand aus dem Zuständigkeitsgebiet der Laubaner Abteilung, die Gutsakten der Familie Einsiedel in Reibersdorf (poln. Rybarzowice) aus den Jahren 1530 bis 1931, sowie die Bestandsreste eines der größten Güter dieser Region, die Gutsakten der Familie Bibran in Modlau (poln. Modła) von 1453 bis 1791, aufbewahrt.

Unter den in Lauban vorhandenen Materialien sind im Hinblick auf Forschungen zur Adelsgeschichte folgende Bestände besonders erwähnenswert: der Restbestand zu den Gemeinden des Kreises Lauban mit 217 Archiveinheiten (18,0 laufende Meter) aus den Jahren 1551 bis 1926, der unter anderem Rezeßakten mit adeligen Dokumenten aus 48 Gemeinden enthält, und der Bestand des Heimatmuseums Reichenau (poln. Bogatynia) mit 875 Archiveinheiten (2,0 laufende Meter) von 1598 bis 1940, der Rezeßakten, Kaufverträge, Korrespondenzen zwischen der Standesherrschaft Reibersdorf und dem Zisterzienserinnenkloster Marienthal sowie Materialien zur Bauernbefreiung im schlesisch-sächsischen Grenzgebiet enthält. Aus diesem Bestand wurde eine Sammlung mit Siegelabdrücken und -kolben ausgesondert (mit eigenem Verzeichnis), unter denen sich auch Siegel und Autographen von Adeligen befinden.

Aufschlußreiches Material über die wirtschaftliche Tätigkeit des Adels vor 1945 befindet sich in den Katasterakten, die sich aus Büchern und Karten zusammensetzen. Im Laubaner Archiv werden folgende Bestände aufbewahrt: Katasteramt Görlitz (3.247 Archiveinheiten 1861–1945; 10,9 laufende Meter), Katasteramt Zittau (518 Archiveinheiten 1842–1945; 6,2 laufende Meter) und Katasteramt Lauban (1.177 Archiveinheiten 1865–1945; 12,5 laufende Meter).

Im Laubaner Archiv sind darüber hinaus Reste von fünf Gutsbeständen zu finden. Nur in einem Fall, im Bestand der Gutsakten von Sohr-Neundorf (poln. Żarska Wieś), der 21 Archiveinheiten (0,5 laufende Meter) zählt, sind mehr Archivalien ausschließlich wirtschaftlichen Charakters mit Rechnungsbüchern und Inventarlisten zur Milchproduktion und Viehzucht enthalten. Das gesamte Material stammt aus der Zeit, als sich das Gut im Besitz der Familie von Schäffer befand (1875–1945).

Deutlich weniger Materialien befinden sich im zweiten Gutsbestand, in den Gutsakten von Örtmannsdorf (poln. Szyszkowa) mit lediglich vier Archiveinheiten (0,05 laufende Meter). Bemerkenswert ist dabei die Tatsache, daß sich die Akten trotz ihrer Lückenhaftigkeit auf einen längeren Zeitraum (1629–1886) erstrecken (Bestand in der Sammlung ehemals deutscher Akten Nr. 72, 8). Obwohl die Besitzer Örtmannsdorfs seit dem Dreißigjährigen Krieg mehrfach wechselten, stammt die Mehrzahl dieses Materials aus der Zeit, als das Gut im Besitz Friederika Maria von Posadowskys war. Darunter befinden sich Gerichtsakten, Vergleiche aus den Jahren 1629 bis

---

1 Leszczyński, Józef: Stany krajowe Górnych Łużyc w latach 1635–1697 [Die Landstände der Oberlausitz in den Jahren 1635–1697]. Wrocław 1963.

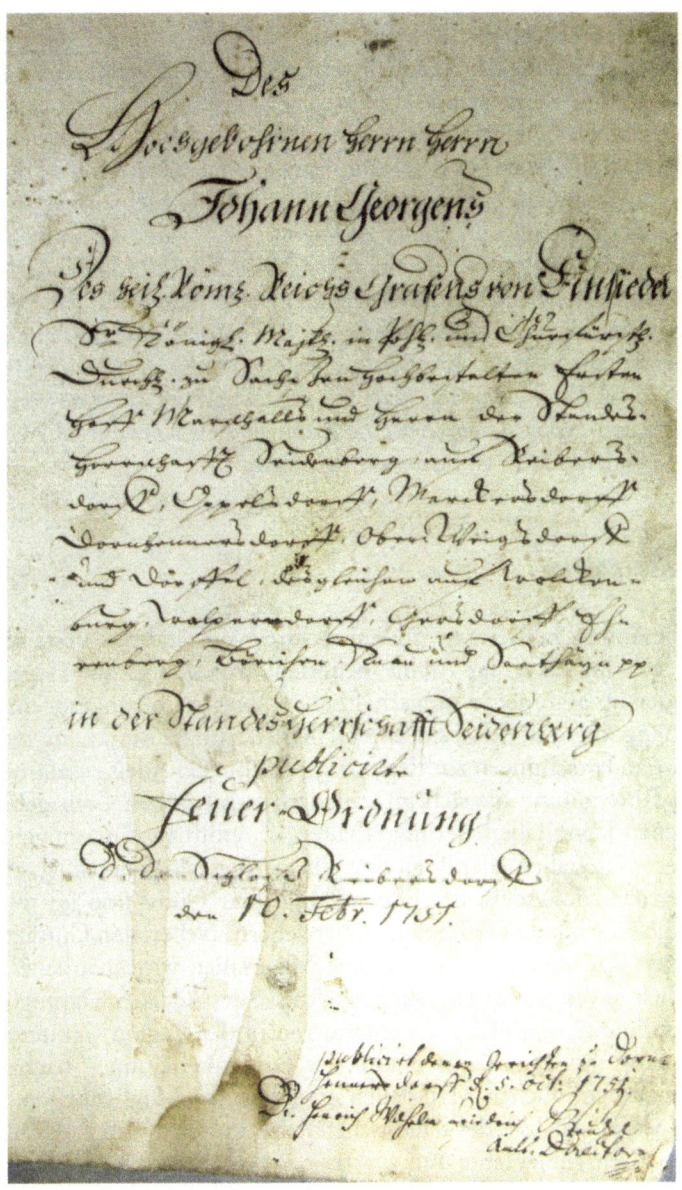

Die im schlesisch-lausitzischen Grenzgebiet gelegene Standesherrschaft Seidenberg (später Reibersdorf-Seidenberg) wurde 1694 Eigentum der Familie Einsiedel. Johann George von Einsiedel (1692–1760), der die Herrschaft 1746 geerbt hatte, war der erste Hofmarschall des sächsischen Kurfürsten und polnischen Königs August III., der den Adeligen 1745 in den Grafenstand erhob. Unter den Maßnahmen des neuen Besitzers nimmt die neue, im Jahr 1751 eingeführte Feuerordnung eine besondere Stellung ein. Die insgesamt 27 Seiten umfassende Instruktion sollte vierteljährlich allen in den Ortschaften der Herrschaft lebenden Personen vorgelesen und erläutert werden.

Bildnachweis: Archiwum Państwowe we Wrocławiu, Oddział w Lubaniu, Zbiory Muzeum regionalnego w Bogatyni 1598–1940, Sign. 112, 1.

1886, Untertanenregister mit Geburts- und Sterbedaten und Dienstzeiten (1786–1812) sowie verschiedene Akten zu wirtschaftlichen Angelegenheiten (1727–1771).

Die übrigen drei Restbestände umfassen jeweils eine Archiveinheit mit vorwiegend ökonomischen Quellen: Gutsakten von Waldau (poln. Wykroty; 0,02 laufende Meter 1836–1838; Bestand in der Sammlung ehemals deutscher Akten Nr. 72, 6), Gutsakten von Tzschocha (poln. Czocha; 0,02 laufende Meter 1854–1855; Bestand in der Sammlung ehemals deutscher Akten Nr. 72, 7) und Gutsakten von Nieder Gruna (poln. Gronów) und Carlsdorf (poln. Gronów; 0,03 laufende Meter 1845–1901; Bestand in der Sammlung ehemals deutscher Akten Nr. 72, 24). Besondere Bedeutung besitzt die aus der Überlieferung der Familie von Bibran auf Gut Modlau stammende, aus beinahe 200 Briefen bestehende Korrespondenz Abraham von Bibrans (1575–1625).[2] Über den Nachlaß von Johanna Christine von Spanich aus Markersdorf (poln. Markocice), der eine Archiveinheit aus dem Jahr 1832 mit 0,01 laufenden Metern umfaßt, ist bisher wenig bekannt.

C. Bestandsanalyse

Die nicht besonders zahlreichen, zudem recht unvollständigen Bestände von Gutsakten, die sich im Laubaner Archiv befinden, wurden bis zur Gegenwart kaum erforscht oder im Rahmen wissenschaftlicher Arbeiten herangezogen. Mit großer Sicherheit hängt dies mit dem schlechten Überlieferungszustand und dem mangelnden Interesse an Forschungen zur Regionalgeschichte des Adels zusammen. Bei mehr als hundert Rittergütern, die sich im schlesisch-lausitzischen Grenzgebiet befanden und von denen keine Überlieferung erhalten ist, eröffnen die wenigen heute noch existierenden Materialien allerdings eine einzigartige Möglichkeit, das Wissen über einzelne Vertreter des Adels, die Entwicklung ihrer Güter und im weitesten Sinn auch über die Geschichte der Region zu bereichern. Neben den Gutsakten erlauben die erhaltenen Katasterbücher und andere Materialien wirtschaftlichen Charakters einen Einblick in die ökonomischen Verhältnisse des Adels. Sie ermöglichen somit, politische und gesellschaftliche Veränderungen in der Region – unter anderem im Zusammenhang mit Frondiensten und der Bauernbefreiung – nachzuvollziehen. Die in Lauban befindlichen Materialien erweitern die Möglichkeiten, Studien zur Geschichte desjenigen Teils des schlesischen Adels durchzuführen, der im schlesisch-lausitzischen Grenzgebiet lebte und wirkte.

---

2 Dieser Bestand enthält unter anderem Briefe von Caspar Dornau (Dornavius), Isaak Casaubonus, Janus Gruterus, Jakob Monavius, Justus Lipsius und Balthasar Moretus an Abraham von Bibran sowie einige Briefkonzepte des letzteren. Zu diesem Bestand vgl. Białek, Edward/Mrozowicz, Wojciech: Abraham von Bibran i jego zbiór autografów w tzw. Kodeksie z Modły [Abraham von Bibran und seine Autographensammlung im sog. Modlauer Kodex]. In: Orbis Linguarum 35 (2009) 201-208.

Edyta Łaborewicz

Staatsarchiv Breslau, Abteilung Liegnitz
(Archiwum Państwowe we Wrocławiu, Oddział w Legnicy)

A. Gesamtgeschichte und Bedeutung

Die zum Staatsarchiv Breslau (Archiwum Państwowe we Wrocławiu) gehörende Abteilung in Liegnitz (poln. Legnica) entstand 1953 als Staatliches Kreisarchiv Liegnitz (Powiatowe Archiwum Państwowe w Legnicy) und unterstand unmittelbar dem Staatlichen Archiv der Stadt und Woiwodschaft Breslau (Archiwum Państwowe Miasta Wrocławia i Województwa Wrocławskiego). Seit 1959 ist das Liegnitzer Archiv, das seit seiner Gründung an verschiedenen Orten untergebracht war und sich seit November 2001 am jetzigen Standort befindet, eine Filiale des Breslauer Staatsarchivs.

Im heutigen Zuständigkeitsgebiet des Archivs existierten bis 1945 städtische Archive, darunter das bedeutende Stadtarchiv Liegnitz, dessen Bestände während des Zweiten Weltkriegs teilweise ausgelagert und nach Kriegsende in der Nähe von Hirschberg (poln. Jelenia Góra) wieder aufgefunden wurden. Aufbewahrt wurden sie dann zunächst im Stadtarchiv Hirschberg (Archiwum Miejskie w Jeleniej Górze) und ab 1948 im Breslauer Staatsarchiv. Die ältesten Archivalien gelangten in größerer Zahl nach 1959 nach Liegnitz, wobei auch Akten aus dem Breslauer Staatsarchiv gemäß dem Territorialprinzip zurückgegeben wurden.

Zu den wertvollsten Beständen des Liegnitzer Archivs zählen die Akten der Städte Liegnitz (seit 1280), Jauer (poln. Jawor, seit dem Beginn des 14. Jahrhunderts), Lüben (poln. Lubin), Schönau an der Katzbach (poln. Świerzawa), Haynau (poln. Chojnów), Bolkenhain (poln. Bolków) und Goldberg (poln. Złotoryja), die Akten der evangelisch-lutherischen Pfarreien, der Friedenskirche in Jauer (Mitte des 17. bis Mitte des 20. Jahrhunderts), der St. Peter und Paul-Kirche (der heutigen Liegnitzer Kathedrale) und der Marienkirche in Liegnitz (16. bis 20. Jahrhundert), die Akten der Katasterämter in Liegnitz und Glogau (poln. Głogów) einschließlich der Katasterkartensammlung (ab 1861) sowie Akten der Amtsgerichte in Haynau, Liegnitz und Bolkenhain (die ältesten Einträge stammen aus dem 17. Jahrhundert). Insgesamt befinden sich in diesem Archiv 827 Bestände mit 146.974 Archiveinheiten (2.064,8 laufende Meter, Stand 30.11.2008). Aus der Zeit vor 1945 stammen 269 Bestände mit 70.708 Archiveinheiten, das heißt etwa 50 Prozent des gesamten Archivbestands. Das Zuständigkeitsgebiet der Liegnitzer Zweigstelle erstreckt sich auf die heutigen Kreise Glogau, Goldberg, Jauer, Liegnitz, Lüben und Polkwitz.

Archiwum Państwowe we Wrocławiu, Oddział w Legnicy, al. Piłsudskiego 1, PL-59-220 Legnica, Tel./Fax: +48-76-856-34-78, E-Mail: legnica@ap.wroc.pl,

Homepage: http://www.ap.wroc.pl (Homepage des Staatsarchivs Breslau) [Zugriff am 31.08.2009].

Auswahlliteratur: Pazoła, Barbara: 50 lat Archiwum Państwowego w Legnicy 1953–2003 [50 Jahre Staatsarchiv Liegnitz 1953–2003]. In: Archiwista Polski 10/1 (2005) 39-52; Łaborewicz, Edyta: Akta metrykalne w zasobie Archiwum Państwowego w Legnicy i możliwości prowadzenia badań genealogicznych [Matrikeln in den Beständen des Staatsarchivs Liegnitz und Perspektiven genealogischer Forschungen]. In: Szkice Legnickie 24 (2003) 173-186; Rollauer, Tadeusz (Hg.): 45 lat Archiwum Państwowego w Legnicy 1953–1998 [45 Jahre Staatsarchiv Liegnitz 1953–1998]. Legnica 1998; Kobzdaj, Eugeniusz (Hg.): Informacja o zasobie Archiwum Państwowego w Legnicy [Informationen über die Bestände des Staatsarchivs Liegnitz]. Legnica 1979; ders.: Archiwum Państwowe w Legnicy. Rys historyczny [Das Staatsarchiv Liegnitz. Ein historischer Abriß]. In: Szkice Legnickie 1 (1962) 199-214; Pasławska, Janina: Zarys dziejów Archiwum i zawartość zasobu miasta Legnicy [Abriß der Archivgeschichte und Bestandsinhalt der Stadt Liegnitz]. In: Śląski Kwartalnik Historyczny Sobótka 15/2 (1960) 259-264.

B. Bestandsgliederung

Der größte den Adel betreffende und aus dem Zuständigkeitsgebiet des Liegnitzer Archivs stammende Bestand sind die Gutsakten der Familien Nostitz und Wolkenstein aus Lobris (poln. Luboradz), die 1.876 Archiveinheiten aus den Jahren 1546 bis 1930 umfassen und sich zur Zeit im Breslauer Staatsarchiv befinden.[1]

Quellen zur Geschichte des schlesischen Adels aus den Beständen des Liegnitzer Archivs befinden sich dagegen hauptsächlich in den städtischen Akten, den Akten der staatlichen Verwaltung, das heißt der Katasterämter und der Amtsgerichte, den kirchlichen Akten und in Materialien wirtschaftlichen Charakters, vor allem Gutsakten. In den städtischen Akten sind unter anderem Quellen zur Geschichte der Bethusy, Brauchitsch, Kalckreuth, Bock, Nostitz, Redern, Mauschwitz, Packisch, Rothkirch, Schweinichen, Schaffgotsch, Scharnhorst, Wedel und anderer Adelsfamilien überliefert. In dieser Gruppe sind folgende Bestände besonders erwähnenswert: Akten der Stadt Jauer (1.801 Archiveinheiten, 60,5 laufende Meter, 1326–1940 [1944]) – hier befinden sich unter anderem Materialien zu Anna Elisabeth Erdmuth von Schickfuß und den Freiherren von Richthofen auf Peterwitz (poln. Piotrowice), Akten der Stadt Liegnitz (5.829 Archiveinheiten, 154,9 laufende Meter, [1252] 1281–1945), Akten der Stadt Lüben (617 Archiveinheiten, 16 laufende Meter, [1295] 1605–1944) – darunter auch Quellen zu Christiane Henriette von Bornsdorff, geborene von Zehmen, Akten der Stadt Goldberg (1.358 Archiveinheiten, 16 laufende Meter, 1532–1945) – darunter auch Materialien zu Friedrich von Gellhorn, Akten der Stadt Schönau (2.972 Archiveinheiten, 64 laufende Meter, [1316] 1504–1945), Akten der Stadt Bolkenhain (888 Archiveinheiten, 27,6 laufende Meter, [1460] 1506–1937) und eine Materialsammlung zur Stadt Liegnitz (129 Archiveinheiten, 0,8 laufende Meter, 1345–1873). Quellen zum schlesischen Adel

---

1 Vgl. den Beitrag von Rościsław Żerelik über das Breslauer Staatsarchiv in diesem Band.

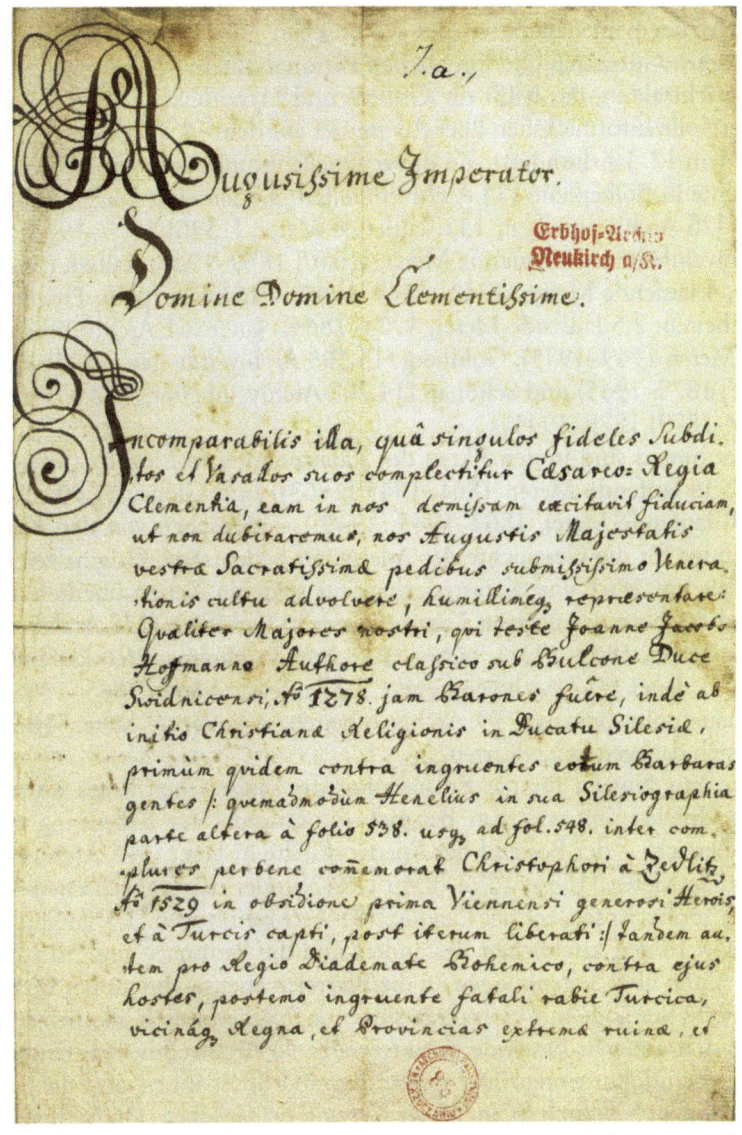

Das ursprünglich aus dem Pleißenland stammende Rittergeschlecht von Zedlitz gelangte Ende des 13. Jahrhunderts nach Schlesien – die erste Erwähnung in den Quellen stammt aus dem Jahr 1282. Im 14. Jahrhundert stand die Familie im Dienst der Herzöge von Schweidnitz-Jauer und erwarb vor allem in der Umgebung von Schweidnitz (poln. Świdnica) und Liegnitz (poln. Legnica) zahlreiche Güter. Die Linie Zedlitz von Neukirch zählte bereits zu Beginn des 17. Jahrhunderts zum Reichsgrafenstand; ein Jahrhundert später bemühte sich dieser Familienzweig auch um Aufnahme in den ungarischen Grafenstand. Die Abbildung zeigt eine von „Sigismundus Seifridus" und „Jobus Abrahamus a Zedlitz" unterzeichnete Petition an Kaiser Joseph I. vom 3. Dezember 1722, die mit einer detaillierten Darstellung der Familiengeschichte in Schlesien seit 1278 beginnt.
Bildnachweis: Archiwum Państwowe we Wrocławiu Oddział w Legnicy, Akta rodu Zedlitzów w Nowym Kościele, Sign. 10a, 1.

finden sich zudem in den Akten des schlesischen Fürstentags, den Gerichtsakten (Fürstenrecht), Gutsakten und kirchlichen Patronatsakten.

Die Gerichtsakten, das heißt die Grund- und Hypothekenbücher sowie -akten, liefern wertvolle Informationen über Adelsgüter aus dem 18. Jahrhundert (vereinzelt auch aus dem 17. Jahrhundert). Zu dieser Quellengruppe gehören die Bestände der Amtsgerichte in Bolkenhain (55 Archiveinheiten, 3,5 laufende Meter, 1654–1860), Haynau (226 Archiveinheiten, 13,6 laufende Meter, [1536] 1879–1944), Liegnitz (315 Archiveinheiten, 11 laufende Meter, [1646] 1879–1944), Lüben (282 Archiveinheiten, 4 laufende Meter, [1743] 1879–1945), Parchwitz (poln. Prochowice, 38 Archiveinheiten, 2,5 laufende Meter, 1724–1864), Jauer (61 Archiveinheiten, 0,37 laufende Meter, 1749–1945), Goldberg (15.305 Archiveinheiten, 252 laufende Meter, [1684] 1879–1945) und Schönau (14.207 Archiveinheiten, 172,6 laufende Meter, [1719–1879] 1879–1945).

Darüber hinaus sind in den Akten der Katasterämter in Liegnitz (3.040 Archiveinheiten, 38 laufende Meter, 1861–1945 [1963]) und Glogau (1.804 Archiveinheiten, 20 laufende Meter, 1862–1943 [1949]) – abgesehen von den Katasterbüchern – einige für die Geschichte der Adelsgüter bedeutsame Originalzeichnungen aus der Zeit um 1861 und Katasterkarten aus späteren Zeiten überliefert. In den Akten und Büchern der übrigen Katasterämter in Goldberg (228 Archiveinheiten, 3 laufende Meter, 1865–1921), Lüben (931 Archiveinheiten, 26,6 laufende Meter, 1862–1942), Jauer (357 Archiveinheiten, 7,5 laufende Meter, 1865–1945 [1974]) und Steinau (poln. Ścinawa, 79 Archiveinheiten, 3 laufende Meter, 1862–1937) befinden sich dagegen keine Karten.

Von großem Nutzen für die Erforschung des schlesischen Adels dürften auch kirchliche Quellen sein wie zum Beispiel – aufgrund ihrer Bedeutung und ihres Wirkungsbereichs – der Bestand der Friedenskirche in Jauer (915 Archiveinheiten, 15,1 laufende Meter, [1634] 1652–1945 [1947]) oder der evangelischen Kirche in Hochkirch (poln. Kościelec) bei Liegnitz (81 Archiveinheiten, 1,5 laufende Meter, 1538–1945). In den kirchlichen Beständen sind die Patronats- und Stiftungsakten sowie die Akten über Schenkungen an die Pfarreien ebenso von großer Bedeutung.

Gesonderte Bestände mit Gutsakten sind nur fragmentarisch überliefert. Hierbei handelt es sich um acht Bestände mit insgesamt 96 Archiveinheiten, hauptsächlich losen Pergamentdokumenten. Der größte Bestand unter ihnen sind die Akten der Familie Zedlitz in Neukirch (poln. Nowy Kościół) bei Goldberg (36 Archiveinheiten, 0,4 laufende Meter). Hier befinden sich unter anderem den Familienbesitz betreffende Verträge und Abkommen (1465–1670), Erbschaftsakten (1735–1779), Vormundschaftsakten (1747–1749), Akten zur Erbuntertänigkeit und Patronatsakten (1654–1809), Ablösungsakten (1696–1767) sowie Erinnerungen und Beschreibungen (1741–1920). Der Gutsbestand von Kauffung (poln. Wojcieszów) bei Goldberg besteht dagegen aus 21 Archiveinheiten mit 0,2 laufenden Metern (1530–1799).

Zu den restlichen sechs Beständen, die sich alle in der Sammlung „Kolekcja OT nr I. Szczątki różnych zespołów akt niemieckich" (Sammlung OT nr I. Reste verschiedener deutscher Aktenbestände) befinden, zählen die Gutsakten von Baritsch (poln. Barycz) bei Jauer (1 Archiveinheit, Pergamentdokument von 1711), die Gutsakten von Groß Neudorf (poln. Nowa Wieś Wielka) bei Jauer (13 Archiveinheiten [Dokumente], 1807–1866), die Gutsakten von Poischwitz (poln. Paszowice) bei Jauer (1 Archiveinheit, Dokument von 1653), die Gutsakten von Heinzenburg (poln. Włoszczów) bei Lüben (13 Archiveinheiten [Dokumente], 1422–1770), die Gutsakten von Hohenliebenthal (poln. Lubiechowa) bei Goldberg (4 Archiveinheiten, 0,12 laufende Meter, 1814–1829) und die Gutsakten von Semmelwitz (poln. Zębowice) bei Jauer (7 Archiveinheiten [Dokumente], 1596–1758). All diese Quellen betreffen finanzielle und Besitzangelegenheiten.

Im Liegnitzer Archiv sind auch Gemeindeakten – größtenteils als Überreste in dem bereits erwähnten Bestand „Kolekcja OT nr I." – überliefert. Aus dem Kreis Jauer sind es die Akten der Gemeinde Alt Röhrsdorf (poln. Stare Rochowice, 12 Archiveinheiten, 0,32 laufende Meter, 1638–1915), aus dem Kreis Liegnitz die Akten der Gemeinden Jakobsdorf (poln. Jakuszów, 1 Archiveinheit, 1550–1630), Kampern (poln. Kępy, 4 Archiveinheiten, 0,12 laufende Meter, 1743–1878), Pfaffendorf (poln. Piątnica, 2 Archiveinheiten, 0,07 laufende Meter, 1615–1712), Alt Beckern (poln. Stare Piekary, 1 Archiveinheit, 1535–1819), Groß Beckern (poln. Piekary Wielkie, 1 Archiveinheit, 1774–1793), Groß Tinz (poln. Tyniec Legnicki, 2 Archiveinheiten, 0,05 laufende Meter, 1621–1796), Wangten (poln. Wągrodno, 3 Archiveinheiten, 0,12 laufende Meter, 1731–1854) und Klemmerwitz (poln. Kłębanowice, 1 Archiveinheit, 1791–1830), aus dem Kreis Neumarkt die Akten der Gemeinden Jerschendorf (poln. Jarosław, 3 Archiveinheiten, 0,1 laufende Meter, 1605–1816) und Luschwitz (poln. Lisowice, 2 Archiveinheiten, 0,08 laufende Meter, 1688–1846), aus dem Kreis Goldberg die Akten der Gemeinden Göllschau (poln. Goliszów, 1 Archiveinheit, 1824–1829), Gohlsdorf (poln. Gołocin, 3 Archiveinheiten, 0,1 laufende Meter, 1693–1847), Neukirch (4 Archiveinheiten, 0,12 laufende Meter, 1648–1873), Panthenau (poln. Pątnów, 1 Archiveinheit, 1766–1842) und Pohlsdorf (poln. Pawlikowice, 2 Archiveinheiten, 0,07 laufende Meter, 1711–1839) sowie aus dem Kreis Lüben die Akten der Gemeinde Barschau (poln. Barszów, 9 Archiveinheiten, 0,25 laufende Meter, 1586–1752).

Zu den besser überlieferten Beständen in dieser Gruppe gehören die Akten der Gemeinden Neudorf am Gröditzberge (poln. Nowa Wieś Grodziska, 24 Archiveinheiten, 1,5 laufende Meter, 1580–1881) und Woitsdorf (poln. Wojciechów, 23 Archiveinheiten, 0,61 laufende Meter, 1718–1931), in denen Materialien zu den Besitzverhältnissen und zur Bauernbefreiung sowie in einigen Fällen auch Urbare erhalten sind.

C. Bestandsanalyse

Die im Liegnitzer Archiv verwahrten Gutsbestände, insbesondere diejenigen aus der Sammlung „Kolekcja OT nr I.", sind kaum erschlossen, verfügen über keinerlei archivalische Hilfsmittel und wurden bisher kaum für wissenschaftliche Arbeiten herangezogen. Mit entsprechenden Einführungen versehene Findbücher zu diesen

Beständen, deren Erstellung ein grundlegendes Forschungsdesiderat darstellt, werden in Zukunft den Quellenzugang für Forschungen zum schlesischen Adel erleichtern. Dagegen wurden die städtischen Akten, insbesondere diejenigen von Liegnitz, Jauer, Lüben und Goldberg, die Akten der Friedenskirche in Jauer oder auch die Gerichtsakten wesentlich häufiger wissenschaftlich ausgewertet, obwohl anhand der vorliegenden Dokumentation nicht mit Sicherheit festgestellt werden kann, ob diese Quellen tatsächlich Grundlage konkreter Forschungen zu einzelnen schlesischen Adelsgeschlechtern waren.

Tadeusz Dzwonkowski

Staatsarchiv Grünberg
(Archiwum Państwowe w Zielonej Górze)

A. Gesamtgeschichte und Bedeutung

Das heutige Zuständigkeitsgebiet des Staatsarchivs Grünberg umfaßt die Gebiete der ehemaligen Herzogtümer Glogau und Sagan sowie der Standesherrschaft Beuthen-Carolath. Hier wurden 1815/16 neue Verwaltungseinheiten eingerichtet: die Kreise Sagan, Sprottau, Glogau, Grünberg, Freystadt, Guhrau und teilweise Züllichau-Schwiebus, die mit nur geringen Grenzveränderungen in den Jahren 1932/33 und 1937 bis 1945 Bestand hatten und mehreren staatlichen Archiven in Breslau (poln. Wrocław), Berlin, Posen (poln. Poznań) und Dresden unterstanden. Die Mehrzahl der Akten aus diesem Gebiet wurde ab 1811 nach Breslau gebracht, während an ihren alten Aufbewahrungsorten vor allem die laufenden Registraturen verblieben. Nur noch vereinzelt stößt man auf Registraturen aus der Zeit Friedrichs II. von Preußen, die in den Stadt- und Kreisverwaltungen verwahrt wurden. Einige spätmittelalterliche Akten wurden dabei auch von zahlreichen örtlichen Heimatvereinen zusammengetragen.

Nach der Besetzung des nordwestlichen Teils Schlesiens durch die Rote Armee im Februar 1945 übernahmen die sowjetischen Sicherheitsdienste (NKWD) einen Teil der Akten aus Behörden, Institutionen und Industriebetrieben, darunter vor allem Personalakten, die der Identifizierung von Menschen dienen sollten. Übernommen wurden ebenfalls technische Unterlagen von Maschinen und anderen Einrichtungen, um sie bei der Bestandsaufnahme des in die Sowjetunion gebrachten Reparationsgutes zu nutzen. Die restlichen Akten blieben lange unbeaufsichtigt und wurden nicht selten von den ankommenden polnischen Siedlern als „deutsche Überreste" absichtlich zerstört.

Im Jahr 1947 beschloß die polnische Regierung die Übernahme der deutschen Archivbestände in den sogenannten „Wiedergewonnenen Gebieten" durch die polnischen Archive. Für die Durchführung war in den zur damaligen Woiwodschaft Niederschlesien gehörenden Kreisen das Staatsarchiv Breslau zuständig. Erheblich erschwert wurde das Vorhaben durch den Mangel an Transportmitteln und geeignetem Personal. Erst nach der Bildung der Woiwodschaft Grünberg ordnete der polnische Ministerpräsident am 2. Februar 1950 die Gründung eines Staatlichen Woiwodschaftsarchivs in Grünberg (poln. Zielona Góra) an, die schließlich am 15. September 1953 realisiert wurde. Mit der Leitung des zunächst in Züllichau (poln. Sulechów) untergebrachten Archivs wurde Dr. Tadeusz Mencel betraut. Der neuen Einrichtung unterstanden die bereits existierenden Kreisarchive in Landsberg an der Warthe (poln. Gorzów Wielkopolski; entstanden 1950) und Sprottau (poln. Szprotawa; entstanden 1952, später als Expositur und Abteilung bis zur Auflösung im Jahr 2002). Nachdem das Archiv 1959 an den neuen Standort im Schloß von Polnisch Kessel (poln. Stary Kisielin) verlegt worden war, wurde 1967 in Sorau (poln. Żary) eine Filiale des Kreisarchivs Sprottau eingerichtet, die die Akten aus dem Kreis Sagan aufnahm und 1981 eine Abteilung des Staatlichen Woiwodschaftsarchivs Grünberg wurde. Trotz der Veränderung des Zuständigkeitsgebiets infolge der Verwaltungsreform von 1975 verblieb das in Polnisch Kessel gesammelte Archivmaterial am alten Standort.

Das Archiv umfaßt insgesamt 1.933 Bestände mit 5.476 laufenden Metern und 407.387 Archiveinheiten (Stand 2005), von denen rund 1.420 laufende Meter vom Mittelalter bis zum Jahr 1945 entstanden.

Archiwum Państwowe w Zielonej Górze, ul. Pionierów Lubuskich 53, PL-66-002 Stary Kisielin, Tel.: +48-68-329-98-01, Fax: +48-68-329-98-02, E-Mail: archiwzg@ poczta.onet.pl, Homepage: http://www.archiwum.zgora.pl [Zugriff am 02.12.2009].

Auswahlliteratur: Bujkiewicz, Zbigniew/Strzyżewski, Wojciech (Hg.): Informator o zasobie Archiwum Państwowego w Zielonej Górze [Wegweiser durch die Bestände des Staatsarchivs Grünberg]. Zielona Góra 2003.

B. Bestandsgliederung

Die im Grünberger Archivbestand befindlichen Quellen zur Geschichte des schlesischen Adels stellen einen relativ kleinen Teil dar. Hierzu gehören verschiedene Gruppen von Akten: Familien- und Herrschaftsakten aus Privatarchiven und Nachlässen, Gerichtsakten und Akten der allgemeinen Verwaltung einschließlich der städtischen und Gemeindeakten, die jedoch alle in einem recht unvollständigen Zustand überliefert sind. Den großen Verlusten während des Dreißigjährigen Krieges folgten Zerstörungen während der Napoleonischen Kriege im frühen 19. Jahrhundert. Zu einer Zerstreuung der Materialien kam es ebenfalls infolge von Besitzveränderungen, die hauptsächlich nach 1850 eintraten. Am häufigsten konnten sich vor allem die Archive wohlhabender Geschlechter und größerer Gutsherrschaften erhalten, die jedoch auch unter der Weltwirtschaftskrise litten, als verschuldete Landgüter aufgeteilt und verkauft werden mußten. Die dabei entstandenen Verluste können in manchen Kreisen auf 25 Prozent geschätzt werden. Die größten Zerstörungen, etwa 30 bis 40 Prozent der verbliebenen Akten, erfolgten schließlich in den Jahren 1939 bis 1945 und in den Monaten unmittelbar nach Ende des Zweiten Weltkriegs. Dabei war nur ein geringer Teil der Materialien noch vor Kriegsende von den Eigentümern nach Westen gebracht worden. Für weitere Zerstörungen sorgten die administrativen Maßnahmen der häufig auf größeren Gütern untergebrachten Roten Armee sowie Plünderer. Auch das fehlende Interesse der polnischen Verwaltung an deutschen Archivalien trug zur Vernichtung der Akten bei. Erst einige Jahre nach Kriegsende wurde mit der Sicherung der Archivbestände begonnen, so daß auf diese Weise in das Grünberger Archiv lediglich 41 Bestände mit Familien- und Gutsakten gelangten. Abgesehen vom Bestand des Großgrundbesitzes in Deutsch Wartenberg (poln. Otyń) sind in den übrigen Beständen heute schätzungsweise vier bis fünf Prozent des ursprünglichen Umfangs erhalten.

1. Familien- und Gutsarchive

Herrschaft Deutsch Wartenberg (Nr. 89/161, 4.460 Archiveinheiten, 1508–1941): Dieser Güterkomplex entstand bereits Mitte des 14. Jahrhunderts unter dem damaligen Besitzer Sigismund von Zabel (Zabelitz). Die Rittergüter in Deutsch Wartenberg und acht benachbarten Dörfern kauften 1516 die Brüder Hans und Nicel von Rechenberg. 1610 wurden dann Johann Ernst von Sprintzenstein und seine Frau Helene, geborene von Rechenberg, Besitzer der Herrschaft, bevor diese 1642 an den Jesuitenorden überging und bis 1776 in dessen Besitz blieb. 1787 kaufte der Herzog von Kurland, Peter von Biron, die Herrschaft, die bis 1862 seiner dritten Tochter Dorothea de Talleyrand-Périgord gehörte. Der Bestand umfaßt vor allem Materialien aus dem 19. Jahrhundert mit wirtschaftlichem Charakter. Von Bedeutung für die Adelsforschung sind hier in erster Linie Akten über Besitzstreitigkeiten zwischen den Familien Rechenberg und Sprintzenstein.

Herzogliches Archiv zu Sagan (poln. Żagań; Nr. 89/178, 737 Archiveinheiten, 1653–1927): Das Herzogtum Sagan entstand 1284 und wurde zunächst von den Piasten regiert, bevor es die Wettiner 1472 erwarben. 1549 gelangte es in den unmittelbaren Besitz der Habsburger, die 1627 Albrecht von Wallenstein und 1646 Wenzel Eusebius von Lobkowitz, den späteren kaiserlichen Rat Leopolds I., mit dem Herzogtum belehnten. 1786 kaufte Peter von Biron das Herzogtum, das seine älteste Tochter Wilhelmine im Jahr 1800 erbte. 1839 fiel das Herzogtum an deren Schwester Pauline Maria Luise, die Ehefrau des Fürsten Friedrich von Hohenzollern-Hechingen, und später an Dorothea de Talleyrand-Périgord. Nach deren Tod 1862 erbte Dorotheas Enkel Boson de Talleyrand-Périgord das Herzogtum. Ein Teil der Akten gelangte ins Breslauer Staatsarchiv, während das Familienarchiv noch im Jahr 1945 aus Sagan weggebracht werden konnte. Darüber hinaus wurde die Mehrzahl der Wirtschaftsakten in den Jahren 1945 bis 1954 zerstreut. Unter den erhaltenen Akten ist von besonderer Bedeutung das Herzogliche Archiv aus den Jahren 1652 bis 1862 (Sign. 1-319) mit genealogischen Quellen zu den Familien Biron und Talleyrand, Akten der Erbschaftskommission, die nach Peter von Birons Tod die Auflösung des kurländischen Lehens und die Nachfolge im Herzogtum Sagan regelte, Verzeichnissen der Kunst-, Waffen-, Münzen- und Büchersammlungen, Inventaren der Immobilien, Korrespondenzen mit Banken, Unterlagen zu Hoffesten, Akten der herzoglichen Kammerbeamten und Berichten über die land-, forst- und teichwirtschaftlichen Aktivitäten sowie das Jagdwesen.

Gutsherrschaft Nettkau (poln. Nietków; Nr. 89/6, 11 Archiveinheiten, 1689–1862): Zu den Besitzern von Nettkau gehörten im 15. Jahrhundert Nicel von Newenwelder und Siegismund von Rothenburg, dessen Familie die Herrschaft 1788 an Peter von Biron verkaufte. Ihm folgten zunächst seine Tochter Pauline Maria Luise und im Jahr 1838 deren Sohn Friedrich Wilhelm Konstantin, der letzte regierende Fürst von Hohenzollern-Hechingen. Dessen aus einer nicht standesgemäßen

Die Abbildung zeigt die letzte Seite des am 15. April 1809 geschlossenen Ehevertrags zwischen Dorothea Biron und Alexandre Edmond de Talleyrand-Périgord. Dorothea stammte aus dem Geschlecht der Herzöge von Kurland, die 1786 in den Besitz des Herzogtums Sagan gelangt waren. Da ihr leiblicher Vater der polnische Diplomat Graf Aleksander Batowski war, wuchs sie im Umfeld polnischer Adeliger auf. Ihr Ehemann war der Neffe des französischen Außenministers Charles-Maurice de Talleyrand-Périgord. Dorothea, die eine Geliebte dieses herausragenden Ministers war, wurde nicht zuletzt wegen ihrer Liebenswürdigkeit und Intelligenz eine der einflußreichsten Personen Europas in der ersten Hälfte des 19. Jahrhunderts. Nach dem Tod Talleyrands ließ sie sich auf ihren niederschlesischen Gütern nieder.
Bildnachweis: Archiwum Państwowe z Zielonej Górze, Archiwum Książąt Żagańskich, Sign. 2.

Ehe stammenden Kinder Friederike Wilhelmine Elisabeth, Friedrich Wilhelm Karl und Wilhelm Friedrich Ludwig Gustav traten schließlich 1866 mit dem Prädikat von Rothenburg die Nachfolge an. Die erhaltenen Bestandsreste wurden 1969 vom Archiv übernommen. Obwohl das Rittergut an der Grenze der Kreise Crossen an der Oder und Grünberg lag, spielten seine Besitzer eine bedeutende Rolle in der Geschichte des schlesischen Adels. Von besonderem Interesse sind die überlieferten Besitzunterlagen der Familie Rothenburg aus den Jahren 1689 bis 1703. Erwähnenswert ist in diesem Zusammenhang die Tatsache, daß Ende des 19. Jahrhunderts 91 Dokumente, die bis zum Jahr 1420 zurückreichten, 25 Päckchen mit Akten aus der zweiten Hälfte des 17. und aus dem 18. Jahrhundert sowie später weitere 619 Mappen mit Akten ab Mitte des 17. Jahrhunderts bis 1845 dem Breslauer Staatsarchiv übergeben wurden. All diese Quellen gingen jedoch 1945 verloren.

Gutsherrschaft Kleinitz (poln. Klenica; Nr. 89/964, 19 Archiveinheiten, 1654–1924): Das Gut in Kleinitz war bis zum Ende des 15. Jahrhunderts häufig ein Streitobjekt zwischen den Familien Zebelitz und den im schlesisch-großpolnischen Grenzgebiet lebenden Żychliński sowie anderen Familien, darunter den Rechenberg, die das Gut Mitte des 16. Jahrhunderts übernahmen. 1610 erbte Helene von Sprintzenstein, eine Schwester Georg von Rechenbergs, Kleinitz, anschließend Eleonora von Harrach, eine weitere Ehefrau Johann Ernst von Sprintzensteins. In ihrem Testament vermachte diese Kleinitz wie auch den Güterkomplex von Deutsch Wartenberg den Jesuiten, die die Gutsherrschaft bis 1773 besaßen. Im Jahr 1787 wurden die Güter an Peter von Biron verkauft, der sie seiner dritten Tochter Dorothea vermachte. 1858 übernahm Dorotheas Tochter Pauline Josephine den Besitz, anschließend Dorotheas Enkelin Maria Elisabeth Dorothea, die Antoni Radziwiłł heiratete. Die Gutsakten wurden noch vor 1945 zerstreut. Für die Adelsforschung bedeutsam sind unter anderem Kaufverträge aus den Jahren 1654 bis 1924.

Gutsherrschaft Kölmchen (poln. Chełmek; Nr. 89/164, 215 Archiveinheiten, 1703–1928): Besitzer dieses Gutes im 16. und 17. Jahrhundert war die Familie Dyhern und ab 1701 Heinrich von Kottwitz. 1758 kaufte Hans Carl von Schönaich, Fürst zu Carolath-Beuthen, das Gut, 1843 Johanna Katharina Fürstin Acerenza Pignatelli, geborene von Kurland-Sagan, bevor es schließlich in den Besitz des Grafen von Rothenburg gelangte. Die Mehrzahl der Gutsakten wurde Ende des 19. Jahrhunderts zerstreut. Erwähnenswert im heutigen Bestand sind Urbare der Rittergüter in Kölmchen, Pirnig (poln. Pyrnik) und Liebenzig (poln. Lubięcin) aus dem beginnenden 18. Jahrhundert.

Gutsherrschaft Pirnig (Nr. 89/965, 33 Archiveinheiten, 1722–1907): Das Dorf Pirnig befand sich seit Beginn des 16. Jahrhunderts im Besitz der Familie Tschammer und gelangte nach dem Dreißigjährigen Krieg infolge familiärer Teilungen an Wolf Alexander von Stosch. Ende des 17. Jahrhunderts gehörte das Gut abwechselnd den Familien Dyhern und Stosch und ab 1695 den Knobelsdorff. Im Jahr 1747 erwarb Kaspar Otto von Zedlitz das verschuldete Gut und erhielt es 1753 vom preußischen König Friedrich II. als Allod. 1764 kaufte Johann Carl Friedrich Fürst zu Carolath-Beuthen Pirnig, das in der ersten Hälfte des 19. Jahrhunderts an Pauline Maria Luise von Kurland-Sagan und schließlich an deren Sohn Friedrich Wilhelm Konstantin fiel. Die erhaltenen Akten behandeln unter anderem steuerliche und besitzrechtliche Angelegenheiten.

Gutsherrschaft Saabor (poln. Zabór; Nr. 89/186, 105 Archiveinheiten, 1588–1793): Seit 1448 befand sich dieses Gut im Besitz der Familie Kottwitz, der Anna Maria von Montany, geborene von Dyhern, (ab 1653) und die Familie Dünnewald (ab 1668) folgten. Nach dem Tod Ludwig von Dünnewalds, der kinderlos verstarb, übernahm Anna Constantia Gräfin von Cosel den Gutsbesitz, und Friedrich II. übergab Saabor nach 1741 an Friedrich August von Cosel. 1783 erwarb Johann Carl Friedrich Fürst zu Carolath-Beuthen das Gut, im Jahr 1910 wurde Johann Georg Ludwig Prinz von Schönaich-Carolath Besitzer. Nach dessen Tod im Jahr 1920 heiratete seine Ehefrau Hermine, eine geborene Prinzessin Reuß zu Greiz, den früheren deutschen Kaiser Wilhelm II. und ließ sich nach dessen Tod 1941 in Saabor nieder. Von den Sowjets verschleppt, starb sie 1945 in Frankfurt an der Oder. Für die Geschichte des schlesischen Adels relevant sind besitzrechtliche Akten und die Verschuldung betreffende Korrespondenzen aus der ersten Hälfte des 18. Jahrhunderts, unter anderem von Anna Constantia Gräfin von Cosel.

Majoratsherrschaft Quaritz (poln. Gaworzyce; Nr. 89/180, 1.051 Archiveinheiten, 1573–1940): Ursprünglich gehörte Quaritz zur Ausstattung der Landeshauptleute im Herzogtum Glogau und wurde 1599 von Kaiser Rudolf II. an Wenzel von Zedlitz verkauft. Von 1653 bis 1684 gehörte die Herrschaft Adam von Lass und ab 1699 Georg Kaspar von Tschammer. Im Jahr 1784 wurden die Güter in ein Fideikommiß der Familie Tschammer umgewandelt. Die Gutsakten gelangten 1954 ins Staatsarchiv. Besonders interessant für die Erforschung des Adels sind die Akten aus den Jahren 1599 bis 1926, die hauptsächlich Erbschaftsangelegenheiten und die Aufteilung der Majoratsherrschaft betreffen.

Gutsherrschaft Halbau (poln. Iłowa; Nr. 89/963, 20 Archiveinheiten, 1714–1880): Seit 1356 gehörte Halbau der Familie Kottwitz und wurde 1567 mit den umliegenden Wäldern an Christoph von Schellendorf verkauft. Nach dem Dreißigjährigen Krieg fielen die Halbauer Güter an Balthasar von Promnitz, in dessen Familienbesitz sie bis 1746 verblieben, als sie dann an Johann August von Kospoth († 1758) gelangten. Im Besitz dieser Familie blieb Halbau bis zur zweiten Hälfte des 19. Jahrhunderts. Erwähnenswert sind hier Akten aus dem 18. Jahrhundert zur Organisation des Schulwesens und der Kirchen auf den Gütern, eine Aufstellung der Einnahmen und Ausgaben des Gutes von 1770 sowie Kaufverträge aus den Jahren 1714 bis 1770.

2. Privatakten

Im Staatsarchiv Grünberg befinden sich vier Bestände aus Privatarchiven. Nur einer von ihnen dürfte für die schlesische Adelsforschung wertvoll sein: Archiv der Hermine Prinzessin Reuß zu Greiz (Nr. 89/17, 11 Archiveinheiten, 1813–1944): Hermine wurde am Hof ihres Onkels, Fürst Heinrich XXVII. Reuß in Trebschen (poln. Trzebiechów), erzogen und heiratete 1907 Johann Georg Ludwig Prinz von Schönaich-Carolath in Saabor. Bis in die 1970er Jahre wurden die Akten der Adeligen im Saaborer Schloß aufbewahrt und dann teilweise in die Woiwodschaftsbibliothek

Grünberg und teilweise 1972 ins Staatsarchiv gebracht. Der Archivbestand umfaßt vor allem die persönliche Korrespondenz, Gedichte und ähnliche Materialien.

3. Gerichtsakten

Diese Bestände sind relativ gut erhalten. Das Gerichtswesen in Schlesien entwickelte sich besonders intensiv seit der Mitte des 16. Jahrhunderts und wurde nach 1741 vereinheitlicht. Damals wurde bei der Kriegs- und Domänenkammer in Glogau (poln. Głogów) ein Gericht für die königlichen Beamten und die im Dienst des Königs stehenden Untertanen eingerichtet, während die Rechtsprechung auf dem Land weiterhin in den Händen des Adels lag, der seit Mitte des 16. Jahrhunderts die niedere Gerichtsbarkeit innehatte. In den Städten erfüllten die städtischen Gerichte diese Aufgabe, deren Zuständigkeit nach 1796 durch die Bildung von Stadt- und Landgerichten erheblich erweitert wurde. Nachdem 1809 erneut städtische Gerichte gebildet worden waren, entstanden am 1. April 1849 in den Kreishauptorten Kreisgerichte, die als allgemeine Gerichte fungierten unter Einschluß jener Rechtsfälle, die bis dahin durch die Patrimonialgerichte behandelt worden waren. Nach einigen weiteren Reformen wurden schließlich am 1. Oktober 1879 die Amtsgerichte eingeführt. Für die Erforschung des schlesischen Adels haben sowohl die Grundbücher und -akten als auch verschiedene Register (Verbände und Gesellschaften, Vermögens- und Handelsregister) und Akten zu Erbschaftsangelegenheiten eine größere Bedeutung. Dabei übernahmen die Amtsgerichte die durch die Kanzleien der Patrimonial-, städtischen und anderen Gerichte erzeugten Akten, die den Zweiten Weltkrieg recht gut überstanden. Deren größter Teil gelangte 1954 direkt aus den Gerichtsarchiven in Sagan, Glogau, Neusalz (poln. Nowa Sól), Grünberg, Sprottau und Freystadt (poln. Kożuchów) ins Grünberger Staatsarchiv. Von besonderem Interesse sind in diesen Beständen vor allem Grundakten, die nicht selten bis ins frühe 17. Jahrhundert zurückreichen.

Amtsgericht Sprottau (Nr. 91/109, 6.515 Archiveinheiten, [1653] 1879–1945; darunter 1.222 Archiveinheiten aus der Zeit vor 1800): Besonders aufschlußreich sind die Akten „Freiwillige Gerichtbarkeit. Grundakten", die unter anderem den Grundbesitz der Familien Schmettau aus Ober Leschen (poln. Leszno Górne), Knobelsdorff aus Altgabel (poln. Stara Jabłona), Neumann aus Wichelsdorf (poln. Wiechlice), Dohna aus Kunzendorf (poln. Chichy), Block Bibran aus Primkenau (poln. Przemków) und Fürst Karl Ludwigs zu Carolath-Beuthen aus Suckau (poln. Żuków) betreffen.

Amtsgericht Sagan (Nr. 91/112, 1.778 Archiveinheiten, [1710] 1879–1945; darunter 540 Archiveinheiten aus der Zeit vor 1800): Zu den wichtigsten Quellen gehören Grundakten aus dem Kreis Sagan, unter anderem zu den Gütern Reichenau (poln. Słocina) bzw. Zeipau (poln. Szczepanów), die der Familie Strachwitz bzw. Heyden gehörten, sowie sechs Mappen mit Akten aus dem 19. Jahrhundert zum Saganer Lehen.

Amtsgericht Kontopp (poln. Konotop; Nr. 90/184, 3.502 Archiveinheiten, [1673] 1893–1945; darunter 420 Archiveinheiten aus der Zeit vor 1800): Die Zuständigkeit dieses Gerichts beschränkte sich auf den nordöstlich der Oder gelegenen Teil des

Kreises Grünberg. Ein großer Teil der hier liegenden Rittergüter befand sich im 17. Jahrhundert im Besitz der Familien Kottwitz, Stosch und Dyhern und an der Wende vom 18. zum 19. Jahrhundert der Familien Schönaich-Carolath und Schlabrendorff.

Amtsgericht Glogau (Nr. 90/434, 8.101 Archiveinheiten, [1600] 1879–1945; darunter 1.442 Archiveinheiten aus der Zeit vor 1800): Das Zuständigkeitsgebiet dieses Gerichts, dessen Aktenbestand zu den umfangreichsten zählt, war Ende des 19. Jahrhunderts im großen und ganzen mit dem Glogauer Kreisgebiet identisch. Die Mehrzahl der hier liegenden Orte gehörte alten Geschlechtern wie zum Beispiel den Niebelschiltz, Zobeltiz, Berge und Tschammer. Für die Adelsforschung ergiebig dürften die Akten „Freiwillige Gerichtbarkeit. Grundakten" sein, in denen sich Informationen unter anderem zu den Gütern in Tauer (poln. Turów), Linden (poln. Lipinki), Gramschütz (poln. Grębocice), Quaritz, Pürschkau (poln. Przybyszów), Hochkirch (poln. Wysoka Cerekiew, heute Grodowiec), Neudeck (poln. Jabłonów) und Tschepplau (poln. Krzepielów) befinden.

Amtsgericht Grünberg (Nr. 90/370, 4.271 Archiveinheiten, [1608] 1879–1945; darunter 1.486 Archiveinheiten aus der Zeit vor 1800): Das Amtsgericht war für den links der Oder liegenden Teil des gleichnamigen Kreises zuständig. Die überlieferten Grundakten und -bücher betreffen unter anderem die Güter in Groß Lessen (poln. Leśniów Wielki; im Besitz der Familie Schierstadt), Polnisch Kessel (im Besitz der Familie Stosch), Nettkau (im Besitz der Familie Rothenburg) und Schweinitz (poln. Świdnica; im Besitz der Familie Knobelsdorff).

Amtsgericht Neusalz (Nr. 90/369, 5.212 Archiveinheiten, [1657] 1879–1945): Das Gericht, dessen Aktenbestand nur zu einem geringen Teil aus der Zeit vor 1800 stammt und daher für die Adelsforschung weniger von Bedeutung sein dürfte, war für den nördlichen und mittleren Teil des Kreises Freystadt zuständig.

4. Akten der allgemeinen Verwaltung
a. Gemeindeakten
Eine bedeutende Rolle für die Geschichte des schlesischen Adels spielte die Gemeindeverwaltung, in der die Grundbesitzer aufgrund ihrer feudalen Herrschaftsrechte bis Mitte des 19. Jahrhunderts tonangebend waren. Aus diesem Grund sind die Gemeindeakten, die jedoch größtenteils bereits Mitte des 19. Jahrhunderts verlorengingen, von enormer Bedeutung. Im Staatsarchiv Grünberg lagern nur die fragmentarisch überlieferten Akten aus 19 niederschlesischen Gemeinden.

Gemeinde Kölmchen (Nr. 89/966, 4 Archiveinheiten, 1737–1841): Aus der ersten Erwähnung von Kölmchen von 1447 geht hervor, daß der Ort Nickel Zefelth gehörte. Um 1550 war er im Besitz Johann von Dyherns. 1701 heiratete höchstwahrscheinlich eine Tochter Johann Melchior von Dyherns, des letzten Vertreters dieser Familie, David Heinrich von Kottwitz. Dessen Nachfolger, Adam Melchior, verkaufte das Dorf Johann Carl Friedrich Fürst zu Carolath-Beuthen. Der aus Glogau stammende Kaufmann Karl Heinrich Germershausen erwarb das Gut 1841 von Ludwig Prinz von Schönaich-Carolath und verkaufte es zwei Jahre später an Johanna Katharina Fürstin Acerenza Pignatelli. Unter den Akten befinden sich hauptsächlich Protokollbücher mit Abschriften von Verträgen und Beschlüssen der Schulzen- und Patrimonialgerichte.

Gemeinde Ochelhermsdorf (poln. Ochla; Nr. 89/967, 1 Archiveinheit, 1727–
1778): Dieses Dorf wird in einer Urkunde aus dem Jahr 1305 erwähnt und gehörte
zu Beginn des 15. Jahrhunderts Hans und Kunz von Knobelsdorff. 1532 war Nieder
Ochelhermsdorf im Besitz Nicels von Rothenburg, während Ober Ochelhermsdorf
Christoph von Knobelsdorff gehörte. Anfang des 17. Jahrhunderts waren Adam von
Unruh und die Familien Knobelsdorff und Rothenburg Besitzer des aus drei Teilen
samt Vorwerken bestehenden Dorfes. Um 1614 begannen die einzelnen Ortschaften
unter Christoph von Gersdorff zusammenzuwachsen. Otto von Unruh kaufte 1677
Nieder und Ober Ochelhermsdorf. Nach seinem Tod 1697 gelangte Nieder und Mit-
tel Ochelhermsdorf an Christoph Geog von Unruh, während Ober Ochelhermsdorf
an Erdmann von Unruh fiel. Die Brüder verkauften 1715 den unteren und mittleren
Teil der Herrschaft der Familie Schwemmler und 1722 den oberen Teil Christoph
von Nassau. 1788 erwarb Johann Adolf Schneider aus Grünberg Nieder und Mittel
Ochelhermsdorf, während zwei Jahre später Ober Ochelhermsdorf an Ludwig von
Schlabrendorf gelangte. Dieses wurde schließlich 1848 an Heinrich von Pannwitz
verkauft. Erhalten ist ein Buch des Schulzenamtes aus den Jahren 1727 bis 1778.

Gemeinde Schweinitz (Nr. 89/971, 1 Archiveinheit, 1699–1749): Der Ort wur-
de bereits 1305 als Eigentum von Otto Lantberc (Landberg) erwähnt und gelangte
Ende des 15. Jahrhunderts an die Familie Kittlitz. Auf Bitten Ottos, Balthasars und
Erasmus' von Kittlitz wurde der Ort 1514 durch König Wladislaw II. von Böhmen
zur Stadt erhoben, die sich jedoch in der Folgezeit kaum entwickelte. 1580 kaufte
Heinrich von Zedlitz deren westlichen Teil, während der östliche Teil bis 1702 im
Besitz der Familie Kittlitz blieb, als Johann Georg seinen Anteil Otto Abraham von
Diebitsch verkaufte. Im 18. und 19. Jahrhundert folgten als Besitzer unter anderem
Max Gottlob von Stentsch (ab 1721), Bernhard von Prittwitz-Gaffron (ab 1770),
der Kämmerer des preußischen Königs Friedrich II., Johann Georg Schneider (ab
1808) und Arthur von Knobelsdorff (ab 1862) aus Buchelsdorf (poln. Buchałów).
Zu Beginn des 17. Jahrhunderts wechselten auch die Besitzer des westlichen Teils
von Schweinitz. Nach dem Tod Heinrichs von Zedlitz übernahm dessen Witwe Katharina das Gut, der 1636 deren Tochter Margarethe, die Ehefrau Johanns von Kesslitz aus Lättnitz (poln. Letnica), folgte. Der letzte Besitzer aus dieser Familie war von
1746 bis 1793 Johann Karl von Kesslitz; ihm folgten Karl Heinrich Archibald von
Schlabrendorf, genannt Stolz, und nach 1829 dessen Tochter Eveline von Sickingen-
Hohenburg. Noch im Jahr 1907 wurden im Schloß Schweinitz 17 Dokumente aus
den Jahren 1424 bis 1808 aufbewahrt, die vor allem die Veränderungen der Besitzverhältnisse auf den Gütern der Familie Kittlitz und deren Nachfolger betrafen. Im
Gemeindeamt wurden das Protokollbuch und Schöffenbücher (1572–1620) sowie
Bücher des Schulzenamtes (1680–1799) aufbewahrt. Ein Teil dieser Quellen gelangte in das Breslauer Staatsarchiv und wurde im Mai 1945 zerstört. Im Bestand ist
heute nur noch ein Buch des Schulzengerichts überliefert.

Gemeinde Langhermsdorf (poln. Urzuty; Nr. 89/972, 1 Archiveinheit, 1717–
1735): Langhermsdorf gehörte wahrscheinlich schon seit dem 13. Jahrhundert der
Familie Glaubitz, im 16. und 17. Jahrhundert vorübergehend den Familien Unruh
und Schoff. Zu Beginn des 17. Jahrhunderts kehrten die Güter an die Familie Glau-

bitz zurück. Im 18. Jahrhundert gehörte das Gut Melchior Friedrich von Dyhern (bis zu dessen Tod 1729), Hans Melchior von Studnitz und ab 1736 Georg Rudolf vom Berge. Im Besitz dieser Familie blieb Langhermsdorf bis zum Beginn des 19. Jahrhunderts. In diesem Bestand befindet sich heute nur ein Buch des Schulzengerichts.

Gemeinde Kunzendorf (Nr. 89/116): Das Dorf wurde bereits 1305 als Conradi Villa erwähnt und gehörte der Familie Nechern und ab 1593 den Kittlitz. 1687 wurde das Gut an die Familie Lobkowitz verkauft, 1701 an die Knobelsdorff. 1804 gelangte der Ort an die Grafen zu Dohna und 1863 an General Oskar von Diebitsch. Im Bestand lagern Bücher des Schulzengerichts aus den Jahren 1590 bis 1820.

b. Städtische Akten

Eine geringere Bedeutung für die Erforschung des Adels haben die in den städtischen Kanzleien erzeugten Akten. Diese betreffen nur diejenigen Geschlechter, mit denen die Städte im Schriftverkehr standen oder im Streit lagen. In der zweiten Hälfte des 16. Jahrhunderts behandelten die Akten hauptsächlich Bierprivilegien und in den folgenden Jahrhunderten Rechte an den städtischen Vorwerken. Städte mit großen Kanzleien waren schon während der Habsburgerherrschaft in königlichem Besitz (unter anderem Grünberg, Glogau und Sprottau). Daneben gab es auch Städte, die sich wie beispielsweise Saabor, Rothenburg an der Oder (poln. Czerwieńsk) oder Beuthen an der Oder (poln. Bytom Odrzański) in adeliger Hand befanden.

Akten der Stadt Sprottau (Nr. 89/955, 3.683 Archiveinheiten, 1409–1944): Die Anfänge dieser Stadt reichen ins 13. Jahrhundert zurück. 1304 erneuerte Herzog Konrad II. von Sagan ihre Stadtrechte. Seit 1488 befand sich Sprottau im Besitz von König Matthias Corvinus, bevor es 1526 an die Habsburger als Könige von Böhmen fiel. König Ferdinand I. verpfändete die Stadt 1537 an die Familie von Schönaich, die bis zum Beginn des 17. Jahrhunderts über die Stadt herrschte. Seitdem war Sprottau freie Königsstadt, die die Funktion eines lokalen wirtschaftlichen, kulturellen und Verwaltungszentrums übernahm. Neben einem Gericht fanden hier auch Adelsversammlungen statt. 1816 wurde Sprottau Kreisstadt. Noch im Jahr 1932 wurden dem Staatsarchiv Breslau 168 frühneuzeitliche Archiveinheiten übergeben (Rep. 25: Städte und Fürstentum Glogau. Stadt Sprottau). Die restlichen Dokumente wurden 1944 im Keller einer evangelischen Kirche und einer Volksschule untergebracht. Dieser Bestand gelangte im August 1952 in das Staatliche Kreisarchiv Sprottau und 1996 in ein Magazin in Polnisch Kessel. Für die Adelsforschung relevant sind vor allem sieben Archiveinheiten aus der Reihe „Fürstentag" (1543–1688: Bücher mit Beschlüssen der böhmischen und schlesischen Stände), daneben „Acta publica" (1604–1737: unter anderem mit Dekreten, Patenten, Beschlüssen der schlesischen Stände und Beseitigungen von Kriegslasten) sowie „Stadtvermögen und Stadtpachtrechte. Streitigkeiten", die die Streitfälle der Stadt mit den benachbarten Gutsbesitzern betreffen wie zum Beispiel mit dem Grafen von Raeder (1712) und den Familien Proskau, Knobelsdorff, Stentsch, Haugwitz und Kittlitz (1591–1601).

Akten der Stadt Sagan (Nr. 912/125, 1303–1944): In den Quellen erstmals 1202 belegt, erhielt Sagan die Stadtrechte in den Jahren 1248 bis 1260. Im Jahr 1472 verkaufte Herzog Johann II. die Stadt den Wettinern. Ab 1549 befand sich Sagan im Besitz der Habsburger, die es an verschiedene schlesische und sächsische Adelige verpachteten, unter anderem an die Familie Promnitz (1553–1601). 1627 verkaufte Kaiser Ferdinand II. die Stadt an Albrecht von Wallenstein, und 1644 übergab sein Nachfolger Sagan an Wenzel Eusebius von Lobkowitz. Peter von Biron kaufte die Stadt 1785. Die älteren Akten wurden vor dem Zweiten Weltkrieg dem Staatsarchiv Breslau übergeben (Rep. 37), wo sie zum Teil im Januar 1945 verbrannten, zum Teil zerstreut oder entwendet wurden. Einige gerettete Bücher wurden Mitte der 1950er Jahre in das Staatliche Woiwodschaftsarchiv Grünberg gebracht. 1991 wurden zudem weitere 159 Saganer Dokumente dem Archiv übergeben. Unter ihnen sind 22 für die Adelsforschung von Bedeutung, unter anderem Urkunden, die die Bierstreitigkeiten mit Balzer von Berge (1515 und 1542), ein Lehen für Stentzel von Nostitz aus Brennstadt (poln. Pożarów) und Altkirch (poln. Stary Żagań; 1544) sowie die Schenkung von Nieder Hartmannsdorf (poln. Witoszyn Dolny) an Christoph von Dyhern durch den Landeshauptmann Nicoll von Schellendorf aus Fellendorf (poln. Gniewomirowice; 1624) betreffen. Überliefert sind ebenfalls Kopialbücher der königlichen Patente und Beschlüsse der schlesischen Stände (1563–1571).

Akten der Stadt Grünberg (Nr. 89/5, 4.897 Archiveinheiten, 1538–1945): Grünberg entstand zu Beginn des 13. Jahrhunderts. Bis 1472 befand sich die Stadt im Besitz der Glogauer Piasten, nach 1526 der Habsburger. In den folgenden Jahrhunderten blieb sie königliche Stadt. Im Jahr 1911 wurden 59 Dokumente dem Staatsarchiv Breslau übergeben, und in den zwanziger Jahren folgte ein weiterer Teil der vor 1742 entstandenen Archivalien. Vor 1945 wurden dort 389 Archiveinheiten aufbewahrt, von denen die Mehrzahl während der Kriegshandlungen verlorenging. Die im Stadtarchiv verbliebenen Akten wurden erst 1954 ins Staatsarchiv gebracht. Von Bedeutung für die Erforschung einzelner Güter sind Kopien der Generalsteuerbücher (1662–1725).

Akten der Stadt Beuthen an der Oder (Nr. 89/16, 1.129 Archiveinheiten, 1581–1945): Das erstmals 1157 erwähnte Beuthen erhielt 1289 die Stadtrechte und unterstand den Piastenherzögen. Mit dem königlichen, 1361 durch die Luxemburger herausgetrennten Teil der Stadt wurde die Familie Rechenberg belehnt, während der herzogliche Teil 1469 an die Familie Glaubitz gelangte. 1518 übernahm Hans von Rechenberg die Herrschaft über die gesamte Stadt. Von 1561 bis 1808 gehörte Beuthen der Familie Schönaich. Für die Adelsforschung relevant sind einige Aktenreihen der städtischen Registratur: „Zustand der Stadt" (1581–1929), „Grund-, Statutarische und Privilegien-Sachen" (1581–1924), „Justiz-Sachen" (1621–1929), „Kommunal-Prozesse" (1635–1898), „Bürgerrechts-Sachen" (1691–1919), „Historische Nachrichten" (1601–1929), „Stadt-Schulden-Sachen" (1652–1912), „Kirchen- und Schulwesen" (1610–1929), „Legate und Stiftungen" (1631–1928), „Hospital-Sachen" (1617–1923) und „Sonstige Sachen" (1661–1926), die Informationen über Todesfälle und Begräbnisse der Adeligen und hohen Beamten sowie über Familienfeierlichkeiten der Standesherren von Beuthen-Carolath enthalten. Unter den Akten der Polizeiregistratur dürften von Bedeutung sein: „Sitten- und Ordnungs-Polizei" (1624–1923), „Schützengilde-Sachen" (1688–1922) und „Brände" (1628–1926) mit Angaben zu den Bränden von 1627, 1657, 1694 und 1815.

C. Bestandsanalyse

Die beschriebenen Archivalien des Staatsarchivs Grünberg spiegeln nicht vollständig ihren ursprünglichen Umfang wider. Dessen Rekonstruktion ermöglichen bis zu einem gewissen Grad die aus der Zeit vor 1945 stammenden und heute im Breslauer Staatsarchiv befindlichen Aktenverzeichnisse.[1] In Breslau befinden sich immer noch 836 Archiveinheiten, die in den Verwaltungsstellen des Herzogtums Glogau entstanden (1386–1870), und 37 Bestände mit hauptsächlich Gemeindeakten aus der Umgebung von Glogau. Darüber hinaus lagern in Breslau 51 Archiveinheiten aus der Registratur des Herzogtums Sagan (1528–1858). Große Bedeutung besitzen ferner die in den ersten drei Jahrzehnten des 20. Jahrhunderts angefertigten Inventare.[2] Kirchliche Akten, sowohl evangelischer als auch katholischer Provenienz, sind nur fragmentarisch überliefert. Dabei wird die Mehrzahl der aus diesem Gebiet stammenden Akten katholischer Kirchen heute im Erzdiözesanarchiv Breslau (Archiwum Archidiecezjalne we Wrocławiu) aufbewahrt.

Trotz der unvollständigen Überlieferung stellen die im Staatsarchiv Grünberg erhaltenen Akten eine recht gute Grundlage für historische Forschungen zum Adel im Lebuser Land und in den nordwestlichen Randgebieten Schlesiens dar. Zu den wertvollsten Beständen zählen die städtischen Akten und die Bestände ehemaliger Guts- und Familienarchive. Von größerem historischem Wert ist ebenfalls das Archiv der Herzöge von Sagan. Vor allem aus politischen Gründen wurden Forschungen zum schlesischen Adel bis 1989 nur sehr begrenzt durchgeführt, so daß Grünberger Archivalien nur in Ausnahmefällen herangezogen wurden. Erst in den letzten Jahren ist ein größeres Interesse vor allem der Grünberger Historiker zu verzeichnen – zu nennen sind hier besonders die Namen von Tomasz Andrzejewski, Tomasz Jaworski, Jarosław Kuczer und Wojciech Strzyżewski.[3]

1 Dort befinden sich unter anderem das Inventar „Fürstliches Archiv Carolath" (Rep. 135 C 150d) und Inventare der städtischen Aktenbestände wie beispielsweise das Inventar des Stadtarchivs Beuthen an der Oder von 1938.

2 Wutke, Konrad (Hg.): Die Kreise Grünberg und Freystadt. Breslau 1908 (Codex diplomaticus Silesiae 24. Die Inventare der nichtstaatlichen Archive Schlesiens 1); ders. (Hg.): Kreis und Stadt Glogau. Breslau 1915 (Codex diplomaticus Silesiae 28. Die Inventare der nichtstaatlichen Archive Schlesiens 2); Graber, Erich (Hg.): Kreis Sprottau. Breslau 1925 (Codex diplomaticus Silesiae 31. Die Inventare der nichtstaatlichen Archive Schlesiens [3]); ders. (Hg.): Kreis Sagan. Breslau 1927 (Codex diplomaticus Silesiae 32. Die Inventare der nichtstaatlichen Archive Schlesiens [4]).

3 Andrzejewski, Tomasz: Rechenbergowie w życiu społeczno-gospodarczym księstwa głogowskiego w XVI–XVII wieku [Die Rechenberg im sozialen und wirtschaftlichen Leben des Herzogtums Glogau im 16. und 17. Jahrhundert]. Zielona Góra 2007; Jaworski, Tomasz (Hg.): Bibersteinowie w dziejach pogranicza śląsko-łużyckiego [Die Biberstein in der Geschichte des schlesisch-lausitzischen Grenzgebiets]. Zielona Góra 2006; Kuczer, Jarosław: Szlachta w życiu społeczno-gospodarczym księstwa głogowskiego w epoce habsburskiej 1526–1740 [Der Adel im sozialen und wirtschaftlichen Leben des Herzogtums Glogau in der Habsburger Zeit 1526–1740]. Zielona Góra 2007; ders./Strzyżewski, Wojciech (Bearb.): Spisy dóbr ziemskich księstwa głogowskiego z lat 1671–1727 [Güterverzeichnisse des Herzogtums Glogau aus den Jahren 1671–1727]. Warszawa 2007; Strzyżewski, Wojciech: Od rycerza do księcia – kariera rodziny von Schönaich z księstwa głogowskiego w świetle źródeł sfragistycznych XVI–XVIII wieku [Vom Ritter zum Fürsten – die Karriere der Familie von Schönaich aus dem Herzogtum Glogau im Licht sphragistischer Quellen des 16. und 17. Jahrhunderts]. In: Rocznik Polskiego Towarzystwa Heraldycznego 7 (2005) 143-150; ders.: Pieczęcie prywatne szlachty księstwa głogowskiego w XVI–XVIII wieku [Privatsiegel des Adels aus dem Herzogtum Glogau vom 16. bis 18. Jahrhundert]. In: Studia Lubuskie 2 (2006) 97-107.

Wacław Gojniczek

Staatsarchiv Kattowitz
(Archiwum Państwowe w Katowicach)

A. Gesamtgeschichte und Bedeutung

Die Anfänge des Staatsarchivs Kattowitz, das zu den größten Archiven in Polen zählt, reichen bis ins Jahr 1932 zurück, als in Kattowitz (poln. Katowice) das Archiv der Alten Akten der Woiwodschaft Schlesien (Archiwum Akt Dawnych Województwa Śląskiego) entstand. Während des Zweiten Weltkriegs existierte hier ein staatliches Archiv, das bis 1941 als Filiale dem Breslauer Staatsarchiv und anschließend als eigenständige Einrichtung der Berliner Archivdirektion unterstand. Nach der Aufhebung der Autonomie der Woiwodschaft Schlesien im Jahr 1945 wurde das Archiv in das polnische staatliche Archivnetz integriert und vergrößerte allmählich – bei sich änderndem Zuständigkeitsgebiet – seine Bestände. Zur Zeit ist es zuständig für das Gebiet der Woiwodschaft Schlesien – mit Ausnahme der Region um Tschenstochau (poln. Częstochowa), die nie zum historischen Schlesien gehörte und dem selbständigen Staatsarchiv Tschenstochau untersteht – und die westlichen Randgebiete der Woiwodschaft Kleinpolen. Neben der Kattowitzer Zentrale gibt es insgesamt sieben Filialen in Auschwitz (poln. Oświęcim), Bielitz-Biala (poln. Bielsko-Biała), Gleiwitz (poln. Gliwice), Pleß (poln. Pszczyna), Ratibor (poln. Racibórz), Saybusch (poln. Żywiec) und Teschen (poln. Cieszyn). Da dieses Gebiet vor dem Ersten Weltkrieg drei verschiedenen Staaten, nämlich Deutschland, Österreich-Ungarn und Rußland, angehörte, stammt auch ein Großteil der hier überlieferten Archivbestände aus Behörden mit unterschiedlichen Kanzleisystemen.

Nach dem Stand vom 31. Dezember 2005 befinden sich im Kattowitzer Staatsarchiv und seinen Filialen insgesamt 4.265 Archivbestände mit 1.693.358 Archiveinheiten und 18.348 laufenden Metern. Ein Verzeichnis dieser Bestände mit den wichtigsten Informationen ist in der gesamtpolnischen Datenbank SEZAM über die Website der Hauptdirektion der Staatsarchive (Naczelna Dyrekcja Archiwów Państwowych) in Warschau (poln. Warszawa) zugänglich.[1] Vor kurzem erschienen auch ein gedrucktes Verzeichnis aller Bestände aus Kattowitz und seinen Filialen nach dem Stand von Ende 2005 sowie ein ähnliches Hilfsmittel mit ausführlicheren Angaben, das jedoch nur den Kattowitzer Zentralbestand berücksichtigt.[2]

---

1 http://baza.archiwa.gov.pl/sezam/index.php [Zugriff am 18.11.2009].
2 Matuszek, Piotr (Hg.): Archiwum Państwowe w Katowicach. Informator o zasobie archiwalnym [Staatsarchiv Kattowitz. Ein Wegweiser zu den Beständen]. Warszawa 2007, gibt den Stand vom 31. Dezember 2005 wieder.

Über eine monographische Studie zu seiner Geschichte verfügt das Kattowitzer Archiv bis zur Gegenwart nicht. Dennoch wurde dieses Thema in einigen bedeutenden Veröffentlichungen unter anderem von Ezechiel Zivier, Ludwig Musioł, Antonina Staszków, Edward Długajczyk und Tomasz Fałęcki behandelt. Der Geschichte des Archivs widmet sich auch der erste Band der vom Kattowitzer Archiv herausgegebenen Fachzeitschrift „Szkice Archiwalno-Historyczne", deren Aufsätze sich sowohl mit der Archivgeschichte bis 1945 als auch mit einzelnen Filialen beschäftigen. Zudem liefert eine Bibliographie eine Übersicht über die bis 1999 erschienene Literatur zur Geschichte aller im Kattowitzer Zuständigkeitsgebiet liegenden Archive und ihrer Archivalien.

Archiwum Państwowe w Katowicach, ul. Józefowska 104, PL-40-145 Katowice, Tel.: +48-32-208-78-01, Fax: +48-32-208-78-05, E-Mail: kancelaria@katowice.ap.gov. pl, Homepage: http://www.katowice.ap.gov.pl [Zugriff am 18.11.2009].

Filialen: Archiwum Państwowe, Oddział w Bielsku-Białej, ul. Wapienicka 34/34a, PL-43-300 Bielsko-Biała, Tel.: +48-33-812-26-48; Archiwum Państwowe, Oddział w Cieszynie, ul. Mennicza 46, PL-43-400 Cieszyn, Tel.: +48-33-858-22-01; Archiwum Państwowe, Oddział w Gliwicach, ul. Zygmunta Starego 9, PL-44-100 Gliwice, Tel.: +48-32-231-44-40; Archiwum Państwowe, Oddział w Oświęcimiu, Muzeum Państwowe, Blok 1, PL-32-603 Oświęcim, Tel.: +48-33-843-12-37; Archiwum Państwowe, Oddział w Pszczynie, ul. Brama Wybrańców 1, PL-32-300 Pszczyna, Tel.: +48-32-210-35-60; Archiwum Państwowe, Oddział w Raciborzu, ul. Solna 20, PL-47-400 Racibórz, Tel.: +48-32-755-33-77; Archiwum Państwowe, Oddział w Żywcu, ul. Świętokrzyska 50a, PL-34-300 Żywiec, Tel.: +48-33-861-28-17.

Auswahlliteratur: Matuszek, Piotr (Hg.): Archiwum Państwowe w Katowicach. Informator o zasobie archiwalnym [Staatsarchiv Kattowitz. Ein Wegweiser zu den Beständen]. Warszawa 2007; Staszków, Antonina: Archiwalia, zbiory biblioteczne i muzealne Górnego Śląska w latach 1939–1945. Sumariusz tematyczny do zespołów w Archiwum Państwowym w Katowicach, Staatsarchiv Kattowitz, Archivberatungsstelle Oberschlesien Kattowitz [Archivalien, Bibliotheks- und Museumsbestände Oberschlesiens von 1939 bis 1945. Thematische Zusammenstellung der Bestände im Staatsarchiv Kattowitz, Archivberatungsstelle Oberschlesien Kattowitz]. Katowice 2007 (Archivum Silesiae Superioris 1); Długajczyk, Edward (Bearb.): Spis zespołów (zbiorów) Archiwum Państwowego w Katowicach i oddziałów zamiejscowych [Verzeichnis der Bestände (Sammlungen) des Staatsarchivs Kattowitz und seiner Filialen]. Katowice 2006; Barciak, Antoni/Müller, Karl (Hg.): Regesty dokumentów przechowywanych na Górnym Śląsku/Regesty listin uložených v Horním Slezsku [Regesten der in Oberschlesien aufbewahrten Urkunden], Bd. 1: Do 1400 roku [Bis 1400]. Wrocław/Opava 2004; Gojniczek, Wacław/Szczepańczyk, Joanna: Archiwalia pszczyńskie w Archiwum Państwowym w Katowicach i jego oddziałach [Plesser Archivalien im Staatsarchiv Kattowitz und seinen Filialen]. In: Barciak, Antoni (Hg.): Ziemia pszczyńska przez wieki. Stan badań, archiwalia, problemy badawcze. Suszec 2002, 86-91; Swoboda, Barbara: Bibliografia Archiwum Państwowego w Katowicach i oddziałów zamiejscowych do 1999 roku [Bibliographie zum Staatsarchiv Kattowitz und seinen Filialen bis 1999]. In: Szkice Archiwalno-Historyczne 2 (2000) 157-193; Czajkowska, Janina/Wracławek, Sławomira: Informator o zasobie Archiwum Państwowego w Katowicach – Oddział w Raciborzu [Wegweiser zu den Beständen des Staatsarchivs Kattowitz – Abteilung Ratibor]. Katowice 1998; Czajkowska, Janina/Wracławek, Sławomira: Oddział w Raciborzu [Abteilung Ratibor]. In: Szkice Archiwalno-Historyczne 1 (1998) 111-117; Fałęcki, Tomasz: Dzieje państwowej placówki archiwalnej w Katowicach do 1945 roku [Die Geschichte der staatlichen Archivstelle in Kattowitz bis 1945]. Ebd., 53-67; Gojniczek, Wacław/ Machej, Anna: Oddział w Cieszynie [Abteilung Teschen]. Ebd., 69-81; Hudzik, Paweł: Oddział w

Oświęcimiu [Abteilung Auschwitz]. Ebd., 91-102; Husar, Bożena: Oddział w Żywcu [Abteilung Saybusch]. Ebd., 119-123; Tomczykiewicz, Małgorzata: Oddział w Pszczynie [Abteilung Pleß]. Ebd., 103-110; Wolanin, Janina: Oddział w Gliwicach [Abteilung Gleiwitz]. Ebd., 83-90; Wracławek, Sławomira: Kancelaria i archiwum książąt Hohenlohe-Ingelfingen z Koszęcina [Kanzlei und Archiv der Fürsten von Hohenlohe-Ingelfingen aus Koschentin]. Ebd., 137-145; Długajczyk, Edward/Falęcki, Tomasz: Archiwum Państwowe w Katowicach 1932–1997 [Das Staatsarchiv Kattowitz 1932–1997]. Katowice 1997; Machej, Anna: Informator o zasobie Archiwum Państwowego w Katowicach – Oddział w Cieszynie [Wegweiser zu den Beständen des Staatsarchivs Kattowitz – Abteilung Teschen]. Cieszyn 1994; Staszków, Antonina: Działalność niemieckiej służby archiwalnej w Katowicach (1939–1945) [Die Tätigkeit des deutschen Archivdienstes in Kattowitz (1939–1945)]. In: Silesia Superior. Śląskie Zeszyty Humanistyczne 1 (1994) 9-20; Spyra, Bronisława: Kancelaria i registratura landratur na Górnym Śląsku XVIII–XX wieku. Lata 1743–1815 [Die Kanzlei und Registratur der oberschlesischen Landratsämter vom 18. bis 20. Jahrhundert. Von 1743 bis 1815]. In: Archeion 75 (1983) 93-123; dies./Tomczykiewicz, Małgorzata: Archiwum Książąt w Pszczynie [Das fürstliche Archiv in Pleß]. In: Materiały Muzeum Wnętrz Zabytkowych w Pszczynie 1 (1982) 96-102; Spyra, Bronisława: Kancelaria feudałów śląskich w okresie XIII–XVIII wieku [Die Kanzlei schlesischer Feudalherren vom 13. bis 18. Jahrhundert]. In: Działalność kancelarii urzędów i instytucji księgi wpisów. Warszawa/Poznań/Gdańsk 1978 (Biuletyn Zespołu Naukowo-Badawczego 7); dies.: Specyfika śląskich archiwów podworsko-przemysłowych. [Die Besonderheiten schlesischer Guts- und Industriearchive]. In: Archeion 62 (1975) 105-112; dies.: Archiwum książąt pszczyńskich. Przewodnik po zespołach 1287–1945 [Das Archiv der Fürsten von Pleß. Ein Bestandsführer 1287–1945]. Warszawa 1973; Antonów, Michał/Jaros, Jerzy/Poprawska, Stanisława: Wojewódzkie Archiwum Państwowe w Stalinogrodzie oraz jego oddziały terenowe i archiwa powiatowe. Archiwalny biuletyn informacyjny [Das Staatliche Woiwodschaftsarchiv in Kattowitz, seine Filialen und Kreisarchive. Archivalischer Informationsbericht]. Warszawa 1955; Antonów, Michał: Archiwa na Górnym Śląsku [Archive in Oberschlesien]. In: Śląski Kwartalnik Historyczny Sobótka 4 (1949) 582-687; Musioł, Ludwig (Bearb.): Archiwa i archiwalia w województwie śląskim [Archive und Archivalien in der Woiwodschaft Schlesien]. Katowice 1936; Zivier, Ezechiel: Oberschlesische Archive und oberschlesische Archivalien. In: Oberschlesien 12 (1913/14) 293-303.

B. Bestandsgliederung

Quellen zur Geschichte des oberschlesischen Adels befinden sich so gut wie in jedem Bestand, der Akten aus der Zeit vor dem Ersten Weltkrieg enthält. Besonders zahlreich sind diese Materialien in den Beständen der allgemeinen und besonderen Verwaltung und solchen ehemaliger Guts- und Firmenarchive. In der folgenden Übersicht, in der die Bestände nach Sachgruppen geordnet wurden, fanden vor allem diejenigen Berücksichtigung, die besonders wertvoll für die Adelsforschung und am vollständigsten erhalten sind:

1. Akten der allgemeinen Verwaltung

Aus der habsburgischen Zeit überliefert sind lediglich die Akten der Landeshauptmannschaft von Beuthen O.S. (poln. Bytom) und ein ähnlicher Bestand aus dem Herzogtum Teschen, der sich heute in der Teschener Filiale unter den Akten der Teschener Kammer befindet. Die Akten der Beuthener Landeshauptmannschaft gehören zur Dokumentensammlung des früheren Beuthener Stadtarchivs (Zentralarchiv Kattowitz, Nr. 650) und enthalten verschiedene Materialien hauptsächlich zum Adel aus der Freien Standesherrschaft Beuthen, wobei Akten zum Grundbesitz und Schuldakten überwiegen, Testamente dagegen etwas seltener vorkommen.

Deutlich besser überliefert sind Bestände der staatlichen Verwaltung aus preußischer Zeit. Hierzu zählen die Akten der von der Mitte des 18. bis zum 20. Jahrhundert existierenden Landratsämter in Beuthen O.S. (Nr. 648), Kattowitz (Nr. 1), Lublinitz (poln. Lubliniec; Nr. 1361) und Tarnowitz (poln. Tarnowskie Góry; Nr. 1427), die in der Kattowitzer Zentrale aufbewahrt werden, Gleiwitz (Nr. 28) und Hindenburg O.S. (poln. Zabrze; Nr. 29) in der Gleiwitzer Filiale, Pleß (Nr. 1) in der Plesser Filiale sowie Ratibor (Nr. 1) und Rybnik (Nr. 78) in der Ratiborer Filiale. Am Kattowitzer Standort sind zudem Bestände der seit der zweiten Hälfte des 19. Jahrhunderts arbeitenden Kreisausschüsse von Beuthen O.S. (Nr. 649), Guttentag (poln. Dobrodzień; Nr. 1360), Kattowitz (Nr. 2), Lublinitz (Nr. 1362) und Tarnowitz (Nr. 1428) erhalten. In der Plesser Filiale befinden sich ferner der Bestand des Kreisausschusses von Pleß (Nr. 3), in der Ratiborer Filiale diejenigen von Ratibor (Nr. 2) und Rybnik (Nr. 81) sowie in der Gleiwitzer Filiale diejenigen von Tost-Gleiwitz (poln. Toszek-Gliwice; Nr. 32) und Hindenburg O.S. (Nr. 33). Aus dem früheren Österreichisch-Schlesien sind in der Filiale von Bielitz-Biala Akten der Bezirkshauptmannschaft Bielitz (Nr. 2) überliefert sowie in der Teschener Filiale Akten der Bezirkshauptmannschaft Teschen (Nr. 8)[3] und der von 1855 bis 1868 existierenden Bezirksämter in Skotschau (poln. Skoczów; Nr. 9) und Schwarzwasser (poln. Strumień; Nr. 10). Diese Bestände umfassen verschiedene Quellen zur Geschichte des Adels, unter anderem Einwohnerverzeichnisse, Volkszählungen, Akten zu Beamten und Politikern sowie zu den ländlichen Besitzverhältnissen. Hingegen taucht der Adel in den Verwaltungsakten aus dem 20. Jahrhundert relativ selten auf. Eine Ergänzung dazu stellen die Bestände der Finanz- und Katasterämter dar, in denen Beschreibungen der Güter sowie Verzeichnisse der Steuerzahler, Grundbesitzer und Immobilien zu finden sind. Mehrere solcher Bestände sind am Kattowitzer Standort überliefert.

2. Gerichtsakten

Zu den wertvollsten Quellen für die Geschichte des Adels gehören Akten der ständischen Gerichte und Landtage, die in Preußisch-Schlesien bis zu den Schlesischen Kriegen und in Österreichisch-Schlesien bis 1850 bestanden, und zwar im Herzogtum Teschen und in den Standesherrschaften Beuthen, Bielitz, Loslau und Pleß. Nur wenige Akten stammen aus dem Beuthener Gericht (Dokumentensammlung des früheren Stadtarchivs Beuthen), während die Loslauer Akten vollständig zerstört wurden. Die Überlieferung des Herzogtums Teschen besteht aus zwei in Teschen aufbewahrten Beständen; ein anderer Teil befindet sich im Landesarchiv Troppau (Zemský archiv v Opavě; Bestand: Schlesisches Ständearchiv). Die ältesten Archivalien gehören zum Bestand der Teschener Kammer, während Akten aus dem 18. und 19. Jahrhundert zum Bestand des Teschener Herzoglichen Landrechts (Nr. 204; 1714–1850 [1882]) zählen und sich aus mehreren Buchserien zusammensetzen: Bestätigungen (Kaufverträge), Hypotheken sowie Haupt- und Hypothekenbüchern der

---

3 Der zweite Teil dieses Bestands befindet sich im Staatlichen Kreisarchiv Karwin (Statní okresní archiv v Karviné) in der Tschechischen Republik.

Standesherrschaften in Österreichisch-Schlesien.[4] Hier befinden sich ebenfalls Akten des Landrechts in Bielitz (poln. Bielsko), das zu Beginn des 19. Jahrhunderts dem Teschener Landgericht unterstellt wurde. Nachdem nach 1850 in Österreichisch-Schlesien eine moderne Gerichtsorganisation eingeführt worden war, verhandelte man Angelegenheiten des Adels, vor allem den Grundbesitz betreffende Fälle, am häufigsten vor dem Kreisgericht in Teschen (Nr. 43; [1837] 1856–1918 [1945]).[5] Für Testamente, Vormundschafts- und Erbschaftsangelegenheiten waren dagegen die drei Bezirksgerichte in Teschen (Nr. 46; [1819] 1850–1918 [1942]), Skotschau (Nr. 47; [1776] 1850–1918 [1939]) und Schwarzwasser (Nr. 150; 1850–1918) zuständig. Sowohl in der Kattowitzer Zentrale als auch an den Standorten Auschwitz und Saybusch befinden sich ähnliche Bestände mit Gerichtsakten aus dem westlichen Galizien.

Die von der Mitte des 18. bis zum 20. Jahrhundert in Preußisch-Schlesien bestehenden Gerichte hinterließen reichlich Archivalien, die zum Teil den in dieser Region zahlenmäßig schwächer werdenden Adel betreffen. Einige dieser Bestände enthalten jedoch auch Quellen aus dem beginnenden 17., in einem Fall sogar aus dem beginnenden 16. Jahrhundert. Im Kattowitzer Zentralarchiv befinden sich folgende Bestände: Landgericht Beuthen-Kattowitz (Nr. 673; [1861] 1879–1945), Staatsanwaltschaft Beuthen-Kattowitz (Nr. 135; 1879–1945), Amtsgericht Beuthen (Nr. 674; [1648] 1880–1945), Amtsgericht Kattowitz (Nr. 4; 1784–1945), Amtsgericht Myslowitz (poln. Mysłowice; Nr. 5; 1879–1945), Amtsanwaltschaft Beuthen (Nr. 679; 1889–1944), Königliches Amtsgericht Lublinitz (Nr. 1419; 1811–1920), Amtsgericht Tarnowitz (Nr. 2049; 1848–1922) und Schiedsmann des Bezirks XXII des Landkreises Beuthen (Nr. 677; 1879–1941). In der Gleiwitzer Filiale werden folgende Bestände aufbewahrt: Amtsgericht Hindenburg (Nr. 85; 1791–1945), Landgericht Gleiwitz (Nr. 17; 1884–1943) und Amtsgericht Peiskretscham (poln. Pyskowice; Nr. 208; 1775–1945). Am Standort Pleß befinden sich die Bestände des Königlichen Kreisgerichts Pleß (Nr. 40; [1718] 1849–1876) und des Amtsgerichts Pleß (Nr. 379; [1769] 1877–1922 [1943]). In Ratibor lagern die Bestände des Königlichen Appelationsgerichts Ratibor (Nr. 9; [1723] 1808–1875 [1939]), des Landgerichts Ratibor (Nr. 10; [1876] 1879–1944), des Amtsgerichts Ratibor (Nr. 18; 1513–1945), der Königlichen Amtsgerichte in Rybnik (Nr. 119; [1599] 1876–1907) und Loslau (poln. Wodzisław Śląski; Nr. 246; 1601–1861) und der

---

4 Kapras, Jan: Oberschlesische Landbücher. Ein Beitrag zur Geschichte der öffentlichen Bücher. In: Zeitschrift des Vereins für Geschichte Schlesiens 42 (1908) 60-120; ders.: Zemský soud a zemské knihy Těšínské [Teschener Landgericht und Landbücher]. In: Časopis Muzea Království českého 83 (1908) 1-16; Šefčik, Erich: Zemské knihy Těšínské v 16.–18. století (jejich vývoj a současný stav dochování) [Teschener Landbücher vom 16. bis 18. Jahrhundert (ihre Genese und ihr gegenwärtiger Überlieferungszustand)]. In: Časopis Slezského muzea B 26 (1977) 123-135. Dieser Aufsatz enthält neben der älteren Literatur einen Katalog der Teschener Landbücher, der jedoch unvollständig ist, da Landbücher aus der zweiten Hälfte des 18. und der ersten Hälfte des 19. Jahrhunderts fehlen.

5 Das sogenannte Große Grundbuch, das die Grundakten der großen Güterkomplexe aus der zweiten Hälfte des 19. Jahrhunderts enthält, gelangte bisher noch nicht in das Teschener Archiv, sondern befindet sich im Amtsgericht Teschen (Sąd Rejonowy w Cieszynie). Dasselbe gilt auch für einige andere Amtsgerichte im heutigen Oberschlesien.

Amtsanwaltschaft Ratibor (Nr. 237/5; [1877] 1879–1944). Von größerem Nutzen für die Adelsforschung sind hier vor allem Testamente und den Immobilienhandel betreffende Akten.

Im Kattowitzer Archiv wurden aus Akten und Grundbüchern einiger Gerichte, die sich nach 1922 auf dem Gebiet des polnischen Staates befanden, sechs eigenständige Bestände geschaffen, die Akten aus dem 17. bis 20. Jahrhundert enthalten. Hierbei handelt es sich um Grundaktenbestände der Gerichte in Königshütte (poln. Królewska Huta, heute Chorzów; Nr. 768), Nikolai (poln. Mikołów; Nr. 637), Pleß (Nr. 23), Ruda (poln. Ruda, heute Ruda Śląska; Nr. 2048) und der Kreise Lublinitz (Nr. 1418) und Tarnowitz (Nr. 1514).[6] Ähnliche Informationen zum schlesischen Adel enthalten die Notariatsakten aus dem Zuständigkeitsgebiet des heutigen Staatsarchivs. Sowohl am Kattowitzer Standort als auch in jeder Filiale befinden sich zahlreiche Notariatsbestände aus der zweiten Hälfte des 19. und ersten Hälfte des 20. Jahrhunderts. Zu dieser Gruppe gehören auch die in Kattowitz aufbewahrte Sammlung der Personalakten von Bediensteten der deutschen Gerichte (Nr. 494; 1856–1945), von denen einige adeliger Herkunft waren, und das Kattowitzer Handelsregister (Nr. 503; 1867–1989) mit Einträgen zu adeligen Unternehmen.

3. Guts- und Firmenarchive

Eine für die Erforschung des schlesischen Adels bedeutende Gruppe von Archivbeständen stellen die Guts- und Firmenarchive dar. Hier überwiegen eindeutig Quellen zur wirtschaftlichen Tätigkeit der Grundbesitzer in der Landwirtschaft, der Lebensmittelindustrie sowie in der Hüttenindustrie und im Bergbau, was eine Besonderheit dieser Region ist. Überliefert sind dabei auch aufschlußreiche Familienarchivalien und Materialien aus ständischen, den Gutsbesitzern unterstehenden Institutionen wie zum Beispiel der niederen Gerichtsbarkeit. Zu den wichtigsten und zugleich am vollständigsten erhaltenen Beständen gehört zweifellos das in der Plesser Filiale untergebrachte Archiv der Fürsten von Pleß (Nr. 53; 1287–1945), das sich zusammensetzt aus Akten der adeligen Familien, die im Besitz der Freien Standesherrschaft waren, aus Landrechts- und Landtagsakten, Adelsregistern, Dokumenten zu einzelnen Gütern (Kaufverträgen u. a.), Eheverträgen, Testamenten und Adelsproben. Ein weiterer Bestand mit ähnlichem Inhalt ist die Teschener Kammer (Nr. 76; 1438–1929) am gleichnamigen Standort. Dieser enthält hauptsächlich Akten zum habsburgischen Besitz im Herzogtum Teschen, der aus den früheren herzoglichen Besitzungen hervorging. Für die Adelsforschung bedeutsam sind hier Pergament- und Papierdokumente, Matrikeln aus der Kanzlei der Herzöge von Teschen, Dokumente und Landbücher des Teschener Landrechts, Testamente, Kaufverträge zu adeligen Gütern, Akten des *Conventus Publicus* in Troppau (tsch. Opava) und der Landeshauptmannschaft Teschen sowie Unterlagen zu Standeserhebungen und Inkolatsangelegenheiten. In der Filiale Bielitz-Biala befinden sich zudem

---

6 Die beiden letztgenannten Bestände sind nicht besonders groß, da sich beinahe alle Grundakten der Kreise Tarnowitz und Lublinitz im Staatsarchiv Tschenstochau (Archiwum Państwowe w Częstochowie) befinden.

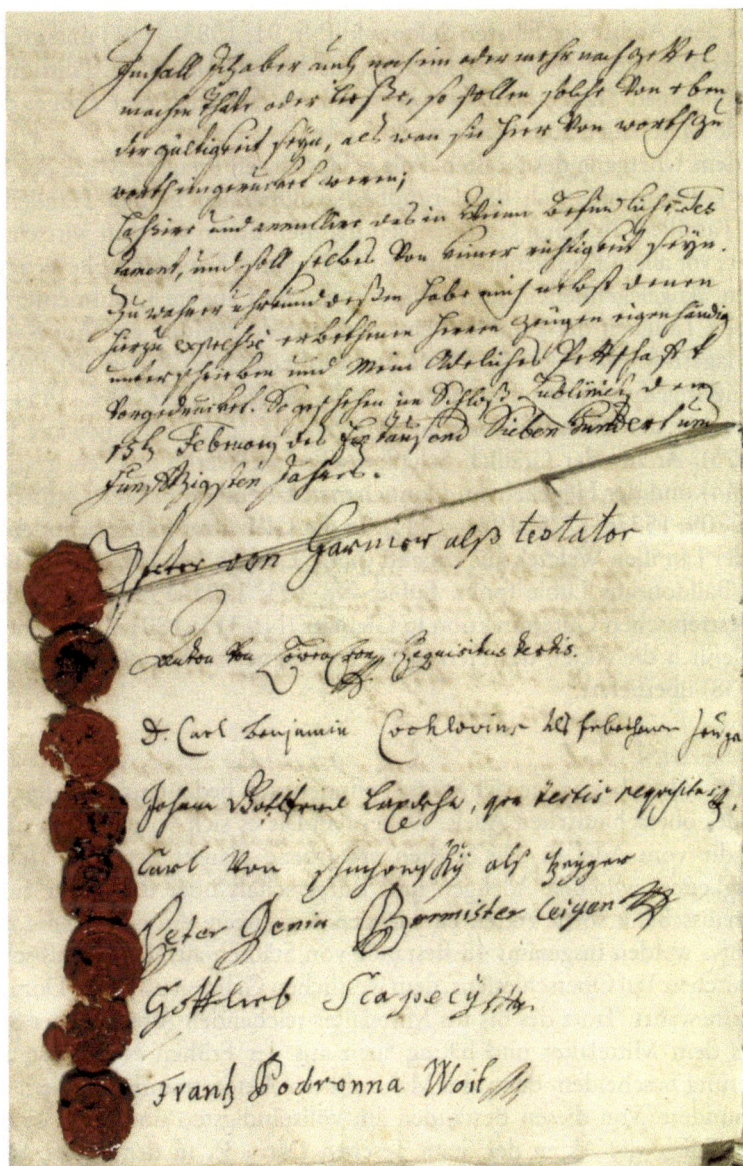

Die adelige Familie Garnier stammte ursprünglich aus Savoyen. Der 1687 in Mont Saxonnex geborene Pierre Garnier erwarb 1722 die Herrschaft Lublinitz und erhielt am 18. Dezember 1729 in Wien die Bestätigung seiner adeligen Herkunft. Am 15. Februar 1750, drei Tage vor seinem Tod, verfaßte er ein Testament, dessen letzte, mit Unterschriften versehene Seite hier zu sehen ist. Sein Sohn Joseph von Garnier gelangte durch Heirat in den Besitz von Turawa bei Oppeln (poln. Opole). Einer von dessen Nachkommen, Franz von Garnier, wurde 1841 mit dem Namen „von Garnier-Turawa" in den Grafenstand des Königreichs Preußen erhoben.
Bildnachweis: Archiwum Państwowe w Katowicach, Akta gruntowe powiatu lublinieckiego, Sign. 28, 43.

Akten aus dem Archiv der Fürsten Sulkowski (Nr. 91; 1583–1901) und größtenteils Wirtschaftsakten der Besitzer des Herzogtums Bielitz, das im 18. Jahrhundert aus der gleichnamigen Standesherrschaft entstand, so daß auch hier einige, den Adel betreffende Materialien zu finden sind.[7]

Nach dem Übergang des größten Teils Schlesiens an Preußen Mitte des 18. Jahrhunderts konzentrierte sich der Grundbesitz allmählich in den Händen einiger Dutzend Familien. In deren Gutsarchiven nahmen neben Quellen wirtschaftlichen Charakters vor allem Familiendokumente (Testamente, Kauf- und Eheverträge, Bauunterlagen, Angelegenheiten der Fideikommisse und andere Dokumente zur wirtschaftlichen Tätigkeit der Familien) eine bedeutende Stellung ein. Am Kattowitzer Standort lagern folgende Gutsbestände und Firmenarchive: Archiv der Prinzen von Hohenlohe-Ingelfingen aus Koschentin (poln. Koszęcin; Nr. 384; 1454–1945),[8] Familienarchiv der Tiele-Winckler aus Miechowitz (poln. Miechowice; Nr. 730; 1797–1925), Archiv der Gräflich Schaffgotschschen Werke in Gleiwitz (Nr. 125; 1785–1944) und der Henckel von Donnersmarck Beuthen Estates Limited in Beuthen (Nr. 709, 1527; [1775] 1921–1945). In der Gleiwitzer Filiale befinden sich die Archive der Familien Welczek aus Laband (poln. Łabędy; Nr. 102; 1636–1905) und Bergwelt-Baildon aus Lubie (poln. Łubie; Nr. 103; 1795–1940) sowie Akten der Graf Ballestremschen Güterdirektion in Gleiwitz (Nr. 111; 1801–1945). In Ratibor sind schließlich die Akten der Herzoglichen Kammer zu Schloß Ratibor (Nr. 16; 1701–1938) überliefert.

4. Städtische Akten

Auch in den Aktenbeständen der Städte befinden sich bedeutende Quellen zur Geschichte des oberschlesischen Adels. Dabei handelt es sich vornehmlich um Kaufverträge, die vom Adel in den Städten erworbene Häuser betrafen, Dokumente zu Streitigkeiten zwischen Adeligen und Bürgerschaft über das Recht zum Bier- und Weinausschank sowie Akten zu adeligen Stiftungen. An allen Standorten des Staatsarchivs werden insgesamt 48 Bestände von Städten aus dem preußischen und österreichischen Teil Oberschlesiens, dem westlichen Galizien und dem Dombrowaer Gebiet aufbewahrt. Trotz des bis ins Mittelalter reichenden Alters einiger Städte ist deren aus dem Mittelalter und häufig auch aus der Frühen Neuzeit stammende Überlieferung bescheiden, denn die Mehrzahl der Akten stammt aus dem 19. und 20. Jahrhundert. Von diesen Beständen am vollständigsten überliefert sind in der Teschener Filiale die Akten der Stadt Teschen (Nr. 13), in der Plesser Filiale die Akten der Stadt Pleß (Nr. 26), in der Gleiwitzer Filiale die Akten der Städte Gleiwitz (Nr. 1) und Hindenburg O.S. (Nr. 35) sowie am Kattowitzer Standort die Akten der Städte Bendzin (poln. Będzin; Nr. 773), Myslowitz (Nr. 82), Nikolai (Nr. 56),

---

7 Rączka, Zofia: Bielska linia Sułkowskich i jej archiwum [Die Bielitzer Linie der Sulkowski und deren Archiv]. In: Archeion 77 (1984) 135-153.

8 Krupa, Sławomira: Dzieje rodziny Hohenlohe-Ingelfingen z Koszęcina w świetle dokumentów przechowywanych w Archiwum Państwowym w Katowicach [Geschichte der Familie Hohenlohe-Ingelfingen aus Koschentin im Licht der Dokumente aus dem Staatsarchiv Kattowitz]. In: Szkice Archiwalno-Historyczne 3 (2007) 67-88.

Olkusch (poln. Olkusz; Nr. 1204), Sosnowitz (poln. Sosnowiec; Nr. 776), Tarnowitz (Nr. 1441) und Woischnik (poln. Woźniki; Nr. 1377).

5. Kirchliche und standesamtliche Matrikelbücher und Pfarrakten

Zu den grundlegendsten Quellen für genealogische und demographische Forschungen gehören kirchliche und standesamtliche Matrikelbücher, die auch im Staatsarchiv Kattowitz reichlich vorhanden sind. In den polnischen Archiven wurden für all diese Quellen Verzeichnisse erstellt, die sowohl in einer im Internet zugänglichen Datenbank[9] als auch in einem gedruckten Katalog[10] vorliegen. Die in Kattowitz überlieferten Archiveinheiten stammen hauptsächlich aus dem 19. und 20. Jahrhundert, und zwar aus dem preußischen Teil Schlesiens, in erster Linie aus katholischen Pfarreien, in geringerer Zahl aber auch aus evangelischen und jüdischen Gemeinden. Eine ähnliche Überlieferung existiert ebenfalls für den im 19. Jahrhundert zu Rußland gehörenden Teil der heutigen Woiwodschaft Schlesien. Aus Galizien sind hingegen die Matrikelbücher lediglich zweier katholischer Pfarreien erhalten. Auch die kirchlichen Akten sind im Kattowitzer Archiv mit einigen wenigen kleineren, überwiegend aus dem 19. und 20. Jahrhundert stammenden Beständen aus katholischen, evangelischen und jüdischen Pfarreien relativ schwach vertreten. Nur vereinzelt tauchen in diesen Akten Informationen zu adeligen Stiftungen auf.

6. Akten aus den Bereichen Wissenschaft, Kultur und Bildung

Unter den Aktenbeständen wissenschaftlicher Institutionen enthalten zweifellos die Bestände des früheren Staatsarchivs Kattowitz (Nr. 137; 1939–1945) und der Archivberatungsstelle Oberschlesien Kattowitz (Nr. 138; 1942–1945) aufschlußreiche Quellen für die Adelsforschung. Hier befinden sich Informationen zu historischen Sammlungen in den Schlössern und Burgen des oberschlesischen Adels (Archivalienverzeichnisse, Bücherlisten und Dokumente zum Verbleib dieser Sammlungen), während man Informationen über die Ausbildung junger Adeliger in zahlreichen Beständen verschiedener Schulen und der Schulinspektorate findet, die vom 18. bis zum 20. Jahrhundert in einzelnen Kreisen tätig waren. Dabei sind Quellen zum Adel am häufigsten in den Beständen derjenigen Schulen vorhanden, die bereits im 18. Jahrhundert existierten. So befinden sich beispielsweise in der Teschener Filiale Akten des k. k. Katholischen Gymnasiums (Nr. 73) und des k. k. Evangelischen Gymnasiums in Teschen (Nr. 72), die Schülerverzeichnisse, darunter auch Adelige, enthalten. Einen vergleichbaren Wert besitzt der Bestand der Carl und Gabrielle Freiherren Cselesta Stiftung in der Teschener Filiale (Nr. 203; 1796–1919).

7. Sammlungen

Sowohl das Kattowitzer Zentralarchiv als auch die Teschener Filiale besitzen gesonderte Bestände mit Pergamentdokumenten. Der Bestand Pergament- und Papier-

---

9 http://www.baza.archiwa.gov.pl/sezam/pradziad.php [Zugriff am 18.11.2009].
10 Laszuk, Anna (Hg.): Księgi metrykalne i stanu cywilnego w archiwach państwowych [Matrikel- und standesamtliche Bücher in den staatlichen Archiven]. Warszawa ³2003 [¹1998].

dokumente am Standort Teschen (Nr. 1) und der Bestand Pergamentdokumente am Standort Kattowitz (Nr. 177) umfassen rund 400 Archiveinheiten. Trotz ihrer relativ bescheidenen Größe enthalten sie die wertvollsten Archivalien zur Geschichte Oberschlesiens vom Mittelalter bis zum 19. Jahrhundert. Ein beträchtlicher Teil davon betrifft den dortigen Adel und setzt sich hauptsächlich aus königlichen, kaiserlichen, herzoglichen und anderen Urkunden, die die Besitzveränderungen des Adels bestätigen, dessen Privilegien und einigen Wappendiplomen zusammen. In Kattowitz befindet sich zudem ein nicht allzu großer Bestand mit Papierdokumenten (Nr. 178; 1600–1930), der ebenfalls Akten zum Adel enthält.

Einen ebenso großen Quellenwert haben die Siegelsammlungen, die in Kattowitz (Nr. 182) und Gleiwitz (Nr. 99) aufbewahrt werden und einige Tausende Siegelkolben, Siegel und Abgüsse aus Oberschlesien und den benachbarten Gebieten, darunter auch Siegel von Rittern und Adeligen, umfassen. In Gleiwitz befindet sich zudem eine Sammlung von Lithographien, gemalten Adelswappen und Stammtafeln. Schließlich verfügt das Staatsarchiv über mehrere Sammlungen von Fotografien aus Preußisch-Schlesien, Galizien und dem Dombrowaer Gebiet, unter denen sich auch für die Adelsforschung relevante Bildquellen befinden wie Abbildungen von Schlössern und Porträts einzelner Familienmitglieder (Nr. 180, 808, 1344 in der Kattowitzer Zentrale; Nr. 98 in Gleiwitz; Nr. 398 in Pleß und Nr. 189 in Saybusch).

8. Nachlässe

Einen überaus hohen Wert für die Erforschung des schlesischen Adels haben auch Nachlässe von Personen, die sich mit der Geschichte Oberschlesiens beschäftigten. Darin findet man Notizen zu heute nicht mehr existierenden Archivalien, Fotografien, Presseartikel, Todesanzeigen und andere Materialien wie zum Beispiel handschriftlich verfaßte Arbeiten zu verschiedenen Themen der Adelsforschung. In Teschen lagern die wertvollen Nachlässe von Viktor Karger (Nr. 168) und Barbara Poloczkowa (Nr. 205), in Kattowitz eine Sammlung mit Abschriften von Dokumenten zur Stadt Lublinitz (Nr. 2028) und in Pleß eine Sammlung mit Notizen und Abschriften von Dokumenten zur Geschichte der Pfarreien Rybnik und anderer Orte aus dem gleichnamigen Kreis (Nr. 157/18). Kleinere Nachlässe der Pfarrer Johannes Chrząszcz und Joseph Gregor, die sich besondere Verdienste um die Erforschung der oberschlesischen Geschichte und des dortigen Adels erwarben, befinden sich in der Dokumentensammlung des Beuthener Stadtarchivs in der Kattowitzer Zentrale (Nr. 650).

C. Bestandsanalyse

Die Forschungen zum oberschlesischen Adel zeigen unverändert deutliche Defizite auf, was weiterführende Studien und Überblicksdarstellungen erschwert. Um diese zu erleichtern, sind deshalb in erster Linie grundlegende Forschungen in den Quellen, die sich sowohl in der Kattowitzer Zentrale als auch in deren Filialen befinden, unerläßlich. Zu den Forschungsdesiderata gehören quellennahe Arbeiten zu einzelnen Adelsgeschlechtern, die vom 15. bis zum 20. Jahrhundert in Oberschlesien lebten. Für das Mittelalter ist die Familie Kornitz, die größte unter der damaligen oberschlesischen Ritterschaft, von erheblicher Bedeutung. Erforscht werden sollten dabei sowohl die wohlhabendsten und angesehensten Geschlechter als auch Familien des niederen Adels. Die Ergebnisse dieser Arbeiten gewähren zunächst einen Einblick in bestimmte Adelsfamilien, deren Genealogie, die Demographie, Anthroponymie, Heiratspolitik (einschließlich nicht standesgemäßer Ehen) und das Familienbewußtsein. Darüber hinaus zeigen sie die Karrieren an den fürstlichen und adeligen Höfen, in Staats-, Landes-, militärischen und kirchlichen Ämtern sowie die Gründe für den Aufstieg und Fall von Familien auf. Gleichzeitig liefern sie einschlägige Materialien für eine Analyse der adeligen Besitzverhältnisse über Jahrhunderte hinweg und ermöglichen zudem Forschungen zu äußerst interessanten Fragestellungen, die die konfessionellen Verhältnisse, die Verbreitung reformatorischer Ideen, darunter des Calvinismus, unter dem oberschlesischen Adel im 16. Jahrhundert und die Folgen der Gegenreformation betreffen. Zahlreiche Archivalien wie beispielsweise Matrikelbücher, Eheverträge oder Testamente geben Aufschluß über die Verbindungen des oberschlesischen Adels mit auswärtigen, polnischen und böhmischen, Standesgenossen.

Von großem Interesse ist überdies die Frage nach den ökonomischen Veränderungen dieser Region vom 18. bis zum 20. Jahrhundert, an denen der oberschlesische Adel beteiligt war. Die reichlich überlieferten Bestände mit Gerichtsakten ermöglichen einen Einblick in den Niedergang des Kleinadels und dessen berufliche Neuorientierung als Beamte und Militärs beziehungsweise dessen Auswanderung. Gleichzeitig fand ein Konzentrationsprozeß der Adelsgüter statt, der zur Entstehung großer Güterkomplexe sowohl im preußischen als auch österreichischen Teil Oberschlesiens führte. Die Guts- und Unternehmensakten erlauben somit eine Untersuchung des adeligen Engagements und Einflusses auf die industrielle Entwicklung Oberschlesiens, was zugleich mit einer Dominanz des Adels im politischen, sozialen und vor allem wirtschaftlichen Leben dieser Region einherging.

Darüber hinaus ermöglichen die im Kattowitzer Archiv befindlichen Quellen auch eine Untersuchung der adeligen Eliten. Zu diesem Zweck ist zunächst eine Zusammenstellung herzoglicher (einschließlich der Kammern), Landes- und Staatsbeamten in Oberschlesien notwendig. Mit diesem Themenfeld hängt eng die Frage nach der Schichtung des schlesischen Adels im Mittelalter und in der Frühen Neuzeit zusammen, als die alten slawischen Vorbilder von den durch die Habsburger eingeführten Adelstiteln überlagert wurden, sowie die Frage nach dem Verhältnis zwischen hohem und niederem Adel. Ebensowenig erforscht sind die Standeserhebungen und adeligen Karrieren in der preußischen Zeit. Die wertvollen Kattowitzer Archivalien ermöglichen zudem weitere Forschungen zur Verfassungsgeschichte Schlesiens in der Frühen Neuzeit. So fehlt insbesondere eine Untersuchung zum größten oberschlesischen Territorium, dem Herzogtum Oppeln-Ratibor. Auf der Grundlage fortgeschrittener Forschungen zu den frühneuzeitlichen ständischen Institutionen werden bisher völlig vernachlässigte Untersuchungen zum Kanzleiwesen in den Gerichten und Landeshauptmannschaften und zu dessen Bedeutung für die Geschichte des schlesischen Adels möglich sein. Schließlich wird das umfangreiche Quellenmaterial auch zu Forschungen zur bisher ebenfalls vernachlässigten Heraldik und Sphragistik des oberschlesischen Adels, der Bedeutung von Wappen und Siegeln sowie deren Wandel unter dem Adel Oberschlesiens anregen.

Henryk Niestrój

Staatsarchiv Oppeln
(Archiwum Państwowe w Opolu)

A. Gesamtgeschichte und Bedeutung

Die Anfänge des Oppelner Archivs liegen höchstwahrscheinlich im 16. Jahrhundert, als die Stände des Herzogtums Oppeln-Ratibor nach dem Tod Herzog Johanns II. 1532 beschlossen, wichtige Dokumente in einer Truhe in Cosel (poln. Koźle) aufzubewahren und für die Zukunft zu sichern. Auf diese Weise entstand ein ständisches Archiv: das „Oppelnsche Landes-Archiv".[1] Bei der Einberufung des Landtags nach Oppeln (poln. Opole) im Jahr 1738 wurde die Erstellung eines detaillierten Verzeichnisses aller in der Truhe lagernden Dokumente angeordnet. Ob tatsächlich ein solches Register entstand, ist jedoch fraglich. Tatsache ist aber, daß die Truhe erneut versiegelt und dem Magistrat der Stadt Oppeln zur Aufbewahrung im Rathaus übergeben wurde. Zusammen mit dem alten städtischen Archiv fielen diese Materialien 1739 einem Brand zum Opfer, was nach Johann Ehrenfried Böhme auch der Grund dafür ist, daß oberschlesische Archivalien nur in kleiner Zahl überliefert sind und die Geschichte dieser Region viele Lücken aufweist.[2] Nur in einigen wenigen Fällen gelang es, Dokumente mit Hilfe der in der Böhmischen Kanzlei verwahrten Kopien wiederherzustellen.

Nach der Annexion Schlesiens durch Preußen ordnete der damalige Landeshauptmann Karl Joseph Erdmann Graf Henckel von Donnersmarck auf Bitten der Stände an, alle die Staatsangelegenheiten betreffenden Archivalien zusammenzutragen. In einer Truhe verschlossen wurden diese zunächst im Landes-Steueramt in Cosel aufbewahrt und einige Jahre später nach einer Prüfung durch Räte der Königlichen Kriegs- und Domänenkammer vollständig nach Breslau (poln. Wrocław) gebracht. Hier wurden sie nach Böhme von Staub und Fäulnis zerfressen und gerieten völlig in Vergessenheit, was allgemein als das Ende des Oppelner Ständischen Archivs angesehen wird.[3]

Allerdings wurden nicht alle oberschlesischen Archivalien nach Breslau gebracht. Einige dieser Materialien wurden in zwei Gruppen aufgeteilt und in Cosel und Op-

---

1 Informationen zur früheren Geschichte der Oppelner Archivalien liefert – 32 Jahre nach dem Rathausbrand – Böhme, Johann Ehrenfried: Diplomatische Beyträge zur Untersuchung der schlesischen Rechte und Geschichte, Bd. 1/2. Berlin 1771, 89f. Vgl. ferner Domska, Janina/Rezler-Wasielewska, Violetta: Z historii archiwów na Śląsku Opolskim. Archiwum stanowe, książęce i miejskie [Zur Archivgeschichte im Oppelner Schlesien. Ständisches, herzogliches und städtisches Archiv]. In: Śląsk Opolski 6/4 (1996) 13-20, hier 13.
2 Böhme: Diplomatische Beyträge, Bd. 1/2, 89.
3 Domska/Rezler-Wasielewska: Z historii archiwów, 14f.; Böhme: Diplomatische Beyträge, Bd. 1/2, 90, betrachtete die Katastrophe von 1739 als das Ende des Oppelner Landesarchivs.

peln verwahrt. 1748 wurde der Coseler Bestand geordnet, um ihn anschließend nach Breslau zu bringen. Zwei Jahre später wurde auch der Oppelner Bestand geordnet und 1764 nach Brieg (poln. Brzeg) verlegt; nach Oppeln kehrte er nicht mehr zurück. Schließlich gelangten die oberschlesischen Archivalien in das neu entstandene Königliche Schlesische Provinzialarchiv in Breslau, wo sie – im heutigen Staatsarchiv – unverändert aufbewahrt werden.[4]

Im 19. Jahrhundert unterstand das Oppelner Archiv der staatlichen Verwaltung in Breslau, seine Bestände gehörten zum 1811 eingerichteten Provinzialarchiv. Die Aufsicht über das städtische Archiv in Oppeln, das unmittelbar dem Landratsamt unterstellt war, übte die Abteilung für Innere Angelegenheiten der Oppelner Regierung aus. Dieses Archiv besaß bereits zu Beginn des 19. Jahrhunderts ein Register und war im Rathaus untergebracht. Das erste Verzeichnis aller Akten wurde 1907 erstellt und enthielt 3.621 Einheiten, von denen 1.559 als besonders wertvoll eingestuft und deshalb in das Breslauer Archiv überführt wurden. In den nächsten Jahren folgten weitere Archiveinheiten. Vermutlich kehrte der die Geschichte Oppelns betreffende Teil dieser Materialien 1933 auf Bitten des damaligen Direktors des Oppelner Stadtarchivs, Alfred Steinert, nach Oppeln zurück. Renovierungsarbeiten im Rathaus führten 1934 zur Verlegung der Oppelner Bestände in das Städtische Museum, von wo aus sie im August 1938 ins Rathaus zurückkehrten. 1941 wurde das Oppelner Archiv dem neu entstandenen Staatsarchiv in Kattowitz (poln. Katowice) unterstellt, was noch einige Jahre nach Kriegsende aufrechterhalten wurde.[5]

Erst Szymon Koszyk, dem Leiter des am 1. Januar 1948 neu gegründeten Stadtarchivs Oppeln, gelang es, alle im Oppelner Stadtgebiet zerstreuten Archivalien zusammenzutragen, was die Bestände dieses Archivs deutlich vergrößerte und eine Neuorganisation notwendig machte. Nachdem das Stadtarchiv 1950 in eine Kreisfiliale des Staatlichen Woiwodschaftsarchivs in Kattowitz umgewandelt worden war,[6] erfolgte am 2. Februar 1953 die Gründung des Staatlichen Woiwodschaftsarchivs in Oppeln, dem die Kreisfilialen in Kreuzburg (poln. Kluczbork), Ratibor und Neisse (poln. Nysa) zugeordnet wurden.[7] Nach der Verwaltungsreform von 1975 wurde das Kreuzburger Archiv aufgelöst, während die Ratiborer Abteilung dem Kattowitzer Staatsarchiv unterstellt wurde. Mit dieser Umstrukturierung ging auch ein Namenswechsel einher: Die früheren Kreisarchive wurden nun zu Abteilungen der staatlichen Archive.[8]

Die Bestände des neuen Oppelner Staatsarchivs, das vom städtischen Archiv die Akten und Dokumente der Zünfte und der Stadt Oppeln übernommen hatte, waren

---

4 Domska/Rezler-Wasielewska: Z historii archiwów, 15.

5 Ebd., 17f.

6 Neben Oppeln waren auch für Falkenberg (poln. Niemodlin) und Ratibor (poln. Racibórz) Kreisfilialen vorgesehen, während gleichzeitig eine dem Breslauer Archiv untergeordnete Kreisfiliale in Brieg entstand. Das Archiv in Falkenberg wurde jedoch niemals eingerichtet und aufgrund einer Entscheidung vom 28. Juli 1952 wieder aufgelöst. Ebd.; Czech, Stefan: 20 lat działalności Wojewódzkiego Archiwum Państwowego w Opolu [20 Jahre Tätigkeit des Staatlichen Woiwodschaftsarchivs in Oppeln]. In: Kalendarz Opolski 1973 [1972], 301-307, hier 302.

7 Czech: 20 lat działalności, 301f.

8 Domska/Rezler-Wasielewska: Z historii archiwów, 19.

nicht besonders ansehnlich. Die Mehrzahl der vor dem Kriegsende entstandenen Akten befand sich weiterhin im Breslauer und Kattowitzer Archiv sowie in anderen Institutionen der Woiwodschaft Oppeln. Die größten Verluste waren zu verzeichnen bei den Akten der Städte Cosel, Falkenberg, Groß Strehlitz (poln. Strzelce Opolskie), Katscher (poln. Kietrz), Rosenberg (poln. Olesno) sowie bei den Akten der Landratsämter in Brieg, Groß Strehlitz und Kreuzburg. Dagegen konnten beträchtliche Teile städtischer Akten aus Brieg, Grottkau (poln. Grodków), Krappitz (poln. Krapkowice), Kreuzburg, Leschnitz (poln. Leśnica), Namslau (poln. Namysłów), Neisse und Oppeln zusammengetragen werden, die heute zu den wertvollsten Teilen des gesamten Archivbestands zählen. In größerem Ausmaß erhalten sind die Akten der Landratsämter in Cosel, Grottkau, Leobschütz (poln. Głubczyce), Neisse, Oppeln und Rosenberg, die gemeinsam mit den Beständen des Oberpräsidiums der Provinz Oberschlesien in Oppeln und des Amtes für Minderheitenwesen den Kern des Archivs darstellten. Auch einige der ausgelagerten alten Akten konnten zurückgeführt werden wie zum Beispiel die Akten der Stadt Neisse, die zuvor in die Tschechoslowakei gebracht worden waren, oder die von der polnischen Botschaft in Prag übergebenen Akten des Pfarramtes in Jakubowitz (poln. Jakubowice). Einer der wertvollsten Bestände, der Bestand der Regierung in Oppeln (1704–1945), gelangte erst 1995 vom Breslauer Archiv nach Oppeln. Die zweite etwas kleinere, aber ständig wachsende Gruppe von Archivalien sind die nach 1945 entstandenen Akten, die das gesamte administrative, soziale, wirtschaftliche und politische Leben des Oppelner Schlesien widerspiegeln.

Das Oppelner Archiv befand sich bis 1959 im Rathausgebäude der Stadt und ist seitdem am heutigen Standort untergebracht. Ein Teil der Archivalien wird in Archivmagazinen im Oppelner Stadtteil Groschowitz (poln. Groszowice) aufbewahrt, wo auch ein zweiter Lesesaal eingerichtet wurde.

Archiwum Państwowe w Opolu, ul. Zamkowa 2, PL-45-016 Opole, skr. poczt. 356, Tel.: +48-77-454-40-75, +48-77-454-40-76, Fax: +48-77-454-21-12, E-Mail: sekretariat@archiwum.opole.pl, Homepage: http://www.archiwum.opole.pl [Zugriff am 05.09.2009].

Auswahlliteratur: Barciak, Antoni/Müller, Karl (Hg.): Regesty dokumentów przechowywanych na Górnym Śląsku [Regesten zu den in Oberschlesien überlieferten Dokumenten], Bd. 1: Do 1400 roku [Bis 1400]. Wrocław/Opava 2004; Domska, Janina/Rezler-Wasielewska, Violetta: Z historii archiwów na Śląsku Opolskim. Archiwa stanowe, książęce i miejskie [Zur Archivgeschichte im Oppelner Schlesien. Ständisches, herzogliches und städtisches Archiv]. In: Śląsk Opolski 6/4 (1996) 13-20; Popiołek, Stefan: Z dziejów archiwów górnośląskich w XVIII i XIX w. na przykładzie archiwów w Koźlu, Opolu i Wrocławiu [Zur Geschichte der oberschlesischen Archive im 18. und 19. Jahrhundert am Beispiel der Archive in Cosel, Oppeln und Breslau]. In: Archeion 76 (1983) 95-102; Czech, Stefan/ Dermin, Ryszard (Bearb.): Informator o zasobie archiwalnym Wojewódzkiego Archiwum Państwowego w Opolu i archiwów podległych [Wegweiser zu den Beständen des Staatlichen Woiwodschaftsarchivs in Oppeln und der ihm unterstehenden Archive]. In: Kwartalnik Nauczyciela Opolskiego 76/4 (1977) (Beilage); Fila, Barbara (Hg.): Wojewódzkie Archiwum Państwowe w Opolu (1953–1968) [Das Staatliche Woiwodschaftsarchiv in Oppeln (1953–1968)]. Opole 1968 (Wydawnictwa Instytutu Śląskiego w Opolu. Komunikaty. Seria Monograficzna 101); Stojanowska, Aniela/Domański, Józef: Dokumenty polskie z Opola [Polnische Dokumente aus Oppeln]. In: Kwartalnik Opolski 4/2 (1958)

39-49; Archiwalny Biuletyn Informacyjny [Informationsbericht des Archivs]. Opole 1954; Koszyk, Szymon: Dokumenty pergaminowe Archiwum Miejskiego w Opolu [Die Pergamentdokumente des Stadtarchivs Oppeln]. In: Śląski Kwartalnik Historyczny Sobótka 6 (1951) 92-125; Krause, Walter: Das alte Oppelnsche Landesarchiv. In: Oppelner Heimatblatt 10 (1934), 11 (1935); Steinert, Alfred: Oppelner Stadturkunden. In: Oppelner Heimatblatt 10/1 (1934) [3-4], 10/2 (1934) [3-4], 10/3 (1934) [1-3], 10/4 (1934) [1-3]; Böhme, Johann Ehrenfried: Diplomatische Beyträge zur Untersuchung der schlesischen Rechte und Geschichte, Bd. 1-2. Berlin 1770–1775.

B. Bestandsgliederung

Abgesehen von Einzelfällen existieren im Staatsarchiv Oppeln keine echten Nachlässe adeliger Familien. Die überlieferten Gutsakten, meistens die Verwaltung und Hypotheken betreffende Akten, Patronats-, Erbschafts- und Rezeßakten, umfassen lediglich einige Einheiten und betreffen hauptsächlich das 18. und 19. Jahrhundert. Ebenfalls überliefert sind einige wenige Akten der Patrimonialgerichtsbarkeit zur Bauernbefreiung, Beseitigung der Frondienste und zu Verpachtungen von Grundstücken.[9] Seltener anzutreffen sind hingegen Materialien, die unmittelbar die Geschichte, Genealogie und Heraldik adeliger Familien betreffen wie zum Beispiel die Gutsakten von Preußisch Krawarn (poln. Krowiarki), die eine Wappenbeschreibung und Auszüge aus der Genealogie der Familie Gaschin enthalten.[10] Gelegentlich kommen Quellen vor, die infolge der Beschäftigung mit der eigenen Familiengeschichte entstanden wie Stammbäume und Abschriften von Dokumenten mit Bezug zur Familie und deren Besitz.[11] Unter ihnen befinden sich einzelne aufgrund ihrer kunstvollen graphischen Gestaltung herausragende Archivalien wie beispielsweise in den Gutsbeständen der Familien Oppersdorf aus Oberglogau (poln. Głogówek)[12] oder Strachwitz aus Slawentzitz (poln. Sławięcice)[13].

Besondere Beachtung verdient der Nachlaß der Grafen Praschma auf Schloß Falkenberg, die Besitzer zahlreicher Güter in Oberschlesien waren. Das „Gräfliche Praschmasche Schloßarchiv Falkenberg" ist ein einzigartiger, relativ großer Bestand im heutigen Staatsarchiv (knapp 2.000 Archiveinheiten, 1407–1944)[14] mit zahlreichen Pergament- und Papierdokumenten sowie Bildmaterial (darunter Fotografien der Familienmitglieder), wobei verhältnismäßig wenige Akten aus dem 20. Jahrhundert stammen. Geographisch gesehen bezieht sich dieser Bestand auf das Gebiet des

---

9 Akta podworskie księcia Lichnowskiego z Raciborza (Herrschaft Fürst Lichnowsky Ratibor), Sign. 1-4.

10 Akta podworskie z Krowiarek, powiat Racibórz (Herrschaft Polnisch Krawarn), Sign. 4.

11 Akta podworskie z Wierzbnika, powiat Grodków (Gut Herzogswalde), Sign. 1.

12 Ein in Samt gefaßtes Pergamentbuch enthält ein Dokument Kaiser Leopolds I. von 1668, der das Testament Georg von Oppersdorfs bestätigte. Akta podworskie rodziny von Oppersdorf z Głogówka (Gut Oberglogau), Sign. 1.

13 In einem der reich geschmückten, in Leder gefaßten Bücher befindet sich eine Inkolatsverleihung für Joseph August von Strachwitz, im anderen eine Bestätigungsurkunde einer Besitzaufteilung. Akta podworskie rodziny von Strachwitz z Izbicka (Gut Stubendorf von Strachwitz), Sign. 1, 2.

14 Der Bestand umfaßt 1.995 Archiveinheiten, das Verzeichnis 1.952 Einheiten (Stand 07.07.2004).

Die in den Quellen seit dem Mittelalter nachweisbare Familie Praschma, deren Wurzeln in Mähren liegen, tauchte in Schlesien im 17. Jahrhundert auf. Das Schloß auf Gut Falkenberg, das im 18. Jahrhundert erworben worden war, wurde zum Hauptsitz des Geschlechts. Der letzte Gutsbesitzer von Falkenberg vor 1945 war Friedrich Leopold von Praschma (1900–2000), der sich nach dem Zweiten Weltkrieg im nordrhein-westfälischen Kapellen niederließ. Die Abbildung zeigt seinen Studentenausweis an der Universität Würzburg, wo er in den Jahren 1923 bis 1925 studierte.
Bildnachweis: Archiwum Państwowe w Opolu, Archiwum hr. Praschmy, Sign. 23, 126.

früheren Kreises Falkenberg in den Grenzen von vor 1816 und umfaßt nicht nur Materialien der Familie Praschma (erst ab 1779), sondern auch der Žerotín (sehr zahlreich), Promnitz und Pückler, die davor Besitzer der Herrschaft Falkenberg waren. Diese Falkenberger Quellen wurden bereits zu Beginn des 20. Jahrhunderts von einem Mitarbeiter des Breslauer Archivs geordnet. Allerdings sind weder Findbücher noch Repertorien erhalten, so daß es äußerst schwierig ist festzustellen, in welchem Umfang diese mehrheitlich losen Dokumente bis heute überliefert sind. Nach dem Zweiten Weltkrieg wurde dieser Bestand zunächst vom Kattowitzer Staatsarchiv übernommen, wo 1952 eine erneute Bestandsaufnahme erfolgte, und ein Jahr später in das neu entstandene Oppelner Staatsarchiv gebracht.

In formaler Hinsicht handelt es sich um einen recht differenzierten Bestand, der einzelne Dokumente, Bücher, Hefte, lose Akten, Pläne und Karten in relativ gutem Überlieferungszustand enthält. Gegliedert ist der Bestand nach Sachgruppen (A: Dokumente; B: Familiensachen, Kaufverträge; C: Wirtschaftliche Tätigkeit auf den Gütern, Eigentumsfragen; D: Allgemeine Verwaltung; E: Rechnungswesen usw.), die wiederum in weitere Untergruppen aufgeteilt sind, wobei die einzelnen, häufig recht großen, aus loser Korrespondenz und gemischten Akten bestehenden Archiveinheiten ungeordnet sind.

Im Nachlaß der Familie Praschma befindet sich, wie auch in den anderen Gutsakten, eine große Anzahl notariell beglaubigter Verträge (Erbverträge, Besitzteilungen und andere Verpflichtungen).[15] Zahlreiche Schreiben wurden in tschechischer Sprache verfaßt, unter anderem an den Adel im Raum Falkenberg gerichtete Rundschreiben des Landeshauptmanns in Oppeln, die über gefaßte Beschlüsse oder andere wichtige Angelegenheiten informierten.[16]

Zu den beeindruckendsten Archivalien in diesem Bestand zählen Akten einzelner Personen wie zum Beispiel die Privatakten von Friedrich Leopold Graf Praschma.[17] Diese ansehnliche Sammlung mit einigen hundert Blättern enthält unter anderem Abschriften von Personenstandsurkunden, Auszeichnungen, Fotografien, einen Lebenslauf (als Anhang zu einem Antrag), familiäre Übereinkünfte, Belege über abgeschlossene Lehrgänge und Studien (Studentenausweis mit einer Fotografie, Zeugnisse), einen Reisepaß sowie Dokumente über die Zugehörigkeit zum Malteserorden.

Großen Wert für die Erforschung der schlesischen Adelsgeschichte haben die in größerer Zahl vorhandenen gedruckten oder gezeichneten Stammbäume,[18] handschriftliche genealogische Tafeln der mit den Praschma verwandten Familien sowie angehängte Beschreibungen und farbige Abbildungen der Familienwappen.[19] Darüber hinaus sind im Bestand auch Altdrucke überliefert, die Genealogien einzelner Adelsgeschlechter enthalten.[20] Ebenso von Interesse sind die in größerer Menge überlieferten Korrespondenzen, unter denen allerdings der geschäftliche Briefwechsel, der im Zusammenhang mit den von Familienvertretern ausgeübten Funktionen entstand, im Vergleich zur privaten Korrespondenz überwiegt.[21]

In diesen sehr umfangreichen Korrespondenzen befinden sich ausgesprochen gut erhaltene Siegelringabdrücke von Mitgliedern verschiedener Adelshäuser. Nicht selten ist auch loses, auf verschiedene Archiveinheiten zerstreutes Bildmaterial (Fotografien, Zeichnungen) zu finden. Die chronologische Familiengeschichte der Besitzer Falkenbergs ist überdies in den Notizen zur Geschichte des Falkenberger Gebiets

---

15 Archiwum hr. Praschmy, Sign. 53, 54, 55.

16 Ebd., Sign. 1153, 1154.

17 Ebd., Sign. 23.

18 Als Beispiel sei genannt der Stammbaum der Familie Lichtenstein, der für Aloys Joseph Johann Nepomuk Maria Fürst von Liechtenstein (1760–1836) und seine Kinder angefertigt wurde und Hunderte Namen von Vorfahren enthält. Ebd., Sign. 22.

19 Hier befinden sich einige Dutzend Familien wie zum Beispiel Žerotín, Almesloe, Oppersdorf, Würben, Lobkowitz, Lopez, Sedlnizky, Herschan, Partia und Stillfried. Ebd., Sign. 14, 14a.

20 Ein Beispiel hierfür ist: Genealogia D. D. de Skronski et Budzow, Brieg 1702. Ebd., Sign. 7.

21 Die sehr zahlreichen, von Siegfried Erdmann Freiherrn von Žerotín stammenden Korrespondenzen (einige hundert lose Blätter) behandeln verschiedene Angelegenheiten aus den Jahren 1690 bis 1700. Ebd., Sign. 3.

und einzelner Orte ablesbar, vor allem in denjenigen Einheiten, in denen zu Beginn des 20. Jahrhunderts Materialien zur Geschichte Falkenbergs gesammelt wurden.[22]

Neben dem Familienarchiv der Grafen Praschma und den bereits genannten, für die Geschichte des Adels typischen Quellen existieren andere überaus wertvolle Materialien zum Beispiel in den Beständen der Amtsgerichte, die die Nachfolge der Patrimonialgerichte, Kreisgerichte und gerichtlichen Ausschüsse antraten. In diesen Beständen lagern unter anderem Grundbücher und -akten adeliger Güter, die entweder in einer Ortschaft lagen oder mehrere Orte zusammenfassende Güterkomplexe darstellten. Diese Akten, aus denen der Besitzstand einzelner Adelsgeschlechter ablesbar ist, sind aufgrund der detaillierten und sicheren Angaben besonders wertvoll für die weniger bedeutenden Adelsfamilien, für die heute nur noch eine begrenzte Quellenbasis vorhanden ist.[23] In dieser Hinsicht sind auch die Notariatsakten aus dem 19. und beginnenden 20. Jahrhundert von Nutzen, in denen verschiedene notariell beglaubigte Verträge erhalten sind. In den Beständen der Amtsgerichte befinden sich des weiteren zahlreiche Rezeßakten und Nachlaßregelungen, die häufig detaillierte Aufstellungen des gesamten Besitzes eines Erblassers enthalten.

Zahlreiche Grundbesitzer gründeten im 19. Jahrhundert Stiftungen, deren Akten für die Adelsforschung bedeutsam sind. Allerdings sind im Oppelner Archiv separate Bestände der Stiftungen kaum vorhanden. Eine der wenigen Ausnahmen ist der Bestand „Ziemietzkysche Familien Armen Stiftung Gut Simmelwitz, Nr. 161" aus Simmelwitz (poln. Ziemiełowice) mit Akten von 1804 bis 1823.[24] Auch in dem Bestand der Regierung in Oppeln (Nr. 1191) befinden sich viele Materialien zu Stiftungen wie beispielsweise Beschreibungen einzelner adeliger Stiftungen für Bedürftige, Schulen oder Krankenhäuser, rechtliche Bestimmungen, die die Stiftungsorganisation und Aufsicht regelten, und Auflistungen aller im Regierungsbezirk Oppeln tätigen Stiftungen. Dabei tauchen bekannte, aber auch beinahe vergessene Namen adeliger Geschlechter auf wie zum Beispiel: Napieralski, Kottwitz, Durant, Pritwitz, Reiswitz, Schaffgotsch und Strachwitz. Im Bestand der Oppelner Regierung lagern ebenfalls über hundert Archiveinheiten zu den oberschlesischen Familienfideikommissen, daneben Register aller Fideikommisse für bestimmte Gebiete, deren Rechtsgrundlagen und andere Materialien.

In den Akten der Abteilung für Innere Angelegenheiten der Regierung in Oppeln befinden sich zahlreiche Materialien über adelige Rittergüter wie zum Beispiel Matrikeln der Rittergüter ab 1844 mit Angaben zum Gut (Fläche, Wert) und dessen Besitzer (Alter, Söhne, eventuelle Patronatsrechte über die örtliche Schule und

---

22 Ebd., Sign. 1131, 1132.

23 Die umfangreichsten Bestände der Amtsgerichte stammen aus Oppeln (Nr. 60), Rosenberg (Nr. 670), Cosel (Nr. 1210), Brieg (Nr. 1248), Grottkau (Nr. 1249), Ottmachau (poln. Otmuchów, Nr. 1251), Oberglogau (Nr. 1519), Friedland O.S. (poln. Korfantów, Nr. 1521), Neisse (Nr. 1523), Neustadt O.S. (poln. Prudnik, Nr. 1525) und Leobschütz (Nr. 1797).

24 Die Stiftung entstand 1804 dank des Engagements Leopold Erdmann von Ziemietzkys auf dessen unweit von Namslau gelegenem Gut. Der Bestand zählt zehn Archiveinheiten und gelangte 1961 vom Kattowitzer Staatsarchiv nach Oppeln. Besonders aufschlußreich ist die erste Einheit dieses Bestands, die einen Familienstammbaum enthält (Sign. 1).

Kirche und andere Bemerkungen) sowie Rechtsakte über die Vergabe von Titeln und Privilegien und den Besitzerwechsel. Darüber hinaus enthalten die Bestände Korrespondenzen mit der Provinzialverwaltung und den Gerichten.[25]

Auch in den Akten der allgemeinen Verwaltung (Gemeinden, Landratsämter, Regierung in Oppeln) befinden sich Quellen, die andere Tätigkeitsbereiche des Adels, zum Beispiel die Ausübung von Patronatsrechten über Kirche und Schule, aufzeigen. Besondere Beachtung verdient an dieser Stelle die Abteilung II (Kirchen und Schulen) im Bestand der Oppelner Regierung mit relativ zahlreichen Schriftstücken dieser Art.

Ebenfalls von Nutzen für die Adelsforschung sind die Bestände mit städtischen und Zunftakten.[26] Auch wenn die darin enthaltenen Informationen recht verstreut sind, handelt es sich bei diesen Beständen um die ältesten im Archiv aufbewahrten Materialien. In ihnen, die im Fall von Oppeln bis in das 13. Jahrhundert zurückreichen, lassen sich Informationen über den schlesischen Adel schon in den ältesten Pergamentdokumenten finden, in denen Grundbesitz und Privilegien vergeben oder Streitigkeiten beigelegt wurden. Hier liegen gleichfalls reich geschmückte Adelsdiplome.[27]

Andere Wirkungsfelder des Adels wie die Ausübung verschiedener Ämter in Politik und Verwaltung können in den Beständen der Landratsämter, der Oppelner Regierung oder der Gemeinden erschlossen werden. Erleichtert wird der Quellenzugang durch Datenbanken der staatlichen Archive, in denen die Recherche mit Hilfe von Suchbegriffen (zum Beispiel Namen oder Vornamen) möglich ist.[28]

Einen relativ großen Nutzen für biographische und genealogische Studien haben die mit dem Namen der jeweiligen Pfarrei bezeichneten Matrikelbücher, die vor allem als Duplikate der aus den Beständen der Amtsgerichte ausgesonderten Bücher überliefert sind. Vergleichbare Informationen befinden sich in den Beständen der Standesämter,[29] die in der Regel um 1800 – einzelne Matrikelbücher stammen vom Ende des 17. Jahrhunderts – beziehungsweise im Fall der Personenstandsregister 1874 beginnen.

---

25 Hierzu gehören zwei relativ große Einheiten aus den Jahren 1829 bis 1908: Regierung Oppeln, Abt. I: Allgemeines, Sign. 6686 (A. G. betr. den preußischen Adel, die Rittergüter und deren Besitzer. Aufnahme der Ritterschafts Matrikel, Verleihung der Ritterschafts Qualität) und Sign. 20 (A. G. betr. den Adel, die Rittergüter und deren Besitzer. Aufnahme der Ritterschaftsmatrikel, Verleihung der Ritterschafts Qualität).

26 Am zahlreichsten überliefert sind die Akten der Städte Krappitz (Nr. 16), Namslau (Nr. 18), Oppeln (Nr. 22), Brieg (Nr. 1242) und Löwen (poln. Lewin Brzeski, Nr. 1243). Die Zunftakten umfassen 24 Bestände mit den Nummern 107-126 und 128-131.

27 Als Beispiel sei ein prachtvolles, mit zahlreichen goldenen Verzierungen und einer Wappenzeichnung versehenes Dokument für Benedict Koye genannt. Akta miasta Brzegu, Sign. 214.

28 Die Datenbanken, in denen jedoch noch nicht alle Bestände erfaßt sind, sind zugänglich unter: http://www.archiwa.gov.pl?CIDA=35 [Zugriff am 05.09.2009].

29 Die Matrikelbücher der Standesämter befinden sich in den Beständen 766-1086, 1152-1155, 1206f., 1865, 1874, 1888, 1907, 2610-2621 und 2635.

C. Bestandsanalyse

Die im Oppelner Archiv aufbewahrten Quellen, die in größerem Ausmaß bisher wissenschaftlich nicht genutzt wurden, verbleiben zweifelsohne im Schatten der Bestände der beiden benachbarten Staatsarchive Breslau und Kattowitz. Oft werden diese Materialien von der Forschung vernachlässigt und unterbewertet, was gewiß auch auf Defizite in der wissenschaftlichen Arbeit des Archivs in den letzten Jahrzehnten zurückzuführen ist. Im Vergleich zu anderen kulturellen und wissenschaftlichen Einrichtungen in der Region spielt das Archiv für die Regionalgeschichtsforschung deshalb eine eher untergeordnete Rolle.

Dennoch bleibt das Oppelner Archiv – auch trotz des relativ bescheidenen Bestands – eine bedeutende Schatzkammer für die Beschäftigung mit der Geschichte der Region. Am häufigsten werden seine Materialien für Forschungen zur Ortsgeschichte genutzt, daneben auch für Magister- und andere Abschlußarbeiten. Allerdings werden sie aufgrund der mit der Auswertung verbundenen Schwierigkeiten in bezug auf Inhalt und Form (Sprache, Schrift) sowie der Anordnung im Archiv gewöhnlich nicht vollständig genutzt. In den letzten Jahren fanden in den Oppelner Beständen im Grunde keine Forschungen im engeren Sinn zu adeligen Geschlechtern statt. Eine Ausnahme stellen Nachforschungen dar, die für Arbeiten zur Geschichte von Falkenberg oder Carlsruhe O.S. (poln. Pokój) durchgeführt wurden, die ohne die Berücksichtigung der an der Entwicklung dieser Orte beteiligten Adelsgeschlechter unvollständig gewesen wären. Ohne größere wissenschaftliche Bedeutung bleiben die von Privatpersonen im Rahmen der Ahnenforschung durchgeführten Recherchen.

Ohne Zweifel verdienen die im Oppelner Archiv verwahrten Quellen eine größere Aufmerksamkeit und eine umfangreichere wissenschaftliche Auswertung. Mit Sicherheit werden sie eine detaillierte Erforschung der adeligen Familien ermöglichen, die Güter in diesem Teil Oberschlesiens, dem früheren Herzogtum Oppeln-Ratibor, dem ehemaligen Regierungsbezirk Oppeln und der heutigen Woiwodschaft, besaßen.

Stanisław Rosik

Erzdiözesanarchiv Breslau
(Archiwum Archidiecezjalne we Wrocławiu)

A. Gesamtgeschichte und Bedeutung

Im Erzdiözesanarchiv Breslau (poln. Wrocław) befinden sich Dokumente vom 12. bis zum 20. Jahrhundert, Akten und Bücher der Bischöfe von Breslau, der Dom- und Stiftskapitel, Pfarrakten und Matrikelbücher sowie eine Gemäldesammlung.

Die Anfänge des Bistums Breslau als Suffragan des Erzbistums Gnesen – ab 1821 war das Breslauer Bistum exemt, 1929 wurde es zum Erzbistum erhoben – reichen bis zum Jahr 1000 zurück. Seit der Mitte des 11. Jahrhunderts bestand die Diözese ununterbrochen; schon im 13. Jahrhundert ist ein entsprechendes Archiv nachgewiesen, als Urkunden unter der Aufsicht des Domkapitels mit Signaturen versehen und in Truhen gesammelt wurden, die man im Breslauer Dom in der sogenannten oberen Sakristei (über der eigentlichen Sakristei) aufbewahrte. Im Jahr 1300 zählte dieses Archiv rund 130 Urkunden, die nach Sachgruppen und chronologisch geordnet waren. Ein Jahrhundert später wurden Urkunden, die Privilegien enthielten, in einer mit einem „B" gekennzeichneten Truhe gelagert. 1455 wurde ein besonderer Archivschrank angefertigt,[1] in dem über 1.400 Dokumente Platz finden konnten. Mitte des 14. Jahrhunderts wurde das erste Kopialbuch erstellt, an der Wende vom 14. zum 15. Jahrhundert das zweite, 1455 bereits das dritte. Diese drei Bücher wurden zu einem Band (Liber niger) mit 767 Abschriften zusammengefaßt,[2] die heute – angesichts der Tatsache, daß zahlreiche Originalurkunden verschollen sind – eine wertvolle Quelle darstellen. Zu den größten Verlusten der älteren Bestände kam es 1632, als schwedische und sächsisch-brandenburgische Truppen die Dominsel plünderten.

Um 1630 ordnete man die Dokumente in sieben Gruppen: Urkunden der Päpste, der Nuntien, Kaiser, Könige, Fürsten, Bischöfe, Äbte sowie andere Schriftstücke. Im Lauf des 17. und 18. Jahrhunderts wurden die Archivbestände mehrmals inventarisiert: 1601/03, 1617/19, 1713, 1749 sowie 1774/75. Die zweite Bestandsaufnahme führte Friedrich Berg durch, der die Bestände neu ordnete und ein Repertorium verfaßte, den „Index privilegiorum ac aliorum scriptorum, quae sunt in Archivis Ecclesiae et Capituli Wratislaviensis, concinnatus opera Frid. Berghii, canonici Wratisla-

---

1 Der einzigartige Archivschrank wird heute in der Ausstellung im Breslauer Erzdiözesanmuseum gezeigt. Vgl. Rehorowski, Marian: Gotycka szafa archiwalna Jana Paszkowica z roku 1455 [Der gotische Archivschrank von Johannes Paschkowitz aus dem Jahr 1455]. In: Archeion 31 (1959) 83-86.
2 Turoń, Bronisław: „Liber Niger". Kopiarz biskupstwa wrocławskiego [„Liber Niger". Kopialbuch des Bistums Breslau]. In: Acta Universitatis Wratislaviensis 126. Historia 19 (1979) 47-96.

wiensis, MDCXIX" *(Liber Berghianus)*. Dieser enthielt nach Sachgruppen geordnete Regesten von Urkunden und wurde bis zum 18. Jahrhundert aktualisiert, wobei die ersten Ergänzungen noch von Berg selbst stammten. Aufgrund kriegsbedingter Beschädigungen ist der heutige Einband aus dem Jahr 1953. Im 19. Jahrhundert wurden weitere Repertorien in Buchform angefertigt.

Im Jahr 1847 wurde ein neuer Archivschrank mit 48 Schubladen aufgestellt, in denen die Urkunden nach der Ordnung des *Liber Berghianus* abgelegt wurden.[3] 1896 brachte man die Bestände in einem neuen Gebäude nahe des Doms unter und machte sie damit einem weiteren Kreis von Wissenschaftlern zugänglich. Während des Zweiten Weltkriegs evakuierte man die ältesten Sammlungen, von denen etwa ein Viertel verlorenging (neun von 35 Kisten). Weitere Zerstörungen des Archivguts verursachte die Bombardierung des Gebäudes im April 1945. Bis 1952 wurden dann intensive Maßnahmen unternommen, um die zerstreuten Materialien wiederzuge- winnen. Die älteste Urkunde, eine Schutzbulle Papst Hadrians IV. für die Diözese Breslau von 1155, kehrte jedoch nicht mehr zurück.[4]

Im Jahr 1897 begann man mit der Zusammenführung kirchlicher Matrikelbücher, eine Maßnahme, die nach 1945 dann intensiviert wurde, wobei die meisten Bücher – vor allem in den Jahren 1976 bis 1978 – nach Breslau gelangten. 1984 wurden die aus der Zeit vor 1900 stammenden Bücher verfilmt; Kopien dieser Mikrofilme befin- den sich heute im Archiv, während die Negative bei der Genealogischen Gesellschaft von Utah aufbewahrt werden.[5]

Die Bestände des Erzdiözesanarchivs stellen für die historische Schlesienforschung eine wertvolle und unersetzliche Materialsammlung dar. Dem Archiv untersteht – hierauf wird am Ende des Beitrags näher eingegangen – die Abteilung der Hand- schriften, Inkunabeln und Altdrucke der Dombibliothek Breslau.

Archiwum Archidiecezjalne we Wrocławiu, ul. Kanonia 12, PL-50-329 Wrocław, Tel.: +48-71-322-17-55, +48-71-327-11-78, Fax: +48-71-327-11-79, E-Mail: muzeum@pwt.wroc.pl.

Auswahlliteratur: Pater, Józef: Wrocławska kapituła katedralna w XVIII wieku. Ustrój – skład osobowy – działalność [Das Breslauer Domkapitel im 18. Jahrhundert. Verfassung – Zusammensetzung – Tä- tigkeit]. Wrocław 1998; Urban, Wincenty: Katalog dokumentów Archiwum Archidiecezjalnego we Wrocławiu. Wstęp [Urkundenkatalog des Erzdiözesanarchivs Breslau. Einführung]. In: ders. (Bearb.): Katalog dokumentów Archiwum Archidiecezjalnego we Wrocławiu, Tl. 1: Dokumenty oznaczone sygnaturami alfabetycznymi. Roma 1970, VII-XI; ders.: Katalog dokumentów Archiwum Archidiece- zjalnego we Wrocławiu. Rękopisy [Urkundenkatalog des Erzdiözesanarchivs Breslau. Handschriften]. In: Archiwa, Biblioteki i Muzea Kościelne 10 (1965) 5-32; ders.: Archiwum Archidiecezjalne we Wrocławiu [Erzdiözesanarchiv Breslau]. In: Archeion 25 (1956) 309-320; ders.: Archiwum Diecezjalne we Wrocławiu [Diözesanarchiv Breslau]. In: Nasza Przeszłość 4 (1948) 311-316; Jungnitz, Joseph: Das Breslauer Diözesanarchiv. Breslau 1908.

---

3 Zur detaillierten Gliederung dieses Repertoriums vgl. Urban: Katalog dokumentów Archiwum Ar- chidiecezjalnego we Wrocławiu. Rękopisy, 11-13.
4 Ebd., 8.
5 Pater, Józef (Bearb.): Pfarrbücherverzeichnis für das Erzbistum Breslau. Regensburg 1998, 11, 15.

Archivalische Hilfsmittel: Urban, Wincenty: Wykaz regestów dokumentów Archiwum Archidiecezjalnego we Wrocławiu [Regestenverzeichnis zu den Urkunden des Erzdiözesanarchivs Breslau]. In: Rocznik Teologiczny Śląska Opolskiego 1-2 (1970) 285-421, 3 (1973) 273-374, 4 (1974) 227-277, 5 (1976) 317-361, 6 (1978) 323-352, 7 (1979) 353-388, 8 (1980) 315-345; Richter, H[elmut]: Register der Orts-Namen zum „Katalog des Erzbischöflichen Diözesan-Archivs Breslau. Handschriftliche Bestände", Bd. 1-2. 1975 [maschinenschriftlich, im Erzdiözesanarchiv zugänglich]; Urban, Wincenty (Bearb.): Katalog dokumentów Archiwum Archidiecezjalnego we Wrocławiu [Urkundenkatalog des Erzdiözesanarchivs Breslau], Tl. 1: Dokumenty oznaczone sygnaturami alfabetycznymi [Urkunden mit alphabetischen Signaturen]. Roma 1970; ders. (Bearb.): Wykaz regestów dokumentów Archiwum Archidiecezjalnego we Wrocławiu [Regestenverzeichnis zu den Urkunden des Erzdiözesanarchivs Breslau]. Warszawa 1970; ders.: Katalog dokumentów Archiwum Archidiecezjalnego we Wrocławiu. Rękopisy [Urkundenkatalog des Erzdiözesanarchivs Breslau. Handschriften]. In: Archiwa, Biblioteki i Muzea Kościelne 10 (1965) 5-32, 11 (1965) 5-108, 12 (1966) 5-74, 13 (1966) 5-89, 14 (1967) 5-131, 15 (1967) 91-248, 16 (1968) 19-242.

B. Bestandsgliederung

Die Bestände des Erzdiözesanarchivs bestehen aus zwei größeren Abteilungen: Urkunden und Handschriften. Getrennt verwahrt werden die Matrikelbücher sowie Sammlungen mit Gemälden, Karten, Stichen, Siegeln, Siegelkolben, Medaillen und Münzen. Von unschätzbarem Wert ist dabei das Gründungsbuch des Klosters Heinrichau (poln. Henryków) aus dem 13. Jahrhundert.[6]

Die Urkundenabteilung umfaßt knapp 8.300 Archiveinheiten[7] in zwei Hauptgruppen: Urkunden mit alphabetischer Signatur und (chronologisch geordnete) Urkunden mit numerischer Signatur. Beide Gruppen reichen vom Mittelalter bis zum 20. Jahrhundert, wobei sich jedoch diese Anordnung von Signaturen seit dem 19. Jahrhundert im wissenschaftlichen Betrieb einbürgerte. Die Anzahl der überwiegend aus dem Mittelalter stammenden Urkunden in dieser parallelen Anordnung beträgt rund 5.500 Einheiten. Zudem befinden sich im Archiv über zwanzig Bestände mit zuvor in den Pfarreien und anderen kirchlichen Institutionen der Erzdiözese Breslau gesammelten Urkunden. Hierzu gehören: Kollegium der Domvikare (1267–1805), Kollegiatstift zum Hl. Kreuz in Breslau (1262–1793), St. Lazarus-Hospital in Breslau (1264–1647), Stiftspfarrei Glogau (poln. Głogów; 1310–1802), Pfarrei Glogau (1318–1844), Kollegiatstift in Oberglogau (poln. Głogówek; 1379–1690), Schulzenamt in Kostenthal (poln. Gościęcin; 1388–1660), Pfarrei Guhrau (poln. Góra; 1376–1686), Kloster Heinrichau (1220–1778), Pfarrei Hirschberg (poln. Jelenia Góra; 1384–1780), Pfarrei Freystadt (poln. Kożuchów; 1300–1710), Pfarrei Namslau (poln. Namysłów; 1384–1799), Stadtpfarrei Neisse (poln. Nysa; 1298–

---

6 Erzdiözesanarchiv Breslau, Sign. V 7. Zur neuesten bearbeiteten Edition mit polnischer Übersetzung vgl. Grodecki, Roman (Bearb.): Liber fundationis claustri Sancte Marie Virginis in Heinrichow czyli Księga Henrykowska [Liber fundationis claustri Sancte Marie Virginis in Heinrichow oder das Heinrichauer Gründungsbuch]. Wrocław ²1991 [¹1949].

7 Im Jahr 1950 waren es 8.276 Archiveinheiten. Vgl. Urban: Katalog dokumentów Archiwum Archidiecezjalnego we Wrocławiu. Rękopisy, 19.

Stanisław Rosik

Die gesellschaftliche Bedeutung des Adels ist unter anderem an kirchlichen Stiftungen abzulesen. Eine der bedeutendsten Stiftungen in Schlesien war das 1227 gegründete Zisterzienserkloster in Heinrichau. Einzelheiten dieses Ereignisses beschreibt das sogenannte Heinrichauer Gründungsbuch, dessen erste Seite abgebildet ist. Hier wird berichtet, daß die Initiative zur Klostergründung vom damaligen Notar Herzog Heinrichs I. des Bärtigen, dem aus der kleinpolnischen Ritterschaft stammenden Nikolaus, ausgegangen ist. Der Herzog hatte der Gründung zugestimmt, allerdings unter der Bedingung, daß die Ehre des Stifters ihm selbst und nicht seinem Beamten zufallen solle. Bildnachweis: Archiwum Archidiecezjalne we Wrocławiu, Sign. V 7, Fol. 1v.

1825), Fleischerzunft in Neisse (1315–1763), Präcentur in Schweidnitz (poln. Świdnica; 1351–1794), Pfarrei Schweidnitz (1288–1701); Pfarrei Ottmachau (poln. Otmuchów; 1293–1748), Pfarrei Patschkau (poln. Paczków; 1372–1627), Pfarrei Schwiebus (poln. Świebodzin; 1379–1664), Pfarrei Frankenstein (poln. Ząbkowice Śląskie; 1302–1589), darüber hinaus eine Sammlung von Urkunden, Akten und Quittungen aus dem Archiv der Breslauer Kürschnerinnung (1374–1792).

Auch wenn die archivalischen Hilfsmittel größtenteils Auskunft geben, inwiefern die Archivbestände für die Erforschung des schlesischen Adels von Nutzen sein könnten, ist aufgrund von deren Bearbeitungsstand eine genaue Aussage über den Wert einzelner Archiveinheiten kaum möglich.[8] Die beiden oben genannten Urkundensammlungen haben einen ähnlichen thematischen, zeitlichen und räumlichen Bezug. Für die Adelsforschung relevante Quellen befinden sich auch in den meisten anderen Beständen des Erzdiözesanarchivs, vor allem in den Urkunden des Kollegiums der Domvikare, des Breslauer Kollegiatstifts zum Hl. Kreuz, der beiden erwähnten Schweidnitzer Bestände und der Abtei Heinrichau. Der Nutzen dieser Bestände ist – bei anderen zeitlichen und zum Teil räumlichen Bezügen – vergleichbar mit dem der beiden Urkundensammlungen.

Die in diesen Beständen befindlichen Archivalien beziehen sich hauptsächlich auf die Tätigkeit kirchlicher Institutionen seit dem 13. Jahrhundert und damit auch auf deren Beziehungen zum Adel. Hilfreich sind diese Bestände, um vor allem die geistlichen Karrieren adeliger Bischöfe und Kanoniker zu erforschen, auch jener, die nicht aus Schlesien stammten. Dabei wurden die hier aufbewahrten Urkunden weniger von adeligen Laien, sondern vielmehr von staatlicher Seite und vor allem von kirchlichen Behörden ausgestellt.

Der größte Teil der Urkunden behandelt besitzrechtliche Fragen; hauptsächlich handelt es sich um Bestätigungen des Gutsbesitzes oder Immobilienkaufs. Im einzelnen geht es um: 1. Verkauf von Dörfern, Hufen, Wäldern, Gärten, Vogteien und vor allem Zinsrechten an und durch Adelige; 2. Verleihung von Grundbesitz (einschließlich von Burgen und Schlössern), Besitzteilungen und Grenzfestlegungen, Nutzrechte (zum Beispiel für Deiche), sonstige Vergütungen und Entschädigungen sowie kaiserliche Schenkungen; 3. Besitzstreitigkeiten und Vergleiche des Adels mit kirchlichen Institutionen (Bischöfen, Kapiteln und Abteien) und Städten sowie hauptsächlich herzogliche Schiedssprüche, Entschädigungsleistungen, Exkommunikationen und andere Bestrafungen von Adeligen für Überfälle auf kirchliche Besitzungen, finanzielle Streitfälle zwischen adeligen Angehörigen eines Kapitels sowie Streitfälle

---

8 Nicht immer werden in den Regesten Bezeugungen durch Adelige genannt, so daß erst nach der Lektüre der Urkunden Schlußfolgerungen möglich sind – eine Beobachtung, die immer wieder durch die Forschungspraxis bestätigt wird. Vgl. exemplarisch Starnawska, Maria: Między Jerozolimą a Łukowem. Zakony krzyżowe na ziemiach polskich w średniowieczu [Zwischen Jerusalem und Łuków. Geistliche Ritterorden im mittelalterlichen Polen]. Warszawa 1999, 40, über eine Urkunde vom 21. August 1346 (Sign. QQ 34), die Grundlage für die Diskussion über Theoderich war, den Komtur des Templerordens, vermutlich ein Adeliger aus der Familie Awdaniec; Urban: Katalog dokumentów Archiwum Archidiecezjalnego we Wrocławiu. Rękopisy, Nr. 290, 59.

zwischen Kanonikern und Adeligen; 4. Erbschaftsangelegenheiten und Testamente; 5. Pfändungen von adeligem Besitz sowie von bischöflichem oder herzoglichem Besitz an Adelige; 6. Zins- und Steuerregulierungen einschließlich kaiserlicher Steuern sowie Zinsstreitigkeiten; 7. Belehnungen und Befreiungen von Feudaldiensten; 8. Übertragung von Gerichtsrechten.

Das zweite für die Adelsforschung bedeutsame Themenfeld betrifft die Beziehungen des Adels zur Kirche, hier vor allem seine Tätigkeit für die Kirche: 1. Kirchenpatronat; 2. Stiftungen, hauptsächlich für die Ausstattung der Priester und Kirchen;[9] 3. Legate an die Kanoniker. Für die Beziehungen zwischen Adel und Kirche sind ebenso Erteilungen von Privilegien durch die Amtskirche (Bischöfe und Provinziale), Treueide des Adels und Bestimmungen für deren Dienst sowie andere Streitigkeiten wichtig.[10]

Darüber hinaus sind die Archivalien hilfreich bei der Erforschung anderer Aspekte adeligen Lebens in Schlesien, unter anderem der Karrieren von Beamten (zum Beispiel der Richter, Landeshauptleute und Statthalter) oder Gelehrten,[11] der Kultur, Bräuche[12] sowie der Funktion und Bedeutung Adeliger auf lokaler Ebene – so zum Beispiel der Schiedsfunktionen bei Streitigkeiten von Bürgern und staatlichen Beamten mit kirchlichen Institutionen sowie Bestätigungen von Treueiden und Privilegien für einzelne Berufsgruppen. Unter den frühneuzeitlichen Dokumenten kommen auch Geburtsurkunden von Adeligen, Indigenatsbestätigungen und Wappenbriefe vor.

Die nach Sachgruppen geordnete Handschriftenabteilung besteht aus zwei Teilen, wobei die thematische Ausrichtung der Bestände in diesen beiden Teilen größtenteils identisch ist. Dabei überwiegen neuzeitliche Materialien insbesondere aus dem 18. Jahrhundert. Unter der Signatur II C.18 befindet sich eine Sammlung verschiedener Akten vom 17. bis 19. Jahrhundert mit unmittelbarem Bezug zum Adel und thematischer Vielfalt: Grundbesitzangelegenheiten, Standeserhebungen und Vergabe verschiedener Adelstitel, Dispense, Familiengeschichten, Stammbäume und ver-

---

9 Adamska, Dagmara: Fundacje dewocyjne rycerstwa księstwa świdnicko-jaworskiego w średniowieczu [Fromme Stiftungen der Ritterschaft aus dem mittelalterlichen Herzogtum Schweidnitz-Jauer]. Poznań/Wrocław 2005.

10 Ein aufschlußreiches Beispiel stellt die Information in einer Urkunde vom 28. November 1466 (Sign. D 39) dar über die Vermittlung des Breslauer Stadtrats bei einem Streit zwischen einem Ritter (Nickel Herczung) und Bischof Jodok von Rosenberg, dessen Ursache der Tod von Nickel Herczungs Vater in der Gefangenschaft des Bischofs war. Vgl. Urban: Katalog dokumentów Archiwum Archidiecezjalnego we Wrocławiu. Rękopisy, Nr. 1541, 307.

11 Ende des 14. Jahrhunderts ist zum Beispiel ein Physikus aus der Familie Seidlitz, Magister Tylmann Kyczoldus de Czedelicz, in einer Urkunde vom 28. Juni 1391 und einem Transsumpt vom 23. Oktober 1393 bezeugt (Sign. SS 7). Vgl. Urban: Katalog dokumentów Archiwum Archidiecezjalnego we Wrocławiu. Rękopisy, 163 (Nr. 803), 166 Nr. 814).

12 Erwähnenswert sind hier Fragen zum Eid (zum Beispiel bei der Erhaltung des Landfriedens durch Ritter oder der Befreiung vom Eid bei Freimaurern) oder zwischenmenschlichen Konflikten (zum Beispiel eine Urkunde vom 24. Januar 1559, Sign. AA 80, in der sich Albrecht Seidlitz wegen eines Zwischenfalls, bei dem er bittere Worte vom „pollackische[n] Herr[n] von Kobilein" hörte, an Georg Schweinichen mit der Bitte um ein entsprechendes Eingreifen wandte. Vgl. Urban: Katalog dokumentów Archiwum Archidiecezjalnego we Wrocławiu. Rękopisy, Nr. 2295, 471).

schiedene Beschwerden.[13] Diese Sammlung stellt jedoch nur einen kleinen Anteil am gesamten Archivbestand dar.

In der Handschriftenabteilung befinden sich – vor allem aufgrund der adeligen Herkunft zahlreicher Geistlicher – viele Materialien zur Adelsgeschichte. Nähere Angaben zum Umfang und Inhalt sind allerdings auf Grundlage der vorliegenden archivalischen Hilfsmittel, die die Bestände hauptsächlich hinsichtlich der kirchlichen Institutionen charakterisieren, kaum möglich. Deshalb sind in diesem Zusammenhang die in der wissenschaftlichen Literatur seit dem 19. Jahrhundert genannten Hinweise und Signaturen besonders hilfreich, die allerdings nur einen kleinen Ausschnitt wiedergeben. Sinnvoll ist daher eine allgemeine Beschreibung der Bestandsgliederung.

Der erste Teil der Handschriftenabteilung umfaßt folgende Akten: I. Allgemeine Geschichte der Diözese Breslau; II. Bischöfe und Diözese (Personalakten der Bischöfe und Weihbischöfe, Diözesanleitung, Visitationen, bischöfliche Anstalten, Konsistorium, Generalvikariat, wirtschaftliche und besitzrechtliche Angelegenheiten); III. Domkapitel (Statuten, Privilegien, Personalangelegenheiten, Stiftungen, Archiv und Bibliothek, Domvikare, Altaristen und andere Pfründenempfänger, Finanzen, Dom und Kurie, Patrimonialangelegenheiten); IV. Kollegiatstifte: Hl. Kreuz in Breslau, Glogau, Oppeln (poln. Opole), Neisse (früher in Ottmachau), Oberglogau; V. Klöster; V.a. Kirchen und Pfarreien; VI. Materialien zur Geschichte Schlesiens, darunter herzogliche Materialien, Biographien und Materialien zur Topographie; VII. Varia (hauptsächlich wirtschaftliche Angelegenheiten).

Der zweite Teil der Handschriftenabteilung umfaßt folgende Akten: I.A. Bischöfe von Breslau (1232–1945); I.B. Weihbischöfe (1307–1882); I.C. Bischöfliche Anstalten und Institutionen (Alumnat, Heime für emeritierte Priester, Waisenhäuser, Konvikt für Theologiestudenten, Internat); I.D. Bischöfliche Kurie (unter anderem Diözesangrenzen, Patronatsangelegenheiten, Visitationen und Berichte, Kirchenaustritte, Konversionen, Mischehen, Militärseelsorge, Beziehungen zwischen einzelnen Religionsgemeinschaften, Vereine und Bruderschaften, Ablässe, Gebetbücher, Katechisierung, Liturgik sowie päpstliche und bischöfliche Anordnungen und Dispense); I.E. Bischöfliche Güter (1635–1856); II.A. Bischöflicher Hof und Gericht; II.B. Generalkonsistorium; II.C. Generalvikariat (unter anderem Investituren, Klagen gegen den Generalvikar, Dispense, kirchliche Patronate, Auflösungen von Pfarreien, Besetzung von Ämtern, Pfarreien und Schulen, Ernennungen von Vikaren, Versetzungen von Klerikern, Pfarrbücher, Testamente und Nachlässe von Geistlichen, Zusammenkünfte und Konferenzen der Geistlichkeit, Stiftungen, Wohltätigkeiten, Schriftverkehr mit Behörden, Naturkatastrophen, Druckgenehmigungen, Kunst, Musik und Schulwesen); III.A. Domkapitel (unter anderem Statuten, Privilegien, Personalia,

---

13 Im Namensregister dieser Archiveinheit finden sich folgende Namen: Bachstein, Campo, Cutnef, Donnersmar[c]k, Fernemont, Gersdorff, Götzen, Hatzfeld, Kielmann von Kielmannseck, Koch von Kötzin, Kollowrat, Mikusch, Mletzko, Monbéliard-Wippikind, Nimptsch, Promnitz, Reichenbach-Goschütz, Renard, Rosenberg, Rothkirch, Saurma-Jeltsch, Schaffgotsch, Schlegenberg, Seidlitz, Sternberg, Stillfried-Rattonitz, Strachwitz, Tauber von Taubenfeld, Tauer, Wachowski. Vgl. Urban: Katalog dokumentów Archiwum Archidiecezjalnego we Wrocławiu. Rękopisy, 14 (1967), 114.

Korrespondenz, Güter und Rechtsprechung des Kapitels sowie Kanonikereinnahmen); III.B. Kathedrale (Inventare, einzelne Kappellen, Türme, St. Ägidius-Kirche, Gottesdienste, Chor und Orgel); III.C. Rechnungswesen, Armenfürsorge, Bauten auf der Dominsel, kirchliche Einrichtungen, Schulwesen, Rechtsprechung des weltlichen Kapitels, Steuerwesen, Kriegsauflagen; III.D. Kollegien der Vikare und Hilfsgeistlichen (unter anderem Statuten, allgemeine Akten, gerichtliche Streitfälle und Verwaltung); III.E. Stiftungen des Weihbischofs Johann Balthasar Liesch von Hornau (1625–1661) für die Domvikare; III.F. Kollegium der Altaristen am Breslauer Dom und an den Breslauer Pfarreien St. Elisabeth und Maria Magdalena; IV. Kollegiatstifte (Hl. Kreuz in Breslau, Glogau, Neisse, Oppeln, Ratibor, poln. Racibórz, Oberglogau und Liegnitz, poln. Legnica); V.A. Klöster – allgemeine Akten; V.B. Männerklöster: Augustiner (Sagan, poln. Żagań, und Breslau), Prämonstratenser (Breslau), Zisterzienser (Leubus, poln. Lubiąż, Groß Rauden, poln. Rudy, Himmelwitz, poln. Jemielnica, Heinrichau, Kamenz, poln. Kamieniec Ząbkowicki, Grüssau, poln. Krzeszów, und Neuzelle), Kreuzherren mit dem roten Stern (Breslau und Neisse), Malteser, Jesuiten, Dominikaner, Minoriten, Franziskaner, Kapuziner, Karmeliten und Barmherzige Brüder; V.C. Frauenorden und -kongregationen: Augustinerinnen, Benediktinerinnen, Zisterzienserinnen, Dominikanerinnen, Klarissen, Franziskanerinnen, Magdalenerinnen, Ursulinen, Elisabethinen, Prämonstratenserinnen, Borromäerinnen, Schulschwestern, Elisabethinen (Graue Schwestern), Marienschwestern, Vinzentinerinnen und Hedwigschwestern; VI.A. Säkularisation der bischöflichen Güter und Güter des Domkapitels; VI.B. Säkularisation der Kollegiatstifte und Klöster; VII.A. Universität Breslau, schlesische Gymnasien; VII.B. Allgemeine Schulen; VIII. Allgemeine Materialien zur Geschichte Schlesiens; IX. Schulakten (unter anderem Schulvisitationen, Stellenbesetzungen an den Schulen und Personalia der Lehrer); X. Personalakten der Geistlichkeit, hauptsächlich aus dem 19. und 20. Jahrhundert; XI. Grundakten der Pfarreien und Ortschaften, 18. und 19. Jahrhundert, 1.686 Hefte für Oberschlesien, 2.135 für Niederschlesien; XII. Prozeßakten aus dem 19. Jahrhundert, hauptsächlich Erbschaftsangelegenheiten (2.914 Hefte); XIII. Akten schlesischer Pfarreien.

Die Handschriften sind vor allem für biographische, prosopographische und genealogische Studien von Nutzen. Im Vordergrund stehen hier Materialien zur Tätigkeit der Breslauer Bischöfe. Aufschlußreiches Quellenmaterial für prosopographische Untersuchungen befindet sich sowohl in den Akten der Kollegiatstifte – in erster Linie des Domkapitels in Breslau, deren bisherige Untersuchungen die Bedeutung des Erzdiözesanarchivs für die Adelsforschung unterstreichen[14] – als auch in den Matri-

---

14 Pater: Wrocławska kapituła katedralna w XVIII wieku, 79f., sowie Biogramme der Domherren in Breslau (ebd., 161-248), unter anderem aus den Familien: Dunin, Falkenhein, Fragstein, Frankenberg, Hochberg, Hohenloe-Waldenburg-Bartenstein, Holstein, Schaffgotsch, Schimonski. Für frühere Jahrhunderte vgl. Samulski, Robert: Untersuchungen über die persönliche Zusammensetzung des Breslauer Domkapitels im Mittelalter bis zum Tode des Bischofs Nanker (1341). Weimar 1940; Dola, Kazimierz: Wrocławska kapituła katedralna w XV w. [Das Breslauer Domkapitel im 15. Jahrhundert]. Lublin 1983. In deutlich geringerem Maß traten Adelige, wie verschiedene prosopogra-

kelbüchern, die aus über 250 katholischen und evangelischen Pfarreien in Schlesien stammen (16. bis 20. Jahrhundert).[15]

Bei adeligen Stiftungen genügt es ebenfalls nicht, die archivalischen Hilfsmittel heranzuziehen, da die zu diesem Thema einschlägigen Informationen auch in anders betitelten Archiveinheiten zu finden sind.[16] Über das Leben Adeliger geben darüber hinaus die im Archiv gesammelten literarischen Werke Auskunft wie zum Beispiel das *Heinrichauer Gründungsbuch*,[17] daneben Chroniken aus verschiedenen Zeiten[18] und Tagebücher[19] oder Familiengeschichten.[20]

C. Bestandsanalyse

Der Nutzen der im Erzdiözesanarchiv Breslau befindlichen Quellen für die Erforschung des Adels ist zweifellos hoch. Sie dienen vor allem prosopographischen und biographischen Studien zu einzelnen Vertretern adeliger Familien (unter anderem Hochberg, Hohenlohe-Ingelfingen, Pogarell, Schaffgotsch, Schellendorf und Seidlitz) sowie Untersuchungen geistlicher Karrieren (Bischöfe, Domherren und in geringerem Maß Stiftsherren). Das Material stellt eine bedeutende Grundlage für die Erforschung einzelner Adelsgeschlechter und deren soziale Aufstiegswege dar. In den Beständen lassen sich überdies zahlreiche Hinweise zum auswärtigen Adel in Schlesien finden.

Relativ gut überliefert sind im Archivbestand besitzrechtliche Angelegenheiten, sowohl in bezug auf die wirtschaftliche Tätigkeit des Adels als auch auf die Vererbung von Gütern, wobei diese Materialien nicht nur den adeligen Klerus betref-

---

phische Studien belegen, in den Kollegiatstiften auf – ein Befund, der auch der Menge der Bestätigungen in den genannten Archivbeständen entspricht. Vgl. Wółkiewicz, Ewa: Kapituła kolegiacka św. Bartłomieja w Głogówku (1379–1500) [Das Kollegiatkapitel St. Bartholomäus in Oberglogau (1379–1500)]. Opole 2005, 43f., 60-108; dies.: Kapituła kolegiacka św. Mikołaja w Otmuchowie. Dzieje – organizacja – skład osobowy (1386–1477) [Das Kollegiatkapitel St. Nikolaus in Ottmachau. Geschichte – Organisation – Zusammensetzung (1386–1477)]. Opole 2004, 185f., 247-391; Jujeczka, Stanisław: Duchowni średniowiecznej Legnicy. Studium prozopograficzne [Geistliche im mittelalterlichen Liegnitz. Eine prosopographische Studie]. Legnica 2006, 61f., 172-442.

15 Der Bestand wird ausführlich dargestellt bei Pater (Bearb.): Pfarrbücherverzeichnis.

16 Zum Beispiel in der Abteilung „Geistliche Administration der Diözese" (II.b): „Incorporationes Episcoporum: Petri 1448–1458 incl. Administration u. Iodoci 1461–1467" (Sign. II.b.2), die eine Bestätigung der Altarstiftung und der Ausstattung des Altaristen in Laasan (poln. Łażany) durch die Familie Seidlitz im Jahr 1437 enthalten. Vgl. Adamska: Fundacje, 123.

17 Vgl. Anm. 6.

18 Vgl. exemplarisch Peschel, Arnold: Chronik von Silberg z lat 1696–1701 (Sign. II.b.118a) oder die ältere Quelle „Ursprung der Comptoray zum Leobschütz, in kurzem Bericht eylend vervast 1540" (Sign. V.32b), auf die sich Starnawska: Między Jerozolimą, 39, bei ihren Forschungen zum Templerorden in Schlesien beruft.

19 Korkwitz, Carl Friedrich Wilhelm von: Kriegstagebuch aus dem 7-jährigen Kriege (Sign. VI.b.17).

20 Vgl. Familiengeschichtliche Aufzeichnungen über das Geschlecht von Skowronsky und von Larisch angelegt von Georg Leopold von Skowronsky (1689–1756) (Sign. VI.b.20).

fen. Die umfangreichen Archivbestände eignen sich ebenfalls zu Forschungen über das Patronatswesen des Adels bezüglich kirchlicher Einrichtungen und über dessen Stiftungen. Darüber hinaus sind sie wichtig für Studien zur ritterlichen Urkunde, zur literarischen und wissenschaftlichen Tätigkeit des Adels sowie zu dessen Kultur, Bräuchen und Bedeutung für das lokale Umfeld.

Diese Aussagen können jedoch zum gegenwärtigen Zeitpunkt nicht präzisiert werden, da eine genauere Beurteilung der Archivbestände angesichts der nur rudimentären Hilfsmittel kaum möglich ist.[21] Dies ist freilich auch auf die Besonderheiten des Erzdiözesanarchivs zurückzuführen, in dem die einzelnen Bestände in der Regel aus der Perspektive kirchlicher Institutionen geordnet und beschrieben wurden. Im Fall der edierten Urkundenregesten ist es wiederum durch das Fehlen von Zeugenlisten schwierig, Aussagen über die Relevanz dieser Quellen, insbesondere bei prosopographischen Studien, zu machen. Es bleibt somit nichts anderes übrig, als auf weitere Quelleneditionen, umfangreichere Regestenausgaben, archivalische Hilfsmittel (insbesondere Personenregister) und Einzelstudien unter Heranziehung von Quellen aus dem Erzdiözesanarchiv zu hoffen.

Anhang:

Dombibliothek Breslau
(Biblioteka Kapitulna we Wrocławiu)

A. Gesamtgeschichte und Bedeutung

Die Anfänge dieser Einrichtung reichen wahrscheinlich bis zur Mitte des 12. Jahrhunderts zurück, als unter Bischof Walter eine Domschule gegründet wurde. Im 14. Jahrhundert zählte der Bestand etwa zwanzig Bände und überschritt im Lauf des 15. Jahrhunderts die Marke von 400. Ausschlaggebend hierfür war das Mäzenatentum des Bischofs Johann IV. Roth. Da die Mehrzahl der damaligen Bibliotheksbände auf seine Schenkungen zurückging, wird er bisweilen als der eigentliche Bibliotheksgründer angesehen. Anfangs wurden die Bestände einschließlich der Archivalien in der sogenannten oberen Sakristei des Domes aufbewahrt 1520, dann in ein in der Nähe speziell hierfür erbautes Gebäude gebracht. Im Jahr 1615 wurde der gesamte Bibliotheksbestand von Friedrich Berg verzeichnet: Der „Index librorum bibliothecae ecclesiae et capituli Wratislaviensis", der seit 1945 verschollen ist, nannte 2.729

---

21 Dies wird von der Forschung bestätigt, vgl. beispielsweise Jurek, Tomasz: Obce rycerstwo na Śląsku do połowy XIV wieku [Fremde Ritterschaft in Schlesien bis zur Mitte des 14. Jahrhunderts]. Poznań 1996 (Poznańskie Towarzystwo Przyjaciół Nauk. Wydział Historii i Nauk Społecznych. Prace Komisji Historycznej 54), 16.

Bände, darunter unter anderem 515 handschriftliche Bücher (einschließlich 285 Pergamentbänden), 783 Inkunabeln und 1.279 Kettenbücher. 1632 plünderten und zerstörten schwedische und brandenburgisch-sächsische Truppen die Mehrzahl der Bestände – nur knapp 800 Bände konnten gerettet werden. Im Besitz der Dombibliothek befanden sich danach noch 216 Handschriften (Stand von 1818).

Nach den Verlusten während des Dreißigjährigen Krieges wuchs der Bücherbestand dank der Schenkungen der Bischöfe und Kanoniker stetig an. 1689 wurde die Stelle eines Bibliothekars eingerichtet, dessen Aufgabe darin bestand, die Bestände zu verzeichnen und zugänglich zu machen. Seit dem Ende des 19. Jahrhunderts wurde der Bestand durch Aufnahme von Büchern aus ganz Schlesien vergrößert. Der größte Zugang traf 1938 ein: Aus der St. Jakobs-Pfarrei in Neisse wurden 86 Einheiten, darunter 56 aus dem 14. und 15. Jahrhundert, übernommen. Entstanden war dieser Neisser Bestand im 17. Jahrhundert durch Zusammenlegung zweier Neisser Institutionen, der Bibliothek der St. Anna-Pfarrei (seit dem 14. Jahrhundert) und der Bibliothek des Priesterseminars (seit 1575). Um die kostbarsten Bände vor Kriegsschäden zu schützen, begann man 1942 damit, sie in ländliche Pfarreien auszulagern, wobei 31 Handschriften verlorengingen. Archivmaterialien zur Geschichte der Dombibliothek befinden sich heute im Erzdiözesanarchiv Breslau (Sign. III.C.8).

Kontaktdaten: siehe Erzdiözesanarchiv Breslau.

Auswahlliteratur: Wrocław – Biblioteka Kapitulna [Breslau – Dombibliothek]. In: Kamolowa, Danuta/Sieniatecka, Teresa (Bearb.): Zbiory rękopisów w bibliotekach i muzeach w Polsce. Przewodnik. Warszawa 1988, 344-346; Pater, Józef: Wrocławska kapituła katedralna w XVIII wieku. Ustrój – skład osobowy – działalność [Das Breslauer Domkapitel im 18. Jahrhundert. Verfassung – Zusammensetzung – Tätigkeit]. Wrocław 1998; Urban, Wincenty: Zarys dziejów Biblioteki Kapitulnej we Wrocławiu [Abriß der Geschichte der Dombibliothek in Breslau]. In: Krucina, Jan (Hg.): Verbum Crucis. Kardynałowi Bolesławowi Kominkowi w hołdzie. Wrocław 1974, 89-112; Jungnitz, J[oseph]: Geschichte der Dombibliothek in Breslau. In: Silesiaca. Festschrift des Vereins für Geschichte und Alterthum Schlesiens zum siebzigsten Geburtstage seines Präses Colmar Grünhagen. Breslau 1898, 187-206.

Hilfsmittel: Urban, Wincenty: Rękopisy Biblioteki Kapitulnej we Wrocławiu [Handschriften der Dombibliothek in Breslau]. Mschr. Wrocław 1956.

B. Bestandsgliederung

Der Bestand der Breslauer Dombibliothek zählt knapp 850 Handschriften, darunter über 200 mittelalterliche. Als wertvollste wird der um 1300 entstandene Hedwigs-Kodex über die 1243 gestorbene Herzogin von Schlesien und Ehefrau Heinrichs I. des Bärtigen angesehen.[22] Der Bücherbestand umfaßt verschiedene Disziplinen: li-

---

22 Urban: Rękopisy Biblioteki Kapitulnej we Wrocławiu, Nr. 107. Zur Bedeutung dieser Handschrift für die handschriftliche Überlieferung des Lebens und der Genealogie der hl. Hedwig vgl. zum Beispiel Mrozowicz, Wojciech: Die hl. Hedwig – Leben und Kult (mit Bemerkungen zur Handschrift IV F 192 der Universitätsbibliothek Wrocław/Breslau). In: Ehlert, Trude/Łukosz, Jerzy/Mrozowicz, Wojciech (Hg.): Legenda o św. Jadwidze. Legende der hl. Hedwig. Wrocław 2000, 571-596, hier 580f.

turgische Bücher aus der Kathedrale und zahlreichen Pfarreien der Breslauer Diözese (das älteste Manuskript ist das aus dem 11./12. Jahrhundert stammende Benediktional „Ordinarius pontificalis antiquus"), ferner die Bibel und einzelne Bibelkommentare, theologische Schriften, kanonisches und weltliches Recht, Patrologie, Hagiographie, Philosophie, Asketik, Predigerwesen, Gebetbücher, Musik, Sammlungen von unter anderem universitären Vorlesungen aus unterschiedlichen Disziplinen, Geschichte, Wirtschaft und andere Bereiche.[23]

Besondere Aufmerksamkeit im Hinblick auf Forschungen zum schlesischen Adel im 13. Jahrhundert verdient die bereits erwähnte *Vita s. Hedvigis* mit einer Genealogie der Familie der hl. Hedwig. Von Bedeutung sind zudem Stammbücher aus dem 18. bis 20. Jahrhundert.[24] Einige nützliche Informationen, vor allem zum Mäzenatentum des Adels, finden sich in den Besitzvermerken der Bücher. Auch in den liturgischen Büchern befinden sich Einträge, die an die Wohltätigkeit einzelner Adeliger und entsprechende Stiftungen erinnern, obwohl sie nicht immer den Adel in Schlesien betreffen.[25]

Eine Erleichterung bei der Benutzung des Bücherbestands stellt der von Wincenty Urban bearbeitete und in der Bibliothek als Maschinenschrift zugängliche Handschriftenkatalog von 1956 – zwei weitere Exemplare dieses Katalogs befinden sich in der Nationalbibliothek Warschau und in der Universitätsbibliothek Breslau – dar, der jedoch die seither erfolgten Zugänge nicht berücksichtigt.

C. Bestandsanalyse

Aufgrund der Thematik der in der Breslauer Dombibliothek gesammelten Bücher ist die Bedeutung dieser Bestände für die Erforschung der Geschichte und Kultur des schlesischen Adels relativ gering. Neben der edierten *Vita s. Hedvigis* und einigen Stammbüchern liefern die restlichen Bände hauptsächlich Informationen zum Mäzenatentum des Adels und hier vor allem zur Stiftung liturgischer Bücher.

---

23 Ein beträchtlicher Teil der Handschriften wurde in einer Reihe besonderer Kleinkataloge bearbeitet. Einer der bedeutendsten davon ist der von Urban, Wincenty: Rękopisy historyczne Biblioteki Kapitulnej we Wrocławiu [Historische Handschriften in der Dombibliothek Breslau]. In: Studia Płockie 5 (1977) 274-289. Vgl. zudem ders.: Rękopisy kaznodziejskie Biblioteki Kapitulnej we Wrocławiu [Predigerhandschriften in der Dombibliothek Breslau]. In: Studia Teologiczno-Historyczne Śląska Opolskiego 3 (1973) 155-190; ders.: Rękopisy liturgiczne Biblioteki Kapitulnej we Wrocławiu [Liturgische Handschriften in der Dombibliothek Breslau]. In: Archiwa, Biblioteki i Muzea Kościelne 6 (1963) 155-190; ders.: Rękopisy prawnicze Biblioteki Kapitulnej we Wrocławiu [Rechtshistorische Handschriften in der Dombibliothek Breslau]. In: Prawo Kanoniczne 8 (1965) 108-132; ders.: Rękopisy skrypturystyczne i egzegetyczne Biblioteki Kapitulnej we Wrocławiu [Die Heilige Schrift betreffende und exegetische Handschriften in der Dombibliothek Breslau]. In: Archiwa, Biblioteki i Muzea Kościelne 9 (1964) 21-36.

24 Verzeichnis bei Urban: Rękopisy Biblioteki Kapitulnej we Wrocławiu, Nr. 294-296, 468, 470f.

25 In der Sammlung der Predigten (Sign. 545, S. 73) befindet sich zum Beispiel ein Vermerk über die 1787 erfolgte Grundsteinlegung der Kirche in Działoszyn durch den Starosten von Wieluń, Stanisław Męciński, und dessen Ehefrau.

Jerzy Kaliszuk

Nationalbibliothek Warschau, Handschriftenabteilung (Zakład Rękopisów Biblioteki Narodowej w Warszawie)

A. Gesamtgeschichte und Bedeutung

Die Nationalbibliothek Warschau, die 1928 in Anknüpfung an die aus dem 18. Jahrhundert stammende Załuski-Bibliothek gegründet wurde, ist die zentrale Staatsbibliothek der Republik Polen. Aufgrund ihrer Funktion und Zuständigkeit sind die umfangreichen Bestände von großer Vielfalt. Materialien zum schlesischen Adel befinden sich in der Handschriftenabteilung, deren Bestände besonders einzigartig sind, ferner in der Abteilung der Alten Drucke sowie in der Kartographischen und der Ikonographischen Abteilung.

Den Kern der Handschriftenabteilung bildeten vor dem Zweiten Weltkrieg sogenannte Rückforderungen, das heißt Handschriften, die ursprünglich aus den im 19. Jahrhundert konfiszierten Warschauer Bibliothekssammlungen stammten und aufgrund des Vertrags von Riga (lett. Rīga) 1921 von Rußland beziehungsweise später von der Sowjetunion an Polen zurückgegeben wurden. Hierzu gehörten die Buchbestände der Załuski-Bibliothek, der Warschauer Gesellschaft der Freunde der Wissenschaft (Warszawskie Towarzystwo Przyjaciół Nauk) und der Öffentlichen Bibliothek an der Warschauer Universität. Auf diese Weise kehrten zwischen 1923 und 1934 über 13.000 Kodizes nach Polen zurück. Zu weiteren Erwerbungen der Nationalbibliothek vor 1939 zählten Handschriftensammlungen aus Horyniec (Familie Poniński), Rapperswil (Sammlungen des Polnischen Nationalmuseums), der Polnischen Schule in Les Batignolles (Paris) und der Bibliothek der Familie Potocki in Wilanów. Bei Kriegsausbruch befanden sich in den Beständen der Nationalbibliothek über 42.000 Bände und 10.500 Musikhandschriften. Während des Zweiten Weltkriegs wurde beinahe der gesamte Handschriftenbestand zerstört, nur etwa 2.000 Handschriften blieben vollständig unversehrt.

Nach 1945 wurden der Nationalbibliothek verschiedene Sammlungen sowohl aus den Gebieten Nachkriegspolens als auch aus den ehemaligen polnischen Ostgebieten übergeben. Zu den größten Sammlungen gehörten die Ordinatsbibliothek der Familie Zamoyski aus Warschau (poln. Warszawa; Depositum, seit 2004 Dauerdepositum), die Bibliothek der Grafen Schaffgotsch aus Bad Warmbrunn (poln. Cieplice-Zdrój), die Bibliothek der Familie Baworowski aus Lemberg (ukr. L'viv), die Bibliothek der Lemberger Johann-Kasimir-Universität, die Ordinatsbibliothek der Familie Krasiński aus Warschau, die Sammlungen der Familie Morstin aus Krakau (poln. Kraków) und die Bibliothek des griechisch-katholischen Kapitels aus Przemyśl. Darüber hinaus befinden sich in den Bibliotheksbeständen einige hundert Nachlässe verschiedener Personen, einzelne Handschriften und Bruchstücke von aus Pommern,

Ostpreußen und Schlesien stammenden Sammlungen, beispielsweise die Bestände der St. Peter und Paul-Kirche in Liegnitz (poln. Legnica) oder des Gymnasiums in Neisse (poln. Nysa).

Zur Zeit werden in der Handschriftenabteilung rund 25.000 Handschriften aufbewahrt, von denen etwa 18.000 aus dem 19. und 20. Jahrhundert stammen.

Biblioteka Narodowa, Zakład Rękopisów, pl. Krasińskich 3/5, PL-00-207 Warszawa (Besucheradresse), al. Niepodległości 213, PL-02-086 Warszawa (Postadresse), Tel.: +48-22-531-02-26, Fax: +48-22-635-60-09, E-Mail: manus@bn.org.pl, Homepage: http://www.bn.org.pl [Zugriff am 15.09.2009].

Auswahlliteratur: Tchórzewska-Kabata, Halina: Droga do Okólnika 1844–1944: w 160. rocznicę powstania Biblioteki Ordynacji Krasińskich i w 60. spalenia zbiorów bibliotek warszawskich w gmachu BOK na Okólniku [Auf dem Weg zur Okólnik-Straße 1844–1944: 160 Jahre nach der Gründung der Ordinatsbibliothek der Krasiński und 60 Jahre nach der Verbrennung der Warschauer Bibliotheksbestände im Gebäude der Ordinatsbibliothek in der Okólnik-Straße]. Warszawa 2005; Pasztaleniec-Jarzyńska, Joanna: The National Library in Warsaw. Tradition and the Present Day. Warsaw 2000; Tchórzewska-Kabata, Halina/Dąbrowski, Maciej (Hg.): More precious than gold. Treasures of the Polish National Library. Warszawa 2000 [auch als CD: Warszawa 2003]; Kłossowski, Andrzej: Die Nationalbibliothek in Warschau. Ihre Sammlungen und Tätigkeit. Warszawa 1994; Sznee, Wacław (Hg.): Biblioteka Narodowa. Wspomnienia 1928–1944 [Die Nationalbibliothek. Erinnerungen 1928–1944]. Warszawa 1988; Stankiewicz, Witold (Hg.): 50 lat Biblioteki Narodowej Warszawa 1928–1978 [50 Jahre Nationalbibliothek Warschau 1928–1978]. Warszawa 1984; Sesja naukowa 50 lat Biblioteki Narodowej. Referaty [Wissenschaftliche Tagung: 50 Jahre Nationalbibliothek. Referate]. In: Rocznik Biblioteki Narodowej 1978, 17-111; Horodyski, Bogdan (Hg.): Biblioteka Narodowa w latach 1945–1956 [Die Nationalbibliothek in den Jahren 1945–1956]. Warszawa 1958; Demby, Stefan: Biblioteka Narodowa w Warszawie [Die Nationalbibliothek Warschau]. Warszawą ²1930 [¹1930]; Łysakowski, Adam: Biblioteka Narodowa [Die Nationalbibliothek]. Warszawa 1930. Speziell zu den Handschriftenbeständen vgl. Wrede, Maria/Kupść, Bogumił Stanisław: Warszawa – Biblioteka Narodowa. Zakład Rękopisów [Warschau – Nationalbibliothek. Handschriftenabteilung]. In: Kamolowa, Danuta/Sieniatecka, Teresa (Bearb.): Zbiory rękopisów w bibliotekach i muzeach w Polsce, Bd. 1. Warszawa ²2003 [¹1988] (Zbiory Rękopisów w Polsce 1), 349-389; Bańkowski, Piotr: Straty Biblioteki Narodowej w zakresie rękopiśmiennych źródeł historycznych [Die Verluste der Nationalbibliothek an handschriftlichen historischen Quellen]. In: ders. (Hg.): Straty archiwów i bibliotek warszawskich w zakresie rękopiśmiennych źródeł historycznych, Bd. 3. Warszawa 1955, 9-65.

B. Bestandsgliederung

Aufgrund der Funktion und Struktur der Nationalbibliothek Warschau sind handschriftliche Sammlungen zum schlesischen Adel in nur wenigen Bibliotheksbeständen zu finden; Hinweise zu diesem Themenfeld befinden sich darüber hinaus in einzelnen Handschriften. Große Schwierigkeiten bereitet bei den durch Kauf oder Schenkungen erworbenen Materialien, insbesondere bei einigen deutschsprachigen Handschriften, die Feststellung der Provenienz. Zurückzuführen sind diese Probleme hauptsächlich auf die zufällige Aufteilung der unmittelbar nach Kriegsende gesicherten und in größeren Städten wie Krakau, Breslau (poln. Wrocław) und Warschau gesammelten Handschriften, die anschließend auf verschiedene kulturelle Einrichtungen (Bibliotheken, Archive und Museen) verteilt wurden.

Eine der Sammlungen, in der sich Materialien zu Schlesien und zum schlesischen Adel befinden, ist der bereits genannte Bestand der sogenannten Rückforderungen, der sich größtenteils aus Handschriften der Załuski-Bibliothek zusammensetzt. Gegründet wurde diese Bibliothek Mitte des 18. Jahrhunderts durch den Krakauer Bischof Andrzej Stanisław Załuski (1695–1758) und dessen Bruder, den späteren Bischof von Kiew (ukr. Kyïv), Józef Andrzej Załuski (1702–1774). Nach dem Kościuszko-Aufstand waren die Bibliotheksbestände 1794 konfisziert und nach Sankt Petersburg (russ. Sankt-Peterburg) gebracht worden, von wo aus sie nach 1921 – wenn auch nicht vollständig – nach Polen zurückkehrten. Große Zerstörungen verursachte das Vorgehen der deutschen Wehrmacht nach der Niederschlagung des Warschauer Aufstands im Oktober 1944. Besondere Aufmerksamkeit unter den erhaltenen Handschriften verdienen die in der ersten Hälfte des 18. Jahrhunderts entstandenen geographisch-historischen Materialien, die Beschreibungen einzelner schlesischer Fürstentümer enthalten.[1] Diese Quellen waren für den Oberleutnant und Ingenieur Mattheus von Schubarth die Grundlage für dessen Untersuchung früherer schlesischer Karten und die Vorbereitung des *Atlas Silesiae* im Jahr 1752.[2] Neben diesen geographischen Werken existieren wertvolle Denkmäler der frühneuzeitlichen Geschichtsschreibung wie zum Beispiel regionale Chroniken über Schlesien und Breslau[3]. Von großem Nutzen für die Adelsforschung sind überdies verschiedene

---

1 Opus quadripartitum historico-geographicum Silesiacum (Sign. BN III 3105/1-4); Hallmensfeld, Johann Ferdinand von: Geographische Beschreibung des Oder-Strohmes [...] bis 1739 (Sign. BN III 3106); Schubarth, Mattheus von: Notatki do projektowanego wydania pracy Johanna Ferdinanda von Hallmensfelda „Schlesische Land-Charten Historie" [Notizen zur geplanten Edition des Werkes „Schlesische Land-Charten Historie" von Johann Ferdinand von Hallmensfeld] (Sign. BN III 3107); ders.: Kurz Begriff historisch-genealogischen Nachrichten von [...] Ober- u. Nieder-Schlesien (Sign. BN III 3108); Neueste Geographie von Schlesien (Sign. BN III 3110, III 3112); Poligraphia Silesiaca oder Schlesische Städte [...] ordine alphabetico collectae zu Breslau in Januario 1745 (Sign. BN III 3111), die eine Beschreibung von 193 schlesischen Orten unter Berücksichtigung des adeligen Besitzstands enthält; Schubarth, Mattheus von: Alleruntertänigste Nachrichten von denen Nieder und Oberschlesien Hauptgrentz-Strittigkeiten und zwar: 1 mit dem Königreich Böhmen, 2 der sächsischen Ober- und Nieder-Laussnitz, 3. dem Königreich Pohlen, 4. dem Königreich Ungarn und 5. dem Marggrafthum Mähren, wie solche [...] bey vorgewesener Land Charten Revision Anno beobachtet [...] und [...] erklährt werden [...] (Sign. BN III 3113); ders.: Consignation aller Städte, Clöster, Dörffer und besondern Vorwecke (in Ober und Nieder Schlesien) (Sign. BN III 3115); ders.: Geographische Beschreibung des Oder-Strohmes (Sign. BN III 3116).

2 Zu diesen Quellen vgl. Konias, Andrzej: Atlas Silesiae id est Ducatus Silesiae emissus ab Homannianis Heredibus, Norimbergae MDCCLII. Geneza atlasu [Atlas Silesiae id est Ducatus Silesiae emissus ab Homannianis Heredibus, Norimbergae MDCCLII. Zur Entstehung des Atlas]. In: Annales Silesiae 20 (1990) 49-80.

3 Cronica von allen deutschen Kaysern, etlichen Konigen ynn Ungern, Behem, und Polen, Fürsten und allen bresslischen Bischofen sampetlichen Geschichten, die sich ynn vil Landen und Sonderlich ynn der Schlesien begeben und zugetragen habenn vonn Anno 801 (im 16. Jahrhundert abgeschrieben, Sign. BN III 3117. Im Bestand befinden sich zwei Breslauer Chroniken, ein zu Beginn des 17. Jahrhunderts abgeschriebenes Werk von Gottlob Kranz (Sign. BN III 3118) sowie eine nach 1728 ebenfalls abgeschriebene Chronik (Sign. BN III 3119), ferner der erste um 1705 entstandene Band einer Beschreibung des Herzogtums Oels (Sign. BN II 3131), der mit einem Werk von Johann Sinapius (1657–1725), Olsnographia oder eigentliche Beschreibung des Oelsnischen Fürstentums in

Rechtsquellen[4] sowie in kirchlichen Institutionen[5] und Schulen, insbesondere in der Liegnitzer Ritterakademie,[6] entstandene Manuskripte. Im Bestand der sogenannten Rückforderungen befinden sich schließlich ein um 1700 entstandener, als *Acta Schaffgotschiana* titulierter Kodex, der Kopien von Dokumenten und Korrespondenzen der Grafen Schaffgotsch von Kynast und Greiffenstein aus den Jahren 1466 bis 1592 und 1725 enthält (Sign. BN III 3122), sowie ein Brevier aus der Mitte des 18. Jahrhunderts, das dem Breslauer Fürstbischof Philipp Gotthard Schaffgotsch (1716–1795) gehörte und vermutlich unmittelbar nach dessen Tod in die Załuski-Bibliothek gelangte.[7]

Auch ein anderer Bibliotheksbestand betrifft die Familie Schaffgotsch:[8] Die 1709 in Warmbrunn durch Johann Anton Schaffgotsch (1675–1742) gegründete Majoratsbibliothek wurde nach 1945 zum Teil an die Warschauer Nationalbibliothek übergeben, so daß hier zur Zeit beinahe alle Altdrucke und etwa 80 Handschriften aufbewahrt werden. Dieser Bestand verfügt neben Handschriften (unter anderem theologischen und medizinischen Inhalts) zudem über bedeutende historiographische Quellen. Eine der interessantesten sind die um 1679 in drei Bänden verfaßten *Lausnitzischen Annalen* des Pastors von Albrechtsdorf (poln. Olbrachtów) und Mildenau (poln. Miłowice), Johann Magnus.[9] Besonders auffallend ist vor allem der dritte Band mit dem Titel *Adlige Geschlechter* und einer Beschreibung von über 50 adeligen Familien aus den Lausitzen und Schlesien: Alvensleben, Arnim, Asseburg,

---

Niederschlesien, identifiziert wird. Sinapius' Werk erschien 1706/07 in zwei Bänden in Leipzig und Frankfurt am Main. Ob es sich bei der Handschrift um einen Autographen oder eine Abschrift handelt, bedarf weiterer Forschungen.

4 Der Kayserlichen und Königlichen Stadt Bresslau Statuta und Ordnungen auffs neue umbgeferttiget Anno MDCLXXVI (Sign. BN III 3120); Bresslavischen Fürstenthums Landes-Ordnung Anno 1681 mit Christian Wilhelm Huhns Iuris Consulti Vratislaviensis Anmerkungen [um 1721] (Sign. BN II 3121). Von größerem Interesse ist vor allem ein aus dem 17. Jahrhundert stammendes Kopialbuch mit Lehnprivilegien der Herzogtümer Brieg und Ohlau (Sign. BN III 3128), das Abschriften von Dokumenten und Notizen – höchstwahrscheinlich aus der Feder von Tobias Scultetus, einem Rat der niederschlesischen Kammer – enthält. Diese Notizen und Dokumente behandeln das Erbrecht in den Herzogtümern Schweidnitz-Jauer und Liegnitz an der Wende vom 16. zum 17. Jahrhundert (Sign. BN III 3126).

5 Constitution et Visitation der Kirchenordnungen im Ölsnischen Fürstenthum Anno 1662 (Sign. BN II 3127); Kirchen Agenda zu SS. Petri und Pauli in Legnitz in Schlesien (Ende des 17. Jahrhunderts, Sign. BN II 3129).

6 Schreiben aus dem Archiv der Ritterakademie in Liegnitz aus den Jahren 1674 bis 1731 (Sign. BN III 3132). Zu diesen Akten vgl. Conrads, Norbert: Gründung und Bedeutung der Ritterakademie Liegnitz in habsburgischer Zeit 1708–1740. In: ders.: Schlesien in der Frühmoderne. Zur politischen und geistigen Kultur eines habsburgischen Landes. Köln/Weimar/Wien 2009 (Neue Forschungen zur schlesischen Geschichte 16), 269-290.

7 Die Handschriften (sieben Bände) unter dem Gesamttitel „Gewönlicher Gottes-Dienst der Heiligen Char- oder Marter Wochen" sind mit Ausnahme des ersten Bandes mit Besitzvermerken von Philipp Gotthard Schaffgotsch versehen (Sign. BN I 4037/1-7).

8 Zur Geschichte der Majoratsbibliothek der Grafen Schaffgotsch vgl. den Beitrag von Wojciech Mrozowicz in diesem Band über die Universitätsbibliothek Breslau. Den aus der Warmbrunner Bibliothek stammenden Handschriften wurden Signaturen zwischen BN akc. 4790 und BN akc. 5062 gegeben.

9 Sign. BN akc. 4822-4824.

Bünaw, Birkholtz, Burgsdorff, Büsser, Dobschitz, Dahme, Dallwitz, Distelmeyer, Donau, Giersdorf oder Gersdorff, Haugwitz, Heyde, Kalkreuther, Knobelsdorff, Kottwitz, Kallenberg, Kitlitz, Klitzing, Löser, Ludewig, Maltitz, Marschalche oder Marchalcken, Marwitz, Mergenthal, Metzrad, Metsch, Miltitz, Minckwitz, Neuhauss, Nostitz, Neitschitz, Osten, Oppen, Rödern, Pilgram, Schaffgotsch, Salza-de Sale, Schencke von Landsberg, Schönborner, Staupitz, Rotir, Schönberg, Vitzdom von Eichstadt, Wallenstein, Waldow und Winning.[10] Darüber hinaus liegen in der Nationalbibliothek auch andere aus der Schaffgotsch-Bibliothek stammende Manuskripte, die von der bisherigen Forschung kaum beachtet wurden, die aber für die Geschichte sowohl der Majoratsbibliothek[11] und der Familie Schaffgotsch[12] selbst als auch Schlesiens insgesamt von großem Nutzen sein können.

Einzelne Handschriften sind in den sogenannten gesicherten Beständen überliefert. Darunter befinden sich historiographische Texte aus dem 16. bis 19. Jahrhundert[13] und andere aus Schweidnitz (poln. Świdnica), Liegnitz, Breslau, Oppeln (poln. Opole) und Neisse stammende Manuskripte. Einen bedeutenden Teil stellen Materialien zu adeligen und kirchlichen Bibliotheken in Schlesien dar.[14] Überliefert sind ferner ein Teil des Familienarchivs der von Moltke aus dem 19. Jahrhundert[15] und Nachlässe verschiedener mit dem schlesischen Adel verwandter Personen wie

---

10 Darüber hinaus befinden sich in der Handschrift Beschreibungen von Ritterorden unter den Titeln „Ritter des heiligen Grabes" und „Johannes Ritter".

11 Hierbei handelt es sich um Bücherverzeichnisse aus dem 18. und 19. Jahrhundert (Sign. BN akc. 9487, 9488, 9490, 9491, 17382-17397).

12 Als Beispiele können angeführt werden: eine aus dem 17. Jahrhundert stammende Kopie eines Reiseberichts des Nikolaus von Popplau (Sign. BN akc. 4791), Beschreibungen alter Münzen aus dem ersten Viertel des 18. Jahrhunderts (Sign. BN akc. 4825, 4826, 4829-4830) und eine aus dem 18. Jahrhundert stammende Abschrift des Textes „Processus des Ritter-Rechtens 1590" des Leonhard von Axleben (Sign. BN akc. 4858). Überliefert sind ebenfalls einige kleinere Texte zur Familie Schaffgotsch wie zum Beispiel eine vom Ende des 19. Jahrhunderts stammende Abschrift einer Leichenpredigt von 1742 auf Hans Anton Schaffgotsch, die vom Warmbrunner Pastor Adam Gottfried Thebesius verfaßt wurde (Sign. BN akc. 10693), oder ein Dokument von Johann Gottfried Schaffgotsch von 1778 (Sign. akc. BN 17345).

13 Hierzu zählen unter anderem die nach 1577 entstandene „Chronica der Schlesien" (Sign. BN akc. 4174), eine aus dem 17. Jahrhundert stammende Abschrift der von Pastor Friedrich Holstein (1545–1607) verfaßten Chronik der Stadt Bunzlau (poln. Bolesławiec), eine Chronik der Stadt Schweidnitz aus dem 17. Jahrhundert (Sign. BN akc. 4467), das Schweidnitzer Jahrbuch aus dem 19. Jahrhundert (Sign. BN akc. 4568) und eine Handschrift mit nach 1690 angefertigten Abschriften und Zeichnungen der Epitaphien aus der Breslauer Kathedrale (Sign. BN akc. 4196).

14 Darunter befinden sich beispielsweise Materialien zur Bibliothek der St. Peter und Paul-Kirche in Liegnitz aus dem 19. Jahrhundert (Sign. BN akc. 4567), Kataloge der Schloßbibliothek in Lehnhaus (poln. Wleński Gródek, Sign. BN akc. 4663, 4682, 9489), Bibliothekskataloge aus Hermsdorf (poln. Sobieszów, Sign. BN akc. 9481-9486) sowie ein Bücherkatalog von David Sieger aus Liegnitz aus dem Jahr 1819 (Sign. BN akc. 9492).

15 Hierzu gehören zum Beispiel Rechnungen und Korrespondenzen aus den Jahren 1844 bis 1904 (Sign. BN akc. 13349), ein 1845 verfaßter Reisebericht Helmuth von Moltkes aus Italien (Sign. BN akc. 13350), ein Diplom über die Verleihung des Grafentitels an Feldmarschall Helmuth von Moltke (Sign. BN akc. 13351) sowie ein Diplom über die Ehrenbürgerschaft der Stadt Schweidnitz von 1871 für Helmuth von Moltke (Sign. BN akc. 13352).

Die Familie Schaffgotsch, die in der zweiten Hälfte des 13. Jahrhunderts aus der Mark Meißen nach Schlesien gekommen war, gehörte zu den bedeutendsten Adelsgeschlechtern des Oderlandes. Ihre Hauptsitze lagen anfangs in den Herzogtümern Schweidnitz und Münsterberg. Nach 1350 konnte dann ein eigener Herrschaftsbereich in der Umgebung von Hirschberg (poln. Jelenia Góra) aufgebaut werden. In Hermsdorf (poln. Sobieszów), dem Zentrum dieser Besitzungen, entstand spätestens seit dem 16. Jahrhundert eine der umfangreichsten Büchersammlungen Schlesiens. Im Jahr 1734 – unter Graf Johann Anton Gotthard Schaffgotsch (1675–1742) – zählte dieser Bestand bereits mehr als 10.000 Bände, die als „meist kostbar in rothen Saffian oder französich gebunden" bezeichnet wurden. Auf der Abbildung ist ein Exlibris Graf Schaffgotschs mit dem Familienwappen zu sehen, das aus einer Handschrift mit der Reisebeschreibung des Nikolaus von Popplau stammt.
Bildnachweis: Biblioteka Narodowa w Warszawie, Zakład Rękopisów, Sign. akc. 4791 (Vorderspiegel).

beispielsweise Friedrich Hildebrand Einsiedels (1750–1828),[16] eines Vertreters der Familie Tzschaschel (19. Jahrhundert),[17] oder Franz Xavier B. E. von Pirchingers.[18] Einzelne Einheiten zeigen die wirtschaftliche Tätigkeit auf den der Familie Szembek gehörenden Gütern in Schimmelwitz (poln. Siemianice).[19] Die letzte Quellengruppe besteht aus Stammbüchern *(alba amicorum)* schlesischer Provenienz, von denen einige nach dem Zweiten Weltkrieg ebenfalls in die Nationalbibliothek Warschau gelangten.[20]

C. Bestandsanalyse

Die in der Nationalbibliothek Warschau befindlichen Handschriften sind sehr heterogen und daher von unterschiedlichem Wert für die Erforschung des schlesischen Adels. Die zufällige Zusammensetzung der Bestände ist zum einen auf die fragmentarische Überlieferung des Vorkriegsbestands zurückzuführen, zum anderen auf die unvollständige und unsystematische Ansammlung der Bestände nach 1945, die aus unterschiedlichen Bibliotheken stammten und auf unterschiedliche Einrichtungen verteilt wurden. Die hauptsächlich aus dem 18. und 19. Jahrhundert stammenden Quellen sind größtenteils einzigartig, auch wenn Teile von ihnen Abschriften aus gedruckten Büchern sind. Darunter befinden sich nicht edierte Quellen, die bisher kaum für Studien zur Geschichte des schlesischen Adels herangezogen wurden.

Ein grundsätzliches Problem besteht in der Vermischung unterschiedlicher Bibliotheksbestände nach dem Zweiten Weltkrieg. In vielen Fällen ist es daher nicht möglich, den früheren Aufbewahrungsort einer Handschrift zu ermitteln, so daß die Feststellung der Provenienz insbesondere der sogenannten gesicherten Bestände künftige Forschungen erleichtern wird. Auch der Bearbeitungsstand der Manuskripte ist aus verschiedenen Gründen ungenügend. Aktuell wird an einer Verbesserung dieses Zustands gearbeitet: Um den Quellenzugang in Zukunft zu erleichtern, entsteht zur Zeit eine elektronische Datenbank der Handschriften. Die derzeit zugänglichen Informationen sind dagegen recht allgemein gehalten und überdies unvollständig, so daß der historische Wert der Handschriften nur schwer einzuschätzen ist.

---

16 Zum Archiv der Familie Einsiedel gehören etwa 120 Handschriften.

17 Hier befinden sich etwa zehn Handschriften vornehmlich rechtlichen Inhalts.

18 Eine Handschrift aus dem letzten Viertel des 18. Jahrhunderts (Sign. BN akc. 5793) enthält eine Genealogie mit heraldischen Zeichnungen nebst Legende, einschlägigen Dokumenten und einem Auszug aus Johann Sinapius' Werk „Schlesische Curiositäten" mit einer Beschreibung der Familie Geisler.

19 Hierzu gehören Steuerakten für den Schimmelwitzer Forst von 1857 (Sign. BN IV 8476) und Akten zu der von den Grafen Szembek entrichteten Einkommenssteuer aus den Jahren 1853 bis 1855 (Sign. BN IV 8478).

20 Vgl. exemplarisch das „Album amicorum" Johann Gottfried Gregers von 1794 (Sign. BN akc. 4445) und „Zum Andenken der Freundschaft Brieg 1815–1829" (Sign. BN akc. 4561).

Wojciech Mrozowicz

Universitätsbibliothek Breslau
(Biblioteka Uniwersytecka we Wrocławiu)

A. Gesamtgeschichte und Bedeutung

Aus geschichtswissenschaftlicher Perspektive werden die in der heutigen Universitätsbibliothek Breslau befindlichen Materialien in der Regel als der bedeutendste Bestand für die historische Schlesienforschung betrachtet. Für die Erforschung der Geschichte des Adels in Schlesien sind in der Universitätsbibliothek die Sammlungen der Handschriftenabteilung und der Abteilung der Alten Drucke sowie des Schlesisch-Lausitzischen Kabinetts *(Gabinet Śląsko-Łużycki)* von größter Bedeutung. Im folgenden werden vor allem handschriftliche, gewissermaßen archivalische Quellen berücksichtigt, die in der Handschriftenabteilung aufbewahrt werden.

Auch wenn der Bestand dieser Abteilung seine endgültige Gestalt erst nach dem Zweiten Weltkrieg annahm, reichen seine Anfänge ins Mittelalter zurück. Die Abteilung umfaßt heute Handschriftenbestände früherer historischer Bibliotheken in Breslau (poln. Wrocław), der Universitätsbibliothek und der Stadtbibliothek. Die Universitätsbibliothek entstand im Zusammenhang mit der Neugründung der Breslauer Universität 1810/11 durch Zusammenführung früherer Bibliotheksbestände der Breslauer Jesuitenuniversität (Leopoldinum), der Universität Frankfurt an der Oder (Viadrina) und von 91 beziehungsweise 93 damals säkularisierten schlesischen Klöstern, deren Anfänge fast ausschließlich im Mittelalter liegen. Die Breslauer Stadtbibliothek wurde dagegen erst 1866 gegründet und enthielt die Buchbestände der ehemaligen Bibliotheken an der St. Elisabeth-Kirche (Rhedigeriana), der St. Maria Magdalena-Kirche und der St. Bernhardin-Kirche. In die Universitätsbibliothek gelangten zudem die nach 1945 erhaltenen Bestände anderer kleinerer Bibliotheken in Schlesien und der Oberlausitz, unter anderem der Bibliotheken der Grafen Schaffgotsch aus Warmbrunn (poln. Cieplice Śląskie), der Grafen Hochberg aus Fürstenstein (poln. Książ) sowie der Grafen York aus Klein Oels (poln. Oleśnica Mała), ferner der sogenannten Milich-Bibliothek aus Görlitz, der Bibliotheken der „Oberlausitzischen Gesellschaft der Wissenschaften" aus Görlitz und der „Schlesischen Gesellschaft für Vaterländische Kultur", der Gymnasien in Brieg (poln. Brzeg), Glatz (poln. Kłodzko) und Glogau (poln. Głogów) sowie der Ritterakademie und der St. Peter und Paul-Kirche in Liegnitz (poln. Legnica).

Die Handschriftenabteilung zählt insgesamt rund 14.000 handschriftliche Bücher und etwa 17.000 lose Autographen (Briefe, einzelne Blätter mit Stammbucheinträgen und ähnliches).

Biblioteka Uniwersytecka we Wrocławiu, Oddział Rękopisów, Besucheradresse: ul. Św. Jadwigi 3/4, PL-50-266 Wrocław, Postadresse: ul. K. Szajnochy 7/9, PL-50-076 Wrocław, Tel.: +48-71-375-24-08, E-Mail: manuscripta@bu.uni.wroc.pl, Homepage: http://www.bu.uni.wroc.pl/oddzialy/piasek/oddzial-rekopisow [Zugriff am 20.12.2009].

Auswahlliteratur zur Universitätsbibliothek: Garber, Klaus: Bücherhochburg des Ostens. Die alte Breslauer Bibliothekslandschaft, ihre Zerstörung im Zweiten Weltkrieg und ihre Rekonstruktion im polnischen Wrocław. In: ders. (Hg.): Kulturgeschichte Schlesiens in der Frühen Neuzeit. Tübingen 2005 (Frühe Neuzeit 111), 539-653; ders.: Bibliographie zur Universitätsbibliothek Wrocław und ausgewählter in sie eingegangener deutscher Vorkriegs-Bibliotheken. In: ders. (Hg.): Handbuch des personalen Gelegenheitsschrifttums in europäischen Bibliotheken und Archiven, Bd. 1: Breslau, Universitätsbibliothek – Wrocław, Biblioteka Uniwersytecka, Abt. 1: Stadtbibliothek Breslau (Rhedigeriana, St. Elisabeth), Tl. 1. Hg. v. Stefan Anders, Sabine Beckmann und Martin Klöker. Hildesheim/Zürich/New York 2001, 51-80; ders.: Die Biblioteka Uniwersytecka in Wrocław. Morphologie der Bestände, Umrisse der Provenienzen und Charakteristik der Personalschrifttums-Sammlungen. Ebd., 17-49; Mrozowicz, Wojciech: Die polnische Universitätsbibliothek Breslau (Biblioteka Uniwersytecka we Wrocławiu). In: Rüffler, Alfred (Hg.): Die Stadtbibliothek Breslau im Spiegel der Erinnerung. Geschichte – Bestände – Forschungsstätte. Sigmaringen 1997 (Quellen und Darstellungen zur schlesischen Geschichte 28), 174-184; Ożóg, Jan: Zarys historii Biblioteki Uniwersyteckiej we Wrocławiu [Historischer Abriß der Universitätsbibliothek Breslau]. Wrocław 1995 (Acta Universitatis Wratislaviensis 1637. Bibliothecalia Wratislaviensia 1); Kape, Ortrud: Die Geschichte der wissenschaftlichen Bibliotheken in Breslau in der Zeit von 1945 bis 1955 unter besonderer Berücksichtigung der Universitätsbibliothek. St. Katharinen 1993; Kocowski, Bronisław: Biblioteka Uniwersytecka we Wrocławiu [Universitätsbibliothek Breslau]. Wrocław 1968; ders.: Historyczne podstawy organizacji zbioru starych druków w Bibliotece Uniwersyteckiej we Wrocławiu [Historische Grundlagen für die Organisation des Bestands der Altdrucke in der Universitätsbibliothek Breslau]. In: Bibliotekoznawstwo 1 (1955) 9-48; Hippe, Max: Zur Vorgeschichte der Breslauer Stadtbibliothek. In: Aufsätze Fritz Milkau gewidmet. Leipzig 1921, 162-176; Milkau, Fritz: Die Königliche und Universitäts-Bibliothek zu Breslau. Eine Skizze. Breslau 1911.

Auswahlliteratur zur Handschriftenabteilung: Mrozowicz, Wojciech: Handschriftenkunde. In: Bahlcke, Joachim (Hg.): Historische Schlesienforschung. Methoden, Themen und Perspektiven zwischen traditioneller Landesgeschichtsschreibung und moderner Kulturwissenschaft. Köln/Weimar/Wien 2005 (Neue Forschungen zur Schlesischen Geschichte 11), 29-52; Spychała, Lesław: Wegweiser durch die Handschriftenbestände der Universitätsbibliothek Wrocław/Breslau. In: Garber (Hg.): Kulturgeschichte Schlesiens, 655-746; Spychała, Lesław: Wrocław – Biblioteka Uniwersytecka. Oddział Rękopisów [Breslau – Universitätsbibliothek. Handschriftenabteilung]. In: Kamolowa, Danuta/Sieniatecka, Teresa (Bearb.): Zbiory rękopisów w bibliotekach i muzeach w Polsce, Bd. 1. Warszawa ²2003 [¹1988; Verfasser des Beitrags: Konstanty K. Jażdżewski] (Zbiory Rękopisów w Polsce 1), 514-538; Mrozowicz, Wojciech: Stan opracowania książki rękopiśmiennej ze zbiorów Biblioteki Uniwersyteckiej we Wrocławiu [Der Bearbeitungsstand von handschriftlichen Büchern aus den Beständen der Universitätsbibliothek Breslau]. In: Roczniki Biblioteczne 32/1 (1988) 93-106; Walter, Mieczysław: Pruska sekularyzacja klasztorów w dziejach Biblioteki Uniwersyteckiej we Wrocławiu [Die preußische Säkularisation der Klöster in der Geschichte der Universitätsbibliothek Breslau]. Wrocław 1957; Staender, Josef: Die Handschriften der Königlichen und Universitäts-Bibliothek zu Breslau. In: Zeitschrift des Vereins für Geschichte und Alterthum Schlesiens 33 (1899) 1-66.

B. Bestandsgliederung

Die heutigen Handschriftenbestände der Universitätsbibliothek Breslau haben sich im Vergleich zu den Vorkriegsbeständen der Vorgängerbibliotheken nur bruchstückhaft erhalten. Die Anzahl der gegenwärtig hier aufbewahrten Bände kann zwar genau angegeben werden, doch lassen sich kriegsbedingte Verluste nur in wenigen Fällen genauer feststellen, was auf das Fehlen detaillierter Verzeichnisse aus der Vorkriegszeit zurückzuführen ist. Schätzungen gehen am häufigsten von Verlusten in Höhe von etwa 30 Prozent beim Bestand der früheren Universitätsbibliothek und etwa 50 bis 60 Prozent bei der früheren Stadtbibliothek aus. Zahlreiche der überlieferten Handschriften, hauptsächlich aus der früheren Stadtbibliothek, wurden ernsthaft beschädigt. Die traditionellen Konservierungsarbeiten konnten jedoch aufgrund eingeschränkter technischer Möglichkeiten nicht an allen Einheiten systematisch durchgeführt werden. Die Handschriftenbestände werden verfilmt und seit kurzem auch digitalisiert. Die wertvollsten Kodizes, darunter auch für die Adelsforschung bedeutsame Einheiten, werden in digitaler Form auf der Website der Digitalbibliothek der Universität Breslau *(Biblioteka Cyfrowa Uniwersytetu Wrocławskiego)* zugänglich gemacht.[1]

Da in Bibliotheken – im Gegensatz zu Archiven – eine Gliederung des Gesamtmaterials nach Beständen nicht üblich ist, werden im folgenden kleinere Quellengruppen derselben Provenienz, hauptsächlich Nachlässe oder Bestandsreste, behandelt. Darüber hinaus wird nur auf diejenigen Handschriften oder Handschriftengruppen verwiesen, die für die Adelsforschung in Schlesien von größerer Bedeutung waren beziehungsweise werden könnten.

Zu den größten Vorkriegsbeständen Schlesiens, die Materialien zur Adelsgeschichte enthielten, gehörte die Majoratsbibliothek der Grafen Schaffgotsch in Warmbrunn (bis 1833 in Hermsdorf, poln. Sobieszów). Ihre Anfänge reichen bis ins 16. Jahrhundert zurück; die größten Verdienste bei ihrer Organisation erwarb sich Johann Anton Gotthard Graf Schaffgotsch (1675–1742).[2] Im Jahr 1926 zählte die Handschriftensammlung dieser Bibliothek rund 700 Einheiten, darunter in erster Linie genealogische und heraldische Materialien zur Geschichte dieser seit dem Mittelalter in Schlesien lebenden Familie[3] wie auch einiger anderer schlesischer Adelsgeschlechter.[4] Nach dem Zweiten Weltkrieg gelangte ein Teil der Handschriften in die Nationalbibliothek Warschau (rund 280 Bände, hauptsächlich zur polnischen Geschichte), die übrigen etwa 350 Bände in die Breslauer Universitätsbibliothek. In der Warschauer Nationalbibliothek befanden sich zudem Archivalien der Familie

1 www.bibliotekacyfrowa.pl/dlibra [Zugriff am 20.12.2009].

2 Zum Bibliotheksgründer und zur Bibliothek vgl. Conrads, Norbert: Johann Anton Graf von Schaffgotsch (1675–1742). In: Herzig, Arno (Hg.): Schlesier des 14. bis 20. Jahrhunderts. Neustadt an der Aisch 2004 (Schlesische Lebensbilder 8), 121-128; Iwanek, Marian: Biblioteka Schaffgotschów w Cieplicach Śl. Zdroju [Die Schaffgotsch-Bibliothek in Bad Warmbrunn]. In: Rocznik Jeleniogórski 24 (1986) 43-57; Nentwig, Heinrich: Silesiaca in der Reichsgräflich Schaffgotsch'schen Majoratsbibliothek zu Warmbrunn. Leipzig 1900–1902; ders.: Schaffgotschiana in der Reichsgräflich Schaffgotsch'schen Majoratsbibliothek zu Warmbrunn. Leipzig 1899.

3 Zu den wichtigeren Einheiten, die genealogische Materialien enthalten, zählen: Akc. 1949/29, 1950/691, 1950/862, 1950/879, 1950/889, 1950/963, 1950/1065, 1951/13, 1969/332 und 1969/333.

4 Zum Beispiel die Familien Hochberg (Sign. Akc. 1950/1088), Baudiss (Akc. 1950/1069), Gersdorf (Akc. 1950/890), Stössel (Akc. 1950/885), Luck (Akc. 1950/886) und Arnim (Akc. 1950/888).

Schaffgotsch (etwa 180 Bände und lose Materialien), die 1994 der Universitätsbibliothek Breslau übergeben wurden.

Quellen zum Adel befinden sich ebenfalls im früheren Bestand Johann Gottlieb Milichs (1678–1726) aus Görlitz,[5] dessen Anfänge in Schweidnitz (poln. Świdnica), dem Geburtsort Milichs, liegen. Im seinem Testament vermachte er seine Bibliothek dem Görlitzer Gymnasium, wo diese um neuere Sammlungen erweitert wurde. Nach dem Zweiten Weltkrieg wurde der Bestand an die Universität Breslau gebracht. In diesem sogenannten Milich-Bestand, in dem bis heute etwa 720 Handschriften erhalten sind, befinden sich hauptsächlich Materialien zur Geschichte der Lausitzen, darüber hinaus aber auch Quellen zur Geschichte des schlesischen Adels, darunter Sammlungen verschiedener Privilegien und Personenverzeichnisse. In erster Linie handelt es sich dabei um frühneuzeitliche Quellen.

Bisher wurden die Handschriften der *Topographia Silesiae* von Friedrich Bernhard Werner (1690–1776) nur in ersten Ansätzen gewürdigt.[6] Im Bibliotheksbestand befinden sich insgesamt fünf Bände[7] mit über 1.400 kolorierten Zeichnungen, vor allem Stadt- und Gebäudeansichten, Pläne und Karten. Herangezogen wurden diese Quellen hauptsächlich als Abbildungen bei Darstellungen der Geschichte schlesischer Städte. Ein beträchtlicher Teil dieses Bildmaterials stellt Residenzen und Herrschaftssitze in Schlesien dar, nicht selten mit Plänen der Güter und Parkanlagen.

---

5 Zur Bibliothek und ihrem Bestand vgl. Górecki, Leon (Bearb.): Biblioteka Uniwersytecka we Wrocławiu. Katalog rękopisów obejmujący sygnatury 6268-6790. Dawny zbiór Biblioteki J. G. Milicha w Zgorzelcu [Universitätsbibliothek Breslau. Handschriftenkatalog für die Signaturen 6268-6790. Ehemaliger Bestand der J. G. Milich-Bibliothek in Görlitz], Tl. 2: Rękopisy nowożytne [Frühneuzeitliche Handschriften]. Wrocław 1990; Kądzielski, Stanisław/Mrozowicz, Wojciech (Bearb.): Catalogus codicum medii aevi manuscriptorum qui in Bibliotheca Universitatis Wratislaviensis asservantur signa 6055-6124 comprehendens (Codices Milichiani 1). Wratislaviae 1998 (Acta Universitatis Wratislaviensis 1857), VII-XIX; Joachim, Rudolf: Geschichte der Milich'schen Bibliothek und ihrer Sammlungen, Tl. 1-2. [Görlitz] 1876–1877; Struve, Ernst E.: Nachricht über eine ältere Handschriften-Bibliothek in Görlitz. [Görlitz] 1846.

6 Harasimowicz, Jan/Marsch, Angelika (Hg.): Friedrich Bernard Werner (1690–1776) – życie i twórczość [Friedrich Bernhard Werner (1690–1776) – Leben und Werk]. Legnica 2004 (Źródła i Materiały do Dziejów Legnicy i Księstwa Legnickiego 3); Harc, Lucyna: Scenograf i rysownik historykiem. O przyczynach powstania „Topografii Śląska" F. B. Wernera [Bühnenbildner und Zeichner als Historiker. Zu den Entstehungsgründen der „Topographie Schlesiens" von F. B. Werner]. In: Rosik, Stanisław/Wiszewski, Przemysław (Hg.): Causa creandi. O pragmatyce źródła historycznego. Wrocław 2005 (Acta Universitatis Wratislaviensis 2783. Historia 171), 227-236; Len, Ryszard: Fryderyka Bernarda Wernera Topografia Wrocławia [Die Topographie Breslaus von Friedrich Bernhard Werner]. Wrocław 1997; Marsch, Angelika: Friedrich Bernhard Werner (1690–1776). Śląski rysownik europejskich widoków. Głogów 1998 (Biblioteka Encyklopedii Ziemi Głogowskiej 30), deutsch unter dem Titel: Friedrich Bernhard Werner (1690–1776). Ein europäischer Ansichtenzeichner aus Schlesien. Würzburg 1995; Morelowski, Marian: Ocalone rękopisy F. B. Wernhera i ich znaczenie dla historii sztuki i kultury Śląska [Die geretteten Handschriften F. B. Wernhers und ihre Bedeutung für die Kunst- und Kulturgeschichte Schlesiens]. Wrocław 1955.

7 Handschriften aus unterschiedlichen Ausgaben von Werners Werk: Sign. R 551 (Bd. 1), Akc. 1948/1098 (Bd. 2), IV F 113b (Bd. 1-2, 5). Darüber hinaus befinden sich einzelne Bände in den Beständen des Staatsarchivs Breslau und des Geheimen Staatsarchivs Preußischer Kulturbesitz in Berlin.

Darüber hinaus enthalten die von Werner gesammelten Materialien wertvolle Informationen zu einzelnen adeligen Geschlechtern und deren Funktionen in Landesverwaltung und Militärwesen einzelner schlesischer Fürstentümer und Städte.

In der Handschriftenabteilung werden zudem Abschriften von Epitaphien aufbewahrt, die eine bedeutende Quelle für genealogische Forschungen zum schlesischen Adel darstellen, insbesondere wenn keine Originalgrabsteine überliefert sind. Solche Materialien sammelte Christian Ezechiel (1678–1758), dessen zahlreiche genealogische und heraldische Arbeiten sowie Quellenabschriften sich in der früheren Stadtbibliothek befanden.[8] Nur wenige Handschriften aus diesem Bestand sind heute noch erhalten,[9] darunter *Genealogische Tabellen adelicher Geschlechter in Schlesien* von Jonas Scultetus, die von Ezechiel selbst zusätzlich ergänzt wurden.

Größere Verdienste bei Studien zur Geschichte des schlesischen Adels erwarb sich Nikolaus Henel von Hennenfeld (1582–1656).[10] Berühmt wurde er dank seines Werkes *Silesia togata*, einer in zwölf Bänden herausgegebenen Sammlung von rund 600 Biographien berühmter Schlesier, die hauptsächlich adeligen Geschlechtern entstammten. Dieses Werk wurde zwar in der Frühen Neuzeit mehrmals kopiert, konnte allerdings bis heute nicht ediert werden, was es – trotz seines zuweilen allzu panegyrischen Charakters – zweifellos verdient. Die recht umfangreiche *Silesia togata* wurde entweder ein- oder zweibändig abgeschrieben. Zur Zeit sind vier aus den Beständen der früheren Stadtbibliothek und Universitätsbibliothek stammende handschriftliche Exemplare dieses Werkes bekannt, darunter ein Autograph. Im einzelnen befinden sich in der heutigen Universitätsbibliothek zwei vollständige Überlieferungen und jeweils ein Band aus den beiden anderen Ausgaben.[11] Überdies ist die Existenz dreier verschollener Handschriften dieses Werkes bekannt, darunter zweier Bände aus den beiden oben erwähnten unvollständigen Exemplaren.[12]

---

8 Markgraf, Hermann: Christian Ezechiel. Leben und Schriften. In: Zeitschrift des Vereins für Geschichte und Alterthum Schlesiens 12 (1874) 163-194; ferner Ergänzungen in: Correspondenzblatt des Vereins für Geschichte der evangelischen Kirche Schlesiens 4 (1894) 162-165; Mrozowicz, Wojciech: Nad źródłami do genealogii rodu Jerzego z Podiebradu. Rękopis Christiana Ezechiela i jego źródła [Quellen zur Genealogie des Geschlechts Georgs von Podiebrad. Die Handschrift Christian Ezechiels und ihre Quellen]. In: Hlaváček, Ivan/Hrdina, Jan (Hg.): Facta probant homines. Sborník příspěvků k životnímu jubileu prof. dr. Zdeňky Hledíkové. Praha 1998, 279-299.

9 Unter anderem: Sign. R 567, R 967, R 2695 und R 2799-R 2801. Von den genealogischen Materialien sind folgende Handschriften nicht erhalten: R 652, R 2096, R 2575, R 2673, R 2798 und R 2821.

10 Markgraf, Hermann: Nikolaus Henel's von Hennenfeld (1582–1656) Leben und Schriften. In: Zeitschrift des Vereins für Geschichte und Alterthum Schlesiens 25 (1891) 1-41; Mrozowicz, Wojciech: Handschriften von und über Nikolaus Henel von Hennenfeld in der Universitätsbibliothek Breslau. In: Kosellek, Gerhard (Hg.): Die oberschlesische Literaturlandschaft im 17. Jahrhundert. Bielefeld 2001 (Tagungsreihe der Stiftung Haus Oberschlesien 11), 269-315.

11 Sign. IV F 127 (vollständiges Exemplar, 1744), R 570 (Bücher 1-6, um 1640), R 571 (Bücher 7-12, um 1640), B 1716 (Bücher 1-6, um 1700), Akc. 1949/1283 (Bücher 7-12, um 1790 – Abschrift von Samuel Benjamin Klose).

12 Frühere Signaturen B 1717 und Klose 176, ferner ein Exemplar aus der Majoratsbibliothek der Grafen Hochberg aus Fürstenstein.

Zu den bedeutenderen genealogischen Werken aus Schlesien, die wie Henels *Silesia togata* noch nicht ediert wurden, zählt die Sammlung Albrecht von Reichels (1638–1697), die vor allem Genealogien einiger hundert – darunter auch adeliger – Breslauer Familien umfaßt. Die Originalhandschrift wurde bis zum Zweiten Weltkrieg in der Stadtbibliothek aufbewahrt und gelangte nach Kriegsende auf unbekannten Wegen in die Bundesrepublik Deutschland, wo sie von der Universitätsbibliothek Münster gekauft wurde und heute zu deren Beständen zählt. Eine unter dem Titel *Opus genealogicum Sebisianum* bekannte Abschrift dieses Werkes befand sich zusammen mit dem Nachlaß Albrecht von Säbischs (1610–1688) ebenfalls im Besitz der früheren Stadtbibliothek und gehört heute zum Bibliotheksbestand der Universität.[13]

Auf eine lange Geschichte blickt auch der Bestand der Familie Senitz zurück, der von Hans Melchior von Senitz und Rudelsdorf (1697–1760), dem ersten preußischen Landrat von Nimptsch (poln. Niemcza), angelegt wurde. Seine genealogische Sammlung wurde danach von Karl Joseph Maximilian Fürst von Kupferberg (1717–1790) erweitert und gelangte schließlich in die alte Stadtbibliothek. In diesem Familienbestand befanden sich hauptsächlich genealogische Materialien zur Familiengeschichte im 17. und 18. Jahrhundert,[14] darunter auch zur bekannten Sängerin und Dichterin Elisabeth von Senitz (1629–1679).[15] Daneben enthielt dieser Bestand wichtige genealogische Quellen zu anderen schlesischen Adelsfamilien mit Abschriften von Epitaphien aus ausgewählten Teilen Schlesiens. Nur kleine Bruchstücke dieses Bestands sind heute noch erhalten.[16]

Von großer Bedeutung für die Erforschung des schlesischen Adels sind Materialien aus dem Nachlaß des Amateurhistorikers Christian Friedrich Paritius (1775–1849),[17] die nach dessen Tod an die frühere Stadtbibliothek gelangten. Aus diesem

---

13 Sign. R 928; ferner ein Register zu diesem Werk, Sign. R 2180. Eine andere Kopie des *Opus genealogicum* mit der Signatur R 928ᵃ ging verloren. Vgl. Brzezowski, Wojciech: Säbisch (Sebisch) Albrecht von. In: Harasimowicz, Jan (Hg.): Encyklopedia Wrocławia. Wrocław ³2006 [¹2000], 770; Markgraf, Hermann: Zur Geschichte der genealogischen Studien in Breslau [1881]. In: ders.: Kleine Schriften zur Geschichte Schlesiens und Breslaus. Breslau 1915, 62-74; Samulski, Robert: Was bietet die Universitätsbibliothek Münster für ostdeutsche Familienforschung? In: Ostdeutsche Familienkunde 20/6 (1972) 131.

14 Überliefert sind für die Familiengeschichte bedeutende Handschriften: R 944.

15 Sign. R 2183 und 2183ᵃ. Vgl. Czarnecka, Mirosława: Senitz, Elisabeth von. In: dies./Gajek, Konrad (Bearb.): Handschriften deutscher Autoren des Barock in den Beständen der Universitätsbibliothek in Wrocław. Katalog. Wrocław 1995, 281f.; Dereń, Andrzej: Zbiory genealogiczne biblioteki Rehdigera we Wrocławiu [Genealogische Sammlungen der Rhedigeriana in Breslau]. In: Śląski Kwartalnik Historyczny Sobótka 4 (1949) 187-191; Markgraf: Zur Geschichte der genealogischen Studien, 74-77.

16 Überliefert sind vier Bände mit Materialien zu den Regionen Strehlen (poln. Strzelin), Reichenbach (poln. Dzierżoniów), Nimptsch und Frankenstein (poln. Ząbkowice Śląskie), Sign. R 947, 1-4, ferner die Handschrift R 949, während die Handschriften R 946, R 948 und R 949ᵃ⁻ᵇ verlorengingen.

17 Zur Person vgl. Nowack, Karl F.: Paritius, Chr. Friedrich. In: Schlesisches Schriftsteller-Lexikon oder bio-bibliographisches Verzeichnis der im zweiten Viertel des 19. Jahrhunderts lebenden schlesischen Schriftsteller, H. 2. Breslau 1832, 112f.; Fercz, Julian: Paritius Christian Friedrich. In: Harasimowicz (Hg.): Encyklopedia Wrocławia, 651.

Zeichnung des Grabmals Hans von Kotulinskis, Assessor am Hofgericht in Oels (poln. Oleśnica), der am 10. Januar 1708 im Alter von 80 Jahren starb. Daneben befinden sich in dem von Adrian Josef Graf von Hoverden-Plencken (1798–1875), einem ausgezeichneten und verdienstvollen Kenner der schlesischen Kunstgeschichte, angelegten Bestand noch einige tausend ähnliche Zeichnungen. Im Auftrag des Grafen wurden Abbildungen zahlreicher schlesischer Grabmäler angefertigt, hauptsächlich vom Maler und Graphiker Bernhard Mannfeld (1848–1925). Die Grabmäler gehörten vornehmlich Adeligen und wurden durch Abschriften der Epitaphien ergänzt. Etwa die Hälfte der früheren Sammlung befindet sich in der Breslauer Universitätsbibliothek.
Bildnachweis: Biblioteka Uniwersytecka we Wrocławiu, Handschrift Sign. R 2121, Fol. 80v

Bestand konnten 21 Bände identifiziert werden, unter denen sich unter anderem genealogische Quellen zu schlesischen Familien befinden.[18] Darüber hinaus gibt es Abschriften ausgewählter, von Ezechiel gesammelter Materialien,[19] zu denen Paritius selbst Ergänzungen zusammentrug.[20]

Ein heute beinahe völlig vergessener Forscher der Genealogie und Regionalgeschichte Oberschlesiens war Friedrich Freiherr von Schirnding (1812–1881), dessen umfangreiche genealogische Materialsammlung neben anderen Sammlungen zunächst an Augustin Weltzel und nach dessen Tod (1897) an die Stadtbibliothek gelangte. Von den zehn von Schirnding bearbeiteten Bänden der *Materialien für Chronik und Genealogie des Kreises Gross-Strehlitz* gingen zwei verloren.[21] Weitere sieben Bände der *Materialien zur Geschichte der im Kreise Gross-Strehlitz ansässig gewesenen bzw. noch ansässigen adelichen Familien* sind nur teilweise vorhanden,[22] während von weiteren sieben Bänden der *Materialien zur Geschichte oberschlesischer Rittergüter und ihrer Besitzer* nur vier überliefert sind.[23]

Grundlegend für die Adelsforschung ist ferner eine Sammlung mit Zeichnungen von Grabsteinen und Abschriften von Epitaphien, die von Adrian Josef Graf von Hoverden-Plencken (1798–1875) stammte und an die frühere Stadtbibliothek gelangte. Ursprünglich zählte diese Sammlung 40 Bände im Folioformat[24] mit Materialien vom Mittelalter bis zum 19. Jahrhundert. Den Zweiten Weltkrieg überstanden 22 Bände, einige davon nur fragmentarisch;[25] der Überlieferungszustand war zudem in vielen Fällen mangelhaft.

Beinahe völlig in Vergessenheit geraten ist der Nachlaß Friedrich Andreaes (1879–1939), eines mit der Universität Breslau verbundenen Historikers und Archivars sowie Mitherausgebers der vielbändigen *Schlesischen Lebensbilder*.[26] Die frühere Universitätsbibliothek übernahm vor 1941 diesen 2.390 Briefe und 122 Handschriften

---

18 Hier ist besonders auf acht von ursprünglich zehn Heften zu verweisen, die als Einheit mit der Signatur R 2832ª überliefert sind.

19 Handschriften mit den Signaturen R 2799-2801.

20 Handschrift mit der Signatur R 2801ª, ferner R 2803 und R 2804.

21 Überliefert sind die Handschriften mit den Signaturen R 2980-2984 und R 2986-2988, während R 2985 und R 2989 verlorengingen. Zum Autor vgl. Weltzel, Augustin: Friedrich Freiherr von Schirnding. In: Zeitschrift des Vereins für Geschichte und Alterthum Schlesiens 16 (1882) 303f.

22 Ein beträchtlicher Teil der Handschriften mit den Signaturen R 2990-2996 ist überliefert.

23 Von den Handschriften mit den Signaturen R 3002-3008 sind überliefert R 3003-3004, R 3006 und R 3008, daneben Bruchstücke von R 3007, während R 3002 und R 3005 verlorengingen. Darüber hinaus ist die „Zusammenstellung der Besitzer der Rittergüter des Kreises Ratibor" von F. von Schirnding erhalten (Sign. R 3009).

24 Sign. R 2101-R 2140. Veröffentlicht wurden lediglich die Register. Vgl. Hoverden-Plencken, Adrian Josef Graf von: Schlesiens Grab-Denkmale und Grab-Inschriften. 1. Alphabetisches Register, Bd. 1-15, 2. Chronologisches Register, Bd. 1-15 (bis zum Jahre 1800), 3. Alphabetisches Register, Bd. 16-30, 4. Chronologisches Register, Bd. 16-30 (bis zum Jahre 1800). Breslau 1870[-1872].

25 Sign. R 2101, 2104, 2113, 2115, 2117-2123, 2126, 2127, 2129, 2130, 2132, 2134, 2136-2138 und 2140.

26 Deutsch, Josef: Breslau. SuUB. Aus den Jahresberichten 1938-1940. In: Zeitschrift für Bibliothekswesen 58 (1941) 434; Kulak, Teresa: Andreae Friedrich. In: Harasimowicz (Hg.): Encyklopedia Wrocławia, 32.

umfassenden Nachlaß, der jedoch kriegsbedingt niemals vollständig geordnet wurde. Erhalten sind bis heute zahlreiche von Andreae angelegte biographische Karteien (zur Zeit zehn Kästen ohne Signaturen), die alphabetisch nach Nachnamen geordnete Quellenauszüge für das *Schlesische biographische Lexikon* enthalten, vor allem über die Ausbildung der Schlesier und Ausländer in Schlesien.

Unter den anderen handschriftlichen Materialien sind im Hinblick auf die Adelsforschung die früheren genealogischen Werke zum gesamten Adel Schlesiens erwähnenswert, die unter anderem von Georgius Thebesius[27] und Jonas Scultetus verfaßt wurden,[28] sowie Werke zu ausgewählten Adelsgeschlechtern.[29] Nicht zu vergessen sind dabei die in der Universitätsbibliothek relativ zahlreich vorhandenen heraldischen Materialien, die jedoch einer detaillierten Prüfung auf Wappen schlesischer Adelsgeschlechter bedürfen.[30]

Eine höchst aufschlußreiche und relativ selten in historischen Studien auftauchende Quellengattung sind Stammbücher, die die sozialen Vernetzungen zwischen verschiedenen Milieus und Ständen, hier hauptsächlich dem Adel, dokumentieren sowie biographische und heraldische Informationen wie auch Angaben zur Ausbildung, zu literarischen und künstlerischen Vorlieben und anderem liefern. Vor dem Zweiten Weltkrieg besaß die Stadtbibliothek die größte eigenständige Sammlung von Stammbüchern in Schlesien. Trotz der Kriegsverluste stellt sie heute immer noch einen beträchtlichen Teil der Stammbuchsammlung der Universitätsbibliothek dar, die insgesamt rund 200 Einheiten vom 16. bis zum 20. Jahrhundert zählt. Die Stammbücher der früheren Stadtbibliothek sind recht gut im handschriftlichen Katalog Ernst Volgers bearbeitet. Identifiziert werden konnten dabei insbesondere die Eigentümer der Stammbücher und die sich Eintragenden sowie der zeitliche Rahmen dieser Quellen.[31]

---

27 Von seinen Arbeiten am wichtigsten sind *Collecta de equestribus Silesiae familiis* (von 1726, Sign. R 956) und *Sammlung von dem schlesischen Adel* (Sign. R 2820).

28 *Genealogische Tabellen unterschiedlicher adelicher Geschlechter in Schlesien* (Sign. R 967) – die Handschrift stammt aus der Sammlung Ezechiels. Unbekannt ist dagegen der Autor einer anderen ähnlichen Arbeit, der *Genealogischen Tafeln schlesischer Familien* (Sign. R 2818).

29 Aus den Beständen der früheren Stadtbibliothek stammen unter anderem Arbeiten zu den Familien Burghaus (Sign. R 590), Winnsz und Heinrichsdorf (Sign. R 963), Redern (Sign. R 2827), Solms (Sign. B 1677), Schencken (Sign. B 1678) und Schweinitz (Sign. B 1680-1681).

30 Erwähnenswert ist hier eine Reihe von Wappenbüchern mit den Signaturen R 2813-2816.

31 Volger, Ernst: Über die Sammlung von Stammbüchern (77 Stück) in der Stadtbibliothek zu Breslau. In: Schlesiens Vorzeit in Bild und Schrift 3 (1881) 445-474. Zu den Stammbüchern der Universitätsbibliothek vgl. Banet, Ilona/Szyrocki, Marian: Die Stammbücher der Universitätsbibliothek Wrocław des 16. bis 18. Jahrhunderts. In: Fechner, Jörg Ulrich (Hg.): Stammbücher als kulturhistorische Quellen. München/Wolfenbüttel 1981, 65-71 (Anhang: Verzeichnis der Stammbücher der Universitätsbibliothek Wrocław aus dem 16. bis 18. Jahrhundert); Białek, Edward: Die Stammbuchsammlungen in der Universitätsbibliothek Wrocław. In: Acta Universitatis Wratislaviensis 891. Germanica Wratislaviensia 67 [recte: 68], Mikrofiche 2 (1985) 133-147; Białek, Edward/Mrozowicz, Wojciech: Die Bildungsreisen der Schlesier in die Niederlande im Spiegel der Stammbucheintragungen (Ein Beitrag zur Erforschung der schlesisch-niederländischen Kulturbeziehungen im 17. Jh.). In: Acta Universitatis Wratislaviensis 942. Neerlandica Wratislaviensia 3

Eine gewissermaßen den Stammbüchern ähnliche Quellengattung sind Reiseberichte (von Kavalierstouren, diplomatischen Reisen und Pilgerfahrten), die von schlesischen Adeligen verfaßt wurden. Einerseits stellen sie eine wichtige biographische Quelle dar, andererseits ermöglichen sie einen Einblick in die Mentalität und Kultur nicht nur des Reisenden und seines Umfelds, sondern auch der von ihm bereisten Länder. Bisher wurden im Handschriftenbestand der Bibliothek lediglich einzelne Forschungen durchgeführt, die eine Reihe aufschlußreicher, jedoch nur selten edierter Materialien ans Tageslicht brachten.[32]

C. Bestandsanalyse

Die überblicksartige Darstellung zeigt, daß sich in den Handschriftenbeständen der Universitätsbibliothek Breslau einerseits Originalarchivalien und sonstiges Quellenmaterial – vor allem aus der Frühen Neuzeit, gelegentlich auch aus dem Mittelalter – zur Geschichte ausgewählter schlesischer und nichtschlesischer Adelsgeschlechter befinden. Hierbei handelt es sich bisweilen um Abschriften beziehungsweise Auszüge aus Originaldokumenten, die in vielen Fällen heute nicht mehr existieren. Ähnlich verhält es sich mit Zeichnungen und Abbildungen verschiedener Objekte (Grabsteine, Schlösser), die mit einzelnen Familien eng verbunden waren. Ihr Wert ist nach dieser ersten Bestandsaufnahme recht hoch, da es sich dabei um größtenteils nicht edierte Quellen handelt. Schon früher kamen vor allem Hermann Markgraf und Alfred Rüffler zur selben Einschätzung, die durch die relativ häufige, wenn auch überwiegend episodenhafte Heranziehung dieser Quellen in der bisherigen historischen Forschung bestätigt wird (die wichtigeren Studien wurden bereits bei der Beschreibung einzelner Nachlässe und Bestandsreste genannt).

(1986) [1987] 199-217; dies.: Die Eintragungen des Daniel Heinsius in den Stammbüchern der Universitätsbibliothek Wrocław (1617–1651). In: Lias. Sources and Documents Relating to the Early Modern History of Ideas 13/2 (1986) 151-164.

32 Radzikowski, Piotr (Bearb.): Opisanie podróży Mikołaja von Popplau, rycerza rodem z Wrocławia [Die Reisebeschreibung Nikolaus von Popplaus, eines Ritters aus Breslau]. Kraków 1996; Borys, Alicja: (Nie)znana relacja z poselstwa cesarskiego barona Davida von Ungnada do Wysokiej Porty (1573). Wokół genezy tekstu zachowanego we wrocławskim rękopisie [Ein (un)bekannter Bericht von der kaiserlichen Gesandtschaft des Freiherrn David von Ungnad an die Hohe Pforte (1573). Zur Genese des Textes aus einer Breslauer Handschrift]. In: Rosik, Stanisław/Wiszewski, Przemysław (Hg.): Causa creandi. O pragmatyce źródła historycznego. Wrocław 2005 (Acta Universitatis Wratislaviensis 2783. Historia 171), 211-225; Kunicki, Wojciech: Von der barocken Repräsentanz zum bürgerlichen Erlebnis. Zu den handschriftlichen Reiseberichten und Reisebeschreibungen aus dem 18. Jahrhundert in den Beständen der Universitätsbibliothek Breslau. In: Orbis linguarum 13 (1999) 19-41. Zu den bisher nicht edierten Beschreibungen vgl. unter anderem die Berichte von Franz Gotthard Schaffgotsch über eine Frankreichreise von 1729 (Sign. Akc. 1950/965) und Adam Dietrich Franz von Grundtschreiber und Zobtendorff über eine Studienreise durch Frankfurt an der Oder, Danzig (poln. Gdańsk), Königsberg (russ. Kaliningrad) und Berlin in den Jahren 1719–1722 (Sign. Akc. 1948/1035).

Hervorzuheben ist, daß die erwähnten Quellen zur Geschichte des Adels in Schlesien nur teilweise mit Hilfe detaillierter Kataloge, Register und Verzeichnisse zugänglich sind, was auf den aktuellen Bearbeitungsstand zurückzuführen ist. Gleichzeitig werden dabei die bisherigen wissenschaftlichen, politischen und individuellen Präferenzen bei der Erschließung des Gesamtbestands sichtbar. Gelegentlich stößt man auch auf nicht aktualisierte Hilfsmittel (hauptsächlich in bezug auf den Überlieferungsstand). Nicht zu vergessen ist jedoch die Tatsache, daß zahlreiche Einheiten verlorengingen. Deren Beschreibungen in den früheren Katalogen geben Anlaß zu der Vermutung, daß auch diese Quellen für die Adelsforschung bedeutsam gewesen wären.[33] Trotz dieser Verluste ergänzt allein die Feststellung der früheren Existenz solcher Quellen das Gesamtbild der Materialien. Unter Berücksichtigung all dieser Aspekte muß zusammenfassend festgestellt werden, daß beim jetzigen Bearbeitungsstand weder eine vollständige Charakterisierung des gesamten handschriftlichen Quellenmaterials in der Universitätsbibliothek – nicht nur im Hinblick auf die Erforschung des schlesischen Adels – noch eine abschließende Bewertung seines Nutzens für die Forschung möglich sind.

Andererseits befinden sich unter den Materialien recht häufig frühere genealogisch-biographische Arbeiten, die hauptsächlich aus der Feder frühneuzeitlicher Historiker (unter anderem Henel, Senitz und Ezechiel) stammen. Sie erlauben nicht nur, die Entwicklung des Interesses an der Geschichte des schlesischen Adels und der Forschungsmethoden nachzuzeichnen, sondern ermöglichen es auch, wichtige, von den damaligen Autoren verwendete, heute jedoch nicht mehr überlieferte Quellen zu identifizieren. Zugegebenermaßen entsprachen diese genealogisch-biographischen Werke nicht immer den heutigen wissenschaftlichen Standards, was freilich auch nicht verwunderlich ist. Nicht selten wurden sie von Amateurhistorikern, bisweilen Vertretern adeliger Familien verfaßt, die genealogische Forschungen ohne entsprechende historische Kenntnisse betrieben, um den eigenen Ehrgeiz zu befriedigen und dem eigenen Geschlecht Ansehen zu verleihen. Dies bedeutet freilich, daß heute eine kritische Auswertung dieser Quellen notwendig ist.

Die Handschriftenabteilung enthält somit Materialien, die sowohl für die Erforschung der Geschichte des schlesischen Adels als auch für die neuzeitliche Historiographiegeschichte von hohem Wert sind.

---

33 Als Beispiele für eine allgemeine, alle adeligen Familien Schlesiens betreffende Arbeit seien genannt das *Manuscriptum genealogicum Silesiacum* von Tobias Fischer (beide Exemplare mit den Signaturen R 755 und B 1676 gingen verloren) und die *Genealogischen Nachrichten und Stammtafeln zu verschiedenen schlesischen Geschlechtern* (Sign. R 2822), während sich einzelnen Adelsfamilien die Arbeiten von Christian Stieff über die Familie Berg (frühere Signaturen R 702-703 – erhalten sind nur kleine Bruchstücke mit den Signaturen R 702ᵇ und R 702ᶜ) und Martin Hancke über die Grafen von Burghaus (frühere Signatur R 2825) sowie eine anonyme Arbeit über die Familie Nostitz (frühere Signatur B 1679) widmen.

Agata Duda-Koza, Barbara Maresz und Witold Wojciechowski

Schlesische Bibliothek Kattowitz
(Biblioteka Śląska w Katowicach)

A. Gesamtgeschichte und Bedeutung

Die Schlesische Bibliothek entstand 1922 als Bibliothek des Schlesischen Sejms (Biblioteka Sejmu Śląskiego) und wurde 1936 in die selbständige Schlesische Öffentliche Bibliothek (Śląska Biblioteka Publiczna) umgewandelt. Seit der Nachkriegszeit trägt sie den Namen Schlesische Bibliothek (Biblioteka Śląska).

Die Handschriften der Schlesischen Bibliothek befinden sich in der Abteilung Sondersammlungen (Dział Zbiorów Specjalnych).[1] Bereits vor dem Zweiten Weltkrieg wurde mit dem Sammeln von Handschriften, vor allem *Silesiaca*, begonnen. Ein Teil der Materialien wurde vor Kriegsausbruch nach Lemberg (ukr. L'viv) ausgelagert, ein anderer Teil von den Deutschen weggebracht. Nach 1945 kehrte die Mehrzahl der handschriftlichen Bestände nach Kattowitz (poln. Katowice) zurück. Von den 81 aus der Vorkriegszeit erhaltenen Einheiten betrifft nur eine den schlesischen Landadel.[2] Ob sich unter den kriegsbedingt verschollenen Handschriften auch andere Materialien zur Geschichte des schlesischen Adels befanden, ist heute kaum noch festzustellen, da alle Kataloge und Findbücher aus der Vorkriegszeit ebenfalls verschollen sind.

Die handschriftlichen Bestände der Schlesischen Bibliothek vergrößerten sich nach dem Zweiten Weltkrieg kontinuierlich. Den größten Teil des Materials zum schlesischen Adel erhielt die Bibliothek in den Jahren 1945/46 durch die Sicherung der ehemals gutsherrschaftlichen Bestände, die anfangs von den Mitarbeitern der Schlesischen Bibliothek durchgeführt wurde. Auf diese Weise kamen Bestände der Oppersdorff aus Oberglogau (poln. Głogówek), des Grafen Manfred von Matuschka aus Bechau (poln. Biechów) bei Neisse (poln. Nysa), des Grafen Johannes (Hans) von Praschma aus Falkenberg (poln. Niemodlin) und anderes Sammlungsgut nach Kattowitz.[3] 1947 bis 1955 erhielt die Schlesische Bibliothek weitere Handschrif-

---

1 Ein Teil der Handschriften wurde verfilmt und ist als Kopie im Lesesaal zugänglich, die übrigen Handschriften als Original im Lesesaal Sondersammlungen, wo auch ein traditioneller alphabetischer Katalog zur Verfügung steht.

2 Inventarium aller und jeder Land=Sachen derer beyden Fürstenthumber Schweidnitz und Jauer wie solche Anno 1745 bey deren Revidirung befunden Worden (Sign. R 75 III). Auf der Handschrift befindet sich der Stempel „Biblioteka Sejmu Śląskiego".

3 Eine einzige Einheit aus diesem Bestand, Akta prac remontowych w zamku Praschmów w Niemodlinie z lat 1902–1903, wurde 1974 an das Staatsarchiv Oppeln übergeben, wo ebenfalls ein Teil der Praschma-Sammlungen aufbewahrt wird.

ten durch Vermittlung der „Sammelstelle für gesicherte Buchbestände" (Zbiornica Księgozbiorów Zabezpieczonych),[4] während spätere Erwerbungen hauptsächlich aus Käufen und Schenkungen stammten. 15 Einheiten zum schlesischen Adel (in erster Linie Besitzakten) gelangten zwischen 1949 und 2003 in die Bibliothek. Insgesamt befinden sich in deren Beständen 3.564 handschriftliche Inventareinheiten (Stand 2006). Der gesamte Handschriftenbestand der Bibliothek wurde mehrfach bearbeitet.

Biblioteka Śląska, plac Rady Europy 1, PL-40-021 Katowice, skr. poczt. 529, Tel.: +48-32-20-83-883, E-Mail: zbspec@bs.katowice.pl, Homepage: http://www.bs.katowice.pl [Zugriff am 15.07.2009].

Auswahlliteratur: Mayer, Józef: Dział Zbiorów Specjalnych [Die Abteilung Sondersammlungen]. In: Kantyka, Jan (Hg.): Biblioteka Śląska 1922–1972. Katowice 1973, 138-168; Michalewska, Maria T.: Zbiory rękopiśmienne jako źródła do badań naukowych [Die Handschriftenbestände als Quellen für die Forschung]. Ebd., 119-137; Roszkowska, Teresa: 80 lat Biblioteki Śląskiej. Katalog wystawy jubileuszowej [80 Jahre Schlesische Bibliothek. Katalog zur Jubiläumsausstellung]. Katowice 2003; dies.: Katowice – Biblioteka Śląska [Kattowitz – Schlesische Bibliothek]. In: Kamolowa, Danuta/Sieniatecka, Teresa (Bearb.): Zbiory rękopisów w bibliotekach i muzeach w Polsce. Warszawa ²2003 (Zbiory Rękopisów w Polsce 1), 66-71; Szymiczek, Franciszek: Akcja zabezpieczania bibliotek i księgozbiorów na Śląsku w świetle dokumentów i wspomnień własnych [Die Sicherung der Bibliotheken und Buchbestände in Schlesien im Spiegel von Dokumenten und eigenen Erinnerungen]. In: Książnica Śląska 20 (1975/78) [1980] 26-63.

B. Bestandsgliederung

Das die Geschichte des schlesischen Adels unmittelbar betreffende Material stellt mit rund 60 Einheiten einen relativ kleinen Teil der Handschriftenbestände der Schlesischen Bibliothek dar. Unter diesen lassen sich nur einige größere Bestände aussondern, während es sich bei den übrigen um einzelne Dokumente handelt. Einer der älteren Bestände ist das Archiv der Familie Gruttschreiber aus den Jahren 1719–1729,[5] das private Aufzeichnungen und Drucke zu Karl Ferdinand von Gruttschreiber und Zopkendorf enthält, unter anderem über seine Studien in Königsberg (russ. Kaliningrad) sowie seine Dienste und Beförderungen bei den Herzögen Heinrich und Georg Albrecht von Sachsen-Weißenfels in den Jahren 1724–1729 (Ernennungen, Dienstanweisungen und -beschreibungen u. ä.). In diesem Archiv befinden sich auch ein Bericht über den Aufenthalt in Dresden, Berlin und Dessau sowie eine von Karl Ferdinand von Gruttschreiber verfaßte Leichenpredigt für den 1728 gestorbenen Herzog Heinrich.

---

4 Die Schlesische Bibliothek erhielt unter anderem die Buchbestände der Dunin (mit unbekannter Herkunft der Bibliothek), Sanguszko aus Gumniska, Starzeński aus Mogilnica und Szembek aus Poręba. Vgl. Mayer, Józef: Dział Zbiorów Specjalnych [Die Abteilung Sondersammlungen]. In: Kantyka (Hg.): Biblioteka Śląska, 138-168, hier 148-150.

5 Gruttschreiberischen Geschlechts-Archives vierzehender Theil, welcher die erste Fortsetzung derer zu der Woitsdorff-Sim[m]elwitzischen Linie gehörigen Uhrkunden und Documente in sich hält. Archiwum rodzinne Gruttschreiberów 1719–1729 (Sign. R 449 IV).

Am umfangreichsten und relativ geschlossen ist der Nachlaß der Familie von Oppersdorff aus Oberglogau, insbesondere des Grafen Hans Georg von Oppersdorff (1866–1948), der 14 hand- und maschinenschriftliche Inventareinheiten mit angehängten Drucken und Zeitungsausschnitten umfaßt.[6] Im Archiv sind die vielseitigen Tätigkeiten des zehnten Majoratsherrn auf Oberglogau (1889–1930) dokumentiert, besonders seine Beziehungen zur katholischen Kirche, sein Verhältnis zu den schlesischen Polen, Ansichten zur Arbeiterfrage, seine Tätigkeit in der Zentrumspartei (deren Mitglied er war) und sein Verhältnis zur katholischen Presse. Erhalten ist ebenfalls die Korrespondenz des Grafen mit dem katholischen Karl-Vogelsang-Bund in Wien und ein großer Teil des Zeitungsarchivs der in Berlin seit 1912 herausgegebenen Schrift *Klarheit und Wahrheit. Katholische Wochenschrift für das öffentliche Leben,* deren Schöpfer und Redakteur Hans Georg von Oppersdorff war. Im Archiv befinden sich Stellungnahmen der deutschen Presse zu diesem Blatt sowie Briefwechsel zu Fragen von Bezug und Redaktion (1912–1915).

Von den wissenschaftlichen und kulturellen Interessen der Oppersdorff zeugen die aus deren Bibliothek stammenden und häufig mit einem verzierten Exlibris versehenen Manuskripte.[7] Darunter befinden sich rechtswissenschaftliche, theologische und philosophische Werke, Handbücher zur Fechtkunst und Geometrie, Sammlungen religiöser Lieder, Aufsätze zur Geschichte dieses schlesischen Geschlechts sowie eine Sammlung von Gelegenheitsreden und -versen unter dem Titel *Miscellanea* (von 1608), die unter anderem die *Epitaphia in obitum* von Anna (1574–1617), Rudolf (1597–1620), Karl Wladislaw (1619–1621), Johann Georg Wenzel und Ferdinand Karl von Oppersdorff enthält.[8]

Ein weiterer größerer Nachlaß besteht aus Dokumenten und Korrespondenzen des aktiv am politischen Leben seiner Region teilnehmenden Grafen Johannes (Hans) von Praschma (1867–1935) aus Falkenberg.[9] Er war Vorsitzender des oberschlesischen Provinziallandtags (1923–1929) und Mitglied der Gemischten Kommission für Oberschlesien (1924–1935). Besonders aufschlußreich sind seine Korrespondenzen mit Privatpersonen und Institutionen über die gesellschaftliche und politische Situation in Ost-Oberschlesien, unter anderem über Probleme der deutschen Minderheit (1924–1925), sowie Akten des oberschlesischen Provinziallandtags.[10] Darüber hinaus befinden sich in den Beständen der Bibliothek frühere Darstellungen zur Geschichte einzelner schlesischer Adelsgeschlechter, hauptsächlich zu deren Ge-

---

6 Sign. R 2740-2746 III, R 2782-2788 III, R 3335 III.
7 Die Handschriften aus der Oppersdorff-Bibliothek sind zu finden unter den Signaturen R 373 I bis R 404 I.
8 Sign. R 390 I.
9 Sign. R 2432 I, R 2433 III, R 2434 III, R 2437 I, R 2438 III.
10 Drei Mappen mit hauptsächlich Maschinenschriften, Handschriften (Briefen) und Zeitungsausschnitten aus den Jahren 1922–1927, 1924–1930 und 1926–1933 (Sign. R 476 III).

nealogie. Zu den beeindruckendsten Werken zählen die Arbeiten über die Familien Mieroszewski,[11] Haugwitz[12] und Donnersmarck.[13]

Eine bemerkenswerte militärische Karriere veranschaulichen die in der Bibliothek erhaltenen Dokumente von Friedrich Wilhelm zu Hohenlohe-Ingelfingen (1826–1895). Dieser im oberschlesischen Koschentin (poln. Koszęcin) geborene Adelige wurde 1875 von Kaiser Wilhelm I. zum preußischen Kavalleriegeneral ernannt. Unter den Dokumenten befinden sich Verleihungsurkunden militärischer Auszeichnungen (unter anderem für die Kriegsteilnahme 1870/71 und die Verleihungsurkunde des Großen Kreuzes des Kaisertums Österreich) sowie Beförderungen wie die Ernennung zum Generalleutnant von 1879.[14]

Der letzte größere Nachlaß ist ein Teil des Hausarchivs des Ehepaars von Matuschka aus den Jahren 1895–1913.[15] Hier lagert vor allem die private Korrespondenz des Grafen Manfred von Matuschka (1870–1926), des Gutsbesitzers von Bechau bei Neisse, und seiner Ehefrau, der Amerikanerin Elli geb. Walker (1876–1959). Dabei handelt es sich um Briefe, Telegramme und Postkarten von Elli an Manfred, Briefentwürfe Manfreds an seine Frau und Schwiegereltern wie auch von Mary Holbrook und Hiram Franklin Walker an deren Tochter und Schwiegersohn. Beachtenswert sind überdies die persönlichen Dokumente und Notizen Manfred von Matuschkas, unter anderem ein Reisepaß aus dem Jahr 1895, eine persönliche Genehmigung für die Einreise nach Monaco von 1896, Rechnungen, Werbung, ein Zugfahrschein und Visitenkarten.

Eines der ältesten Einzeldokumente verdient besondere Aufmerksamkeit: ein Verzeichnis der Güter des Balthasar Nickisch von Roseneck,[16] des Gutsbesitzers unter anderem von Stroppen (poln. Strupina) und Belkau (poln. Białków). Das *inventarium* ist eine in Breslau (poln. Wrocław) am 3. und 20. August 1678 notariell beglaubigte Auflistung der Güter von Balthasar Nickisch[17] und nennt Landbesitz, Wälder,

---

11 Mysłowic dawni właściciele. Dieser Aufsatz wurde wahrscheinlich von Stanisław Mieroszewski um 1880/81 verfaßt (Sign. R 115 II).

12 Haugwitz, Maximilian Ferdinand von: Annalogia et genealogia Haugwiziana, 1684. Mit einer angehängten Notiz aus dem Jahr 1793 über die Kinder und Enkel des Autors der Chronik (Sign. R 317 IV).

13 Chronik des Grafen Lazarus Henckel von Donnersmarck. Die Chronik umfaßt die Geschichte von Johannes Lazarus (1729–1805), Karl Joseph (1784–1813) und Karl Hugo (1811–1890) aus der Beuthen-Siemianowitzer Linie der Henckel von Donnersmarck und bezieht sich auf den Zeitraum 1729–1824. Zudem enthält sie Informationen zur Familiengenealogie seit dem 15. Jahrhundert, zu gutsherrschaftlichen und finanziellen Angelegenheiten sowie zur wirtschaftlichen Tätigkeit in Oberschlesien (Sign. R 2777 III).

14 Dokumente über die Verleihung militärischer Auszeichnungen an Friedrich Wilhelm zu Hohenlohe-Ingelfingen aus den Jahren 1870–1882 (Sign. R 3325 III).

15 Korrespondenz und Dokumente aus dem Archiv von Manfred und Elli von Matuschka (Sign. R 327 II).

16 Die Schreibweise des Nachnamens ist nicht einheitlich, eine häufige Form ist auch Nickisch von Rosenegk.

17 Inventarium Über dass von Weylandt dem [...] Herren Balthasar Nickisch von Roseneck auff Stroppen Cunradtswaldau hinterlassene im Neümarcktischen Weichbilde gelegene Gutt Belckau [...] (Sign. R 135 III).

Ein vom preußischen Innenministerium in Berlin am 7. Februar 1895 ausgestellter Reisepaß des Grafen Manfred von Matuschka (1870–1926), der aus einer adeligen, in verschiedenen Teilen Schlesiens begüterten Familie stammte. Diese besaß seit 1715 den Freiherrentitel und seit 1747 den Grafentitel. Manfred von Matuschka war seit 1884 Besitzer des Gutes Bechau bei Neisse. Er beabsichtigte 1895, eine Reise nach Griechenland, in das Osmaniche Reich und nach Ägypten sowie weiter auf den afrikanischen und asiatischen Kontinent zu unternehmen.
Bildnachweis: Biblioteka Śląska w Katowicach, Zbiory rękopisów, Sign. R 327 II, Bl. 388.

Tiere, Vögel, Getreide, Früchte, Besitzungen, Kostbarkeiten, Kleidung, Bücher und Handschriften.

Zu dieser Quellengattung gehören auch Urbare (in den Bibliotheksbeständen existieren sechs solche Dokumente) und Akten zu Ablösungsrezessen (fünf erhaltene Einheiten), die eine wertvolle Ergänzung für die Erforschung der wirtschaftlichen und Besitzverhältnisse des schlesischen Adels im 19. Jahrhundert darstellen. Ein aufschlußreiches Dokument, das die Entwicklung der Organisation einer großen Gutsherrschaft veranschaulicht, ist das Testament Georgs von Schönaich von 1616, das die Majoratsordnung in Carolath-Beuthen festlegte.[18] Für die Erforschung der Besitzstruktur in Ost-Oberschlesien kann das Verzeichnis der Grundbesitzer aus dem Jahr 1923 von großem Interesse sein.[19]

C. Bestandsanalyse

Die Handschriften zur Geschichte des schlesischen Adels in der Schlesischen Bibliothek sind von grundlegender Bedeutung für die Adelsforschung. Sie enthalten nicht nur wichtige Informationen für die genealogische Forschung, sondern sind auch von großer Aussagekraft für die Besitzverhältnisse sowie die wirtschaftliche, politische und kulturelle Stellung des schlesischen Hochadels. So findet man hier unter anderem Material zur Geschichte der Adelshäuser Mieroszewski, von Haugwitz, von Matuschka, von Gruttschreiber, von Donnersmarck und von Oppersdorff sowie Dokumente zu einzelnen Mitgliedern des schlesischen Adels. Die einzelnen Materialien, die auf vielfältige Weise von dessen aktiver Teilnahme am gesellschaftlichen und politischen Leben der Region zeugen, wurden bisher nur relativ wenig benutzt. Nur einzelne Bestände wie die Nachlässe der Familie von Oppersdorff oder des Grafen Manfred von Matuschka wurden als Grundlage wissenschaftlicher Qualifikationsarbeiten herangezogen.

---

18 Das Testament Georgs von Schönaich, des Begründers des Majorats Carolath-Beuthen, mit den Majoratsbestimmungen (Sign. R 450 III).
19 Verzeichnis der Grundbesitzer (in der Woiwodschaft Schlesien) über 100 ha aus dem Jahr 1923 (Sign. R 779-780 III).

Krzysztof Szelong

Haus des Teschener Buches in Teschen (Książnica Cieszyńska w Cieszynie)

A. Gesamtgeschichte und Bedeutung

Das 1994 als kommunale wissenschaftliche Bibliothek gegründete Haus des Teschener Buches (Książnica Cieszyńska) umfaßt mehrere Buchbestände, die in Teschen (poln. Cieszyn, tsch. Těšín) in den letzten gut zwei Jahrhunderten entstanden sind bzw. dort aufbewahrt wurden. Der älteste und zugleich wertvollste Bestand ist die Bibliothek des Teschener Pfarrers Leopold Johann Scherschnick (1747–1814), eines regional bedeutenden Gelehrten, Pädagogen und gesellschaftlich engagierten Sammlers. Die an der Wende vom 18. zum 19. Jahrhundert entstandene Einrichtung war die erste öffentliche Bibliothek auf dem Gebiet Österreichisch-Schlesiens. Ihre besondere Bedeutung liegt einerseits in der Vielfalt der Bestände, die alle damaligen Wissensgebiete repräsentieren, andererseits in der ursprünglichen, bis heute erhaltenen Binnengliederung und Originalausstattung.[1]

Herausragenden Wert besitzt auch die Büchersammlung des polnischen Schriftstellers Józef Ignacy Kraszewski (1812–1887), die dessen vielseitige wissenschaftliche und gesellschaftliche Interessen und seine bibliophile Leidenschaft ebenso widerspiegelt wie die weitreichenden Kontakte zu literarisch-gelehrten Kreisen in ganz Europa.[2] Auch die Bibliothek der Volksbücherei (Czytelnia Ludowa, 1847/1861–1922), einer der ersten in Teschen tätigen polnischen Kulturorganisationen, stellt eine Schatzkammer mit wertvollen und seltenen Werken dar. Sie entstand hauptsächlich aus Schenkungen von Schriftstellern, Verlegern, Buchhändlern und Buchliebhabern und enthält zahlreiche Denkmäler polnischer Schriftkultur.[3] Enger mit der Teschener Geschichte verbunden sind die Buchbestände der Polnischen Ethnographischen Gesellschaft (Polskie Towarzystwo Ludoznawcze, 1901–1939)[4] und des ehemaligen Stadtmuseums (1901–1960).[5] Als letzte größere Schenkung kam

---

1 Katalog: http://www.kc-cieszyn.pl/katalog.htm [Zugriff am 30.06.2008].
2 Pawlik, Michał: Katalog księgozbioru, rękopisów, dyplomów, rycin, map, atlasów, fotografji, jakoteż osobistych dyplomów, adresów, itp. pozostałych po śp. Józefie Ignacym Kraszewskim [Katalog der Bücher, Handschriften, Diplome, Stiche, Karten, Atlanten, Fotografien sowie privater Diplome und Adressen u. a. aus dem Nachlaß von Józef Ignacy Kraszewski]. Lwów 1888; Gojniczek, Anna: Biblioteka Józefa Ignacego Kraszewskiego [Die Bibliothek von Józef Ignacy Kraszewski]. In: Pamiętnik Cieszyński 10 (1995) 47-65; Katalog: http://www.kc-cieszyn.pl/katalog_kraszewskiego/kraszewski.htm [Zugriff am 30.06.2008].
3 Katalog: http://www.kc-cieszyn.pl/czytelnia [Zugriff am 30.06.2008].
4 Katalog: http://www.kc-cieszyn.pl/ptl [Zugriff am 30.06.2008].
5 Katalog: http://www.kc-cieszyn.pl/cgi-bin/makwww.exe?Bm=2 [Zugriff am 30.06.2008].

die Bibliothek des sozialistischen Politikers Tadeusz Reger (1872–1938) in den Besitz des Hauses des Teschener Buches,[6] das zur Zeit auch die Bibliotheks- und Archivbestände des Teschener Dekanats und der römisch-katholischen Pfarrei St. Maria Magdalena betreut.[7]

Die historischen Bestände umfassen insgesamt 130.000 gedruckte Bände, darunter über 18.600 Altdrucke (53 Inkunabeln), sowie rund 17.000 handschriftliche Inventareinheiten. In ihrer Gesamtheit stellen die vom Neben- und Miteinander verschiedener ethnischer und konfessioneller Gruppen zeugenden Bestände eines der bedeutendsten Elemente des kulturellen Erbes des Teschener Schlesien dar. Bedeutsam sind sie in erster Linie für die deutsche, polnische und tschechische Schriftkultur, wobei allerdings auch immer wieder gesamteuropäische Verbindungslinien deutlich werden.

Książnica Cieszyńska, ul. Mennicza 46, PL-43-400 Cieszyn, Tel.: +48-33-851-38-40, Homepage: http://www.kc-cieszyn.pl [Zugriff 30.06.2009] mit online zugänglichen Katalogen.

Auswahlliteratur: Rusnok, Anna: Cieszyn – Książnica Cieszyńska [Teschen – Haus des Teschener Buches]. In: Kamolowa, Danuta/Sieniatecka, Teresa (Bearb.): Zbiory rękopisów w bibliotekach i muzeach w Polsce, Bd. 1. Warszawa ²2003 [¹1988] (Zbiory Rękopisów w Polsce 1), 27-31; Łaskarzewska, Hanna/ Baďurova, Anežka (Hg.): Ks. Leopold Jan Szersznik znany i nieznany [Der bekannte und der unbekannte Pfarrer Leopold Johann Scherschnick]. Cieszyn 1998; Gładkiewicz, Ryszard (Hg.): Historyczne księgozbiory Cieszyna na tle śląskim. Rola kulturowa i przedmiot badań [Die historischen Buchbestände Teschens im schlesischen Vergleich. Kulturelle Bedeutung und Forschungsgegenstand]. Wrocław 1997; Rusnok, Anna: Biblioteka Polskiego Towarzystwa Ludoznawczego w Cieszynie [Die Bibliothek der Polnischen Ethnographischen Gesellschaft in Teschen]. In: Pamiętnik Cieszyński 11 (1996) 43-52; Danel, Małgorzata: Biblioteka Czytelni Ludowej w Cieszynie [Die Bibliothek der Volksbücherei in Teschen]. In: Pamiętnik Cieszyński 10 (1995) 25-46; Kubiński, Karol: Losy zbiorów bibliotecznych Tadeusza Regera [Das Schicksal der Bibliotheksbestände von Tadeusz Reger]. In: Pamiętnik Cieszyński 10 (1995) 96-99; Spyra, Janusz: Biblioteka Muzeum w Cieszynie [Die Bibliothek des Museums in Teschen]. In: Pamiętnik Cieszyński 10 (1995) 66-81; Pawłowicz, Weronika: Biblioteka Dekanatu w Cieszynie. Historia i księgozbiór [Die Dekanatsbibliothek in Teschen. Geschichte und Buchbestände]. In: Łaskarzewska, Hanna (Hg.): Cieszyńskie księgozbiory historyczne. Warszawa 1993, 42-52; Spyra, Janusz (Hg.): 190 lat założenia Muzeum i Biblioteki Leopolda Jana Szersznika 1802–1992 [190 Jahre Gründung von Museum und Bibliothek von Leopold Johann Scherschnick 1802–1992]. Cieszyn 1993; Brożek, Ludwik: Zbiory cieszyńskie [Die Teschener Bestände]. In: Kantyka, Jan (Hg.): Biblioteka Śląska 1922–1972. Katowice 1973, 67-83; Popiołek, Franciszek: Zbiory cieszyńskie [Die Teschener Bestände]. In: Roczniki Towarzystwa Przyjaciół Nauk na Śląsku 2 (1930) 220-224; Landsfeld, Arnošt: Archiv Musea šeršnikova [Das Archiv des Scherschnick-Museums]. In: Věstník Matice Opavské 5 (1895) 56-60, 7 (1897) 37-40; d'Elvert, Christian: Die Programme der Gymnasien als historische Quellen. Die Gymnasial Lehrmittel. In: Schriften der historisch-statistischen Sektion der k. k. mähr. Schles. Gesellschaft des Ackerbaues, der Natur- und Landeskunde 5 (1853) 162-164, 177-180; Gabriel, Phillip: Einige quellen zur geschichte Schlesiens uberhaupt und des herzogtums Teschen insbesondere [sic!]. In: Programm des k. k. katholischen Gymnasiums in Teschen. Teschen 1852, 15-24.

---

6 Katalog: http://www.kc-cieszyn.pl/reger [Zugriff am 30.06.2008].
7 Katalog: http://www.kc-cieszyn.pl/dekanat [Zugriff am 30.06.2008].

B. Bestandsgliederung

Die im Haus des Teschener Buches aufbewahrten handschriftlichen Sammlungen befinden sich größtenteils in den oben genannten historischen Buchbeständen, in einigen Fällen stellen sie sogar deren Hauptbestandteile dar. Abgesehen von einzelnen Manuskripten in anderen Abteilungen sind die umfangreichsten Materialien zur Geschichte des schlesischen Adels in den Beständen der Polnischen Ethnographischen Gesellschaft und vor allem in der Scherschnick-Bibliothek zu finden. Diese besteht zu einem beträchtlichen Teil aus Schenkungen an den Bibliotheksgründer; die Bücher tragen vielfach Besitzvermerke regionaler Adelsfamilien, etwa der Bees, Cselesta, Cygan, Gotschalkowski, Kalisch, Larisch, Mattencloit, Pelka, Praschma und Skrbensky. Die Namen adeliger Vorbesitzer sind ebenfalls aus den Herkunftsangaben auf den von Scherschnick gesammelten Manuskripten zu entnehmen.

Die Manuskripte und Handschriften vom Mittelalter bis zum 19. Jahrhundert mit insgesamt mehr als 850 Einheiten, die in der Bibliotheksstruktur eine eigene Abteilung bilden, haben ihren Schwerpunkt im 18. Jahrhundert. Bedenkt man die Interessen und Verbindungen Scherschnicks, so ist es nicht verwunderlich, daß die Werke über Schlesien und besonders über das Teschener Schlesien den bei weitem größten Raum einnehmen, gefolgt von Werken über Mähren, Böhmen und andere Gebiete der Habsburgermonarchie. Ebensowenig erstaunt, daß unter den von Scherschnick gesammelten Manuskripten Werke zu im weitesten Sinne verfassungsrechtlichen Themen überwiegen. In diesen Schwerpunkten werden sowohl die berufliche Ausrichtung der Vorfahren, Bekannten und Freunde des Bibliotheksgründers als auch dessen eigene Interessen erkennbar. Ähnlich verhält es sich mit den Handschriften zur Kirchengeschichte (namentlich Schlesiens), der zweitgrößten thematischen Gruppe der Handschriften. Weitere Gruppen betreffen Geschichte (vor allem Schlesiens, Böhmens und Mährens), Bildungswesen sowie Geographie, Philosophie, Alchemie, Medizin, Naturwissenschaften, Philologie und schöne Literatur. In der Mehrzahl handelt es sich um deutschsprachige Werke, lateinische und tschechische stehen demgegenüber deutlich zurück. Zur Handschriftensammlung der Scherschnick-Bibliothek wurden bereits zahlreiche Arbeiten und mehr oder weniger vollständige Bestandsverzeichnisse veröffentlicht.[8] Die größte Bedeutung hat dabei die 2004 erschienene Edition des noch in der ersten Hälfte des 19. Jahrhunderts bearbeiteten, jedoch weiterhin aktuellen Repertoriums von Albin Heinrich.[9]

---

8 Vgl. neben der oben genannten Auswahlliteratur Szelong, Krzysztof: Kolekcja rękopisów biblioteki ks. Leopolda Jana Szersznika i jej obraz w XIX-wiecznym repertorium Albina Heinricha. Wprowadzenie do edycji [Die Handschriftensammlung in der Leopold Johann Scherschnick-Bibliothek und ihre Darstellung im Repertorium Albin Heinrichs aus dem 19. Jahrhundert. Eine Einführung in die Edition]. In: Heinrich, Albin: Repertorium codicum manuscriptorum in caesareo-regia Bibliotheca Scherschnikiana Teschinii. Hg. v. Ryszard Gładkiewicz. Wrocław 2004, 7-43.

9 Heinrich: Repertorium codicum manuscriptorum, 53-97. Eine elektronische Kopie dieses Repertoriums wie auch die Kopie eines in den sechziger Jahren des 20. Jahrhunderts erstellten Verzeichnisses der von Heinrich nicht berücksichtigten Manuskripte sind online zugänglich unter http://www.kc-cieszyn.pl/Ksiaznica/ramka1.html [Zugriff am 30.6.2008].

Mit der Geschichte der Teschener Kultur ist auch die Bibliothek der Polnischen Ethnographischen Gesellschaft eng verbunden, die 1901 auf Anregung des Pfarrers Józef Londzin (1862–1929) in Teschen entstand. Die Gesellschaft trug in der ersten Hälfte des 20. Jahrhunderts verschiedene Denkmäler der materiellen und geistigen Kultur Schlesiens zusammen, die als Grundlage vielfältiger Forschungen zur Geschichte der Region dienten. Dank der bibliophilen Leidenschaft Londzins nehmen Bücher eine besondere Stellung innerhalb des Bestands ein, darüber hinaus verschiedene archivalische Materialien und Dokumente, die nach 1970 zu einem gesonderten, rund 9.000 Inventareinheiten zählenden Bestand zusammengefaßt wurden. Er umfaßt auch Korrespondenzen, Bildquellen, Musiknoten, Flugblätter und andere Dokumente zum politischen, gesellschaftlichen, ökonomischen und kulturellen Leben hauptsächlich des Teschener Schlesien vom 16. bis zum 20. Jahrhundert. Die Sammlung verfügt über einen sehr detaillierten Zettelkatalog, der in digitalisierter Form über die Website des Hauses zugänglich ist.[10]

Von Bedeutung für die Geschichte des schlesischen Adels sind ebenfalls die handschriftlichen historischen Arbeiten bzw. Nachlässe schlesischer Historiker. Abgesehen von den aus anderen Abschriften oder sogar Editionen bekannten Werken von Jacob Schickfuß, Christian Runge oder Gottfried Buckisch ist auf das *Gynaeceum Silesiacum* (Sign. DD II 5) hinzuweisen, eine bisher unbeachtete Handschrift von Daniel Czepko dem Älteren aus dem Jahr 1613, die eine Genealogie schlesischer Frauen enthält, die entweder nach Schlesien eingeheiratet oder das Oderland aufgrund ihrer Heirat verlassen haben. In dieser Gruppe befindet sich auch der Nachlaß des Bibliotheksgründers Scherschnick, der neben dem wahrscheinlich in seinem Auftrag erstellten Wappenbuch des Teschener Adels (*Scuta nobilium Ducatus Teschinensis*, Sign. DD V 38) umfangreiche Notizen zu dessen Geschichte (Sign. DD VIII 2) enthält.[11] Aus neuerer Zeit stammt der Nachlaß des Teschener Lokalhistorikers Franciszek Popiołek (1868–1960), der umfassende Quellenauszüge – auch zum Adel –, nicht nur aus Teschener, sondern auch aus Wiener Beständen, enthält (Sign. APTL 44). Eine weitere größere Gruppe von Quellen zur Geschichte des schlesischen Adels stellen verschiedene Handschriften zu Vermögensangelegenheiten und gerichtlichen Streitfällen dar (Kaufverträge, Testamente, Eheverträge, Privilegien). Sie betreffen unter anderem die adeligen Familien Bees, Bludowski, Borek, Cselesta, Cygan, Czelo, Gotschalkowski, Gurecki, Henkel, Henning, Kalisch, Krzidlowski, Lipowski, Logau, Marklowski, Mitmayer, Mitrowski, Paczenski, Plawecki, Radocki, Rostek, Saint Genois, Skoczowski, Skrbensky, Sobek, Spens, Tluck, Tschammer, Wilamowski und Wildau. Hervorzuheben ist hier eine Regestensammlung zu 177

---

10 Katalog: http://www.kc-cieszyn.pl/Ksiaznica/ramka2.html [Zugriff am 30.06.2008].
11 Szersznik, Leopold Jan: Materiały genealogiczno-heraldyczne do dziejów szlachty cieszyńskiego [Genealogisch-heraldische Materialien zur Geschichte des Adels im Herzogtum Teschen]. Hg. v. Wacław Gojniczek. Cieszyn 2004 (Bibliotheca Tessinensis. Seria Polonica 1).

Die Abbildung zeigt einen Ausschnitt aus dem Wappenbuch der Familie Gotschalkowski, das an der Wende vom 16. zum 17. Jahrhundert entstand. Die Handschrift enthält einige hundert kolorierte Wappen nicht nur des Teschener und des oberschlesischen, sondern auch des polnischen und des deutschen Adels. Seinen Namen erhielt das Wappenbuch vom Familiennamen der letzten Besitzer, bevor es in die Buchbestände des Pfarrers Leopold Johann Scherschnick überführt wurde, in dessen Bibliothek es die Materialsammlung zur Geschichte hauptsächlich des Teschener Schlesien bereicherte. Auf dem abgebildeten Blatt befindet sich in der Mitte das Wappen der Grafen von Schlick. Bildnachweis: Książnica Cieszyńska, Handschrift Sign. V IX 16 SZ, k. 3

Verträgen, die zwischen 1573 und 1651 von Angehörigen des Teschener Adels geschlossen wurden.[12]

Hinzu kommen Archivalien zur Geschichte der Adelskultur wie das eigenhändig verfaßte, bisher nicht näher ausgewertete Tagebuch des aus dem Breslauer Adel stammenden Burggrafen von Skotschau (poln. Skoczów) und Schwarzwasser (poln. Strumień), Johann Tilgner, das in den neunziger Jahren des 16. Jahrhunderts begonnen und bis 1635 geführt wurde (Sign. DD V 13).[13] Besonders zu nennen ist ferner ein Stammbuch aus dem 17. Jahrhundert, das Hunderte farbiger Wappen des schlesischen Adels enthält und als Wappenbuch der Familie Gotschalkowski – dies waren die letzten Besitzer, bevor das Werk an Scherschnick gelangte – bezeichnet wird (Sign. V IX 16 SZ). Nicht weniger wertvoll ist eine bisher ebenfalls kaum bekannte Abschrift eines 1649 erstellten, insgesamt 568 Positionen enthaltenden Bücherverzeichnisses aus dem Nachlaß Georg Sobeks von Kornitz (Sign. DD IX 43 SZ). Aus bildungs- und erziehungsgeschichtlicher Perspektive bedeutsam sind Materialien zur Geschichte des Jesuitengymnasiums in Teschen, das zahlreiche Söhne adeliger Familien besuchten, sowie zur Entwicklung zweier Teschener Konvikte für Adelssöhne: des Grafen Adam Wenzel von Paczenski und des Freiherrn Karl von Cselesta. Zu konfessionellen Angelegenheiten des Adels sind dagegen nicht viele Quellen überliefert. Bei den erhaltenen handelt es sich gewöhnlich um einzelne Dokumente zu Fragen der Erziehung evangelischer Waisenkinder, Pfarreibesetzungen oder kirchlichen Stiftungen. Eine nicht uninteressante Quelle ist die reichhaltige, hauptsächlich aus der zweiten Hälfte des 19. Jahrhunderts stammende Sammlung von Todesanzeigen der Angehörigen des Teschener Adels. Der kleinste, lediglich drei Einheiten umfassende Bestand setzt sich aus Adelsdiplomen über die Verleihung des Freiherrntitels (Johann von Skrbensky, Georg von Schebischowski, Rudolf von Cselesta) zusammen. Eine eigene Kategorie stellen schließlich Manuskripte dar, die bei der Erforschung der Geschichte des schlesischen Adels über das Herzogtum Teschen hinaus hilfreich sein können. Hierbei handelt es sich um verschiedene, vor allem verfassungsrechtliche Quellen wie Landesordnungen (Herzogtümer Teschen, Oppeln-Ratibor, Grafschaft Glatz), Landtagsprotokolle (Herzogtum Teschen), *Acta Publica*, steuerliche und Kontributionsakten.

---

12 Nirtl, Josef: Zur Geschichte des Teschner Adels. In: Adler. Monatsblatt der Vereine für Sippenforschung in der Ostmark 4/1-3 (1942), Nr. 1-88, 4/4-6 (1942), Nr. 89-177. Vergleichbare Bedeutung haben auch die einige Dutzend Positionen enthaltende Aufstellung „Verschiedene Anmerkungen oder Excerpta aus dem herzogl. Schloßkanzleiarchive zu Teschen" sowie die von Scherschnick erstellte Abschrift von 115 Dokumenten zum Herzogtum Teschen aus den Jahren 1290 bis 1795 unter dem Titel „Diplomata".

13 Wantuła, Jan: Dziennik Jana Tilgnera – burgrafa na Skoczowie i Strumieniu [Das Tagebuch von Johann Tilgner, des Burggrafen von Skotschau und Schwarzwasser]. In: Gazeta Skoczowska 25/28 (19.12.1991), 1/29 (3.1.1992), 2/30 (16.1.1992), 3/31 (30.1.1992), 4/32 (13.2.1992), 5/33 (27.2.1992), 6/34 (12.3.1992), 7/35 (26.3.1992), 8/36 (16.4.1992), 9/37 (30.4.1992), 10/38 (14.5.1992), 11/39 (28.5.1992), 12/40 (18.6.1992), 13/41 (8.7.1992), 14/42 (16.7.1992). Das Haus des Teschener Buches plant eine Edition des Tagebuchs in seiner Schriftenreihe „Bibliotheca Tessinensis".

C. Bestandsanalyse

Aufgrund der formalen und inhaltlichen Heterogenität der von verschiedenen Seiten und häufig eher zufällig erworbenen Manuskripte bilden die handschriftlichen Sammlungen keine geschlossene Einheit, die als Grundlage für breiter angelegte monographische Studien dienen könnte. In einigen Fällen wird das hier vorgestellte Material jedoch die Quellenbasis einschlägiger Studien auch zum schlesischen Adel verbreitern können. Darüber hinaus lassen sich besonders regionale und lokale Forschungslücken benennen, die ohne einen Zugriff auf die handschriftlichen Bestände des Hauses nicht zu schließen sind.

Trotz ihrer Lückenhaftigkeit sind die genannten Materialien wertvoll für die Erforschung nicht nur der wirtschaftlichen Verhältnisse des Teschener Adels (Brauwesen, Fragen zur Erbuntertänigkeit der Bauern), auf den sie sich größtenteils beziehen, sondern auch der Genealogie, des Steuerwesens sowie der Beziehungen des Adels zu den regionalen (Landes-)Verwaltungsbehörden. Eine wertvolle Ergänzung hierzu stellen die hauptsächlich aus Familienarchiven stammenden Kopialbücher und Regestenwerke dar, die in ihrer Mehrheit in der herzoglichen Kanzlei in Teschen ausgestellt wurden und unter anderem Abschriften der dem Adel verliehenen Privilegien oder Bestätigungen der von diesem Stand geschlossenen Verträge enthalten. Für die Erforschung der adeligen Kultur und Erziehung werden schließlich die Materialien zur Geschichte des Teschener Schulwesens mit Gewinn herangezogen werden können.

Wacław Gojniczek

Tschammer-Bibliothek und -Archiv an der evangelisch-lutherischen Pfarrei in Teschen
(Biblioteka i Archiwum im. Tschammera przy Parafii Ewangelicko-Augsburskiej w Cieszynie)

A. Gesamtgeschichte und Bedeutung

Im Jahr 1709 entstand nach jahrzehntelanger Unterbrechung erneut eine evangelische Pfarrei in Teschen (poln. Cieszyn, tsch. Těšín), die bis zu den Schlesischen Kriegen die einzige in ganz Oberschlesien und bis zum Toleranzpatent Kaiser Josephs II. die einzige in Österreichisch-Schlesien blieb. Die örtliche Gemeinde wurde daher zum Mittelpunkt für die evangelische Bevölkerung des Teschener Schlesien. Hier wurden zum einen kostbare Archivalien zusammengetragen, die in der Gemeindekanzlei und in den evangelischen Schulen entstanden waren, zum anderen Buchbestände von adeligen Familien, Pastoren, Bürgern und Bauern. Die Bibliothek der Teschener Gemeinde wurde 1730 um eine Schenkung des Freiherrn Georg Friedrich von Bludowski aus Nieder-Bludowitz (tsch. Dolní Bludovice) vergrößert. Eine wichtige Zäsur für die Sammlung stellte die Schenkung des Rechtsanwalts Gottlieb Rudolf von Tschammer (1711–1787) dar, der der Bibliothek sowohl einen Buchbestand als auch eine testamentarische Verfügung für den Unterhalt dieser Einrichtung hinterließ.

Die heutigen Bibliotheksbestände umfassen vier Inkunabeln, 322 Handschriften, über 5.000 Altdrucke und über 22.000 Bände aus dem 19. und 20. Jahrhundert. Dagegen war das Pfarrarchiv lange Jahrzehnte nicht zugänglich, da seine Bestände weder erschlossen noch verzeichnet waren. Seit 2007/08 ordnet man das Archiv, so daß der gesamte, insgesamt etwa 100 laufende Meter zählende Aktenbestand 2010 der Forschung vollständig zur Verfügung steht und sein Inventar auf der Homepage zugänglich ist.

Parafia Ewangelicko-Augsburska, pl. Kościelny 4, PL-43-400 Cieszyn, Tel.: +48-33-857-98-32, E-Mail: biat@cieszyn.org.pl, Homepage: http://www.biblioteka.cieszyn.org.pl [Zugriff am 15.07.2009].

Auswahlliteratur: Ciompa-Wucka, Grażyna: Biblioteka im. Tschammera przy Parafii Ewangelicko-Augsburskiej w Cieszynie [Die Tschammer-Bibliothek der evangelisch-lutherischen Pfarrei in Teschen]. O. O. [um 1997]; Szelong, Krzysztof: Stan badań nad księgozbiorami historycznymi z terenu Śląska Cieszyńskiego [Der Forschungsstand zu den historischen Buchbeständen aus dem Teschener Schlesien]. In: Gładkiewicz, Ryszard (Hg.): Historyczne księgozbiory Cieszyna na tle śląskim. Rola kulturowa i przedmiot badań. Wrocław 1997, 57-71; [Ciompa-Wucka, Grażyna]: Biblioteka im. Tschammera [Die Tschammer-Bibliothek]. In: Łaskarzewska, Hanna (Hg.): Symposia Bibliologica. Warszawa 1995, 23-28; Patzelt, Herbert: Die Rudolf-von-Tschammer-Bibliothek. In: ders.: Geschichte der evangelischen

Kirche in Österreichisch-Schlesien. Dülmen 1989 (Schriften der Stiftung Haus Oberschlesien 5), 130-133; ders.: Die Tschammer-Bibliothek in Teschen. In: Chmiel, Peter/Neubach, Helmut/Gussone, Nikolaus (Hg.): Beiträge zur Geschichte Schlesiens im 19. und 20. Jahrhundert. Hans-Ludwig Abmeier zum 60. Geburtstag. Dülmen 1987 (Schriften der Stiftung Haus Oberschlesien 1), 7-10; Broda, Jan: Biblioteka im. Tschammera w Cieszynie [Die Tschammer-Bibliothek in Teschen]. In: Biuletyn Informacyjny Biblioteki Śląskiej 1/4 (1970) 83-88; ders.: Rodowód i zawartość Biblioteki Zborowej im. Tschammera w Cieszynie [Herkunft und Bestände der Tschammer-Gemeindebibliothek in Teschen]. In: Zwrot 4 (1970) 19; Wantuła, Jan: Biblioteka Zboru Ewangelickiego w Cieszynie [Die Bibliothek der evangelischen Gemeinde in Teschen]. In: Zaranie Śląskie 12/2 (1936) 132-135; Rumi, Karl Georg: Nachricht von der evangelischen Kirchenbibliothek zu Teschen. In: Neue Annalen der Literatur des österreichischen Kaiserthumes 1/2 (1807) 28-32, 132.

B. Bestandsgliederung

Die Bestände der Tschammer-Bibliothek gliedern sich in zwei Teile. Der erste und zugleich größere Teil besteht aus mehreren aus dem 18. Jahrhundert stammenden Buchbeständen, und zwar überwiegend aus Schenkungen des Teschener Adels – unter anderem der Familien Marklowski von Żebracz, Sobek von Kornitz, Gotschalkowski und anderer; der größte Buchbestand stammt von Gottlieb Rudolf von Tschammer, wie die einschlägigen Herkunftsverzeichnisse belegen. Der zweite Teil besteht aus Handschriften religiösen, rechtlichen und amtlichen Inhalts, die für die Erforschung des Adels von grundlegender Bedeutung sind. Hierbei handelt es sich unter anderem um Landesordnungen der Herzogtümer Teschen, Troppau und Oppeln-Ratibor aus dem 16. und 17. Jahrhundert, um Landtagsprotokolle des Herzogtums Oppeln-Ratibor aus dieser Periode sowie das Korrespondenz- und Patentbuch des Teschener Landesamts aus dem 17. Jahrhundert.[1] Adeligen Grundbesitz betreffen beispielsweise die Gemeindeordnungen des Dorfes Steinau (tsch. Stonava).[2] Zahlreiche Abschriften religiöser Werke aus der Hand des calvinistischen Freiherrn Christoph Bernhard Skrbensky (1615–1686) behandeln religiöse Angelegenheiten.[3]

Das Archiv der evangelisch-lutherischen Pfarrei in Teschen setzt sich aus mehreren Beständen zusammen, die aus verschiedenen Institutionen der evangelischen Kirche des Teschener Schlesien stammen.[4] Von den Akten dieser Archivteile sind die in

---

1 Wantuła, Andrzej: Porządek kościelny Wacława Adama. Początki organizacji kościoła ewangelickiego na Śląsku Cieszyńskim [Die Kirchenordnung Wenzel Adams. Die Anfänge einer evangelischen Kirchenorganisation im Teschener Schlesien]. Warszawa 1937.

2 Broda, Jan/Grobelný, Andělín (Hg.): Stonava. Prameny k dějinám obce [Steinau. Quellen zur Geschichte der Gemeinde]. Ostrava 1958.

3 Frinta, Antonin: Stará bohemica v Těšíně [Alte Bohemica in Teschen]. In: Časopis Muzea Království českého 93/2-3 (1919) 81-88, 256-263; ders.: K. B. Skrbenský, slezský spisovatel XVII. stol. [K. B. Skrbenský, ein schlesischer Schriftsteller des 17. Jahrhunderts]. In: Věstník Matice Opavské 25 (1919) 67-81.

4 Buzek, Andrzej: Z archiwum Zboru Ewangelickiego w Cieszynie. Korespondencja pierwszych pastorów cieszyńskich [Aus dem Archiv der evangelischen Gemeinde in Teschen. Die Korrespondenz der ersten Teschener Pastoren]. In: Zaranie Śląskie 7/3-4 (1931) 192-194; Wantuła, Jan: Starodawne roty przysiąg na Śląsku. Na podstawie rękopisów biblioteki kościoła ewangelickiego w Cieszynie [Alter-

Nach dem Dreißigjährigen Krieg verschlechterte sich die Lage der Protestanten im Herzogtum Teschen von Jahr zu Jahr. Zu den Unterdrückungsmaßnahmen gehörte die Zwangskonversion zum Katholizismus bei Eheschließungen. Gegen diese Regelung wandten sich die einheimischen Stände unter der Führung des Adels an den Kaiser, der das Herzogtum seit 1654 unmittelbar regierte. Die Abbildung zeigt die Unterschriften und Siegelabdrücke des evangelischen Adels unter der in tschechischer Sprache verfaßten Petition vom 14. September 1691, mit der man den habsburgischen Landesherrn um eine Aufhebung der Zwangskonversion künftiger Eheleute ersuchte.
Bildnachweis: Cieszyn, Biblioteka i Archiwum im. Tschammera, Archiwum Parafii Ewangelicko-Augsburskiej w Cieszynie, ohne Signatur.

die Handschriftensammlung der Tschammer-Bibliothek verlagerten Matrikelbücher und Prüfungshefte der Schüler des evangelischen Gymnasiums zugänglich. Unter den Pfarrakten enthalten die Matrikelbücher, die 1709 eingeführt wurden und bis heute vollständig erhalten sind, wertvolle Informationen zur Geschichte des Adels. Die fehlenden Bände aus der Zeit um 1900 werden im Teschener Standesamt auf-

---

tümliche Eidesformeln in Schlesien auf der Grundlage von Handschriften aus der Bibliothek der evangelischen Kirche in Teschen]. In: Zaranie Śląskie 8/1 (1932) 20-25; B[roda], J[an]: Z cieszyńskiego archiwum senioralnego [Aus dem Teschener Senioralarchiv]. In: Kalendarz Ewangelicki (1966) 107-109.

bewahrt. Hilfreich bei der Suche sind Register, die für die Mehrzahl der Bände aus dem 18. und 19. Jahrhundert erstellt wurden. Die Tauf- und Trauungsmatrikeln enthalten Einträge aus dem Gebiet des gesamten Teschener Schlesien, darüber hinaus zum Teil auch Einträge zu Adeligen und Bürgern aus anderen Gebieten Oberschlesiens. Dagegen wurden in den Sterbematrikeln nur diejenigen Personen verzeichnet, die auf dem Friedhof der Teschener Kirche bestattet wurden. Von den anderen Archivalien haben vor allem die aus dem 18. Jahrhundert stammenden Akten über Vermächtnisse an die Kirche sowie Akten von Pastoren und adeligen Kirchenpatronen größere Bedeutung für die Genese des schlesischen Adels. Wichtige Auskünfte erlauben unter den Schulakten die Prüfungshefte des evangelischen Gymnasiums in Teschen. Zahlreiche Arbeiten in den beinahe 500 erhaltenen Heften verfaßten Söhne aus Adelsfamilien.[5]

C. Bestandsanalyse

Die Archivalien der evangelisch-lutherischen Pfarrei und die Buchbestände der Tschammer-Bibliothek in Teschen stellen eine wichtige Quellenbasis zur Geschichte des protestantischen Adels im Teschener Schlesien des 18. Jahrhunderts dar. Vor allem zeugen sie vom Engagement des Adels beim Bau der Jesuskirche in Teschen. Sie spiegeln auch einen allmählichen Verfall des Adels und schließlich das Zurücktreten dieser Gruppe wider. Ablesbar ist diese Entwicklung beispielsweise an den Kirchenmatrikeln und gymnasialen Prüfungsheften. Die im Pfarrarchiv und in den Bibliotheksbeständen enthaltenen Quellen können darüber hinaus mit Gewinn herangezogen werden für Forschungen zur Familiengeschichte, Genealogie, Demographie und Zusammensetzung des Adels im Herzogtum Teschen, zu seiner Standeskultur, Ausbildung und religiösen Ausrichtung.

---

5 Gojniczek, Wacław/Rusnok, Anna: Źródła do badań nad dziejami szkolnictwa na Śląsku Cieszyńskim w zbiorach Archiwum Państwowego w Katowicach Oddział w Cieszynie, Książnicy Cieszyńskiej oraz Biblioteki Tschammera [Quellen zur Erforschung der Geschichte des Schulwesens im Teschener Schlesien aus den Beständen des Staatsarchivs Kattowitz – Filiale Teschen, des Hauses des Teschener Buches und der Tschammer-Bibliothek]. In: Spyra, Janusz (Hg.): Książka – biblioteka – szkoła w kulturze Śląska Cieszyńskiego. Cieszyn 2001, 47-49.

Krystyna Oniszczuk-Awiżeń

Landesmuseum Glatz
(Muzeum Ziemi Kłodzkiej w Kłodzku)

A. Gesamtgeschichte und Bedeutung

Das Landesmuseum Glatz (Muzeum Ziemi Kłodzkiej) entstand 1963 und ist zuständig für die Stadt Glatz (poln. Kłodzko) und das sogenannte Glatzer Land (*terra Glacensis*, Grafschaft Glatz), ein in geographischer und naturkundlicher Hinsicht geschlossenes Gebiet, das in der Vergangenheit eine eigenständige administrativ-rechtliche, wenn auch nicht politisch selbständige Einheit bildete. Das Museum sammelt Bestände aus den Bereichen Geschichte, Kunst, Geographie und Geologie zum Glatzer Land. Ein kleinerer Teil dieser Bestände, der den Grundstock des Museums bildete, stammte aus musealen Sammlungen und dem bis 1945 existierenden Heimatmuseum. Gemäß ihren Aufgabenfeldern wird das Museum als zentrale Sammlungseinrichtung für die gesamte Region betrachtet und verfügt über kartographische und numismatische Sammlungen, Medaillen, Siegel, Archivalien, Bildmaterial, Gemälde, Skulpturen, Kunstgegenstände sowie eine Gesteins- und Mineraliensammlung. Zur Zeit ist das Museum im ehemaligen Jesuitenkonvikt untergebracht.

Muzeum Ziemi Kłodzkiej, ul. Łukasiewicza 4, PL-57-300 Kłodzko, Tel.: +48-74-867-35-70, +48-74-867-38-95, Fax: +48-74-865-96-65, E-Mail: sekretariat@muzeum.klodzko.pl, Homepage: http://www.muzeum.klodzko.pl [Zugriff am 15.07.2009].

Auswahlliteratur: Oniszczuk-Awiżeń, Krystyna/Kuźmińska, Renata (Hg.): Przewodnik po zbiorach Muzeum Ziemi Kłodzkiej [Bestandswegweiser des Landesmuseums Glatz]. Kłodzko 2008; Kłodzko – Muzeum Ziemi Kłodzkiej [Glatz – Landesmuseum Glatz]. In: Kamolowa, Danuta/Sieniatecka, Teresa (Bearb.): Zbiory rękopisów w bibliotekach i muzeach w Polsce. Warszawa ²2003 [¹1988] (Zbiory Rękopisów w Polsce 1), 81; Toczyńska-Rudysz, Krystyna/Sadowska, Katarzyna: Informator Muzeum Ziemi Kłodzkiej [Vademecum für das Landesmuseum Glatz]. Kłodzko 1998; Toczyńska-Rudysz, Krystyna: Sto lat poczynań muzealnych [Hundert Jahre Museumsarbeit]. In: Zeszyty Muzeum Ziemi Kłodzkiej 2 (1987) 31-44, 3 (1990) 78-95, 4 (1992) 58-94.

B. Bestandsgliederung

Die in der Historischen Abteilung des Glatzer Landesmuseums gesammelten Archivalien zählen – ohne eigenständige Archivbestände zu bilden – etwa 450 Einheiten. Dabei handelt es sich hauptsächlich um lose Dokumente sowie drei Hefte und fünf handschriftliche Bücher aus dem 16. bis 20. Jahrhundert, die mehrheitlich das wirtschaftliche Leben der Region betreffen und sowohl in den Museumskatalog als auch in die Bestandsverzeichnisse (als Varia) aufgenommen wurden. Archivalien zur Geschichte und Kultur des schlesischen Adels sind jedoch nicht besonders zahlreich: Neben elf losen Dokumenten, die zu unterschiedlichen Zeiten erworben wurden und verschiedene Adelsgeschlechter betreffen, sind ein Schöffenbuch und eine genealogische Tafel überliefert:

MZK-V-154: Pergamentdokument: Übertragung des Dorfes Mittelsteine (poln. Ścinawka Średnia) an Johann Christoph Metzinger (Metziger) von Kaltenstein, Neisse (poln. Nysa), 8. Juli 1624, mit einem Siegel des Breslauer Bischofs Erzherzog Karl von Österreich. Metzinger von Kaltenstein war Doktor der Rechtswissenschaften und Hofkanzler des Breslauer Bischofs und wurde 1621 mit dem Prädikat „von Kaltenstein" in den Ritterstand erhoben.

MZK-V-155: Pergamentdokument: Stiftungsbestätigung des Glatzer Jesuitenkonvikts, Glatz 7. Oktober 1649, mit einem Siegel Kaiser Ferdinands III.[1] Zur Stiftung gehörte unter anderem eine Schenkung Metzinger von Kaltensteins.

MZK-V-153: Pergamentdokument über die Klage eines gewissen Koschwitz gegen Kasper Fürstenauer und den Rat der Stadt Schweidnitz (poln. Świdnica), Glatz 25. Mai 1551, mit einem Siegel der Stadt Glatz.[2] Die Familie Fürstenauer entstammte dem Breslauer Patriziat und erhielt 1541 ein Adelsdiplom. Dem Ritterstand gehörte sie unter dem Namen „von Fürstenau" seit 1590 an. Kasper Fürstenauer der Jüngere war 1550 Bürgermeister von Schweidnitz.

MZK-V-974: Pergamentdokument über die Vollstreckung des Testaments Johann Georg von Götzens, Glatz 13. November 1687, mit einem Siegel Kaiser Leopolds I.[3] (seit 1995 im Museumsbestand). Johann Georg von Götzen, Sohn des Reichsfreiherrn (seit 1633) und Reichsgrafen (seit 1635) Johann von Götzen, war Landeshauptmann von Glatz (1653–1679) und Besitzer der Güter in Eckersdorf (poln. Bożków), Gabersdorf (poln. Wojbórz), Oberschwedeldorf (poln. Szalejów Górny), Scharfeneck (poln. Sarny) und Tuntschendorf (poln. Tłumaczów).

MZK-V-1251: Amtliches, an den Schriftsteller Graf von Götzen in Eckersdorf adressiertes Dokument über steuerliche Angelegenheiten, Glatz 5. Oktober 1764.

MZK-V-983: Gerichtliches Dokument: Auszug aus dem Testament Carl Köhlers (dessen Frau Johanna war eine geborene Nörlich) aus Alt Waltersdorf (poln. Stary Waliszów), 1832.

MZK-V-980, 981: Zwei Dokumente der Familie Jung (Philipp, Joseph und Julius) aus Alt Waltersdorf (Kaufvertrag über ein Grundstück aus dem Jahr 1893 und ein Hypothekenbrief mit Einträgen aus den Jahren 1901 bis 1926).

---

1 Zu diesem Dokument vgl. Hahnel, Paul: Geschichte des Königlichen Konvikts zu Glatz. Programm des Gymnasiums Glatz 1899. Glatz 1899, 3-7; Oniszczuk, Krystyna: Oblicze miasta. Katalog wystawy [Gesichter der Stadt. Ein Ausstellungskatalog]. Kłodzko 1986, 46f.

2 Oniszczuk: Oblicze miasta, 57.

3 Das Dokument wird erwähnt bei Kögler, Joseph: Historisch-topographische Beschreibung der in der Grafschaft Glatz gelegenen Herrschaft Eckersdorf. In: Vierteljahrsschrift für Geschichte und Heimatkunde der Grafschaft Glatz 3 (1883/84) 177-210, hier 188.

Mitglieder der aus österreichischem Adel stammenden Familie von Althann, die 1610 in den Reichsgrafenstand erhoben wurde, lebten in verschiedenen Teilen der Habsburgermonarchie. Eine Linie des
Geschlechts ließ sich nach dem Dreißigjährigen Krieg in der Grafschaft Glatz nieder, wo sie nach der
Zurückdrängung der einheimischen, am böhmischen Ständeaufstand von 1618 beteiligten Adeligen
zunehmend an Bedeutung gewann. Die Althann, die wichtige Funktionen in der Landesverwal-
tung ausübten, erwarben einen umfangreichen Güterbesitz, darunter die Herrschaften Mittelwalde
(poln. Międzylesie), Wölfelsdorf (poln. Wilkanów), Habelschwerdt (poln. Bystrzyca Kłodzka) und
Seitenberg (poln. Stronie Śląskie). Die hier abgebildete „Genealogia nobilissimae et antiquissimae
Altthannianae familiae" (300 x 190 cm) aus den 1670er Jahren umfaßt alle Zweige des Geschlechts.
Der beeindruckende, stilvoll gestaltete Stammbaum wurde nach einem Entwurf von Dominik Franz
Kalin de Marienberg mit Tinte auf Büttenpapier gezeichnet und aquarelliert.
Bildnachweis: Kłodzko, Muzeum Ziemi Kłodzkiej, Dep-19.

MZK-V-325, 326: Zwei testamentarische Verfügungen mit Wappensiegeln des alten schlesischen Geschlechts Koschenbahr (Johanna Eleonora von Koschenbahr und Johann Wolff von Koschenbahr), Breslau (poln. Wrocław) 25. Januar und 9. Juli 1742.

MZK-V-800: Dokument vom 17. Oktober 1909 über den Umbau des Schlosses in Oberschwedeldorf mit Angaben zur Schloßgeschichte, das vom dortigen Gutsbesitzer Robert Büttner angefertigt wurde.

MZK-V-103: Schöffenbuch der Gemeinde Oberhannsdorf (poln. Jaszkowa Górna), „Kreisblatt Nr. IV – die älteste eingetragene Kaufurkunde vom Jahre 1595", Band 4 aus den Jahren 1595 bis 1635 (mit 473 Blättern). Erwähnt wird unter anderem Georg Kuschell, der Gutsbesitzer von Oberhannsdorf.[4]

MZK-Dep-19: Genealogische Tafel der Familie Althann aus Mittelwalde (poln. Międzylesie),[5] die in der Grafschaft Glatz seit 1653 ansässig war, als Michael Ferdinand die Güter Mittelwalde, Schönfeld (poln. Roztoki) und Wölfelsdorf (poln. Wilkanów) erworben hatte. Die Tafel, die sich zuvor im Schloß von Mittelwalde befand, gehört seit 1987 als Depositum zum Museumsbestand.

C. Bestandsanalyse

Die den schlesischen Adel betreffenden Quellen wurden in der Vergangenheit bereits teilweise für wissenschaftliche Arbeiten herangezogen.[6] Den wohl größten Wert für Forschungen zum schlesischen Adel besitzt die genealogische Tafel der Familie Althann, die – da sie die weitverzweigten verwandtschaftlichen Beziehungen des Geschlechts in Europa zeigt – von überregionaler Bedeutung ist und sowohl wissenschaftlich bearbeitet als auch ediert wurde. Relativ gut bekannt sind auch die vier Pergamentdokumente, während die übrigen Quellen bisher nicht wissenschaftlich bearbeitet wurden. Auch wenn sie nur einzelne Aspekte behandeln, kann ihr Nutzen für die Erforschung des schlesischen Adels nicht bestritten werden.

---

4 Zu den Schöffenbüchern aus der Grafschaft Glatz, darunter auch aus Oberhannsdorf, vgl. Gierich, A.: Aus den Schöppenbüchern der Grafschaft Glatz. In: Glatzer Heimatblätter 1942, H. 1, 26-30, H. 3, 97-109. Andere Bücher aus diesem Ort befinden sich im Breslauer Staatsarchiv.
5 Pisarski, Grzegorz: Drzewo genealogiczne rodu Althannów [Der Stammbaum der Familie Althann]. In: Zeszyty Muzeum Ziemi Kłodzkiej 5 (1994) 111-147.
6 Vgl. Anm. 1-5.

Krzysztof Pawlik

Museum Neisse
(Muzeum w Nysie)

A. Gesamtgeschichte und Bedeutung

Das Museum in Neisse (poln. Nysa) entstand 1897 als Zweigstelle des im selben Jahr
gegründeten Neisser Kunst- und Altertumsvereins. Zu seinem Bestandskern zählten
städtische Materialien, die vom Magistrat überreicht worden waren, darunter Wappentafeln und ein Schwert, mit dem angeblich Herzog Nikolaus II. von Oppeln
1497 auf dem Neisser Marktplatz enthauptet worden war. Anfangs befand sich der
Museumssitz in einem barocken Schlößchen, in dem zuvor der Festungskomman-
dant residiert hatte. Nachdem die Bestände während des Zweiten Weltkriegs zerstreut worden waren, wurden sie 1947 neu geordnet und im Gebäude der ehemaligen Chirurgischen Klinik untergebracht; seit 1984 befinden sie sich im ehemaligen
bischöflichen Palast. Neben den für ein Museum typischen Objekten wie Kunstgegenständen und archäologischen Denkmälern sammelt das Museum seit seiner
Entstehung auch Handschriften und Archivalien. Ins Museum gelangten zudem die
1947 für eine Ausstellung ausgeliehenen Manuskripte aus der Bibliothek des früheren Staatlichen Katholischen Gymnasiums Carolinum in Neisse sowie die zwei Jahre
später von der St. Jakobs-Pfarrei hinterlegten Bücher kirchlicher Bruderschaften und
Akten der Neisser Jesuiten.

Muzeum w Nysie, ul. Bpa Jarosława 11, PL-48-300 Nysa, Tel.: +48-77-435-50-10,
Tel./Fax: +48-77-433-20-83, E-Mail: info@muzeum.nysa.pl, Homepage: http://
www.muzeum.nysa.pl [Zugriff am 15.07.2009].

Auswahlliteratur: Pawlik, Krzysztof: Zarys historii muzeów w Nysie od końca XIX wieku do 1945 roku
[Abriß der Geschichte der Neisser Museen vom Ende des 19. Jahrhunderts bis 1945]. In: Muzeal-
nictwo 47 (2006) 17-26; Nysa – Muzeum [Neisse – Museum]. In: Kamolowa, Danuta/Sieniatecka,
Teresa (Bearb.): Zbiory rękopisów w bibliotekach i muzeach w Polsce. Warszawa ²2003 [¹1988] (Zbiory
Rękopisów w Polsce 1), 235-236; Pawlik, Krzysztof: Glosa do wystawy „Skarby katedry nyskiej" [Eine
Anmerkung zur Ausstellung „Schätze der Neisser Kathedrale"]. In: Śląsk Opolski 9/1 (1999) 70-75;
ders.: Muzeum Sztuki i Starożytności w Nysie w latach 1897–1945 [Das Kunst- und Altertumsmuse-
um in Neisse in den Jahren 1897–1945]. In: Muzealnictwo 40 (1998) 66-71; ders.: Skarby biskupiego
pałacu. 40 lat Muzeum w Nysie [Schätze des bischöflichen Palastes. 40 Jahre Neisser Museum]. In:
Opole 10 (1988) 12-13, 26; Jarczyk, Franz-Christian: Der Neisser Kunst- und Altertumsverein sowie
sein Museum. In: Chmiel, Peter/Neubach, Helmut/Gussone, Nikolaus (Hg.): Beiträge zur Geschichte
Schlesiens im 19. und 20. Jahrhundert. Hans-Ludwig Abmeier zum 60. Geburtstag. Dülmen 1987
(Schriften der Stiftung Haus Oberschlesien 1), 44-69; Pawlik, Krzysztof: Rękopisy i inkunabuły bi-
bliotek klasztorów nyskich w inwentarzach z czasów sekularyzacji (1812–1818) [Handschriften und
Inkunabeln der Neisser Klosterbibliotheken in den Bestandsverzeichnissen aus der Säkularisationszeit

(1812–1818)]. In: Roczniki Biblioteczne 17/1-2 (1973) 437-479; [Die Handschriften der Bibliothek des Gymnasiums Neisse]. In: Jahresbericht des Staatlichen Katholischen Gymnasiums zu Neisse, 1875, 35-36.

B. Bestandsgliederung

In den Beständen des Neisser Museums befindet sich eine relativ kleine, etwa zehn Einheiten umfassende Zahl von Handschriften, die Informationen über den schlesischen Adel enthalten. Hierbei handelt es sich hauptsächlich um Bücher der kirchlichen Bruderschaften, die vom 17. bis zum 19. Jahrhundert am Jesuitenkolleg und an der St. Jakobs-Pfarrei in Neisse wirkten. Bemerkenswert ist vor allem das *Album Congregationis Beatae Virginis Assumptae*, das unter anderem einen aus dem Jahr 1656 stammenden Eintrag des späteren polnischen Königs Michael Korybut Wiśniowiecki enthält, der zu jenem Zeitpunkt Schüler am Neisser Jesuitengymnasium war.[1] Vornehmlich Adelige enthält das aus dem 17. Jahrhundert stammende Stifterverzeichnis für die Gebäude des Jesuitenkollegs. Wappen schlesischer Adelsgeschlechter sind zudem in einigen Manuskripten zu finden.

Darüber hinaus befinden sich in den Beständen des Museumsarchivs Inventarbücher der Ausstellungsobjekte im früheren Kunst- und Altertumsmuseum in Neisse aus den Jahren 1898 bis 1944. Darin enthalten sind Namen von Adeligen, die zur Erweiterung des Museumsbestands beigetragen haben. Erwähnenswert ist überdies, daß auf den sich zur Zeit im Museumsbesitz befindenden Objekten (Gemälden, Möbeln, Stiftungstafeln und Steinmetzarbeiten) einige Dutzende schlesische Wappen abgebildet sind.

C. Bestandsanalyse

Obwohl der Handschriftenbestand des Neisser Museums nicht besonders umfangreich und eher zufällig zusammengekommen ist, kann er durchaus mit Gewinn zu genealogischen und heraldischen Studien über den schlesischen Adel herangezogen werden. Allem Anschein nach wurden bis jetzt lediglich zwei Handschriften ausgewertet, und zwar in der schon genannten Arbeit von Kazimierz Strzałkowski hauptsächlich über den aus der polnischen Adelsrepublik stammenden Adel.

---

1 Strzałkowski, Kazimierz: Polacy z Rzeczypospolitej Polskiej w dziejach nyskiego Carolinum [Polen aus der polnischen Adelsrepublik in der Geschichte des Neisser Carolinums] [1965]. In: ders.: Byliśmy, jesteśmy, będziemy. Szkice z dziejów miasta Nysy. Nysa 1969, 44-51.

Die St. Jakobs-Pfarrkirche in Neisse gehört zu den ältesten Kirchen der Stadt. In der Frühen Neuzeit war hier die Bruderschaft Mariä Verkündigung tätig, deren aus dem 18. Jahrhundert stammendes Buch heute im Neisser Museum aufbewahrt wird. Auf einem der ersten Blätter befindet sich das auf der Abbildung sichtbare Wappen des Freiherrn Johann von Rosenkrantz (1727–1796), der zu den einflußreichsten katholischen Geistlichen seiner Zeit gehörte und zahlreiche kirchliche Ämter innehatte. So war er unter anderem Kanoniker am Breslauer Domstift und der dortigen Heilig-Kreuz-Kirche sowie am Glogauer Kollegiatstift. Mit Neisse verband ihn die Würde eines Kanonikers am St. Jakobs-Stift, das Amt des Pfarrers und Dekans an der St. Jakobs-Kirche sowie die Rolle eines Moderators der genannten Bruderschaft.

Bildnachweis: Muzeum w Nysie, Sign. dep. 20, unpag.

2. Tschechien

Helena Sedláčková und Jan Kahuda

Nationalarchiv der Tschechischen Republik (Národní archiv)

A. Gesamtgeschichte und Bedeutung

Das Nationalarchiv in Prag (tsch. Praha) ist das Zentralarchiv der Tschechischen Republik. Seine wichtigste Aufgabe ist die vorarchivische Pflege und die Übernahme von Archivalien staatlicher Organe mit gesamtstaatlichem Zuständigkeitsbereich und anderer Institutionen, die von Bedeutung für die Republik sind. Das Nationalarchiv verwaltet zugleich Archivalien von Zentralorganen aller Territorien, die heute nicht mehr Teil des tschechischen Staates sind (Lausitzen, Schlesien, Glatz, Lehen der Böhmischen Krone, Slowakei, Karpato-Ukraine). Im Nationalarchiv wurden zum 1. Januar 2007 insgesamt 1.639 Archivbestände mit einem Gesamtumfang von mehr als 116.000 laufenden Metern aufbewahrt. Es handelt sich dabei um die Bestände von Behörden und Institutionen des Königreichs Böhmen, seiner zentralen und Landesverwaltung, um jene einiger Zentralorgane der Habsburgermonarchie – deren Akten bei der Archivtrennung von Österreich nach 1918 übernommen wurden –, um Schriftstücke aller Urheber aus dem politischen, finanziellen, gerichtlichen Bereich der Staatsverwaltung sowie um jene der Selbstverwaltung auf zentraler und Landesebene. Diese Sammlungen wurden durch weitere Bestände ergänzt, aus dem Bereich der Kirchenverwaltung (Archiv des Prager Erzbistums, Archive kirchlicher Orden) der politischen Parteien und Bewegungen, Vereine und Bürgervereinigungen, Stiftungen, Familien- und persönlichen Archive.

Das Nationalarchiv ist in zwei Gebäuden untergebracht: der Hauptsitz ist das moderne Archivgebäude in Prag-Chodovec. Dort befinden sich nicht nur die meisten Fachabteilungen, sondern auch die Archivalien aus der Zeit von 1848 bis zur Gegenwart. Die Bestände der zentralen Ämter und Institutionen bis 1848 und alle Bestände der Kirchenverwaltung sind im Gebäude des ehemaligen Archivs des Landes Böhmen in Prag-Dejvice, wo die I. Abteilung des Nationalarchivs ihren Sitz hat, aufbewahrt. Hier werden die meisten Bestände zur Geschichte des schlesischen Adels aufbewahrt.

Das Nationalarchiv knüpft an die Tätigkeit seines Vorgängers, des 1954 errichteten Staatlichen Zentralarchivs in Prag (Státní ústřední archiv v Praze), an. Das Staatliche Zentralarchiv wiederum war durch die Vereinigung von drei Archiveinrichtungen mit einer langen Tradition entstanden, die im folgenden genauer vorgestellt werden sollen: dem Zentralarchiv des Innenministeriums (Ústřední archiv Ministerstva vnitra), dem Archiv des Landes Böhmen (Archiv Země české) und dem Zentralen landwirtschaftlich-forstlichen Archiv (Ústřední zemědělsko-lesnický archiv).

Die Entwicklung eines zentralen Archivs kann bis ins 12. Jahrhundert zurückverfolgt werden. Es war anfänglich eine Sammlung von Urkunden der herrschenden Dynastie der Přemysliden. Das Archiv wurde vermutlich ursprünglich im Domkapitel am Vyšehrad aufbewahrt, später dann in der Prager Burg in der Nähe des Grabs des Heiligen Wenzel, der es symbolisch bewachen sollte. Die Konzeption des Archivs veränderte sich unter der Herrschaft der Luxemburger grundlegend: Im Archiv sollten nun Urkunden gesammelt werden, die die Rechte der Länder der Böhmischen Krone bestätigten – daher die Bezeichnung Kronarchiv oder Archiv der Böhmischen Krone. Neben dem Urkundenbestand des Kronarchivs entwickelten sich selbständig Registraturen und Teilsammlungen der Verwaltungsbehörden und -institutionen des Königreichs Böhmen. In der ersten Hälfte des 17. Jahrhunderts kam es zu einer allmählichen Teilung der bis dahin sowohl für das Königreich Böhmen als auch für den Gesamtstaat zuständigen Kanzlei in die Böhmische Hofkanzlei mit Sitz am Kaiserhof in Wien und die dieser untergeordneten Kanzlei der böhmischen Statthalterei mit Sitz in Prag. Die alte Registratur der Kanzlei verblieb weitgehend in Prag. Versuche, die alte Registratur der Kanzlei und der böhmischen Statthalterei zu ordnen, wurden wiederholt unternommen, waren jedoch nicht von Erfolg gekrönt. Erst 1748 ernannte man beim böhmischen Gubernium, der Nachfolgebehörde der Statthalterei, einen Archivar, der im Rahmen der damaligen Staatspolitik (Errichtung des Haus-, Hof- und Staatsarchivs in Wien) zur Orientierung in der umfangreichen Registratur beitragen sollte. Als Begründer eines neuartigen Zentralarchivs gilt der zweite Archivar Johann Josef Klauser (1705–1771). Dabei wurden die umfangreichen Bestände an Schriftstücken jener Ämter, die im Zug der theresianischen Reformen aufgelöst wurden (Böhmische Hofkanzlei, Böhmische Kammer und böhmische Statthalterei), aus der Zeit von 1526 bis zum Anfang des 18. Jahrhunderts nach thematischen Gesichtspunkten geordnet. Separat untergebracht blieben die Akten zu den historischen Nebenländern der Böhmischen Krone – die späteren Bestände *Schlesien* (Slezsko), *Glatz* (Kladsko), *Lausitzen* (Lužice) und *Mähren* (Morava). Mit der Tätigkeit Klausers fuhren seine Nachfolger fort, die somit gemeinsam mit Klauser als Urheber der heutigen Bestände *Alte Manipulation* (Stará manipulace) und *Neue Manipulation* (Nová manipulace) betrachtet werden können. Das Gubernium wurde Mitte des 19. Jahrhunderts aufgelöst. Danach gliederte man das Archiv in das neue Amt der böhmischen Statthalterei ein, die Stelle eines Archivars wurde allerdings erst 1882 geschaffen. Nach der Entstehung der Tschechoslowakischen Republik wandelte man das Archiv der Statthalterei 1919 in das Archiv des Innenministeriums um. Die Archivbestände wurden, besonders in der Folge des Archivabkommens mit Österreich, um wertvolle Materialien bereichert – etwa um die Bestände *Böhmische Hofkanzlei* (Česká dvorská kancelář) mit Schriftstücken aus dem 17. und der ersten Hälfte des 18. Jahrhunderts und *Böhmische Abteilung der Hofkammer* (České oddělení Dvorské komory). In der Zeit vor 1938 stieg das Prestige des Archivs und seiner wissenschaftlichen Tätigkeit. Während des Zweiten Weltkriegs wurde eine Reihe von Archivalien ins Ausland gebracht, den Großteil davon erhielt man nach 1945 zurück. Die Bestände *Schlesien* und *Glatz*, die im Krieg nach Breslau (poln. Wrocław) transportiert wurden, sind seither jedoch verschollen.

Das Archiv des Landes Böhmen entstand 1862 nach einem Vorschlag, den der Historiker František Palacký dem böhmischen Landtag unterbreitet hatte. Der künftige Landesarchivar sollte insbesondere Palackýs monumentale Gesamtdarstellung zur Geschichte Böhmens und Mährens für die Zeit nach 1526 fortsetzen. Der renommierte Historiker Anton(ín) Gindely wurde zum ersten Archivar des neuen Landesarchivs ernannt. Aufgabe des Archivs war es vor allem, das Schriftgut der Organe der Selbstverwaltung des Landes, vor allem des Landtags und des Landesausschusses, zu sammeln. Hinzu kamen wichtige Neuerwerbungen, insbesondere der Prager Teil des Kronarchivs – das sogenannte Archiv des Heiligen Wenzel (Svatováclavský archiv); der zweite Teil wurde von der Republik Österreich bei der Archivteilung in den 1920er Jahren übernommen. Das Archiv des Landes Böhmen konzentrierte sich neben dem Aufbau umfangreicher Sammlungen mit Abschriften von Archivalien aus tschechischen und ausländischen Archiven auf Editionsprojekte, etwa „Die böhmischen Landtagsverhandlungen und Landtagsbeschlüsse" (Sněmy české) und die „Monumenta Vaticana", sowie auf die Koordination der bohemistischen Forschungen im Ausland. Daneben kümmerte man sich um die Archive der Gemeinden und Städte, ihre Untersuchung, Erfassung und Beschreibung (Sammlung der Grundbücher und ihre Erschließung).

Aufgaben des 1945 errichteten Tschechoslowakischen staatlichen Landwirtschaftsarchivs (Československý státní archiv zemědělský) waren in erster Linie die Verwaltung von besonderen Archivbeständen (etwa der Registraturen von Gütern, die im Besitz der Kaiserfamilie gewesen waren) sowie die Schriftgutverwaltung am eigenen Ministerium und den untergeordneten Behörden. An Bedeutung gewann das Archiv mit der Bodenreform 1922 bis 1936, als man die Archive des verstaatlichten Großgrundbesitzes sicherstellte. Während der zweiten Bodenreform nach 1945 übernahm das Archiv sukzessive alle Bestände von Großgrundbesitz und Familienarchiven, wobei es eine Reihe von Zweigstellen (die landwirtschaftlich-forstlichen Archive) auf dem gesamten Staatsgebiet errichtete. Die Prager Zentrale wurde dann umbenannt in *Zentrales landwirtschaftlich-forstliches Archiv* (Ústřední zemědělsko-lesnický archiv).

Národní archiv, Archivní 4, 14901 Praha 4, Tel.: +420-974-847-240, 974-847-247, Fax: +420 974-847-214, E-Mail: na@nacr.cz, Homepage: www.nacr.cz [Zugriff am 02.03.2009].

Národní archiv (I. Abteilung), Milady Horákové 133, 160 00 Praha 6, Tel.: +420-974-847-836, Fax: +420-224-324-272, E-Mail: na1@nacr.cz.

Auswahlliteratur: Pazderová, Alena (Hg.): Státní ústřední archiv v Praze. Průvodce po archivních fondech a sbírkách [Staatliches Zentralarchiv in Prag. Wegweiser durch die Archivbestände und -sammlungen], Bd. 1 [1-3]-2 [1-3]. Praha 1988–2005; Kollmann, Josef: Dějiny ústředního archivu českého státu [Geschichte des Zentralarchivs des tschechischen Staates]. Praha 1992; ders.: Archiv Ministerstva vnitra v letech 1918–1945 [Das Archiv des Innenministeriums in den Jahren 1918–1945]. In: Sborník archivních prací 45 (1995) 511-688; Z dějin Státního ústředního archivu v Praze a jeho předchůdců [Aus der Geschichte des Staatlichen Zentralarchivs in Prag und seiner Vorgänger]. Praha 1995; Benešová, Emilie: Aby na nic a nikoho a nebylo zapomenuto. K jubileu ústředního archivu českého státu 1954–2004 [Damit nichts und niemand vergessen werde. Zum Jubiläum des Zentralarchivs des tschechischen Staates 1954–2004]. Praha 2004.

B. Bestandsgliederung

Zu den bedeutendsten Beständen mit Bezug auf die Geschichte des schlesischen
Adels gehört der Archivbestand *Böhmische Hofkanzlei* (Česká dvorská kancelář,
1526–1749),[1] der aus der Tätigkeit dieser Zentralinstitution der Böhmischen Krone hervorgegangen ist, die den landesfürstlichen Ämtern der einzelnen Kronländer
(etwa dem schlesischen Oberamt) übergeordnet war. Innerhalb dieses Bestands, der
der Tschechoslowakei im Rahmen der Archivteilung mit Österreich übergeben wurde, muß in erster Linie auf die umfangreiche Signatur *IV D 1* (Kartons 408-514)
aufmerksam gemacht werden, die Konzepte der vom böhmischen König erteilten
Standeserhebungsprivilegien, Wappenbriefe und Inkolate enthält. Bestandteile dieser Akten sind auch Gesuche von Adeligen, Fürsprachen bedeutender Personen und
Gutachten der Böhmischen Hofkanzlei, wobei gelegentlich farbige Illustrationen des
Wappens (als Entwurf oder in der genehmigten Form) beigefügt waren. Aus heral-
discher Sicht sind die zusätzlichen Randbemerkungen und Korrekturen am Wappen
selbst wertvoll, die vom zuständigen Kanzleibeamten angefertigt wurden, der auf die
korrekte Anfertigung des Wappens nach heraldischen Grundsätzen (Wappenzensur)
achtete. Ein Inventar, das in alphabetischer Reihenfolge die einzelnen Akten erfaßt,
ermöglicht eine Orientierung nach Signaturen.

Abgesehen von Nobilitationen sind Schriftstücke nennenswert, die Lehensangelegenheiten betreffen, die in die Kompetenz der Kanzlei fielen. Die einzelnen Akten
sind unter der Signatur *II A 4* aufbewahrt und nach den Gebieten mit Lehnsverhält-
nissen zum böhmischen König alphabetisch geordnet. Von den schlesischen Lehen
sind hier die Fürstentümer Liegnitz, Brieg und Wohlau (Kartons 183-184), Jägerndorf (Kartons 185-186), Teschen (Kartons 260-264) und Sagan (Karton 295) sowie
die Lehen des Bistums Breslau (Karton 275) vertreten. In diesem Bestand finden
sich ferner Dokumente mit Bezug auf die gesamtschlesischen Stände (Privilegien,
Fürstentage, Huldigungen, Eide) und auf die Stände der einzelnen schlesischen Fürstentümer, außerdem Schriftstücke zu Adelsfamilien: zum Beispiel die Beilegung der
Grenzkonflikte in Oppeln (poln. Opole) und Ratibor (poln. Racibórz) zwischen den
Geschlechtern Oppersdorff und Kühnheim. Die Signatur *III A 4* (Kartons 331-332)
enthält Akten über die Ernennung der Landeshauptleute in den Erbfürstentümern.

Seit den 1780er Jahren, in größerem Maß dann seit den 1820er Jahren, wurden in
der vereinigten Hofkanzlei in Wien Abschriften der in früheren Jahrhunderten von
den einzelnen Kanzleien der Habsburgermonarchie (also auch von der Böhmischen
Hofkanzlei vor ihrer Auflösung 1749) erteilten Privilegien erstellt. Die auf diese Art
entstandenen Folianten wurden in Wien ins sogenannte Adelsarchiv eingegliedert,
die Bände mit Einträgen zu den Ländern der Böhmischen Krone – und zwar sowohl
die Privilegien der Korporationen und Institutionen (66 Bände) als auch persönli-

---

1 Kollmann, Josef/Beránek, Karel: Česká dvorská kancelář (1293) 1523–1749 [Böhmische Hofkanzlei
(1293) 1523–1749]. Praha 1966 (mschr.); Stloukal, Karel: Česká kancelář dvorská 1599–1608. Pokus z moderní diplomatiky [Die Böhmische Hofkanzlei 1599–1608. Ein Versuch aus der modernen
Urkundenlehre]. Praha 1931.

che Privilegien (Standeserhebungen und Erteilung von Inkolaten, 52 Bände) – allerdings im Rahmen der Archivteilung nach dem Ersten Weltkrieg der Tschechoslowakei übergeben. Die zu umfangreichen Büchern gebundenen Abschriften bilden heute den Archivbestand *Salbücher* (Salbuchy) und umfassen die Jahre 1530–1832.[2] In diese Gruppe wurden 1844 aus der Registratur der Obersten Justizstelle sieben Bände Originalregister der Böhmischen Hofkanzlei aus der Regierungszeit Ferdinands I. und Maximilians II. eingegliedert. Inhaltlich unterscheiden sich die Abschriften der Privilegien kaum von den Konzepten im Bestand *Böhmische Hofkanzlei*. Die Konzepte enthalten allerdings mehr Informationen – einerseits wegen ihrer Anlagen, andererseits vielfältiger Streichungen und Korrekturen wegen, anhand derer man den Prozeß der Vorbereitung des endgültigen Textes verfolgen kann. Der Bestand *Salbücher* ist durch sein mehrbändiges Inventar mit Register erschlossen. Der größere Teil der nicht vollständig erhaltenen Register der Böhmischen Hofkanzlei und der Böhmischen Kammer (174 Bände) ist im separaten Archivbestand *Register* (Registra, 1527–1669) aufbewahrt.[3] Zwei der hier enthaltenen Bände betreffen persönliche Privilegien und Nobilitationen.[4] Den Bestand erschließt ein nicht ganz vollständiges Repertorium in 33 Bänden aus dem 19. Jahrhundert.[5]

Ein weiterer einschlägiger Bestand mit Quellen zur Geschichte des schlesischen Adels ist die *Alte Manipulation* (1526–1818) mit Akten aus der Böhmischen Kanzlei vor deren endgültiger Niederlassung in Wien im 17. Jahrhundert, der Statthalterei und der Kammer. Die Schriftstücke stammen überwiegend aus der Zeit von 1526 bis 1650, zum Teil aber auch aus älterer Zeit, und sind auf Signaturen aufgeteilt, die auf Namen von Einzelpersonen, auf Städte, Herrschaften oder Sachgruppen verweisen. Im siebenbändigen Inventar[6] kann man leicht Dokumente finden, die aus der Tätigkeit der oben genannten Behörden entstanden sind und sich auf einzelne Adelsfamilien beziehen. Es handelt sich dabei vor allem um Akten über vermögensrechtliche Verhältnisse (Abwicklung von Hinterlassenschaften, Vormundschaften, finanzielle Kontakte mit der Böhmischen Kammer). Überdies finden sich hier Schriftstücke strafrechtlichen Charakters, Akten über die Verleihung von Gnaden und Ämtern

---

2 Roubík, František/Culková, Dagmar/Kollmann, Josef: Salbuchy (1542–1832) [Salbücher (1542–1832)]. Praha 1981.

3 Zu den Registern der Böhmischen Hofkanzlei vgl. Čelakovský, Jaroslav: O domácích a cizích regis-trech [Über einheimische und auswärtige Register]. In: Rozpravy Královské české společnosti nauk 7/3 (1889/90); Kristen, Zdeněk: Listy posélací a jejich registra v královské kanceláři české až do Bílé hory [Missive und ihre Register in der königlichen Böhmischen Kanzlei bis zur Schlacht am Weißen Berg]. In: Časopis archivní školy 5 (1927) 1-110; ders.: K otázce register a registrování listů posé-lacích v české kanceláři dvorské na počátku XVII. stol. [Zur Frage der Register und des Registrierens der Missive in der Böhmischen Hofkanzlei am Anfang des 17. Jahrhunderts]. In: Časopis archivní školy 9-10 (1931/32) 218-234; Letošník, Václav: Registra otevřených listů české kanceláře [Die Register der Patente der Böhmischen Kanzlei]. Ebd., 3 (1926) 36-63.

4 Buch 3: Majestalia 1527–1534; Buch 89: Wappenbriefe und Privilegien 1572–1600.

5 Pazderová, Alena/Babička, Václav (Hg.): Průvodce po archivních fondech a sbírkách [Wegweiser durch die archivalischen Bestände und Sammlungen], Bd. 1,1. Praha 1997, 121f.

6 Beránek, Karel/Beránková, Věra: Stará manipulace (14. st.–1805) [Alte Manipulation (14. Jahrhundert–1805)]. Praha 1973.

u.a. Die meisten Geschlechter, deren Akten hier aufbewahrt werden, gehören zum in Böhmen ansässigen Adel, zahlreiche betreffen allerdings auch schlesische Geschlechter, vor allem wenn sie Besitz im Kernland der Krone hatten wie zum Beispiel: B 74/1-3: *Bock* (Karton 180); D 6/1-98: *Dohna* (Kartons 587-591); G 27/1-6: *Götz* (Karton 808); G 29/1-58: *Gersdorf* (Kartons 809-810); G 56/1-6: *Gellhorn* (Karton 829); H 12/1-42: *Haugwitz* (Kartons 851-852); H 24/1-2: *Hatzfeld* (Karton 864); H 58/1-21: *Hohberg* (Karton 892); H 68/1-13: *Hardegg* als Besitzer der Grafschaft Glatz (Karton 910); H 168/1-10: *Henckel von Donnersmarck* (Karton 922); K 2/1-12: *Kottulinsky* (Kartons 1079-1081); K 54/1-26: *Kurzbach* (Kartons 1164-1165); K 97/1-5: *Kottwitz* (Karton 1207); K 150/1-11: *Kalckreuter* (Karton 1232); L 79/1-6: *Larisch* (Karton 1425); L 122/1-10: *Logau* (Karton 1430); M 107/1-10: *Maltzan* (Karton 1516); M 130/1-9: *Mettich* (Karton 1519); N 15/1: Sequestration des Eigentums von *Franz Julius Graf Nimptsch* (Karton 1527); N 41/1-56: *Nostitz* (Kartons 1551-1555); O 11/1: *Oberg* (Karton 1563); O 15/1-39: *Oppersdorff* (Kartons 1571-1575); P 32/1-22: *Proskau* (Karton 1619); P 215/1-5: *Promnitz* (Karton 1914); R 22/1-14: *Rechenberg* (Karton 1934); R 60/1-8: *Rozdrażewski* (Karton 1955); R 102/1-9: *Redern* (Karton 1971); R 135/1-3: *Reibnitz* (Karton 2014); S 2/1-13: *Schaffgotsch* (Kartons 2017-2018); S 3/1-15: *Schönaich* (Karton 2018); S 312/1-5: *Salza* (Karton 2345); S 362/1: Heirat *Christophs von Schellendorf* und einer Tochter des *Hans von Nostitz* 1559, S 372/1-3: *Sebottendorf*, S 379/1-2: *Stillfried* (Karton 2349); S 690/1-2: *Sedlnitzky* (Karton 2353); T 29/1-29: *Tschirnhaus* (Kartons 2394-2395); T 32/3: Ermordung des *Kaspar von Nostitz* durch Jobst Tissel von Daltitz 1635 (Karton 2395); T 99/1-4: *Tworkowsky von Krawarn* (Karton 2433); W 19/1-13: *Würben und Freudenthal* (Karton 2496); W 168/1-15: *Wachtel von Pantenau* (Karton 2569); Z 27/1-41: *Seidlitz* (Karton 2598); Z 95/1-3: *Zedlitz* (Karton 2610).

Die Signatur *S 209* (Kartons 2274-2317) enthält alphabetisch geordnete Akten über Standeserhebungen des Adels in Böhmen, Mähren und Schlesien, die eine Ergänzung zu den Nobilitationsakten im Bestand *Böhmische Hofkanzlei* sind. Akten, die einzelne schlesische Adelige betreffen, kann man zudem in weiteren Sachgruppen finden, insbesondere: *D 1* (Kartons 570-585) – Akten über Gelddarlehen an den Kaiser seitens einiger Adeliger (u. a. Henckel von Donnersmarck, Nostitz, Schaffgotsch, Seidlitz); *J 21* (Kartons 1002-1039) – Erteilung von Inkolaten; *R 18* (Kartons 1931-1932) – Akten über die Verleihung des Titels „königlicher Rat" aus den Jahren 1538–1747. Für den Adel ist auch die umfangreiche Signatur *C 215* (Kartons 344-524) bedeutsam mit Konfiskationsakten aus den 1620er und 1630er Jahren. Die Akten betreffen das Verhalten einer Reihe von Schlesiern (z. B. Oppersdorff) während des Ständeaufstands 1618 bis 1620 und deren Bestrafung. Zentral für die Geschichte des schlesischen Adels ist ferner die Signatur *L 34*, in der Schriftstücke zu den böhmischen, mährischen und schlesischen Landtagen aus der Zeit von 1547 bis 1621 aufbewahrt werden.

Genetisch und inhaltlich verwandt ist der Bestand *Neue Manipulation*, der Schriftstücke der böhmischen Statthalterei und der Böhmischen Kammer aus den Jahren 1650 bis 1706 enthält, die alphabetisch nach thematischen Gruppen geordnet sind. Für die Geschichte des schlesischen Adels sind einige allgemeine Signaturen von In-

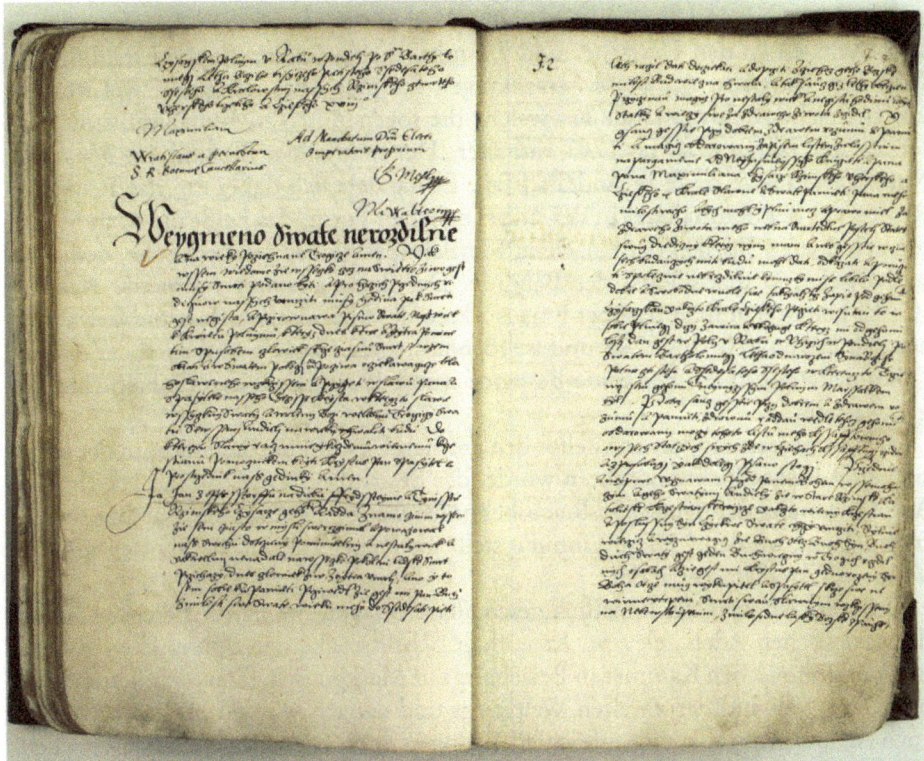

Das tschechischsprachige Testament des Hans von Oppersdorff († 1584) vom 10. Mai 1579, eingetragen in die böhmische Landtafel. Oppersdorff, einer der wichtigsten Vertrauensmänner Ferdinands I. in Schlesien, konnte aufgrund seiner militärischen und politischen Dienste für das Haus Habsburg einen großen Besitz in Nordböhmen und in Schlesien erlangen. Dabei profitierte er von dem Ausverkauf der ehemaligen herzoglichen Domäne im Fürstentum Oppeln-Ratibor ebenso wie von der Güterkonfiskation in Böhmen nach dem erfolglosen Ständeaufstand von 1546/47. Darüber hinaus wurde er 1554 mit seinen zwei Brüdern in den böhmischen Herrenstand erhoben. Unter Rudolf II. kaufte er weitere Güter in Ostböhmen an. In seinem Testament bekannte sich der damals bereits fünfundsechzigjährige kinderlose Oppersdorff zum „alten römischen katholischen christlichen Glauben". Er machte detaillierte Anweisungen über die Errichtung einer katholischen Kapelle mit der Familiengruft und über die Gründung eines Spitals auf seiner Herrschaft Böhmisch Aicha (tsch. Český Dub). Für den Fall, daß der Bau zu seinen Lebzeiten nicht mehr vollendet werden könne, äußerte er den Wunsch, in einer von ihm erbauten Kapelle im Oppelner Dom begraben zu werden. Auch in anderen Verordnungen erwies sich Oppersdorff als entschiedener Katholik, wobei die Verteilung der großen böhmisch-schlesischen Herrschaft unter seine Neffen anscheinend das Ziel verfolgte, das katholische Profil der Familie zu wahren.
Bildnachweis: Národní archiv Praha, Desky zemské větší 22, fol. I1v.

teresse, besonders *D 1* ähnlich wie bei der *Alten Manipulation* über Angelegenheiten von Darlehen an den Herrscher und *J 1* mit Schriftstücken, die die Erteilung von Inkolaten betreffen. An beide Sammlungen knüpfen chronologisch zwei weniger umfangreiche Archivbestände an, welche die sogenannten nichtmanipulierten Akten aus den Jahren 1707 bis 1747 enthalten. Der erste ist der Bestand *Alte böhmische Statthalterei* (Staré české místodržitelství). Es handelt sich dabei um das Relikt der Registratur der Statthalterei in der ursprünglichen Form, das heißt die nach Monaten geordneten Faszikel der einzelnen Kanzleiexpeditionen (tschechische, deutsche, militärische, in diaetalibus) der Behörde. Der Archivbestand *Böhmische Kammer* (Česká komora) enthält darüber hinaus Akten der böhmischen Kammerverwaltung aus den Jahren 1707 bis 1748 und ist ebenfalls chronologisch und nach der Art der Dokumente geordnet. Für beide Bestände wurde je ein detailliertes inhaltliches Register erstellt.

Der Archivbestand, der zweifellos den größten Gewinn für das Studium der schlesischen Adelsgeschichte bedeuten würde, der Bestand *Schlesien*, gilt als verschollen. Auf Anordnung der deutschen Reichsbehörden war er 1941 ins Staatsarchiv Breslau transportiert worden.[7] Diese Einbuße stellt im Prager Nationalarchiv den größten Verlust an Archivmaterial dar.

Teilweise ist auch der künstlich geschaffene Bestand *Mähren* für die Geschichte des schlesischen Adels relevant. Er enthält Schriftstücke der Böhmischen Kanzlei und der Böhmischen Kammer in Beziehung zur Markgrafschaft aus den Jahren 1526 bis 1625. Während des Zweiten Weltkriegs und danach wurden in diesen Bestand auch Archivalien mit Bezug auf Schlesien eingeordnet. Diese beziehen sich vor allem auf das Fürstentum Troppau, die Besetzung der obersten Landesämter, ständische Angelegenheiten, Konflikte um Landeszugehörigkeit, Landrechte, Steuern u. a. Für den Bestand existiert ein gedruckter Katalog. Ähnlich einschlägig ist der analog entstandene Bestand *Lausitzen,* der Akten der Böhmischen Kanzlei und der Böhmischen Kammer aus den Jahren 1538 bis 1747 enthält. Auch in diesen Bestand wurden nach 1945 einige auf Schlesien bezogene Archivalien eingeordnet, vor allem Akten über Grenzfragen und Korrespondenzen der lausitzischen und schlesischen Stände. Der dem Titel nach vielversprechende Archivbestand *Böhmen, Mähren, Schlesien* (1527–1845) kam in der Folge des Archivabkommens mit Österreich 1920 ins Nationalarchiv. Diese nichtorganische Sammlung an Schriftstücken wurde der allgemeinen Abteilung des Wiener Haus-, Hof- und Staatsarchivs, den sogenannten *Österreichischen Akten,* entnommen. Für den schlesischen Adel ist das Material nur wenig ergiebig. Als ursprünglich eigenständiges Konvolut ist hier die Korrespondenz der Herren von Würben und Freudenthal aus dem 17. bis 19. Jahrhundert hinterlegt (Kartons 24-25). Der übrige Teil des Bestands blieb im Haus-, Hof- und Staatsarchiv in Wien.

---

7 Kollmann, Josef: Archiv ministerstva vnitra v letech 1918–1945 [Das Archiv des Innenministeriums in den Jahren 1918–1945]. In: Sborník archivních prací 45 (1995) 511-688, hier 681; Beránek, Karel/Beránková, Věra: Slezská a kladská akta, jejich obsah a pozůstatky ve Státním ústředním archivu v Praze [Schlesische und Glatzer Akten, ihr Inhalt und ihre Bestände im Staatlichen Zentralarchiv in Prag]. In: Pazderová, Alena (Hg.): Pocta Josefu Kollmannovi. Sborník k životnímu jubileu. Praha 2002, 46-70.

Der Bestand *Böhmische Abteilung der Hofkammer* (České oddělení dvorské komory, *ČDKM*) enthält Akten des höchsten Finanzamts der Habsburgermonarchie aus den Jahren 1526 bis 1749. Die böhmische Abteilung war keine eigenständige Behörde, sondern nur eine der territorialen Kanzleiexpeditionen der Hofkammer, die die Angelegenheiten der böhmischen Kronländer erledigte. Bei der Archivteilung nach 1920 wurde beschlossen, die Akten der gesamten böhmischen Abteilung (Hoffinanz Böhmen) der Tschechoslowakei zu übergeben. In Wien blieben die Registraturbücher, die gemeinsam für alle Teile der Registratur der Hofkammer geführt wurden, sowie die böhmische Reihe von Gedenkbüchern – eine Kombination aus Registern und Kopialbüchern, in welche die von der Hofkammer verfaßten und bei der Hofkammer eingegangenen Schriftstücke abgeschrieben wurden. Die Hauptaufgaben der Hofkammer waren die Betreuung der landesfürstlichen Finanzen und die Kontrolle der entsprechenden Landesbehörden (der Böhmischen Kammer, der Schlesischen Kammer u. ä.). Dem entspricht auch der Inhalt der erhaltenen Akten. Die Registratur der böhmischen Abteilung der Hofkammer wurde in fünf Gruppen gegliedert, von denen die ersten zwei *(ČDKM I, ČDKM II)* für die schlesische Adelsforschung relevant sind. Die übrigen Gruppen betreffen Fragen des Münzwesens und des Bergbaus *(ČDKM III,* hier auch zu schlesischen Territorien) sowie Fragen der böhmischen Kammergüter *(ČDKM IV, V)*. Die erste Gruppe *(ČDKM I)* umfaßt die chronologisch geordnete Korrespondenz der Hofkammer mit Finanzbehörden der einzelnen Länder der Böhmischen Krone. Die Benutzung des umfangreichen Bestands (1286 Kartons) wird durch die Tatsache erschwert, daß sich die Kanzleibücher weiterhin im Wiener Hofkammerarchiv befinden. Die Akten umfassen in erster Linie Berichte der Landesfinanzbehörden an die Wiener Hofkammer und wechselseitige Korrespondenzen dieser Ämter. Bei der zweiten Gruppe *(ČDKM II)* mit ausgegliederten Sachkonvoluten ist die Situation für den Forscher günstiger. Unter diesen Konvoluten finden wir Akten zu Schlesien und seinen einzelnen Fürstentümern (Kartons 44-63), namentlich zu Angelegenheiten der Landtage. In der Handschriftenreihe *(ČDKM-rukopisy)* sind Protokolle der Konfiskationskommission in der Grafschaft Glatz 1628 (Nr. 1) und im Fürstentum Troppau 1630 (Nr. 2) enthalten.

Der Vollständigkeit halber seien an dieser Stelle einige Informationen über den Bestand *Landtafel* (Desky zemské) angefügt. Es handelt sich um eine umfangreiche Sammlung von Amtsbüchern, die beim böhmischen Landrecht geführt wurden und in die Gerichtsurteile in Streit- und Vermögenssachen eingetragen wurden, die zur Verhandlung vor dieses Gericht kamen – vor allem Angelegenheiten des höheren und niederen Adels. Die ältesten Bände der Landtafel wurden bereits im Mittelalter geführt, beim Brand der Prager Burg 1541 jedoch vernichtet. Der Bestand der danach erneuerten Landtafel ist in Gruppen nach Art der Agenda aufgegliedert (Kaufbücher, Bücher der Vorladungen, Bücher der Schuldverträge, Gedenkbücher). Diese Hauptgruppen enthalten darüber hinaus unterschiedliche Arten von Eintragungen nach der Art der rechtlichen Verfügung. In der Landtafel kann man so eine Reihe von Aufzeichnungen über ursprünglich schlesische Adelsgeschlechter finden, die in Böhmen Eigentum beziehungsweise andere Rechte erwarben (Inkolate, Testamente und Nachlaßverfahren, Übertragungen von Eigentum). Die Suche wird durch mehrere zeitgenössische Register und Findbücher erleichtert.

Unter den Beständen kirchlicher Provenienz ist der Bestand *Archiv des böhmischen Großpriorats des Malteserordens* (Archiv českého velkopřevorství maltského řádu) von Bedeutung. In dieser Sammlung finden sich wichtige Einzelstücke. Das böhmische Großpriorat wirkte auch in Schlesien, weshalb in seinem Archivbestand Fragmente der Überlieferung schlesischer Kommenden vorhanden sind. Diese Schriftstücke erhellen die Güterverwaltung der einzelnen Kommenden und personelle Angelegenheiten. Die Materialien betreffen die Kommenden Troppau, Löwenberg in Schlesien (poln. Lwówek Śląski), Goldberg (poln. Złotoryja), Gröbnig (poln. Grobniki), Glatz, Lossen (poln. Łosiów), Oels (poln. Oleśnica), Striegau (poln. Strzegom), Breslau, Jauer (poln. Jawor) und Schweidnitz (poln. Świdnica).

Abschließend soll auf einige genealogische und heraldische Sammlungen hingewiesen werden, die als Privatsammlungen entstanden, aber zahlreiche heute anderweitig nicht mehr zugängliche Originaldokumente enthalten und somit gleichfalls eine wertvolle Informationsquelle für den Adel in Schlesien bilden. Die bedeutendste ist die umfangreiche *Genealogisch-heraldische Sammlung Wunschwitz* (Sbírka genealogicko-heraldická Wunschwitzova), die von Daniel Gottfried Wunschwitz (1678–1741) erstellt wurde und Materialien zur Adelsgeschichte in den Ländern der Böhmischen Krone vom 15. bis zum 17. Jahrhundert umfaßt (Leichenschilder, lose Blätter aus Stammbüchern, Abschriften von Grabinschriften). Von den übrigen Sammlungen sind zu nennen: die *Genealogische Sammlung Dobřenský* (Sbírka genealogická Dobřenského), die *Sammlung Král von Dobrá Voda* (Sbírka Krále z Dobré Vody) und die *Sammlung Doerr* (Sbírka Doerrova).

C. Bestandsanalyse

Die in der ersten Abteilung des Nationalarchivs aufbewahrten und für Forschungen zum Adel in Schlesien relevanten Quellen kann man in zwei Gruppen einteilen: Die erste setzt sich aus Aktenbeständen zusammen, die aus der Tätigkeit von Behörden mit Kompetenzen für alle Länder der Wenzelskrone (Böhmische Hofkanzlei) beziehungsweise für die Habsburgermonarchie als ganze (Hofkammer) hervorgingen, die den politischen und finanziellen Ämtern in Schlesien (Oberlandeshauptmannschaft/ Oberamt; Schlesische Kammer) übergeordnet waren. Die auf Schlesien bezogenen Akten der Böhmischen Hofkanzlei sind angesichts der Kassationen im 18. Jahrhundert und der Verluste während des Zweiten Weltkriegs nur bruchstückhaft überliefert. Die Akten aus dem 16. und beginnenden 17. Jahrhundert gingen zwischen 1939 und 1945 verloren, sofern sie in den Beständen *Schlesien* und *Glatz* untergebracht waren und nicht in andere Bestände *(Alte Manipulation, Lausitzen, Mähren)* aufgenommen wurden. Die jüngeren Akten der Böhmischen Hofkanzlei zu Schlesien, besonders aus der ersten Hälfte des 18. Jahrhunderts, haben sich gemeinsam mit Restbeständen von Akten einer früheren Zeit teilweise im Bestand *Böhmische Hofkanzlei* erhalten. Obwohl sie grundlegende Informationen über die Verwaltungsgeschichte der schlesischen Fürstentümer und die Funktionsweise der landesherrlichen Behörden in Schlesien einschließlich personeller Fragen (Besetzung der Ämter) bieten, wurde ihnen bislang nur wenig Aufmerksamkeit zuteil. In größerem Maße benutzten die polnischen Historiker Józef Leszczyński[8] und Kazimierz Orzechowski[9] diese Materialien, nach der politischen Wende von 1989/90 dann auch westliche Historiker und in den letzten Jahren die tschechische Schlesienforschung.[10] Geringere Verluste als die Schriftstücke der Böhmischen Hofkanzlei erlitten jene Akten, die der Tätigkeit der böhmischen Abteilung der Hofkammer entstammen und die nach dem Ersten Weltkrieg dem Wiener Hofkammerarchiv entnommen und nach Prag gebracht worden waren. Dieser Bestand wurde bisher erst wenig erforscht. Es ist zu erwarten, daß er grundlegende Informationen über die Finanzverwaltung Schlesiens zur Zeit der habsburgischen Herrschaft enthält, obgleich der Aufbau des Bestands wenig geeignet ist, um Informationen über konkrete Einzelpersonen oder Familien zu gewinnen.[11]

Die zweite Gruppe bilden Bestände, die aus der Tätigkeit von Institutionen im Königreich Böhmen entstanden sind. Darin finden sich zahlreiche Akten zu jenen schlesischen Adelsgeschlechtern, deren Mitglieder sich in Böhmen niedergelassen oder die Besitz in beiden Kronländern hatten. Ein großer Teil dieser Quellen ist heute im Bestand *Alte Manipulation* untergebracht. Ergänzende Angaben (Testamente) kann man in den Bänden der Landtafel suchen. Der Bestand *Alte Manipulation* wurde von der Forschung stark frequentiert, wenngleich er zu Untersuchungen über den schlesischen Adel und seine Verflechtungen mit dem Adel in Böhmen bislang

---

8   Leszczyński, Józef: Rządy Bethlena Gábora na Górnym Śląsku (1620–1624) [Die Herrschaft Gabriel Bethlens in Oberschlesien (1620–1624)]. In: Śląski Kwartalnik Historyczny Sobótka 14 (1959) 307-351; ders.: Władysław IV a Śląsk w latach 1644–1648 [Wladislaw IV. und Schlesien in den Jahren 1644–1648]. Wrocław 1969.

9   Orzechowski, Kazimierz: Ogólnośląskie zgromadzenia stanowe [Gesamtschlesische Ständeversammlungen]. Warszawa/Wrocław 1979.

10 Bahlcke, Joachim: Regionalismus und Staatsintegration im Widerstreit. Die Länder der Böhmischen Krone im ersten Jahrhundert der Habsburgerherrschaft (1526–1619). München 1994 (Schriften des Bundesinstituts für ostdeutsche Kultur und Geschichte 3); Ruzicka, Dagmar: Friedrich Graf von Haugwitz (1702–1765). Weg, Leistung und Umfeld eines schlesisch-österreichischen Staatsmannes. Frankfurt am Main 2002; Kilián, Jan: Zápas o německou expedici v české dvorské kanceláři (1611–1616) [Der Kampf um die deutsche Expedition in der Böhmischen Hofkanzlei (1611–1616)]. In: Bobková, Lenka/Konvičná Jana (Hg.): Korunní země v dějinách českého státu II. Společné a rozdílné. Česká koruna v životě a vědomí jejích obyvatel ve 14.-16. století. Praha 2005, 289-306. Vgl. zusammenfassend Bahlcke, Joachim: Ständeforschung. In: ders. (Hg.): Historische Schlesienforschung. Methoden, Themen und Perspektiven zwischen traditioneller Landesgeschichtsschreibung und moderner Kulturwissenschaft. Köln/Weimar/Wien 2005 (Neue Forschungen zur Schlesischen Geschichte 11).

11 Forschungsmöglichkeiten auf dem Feld der Ständegeschichte skizzierten aufgrund dieser Akten Orzechowski, Kazimierz: Podejmowanie uchwal przez ogólnośląskie zgromadzenia stanowe pod rządami Habsburgów [Die Beschlußfassung in den gesamtschlesischen Ständeversammlungen unter der Herrschaft der Habsburger]. In: Śląski Kwartalnik Historyczny Sobótka 30 (1975) 126-140, und Knoz, Tomáš: Pobělohorské konfiskace. Moravský průběh, středoevropské souvislosti, obecné aspekty [Die Konfiskationen nach der Schlacht am Weißen Berg. Mährischer Verlauf, mitteleuropäische Zusammenhänge, allgemeine Aspekte]. Brno 2006, 804-807.

eher beiläufig verwendet wurde. Die umfangreichste Arbeit aus dem Bereich der Adelsgeschichte, die auf der Basis des Bestands *Alte Manipulation* (vor allem anhand der Akten in der Signatur *C 215*) zusammengestellt wurde, ist Tomáš V. Bíleks Geschichte der Konfiskationen im Königreich Böhmen nach der Schlacht am Weißen Berg, die zugleich Informationen über jene Schlesier enthält, die über Eigentum in Böhmen verfügten.[12]

Besondere Bedeutung für die Geschichte des schlesischen Adels besitzen die umfangreichen Quellenbestände bezüglich Nobilitationen, Standeserhebungen, Erteilung von Inkolaten und Wappen sowie Wappenverbesserungen in den Ländern der Böhmischen Krone. Zentral ist in dieser Hinsicht die Sammlung von Konzepten der Privilegien und anderem Begleitmaterial im Bestand *Böhmische Hofkanzlei*, die den Ablauf des Nobilitationsverfahrens belegt, wobei man auch die Abschriften in den *Salbüchern* ebenso wie die umfangreiche Sammlung von Verlautbarungen über die Standeserhebungen im Bestand *Alte Manipulation* (Signatur *S 209*) heranziehen kann. Die Salbücher, die die von der Böhmischen Hofkanzlei erteilten Standeserhebungen umfassen, exzerpierte in Wien noch während der Zeit ihrer Aufbewahrung August Doerr.[13] Seine Arbeit ist bis heute ein grundlegendes Nachschlagewerk über Standeserhebungen im Rahmen des böhmischen Staates und wird auch als Quelle für heraldische und genealogische Informationen verwendet. Sozial- und kulturhistorische Fragen bezüglich Nobilitationen wurden allerdings erst in jüngster Zeit gestellt.[14]

Es ist an dieser Stelle nicht möglich, alle Fälle aufzulisten, in denen Materialien des Nationalarchivs für die Forschung zur Geschichte Schlesiens und einzelner schlesischer Adelige ausgewertet wurden (in dieser Hinsicht sei auch auf die hier verwalteten reichhaltigen genealogisch-heraldischen Sammlungen hingewiesen). Insgesamt ist festzuhalten, daß für eine komplexe Bearbeitung der Geschichte des Adels in Schlesien die Archivbestände im Nationalarchiv nicht außer Acht gelassen werden dürfen.

---

12 Bílek, Tomáš V.: Dějiny konfiskací v Čechách po r. 1618 [Geschichte der Konfiskationen in Böhmen nach dem Jahr 1618], Bd. 1-2. Praha 1882–1883.

13 Doerr, August von: Der Adel der böhmischen Kronländer. Ein Verzeichnis derjenigen Wappenbriefe und Adelsdiplome, welche in den böhmischen Saalbüchern des Adelsarchives im k. k. Ministerium des Innern in Wien eingetragen sind. Prag 1900; Frank, Karl Friedrich von: Standeserhebungen und Gnadenakte für das Deutsche Reich und die österreichischen Erblande bis 1806 sowie kaiserlich österreichische bis 1823, Bd. 1-5. Senftenegg 1967–1975.

14 Starý, Marek: Přijímání moravských a slezských šlechticů do panského stavu Království českého v 16. a na počátku 17. století [Die Aufnahme mährischer und schlesischer Adeliger in den Herrenstand des Königreichs Böhmen im 16. und am Anfang des 17. Jahrhunderts]. In: Bobková/ Konvičná (Hg.): Korunní země v dějinách českého státu II, 251-288; Brňovják, Jiří: Nobilitační spisy České dvorské kanceláře z období vlády císař Karla VI. (1712–1740) [Die Nobilitationsakten der Böhmischen Hofkanzlei aus der Regierungszeit Kaiser Karls VI. (1712–1740)]. In: Sborník archivních prací 56 (2006) 81-104; ders.: Otázka konfese Slezanů v nobilitačních a inkolátních řízeních české dvorské kanceláře za vlády císaře Karla VI. a tzv. slezský inkolát [Die Frage der Konfession der Schlesier in den Nobilitations- und Inkolatsverhandlungen der Böhmischen Hofkanzlei unter der Regierung Kaiser Karls VI. und das sogenannte schlesische Inkolat]. In: Nešpor, Zdeněk R. (Hg.): Čeští nekatolíci v 18. století. Mezi pronásledováním a náboženskou tolerancí. Ústí nad Labem 2007, 329-348.

Zuzana Kulová

Nationalbibliothek der Tschechischen Republik (Národní knihovna České republiky)

A. Gesamtgeschichte und Bedeutung

Die Nationalbibliothek – aufgrund des Umfangs ihrer Bestände die größte und reichste Bibliothek auf dem Gebiet der Tschechischen Republik – ist in ihrer Geschichte eng mit der Prager Karlsuniversität und dem kulturellen Geschehen des gesamten tschechischen Staates verbunden. In ihrer langfristigen historischen Entwicklung durchlief sie viele Veränderungen, die sowohl die Struktur der Bibliotheksbestände als auch deren Bearbeitung und Verwendung betrafen. Die Nationalbibliothek ist eine Bibliothek mit einem allgemeinen Bibliotheksfonds, ergänzt durch Spezialsammlungen. Neben der laufenden Buch- und Zeitschriftenproduktion finden wir hier wertvolle Handschriften (mehr als 12.000 Einheiten), eine Sammlung von Inkunabeln (3.700 Fasz.), einen reichen Bestand an alten und wertvollen Drucken (ca. 200.000 Fasz.), Musikalien, bibliophile Ausgaben, wertvolle Bucheinbände, Landkarten, Kleindrucke sowie mikrographische, audiovisuelle und elektronische Dokumente. Die Nationalbibliothek besitzt die größte Bohemica-Sammlung in der Tschechischen Republik. Sie dient zugleich als Archiv tschechischer Druckmedien.

Der Aufbau der Nationalbibliothek ist eng mit der Ankunft des Jesuitenordens in den böhmischen Ländern im 16. Jahrhundert verbunden, die Geschichte ihrer Bestände jedoch reicht bis zu den Anfängen der 1348 gegründeten Karlsuniversität zurück. Von den Handschriften, die im Besitz einzelner Universitätskollegien waren (von denen bis zur Mitte des 15. Jahrhunderts zwölf entstanden), ist im Bestand der Nationalbibliothek nur ein Teil überliefert. Die verstreuten Kollegienbibliotheken wurden 1622 als sogenannte Alte Karolinische Bibliothek der zentralen Bibliothek im Klementinum eingegliedert, die nach der Ankunft der Jesuiten in Prag 1556 gegründet wurde und nicht nur aufgrund zahlreicher Schenkungen, sondern auch durch Ankäufe und Zensurexemplare ihre Sammlungen stetig erweitern konnte.

Bald nach 1622 begann die Prager Alma mater, eine neue zentrale Bibliothek zu errichten (die sogenannte Neue Karolinische Bibliothek), die in erster Linie den Bedürfnissen der Juristischen und Medizinischen Fakultät diente. Nach der Aufhebung des Jesuitenordens 1773 wurden die Bibliotheken der übrigen jesuitischen Kollegien und Residenzen im Klementinum zusammengeführt. Ein Hofdekret vom 6. Februar 1777 vereinte alle bisher genannten Bestandteile in der neu gegründeten k. k. öffentlichen und Universitätsbibliothek, in die nun auch die Majoratsbibliothek der Kinsky einbezogen wurde, die Franz Josef Graf Kinsky im September 1777 gestiftet hatte. Dieser übergab der öffentlichen Bibliothek später auch seine persönliche Büchersammlung.

Eine neuerliche Blüte erlebte die Bibliothek vor allem nach 1918, denn in der Zwischenkriegszeit konnten die Bestände um mehr als das Doppelte erweitert werden. Während der Ersten Tschechoslowakischen Republik wurden durch großzügige Akquisitionen bedeutende Büchersammlungen gewonnen: die Lobkowitz-Bibliothek Prag (tsch. Praha), Handschriften aus der Thun-Hohensteinschen Bibliothek aus Tetschen (tsch. Děčín), Handschriften der Stiftsbibliothek in Admont, die Bibliothek Kubelík und eine Sammlung orientalischer Manuskripte. 1942 wurde die Lobkowitz-Bibliothek in Raudnitz (tsch. Roudnice nad Labem) als Deponat in die Nationalbibliothek integriert; sie wurde allerdings 1994 den ursprünglichen Besitzern zurückgegeben und ist gegenwärtig im Schloß Mühlhausen (tsch. Nelahozeves) untergebracht. 1945 erwarb man einen Teil des literarischen Nachlasses Adalbert Stifters. In den 1950er Jahren wurden die Bestände der Bibliothek, abgesehen von Ankäufen, durch Stiftsbibliotheken (die Mehrzahl dieser Bestände wurde im Lauf der 1990er Jahre restituiert) und eine Schenkung der Regierung der Deutschen Demokratischen Republik („Bohemica" aus der Stadtbibliothek Zittau) erweitert. Die enge Verbindung von historischem Bücherreichtum und der kulturellen Entwicklung spiegelt sich auch im inhaltlichen Aufbau und in der Provenienzstruktur des Bestands wider.

Národní knihovna ČR, Klementinum 190, CZ-11001 Praha 1 – Staré Město, Tel.: +420-221-663-111 (Zentrale); -262 (Sekretariat der Bibliotheksdirektion); -244, -248 (Auskünfte, Kataloge, Benutzerausweise, Ausleihe, reprographische Dienste); -201 (Gesamtkatalog); -239 (Referenzzentrum); -280, -281 (Abteilung für Handschriften und alte Drucke), Fax: +420-221-663-261, E-Mail: sekret.ur@nkp.cz; hala.os@nkp.cz; reference@nkp.cz; centrum@nkp.cz (Referenzzentrum); orst@nkp. cz (Abteilung für Handschriften und alte Drucke), Homepage: http://www.nkp.cz. [Zugriff am 01.08.2009].

Auswahlliteratur: Tadra, Ferdinand: Manuscripta Germanica. Deutsche Handschriften [Manuskript, Sign. XVI.B.37]; Hanslik, Josef A.: Geschichte und Beschreibung der Prager Universitätsbibliothek. Prag 1851; Wohlmann, Bernhard: Verzeichniß der Handschriften in der Bibliothek des Stiftes Ossegg. In: Gsell, Benedictus (Hg.): Xenia Bernardina, Bd. 2: Wilhering, Schlierbach, Ossegg, Hohenfurt, Stams. Wien 1891, 115-164; Truhlář, Josef: Catalogus codicum manuscriptorum latinorum qui in C. R. Bibliotheca publica atque universitatis Pragensis asservantur, Bd. 1-2. Pragae 1905–1906; ders.: Katalog českých rukopisů c. k. veřejné a universitní knihovny pražské [Katalog tschechischer Handschriften der k. k. öffentlichen und Universitätsbibliothek in Prag]. Praha 1906; Dolch, Walter: Katalog der deutschen Handschriften der k. k. Universitätsbibliothek zu Prag, Bd. 1: Die Handschriften bis etwa z. J. 1550. Prag 1909; Urbánková, Emma: Rukopisy a vzácné tisky pražské Universitní knihovny [Handschriften und wertvolle Drucke der Prager Universitätsbibliothek]. Praha 1957; Tobolka, Zdeněk Václav: Národní a universitní knihovna v Praze, její vznik a vývoj. Počátky knihovny až do r. 1777 [Die National- und Universitätsbibliothek in Prag, ihre Entstehung und Entwicklung. Anfänge der Bibliothek bis zum Jahr 1777]. Praha 1959; Beránek, Karel: Soupis archivních rukopisů a jiných archiválií v Universitní a Strahovské knihovně v Praze [Übersicht der archivalischen Handschriften und anderer Archivalien in der Universitäts- und Strahover Bibliothek in Prag]. In: Sborník archivních prací 21 (1971) 185-234; Svobodová, Milada: Katalog českých a slovenských rukopisů sign. XVII získaných Národní (Universitní) knihovnou po vydání Truhlářova katalogu z roku 1906 [Katalog der tschechischen und slowakischen Handschriften der Sign. XVII, die durch die National- bzw. Universitätsbibliothek nach der Herausgabe des Katalogs von Truhlář aus dem Jahr 1906 erworben wurden]. Praha 1996;

Fabian, Bernhard (Hg.): Handbuch deutscher historischer Buchbestände in Europa, Bd. 1/1: Tschechische Republik: Prag. Hildesheim/Zürich/New York 1999; Průvodce po rukopisných fondech v České republice [Wegweiser durch die Handschriftenbestände in der Tschechischen Republik], Bd. 4. Bearb. v. Marie Tošnerová. Praha 2004; Marek, Jindřich/Modráková, Renáta: Zlomky rukopisů v Národní knihovně České republiky [Fragmente der Handschriften in der Nationalbibliothek der Tschechischen Republik]. Praha 2006; Hejnová, Miroslava: Historické fondy Národní knihovny ČR. Průvodce [Historische Bestände der Nationalbibliothek der Tschechischen Republik. Ein Wegweiser]. Praha 2007.

B. Bestandsgliederung

Den Bestand der Handschriften und alten Drucke der Nationalbibliothek verwaltet die gleichnamige Abteilung. Ende des 18. Jahrhunderts wurde für den Bestand an Manuskripten eine eigene Anlagesystematik auf sprachlicher Grundlage gebildet (Signaturen beginnend mit I-XV lateinische, mit XVI deutsche, mit XVII tschechische Handschriften). Nach 1918 entstand eine weitere Abteilung, in welche die von der Bibliothek neu erworbenen Handschriftensammlungen eingereiht wurden. Heute ist die Handschriftensammlung in 26 Abteilungen aufgeteilt, allerdings haben einige Bibliotheken und Sammlungen weiterhin ihr herkömmliches Signaturensystem. Informationen über Handschriften und alte Drucke sind in Form elektronischer Einträge im Katalog *Manuscriptorium* abrufbar.[1] Von den annähernd 12.000 Einheiten der in der Nationalbibliothek verwahrten Manuskripte sind derzeit ca. 20 Prozent elektronisch katalogisiert. Jene Handschriften, die einstweilen im *Manuscriptorium* nicht verzeichnet sind, müssen in den gedruckten und handschriftlichen Katalogen gesucht werden, von denen die wesentlichen oben aufgelistet sind.[2] Die Abteilung für Handschriften und alte Drucke beherbergt gleichfalls sämtliche alten Drucke der Nationalbibliothek mit Ausnahme jener Drucke, die in der „Slawischen Bibliothek" (Slovanská knihovna) aufbewahrt werden. Als grundlegende Suchbehelfe dienen *Manuscriptorium* und der eingescannte Generalkatalog I, der die Katalogkarten aller Drucke der Nationalbibliothek von 1501 bis 1950 enthält – mit Ausnahme der Kleindrucke, Graphiken, historischen Landkarten und neuen Akquisitionen.[3]

---

1 Hierbei handelt es sich um einen offenen Katalog historischer Bestände einschließlich einer digitalen Bibliothek mit eingescannten Kopien ausgewählter Handschriften und Drucke. Vgl. http://www.manuscriptorium.com [Zugriff am 01.08.2009].

2 Einen genauen Überblick der Kataloge gibt die Homepage der Nationalbibliothek http://www.nkp.cz/pages/page.php3?page=orst_katalogy.htm. Unter der Adresse http://digit.nkp.cz/rukopisy/rkp_biblio.htm steht eine retrospektive Auswahlbibliographie zu den Handschriften der Nationalbibliothek zur Verfügung [Zugriff am 01.08.2009].

3 http://katif.nkp.cz [Zugriff am 01.08.2009].

Recherchen in diesen Katalogen verweisen auf folgende handschriftliche, den schlesischen Adel betreffende Quellen:

Signaturengruppe XII.
A.6 Nomina Episcoporum, qui tam Smogroviae, quam etiam Ritzinii et deinde Wratislaviae Cathedrali Ecclesiae prefuere [bis zum Jahr 1625]; Chronica sive Cathalogus omnium Episcoporum Wratislaviensium [erweitertes Werk, ursprünglich von Jan Długosz, 1415–1480, vollendet bis zum Jahr 1684]

Signaturengruppe XV.
B.3 Manifest der Königlichen Majestät von Preussen occasione derer in Schlesien eingeruckter Völker; Patent der Schlesischen Stände; nebst anderen den Anfang des Schlesischen Krieges 1740–1741 betreffenden Schreiben von beiden Seiten
E.12 Concordia inter spiritualem videlicet secularem statum utriusque Silesiae per Regios Comissarios facta Anno Domini 1504. Scriptum 1550, 20. Martii

Signaturengruppe XVI.
C.6 Gottfried Ferdinand Buckisch: Schlesische Religionsakten. Welcher gestalt nemlich der Luteranismus in Schlesien zu Zeiten Ludovici Königs zu Hungarn und Böhmen seinen Ursprung genommen [...] verbreitet [...] und abolirt worden, Bd. 1 [von Anfang des 16. Jahrhunderts bis zum Jahr 1607], 1765
D.9 Ders.: Schlesische Religionsakten [...] (1618–1708), Bd. 1-3, 1765/66
E.28 Enucleatio locorum communium und deren im Lande Schlesien enthaltenen gravaminum, jederman zur gewissen Nachricht und Information aufgesetzt durch justum [...] [beschädigte Seite] von Chronenburg a. 1634 [anonyme kaiserfreundliche Schrift, welche die Beschwerden und Klagen Schlesiens aus dem Jahr 1634 beschreibt]
F.36 Constantinopolitanische Reise [...] durch Conrathen von Sack, Rittmeister von Schlesien [Relation über die Reise der kaiserlichen Abordnung, geführt von Hermann Czernin von Chudenitz, nach Konstantinopel in den Jahren 1644/45; das Manuskript datiert vom 20. März 1647 in Tiefhartmannsdorf nahe Hirschberg und ist Herzog Georg Rudolf von Liegnitz und Wohlau gewidmet]
F.53 Daniel Czepko von Reigersfeld: Kurtze Begrieff Der Beyden Fürstenthümer Schweidnitz und Jawer, 1670 [Überblick über die geographische, soziale und administrative Struktur des Fürstentums Schweidnitz-Jauer, u. a. mit einer Liste der Lehensmänner (fol. 22r-24v), und der kaiserlichen Beamten (36r-39r)][4]
F.58 Die königliche Instructionen von Kaiser Ferdinand III. die Glatzische Verwaltung betreffende, erste Hälfte des 17. Jahrhunderts [Instruktionen für den Glatzer Landeshauptmann 1626, 1632, den Steuereinnehmer 1626 und den Sekretär des königlichen Amtes 1634]

---

4 Die Handschrift gehörte Christoph Wenzel von Nostitz (1643–1712). Sie wurde Nostitz von Zacharias Allert gewidmet, als jener zum Landeshauptmann im Fürstentum Schweidnitz-Jauer ernannt wurde.

Signaturengruppe XVII.
C.59 a, b Obrigkeitliche Akten des Gutes Radun (tsch. Raduň) bei Troppau (tsch. Opava) [Grundbuch (1644–1665), eingerichtet von Hynko Wenzel Tvorkovsky von Krawarn (fol. 1r-141v); undatiertes Urbar aus der zweiten Hälfte des 17. Jahrhunderts (fol. 145r-173v)]
D.35 Relation des Wilhelm Slawata von Chlum und Koschumberg (1572–1652) über die Verhandlungen im Streit um die staatsrechtliche Zugehörigkeit des Troppauer Fürstentums, 1614/15 [mit Abschriften zahlreicher Dokumente]

Signaturengruppe XIX.
A.5/II Sammlung von Urkunden und Regesten zur böhmischen Geschichte, 1333–1544 [Unterlagen für das böhmische Urkundenbuch, gesammelt von Franz Martin Pelzel,[5] Erzieher in der Familie Nostitz, der für das Kleben der Ausschnitte ausgesonderte Akten aus dem Familienarchiv Nostitz der Jahre 1717–1734 verwendete; darunter Quittungen aus der gräflichen Küche, monatliche und halbjährliche Abrechnungen, eine Liste der Einnahmen aus dem Jahr 1719, Instruktionen von Anton Johann Graf von Nostitz aus dem Jahr 1734 u. a. (fol. 8, 11, 12, 14-21, 27-35, 38-43, 46-60, 62-66, 72-75, 81-89, 93-95)]
A.43 Abschriften von Akten zur fiskalischen und administrativen Geschichte Schlesiens [Akten, die 1693–1696 im Zuge der Untersuchung von Beschwerden über den schlesischen Oberfiskal Christian Frantz entstanden, Instruktionen für den Präsidenten und Rat der Schlesischen Kammer 1668, Dokumente über das schlesische Münzsystem 1687–1697]

Signaturengruppe XXIII.
C.8 Gesindeordnung für Schlesien, 1652
D.31 Acta politica publica, welche in genere oder generaliter alle undt jede fürstenthumber in Ober- und Nieder Schlesien concerniren und mitt begreiffen, 16. Jahrhundert.
D.32 Landesordnung des Fürstentums Oppeln-Ratibor, 1580
D.33 Notae et observationes practicae ad ipsam ordinationem iudiciariam Wratislaviensis una cum signaturis quovis loco competentibus et in iudicio hoc ordinarii usitatis, zweite Hälfte des 17. Jahrhunderts [Gerichtsordnung der Stadt Breslau]
D.35 Akten der schlesischen Fürstentage 1607–1629, Bd. 1-2
F.32 Landesordnung des Fürstentums Teschen 1592 [Abschrift der gedruckten Landesordnung von 1592 aus der zweiten Hälfte des 17. Jahrhunderts]

Signaturengruppe XXVI.
A.6 Varia vaticinia et relationes de Silesia, 15.–16. Jahrhundert [gebundene Sammlung an Miscellanea unterschiedlicher Provenienz und unterschiedlicher Zeiten; ent-

---

5 Einen Teil der Privatbibliothek Pelzels mit dem literarischen Nachlaß und Abschriften diverser Urkunden erwarb Franz de Paula Anton Thun-Hohenstein (1786–1873).

hält eine Reihe von Prophezeiungen, die sich auf Böhmen und Polen beziehen, weiter auf fol. 383r-386v und 389r-391v Schriften zum Steuerwesen in Schlesien (fol. 383r-v: XIV. Des Ganze Landes Schlesien schaczungk; fol. 384r-v: Abteilung des landes Schlesien in vier Quartier; fol. 385r: Anno 1579 hat man auf gehaltenen furstentagk zu Breslaw, einen Ungeferlichen uberschlag gemacht [...]; fol. 386r-v und 389r-v: militärische Taxationen nach Städten; fol. 390r: Anzahl der Städte, Burgen und Dörfer in Böhmen und Schlesien; fol. 391r-v: Wie hoch ein pferdt angeschlagen [...] Weichbilder in Schlesien)][6]

Eine partikulare Bedeutung für die Geschichte Schlesiens, besonders in Zusammenhang mit der Rekatholisierung, haben die Jahresberichte *(Litterae annuae)* der böhmischen Provinz des Jesuitenordens, zu der auch Schlesien gehörte. Diese Berichte für die Jahre 1608–1616, 1621–1622, 1654–1655, 1657–1705, 1709–1712, 1714–1718, 1720–1725, 1727–1728, 1742–1743, 1745–1748, 1750–1751 und 1757–1772 befinden sich in den Beständen der Nationalbibliothek unter der Signatur XXIII.C.105.1-19[7] [vollständiger sind die Jahresberichte der böhmischen Provinz in der Österreichischen Nationalbibliothek in Wien erhalten].

Überdies befinden sich in der Nationalbibliothek Chroniken einzelner schlesischer Kollegien und weitere Quellen zur Tätigkeit der Jesuiten in Schlesien und Glatz, z.B. XXIII.D.167 Historia Collegii Societatis Jesu Sagani (1629–1710), XXIII.D.168 Historia Collegii Glacensis Societatis Jesu, III.B.24 Litterae annuae des Jesuitenkollegs in Glatz aus dem Jahre 1659, XV.C.7 Akten der jesuitischen Mission in Troppau und Jägerndorf (1679–1680). Weitere Informationen finden sich auch in den Konvoluten XXIII.D.147 Historiae collegiorum Societatis Jesu provinciae Bohemiae [größtenteils bis zum Jahr 1695] und XXIII.D.189.1-4 Supplementa historiae collegiorum Societatis Jesu provinciae Bohemiae (1695–1700).

C. Bestandsanalyse

Die Schlesien betreffenden Handschriften der Nationalbibliothek der Tschechischen Republik haben einen sehr heterogenen Charakter und Inhalt. Es finden sich Quellen zu religiösen, wirtschaftlichen, rechtlichen, administrativen u. a. Problemkreisen. Es fällt daher schwer, die Sammlung als Ganzes zu bewerten, denn jedes der genannten Manuskripte ist einer eigenständigen Analyse würdig. Nur wenigen jedoch wurde bisher eingehendere Aufmerksamkeit geschenkt, darunter etwa der Nachricht Wilhelm Slawatas über die Verhandlungen im Streit um die staatsrechtliche

---

6 Urbánková, Emma/Wiżďálková, Bedřiška: Bohemika z Městské knihovny v Žitavě [Bohemica aus der Stadtbibliothek in Zittau]. Praha 1971, 62-73.
7 Alle in der Tschechischen Nationalbibliothek aufbewahrten *Litterae annuae* sind in Form von digitalen Kopien über Manuscriptorium zugänglich.

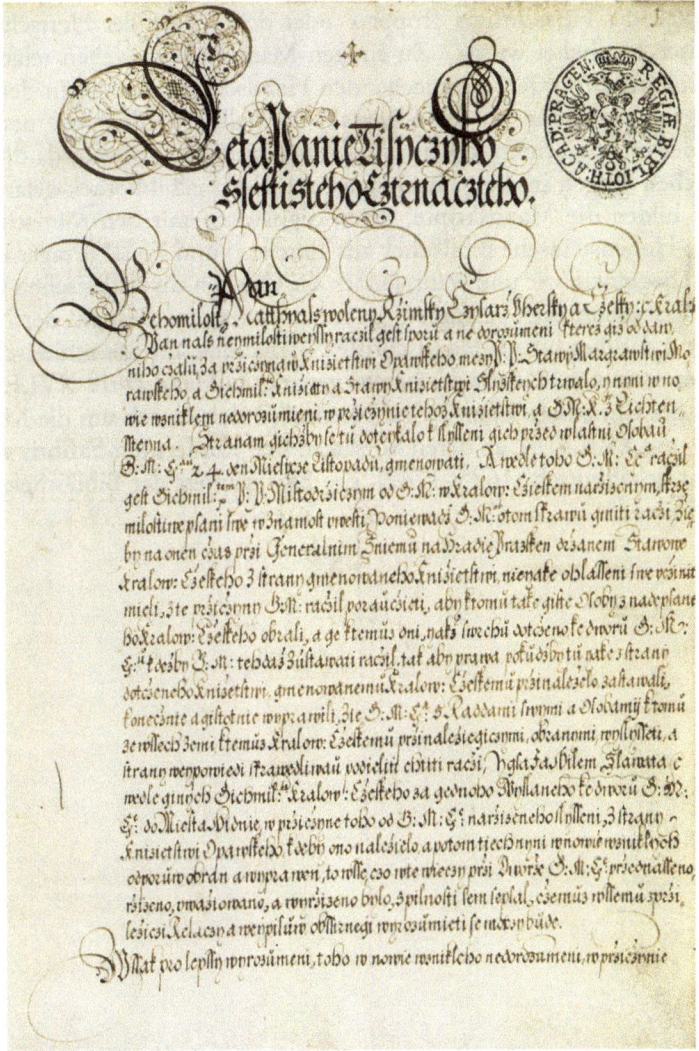

Bericht Wilhelm Slawatas von Chlum und Koschumberg (1572–1652) über die Verhandlungen, die im Zusammenhang mit dem Streit über die staatsrechtliche Stellung des Fürstentums Troppau in den Jahren 1614/15 geführt wurden. Slawata, ein böhmischer Adeliger und Konvertit, gehörte unter dem böhmischen Adel zur radikal katholischen Partei. Als Hoflehensrichter und Präsident der Böhmischen Kammer war er zur Zeit der Verhandlungen bereits ein hoher Amtsträger. Als solcher wurde er für die Kommission ausgewählt, die zur Schlichtung des bereits seit vielen Jahrzehnten schwelenden, durch die Belehnung Karls von Liechtenstein mit Troppau 1614 jedoch schlagartig eskalierenden Konflikts eingesetzt worden war. Die Auseinandersetzung zwischen den protestantischen Landständen in Troppau und dem neuen katholischen Landesherrn, die auch zwischen den Ständegemeinden der einzelnen Kronländer zu Spannungen führte, hatte im Vorfeld des böhmischen Ständeaufstands von 1618 große Bedeutung. Der Bericht Slawatas ist zugleich eine wichtige ideengeschichtliche Quelle, die Auskunft gibt über das politische Denken der Stände in den Ländern der Böhmischen Krone. Bildnachweis: Národní knihovna České republiky, Sign. XVII.D.35, fol. 1r.

Zugehörigkeit des Fürstentums Troppau[8] oder dem Urbar der Herrschaft Radun, das editorisch bearbeitet wurde.[9] Zu einigen Manuskripten stehen relativ gründliche Beschreibungen in den entsprechenden Handschriftenkatalogen der Nationalbibliothek zur Verfügung. In der Mehrzahl der Fälle ist jedoch die ursprüngliche Herkunft der Handschriften unklar und schwer zu rekonstruieren, da diese auf unterschiedlichen Wegen in die Sammlungen der Nationalbibliothek gelangten. Eine Ausnahme bilden die Manuskripte, deren Signaturen mit den römischen Ziffern XIX (Thun-Hohensteinsche Bibliothek aus Tetschen) und XXIII (Prager Lobkowitz-Bibliothek) beginnen; wie und wann jedoch die Quellen zur schlesischen Geschichte in diese Adelsbibliotheken gelangten, ist meist unklar. Im Bestand der Nationalbibliothek sind darüber hinaus Handschriften vorhanden, die aus schlesischen Adelsbibliotheken stammen. Neben der bereits genannten Handschrift XVI.F.53 aus der Bibliothek des Christoph Wenzel Graf Nostitz handelt es sich um die Manuskripte XVII.E.73 und XVII.E.74, an deren Vorsätzen sich Kupferstich-Exlibris von Johann Anton Graf Schaffgotsch (1675–1742), des Eigentümers der Bibliothek in Warmbrunn, befinden.[10]

---

8 Polišenský, Josef: Viléma Slavaty relace o jednání v příčině knížetství Opavského 1614–1615. Příspěvek k poznání politického myšlení předbělohorských Čech [Der Bericht Wilhelm Slawatas über die Verhandlung hinsichtlich des Fürstentums Troppau 1614–1615. Ein Beitrag zur Kenntnis des politischen Denkens in Böhmen in der Zeit vor der Schlacht am Weißen Berg]. In: Slezský sborník 51 (1953) 488-498.

9 Korbelářová, Irena (Hg.): Urbář raduňského panství ze druhé poloviny 17. století [Ein Urbar der Raduner Herrschaft aus der zweiten Hälfte des 17. Jahrhunderts]. In: Časopis Slezského zemského muzea B 50 (2001) 218-233.

10 Beide Manuskripte wurden der Nationalbibliothek der Tschechischen Republik 1954 als Geschenk der polnischen Regierung überreicht, weil sie inhaltlich die Brüder-Unität betreffen.

Milena Běličová

Archiv des Nationalmuseums
(Archiv Národního muzea)

A. Gesamtgeschichte und Bedeutung

Das Archiv des Nationalmuseums in Prag (tsch. Praha), das älteste öffentliche Archiv in Böhmen, geht auf eine eigenständige Abteilung des Vaterländischen Museums des Königreichs Böhmen *(Vlastenecké muzeum království Českého)* zurück, die 1846 auf Antrag des damaligen Geschäftsführers des Museumsausschusses, František Palacký, gebildet worden war. Offiziell gilt daher das Jahr 1846, als mit Karel Jaromír Erben auch der erste Archivar angestellt wurde, als Gründungsjahr. Dem Aufruf zur Gründung des Vaterländischen Museums vom April 1818 („An die vaterländischen Freunde der Wissenschaften") und dessen ersten Statuten aus dem Jahr 1822 nach hatte es vorrangige Aufgabe dieser Institution sein sollen, alle Quellen zur Nationalgeschichte zu sammeln, das einschlägige Schriftgut zu systematisieren und überdies Abschriften von Archivalien zur böhmischen Geschichte aus in- und ausländischen Archiven zu beschaffen. Der älteste, durch Zuwendungen von privater Seite vergrößerte Teil der Archivbestände hat insofern den Charakter von Sammlungen. Seit der zweiten Hälfte des 19. Jahrhunderts wurden dann allmählich auch innerlich zusammenhängende Einheiten wie das Familienarchiv Sternberg-Manderscheid und umfangreiche Registraturen erworben – die Akten des Gerichts des Prager Oberstburggrafen etwa, des Kammer- und Appellationsgerichts sowie weiterer Ämter aus der Zeit des 15. bis 18. Jahrhunderts. Hierbei sind einzelne leitende Archivare besonders hervorzuheben: Václav Schulz (1878–1916), der alle im Lauf des 19. Jahrhunderts gesammelten Schriftstücke thematisch nach dem Pertinenzprinzip in die heutigen alten historischen Sammlungen A–Ch aufteilte; Karel Stoukal (1921–1935), der sich um die Erwerbung der bedeutenden Nachlässe der Familien Palacký und Rieger verdient machte; und schließlich Aleš Chalupa (1959–1984), der in den 1960er Jahren die Existenz des Archivs zu sichern wußte und dessen Neuausrichtung auf den Erwerb personenbezogener Bestände (Nachlässe) öffentlich tätiger Persönlichkeiten des politischen, wissenschaftlichen und kulturellen Lebens durchsetzte. Seit 1920 ist das Archiv überdies als eigentliches Archiv des Nationalmuseums tätig, nachdem es die ältesten Akten der Museumsregistratur bis 1900 übernommen und gemäß einer Entscheidung des Museumsausschusses begonnen hatte, Zug um Zug auch die weiteren Akten zu übernehmen.

Archiv Národního muzea v Praze, Na Zátorách 6, CZ-17000 Praha 7, Tel.: +420-220-802-530, Fax: +420-220-877-863, E-Mail: archivnm@nm.cz, Homepage: http://www.nm.cz/historicke-muzeum/archiv.php [Zugriff am 01.08.2009].

Auswahlliteratur: Běličová, Milena: 160 let Archivu Národního muzea [160 Jahre Archiv des Nationalmuseums]. In: Časopis Národního muzea 175/1-2 (2006) 79-87; Chalupa, Aleš u. a.: Průvodce po fondech a sbírkách Archivu Národního muzea [Wegweiser durch die Bestände und Sammlungen des Archivs des Nationalmuseums]. Praha 1998; Chalupa, Aleš: Vznik a první léta činnosti Archivu Národního muzea v Praze [Die Entstehung und die ersten Jahre der Tätigkeit des Archivs des Nationalmuseums in Prag]. In: Časopis Národního muzea 140 (1971) 55-60; ders.: Archiv Národního muzea v jubilejním roce [Das Archiv des Nationalmuseums im Jubiläumsjahr]. In: Archivní časopis 18 (1968) 1-5; Charvát, Jaroslav: Archiv Národního muzea [Das Archiv des Nationalmuseums]. In: Národní muzeum, 1818–1948. Praha 1949, 33-41; Schulz, Václav: Archiv Musea Království českého [Das Archiv des Museums des Königreichs Böhmen]. In: Časopis Musea Království českého 87 (1913) 365-69.

B. Bestandsgliederung

Dokumente zur Geschichte des schlesischen Adels befinden sich in erster Linie in den alten historischen Sammlungen, die überwiegend im Lauf des 19. Jahrhunderts zusammengetragen wurden. Die neueren Bestände und Sammlungen enthalten nur in geringem Ausmaß Archivalien zum Adel und beziehen sich bis auf wenige Ausnahmen (Rothkirch-Panthen im Familienarchiv Herzogenberg) nicht auf den schlesischen Adel.

A, B – Sammlung von Pergamenturkunden

Die Sammlung enthält Pergamenturkunden unterschiedlichen Inhalts und verschiedener Provenienz von 1140 bis 1918. Unter den Ausstellern finden sich Päpste, Regenten, Kleriker, Adelige, Bürger, Mitglieder von Stadträten und Zünften sowie Würdenträger verschiedener Institutionen. Die Sammlung, deren Grundstein bereits in den Gründungsjahren des Museums gelegt wurde, wird bis zur Gegenwart weiter ergänzt und zählt derzeit 2.417 Stücke. Sie ist in fünf chronologischen Gruppen angelegt – die Trennung in die Sammlungen A und B erfolgt gemäß ihrer Aufbewahrung in kleinen hölzernen Kisten in zwei Größen. Die provisorisch mit (A) und (B) gekennzeichneten Gruppen bilden jene Urkunden, die in den 1960er Jahren ursprünglich zur Ausgliederung vorbereitet worden waren. In die behelfsmäßige chronologische Reihe X wurden vorläufig die Zugänge eingeordnet. Eine Orientierung in den Sammlungen ermöglichen die alte Zettelkartothek der Regesten und für die Zeit bis 1526 ein nicht vollendeter Regestenkatalog.

Im Bestand finden sich zahlreiche Einzelstücke schlesischer Provenienz. Es handelt sich zunächst um Urkunden, die von schlesischen Fürsten aus den Dynastien der Piasten und der Podiebrad ausgestellt wurden oder diese betreffen: Bernhard und Bolko, 18. März 1281 und 2. August 1288 (Inserts in der Urkunde 6. Mai 1527): A 610; Johann von Steinau und Guhrau, 30. Juni 1333: (A) 9; Heinrich und Konrad von Sagan und Oels, 27. August 1337 (Insert in der Urkunde 25. März 1338): (A) 10a; Bolko von Fürstenberg und Schweidnitz, 5. Mai 1348 (Insert in der Urkunde 9. Oktober 1493): (A) 60 und 12. Juli 1353 (Insert in der Urkunde 24. April 1497): (A) 63a sowie Fragment (ohne Jahr, Insert in der Urkunde 23. Januar 1499): (A) 65; Anna von Glogau, verehelichte Rosenberg, 21. April 1477: A 484; Kasimir von Teschen, 8. Januar 1509: A 560; Wenzel von Teschen, 6. Februar 1566: A 742; Adam Wenzel von Teschen, 15. Juni 1615: A 906 und 25. Juli 1616: A 912; Heinrich von Münsterberg-Oels, 16. August 1497: X 37; Karl von Münsterberg-Oels, 2. November 1501: X 39; Viktorin von Münsterberg, 16. Dezember 1465 (Insert in der Urkunde 6. Januar 1598): A 847.

Ferner handelt es sich um einige Urkunden, die von schlesischen Adeligen ausgestellt wurden beziehungsweise mit dem schlesischen oder in Böhmen ansässigen Adel schlesischen Ursprungs in Zusammenhang stehen, zum Beispiel von den Geschlechtern der Burggrafen von Dohna: Friedrich, A 664 (1546) und A 671 (1547); Heinrich der Jüngere, A 841 (1596); Heinrich, A 940 (1627) und A 978 (1638); Gersdorf: Brüder Nikolaus, Christoph und Kaspar, (A) 38 (1432); Nikolaus, A 1046 (1663); Haugwitz: Jordan genannt Ptáček, A 315 (1413) und A 367 (1436); Johann genannt Bogstul, A 367 (1436); Karl, A 893 (1613); Dietrich (Verwalter der Hauptmannschaft in der Grafschaft Glatz), A 898 (1614); Nostitz: Johann Nikolaus und Johann Walreich, A 1018 (1654); Johann Hartwig, (A) 322 (1673); Oppersdorff: Ursula Sophia, verehelichte Schlick, A 951 (1629); Franz Eusebius, (A) 321 (1673); Georg, A 1146 (1748); Ludovika Maria, verehelichte Praschma, (A) 369 (1698); Eleonora, A 1108 (1733); Schaffgotsch: Marie Anna, A 1213 (1765); Seidlitz: Hartwig, X 39 (1501); Würben und Freudenthal: Johann der Ältere, A 644 (Testament ca. 1540); Johann der Ältere, A 861 (1602); Brüder Georg der Ältere und Hynko der Jüngere, A 873 (1609); Hynko der Jüngere, A 904 (1614); Johann, 10. Juni 1676: (B) 639; Maria Eleonora, verehelichte Bagni, A 1163 (1753); Elisabeth, verehelichte Drahotouš, (A) 238 (1631).

D – *Schriftstücke allgemeinen Inhalts*

Diese Sammlung enthält chronologisch geordnete Schriftstücke von 1414 bis 1945 (Abschriften seit 1228), die sich thematisch nicht in die übrigen Gruppen eingliedern ließen. Es handelt sich um vermischtes Material von allgemeinem Charakter und unterschiedlichem Inhalt. Die ersten acht Kartons (1228–1605, insgesamt 652 Inventarnummern) sind in der Regestenkartothek inventarisiert, weitere 38 Kartons sind bisher nicht erfaßt. Es finden sich hier zum Beispiel Fehdebriefe an den polnischen König Kasimir IV. und Herzog Wenzel von Zator aus den Jahren 1457 bis 1460 (Inv. Nr. 46-51, 55-81, 83-87, 89-94), Schriftstücke zum Bierstreit zwischen Adel und Städten im Herzogtum Oppeln-Ratibor von 1575, Beschlüsse der schlesischen und lausitzischen Stände von 1587, ein Teil der Korrespondenz Heinrich Burggraf von Dohnas aus dem Jahr 1636 und eine Reihe von Einzelstücken, die sich auf das Verhältnis der habsburgischen Herrscher zu den schlesischen Fürsten und Ständen beziehen.

F – *Topographische Sammlung*

Die alphabetisch geordnete Sammlung beinhaltet Schriftstücke zur Geschichte einzelner Städte, Gemeinden, Siedlungen und Herrschaften vorwiegend aus Böhmen und Mähren. Es sind jedoch auch Dokumente aus Orten Schlesiens – Breslau (poln. Wrocław), Freudenthal (tsch. Bruntál), Glogau (poln. Głogów), Jägerndorf (tsch.

Krnov), Landeshut (poln. Kamienna Góra), Liegnitz (poln. Legnica), Troppau (tsch. Opava), Schweidnitz (poln. Świdnica), Wagstadt (tsch. Bílovec) –, Oberungarns, Österreichs und Deutschlands eingereiht. Hier finden sich oft auch Belege über ihre schlesischen Besitzer. Angesichts des Umfangs der Sammlung (241 Kartons von 1325 bis 1948) ist eine nähere Spezifizierung des Adels nicht möglich. Eine Orientierung ermöglicht ein maschinenschriftliches Verzeichnis von 1973.

H – Genealogische Sammlung

Diese alphabetisch gegliederte Sammlung umfaßt Schriftstücke zur Geschichte verschiedener Adelsgeschlechter (von 1410 bis 1931). Ihr Umfang beträgt 91 Kartons, davon 13 Kartons als unbearbeitete Nachträge. Das hier aufbewahrte Material ist recht heterogen und schließt sowohl gewöhnliche Schriftstücke ein, die oft in anderen Archiven aufgefunden wurden (Akten über Eigentumsübertragungen, Schuldscheine, Abschriften von Privilegien, Wappenzeichnungen, Siegelabdrucke), als auch einzigartige Quellen einschließlich Rechnungsunterlagen oder Familienkorrespondenzen. Zu einigen Geschlechtern ist ein reicherer Quellenbestand erhalten, der sich gelegentlich aus Nachlaßfragmenten einzelner Mitglieder des Geschlechts zusammensetzt, oft allerdings handelt es sich um bloße Einzelstücke. Eine Orientierung in der Sammlung ermöglicht ein Verzeichnis von 1971.

Das Material bezieht sich hauptsächlich auf böhmische und mährische Geschlechter, allerdings auch auf schlesische und andere landfremde Familien, die sich in Böhmen niedergelassen hatten oder mit böhmischen Adeligen in Verwandtschaftsbeziehungen getreten waren. In größerem Ausmaß sind in der Sammlung folgende schlesische Geschlechter vertreten: Czettritz (6 Stück, Karton 9): Rechtsstreitigkeiten, 1544–1612; Tschirnhaus (10 Stück, Karton 10): Korrespondenz, Vermögensangelegenheiten, 1599–1700; Dohna (144 Stück, Karton 13): Korrespondenz, Vermögens-, militärische und genealogische Angelegenheiten, Siegelabdrucke, Aktenkonvolut betreffend die Teilnahme Heinrich Burggraf von Dohnas († 1651) an der Verteidigung Prags 1648; Mappe mit Abschriften zur Geschichte des Geschlechts von August von Doerr und Bedřich Bernau, 1403–1896; Gaschin (1 Stück, Karton 17): Standeserhebungsurkunde von 1633 in Abschrift; Gersdorf (9 Stück, Karton 17): Korrespondenz, Vermögens- und genealogische Angelegenheiten, Siegelabdrucke, Skizze des Wappens, 1540–1644; Haugwitz (20 Stück, Karton 20): Vermögens- und genealogische Angelegenheiten, Siegelabdrucke, Skizze des Wappens, 1518–1904; Henckel von Donnersmarck (20 Stück, Karton 20): Vermögensangelegenheiten, Abschriften zur Geschichte des Geschlechts von August von Doerr, der Druck „Beiträge zur Geschichte und Genealogie der Familie Henckel von Donnersmarck" von August von Doerr, 1600–1630; Hohberg (1 Stück, Karton 21): Vollmacht, 1726; Kotulinski (22 Stück, Karton 31): Korrespondenz, Quittungen, Vermögens-, amtliche und persönliche Angelegenheiten, Skizze des Wappens, 1644–1758; Krawarn (3 Stück, Karton 31): Vermögensangelegenheiten, 1629–1694; Kurzbach von Trachenberg (5 Stück, Karton 33): Verträge, Steuern, Siegelabdrucke u. a., 1554–1628; Logau (5 Stück, Karton 36): Vermögens- und Familienangelegenheiten, Abschriften der Privilegien Rudolfs II. für Heinrich von Logau, Skizze des Wappens, 1542–1610; Nostitz

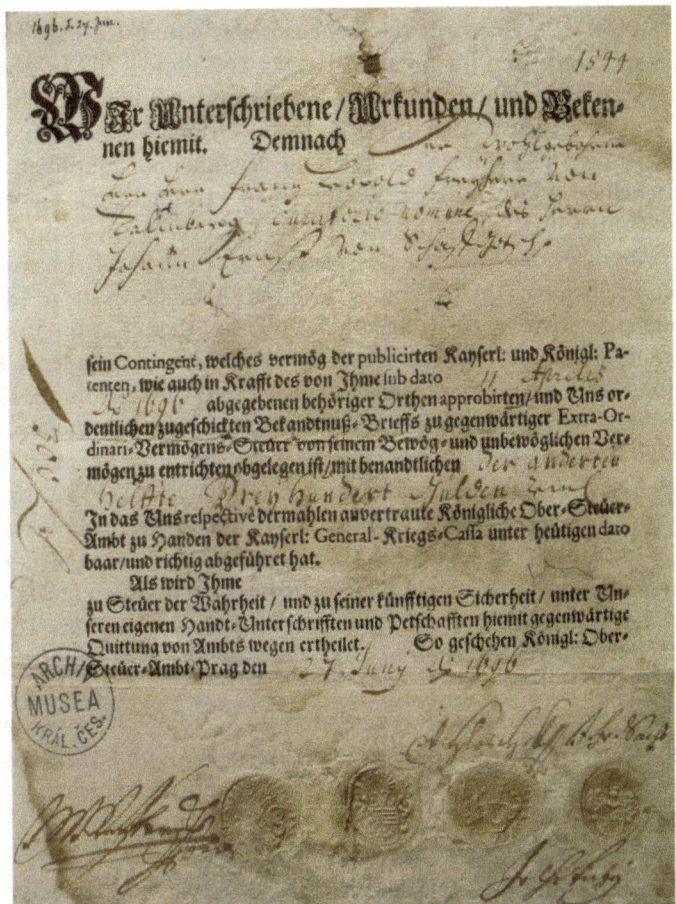

Bestätigung des Prager Obersteueramts vom 27. Juni 1696 über die Bezahlung der außerordentlichen Vermögenssteuer in Höhe von 300 fl. durch Franz Leopold von Talmberg, der hier als Kurator des abwesenden Johann Ernst Anton Schaffgotsch auftritt. Der 1675 in Schlesien geborene Schaffgotsch, der sich im Sommer 1696 auf einer Kavaliersreise befand, wurde kraft des 1688 verfaßten Testaments seines Onkels Johann Ernst der Ältere († 1695) zum Universalerben des seit Mitte des 17. Jahrhunderts in Nordostböhmen aufgebauten Fideikommisses. Der 1658 in den Herrenstand und 1681 in den Grafenstand erhobene Johann Ernst der Ältere hatte die ökonomische Basis für den Aufstieg seines Hauses in Böhmen gelegt. Zum Universalerben hatte er überraschenderweise seinen jüngsten Neffen bestimmt, den er in Prag studieren ließ. Johann Ernst Anton machte nach seiner Rückkehr von der Kavaliersreise eine steile Karriere in verschiedenen Prager Landesämtern, verschwägerte sich mit dem böhmischen Adel und erlangte 1734 das ranghöchste Amt des Oberstburggrafen.
Bildnachweis: Archiv Národního muzea v Praze, Genealogická sbírka, Karton 53.

(22 Stück, Karton 42): Abschrift des Lehensbriefes von Wladislaw Jagiello 1497; drei Wappenverbesserungen für Johann Hartwig 1675 und 1702 in Abschrift; Korrespondenz, Vermögensangelegenheiten, Abschriften landtäflicher Eintragungen, Skizze der Wappen, Todesanzeigen, 1474–1852 (Originale ab 1580); Oppersdorff (51 Stück, Karton 43): Akten in Vermögensangelegenheiten, Suppliken, Abschriften von Schuldscheinen 1579 und von landtäflichen Eintragungen, Genealogie, Vermögensverzeichnis Ottos von Oppersdorff 1647, 1562–1782; Promnitz (5 Stück, Karton 46): Abschrift der Urkunde des Bischofs von Breslau, Balthasar, 1561; Abschriften der Privilegien, 1561–1739; Rothkirch (1 Stück, Karton 48): Albrecht, Vermögensangelegenheiten, 1561; Schaffgotsch (146 Stück, Karton 53): Urkunden, Vermögensangelegenheiten, Quittungen, Ahnentafel, Korrespondenz, Rechnungsbelege von Josef Wilibald aus der Herrschaft Bielohrad (tsch. Bělohrad, 1754–1755), 1542–1935; Stosch (16 Stück, Karton 31): Vermögensangelegenheiten, Genealogie mit Skizzen der Wappen; Prozeß der Brüder Stosch mit Kašpar Šeps aus Turnau (tsch. Turnov) wegen des Totschlags eines Untertanen (1588–1596), 1580–1651; Würben und Freudenthal (73 Stück, Karton 76): Korrespondenz, Verträge, Vermögensangelegenheiten, Quittungen; Abschrift des Privilegiums Rudolfs II. 1590; 4 Blätter aus dem Tagebuch Hynkos (1609–1611); Gesuche der Bergbeamten (1801–1812); Abschriften der Privilegien *Memorabilia familiae Würbnae* 1722, 1556–1812; Wilczek (9 Stück, Karton 71): Abschrift einer Urkunde Karls VI. 1714, Vermögensangelegenheiten, Heiratsanzeigen, 1714–1881. Abgesehen davon befinden sich in einem dem Geschlecht Colloredo gewidmeten Faszikel (Karton 9) 55 Briefe von Johann Karl Graf Nostitz († 1740), die dieser in den Jahren 1717 und 1718 aus Wien dem mährischen Landeshauptmann Hieronymus Graf Colloredo schickte.

CH – Genealogische Sammlung Wratislaw von Mitrowitz
Die alphabetisch geordnete, von Rudolf Konstantin Graf Wratislaw von Mitrowitz (1811–1874) gegründete Sammlung erhielt das Museum durch eine Hinterlassenschaft. Neben einer kleinen Anzahl an Originalarchivalien enthält sie vor allem Abschriften und Exzerpte von Quellen sowie Zeitungsausschnitte vom Beginn des 18. Jahrhunderts bis 1908. Eine Orientierung in der Sammlung ermöglicht ein Verzeichnis von 1971. In der Sammlung werden Schriftstücke – hauptsächlich Abschriften, Exzerpte, Ausschnitte und Stammbäume, Todesanzeigen, Aufzeichnungen der Grabmäler oder Bildnisse – aufbewahrt, die sich auf mehrere ursprünglich schlesische Adelsgeschlechter beziehen, wobei erneut gilt, daß sich das Material oft auf jene Angehörigen eines Geschlechts erstreckt, die sich in Böhmen niedergelassen hatten. Die umfangreicheren Konvolute sind: Gersdorf (12 Stück, Karton 7), Haugwitz (32 Stück, Karton 9), Kotulinski (5 Stück, Karton 14), Kurzbach von Trachenberg (5 Stück, Karton 15), Nostitz (63 Stück, Karton 20), Oppersdorff (17 Stück, Karton 21), Rothkirch-Panthen (8 Stück, Karton 24), Schaffgotsch (34 Stück, Karton 21), Würben und Freudenthal (13 Stück, Karton 38), Wilczek (21 Stück, Karton 31) und Zedlitz (3 Stück, Karton 38).

Handschriftensammlung

Ein großer Teil der ursprünglichen Sammlung wurde in den 1960er Jahren entsprechend dem Inhalt in das heutige Nationalarchiv und in die Staatlichen Gebietsarchive ausgegliedert. Derzeit enthält die Sammlung 564 Handschriften vom Beginn des 16. Jahrhunderts bis 1989. Eine Orientierung in der Sammlung ermöglicht ein Inventar von 1988.

Sign. 1193: Urbar des Gutes Hradiště im Fürstentum Teschen aus den Jahren 1557–1621;

Sign. 1331: Urbar des Gutes Hradiště im Fürstentum Teschen aus den Jahren 1624–1653.

Familienarchiv Herzogenberg

Dieser Bestand umfaßt Dokumente der verwandten adeligen Familien Herzogenberg, Picot de Peccaduc und Rothkirch-Panthen von 1700 bis 1943 und stammt aus dem Besitz von Baron Otto Herzogenberg aus Birnai (tsch. Brná nad Labem) bei Aussig (tsch. Ústí nad Labem). Das Geschlecht Rothkirch-Panthen betreffen einige Pergamenturkunden und Diplome. Zwei Urkunden für Leonard und Leopold aus dem Jahr 1826 wurden publiziert.[1]

C. Bestandsanalyse

Alle hier genannten Sammlungen werden von der Forschung vielfach genutzt, wobei das Material speziell zur Geschichte des schlesischen Adels bislang allerdings nicht systematisch bearbeitet wurde. Angesichts des Sammlungscharakters des Archivs sind die Bestände recht gemischt, überdies kann in dem erhaltenen Material nur schwer nach konkreten Angelegenheiten gesucht werden. Die Bestände des Archivs des Nationalmuseums, insbesondere die Genealogische Sammlung H, können auf jeden Fall wertvolle ergänzende Angaben zur Geschichte einzelner schlesischer Geschlechter liefern, vor allem bezüglich ihrer verwandtschaftlichen und sonstigen Beziehungen zum böhmischen Adel. Eine nähere Beschäftigung verdienen die zahlreichen Aktenkonvolute aus der Genealogischen Sammlung H aus dem 16. bis 18. Jahrhundert, die sich auf die Familien Dohna – hier vor allem die Dokumente Heinrich von Dohnas († 1651), des Bruders von Karl Hannibal von Dohna, einer bedeutenden Gestalt der schlesischen Geschichte zur Zeit des Dreißigjährigen Krieges –, Oppersdorff, Schaffgotsch und Würben beziehen. Einzelne Schriftstücke aus der Sammlung D erlauben ohne Zweifel neue Einblicke in die Entwicklung des schlesischen Ständewesens im 16. und 17. Jahrhundert sowie allgemein in das Verhältnis Schlesiens im politischen System der Böhmischen Krone und der Habsburgermonarchie.

---

1 Fiala, Michal (Hg.): Erbovní listiny Archivu Národního muzea [Die Wappenbriefe des Archivs des Nationalmuseums]. Praha 2001, Nr. 128f.

Richard Šípek

Bibliothek des Nationalmuseums
(Knihovna Národního muzea)

A. Gesamtgeschichte und Bedeutung

Zusammen mit dem Nationalmuseum in Prag (tsch. Praha) wurde 1818 auch die
Museumsbibliothek gegründet. Die Sammlungsstruktur der Bibliothek wurde von
Beginn an durch die auf slawische Literatur orientierten Sammlungsregeln bestimmt.
Darin wurde auch Schlesien als ehemaliges Land der Böhmischen Krone einbezogen.
Im Lauf der 1950er Jahre wurden gleichfalls verstaatlichte Burg- und Schloßbibliotheken einschließlich der zwei letzten Prager Palaisbibliotheken der Familien Nostitz und Kinsky unter die Verwaltung der Bibliothek des Nationalmuseums gestellt.
Sie enthält deswegen sowohl Literatur zur Geschichte Schlesiens im allgemeinen als
auch, besonders dank der Majoratsbibliothek der Familie Nostitz, eine in Tschechien
einmalige Sammlung von Werken zu Schlesien aus dem 17. Jahrhundert. Die Bibliothek des Nationalmuseums umfaßt zur Zeit ungefähr 3,5 Millionen Bände, die auf
sechs Abteilungen aufgeteilt sind und zu denen auch die geschlossenen, ursprünglich
oft privaten Sammlungen gerechnet werden. Die allgemeine Abteilung der Bibliothek verfügt über insgesamt 1,7 Millionen Bände. Die Abteilung der Handschriften
und der alten Drucke verwaltet etwa 8.000 Handschriften und 25.000 alte Drucke,
dazu kommen noch zwei Prager Palaisbibliotheken (zusammen etwa 48.000 Bände)
und kleinere Privatsammlungen (etwa 5.000 Bände). Die siebte Abteilung verwaltet
außerdem mehr als 1,5 Millionen Bände der tschechischen Schloß- und Burgbibliotheken im Staatsbesitz, die entweder in den ursprünglichen Burgen und Schlössern
oder in den Depots der Bibliothek des Nationalmuseums aufbewahrt werden. Für
das Repertorium sind neben den allgemeinen Sammlungen der Handschriften und
alten Drucke besonders die Majoratsbibliothek der Grafen Nostitz und die Schloßbibliothek Grätz (tsch. Hradec nad Moravicí, Abteilung der Schloßbibliotheken)
von Bedeutung.

Knihovna Národního muzea v Praze, Václavské náměstí 68, CZ-11579 Praha 1,
Tel.: +420-224-497-111, Fax: +420-224-226-488, E-Mail: nm@nm.cz, Homepage:
http://www.nm.cz [Zugriff am 01.08.2009].

Auswahlliteratur: Šípek, Richard: Pražská majorátní knihovna hrabat z Nostic a Rienecka [Die Prager
Majoratsbibliothek der Grafen Nostitz-Rieneck]. In: Zprávy památkové péče 1 (2005) 28-33; Vrchotka,
Jaroslav: Knihovna Národního muzea – Majorátní knihovna hrabat z Nostitz-Rienecku [Bibliothek des
Nationalmuseums – Majoratsbibliothek der Grafen Nostitz-Rieneck]. In: Handbuch deutscher histo-
rischer Buchbestände in Europa, Bd. 1/2: Tschechische Republik, Prag. Hildesheim/Zürich/New York
2000, 37-39; Mašek, Petr/Blum, Claudia/Bauer, Matthias (Hg.): Handbuch deutscher historischer
Buchbestände in Europa, Bd. 2: Tschechische Republik, Schloßbibliotheken unter der Verwaltung

des Nationalmuseums in Prag. Hildesheim/Zürich/New York 1997; Švehla, Karel: Knihovna Národního muzea [Bibliothek des Nationalmuseums]. Praha 1960; Vrchotka, Jaroslav: Knihovna Národního muzea [Bibliothek des Nationalmuseums]. Praha 1959; Čáda, František: Rukopisné svazky v zámecké knihovně na Hradci u Opavy [Handschriftenbestände in der Schloßbibliothek von Grätz]. In: Slezský sborník 53 (1955) 283-292; Bartoš, František Michálek: Soupis rukopisů Národního muzea v Praze [Verzeichnis der Handschriften des Nationalmuseums in Prag], Bd. 1-2. Praha 1926–1927; Šimák, Josef Vítězslav: Rukopisy majorátní knihovny hrabat z Nostitz a Rhienecka v Praze [Handschriften der Majoratsbibliothek der Grafen Nostitz-Rieneck in Prag]. Praha 1910.

B. Bestandsgliederung

Den wichtigsten und an Literatur zur Geschichte des schlesischen Adels reichsten Buchbestand stellt unter den Sammlungen der Bibliothek des Nationalmuseums in Prag zweifellos die Majoratsbibliothek der Grafen Nostitz-Rieneck dar. Diese Bibliothek wurde in den 1670er Jahren vom böhmischen Oversthofkanzler Johann Hartwig von Nostitz-Rieneck (1610–1683) aus der böhmischen Linie des Geschlechts gegründet und von Anfang an in zwei Sälen des kurz davor erbauten Palais auf der Prager Kleinseite untergebracht. Die Bibliothek ist bis heute an diesem ursprünglichen Ort. Der Bestand umfaßt ungefähr 14.000 Bände, abgesehen von den 2.000 Büchern der jüngeren Bibliothek der Grafen Nostitz, die aus Schloß Meschitz (tsch. Měšice) stammen und erst in den 1950er Jahren nach Prag gebracht wurden. Der neuen Majoratsbibliothek, die später dem Fideikommiß angegliedert wurde, legte Johann Hartwig die von ihm gekaufte Büchersammlung[1] seines Bruders Otto des Jüngeren von Nostitz (1608–1665) zugrunde.[2] Otto gründete den zweiten bedeutenden Zweig seines Geschlechts, der die schlesischen Güter und die Herrschaft Rokitnitz (tsch. Rokytnice v Orlických horách) in Ostböhmen besaß. Er selbst war ein wichtiger Amtsträger in der Verwaltung Schlesiens. In seinem Schloß in Jauer (poln. Jawor) legte er eine Bibliothek an, die zur Zeit seines Todes annähernd 5.000 Bände zählte.[3] Einen wichtigen Teil dieser Bibliothek bildeten Bücher, die sich inhaltlich auf die schlesische Geschichte, Politik, Verwaltung und nicht zuletzt auf Persönlich-

1 Eine Quittung von Georg Rudolf von Gersdorff über 15.791 fl. für den Verkauf der Jauerschen Bibliothek von Otto von Nostitz, seiner Kunstkammer und seiner geometrischen Instrumente ist erhalten geblieben. Vgl. Státní oblastní archiv v Plzni, pracoviště Klášter, Rodinný archiv Nostitzů (Planá), Sign. AE 32, Karton 141; Slavíček, Lubomír: Dvě podoby barokního šlechtického sběratelství 17. století v Čechách – sbírky Otty Nostice ml. (1608–1665) a Františka Antonína Berky z Dubé (1649–1706) [Zwei Arten der barocken adeligen Sammellust im 17. Jahrhundert in Böhmen – die Sammlungen von Otto dem Jüngeren von Nostitz (1608–1665) und von Franz Anton Berka von Duba (1649–1706)]. In: Opera historica 5 (1996) 483-513, hier 503.
2 Deventer, Jörg: Otto von Nostitz (1608–1665). In: Herzig, Arno (Hg.): Schlesier des 14. bis 20. Jahrhunderts. Neustadt a. d. Aisch 2001 (Schlesische Lebensbilder 8), 95-102.
3 Šípek, Richard: Několik slov k někdejší javorské zámecké knihovně Otty mladšího z Nostic [Einige Worte zur ehemaligen Jauerschen Schloßbibliothek Ottos des Jüngeren von Nostitz]. In: Miscellanea Oddělení rukopisů a starých tisků Národní knihovny České republiky 18 (2003/04) 164-192; ders.: Die Bibliothek des Grafen Otto d. J. von Nostitz (1608–1665), Landeshauptmanns zu Schweidnitz und Jauer. In: Kapustka, Mateusz/Kozieł, Andrzej/Oszczanowski, Piotr (Hg.): Śląsk i Czechy. Wspólne drogi sztuki. Wrocław 2007, 218-225.

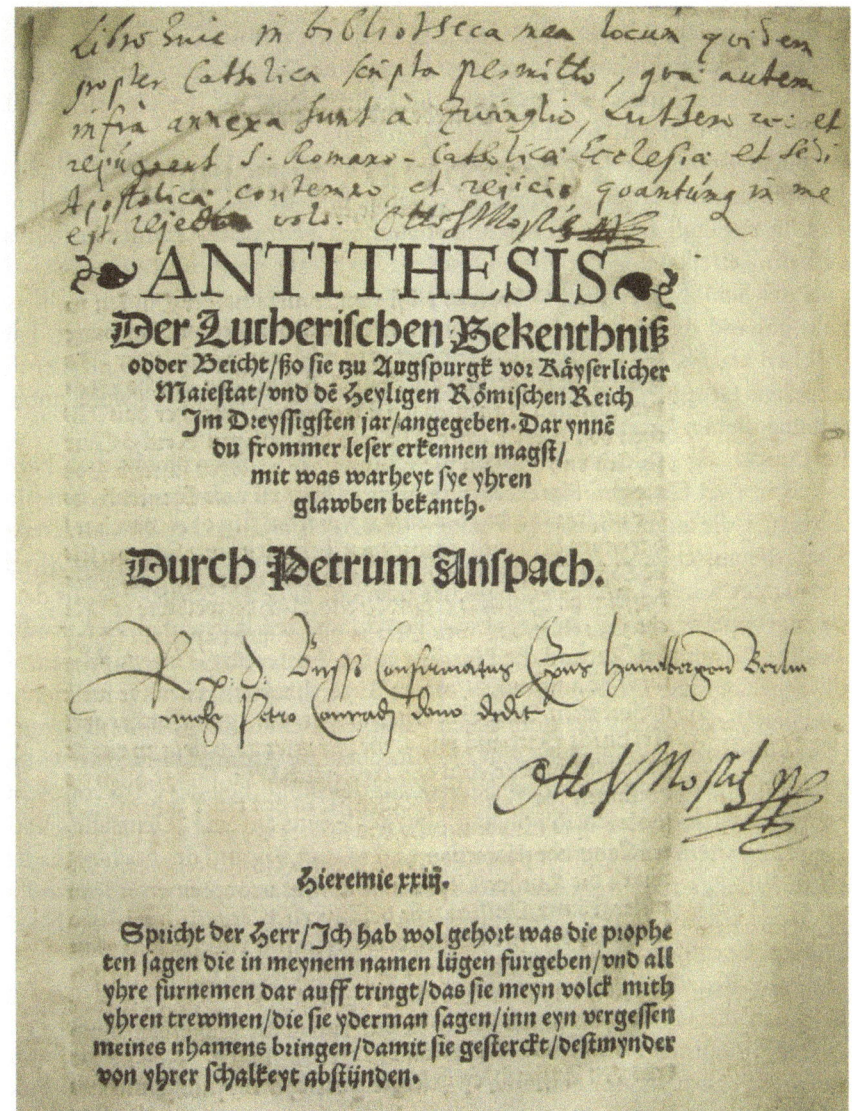

Handschriftliche Anmerkungen von Otto dem Jüngeren von Nostitz (1608–1665) in einem theologischen Werk seiner Schloßbibliothek. Im Jahr 1651 war Nostitz, der zunächst evangelisch erzogen worden war, dann aber zum Katholizismus konvertierte, von Kaiser Ferdinand III. zum Landeshauptmann der Fürstentümer Schweidnitz und Jauer ernannt worden, in denen er die Gegenreformation durchführen sollte. Spuren seiner Frömmigkeit hinterließ Nostitz, der diese Aufgabe mit großem Eifer vollzog, auch in den Büchern seiner Schloßbibliothek in Jauer, die bis heute in der Majoratsbibliothek der Grafen von Nostitz-Rieneck auf der Prager Kleinseite erhalten geblieben ist. In Büchern protestantischer Autoren findet sich häufig nur der knappe Vermerk „sine approbatione contentorum". Bildnachweis: Rauch, Petrus: Antithesis der Lutherischen Bekennthniss odder Beicht [...]. Frankfurt an der Oder [um 1531]. Nostitzbibliothek ag 531 (erster Titel des Konvoluts).

keiten des öffentlichen Lebens bezogen. Die Schlesien unmittelbar betreffende Literatur in der Majoratsbibliothek Nostitz stammt daher überwiegend aus der Zeit vor dem Tod Ottos des Jüngeren. Der Schwerpunkt liegt dabei auf Werken, die vor allem in seinem zweiten Lebensabschnitt erschienen sind.

Der Buchbestand der Majoratsbibliothek wird von der Handschriftenabteilung der Bibliothek des Nationalmuseums verwaltet und ist den Forschern nach Voranmeldung zugänglich. Zur Verfügung stehen ein gedruckter Handschriftenkatalog und ein Zettelkatalog der alten Drucke. Der älteste Kern der Bibliothek – Bücher aus der Schloßbibliothek Ottos des Jüngeren von Nostitz in Jauer – läßt sich ebenfalls anhand des vollständig digitalisierten und im Internet abrufbaren handschriftlichen Nachlaßverzeichnisses von 1667 erschließen: Die Bände sind hier nach thematischen Gruppen geordnet, womit das Nachlaßverzeichnis teilweise auch als Sachkatalog dienen kann.[4]

Alte Drucke zur schlesischen Adelsgeschichte in der Majoratsbibliothek Nostitz lassen sich in zwei Gruppen einteilen. Einerseits geht es um allgemeinere genealogische Literatur, die auch schlesische Fürsten- und Adelsfamilien berührt, andererseits um Titel, die ausschließlich dem schlesischen Adel oder dessen einzelnen Mitgliedern gewidmet waren – aus genealogischer oder aus anderer Perspektive. In der ersten Buchgruppe werden in der Regel nur die schlesischen Fürstenfamilien erwähnt, vor allen die Piastenherzöge und die Herzöge von Münsterberg. Unter anderem sind hier die genealogischen Arbeiten von Nicolaus Rittershausen, Hieronymus Henning und anderen vertreten. In der polnischen Adelsgeschichte „Orbis Polonus" von Simon Okolski[5] wird den Herzögen von Liegnitz ebenfalls Aufmerksamkeit gewidmet. Lediglich ein allgemein genealogisches Werk aus der Bibliothek des Otto von Nostitz greift dagegen auch den nichtfürstlichen Adel Schlesiens auf: die „Deutsche Oration Von Ursprung altem löblichen herkommen und stetem bestand des hochbegnadeten Adels und Ritterstandes" von Abraham Hossmann,[6] die neben jenen Adelsfamilien, welche „lange zeit vor Christi Geburt gewesen" seien, auch die Geschlechter Nostitz, Rechenberg, Gersdorff, Uchteritz und Jaweritz nennt.

Die größte Bedeutung für die Forschung zur Geschichte des schlesischen Adels haben jedoch die Gelegenheitsliteratur und sonstige Ephemeriden, welche in der ehemaligen Bibliothek Ottos des Jüngeren in Jauer besonders reich vertreten waren. Es handelt sich zumeist um deutsche und lateinische Leichenpredigten und Hoch-

---

4 Vgl. http://www.manuscriptorium.com [Zugriff am 01.08.2009]. Relevante Bücher sind im Nachlaßverzeichnis vor allem in den zwei folgenden Rubriken aufgelistet: „Pontificum, imp[eratorum], reg[um], princip[um] heroum et literatorum icones, vitae, symbola, elogia, gratulationes, panegyrici, equestria, funebria et nuptialia" (fol. 542r-563v) und „Scriptores genealogici" (fol. 564r-569r). Zum Nachlaßverzeichnis Ottos des Jüngeren vgl. Slavíček: Dvě podoby, 503; Šípek, Richard: Pozůstalostní inventář Otty mladšího z Nostic [Das Nachlaßinventar Ottos des Jüngeren von Nostitz]. In: Radimská, Jitka (Hg.): Vita morsque et librorum historia. K výzkumu zámeckých, měšťanských a církevních knihoven. České Budějovice 2006 (Opera romanica 9), 361-376.

5 Okolski, Simon: Orbis polonus. Cracoviae 1641.

6 Hossmann, Abraham: Deutsche Oration Von Ursprung altem löblichen herkommen und stetem bestand des hochbegnadeten Adels und Ritterstandes [...]. Budissin 1610.

zeitsreden sowie um Epicedia, Epithalamia, Genethliaka, Panegyrika und Gratulatoria, die den schlesischen Adeligen bei unterschiedlichen Gelegenheiten gewidmet wurden. Obwohl die Majoratsbibliothek der Grafen von Nostitz-Rieneck noch nicht vollständig ausgewertet wurde und neue Entdeckungen möglich sind, kann man die Gesamtzahl der in diesem Buchbestand erhaltenen Gelegenheitsliteratur zum schlesischen Adel bereits auf mehr als 200 Titel beziffern.

Von insgesamt 302 Adligaten der 13 wichtigsten Konvolute der Gelegenheitsliteratur, die für die Zwecke dieses Beitrags untersucht worden sind, wurden 125 relevante Drucke identifiziert. Unter diesen sind Leichenpredigten, Nachrufe sowie lateinische und deutsche Epicedia vertreten (insgesamt 58 Titel). Gratulatoria und Panegyrika verschiedener Art stehen mit 41 Titeln an zweiter Stelle, Hochzeitsreden und Epithalamia folgen mit 28 Titeln. Genethliaka (vier Titel) wurden zwei schlesischen Adeligen gewidmet. Häufig bezieht sich diese hauptsächlich aus der ersten Hälfte des 17. Jahrhunderts stammende Gelegenheitsliteratur auf Personen und Familien, die mit Otto dem Jüngeren verwandt waren, daneben aber auch auf Amtskollegen, auf schlesische Fürsten und auf Mitglieder des Kaiserhauses.

Leichenpredigten:
Justus von Almesloe, genannt Tappe († 1652), Karl von Bees, Freiherr von Köln und Ketzerdorff († 1621), Barbara von Bischofsheim, geborene von Näf († 1626), Nikolaus Freiherr von Burghaus († 1632), Elisabeth von Dyhern, geborene von Schweinichen († 1641), Rosine von Engelhard und Schnellenstein, geborene von Czirnin († 1646), Johann von Gfug und Föllendorf († 1615), Anna Magdalena von Kessel († 1638), Georg II. von Brieg und Liegnitz († 1586), Anna Maria, geborene Fürstin von Anhalt († 1605), Sophia Elisabeth, geborene Fürstin von Anhalt († 1622), Christoph von Löben und Rhadach († 1627), Heinrich Wenzel von Münsterberg und Oels († 1639), Karl von Münsterberg und Oels († 1617), Barbara Magdalena von Mutschelnitz († 1644), Ernst von Nostitz († 1630), Kaspar von Nostitz († 1637), Benigna Polyxena von Oppersdorff († 1631), Georg von Oppersdorff († 1651), Barbara von Panwitz († 1626), Anna Mariana von Pentzig, geborene von Gersdorff († 1630), Ursula von Promnitz, geborene Gutschin von Neuhaus († 1587), Kaspar von Rechenberg, Freiherr von Klitschdorff und Primkenau († 1612), Margaretha von Rothkirch auf Teppliwoda, geborene von Mutschlitz († 1642), Christoph Freiherr von Schellendorff († 1647), Georg von Schönaich († 1619), Georg Ludwig von Starhemberg, Landeshauptmann von Schweidnitz-Jauer († 1651), Sibylle Maximiliana von Starhemberg, geborene von Strachwitz († 1644), Johann Heinrich von Wachtel und Pantenau († 1642), Sophia von Wachtel und Pantenau, geborene von Gfug († 1615), Bernhard von Waldau und Schwanowitz († 1611), Heinrich von Waldau und Schwanowitz († 1613). Daneben finden sich hier ebenfalls Leichenpredigten und Nachrufe von polnischen Königen (Sigismund I.), polnischen Adeligen (Anna Węgierska, † 1646, Jan Zamoyski, † 1606) und Habsburgern (Karl von Österreich, † 1624, Bischof von Breslau; Trostschrift Daniel von Czepkos über Ferdinand IV., † 1654; *castra doloris*, die Otto der Jüngere nach dem Tod Ferdinands III. errichten ließ).

Hochzeitsreden:

Wolfgang von Braun auf Steinborn und Maria Magdalena von Grünberg (1618), Gottfried von Engelhard und Schnellenstein und Rosina von Heugel, geborene von Czirnin (1645), Johann Adam von Korckwitz und Ullersdorff und Anna Ursula von Buchau (1645), Georg von Fürst und Kupferberg und Anna Barbara von Nimptsch (1641), Friedrich IV. von Liegnitz und Brieg und Anna von Württemberg-Teck (1594), Karl Friedrich von Münsterberg und Sophia Magdalena von Liegnitz und Brieg (1642), Christoph von Nostitz-Cunewalde und Helena von Nostitz-Groß Strentz (o. J.), Johann Hartwig von Nostitz und Katharina Maria Žďárský von Žďár (1638), Otto der Jüngere von Nostitz und Barbara Katharina von Wachtel und Pantenau (1640), Heinrich Max von Pein und Wechmar und Eva Susanna Jeszensky von Groß Jeszen (1643), Johann von Pein und Wechmar und Katharina von Sebisch (1641), Johann von Rechenberg und Mertzdorf und Kunigunde von Gersdorff und Seichau (1614), Jakob von Rindfleisch und Anna Barbara von Nostitz und Bertelsdorf (1644), Ernst von Seherr und Lissa und Anna von Falckenhain (1607), Niklas von Vogt und Borau und Sidonia Susanna von Pförtner und der Höllen auf Pöpelwitz (o. J.), Hans Heinrich von Wachtel und Pantenau und Barbara von Pessin (1622), Theodoricus von Zedlitz und Helena von Reibnitz, verwitwete von Schindel und Schönfeld (1609).

Lobreden und Gratulatoria:

Karl Hannibal von Dohna (1627), Heinrich Adolph von Hessen auf Stein (1642), Martin von Knobelsdorff (1641), Karl Eusebius Fürst Liechtenstein (1639), Johann Christian von Liegnitz und Brieg (1609), Rudolph Josue von Lindainer auf Schleiwitz (1642), Heinrich Wenzel von Münsterberg und Oels (1639), Otto der Jüngere von Nostitz (1641, 1645), Balthasar Heinrich von Oberg (1640), Georg Fabian von Reichenbach auf Hartmannsdorff (1642), Johann Georg von Sachsen (1621), Leonhard von Scheuppen auf Groß Pitterwitz (1642), Johann VI. von Sitsch, Bischof zu Breslau (1601), Balthasar Franz Springel von Edelstein (1641), Georg Ludwig von Starhemberg (1641), Johann Ernst von Tschammer auf Strelitz (1642), Georg Rudolph von Zedlitz (1612). Weitere Gratulatoria und Panegyrika beziehen sich auf Mitglieder der Habsburgerdynastie (Matthias, 1611; Ferdinand II., 1617; Karl III. von Österreich, 1623; Ferdinand III., 1627, 1640; Ferdinand IV., 1653) und entstanden häufig in Verbindung mit deren Regierungsantritt beziehungsweise mit der Huldigungsreise nach Schlesien. Besondere Aufmerksamkeit verdienen ein Sammelband mit Gratulationsschriften an Kurfürst Friedrich V. von der Pfalz bei seiner Huldigungsreise nach Schlesien im Februar 1620 und acht Drucke, die sich auf den Dresdner Akkord und Kurfürst Johann Georg von Sachsen beziehen.

Geburtstagswünsche:

Jakob Schickfuß von Neudorf (zwei Sammelbände der lateinischen Gratulatoria von 1633 und 1634, herausgegeben von seinen Freunden und Kollegen zum 60. Geburtstag); Johann Heinrich von Wachtel und Pantenau (Schwiegervater Ottos des Jüngeren von Nostitz), 1637 und ohne Jahresangabe. Nicht ohne Interesse für die schlesische Adelsgeschichte sind schließlich Periochen des schlesischen Schultheaters – zumeist aus den Gymnasien in Breslau: aus dem Elisabethanum 1616 und dem Magdalenaeum 1654 (?) –, weil sie oft gedruckte Listen der auftretenden Studenten, darunter auch schlesische Adelige, umfassen.[7]

Die Majoratsbibliothek der Grafen von Nostitz-Rieneck umfaßt weiter insgesamt 236 Handschriften, von denen ein Teil zweifelsohne Otto dem Jüngeren von Nostitz gehörte. Deren ungefähre Anzahl kann erst auf der Grundlage einer eingehenden Analyse des Nachlaßverzeichnisses ermittelt werden. Dem Handschriftenkatalog Šimáks zufolge kann man vorläufig 15 Handschriften auf Grund seiner Unterschriften[8] und der an ihn adressierten Dedikationen zuordnen, obwohl anzunehmen ist, daß ihre Anzahl um vieles höher war. In der Handschriftensammlung sind viele Manuskripte enthalten, die inhaltlich oder auf Grund ihrer Entstehung mit Schlesien in Verbindung stehen, oft konkret mit dem Fürstentum Schweidnitz-Jauer oder mit dem Geschlecht Wachtel und Pantenau, aus welchem die Frau Ottos, Barbara Katharina, stammte. Unter diesen Handschriften hat sich auch Ottos Korrespondenz mit dem Kaiser und mit bedeutenden Adeligen der damaligen Zeit erhalten. Ein Faszikel beinhaltet Kopien, Konzepte und Originale von Briefen, deren Schreiber beziehungsweise Adressat in den meisten Fällen Otto der Jüngere von Nostitz war und die fast ausschließlich die Verwaltung Breslaus und des Fürstentums Breslau betreffen. Die Briefe stammen zum großen Teil aus den 1640er Jahren, in denen Otto als Landeshauptmann des Fürstentums Breslau tätig war.[9] Auf dieses Gebiet bezieht sich auch das Kopialbuch des Amtes des Landshauptmanns von Breslau aus den Jahren 1580 bis 1604.[10] Weitere Konvolute an Handschriften enthalten Landtagsbeschlüsse, die Korrespondenz Ottos des Jüngeren von Nostitz mit Fürsten und Adeligen aus Schlesien (Hans Ulrich von Münsterberg und Bernstadt[11]) und Landesbeamten des Königreichs Böhmen (Bernhard Ignaz von Martinitz[12]).

Im Bestand finden sich ferner Akten und Korrespondenzen aus dem Nachlaß Ottos des Älteren von Nostitz (1574–1630), des deutschen Vizekanzlers der Böhmischen Hofkanzlei, die allgemein Schlesien und besonders wirtschaftliche und gerichtliche Angelegenheiten in den 1620er Jahren betreffen.[13] Größte Beachtung verdient das Kopialbuch, das mehrheitlich die Korrespondenz an Otto den Älteren

---

7 Beispielsweise Wolfgang Ulrich von Schaffgotsch (1654?), Joachim Friedrich von Reibnitz (1654?).

8 *De revolutionibus orbium coelestium* (ohne Signatur) – Unterschrift; Ms a 15 – Widmung; Ms a 19 – Ottos Schreiben; Ms a 31 – Widmung an Otto von Nostitz; Ms b 5 – im Nachlaßverzeichnis eingetragenes Buch; Ms b 6 – Widmung; Ms b 26 – „sine approbatione contentorum"; Ms b 37 – handschriftlicher Vermerk Ottos von Nostitz; Ms c 27 – Widmung; Ms c 35 – Unterschrift; Ms c 43 – Unterschrift; Ms d 20 – Unterschrift und von Otto geschriebene Briefe; Ms d 21 – Verzeichnis in Ottos Handschrift; Ms e 15 – ein Brief von Schaffgotsch an Otto eingereiht; Ms ee 5 – Verzeichnis in Ottos Handschrift; Ms f 15 – Unterschrift.

9 Ms d 20.

10 Ms e 29.

11 Ms d 21.

12 Ms d 20; Ms d 21; Ms ee 3; Ms ee 5.

13 Ms ee 6.

und die Konzepte seiner Antworten enthält.[14] Abschriften und Originale in diesem Konvolut behandeln vor allem die Situation in Schlesien nach der Schlacht am Weißen Berg, die Anfänge der Rekatholisierung und die Redaktion und Distribution der Verneuerten Landesordnung von 1627. Weitere Themen in der Korrespondenz Ottos des Älteren sind das Appellationsgericht und die Frage der in Glatz inhaftierten Schlesier, deren Gnadengesuche und die Gesuche ihrer Familien. Außerdem finden wir hier Schreiben der Breslauer Stände an den Kaiser und an einzelne Ämter aus den Jahren 1604 bis 1623. In der Handschriftensammlung ist ebenfalls die umfangreiche Korrespondenz des Schwiegervaters Ottos des Jüngeren von Nostitz, Johann Heinrichs von Wachtel und Pantenau, und Wenzels von Rothkirch aus den 1620er bis 1640er Jahren bezüglich der Rekatholisierung von Grottkau (poln. Grodków) und Umgebung erhalten.[15] Im selben Faszikel befinden sich Korrespondenzen und weitere Dokumente zu den Fürstentümern Schweidnitz-Jauer und Glogau aus den 1620er Jahren. Eine Reihe dieser Briefe ist wieder an Otto den Älteren von Nostitz adressiert. Weitere auf Schlesien bezogene Akten enthalten das Schweidnitzer Urkundenbuch (1276–1614)[16] und „Der Fürstenthümer Schwednitz Vnnd Jauer Sonderliche Begnadung Vnnd Privilegia" (1347–1587).[17]

Die Verwaltung der Grafschaft Glatz in der zweiten Hälfte des 16. Jahrhunderts dokumentiert ein Kopialbuch, das eine Verwaltungsinstruktion Kaiser Rudolfs II. an den Glatzer Sekretär Joachim Schmidt von Brennoburg (1585), eine Rechtsordnung (1541) und Streitakten zwischen Heinrich von Raueck und Eckersdorf und dem Schweidnitzer Gerichtsprokurator Christoph Vincencius (1596) umfaßt.[18] Die Reihe der relevanten Handschriften der Nostitzschen Bibliothek beschließen vier Itinerarien von Kavaliersreisen, die Christoph Rönholtz von Jauer, Reisebegleiter von schlesischen Adeligen, verfaßte. Dabei handelt es sich um die Beschreibung der Reisen, die er in den Jahren 1606/07 mit Daniel von Liedlau auf Königshain und Lucas Schachman auf Herrmansdorf unternahm sowie später nach und nach bis 1648 mit Johann Sigismund von Schweinichen, Johann Heinrich von Hohberg und Heinrich von Mühlheim.

Die Bibliothek des Schlosses Grätz stellt den zweiten wichtigen Buchbestand zur Geschichte des schlesischen Adels unter der Verwaltung der Bibliothek des Nationalmuseums in Prag dar. 1777 erwarben die Lichnowsky von Woschütz das Schloß Grätz und brachten hier ihre Buchsammlungen unter, die von den älteren Familiengütern im Herzogtum Ratibor stammten. Diese bildeten die Basis für die spätere Grätzer Familienbibliothek. Die Bibliothek wurde 1795 durch Feuer teilweise vernichtet, doch zwei regierende Fürsten Lichnowsky, Karl Gottlieb (1720–1788) und sein Sohn Karl (1761–1814), bauten die Sammlung neu auf. Im 19. Jahrhundert

---

14 Ms ee 7.
15 Ms ee 6.
16 Ms e 30, fol. 1-171.
17 Ms a 28.
18 Ms a 30.

wurden neue Bücher vor allem von Eduard Maria Fürst Lichnowsky (1789–1845) und seinem Sohn Felix (1814–1848) erworben. Außer dem letztgenannten trug auch sein Bruder Robert (1822–1879), Domdechant in Olmütz (tsch. Olomouc), zur Erweiterung der Bibliothek bei. Diese besteht zur Zeit aus ungefähr 15.000 Bänden, darunter befinden sich 25 Handschriften und 13 Wiegendrucke. Die Bibliothek wurde 1945 verstaatlicht und ist am ursprünglichen Ort, im Schloß Grätz, untergebracht. Den Forschern steht ein gebundener Standortkatalog zur Verfügung, der in der Abteilung der Schloßbibliotheken aufbewahrt wird.

Angesichts der Gründungszeit stammen die Bücher der Grätzer Bibliothek hauptsächlich aus der Zeit der preußischen Regierung in Schlesien. Die Sammlung umfaßt unter anderem einen reichen Bestand an juristischer, rechtshistorischer und historischer Literatur aus dem 19. Jahrhundert, die Schlesien und dessen Eingliederung in Preußen betrifft (u. a. Konrad Wutke, Julius Krebs, Colmar Grünhagen, Hermann Luchs). Aufmerksamkeit verdienen die Jahrgänge der zahlreichen schlesischen Jahrbücher, geschichtlichen Zeitschriften, Mitteilungen und Nachrichten des Vereins für Geschichte Schlesiens sowie die umfassende heraldisch-genealogische Literatur. Von Bedeutung für die Forschung über den Adel in Schlesien sind schließlich auch Handbücher,[19] (Amts-)Schematismen unterschiedlicher Art und ähnliche, den schlesischen Adel umfassende Personenverzeichnisse.[20]

Weitere vereinzelte Quellen zu Schlesien und den schlesischen Adel finden sich in der allgemeinen Sammlung der Bibliothek des Nationalmuseums. Die Sammlung der alten Drucke (zu erschließen mit Hilfe des Zettelkatalogs der fremdsprachigen alten Drucke der Bibliothek des Nationalmuseums)[21] umfaßt mehrere schlesische Chroniken, historische Nachrichten, Zeitungen, Landesordnungen sowie Gesetz-, Patent- und Privilegiensammlungen. In der Handschriftensammlung (zu erschließen mit Hilfe des genannten Katalogs von František Michálek Bartoš) befinden sich zwei Handschriften über schlesische Lehen aus dem 17. und 18. Jahrhundert.[22] Ein handschriftlicher Sammelband über die religiöse Situation in Schlesien kurz nach der Altranstädter Konvention enthält eine Abhandlung über die Geschichte der schlesischen Fürsten.[23]

---

19 Handbuch der Verfassung und Verwaltung des Provinzialverbandes von Schlesien, Bd. 1-7. Breslau 1896–1910.

20 Vgl. exemplarisch Handbuch für das preußische Herrenhaus. Berlin 1874, 1881, 1895, 1899–1901, 1905, 1907; Tittel, Ignaz: Schematismus und Statistik des Großgrundbesitzes […] in der Markgrafschaft Mähren und im Herzogtum Schlesien. Prag 1905; Schlieffen, Carl-Clemens Graf von: Offizier-Stammliste des königl. preussischen Leib-Garde-Husaren-Regiments 1815 bis 1890. Berlin 1890.

21 Vgl. http://nris.nkp.cz/Katalog.aspx?sigla=ABA010&katkey=KNMKCT [Zugriff am 01.08.2009]. Eine digitalisierte Version des Katalogs mit Volltextsuche ist in Vorbereitung.

22 „Consignation einiger freyen Burglehnen und deren Beschaffenheit […]" (Sammlung der schlesischen Lehensurkunden aus der zweiten Hälfte des 17. und ersten Hälfte des 18. Jahrhunderts), Sign. KNM VIII A 28; Schlesische Lehensurkunden (um 1636), Sign. KNM VIII C 24, fol. 565-620.

23 „Von denen Schlesischen Fürsten ins Gemein und deren Ursprung, Abteilung, Hohheit, Regalien und Gerechtigkeiten" (1711), Sign. KNM VIII D 12, fol. 62-93.

C. Bestandsanalyse

Die bedeutendste Quelle für das Studium zur Geschichte des schlesischen Adels ist von allen angeführten Büchersammlungen die Nostitzsche Bibliothek, genauer ihr Kern, die Bibliothek Ottos des Jüngeren von Nostitz, die bisher nicht eingehend bearbeitet wurde. Ihre Bestände wurden zuerst von den tschechischen Gelehrten Josef Dobrovský, Franz Martin Pelzel und Jaroslav Schaller benutzt. Knapp beschrieben und charakterisiert wurden sie von Friedrich Karl Gottlob Hirsching.[24] Josef Vítězslav Šimák erstellte einen Handschriftenkatalog der Bibliothek der Nostitz, der bis heute in Verwendung ist. Aus seiner Arbeit am Katalog entstanden dann zwei Quelleneditionen, die einen Teil der Korrespondenz Ottos des Älteren von Nostitz aus den Jahren 1625 bis 1630 und den Entwurf zur Maßregelung der böhmischen Städte enthalten, die sich dem Ständeaufstand angeschlossen hatten.[25] Quido Vetter veröffentlichte zwei Jahrzehnte später eine Studie über das Schicksal des Kopernikus-Autographen „De revolutionibus orbium coelestium",[26] der damals noch in der Bibliothek Nostitz aufbewahrt wurde.[27]

Im Laufe des Zweiten Weltkriegs wurden die Inkunabeln der Bibliothek von Elisabeth von Kathen bearbeitet (das Typoskript ist Bestandteil des Archivs der Nostitzschen Bibliothek). Inzwischen sind die Inkunabeln im Katalog der Wiegendrucke der Bibliothek des Nationalmuseums von Jitka Šimáková und Jaroslav Vrchotka erfaßt worden.[28] Zur Suche nach den alten Drucken dient ein Zettelkatalog, dessen elektronische Version sich in Vorbereitung befindet. Weitere Informationen zum Bestand gab der einstige Leiter der Bibliothek des Nationalmuseums, Jaroslav Vrchotka. Es fehlt allerdings bislang eine detaillierte Arbeit über die Bibliothek Ottos des Jüngeren von Nostitz. Zur Verfügung stehen vorerst einige Artikel aus der Feder des Autors des vorliegenden Beitrags, der zur Zeit den Bestand der Bibliothek Ottos von Nostitz, die Geschichte seiner Entstehung und seine ursprüngliche Gestalt bearbeitet.

24　Hirsching, Friedrich Karl Gottlob: Versuch einer Beschreibung sehenswürdiger Bibliotheken Teutschlands nach alphabetischer Ordnung der Oerter, Bd. 3/1. Erlangen 1788, 421-472; ders.: Vierter Band, welcher die Supplemente zu den drey ersten Bänden und ein vollständiges Register enthält. Erlangen 1791, 268-275.

25　Šimák, Josef Vítězslav: Několik příspěvků k českým dějinám právním z let 1625–1630 [Einige Beiträge zur böhmischen Rechtsgeschichte aus den Jahren 1625–1630]. In: Sborník věd právních a státních 11 (1910/11) 90-118; ders.: Dobrozdání, jak potrestati česká města po bitvě bělohorské [Ein Gutachten über die Bestrafung der böhmischen Städte nach der Schlacht am Weißen Berg]. In: Sborník věd právních a státních 9 (1909) 293-297.

26　Vetter, Quido: Sur les destins du manuscrit pragois de Kopernik „De revolutionibus orbium caelestium libri sex". In: Věstník Královské české společnosti nauk, třída matematicko-přírodovědecká 1931. Praha 1932, 1-21.

27　Biblioteka Jagiellońska, Kraków, Ms BJ 10000. Ein digitales Faksimile der Handschrift ist abrufbar unter: http://www.bj.uj.edu.pl/bjmanus/revol/titlpg_e.html [Zugriff am 01.08.2009].

28　Šimáková, Jitka/Vrchotka, Jaroslav: Katalog prvotisků Knihovny Národního muzea a zámeckých a hradních knihoven v České republice [Katalog der Inkunabeln der Bibliothek des Nationalmuseums und der Schloß- und Burgbibliotheken in der Tschechischen Republik]. Praha 2001.

Die in der Nostitzschen Bibliothek vorhandenen Bestände zu Schlesien stammen fast vollständig aus der einstigen Bibliothek Ottos des Jüngeren von Nostitz in Jauer, die in den 1670er Jahren den Grundstein für die neue Majoratsbibliothek der Grafen von Nostitz-Rieneck in Prag gelegt hatte. Die Handschriftensammlung dieser Bibliothek enthält über zwanzig Konvolute, die sich inhaltlich auf die schlesische Landesverwaltung und das Wirken schlesischer Adelsgeschlechter beziehen, sowie Kopialbücher mit Schreiben, die an Otto den Älteren von Nostitz und dessen Neffen Otto den Jüngeren von Nostitz adressiert sind. Daneben finden sich hier Abschriften von Stadtordnungen, Erlassen und Patenten. Der Bestand der alten Drucke umfaßt ungefähr 600 Schlesien betreffende Dokumente, in erster Linie Gelegenheitspredigten, Gedichte, Gratulationen und Kondolenzen, die zu Konvoluten gebunden wurden und größtenteils wieder an schlesische Adelsgeschlechter adressiert sind. Neben der großen Menge an Drucken, die in Zusammenhang mit dem Geschlecht der Nostitz stehen, bezieht sich die zweitgrößte Gruppe von Büchern auf das mit der Familie Nostitz verwandte Geschlecht Wachtel und Pantenau. Mit dem schlesischen Adel eng verbunden ist des weiteren auch der Buchbestand der Schloßbibliothek Grätz, in dem hauptsächlich Literatur aus der Zeit nach der Eroberung Schlesiens durch Preußen vertreten ist. Der allgemeine Buchbestand der Bibliothek des Nationalmuseums enthält zwar in der Handschriftensammlung und unter den alten Drucken zur Geschichte des schlesischen Adels lediglich Einzelstücke, doch sind Entdeckungen hier durchaus nicht ausgeschlossen.

Soňa Černocká

Raudnitzer Lobkowitz-Bibliothek, Schloß Mühlhausen (Roudnická lobkowiczká knihovna, zámek Nelahozeves)

A. Gesamtgeschichte und Bedeutung

Die Lobkowitz-Bibliothek in Raudnitz an der Elbe (tsch. Roudnice nad Labem) ist die umfangreichste und inhaltlich wertvollste Schloßbibliothek in der Tschechischen Republik. Die über Jahrhunderte aufgebaute Sammlung enthält rund 68.000 Bände. Den Kern des ältesten Teils des Bestands bildet die Bibliothek des humanistischen Dichters Bohuslav Hassenstein von Lobkowitz (1461–1510). Den Grundstein zur systematischen Entwicklung der Bibliothek legten der Oberstkanzler Zdenko Adalbert Popel von Lobkowitz (1568–1628) und seine Frau Polyxena, geborene von Pernstein (1566–1642), die die älteren Privatbibliotheken von Angehörigen der Familie in einem Bestand vereinten und diesen durch zahlreiche Akquisitionen anreicherten. Zu den bedeutendsten gehören die Ankäufe einiger vollständiger Bibliotheken, die nach der Niederlage des Ständeaufstands 1620 aus konfisziertem Eigentum erworben wurden. Der Sohn von Zdenko Adalbert und Polyxena, Wenzel Eusebius Popel von Lobkowitz (1609–1677), verlegte die Bibliothek von Prag (tsch. Praha) in die umgebaute Residenz nach Raudnitz. In seinem Vermächtnis gliederte er die Bibliothek in das neugestiftete familiäre Fideikommiß, was wesentlichen Einfluß auf die Erhaltung ihrer Geschlossenheit haben sollte. In Raudnitz wurde die Bibliothek durch Neuerwerbungen und die Eingliederung von Sammlungen weiterer Familienzweige bis 1941 erheblich erweitert. In jenem Jahr besetzten deutsche Truppen das Schloß und konfiszierten das Eigentum der Familie Lobkowitz. Die Bibliothek wurde aus dem Schloß evakuiert und nach Prag in die damalige National- und Universitätsbibliothek gebracht, wo sie auch nach dem kommunistischen Umsturz 1948 als staatliches Depositum verblieb. 1992 wurde die Büchersammlung zusammen mit weiterem Eigentum an die ursprünglichen Besitzer restituiert und von 1998 bis 2000 im gegenwärtigen Aufbewahrungsort im Schloß Mühlhausen (tsch. Nelahozeves) untergebracht.

Die Bibliothek wurde in der Vergangenheit einige Male reorganisiert, das letzte Signaturensystem stammt aus dem 19. Jahrhundert. Auf seiner Grundlage wurde der Bestand sachlich in zehn Abteilungen geordnet. Im Zusammenhang mit dieser Reorganisation wurde die Bibliothek auch mit zwei umfassenden handschriftlichen Katalogen ausgestattet, einem alphabetischen und einem Standortkatalog. Derzeit wird die Bibliothek gemäß dem zuletzt etablierten Signaturensystem von neuem geordnet. Die Bestände sind bisher weder in Form eines gedruckten noch eines elektronischen Katalogs bearbeitet, publizierte Sonderkataloge existieren nur zu Teilen der Sammlung.

Roudnická lobkowiczká knihovna, Lobkowicz Collections o. p. s., CZ-27751 Zámek Nelahozeves, Tel.: +420-315-709-136, Fax: +420-315-709-133, E-Mail: library@lobkowicz.cz, Homepage: http://www.lobkowicz-collections.org [Zugriff am 01.08.2009].

Auswahlliteratur: Kašparová, Jaroslava: Soupis jazykově španělských a portugalských tisků Roudnické lobkowiczké knihovny 1501–1800. Dodatky [Verzeichnis der spanisch- und portugiesischsprachigen Drucke der Raudnitzer Lobkowitz-Bibliothek 1501–1800. Nachträge]. Praha 1999; dies.: Roudnická lobkovická knihovna. Jazykově italské tisky 1501–1800 [Die Raudnitzer Lobkowitz-Bibliothek. Italienischsprachige Drucke 1501–1800], Bd. 1-10. Praha 1990–1995; Handbuch deutscher historischer Buchbestände in Europa, Bd. 3: Tschechische Republik: Böhmen, Mähren. Hildesheim/Zürich/New York 1998, 102-115; Richterová, Alena: Vývoj roudnické lobkovické knihovny (na základě průzkumu archívních pramenů) [Die Entwicklung der Raudnitzer Lobkowitz-Bibliothek (aufgrund einer Untersuchung der archivalischen Quellen)]. Praha 1989; Kašpar, Oldřich: Soupis španělských tisků bývalé zámecké knihovny v Roudnici nad Labem nyní deponovaných ve Státní knihovně ČSR v Praze [Verzeichnis der spanischen Drucke der ehemaligen Schloßbibliothek in Raudnitz an der Elbe, die nunmehr in der Staatsbibliothek der Tschechischen Sozialistischen Republik in Prag deponiert sind]. Praha 1983; Boldan, Kamil/Urbánková, Emma: Rekonstrukce knihovny Bohuslava Hasištejnského z Lobkovic. Katalog inkunábulí lobkovické knihovny [Rekonstruktion der Bibliothek des Bohuslav Hassenstein von Lobkowitz. Inkunabelkatalog der Lobkowitzer Bibliothek] [im Druck].

B. Bestandsgliederung

Die Lobkowitz waren wegen ihres Grundbesitzes eng mit Schlesien verbunden. 1579 erwarb Ladislaus II. Popel von Lobkowitz (1501–1584) die Herrschaft Rybnik im Herzogtum Oppeln-Ratibor, die in der fürstlichen Linie bis 1638 verblieb. Aufgrund der Belehnung von Wenzel Eusebius von Lobkowitz mit dem Herzogtum Sagan 1646 wurde die fürstliche Linie der Lobkowitz neben den Familien Liechtenstein und Auersperg eine der neuen fürstlichen Dynastien in Schlesien. Sie herrschte dort bis 1786, als Josef Franz Maximilian von Lobkowitz (1772–1816) das Herzogtum Sagan an Peter Biron, Herzog von Kurland, verkaufte. Akten über die Verwaltung der Lobkowitzschen Besitzungen in Schlesien sind, abgesehen von den im folgenden erwähnten Einzelstücken, in ihrem Familienarchiv aufbewahrt.[1] Einen Fundus weiterer in der Bibliothek aufbewahrter Quellen zur Geschichte des schlesischen Adels stellt die Sammlung der genealogischen und historischen Handschriften dar, in der sich unter anderem Autographen des Genealogen Michael Franck von Franckenstein (1657–1728) sowie der Geschichtsschreiber Bohuslav Balbín (1621–1688) und Georg Kruger-Crugerius (1608–1671) finden, die als Teil der Privatbibliothek Franckensteins in den Bestand eingegliedert wurden.

Der Handschriftenbestand der Bibliothek ist unter den Signaturen VI E-F zusammengefaßt. Ergänzt wird er durch die Sammlung gedruckter Kalender aus den Jahren 1592 bis 1777 mit handschriftlichen Aufzeichnungen, die vor allem unter den Signaturen VII Ad 118-121 aufbewahrt werden, sowie durch einige musikalische Handschriften mit der Signatur II Kk. Der Bibliothekskatalog von 1900 verweist

---

1 Vgl. den Beitrag von Petr Kopička und Petr Maťa in diesem Band.

in der Abteilung VI E-F auf 546 Eintragungen (Signaturen) zu Manuskripten in insgesamt 693 Faszikeln.[2] Trotz mehrmaliger Verlagerung des Bestands, vor allem im 20. Jahrhundert, sind die Verluste relativ gering: In der Handschriftenabteilung fehlen lediglich zwei Einträge, die bereits bei der Inventur 1817 vermißt worden waren. Die Ordnung der Handschriften in kleinere Einheiten ist thematisch, allerdings nicht immer konsequent, was offenkundig auf ein kompliziertes Abheftungssystem zurückzuführen ist. Auf die Geschichte des schlesischen Adels beziehen sich folgende Manuskripte:

VI Eb 25

Notata Balbini ex Silesitico Sstambuch [...] et quedam alia, 1674 (14 Seiten) – eigenhändige Exzerpte Bohuslav Balbíns aus dem Schlesischen Stammbuch des Bartholomäus Paprocki (Erstausgabe 1609) und aus weiteren genealogischen Werken.

VI Ec 9

Gottfried Ferdinand Buckisch: Schlesische Religionsakten, 5 Bände (von 6) und ein eigener Band mit dem Inhalt – zeitgenössisches Manuskript des nicht im Druck erschienenen Werks von Buckisch; nach dem Exlibris und der Art des Bucheinbandes angeschafft von Ferdinand August von Lobkowitz (1655–1715). Beide Bibliothekskataloge bezeichnen das Manuskript als Autograph, allerdings wechseln in diesem die Handschriften.

VI Ed 3

Saganische Hofgerichtsordnung – ein Band mit gesammelten gerichtlichen Dokumenten aus den Jahren 1651 bis 1717 (Instruktionen von Wenzel Eusebius von Lobkowitz, Gerichtstaxen, Aufzeichnungen von Gerichtsverhandlungen etc.).

VI Fb 17[3]

Saganische Chronica [1657] – zwei Bände handschriftlicher Aufzeichnungen zur Geschichte der schlesischen Fürstentümer („Saganische Publica. Verzeichniss der Fürstenthümer undt Herrschafften in Ober undt Nieder Schlesien [...]") und zur Geschichte Sagans („Saganische alte incompleti Historische Beschreibung. Geschichte der Stadt Sagan, von ihrer Entstehung bis auf J. 1656").

Im Handschriftenbestand liegen ferner Dokumente, die an sich keinen Bezug zu Schlesien haben, die jedoch mit dem Leben oder der Amtstätigkeit jener Mitglieder des Lobkowitzschen Geschlechts zusammenhängen, die Herzöge von Sagan waren.[4]

---

2 Von diesen wurden zwei Handschriften (Sign. VI Ea 3, VI Fb 11) 1919 zur Archivierung dem Innenministerium der Tschechoslowakischen Republik übergeben (heute lagern sie im Nationalarchiv in Prag), zwölf Handschriften (Sign. VI Eb 33, VI Eb 34, VI Eg 31, VI Eg 32, VI Eg 33, VI Eg 34, VI Fb 5, VI Fb 17, VI Fc 9, VI Fd 38, VI Ff 57, VI Ff 58) wurden vor 1941 aus der Bibliothek in das Familienarchiv ausgegliedert.

3 Die Handschrift wird aufbewahrt im Familienarchiv. Vgl. den Beitrag von Petr Kopička und Petr Maťa in diesem Band.

4 Zu den wichtigsten zählen etwa die Akten des Reichstags in Regensburg aus den Jahren 1692 bis 1696, als Ferdinand August von Lobkowitz (1655–1715) dort als kaiserlicher Prinzipalkommissar tätig war (1692–1698). Vgl. Acta Commissionis Caesarea, Bd. 1-3. Regensburg 1692–1696 (Sign. VI Fb 7).

Exlibris Ferdinand Augusts, des dritten Fürsten von Lobkowitz und Herzogs von Sagan (1655–1715).
In der Zeit, als er die Familienbibliothek verwaltete, konnte der Buchbestand erheblich erweitert
werden. Dies belegen nicht nur zahlreiche Rechnungen für Bücher und Buchbinderarbeiten, dies
wird auch an der überraschend großen Anzahl von Bänden deutlich, die seine gedruckten heraldischen Bucheignerzeichen in mehreren Größen enthalten. Auf dem abgebildeten Exlibris befindet sich
das große Fürstlich Lobkowitzsche Wappen unter dem Herzogshut, umwickelt mit dem Orden des
Goldenen Vliesses. Der Saganer goldene Engel (im zweiten) und der schlesische Adler (im sechsten
Wappenfeld) gelangten in das Wappen der Fürsten von Lobkowitz, nachdem Wenzel Eusebius 1646
mit dem Herzogtum Sagan belehnt worden war.
Bildnachweis: Roudnická lobkowiczká knihovna, zámek Nelahozeves.

Allerdings gilt auch in diesem Fall, daß im Familienarchiv Materialien in weitaus bedeutenderer Anzahl aufbewahrt werden.

Der am Studium gedruckter Quellen zu Schlesien Interessierte muß angesichts des Bestandsumfangs und des gegenwärtigen Bearbeitungsstandes in den Katalogen konkret nach Autoren oder Titeln suchen, und zwar vor allem in den Abteilungen III (Geschichte), IV (Theologie) und VI (Recht). Das quantitative Ergebnis dieser Suche kann auf einige Dutzend Titel geschätzt werden. Am zahlreichsten finden sich Drucke mit einer schlesischen Thematik in den der mitteleuropäischen Geschichte gewidmeten Teilen III H-I. Es handelt sich um Literatur aus dem 16. bis 19. Jahrhundert zur Geschichte und Topographie Schlesiens sowie zur Geschichte des schlesischen Adels. Zu den ältesten Beständen zählen drei Werke von Joachim Curaeus (1532–1573), der Schwerpunkt der Sammlung liegt allerdings, wie in der gesamten Bibliothek, im 17. und 18. Jahrhundert. Unter den Autoren erscheinen unter anderem Nikolaus Henel von Hennenfeld (1582–1656), Gottfried Ferdinand Buckisch (1641–1699), Johannes Sinapius (1657–1725) und Friedrich Wilhelm von Sommersberg (1698–1756). Weitere Quellen zur schlesischen Geschichte befinden sich in der Abteilung III E, in der Literatur über die historischen Hilfswissenschaften aufbewahrt wird.[5] Auch die Publikationstätigkeit einiger Angehöriger schlesischer Adelsfamilien spiegelt sich hier wider.[6] Gelegenheitsdrucke wie Hochzeits- und Leichenpredigten oder Lobgedichte sind in der Bibliothek in verschiedenen Abteilungen zu finden: in Abteilung III gemäß der historischen Zusammenhänge, in Abteilung IV (Theologie) die Leichenpredigten und in Abteilung II (Belletristik, Poesie, Kunst) die Lobgedichte.[7] Innerhalb dieser Bestände befindet sich allerdings keine größere Anzahl an Werken zum schlesischen Adel.[8]

Am Rande sei noch der Nachlaß an Büchern des Ladislaus Zejdlic von Šenfeld (1566–1632) genannt, des letzten Mitglieds eines Seitenzweigs dieser Familie, die eine böhmische Linie des ursprünglich schlesischen Rittergeschlechts Seidlitz war. Die nach der Schlacht am Weißen Berg konfiszierte Herrschaft Enzowan (tsch. Encovany) wurde gemeinsam mit der Privatbibliothek ihres letzten Besitzers 1623 von Polyxena von Lobkowitz erworben.[9]

---

5 Etwa Gryphius, Andreas: Glogausches Fürstenthumbs Landes Privilegia. Lissa 1653 (Sign. III Ee 1); Kaiser- und königl. das Erb-Herzogthum Schlesien concernirende Privilegia. Breslau 1713 (Sign. III Ei 12).

6 Schaffgotsch, Franz Ernst von: Abhandlung über die Berechnung der Ephemeriden. In: Abhandlungen der Königl. Böhmischen Gesellschaft der Wissenschaften 3 (1787) 470-472.

7 Eine kleine Sammlung an Konvoluten mit Panegyrika und anderen Gelegenheitsdrucken findet sich zum Beispiel in der Abteilung II Fc.

8 Dies kann am Beispiel der Leichenpredigten illustriert werden. Unter den in der Abteilung IV (Theologie) abgelegten Drucken finden sich offenkundig keine Quellen zu Schlesien, in der Abteilung III (Geschichte) konnte ein Druck zu Ehren der Benigna Polyxena von Oppersdorff, geborene von Promnitz, Tochter des Seifried von Promnitz (1534–1597) und der Benigna von Lobkowitz (1569–1625), gefunden werden: Theatrum posthumi honoris Benignae Polixenae Primnicinae S. R. I., Comitissae ab Opperstorff [...], Titelblatt fehlt (Sign. III He 8).

9 Eine kurze Charakteristik dieser Bibliothek gibt Kašparová, Jaroslava: Knihovna humanisty Ladislava Zejdlice ze Šenfeldu [Die Bibliothek des Humanisten Ladislav Zejdlic von Šenfeld]. In: Miscellanea Oddělení rukopisů a starých tisků 7/1 (1990) 107-137.

C. Bestandsanalyse

Insgesamt kann festgehalten werden, daß sich unter den Handschriften der Raudnitzer Lobkowitz-Bibliothek nur wenig Material zur Geschichte des schlesischen Adels befindet. Unter den Drucken ist die schlesische Thematik als untrennbarer Bestandteil der Literatur zur Geschichte des mitteleuropäischen Raums vertreten, die zweifellos zu den Interessengebieten der Bibliotheksbesitzer gehörte. Im Repertorium gebührt der Sammlung demnach vor allem Raum als einer Bibliothek von vier Generationen der Herzöge von Sagan.

Die Bibliotheksbestände wurden bisher nur partiell bearbeitet, in modernen Katalogen sind lediglich ausgewählte Teile des Bestands verzeichnet. Als die Bibliothek in Prag untergebracht war, wurde der Vorsatz gefaßt, die Handschriftensammlungen umfassend zu bearbeiten,[10] was jedoch bis heute nicht realisiert worden ist. Der Handschriftenbestand wurde daher in der Vergangenheit nur in Form von Überblicken beschrieben.[11] Einzelne seiner Teile oder Manuskripte wurden in thematische Verzeichnisse aufgenommen,[12] wobei der Schwerpunkt auf kunst-, literatur- oder sprachgeschichtlichem Gebiet lag.[13] Beachtung wurde auch einzelnen Tagebüchern und Kalendern geschenkt.[14] Eingehender behandelt wurde in der Literatur die Sammlung der Autographen Balbíns einschließlich seiner Exzerpte aus dem „Schlesischen Stammbuch" von Paprocki.[15] Den Schlesien betreffenden Dokumenten in der Raudnitzer Lobkowitz-Bibliothek an sich wurde bisher keine Aufmerksamkeit geschenkt.

---

10 Richterová, Alena: Několik poznámek k přípravám soupisu rukopisů Roudnické lobkovické knihovny [Einige Anmerkungen zur Vorbereitung eines Verzeichnisses der Handschriften der Raudnitzer Lobkowitz-Bibliothek]. In: Miscellanea Oddělení rukopisů a starých tisků 2 (1985) 17-27.

11 Urbánková, Emma: Přírůstky rukopisného oddělení Universitní knihovny od vydání tištěných katalogů [Die Zuwächse der Handschriftenabteilung der Universitätsbibliothek seit der Herausgabe der gedruckten Kataloge]. In: Vědecko-teoretický sborník Knihovna. Praha 1957, 59-61.

12 Einen detaillierten Überblick der Literatur zu einzelnen Teilen des Bestands gibt Fabian, Bernhard (Hg.): Handbuch deutscher historischer Buchbestände in Europa, Bd. 1-12. Hildesheim/Zürich/ New York 1997–2001, hier Bd. 3: Tschechische Republik: Böhmen, Mähren, 111-115.

13 Olivier, Jean-Marie/Monegier du Sorbier, Marie-Aude: Catalogue des Manuscrits Grecs de Tchécoslovaquie. Paris 1983; dies.: Manuscrits Grecs récemment découverts en République Tchèque. Paris 2006.

14 Zuletzt Kopička, Petr: Deníky roudnického hejtmana Blažeje Albína z Weisenberku z let 1611 a 1625 [Die Tagebücher des Raudnitzer Hauptmanns Blasius Albín von Weissenberg aus den Jahren 1611 und 1625]. Praha 2003. Auf den Seiten xii-xviii findet sich ein Verzeichnis der Tagebücher und Kalender in der Raudnitzer Lobkowitz-Bibliothek.

15 Richterová, Alena: Soupis autografů Bohuslava Balbína z fondů Státní knihovny ČSR [Verzeichnis der Autographen Bohuslav Balbíns aus den Beständen der Staatsbibliothek der Tschechischen Sozialistischen Republik]. Praha 1988. Zu den Raudnitzer Handschriften vgl. 126-148.

Petr Kopička und Petr Maťa

Staatliches Gebietsarchiv in Leitmeritz
(Státní oblastní archiv v Litoměřicích)

A. Gesamtgeschichte und Bedeutung

Die Anfänge des heutigen Staatlichen Gebietsarchivs reichen in das Jahr 1948 zurück, als in Leitmeritz (tsch. Litoměřice) ein Depositorium des Archivs des Innenministeriums der Tschechoslowakischen Republik errichtet wurde, aus dem bald ein Kreisarchiv entstand. Dieses wurde 1954 der direkten Verwaltung des Ministeriums unterstellt und in „Staatliches Archiv" umbenannt. 1960 wurde sein Zuständigkeitsbereich auf den gesamten neu entstandenen Nordböhmischen Kreis ausgedehnt. Das Staatliche Gebietsarchiv in Leitmeritz besteht gegenwärtig aus der Zentrale, einer Zweigstelle in Tetschen (tsch. Děčín), zwei separaten Standorten in Schüttenitz (tsch. Žitenice) und Brüx (tsch. Most) sowie zehn Bezirksarchiven in den Kreisen Aussig (tsch. Ústí nad Labem) und Reichenberg (tsch. Liberec). In Tetschen und Schüttenitz befinden sich die Bestände und Sammlungen der ehemaligen landwirtschaftlich-forstlichen Archive, die nach 1948 errichtet und 1956 in das Staatliche Archiv in Leitmeritz eingegliedert wurden. Dort wird vor allem diejenige Überlieferung adeliger Geschlechter verwahrt, die vor 1945 beziehungsweise vor 1948 ihren Sitz in Nordböhmen hatten, sowie die der dazugehörenden Großgrundbesitzungen, der zentralen Kanzleien und der Rechnungsämter.

All diese bedeutenden Bestände sind heute durchweg bearbeitet und stehen der Forschung offen – mit Ausnahme der Familienarchive von zwei Linien der Lobkowitz aus Raudnitz an der Elbe (tsch. Roudnice nad Labem) und Unter Beřkowitz (tsch. Dolní Beřkovice), die in Schüttenitz untergebracht und nur mit Zustimmung der Eigentümer, denen diese und einige weitere Bestände 1992 restituiert wurden, zugänglich sind. Ausführliche Informationen über die Geschichte der Adelsarchive einschließlich der Archive und Registraturen der zentralen Kanzleien und der Großgrundbesitzungen sowie über ihren Inhalt und Umfang bietet der zweite Band des „Průvodce po archivních fondech" des Staatlichen Archivs in Leitmeritz von 1963. Einige der Bestände wurden im „Archivní časopis", im „Sborník archivních prací" und in anderen Fachzeitschriften und Sammelbänden detailliert vorgestellt. Seit 2001 gibt das Archiv die Zeitschrift „Porta Bohemica" heraus, in der eine Reihe von Aufsätzen zur Geschichte des Adels – hauptsächlich auf Grundlage der Quellen aus den Familienarchiven der einzelnen Linien der Lobkowitz – erschienen ist. Die größten und an Quellen wertvollsten Familienarchive sind jene der Lobkowitz, sowohl der Linie Raudnitz als auch der Linie Hořín beziehungsweise Melnik, Aehrenthal, Hartig (alle am Standort Schüttenitz), Clary-Aldringen, Thun-Hohenstein und Clam-Gallas (alle am Standort Tetschen).

Der bedeutendste Bestand an Schriftstücken im Staatlichen Gebietsarchiv in Leitmeritz zu Schlesien und zugleich eines der reichsten Familienarchive des frühneuzeitlichen Adels in Mitteleuropa ist jenes der Raudnitzer Linie der Lobkowitz (Lobkowiczové roudničtí – Rodinný archiv), das in Schüttenitz aufbewahrt wird. Die Lobkowitz gehören zum alten böhmischen Adel, und besonders im 16. Jahrhundert handelte es sich um ein weit verzweigtes Geschlecht. Das Familienarchiv enthält jedoch in erster Linie die Nachlässe von Mitgliedern zweier Linien: die des nach dem Sitz in Chlumetz (tsch. Vysoký Chlumec) und später nach dem Schloß in Raudnitz genannten Zweiges, der von Ladislav II. von Lobkowitz (1501–1584) und seinem Sohn Zdenko Adalbert (1568–1628) gegründet und 1624 gefürstet wurde, und die der in Bilin (tsch. Bílina) seßhaften, seit 1670 gräflichen Linie. Sie bildete sich zwar um die Mitte des 16. Jahrhunderts heraus, das erhaltene Material allerdings beginnt in größerem Ausmaß erst mit dem Nachlaß Wilhelm des Jüngeren († 1647). Nach dem Aussterben der Biliner Linie (1720/22), deren Eigentum in die Hände der Mitglieder des fürstlichen Zweigs überging, wurden die Archive beider Lobkowitzscher Linien zu einem Ganzen zusammengelegt – lediglich die Korrespondenzen blieben innerhalb des Bestandes zum großen Teil getrennt.

Durch Polyxena von Pernstein (1566–1642), die Frau Zdenko Adalberts, gelangte das reiche Archiv des bedeutenden böhmisch-mährischen Geschlechts der Pernstein, das vor allem die Nachlässe von Wratislaw von Pernstein (1530–1582) und seinem Sohn Johann (1561–1597) enthält, ins Familienarchiv.

Beide Familienzweige hatten Beziehungen zu Schlesien – die Biliner Linie zwar nur vorübergehend, dafür jedoch äußerst bedeutsam dank Christoph Ferdinand von Lobkowitz (1614–1658), der während des Dreißigjährigen Krieges im schlesischen Verwaltungsapparat tätig war: Landeshauptmann von Münsterberg seit 1638, von Glogau seit 1644, von Glatz um 1645/46, Direktor der Schlesischen Kammer 1647–1649, Generalkriegskommissar in Schlesien 1648–1649 und Präsident der Schlesischen Kammer 1649–1650.

Der Kontakt der Raudnitzer Linie nach Schlesien war von längerer Dauer. Er begann mit dem vorübergehenden Besitz der Herrschaft Rybnik im Herzogtum Oppeln-Ratibor (1579–1638), wurde fortgeführt mit der dreimaligen Vermählung der Schwestern Zdenko Adalberts mit dem schlesischen Adel (Promnitz 1590, Oppersdorff 1598 und 1606) und gipfelte in der Belehnung von dessen Sohn Wenzel Eusebius (1609–1677) mit dem Herzogtum Sagan 1646. Im Eigentum seiner Nachfahren Ferdinand August (1655–1715), Philipp Hyacinth (1680–1734) und Ferdinand Philipp Josef (1724–1784) blieb Sagan bis 1786, als Josef Franz Maximilian (1772–1816) es Peter Biron, Herzog von Kurland, verkaufte. Als Folge dieser Beziehungen gerieten zahlreiche Materialien, die gesellschaftliche, eigentumsrechtliche und administrative Kontakte zu Schlesien und dem dortigen Adel belegen, in das Lobkowitzsche Familienarchiv. Der Schwerpunkt des auf Schlesien bezogenen Materials liegt im letzten Jahrhundert der habsburgischen Herrschaft über das Oderland. Im Bestand zu forschen, ist nur in Einverständnis mit den Eigentümern möglich.

Der zweite bedeutende Bestand mit Schriftstücken zur Geschichte Schlesiens ist das Familienarchiv Clam-Gallas, das in der Zweigstelle in Tetschen untergebracht ist. Es enthält die Nachlässe der Besitzer der Herrschaften Friedland (tsch. Frýdlant) und Reichenberg an der böhmisch-lausitzisch-schlesischen Grenze. In erster Linie handelt es sich um die aus Trient stammenden Gallas, beginnend mit dem kaiserlichen Feldherrn Matthias Gallas († 1647) und seinen Erben, den oberösterreichischen Clam, später Clam-Gallas. Allerdings blieben auch einige Quellen aus der Zeit der vorhergehenden Eigentümer erhalten – vor allem der schlesischen Redern, von denen Friedrich († 1564), Präsident der Schlesischen Kammer, diese Herrschaft 1558 gekauft hatte. Friedrichs Enkel Christoph II., Sohn des bekannten Feldherrn Melchior von Redern (1555–1600), wurde die Herrschaft wegen seiner Teilnahme am böhmischen Ständeaufstand der Jahre 1618 bis 1620 konfisziert. Danach erwarb sie zuerst Albrecht von Waldstein (Wallenstein) sowie nach dessen Ermordung 1634 Matthias Gallas. Dessen Nachfahren traten in verwandtschaftliche Beziehungen mit dem katholischen Adel in Schlesien: Der Sohn Franz Ferdinand Gallas (1635–1697) nahm 1668 die aus Schlesien gebürtige Adelige Johanna Emerentiana von Gaschin-Rosenberg († 1736) zur Frau, und sein Urenkel Philipp Josef Gallas (1703–1757), das letzte männliche Mitglied des Geschlechts, heiratete im Jahr 1726 Maria Anna, geborene Colonna von Fels († 1759) – aus jenem Geschlecht, das sich nach der Schlacht am Weißen Berg im Herzogtum Oppeln-Ratibor niederließ. Ihre Ehe blieb kinderlos, das Eigentum erbte Maria Annas Neffe, Christian Philipp Freiherr von Clam (1748–1805). Die Herkunft und die verwandtschaftlichen Verbindungen der Redern und der Gallas spiegeln sich auch in den relativ umfangreich erhaltenen schlesienspezifischen Schriftstücken im Familienarchiv wider, in dem sich ferner die sogenannte Kriegskanzlei des Matthias Gallas von 1632 bis 1648 einschließlich eines alphabetischen Katalogs der Korrespondenten sowie das Urkunden- (1615–1625) und Kopialbuch (1624–1630) Wallensteins befinden.

In den übrigen in Tetschen aufbewahrten Familienarchiven, besonders in jenen der Familien Thun-Hohenstein, Clary-Aldringen und Desfours-Walderode, finden sich lediglich vereinzelte Schriftstücke zu Schlesien beziehungsweise nur kleine, meist nicht zusammenhängende Sammlungen. Ähnliches gilt für das Familienarchiv der Lobkowitz aus Melnik (tsch. Mělník; nun in Schüttenitz), in dem sich unter anderem der relativ umfangreiche Nachlaß des Johann Georg Christian von Lobkowitz (1686–1755), dem Begründer dieses Familienzweigs und Sohn des Saganschen Herzogs Ferdinand August von Lobkowitz, befindet. Erinnert sei hier auch noch an das Familienarchiv Hartig (Mimoň). Darin befinden sich zwar kaum Dokumente zu Schlesien, Beachtung verdient es jedoch, weil die Hartig aus einer lausitzisch-schlesischen bürgerlichen Familie stammten. Die böhmische Linie gründete der Arzt Johann Jakob Hartig (1603–1677), der in den Adelsstand erhoben wurde und sich später in Böhmen niederließ.

Státní oblastní archiv v Litoměřicích, Krajská 1, CZ-41274 Litoměřice, Tel.: +420-477-755-970, Fax: +420-477-755-992, E-Mail: info@soalitomerice.cz, Homepage: http://www.soalitomerice.cz [Zugriff am 01.08.2009];

Pracoviště Žitenice, zámek 1, CZ-41141 Žitenice, Tel.: +420-477-755-960, Fax: +420-477-755-963, E-Mail: zitenice@soalitomerice.cz;
Pobočka Děčín, Zbrojnická 14/1, CZ-40502 Děčín 4, Tel.: +420-477-755-940, Fax: +420-477-755-943, E-Mail: decin@soalitomerice.cz.

Auswahlliteratur: Smíšková, Helena: Historická sbírka (rodinný archiv) Clam-Gallasů [Die historische Sammlung (Familienarchiv) der Clam-Gallas]. In: Archivní časopis 44 (1994) 137-141, 48 (1998) 17-23; Mikušek, Eduard: Lobkowiczký rodinný archiv [Das Lobkowitzsche Familienarchiv]. In: Hradilová, Marta (Hg.): Pocta Evě Šmilauerové. Sborník k 60. narozeninám PhDr. Evy Šmilauerové, CSc. Praha 1995, 73-80; Křivka, Josef u. a.: Státní archiv v Litoměřicích. Průvodce po archivních fondech [Staatliches Archiv in Leitmeritz. Wegweiser durch die Archivbestände], Bd. 2. Praha 1963; Jeřábek, Karel: Lobkovický archiv roudnický [Das Raudnitzer Archiv der Lobkowitz]. Praha 1948; Dvořák, Max: Das Lobkowitzsche Archiv in Raudnitz. In: Archivalien zur neueren Geschichte Österreichs, Bd. 1. Wien 1913, 1-11.

B. Bestandsgliederung

Familienarchiv der Raudnitzer Linie der Lobkowitz

Der Umfang des Bestands beträgt 152 laufende Meter. Zur Orientierung dient ein detailliertes, handschriftliches Inventar von 1857, das aus drei Teilen (I: Genealogie, Familienleben, Staats- und Hofleben etc.; II: Lobkowitzsche Haus-, Hof- und Regierungssachen, Besitzungen, Fremde Familiensachen, Pernsteinsches Archiv, Staats-, Hof-, Reichs- und Landessachen, Kirchen- und Patronatssachen; III: Korrespondenz) besteht. Die Signaturen verweisen auf die Faszikel mit unterschiedlicher Anzahl an Dokumenten, die in Kartons verwahrt werden. Ein Karton enthält gewöhnlich drei bis sechs Faszikel. Im folgenden Überblick werden die einzelnen Einträge in der Reihenfolge angeführt, in der sie auch im Inventar verzeichnet sind.

Abteilung I:

Genealogie, Familienleben, Staats- und Hofleben (Signatur A 1-285, E 1-12, F 1-12, G 1-18, H 1-9)

Genealogie und Hausgeschichte

E 7/4: Gratulation von Martin Andreas Gultz an Christoph Ferdinand von Lobkowitz zur Übernahme der Landeshauptmannschaft von Glogau (1649)

E 7/24: Gratulation an Wenzel Eusebius von Lobkowitz von Dienern in Sagan (poln. Żagań) zum Tag des heiligen Wenzel (1652)

E 7/26: Glückwunsch zur Ankunft von Wenzel Eusebius und seiner Frau in Sagan (1659)

E 7/37: Glückwunsch zur Ankunft von Ferdinand August Fürst Lobkowitz und seiner Frau in Sagan (1686)

E 7/43: Glückwunsch an Philipp Hyacinth von Lobkowitz zu einer guten Regierung über Sagan 1716

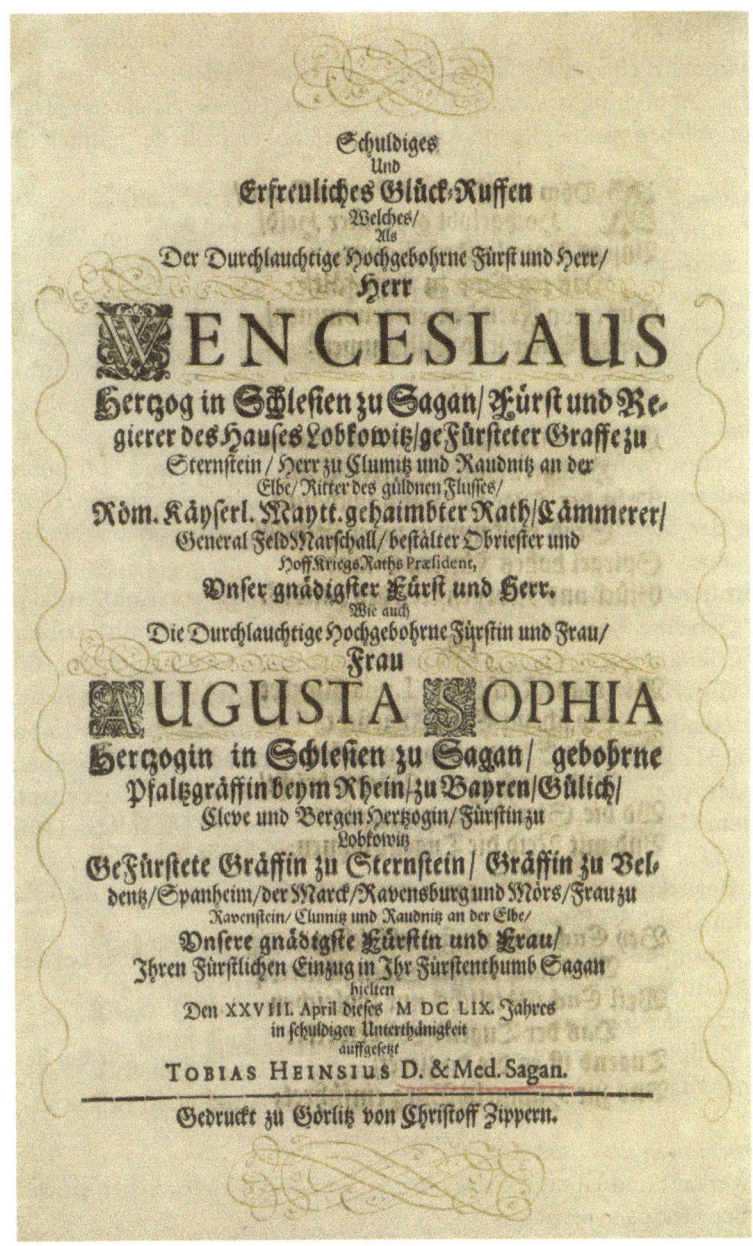

Titelblatt eines Festdrucks, der anläßlich des Einzugs von Wenzel Eusebius Fürst von Lobkowitz und seiner Ehegattin Augusta Sophia von Pfalz-Sulzbach in Sagan am 28. April 1659 herausgegeben wurde. Lobkowitz nutzte seinen ersten Besuch im Herzogtum Sagan, mit dem er bereits im Jahr 1646 belehnt worden war, um den Treueid seiner Lehensleute zu empfangen und verschiedene Verwaltungsangelegenheiten zu regeln.
Bildnachweis: Státní oblastní archiv v Litoměřicích, pracoviště Žitenice, Lobkovicové roudničtí – Rodinný archiv, Sign. E 7/26.

E 7/50: Johann Georg von Dyhern: „Geheimnisvolle Triumphwagen [...]", ohne Jahr, gewidmet Eleonora Katharina von Lobkowitz († 1720)

E 10/17: Abbildung des durch die Saganer Landstände errichteten Trauergerüsts nach dem Ableben von Ferdinand August Fürst Lobkowitz in der Jesuitenkirche 1715

Familienleben

A 3/7: Ehewerbung des Georg Adam Franz Graf Gaschin um Maria Elisabeth Gräfin Lobkowitz († 1719), verwitwete Gräfin Trauttmansdorff

A 3/8: Eheverträge von Anna von Lobkowitz und Georg von Oppersdorff 1598, Katharina von Lobkowitz und Friedrich von Oppersdorff 1606, Benigna von Lobkowitz und Seifried von Promnitz (unvollständige Abschrift, ohne Datum)

Staats- und Hofleben

A 49: Schriften über die Tätigkeit von Christoph Ferdinand von Lobkowitz als Landeshauptmann von Glogau, Generalkriegskommissar in Schlesien, Direktor und Präsident der Schlesischen Kammer und Kommissar zum schlesischen Fürstentag (1640er Jahre)

F 7: Schlesische Cameralia unter Christoph Ferdinand von Lobkowitz 1649

A 85: Geheime Korrespondenz zwischen Wenzel Eusebius Fürst Lobkowitz und Johann Weikhard Fürst Auersperg; dessen Verbannung vom Kaiserhof (1668–1671)

A 89: Gutachten von Wenzel Eusebius Fürst Lobkowitz über die Besetzung der Oberlandeshauptmannschaft in Schlesien, seine Ernennung zum Oberlandeshauptmann am 31. Januar 1672, Gutachten der Böhmischen Hofkanzlei über die Verwaltung des Amts in Abwesenheit des Oberlandeshauptmanns, Eidesleistungen, unter anderem Gratulationen, Kommissare zum schlesischen Fürstentag (1666, 1668, 1670, 1671)

A 91: Bewerbung von Ferdinand August Fürst Lobkowitz um die Oberlandeshauptmannschaft in Schlesien (1680–1684)

A 96: Ferdinand August Fürst Lobkowitz als Prinzipalkommissar bei den schlesischen Fürstentagen (1686/87, 1704/05, 1708/09, 1710/11, 1715)

G 1: Akten des Fürstentags 1686/87

A 97: Philipp Hyacinth Fürst Lobkowitz als Prinzipalkommissar bei den schlesischen Fürstentagen (1718, 1720, 1721/22, 1726/27)

Standeserhebungen und Auszeichnungen

A 99: Verkauf und Übergabe des Fürstentums Sagan 1646, Lehensbriefe und Prärogative der Herzöge von Sagan

A 100: Korrespondenz von Wenzel Eusebius von Lobkowitz mit dem Oberamtskanzler Balthasar Heinrich von Oberg und dem Kanzler des Fürstentums Breslau, von Pein, wegen seiner Präzedenzstreitigkeiten am Fürstentag mit dem Herzog von Liegnitz und Brieg (1648/49)

A 101: Konflikte um Sitz und Stimme am Fürstentag und Prärogative des Herzogs von Sagan (1697, 1715, 1719)

G 5: Lehensbriefe wegen Sagan (1646, 1660, 1678, 1714, 1717, 1749)

Sterbefälle und Funeralien

A 130: Wenzel Eusebius von Lobkowitz († 1677): Funeralien, Einladungen zu den Exequien in Raudnitz und Sagan und ähnliches (1677)

Prätentionssachen

A 178: Prätention auf die Herrschaft Rybnik nach dem Tod des Ladislaus von Lobkowitz († 1621)

A 241-243: Schuldforderungen der schlesischen Adeligen bei der fürstlichen Linie der Lobkowitz: Friedrich Kaspar von Rechenberg (1611–1659), Kaspar Stosch (1615–1663), Helena Korkwitz, geborene Hornigk (1607–1668), Karl von Sebottendorf (1611–1653), Zedlitz (1616–1684), Graf Mettich (1610–1681)

A 278: Gläubiger von Ferdinand August Fürst Lobkowitz aus Sagan

Abteilung II:

Lobkowitzsche Haus-, Hof- und Regierungssachen; Besitzungen; fremde Familiensachen; Pernsteinsches Archiv; Staats-, Hof-, Reichs- und Landessachen; Kirchen- und Patronatssachen (Signatur H 10-R 14)

Fürstliche Regierungsbestallung

H 18/2: Bestallungen und Instruktionen der fürstlichen Beamten im Herzogtum Sagan

H 18/3: Saganerches Bestallungs- und Instruktionsbuch (seit 1677)

H 18/4: Wallensteins Instruktion für Sagan (1633), Oppersdorffsche Instruktion für Glogau und andere Herrschaften (1636, erneuert 1646), Instruktion für das Wirtschaftsamt in Odrau (tsch. Odry, 1775)

Amtliche Relationen und Kommissionen

J 2-3: Theophil Räthel von Hirschfeldau, Obersteuereinnehmer im Herzogtum Sagan, dann fürstlicher Rat und Kammerdirektor: Korrespondenz *in commissionibus, cameralibus, politicis, forensibus, privatis et aliis* (1648–1669, 10 Faszikel)

J 16/2: Hofsekretär Franz Ludwig Brentzer in Sagan (1685–1688)

K 4/4: Saganesche Kommission des Wirtschaftsrats Johann Franz Hink (1719)

Ehemalige Lobkowitzsche Besitzungen in den österreichischen Erblanden

L 9/5: Pfandweise Überlassung der Herrschaft Rybnik im Herzogtum Oppeln-Ratibor an Ladislaus den Älteren von Lobkowitz (1579), weitere kaiserliche Verschreibungen und Bestimmungen, Stadtprivilegien, Taxen, Amtsberichte

L 9/6: Rybniker Urbarregister 1601, 1614 (2 Bände)

L 9/7: Zwei Attestationen (1652, 1655) über die an die Haugwitzschen Erben abgetretenen Herrschaften Rybnik und Rimitz (tsch. Rymice, Mähren)

L 9/8-11: Schlesische Güter Bielau (poln. Biała Nyska), „Murau" (Mohrau, poln. Morów), „Nicklasdorf", „Tornau" und „Sackerau" im Besitz von Johann Franz von Radhaupt und dann Christoph Ferdinand von Lobkowitz (1617–1655) – Akten,

Rechnungen, Quittungen, Prozeßakten betreffend die Vorstellung des Breslauer bischöflichen Fiskals gegen die käufliche Abtretung der Herrschaft an Hans Friedrich Graf Trauttmansdorff (1677)

L 9/12: Taxierung des Herzogtums Oppeln-Ratibor 1644 inklusive der Spezialtaxen der kaiserlichen Schloßherrschaften Oppeln (poln. Opole), Ratibor (poln. Racibórz) und Cosel (poln. Koźle)

Herzogtum Sagan

L 10/1: Abschriftliche Urkunden über den Erwerb und Besitz des Herzogtums und Huldigungsakten (1628–1726),[1] Privilegien des Herzogtums bestätigt von Ferdinand II. (1622), Privilegien des Herzogtums Liegnitz (1589, inklusive Zusatz von 1605), Bestätigung der Privilegien der Saganer Stände, neuer Wappenbrief

L 10/2: Land- und Manngerichtsordnung (1614, 1651, 1713)

L 10/3: Regierungs-, Hofgerichts- und Kameral-Einrichtungen (1651–1719)

L 10/4-6: Sagansche Regierungssachen (1648–1710, 1718–1752)

L 10/7: Protokolle der obrigkeitlichen Dekrete im Herzogtum Sagan (1688/89, 1713)

L 10/8: Sagansche *Cameralia et Oeconomico-domestica*

L 10/9: Sagansche Kommissionssachen von Theophil Räthel (1659) und Hofkanzler Johann Baptista Passerini (1669/70)

L 10/10: Schriften betreffend die Übergabe des Herzogtums 1646

L 11/1-2: Verschiedene Urbare und wirtschaftliche Angelegenheiten an den fürstlichen Kammergütern (unter anderem Protokolle, Register, Projekte, Extrakte)

L 11/3: Rezeß mit der Stadt Sagan über das Bierbrauen sowie Wein- und Branntweinschank (1653)

L 11/4: Privilegien der Stadt Sagan, Gewerbe- und Polizeisachen

L 11/5: Bericht über Gläubiger der fürstlichen Kammer und deren Prätentionen auf die Kammergüter (1671)

L 11/6: Eingelöste Obligationen der Saganschen alten Stadtkammer-Kreditoren

L 11/7: Vergleich zwischen der fürstlichen Kammer und Graf Callenberg wegen Mühle und Wehr in Priebus (poln. Przewóz) 1715 und andere die Stadt und Herrschaft Priebus betreffende Akten

L 11/8: Akten über den Kauf des Gutes „Peterswalde" (Peterswaldau, poln. Skibice, 1725) und über das heimgefallene Lehensgut Mühlbach (poln. Karsówka, 1720)

L 11/9: Rechnung der fürstlichen Gerberei in der Saganer (?) Neustadt (1685, 1704), Rechnung des fürstlichen Kameral-Wirtschaftsamts in Sagan (1738)

L 12/1-2: Verkauf der „Queisdorfer Kammergüter" (vermutlich Dörfer an der Queis) Eisenberg (poln. Rudawica), Puschkau (poln. Puszków), „Zeisau" (Herzoglich Zeisau, poln. Czyżyków), Neuhammer (poln. Świętoszów) an F. von Rechenberg, Prozeßakten und Endvergleich (1700)

---

1 Vgl. die Kopien des Kaufbriefs und des kaiserlichen Übergabedekrets vom 21. Juli 1646 unter A 99 und die Lehensbriefe im Original unter G 5.

L 12/3-5: Akten betreffend die heimgefallenen Kittlitzschen Lehengüter Kunzendorf bei Sprottau (poln. Chichy) und „Gerbigsdorf" (Girbigsdorf, poln. Bobrzany)

L 12/6: Akten über die Lehengüter Bloischdorf, „Dobran" (vermutlich Dober, poln. Dobre nad Kwisą), Tschernitz, Kottwitz (poln. Kotowice), die Herrschaft Naumburg am Bober (poln. Nowogród Bobrzański) und Liebsen (poln. Lubieszów)

L 12/7: Lehengüter Bogendorf (poln. Łuków), „Krumlau" (Kromlau), Lehenstücke „Horlitz" (Horlitza) und „Nimtsch" (Nimbsch)

L 12/8: Lehengüter Groß- und Wüsten-Dobritsch (poln. Dobroszów Wielki, Dobroszów Mały)

L 12/9: Lehengut „Windisch Mustau" (Wendisch-Musta, poln. Mosty)

L 13/1: Großfürstlich Callenbergische Allodialgüter Jämlitz, „Mertzdorf" (Merzdorf bei Priebus, poln. Marcinów) und Neudorf bei Pechern

L 13/2: Erbgüter „Zeippa" (Zeipau, poln. Szczepanów), „Hartwigswaldau" (Hertwigswaldau, poln. Chotków), Wittgendorf (poln. Witków), Hirschfeldau (poln. Jelenin),[2] Wachsdorf (poln. Wrzesiny) und „Appenborn", „Ruckersdorf" (Rückersdorf, poln. Siecieborzyce), „Buchwalde" (Buchwald, poln. Bukowina Bobrzańska) und „Borge" (vermutlich Barge, Vorwerk), „Niedergorb" (Nieder-Gorpe, poln. Gorzupia Dolna), Küpper (poln. Kopernia), Bergisdorf (poln. Dziwiszowa) und die Schellendorfschen Güter „Satz" (Saatz in der Nähe von Halbau, poln. Iłowa) und „Lunau" (Kunau, poln. Konin Żagański)

L 13/3: Schulzereien zu „Schönborn" (Schönbrunn, poln. Jabłonów) und Altkirch (poln. Stary Żagań)

L 13/4: Vermischte Lehenssachen

L 13/5-6: *Forensia* und Justizsachen

L 13/7: *Criminalia*

L 13/8: *Particularia* und *Miscellanea*

L 13/9: *Publica-Militaria*

L 14/1-3: Kirchenwesen, Akten über die Augsburgische Konfession und deren Veränderung (1648–1703)

L 14/4-5: Augustinerkloster in Sagan (Wahlakten, Stiftsgüter, Rechnungen der Kirche und des Spitals)

L 14/6: Pfarr- und Patronatssachen

L 14/7: Kirchen- und Kapellenbau; Jesuitenkolleg in Sagan und seine Zulassung zu den ständischen Versammlungen (1718/19)

L14/8: Amtsprotokolle (1727–1731, 1731–1734, 1739/40, 1744–1749)

L15/1 (a-h): Diverse Akten und Protokolle, Registratur-Inventare und *Directorien* (10 Bände)

L 15/2: Ansinnen wegen des Verkaufs des Herzogtums an den König in Preußen (1747)

---

2 Vgl. einen Kaufbrief im Original auf Pergament von 1346 unter P 5/2.

L 15/3: Akten über den Verkauf des Herzogtums an Peter Biron, Herzog von Kurland (1786), neuere Abschriften aus den Verhandlungsprotokollen wegen Verkaufs der Herrschaft und des Herzogtums Sagan

Anhang – Fremde Besitzungen und Lehenssachen
  N 9/28: Bitte von Julius Gottlob Graf Sunnegh wegen der Herrschaft Bielitz (poln. Bielsko) in Schlesien 1696

Die fürstlich Lobkowitzschen Besitzungen: Anhang – Urkundensammlung
  P 5/2: Brüder Grabus und Seifried von Necheren verkaufen ihrem Schultheiß Petzold zu Hirschfeld (Herzogtum Sagan) das Gericht daselbst (1346)

Fremde Familiensachen (Standeserhebungen, Heiratssachen, Testamente, Fideikommisse, Erbverträge, Mitteilungen über Vermählungen, Geburten und Todesfälle)
  P 7/1: Erhebung von Anna Ursula von Reibnitz, Gemahlin von Herzog Heinrich Wenzel von Münsterberg-Oels, zur Herzogin von Bernstadt (1637)
  P 7/2: Standeserhebungen der Familie Liechtenstein
  P 7/4: Erhebung von Georg von Oppersdorff in den Grafenstand (1627)
  P 7/12: Ahnenprobe für Heinrich von Dohna wegen seiner Aufnahme in den Malteserorden (1630)
  P 8/3: Briefwechsel zwischen Luise von Liegnitz, Wenzel Eusebius von Lobkowitz, Johann Hartwig von Nostitz und anderer über die heimliche Vermählung Friedrichs von Holstein mit Charlotte von Liegnitz (1672)
  P 8/4: Heiratsbriefe: Georg von Liegnitz und Sophia Katharina von Münsterberg (1637), Ludwig von Liegnitz und Anna Sophia von Münsterberg-Oels (1648), Christian von Liegnitz und Luise von Anhalt (1648), Witwenversorgung für Anna Ursula von Reibitz, Ehefrau von Heinrich Wenzel von Münsterberg-Oels (1637)
  P 8/11: Heiratsakten von Karl Hannibal Burggraf Dohna und Katharina Elisabeth von Schrattenbach (1670/71)
  P 9/2: Testament Karls von Liechtenstein (1623), Fürst Hartmann von Liechtenstein an Wenzel Eusebius von Lobkowitz wegen der testamentarischen Zeugenschaft (1672), Testament Kasimirs von Teschen (1525), Testament und Errichtung des Fideikommisses durch Wallenstein (1623 und ohne Datum)
  P 9/3: Testament von Anna Elisabeth von Burghaus, geborene Dohna (1665), Nachfolge in dem von Albrecht von Dohna 1600 errichteten Fideikommiß (nach 1709)
  P 9/4: Testament von Erdmann Leopold Graf Promnitz (1663/64)
  P 8/1-8 (als eigens geordneter Bestandteil): Anzeigen von Vermählungen, Geburten, Todesfällen und anderem (alphabetisch geordnet nach Familiennamen, darunter auch schlesische Adelsfamilien, zum Beispiel Colonna von Fels, Dyhern, Garnier, Jaroschin, Knobelsdorf, Nostitz, Oppersdorff, Promnitz, Proskau, Schaffgotsch, Schellendorf, Würben)

Archiv Pernstein

P 14/36: Heiratsgut der Maria von Pernstein, verehelichten Herzogin von Teschen (1549)

P 15/46: Verkauf der ostböhmischen Herrschaften Heinrichs von Münsterberg an Wilhelm von Pernstein (1495, Abschrift)

Staats-, Hof- und Landessachen

Q 18/1-3: Akten des Fürstentags (1649–1658, 1699–1707)

Q 18/4: Schlesische Landes- und besonders Kammersachen (größtenteils aus der Amtszeit von Christoph Ferdinand von Lobkowitz), Angelegenheiten der Herzogtümer Breslau, Glogau, Oppeln-Ratibor, Privatangelegenheiten und anderes

Q 18/5: Publikation des revidierten kaiserlichen Zollmandats in Schlesien (1623)

Q 18/6: Verzeichnis der Gläubiger und ihrer Schuldforderungen bei der Schlesischen Kammer (1649)

Q 18/7: Akten des Fürstentags unter dem Präsidium von Philipp Hyacinth von Lobkowitz (1720)

Kirchensachen

R 5/26-27: Stiftungen in Sagan: Jesuitenkolleg und -seminar, Akten zur Fundation des Seminars seitens der Familien Garnier und Sprinzenstein (1696, 1705); Augustiner: Prälatenwahlen, fürstliches Bestätigungsrecht und andere Prärogativen, Besoldung des evangelischen Schulrektors (1666)[3]

R 12/82: Kirchen und Pfarre in Rybnik (1626, 1631)

Abteilung III:

Korrespondenz (Signatur B 1-B 285, C 1-C 272, D 1-D 285)
Die Korrespondenzen des Geschlechts der Lobkowitz sind nach den Nachlässen der einzelnen Familienmitglieder geordnet, das heißt nach den Empfängern. Innerhalb der einzelnen Nachlässe folgt die Ordnung dann jedoch meist alphabetisch nach den Namen der Absender, die in manchen Fällen zusätzlich in Gruppen nach der Herkunft beziehungsweise der Sprache eingeteilt sind. In separate Einheiten wurden die Korrespondenzen der Herrscher und Fürsten (B 1-124), die familiäre (D 125-206) und die geistliche Korrespondenz (D 207-285) geordnet. Ebenso bildet die Pernsteinsche Korrespondenz (B 125-208) eine eigene Abteilung. Die bei weitem umfangreichste Sammlung adeliger Korrespondenz (250 Faszikel) stammt aus dem Nachlaß des Hofkriegsratspräsidenten und kaiserlichen Obersthofmeisters Wenzel Eusebius von Lobkowitz, und zwar besonders von 1645 bis 1674. Reichhaltig sind auch die Nachlässe der böhmischen Obersthofkanzler Wratislaw von Pernstein (ungefähr 50 Faszikel, circa 1560–1582) und Zdenko Adalbert von Lobkowitz mit seiner Frau Polyxena von Pernstein (30 Faszikel, vor allem 1600–1628), von Ferdinand August von Lobkowitz (über 40 Faszikel, besonders 1680–1715), aus der Biliner

---

3 Vgl. weitere Akten unter L 14.

Linie dann von Christoph Ferdinand (83 Faszikel, vor allem 1640–1658) und Wenzel Ferdinand (42 Faszikel, vor allem 1677–1690). Die Nachlässe von Johann von Pernstein († 1597), Wilhelm dem Jüngeren von Lobkowitz († 1647) und Ulrich Adam von Lobkowitz († 1649) enthalten bis zu zehn Faszikel an Korrespondenzen. Von den übrigen Familienmitgliedern inklusive der letzten Saganschen Herzöge aus dem Geschlecht der Lobkowitz blieb keine vergleichbare Korrespondenz erhalten. Umfangreiche Sammlungen zu Schlesien enthalten in erster Linie die Nachlässe von Wenzel Eusebius und Christoph Ferdinand von Lobkowitz. In den Nachlässen der böhmischen Obersthofkanzler Wratislaw von Pernstein und Zdenko Adalbert von Lobkowitz sind viele Briefe von schlesischen Adeligen überliefert, sie bilden allerdings bis auf Ausnahmen keine größeren Einheiten. In den übrigen Nachlässen blieben überwiegend nur Einzelstücke erhalten. Im folgenden werden einige der schlesischen Empfänger und Absender (ohne Anspruch auf Vollständigkeit) aufgelistet.

Korrespondenz der Herrscher und Fürsten

B 24-25: Auersperg (Herzöge von Münsterberg): Johann Weikhard (1644–1658), Ferdinand (1698–1702), Franz Karl (1708–1712)

B 52-56: Liechtenstein (Herzöge von Troppau und Jägerndorf): Karl (1606–1626), Karl Eusebius (1636–1685)

B 57-59: Herzöge von Liegnitz (1529–1673)

B 62: Herzöge von Münsterberg (1495–1649), einschließlich ihrer Korrespondenzen mit dem schlesischen Kammerpräsidenten Christoph von Schellendorf (1634–1649)

B 100: Herzog von Teschen (1551–1581), Korrespondenz mit den Herren von Pernstein (1617–1628)

B 102: Württemberg (Herzöge von Oels, 1647–1712)

B 103-111: Mitteilungen über Vermählungen, Geburten, Todesfälle und ähnliches in den reichsfürstlichen Familien, unter anderem Liechtenstein (1652–1716, B 106), Liegnitz (1653–1672, B 106), Münsterberg-Oels (1639–1672, B 106); Württemberg-Oels (1650–1693, B 111)

Pernsteinsche Korrespondenz

B 127-158: Korrespondenzen Wratislaws von Pernstein, alphabetisch geordnet, darin zahlreiche Briefe schlesischer Adeliger

B 127-143: deutsche Schreiben, darunter B 128: Friedrich von Bees (1580–1581), Georg von Braun (1567–1581); B 129: Wolf von Dyhern (1575), Christoph, Friedrich und Georg von Falckenhain (1562–1580), Diprand von Gellhorn (1574), Christoph von Schaffgotsch (ohne Jahr); B 130: Simon Hannewaldt (1577, 1582); B 132: von Kittlitz (1571, 1581), von Kochtitz (1572), Sigmund von Kottwitz (1571–1580), Hans von Kreckwitz (1566), Familie Kurzbach von Militsch und Trachenberg (1571–1578), Hans von Larisch (1573), Familie Logau (1571–1582); B 133: Hans von Maltitz (ohne Jahr), Hans von Maltzan (1569); B 134: Kaspar und Isaias von Minckwitz (1572–1582), Familie Nostitz (1573–1581), Georg, Hans, Wilhelm der Ältere, Wilhelm der Jüngere von Oppersdorff (1562–1582); B 135: Karl und Seifried von Promnitz (1567–1581), Kaspar, Georg, Hans von Proskau (1566–1581); B 136: Kaspar, Ernst, Hans von Rechenberg (1575–1582), Hans Georg, Georg, Melchior, Heinrich von Redern (1562–1580), Hans von Schellendorf (1579–1582), Fabian, Franz, Hans Georg von Schönaich (1575–1581); B 139: Salomon von Schweinichen (1563–1564), von Sebottendorf (1579/80), Daniel von Seidlitz (1581); B 143: Familie Zedlitz (1566–1581)

B 144-156: tschechische Schreiben, darin B 146: Friedrich, Georg und Georg Konstantin von Czettritz (1561–1572), Heinrich von Donat (1565–1577); B 149: Nikolaus Lassota von Steblau, Kanzler im Herzogtum Oppeln-Ratibor (1577); B 150: Felix und Tobias Moschowsky von Moravičín (1569); B 151: Peter und Beneš Praschma (1563–1573), Johann Rozdrażewski (1577, 1580); B 152: Georg und Wenzel Sedlnický (1561–1566), Johann Skrbenský (1582); B 154: Georg Tworkovsky (1582); B 155: Kaspar Wilczek (1567), Bernhard, Hynko, Johann und Stephan von Würben und Freudenthal (1564–1581)

B 157: ständische Schreiben, unter anderem aus Glatz, Jägerndorf, Liegnitz, Münsterberg, Oppeln-Ratibor, Schweidnitz-Jauer (1563–1580)

B 159: Korrespondenzen von Maria Manrique de Lara, Ehefrau Wratislaws von Pernstein, hier ebenfalls Einzelbriefe von schlesischen Adeligen, unter anderem von Nikolaus, Kaspar und Georg von Nostitz (1583), Hans von Schönaich (1583, 1586), Balthasar von Schellendorf (1588, 1590)

B 160-167: Korrespondenzen Johanns von Pernstein, hier unter anderem B 162: Familie Kittlitz (1587/88), Kottulinsky (1585), Heinrich der Ältere Kurzbach von Trachenberg (1585–1589); B 163: Maltzan (1591), David Moschowsky von Moravičín (1588), Kaspar von Minckwitz (1583–1585), mit den Familien Hohberg, Zedlitz, Falckenhain (1583–1588); B 164: Hartwig und Nikolaus von Nostitz (1583–1587), Hans Ulrich von Schaffgotsch (1587), Wilhelm von Oppersdorff (1586–1588), Peter und Seifried Praschma (1583–1588), Balthasar von Pückler (1587), Ernst und Melchior Rechenberg (1583–1585), Hans Georg und Melchior von Redern (1583–1584); B 165: Christoph und Hans Ulrich von Schaffgotsch (1588, 1592), Hieronymus und Hans von Schönaich (1583); B 166: Hynko der Ältere von Würben und Freudental (1583), Brandanus, Ernst und Hennig von Zedlitz (1583–1590)

B 168-174: Fragmente der Pernsteinschen Konzepte an verschiedene Empfänger, hier unter anderem B 168: unterschiedliche schlesische Amtsträger und Herzog von Teschen (1567–1576), Brieg (1577), Liegnitz (1586); B 169: unterschiedliche schlesische Amtsträger; B 170: Georg von Braun (1579), Sigmund von Burghaus (1577), von Czettritz (1573), Heinrich von Donat (1566), Christoph von Falckenhain (1564, 1570), Adam von Gotsch (1575), Simon Hanniwaldt (1573–1578), Familie Haugwitz (1576–1578), Sigmund von Kottwitz (1573), Heinrich Kurzbach von Trachenberg (1579); B 171: Matthias von Logau (1575), von Minckwitz (1579), von Zedlitz (1574), Kaspar, Hartwig und Sigmund von Nostitz (1565–1578), Georg von Oppersdorff (1567), Praschma, Promnitz (1574, 1579), Redern; B 172: Hynko und Johann von Würben und Freudenthal (1568–1581); B 174: Georg von Braun und Sigmund von Zedlitz (1583), Kaspar von Minckwitz (1584–1585), Konrad von Hohberg (1583–1584), Hartwig von Nostitz (1583), Praschma (1583–1584), Georg von Proskau (1584), Caspar und Ernst von Rechenberg (1585–1586), Hans Georg und Hieronymus von Schönaich (1583, 1585)

B 182-206: Korrespondenzen der Pernsteinschen Höflinge und Herrschaftsbeamten, darunter B 188: Christoph von Kottwitz, Hofmeister Wratislaws von Pernstein (1564–1582), Adam von Kottwitz (1580–1581), Hans und Heinrich von Pannwitz (1581–1586); B 202: Nikolaus von Kittlitz, Amtmann auf der Burg Pernstein (1579–1586)

B 207-209: Fragmente der Korrespondenzen Wilhelms von Rosenberg, des ersten Gemahls der Polyxena von Pernstein, hier unter anderem B 208: von Minckwitz (1585), Hans Ulrich von Schaffgotsch (1588)

Lobkowitzsche Korrespondenz

B 209-231: Nachlaß von Zdenko Adalbert Fürst Lobkowitz; von schlesischen Absendern zumeist nur wenige oder Einzelbriefe überliefert, unter anderem B 209: Sigmund von Braun (1624, 1626); B 210: Karl Hannibal von Dohna (1612); B 211: Melchior Gniesen von Kobach (1613–1626); B 212: Sigmund von Kittlitz (1618, 1623), Nikolaus von Kochtitz (1625); B 213: Joachim Mettich (1610, 1626), Johann Moschowsky von Moravičín (1604), Hans Sigmund von Maltitz (1625), Johann von Maltzan (1600); B 218: Grabus von Nechern (ohne Jahr), Otto von Nostitz (1613–1627), Georg, Wenzel, Friedrich und Rudolf von Oppersdorff (1598–1628); B 219: Christoph von Pannwitz (1626), Familie Promnitz (1600–1619), Ulrich Desiderius von Proskau und seine Frau (1610, 1627), Familie Rechenberg (1618–1626), Familie Redern (1610–1623), Wenzel Rozdraẑewski (1601–1621); B 220: Pertolt Tworkovsky (1621); B 221: Wolf von Schellendorf (1626), Georg von Schönaich (1611); B 222: Kaspar Stosch (1619, 1627), Tworkovsky (1610, 1621); B 224: Zedlitz (1624–1625); B 225: Schreiben der schlesischen Stände (1622–1628)

B 232-239: Nachlaß von Polyxena von Pernstein, hier lediglich selten Schreiben von Schlesiern überliefert, zum Beispiel B 236: Nikolaus von Kottulinsky (1600); B 237: Oppersdorff (1623, 1625, 1637), Promnitz (1619, 1623); B 239: Gotthard von Zettlitz (1625)

B 240-285, C 1-203: Nachlaß von Wenzel Eusebius Fürst Lobkowitz, innerhalb der folgenden Gruppen alphabetisch nach Absendern geordnet:

B 240-252: Schreiben vom Kaiserhof

B 253-285: Schreiben aus Böhmen: B 262-264: Johann Hartwig von Nostitz (böhmischer Obersthofkanzler seit 1652, 1644–1674) inklusive seiner Schreiben an Ferdinand August Fürst Lobkowitz (1677–1682); B 279: Johann Wenzel Graf Oppersdorff aus der böhmischen Linie (1659–1674), Kaspar Graf Colonna von Fels (1663, 1665); B 280: Johann Christoph von Proskau (1665)

C 1-6: Schreiben aus Mähren: C 3: Georg Stefan von Würben und Freudenthal (1660–1673); C 6: Friedrich Graf Oppersdorff (1667–1674)

C 7-18: Schreiben aus Schlesien: C 7-8: Christoph Leopold Graf Schaffgotsch (1659–1674); C 9-10: Balthasar Heinrich von Oberg (Oberamtskanzler, Landeshauptmann von Breslau, 1648–1652); C 11: Georg Albrecht Dyhern (Oberamtskanzler, Landeshauptmann von Glogau, 1650–1671), Martin von Knobelsdorf (Vizekanzler des Oberamts, 1648–1654); C 12: Oberamtsräte (1653–1674, Georg Hepner von Greifenstern 1653–1661, Balthasar Franz von Edelstein 1653, 1664, Georg von Wilczek 1668–1671, Wilhelm Wenzel von Lilgenau 1668–1674, Johann Ignaz Meltzer, Johann Adrian von Plencken, Georg Rudolf von Gersdorf, Michael von Gerstmann, Franz von Schlägen und Lilienberg, Frischeisen von Eisenberg), Kanzleipersonal des Oberamts (1667–1672); C 13: Beamte der schlesischen Kammer (Präsident Horazio Forno 1654, Vizepräsident Karl von Zehentner 1665–1673, Räte Ludwig von Fuessen 1651–1659, Sebastian Zäch [ohne Jahr]); C 14: Otto der Jüngere von Nostitz (Landeshauptmann von Breslau und Schweidnitz-Jauer, 1644–1665), Erhard Ferdinand Graf Truchseß (Landeshauptmann von Breslau, 1656–1663), Graf Jaroschin (Landeshauptmann von Breslau, 1671–1674), inklusive Schreiben an Ferdinand August Fürst Lobkowitz (1677–1693), Julius Ferdinand Graf Jaroschin (Oberamtskanzler, 1663–1670); C 15: Maximilian von Gersdorf (Amtsverweser in Glogau, 1647–1654), Johann Bernhard Graf Herberstein (Landeshauptmann von Breslau und Glogau, 1661–1673), inklusive Schreiben an Ferdinand August Fürst Lobkowitz (1679–1684), Johann Friedrich Graf Nimptsch (Landeshauptmann von Schweidnitz-Jauer, 1663–1674); C 16: Melchior Ferdinand Graf Gaschin (Präsident der Schlesischen Kammer, 1652–1665), Franz Eusebius Graf Oppersdorff (Landeshauptmann von Oppeln-Ratibor, 1661–1674), Wenzel Graf Oppersdorff (Landeshauptmann von Troppau, 1661–1671), Johann Friedrich von Larisch (Landeshauptmann von Teschen, 1667, 1669); C 17-18: alphabetisch geordnete Korrespondenz der schlesischen Adelsfamilien (1640–1674): Johann Sigmund von Braun, Brüder Cardinal von Widdern, Karl Hannibal von Dohna, Anna Maria von Dohna, Hans Karl Dörfler, Johann Alexander von Fernemont, Renata Eusebia von Frankenberg, geborene Breuner, Hans Kaspar von Gersdorf, Karl von Glich und Maltitz, Sigmund Friedrich Graf Götz, Johann Christoph Hallman, Elias Andreas Graf Henkel, Hans Heinrich von Hohberg, Graf Hoditz, Seifried von Kittlitz, Brigitta von Kottwitz, von Löben, von Lobental, Andreas Friedrich Magirus von Logau, Joachim von Maltzan, Peter von Mogkendorf, Johann von Neudorff, Kaspar und Johann von Nostitz, Albrecht Leopold Paczensky, Wolf von Popschitz, Johann Friedrich von Printzen, von Promnitz, Georg Christoph von Proskau, von Rautenstein, von Rörscheidt, Johann Rosarin von Rosenberg, von Salhausen, Jaroslav Friedrich von Sauerma, Gotthard Franz von Schaffgotsch, Hans Christoph von Schellendorf, Karl Friedrich von Schleierweber, Hans von Schönaich, von Spanner, Marianna Hedwig von Tschirnhaus, Franz Xaver Weinzerle

C 19-63: Schreiben aus den österreichischen Ländern, aus Ungarn und aus dem Alten Reich:

C 65-114: Diplomatische Korrespondenz aus unterschiedlichen Staaten, darunter C 73-76: Schreiben von Christoph Leopold Graf Schaffgotsch von seinen Gesandtschaftsreisen zum polnischen Königshof (1667–1674); C 77: Schreiben des Oberamtskanzlers Johann Christoph von Fragstein vom polnischen Königshof (1664–1672)

C 115-183: Schreiben von der kaiserlichen Armee, darunter auch Schreiben von einigen in Schlesien begüterten Kommandanten, zum Beispiel: C 137: Dünnewald

(1664–1672); C 141: Johann Adam Garnier (1654–1664); C 147-149: Melchior Graf Hatzfeldt (1635–1657), Hermann Graf Hatzfeldt (1650–1666)

C 186-194: Bittgesuche um Interzessionen in der Armee, hier ebenfalls vereinzelt Schlesier vertreten, unter anderem: C 187: Hans Christoph von Dyhern (1650), Ernst von Gellhorn (1651–1669); C 189: Christoph Kottwitz (1668); C 191: Otto von Nostitz (1666–1672); C 192: Hans Georg von Pannwitz (1639), Erdmann, Otto und Ulrich von Promnitz (1659–1662), Johann Christoph von Proskau (1660–1664), Hans Georg von Rechenberg (1661); C 193: Adam Niklas Stosch (1648)

C 195: Schreiben von Gelehrten

C 196-203: Konzepte: C 196: Herzog von Brieg (1667–1673); C 203: Christoph Leopold Graf Schaffgotsch (1667–1673)

C 204-245: Nachlaß von Ferdinand August Fürst Lobkowitz, alphabetisch geordnet, aus dem schlesischen Adel, unter anderem C 204: Graf Almesloe (1707); C 207: Dünnewald (1687, 1690), Melchior Sylvius von Dyhern (1701–1711); C 208: Hans Wolf von Franckenberg (1687, 1706/07); C 209: Georg Adam Franz Graf Gaschin (1691–1713); C 210: Franz Graf Hatzfeldt (1704–1713); C 215: Wilhelm Wenzel von Lilgenau (1679–1692), Andreas Friedrich Magirus von Logau (1678–1680); C 216: Kaspar Alexander von Mönnich (1680–1690), Alexander von Mönnich (1691–1703); C 218: Johann von Neidhardt (1687–1690), Johann Hartwig Graf Nostitz (1677–1682), Christoph Wilhelm Graf Nostitz (1680–1683), Anton Johann Graf Nostitz (1683–1711), Christoph Wenzel von Nostitz (Landeshauptmann von Glogau und Schweidnitz-Jauer, 1685–1708), Otto Wenzel Graf Nostitz (1699); C 219: Graf Nostitz (1711–1715, ein voller Faszikel); C 220: Hermann von Oppersdorff (1681–1684), Johann Rudolf von Oppersdorff (1698, 1710), Franz Johann von Oppersdorff (1704, 1707), Johann Adrian von Plencken (1699, 1712, 1713); C 221: Franz Graf Praschma (1707–1713), von Promnitz (1686–1700), Georg Christoph von Proskau (1684–1710), Anton von Proskau (1693–1713), Erdmann von Proskau (1702–1712); C 222: Familie Rechenberg (1691–1712); C 223: Johann Christoph von Sannig (1711–1713), Christoph Leopold Graf Schaffgotsch (1678–1700), Johann Anton Graf Schaffgotsch (1699–1713); C 225: Franz Schlegenberg (1687–1696), Franz Anton Graf Schlegenberg (1694–1708); C 240: Hans Christoph Zierowsky (1692–1696); C 243: Stände des Herzogtums Sagan (1686, 1694–1713)

C 246-C 247: Nachlaß von Philipp Hyacinth Fürst Lobkowitz (nur Einzelbriefe überliefert, darunter einige wenige aus Schlesien)

D 1-82: Nachlaß von Christoph Ferdinand von Lobkowitz, nur alphabetisch geordnet, unter den Absendern zahlreiche Schlesier, oft mit umfangreicher Korrespondenz, unter anderem D 8: Christoph von Churschwandt (1647–1650); D 11: Kaspar von Dyhern (1644–1651), Georg Abraham von Dyhern (1647–1658); D 14-15: Horazio Forno (Präsident der Schlesischen Kammer, 1645–1654, zwei volle Faszikel); D 16: Hans Christoph von Fragstein (1654), Wenzel von Fragstein (1654–1655); D 17: Johann Ludwig Fuessen (schlesischer Kammerrat, 1650–1652, ein volles Faszikel); D 18-19: Gregor Georg Gafron (schlesischer Postdirektor in Breslau, 1645–1655); D 20: Melchior Ferdinand Graf Gaschin (1646–1656), Ernst von Gellhorn (1640–1647); D 21-22: Maximilian von Gersdorf (Generalkriegs-kommissar, 1644–1654); D 25: Johann Bernhard von Herberstein (1645–1650); D 26: Georg von Hoditz (1644–1653); D 27: Familien Jaroschin, Jerin; D 29: Martin von Knobelsdorf (1645–1651); D 33: Hermann von Leffgen (1647–1655); D 41: Joachim Mettich (1650–1652); D 43-44: Adam Mockel von Veldenstein (Rat und Amtssekretär des Fürstentums Glogau, 1644–1655, zwei Faszikel); D 46: Christoph von Nimptsch (1640–1647); D 47-49: Johann Hartwig Graf Nostitz (böhmischer Obersthofkanzler, 1649–1658); D 49: Otto von Nostitz (Landeshauptmann von Schweidnitz-Jauer, 1645–1657); D 50: Balthasar Heinrich von Oberg (1649–1651), Georg Graf Oppersdorff (1640–1651); D 55: Promnitz (1644–1651); D 61: Christoph Leopold Graf Schaffgotsch (1649–1658), Christoph und Wolf von Schellendorf (1639–1647); D 63: Hans von Schweinitz (1644–1650); D 64: Gottfried von Säbisch (1643–1654), Johann Georg von Seidlitz (1644–1654); D 66: Georg Ludwig von Starhemberg (Landeshauptmann von Schweidnitz-Jauer, 1639–1651); D 75: Johann Wilczek (1647–1650); D 76: Würben und Freudenthal (1645–1649); D 80: Schlesische Kammer (1649–1651); D 81: schlesische Stände (besonders Glogau, 1647–1650); D 82: Briefe an Lobkowitz' erste Ehefrau Maria Magdalena von Proskau († 1653), darunter auch Schlesierinnen und Schlesier

D 83-124: Nachlaß von Wenzel Ferdinand Graf Lobkowitz, von Schlesiern nur Einzelbriefe überliefert, außerdem nur noch D 86: Johann Hartwig Graf Nostitz (böhmischer Obersthofkanzler, besonders 1679–1682, ein volles Faszikel); D 113: Franz Christoph Zierowsky (1679–1683, Berichte von der Gesandtschaft an den polnischen Königshof)

Lobkowitzsche Familienkorrespondenz
D 143: Christoph Ferdinand von Lobkowitz an seine erste Gemahlin Maria Magdalena von Proskau (1648)

D 149-150: Maria Magdalena, geborene Proskau, an Christoph Ferdinand von Lobkowitz (1645–1652 und ohne Jahr – mehr als ein Faszikel)

D 161: Schreiben Katharinas und Annas von Lobkowitz (beide vermählte von Oppersdorff) an Zdenko Adalbert und Polyxena von Lobkowitz (1609–1615) und anderes

Geistliche Korrespondenz
D 250-251: Bischof von Breslau (1563–1713)

D 252-253: Breslauer Domkanoniker und Kanoniker der schlesischen Kollegiat-kapitel (1567–1689)

Historische Sammlung – Familienarchiv Clam-Gallas
Der Umfang des Bestands beträgt 132 laufende Meter. Zur Orientierung dient ein detailliertes Inventar von 1996. Die Sammlung besteht aus dem signierten Teil (85 laufende Meter), dessen Gliederung der ursprünglichen Ordnung des Archivs nach Signaturen entspricht, und dem unsignierten Teil (38 laufende Meter), der nach Sachgruppen und den Nachlässen der einzelnen Angehörigen des Geschlechts sowie

der Großgrundbesitzungen geordnet ist. Alle Einträge im Inventar haben ihre Inventarnummer, die im Gegensatz zur Signatur verläßlich und unverwechselbar zur Identifizierung der Schriftstücke in beiden Teilen des Bestands dient.

I. Teil

Herrschaft Friedland

Hier finden sich unter eigentumsrechtlichen, administrativen und wirtschaftlichen Schriftstücken der Herrschaft auch Akten, die das Herzogtum Sagan betreffen, sowie Korrespondenzen der Mitglieder des Geschlechts von Redern, unter denen besonders folgende Dokumente Beachtung verdienen:

Inv. Nr. 94: Korrespondenz der Katharina von Redern, geborene Schlick, mit Heinrich Bellmann und Sigmund von Zedlitz (1607–1609)

Inv. Nr. 95: Schreiben Christophs von Redern an die Mutter über die Erbhuldigung der Untertanen in der Herrschaft Friedland (1611)

Inv. Nr. 100: Korrespondenz von Christoph und Katharina von Redern (1613–1617)

Inv. Nr. 103: Akten das Herzogtum Sagan betreffend (1628)

Inv. Nr. 169: Lehensbrief Kaiser Rudolfs II. über die Herrschaften Reichenberg, Friedland und Seidenberg (poln. Zawidów) für Georg Christoph und Melchior von Redern (1581, Abschrift)

Inv. Nr. 171: Exzerpt des Testaments Melchiors von Redern von 1598 aus der böhmischen Landtafel (Abschrift)

Inv. Nr. 172: Schreiben von Kaiser Matthias II. zur Erneuerung des Lehngutes Christophs von Redern (1612)

Inv. Nr. 173: Karl von Liechtenstein verkauft die Herrschaft, die Christoph von Redern konfisziert wurde, an Wallenstein für 150.000 fl. (Abschrift, 1622)

Fremde Herrschaften

In dieser Sachgruppe finden sich unter anderem Akten zu einigen kleinen Ortschaften in Schlesien und in der Oberlausitz, zum Beispiel Inv. Nr. 1140: Gebhardsdorf (poln. Giebułtów, 1667), Inv. Nr. 1214: Schwerta (poln. Świecie, 1707)

Familienkorrespondenz der Clam-Gallas und verwandter Geschlechter

Inv. Nr. 1443: Ahnentafel der Kinder von Franz Zdenko von Kolowrat-Nowohradsky und Eleonora Cecilia von Jaroschin (ohne Jahr)

Inv. Nr. 1452: Quittung von Franz Ferdinand Gallas für seinen Schwager Georg Adam Graf Gaschin auf 5.000 fl. (1668)

Inv. Nr. 1453: Heirat des Franz Ferdinand Gallas mit Johanna Emerentiana von Gaschin (1668)

Inv. Nr. 1454: Franz Ferdinand Gallas bittet Bernhard Ignaz von Martinitz (den Vater seiner ersten Frau Katharina) um Zustimmung zu seiner zweiten Ehe mit Johanna Emerentiana von Gaschin (1668)

Inv. Nr. 1458: Testament des Franz Ferdinand Gallas (1697)

Inv. Nr. 1459: Testament der Johanna Emerentiana Gallas (1735)

Inv. Nr. 1460: Ableben der Johanna Emerentiana Gallas (1736)

Inv. Nr. 1476: Ahnentafel der Grafen Colonna von Fels (ohne Jahr)

Inv. Nr. 1477: Ausgaben für das Begräbnis der Johanna Emerentiana Beatrix Colonna von Fels, geborene Gallas (1716)

Inv. Nr. 1479: Philipp Josef Gallas – Übernahme der Vormundschaft durch seine Großmutter Johanna Emerentiana Gallas (1719)

Inv. Nr. 1483: Heiratsvertrag von Philipp Josef Gallas und Maria Anna Colonna von Fels (1726)

Inv. Nr. 1484: Glückwünsche der Stadt Friedland zur Hochzeit von Philipp Josef Gallas mit Maria Anna Colonna von Fels (1726)

Inv. Nr. 1489: Totenschein des Philipp Josef Gallas 1757 (1778)

Inv. Nr. 1490: Testament der Maria Anna, geborene Colonna von Fels (1757), Ausgaben für das Begräbnis der Maria Anna Gallas (1759)

Inv. Nr. 1495: Verhandlungen über die Erbschaft nach dem Tod von Maria Anna Gallas (1759)

Inv. Nr. 1545: Vormundschaft der Johanna Emerentiana über den unmündigen Philipp Josef Gallas (1714–1725)

Inv. Nr. 1567: Quittungen der Johanna Emerentiana Gallas

Inv. Nr. 1578: Alphabetisch geordnete Korrespondenz von Johanna Emerentiana Gallas, inklusive der Berichte der Pfleger von Reichenberg, Flicki und Platz von Ehrenthal (1671–1725)

Inv. Nr. 1579: Korrespondenz von Maria Anna von Gallas mit Platz von Ehrenthal (1714–1722), Pfleger von Friedland, Melchior Lorenz (1753–1754), und Inspektor Wenzel Paul (1756–1759)

Inv. Nr. 1589: Erbe nach dem Tod von Aloisia, geborene Colonna von Fels (1782–1783)

Inv. Nr. 1601: Genealogien, unter anderem der Familie Colonna von Fels

Schriftstücke der Redern

Inv. Nr. 1644: Friedrich († 1564) – Vizedom in Schlesien (1555–1559), Lehensbrief Ferdinands I. über die Herrschaften Friedland und Seidenberg (1558), Soldabrechnung (1558–1590)

Inv. Nr. 1645: Katharina, Ehefrau Bennos von Salza – Schuldbrief der Brüder Johann Georg und Sebastian (1567)

Inv. Nr. 1646: Lehensbrief über die Herrschaften Friedland und Seidenberg für die Brüder Johann Georg, Sebastian, Fabian, Christoph und Melchior von Redern (1567)

Inv. Nr. 1648: Georg von Redern († 1598) – Testament, Hinterlassenschaft (1573–1599)

Inv. Nr. 1649: Sebastian († 1579) – rückständiger Sold, Testament, Hinterlassenschaft (1577–1586)

Inv. Nr. 1650: Johann Georg († 1588) – Abrechnung mit dem Bruder Sebastian (1578)

Inv. Nr. 1651: Lehensbrief über die Herrschaften Friedland und Seidenberg für Johann Georg, Christoph und Melchior (1581)

Inv. Nr. 1652: Elisabeth, geborene Schlick – Geldangelegenheiten (1581–1594)

Inv. Nr. 1654: Melchior († 1600) – Akten zu seinem Militärdienst, Testament, Ableben, Hinterlassenschaft, rückständiger Sold (1582–1605)

Inv. Nr. 1655: Verleihung der Herrschaft Reichenberg an die Ehefrau Katharina, geborene Schlick (1599)

Inv. Nr. 1657: Testament Christophs I. († 1591, 1590)

Inv. Nr. 1658: Anna Maria – Abrechnung (1592)

Inv. Nr. 1659: Schulden der Redern (1592–1601)

Inv. Nr. 1660: Christoph († 1595) – Übereinkunft über seine Hinterlassenschaft (1596)

Katharina von Redern, geborene Schlick

Inv. Nr. 1661: Verschiedene persönliche Angelegenheiten (1582–1619)

Inv. Nr. 1662: Korrespondenz mit dem Verwalter der Herrschaft Friedland, Johann Philipp (1595–1611)

Inv. Nr. 1663: Belehnung mit den Gütern Neundorf, Reibersdorf (poln. Rybarzowice), Wustung (tsch. Poustka) und Bunzendorf (tsch. Boleslav) (1595–1614)

Inv. Nr. 1665: Streit mit Hiob von Salza über die Vormundschaft über Christoph von Redern (1601–1610)

Inv. Nr. 1670: Geldangelegenheiten (Quittungen) – Schlesische Kammer, Abraham von Gersdorf, J. V. Kohlsdorf (1606–1610)

Inv. Nr. 1671: Anleihen für die Stadt Leipzig (1607–1616)   ,

Inv. Nr. 1673: Korrespondenz mit Anna von Hohenzollern (1612)

Inv. Nr. 1675: Abschrift des Schuldscheins der Stadt Zittau (1612–1615)

Inv. Nr. 1677: Gedenkbuch der Familie Redern (1565), Abschriften von Dokumenten, Rechnungen (1508–1625)

Christoph II. von Redern

Inv. Nr. 1679: Erzieher B. Fues, Italienreise (1601–1613)

Inv. Nr. 1680: Militaria (1603–1620)

Inv. Nr. 1682: Bestätigung des Lehensbesitzes Friedland, Reichenberg und Seidenberg (1611–1620)

Inv. Nr. 1683: Angelegenheiten des Alten Reiches, des Landes und der Stände (Reichstag, Königswahl, böhmischer Landtag, böhmische Krönung Ferdinands II., Landtag in der Oberlausitz, 1612–1618)

Inv. Nr. 1684: Persönliche Angelegenheiten (unter anderem Versuch, aus dem Exil nach Friedland zurückzukehren, 1612–1639)

Inv. Nr. 1685: Rechtsangelegenheiten (1612–1619)

Inv. Nr. 1686: Angelegenheiten der Stadt Zittau (1616)

Inv. Nr. 1687: Instruktionen und Bestallungen (1615, 1617, 1620)

Inv. Nr. 1691: Schulden und Forderungen der Redern – unter anderem an die Stadt Lauban (poln. Lubań, 1578–1586), Friedrich von Nostitz (1580–1589), Fabian und Heinrich von Dohna (1582–1603), Schulden von Valentin von Redern bei Asmann von Nostitz und ähnliches (1597–1601), Katharina von Schönaich, geborene Gladis (1575–1589), Georg von Warnsdorf (1577–1585), Stadt Zittau (1579–1600), Katharina von Salza (1580–1583), Christoph Schleinitz (1583–1585), Krapitz von Rosnachau (1583–1596), J. von „Sauermann" (Saurma?, 1585–1603), Erben von Fabian von Schönaich (1587–1597), Christoph Zestermann (1591), Aron Ulrich (1592), J. von Rechenberg und Erben (1593–1605), Erben von Heinrich von Tirpitz (1597), Johann Wolfgang und Johann Moritz von Redern (1599–1603)

Fremde Adelsgeschlechter

Inv. Nr. 1737: Luttitz – wirtschaftliche Angelegenheiten (Oppelsdorf, poln. Opolno Zdrój, 1564–1597)

Inv. Nr. 1751: Fabian von Schönaich – Abschrift der Bestätigung Ferdinands I. (1558)

Inv. Nr. 1763: Sigmund Zedlitz – Streit mit S. Rinbisch (1584)

Inv. Nr. 1764: Schellendorf, Colonna von Fels und andere

II. Teil

Abgesehen von den Dokumenten, die das Geschlecht der Redern betreffen und denjenigen, die zugunsten einiger Adeliger aus Schlesien vom 16. bis 18. Jahrhundert ausgestellt wurden (die gesamte Sammlung befindet sich unter Inv. Nr. 1776–1904), finden sich hier weitere Einzelstücke, von denen auf folgende aufmerksam gemacht werden soll:

Inv. Nr. 2226: Testament der Johanna Emerentiana Gallas, geborene Gaschin (1735, Abschrift)

Inv. Nr. 2367: Abrechnung der militärischen Ausgaben des Christoph von Redern (1618/19)

Inv. Nr. 2369: Urkundenbuch (1615–1625) und Kopialbuch Wallensteins (1624–1630), Abschriften der Lehensbriefe und Bestätigungen an den Burggrafen von Dohna bezüglich der Herrschaft Grafenstein (tsch. Grabštejn, 1422–1541)

C. Bestandsanalyse

Die auf Schlesien bezogenen Quellen im Staatlichen Gebietsarchiv in Leitmeritz erfuhren bisher nur wenig Beachtung. Die Forscher, die sich näher mit den Mitgliedern der Raudnitzer Linie der Lobkowitz beschäftigten, die zugleich Herzöge in Sagan waren, ließen ihr Verhältnis zu Schlesien im großen und ganzen beiseite.[4] Der einzige, der sich im Familienarchiv systematisch mit der schlesischen Problematik befaßte, war 1936 der Heimatforscher Georg Steller (1906–1972), der das dortige Material für seine quellenreiche Studie über die Gegenreformation im Herzogtum

---

4 Wolf, Adam: Fürst Wenzel Lobkowitz, erster geheimer Rath Kaiser Leopold's I. 1609–1677. Sein Leben und Wirken. Wien 1869; Dvořák, Max (Hg.): Briefe Kaiser Leopold I. an Wenzel Euseb Herzog in Schlesien zu Sagan, Fürsten von Lobkowitz 1657–1674. In: Archiv für österreichische Geschichte 80 (1894) 459-514.

Sagan unter Wenzel Eusebius von Lobkowitz benutzte[5] und aus dem Material einige Einzelstücke veröffentlichte, unter anderem Verzeichnisse des Saganschen Adels am Anfang des 18. Jahrhunderts.[6] Trotz seiner Bedeutung wurde das Familienarchiv von tschechischen Historikern lange Zeit nur in Ausnahmefällen herangezogen – ob allein wegen seines privaten Charakters (vor 1948) und der damit verbundenen erschwerten Zugänglichkeit oder wegen des geringen Interesses an der Geschichte des Adels im 17. und 18. Jahrhundert, muß offen bleiben.

Erst in den letzten 15 Jahren begann man, im Lobkowitzschen Familienarchiv intensiv über die Sozial- und Kulturgeschichte des frühneuzeitlichen Adels in Böhmen und der Habsburgermonarchie zu forschen. Die Ergebnisse wurden zum Teil in der Zeitschrift „Porta Bohemica" veröffentlicht.[7] Zur Verfügung steht eine detaillierte Genealogie des Geschlechts der Lobkowitz.[8] Tradition besitzt ebenso die kunstwissenschaftliche Forschung, die sich mit der Lobkowitzschen Wohn- und Repräsentationskultur beschäftigte,[9] wobei allerdings auch neuere Projekte die schlesische Problematik überwiegend außer acht lassen, so daß hier noch große Forschungslücken bestehen.

Eine gründliche Erforschung würden vor allem die Nachlässe des Wenzel Eusebius und des Christoph Ferdinand von Lobkowitz verdienen, die umfangreiche Korre-

5 Steller, Georg: Wenzel Eusebius v. Lobkowitz und die Kirchenvisitation im Fürstentum Sagan vom Jahre 1670. Beiträge zur Geschichte der Saganer Gegenreformation. Breslau 1937 (Zur schlesischen Kirchengeschichte 30).

6 Ders.: Der Adel des Fürstentums Sagan 1440–1714. Urkundliche Beiträge zu seiner Geschichte. In: Jahrbuch der Schlesischen Friedrich-Wilhelms-Universität zu Breslau 13 (1968) 7-60.

7 Catalano, Alessandro: L'educazione del Principe: Ferdinand August Leopold von Lobkowitz e il suo primo viaggio in Italia. In: Porta Bohemica 2 (2003) 104-127; Kopička, Petr: Dvůr Zdeňka Vojtěcha a Polyxeny z Lobkovic ve dvacátých a třicátých letech 17. století [Der Hof von Zdenko Adalbert und Polyxena von Lobkowitz in den zwanziger und dreißiger Jahren des 17. Jahrhunderts]. In: Opera historica 7 (1999) 469-493; Kubeš, Jiří: Sídelní strategie knížat z Lobkovic ve Vídni v raném novověku (1624–1734) [Die Residenzstrategie der Fürsten von Lobkowitz in Wien in der Frühen Neuzeit (1624–1734)]. In: Porta Bohemica 3 (2005) 86-119; Marek, Pavel (Hg.): Svědectví o ztrátě starého světa. Manželská korespondence Zdeňka Vojtěcha Popela z Lobkovic a Polyxeny Lobkovické z Pernštejna [Zeugnis über den Verlust der alten Welt. Die Ehekorrespondenz zwischen Zdenko Adalbert Popel von Lobkowitz und Polyxena von Lobkowitz, geborene von Pernstein]. České Budějovice 2005; Šípek, Richard: Vrchní správce Christoph Philipp Zickel. Příspěvek k dějinám správy lobkovického panství Neustadt-Störnstein (1656–1675) [Der Oberverwalter Christoph Philipp Zickel. Ein Beitrag zur Verwaltungsgeschichte der Lobkowitzschen Herrschaft Neustadt-Störnstein (1656–1675)]. In: Porta Bohemica 2 (2003) 79-91.

8 Kasík, Stanislav/Mašek, Petr/Mžyková, Marie: Lobkowiczové. Dějiny a genealogie rodu [Die Lobkowitz. Geschichte und Genealogie des Geschlechts]. České Budějovice 2002.

9 Dvořák, Max: Geschichte des Raudnitzer Schloß-Baues 1652–1684 als Beitrag zur Geschichte des Preises für die Collectiv-Ausstellung der Handels- und Gewerbekammer in Prag. Prag 1873; ders./ Matějka, Bohumil: Topographie der Historischen und Kunst-Denkmale: der politische Bezirk Raudnitz, Tl. 2: Raudnitzer Schloss. Prag 1910; Naňková, Věra/Lencová, Jaroslava: Barokní přestavba Lobkovického paláce [Der barocke Umbau des Palais Lobkowitz]. In: Umění 43 (1995) 425-432; Šroněk, Michal/Konečný, Lubomír: Malířská výzdoba Lobkovického paláce [Die Malereiausschmückung des Palais Lobkowitz]. In: Umění 43 (1995) 433-441; Brunner-Melters, Monika: Das Schloß von Raudnitz, 1652–1684. Anfänge des habsburgischen Frühbarock. Worms 2002 (Manuskripte zur Kunstwissenschaft 60).

spondenzen mit dem schlesischen Adel und bedeutende Akten über die Verwaltung im Oderland enthalten. Über die Tätigkeit Christoph Ferdinands als Landeshauptmann von Glatz und zweier schlesischer Herzogtümer sowie als Direktor und Präsident der Schlesischen Kammer ist bislang praktisch nichts bekannt, so daß Recherchen in seinem Nachlaß auch die Kenntnisse über die allgemeine Geschichte Schlesiens im letzten Jahrzehnt des Dreißigjährigen Krieges bereichern würden. Der Nachlaß des Wenzel Eusebius von Lobkowitz wiederum enthält wichtige Materialien für die Struktur der habsburgischen Herrschaft in Schlesien in den Jahrzehnten nach 1648 und für die Erforschung des Verhältnisses der herrschenden Eliten zum Wiener Hof. Nichts ist bisher bekannt über die Tätigkeit der späteren Herzöge von Sagan als landesfürstliche Kommissare am schlesischen Fürstentag in der ersten Hälfte des 18. Jahrhunderts – auch hier verspricht das überlieferte Material eine wesentliche Vertiefung unserer Kenntnisse. Aufgrund der Nachlässe von Wratislaw von Pernstein und Zdenko Adalbert von Lobkowitz könnten Beziehungen des dortigen Adels zu böhmischen Obersthofkanzlern als Patrone, aber auch als Arbeitgeber und Kreditempfänger aufgezeigt werden.[10] Zahlreiche Erkenntnisse versprechen Analysen der sozialen Strategien und ständischen Repräsentationsformen der neufürstlichen Familie Lobkowitz im 17. und 18. Jahrhundert, unter anderem gegenüber schlesischen Herzögen und Reichsfürsten (Präzedenzstreitigkeiten). Gleichermaßen wäre eine umfassende Erforschung der Lobkowitzschen Herrschaft in Sagan von 1646 bis 1786 und das Verhältnis zum dortigen Adel erstrebenswert, denn bisherige Darstellungen (die Arbeiten Stellers ausgenommen) verwendeten das in Leitmeritz überlieferte Material nicht.[11] Eine gründliche Durchsicht würde vermutlich noch weitere Forschungsthemen aufzeigen.

Andere im Staatlichen Gebietsarchiv in Leitmeritz lagernde Familienarchive verzeichneten bisher noch weit weniger Beachtung seitens der Forschung. Ihre Aussagekraft für die Erforschung des schlesischen Adels ist zumeist beschränkt. Eine Ausnahme stellt hier allerdings das Familienarchiv Clam-Gallas dar, in dem neben wertvollen Nachlässen der böhmischen Linie der Redern aus der zweiten Hälfte des 16. und den ersten Jahrzehnten des 17. Jahrhunderts auch umfassende Nachlässe der mit dem katholischen Adel in Schlesien eng verwandten Familie Gallas erhalten sind. Aufgrund dieser Bestände lassen sich die Besitzverhältnisse und die Verwaltung des in der böhmisch-schlesisch-lausitzischen Grenzregion liegenden Herrschaftskomplexes wie auch die politische, militärische und religiöse Tätigkeit seiner Besitzer untersuchen. In Anknüpfung an die ältere deutschsprachige Regionalgeschichtsschreibung hat Milan Svoboda vor wenigen Jahren mit einer systematischen Erforschung des Wirkens der letzten zwei Besitzer aus der schlesischen Familie Redern

---

10 Die Korrespondenzen wurden zum Teil verwendet von Bahlcke, Joachim: Regionalismus und Staatsintegration im Widerstreit. Die Länder der Böhmischen Krone im ersten Jahrhundert der Habsburgerherrschaft (1526–1619). München 1994 (Schriften des Bundesinstituts für ostdeutsche Kultur und Geschichte 3).

11 Weber, Matthias: Das Verhältnis Schlesiens zum Alten Reich in der frühen Neuzeit. Köln/Weimar/ Wien 1992 (Neue Forschungen zur Schlesischen Geschichte 1), 198-203.

– Melchior und Christoph II. – begonnen.[12] Aus den eigentlichen Nachlässen der Familie Gallas wurden jüngst die Bautätigkeit und das Kunstmäzenatentum von Johann Wenzel Gallas (1669–1719) untersucht.[13] Zur Verfügung steht ebenfalls eine neue Biographie über Matthias Gallas.[14] Im Hinblick auf Schlesien wurden bisher jedoch ausschließlich beschränkte Themenbereiche bearbeitet, etwa die obrigkeitlich-wirtschaftliche Tätigkeit von Johanna Emerentiana Gräfin Gaschin († 1735) als verwitwete Gräfin Gallas und Verwalterin der Gallasschen Herrschaften in Nordböhmen.[15] Eine erste Orientierung in den verwandtschaftlichen Beziehungen der Familie Gallas ermöglichen eine ältere Genealogie[16] sowie die wenigen Arbeiten über verwandte schlesische Adelsfamilien wie Gaschin[17] und Colonna von Fels.[18]

---

12 Svoboda, Milan: Rezidence pánů z Redernu na přelomu 16. a 17. století [Die Residenzen der Herren von Redern an der Wende vom 16. zum 17. Jahrhundert]. In: Opera historica 7 (1999) 201-222; ders.: Velkovaradínský svátek. Festivita jako oslava vítězství nad Turky [Das Großwardeiner Siegesfest. Die Festivität als eine Feier des Sieges über die Türken]. In: Opera historica 8 (2000) 381-398; ders.: Kryštof II. z Redernu, pobělohorský exulant [Christoph II. von Redern, ein Exulant der Zeit nach der Schlacht am Weißen Berg]. In: Hrubá, Michaela (Hg.): Víra nebo vlast? Exil v českých dějinách raného novověku. Ústí nad Labem 2001, 222-237; ders. (Hg.): Švédské obsazení Frýdlantu roku 1639 pohledem očitého svědectví Heinricha Griessela, zámeckého hejtmana [Die schwedische Besetzung Friedlands im Jahr 1639 aus dem Blick eines Augenzeugen, des Schloßhauptmanns Heinrich Griessel]. In: Fontes Nissae. Prameny Nisy 1 (2000) 19-39; ders.: Nově objevený pramen pro dějiny mauzolea Redernů ve Frýdlantu v Čechách [Eine neuentdeckte Quelle zur Geschichte des Mausoleums der Redern im böhmischen Friedland]. In: Sborník Severočeského muzea – Historia 13 (2004) 12-16, 130-133.
13 Krummholz, Martin: Obrazová sbírka Jana Václava Gallase [Die Gemäldesammlung des Johann Wenzel Gallas]. In: Umění 53 (2005) 273-285; ders. (Hg.): Clam-Gallasův palác. Johann Bernhard Fischer von Erlach. Architektura – výzdoba – život rezidence [Das Clam-Gallas-Palais. Johann Bernhard Fischer von Erlach. Architektur – Ausschmückung – Residenzleben]. Praha 2007.
14 Rebitsch, Robert: Matthias Gallas (1588–1647). Generalleutnant des Kaisers zur Zeit des Dreißigjährigen Krieges. Eine militärische Biographie. Münster 2006 (Geschichte in der Epoche Karls V. 7).
15 Anděl, Rudolf: Kristián Karel z Platz a Ehrenthalu v čele správy gallasovských statků (1690–1722) [Christian Karl von Platz und Ehrenthal an der Spitze der Verwaltung der Gallasschen Herrschaften (1690–1722)]. In: Vojtíšková, Marie (Hg.): Sborník příspěvků k době poddanského povstání r. 1680 v severních Čechách. Praha 1980, 123-139; zur wirtschaftlichen Tätigkeit der Familie vgl. Čechura, Jaroslav: Gallasové – barokní podnikatelé [Die Gallas – barocke Unternehmer]. In: Jančík, Drahomír (Hg.): Pocta profesoru Zdeňku Jindrovi k sedmdesátým narozeninám. Praha 2003 (Acta Universitatis Carolinae, Philosophica et Historica 3, Studia historica 50 [1998]), 39-46.
16 Ressel, Anton: Beiträge zur Geschichte der gräflichen Familien Gallas und Clam-Gallas. In: Mitteilungen des Vereines für Heimatkunde des Jeschken-Isergaues 21 (1927) 95-111.
17 Weltzel, Augustyn: Pomniki pobożności po ślachetnej rodzinie hrabiów z Gaszyna w Górnym Szląsku [Denkmäler der Frömmigkeit der Adelsfamilie der Grafen von Gaschin in Oberschlesien]. Hg. v. Józef Pixa. Opole 2003; Maťa, Petr: Anna Ludmilla Gräfin Gaschin (1642–1700). In: Bahlcke, Joachim (Hg.): Schlesische Lebensbilder, Bd. 9. Insingen 2007, 191-198.
18 Nowack, Alfons: Die Reichsgrafen Colonna, Freiherrn von Fels, auf Gross-Strehlitz, Tost und Tworog in Oberschlesien. Gross-Strehlitz 1902.

Jiří Kubeš

Staatliches Gebietsarchiv in Zamrsk
(Státní oblastní archiv v Zámrsku)

A. Gesamtgeschichte und Bedeutung

Das Staatliche Gebietsarchiv in Zamrsk (tsch. Zámrsk) entstand im Jahr 1960 und hat seit dieser Zeit seinen Sitz im dortigen Schloß und dessen Wirtschaftsgebäuden. Es wurde im Zusammenhang mit der Landkreisreform durch Zusammenlegung der ehemaligen Kreisarchive in Königgrätz (tsch. Hradec Králové) und Pardubitz (tsch. Pardubice) errichtet, die seit 1949 existierten. Abgesehen von deren Archivalien wurden dem Archiv auch die Bestände der ehemaligen landwirtschaftlich-forstlichen Archive ganz Ostböhmens eingegliedert, in denen sich unter anderem Familienarchive von Adeligen befanden, die vor dem Jahr 1945 beziehungsweise 1948 ihren Sitz in Ostböhmen hatten. Ein Teil dieser Familienarchive wurde der Öffentlichkeit bereits in der ersten Hälfte der 1960er Jahre zugänglich gemacht. Seit 1970 gibt das Archiv die unregelmäßig erscheinende Zeitschrift „Sborník prací východočeských archivů" heraus, in der sich auch Studien finden, die sich der Entwicklung des Adels widmen. Die Mitarbeiter des Archivs haben zwar weitere adelige Familienarchive erschlossen, doch konnten einige bedeutende Fonds bislang nicht zeitgemäß inventarisiert werden. Dies gilt auch für die umfangreichen Familienarchive Auersperg (Žleb, tsch. Žleby) oder Colloredo-Mansfeld (Opotschno, tsch. Opočno).

Gegenwärtig können von den größeren, mehr als einen laufenden Meter umfassenden Adelsarchiven folgende Bestände benutzt werden: die Familienarchive Bubna und Lititz (Daudleb, tsch. Doudleby nad Orlicí), Černín-Morzin (Hohenelbe, tsch. Vrchlabí), Dobřenský von Dobřenice (Pottenstein, tsch. Potštejn), Harbuval und Chamaré (Pottenstein), Kaiserstein (Starkstadt, tsch. Stárkov), Kinsky (Chlumetz, tsch. Chlumec nad Cidlinou), Kinsky (Adlerkosteletz, tsch. Kostelec nad Orlicí), Leslie (Neustadt an der Mettau, tsch. Nové Město nad Metují), Mensdorff-Pouilly (Chotělitz, tsch. Chotělice), Parish (Senftenberg, tsch. Žamberk), Piccolomini (Nachod, tsch. Náchod), Stubenberg (Geiersberg, tsch. Kyšperk), Schlick, Sporck, Sternberg (Častolowitz, tsch. Častolovice), Thun (Choltitz, tsch. Choltice), Trauttmansdorff (Leitomischl, tsch. Litomyšl) und Waldstein-Wartenberg (Leitomischl). Dagegen sind die Bestände der Familienarchive Auersperg (Žleb), Colloredo-Mansfeld (Opočno), Dobřenský von Dobřenice (Chotěboř), Kinsky (Chotzen, tsch. Choceň; Heřmanův Městec), Merveldt (Bad Bělohrad, tsch. Lázně Bělohrad) und Schaumburg-Lippe (Nachod) nicht zugänglich.

Státní oblastní archiv v Zámrsku, Zámek 1, CZ-565 43 Zámrsk, Tel.: +420-465-503-122 (Lesesaal), +420-465-503-101 (Vermittlung), Fax: +420-465-503-117, E-

Mail: podatelna@archivzamrsk.cz, Homepage: http://www.archivzamrsk.cz [Zugriff am 01.08.2009].

Auswahlliteratur: Šimek, Tomáš: Státní oblastní archiv [Staatliches Gebietsarchiv]. In: Kuba, Jiří (Hg.): Zámrsk 1349–1999. U příležitosti 650 let obce [Zamrsk 1349–1999. Aus Anlaß der 650-Jahr-Feier der Gemeinde]. Zámrsk 1999, 66-72; ders.: Státní oblastní archiv Zámrsk. 40. výročí vzniku [Staatliches Gebietsarchiv Zamrsk. 40. Jahrestag der Entstehung]. In: Sborník prací východočeských archivů 8 (2000) 5-21; Státní archiv v Zámrsku. Průvodce po archivních fondech [Staatliches Gebietsarchiv Zamrsk. Wegweiser durch die Archivbestände]. Praha 1965.

B. Bestandsgliederung

Der zweifellos bedeutendste, Schlesien betreffende Bestand ist das Familienarchiv der aus Artois gebürtigen Harbuval und Chamaré (Pottenstein), das Schriftstücke aus den Jahren 1701 bis 1848 enthält. Johann Baptist Harbuval Freiherr Chamaré († 1701), der 1699 die schlesische Adelige Johanna Rosina Fritsch geheiratet hatte, war Kommandant in der Armee Leopolds I. Sein Sohn Johann Ludwig (1701–1764), der von der Mutter in Schlesien aufgezogen wurde, hielt sich von 1718 bis 1720 an der Königlichen Ritterakademie in Liegnitz (poln. Legnica) auf und übernahm 1732 deren Leitung. Er war dreimal verheiratet, stets mit einer schlesischen Adeligen (Seidlitz, Kalkreuth, Sannig). Auf Grund der preußischen Annexion Schlesiens, trat er 1741 von seiner Stelle in Liegnitz zurück. Er verkaufte seine schlesischen Besitzungen und ließ sich 1746 in Ostböhmen nieder, wo er die Herrschaften Pottenstein und Neuschloß (tsch. Nové Hrady u Skutče) erwarb. Johann Ludwig wurde in den Grafenstand erhoben und machte sich einen Namen durch die Gründung der Leinenmanufaktur in Pottenstein und andere unternehmerische Tätigkeiten. Das Familienarchiv ist in vier Teile aufgeteilt, wobei die Schlesien betreffenden Quellen sich vor allem im ersten (Güter in Schlesien) und vierten Teil (Archivalien des Geschlechts der Harbuval) befinden.

Familienarchiv Harbuval und Chamaré (Pottenstein)
D I 1, Inv. Nr. 1-49, Karton 1-2
    Gut Altwasser (poln. Stary Zdrój), 1584, 1738–1752: Verkauf, Zahlungsbestätigungen, Probleme mit den preußischen Ämtern wegen des Verkaufs, wirtschaftliche Korrespondenz, verschiedene Rechnungen inklusive Kohlenrechnungen, Bau des Badehauses, Schrift Friedrich Hoffmanns „Dissertatio inauguralis Physico-medica de Acidulis Veteraquensibus in Silesia vulgo Altwasser Sauer-Brunnen", Vratislaviae 1731, über die Wirkungen der dortigen Bäder
D I 2, Inv. Nr. 50-59, Karton 2
    Gut Klonitz (poln. Kłonice), 1730–1747: Quittungen, Vertrag über den Verkauf, Beschreibung des Gutes, geringfügige Rechnungen
D I 3, Inv. Nr. 60-76, Karton 2
    Gut Ober Reppersdorf (poln. Godziszowa), 1707–1764: Begutachtung, Vertrag über den Verkauf, geringfügige Rechnungen, Quittungen, Korrespondenz der Rechtsanwälte in Schlesien

D I 4, Inv. Nr. 77-203, Karton 3-5

Königliche Ritterakademie in Liegnitz 1718–1743: Bewerbung des Johann Ludwig für die Stelle des Leiters, Ernennungsdekret, Rechnungen und Quittungen, Personalangelegenheiten der Lehrenden und Diener der Akademie, Bewerbungen der Stipendiaten, Gästeliste an den Feiertagen der Akademie, Bewertungen der Akademiker, ihre Schulden, Disziplinarverfahren und Untersuchungen ihrer Verfehlungen, materielle Sicherstellung des Betriebs der Akademie, Fragmente der Korrespondenz mit den Eltern der Studenten

D IV 2, Inv. Nr. 908-913, Karton 26

Johanna Rosina Fritsch 1713–1746

D IV 3, Inv. Nr. 914-1096, Karton 26-30

Johann Ludwig Harbuval 1730–1770: Gefangennahme durch die Preußen, Entlassung, Emigration, Schuldscheine, Erbschaftsangelegenheiten nach Maria Anna Neidhardt (geborene Wolkenstein), alphabetisch geordnete Korrespondenz (überwiegend mit Franz Josef Mutius, Hofrat in Breslau), Rechnungen, Begräbnis in Prag (tsch. Praha)

D IV 4, Inv. Nr. 1097-1103, Karton 30

Anna Josefa, geborene Seidlitz 1729–1747

D IV 5, Inv. Nr. 1104-1114, Karton 31

Maria Augusta Kalkreuth 1735–1739: Ehevertrag, Testament, Begräbnis, Schulden, Briefe des Karl Josef Freiherr Kalkreuth an seine Ehefrau Maximiliana 1729–1732

D IV 6, Inv. Nr. 1115-1234, Karton 31-34

Anna Barbara Sannig und Angelegenheiten des Geschlechts Sannig 1669–1773: umfangreiches Tagebuch aus den Jahren 1763–1767 und 1769–1771, Testament, Lebensläufe ihres Großvaters Kaspar Franz Sannig und ihres Vaters Johann Christoph (beide geboren in Neisse, poln. Nysa); Testament des Vaters, Erbschaft nach ihm, Schuldscheine, Korrespondenz (vor allem mit den Söhnen und dem Ehemann), Rechnungen, Abrechnung der Einnahmen und Ausgaben

Quellen zu Schlesien finden sich auch in einigen weiteren adeligen Familienarchiven, aber nicht in einer solchen Fülle wie im Fall des Geschlechts der Harbuval und Chamaré. Meist gelangten sie dank der Verwandtschaft zu Familien, die in Böhmen und Schlesien ansässig waren, in das Archiv. Leopold Heinrich Graf Schlick etwa heiratete 1754 Maria Antonia von Frankenberg (1729–1769), weswegen im Familienarchiv Schlick Dokumente der Frankenberg aus dem 18. Jahrhundert aufbewahrt werden. Maria Margaretha Piccolomini war in den 1720er Jahren für kurze Zeit die Ehefrau des schlesischen Oberamtsrats Maximilian Josef von Frankenberg. Quellen zu dieser Eheverbindung befinden sich im Familienarchiv Piccolomini. Die Erbin der ostböhmischen Herrschaft Geiersberg, Maria Elisabeth di Cavriani, heiratete 1828 Karl Graf Nimptsch (1803–1869). Dieses Geschlecht gelangte am Ende des 18. Jahrhunderts aus Schlesien nach Mähren; ein kleiner Teil seiner Dokumente befindet sich heute dank der genannten Eheschließung im Familienarchiv Stubenberg (Geiersberg). Die Familie Leslie war finanziell mit der Grafschaft Glatz verbunden, weil sie dort seit 1634 das Gut Tscherbeney (poln. Czermna) besaß, das Walter Leslie in seinem Testament von 1663 dem neu gegründeten Familienfideikommiß mit Zentrum in Neustadt an der Mettau in Ostböhmen angliederte.

Familienarchiv Piccolomini
Inv. Nr. 2234-2236
    1604–1616: Korrespondenz der Hochberg
Inv. Nr. 2501-2505
    1578–1743: Korrespondenz der Schaffgotsch
Inv. Nr. 9306-9309
    1721–1725: Gräfin Maria Margaretha Piccolomini, erste Frau des Maximilian Josef von Frankenberg (Ehe, Testament u. a.)

Familienarchiv Stubenberg (Geiersberg)
Inv. Nr. 66-71, Karton 4
    Fragmente der Korrespondenz von Karl und Paul Nimptsch
Inv. Nr. 88-100, Karton 5-6
    Korrespondenz der Maria Anna Stubenberg, geborene Nimptsch

Familienarchiv Schlick
Inv. Nr. 16, 23-46, Karton 2 und fasc. 1, 3-4, 6-7
    farbige Ahnentafeln zu 16 Vorfahren einiger Mitglieder des Geschlechts der Frankenberg aus der zweiten Hälfte des 18. Jahrhunderts, zum Beispiel von Philipp Christoph, Johann Wolfgang, Johann Heinrich, Otto, Maria Antonia, Maria Karolina
Inv. Nr. 602, Karton 83-84
    1716–1745: Erbschaftsstreit der Anna Sophia, geborene Blanc, Witwe des Karl von Frankenberg; umfangreiche Schriftstücke aus den Jahren 1653–1768 zur Vormundschaft des Leopold Heinrich Schlick über die Waisen des Otto von Frankenberg
Inv. Nr. 77, Karton 5
    1753: Ehevertrag der Maria Antonia von Frankenberg mit Leopold Heinrich Schlick
Inv. Nr. 354, Karton 35
    1794: Krankheit, Tod und Begräbnis der Maria Antonia von Frankenberg

Familienarchiv Leslie (Neustadt an der Mettau)
Inv. Nr. 1, Karton 1
    Pergamenturkunde vom 11. September 1638 aus Prag: Ferdinand III. bestätigt Walter Leslie die Schenkungsurkunde Ferdinands II., die ihm als Belohnung die der Familie Trčka von Lípa konfiszierte Herrschaft Neustadt an der Mettau schenkte; in der Aufzählung wird auch die Herrschaft Tscherbeney in der Grafschaft Glatz genannt

Ahnentafel des Otto Graf Frankenberg. Sein Vater Hans Wolf von Frankenberg (1655–1719) war Oberamtsrat, Landeshauptmann von Liegnitz (1695–1700), Vizekanzler in der Böhmischen Hofkanzlei (1700–1705) und Landeshauptmann von Glogau (1705–1719). Aus der Heirat mit Helena Sofia von Hohberg (1683) gingen sieben Söhne und fünf Töchter hervor – Otto war der jüngste Sohn. Die Tatsache, daß die Ahnentafel unter seinen Vorfahren neben schlesischen Adelsgeschlechtern auch bedeutende innerösterreichische Adelsfamilien nennt (Breuner, Wagensperg und andere), läßt auf breite Verflechtungen der Familie innerhalb der Habsburgermonarchie und den Rückhalt in höfischen Netzwerken schließen.
Bildnachweis: Státní oblastní archiv v Zámrsku, Rodinný archiv Šliků, Inv. N. 32, Fasc. 4.

Inv. Nr. 7, Karton 2
> Pergamenturkunde vom 10. September 1677 aus Glatz: der Glatzer Landeshauptmann und andere Beamte bestätigen auf Ansuchen des Jakob Leslie die Urkunde Ferdinands III. aus Prag vom 11. September 1638 und stimmen der Errichtung des Fideikommisses aus dem Gut Tscherbeney in der Grafschaft Glatz mit den Dörfern Kudowa, Jakobsdorf (poln. Jakubowice) und Straußeney (poln. Pstrążna) zu

Inv. Nr. 24, Karton 5
> 27. Mai 1663: Konzept des letzten Willens Walter Leslies, der aus den Herrschaften Neustadt an der Mettau und Tscherbeney in der Grafschaft Glatz ein Fideikommiß errichtet

C. Bestandsanalyse

Den Quellen über Schlesien wurde bisher kaum Aufmerksamkeit geschenkt. Eine Ausnahme stellen jene Untersuchungen dar, die im Familienarchiv der Harbuval und Chamaré (Pottenstein) von Bohumír Smutný durchgeführt wurden, der lange Zeit in Zamrsk als Archivar tätig war. Er ist der Autor des Inventars zu diesem Bestand.[1] Smutný legte grundlegende Informationen über das Geschlecht der Harbuval und Chamaré im 18. Jahrhundert vor[2] und beschäftigte sich eingehender mit der unternehmerischen Aktivität des Johann Ludwig Harbuval und Chamaré, der in Pottenstein mit der Genehmigung Maria Theresias eine Leinenmanufaktur errichtet hatte.[3]

Größere Beachtung verdienen vor allem die Quellen über die Tätigkeit Johann Ludwig Harbuvals in seiner Funktion als Leiter der Königlichen Ritterakademie in Liegnitz, die vom Alltag und von den Festlichkeiten der Mitglieder der Akademie gegen Ende der habsburgischen Herrschaft über Schlesien berichten.[4] Interessante Aussagen vermögen auch die Quellen zu geben, die den Aufstieg der späteren Ritterfamilie Sannig betreffen, deren Anfänge in Neisse lagen. Johann Christoph Sannig war 1705 bis 1720 einflußreicher Sekretär in der Böhmischen Hofkanzlei in Wien.[5] Im Familienarchiv der Harbuval und Chamaré (Pottenstein) befinden sich eine kurze Autobiographie, der Lebenslauf seines Vaters und weitere Materialien, die den gesellschaftlichen Aufstieg und die Bindung des Geschlechts an Böhmen und Österreich dokumentieren.[6]

---

1 Smutný, Bohumír: Rodinný archiv Harbuvalů a Chamaré Potštejn (1584) 1701–1848 [Das Familienarchiv der Harbuval und Chamaré Pottenstein (1584) 1701–1848]. Zamrsk 2004.

2 Ders.: Jan Ludvík Harbuval a Chamaré, zakladatel plátenické manufaktury v Potštejně, a jeho rodina [Johann Ludwig Harbuval und Chamaré, Gründer der Leinenmanufaktur in Pottenstein, und seine Familie]. In: Šůla, Jaroslav/Wolf, Vladimír (Hg.): Procházka staletími. Hradec Králové 1993 (Dissertationes historicae I), 159-163.

3 Ders.: Jan Ludvík Harbuval Chamaré a jeho hospodářská a organizační činnost [Johann Ludwig Harbuval und Chamaré und seine wirtschaftliche und organisatorische Tätigkeit]. In: Sborník prací východočeských archívů 1 (1970) 81-100; ders.: Loscani a Chamaré o východočeském plátenictví. Studie o hospodářské politice habsburské monarchie mezi slezskými válkami a válkou sedmiletou a edice korespondence z let 1754–1757 [Die Loscani und Chamaré über den ostböhmischen Leinenhandel. Eine Studie über die Wirtschaftspolitik der Habsburgermonarchie zwischen den schlesischen Kriegen und dem Siebenjährigen Krieg und Edition der Korrespondenz aus den Jahren 1754–1757]. Zamrsk 1998 (Sborník prací východočeských archívů, Supplementum 2); ders.: Potštejnská manufaktura na česko-kladském pomezí [Die Pottensteiner Manufaktur im Grenzgebiet von Böhmen und der Grafschaft Glatz]. Hradec Králové 2002 (Kladský sborník, Supplementum 4).

4 Státní oblastní archiv v Zámrsku, Rodinný archiv Harbuvalů a Chamaré (Potštejn), sign. D I 4, Inv. Nr. 77-203, Karton 3-5.

5 Zu ihm vgl. die biographische Skizze bei Conrads, Norbert: Die Durchführung der Altranstädter Konvention in Schlesien 1707–1709. Köln/Wien 1971 (Forschungen und Quellen zur Kirchen- und Kulturgeschichte Ostdeutschlands 8), 290-309.

6 Státní oblastní archiv v Zámrsku, Rodinný archiv Harbuvalů a Chamaré (Potštejn), sign. D IV 6, Inv. Nr. 1115-1234, Karton 31-34.

Marie Marešová

Staatliches Gebietsarchiv in Pilsen
(Státní oblastní archiv v Plzni)

A. Gesamtgeschichte und Bedeutung

Das Staatliche Gebietsarchiv in Pilsen (tsch. Plzeň) entstand 1960 in Zusammenhang mit der Reform der ehemaligen Landkreise durch die Zusammenlegung der
zwei Staatsarchive in Pilsen und Kaaden (tsch. Kadaň), die unter anderen Benennun-
gen seit dem Jahr 1948 beziehungsweise 1951 existiert hatten. In die Verwaltung des
Staatlichen Gebietsarchivs fielen neben diesen Archivalien die Bestände der ehemaligen landwirtschaftlich-forstlichen Archive in Bischofteinitz (tsch. Horšovský Týn)
und Klösterle (tsch. Klášterec nad Ohří), in denen sich auch Familienarchive von
Adeligen befanden, die ihren Sitz vor 1945 beziehungsweise 1948 in Westböhmen
hatten. Die Bestände der beiden ehemaligen landwirtschaftlich-forstlichen Archive
wurden im Jahr 1959 beziehungsweise 1969 nach Klattau (tsch. Klatovy) und Luditz (tsch. Žlutice) überstellt, wo für einige Jahrzehnte Zweigstellen des Staatlichen
Gebietsarchivs bestanden. Nach einer Neuorganisation des Pilsener Gebietsarchivs
2005 wurden beide Zweigstellen in einer Abteilung vereinigt und 2007–2009 an
einen neuen Standort (Kloster, tsch. Klášter, in der Nähe von Nepomuk) verlegt, wo
heute ein Forschungssaal zur Verfügung steht. Die bedeutendsten Familienarchive
wurden bereits inventarisiert und stehen so der Forschung zur Verfügung. Zur Zeit
können aus den umfangreicheren, das heißt mehr als 5 laufende Meter umfassenden
Beständen die Familienarchive Windischgrätz (Tachau, tsch. Tachov; Kladrau, tsch.
Kladruby; Steken, tsch. Štěkeň), Trauttmansdorff (Bischofteinitz), Stadion (Kauth,
tsch. Kout na Šumavě; Chodenschloß, tsch. Trhanov), Nostitz-Rieneck (Falkenau
an der Eger, tsch. Sokolov), Nostitz (Plan, tsch. Planá), Lažanský (Manetin, tsch.
Manětín; Chiesch, tsch. Chyše), Berchem (Kuttenplan, tsch. Chodová Planá), Verdugo (Duppau, tsch. Doupov) und Koc von Dobrš (Heiligenkreuz, tsch. Újezd Sva-
tého Kříže) zu Forschungen herangezogen werden. Bislang unbearbeitet sind demgegenüber die Familienarchive Beaufort-Spontin (Petschau, tsch. Bečov; Theusing,
tsch. Toužim), Mensdorff-Pouilly (Netschetin, tsch. Nečtiny), Zedwitz (Asch, tsch.
Aš), Boos-Waldeck (Woseletz, tsch. Oselce) sowie Schönburg-Waldenburg (Glat-
zen, tsch. Kladské). Das umfangreiche Familienarchiv Coudenhove (Ronsperg, tsch.
Poběžovice) befindet sich derzeit in Bearbeitung.
   In den Jahren 1958 bis 1975 wurde ein vierbändiger Archivführer veröffentlicht, in dessen drittem und viertem Band alle Bestände der Zweigstellen in Klattau
und Luditz beschrieben sind. Das Archiv gab von 1995 bis 2003 die Zeitschrift
„Západočeský historický sborník" heraus. Studien, die auf Forschungen in den ge-

nannten Familienarchiven beruhen, werden gegenwärtig vor allem in regionalen und gesamtstaatlichen Fachzeitschriften publiziert, vor allem in den „Minulostí západočeského kraje" und im „Historický sborník Karlovarska".

Státní oblastní archiv v Plzni, pracoviště Klášter, Klášter 101, CZ-33501 Nepomuk, Tel./Fax: +420-371-591-531, E-Mail: soa-ne@soaplzen.cz, Homepage: http://www. soaplzen.cz [Zugriff am 21.02.2007].

Auswahlliteratur: Ročenky Státního oblastního archivu v Plzni za léta 2003–2006 [Jahresberichte des Staatlichen Gebietsarchivs in Pilsen für die Jahre 2003–2006]; Hofmann, Gustav: Rodinný archiv rokytnicko-plánských Nostitzů. Dějiny a rozbor fondu [Das Familienarchiv der Rokitnitz-Planer Nostitz. Geschichte und Analyse des Bestands]. In: Západočeský sborník historický 3 (1997) 29–74; Státní oblastní archív v Plzni. Průvodce po archívních fondech [Staatliches Gebietsarchiv in Pilsen. Wegweiser zu den Archivbeständen], Bd. 1-4. Praha 1958–1975; Soupis archívních fondů. Zemědělsko-lesnické oddělení Státního archívu Plzeň [Verzeichnis der Archivbestände. Die landwirtschaftlich-forstliche Abteilung des Staatsarchivs in Pilsen]. Plzeň 1960.

B. Bestandsgliederung

In der genannten Zweigstelle des Staatlichen Gebietsarchivs in Pilsen befindet sich eine relativ große Anzahl wichtiger Quellen zur Geschichte des schlesischen Adels. Diese gelangten in das von Schlesien verhältnismäßig weit entfernte Archiv einerseits als Folge von wechselndem Landbesitz adeliger Familien, die ursprünglich in Schlesien beheimatet waren, andererseits dank der zahlreichen Kontakte des westböhmischen Adels nach Schlesien.

Die weitaus größte Bedeutung für die Geschichte des schlesischen Adels haben die beiden Familienarchive der Nostitz mit Nachlässen von Mitgliedern der beiden wichtigsten und reichsten Zweige des ursprünglich lausitzisch-schlesischen Geschlechts, die sich in der ersten Hälfte des 17. Jahrhunderts herausbildeten. Das *Familienarchiv Nostitz-Rieneck* (1364–1945) beherbergt Fragmente des Nachlasses des Appellationsrats, Vizekanzlers der Böhmischen Hofkanzlei, Reichshofrats und bedeutenden Politikers Ottos des Älteren von Nostitz (1574–1630). Dieser erwarb nach der Schlacht am Weißen Berg von 1620 ausgedehnte Besitzungen in Westböhmen mit dem Zentrum in Falkenau an der Eger, die er, da kinderlos, seinem Neffen Johann Hartwig (1610–1683) vermachte. Im Bestand finden sich ferner der reiche Nachlaß eben dieses Johann Hartwig Graf Nostitz, der von 1652 bis 1683 böhmischer Obersthofkanzler und bedeutender Minister Kaiser Leopolds I. war, und zugleich die Nachlässe seiner Nachfahren aus diesem Familienzweig, die allerdings in Schlesien kein Eigentum mehr besaßen und allmählich den Kontakt mit dem dortigen Milieu abbrachen. Der Bestand enthält vor allem vermögensrechtliche Akten und Schriftstücke aus der amtlichen Laufbahn der genannten Nostitz. Persönliche und familiäre Korrespondenz ist nur fragmentarisch erhalten.

Eine noch engere Beziehung zu Schlesien weisen das *Familienarchiv Nostitz* (1532–1948) und der ergänzende Bestand *Zentrale Verwaltung der Nostitz in Plan* auf, die Nachlässe des schlesischen beziehungsweise schlesisch-böhmischen Familienzweigs enthalten. Gegründet wurde das Familienarchiv vom älteren Bruder Johann Hartwigs, Otto dem Jüngeren von Nostitz (1608–1665), der die väterlichen Güter in Schlesien und die ostböhmische Herrschaft Rokitnitz (tsch. Rokytnice v Orlických horách) erbte. Als Rat und Kanzler des schlesischen Oberamts in Breslau (1635–1642) sowie als Landeshauptmann der Fürstentümer Breslau (1642–1650) und Schweidnitz-Jauer (1651–1665) war Otto eine bedeutende Persönlichkeit in der schlesischen Verwaltung. Er legte eine reiche Bibliothek an, die heute in der Bibliothek des Nationalmuseums in Prag (tsch. Praha) untergebracht ist. Das Familienarchiv beherbergt des weiteren den außergewöhnlich reichhaltigen Nachlaß von Ottos Sohn Christoph Wenzel Graf Nostitz (1648–1712), Landeshauptmann von Liegnitz (1677–1685), Glogau (1686–1697) und Schweidnitz-Jauer (1697–1703), darüber hinaus Mäzen, Sammler, Stifter des Kapuzinerklosters in Schweidnitz (poln. Świdnica) und Auftraggeber der barocken Umgestaltung des Schlosses in Lobris (poln. Luboradz) unweit der Stadt Jauer (poln. Jawor). Der Nachlaß Christoph Wenzels umfaßt beinahe 90 Kartons, von denen mehr als die Hälfte empfangene Korrespondenz von Adeligen darstellt. Die Nachkommen seines älteren Sohnes Johann Karl (1673–1740), des Erben des Familienguts in Rokitnitz und Reichshofrats, der sich am Hof Kaiser Josephs I. und Kaiser Karls VI. eine feste Position aufbauen konnte, erbten in den 1820er Jahren das Sinzendorfer Fideikommiß mit Sitz im westböhmischen Plan, wohin letztlich auch das Familienarchiv und ein Teil der umfangreichen Bibliothek (heute in der Bibliothek des Nationalmuseums in Prag) gelangte. Der jüngere Bruder Johann Karls, Otto Wenzel Graf Nostitz (1674–1751), erbte die schlesischen Güter und wirkte im dortigen Verwaltungssystem als Landeshauptmann des Fürstentums Breslau von 1727 bis 1741. Nachdem ihn jedoch seine männlichen Nachfahren nicht überlebt hatten, fielen den Kindern Johann Karls und deren Nachkommen auch die schlesischen Besitzungen zu. 1878 übernahm diese Hinterlassenschaft Graf Engelhard Dietrich von Wolkenstein-Trostburg, der die Erbin der schlesischen Güter, Ernestine Gräfin Nostitz, geheiratet hatte.

Als nach 1712 das Eigentum unter den Söhnen des Christoph Wenzel Graf Nostitz aufgeteilt worden war, kam es offensichtlich zu einer partiellen Zerstreuung des Familienarchivs. Diejenigen Schriftstücke, die sich auf die schlesischen Güter bezogen, blieben dem jüngeren Sohn Otto Wenzel, wohingegen Johann Karl die Dokumente über die Besitzungen in Böhmen gemeinsam mit dem Nachlaß seines Vaters nach Rokitnitz mitnahm. Die Aufteilung wurde jedoch nicht konsequent durchgeführt, so daß auch eine Reihe schlesischer Schriftstücke nach Rokitnitz gebracht wurde. Die in Schlesien belassenen wichtigeren Dokumente gelangten in der ersten Hälfte des 20. Jahrhunderts, ergänzt um weitere Nachlässe von Nachfahren Christoph Wenzels, in das Staatliche Archiv in Breslau, in dessen Beständen sie bis heute verblieben.[1] Der zweite Teil mit den Nachlässen von Christoph Wenzel und Otto dem Jüngeren Graf Nostitz kam auf Veranlassung von Josef II. Graf Nostitz (1821–1890) nach Plan, das im 19. Jahrhundert als Hauptsitz der Familie galt.

---

1 Archiwum Państwowe we Wrocławiu, Akta majątku Nostitzów i Wolkensteinów w Luboradzu.

Familienarchiv Nostitz-Rieneck
Inv. Nr. 5-19, Kartons 1-2:
Genealogische Ableitungen, Familienprivilegien (1497–1723).
Inv. Nr. 20-30, 33-39, Kartons 3, 5-7:
Nachlaß Ottos des Älteren von Nostitz: Standeserhebungen und Privilegien, Laufbahn, Aufzeichnungen aus seiner Tätigkeit im Appellationsgericht und in der Böhmischen Hofkanzlei, kaiserliche Instruktionen für Otto als Gesandten nach Dresden (1622 und 1624), Bruchstücke der erhaltenen Korrespondenzen, Testament (1630), Ausgaben für das Begräbnis (1630/31); ferner zahlreiche Schriftstücke aus der amtlichen Tätigkeit des Johann Hartwig Graf Nostitz, unter anderem Protokolle des Appellationsgerichts (1645–1650) und Aufzeichnungen über die Beratungen des kaiserlichen Geheimrats beziehungsweise der Geheimen Konferenz (1657–1682).
Inv. Nr. 40-88, Kartons 7-17:
Nachlaß des Johann Hartwig Graf Nostitz: Standeserhebungen, Fideikommiß, Gründung der Familiengruft im Prager Veitsdom (1650), Heiratsvertrag (1658), Laufbahn, eigenhändige Privatbriefe Kaiser Leopolds I., kaiserliche Reskripte, Briefe und Reskripte von Kurfürsten und Königen, Akten über die Breslauer Bischofswahlen (1631–1686), Briefe und Akten betreffend Schlesien (1609–1682), Schulden, Testament der Ehefrau Johann Hartwigs (1681), umfangreiche Akten aus seiner Tätigkeit in der Böhmischen Hofkanzlei; zudem zahlreiche Schriftstücke aus der amtlichen Tätigkeit seines Sohnes Anton Johann Graf Nostitz und des mit diesem verwandten böhmischen Kammerpräsidenten Heinrich Wolf Berka von Duba.
Inv. Nr. 89-111, Kartons 18-24:
Nachlaß des Anton Johann Graf Nostitz: Heiratsvertrag (1680), Korrespondenzen und Berichte von seiner Tätigkeit als Gesandter in Stockholm (1685–1690), zahlreiche kaiserliche Reskripte, Laufbahn, Korrespondenzen der schlesischen Nostitz (1735), Testament (1736), Akten aus seiner Tätigkeit in der böhmischen Landesverwaltung.
Inv. Nr. 521-590, Kartons 95-99:
Fremde Familien und Verwandte aus dem Adelsgeschlecht Nostitz vom 17. bis zum 20. Jahrhundert, hier unter anderem: Heiratsvertrag zwischen Johann Wenzel von Nostitz und Barbara Marianna von Rebitz (1630), Briefe von Otto dem Jüngeren von Nostitz (1643–1653), Testament des Johann von Nostitz (1607), Schreiben des Johann Christoph von Nostitz an Nikolaus Rittershausen.
Inv. Nr. 619, Kartons 103-104:
Schlesische Angelegenheiten, vermutlich aus dem Nachlaß des Oberstkanzlers Johann Hartwig Graf Nostitz: Steuer- und Münzsachen (1327–1671), Fürstentag (1658–1664), Salz (1609–1677), Oberamt (1663), Herzogtum Breslau (1631–1677), Liegnitz-Brieg-Wohlau (1676–1681), Oppeln-Ratibor (1645–1666), Schweidnitz-Jauer (1666), Teschen (1675), Bericht über die Landesregierung im Herzogtum Neisse nach (1674), Landesverteidigungsordnung des Johann von Oppersdorff gegen die Osmanen (1578), Bistum Breslau (1666).

Inv. Nr. 725-743, Karton 136:
Otto der Ältere von Nostitz, Besitz und Vermögen: Erwerb der Herrschaften in Westböhmen und verschiedener Häuser in Prag in den 1620er Jahren, Schuldbriefe des Christoph von Nostitz zugunsten Ottos des Älteren (1621–1623).

Inv. Nr. 744-930, Kartons 137-143:
Johann Hartwig Graf Nostitz, Besitz und Vermögen: Kaufverträge und Akten betreffend die böhmischen Herrschaften und die Grafschaft Rieneck, Besitzstreitigkeiten, Haftung Ottos des Jüngeren zugunsten des Johann Hartwig (1637), Quittungen – unter anderem von verschiedenen Mitgliedern der schlesischen Nostitz wie Otto dem Jüngeren (1654–1665), Heinrich Otto aus der Linie Rottenburg (1656–1663), Kaspar und seinen Söhnen Magnus Ernst, Franz Karl und Ferdinand (1629–1679); Ausschmückung der Grabkapelle Ottos des Älteren und Errichtung eines Altars in der Wiener Franziskanerkirche (1651/52); Testament der Ehefrau Johann Hartwigs, Maria Eleonora, geborene Lobkowitz, (1681) samt Inventar ihres Nachlasses; Schuldbriefe Johann Hartwigs.

Inv. Nr. 931-1105, Kartons 144-158:
Anton Johann Graf Nostitz, Besitz und Vermögen: Nachlaß der Mutter Maria Eleonora (1653–1682) samt Inventar; brüderliche Teilung des Besitzes nach dem Tod des Johann Hartwig Graf Nostitz (1683–1730) samt Inventare; böhmische Herrschaften, Quittungen, Schuldbriefe.

Inv. Nr. 1826, Karton 212:
Drucke und Exzerpte über die Ansprüche der Hohenzollern auf die schlesischen Herzogtümer Jägerndorf, Liegnitz und Brieg (1645–1743).

Inv. Nr. 1876:
Stammbuch des Hermann von Salza (1619–1649).

Der Bestand ist relativ oberflächlich geordnet und verzeichnet. In einzelnen Nachlässen befinden sich häufig Akten ohne direkten Zusammenhang. Die Schriftstücke aus der Amtstätigkeit des Johann Hartwig und des Anton Johann Graf Nostitz wiederum sind oft auf verschiedene Kartons verstreut.

Familienarchiv Nostitz
Inv. Nr. 3, Karton 1:
Abraham von Nostitz, 1532: Bergordnung für die Gruben in Gottesberg (poln. Boguszów) bei Waldenburg (poln. Wałbrzych).

Inv. Nr. 15, Urkunde 1:
Pergamenturkunde vom 18. Mai 1631, Laxenburg, Freiherrntitel und Wappenverbesserung für Otto den Jüngeren von Nostitz.

Inv. Nr. 16-21, Kartons 2-5:
Otto der Jüngere von Nostitz – persönliche Angelegenheiten (1622–1665): private Rechnungen, Korrespondenzen mit seiner Ehefrau und Familienmitgliedern.

Inv. Nr. 25-27, Kartons 6-13:
Otto der Jüngere von Nostitz – öffentliche Tätigkeit (1639–1665): Korrespondenzen als Landeshauptmann des Herzogtums Schweidnitz-Jauer, Korrespondenzen mit Geistlichen und Klostervorstehern, Konzepte abgeschickter Briefe.

Inv. Nr. 28-34, Kartons 13-16:
Otto der Jüngere von Nostitz – Vermögensangelegenheiten (1638–1666): Vermögensstreitigkeiten, Einnahmen aus öffentlichen Funktionen, Inventar des Eigentums – Verzeichnis des Archivs, der Münzsammlung und der Bibliothek, Wirtschaftsinventare der schlesischen Güter.

Inv. Nr. 39-53, Kartons 17-20:
Otto der Jüngere von Nostitz – Güter Heidersdorf (poln. Włosień), Herzogswaldau (poln. Niedaszów), Klein Neundorf (poln. Wolbromów), Mangschütz (poln. Mąkoszyce), Poischwitz (poln. Paszowice), Profen (poln. Mściwojów), Seifersdorf (poln. Mściszów), Stöckigt (poln. Bierzwienna); in Oberschlesien – Güter Rosenthal bei Simsdorf (heute Teil des Dorfes Gostomia), Schreibersdorf (poln. Pisarzowice): Verpachtungen, Verkäufe, wirtschaftliche Angelegenheiten (1634–1665).

Inv. Nr. 54, Karton 20:
Otto der Jüngere von Nostitz – bauliche Angelegenheiten (1649–1665): Bau des Hauses in Breslau (poln. Wrocław), Bau der St. Barbara-Kirche in Schweidnitz.

Inv. Nr. 59, Urkunde 3:
Pergamenturkunde vom 27. Juni 1675, Wien, Grafenstand für Christoph Wenzel von Nostitz.

Inv. Nr. 60, Urkunde 4:
Pergamenturkunde vom 31. Dezember 1686, Wien, die Anrede „Hoch- und Wohlgeboren" für Christoph Wenzel Graf Nostitz.

Inv. Nr. 61, Urkunde 5:
Pergamenturkunde vom 27. November 1692, Wien, Reichsgrafenstand für Christoph Wenzel Graf Nostitz.

Inv. Nr. 62-74, Kartons 21-29:
Otto der Jüngere und Christoph Wenzel Graf Nostitz – persönliche Angelegenheiten (1643–1709): Geschichte des Geschlechts Nostitz, persönliche und Reisetagebücher, Inventare der Sammlungen, Drucke und Abschriften von Dokumenten zu zeitgenössischen Ereignissen, persönliche Rechnungen – Haushalt, Handwerker, Künstler.

Inv. Nr. 75-95, Kartons 30-42:
Christoph Wenzel Graf Nostitz – persönliche Korrespondenzen (1668–1712): Briefe von Mitgliedern verwandter Familien (Mettich, Sinzendorf, Frankenberg, Oppersdorff, Wachtel von Pantenau und anderer).

Inv. Nr. 96-308, Kartons 42-91:
Christoph Wenzel Graf Nostitz – Korrespondenz (1659–1712): Briefe von Mitgliedern europäischer Adelsgeschlechter, von böhmischen Landesbeamten, Beamten der schlesischen Verwaltung, hohen kirchlichen Würdenträgern und Militärs, Nachrichten von Agenten; alphabetisch geordnet nach den Absendern; Konzepte abgeschickter Briefe.

Inv. Nr. 309-321, Kartons 92-99:
Christoph Wenzel Graf Nostitz – amtliche Angelegenheiten der Herzogtümer Brieg, Liegnitz, Wohlau, Glogau, Schweidnitz-Jauer und Troppau, jüdische Gemeinde in Glogau (poln. Głogów), militärische Angelegenheiten (1663–1711).

Eintrag im Stammbuch des Hermann von Salza, eines schlesischen Adeligen und Kreiskommissars für das Gebiet um Löwenberg in Schlesien (poln. Lwówek Śląski) gegen Ende des Dreißigjährigen Krieges. Hermann von Salza hatte 1628 Anna Katharina, eine Tochter Ottos des Jüngeren von Nostitz, geheiratet. Sein Stammbuch gelangte später ins Nostitzsche Familienarchiv. Es enthält vor allem Einträge von seiner Kavaliersreise nach Frankreich im Jahr 1619. Diese stammen häufig von jungen Adeligen aus den Reihen des schlesischen Adels. Dies gilt auch für den hier abgebildeten Eintrag, den Joachim von Waldau am 6. September 1619 in Straßburg vornahm.
Bildnachweis: Státní oblastní archiv v Plzni, Rodinný archiv Nostitz-Rieneck, Inv. Nr. 1876.

Inv. Nr. 322-326, Karton 100:
   Christoph Wenzel Graf Nostitz – Vermögensangelegenheiten (1676–1707): Gerichtsstreit um das Haus in Breslau, Streit mit Karl Joachim von Mettich, Sigmund von Spiller, Agnes von Gellhorn.
Inv. Nr. 334-361, Kartons 102-108:
   Christoph Wenzel Graf Nostitz – Güter Seifersdorf, Kunzendorf-Neuland (poln. Niwnice-Nowy Ląd), Stöckigt, Eckersdorf (poln. Bożkowice), Lobris, Groß Jänowitz (poln. Janowice Duże), Kalthaus (poln. Zimnik), Profen, Köben (poln. Chobienia), Poischwitz, Seckerwitz (poln. Siekierzyce), Herzogswaldau, Klein Neundorf, Tzschocha (poln. Czocha), Klein Tschansch (poln. Księże Małe), Samitz (poln. Zamienice), Möhlten (poln. Gorzuchów), Priedemost (poln. Przedmoście); Haus in Breslau, Angestellte (1663–1712).

Inv. Nr. 364, Karton 109:
Johann Karl Graf Nostitz: Vermögensangelegenheiten (1712–1740).

Inv. Nr. 387, Karton 114:
Johann Josef Graf Nostitz: Übernahme der schlesischen Güter Neuland, Kunzendorf, Seifersdorf (1797).

Inv. Nr. 404, Karton 115:
Josef I. Graf Nostitz: wirtschaftliche Angelegenheiten der Güter in Schlesien (1805–1847).

Inv. Nr. 415, Karton 117:
Johann Wenzel Graf Nostitz: Vermögensangelegenheiten – Übernahme der Herrschaft Neuland und deren Verkauf (1818–1833).

Inv. Nr. 437, Karton 123:
Josef II. Graf Nostitz: Verpachtungen der Güter in Schlesien, 1874: Brauerei in Lobris, die Güter Märzdorf (poln. Marcinów), Profen, Raaben (poln. Kruków), Kalthaus.

Inv. Nr. 599, Karton 152:
Josef III. Graf Nostitz: persönliche Korrespondenz mit Harry Larisch 1915).

Inv. Nr. 814-821, Karton 159:
Josef III. Graf Nostitz: Korrespondenzen mit der Familie Wolkenstein (1907–1944).

Inv. Nr. 1206-1213, Karton 235:
Angelegenheiten der Mitglieder des Geschlechts Wachtel von Pantenau (1551–1638): Haus in Breslau, Briefe des Breslauer Bischofs Karl von Österreich und von Johann Cotta.

Inv. Nr. 1215, Urkunde 16:
Pergamenturkunde vom 19. Dezember 1721, Wien, Grafenstand für Otto Leopold von Bees.

Inv. Nr. 1222, Urkunde 23:
Pergamenturkunde vom 6. Mai 1694, Laxenburg, Herrenstand und Wappenverbesserung für Maximilian Erdmann, Maximilian Bernhard und Gottfried Ernst Freiherr Skrbenský.

Zentrale Verwaltung der Nostitz in Plan
Inv. Nr. 221-224, Kartons 97-99
Herrschaften Lobris und Steinseifersdorf (poln. Rościstów) in Schlesien – wirtschaftliche Angelegenheiten, Korrespondenz der Verwalter (1674–1889).

Wichtige Quellen zur Geschichte des schlesischen Adels finden sich noch in weiteren Beständen. Dabei handelt es sich vor allem um das *Familienarchiv Verdugo* (1590–1705). Die Familie Verdugo, ursprünglich ein bürgerliches Geschlecht aus dem spanischen Talavera, das dank der militärischen Karriere Francisco Verdugos (1531–1595) in der zweiten Hälfte des 16. Jahrhunderts in den europäischen Adel aufgestiegen war, ließ sich nach der Schlacht am Weißen Berg 1620 in Böhmen nieder, da Wilhelm Verdugo († 1629), der selbst an der Schlacht teilgenommen hatte, mehrere konfiszierte „Rebellengüter" in Westböhmen (Duppau; Maschau, tsch. Mašťov; Neprowitz, tsch. Neprobylice) aufgekauft hatte. 1656 heiratete Ferdinand Johann Anton Verdugo (1635–1672) Maximiliana Apolonia Liebsteinsky von Kolowrat (1637–1695), eine Tochter von Anna Maria, geborene Colonna vom Fels. Die Angehörigen des Geschlechts Colonna vom Fels verließen Böhmen nach 1620 und zogen in das Herzogtum Oppeln-Ratibor, wo sie bereits mehrere Güter besaßen. Das nicht allzu enge Verwandtschaftsverhältnis der Verdugo mit der Familie Colonna vom Fels war 1682 insofern von Bedeutung, als der kinderlose katholische Graf Georg Leonhard Colonna († 1684) seine evangelischen Verwandten überging und den Sohn des Grafen Ferdinand Johann Verdugo, Johann Franz Julius (1661–1712), zu seinem Universalerben erklärte. Dieser übernahm tatsächlich 1682 die Erbschaft (die oberschlesische Herrschaft Tworog, poln. Tworóg), gab allmählich die verschuldeten Familienbesitzungen der Verdugo in Böhmen auf und übersiedelte vollständig auf die Güter in Schlesien. Seine Nachkommen wohnten in Oberschlesien bis zum Jahr 1757, als das Geschlecht Verdugo ausstarb.[2] Das Familienarchiv umfaßt außer den Nachlässen der Verdugo auch Dokumente der Familie Colonna vom Fels. Weitere vereinzelte Quellen zur Geschichte des schlesischen Adels befinden sich darüber hinaus in den Familienarchiven Trauttmansdorff, Auersperg und Coudenhove.

Familienarchiv Verdugo

Inv. Nr. 197, Karton 13:
> Ferdinand Johann Anton Verdugo – Korrespondenzen mit Georg Leonhard und Kaspar Colonna vom Fels (1655–1671).

Inv. Nr. 427-449, Karton 37:
> Johann Franz Julius Verdugo – militärischer Deputierter im Herzogtum Oppeln-Ratibor (1684–1701): militärische und diplomatische Relationen, Grenzstreit mit Adam Heinrich Larisch, persönliche Korrespondenzen.

Inv. Nr. 456-465, Karton 37:
> Johann Franz Julius Verdugo: Korrespondenzen mit der Dienerschaft und den Angestellten der Herrschaft Tworog (1687–1701).

Inv. Nr. 470, Karton 38:
> Jaroslav Maximilian von Hasenburg: Vereinbarung mit Wenzel Michna von Waitzenhofen bezüglich der Übernahme von Schulden der Familie Verdugo in Schlesien (1660–1662).

Inv. Nr. 494-543, Kartons 40-42:
> Nachlaß des Georg Leonhard Colonna vom Fels: persönliche Korrespondenzen mit schlesischen Adeligen, öffentliche Tätigkeit, Verwaltung des Eigentums im Herzogtum Oppeln-Ratibor, Haus in Breslau, Vermögensstreitigkeiten, Dienerschaft und Angestellte (1655–1684).

---

2 Nowack, Alfons: Die Reichsgrafen Colonna, Freiherrn v. Fels, auf Gross-Strehlitz, Tost und Tworog in Oberschlesien. Gross-Strehlitz 1902, 134-139.

Familienarchiv Trauttmansdorff
Inv. Nr. 335, Karton 13:
  Maximilian Graf Trauttmansdorff: Korrespondenzen mit den schlesischen Stän-
  den (1638, 1649).
Inv. Nr. 912, Karton 50:
  Adam Matthias Graf Trauttmansdorff: Korrespondenz mit dem Dompropst in
  Breslau Absolon Wenzel von Paczensky (1669–1678).
Inv. Nr. 1240, Karton 86:
  Johann Friedrich Graf Trauttmansdorff: wirtschaftliche Angelegenheiten der
  Herrschaft Bielau (poln. Biała) in Schlesien (1710).

Familienarchiv Auersperg
Inv. Nr. 118:
  Josef Joachim Graf Auersperg – Ernennung zum wirklichen Kämmerer, zum
  Rat des mährisch-schlesischen Guberniums und zum Hofrat des Guberniums in
  Galizien, Glückwünsche zur Ernennung, Korrespondenz (1821–1834).

Familienarchiv Coudenhove
  Korrespondenzen der Mitglieder der fürstlichen Familie Hatzfeld aus Klein Peterwitz (poln. Pietrowice Małe) und Trachenberg (poln. Żmigród) – Alexander
  Maria (1877–1953) und Hermann Anton (1848–1933) – mit Johann Couden-
  hove-Kalergi (1893–1965) aus den Jahren 1924 bis 1940 (ca. 40 Stück); einstweilen ohne Inventarnummern.

Die ältesten Silesiaca im Staatlichen Gebietsarchiv in Pilsen lagern im Bestand
Urkundensammlung (1318–1917). Die Sammlung entstand aus Urkunden unterschiedlicher Provenienz aus ungeordneten Beständen der ehemaligen Luditzer
Zweigstelle. Ein direkter Zusammenhang mit einem der Bestände des Archivs konnte nicht festgestellt werden.

Urkundensammlung
Inv. Nr. 1, Urkunde 1:
  Pergamenturkunde vom 13. Dezember 1318, Breslau, Boleslav von Liegnitz be-
  stätigt ein Geschenk von vier Silberpfund pro Jahr, eingeschrieben an der Mühle
  bei dem Hof Prauß (poln. Prusy), von Ritter Condrad von Borschnitz für seine
  Tochter Kunigunde, Ordensschwester der heiligen Klara im Kloster in Breslau.[3]
Inv. Nr. 2, Urkunde 2:
  Pergamenturkunde vom 6. November 1453, Haynau (poln. Chojnów), Johann
  von Brieg verkauft seinen Erbhof in Bulchau (poln. Bolechów) dem Hanns von
  Borschnitz.

---

3 Vgl. Codex diplomaticus Silesiae, Bd. 18: Regesten zur schlesischen Geschichte 1316–1326. Breslau
  1898, 108.

Inv. Nr. 3, Urkunde 3

Pergamenturkunde vom 4. Mai 1461, Rudelsdorf (poln. Radzików), Hedwig von Liegnitz belehnt Heinz von Gregersdorf mit dem Gut Ranchewitz (poln. Rakowice).

Inv. Nr. 6, Urkunde 6

Pergamenturkunde vom 13. Dezember 1700, Brieg (poln. Brzeg), der Landeshauptmann und der Regierungsrat in Brieg und Wohlau belehnen Ferdinand Iselin von Lanau mit dem Lehengut Mallschau (poln. Maleszów) bei Nimptsch (poln. Niemcza).

C. Bestandsanalyse

Die den schlesischen Adel betreffenden Quellen in den Familienarchiven des Staatlichen Gebietsarchivs in Pilsen, Standort Kloster, stellen einen außerordentlich wichtigen Fundus dar, der vielfältige Einblicke in den Lebensstil des schlesisch-katholischen Adels im 17. Jahrhundert und seine Behauptung in der Verwaltung Schlesiens, des Königreichs Böhmen, am Kaiserhof und in der habsburgischen Diplomatie gewährt. Diesen Quellen wurde jedoch bisher nicht die ihnen gebührende Aufmerksamkeit geschenkt. Tschechische Historiker interessierten sich eher für die neuere Geschichte des böhmischen (Falkenauer) Familienzweigs der Nostitz, der sich wesentlich an der tschechischen Nationalbewegung im frühen 19. Jahrhundert beteiligte, mit Schlesien zu jener Zeit allerdings nicht mehr viel zu tun hatte. Kunsthistoriker wiederum interessierten sich vor allem für die bedeutenden, in Prag während des 17. Jahrhunderts begründeten barocken Gemäldesammlungen der böhmischen Linie der Nostitz.[4] In letzter Zeit beschäftigen sich Mitarbeiter des Museums des Kreises Karlsbad (Krajské muzeum Karlovarského kraje) in Falkenau mit der Geschichte dieses Familienzweigs.[5] Zur Verfügung stehen freilich auch grundlegende genealogische Überblicke.[6] Jüngst gerieten die Geschicke des schlesischen (Rokitnitzer) Zweigs der

---

4 Bergner, Paul: Verzeichnis der Gräflich Nostitzschen Gemälde-Galerie zu Prag. Prag 1905; Machytka, Lubor: Vznik nostické obrazárny a její vývoj do začátku 19. století [Die Entstehung der Nostitzschen Gemäldegalerie und ihre Entwicklung bis zum Beginn des 19. Jahrhunderts]. In: Umění 31 (1983) 244-246; Slavíček, Lubomír: Příspěvky k dějinám nostické obrazové sbírky. (Materiálie k českému baroknímu sběratelství) [Beiträge zur Geschichte der Nostitzschen Bildersammlung. (Materialien zur böhmischen Barocksammeltätigkeit)]. In: Umění 31 (1983) 219-243; ders.: Paralipomena k dějinám berkovské a nostické obrazové sbírky. (Materiálie k českému baroknímu sběratelství II) [Paralipomena zur Geschichte der Berkischen und Nostitzschen Bildersammlung. (Materialien zur böhmischen Barocksammeltätigkeit II)]. In: Umění 43 (1995) 445-471; ders.: Nosticové jako sběratelé a podporovatelé umění [Die Nostitz als Sammler und Förderer der Kunst]. In: ders. (Hg.): Artis pictoriae amatores. Evropa v zrcadle pražského barokního sběratelství. Praha 1993, 171-183.

5 Im Stadtmuseum von Falkenau fand von Juni bis November 2007 eine Ausstellung statt, die dem Falkenauer Zweig der Nostitz gewidmet war. Vgl. Beranová-Vaicová, Romana: Nosticové [Die Nostitz]. Sokolov 2007.

6 Pittermann, Julian: Die Majoratsherren der Falkenauer Linie des Reichsgräflichen Hauses Nostitz-Rieneck. In: Nostitz-Wallwitz, Karl von (Hg.): Beiträge zur Geschichte des Geschlechtes von Nostitz, III. Heft: Ergänzungen. o. O. 1935, 323-375; Hás, Jiří/Tovačovský, Jaroslav: Genealogie Nosticů z Nostic [Die Genealogie der Nostitz von Nostitz]. In: Heraldika a genealogie 35 (2002) 3-34.

Nostitz in das Interesse der Forschung, vor allem seine beiden bedeutendsten Mitglieder: Otto der Jüngere (hinsichtlich seiner Kunst-[7] und Büchersammlungen[8] sowie seiner Rolle im Zeitalter der Konfessionalisierung[9]) und Christoph Wenzel (mit Blick auf Aspekte adeliger Repräsentation und Selbstinszenierung[10]). Das Tagebuch des Christoph Wenzel Graf Nostitz von seiner Reise in die Niederlande liegt seit kurzem als Edition mit einem gründlichen Kommentar vor.[11]

Bezüglich der bislang erschienenen Publikationen gilt gleichwohl, daß von dem beträchtlichen Reichtum an Archivalien der beiden Nostitzschen Familienarchive nur ein Bruchteil ausgewertet wurde. Mehr oder weniger abseits der wissenschaftlichen Aufmerksamkeit blieben die öffentliche und administrative Tätigkeit von Otto und Christoph Wenzel Graf Nostitz in Schlesien. Völlig unbearbeitet ist gleichfalls die respektable Sammlung an familiärer und anderer Korrespondenz Christoph Wenzels mit über 200 adeligen Briefpartnern, unter ihnen vielen aus Schlesien. Im Bestand finden sich auch einzelne oder zusammengefaßte Dokumente weiterer schlesischer Geschlechter, etwa der Familien Bees, Skrbenský, Wachtel von Pantenau oder Wolkenstein, sowie eine Reihe von Einzelstücken mit Bezug zur Familie Nostitz (zum Beispiel die Bergordnung für die Gruben in Gottesberg bei Schweidnitz; ein Inventar

---

7 Slavíček, Lubomír: Dvě podoby barokního šlechtického sběratelství 17. století v Čechách – sbírky Otty Nostice ml. (1608–1665) a Františka Antonína Berky z Dubé (1649–1706) [Zwei Arten der barocken adeligen Sammellust im 17. Jahrhundert in Böhmen – die Sammlungen Ottos des Jüngeren von Nostitz (1608–1665) und des Franz Anton Berka von Duba (1649–1706)]. In: Opera historica 5 (1996) 483-513.

8 Šípek, Richard: Několik slov k někdejší javorské zámecké knihovně Otty mladšího z Nostic [Ein paar Worte zur ehemaligen Schloßbibliothek Ottos des Jüngeren von Nostitz in Jauer]. In: Miscellanea Oddělení rukopisů a starých tisků Národní knihovny České republiky 18 (2003/04) 164-192; ders.: Pražská majorátní knihovna hrabat z Nostic a Rienecka [Die Prager Majoratsbibliothek der Grafen von Nostitz und Rieneck]. In: Zprávy památkové péče 65 (2005) 28-33; ders.: Pozůstalostní inventář Otty mladšího z Nostic [Das Nachlaßinventar Ottos des Jüngeren von Nostitz]. In: Radimská, Jitka (Hg.): Vita morsque et librorum historia. K výzkumu zámeckých, měšťanských a církevních knihoven. České Budějovice 2006 (Opera romanica 9), 361-376.

9 Deventer, Jörg: Otto von Nostitz (1608–1665). In: Herzig, Arno (Hg.): Schlesier des 14. bis 20. Jahrhunderts. Neustadt an der Aisch 2004 (Schlesische Lebensbilder 8), 69-74; ders.: Adelskonfessionalisierung? Überlegungen zum Rollenspiel katholischer Adelseliten im Milieu der Bikonfessionalität. In: Ammerer, Gerhard u. a. (Hg.): Bündnispartner und Konkurrenten des Landesfürsten? Die Stände in der Habsburgermonarchie. Wien/München 2007, 442-460.

10 Kubeš, Jiří/Marešová, Marie/Panoch, Pavel: Rodová paměť a „sebepředstavení" v podání Kryštofa Václava z Nostic (1648–1712). Příspěvek k reprezentačním strategiím barokní slezské šlechty [Familiengedächtnis und „Selbstdarstellung" am Beispiel des Christoph Wenzel von Nostitz (1648–1712). Ein Beitrag zu den Repräsentationsstrategien des schlesischen Barockadels]. In: Dáňová, Helena/Klípa, Jan/Stolárová, Lenka (Hg.): Slezsko – země Koruny české. Historie a kultura 1300–1740. Praha 2008, 347-374.

11 Kubeš, Jiří (Hg.): Kryštof Václav z Nostic. Deník z cesty do Nizozemí v roce 1705 [Christoph Wenzel von Nostitz. Tagebuch der Reise in die Niederlande im Jahr 1705]. Praha 2004; ders.: Diplomatické cesty, kariéra a cestovní deníky v době okolo roku 1700 na příkladech cest Kryštofa Václava z Nostic a Leopolda Antonína Šlika [Diplomatische Reisen, Karriere und Reisetagebücher in der Zeit um 1700 auf Grundlage der Reisen des Christoph Wenzel von Nostitz und des Leopold Anton Schlick]. In: Frimmová, Eva/Klecker, Elisabeth (Hg.): Itineraria Posoniensia. Bratislava 2005, 134-142.

der Sammlungen, Herrschaften und Güter in Schlesien von 1666 und andere Quellen). Auch die Quellen aus dem Familienarchiv der Falkenauer Linie der Nostitz aus dem 17. Jahrhundert – also aus der Zeit, als dieser Zweig noch engere Kontakte nach Schlesien pflegte – wurden bislang kaum berücksichtigt. Herangezogen wurden nicht einmal die Fragmente des Nachlasses von Otto dem Älteren von Nostitz oder der reichhaltige (obgleich nicht allzu übersichtlich geordnete) Nachlaß des Oberstkanzlers Johann Hartwig Graf Nostitz. Beide Familienarchive können dabei nicht nur zur Erforschung der Geschicke der Angehörigen dieses in Schlesien ansässigen Geschlechts herangezogen werden, sondern auch zu Forschungen zur Geschichte der politischen, religiösen, wirtschaftlichen und administrativen Entwicklung der schlesischen Herzogtümer beziehungsweise zur Entwicklung der frühneuzeitlichen Habsburgermonarchie und deren europäischer Verflechtungen.

Bisher kaum beachtet blieben die Nachlässe mit schlesischem Inhalt in den übrigen Familienarchiven, von denen das Familienarchiv Verdugo besondere Erwähnung verdient.[12] Für die Verwaltungsgeschichte des Herzogtums Oppeln-Ratibor können die militärischen und diplomatischen Relationen des Johann Franz Julius Verdugo herangezogen werden. In seinem Nachlaß befinden sich überdies aussagekräftige Dokumente über seine Vermögensverhältnisse sowie über den Betrieb und die Verwaltung der Familiengüter der Verdugo in Oppeln-Ratibor, die sich vor allem in seinen Korrespondenzen mit Angestellten der schlesischen Besitzungen widerspiegeln. Das Archiv beherbergt zudem eine Reihe von Nachweisen über die verwandtschaftlichen Bindungen mit anderen schlesischen Adelsfamilien, die nach der Übersiedlung der Verdugo nach Oppeln-Ratibor entstanden sind.

---

12 Einen knappen Überblick über die bedeutendsten Mitglieder des Geschlechts gibt Igalffy-Igaly, Ludwig: Verdugové, hrabata z Talaverry v Čechách a ve Slezsku [Die Verdugo, Grafen von Talaverra, in Böhmen und in Schlesien]. In: Heraldika a genealogie 23/3 (1990) 121-132.

Aleš Stejskal

Staatliches Gebietsarchiv in Wittingau
(Státní oblastní archiv v Třeboni)

A. Gesamtgeschichte und Bedeutung

Das Staatliche Gebietsarchiv in Wittingau (tsch. Třeboň) gehört zu den ältesten und größten Archiven seiner Art in der Tschechischen Republik. Sein Ursprung geht auf das Archiv des Adelsgeschlechts der Rosenberg zurück, das der Archivar und Bibliothekar Václav Březan an der Wende vom 16. zum 17. Jahrhundert aufbaute und den damaligen Verhältnissen entsprechend sachgerecht inventarisierte. 1602 wurde dieses Archiv von Krumau (tsch. Český Krumlov) nach Wittingau gebracht, wo es bis auf zeitweilige Ausnahmen bis zur Gegenwart aufbewahrt wird. Im Besitz der Fürsten Schwarzenberg (1660–1945) verzeichnete das Archiv, dessen wichtigste Bestände und Sammlungen seit Ende des 18. Jahrhunderts neu geordnet wurden, bedeutende Zuwächse. Schon in der ersten Hälfte des 19. Jahrhunderts wurde das Archiv von prominenten Forschern wie František Palacký intensiv genutzt, bald auch von einem größeren Kreis von Fachleuten und Laien. Nach dem Zweiten Weltkrieg wurde das gesamte Archiv verstaatlicht und als landwirtschaftlich-forstliches Archiv in Wittingau der Institution der Staatsforste angegliedert. Gleichermaßen benannte man die ehemaligen Adelsarchive in Krumau, Neuhaus (tsch. Jindřichův Hradec), Gratzen (tsch. Nové Hrady) und Worlik (tsch. Orlík nad Vltavou) um. 1956 wurden diese Archive in einer einzigen Institution, dem Staatlichen Gebietsarchiv, zusammengeführt. Gegenwärtig ist dessen Zuständigkeitsbereich das Gebiet des Südböhmischen Kreises. Neben der Zentrale im Schloß in Wittingau existieren zwei Arbeitsstellen in den Schlössern in Krumau und Neuhaus. Darüber hinaus unterstehen der Zentrale sieben Staatliche Bezirksarchive.

Der Quantität der Bestände und Sammlungen entspricht auch ihre Qualität, denn ihren Kern bilden wertvolle mittelalterliche und frühneuzeitliche Familienarchive bedeutender Adelsgeschlechter. Zu nennen sind hierbei neben den Rosenberg und Schwarzenberg vor allem die Herren von Neuhaus, Eggenberg, Schwanberg, Slawata von Chlum und Koschumberg, Buquoy, Czernin sowie Wratislaw von Mitrowitz. Aufgrund der frühen Herausbildung von ausgedehnten Adelsdomänen in Südböhmen und angesichts der über Jahrhunderte stabilen Eigentumsverhältnisse haben sich im Staatlichen Gebietsarchiv in Wittingau umfangreiche und kompakte Quellensammlungen erhalten, die eine bedeutende Grundlage für das Studium des adeligen Großgrundbesitzes (besonders vom 16. bis 19. Jahrhundert) bieten. Wegen des politischen Engagements von Mitgliedern einzelner Geschlechter enthalten diese Bestände darüber hinaus eine Vielzahl an Quellen zur Geschichte des gesamten mitteleuropäischen Raums, insbesondere aus der Zeit nach Beginn der Habsburgerherrschaft 1526. Quellen zur Geschichte Schlesiens und des schlesischen Adels finden sich entsprechend der oben beschriebenen Genese des Archivs in den Urkundenserien und Registraturen der ehemaligen Familienarchive. Am zahlreichsten sind hierbei Quellen aus der Frühen Neuzeit.

Státní oblastní archiv v Třeboni, Zámek 110, CZ-37911 Třeboň, Tel.: +420-384-721-128, Fax: +420-384-722-379, E-Mail: posta@tb.ceskearchivy.cz, Homepage: http://www.ceskearchivy.cz [Zugriff am 30.06.2009].
Státní oblastní archiv v Třeboni, pracoviště Český Krumlov, Zámek 59, CZ-38111 Český Krumlov, Tel.: +420-380-711-872, Fax: +420-380-711-872, E-Mail: anna. kubikova@ck.ceskearchivy.cz, ales.stejskal.@ck.ceskearchivy.cz.
Státní oblastní archiv v Třeboni, pracoviště Jindřichův Hradec, Zámek, CZ-37701 Jindřichův Hradec, Tel.: +420-384-363-844, Fax: +420-384-363-844, E-Mail: badatelna@jh.ceskearchivy.cz.

Auswahlliteratur: Soupis fondů a sbírek. Státní oblastní archiv Třeboň [Verzeichnis der Bestände und Sammlungen. Staatliches Gebietsarchiv in Wittingau]. České Budějovice 1981; Státní archiv v Třeboni. Průvodce po archivních fondech [Das Staatliche Archiv in Wittingau. Wegweiser durch die Archivbestände], Bd. 1-4. Praha 1957–1959.

B. Bestandsgliederung

I. Staatliches Gebietsarchiv in Wittingau:

Fremde Geschlechter Wittingau (Cizí rody Třeboň)
Den Kern der außergewöhnlich wertvollen Sammlung bildet das alte Familienarchiv der Herren von Rosenberg. Später wurden, zum Teil unzusammenhängend, Schriftstücke über einzelne Adelsgeschlechter Böhmens, Mährens, Schlesiens und anderer Gebiete in die Sammlung aufgenommen. Der Sammlungsschwerpunkt liegt auf Schriftstücken aus dem 16. und beginnenden 17. Jahrhundert (gesamte Zeitspanne: 1286–1861, 23 laufende Meter). Konsequent voneinander getrennt sind dabei die Urkunden und das Aktenmaterial. Für die Urkunden existiert ein detailliertes Inventar von 1962, die Akten sind alphabetisch nach den einzelnen Adelsgeschlechtern geordnet.
    Eine Ausnahme – sowohl vom Umfang her als auch was die Bearbeitung betrifft – stellen die Geschlechter Rosenberg und Schwanberg dar: Der Unterbestand *Fremde Geschlechter – von Rosenberg* (Cizí rody – z Rožmberka) umfaßt einen Teil des Rosenbergschen Familienarchivs, dessen zeitlicher Schwerpunkt auf der zweiten Hälfte des 15., dem 16. und dem Anfang des 17. Jahrhunderts liegt. Das Aktenmaterial hat ein eigenes Ordnungssystem (28 Signaturen nach sachlichen Gesichtspunkten), für das kein modernes Inventar existiert. Im Hinblick auf die politische Tätigkeit vor allem Wilhelm von Rosenbergs (1535–1592) und die auch Schlesien einbeziehenden Vermögensverhältnisse der beiden letzten Rosenberg – Wilhelm und Peter Wok von

Rosenberg (1539–1611) – ist dieser Bestand und namentlich die hier aufbewahrte Korrespondenz auch für das Studium des schlesischen Adels von Nutzen.

Der Unterbestand *Fremde Geschlechter – von Schwanberg* (Cizí rody – ze Švamberka) enthält einen Teil des Familienarchivs der Herren von Schwanberg, die 1611 Teile des Rosenbergschen Dominiums erbten, mit einer analogen (sachlichen) Ordnung (24 Signaturen). Angesichts der Verästelungen des Geschlechts und der verwandtschaftlichen Bindungen zu Adelsgeschlechtern außerhalb Böhmens ist hier auch Korrespondenz mit Bezug zu Schlesien vertreten (besonders Signatur 15: familiäre Schreiben, Besuche, Geschenke, Grüße, Glückwünsche 1472–1616; Signatur 4: Eheschließungen 1452–1615). Für die Akten existiert ein modernes Inventar aus dem Jahr 1972.

Der Unterbestand *Übrige fremde Geschlechter* (Cizí rody ostatní) umfaßt alphabetisch nach den Namen der Adelsgeschlechter geordnete Sammlungen an Archivalien von unterschiedlicher Bedeutung; oft handelt es sich um Schriftstücke zu Kreditbeziehungen. Eine Reihe dieser Quellen, überwiegend aus der zweiten Hälfte des 16. und vom Beginn des 17. Jahrhunderts, bezieht sich auf schlesische Adelige. Für diese Sammlung ist kein modernes Inventar vorhanden, so daß man mit dem Register der Familiennamen arbeiten muß.

Fremde Güter Wittingau (Cizí statky Třeboň)
Die umfangreiche Sammlung (1207–1869, 19 laufende Meter) ging aus der Verwaltungsagenda der Rosenbergschen und einiger Schwarzenbergschen Allodien sowie aus der politischen Tätigkeit der Herren von Rosenberg hervor. Der Schwerpunkt der Sammlung liegt ebenfalls im 15. bis 17. Jahrhundert. Für den Bestand der Urkunden und der Registratur existiert ein detailliertes modernes Inventar; die Registratur ist alphabetisch nach den Namen der einzelnen Herrschaften, Güter beziehungsweise Orte geordnet. Der Bestand enthält zugleich Schriftstücke über einige Herrschaften in Schlesien und in der Grafschaft Glatz, die vorübergehend im Eigentum der Rosenberg waren: Reichenstein (poln. Złoty Stok, Karton 142); Schätzung des Guts Plomnitz (poln. Pławnica, Karton 135) von 1576.

Fremde Bergwerke Wittingau (Cizí doly Třeboň)
Die künstlich gebildete Archivsammlung (1305–1785 mit dem Schwerpunkt im 16. und beginnenden 17. Jahrhundert) umfaßt einzigartige Quellen über die Bergwerksunternehmungen der Herren von Rosenberg in Böhmen und Schlesien (Silberberg, poln. Srebrna Góra; Reichenstein – besonders Kartons 5–6, 25–28). Für die Urkundenserie (32 Stücke) und die Registratur (22 Kartons) wurde ein modernes Inventar angefertigt. Diese vom Umfang her kleinere und von Forschern bisher kaum herangezogene Sammlung (1,6 laufende Meter) besitzt bedeutende Aussagekraft über den Kapitalanteil des Adels und der Bürger in Grubenunternehmen, über die technische Ausstattung der Gruben und Hütten sowie über die Lohnverhältnisse der Bergarbeiter.

Historica Wittingau

Diese bedeutende Sammlung entstand seit 1832 durch das Zusammentragen derjenigen Dokumente aus der Provenienz der Herren von Rosenberg und Schwanberg
(insbesondere aus dem Spätmittelalter und dem 16. Jahrhundert), die sich auf die
Geschichte der Länder der Böhmischen Krone und der angrenzenden Gebiete bezogen (rund 13 laufende Meter, 1216–1659/96). Die Sammlung besitzt ein modernes
achtbändiges Inventar von 1997, das den älteren deutschsprachigen Behelf (14 Faszikel Regesten) ersetzt. Sie ist chronologisch geordnet und enthält fast von Beginn
(1329) an bis zum Ende Materialien zur Geschichte des schlesischen Adels, der Städte
und der Untertanen (kontinuierliche Erwähnungen ab Mitte des 15. Jahrhunderts).
Umfangreichere Bestände stammen aus den Jahren 1454 bis 1459, als Johann und
sein Bruder Heinrich von Rosenberg nacheinander das Amt des Oberlandeshauptmanns von Schlesien innehatten und 1456 Jodok von Rosenberg, der dritte Bruder,
zum Bischof von Breslau gewählt wurde.

Familienarchiv Stillfried-Mettich

Das nur bruchstückhaft überlieferte Archivmaterial (2 Kartons, 1797–1945) enthält nahezu ausschließlich persönliche Dokumente von Franz von Stillfried-Mettich
(1880–1954), dem Besitzer der Güter Silbitz (poln. Żelowice) und Strachau (poln.
Strachów), seiner Frau sowie seinen Kindern. Der Bestand illustriert das militärische
und politische Engagement Franz von Stillfried-Mettichs in beiden Weltkriegen und
in der Zwischenkriegszeit. Zu den wertvollsten Quellen aus der ersten Hälfte des 20.
Jahrhunderts zählt die Sammlung von fast hundert Familienfotografien, von denen
die Hälfte bei der Katalogisierung des Bestands allerdings nicht näher bestimmt werden konnte.

II. Staatliches Gebietsarchiv in Wittingau, Arbeitsstelle Neuhaus (Státní oblastní archiv v Třeboni, pracoviště Jindřichův Hradec):

Familienarchiv der Herren von Neuhaus (Rodinný archiv pánů z Hradce)

Der umfangreiche und inventarisierte Bestand (1291–1841, 26 laufende Meter,
modernes Inventar von 1980) enthält unter anderem Korrespondenzen der 1604
ausgestorbenen Herren von Neuhaus, die sie im Zuge der Ausübung der höchsten
Landesämter im Königreich Böhmen, besonders in der zweiten Hälfte des 16. Jahr-
hunderts, führten. Quellen zur Geschichte Schlesiens und verschiedener schlesischer
Adeliger tauchen vor allem in den Nachlässen zweier böhmischer Oberstkanzler auf:
Joachim von Neuhaus (1526–1565: Berg- und Münzwesen, Schlesische Kammer,
Grenzkonflikte mit Polen) und Adam II. von Neuhaus (1549–1596: Denkschrift der
Glatzer Stände von 1585).

Familienarchiv Czernin von Chudenitz (Rodinný archiv Černínů z Chudenic)

Der bislang von Forschern völlig außer acht gelassene Bestand (1378–1947, 85,5
laufende Meter) enthält die Nachlässe der Mitglieder der gräflichen, durch die Konfiskationen nach der Schlacht am Weißen Berg 1620 reich gewordenen Linie des

Rittergeschlechts der Czernin von Chudenitz, die von Hermann Czernin (1576–1651) begründet und von seinem Neffen Humprecht Johann (1626–1682) sowie dessen Nachkommen weitergeführt wurde. Das Adelsgeschlecht, aus dessen Reihen führende Landesämter besetzt wurden, gehörte über Jahrhunderte zu den reichsten Grundbesitzern im Königreich Böhmen. Die Nachlässe sind zum größten Teil chronologisch geordnet (bislang existiert für sie kein genaues Verzeichnis als Behelf). Aufgrund ihres Schwerpunkts im 17. und 18. Jahrhundert besitzen sie erstrangige Bedeutung für die Geschichte des Wiener Hofs und der habsburgischen Diplomatie, aber auch für Theater und Architektur in der Barockzeit. Von 1639 bis 1747 waren die Czernin überdies im Besitz der weiträumigen Herrschaft Schmiedeberg (poln. Kowary) – diese grenzte an die Besitzungen der Schaffgotsch und war 1635 von Hans Ulrich Schaffgotsch beschlagnahmt worden – im Herzogtum Schweidnitz-Jauer. Im Bestand finden sich zahlreiche, wenngleich recht verstreute Dokumente zur Verwaltung der Herrschaft Schmiedeberg im 17. und 18. Jahrhundert. Ferner enthält der Bestand Korrespondenzen der Czernin mit prominenten Persönlichkeiten der habsburgischen Verwaltung Schlesiens, insbesondere des Herzogtums Schweidnitz-Jauer – zum Beispiel den Briefwechsel Humprecht Johann Czernins mit Christoph Leopold Schaffgotsch (1623–1703) oder die Berichte über Schaffgotschs Reise nach Polen 1669 (Karton 187).

Historica Neuhaus (Historica Jindřichův Hradec)
Diese künstlich gebildete Sammlung (1294–1948) entstand als Nachbildung der Sammlung *Historica Wittingau* in der Zentrale des Staatlichen Gebietsarchivs, das heißt durch die Aussonderung exponierter Archivalien aus anderen Beständen. Ähnlich wie *Historica Wittingau* ist auch diese Sammlung chronologisch aufgebaut. Ihr Schwerpunkt liegt auf Dokumenten aus dem 16. und 17. Jahrhundert. Für einen Teil der Sammlung (bis 1650) ist ein modernes Inventar vorhanden. Besonders aus dem 15. und 16. Jahrhundert finden sich hier wichtige Archivalien mit Bezug zu Schlesien, von denen einige exemplarisch genannt seien: 11. November 1445 (Glogau, poln. Głogów), Vladislav von Teschen überschreibt seiner Frau Margareta als Mitgift die Burg und Stadt Glogau (Karton 1); nach 1553, Matthias von Lewsnicz informiert König Ferdinand I. über Grenzkonflikte zwischen dem Fürstentum Breslau und dem Breslauer Stadtrat (Karton 3); 13. August 1557 (Wien), Ferdinand I. teilt den schlesischen Ständen mit, daß er als böhmischer König und Oberherzog von Schlesien das Recht habe, über die Burglehen zu verfügen (Karton 4); 14. November 1558 (Prag, tsch. Praha), Ferdinand I. erläßt eine Instruktion für die Schlesische Kammer (Karton 5); 18. November 1609, der Bischof von Breslau protestiert gegen die beiden Majestätsbriefe Kaiser Rudolfs II. über die Religionsfreiheit (Karton 9); 1657/58 Patente des schlesischen Oberamts betreffend Steuersachen der Czerninschen Herrschaft Schmiedeberg (Karton 22).

Familienarchiv Wratislaw von Mitrowitz (Rodinný archiv Vratislavů z Mitrovic)
Der umfangreiche und inventarisierte Bestand (1503–1948, circa 27 laufende Meter) enthält die Nachlässe einiger Linien des stark verzweigten böhmischen Geschlechts

der Wratislaw von Mitrowitz, besonders aus dem 17. und 18. Jahrhundert. Darunter finden sich Quellen zur Geschichte Mitteleuropas, zur habsburgischen Diplomatie im 18. Jahrhundert und teilweise auch zur Genealogie des böhmischen und mährischen Adels. Im Hinblick auf die Geschichte des Adels in Schlesien stellt das Nachlaßfragment des Teschener Landeshauptmanns Wratislaw Maximilian († 1739, Kartons 180-181) einen wertvollen Teil des Bestands dar. Weitere Akten mit Bezug zu Schlesien (Konflikte an der polnisch-schlesischen Grenze 1727, 1736–1738, Warenausfuhr aus Schlesien und ähnliches) sind erhalten im besonders reichhaltigen Nachlaß von Franz Karl (1697–1750, Kartons 125-179), dem habsburgischen Botschafter am sächsisch-polnischen und russischen Hof in den 1720er und 1730er Jahren. Hier befinden sich ebenfalls seine Korrespondenzen mit verschiedenen schlesischen Amtsträgern, vor allem mit dem Oberamtsdirektor Johann Anton Graf Schaffgotsch († 1742, Kartons 126-127). Der Bestand befindet sich seit 2003 erneut im Privatbesitz der Familie und wird gegenwärtig im Schloß Dírná, 15 Kilometer nordwestlich von Neuhaus, aufbewahrt.

III. Staatliches Gebietsarchiv in Wittingau, Arbeitsstelle Krumau (Státní oblastní archiv v Třeboni, pracoviště Český Krumlov):

Familienarchiv Schwarzenberg, Frauenberg (Rodinný archiv Schwarzenberků, Hluboká nad Vltavou)
Das Geschlecht der Reichsgrafen und -fürsten von Schwarzenberg erwarb in der zweiten Hälfte des 17. und am Anfang des 18. Jahrhunderts einen gewaltigen Güterkomplex in Böhmen, dessen Schwerpunkt in Südböhmen lag und den einst bedeutenden Rosenbergschen Großgrundbesitz einschloß. Eine engere Beziehung zu Schlesien stellten die Schwarzenberg zwar nie her; die Nachlässe von Johann Adolf (1615–1683), Ferdinand (1652–1703) und Adam Franz von Schwarzenberg (1680–1732), die wichtige Ämter am Kaiserhof innehatten, enthalten gleichwohl einschlägige Quellen, welche die Rolle Schlesiens innerhalb der frühneuzeitlichen Habsburgermonarchie betreffen. Diese Nachlässe, zum Teil chronologisch geordnet, zum Teil aufgeteilt in Sachgruppen, sind in erster Linie im umfangreichen Bestand *Familia. Primogenitura besonders* (F.P.b.; 1377–1945) erfaßt, der bislang noch nicht inventarisiert ist. Der 1670 in den Reichsfürstenstand erhobene Reichshofratspräsident Johann Adolf von Schwarzenberg erwog wiederholt die Möglichkeit, fürstlichen Besitz in Schlesien zu erwerben – 1684 wurden ihm vorübergehend die Herzogtümer Liegnitz und Brieg verpfändet –, weshalb wichtige Dokumente zu Schlesien (Kaufvorschläge von Herrschaften, teilweise deren Beschreibungen und Schätzungen) im Unterbestand *Verwirklichte und nicht verwirklichte Erwerbungen* (Uskutečněné a neuskutečněné koupě, 1390–1916) erhalten sind, zum Beispiel Angebote zum Kauf der Herzogtümer Liegnitz und Oppeln-Ratibor (1683), der freien Standesherrschaft Trachenberg in Schlesien (1658–1684) und der Minderherrschaft Loslau (1664–1681). Dieser Unterbestand besitzt ein Inventar aus dem Jahr 1988. Der Unterbestand *Fremde Familien* (F.F.; 1391–1940/46) ist eine alphabetisch geordnete

Die Abbildung verdeutlicht die Einnahmestruktur einer Hälfte der (damals geteilten) Herrschaft Trachenberg im Wirtschaftsjahr 1671/72. Ähnlich wie andere, dieser Quelle beiliegende Archivalien entstand die Übersicht im Zusammenhang mit dem Kaufinteresse, das Johann Adolf Fürst von Schwarzenberg für die schlesische Herrschaft zeigte. Ein genauerer Blick auf die Quelle läßt die Schlüsselrolle der Bierbrauerei und der Teichwirtschaft, aber auch des Handels mit Wolle erkennen.

Bildnachweis: Státní oblastní archiv v Třeboni, pracoviště Český Krumlov, Rodinný archiv Schwarzenberků Hluboká nad Vltavou, oddělení Uskutečněné a neuskutečněné koupě, Karton 134, Sign. B 1A alfa 283.

Sammlung einzelner Adelsgeschlechter und auch nichtadeliger Familien (insgesamt über 1.300 Geschlechter). Er umfaßt vor allem Heirats- und Todesanzeigen, genealogische Tafeln, biographische Angaben, Wappen, Siegel, Porträts, Dokumente zu finanziellen Aspekten und Vermögensangelegenheiten. Eine rasche Orientierung ermöglicht ein Inventar von 1976.

Einzelstücke zur Geschichte des schlesischen Adels findet man darüber hinaus verstreut in weiteren Beständen des Staatlichen Gebietsarchivs in Wittingau. Im Bestand *Großgrundbesitz Sedletz bei Kuttenberg* (Velkostatek Sedlec u Kutné Hory, Zentrale Wittingau), der die Verwaltungsschriftstücke des gleichnamigen Klosters enthält, ist beispielsweise eine lateinische Urkunde Boleslaus' von Liegnitz vom 6. Januar 1318 erhalten, die den Empfang von 260 Schock Prager Groschen von Heidenreich, dem Abt von Sedletz (tsch. Sedlec), bestätigt (Urkunde Nr. 19). Im Bestand *Handschriftensammlung Krumau* (Sbírka rukopisů Český Krumlov, Arbeitsstelle Krumau) finden sich das „Guttachten über den Chur-Fürst.-Brandeburg. Ansprüche an die drei Fürstenthümber Liegnitz, Brieg und Wohlau in Schlesien" von 1684 mit beiliegenden Dokumenten Herzog Friedrichs II. von Liegnitz, Brieg und Wohlau aus der ersten Hälfte des 16. Jahrhunderts (Handschrift Nr. 321) sowie mehrere Reiseberichte und Tagebücher aus dem 19. Jahrhundert, die auch Schlesien berühren: Handschrift Nr. 307: Reisetagebuch einer gewissen Mathilde (vielleicht Maria Mathilde, Tochter Josef von Schwarzenbergs, 1769–1833); Handschrift Nr. 377: Bericht von Franz Kutschera über eine Bildungsreise aus dem Jahr 1852 (792 Seiten). Einzelstücke, unter anderem aus dem 15. Jahrhundert, enthält die kleinere *Sammlung Pergamenturkunden Neuhaus* (Sbírka pergamenových listin Jindřichův Hradec, Arbeitsstelle Neuhaus, 1348–1826), die ehemals zu den Beständen des Czernin-Archivs gehörten. Die *Heraldische und genealogische Sammlung Krumau* (Sbírka heraldická a genealogická Český Krumlov, Arbeitsstelle Krumau), die in der zweiten Hälfte des 18. Jahrhunderts vom Sekretär der Schwarzenbergschen Hofkanzlei, Ignaz Maria Froschauer von Sittenberg, gegründet wurde, enthält über 50 Kartons mit alphabetisch geordneten Stichwörtern zu einzelnen adeligen und bürgerlichen Geschlechtern, darunter etlichen aus Schlesien. Es handelt sich dabei allerdings eher um ergänzendes Material ohne bedeutsamere Archivalien. Für die Sammlung existiert ein übersichtliches Inventar von 1978. Die *Autographen- und Stiche-Sammlung Neuhaus* (Sbírka autografů a rytin Jindřichův Hradec, Arbeitsstelle Neuhaus), die durch die Sammlertätigkeit Eugen Czernins von 1838 bis 1861 entstand, enthält beinahe 4.000 Schlagwörter (Namen) aus der Zeit von 1401 bis 1900 (circa 8 laufende Meter). Sie ist nach sozialen Gruppen beziehungsweise Professionen geordnet.

Der Bestand *Fremde Geschlechter Neuhaus* (Cizí rody Jindřichův Hradec, Arbeitsstelle Neuhaus, 1484–1930, circa 10 laufende Meter) entstand als Pendant zur Sammlung *Fremde Geschlechter Wittingau*. Seine Grundlage bildet die Korrespondenz von Angehörigen der Adelsgeschlechter Neuhaus, Slawata und Czernin mit verschiedenen Familien vor allem des 16. und 17. Jahrhunderts. Der Sammlung fehlt zwar ein Inventar; die einzelnen Geschlechter sind jedoch alphabetisch geordnet, was die Orientierung erleichtert. Das nicht besonders umfangreiche (8 Kartons) *Familienarchiv Lilgenau* (Rodinný archiv Lilgenau, Zentralstelle Wittingau) mit einem

Inventar von 1975 enthält in erster Linie Materialien der jüngeren oberpfälzischen Linie des Geschlechts. Die schlesische Linie kann ausschließlich in den genealogischen Zusammenhängen erfaßt werden: Quellen und Anmerkungen zur Geschichte des gesamten Geschlechts (Karton 1); Abschrift der Erhebung Wilhelm Wenzel von Lilgenaus, des Landeshauptmanns und Präsidenten der Brieger Kammer, in den Freiherrnstand 1666 (Karton 8).

Vereinzelte Informationen über den schlesischen Adel enthalten schließlich auch die (nicht oder nur teilweise inventarisierten) Bestände *Familienarchiv Eggenberg* (Rodinný archiv Eggenberků, Arbeitsstelle Krumau, hier Signatur 3C: Privat-Correspondenz) und *Familienarchiv Paar* (Rodinný archiv Paarů, Arbeitsstelle Neuhaus, hier vor allem Akten über das frühneuzeitliche Postwesen und das Paarsche Monopol in diesem Bereich; Errichtung der Post in Schlesien 1625).

C. Bestandsanalyse

Die reichhaltigen spätmittelalterlichen und frühneuzeitlichen Bestände des Staatlichen Gebietsarchivs in Wittingau sind bereits mehr als anderthalb Jahrhunderte Gegenstand historischer Forschung. Die Autoren, die in der Vergangenheit Gesamtdarstellungen zur frühneuzeitlichen Geschichte der Länder der Böhmischen Krone vorlegten und in diesem Zusammenhang auch auf Schlesien eingingen, nutzten in ihrer Mehrheit die Sammlung *Historica Wittingau*. Ansonsten spielte der schlesische Adel in Forschungen, die sich auf die genannten Bestände stützten, allerdings kaum eine Rolle. Bezüglich des ersten Jahrhunderts der Habsburgerherrschaft in den böhmischen Ländern untersuchte Joachim Bahlcke diesen und weitere Bestände (Nachlaß Joachim von Neuhaus) und benutzte auch andere Einzelstücke zur Geschichte Schlesiens und des schlesischen Adels.[1] Das ansonsten eher geringe Interesse an den Quellen zum Adel in Schlesien innerhalb der Bestände des Staatlichen Gebietsarchivs in Wittingau ist nicht zuletzt der Tatsache geschuldet, daß sie verstreut inventarisiert und die Verzeichnisse noch immer ungenügend sind. Trotzdem bieten die hier aufbewahrten Bestände wertvolles ergänzendes Material und können als Grundlage für eine Bearbeitung weiterer Einzelthemen dienen. Beachtung verdienten etwa folgende Fragen: die Stellung des schlesischen Adels in der Korrespondenz der Oberstkanzler aus dem Geschlecht der Herren von Neuhaus im 16. Jahrhundert, die Rolle des schlesischen Adels im Verwaltungssystem des Rosenbergschen Dominiums, an den Höfen der Herren von Rosenberg und unter den Gläubigern der letzten Rosenberg,[2] der ökonomische und gesellschaftliche Hintergrund des Besitzes der

---

1 Bahlcke, Joachim: Regionalismus und Staatsintegration im Widerstreit. Die Länder der Böhmischen Krone im ersten Jahrhundert der Habsburgerherrschaft (1526–1619). München 1994 (Schriften des Bundesinstituts für ostdeutsche Kultur und Geschichte 3).

2 Eine wichtige Quelle sind die genealogischen und historiographischen Schriften von Václav Březan, dem Bibliothekar und Archivar der Rosenberg, die eine Reihe biographischer Angaben über schlesische Adelige im Dienst der letzten Rosenberg enthalten. Vgl. Březan, Václav: Životy posledních

Grafen Czernin im Herzogtum Schweidnitz-Jauer, die Motive Johann Adolf von Schwarzenbergs für den Güterkauf in Schlesien in der zweiten Hälfte des 17. Jahrhunderts. In den Familienarchiven der Czernin, Schwarzenberg und Wratislaw wäre es lohnend, die Korrespondenzen führender habsburgischer Amtsträger in Schlesien (vor allem der Grafen Schaffgotsch in der zweiten Hälfte des 17. und der ersten Hälfte des 18. Jahrhunderts) näher zu erforschen.

Rožmberků [Die Leben der letzten Rosenberg]. Hg. v. Jaroslav Pánek, Bd. 1-2. Praha 1985. Die umfangreiche Literatur zu den Rosenberg im 16. Jahrhundert, nicht zuletzt zu ihren wirtschaftlichen und sozialen Kontakten in Glatz und Schlesien, analysiert Pánek, Jaroslav: Poslední Rožmberkové. Velmoži české renesance [Die letzten Rosenberg. Magnaten der böhmischen Renaissance]. Praha 1989.

Tomáš Černušák

Mährisches Landesarchiv in Brünn
(Moravský zemský archiv v Brně)

A. Gesamtgeschichte und Bedeutung

Das Mährische Landesarchiv in Brünn (tsch. Brno), das älteste bestehende Archiv in der Tschechischen Republik, wurde 1839 auf Initiative der mährischen Stände gegründet, um die historischen Quellen der Markgrafschaft zu untersuchen. 1855 erhielt das Archiv eine neue Organisation und Bestimmung: Man plante die Gründung einer unabhängigen Institution, in der nicht nur historische Forschungen betrieben, sondern auch wichtige archivalische Aufgaben geleistet werden sollten. Im Archiv sollten alle Schriftstücke der mährischen Stände, die vor 1800 entstanden waren, gesammelt und erschlossen werden, allmählich jedoch auch Dokumente von anderen Institutionen, von staatlichen Behörden, Städten, Klöstern und Adelsfamilien. Als Landeseinrichtung wirkte das Archiv bis 1949. Zur Zeit ist es vor allem für die Erforschung der Geschichte Mährens beziehungsweise seiner südlichen Gebiete zuständig – die Bestände für den nördlichen Teil des Landes sind überwiegend im Landesarchiv in Troppau (tsch. Opava) untergebracht.

Das Mährische Landesarchiv beherbergt die Archivalien der mährischen Landstände und der Selbstverwaltung seit 1310. Darunter befindet sich auch die historisch bedeutende Sammlung der mährischen Landtafel. Ferner werden hier Archivalien der politischen, finanziellen und gerichtlichen Landes- (und nach 1949 Kreis-) Verwaltungsorgane Mährens beziehungsweise Mährisch-Schlesiens aufbewahrt sowie kirchliche Bestände, einschließlich der während der Josephinischen Reformen Ende des 18. Jahrhunderts aufgelösten Klosterarchive. Zwischen 1956 und 1960 wurden dem Mährischen Landesarchiv die Archivalien der aufgelösten landwirtschaftlich-forstlichen Archive in Butschowitz (tsch. Bučovice), Mährisch Budwitz (tsch. Moravské Budějovice), Trebitsch (tsch. Třebíč), Saar (tsch. Žďár nad Sázavou), Seelowitz (tsch. Židlochovice), Datschitz (tsch. Dačice) und Znaim (tsch. Znojmo) eingegliedert. Es ging dabei um die einstigen regionalen Zweigstellen des Staatlichen Landwirtschaftlichen Archivs, die nach 1945 einen Großteil der verstaatlichten Archivalien der südmährischen Grundherrschaften und Adelsfamilien übernommen hatten. So gelangten zahlreiche Familien- und Herrschaftsarchive des im 19. und 20. Jahrhundert in Südmähren ansässigen Adels ins Mährische Landesarchiv.

Die Archivbestände sind nach dem Urheberprinzip auf verschiedene Bestandsgruppen aufgeteilt: A – Behörden und Institutionen der ständischen Selbstverwaltung; B – staatliche politische Verwaltung auf der Ebene des Landes und der Kreise; C – Gerichtsverwaltung auf der Ebene des Landes und der Kreise; D – Finanzverwaltung, Kataster und Pläne; E – kirchliche Institutionen; F – Großgrundbesitz, staatliche Güter und forstliche Unternehmen; G – Sammlungen, Familienarchive und persönliche Nachlässe, politische Parteien und gesellschaftliche Organisationen; H, K und L – Archive von Betrieben, Firmen und Produktionsgenossenschaften.

Moravský zemský archiv v Brně, Palachovo náměstí 1, P.O. Box 5, CZ-62500 Brno, Tel.: +420-533-317-574, +420-533-317-224 (Lesesaal), Fax: +420-533-317-575, E-Mail: podatelna@mza.cz, Homepage: http://www.mza.cz [Zugriff am 05.05.2009].

Auswahlliteratur: Štarha, Ivan: Moravský zemský archiv v Brně [Mährisches Landesarchiv in Brünn]. Brno 2003; Státní archiv v Brně. Průvodce po archivních fondech [Staatliches Archiv in Brünn. Wegweiser durch die Archivbestände], Bd. 2-3. Brno 1964–1966; Průvodce po Státním archivu v Brně [Wegweiser durch das Staatsarchiv in Brünn]. Brno 1954.

B. Bestandsgliederung

Das Archivmaterial des Mährischen Landesarchivs, das sich auf jenen Adel bezieht, dessen Ursprung, Aktivität oder Eigentum auf dem Gebiet Schlesiens lag, kann man in drei Gruppen unterteilen. Die erste und wichtigste Gruppe bildet die der Familienarchive:

Familienarchiv Kálnoky (G 76)

Das ungarische Geschlecht der Kálnoky ließ sich zu Beginn des 19. Jahrhunderts in Mähren nieder; sein Familienarchiv enthält jedoch eine reiche Dokumentation aus der Regierungszeit Maria Theresias, die sich auf das Geschlecht der Blümegen bezieht. Dessen Mitglieder bekleideten unter Maria Theresia wichtige Landesämter und hinterließen ihr Eigentum den Kálnoky. Im Bestand findet sich eine umfangreiche Korrespondenz zwischen Friedrich Wilhelm von Haugwitz und Heinrich Kajetan von Blümegen aus den Jahren 1745 bis 1760 (Inv. Nr. 799, Kartons 53-57). Weiter werden hier (in den Kartons 15-26) Schriftstücke des mit den Blümegen verwandten Geschlechts Schrattenbach aufbewahrt, das in den Jahren 1713 bis 1774 auch im Besitz des Guts Groß Peterwitz (poln. Pietrowice Wielkie), einer der mährischen Enklaven in Schlesien, war. Es handelte sich dabei ursprünglich um ein Lehngut der Bischöfe von Olmütz (tsch. Olomouc), mit dem Otto Heinrich von Schrattenbach (1675-1733) von seinem Verwandten Bischof Wolfgang Hannibal von Schrattenbach (1660-1738) belehnt wurde und das nach 1740 zum preußischen Teil Schlesiens gehörte. Den Besitz dieses Guts betreffen lediglich Materialien in Nachlässen von Otto Heinrich (Inv. Nr. 64-67, 69-71, 73) und Vinzenz Josef (1744–1816, Inv. Nr. 209-210).

Familienarchiv Dietrichstein (G 140)

Dieses Archiv, eines der größten und bedeutendsten Familienarchive in Tschechien, umfaßt die Nachlässe der Mitglieder der (seit 1624) fürstlichen Linie der Dietrichstein, die 1575 in Mähren die Herrschaft Nikolsburg (tsch. Mikulov) erworben hatte und die in Folge der Konfiskationen nach 1620 und der Familienpolitik des Olmützer Bischofs Kardinal Franz von Dietrichstein (1570–1636) zu einem der größten Grundbesitzer in der Markgrafschaft wurde. Von 1688 bis 1780 besaßen die Dietrichstein zugleich die oberschlesische Minderherrschaft *(status minor)* Loslau (poln. Wodzisław Śląski). Der Besitz dieses Guts spiegelt sich jedoch kaum im Familienarchiv wider. Dokumente zum schlesischen Adel finden sich in der umfangreichen Korrespondenz des Fürsten Ferdinand von Dietrichstein (1636–1698): u. a. eine Korrespondenz mit Georg Christoph II. von Proskau 1658 bis 1697 (Karton 479), mit Christoph Leopold Schaffgotsch 1656 bis 1698 (Karton 482); Korrespondenz mit Mitgliedern einiger schlesischer Geschlechter, die sich in Mähren niederließen und in der mährischen Landesverwaltung tätig waren (Oppersdorff: Karton 475, 476); Würben und Freudenthal (Karton 488); Korrespondenz mit schlesischen Landesbeamten Ende des 17. Jahrhunderts (Karton 205, Inv. Nr. 655, 656). Kleinere Konvolute und Einzelstücke tauchen auch in der Korrespondenz anderer Mitglieder des Geschlechts auf (umfangreiche Korrespondenz von Christoph Erdmann von Proskau mit Walther Xaver von Dietrichstein 1700 bis 1734, Karton 512).

Im Bestand werden weiter Schriftstücke des oberschlesischen Geschlechts Proskau aufbewahrt, die nach dem Aussterben ihrer männlichen Linie 1769 in das Familienarchiv Dietrichstein gelangten (Kartons 621-638). Karolina Maximiliana von Proskau (1674–1734) wurde die zweite Ehefrau von Walter Xaver von Dietrichstein (1664–1738), deren Nachkommen dann das Prädikat Dietrichstein-Proskau benutzten. Unter den Schriftstücken, die vor allem aus den Nachlässen von Johann Christoph I. († 1625), Georg Christoph I. († 1633), Georg Christoph II. († 1701) und Johann Christoph II. († 1676) von Proskau stammen und deren Schwerpunkt im 17. Jahrhundert liegt, befinden sich Dokumente über die Vermögensangelegenheiten der schlesischen Güter. Der Bestand enthält ferner persönliche Dokumente, Korrespondenzen und genealogische Schriftstücke.

Familienarchiv Haugwitz (G 142)

Die Haugwitz waren bereits Anfang des 16. Jahrhunderts aus Schlesien nach Mähren gekommen. Das Familienarchiv stammt jedoch von einem anderen Familienzweig, den Friedrich Wilhelm Haugwitz (1702–1765) gründete, nachdem er das besetzte Schlesien verlassen und 1752 in Mähren die Herrschaft Namiest an der Oslawa (tsch. Náměšť nad Oslavou) sowie weitere Güter erworben hatte. Der Bestand umfaßt in erster Linie persönliche Dokumente, ferner Erbschaftsakten, Familienstiftungen, Musikalien, genealogische Dokumente und eine umfangreiche Korrespondenz. Er setzt sich aus 229 Kartons, 298 Büchern und sechs Ahnentafeln zusammen und enthält Material aus den Jahren (1300) 1447 bis 1945. Der Schwerpunkt liegt im 18. bis 20. Jahrhundert. Aus der Zeit davor finden sich im Bestand kaiserliche Dekrete, Familienverträge, Kaufverträge und Testamente (verstreut in den Kartons 15-38). Aus dieser Zeit sind auch kleinere persönliche Nachlässe des mährischen Landeshauptmanns Joachim von Haugwitz († 1607) und seines Sohnes Karl († 1638) erhalten (Inv. Nr. 546-557, Karton 47). Größere Konvolute schließlich bilden die wirtschaftlichen Schriftstücke mit Bezug auf das schlesische Fideikommiß Krappitz (poln. Krapkowice, Kartons 126-127), das Karl Wilhelm Haugwitz (1704–1786) 1765 erwarb, und das 1886 von Heinrich Wilhelm IV. (1839–1907) erstandene Fideikommiß Schlawa-Pürschkau (poln. Sława-Przybyszów, Kartons 127-129). Der Nachlaß Friedrich Wilhelms (1702–1765) selbst enthält verschiedene persönliche Dokumente wie Abstammungsbestätigungen, Reiseabrechnungen, testamentarische Verfügungen sowie einige wenige Briefe (Inv. Nr. 558-572, Karton 47).

Familienarchiv Magnis (G 146)
Das italienische Geschlecht Magni (später Magnis) kam in den 1620er Jahren aus Italien nach Mähren, wo es die reiche Herrschaft Straßnitz (tsch. Strážnice) erwarb, die zum familiären Fideikommiß wurde. 1780 erbte Anton Alexander Graf Magni (1751–1817) von seinem Großvater Johann von Götzen, dem letzten Mitglied dieses Geschlechts, einen Zusammenschluß von Gütern in der Grafschaft Glatz mit dem Zentrum in Eckersdorf (poln. Bożków). Die Magnis behielten den Glatzer Besitz bis zum Ende des Zweiten Weltkriegs. Das Familienarchiv umschließt die Jahre 1650 bis 1929, besteht aus 96 Kartons und 14 Büchern und beinhaltet in erster Linie Schriftstücke zur Verwaltung des Familieneigentums in Mähren, daneben jedoch auch Dokumente in bezug auf Eckersdorf: Verwaltung der Güter in Schlesien 1650 bis 1895 (Inv. Nr. 568); Bodenreform 1929 (Inv. Nr. 569); Herrschaftsinventare (Inv. Nr. 576, 577). Es finden sich hier ferner persönliche Schriftstücke einzelner Mitglieder des Geschlechts der Magnis, und zwar vor allem von Anton Alexander (Kartons 71-73), Anton (1862–1944, Kartons 77-80) und seiner Frau Bianka (Kartons 81-91). Zur Familie Götzen erscheinen nur vereinzelt Archivalien (z. B. Inv. Nr. 595, Karton 74).

Familienarchiv Mittrowsky (G 147)
Die Mittrowsky waren in der zweiten Hälfte des 17. Jahrhunderts aus Böhmen nach Schlesien gekommen und hatten dort die Güter Hrabin (tsch. Hrabyně, 1687) und Wigstein (tsch. Vikštejn, 1717) im Fürstentum Troppau erworben, die Anton Friedrich (1770–1842) in der ersten Hälfte des 19. Jahrhunderts dann wieder veräußerte. Das Familienarchiv enthält die Nachlässe von mehreren Besitzern der schlesischen Güter: von Ernst Benjamin (1706–1774, Karton 15), Josef Anton (1733–1808, Karton 17) und dem bereits genannten Anton Friedrich (eine größere Sammlung an Korrespondenzen mit verschiedenen Adressaten in den Kartons 17-25). Ferner finden sich hier persönliche Dokumente einzelner Familienmitglieder, erteilte Privilegien, Korrespondenzen und Fotografien. Die schlesischen Besitztümer werden lediglich in Einzelstücken behandelt. Der Schwerpunkt des Bestands liegt im 18. und 19. Jahrhundert. Insgesamt handelt es sich um 116 Kartons und fünf Bücher aus den Jahren 1203 bis 1943.

Familienarchiv Blankenstein (G 204)
Das ursprünglich schlesische Geschlecht, seit 1676 im sächsischen Dienst, hatte Ende des 18. Jahrhunderts seinen Besitz in Sachsen verkauft und sich in Mähren niedergelassen, beginnend mit Ernst Paul (1735–1816), der die Güter Hobitschau

(tsch. Hlubočany, 1796) und Battelau (tsch. Batelov, 1807) erwarb. Im Familienarchiv finden sich in erster Linie einzelne Dokumente (Ernennungen und Beförderungen, Korrespondenzen, Tagebücher) und den Gutsbesitz betreffende Schriftstücke. Insgesamt besteht das Archiv aus 32 Kartons, 26 Büchern und zwölf Ahnentafeln aus den Jahren 1659 bis 1945 mit dem zeitlichen Schwerpunkt am Ende des 18. und im 19. Jahrhundert.

Familienarchiv Widman-Sedlnický (G 206)

Das aus dem Beamtenadel stammende Geschlecht der Widman besaß seit dem 18. Jahrhundert die Güter Plaveč und Luka nad Jihlavou in Mähren. Anton Franz Widman (1805–1866) heiratete 1834 Maria Leopoldine Gräfin Sedlnický (1812–1898), die Erbin der Herrschaften Geppersdorf (tsch. Linhartovy) und Kohlbach (tsch. Kobylí) im österreichischen Teil Schlesiens und Nassiedel (poln. Nasiedle) im preußischen Teil des Landes. Das Familienarchiv umfaßt Archivalien zur Übertragung des schlesischen Erbes der Sedlnický auf die Widman 1856 bis 1858 (Inv. Nr. 4, Karton 1), ferner persönliche Dokumente und Korrespondenzen einzelner Familienmitglieder. Insgesamt handelt es sich um zwei Kartons Archivmaterial aus den Jahren 1731 bis 1948.

Familienarchiv Podstatský-Liechtenstein (G 263)

Im Familienarchiv der Podstatský von Prusinovice befinden sich auch Schriftstücke der mit ihnen verwandten Liechtenstein-Kastelkorn. Franz Karl von Liechtenstein-Kastelkorn (1648–1706) hatte 1688 die schlesische Herrschaft Weißwasser (tsch. Bílá Voda) erworben, und zwar vom Vater seiner Frau, die aus dem schlesischen Geschlecht der Pavlovský von Pavlovice stammte. Später erhielt er mit Hertwigswalde (poln. Doboszowice) eine weitere Herrschaft dieses Geschlechts als Erbschaft. Sein Sohn, der Olmützer Bischof Jakob Ernst (1690–1747), vermachte diese Güter Karl Otto Graf Salm-Neuburg (1709–1766), dem Sohn seiner Schwester Maria Franziska († 1754). Materialien zum Besitz dieser Güter tauchen allerdings im Bestand nicht auf. Philipp Rudolf Graf von Liechtenstein-Kastelkorn († 1637) besaß von 1624 bis 1626 das Gut Mittelwalde (poln. Międzylesie). Auf dieses beziehen sich einige Archivalien aus den Jahren 1623 bis 1628 (Inv. Nr. 76, Karton 4). Bezug zu Schlesien hat auch die Korrespondenz Franz Anton von Liechtenstein-Kastelkorns († 1761) mit der Familie von Götzen aus den Jahren 1748 bis 1755 (Inv. Nr. 357, Karton 46).

Familienarchiv Wallis (G 267)

Die ursprünglich aus Irland und Schottland gebürtigen Wallis hatten in Mähren die Herrschaften Mährisch Budwitz (1736) und Budischkowitz (tsch. Budíškovice, 1760) gekauft. Der letzte Abkömmling des Geschlechts, Josef, adoptierte Anna (1901–1975), die Tochter seiner Schwester Maria (verehelichte Salm-Reifferscheid), die 1921 eine Ehe mit Guido Schaffgotsch (1894–1958) vom schlesischen Familienzweig Kynast und Warmbrunn einging. Der Archivbestand enthält vor allem persönliche Schriftstücke und Korrespondenzen aus den Jahren 1907 bis 1945 (Kartons 31-38).

Familienarchiv Salm-Neuburg (G 314)

Das seit dem 16. Jahrhundert in Mähren begüterte reichsgräfliche Geschlecht war von 1747 bis 1776 auch im Besitz der Güter Weißwasser und Hertwigswalde, die es von den Liechtenstein-Kastelkorn geerbt hatte. Im Familienarchiv sind Dokumente zum Besitz der Güter Hertwigswalde von 1658 bis 1774 (Inv. Nr. 170-180) und Weißwasser von 1767 bis 1770 (Inv. Nr. 181-182) erhalten (Karton 8).

Familienarchiv Stubenberg (G 315)

Dieses Archiv umfaßt unter anderem Schriftstücke des ursprünglich schlesischen Geschlechts der Nimptsch, mit dem die Stubenberg 1856 durch die Vermählung Josef von Stubenbergs mit Maria Anna von Nimptsch in verwandtschaftliche Beziehungen getreten waren und von dem sie 1916 das mährische Gut Neuserowitz (tsch. Nové Syrovice) erbten. Die Nimptsch selbst ließen sich in der zweiten Hälfte des 18. Jahrhunderts in Mähren nieder. Von 1764 bis 1768 besaßen sie die Güter Piesling (tsch. Písečné) und Ungarschitz (tsch. Uherčice), Neuserowitz kauften sie 1783. Unter den Schriftstücken der Nimptsch finden sich familiäre und vermögensrechtliche Dokumente (einschließlich des Materials zu den schlesischen Besitzungen), persönliche Korrespondenzen und Pläne. Es handelt sich um 287 Inventarnummern in 69 Kartons. Das älteste Dokument stammt aus dem Jahr 1436, der Schwerpunkt des Bestands liegt allerdings im ausgehenden 18. und im 19. Jahrhundert. Insgesamt werden im Bestand die Nachlässe von 26 Mitgliedern der Nimptsch aufbewahrt. Auf die Aktivität des Geschlechts in Schlesien beziehen sich jedoch lediglich zwei Kartons (Kartons 1-2). Es geht dabei um Dokumente der Familienmitglieder Konrad und Johann aus dem 15. und 16. Jahrhundert, ferner um Nachlaßfragmente von Johann Friedrich I. († 1691), Bernhard Sigmund (1656–1696), Johann Heinrich I. († 1726) und Christoph Ferdinand († 1746). Unter den Dokumenten Johann Heinrichs II. (1723–1806) finden sich vermögensrechtliche Schriftstücke aus dem 17. und 18. Jahrhundert einschließlich der Eigentumsinventare, die sich auf Besitz und Verkauf der schlesischen Güter Kupferberg (poln. Miedzianka), Schreibendorf (poln. Sarby), Malitsch (poln. Małuszów), Neudorf (poln. Wieszkowice) und Schindelwaldau (poln. Roszów) beziehen (Inv. Nr. 23, Karton 4). Aus der Zeit des Wirkens in Mähren müssen die umfangreichen Schriftstücke der Familienmitglieder Josef I. (1755/63–1838, Kartons 6-48) und Karl (1803–1869, Kartons 48-62) erwähnt werden.

Familienarchiv Würben und Freudenthal (G 361)

Die Grafen von Würben und Freudenthal erwarben die mährische Herrschaft Holleschau (tsch. Holešov) durch die Eheschließung zwischen Eugen Dominik Rudolf von Würben (1786–1848) und Barbara Gräfin Erdödy († 1858); sie blieb bis Mitte des 20. Jahrhunderts in ihrem Besitz. Bei dem Material in den Kartons 28 bis 113 handelt es sich um die Nachlässe von insgesamt 39 Mitgliedern der Würben aus unterschiedlichen Familienzweigen. Der Schwerpunkt des Bestands liegt in der Zeit des 19. und 20. Jahrhunderts. Die größten Einheiten bilden Schriftstücke aus den Nachlässen von Eugen Dominik Rudolf (1786–1848, Kartons 36-40), Rudolf

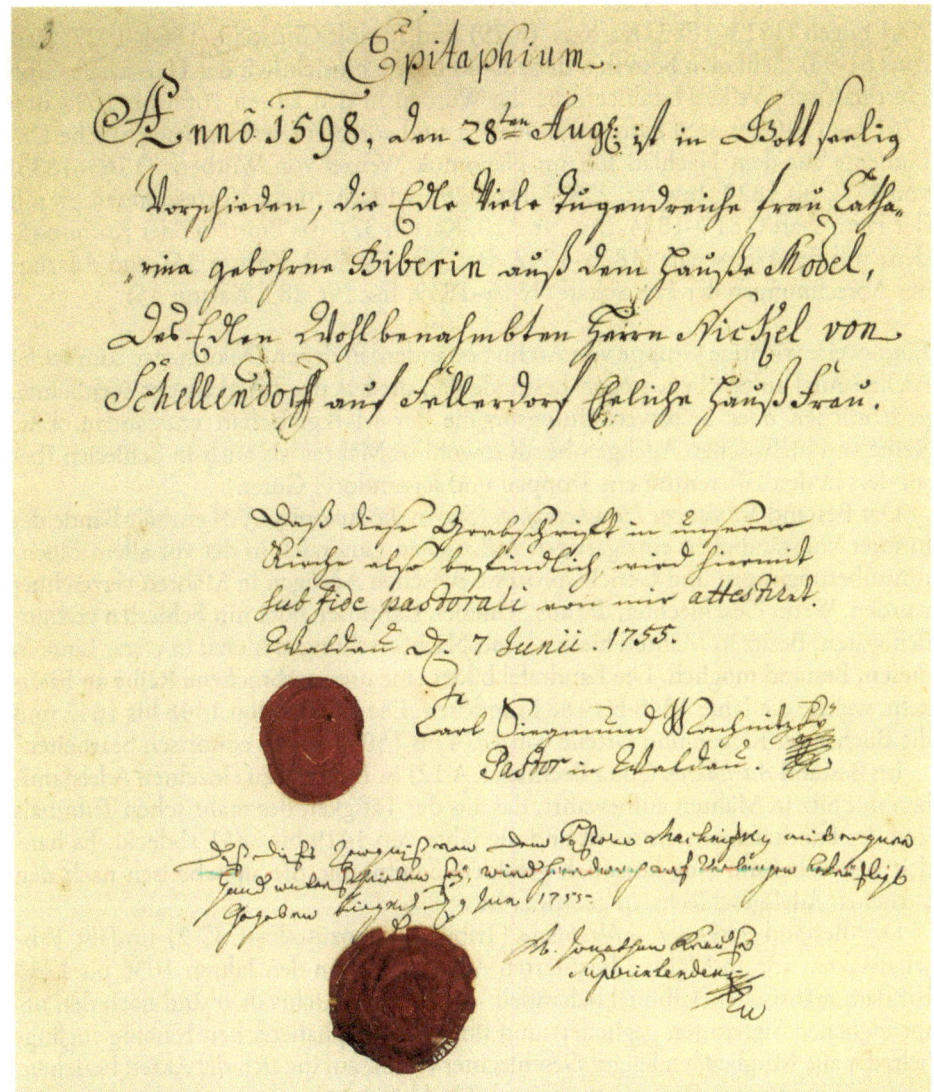

Beglaubigte Kopie der Inschrift auf dem Grabmal Katharinas von Schellendorf, geborene Bibran († 1598), aus dem Jahr 1755. Das Grabmal befand sich in der Kirche zu Waldau norwestlich von Liegnitz. Katharina war die Ehefrau des schlesischen Adeligen Niklas von Schellendorf auf Fellendorf.
Bildnachweis: Moravský zemský archiv v Brně, G 142 – Rodinný archiv Haugviců, Inv. N. 93, Karton 1.

Karl Eugen (1813–1883, Kartons 46-79) und Rudolf Christian (1864–1927, Kartons 81-93). Schlesien betreffen diese Dokumente hinsichtlich der Herrschaft Groß Herrlitz (tsch. Velké Heraltice), die die Würben in den Jahren 1668 bis 1694 und 1767 bis 1840 besessen hatten. Zu nennen sind vor allem vermögensrechtliche Dokumente aus dem Nachlaß Johann Nepomuk Wenzel von Würbens (1763–1833) von 1772 bis 1829 (Inv. Nr. 233, Karton 29), wirtschaftliche Korrespondenzen mit der Herrschaft (1817–1824, Inv. Nr. 310, Karton 37), das Protokoll der Korrespondenz mit der Herrschaft (1826–1842, Inv. Nr. 278-282, Karton 35) und Auszüge der Abrechnungen der Herrschaft (1816–1839, Inv. Nr. 283, Karton 35).

Eine zweite wichtige Gruppe von Archivbeständen, in denen Dokumente zum schlesischen Adel auftauchen, stellen Bestände dar, die aus der Tätigkeit der staatlichen, gerichtlichen oder Selbstverwaltungsorgane der Markgrafschaft entstanden. Eine Reihe von mährischen Adeligen besaß sowohl in Mähren als auch in Schlesien (besonders in den Fürstentümern Troppau und Jägerndorf) Güter.

Der Bestand *Ständische Handschriften* (Stavovské rukopisy, A 3) enthält Bände der in ihrer Vollständigkeit einzigartigen mährischen Landtafel, in der vor allem Eigentumsübertragungen und Gerichtsprozesse zwischen Adeligen in Mähren verzeichnet wurden. Wenn Geschlechter, die aus Schlesien stammten oder mit Schlesien verbunden waren, Besitz in Mähren hielten, sind Nachforschungen hierzu in erster Linie in diesem Bestand möglich. Die Landtafel bildet eine ununterbrochene Reihe an Faszikeln, welche die Jahre 1348 bis 1884 umfassen. Die Faszikel von 1348 bis 1642 und die Bücher der Klagen und Urteile von 1374 bis 1503 wurden editorisch bearbeitet.[1]

Im Bestand *Adelsakten* (Akta šlechtická, A 12) ist Material zu einzelnen Adelsfamilien mit Sitz in Mähren aufbewahrt, das aus der Tätigkeit des mährischen Tribunals und des Landtafelamts entstand und die Jahre von 1419 bis 1851 abdeckt. Es handelt sich dabei um eine künstlich gebildete Sammlung, die alphabetisch nach den einzelnen Adelsgeschlechtern geordnet ist.

Der Bestand *Tribunal – Nachlässe* (Tribunál – pozůstalosti, C 2) umfaßt Erbschaftsakten von in Mähren begüterten Adeligen, die in den Jahren 1636 bis 1783 vor dem mährischen Tribunal behandelt wurden. Die Archivalien sind nach den ursprünglichen Signaturen gegliedert und über einen alphabetischen Katalog zugänglich, der alle Mitglieder adeliger Geschlechter erfaßt, auf die sich die Akten beziehen. In den Dokumenten finden sich oft auch Nachlaßinventare.

Der Bestand *Mährisches Landrecht* (Moravské zemské právo, C 8) enthält Aktenmaterial, das Vermögensangelegenheiten von in Mähren ansässigen Adeligen aus den Jahren 1636 bis 1783 betrifft. Die Gerichts- und Nachlaßagenda des Adels aus der nachfolgenden Zeit (1783–1850) ist im Bestand *Mährisch-schlesisches Landrecht* (Moravsko-slezské zemské právo, C 9) aufbewahrt. Es handelt sich um Material der Nachfolgebehörde des mährischen Landrechts. Die Kompetenzen wurden infolge der Schaffung des Landes Mähren-Schlesien auch auf vier Landrechte in Schlesien aufgeteilt, und zwar auf Teschen (poln. Cieszyn, tsch. Těšín), Troppau (tsch. Opava),

---

1 Moravské zemské desky [Die mährische Landtafel], Bd. 1-3. Brno 1856–1953; Libri citationum et sententiarum, Bd. 1-7. Brno 1872–1911.

Johannesberg (tsch. Jánský Vrch) und Bielitz (poln. Bielsko). Unter der Signatur 13 befinden sich adelige Erbschaftsakten, die von dieser Institution bearbeitet wurden, ferner umfaßt der Bestand Vormundschaftsangelegenheiten und Erhebungen in den Adelsstand. Für ihn existiert ein übersichtlicher Namenskatalog. In allen drei zuletzt genannten Sammlungen ist eine Reihe von Dokumenten der oben genannten Adelsgeschlechter und deren Mitglieder vorhanden, die in Verbindung zu Schlesien standen.

Die letzte Gruppe bilden Bestände mit Sammlungscharakter, die durch Schenkungen oder Ankäufe ins Mährische Landesarchiv gelangt sind. Archivalien zum schlesischen Adel findet man zum Beispiel im Bestand *Urkunden des Franzens-Museums* (Listiny Františkova muzea, G 4), in dessen dritter Abteilung sich zwölf Dokumente von Teschener Herzögen aus den Jahren 1430 bis 1611 befinden. Die *Handschriftensammlung* (Sbírka rukopisů, G 10) enthält eine Handschrift von 1840 mit einer Liste von Personen, denen seit 1792 in Böhmen, Mähren und Schlesien der Rittertitel verliehen wurde (Nr. 1316). Die *Handschriftensammlung des Franzens-Museums* (Sbírka rukopisů Františkova muzea, G 11) schließlich umfaßt eine Abhandlung über die Herkunft der schlesischen Fürsten aus dem 18. Jahrhundert (Nr. 171), eine Adels- und Inkolatsliste Mährens und Schlesiens aus dem 19. Jahrhundert (Nr. 221) sowie verschiedene Protokollbände des schlesischen Konvents aus den Jahren 1707 bis 1724 (Nr. 429/1-6).

C. Bestandsanalyse

Die Archivalien zum schlesischen Adel beziehungsweise zur Tätigkeit des mährischen Adels in Schlesien im Mährischen Landesarchiv in Brünn wurden den zugänglichen Informationen zufolge bislang nur in Bruchstücken herangezogen. Teilweise verwendete der mährische Geschichtsforscher Christian Ritter d'Elvert (1803–1896) das Material bei der Erstellung verschiedener Überblickswerke zur Geschichte der einzelnen mährischen beziehungsweise mährisch-schlesischen Adelsgeschlechter in der Frühen Neuzeit. Publiziert wurden diese vor allem im „Notizen-Blatt der historisch-statistischen Section der kais. königl. mährisch-schlesischen Gesellschaft zur Beförderung des Ackerbaues, der Natur- und Landeskunde". Die Bestände des Mährischen Landesarchivs dienten Historikern meist zu Untersuchungen zum mährischen Adel im engeren Wortsinn. Die Forschung orientierte sich dabei auf die erste Hälfte des 17. Jahrhunderts, auf die Geschichte des böhmischen Ständeaufstands und den Dreißigjährigen Krieg (František Kameníček,[2] František Hrubý[3] und jüngst

---

2 Kameníček, František: Zemské sněmy a sjezdy moravské (1526–1628) [Mährische Landtage und Ständeversammlungen (1526–1628)], Bd. 1-3. Praha 1900–1905.

3 Hrubý, František: Karel st. ze Žerotína [Karl der Ältere von Žerotín]. Brno 1936; ders.: Ladislav Velen ze Žerotína [Ladislav Velen von Žerotín]. Praha 1930; ders.: Lev Vilém z Kounic, barokní kavalír [Lev Wilhelm von Kaunitz, ein barocker Kavalier]. Brno 1987; ders.: Moravská šlechta roku 1619, její jmění a náboženské vyznání [Der mährische Adel des Jahres 1619, sein Vermögen und sein reli-

Tomáš Knoz[4]). Zu erwähnen sind darüber hinaus die Studien Jiří Kroupas zur Geschichte der mährischen Eliten zur Zeit der Aufklärung.[5] Es wurden ferner Versuche unternommen, die Sammlungen der adeligen Nachlaßinventare aus dem 17. und 18. Jahrhundert zu bearbeiten.[6] Material aus dem Mährischen Landesarchiv bearbeiteten unlängst Dagmar Ruzicka[7] und Bohumír Smutný.[8] Beträchtliche Aufmerksamkeit wurde der Musikkultur der Haugwitz gewidmet, die aus Schlesien gekommen waren und sich in der ersten Hälfte des 19. Jahrhunderts in Mähren niedergelassen hatten.[9]

Die Archivalien zum schlesischen Adel im Mährischen Landesarchiv betreffen zum größten Teil die Zeit vom 17. bis zum 19. Jahrhundert. Die wertvollsten Sammlungen, die sich auf ursprünglich schlesische Geschlechter beziehen, sind die umfangreichen und im großen und ganzen gut erhaltenen Schriftstücke der Proskau (Familienarchiv Dietrichstein), der Nimptsch (Familienarchiv Stubenberg) sowie die Familienarchive Blankenstein und Haugwitz. Sofern es um in Mähren ansässige Geschlechter geht, die in Schlesien wirkten oder dort Eigentum besaßen, bilden die wertvollsten Einheiten die Schriftstücke der Schrattenbach (Familienarchiv Kálnoky) und die Familienarchive Mittrowsky, Salm-Neuburg, Magnis sowie Würben und Freudenthal. Die größeren Einheiten können in den Familienarchiven Haugwitz, Magnis, Salm-Neuburg und Würben gefunden werden. Ein weiteres, für die Forschung vielversprechendes Thema sind die Sammlungen adeliger Korrespondenz. Hier muß vor allem auf die Briefwechsel des Friedrich Wilhelm von Haugwitz aus

---

giöses Bekenntnis]. In: Časopis Matice moravské 46 (1922) 107-169; ders. (Hg.): Moravská korespondence a akta z let 1620–1636 [Mährische Korrespondenzen und Akten aus den Jahren 1620–1636], Bd. 1-2. Brno 1934–1937.

4 Knoz, Tomáš: Državy Karla staršího ze Žerotína po Bílé hoře. Osoby, příběhy, struktury [Die Besitzungen Karls des Älteren von Žerotín nach der Schlacht am Weißen Berg. Personen, Verläufe, Strukturen]. Brno 2001; ders.: Pobělohorské konfiskace. Moravský průběh, středoevropské souvislosti, obecné aspekty [Die Konfiskationen nach der Schlacht am Weißen Berg. Der Verlauf in Mähren, mitteleuropäische Zusammenhänge, allgemeine Aspekte]. Brno 2006.

5 Kroupa, Jiří: Alchymie štěstí. Pozdní osvícenství a moravská společnost 1770–1810 [Alchemie des Glücks. Die Spätaufklärung und die mährische Gesellschaft 1770–1810]. Brno ²2006 [¹1987].

6 Hosák, Ladislav: Patrimonijní a rodinné archívy na Moravě a po třicetileté válce [Die patrimonialen und Familienarchive in Mähren nach dem Dreißigjährigen Krieg]. In: Acta Universitatis Palackianae Olomucensis. Historica. Sborník prací historických 2 (1961) 99-142; Čuprová, Ludmila: Silesiaka v moravských knihovnách v 17.–18. století [Silesiaca in mährischen Bibliotheken im 17.–18. Jahrhundert]. In: Slezský sborník 64 (1966) 380-389, 543-552; Pleva, Martin: Hmotná kultura moravské barokní šlechty ve světle pozůstalostních inventářů [Die materielle Kultur des mährischen Barockadels im Lichte der Nachlaßinventare]. In: Acta musei Moraviae – scientiae sociales. Časopis Moravského muzea v Brně – vědy společenské 85 (2000) 131-155.

7 Ruzicka, Dagmar: Friedrich Graf von Haugwitz (1702–1765). Weg, Leistung und Umfeld eines schlesisch-österreichischen Staatsmannes. Frankfurt am Main 2002.

8 Smutný, Bohumír: Činnost Jindřicha Kajetána Blümegena na Moravě v letech 1748–1752 a jeho úloha při koupi panství Náměšť nad Oslavou Fridrichem Vilémem Haugvicem. (Ke vztahům představitelů tereziánské státní správy.) [Die Tätigkeit Heinrich Kajetan von Blümegens in Mähren in den Jahren 1748–1752 und seine Rolle beim Kauf der Herrschaft Namiest an der Oslawa durch Friedrich Wilhelm Haugwitz]. In: Časopis Matice moravské 120 (2001) 397-431.

9 Buš, Marek (Hg.): Haugwitzové a hudba [Die Haugwitz und die Musik]. Náměšť nad Oslavou 2003.

dem 18. Jahrhundert hingewiesen werden (Familienarchiv Kálnoky), ferner auf die Korrespondenz der Nimptsch (Familienarchiv Stubenberg) und der Proskau (Familienarchiv Dietrichstein), aus dem 20. Jahrhundert schließlich auf diejenige von Guido Schaffgotsch (Familienarchiv Wallis).

Martin Čapský

Landesarchiv in Troppau
(Zemský archiv v Opavě)

A. Gesamtgeschichte und Bedeutung

Das Jahr 1901, in dem der Landtag des habsburgischen Teils Schlesiens die Einrichtung der Stelle eines schlesischen Landesarchivars beschloß, gilt allgemein als Beginn der institutionalisierten Betreuung der Archivbestände des heutigen mährisch-schlesischen Grenzgebiets. Der Prozeß der Umwandlung des Archivs von einem Depot ehemaliger landständischer Akten in eine eigenständige Institution zog sich jedoch noch mehr als zwei Jahrzehnte hin und erreichte seinen Abschluß erst 1927. Den bedeutendsten Teil stellt das sogenannte Archiv der schlesischen Stände dar, dessen Bestände die politischen Veränderungen im südöstlichen Teil Schlesiens und besonders das neue Verwaltungsmodell von 1742 widerspiegeln. Nach dem Vorfrieden von Breslau behielt das Haus Habsburg lediglich das Herzogtum Teschen sowie Teile benachbarter Fürstentümer: den Großteil der Herzogtümer Troppau und Jägerndorf samt den Städten Troppau (tsch. Opava) und Jägerndorf (tsch. Krnov) sowie den südlichen Teil des Herzogtums Neisse. Maria Theresia blieben überdies einige Minderherrschaften: Olbersdorf (tsch. Albrechtice), Bielitz (poln. Bielsko), Oderberg (tsch. Bohumín), Freudenthal (tsch. Bruntál), Friedek (tsch. Frýdek), Freistadt (tsch. Fryštát), Deutschleuten (tsch. Dolní Lutyně, früher Německá Lutyně), Roy (tsch. Ráj), Petrowitz (tsch. Petrovice) und Reichwaldau (tsch. Rychvald).

Die territorialen Veränderungen verlangten eine Neugestaltung der Verwaltungsordnung. Die zentralen schlesischen Ämter hatten bislang ihren Sitz in Breslau (poln. Wrocław) gehabt, nur ein Teil der Kompetenzen hatte in Händen der jeweiligen Landesfürsten beziehungsweise der ständischen Vertretungen der einzelnen Herzogtümer gelegen. Nach dem Verlust des Großteils Schlesiens war es Maria Theresia gelungen, in dem bei Österreich verbliebenen oberschlesischen Grenzstreifen ein stärker zentralistisches Modell durchzusetzen. Mit der Verwaltung dieses Raums wurde nach 1742 das neu gegründete Königliche Amt mit Sitz in Troppau betraut.

Neben dieser Zentralisierung kam es auch zur Zusammenlegung der Archive der Herzogtümer Troppau und Jägerndorf. Die Bestände aus dem Herzogtum Teschen und ein Teil der Bestände des Herzogtums Neisse wurden allerdings erst Mitte des 19. Jahrhunderts nach Troppau gebracht. Nach den administrativen Veränderungen von 1848 wurden die Troppauer und Jägerndorfer Landtafeln sowie die Hypothekenbücher des Herzogtums Teschen aus dem ständischen Archiv der Obhut des Troppauer Landgerichts anvertraut. Zu ihrer neuerlichen Eingliederung in die ständischen Bestände kam es erst in den 1930er Jahren. Seit 1850 wurde das österreichische Schlesien offiziell als Herzogtum Ober- und Niederschlesien bezeichnet, sein höchstes politisches Organ wurde die schlesische Landesregierung mit dem Landespräsidenten an der Spitze. Das neue Verwaltungsmodell beendete zugleich die genetische Entwicklung der Bestände des schlesischen ständischen Archivs; die Landeshauptmannschaft im Herzogtum Troppau-Jägerndorf wurde von der Verwaltungsagenda der neu gegründeten Ämter mit der bereits genannten schlesischen Landesregierung an der Spitze abgelöst.

Bereits Mitte des 19. Jahrhunderts war der damalige Beamte des Landrechts von Troppau-Jägerndorf, Franz Tiller, mit dem Ordnen des ständischen Archivs und der Herstellung entsprechender Archivbehelfe betraut worden. Obwohl Tiller nur kurze Zeit im Archiv tätig war, gelang ihm die Identifizierung einer Reihe wichtiger Schriftstücke. Darüber hinaus fertigte er Abschriften von Dokumenten zur Geschichte der Herzogtümer Jägerndorf, Troppau und Teschen an, die nach dem Verlust der Originalquellen heute von größter Wichtigkeit sind. Von der Bedeutung seiner Tätigkeit zeugt auch der Ankauf seines Nachlasses durch den Landesausschuß 1866 und dessen Eingliederung in die Archivbestände. Einen noch größeren Anteil an der Bearbeitung und Erschließung der ständischen Archivalien hatte Gottlieb Kürschner, der 1880 zum Landeskonservator für Schlesien ernannt und mit der Betreuung der Schriftdenkmäler beauftragt worden war. Er ordnete nach und nach die Urkunden des Troppauer Stadt- und Ständearchivs und begann mit der Aufbereitung des Aktenmaterials, das aus der Tätigkeit der ständischen Institutionen und der Landeshauptmannschaft entstanden war. Des weiteren nahm er die Steuerbücher der Herzogtümer Jägerndorf, Troppau, Teschen und Neisse in das Archiv auf.

Nach der Entstehung der Tschechoslowakischen Republik im Jahr 1918 veranlaßte Leopold Peřich weitere umfangreiche Ordnungsarbeiten im Archiv. Peřich war Absolvent der Prager Archivschule und wirkte in Troppau bis zur Abtretung der tschechoslowakischen Grenzgebiete – des sogenannten Sudetenlandes – an Deutschland 1938. Ein Jahr später wurde das bisherige Landesarchiv in das Reichsarchiv für den Regierungsbezirk Troppau umgewandelt. Dessen neuer Direktor, Walter Latzke, bemühte sich darum, in Troppau die einzelnen Archive der bedeutendsten Großgrundbesitzer zu vereinen. Der Wirkungsbereich der Archivverwaltung weitete sich damit auf Nordmähren und einen Teil Ostböhmens aus. Zu den Beständen kamen in jener Zeit unter anderem Materialien des damaligen Archivs des Deutschen Ordens sowie der Blücherschen und Liechtensteinschen Güter. Damit verbunden war der seit 1939 in die Tat umgesetzte Plan, ein zentrales Archiv aller Besitzungen der Liechtenstein in Mähren und Schlesien einzurichten. Nach Troppau kamen nach und nach aber auch Materialien aus polnischen und sowjetischen Archiven. Gegen Ende des Zweiten Weltkrieges wurden die Bestände in Schlössern in der Umgebung der Stadt untergebracht. Die Kämpfe im Rahmen der sogenannten Ostrau-Karwiner Operation der sowjetischen Armee Anfang 1945 hinterließen deutliche Spuren in den Sammlungen: Ein großer Teil der Liechtensteinschen Herrschaftsbestände brannte nieder, die ständischen Akten und die anderer Großgrundbesitzungen sowie die Archivbibliothek erlitten schwere Verluste.

Nichtsdestotrotz behielt das Troppauer Archiv, unter dessen Verwaltung in den kommenden Jahren auch die landwirtschaftlich-forstlichen Archive in Troppau und Friedek-Mistek (tsch. Frýdek-Místek) sowie nach der Reorganisation 1960 das Staatliche Archiv in Janowitz bei Römerstadt (tsch. Janovice u Rýmařova) und dessen Zweigstelle in Olmütz (tsch. Olomouc) gestellt wurden, auch nach 1945 seine bisherige zentrale Funktion. Das Janowitzer Archiv besaß vor allem zwei wichtige Bestände: zum einen die in Johannesberg (tsch. Jánský Vrch) bei Jauernig (tsch. Javorník) aufbewahrten Akten des ehemaligen Herzogtums Neisse, die auch kirchenorganisatorisch wichtig sind und für den österreichischen Teil Schlesiens die Bestände des Archivs der Breslauer Erzdiözese ergänzen, zum anderen die Sammlung des Urkunden- und Aktenmaterials aus den nach dem Zweiten Weltkrieg verstaatlichten Großgrundbesitzen Mittel- und Nordmährens. Das Staatliche Archiv in Janowitz, das zuletzt vorwiegend als Depot genutzt worden war, wurde im Jahr 2000 geschlossen. Seine Bestände wurden zum größten Teil in das neu errichtete Landesarchiv in Olmütz und teilweise nach Troppau gebracht. Bei der Olmützer Arbeitsstelle des Troppauer Landesarchivs waren bis zu diesem Zeitpunkt vor allem Akten kirchlicher Institutionen und der Universität Olmütz gesammelt worden.

Die gegenwärtige Gestalt des Archivnetzes in der Tschechischen Republik ist auf die Verwaltungsreform aus dem Jahr 2004 zurückzuführen. Danach sind dem Landesarchiv Troppau die Zweigstelle in Olmütz sowie die Staatlichen Bezirksarchive in Freudenthal mit Sitz in Jägerndorf, Friedek-Mistek, Freiwaldau (tsch. Jeseník), Karwin (tsch. Karviná), Neutitschein (tsch. Nový Jičín), Olmütz, Troppau, Proßnitz (tsch. Prostějov), Prerau (tsch. Přerov) und Mährisch Schönberg (tsch. Šumperk) untergeordnet, die unter anderem auch die Stadtarchive verwalten.

Zemský archiv v Opavě, Sněmovní 1, CZ-74622 Opava, Tel.: +420-553-607-240, Fax: +420-553-607-247, E-Mail: podatelna@zao.archives.cz, Homepage: http://www.archives.cz [Zugriff am 01.09.2009].
Zemský archiv v Opavě, pobočka Olomouc, U Husova sboru 10, CZ-77111 Olomouc, Tel.: +420-585-236-121, Fax: +420-585-236-152, E-Mail: podatelna@ol.archives.cz [Zugriff am 01.09.2009].

Auswahlliteratur: Gawrecki, Dan u. a. (Hg.): Dějiny Českého Slezska 1740–2000 [Geschichte des Tschechischen Schlesien 1740–2000]. Opava 2003; Müller, Karel: Rozloučení s Janovicemi [Abschied von Janowitz]. In: Archivní časopis 52 (2002) 98-99; ders.: 90 let Zemského archivu v Opavě [90 Jahre Landesarchiv in Troppau]. In: Archivní časopis 41 (1991) 105-106; Müller, Karel/Štěrbová, Jarmila: Státní oblastní archiv v Opavě [Staatliches Gebietsarchiv in Troppau]. Opava 1989; Indra, Bohumír: 70 let Státního archivu v Opavě [70 Jahre Staatliches Archiv in Troppau]. In: Sborník Státního archivu v Opavě 1968-1971. Opava 1971, 75-96; Bystřický, Jan u. a. (Hg.): Státní archiv v Opavě. Průvodce po archivních fondech [Das Staatliche Archiv in Troppau. Wegweiser durch die Archivbestände], Bd. 3-4. Praha 1961; Peřich, Leopold: Zpráva o bývalém zemském archivu v Opavě [Bericht über das ehemalige Landesarchiv in Troppau]. In: Archivní časopis 1 (1951) 22-25; ders.: Osudy Slezského zemského archivu [Schicksale des Schlesischen Landesarchivs]. In: Věstník Matice opavské 35 (1930) 24-30.

B. Bestandsgliederung

Ständische Selbstverwaltung der schlesischen Fürstentümer und Österreichisch-Schlesiens sowie Landesverwaltung:

Schlesisches ständisches Archiv in Troppau (Slezský stavovský archiv v Opavě, 1318–1884)

Der Bestand (29,5 laufende Meter) enthält Akten der Herzogtümer Troppau und Jägerndorf sowie seit 1741 auch Materialien aus dem Herzogtum Teschen, aus dem österreichischen Teil des Herzogtums Neisse und aus Bielitz. Den Kern des Teilbestands, der sich auf das Herzogtum Troppau bezieht, bildet die nach mährischem Vorbild errichtete Landtafel, deren Bücher – mit Blick auf ihre Aufbewahrung – als „vordere Bücher" (Klagen und Urteile) und „hintere Bücher" (Kaufverträge) bezeichnet werden. Sie wurden vermutlich bereits seit dem 14. Jahrhundert geführt, die ältesten Bände verbrannten jedoch 1431 bei einem Feuer in Troppau. Zu den bedeutendsten Teilen des Archivs zählt eine Sammlung an Urkunden und Briefen, die das Verhältnis der Troppauer Herzöge und der Landstände von der Entstehung des Herzogtums bis zum Ende des 18. Jahrhunderts betreffen (Korrespondenzen der Landesbeamten und der ständischen Vertretung, ferner Gedenk-, Rechts- und Kopialbücher).

I. Urkunden

Herzogtum Troppau (seit 1318), Herzogtum Jägerndorf (ab der zweiten Hälfte des 14. Jahrhunderts), Herzogtum Teschen (seit 1353), Österreichisch-Schlesien (seit 1676), Preußisch-Schlesien (seit 1398)

II. Amtsbücher

a) Herzogtum Troppau: vordere Bücher (ab 1413), hintere Bücher (ab 1431), Bücher der Beratungen (ab 1574), Gedenkbücher (ab 1466), Urteilsbücher (ab 1612), Ermächtigungsbücher (ab 1551), Protokolle des Landrechts (ab 1637), Landtagsbeschlüsse (ab 1557), Protokolle des Landtags der Herzogtümer Troppau und Jägerndorf (ab 1737)

b) Herzogtum Jägerndorf: Bücher der Klagen und Urteile (ab 1498), Kaufbücher (ab 1404), Bücher der Beratungen (ab 1619), Gedenkbücher (seit 1556), Protokolle des Landrechts (ab 1737), Landtagsbeschlüsse (ab 1697)

c) Herzogtum Neisse: Kaufbuch von Rittergütern und erblichen Vogtschaften (ab 1749), Buch der Abschriften von Lehnsgütern (ab 1748), Hypothekenbuch von Rittergütern und erblichen Vogtschaften (ab 1749)

d) Herzogtum Teschen: Konfirmationsprotokoll (ab 1623)

e) Hypothekenbücher der Minderherrschaften: Oderberg (1799–1821), Freistadt und Deutschleuten (1827–1849), Orlau (tsch. Orlová) und Lazy (1819–1849).[1]

---

1 Drkal, Stanislav/Donát, Jaroslav: Slezský stavovský archiv v Opavě 1318–1850 [Das Schlesische ständische Archiv in Troppau 1318–1850]. Opava 1965.

Die Titelseite der Troppauer Landtafel (Band aus den Jahren 1609–1613) mit dem Wappen Hynkos von Würben und Freudenthal, Oberstkämmerers des Fürstentums Troppau, und mit einer Abbildung des Jüngsten Gerichts. Die in zwei Reihen geführte Landtafel – die eine Reihe war den Kaufverträgen vorbehalten, die andere Gerichtssachen – war im Fürstentum Troppau vermutlich schon im 14. Jahrhundert nach mährischem Vorbild eingeführt worden. Die ältesten überlieferten Bände stammen jedoch erst aus dem frühen 15. Jahrhundert. Seit dieser Zeit sind sie lückenlos erhalten.
Bildnachweis: Zemský archiv v Opavě, Slezský stavovský archiv, inv. č. 857.

Landrecht von Troppau-Jägerndorf (Zemské právo opavsko-krnovské, 1501–1850)
Der Bestand (12,2 laufende Meter) erfaßt die Agenda des Landgerichts des Herzogtums Troppau, seit 1746 des Herzogtums Troppau-Jägerndorf. In der Zeit der Reformen Kaiser Josephs II. übernahm das Amt des Landrechts auch die Kompetenzen des ehemaligen landeshauptmannschaftlichen Gerichts beider Fürstentümer. Die Akten spiegeln die Vermögensverhältnisse und die familiären Verbindungen des Troppauer (später auch des Jägerndorfer) Adels sowie die Funktionsweise des Landgerichtswesens wider. Wertvoll sind besonders die zahlreichen Nachlaßakten.[2]

Amt des Landeshauptmanns des Fürstentums Troppau-Jägerndorf in Troppau (Hejtmanský úřad knížetví opavsko-krnovského v Opavě, 1507–1784)
Das Amt des Landeshauptmanns (48,35 laufende Meter), zuerst im Herzogtum Jägerndorf, später auch im Herzogtum Troppau, ist seit dem 15. Jahrhundert besetzt. Die Landeshauptleute, deren Auswahl die Landstände allmählich auf Angehörige des heimischen Adels beschränkten, vertraten den Herzog während dessen Abwesenheit, und zwar vor allem auf Landgerichten, bei der Verwaltung des Kammerguts und bei der Kontrolle der Steuererhebung. 1674 übergab Kaiser Leopold I. dem Landeshauptmann einen Teil der bisherigen Kompetenzen der Landgerichte. Das hauptmannschaftliche Gericht tagte zweimal wöchentlich und war in seiner Agenda wesentlich flexibler als das Landgericht. Nach der Teilung Schlesiens wurden die bislang nebeneinander bestehenden Ämter des Landeshauptmanns für die Herzogtümer Jägerndorf und Troppau 1743 vereinigt und ein zentrales Amt mit Sitz in Troppau errichtet, das 1784 durch eine Verordnung Josephs II. aufgelöst wurde. Der Bestand des Amts des Landeshauptmanns ist neben dem ständischen Archiv eine der wertvollsten Quellensammlungen zur Geschichte des Adels in Troppau und Jägerndorf vom 16. bis 18. Jahrhundert. Er betrifft die Zuständigkeiten der landesherrlichen Regierung, deren Verbindungen zu den örtlichen Ständen, Konflikte über Landesprivilegien, Vermögens- und Familienverhältnisse, die rechtliche Stellung des Adels, Differenzen des Adels zu den Städten sowie dessen Beziehungen zu kirchlichen Institutionen.[3]

Landeseinnehmeramt des Troppauer Fürstentums (Zemský výběrčí úřad knížetví opavského, 1549–1740)
Das Landeseinnehmeramt verteilte die Steuerlast auf die einzelnen Herrschaften und Städte gemäß den Beschlüssen des in Breslau tagenden schlesischen Fürstentags. Nach 1742 übernahm diese Aufgabe das neuerrichtete Generalsteuereinnehmeramt mit Sitz in Troppau. Der Bestand dieser Behörde (3,44 laufende Meter) umfaßt wertvolle Steuerveranlagungen der Stände des Herzogtums Troppau, die Aufschlüsse geben über die Vermögensverhältnisse des örtlichen Adels, Register von Steuerrück-

---

2 Drkal, Stanislav: Zemské právo opavsko-krnovské v Opavě (1501–1850). Prozatímní inventární seznam [Das Troppau-Jägerndorfer Landrecht in Troppau (1501–1850). Vorläufiges Inventarverzeichnis]. Opava 1958.
3 Ders.: Hejtmanský úřad knížetví opavsko-krnovského v Opavě 1507–1784 [Das Hauptmannsamt des Fürstentums Troppau-Jägerndorf in Troppau 1507–1784]. Opava 1964.

ständen, Korrespondenzen mit dem Zentralamt in Breslau sowie Dokumente über Ausgaben zur Verpflegung des Heeres aus Landesfinanzen.[4]

Königliches Amt in Troppau (Královský úřad v Opavě, 1742–1782)
Das Königliche Amt in Troppau, das 1743 seine Tätigkeit aufnahm, vertrat die Interessen des Landesherrn gegenüber den schlesischen Herzögen und dem Adel. Das erhaltene Material (115,22 laufende Meter), das zum Beispiel Akten über Standeserhöhungen enthält, gibt vielfältige Auskünfte über die Adelsfamilien im österreichischen Teil Schlesiens.[5]

Landesregierung Johannesberg (Zemská vláda Jánský Vrch, 1455–1784 [1787])
Nach der Teilung Schlesiens 1742 errichtete der Breslauer Bischof Philipp Ludwig von Sinzendorf für den südlichen Teil des Herzogtums Neisse, der politisch weiterhin zur österreichischen Monarchie gehörte, die fürstliche Landesregierung in Weidenau (tsch. Vidnava), die später nach Johannesberg verlegt wurde. Sie wurde 1784 im Rahmen der josephinischen Reformen aufgelöst, ähnlich wie die Ämter des Landeshauptmanns in den anderen schlesischen Herzogtümern. Ihre nunmehr gerichtliche Agenda übernahm das neugegründete Landrecht Johannesberg. Der Bestand (49,32 laufende Meter) setzt sich heute aus zwei umfangreichen Gruppen zusammen: aus einem Teil der Akten des Herzogtums Neisse aus der Zeit vor der Teilung Schlesiens (durchweg aus dem 17. und frühen 18. Jahrhundert), der aus dem Hauptteil ausgegliedert und der neuerrichteten fürstlichen Landesregierung übertragen wurde, sowie aus Akten und Amtsbüchern aus der Zeit nach 1743. Seit 1961 wird der Bestand im Landesarchiv in Troppau aufbewahrt. Die Quellen betreffen beispielsweise die Stellung des Breslauer Bischofs als Herzog von Neisse, seine Rechte gegenüber dem Land und die Stellung gegenüber den Landesherren aus dem Haus Habsburg und Hohenzollern, die Verwaltung der bischöflichen Herrschaften, adelige Obliegenheiten im südlichen Teil des Herzogtums Neisse sowie Steuerangelegenheiten.[6]

Landrecht Johannesberg (Zemské právo Jánský Vrch, 1738–1850)
Das Amt entstand 1784 aufgrund der Verwaltungsreformen Josephs II. In seinem Zuständigkeitsbereich lag die den im Land ansässigen Adel und andere Inhaber freier Güter betreffende Gerichtsbarkeit. Gleichzeitig wurde dem Landrecht Johannesberg die Funktion eines Kriminalgerichts für den österreichischen Teil des Herzogtums Neisse zugewiesen. Der Bestand (24,84 laufende Meter) dokumentiert die Lebensverhältnisse des örtlichen Adels und dessen Beziehung zum Herzog.[7]

---

4 Ders.: Zemský výběrčí úřad knížectví opavského 1549–1739 [Das Landeseinnehmeramt des Fürstentums Troppau 1549–1739]. Opava 1955.
5 Ders.: Královský úřad v Opavě (1742–1782) [Das Königliche Amt in Troppau (1742–1782)]. Opava 1959.
6 Ders.: Zemská vláda Jánský vrch (1455–1784 [1787]) [Die Landesregierung Johannesberg (1455–1784 [1787])]. Opava 1964.
7 Stratil, Ivo: Zemské právo Jánský vrch (1738–1850) [Das Landrecht Johannesberg (1738–1850)]. Opava 1965.

Kirchliche Bestände:

Lehnshof Kremsier (Lenní dvůr Kroměříž, 1320–1482; Zweigstelle Olmütz)
Die Entwicklung des Lehnsystems der Olmützer Bischöfe (seit 1777 Erzbischö-
fe) nahm Mitte des 13. Jahrhunderts seinen Anfang. 1529 wurde Kremsier (tsch.
Kroměříž) zum Sitz des ständigen bischöflichen Lehnshofs. Zu den bischöflichen
Lehnsleuten gehörten die bedeutendsten mährischen Adelsgeschlechter einschließlich jener, die im mährisch-schlesischen Grenzgebiet begütert waren. Der Bestand
des Lehnshofs (136,7 laufende Meter – der Großteil unbearbeitet) verdient Beachtung aufgrund der Lehnsbindungen der sogenannten mährischen Enklaven – unter den bedeutendsten rangierten Katscher (poln. Kietrz) und Hotzenplotz (tsch.
Osoblaha) –, die in das Gebiet der mittelalterlichen und frühneuzeitlichen schlesischen Herzogtümer förmlich eingekeilt waren. Die Akten beleuchten unter anderem
Fragen des Lehnserwerbs und der gerichtlichen Verfahren unter den bischöflichen
Lehnsleuten.[8]

Erzbistum Olmütz (Arcibiskupství Olomouc, 1144–1961; Zweigstelle Olmütz)
Die Häufigkeit der Nachrichten über den schlesischen Adel nimmt in den Akten
seit Anfang des 16. Jahrhunderts zu. Unter den wertvollsten Quellen des Bestands
(273,6 laufende Meter) finden sich Kopialbücher der ausgehenden Korrespondenz
der Olmützer Bischöfe, die deren Kontakte zum schlesischen Umfeld belegen.[9] In
den 142 Kartons mit chronologisch geordneter, abgeschickter und angenomme-
ner Korrespondenz des Bischofs Karl von Liechtenstein-Kastelkorn (1624–1695;
Bischof seit 1664) tauchen beispielsweise in Folge seiner Kontakte zum Oderland
zahlreiche Briefe schlesischer Korrespondenten auf, von Christoph Leopold Graf
Schaffgotsch (1623–1703) etwa oder von Hilmar von Knigge (1605–1683), dem
langjährigen Kommandanten der Festung Glogau (poln. Głogów). Für die innere
Struktur der mährischen Enklaven Mitte des 17. Jahrhunderts sowie die Einrichtung
des dortigen Verwaltungsapparats, dessen Beamte sich zum Teil aus dem örtlichen
Adel rekrutierten, sind die Register der von den Regenten der bischöflichen Güter
an die Beamten der Herrschaften Hotzenplotz und Katscher abgeschickten Korrespondenz von Bedeutung (Inv. Nr. 98). Von der hohen Aufmerksamkeit, welche die
Olmützer Bischöfe und Domherren der benachbarten Breslauer Diözese widmeten,
zeugen Akten und Aktenabschriften über die Bischofswahlen in Breslau (etwa 1625

---

8 Kohout, Štěpán/Lapčík, Stanislav (Hg.): Lenní dvůr Kroměříž, II. Pergamenové listiny 1249–1836
   [Lehnshof Kremsier, II. Pergamenturkunden 1249–1836]. Olomouc 1999; Balatková, Jitka/Mil-
   ler, Jaroslav: Lenní dvůr Kroměříž, III. Lenní knihy 1364–1888 [Lehnshof Kremsier, III. Lehnsbü-
   cher 1364–1888]. Olomouc 1999; Lapčík, Stanislav/Müller, Karel (Hg.): Lenní dvůr Kroměříž, IV.
   Knížecí arcibiskupská lenní dvorská kancelář (1247) 1529–1883 (1929) [Lehnshof Kremsier, IV. Die
   fürstlich-erzbischöfliche Lehnshofkanzlei (1247) 1529–1883 (1929)]. Olomouc 2006.
9 Vgl. exemplarisch Pánek, Jaroslav: Die Korrespondenz der Olmützer Bischöfe als Quelle zur Geschichte Schlesiens. Die Zeit Stanislaus Pavlovskýs (1579–1598). In: Weber, Matthias/Rabe, Carsten (Hg.):
   Silesiographia. Stand und Perspektiven der historischen Schlesienforschung. Würzburg 1998 (Wissenschaftliche Schriften des Vereins für Geschichte Schlesiens 4), 491–500.

– Inv. Nr. 3218, Karton 1399) und Materialien zur Verwaltung der dortigen Diözese, zur Besetzung der Stellen der Kanoniker und zur Person des Kardinals Philipp Ludwig von Sinzendorf (Inv. Nr. 962, Karton 278). Unter den Einzelstücken seien exemplarisch die Akten erwähnt, die sich auf einzelne Klöster auf dem Gebiet Österreichisch-Schlesiens und auf den Vorschlag zur Ernennung Bernhards von Würben und Freudenthal zum Bischof von Olmütz 1578 beziehen.[10]

Großgrundbesitz und Familienarchive:

Archiv des Großgrundbesitzes Grätz (Archiv velkostatku Hradec, 1574–1949)
Die ursprünglich landesherrliche Burg Grätz (tsch. Hradec nad Moravicí) wurde seit Anfang des 16. Jahrhunderts wiederholt verpfändet. Nach Herzog Kasimir von Teschen waren mehrere Adelsfamilien im Besitz des Schlosses: seit 1529 die Žabka von Limburg, seit 1531 die Czettritz und seit 1581 die Proskau, welche das Gut in Erbbesitz übernahmen. 1733 erwarben die Freiherren von Neffzern das Gut, 1778 die Grafen Lichnowsky. Das Schloßarchiv erlitt während eines Brandes Ende des 18. Jahrhunderts erhebliche Verluste, Archivalien vor dieser Zeit sind daher nur fragmentarisch erhalten. Urkundliches Material, das bis zu den Anfängen des 15. Jahrhunderts zurückreicht, wurde hingegen Bestandteil des Familienarchivs Lichnowsky (siehe unten). Der Bestand des Großgrundbesitzes (33,26 laufende Meter) liefert ein Bild der ökonomischen und baulichen Aktivität der Grafen und späteren Fürsten Lichnowsky.[11]

Fürstlicher Großgrundbesitz Troppau (Velkostatek knížecí Opava, 1564–1852)
Die Troppauer Schloßherrschaft wurde seit Beginn des 16. Jahrhunderts wiederholt verpfändet. 1613 erwarb Karl von Liechtenstein das Herzogtum. In der zweiten Hälfte des 19. Jahrhunderts wurde die Verwaltung der Troppauer Kammergüter zusammen mit dem Schloßarchiv nach Jägerndorf übertragen. Der fragmentarische Bestand (14,99 laufende Meter) behandelt vor allem die wirtschaftliche Verwaltung der Herrschaft. Aufmerksamkeit verdienen einerseits ein Findbuch der Schriftstücke des Schloßarchivs für die Zeit von 1346 bis 1792, das in Regestenform eine Reihe von Urkunden zur Verwaltung der Kammergüter erschließt (Inv. Nr. 145), andererseits das Urbar der Schloßherrschaft aus den Jahren 1586 und 1604 (Inv. Nr. 2).[12]

---

10 Kouřil, Miloš u. a. (Hg): Arcibiskupství Olomouc [Erzbistum Olmütz], Bd. 1-9. Olomouc 1961–1971; Kalistová, Jitka u. a. (Hg.): Arcibiskupství Olomouc (1144–1961), II. Nelistinná část [Erzbistum Olmütz (1144–1961), II. Nichturkundlicher Teil]. Olomouc 1969.
11 Turek, Adolf/Hrabec, Augustin: Archiv velkostatku Hradec (1574–1949) [Das Archiv des Großgrundbesitzes Grätz (1574–1949)], Bd. 1-2. Opava 1967.
12 Dies.: Velkostatek Opava – zámek (1564–1852) [Großgrundbesitz Troppau – Schloß (1564–1852)]. Opava 1965.

Großgrundbesitz Jägerndorf (Velkostatek Krnov, 1523–1951)
Das Herzogtum Jägerndorf, dessen Anfänge mit der Teilung des Troppauer Fürstentums im Jahr 1377 verbunden sind, wurde 1523 von Markgraf Georg von Hohenzollern erworben und gelangte 1622 nach dem Ständeaufstand als Lehen an Fürst Karl von Liechtenstein. Das Archiv des Großgrundbesitzes befand sich im Schloß Jägerndorf. Während des Zweiten Weltkrieges verlagerte man eine Reihe der Liechtensteinschen Schriftstücke nach Troppau, ein bedeutender Teil wurde allerdings während der Kämpfe im Jahr 1945 zerstört. Der heutige Bestand (55,42 laufende Meter) informiert in erster Linie über die Verwaltung des Jägerndorfer und ab der Mitte des 19. Jahrhunderts auch des Troppauer Schloßguts. Von Bedeutung ist vor allem das Urbar der Jägerndorfer Kammer von 1535, in dem sich Abschriften älterer Privilegien befinden (Inv. Nr. 3).

Großgrundbesitz Groß Hoschütz (Velkostatek Velké Hoštice, 1615–1945)
Groß Hoschütz (tsch. Velké Hoštice) war seit Mitte des 15. Jahrhunderts in Besitz der Kravařský von Šlevice und fiel 1579 an die Macák von Ottenburg. Während des Dreißigjährigen Krieges wurde das Gut konfisziert und wechselte seither mehrfach den Besitzer. 1754 verkaufte es Karl Ludwig Graf Gaschin dem Freiherrn und späteren Grafen Ignaz Dominik Chorinski. Ende des 18. Jahrhunderts erwarb das Grafengeschlecht Sprinzenstein durch Heirat das Gut und behielt es bis zur Konfiskation im Jahr 1945. Das Archiv des Großgrundbesitzes wurde 1945 teilweise vernichtet. Der Bestand (22,81 laufende Meter) beinhaltet Dokumente zur Verwaltung der Herrschaft und Einzelstücke zu dessen Besitzern. Besondere Beachtung verdienen die Abschriften von Privilegien für die Familie Sprinzenstein (1671–1672, Inv. Nr. 6), Quellen zu deren Genealogie (Inv. Nr. 7), ein Bruchstück des Archivs der Adelsfamilie Hoditz vom 17. und 18. Jahrhundert sowie Fragmente von Korrespondenzen und genealogischen Auszügen zur Familie Chorinski aus dem 18. Jahrhundert.[13]

Großgrundbesitz Münsterberg-Frankenstein (Velkostatek Münsterberg-Frankenstein, 1570–1939)
Anders als übrige im Troppauer Landesarchiv aufbewahrte Herrschaftsakten enthält dieser Bestand (56,58 laufende Meter) eine Reihe von Akten, die vor allem Niederschlesien betreffen. Die Städte Frankenstein (poln. Ząbkowice Śląskie) und Münsterberg (poln. Ziębice) mit den angrenzenden Dörfern des damaligen Herzogtums Münsterberg wurden 1791 vom preußischen König erworben, der die Güter unmittelbar darauf als Standesherrschaft an Ludwig Friedrich Wilhelm Graf Schlabrendorff verkaufte. Das alte fürstliche Archiv gelangte so in den Besitz der Schlabrendorff. Den Kern des Bestands stellen Quellen aus dem 19. und 20. Jahrhundert dar. 1936 verkaufte Rudolf Graf Deym, der den Besitz durch Heirat erworben hatte, die Herrschaft an Graf Wilczek. Das Archiv wurde daraufhin an den Sitz der Wilczek in Weißwasser (tsch. Bílá Voda) und von dort 1945 nach Troppau verlegt. Den vermut-

---

13 Dies.: Velkostatek Velké Hoštice (1615–1945) [Großgrundbesitz Groß Hoschütz (1615–1945)]. Opava 1959.

lich größten Wert besitzen die persönlichen und vermögensrechtlichen Schriftstücke der Schlabrendorff (Inv. Nr. 1, Karton1), für die jüngere Zeit dann die Schriftstücke der Familie Deym.[14] Eine Übergabe des Bestands an die Republik Polen wird gegenwärtig vorbereitet.

Familienarchiv der Klein-Wiesenberg (Rodinný archiv Kleinů-Wiesenbergů, 1705, 1781–1945; Zweigstelle Olmütz)
Die Unternehmerfamilie Klein wurde 1859 mit dem Adelsprädikat von Wiesenberg nobilitiert und 1872 in den Freiherrnstand erhoben. Die Schriftstücke (13,65 laufende Meter) umfassen persönliche Korrespondenzen der Familienmitglieder, die Verwaltung der Herrschaft und unternehmerische Tätigkeiten (besonders in Österreichisch-Schlesien).[15]

Familienarchiv Webern (Rodinný archiv Webernů, 1719–1918)
Der Bestand beinhaltet Schriftstücke dieser adeligen preußischen Offiziersfamilie, die 1945 im ehemaligen Troppauer Haus des Harry von Webern aufgetaucht sind. Die Familie war nach dem Ende des Ersten Weltkrieges nach Deutschland zurückgekehrt. Die bescheidene Sammlung (0,25 laufende Meter) umfaßt persönliche und familiäre Dokumente, Memoiren, Schriftstücke zur Verwaltung der Webernschen Güter und Korrespondenzen von Angehörigen des Geschlechts – unter anderem auch mit dem Monarchen.[16]

Familienarchiv und zentrale Verwaltung der Lichnowsky, Kuchelna (Rodinný archiv a ústřední správa Lichnovských, Chuchelná, 1403–1945)
Die zentrale Verwaltung der Güter der Fürsten Lichnowsky, die auch deren Familienarchiv enthält, wurde Mitte des 19. Jahrhunderts gegründet. Der bedeutendste Sitz des Geschlechts blieb jedoch weiterhin Schloß Grätz bei Troppau, das zwischen 1850 und dem Zweiten Weltkrieg dank Mechtilda Lichnowsky die Rolle eines kulturellen Zentrums von mitteleuropäischer Bedeutung besaß und in dessen Mauern sich eine Reihe von Künstlern und Schriftstellern aufhielt. Das umfangreiche Familienarchiv (15,16 laufende Meter) enthält ältere landesherrliche und adelige Urkunden, die die Vermögensverhältnisse der Grätzer Herrschaft betreffen und unter deren Ausstellern die Troppauer Přemysliden und ihre Nachfolger auftreten, seit Ende des 15. Jahrhunderts dann Material der adeligen Besitzer der Herrschaft Grätz (Sobek von Kornitz, Czettritz, Proskau und andere). Das Urkundenmaterial dokumentiert die Vermögensangelegenheiten und das Korrespondentennetz des örtlichen Adels. Der Bestand enthält Akten der Verwaltung der Herrschaft wie auch Ahnentafeln der

---

14 Turek, Adolf: Velkostatek Münsterberg-Frankenstein (1570–1939) [Großgrundbesitz Münsterberg-Frankenstein (1570–1939)]. Opava 1967.
15 Balatková, Jitka: Rodinný archiv Kleinů-Wiesenbergů (1705) 1781–1945 [Familienarchiv der Klein-Wiesenberg (1705) 1781–1945]. Janovice/Olomouc 1985.
16 Stratil, Ivo: Rodinný archiv Webernů (1719–1918) [Familienarchiv Webern (1719–1918)]. Opava 1969.

Lichnowsky (Inv. Nr. 457-463). Von besonderer Bedeutung sind Materialien, die das politische Engagement von Felix und Robert Lichnowsky Mitte des 19. Jahrhunderts beleuchten.[17]

Familienarchiv Žerotín – Blauda (Rodinný archiv Žerotínů – Bludov, 1295, 1427–1947; Zweigstelle Olmütz)
Erst Mitte des 19. Jahrhunderts begann man, das Familienarchiv der Žerotín systematisch zu bearbeiten. Es enthält Schriftstücke aller Familienzweige (besonders Kopialbücher und Korrespondenzen), die seit 1802 im Schloß Blauda (tsch. Bludov) untergebracht sind, sowie das 1737 von dem schlesischen Geschlecht der Freiherren von Lilgenau ererbte Archiv, deren Wappen die Žerotín mit ihrem eigenen vereinten. Die Schlesien betreffenden Materialien im Familienarchiv (11,93 laufende Meter) kann man in drei Gruppen einteilen. Eine ist verbunden mit dem schlesischen Gut Prauß (tsch. Prusy), das im Besitz der Freiherren von Lilgenau war. Unter den Archivalien befinden sich Urkunden der Herzöge von Liegnitz und Brieg (aus dem Jahr 1295 in Abschrift, Inv. Nr. 1, und von 1427 im Original, Inv. Nr. 2, mit Bezug auf die schlesischen Besitzungen der Lilgenau und ihre erworbenen Privilegien). Die zweite Gruppe umfaßt Korrespondenzen und vermögensrechtliche Akten der Žerotín, die den schlesischen Raum betreffen (Nachlaßinventare, Testamente, Erbschaftsvergleiche, Ahnentafeln). Die dritte Gruppe bilden Akten, die sich auf verschiedene verwandte Geschlechter in Schlesien beziehen, wie Tauf-, Trau- und Totenscheine von Mitgliedern des Geschlechts der Skrbenský (1754–1821) und der Grafen von Schrattenbach (1760–1780) oder ein Trauschein Johann Rudolfs von Oppersdorff (1754).[18]

Archiv der Žerotín und Würben (Archiv žerotínsko-vrbenský, 1497–1744)
Enthalten sind Dokumente über die politische Aktivität verschiedener Angehöriger des Geschlechts der Žerotín (unter anderem von Karl dem Älteren von Žerotín) und des mit ihnen verwandten Zweigs der Herren von Würben und Freudenthal (Verwaltung ihrer Herrschaften). Der Bestand (1,58 laufende Meter) ist seit 1989 im Landesarchiv in Troppau deponiert.[19]

---

17 Turek, Adolf/Hrabec, Augustin: Rodinný archiv a ústřední správa Lichnovských (1403–1945) [Familienarchiv und Zentralverwaltung der Lichnowsky (1403–1945)]. Opava 1959; Indrová, Jana: Rodinný archiv a ústřední správa Lichnovských (1284) 1670–1944 (1954) [Familienarchiv und Zentralverwaltung der Lichnowsky (1284) 1670–1944 (1954)], Bd. 2. Opava 1989.
18 Šefčík, Erich/Kallerová, Milena: Rodinný archiv Žerotínů – Bludov (1295) 1427–1947 [Familienarchiv Žerotín – Blauda (1295) 1427–1947]. Janovice u Rýmařova 1994.
19 Haas, Antonín (Hg.): Archiv žerotínsko-vrbenský. Listiny a listy z let 1497–1624 [Das Archiv Žerotín-Würben. Urkunden und Briefe aus den Jahren 1497–1624]. Praha 1948 (Český zemský archiv 4; Menší fondy a sbírky různé provenience 2); Haas, Antonín: Archiv žerotínsko-vrbenský. Listiny a listy z let 1625–1744 [Das Archiv Žerotín-Würben. Urkunden und Briefe aus den Jahren 1625–1744], Bd. 1-2. Opava 1993.

Großgrundbesitz Fulnek (Velkostatek Fulnek, 1477–1950)
Der Besitz der Burg Fulnek wechselte lange zwischen landesherrlichen und bedeutenden adeligen Geschlechtern hin und her. 1475 erwarben die Žerotín das Gut. Unter den weiteren Besitzern müssen die Würben und Freudenthal (1622–1788) genannt werden, die das Schloß mit der Herrschaft an die Czeike von Badenfeld verkauften. Der umfangreiche Bestand (96,11 laufende Meter) beinhaltet Akten der Verwaltung der Herrschaft (ein Urbar von 1628/29) und Fragmente der Familienarchive der ehemaligen Besitzer. Zu den bedeutendsten Archivalien zählen das Tagebuch des Johann Franz Graf von Würben aus den Jahren 1655/56 (Inv. Nr. 1), Korrespondenzen und Akten des mit den Grafen von Würben verwandten Geschlechts Tschammer von 1572 bis 1718 (Inv. Nr. 1866, Karton 1) sowie Abschriften der Klagen und Korrespondenzen der Besitzer von Fulnek (1564–1753, Inv. Nr. 1869, Karton 3).[20]

Großgrundbesitz Gotschdorf (Velkostatek Hošťálkovy, 1547–1948)
An der Wende vom 15. zum 16. Jahrhundert waren Angehörige des Geschlechts der Vladěnínský von Fulštejn im Besitz des Gutes Gotschdorf (tsch. Hošťálkovy), das 1566 durch Heirat an die Tvorkovský von Krawarn fiel. Zwei Jahrzehnte später kam es in die Hände der Skrbenský. Karel Traugott Skrbenský verkaufte Gotschdorf 1831 an Karl Graf Strachwitz, dessen Tochter das Gut als Mitgift an Heinrich Graf d'Arco übergab. 1945 wurde das Archiv der Herrschaft erheblich beschädigt. Neben Akten zur Gutsverwaltung beinhaltet der Bestand (87,51 laufende Meter) auch fragmentarische Familienschriftstücke und Korrespondenzen der Geschlechter d'Arco und Skrbenský.[21]

Großgrundbesitz Gnojnik (Velkostatek Hnojník, 1707–1742)
Das Ende des 15. Jahrhundert erstmals erwähnte Gut Gnojnik (tsch. Hnojník) wurde 1736 durch Wenzel von Bees erworben. Der nicht sehr umfangreiche Bestand des Großgrundbesitzes (0,56 laufende Meter) umfaßt die Verwaltung der Herrschaft sowie das Familienarchiv der Bees (Testamente von Angehörigen der Familie, Dokumente über vormundschaftliche und familiäre Angelegenheiten).[22]

Großgrundbesitz Jungferndorf (Velkostatek Kobylá, 1498–1944)
Der Bestand des Lehnsguts Jungferndorf (tsch. Kobylá) des Breslauer Bistums (1,53 laufende Meter) enthält Dokumente der Breslauer Bischöfe, der Vögte in Jungferndorf und ein Fragment des Familienarchivs der Barone Skal und Groß-Ellguth, die seit 1786 im Besitz des Guts waren.

---

20 Turek, Adolf/Hrabec, Augustin: Velkostatek Fulnek 1747–1950 [Großgrundbesitz Fulnek 1747–1950]. Opava 1960.
21 Dies.: Velkostatek Hošťálkovy (1547–1948) [Großgrundbesitz Gotschdorf (1547–1948)]. Opava 1960.
22 Gebauer, Josef: Velkostatek Hnojník (1707–1942) [Großgrundbesitz Gnojnik (1707–1942)]. Opava 1988.

Zentrale Verwaltung des Blücherschen Großgrundbesitzes in Brosdorf (Ústřední správa Blücherovských velkostatků Bravantice, 1626–1948)
Den Kern des Besitzes der Grafen Blücher stellte das ehemalige Eigentum der ursprünglich aus dem Herzogtum Schweidnitz-Jauer stammenden Mönnich dar. Durch die Vermählung mit Maria Helena Želecký von Počenice (1713) erwarb Alexander Mönnich die Güter Stiebnig (tsch. Horní Jistebník) und Polanka (tsch. Polánka nad Odrou). Im Jahr 1780 schlossen die Mönnich ihrer Herrschaft auch Radun (tsch. Raduň) an. Nach dem Tod von Johann Wenzel von Mönnich heiratete seine einzige, uneheliche Tochter Anna Maria 1791 Johann Larisch (1766–1820), woraufhin sich das Geschlecht Larisch-Mönnich nannte. Durch die Vermählung von Anna Maria von Larisch-Mönnich mit Graf Gerhard Bernhard Blücher von Wahlstatt 1832 kamen Radun und andere Herrschaften an die Grafen Blücher. Der Bestand (120,06 laufende Meter) spiegelt die Veränderungen des Besitzes und die Verwaltung der Herrschaft wider. Von Bedeutung sind überdies Teile der Familienarchive. Zu den wichtigsten Archivalien zählen die genealogischen Dokumente der Mönnich seit 1650 (Inv. Nr. 6) und die Familienakten der Blücher (1793–1798, Inv. Nr. 302).[23]

Großgrundbesitz Geppersdorf (Velkostatek Linhartovy, 1616–1946)
Der Rittersitz Geppersdorf (tsch. Linhartovy), das Städtchen Tropplowitz (tsch. Opavice) und die Dörfer Gotschdorf, Geppersdorf, Möker (tsch. Mokré), Hillersdorf (tsch. Holčovice) und Klein Raden (poln. Radynia) wurden 1410 als Lehen von Wenzel von Vladěnín erworben. 1471 wurden die Güter allodifiziert und blieben bis 1566 im Eigentum der Familie, die sich seit Ende des 15. Jahrhunderts bereits von Füllenstein nannte. Danach fielen sie durch Heirat an Wenzel den Älteren von Haugwitz. 1658 kaufte die Güter Maximilian Sedlnický von Choltitz, dessen Nachfahre Karl Julius Ende des 17. Jahrhunderts in den Grafenstand erhoben wurde. Die nach dem Frieden von Breslau 1742 vorwiegend im preußischen Teil Schlesiens liegenden Güter wurden 1829 durch Heirat von den Oppersdorff erworben. Der Archivbestand (2,65 laufende Meter), der vor allem die Veränderungen im Besitz der Herrschaft Geppersdorf und deren patrimoniale Verwaltung widerspiegelt, wurde während der Kämpfe Ende des Zweiten Weltkriegs deutlich reduziert. Zu den bedeutendsten Archivalien gehört ein Teil des Familienarchivs der Sedlnický von Choltitz, unter anderem die Korrespondenz des Karl Julius Graf Sedlnický von Choltitz (1703–1717) und dessen Erbschaftsangelegenheiten (Inv. Nr. 59-60, Karton 1).[24]

Großgrundbesitz Roppitz (Velkostatek Ropice, 1726–1948)
In den Jahren 1430 bis 1693 waren die Sobek von Kornitz im Besitz des Guts Roppitz (tsch. Ropice), danach die schlesische Linie des ursprünglich belgischen Ge-

23 Turek, Adolf/Lexová, Marcela/Hrabec, Augustin: Ústřední správa Blücherovských velkostatků v Bravanticích (1626–1948) [Die Zentralverwaltung des Blücherschen Großgrundbesitzes in Brosdorf (1626–1948)]. Opava 1963.
24 Šetková, Lucie: Velkostatek Linhartovy (1616–1946) [Großgrundbesitz Geppersdorf (1616–1946)]. Opava 2003.

schlechts der Freiherren Saint Genois. Das Gut wechselte fortwährend seine Eigentümer – seit 1785 gehörte es Gabriela Freiin Celesta (geborene Skrbenský), danach den Mattencloit und seit 1853 Zoë Freiin Mattencloit (geborene Spens-Booden). Der kleine Bestand (0,96 laufende Meter) mit seinem Schwerpunkt im 19. und 20. Jahrhundert enthält neben Dokumenten zur Gutsverwaltung auch Bruchteile der Familienarchive der jeweiligen Besitzer. Zu den bedeutendsten Archivalien gehören genealogische Tafeln der Familien Skrbenský, Spens-Booden, Kuenburg und Kuenburg-Spens (Inv. Nr. 50, Karton 2).[25]

Großgrundbesitz Groß Herrlitz (Velkostatek Velké Heraltice, 1598–1954)
Die Herrschaft Groß Herrlitz (tsch. Velké Heraltice) erwarb 1488 Hynčík Birka von Nassidel, der sie um Klein Herrlitz (tsch. Malé Heraltice) erweiterte. 1522 ging das Gut an Bernhard von Würben und Freudenthal, um 1600 dann an Sigmund Sedlnický von Choltitz. Die Eigentümer wechselten in der Folge wiederholt – 1611 fiel das Gut an Bohuslav Pavlovský von Pavlovice, 1623 an die Oppersdorff, 1668 an Georg Stefan Graf Würben und Freudenthal. Von 1694 bis 1767 war das mährische Kloster Velehrad im Besitz der Herrschaft, dem 1767 Eugen Graf Würben und Freudenthal und 1840 die Mittrowsky als Eigentümer folgten. Dank der Heirat mit der Erbin von Groß Herrlitz erwarb 1901 die Familie Belegard das Gut. Der große Teil des zugänglichen Bestands (21,46 laufende Meter) informiert über die häufigen Wechsel der Eigentümer. Die Kämpfe am Ende des Zweiten Weltkrieges beschädigten den Bestand stark. Unter den wertvollsten erhaltenen Schriftstücken finden sich genealogische Ahnentafeln der Belegard sowie deren Briefwechsel aus der ersten Hälfte des 19. Jahrhunderts mit Angehörigen des habsburgischen Hofs, ferner Einzelstücke zu den Grafen Würben und Freudenthal, Sedlnický und Oppersdorff.[26]

Großgrundbesitz Stablowitz (Velkostatek Štáblovice, 1665–1936)
Das Lehnsgut des Olmützer Bistums war zuerst im Besitz eines Adelsgeschlechts mit dem Prädikat ze Štáblovic, dem 1558 die Familie Rotmberk z Ketře folgte, obwohl diese sich zum evangelischen Glauben bekannte. Während des Dreißigjährigen Kriegs erwarb Martin Somogy das Lehen, und nach einigen weiteren Besitzwechseln ließ sich 1655 der ursprünglich französische Adelige Jean Lescourat de la Rochelle in Stablowitz (tsch. Štáblovice) nieder. Seine Nachkommen verkauften 1747 das Lehnsgut an Karl Otto Graf von Salm-Neuburg. Bereits 1758 kam es zu einem erneuten Wechsel des Besitzers. Mit Zustimmung des Olmützer Bischofs gelangte Stablowitz an Maximilian Heinrich Freiherr Sobek von Kornitz, von dessen Familie es 1888 der Adoptivsohn Karl Freiherr Sobek-Skal übernahm. Der Archivbestand (10,09 laufende Meter) wurde bisher nur provisorisch bearbeitet. Er enthält vor allem Material zur Verwaltung der Herrschaft sowie Familiendokumente der Sobek von Kornitz. Zu

25 Lexová, Marcela/Gebauer, Josef: Velkostatek Ropice (1726–1948) [Großgrundbesitz Roppitz (1726–1948)]. Opava 2003.
26 Turek, Adolf/Hrabec, Augustin: Velkostatek Velké Heraltice (1598–1954) [Großgrundbesitz Groß Herrlitz (1598–1954)]. Opava 1960.

den bedeutendsten Archivalien zählen die Korrespondenzen der Sobek aus dem 18. und 19. Jahrhundert (Inv. Nr. 460), die Bestätigung der Ahnentafel von Elisabeth Sobek (Inv. Nr. 456), genealogische Informationen über die Spens-Booden (Inv. Nr. 466) sowie die Skrbenský betreffende Akten und Briefwechsel (Inv. Nr. 468).[27]

Großgrundbesitz Neuhübel (Velkostatek Nová Horka, 1580–1940)
Im Besitz des im 14. Jahrhundert erstmals erwähnten bischöflichen Lehens Neuhübel (tsch. Nová Horka) waren von 1660 bis 1945 die Vetter von der Lilie. Ihr Familienarchiv wurde Ende des Zweiten Weltkrieges zum Großteil vernichtet. Der Bestand (5,67 laufende Meter) enthält überwiegend Schriftstücke der Gutsverwaltung und Teile der Familiendokumente sowie Akten der Vetter von der Lilie (1733–1889, Inv. Nr. 36, Karton 2).[28]

Großgrundbesitz Partschendorf und Erb-Sedlnitz (Velkostatek Bartošovice a Dědičná Sedlnice, 1601–1887)
Unter den bedeutendsten Besitzern der Herrschaften Partschendorf (tsch. Bartošovice) und Erb-Sedlnitz (tsch. Dědičná Sedlnice) lösten sich die Herren von Krawarn, Sedlnický (1521–1616), Podstatský von Prusinowitz (1616–1768) und 1768 die Malabail von Canal ab. In den Bestand (4,12 laufende Meter), der Einzelstücke zu den Besitzern der Herrschaft enthält und gegen Ende des Zweiten Weltkrieges empfindlich beschädigt wurde, ist ein Teil des Familienarchivs der Podstatský von Prusinowitz eingegliedert.[29]

Großgrundbesitz Leitersdorf (Velkostatek Litultovice, 1662–1943)
Leitersdorf (tsch. Litultovice) war ein Lehen des Olmützer Bistums. Unter den bedeutendsten Besitzern finden wir die Familien Birka von Nassidel (1451–1516), Bítovský von Bítov (1580–1614) und Butz von Rolsberg (1792–1945). Der Großteil der schriftlichen Überlieferung (1,86 laufende Meter) wurde 1945 zerstört. Von den erhaltenen Schriftstücken sei exemplarisch das genealogische Material zu den Rolsberg erwähnt (Abschriften und Originale ihrer persönlichen Dokumente, 1744–1943, Inv. Nr. 6).[30]

---

27 Turek, Adolf: Archiv velkostatku Štáblovice (1665–1936). Prozatímní inventární seznam [Das Archiv des Großgrundbesitzes Stablowitz (1665–1936). Vorläufiges Inventarverzeichnis]. Opava 1958.
28 Ders.: Velkostatek Nová Horka (1580–1940) [Großgrundbesitz Neuhübel (1580–1940)]. Opava 1975.
29 Ders.: Velkostatek Bartošovice a Dědičná Sedlnice (1601–1887) [Großgrundbesitz Partschendorf und Erb-Sedlnitz (1601–1887)]. Opava 1966.
30 Hrabec, Augustin: Velkostatek Litultovice (1662–1943). Inventář [Großgrundbesitz Leitersdorf (1662–1943). Inventar]. Opava 1965.

Großgrundbesitz Jeschkowitz und Dirschkowitz (Velkostatek Jezdkovice a Držkovice, 1721–1940)

Die Güter Jeschkowitz (tsch. Jezdkovice) und Dirschkowitz (tsch. Držkovice), ursprünglich Besitzungen des mährischen Klosters Velehrad, wurden der Familie der Birka von Nassidel verpfändet. Seit Mitte des 16. Jahrhunderts wechselte die Reihe der Besitzer rasch – als solche begegnen uns die Stosch von Kaunitz (1540), Rotmberk z Ketře (1553) sowie die Würben und Freudenthal (1561). 1821 kauften die Sedlnický das Gut. In dem gegen Ende des Zweiten Weltkrieges beschädigten Bestand (2,65 laufende Meter) findet sich ein Teil ihres Familienarchivs. Zu den bedeutendsten Archivalien zählen neben den Korrespondenzen der Sedlnický genealogische Dokumente und Auszüge aus den Archiven und Matrikeln über die Vorfahren von Wenzel Sedlnický (1242–1907, Inv. Nr. 17) sowie eine handschriftliche Familienchronik von Anton Sedlnický von 1840 bis 1859 (Inv. Nr. 35).[31]

Großgrundbesitz Dorfteschen (Velkostatek Deštné, 1457–1942)

Dorfteschen (tsch. Deštné), ursprünglich ein Lehen des Bistums Olmütz, ging 1440 in den Besitz der Stosch von Kaunitz über, fiel 1580 an die Donát z Polomi und 1723 zurück in die Hände des Olmützer Bischofs. Diesem folgte als neuer Besitzer Franz Sigmund von Schrattenbach, 1761 übernahm Andreas Graf Renard die Verwaltung des Gutes. Dorfteschen war bis 1882 der Hauptsitz der Renard, als es der Erbvogt im nahegelegenen Eckersdorf (tsch. Jakartovice) kaufte. Der Bestand (8,03 laufende Meter), der 1945 große Verluste erlitt, ist bisher nur vorläufig bearbeitet. Unter den bedeutendsten Archivalien finden sich das Familienarchiv der Renard, Familienkorrespondenzen, Vermerke über militärische Feldzüge in den Schlesischen Kriegen des 18. Jahrhunderts sowie die Kriegstagebücher Johann Renards vom Ungarnfeldzug (1737; Inv. Nr. 133-139).[32]

Nachlässe bedeutender schlesischer Historiker und Archivsammlungen:

František Häussler (1909–1940 [1992])

František Häussler wirkte als Archivar des Malteser-Ritterordens in Wien und übernahm später das Amt des Verwalters des Großgrundbesitzes Maidelberg (tsch. Dívčí Hrad). Der Bestand (0,83 laufende Meter) ist wegen mehrerer Manuskripte wichtig, die Häussler Adelsfamilien in Österreichisch-Schlesien widmete, besonders den Familien Larisch-Mönnich (Inv. Nr. 201), d'Arco, Würben und Freudenthal, Coudenhove, Klein, Tvorkovský von Krawarn und Sobek-Skal.[33]

---

31 Turek, Adolf: Velkostatek Jezdkovice a Držkovice 1721–1940 [Großgrundbesitz Jeschkowitz und Dirschkowitz 1721–1940]. Opava 1960.

32 Ders.: Archiv velkostatku Deštné (1457–1942). Prozatímní inventární seznam [Archiv des Großgrundbesitzes Dorfteschen (1457–1942). Vorläufiges Inventarverzeichnis]. Opava 1958.

33 Stratil, Ivo: František Häussler (1909–1940 [1992]). Opava 1969.

Vincenc Prasek ([1789] 1856–1912 [1949])
Der Mittelschullehrer, Philologe und Historiker Vincenc Prasek war in Troppau am neu errichteten tschechischen Gymnasium tätig. Das Interesse an der Sprachwissenschaft führte ihn zur Arbeit an der historischen Topographie Österreichisch-Schlesiens und später auch zum systematischen Studium adeliger Geschlechter. Der Bestand (2,7 laufende Meter) enthält die umfangreiche Korrespondenz Praseks, Konzepte von Studien und Vorlesungen sowie Exzerpte von veröffentlichten und unveröffentlichten Quellen. Zu den bedeutendsten Archivalien gehören Auszüge der Landtafel und der Klagebücher (15. bis 17. Jahrhundert) zur Geschichte des Herzogtums Troppau (Inv. Nr. 1061, Karton 16) sowie Genealogien des Adels aus den Herzogtümern Troppau und Teschen – konkret der Familien Bravantský z Chobřan, Moravický von Rudnice, Sedlnický von Choltitz, Sobek von Kornitz, Wilczek und anderer (Inv. Nr. 1065, Karton 16).[34]

Leopold Svoboda (1853–1881)
Leopold Svoboda hatte seit Mitte des 19. Jahrhunderts verschiedene Ämter bei der schlesischen Landesregierung und der Staatsverwaltung inne. Er beschäftigte sich daneben intensiv mit der historischen Topographie und Genealogie des Adels in Österreichisch-Schlesien. 1895 übernahmen zuerst der Verein *Matice opavská* und danach das Schlesische Landesmuseum den Nachlaß Svobodas. Seit 1948 sind die Schriftstücke im Landesarchiv in Troppau aufbewahrt. Der Bestand (0,24 laufende Meter) enthält alphabetisch geordnete Exzerpte zu einzelnen schlesischen Adelsgeschlechtern und ist in erster Linie für die Adelsgenealogie von Bedeutung.[35]

Petr Tesař (1869–1934)
Der aus Stablowitz bei Troppau gebürtige katholische Priester hinterließ einen umfangreichen Bestand (4,32 laufende Meter) an Manuskripten und Notizen zur Geschichte der mährischen Enklaven im Troppauer Gebiet und ihrer adeligen Besitzer, Exzerpte aus der Troppauer und der mährischen Landtafel sowie aus den Lehnsbüchern des Olmützer Bistums.[36]

František Tiller (1833–1856)
František Tiller war seit 1833 Beamter beim Troppauer Landrecht. 1866 erwarb der schlesische Landesausschuß seinen Nachlaß (0,58 laufende Meter), der heute in drei Hauptgruppen aufgeteilt ist: Quellen zur Geschichte der Herzogtümer Troppau und Jägerndorf aus den Jahren 1031 bis 1729, Schriftstücke zur Geschichte des Herzogtums Teschen (1290–1729) und Urkunden zum Geschlecht der Herren von Krawarn (1226–1459). In Form von Abschriften ist eine Reihe im Original nicht mehr erhaltener Dokumente zu fürstlichen und adeligen Geschlechtern in Schlesien erhalten.[37]

---

34 Knapíková, Jaromíra: Vincenc Prasek (1789) 1856–1912 (1949). Opava 2001.
35 Müller, Karel: Leopold Svoboda (1853–1881). Opava 1995.
36 Háková, Eva: Petr Tesař (1869–1934). Opava 1995.
37 Demčíková, Eva: Pozůstalost Františka Tillera 1833–1856 [Der Nachlaß von František Tiller 1833–1856]. Opava 1968.

Rudolf Zuber (1936–1995; Staatliches Bezirksarchiv in Freiwaldau)
Der Bestand (5,51 laufende Meter) des langjährigen Archivmitarbeiters – seit 1952
in der Zweigstelle des landwirtschaftlich-forstlichen Archivs mit Sitz in Freiwaldau,
seit 1960 in der Zweigstelle des Bezirksarchivs in Schönberg mit Sitz in Freiwaldau
– enthält zahlreiche Vermerke zum kulturellen Geschehen am Breslauer Bischofssitz
in Freiwaldau, besonders zu dem Komponisten Karl Ditters von Dittersdorf (Inv.
Nr. 139-155, Kartons 24 und 25) sowie zur administrativen Entwicklung des österreichischen Teils des Herzogtums Neisse nach 1742 (Inv. Nr. 162-166, Karton 26).[38]

Josef Zukal (1872–1929)
Der Troppauer Historiker, der von 1864 bis 1909 an der örtlichen deutschen Realschule tätig war, beschäftigte sich vor allem mit der schlesischen Geschichte des 16.
und 17. Jahrhunderts. Er hinterließ einen umfangreichen Nachlaß zur Topographie
Troppaus und zu einzelnen Adelsgeschlechtern Österreichisch-Schlesiens. Als bedeutendste Archivalien des Bestands (4,96 laufende Meter) sind die Exzerpte aus dem
Friedeker Kopialbuch über die Konfiskationen in Schlesien zu nennen (Inv. Nr.
242), die Abschrift des Gerichtsbuchs aus dem Herzogtum Teschen (1591–1601)
sowie die in großem Umfang erhaltenen Exzerpte aus der ältesten, bis zur Mitte des
16. Jahrhunderts zurückreichenden Troppauer Chronik, dem sogenannten Chronicon Oppaviense (Sign. 208 a II).

Handschriftensammlung (Sbírka rukopisů, 1550–2000)
Zu den bedeutendsten Archivalien dieser künstlich geformten Handschriftensammlung (2,9 laufende Meter) gehören das Kopialbuch der Privilegien für die Herzogtümer Schweidnitz und Jauer (1349–1546, Inv. Nr. 1), die Privilegien an die Stände
dieses Fürstentums (1345–1621, Inv. Nr. 4) sowie das Verzeichnis und die Regesten der Urkunden aus dem Archiv der Grafen Wilczek in Wien (1410–1661, Inv.
Nr. 30).[39]

C. Bestandsanalyse

Das Landesarchiv in Troppau ist eines der wichtigsten Archive für die Geschichte Schlesiens und zugleich das Archiv mit den umfangreichsten Beständen zur Geschichte des schlesischen Adels auf dem Gebiet der Tschechischen Republik. Die Bestände des Landesarchivs decken vor allem das Gebiet der ehemaligen Herzogtümer
Troppau und Jägerndorf sowie das Gebiet des späteren Österreichisch-Schlesien ab.
Die Erforschung dieser Bestände hat seit dem 19. Jahrhundert eine lange Tradition
– gerade auf ihrer Grundlage entwickelte sich die tschechische Schlesien-Forschung;
sie blieb jedoch in hohem Maß von der deutschen und polnischen Forschung über

---

38 Grwka, Květoslav: PhDr. Rudolf Zuber (1936–1995). Jeseník 2003.
39 Štěrbová, Jarmila: Sbírka rukopisů (1550)–2000 [Handschriftensammlung (1550)–2000]. Opava
2003.

den Hauptteil Schlesiens isoliert und stützte sich lediglich auf lokale Forschungseinrichtungen und Zeitschriften (Věstník Matice opavské, Slezský sborník, Zeitschrift
für Geschichte und Kulturgeschichte Österreichisch-Schlesiens). Sie war und ist vor
allem regional- und lokalhistorisch ausgerichtet.[40]

Die vollständigsten Bestände zur Erforschung des schlesischen Adels im Landesarchiv in Troppau sind Akten der ständischen und landesherrlichen Verwaltung; zu
einem gewissen Grad kann man auch die Schriftstücke aus der Tätigkeit kirchlicher
Institutionen, aus der Verwaltung einzelner Großgrundbesitzungen sowie aus städtischen Überlieferungen dazu zählen.[41] Auf der anderen Seite fehlen jedoch im überlieferten Material – sehen wir vom Herrschaftskomplex der Fürstenfamilie Liechtenstein ab, die in diesem Gebiet als Landesherren und nicht als gewöhnliche Adelige
auftraten, sich in Troppau und Jägerndorf jedoch niemals dauerhaft niederließen
– reiche, über Generationen hinweg aufgebaute Adelsarchive, wie sie in anderen
tschechischen Archiven erhalten sind. Die Bruchstückhaftigkeit der Bestände ist auf
den relativ kleinen Besitz des lokalen Adels zurückzuführen, dessen Leben sich vor
allem in den Mikrowelten der zerstückelten Fürstentümer abspielte, aber auch auf
die häufigen Besitzwechsel. Hinzu kommen weitere Faktoren: die wiederholte Aufteilung der Archive, Brände, die Kriegsereignisse des Jahres 1945 und nicht zuletzt
die anschließende Verstaatlichung des Großgrundbesitzes.

Die Schlesienforschung auf der Basis der Bestände des heutigen Landesarchivs
orientierte sich in erster Linie an der rechtlichen, administrativen und politischen
Struktur dieser Region. Die vollständigste Abhandlung über die lange diskutierte
Frage des staatsrechtlichen Wandels im Troppauer und Jägerndorfer Gebiet im Mittelalter, sein Herauswachsen aus Mähren und seine allmähliche Annäherung an
Schlesien legte Jan Kapras vor,[42] der sich umfassend mit der rechtlichen Entwicklung
der ganzen oberschlesischen Region und besonders mit der Übernahme des böhmischen (mährischen) Rechts befaßte.[43] Große Aufmerksamkeit wurde naturgemäß

---

40 Bahlcke, Joachim: Die tschechische Geschichtsschreibung über Schlesien. Von Palacký bis zum
    Zusammenbruch des kommunistischen Systems. In: Berichte und Forschungen. Jahrbuch des Bun-
    desinstituts für ostdeutsche Kultur und Geschichte 3 (1995) 189-213.
41 Im vorliegenden Überblick wurden Überlieferungen der Städte, deren Bestände die zuständigen, der
    zentralen Verwaltung des Landesarchivs in Troppau unterliegenden Bezirksarchive aufbewahren, ab-
    sichtlich außer acht gelassen. Die entsprechenden Bestände zeigen vielfach die Verbindungen zwi-
    schen Adeligen und städtischen Gemeinden auf, von freien Besitzungen innerhalb der städtischen
    Jurisdiktion sowie von adeligen Stiftungen. In diesem Punkt überschneiden sich die städtischen
    Quellen mit den Beständen bedeutender kirchlicher Institutionen, die im Landesarchiv in Trop-
    pau deponiert sind. Von Bedeutung sind besonders die Bestände zur Tätigkeit des Deutschen Rit-
    terordens und seiner Herrschaft mit Zentrum in Freudenthal sowie zu den Minoriten und Jesuiten.
42 Kapras, Jan: O státoprávních poměrech Opavska [Über die staatsrechtlichen Verhältnisse des Trop-
    pauer Landes]. In: Věstník Matice opavské 16 (1908) 35-49, 17 (1909) 17-54; ders.: Staatsrechtli-
    che Verhältnisse des Troppauer Landes im Mittelalter. In: Zeitschrift für Geschichte und Kulturge-
    schichte Österreichisch-Schlesiens 12 (1917) 1-74.
43 Bahlcke, Joachim: Geschichte als Argument. Der Prager Rechtshistoriker Jan Kapras (1880–1947)
    und die tschechische Schlesienforschung am Anfang des 20. Jahrhunderts. In: Weber/Rabe (Hg.):
    Silesiographia, 69-81.

den landesherrlichen Dynastien zuteil – vor allem den Přemysliden[44] und den Teschener Piasten (ihre Urkundenbücher wurden herausgegeben,[45] Genealogien bearbeitet[46] und heraldische, sphragistische und numismatische Arbeiten vorgelegt[47]), in
letzter Zeit auch den Hohenzollern als Herzögen von Jägerndorf.[48] Geringere Beachtung wurde dem Wirken der Liechtenstein im Schlesien des 17. und 18. Jahrhunderts geschenkt.[49]

Unter den Beständen der ständischen und Landesverwaltung fand die Landtafel
des Herzogtums Troppau große Aufmerksamkeit (zur Verfügung stehen Editionen
der einzelnen Bände vom 15. bis zum Anfang des 17. Jahrhunderts),[50] ferner die
Landesordnungen und die Entwicklung des Rechts in den einzelnen Fürstentümern
im 16. und 17. Jahrhundert,[51] die Landtagsprotokolle der Troppauer Stände aus dem
17. und 18. Jahrhundert[52] und am Rande auch andere ständische Akten.[53] Darüber

44 Čapský, Martin: Vévoda Přemek Opavský. Ve službách posledních Lucemburků [Herzog Přemysl
    von Troppau. In den Diensten der letzten Luxemburger]. Brno/Opava 2005.
45 Kopetzky, Franz: Regesten zur Geschichte des Herzogthums Troppau (1061–1464). In: Archiv für
    österreichische Geschichte 45 (1871) 97–275; Němec, Emerich/Šefčík, Erich: Listinář Těšínska
    [Teschener Urkundenbuch], Bd. 1–10. Český Těšín 1955–1986.
46 Kopetzky, Franz: Zur Geschichte und Genealogie der Přemyslidischen Herzöge von Troppau. In:
    Archiv für österreichische Geschichte 41 (1869) 1–112; Chocholatý, František: Genealogie opav-
    ských Přemyslovců 1255–1525 [Genealogie der Troppauer Přemysliden 1255–1525]. In: Listy Ge-
    nealogické a heraldické společnosti v Praze 6 (1978) 129–153.
47 Vgl. die in der Bibliographie des Repertoriums genannten Arbeiten von František Papoušek und
    Erich Šefčík.
48 Fukala, Radek: Jan Jiří Krnovský. Stavovské povstání a zápas s Habsburky [Johann Georg von Jä-
    gerndorf. Ständeaufstand und Kampf mit den Habsburgern]. České Budějovice 2005; ders.: Ho-
    henzollernové v evropské politice 16. století. Mezi Ansbachem, Krnovem a Královcem 1523–1603
    [Die Hohenzollern in der europäischen Politik des 16. Jahrhunderts. Zwischen Ansbach, Jägern-
    dorf und Königsberg 1523–1603]. Praha 2005.
49 Die größte Aufmerksamkeit wurde den Liechtenstein in mehreren Artikeln in der Jubiläumsausga-
    be der Zeitschrift für Geschichte und Kulturgeschichte Österreichisch-Schlesiens 9 (1914) zuteil.
50 Kapras, Jan (Hg.): Pozůstatky knih zemského práva Knížetství opavského [Die Überreste der
    Landrechtsbücher des Fürstentums Troppau], Bd. 1–2. Praha 1906–1908; Rohlík, Miloslav (Hg.):
    Opavské zemské desky. Knihy zadní 1537–1613 [Troppauer Landtafel. Hintere Bücher 1537–
    1613]. Opava 1961; ders.: Zemské desky opavské. Knihy zadní 1431–1803 [Troppauer Landtafel.
    Hintere Bücher 1431–1803]. In: Slezský sborník 49 (1951) 299–333; Prix, Dalibor (Hg.): Zemské
    desky krnovské [Jägerndorfer Landtafel], Bd. 1 (1403–1522). Opava 2008.
51 Vgl. dazu zahlreiche Einzelstudien von Franz Tiller, Vincenc Prasek, Josef Zukal, Jan Kapras, Ri-
    chard Horna und Erich Šefčík sowie exemplarisch die Editionen von Šefčík, Erich (Hg.): Zemské
    zřízení Těšínského knížectví z konce 16. století [Die Landesordnung des Fürstentums Teschen vom
    Ende des 16. Jahrhunderts]. Český Těšín 2001 (Studie o Těšínsku 17); Horna, Richard: Návrh
    Obnoveného zřízení zemského pro knížství Opavské z r. 1675 [Der Vorschlag einer Verneuerten
    Landesordnung für das Fürstentum Troppau aus dem Jahr 1675]. Bratislava 1938.
52 Vgl. die umfangreichen Regesten von [Kürschner, Gottlieb]: Bericht über die wissenschaftliche
    Tätigkeit im schlesischen Landesarchiv zu Troppau. In: Zeitschrift für Geschichte und Kulturge-
    schichte Österreichisch-Schlesiens 13 (1918) 1–73, 14/15 (1919/20) 1–73.
53 Hampl, Václav: Stížnosti a žádosti stavů slezských r. 1790 a 1791 [Beschwerden und Forderungen
    der schlesischen Stände der Jahre 1790 und 1791]. In: Výroční zpráva cís. král. vyšší realky v Rakov-
    níce za školní rok 1893–94. Praha 1894, 3–27. Ein Verzeichnis der Landeshauptleute und ständi-

hinaus existiert eine im großen und ganzen umfangreiche Literatur über die Entwicklung der Stände in den einzelnen Fürstentümern im 16. und 17. Jahrhundert aus politischer, religiöser und sprachgeschichtlicher Perspektive.[54]

Dank langjähriger Vorarbeiten stehen für die Adelsforschung auf diesem Gebiet grundlegende topographische,[55] genealogische[56] und biographische[57] Handbücher zur Verfügung. Eine Vorstellung von der Vermögensstruktur des Adels läßt sich aus den Arbeiten über die Steuerveranlagungen in den einzelnen Fürstentümern[58] und vergleichbaren Quellen,[59] einschließlich des in einer Edition vorliegenden karolinischen Katasters,[60] gewinnen. Von prinzipieller Wichtigkeit ist die detaillierte Bearbeitung des Adelsbesitzes von Josef Zukal in seinen Untersuchungen über die Konfiskationen nach dem Ständeaufstand der Jahre 1618 bis 1620.[61] Für das Mittelalter

---

schen Würdenträger in den Herzogtümern Troppau und Jägerndorf erarbeitete Prasek, V[incenc]: Nejvyšší úředníci zemští na Krnovsku a Opavsku [Die obersten Landesbeamten in Jägerndorf und Troppau]. In: 12. program českého gymnasia v Opavě. Opava [1895], 3-11.

54 An neueren Forschungen vgl. Fukala, Radek: Stavovská politika na Opavsku v letech 1490–1631 [Die Ständepolitik im Troppauer Land in den Jahren 1490–1631]. Opava 2004; Kozák, Petr: Zápas o personální politiku v úřadě zemského hejtmana mezi stavy knížectví opavského a českými králi z rodu Jagellonců (1510–1528) [Der Kampf um die Personalpolitik im Amt des Landeshauptmanns zwischen den Ständen des Fürstentums Troppau und den böhmischen Königen aus dem Geschlecht der Jagellonen (1510–1528)]. In: Časopis Slezského zemského muzea 54 (2005) 193-210.

55 Prasek, V[incenc]: Historická topografie země Opavské [Historische Topographie des Troppauer Landes]. Opava 1889 (Vlastivěda slezská 2); Hosák, Ladislav: Historický místopis země moravsko-slezské [Historische Ortsbeschreibung des mährisch-schlesischen Landes]. Brno 1938. Speziell zu den mährischen Enklaven vgl. Tesař, Petr: Nejstarší dějiny enklav moravských na Opavsku [Älteste Geschichte der mährischen Enklaven im Troppauer Land]. In: Věstník Matice opavské 22 (1914) 1-33, 23 (1917) 59-123, 25 (1919) 1-67, 26/27 (1920/21) 1-44, 28 (1922) 1-21. Vgl. ferner Lechner, Karl (Hg.): Die ältesten Belehnungs- und Lehengerichtsbücher des Bisthums Olmütz. Brünn 1902.

56 Pilnáček, Josef (Hg.): Rody starého Slezska [Geschlechter des alten Schlesien], Bd. 1-5. Brno/Opava 1991–1998.

57 Vgl. das unter der Redaktion von Mila Myška seit 1993 in Ostrau (tsch. Ostrava) herausgegebene, gegenwärtig bereits über zwanzig Bände zählende Biografický slovník Slezska a severní Moravy [Biographisches Lexikon Schlesiens und Nordmährens].

58 Radimský, Jiří: Berní sumář Těšínska z r. 1619 [Steuersummarium des Teschener Landes aus dem Jahr 1619]. In: Slezský sborník 51 (1953) 1-7; Šigut, František: Majetková držba na Opavsku r. 1552 [Der Vermögensbesitz im Troppauer Land im Jahr 1552]. In: Slezský sborník 62 (1964) 372-390, 510-524.

59 Pokluda, Zdeněk: Desková velkostatkářská držba v Rakouském Slezsku ve druhé polovině 19. a počátkem 20. století [Der landtäfliche Großgrundbesitz in Österreichisch-Schlesien in der zweiten Hälfte des 19. und am Anfang des 20. Jahrhunderts]. In: Slezský sborník 77 (1979) 15-31.

60 Brzobohatý, Jan/Drkal, Stanislav (Hg.): Karolínský katastr slezský [Der karolinische schlesische Kataster], Bd. 1-2. Praha 1972–1973.

61 Zukal, Jos[ef]: Die Liechtensteinsche Inquisition in den Herzogtümern Troppau und Jägerndorf aus Anlaß der Mansfeldschen Rebellion 1626–1627. In: Zeitschrift für Geschichte und Kulturgeschichte Österreichisch-Schlesiens 7 (1912) 1-260; Zukal, Josef: Slezské konfiskace 1620–1630. Pokutování provinilé šlechty v Krnovsku, Opavsku a Osoblažsku po bitvě bělohorské a po vpádu Mansfeldově [Schlesische Konfiskationen 1620–1630. Die Bestrafung des schuldigen Adels im Jägerndorfer, Troppauer und Hotzenplotzer Gebiet nach der Schlacht am Weißen Berg und dem Mansfeld-Einfall]. Praha 1916.

wurde unlängst eine umfangreiche Studie über die Burgen des böhmischen Schlesien herausgegeben, die neben der politischen Entwicklung auch den architektonischen und kulturellen Wandel der Adelssitze behandelt.[62]

Eine unterdessen nahezu unüberschaubare Anzahl an Teilstudien wurde auf der Basis des Troppauer Quellenmaterials einzelnen Adelsgeschlechtern[63] und deren Adelssitzen gewidmet – hierbei sind Urbare[64] und Nachlaßinventare[65] ebenso zu nennen wie adelige Ego-Dokumente.[66] Die bisherigen Forschungen hatten allerdings selten eine umfassende Synthese zum Ziel, sondern folgten sehr oft engeren genealogischen und topographischen Interessen. Darüber hinaus entstand nach dem Zweiten Weltkrieg, ähnlich wie an anderen Orten im östlichen Europa, ein Bruch in der Adelsforschung dieser Region. Erst in den letzten zwei Jahrzehnten kam es zu einer gewissen Renaissance der Adelsforschung – besonders für das Mittelalter und die Frühe Neuzeit bis zum Dreißigjährigen Krieg – und zugleich zu Versuchen, die lokale Perspektive zu überwinden und die regionale Forschung in die breitere Geschichte ganz Schlesiens einzubetten. Die Bestände, die das Leben der anschließenden barocken Adelsgesellschaft und ihren Wandel zu Beginn des modernen Zeitalters widerspiegeln, harren jedoch einstweilen noch einer konsequenten Bearbeitung. Intensivere Aufmerksamkeit erfuhren sie bislang nur von Kunsthistorikern, die wichtige Einblicke etwa zur adeligen Residenzkultur und Repräsentation ver-

---

62 Kouřil, Pavel/Prix, Dalibor/Wihoda, Martin: Hrady českého Slezska [Burgen des tschechischen Schlesien]. Brno/Opava 2000.

63 Stibor, Jiří: Genealogie pánů z Tvorkova I [Genealogie der Herren Tvorkovský]. In: Časopis Slezského zemského muzea 53 (2004) 18-42.

64 Zukal, Jos[ef]: Urbář panství Hradeckého z r. 1574 [Urbar der Herrschaft Grätz aus dem Jahr 1574]. In: Věstník Matice opavské 14 (1906) 1-15; Turek, Adolf: Soupis urbářů ostravského kraje. 15.–18. století [Verzeichnis der Urbare des Ostrauer Kreises. 15.–18. Jahrhundert]. Opava 1954; Pitronová, Blanka: Frýdecké urbáře z let 1580 a 1583 a jejich význam při majetkových změnách na panství [Die Friedeker Urbare aus dem Jahr 1580 und 1583 und ihre Bedeutung bei den Vermögensveränderungen auf der Herrschaft]. In: Slezský sborník 54 (1956) 95-109.

65 Vgl. zum Beispiel Šigut, František: Odhad raduňského statku roku 1665. (Příspěvek k hospodářským dějinám Slezska po třicetileté válce) [Die Schätzung des Raduner Gutes im Jahr 1665. (Ein Beitrag zur Wirtschaftsgeschichte Schlesiens nach dem Dreißigjährigen Krieg)]. In: Slezský sborník 57 (1959) 341-349; ders.: Odhad statku dolnobenešovského roku 1655 [Die Schätzung des Gutes Beneschau im Jahr 1655]. In: Časopis Slezského muzea. Acta Musei Silesiae B 17 (1968) 157-165; Mašitová, Petra: Sonda do každodennosti barokního kavalíra. (Pozůstalostní inventář Jiřího Štefana, hraběte z Vrbna a Bruntálu) [Sonden zum Alltagsleben eines barocken Kavaliers. (Das Nachlaßinventar von Georg Stefan Graf von Würben und Freudenthal)]. In: Sborník bruntálského muzea. Bruntál 2003, 56-75; dies.: Hmotný odkaz barokního kavalíra z Kravař. (Pozůstalostní inventář Ferdinanda Burcharda, svobodného pána z Eichendorfu) [Das materielle Vermächtnis eines Barockkavaliers aus Krawarn. (Das Nachlaßinventar von Ferdinand Burchard, Freiherrn von Eichendorf)]. In: Sborník prací Filozofické fakulty Ostravské univerzity. Acta Facultatis Philosophicae Universitas Ostraviensis 215 (2004) 149-156.

66 Zukal, Jo[sef]: Paměti Václava st. Lichnovského z Voštic. Zpráva o neznámém spisovateli českém [Die Erinnerungen Wenzels des Älteren Lichnowsky von Voštice. Ein Bericht über einen unbekannten tschechischen Schriftsteller]. In: Věstník Matice opavské 16 (1908) 50-58.

schafften.[67] Zuwenig beachtet sind bislang die in reicher Zahl erhaltenen adeligen Tagebücher und Briefwechsel, die eine Rekonstruktion des Korrespondentennetzes der bedeutenderen Geschlechter (etwa der Sedlnický von Choltitz) oder von Einzelpersonen (verwiesen sei hier nur auf die Korrespondenz des Olmützer Bischofs Karl von Liechtenstein-Kastelkorn mit schlesischen Briefpartnern) ermöglichen. Größerer Nachdruck wäre auch auf den Vergleich schlesischer Geschlechter auf beiden Seiten der preußisch-österreichischen Grenze zu legen, und nicht zuletzt sollte man die Impulse berücksichtigen, die nach 1742 von Breslau beziehungsweise Berlin ausgingen und die zur Herausbildung eines lokalen Adelmilieus nicht minder beitrugen als die häufig hervorgehobenen Einflüsse aus dem Umkreis des Wiener Hofs.[68]

---

67 Šopák, Pavel: Klasicistní architektura Opavy 1780–1850 [Die klassizistische Architektur Troppaus 1780–1850]. Opava 2003; Kouřilová, Markéta/Pelc, Martin: Historický kontext proměn zámku ve Studénce [Der historische Kontext der Veränderungen des Schlosses in Studénka]. In: Časopis Slezského zemského muzea 56 (2007) 59-72; Schenková, Marie/Olšovský, Jaromír: Barokní malířství a sochařství v západní části českého Slezska [Barocke Malerei und Bildhauerkunst im westlichen Teil des Tschechischen Schlesien]. Opava 2001; dies.: Barokní malířství a sochařství ve východní části českého Slezska [Barocke Malerei und Bildhauerkunst im östlichen Teil des Tschechischen Schlesien]. Opava 2004.
68 Dieser Text entstand im Rahmen des Forschungsvorhabens MSM4781305905: Schlesien in der Geschichte des böhmischen Staates und Mitteleuropas [Slezsko v dějinách českého státu a střední Evropy].

3. Deutschland

Roland Gehrke

Geheimes Staatsarchiv Preußischer Kulturbesitz zu Berlin

A. Gesamtgeschichte und Bedeutung

Mit einem derzeitigen Gesamtbestand von rund 35.000 laufenden Metern Archivalien zählt das Berliner Geheime Staatsarchiv Preußischer Kulturbesitz im Ensemble der deutschen Staatsarchive zu den größten und bedeutendsten Dienststellen. Angesichts der 1947 durch den Alliierten Kontrollrat verfügten Auflösung des Staates Preußen ist es heute ein rein historisches Archiv, das die zentrale wie provinziale, staatliche wie nichtstaatliche Überlieferung aus nahezu neun Jahrhunderten brandenburg-preußischer Geschichte verwahrt. Angeschlossen ist zudem eine eigene Dienstbibliothek, die ca. 185.000 Bände sowie rund 200 laufende Zeitschriften bereithält. Seit 1963 ist das Archiv Teil der Stiftung Preußischer Kulturbesitz, einer bundesunmittelbaren Körperschaft öffentlichen Rechts, zu deren Trägern neben dem Bund auch sämtliche deutsche Bundesländer gehören.

Die Anfänge des Archivs reichen bis ins 13. Jahrhundert zurück, zur Kanzlei der askanischen Markgrafen. Der Hohenzoller Albrecht Achilles, seit 1470 Kurfürst von Brandenburg, ordnete 1473 an, daß künftig alle die Mark betreffenden Privilegien, Bullen und Handfesten dauerhaft im Land verbleiben sollten. Zu ihrem Aufbewahrungsort wurde das 1451 zur Residenz erhobene Berlin bestimmt. Es verging freilich noch über ein Jahrhundert, bis 1598 der kurfürstliche Sekretär Erasmus Langenheim (Langenhain) mit der Anlegung einer *Registratura archivorum* beauftragt wurde, um Ordnung in die landesherrlichen Urkunden- und Aktenbestände zu bringen. Mit seiner Tätigkeit einher ging 1606 die Verlagerung der Akten vom Kanzleigebäude ins kurfürstliche Schloß, wo sie „wegen ihrer Vielheit in die neue Amtscammer [...], in das Gewölbe bey der Schneiderei und in die Registratur vertheilt"[1] wurden. Eine am Pertinenzprinzip orientierte Ordnung der Reposituren, die für lange Zeit gültig blieb, besorgte der seit 1639 als alleiniger Registrator fungierende Archivar Christoph Schönebeck.[2]

Die Verleihung des Ehrentitels „Geheimes Staatsarchiv" im Jahr 1803 markierte den vorläufigen Abschluß einer Entwicklung, in deren Verlauf die Sammlung schrittweise in die Position eines Zentralarchivs des preußischen Staates hineingewachsen war, das außer für dessen gesamtstaatliche Institutionen auch für eine Reihe von

---

1 Cosmar, Carl Wilhelm: Geschichte des Königlich-Preußischen Geheimen Staats- und Kabinettsarchivs bis 1806. Hg. v. Meta Kohnke. Köln/Weimar/Wien 1993 (Veröffentlichungen aus den Archiven Preußischer Kulturbesitz 32), 15-19 (Zitat 17). Eine Übersicht über sämtliche vom Ende des 16. bis zum Beginn des 19. Jahrhunderts mit den Beständen befaßten Archivare und Registratoren findet sich ebd., 66-99.

2 Ebd., 19-28.

Provinzüberlieferungen zuständig war. Das 19. Jahrhundert bescherte dem Berliner Archiv sowohl Bestandsverluste als auch -zuwächse: Während die königlichen Haus- und Hofarchivalien 1848/51 ausgegliedert wurden, kam 1874 das zuvor im „Hohen Haus" an der Klosterstraße (d.h. der Residenz der brandenburgischen Markgrafen und auch noch der ersten Kurfürsten) gelagerte Geheime Ministerialarchiv hinzu. Die entscheidende Zäsur hinsichtlich der Bestandserschließung bedeutete die Einführung des Provenienzprinzips im Jahr 1881. Die Gliederung der Archivalien nach dem Zusammenhang ihrer Entstehung, also nach Behörden und Ministerien, hat im Grundsatz bis heute ihre Gültigkeit behalten.

Im Jahr 1924 zog das Archiv vom Zentrum Berlins an die Peripherie. Der von Eduard Fürstenau im südwestlich gelegenen Villenviertel Dahlem (Bezirk Zehlendorf) errichtete repräsentative Neubau bot den meisten Archivalien zunächst allerdings nur für knapp zwei Jahrzehnte eine Lagerstätte. Der Bombenkrieg gab 1943/44 den Anlaß dafür, den größten Teil der Akten in Bergwerke bei Staßfurt und Schönebeck (unweit von Magdeburg) auszulagern. Die Teilung Deutschlands sorgte dann dafür, daß diese im Krieg weitgehend unversehrt gebliebenen Bestände nach 1945 nicht zurück nach Berlin, sondern nach Merseburg gelangten, wo sie Teil des „Deutschen Zentralarchivs, Historische Abteilung II" (bzw. seit 1976: „Zentrales Staatsarchiv der DDR, Dienststelle Merseburg") wurden.[3] Die Dahlemer Dienststelle hingegen firmierte ab 1950 zunächst als „Berliner Hauptarchiv" und bemühte sich vor allem um die Rettung im Krieg zerstreuter Akten, bevor sie 1963 erneut den Namen „Geheimes Staatsarchiv" erhielt und Teil der Stiftung Preußischer Kulturbesitz wurde. Während die vorübergehend eingesammelten Reichsprovenienzen an das Bundesarchiv übergeben wurden, gelangten sowohl die Überlieferung des preußischen Justizministeriums als auch die Bestände des ehemaligen Staatsarchivs Königsberg (russ. Kaliningrad) bis Ende der siebziger Jahre in die Obhut des Geheimen Staatsarchivs.

Erst die Überwindung der deutschen Teilung ermöglichte auch die Wiedervereinigung der Archivbestände. 1993/94 gelangten die Merseburger Akten zurück nach Berlin,[4] wobei schon aus Platzgründen große Teile davon nicht in den Magazinen der Dahlemer Dienststelle untergebracht werden konnten, sondern derzeit in provisorischen Lagerräumen im Berliner Westhafen aufbewahrt werden. Die sukzessive Verzahnung der Dahlemer und der Merseburger Teilbestände stellte in den vergangenen anderthalb Jahrzehnten eine besondere Herausforderung dar. Die Verzeichnung des umfangreichen Archivmaterials schreitet seit dem Jahr 2000 auf der

---

3 Kohnke, Meta: Die Pertinenzbestände im Deutschen Zentralarchiv, Abteilung Merseburg. Geschichte, Struktur und archivarische Bearbeitung. In: Archivmitteilungen 14 (1964) 223-231; Lehmann, Joachim: Die Bestände des Geheimen Staatsarchivs PK, Abteilung Merseburg. In: Forschungen zur brandenburgischen und preußischen Geschichte N.F. 2 (1992) 267-279; ders.: Von Staßfurt und Schönebeck nach Merseburg. Nachkriegsschicksale eines deutschen Archivs. In: Kloosterhuis, Jürgen (Hg.): Aus der Arbeit des Geheimen Staatsarchivs Preußischer Kulturbesitz. Berlin 1996 (Veröffentlichungen aus den Archiven Preußischer Kulturbesitz. Arbeitsberichte 1), 131-154.

4 Vgl. die Bestandsaufnahme von Elstner, Waltraut: Die Bestände der I. und II. Hauptabteilung des Geheimen Staatsarchivs Preußischer Kulturbesitz Berlin-Dahlem nach ihrer Rückführung aus Merseburg. In: Kloosterhuis (Hg.): Aus der Arbeit, 155-199.

Basis einer neuen Tektonik voran, die alle Bestände, Nachlässe und Sammlungen des Geheimen Staatsarchivs in einen chronologisch-systematischen Zusammenhang bringen soll. Den derzeitigen Schwerpunkt der Erschließungsarbeiten bildet eine analytische Beständebeschreibung der II. Hauptabteilung, die unter anderem die reiche Überlieferung des preußischen Generaldirektoriums umfaßt.

Geheimes Staatsarchiv Preußischer Kulturbesitz, Archivstraße 12-14, D-14195 Berlin, Tel.: 030-26644-7500, Fax: 030-26644-3126, E-Mail: gsta.pk@spk-berlin.de. Öffnungszeiten: Mo.-Di. 8.00-16.00 Uhr, Mi.-Do. 8.00-18.00 Uhr, Fr. 8.00-15.00 Uhr. Allgemeine Anfragen unter www.gsta.spk-berlin.de/allgemeine_anfrage_510. html, Archivalien-Vorbestellung unter www.gsta.spk-berlin.de/archivalien-vorbestellung_512.html, Arbeitsplatzreservierung für den Forschungssaal unter www.gsta. spk-berlin.de/arbeitsplatzreservierung_514.html [Zugriff am 04.08.2009].

Auswahlliteratur: Kloosterhuis, Jürgen (Hg.): Archivarbeit für Preußen. Symposion der Preußischen Historischen Kommission und des Geheimen Staatsarchivs Preußischer Kulturbesitz aus Anlass der 400. Wiederkehr der Begründung seiner archivischen Tradition. Berlin 2000 (Veröffentlichungen aus den Archiven Preußischer Kulturbesitz. Arbeitsberichte 2); ders. (Hg.): Aus der Arbeit des Geheimen Staatsarchivs. Berlin 1996 (Veröffentlichungen aus den Archiven Preußischer Kulturbesitz. Arbeitsberichte 1); Übersicht über die Bestände des Geheimen Staatsarchivs Berlin-Dahlem, Tl. 1: Provinzial- und Lokalbehörden. Bearb. v. Hans Branig, Ruth Bliß und Winfried Bliß, Tl. 2: Zentralbehörden. Andere Institutionen. Sammlungen. Bearb. v. Hans Branig, Winfried Bliß und Werner Petermann. Köln/Berlin 1967. Bestandsinformationen und -recherche unter www.gsta.pk.findbuch.net [Zugriff am 04.08.2009].

B. Bestandsgliederung

Schon angesichts der territorialen Ausdehnung des historischen Preußen und des Schicksals großer Teile seiner Gebiete nach 1945 ist das Geheime Staatsarchiv heute nicht nur für die deutsche, sondern generell auch für die historische Ostmittel-europaforschung von überragender Bedeutung.[5] Bevor die sich auf Schlesien beziehenden Bestände der I. Hauptabteilung des Geheimen Staatsarchivs im einzelnen vorgestellt werden sollen, ist zunächst zu fragen, wie und unter welchen Umständen Silesiaca nach Berlin gelangten. Vor 1740 unterhielt der preußische Staat zum habsburgischen Schlesien lediglich Außenbeziehungen, die sich – von verstreuten Einzelbeständen abgesehen[6] – vor allem in Repositur 46 (Beziehungen zu Schle-

---

5 Jähnig, Bernhart: Źródła do badań nad historią Europy Wschodniej w Tajnym Archiwum Państwowe Preußischer Kulturbesitz [Quellen zur Erforschung der Geschichte Osteuropas im Geheimen Staatsarchiv Preußischer Kulturbesitz]. In: Przegląd Zachodni 46 (1990) 181-198; Hartmann, Stefan: Tajne Archiwum w Berlin-Dahlemie. Dzieje – zadania – struktura zasobu. Ważne informacje dla Polskich Korzystających [Das Geheime Archiv in Berlin-Dahlem. Geschichte – Aufgaben – Bestandsgliederung. Wichtige Informationen für polnische Nutzer]. In: Archeion 97 (1997) 86-98.

6 In den bis 1745 sich erstreckenden Beständen der Repositur 8 („Äbte und Äbtissinnen, Grafen und Freiherren im Römischen Reich, Reichsadel und einige andere Mediat-Edelleute") finden sich in alphabetischer Reihenfolge Akten auch zu einzelnen schlesischen Adelsfamilien, unter anderem zu den Nostitz (Nr. 132) und Promnitz (Nr. 148).

sien bzw. zu einzelnen schlesischen Fürstentümern nebst zugehörigen Grafschaften) widerspiegeln. Der etwa neun laufende Meter umfassende und über das sogenannte Rote Buch erschlossene Bestand umfaßt unter anderem Rechnungen, Traktate und Satisfaktionen, Zivil- und Religionssachen (einschließlich Religionsverfolgungen), Grenzangelegenheiten sowie Informationen über Konflikte zwischen schlesischer Ritterschaft und Obrigkeit (zum Beispiel in den Herzogtümern Oppeln und Ratibor vom 15. bis zum 17. Jahrhundert).[7]

I. Hauptabteilung, Repositur 46B: Schlesische Angelegenheiten (1740–1840)
Erst mit der Annexion des größten Teils von Schlesien durch Friedrich II. 1740/41 wurde das Oderland als neue Provinz zu einer innerpreußischen Angelegenheit, behielt aber zunächst noch eine administrative Sonderstellung. Diese äußerte sich vor allem im besonderen Amt des Provinzialministers für Schlesien, das bis 1806 existierte. Ziemlich exakt dieser Zeitraum wird abgedeckt von der Repositur 46B, deren Bestände rund 97 laufende Meter umfassen und insbesondere die Verhältnisse des schlesischen Adels in vielfältiger Weise betreffen. Das zugrundeliegende Findbuch wurde zwischen 1932 und 1934 von den Archivaren Viktor Loewe und Hans Bellée angelegt und später durch eine zwischen 1960 und 1972 in Merseburg erstellte (allerdings nur auf die Nummern 1 bis 164 bezogene) Findkartei ergänzt. Geordnet ist der Bestand nach allgemein formulierten und durchnumerierten Titeln, die häufig in speziellere Unternummern unterteilt sind.[8] Aus der Vielfalt des Materials seien hier herausgegriffen verschiedene Huldigungsangelegenheiten (Nr. 15a), die Verhältnisse der Ritterakademie Liegnitz (poln. Legnica, Nr. 28), der Verkauf adeliger Güter bzw. Streitigkeiten des schlesischen Adels mit seinen Untertanen (Nr. 30), das adelige Kreditwesen (Nr. 31), Adelsbriefe (Nr. 32), die (in Schlesien weitgehend auf den grundbesitzenden Adel zugeschnittene) Kreisverfassung (Nr. 111), Angelegenheiten der schlesischen Fürstentümer (Nr. 158), freien Standesherrschaften (Nr. 161a), freien Minderherrschaften (Nr. 162) und Grafen (Nr. 171-173),[9] ferner Jagdsachen (Nr. 194), das Inkolat (Nr. 196), das Patronatsrecht (Nr. 208), die Verhältnisse der 1770 gegründeten schlesischen Landschaft und ihrer regionalen Zweigorganisationen (Nr. 219), von Adeligen gegen Adelige erhobene Schuldforderungen (Nr. 311c), schlesische Vasallentabellen (Nr. 356) sowie schließlich verschiedene Bauernsachen (Nr. 368b), in denen sich zum Beispiel Akten zu Streitigkeiten zwischen den Dominien und ihren Hintersassen finden.

---

7 Der Bestand reicht bis 1717 (Schlesische Angelegenheiten allgemein, Nr. 1-6) bzw. 1741 (einzelne schlesische Territorien, Nr. 7-69) und betrifft schwerpunktmäßig die Herzogtümer Jägerndorf, Sagan, Oppeln und Ratibor. Vgl. Heckmann, Dieter: Quellen des Geheimen Staatsarchivs Preußischer Kulturbesitz zur schlesischen Geschichte im Überblick. In: Jahrbuch für die Geschichte Mittel- und Ostdeutschlands 41 (1993) 217-233, hier 219.

8 Ebd., 219f.

9 Diese Bestände sind nach den einzelnen Territorien bzw. Familien noch weiter unterteilt. Zu den Fürstentümern finden sich 19 einzelne Positionen, zu den Standesherrschaften fünf, zu den Minderherrschaften vier. Was die Grafen angeht, existieren – in alphabetischer Reihenfolge – Akten zu insgesamt 116 schlesischen Familien.

Während die militärische Niederlage gegen Napoleon und die harten Friedens-
bedingungen von Tilsit (russ. Sovetsk) den preußischen Staat 1806/07 in eine tiefe
Krise stürzten, war Schlesien von dem territorialen Revirement nicht betroffen und
entwickelte sich nach Abschluß der staatlich-administrativen Integrationsphase zu
einer ganz ‚normalen‘ preußischen Provinz. In den Beständen des Geheimen Staatsarchivs kommt das darin zum Ausdruck, daß sich die meisten das Oderland betreffenden Archivalien fortan nicht mehr gebündelt, sondern verstreut in den einzelnen
Ministerialreposituren der I. Hauptabteilung finden.[10] Die wichtigsten von ihnen
sollen (in numerischer Reihenfolge) im folgenden aufgeführt werden:

I. Hauptabteilung, Repositur 77: Innenministerium
Hier ist vor allem die Sektion 17 („Adel und Standesherren“) von Belang, die die
Standesangelegenheiten in Preußen betrifft. Untergliedert ist der Bestand in insgesamt neun Titel, die sich auf die Angelegenheiten des Adels allgemein beziehen (Tit.
526), des weiteren auf den Adels-, Freiherren-, Grafen- und Fürstenstand (Tit. 40,
40a, 40b und 40c), die Gerechtsame der Standesherren (Tit. 41), Standeserhöhungen
(Tit. 1108), die standesherrlichen Beamten (Tit. 1105) sowie die staatsrechtlichen
Verhältnisse der Ritterschaften (Tit. 1126). Ihrerseits umfassen die einzelnen Titel
jeweils eine Vielzahl von Nummern zu einzelnen Familien bzw. Territorien, deren
zeitlicher Rahmen uneinheitlich ist, sich zumeist aber vom Beginn des 19. Jahrhunderts bis in die Zeit des Ersten Weltkriegs erstreckt. Gesuche auf die Anerkennung
von Adelsdiplomen, Standeserhöhungen und Namensänderungen finden sich ebenso wie Untersuchungen zu den standesherrlichen Verhältnissen und Gerechtsamen
einzelner Territorien oder landrätliche Atteste zu Familienverhältnissen und Stammbäumen einzelner Familien.[11] Enthalten sind außerdem Archivalien, die den Verlust
des Adelsstandes, die Aufhebung adeliger Standesvorrechte oder eingeleitete Unter-
suchungsverfahren wegen unrechtmäßiger Anmaßung des Adelsstandes betreffen.

Schließlich finden sich in den Beständen des Innenministeriums (genauer: des
ihm zugeordneten Polizeidepartements) auch die (neu-)ständischen Akten aus den
einzelnen Provinzen (Tit. 522 und 523; speziell für Schlesien Tit. 523d). Die primär
auf die Interessen des grundbesitzenden Adels zugeschnittene „provinzialständische“
Verfassung von 1823/24 war als restaurative Ersatzlösung für eine Konstitutionalisie-
rung des preußischen Gesamtstaats nach französischem oder süddeutschem Vorbild
konzipiert und entwickelte sich im Kontext liberaler Grundforderungen des preußischen Vormärz zunehmend zum Politikum.

---

10 Heckmann: Quellen, 218.
11 Einige Beispiele aus Schlesien: Von den Freiherren von Rothkirch-Trach erbetene Erlaubnis, sich
    künftig Freiherr von Rothkirch-Trach genannt von Schwarzenfels nennen zu dürfen (Tit. 526 Nr.
    99: 1851/52); Erhebung der dem Grafen Schaffgotsch zugehörigen Majoratsherrschaft Kynast (poln.
    Chojnik) zu einer Freien Standesherrschaft des Herzogtums Schlesien (Tit. 41 Nr. 52: 1825–1912);
    Verhältnisse und Gerechtsame der dem Erblandpostmeister von Schlesien, dem Grafen von Rei-
    chenbach, zugehörigen Standesherrschaft Goschütz (poln. Goszcz) (Tit. 41 Nr. 75: 1830–1870);
    Rechtsverhältnisse des Herzogs von Württemberg als Besitzer der Fideikommißherrschaft Carls-
    ruhe in Oberschlesien (Tit. 41 Nr. 132: 1841–1889).

I. Hauptabteilung, Repositur 84a: Justizministerium
Die durchnumerierten Bestände der Abteilung C („Staats- und Zivilrecht") enthalten zunächst einen allgemeinen Teil, der die preußische Adelsgesetzgebung (1800–1939),[12] die Lehnsverfassung und das Lehnswesen (1807–1931),[13] das Fideikommißrecht (1805–1935)[14] sowie die adeligen Familienstiftungen (1807–1934) umfaßt. Unter den nach den Anfangsbuchstaben der Familiennamen beziehungsweise der Besitztümer sortierten „Einzelfällen" wird auf schlesische Verhältnisse vor allem im Abschnitt „Standesherren, Lehngüter, Fideikommisse, Familienstiftungen" Bezug genommen. Angesichts der herausragenden Bedeutung, die die Besitzform des Fideikommisses im 19. Jahrhundert gerade im Oderland erlangte, verwundert es nicht, daß sich hier viele Dutzend schlesischer Adelsfamilien aufgelistet finden. Chronologisch reichen die Bestände zum Großteil bis in die zwanziger, dreißiger oder sogar vierziger Jahre des 20. Jahrhunderts hinein, umfassen also auch noch den Prozeß der Abwicklung spezifisch adeliger Rechts- und Besitzformen in der Weimarer Republik und im Dritten Reich.

I. Hauptabteilung, Repositur 87: Ministerium für Landwirtschaft, Domänen und Forsten[15]
In den Archivalien der Landwirtschaftsabteilung des genannten Ministeriums (Repositur 87b) ergeben sich, was die Fideikommisse in Preußen anbetrifft, einige Überschneidungen zu den oben genannten Beständen des Justizministeriums. Jedoch spiegeln sich hier nicht die Einzelfälle wider, vielmehr finden sich ein Verzeichnis sämtlicher Fideikommisse nebst einer genauen Statistik (Nr. 3478-3484) sowie Akten, die die rechtliche Dimension der Fideikommisse betreffen, konkret deren Einrichtung, Vergrößerung, Verkleinerung und schließlich Auflösung (Nr. 3404-3433, bis 1927 reichend).

In Repositur 87b enthalten ist zudem die Überlieferung aus dem Kontext eines der wesentlichen Probleme, mit dem sich der grundbesitzende Adel in Preußen seit Beginn des 19. Jahrhunderts konfrontiert sah: den Folgen des Oktoberedikts von 1807, das die Aufhebung der Erbuntertänigkeit in den Ländern der preußischen Monarchie verkündet hatte. Der langwierige Prozeß der Ablösung bäuerlicher Dienstpflichten, den besonders der schlesische Adel vor 1848 erfolgreich zu torpedieren und zu verzögern verstand, spiegelt sich in den Akten der Breslauer (poln. Wrocław) Filiale der „Generalkommission zur Regulierung der gutsherrlich-bäuerlichen Ver-

---

12 Mit den Einzelbeständen „Den Standesherren in Schlesien von ihren Untertanen zu leistenden Huldigungseide" (Nr. 43404-43405: 1826–1848); „Standesherrschaften und Fürstentümer in Schlesien" (Nr. 43407: 1840–1931).

13 Darunter unter anderem „Lehnsverfassung in der Oberlausitz" (Nr. 49888-49889: 1822–1859); „Die schlesischen Lehen" (Nr. 49914-49916: 1828–1907).

14 Darunter „Familienfideikommisse, Familienstiftungen und fideikommissarische Substitutionen in Schlesien" (Nr. 50018-50019: 1825–1935).

15 Dräger, Udo: Der Bestand Preußisches Ministerium für Landwirtschaft, Domänen und Forsten im Deutschen Zentralarchiv, Historische Abteilung II, Merseburg. In: Jahrbuch für Wirtschaftsgeschichte 11 (1970) 263-280.

Gutachten der schlesischen Provinzialstände vom 27. Februar 1828 zu einer königlichen Proposition, die den Entwurf einer neuen Dorfordnung und die „Gemeinde-Verhältnisse des platten Landes" in Schlesien betraf. Eine ständisch-konservative Gruppe von Abgeordneten des Ritterstandes um Hans Ernst Freiherr von Lüttwitz nutzte die Vorlage dazu, um eine erneute Befestigung der im Gefolge des Oktoberedikts von 1807 locker gewordenen Hörigkeitsverhältnisse der Dorfbewohner gegenüber der Gutsherrschaft einzufordern. Die bäuerlichen Abgeordneten im Landtag protestierten gegen diese Beschlußfassung und wandten sich mit einem eigenen Separatvotum an Friedrich Wilhelm III. Im Ergebnis kam eine novellierte Kommunalordnung für Schlesien beziehungsweise für Preußen insgesamt vor 1848 nicht mehr zustande, womit wesentliche Elemente des ländlichen Sozialgefüges fortwährend im unklaren verblieben.

Bildnachweis: Geheimes Staatsarchiv Preußischer Kulturbesitz zu Berlin, I. HA Rep. 77 Tit. 523d Nr. 12 [unpag.].

hältnisse" (Nr. 6569-6600, 17105–17106, enthaltend Akten zu Organisation und Geschäftsbetrieb der Breslauer Kommission sowie deren Jahresverwaltungsberichte) wider. Die konkrete Umsetzung des Regulierungsprozesses vor Ort läßt sich anhand des Bestands „Regulierungen und Dienstablösungen in den ländlichen Gemeinden Schlesiens" nachvollziehen (Nr. 18203-18393).

Erwähnt sei schließlich auch die Domänenabteilung des Ministeriums (Repositur 87c), deren Akten unter anderem die Allodifikation der Lehen in den schlesischen Regierungsbezirken Breslau (Nr. 2348-2351: 1836–1857) und Liegnitz (Nr. 2352-2353: 1829–1850) betreffen.

I. Hauptabteilung, Repositur 89: Geheimes Zivilkabinett (jüngere Periode):[16] Adelssachen

Das ursprünglich 1713 durch Friedrich Wilhelm I. begründete Geheime Zivilkabinett fungierte als eine Art Informationsbüro der preußischen Könige, das ihnen Einblicke in alle Bereiche der Verwaltung ermöglichte und durch den direkten Kontakt zum Monarchen die allgemeine Meinungsbildung zu beeinflussen vermochte. Die Akten, die so gut wie keine Kriegsverluste aufweisen, wurden bis 1967 zu einem einheitlichen Gesamtbestand zusammengefaßt und in 14 Hauptgruppen völlig neu geordnet.

Inhaltlich ergeben sich im Bestand „Adelssachen" Überschneidungen zu den bereits genannten Akten des Innenministeriums: Im allgemeinen Teil (Nr. 872-938) finden sich Gesuche um Standeserhöhungen, Titelverleihungen, Adelsbestätigungen und Namensänderungen bzw. deren Vollzug ebenso wie königliche Gnadenerweise (insbesondere anläßlich der Thronwechsel von 1861 und 1888 gewährte Standeserhöhungen). Im alphabetisch geordneten Bestand „Einzelfälle" (Nr. 939-1533) sind wiederum zahlreiche mehr oder weniger prominente schlesische Adelsfamilien aufgelistet.

I. Hauptanteilung, Repositur 151: Finanzministerium[17]

Hier ist der Bestand „Ablösung von Renten und Gerechtigkeiten; Vermögensrechte der Mediatisierten" (Repositur 151 IA) von Belang. Enthalten sind Akten zur Entschädigung für aufgehobene Berechtigungen des Adels in den drei schlesischen Regierungsbezirken Breslau, Liegnitz und Oppeln (Nr. 3818-3821; Zeitraum 1840–1900).

I. Hauptabteilung, Repositur 176: Heroldsamt

Das Heroldsamt spielt im Rahmen der Berliner Überlieferung zur Geschichte des preußischen Adels eine besondere Rolle. Seine Einrichtung war zunächst eine Reak-

---

16 Thieme, Horst: Preußisches Geheimes Zivilkabinett – kapitalistische Epoche. Übersicht über einen Bestand im Deutschen Zentralarchiv, Historische Abt. II, Merseburg. In: Zeitschrift für Geschichtswissenschaft 18 (1970) 90-93. Die genannte „jüngere Periode" umfaßt den Zeitraum 1806 bis 1918.

17 Lehmann, Joachim: Ordnungsprobleme am Bestand des preußischen Finanzministeriums. In: Archivmitteilungen 12 (1962) 49-53.

tion auf die wechselhafte Zuordnung der Adels- und Standesangelegenheiten im Rahmen der preußischen Regierungsinstitutionen. Waren diese 1810 zunächst dem Hardenbergschen Staatskanzleramt zur Bearbeitung zugewiesen worden, so gingen sie 1819 an das neugegründete Hausministerium über. Die Ereignisse von 1848 bedingten zunächst die Übertragung der Akten an das Justiz- bzw. Innenministerium, bevor sie nach dem Scheitern der Revolution erneut in die Obhut des Hausministeriums gelangten. Die zusätzliche Einrichtung einer Zentralbehörde für Adelsangelegenheiten (die allerdings dem Hausministerium unterstellt blieb) im März 1855 entsprang einem persönlichen Anliegen Friedrich Wilhelms IV. Die Funktion des neuen Amtes,[18] das seiner Stellung nach eine Hofbehörde blieb, bestand in erster Linie in einer Sicherung der im Allgemeinen Landrecht von 1794 fixierten Standesrechte des Adels, nachdem diese durch die „revidierte" preußische Verfassung vom 31. Januar 1850 formell aufgehoben worden waren. Auch hier sind Parallelen zur vorstehend beschriebenen Überlieferung des Innenministeriums evident: Zuständig war das Heroldsamt im einzelnen für die Begutachtung beabsichtigter Adelsverleihungen bzw. Standeserhöhungen, für die Sammlung von Nachrichten über die einzelnen adeligen Familien sowie die Entscheidung zur Einleitung strafrechtlicher Maßnahmen in Fällen von Adelsanmaßung.

Der gut 11.000 Bände umfassende Bestand aus dem Zeitraum 1855–1920 blickt auf eine wechselvolle Geschichte zurück. Der größere Teil davon war 1931 zunächst nicht dem Dahlemer Archiv, sondern dem preußischen Justizministerium übergeben und in den Kriegsjahren dann von Berlin nach Böhmen ausgelagert worden, wo die Akten 1945 der sowjetischen Besatzungsmacht in die Hände fielen. Erst 1953 nach Merseburg gelangt, wurde der Bestand 1974 verzeichnet und neu geordnet. Der allgemeine Teil enthält auch Material zum ausländischen (Nr. 16-46) beziehungsweise speziell zum polnischen Adel (Nr. 47-53). Die Akten zu den einzelnen Familien sind nach Anfangsbuchstaben gegliedert, die wiederum durchnumeriert sind. Die weit über hundert Einzelkonvolute zu den verschiedenen schlesischen Adelsgeschlechtern und deren Vertretern[19] verleihen den Beständen des Heroldsamts für die Geschichte des Adels während der letzten sieben Jahrzehnte der Hohenzollernmonarchie einen herausragenden Quellenwert.

XVII. Hauptabteilung: Schlesien

Neben den vorstehend genannten Ministerial- und Behördenbeständen verfügt das Geheime Staatsarchiv auch noch über eine seit 1975 schrittweise aufgebaute eigene Hauptabteilung zu Schlesien, die freilich „hauptsächlich aus Registraturtrümmern und aus Sammlungsgut"[20] besteht. Das sowohl inhaltlich als auch chronologisch entsprechend heterogene, überwiegend aus verschiedenen schlesischen Landes- und

---

18 Erster Vorsitzender des Heroldsamts war bis 1882 der aus Hirschberg (poln. Jelenia Góra) gebürtige Historiker und Heraldiker Rudolf Graf von Stillfried und Rattonitz.

19 Beispiele: Familien Gersdorff (G Nr. 6, 49, 57, 136, 338, 351), Hatzfeld (H Nr. 34, 97, 113, 665), Nostitz (N Nr. 28, 63, 107f., 110, 146, 150f., 171-173), Zedlitz (Z Nr. 6, 25, 28, 42, 126).

20 Heckmann: Quellen, 220.

Lokalbehörden stammende Material gelangte seit 1969 im Zuge eines Archivalien-
austauschs mit dem Bundesarchiv beziehungsweise durch weitere Zukäufe und
Schenkungen nach Berlin und wird durch ein seit 1976 fortgeschriebenes Findbuch
erschlossen. Als Ordnungsgerüst diente dabei eine 1909 von Otto Meinardus und
Rudolf Martiny publizierte Übersicht der Bestände des Preußischen Staatsarchivs in
Breslau.[21]

Die bis Ziffer 231 reichenden Reposituren umfassen zum Großteil nur einige
wenige Archivalieneinheiten und brauchen hier, da meist ohne konkreten Bezug zu
den Verhältnissen des schlesischen Adels, nicht einzeln vorgestellt zu werden.[22] Auch
verspricht der Titel der einzelnen Reposituren häufig mehr, als der (geringfügige)
Akteninhalt einzulösen vermag. So enthält etwa die Repositur 132c („Fürstliche und
ständische Archive") lediglich Wirtschaftsbilanzen der Herrschaft Oberglogau (poln.
Głogówek) für den Zeitraum 1930 bis 1942.[23]

C. Bestandsanalyse

Was die Überlieferung der einstigen Kern- und Ostprovinzen der preußischen Monarchie im Geheimen Staatsarchiv angeht, tritt Schlesien naturgemäß gegenüber der
Kur- und Neumark, aber auch gegenüber Ostpreußen stark zurück. Wie bruchstückhaft und gleichsam zufällig die Bestände der XVII. Hauptabteilung zusammenge-
würfelt sind, wurde vorstehend abgehandelt.

Schon die Natur der Dahlemer Sammlung als zentrales Staatsarchiv macht deutlich, daß sich in seinen Beständen der schlesische Adel in erster Linie in seinen Beziehungen zum preußischen Staat und dessen Behörden spiegelt. Anhand des vielfältigen Aktenmaterials läßt sich der Prozeß der Integration der schlesischen Eliten
in den preußischen Gesamtstaat, der sich auf einer politischen, einer kulturellen
und einer sozioökonomischen Ebene vollzog, nachvollziehen. Zwar hatte Friedrich
II. den grundbesitzenden Adel des Oderlandes durch die Aufhebung der traditions-
reichen ständischen Verfassung 1741 auf der gesamtschlesischen Ebene auf einen
Schlag entmachtet, beließ ihm jedoch seine durch vielerlei Privilegien abgestützte
Vorrangstellung in den Landkreisen und den Gemeinden.

Ermöglichen die Bestände des Geheimen Staatsarchivs es also vor allem, die Politik der preußischen Regierung gegenüber dem schlesischen Adel im Detail zu rekonstruieren, so mangelt es hingegen erwartungsgemäß an Ego-Dokumenten, die verfei-

---

21 Meinardus, Otto/Martiny, Rudolf: Das neue Dienstgebäude des Staatsarchivs in Breslau und die
    Gliederung seiner Bestände. In: Mitteilungen der K. Preussischen Archivverwaltung 12 (1909)
    1-39, hier 24-39.
22 Eine detaillierte Übersicht über den konkreten Inhalt der Reposituren bietet Heckmann: Quellen,
    221-232. Es charakterisiert die Heterogenität des Bestandes, daß beispielsweise die einzelne Für-
    stentümer, Standesherrschaften, Städte und Bistümer betreffenden Reposituren 1 bis 45 jeweils nur
    einzelne Urkunden (Verträge, Privilegienverleihungen, Testamente, Quittungen etc.) enthalten, die
    zum Teil bis ins späte 14. Jahrhundert zurückreichen.
23 Ebd., 226.

nerte Rückschlüsse auf das Selbst- und Rollenverständnis im Oderland eingesessener adeliger Familien zulassen. In diesem Kontext vermögen die Berliner Bestände die Überlieferung schlesischer Adels- und Familienarchive, sofern sie in den Wirren des 20. Jahrhunderts erhalten geblieben ist, sicher vielfach zu ergänzen, jedoch keinesfalls zu ersetzen. Zwar verwahrt das Archiv im Rahmen seiner I. Hauptabteilung, Repositur 92, auch diverse Nachlässe,[24] darunter jenen des für Schlesien zuständigen Provinzialministers Karl Georg Heinrich Graf von Hoym, doch ist aus dem Oderland selbst lediglich ein familiärer Teilnachlaß des Geschlechts der Nostitz vorhanden.

Zusammenfassend lassen sich die folgenden wesentlichen historischen Phänomene und Prozesse unterscheiden, die mit Hilfe der Bestände des Geheimen Staatsarchivs aufgearbeitet werden können: Zum ersten sind hier die staatsrechtlichen Beziehungen der preußischen Monarchie und ihrer Behörden zu den schlesischen Fürstentümern beziehungsweise Standesherrschaften vor und nach der Annexion Schlesiens 1740 zu nennen (I. HA, Rep. 46 und 46B). Zum zweiten kann der gesamte Komplex der Standesangelegenheiten – Nobilitierungen, Standeserhöhungen, Adelsverlust, Namens- und Wappenfragen etc. (I. HA, Rep. 77, 89 und 176) – wertvolle Aufschlüsse nicht nur über die Adelspolitik der preußischen Regierung, sondern auch über die spezifische Interessenpolitik schlesischer Adelshäuser nach dem Übergang des Oderlandes an den Hohenzollernstaat geben. Der dritte wesentliche Komplex betrifft die gesamte Regulierungs- und Ablösungsproblematik (I. HA, Rep. 87b), also eine sozioökonomische Herausforderung für den grundbesitzenden Adel Schlesiens. Bereits die gründliche Untersuchung Georg Friedrich Knapps zur praktischen Umsetzung der Bauernbefreiung[25] bediente sich überwiegend des im Geheimen Staatsarchiv gelagerten Materials. Von dieser Thematik kaum zu trennen ist der Kampf um die allgemeine Privilegienwirtschaft des preußischen Adels. Zu einem wesentlichen Teil aus den Dahlemer Akten gearbeitet ist beispielsweise Monika Wienforts Studie zur Patrimonialgerichtsbarkeit;[26] diese von in gutsherrlichen Diensten stehenden Justitiaren ausgeübte Form der Rechtsprechung hatte in Schlesien vor 1848 ihre Hochburg. Zum vierten ist die Frage spezifisch adeliger Rechts- und Besitzformen, also in erster Linie der Fideikommisse, in Betracht zu ziehen. Unter Verwendung von Beständen des Geheimen Staatsarchivs ist bereits eine umfangreiche Studie entstanden, die die Problematik, auf ganz Deutschland bezogen, aus einer rechtshistorischen Perspektive heraus betrachtet.[27] Speziell für Schlesien, wo im 19. Jahrhundert ein größerer Anteil der landwirtschaftlichen Fläche fideikommissarisch gebunden war als in irgend-

---

24 Dietsch, Uwe: Die Nachlässe im Geheimen Staatsarchiv Preußischer Kulturbesitz. Probleme und Aufgaben. In: Kloosterhuis (Hg.): Aus der Arbeit, 201-238 (eine Auflistung sämtlicher Nachlässe ebd., 218-238).

25 Knapp, Georg Friedrich: Die Bauern-Befreiung und der Ursprung der Landarbeiter in den älteren Theilen Preußens, Bd. 1-2. Leipzig 1887 (Verzeichnis der benutzten Akten in Bd. 1, 341-345).

26 Wienfort, Monika: Patrimonialgerichte in Preußen. Ländliche Gesellschaft und bürgerliches Recht 1770–1848/49. Göttingen 2001 (Kritische Studien zur Geschichtswissenschaft 148).

27 Eckert, Jörn: Der Kampf um die Familienfideikommisse in Deutschland. Studien zum Absterben eines Rechtsinstituts. Frankfurt am Main u. a. 1992 (Rechtshistorische Reihe 104).

einem anderen Teil Preußens,[28] bieten sich auf der Grundlage der Berliner Akten (I. HA, Rep. 84a und 87b) vielfältige Ansatzpunkte für weitere Forschungen auf diesem Gebiet. Fünftens schließlich wurden, da die entsprechenden Breslauer Bestände verloren sind, von Roland Gehrke unlängst die im Geheimen Staatsarchiv lagernden schlesischen Provinzialständeakten ausgewertet.[29]

So erfüllt das Geheime Staatsarchiv Preußischer Kulturbesitz nicht zuletzt auch eine gewisse Auffangfunktion angesichts der gravierenden Kriegsverluste, die im Breslauer Staatsarchiv bzw. in anderen schlesischen Archiven vielfach zu beklagen sind. Wenn das Oderland in der Gesamtheit der Berliner Bestände auch eine eher untergeordnete Rolle spielt, so dürfte sich mit deren Hilfe in Zukunft doch noch manche Quellenlücke zur Geschichte Schlesiens zumindest notdürftig schließen lassen.

---

28 Vgl. den Beitrag des Verfassers „Besitztypen – Wirtschaftsformen – Einnahmequellen: Die ökonomischen Grundlagen des schlesischen Adels vom hochmittelalterlichen Landesausbau bis ins 20. Jahrhundert" in diesem Band.

29 Gehrke, Roland: Landtag und Öffentlichkeit. Provinzialständischer Parlamentarismus in Schlesien 1825–1845. Köln/Weimar/Wien 2009 (Neue Forschungen zur Schlesischen Geschichte 17).

Alexander Schunka

Herzog August Bibliothek Wolfenbüttel

A. Gesamtgeschichte und Bedeutung

Die Herzog August Bibliothek Wolfenbüttel ist eine außeruniversitäre Forschungs-
einrichtung des Landes Niedersachsen, deren Schwerpunkt in der Erforschung der
europäischen Kulturgeschichte liegt. Neben ihren bibliothekarischen Aufgaben ist
sie Veranstaltungsort zahlreicher internationaler Tagungen, Kongresse und Ausstellungen, Heimstätte verschiedener fachwissenschaftlicher Arbeitskreise, Herausgebe-
rin mehrerer Schriftenreihen und Zeitschriften, sie bietet ein Stipendienprogramm
und dient als Treffpunkt internationaler Gastwissenschaftler.

Der umfangreiche Bibliotheksbestand geht auf eine Gründung Herzog Julius' von
Braunschweig-Lüneburg (1528/68–1589) zurück („Bibliotheca Julia"), die durch
Erbschaften und systematische Zukäufe erweitert wurde: insbesondere unter August
dem Jüngeren von Braunschweig-Lüneburg (1579/1634–1666), der für sein euro-
paweites Netz von Buchagenten berühmt war. Die geschlossene Fürstenbibliothek
von 135.000 Titeln in 35.000 Bänden, die mit einem einheitlichen, hauseigenen
Einband versehen wurden, bildet den Kern des historischen Buchbestands der Herzog August Bibliothek. Gottfried Wilhelm Leibniz und Gotthold Ephraim Lessing
wirkten im 18. Jahrhundert als Bibliothekare in Wolfenbüttel, was sich auch in der
Bestandsgeschichte und Erwerbungspolitik nachvollziehen läßt. In der Folge wurde
der Buchbesitz durch Gelehrten- und Fürstenbibliotheken sowie besonders 1913
durch die Übernahme großer Teile der Bibliothek der 1810 aufgelösten Universität
Helmstedt erweitert. Während ab 1800 die Bedeutung der Bibliothek deutlich zu-
rückgegangen war, hat sich die Herzog August Bibliothek seit der zweiten Hälfte des
20. Jahrhunderts auch über die unmittelbare Fachöffentlichkeit hinaus den Ruf der
wichtigsten Forschungsstätte für die Kulturgeschichte der europäischen Frühneuzeit erworben. Unter den bisher insgesamt 1,3 Mio. Medien der Bibliothek (Stand:
2007) nehmen neben den 12.000 Handschriften gerade die deutschen Drucke des
17. Jahrhunderts mit rund 110.000 Exemplaren (bei einem Bestand von 150.000
Drucken aus dieser Zeit insgesamt) einen besonderen Platz ein. Die Digitalisierung
zentraler Handschriften und Drucke schreitet zudem laufend fort.

Die Bibliothek besitzt als Alleinstellungsmerkmal innerhalb der Arbeitsgemeinschaft Sammlung deutscher Drucke die Aufgaben einer deutschen Nationalbibliothek des 17. Jahrhunderts und baut diesen Schwerpunkt systematisch aus. Damit
kommt ihr gerade für die historische, ideengeschichtliche, literarhistorische, buch-
wissenschaftliche sowie theologische Barockforschung Schlesiens ein besonderer
Rang zu.

Herzog August Bibliothek, Postfach 1364, D-38299 Wolfenbüttel [Lessingplatz 1, D-38304 Wolfenbüttel], Tel.: 05331-808-0 (Zentrale), -312 (Katalogauskunft), Fax: 05331-808-173, E-Mail: auskunft@hab.de, Homepage: http://www.hab.de [Zugriff am 05.08.2008]. Möglichkeit der Recherche gedruckter Bestände über OPAC sowie Gemeinsamen Verbund-Katalog GBV (http://www.gbv.de), VD16 und VD17 (http://www.vd16.de; http://www.vd17.de).[1] Weitere Findbücher und Sonderkataloge sind teilweise digitalisiert und online zugänglich.

Auswahlliteratur: Fabian, Bernhard (Hg.): Handbuch der historischen Buchbestände in Deutschland, Bd. 2,2: Niedersachsen H–Z. Hg. v. Paul Raabe. Hildesheim u. a. 1998, 208-253; Ruppelt, Georg/Solf, Sabine (Hg.): Lexikon zur Geschichte und Gegenwart der Herzog August Bibliothek. Wiesbaden 1992; Kataloge der Herzog August Bibliothek Wolfenbüttel, mehrere Reihen, teilw. Nachdrucke. Frankfurt am Main 1963–1993.

B. Bestandsgliederung

Die Altbestände der Bibliothek sind bis heute zum Großteil nach ihrem historischen Entstehungszusammenhang bzw. nach entsprechenden Sachgruppen frühneuzeitlicher Gelehrsamkeit gegliedert. Die Bedeutung der Bibliothek für Forschungen zum schlesischen Adel liegt nicht so sehr in herausgehobenen Einzelbereichen schlesischer Provenienz als vielmehr in der Kombination reichhaltigster Manuskript- und Druckbestände der Frühen Neuzeit. Zahlreiche Anschlußmöglichkeiten machen diese Materialien für Forschungen zum schlesischen Adel vor allem des Barockzeitalters gleichsam unverzichtbar.

Die Drucke der Herzog August Bibliothek gliedern sich in vier Hauptbestände (Augusteer, Helmstedter, Mittlere Aufstellung sowie Neuerwerbungen seit 1950) und verschiedene Sondersammlungen. Hervorzuheben sind zahlreiche Erstausgaben wichtiger schlesischer Barockschriftsteller (Andreas Gryphius, Daniel Caspar von Lohenstein, Martin Opitz etc.; Signaturengruppe Lo), ferner Genealogien und Adelshandbücher, Landesbeschreibungen und historisch-statistische Werke, außerdem eine umfassende Sammlung an Drucken der Jurisprudenz, Rechts- und Verwaltungsgeschichte der Frühen Neuzeit. Im Rahmen schlesienrelevanter Druckwerke darf das Augenmerk allerdings nicht nur den Inhalten selbst, es muß auch den Widmungen und Paratexten gelten, da jene über die Benutzung, Reichweite und Rezipientenkreise sowie über Aspekte des Mäzenatentums im Rahmen einer gebildeten schlesischen Adelskultur Auskunft geben. Umfangreiche Sammlungen von Porträts,

---

1　Aktuell werden Dünnhaupts „Personalbibliographien des Barock" digitalisiert und mit dem VD17 zusammengeführt: http://www.hab.de/forschung/projekte/duennhaupt.htm [Zugriff am 05.08.2008]. Vgl. bisher: Deutsche Drucke des Barock 1600–1720. Katalog der Herzog August Bibliothek Wolfenbüttel. Hg. v. Martin Bircher, fortgeführt v. Thomas Bürger, Bd. 1-46. München u. a. 1977–2000.

Karten sowie Flugblättern weisen darüber hinaus verschiedene Bezüge zum schlesischen Adel auf.[2]

Von ihrem allgemeinen Wert abgesehen verdienen die folgenden Bestandsgruppen bzw. Sammlungen der Bibliothek für die schlesische Adelsforschung gesonderte Beachtung:

Leichenpredigten-Sammlungen

Ein besonderes Prunkstück der Herzog August Bibliothek sind ihre Sammlungen von Leichenpredigten, die in der Forschung der letzten Jahrzehnte zu einer kulturgeschichtlichen Quelle ersten Ranges geworden sind. Die Stolberg-Stolberg'sche Leichenpredigten-Sammlung wird als Depositum seit 1977 in der Herzog August Bibliothek verwahrt. Darin nimmt Schlesien nach dem mitteldeutschen Raum zahlenmäßig eine herausgehobene Stellung ein. Verweise auf schlesische Geburts- oder Sterbeorte gehen in die Hunderte.[3] Zu den etwa 20.000 Leichenpredigten der Stolberger Sammlung kommen rund 13.000 weitere Leichenpredigten und Personalschriften in den regulären Beständen der Bibliothek, auf die ebenso wie auf das Stolberger Depositum über die Datenbank GESA der Marburger Forschungsstelle für Personalschriften,[4] aber auch gesondert zugegriffen werden kann.[5] Damit stellt Wolfenbüttel ein erstrangiges Ziel für personengeschichtliche Forschung anhand von Leichenpredigten des schlesischen Raums dar. Hinzu kommt, daß im Rahmen der Digitalisierungsaktivität in zunehmendem Maße auch schlesische Leichenpredigten und Personalschriften (Johann Heermann, Martin Opitz usw.) im Volltext über die Wolfenbütteler Digitale Bibliothek (WDB) online und kostenfrei zugänglich gemacht werden.[6]

Polonica

Die Polonica der Herzog August Bibliothek sind kein eigener Bestand, sie dürften allerdings zu den größten Sammlungen polenrelevanter frühneuzeitlicher Literatur außerhalb Polens gehören. Ihre Titelblattverzeichnung rührt aus einer Kooperation mit der Biblioteka Jagiellońska in Krakau (poln. Kraków) her.[7] Die Polonica umfassen

---

2 Katalog der graphischen Porträts in der Herzog August Bibliothek Wolfenbüttel 1500–1850, Reihe A: Die Porträtsammlung. Bearb. v. Peter Mortzfeld, bisher Bd. 1-50. München u. a. 1986–2008; Kartensammlung: Karteikatalog sowie Kartendatenbank IKAR: http://www.hab.de/bibliothek/sammlungen/bestaende/mss/karten.htm [Zugriff am 05.08.2008]; Harms, Wolfgang (Hg.): Deutsche illustrierte Flugblätter des 16. und 17. Jahrhunderts. Die Sammlung der Herzog August Bibliothek, Bd. 1-3. Tübingen 1985–1989.

3 Arnswaldt, Werner Konstantin von (Hg.): Katalog der fürstlich Stolberg-Stolberg'schen Leichenpredigten-Sammlung, Bd. 1-4. Leipzig 1927–1935.

4 http://web.uni-marburg.de/fpmr [Zugriff am 05.08.2008].

5 http://avanti.hab.de/hab_db/lpx/html/start_ger.html [Zugriff am 05.08.2008].

6 http://www.hab.de/bibliothek/wdb/suche.htm [Zugriff am 05.08.2008] (oder über OPAC). Bisher handelt es sich um ca. 150 Leichenpredigten, die als Volltexte zugänglich sind (Stand: August 2008).

7 Polnische Drucke und Polonica 1501–1700. Katalog der Herzog August Bibliothek Wolfenbüttel. Bearb. v. Małgorzata Gołuszka und Marian Malicki, Bd. 1-2 in insgesamt 5 Teilbd. München u. a. 1992–1994.

Drucke in polnischer, deutscher, lateinischer, aber auch hebräischer Sprache aus oder bezogen auf Polen-Litauen nach den Grenzen des 16. Jahrhunderts. Ausdrücklich nicht berücksichtigt wurden Silesiaca, was allerdings wiederum nicht heißt, daß im Umkreis grenzüberschreitend vernetzter Adelshäuser die Polonica-Sammlung nicht faktisch auch reichhaltige Quellen zum schlesischen Adel bietet, schon allein weil sich unter den polenrelevanten Schriften eine ganze Reihe mit schlesischen Druckorten befindet. In Teilen geht der Polonica-Besitz bis auf die jagiellonische Gattin Herzog Heinrichs des Jüngeren von Braunschweig-Wolfenbüttel, Sophie (1522–1575), zurück,[8] ansonsten auf Matthias Flacius (Illyricus) sowie auf Erwerbungen und Schenkungen seit der Zeit Herzog Augusts des Jüngeren.

Handschriften und Sondersammlungen
Nachlaß Friedrich August von Braunschweig-Oels
Über die Tochter des letzten württembergischen Herzogs von Münsterberg-Oels fielen die schlesischen Herzogtümer Oels und Bernstadt 1792 an deren Gemahl Friedrich August von Braunschweig-Wolfenbüttel (-Oels, 1740/92–1805), dessen Nachlaß sich in der Bibliothek befindet und in den Handschriftenbestand Cod. Nov. eingegangen ist.[9]

Autographen, Nachlässe, Briefsammlungen
Die Herzog August Bibliothek verfügt über einige, meist kleinere (Teil-) Nachlässe, Autographen- und Briefsammlungen (u. a. von Jakob Böhme), die auch für die schlesische Adelsgeschichte von Relevanz sind. Gerade über einzelne Korrespondenzen lassen sich Netzwerke und Kontakte nach Schlesien rekonstruieren, die hinsichtlich der religiösen und geistesgeschichtlichen Dispositionen innerhalb der schlesischen Adelskultur aufschlußreich sein können.[10]

von Wallenberg-Fenderlinsche Bibliothek
Als Dauerleihgabe der Gemeinschaft Evangelischer Schlesier e. V. befindet sich seit 1987 die von Wallenberg-Fenderlinsche Bibliothek aus Landeshut (poln. Kamienna Góra) in Wolfenbüttel, die vor allem Briefe und Schriftstücke aus der Reformationszeit enthält.[11]

---

8 Pirozyński, Jan: Die Herzogin Sophie von Braunschweig-Wolfenbüttel aus dem Hause der Jagiellonen (1522–1575) und ihre Bibliothek. Ein Beitrag zur Geschichte der deutsch-polnischen Kulturbeziehungen in der Renaissancezeit. Wiesbaden 1992 (Wolfenbütteler Schriften zur Geschichte des Buchwesens 18).

9 Digitalisiertes, handschriftliches Verzeichnis dieser Handschriftengruppe: http://diglib.hab.de/ mss/158-noviss-2f/start.htm [Zugriff am 05.08.2008].

10 Goetting, Gerburg: Verzeichnis der Nachlässe des 16. bis 20. Jahrhunderts in der Herzog August Bibliothek Wolfenbüttel. Wolfenbüttel 1961 [masch.]; Buddecke, Wolfram: Die Jakob-Böhme-Autographen, ein historischer Bericht. In: Wolfenbütteler Beiträge 1 (1972) 61-87.

11 Maschinenschriftliches Verzeichnis vor Ort (Cod. 108 und 109 Noviss. 2°).

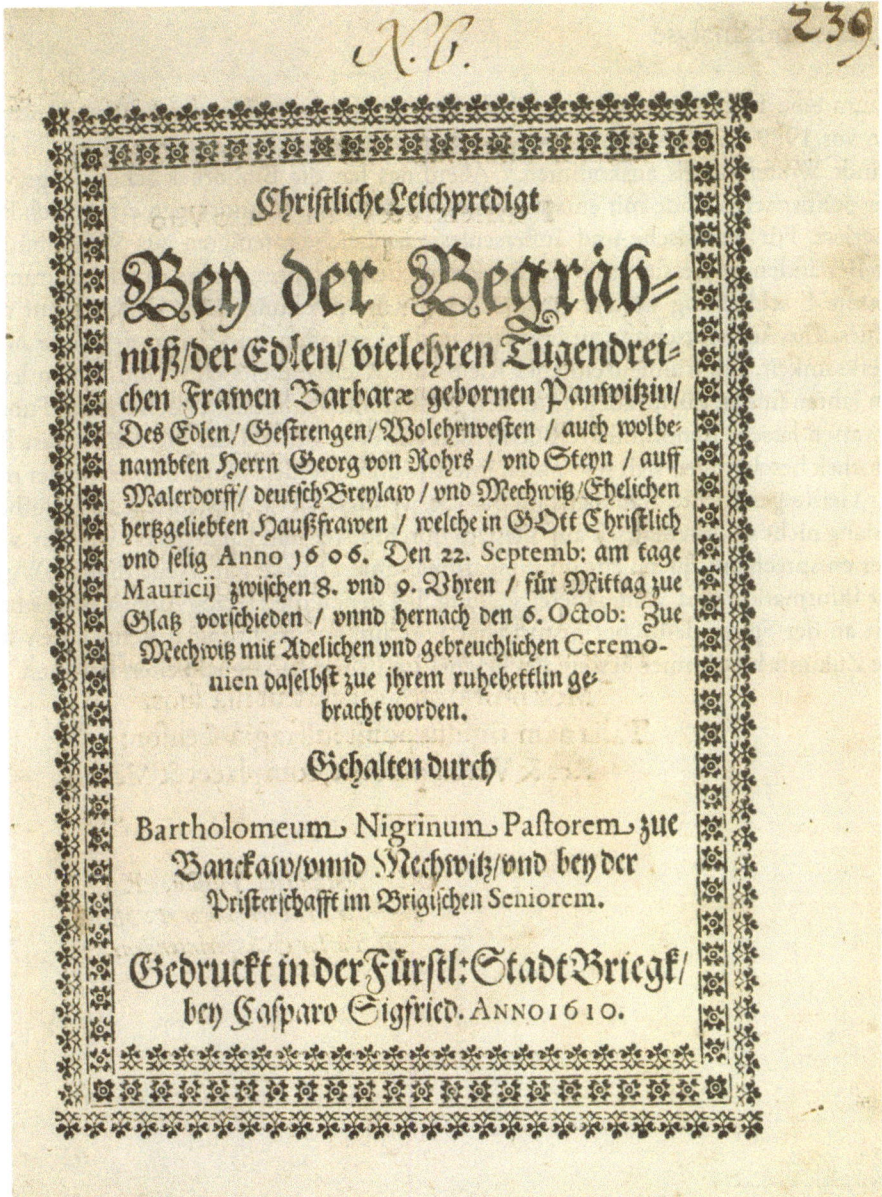

Leichenpredigt für Barbara von Rohr und Stein, geb. Pannwitz († 1606), gehalten durch den reformierten Geistlichen Bartholomäus Nigrinus (1595–1646). Die Verstorbene war Protestantin und durch Geburt und Heirat Angehörige zweier alter und bedeutender schlesischer Adelsgeschlechter. Ihre Leichenpredigt bietet einen anschaulichen Zugang zur Lebenswelt adeliger Frauen im Schlesien der Frühen Neuzeit. Der Verfasser der Predigt, ein Freund des schlesischen Dichters Martin Opitz, verfügte auch als späterer Pfarrer in Danzig über ausgezeichnete Verbindungen zur Gelehrtenwelt Ostmitteleuropas sowie zur Bewegung der Rosenkreuzer.
Bildnachweis: Herzog August Bibliothek Wolfenbüttel, Sign. Xb 2451.

C. Bestandsanalyse

Kaum eine Untersuchung zur schlesischen Geistesgeschichte der Frühen Neuzeit, die vor 1989 westlich des Eisernen Vorhangs entstanden ist, konnte ohne die Bestände Wolfenbüttels auskommen.[12] Allerdings hat die Bibliothek schon lange vor der politischen Wende mit entsprechenden polnischen Institutionen erfolgreich kooperiert. Für schlesische und außerschlesische Leichenpredigten aus Wolfenbütteler Beständen interessiert sich die Forschung bereits länger, wobei durch die immer bessere Erschließung weitere entsprechende Untersuchungen im Hinblick auf die schlesische Adelsforschung zu erwarten und zu erhoffen sind.[13] Die steigende Aufmerksamkeit, die frühneuzeitliches Klein- und Gelegenheitsschrifttum in den letzten Jahren findet, dürfte auch unter den Wolfenbütteler Silesiaca noch weitere Funde erwarten lassen. Renommierte Buchreihen aus dem Umfeld der Herzog August Bibliothek beschäftigen sich seit Jahren intensiv und interdisziplinär immer wieder mit der Geistesgeschichte Schlesiens im Barock, wenngleich die Bestände der Bibliothek bislang nicht so systematisch auf Silesiaca durchforstet und katalogisiert wurden, wie dies entsprechend für polen- und ungarnrelevante Drucke gilt. Neue digitale Wege der Information und Volltextbereitstellung, bei denen die Herzog August Bibliothek mit an der Spitze deutscher historischer Forschungseinrichtungen steht, lassen für die Zukunft hier immer bessere Recherche- und Zugriffsmöglichkeiten erwarten.

---

12 Zur Bedeutung der Wolfenbütteler Bestände für die schlesische Buchgeschichte vgl. neben anderen Koppitz, Hans-Joachim: Die Vermittlerrolle schlesischer Verlage für die Verbreitung der Barockliteratur. In: Jahrbuch der Schlesischen Friedrich-Wilhelms-Universität zu Breslau 38/39 (1997/98) 405-432 sowie zahlreiche Beiträge in den Sammelbänden der „Wolfenbütteler Forschungen".

13 Wilckens, Hans Jürgen von: Schlesische Leichenpredigten, Trauerreden und Abdankungen des 17. Jhs. aus der Herzog-August-Bibliothek in Wolfenbüttel. Dortmund 1974 (Veröffentlichungen der Forschungsstelle Ostmitteleuropa B 26). Vgl. zur adeligen Leichenpredigt Moore, Cornelia Niekus: Patterned Lives. The Lutheran funeral biography in early modern Germany. Wiesbaden 2006 (Wolfenbütteler Forschungen 111).

Albrecht Ernst

Hauptstaatsarchiv Stuttgart

A. Gesamtgeschichte und Bedeutung

Das Hauptstaatsarchiv Stuttgart geht in seinen Anfängen auf die landesherrliche „Hofregistratur" zurück, die sich im 15. Jahrhundert von der Regierungskanzlei der Grafen von Württemberg löste. Es entstand ein sogenanntes Auslesearchiv, in das fortan die staatsrechtlich wichtigen Urkunden, politisch bedeutsame Akten, vor allem territoriale Besitznachweise und geheime Papiere aufgenommen wurden. Die Masse des Verwaltungsschriftgutes blieb hingegen in den Registraturen der Behörden liegen. Untergebracht im Stuttgarter Alten Schloß, behielt das nach Sachgebieten geordnete Archiv seinen Elitecharakter bis ins 19. Jahrhundert.

Nach den Gebietserwerbungen des Spätmittelalters war es in erster Linie die Reformation, die dem Archiv durch die Auflösung von Klöstern und Stiften beträchtlichen Zuwachs bescherte. Der territoriale Umbruch in der Zeit Napoleons, die Vergrößerung des Landes auf das Doppelte und die Neuorganisation der staatlichen Verwaltung hatten massive Auswirkungen auf die Tätigkeit der Archivare, galt es doch, die Archive der einverleibten neuwürttembergischen Territorien, der säkularisierten Klöster und mediatisierten Herrschaften, zu übernehmen und zu sichern. Im Jahr 1826 bezog das Königlich Württembergische Haus- und Staatsarchiv, das nunmehr für die Überlieferung des Kabinetts, des Geheimen Rats und der Ministerien zuständig war, einen Neubau an der Stuttgarter Neckarstraße. Das Gros der neuwürttembergischen Bestände und das Schriftgut der nachgeordneten Behörden gelangten in das Staats(filial)archiv Ludwigsburg.

Im Zweiten Weltkrieg wurde das Gebäude des (seit 1938 so benannten) Hauptstaatsarchivs schwer beschädigt. Durch rechtzeitige Auslagerungen konnten gravierende Verluste an Archivalien vermieden werden; dagegen ging ein großer Teil des noch in den Ministerien lagernden Registraturguts des 19. und 20. Jahrhunderts unwiederbringlich verloren. An der Stelle des zerstörten Archivgebäudes erstand bis zum Jahr 1969 ein moderner Neubau. Seit 1952 ist das Hauptstaatsarchiv zuständig für die Überlieferung der Ministerien des Landes Baden-Württemberg. Es verwahrt die historischen Bestände der Grafschaft beziehungsweise des Herzogtums Württemberg bis 1806, der württembergischen Zentralbehörden des 19. und 20. Jahrhunderts sowie der Anfang des 19. Jahrhunderts säkularisierten und mediatisierten Herrschaften und Reichsstädte in Südwürttemberg. Diese Überlieferung wird ergänzt durch vielfältige Unterlagen nichtstaatlicher Herkunft von landesweiter Bedeutung.

Seit 2005 ist das Hauptstaatsarchiv Stuttgart eine Abteilung des Landesarchivs Baden-Württemberg. In seinen Magazinen wird Archivgut im Gesamtumfang von 23.000 Regalmetern aufbewahrt, darunter 105.500 Urkunden sowie 69.500 Karten und Pläne. Für über 30 Prozent der Bestände liegen elektronische Findmittel vor, die im Internet recherchierbar sind.

Hauptstaatsarchiv Stuttgart, Konrad-Adenauer-Straße 4, D-70173 Stuttgart, Tel.: 0711-212-4335, Fax: 0711-212-4360, E-Mail: hstastuttgart@la-bw.de, Homepage: http://www.landesarchiv-bw.de/hstas [Zugriff am 28.08.2009].

Auswahlliteratur: Maurer, Hans-Martin u. a. (Bearb): Übersicht über die Bestände des Hauptstaatsarchivs Stuttgart. Altwürttembergisches Archiv (A-Bestände). Stuttgart ²1999 (Veröffentlichungen der Staatlichen Archivverwaltung Baden-Württemberg 32); dies. (Bearb): Übersicht über die Bestände des Hauptstaatsarchivs Stuttgart. Sonderbestände. Stuttgart 1980 (Veröffentlichungen der Staatlichen Archivverwaltung Baden-Württemberg 35); Das staatliche Archivwesen in Baden-Württemberg. Aufgaben, Organisation, Archive. Hg. von der Landesarchivdirektion Baden-Württemberg. Stuttgart 1981; Gönner, Eberhard (Bearb.): Das Hauptstaatsarchiv Stuttgart. Seine Bestände und seine Aufgaben. Stuttgart 1969.

B. Bestandsgliederung

Das Hauptstaatsarchiv Stuttgart ist ein unverzichtbarer Quellenspeicher für die Erforschung der südwestdeutschen Landesgeschichte. In seinen verschiedenen Beständeserien sind Unterlagen über Schlesien kaum zu erwarten, und doch haben einstige dynastische Verbindungen ihre Spuren in der Überlieferung des Württembergischen Hausarchivs hinterlassen: Gab es schon im 13. und 16. Jahrhundert Konnubien zwischen dem Haus Württemberg und den Herzögen von Liegnitz, so markierte die Heirat des Herzogs Silvius Nimrod (1622–1664) mit Herzogin Elisabeth Marie von Münsterberg-Oels (1625–1686), der Erbin des Fürstentums Oels, 1647 den Beginn einer fast dreihundertjährigen württembergischen Herrschaft in Schlesien. Die Erste Schlesische Linie des Hauses Württemberg, die sich zeitweise in die Familienzweige Oels, Bernstadt und Juliusburg teilte, bestand von 1648 bis 1792.[1] Die Zweite Schlesische Linie verlagerte ihre Residenz, nachdem das Fürstentum Oels 1795 in weiblicher Erbfolge an Braunschweig übergegangen war, in die oberschlesische Planstadt Carlsruhe. Auch nach dem Aussterben dieser Seitenlinie (1903) verblieb die Herrschaft Carlsruhe als einstiger Allodialbesitz bis 1945 beim Haus Württemberg.[2]

Im Stuttgarter Hausarchiv (G-Bestände) haben sich Dokumente zu mehr als zwei Dutzend Angehörigen des Hauses Württemberg, namentlich der Linien Oels und Carlsruhe, erhalten, die schlesische Bezüge aufweisen.[3] Einige Beispiele sollen diese Quellengattung verdeutlichen:

- G 64 Anna, Herzogin von Liegnitz, Tochter Herzog Christophs von Württemberg (1561–1616): Heiraten, Widdumgut Wohlau, Tod, 1582–1616, 0,25 laufende Meter

---

1 Schukraft, Harald: Die Erste Schlesische Linie (Linie Oels) 1648–1792. In: Lorenz, Sönke u. a. (Hg.): Das Haus Württemberg. Ein biographisches Lexikon. Stuttgart 1997, 201-218.
2 Bobowski, Kazimierz: Die Zweite Schlesische Linie (Linie Carlsruhe) 1795–1903. Ebd., 362-375.
3 Im einzelnen sind folgende Bestände des Hausarchivs zu benennen: G 64, 99, 100, 127, 129, 130, 132-135, 139, 140, 177, 205, 206, 210, 217, 224, 250, 277-280, 283, 311, 312, 316, 318, 325.

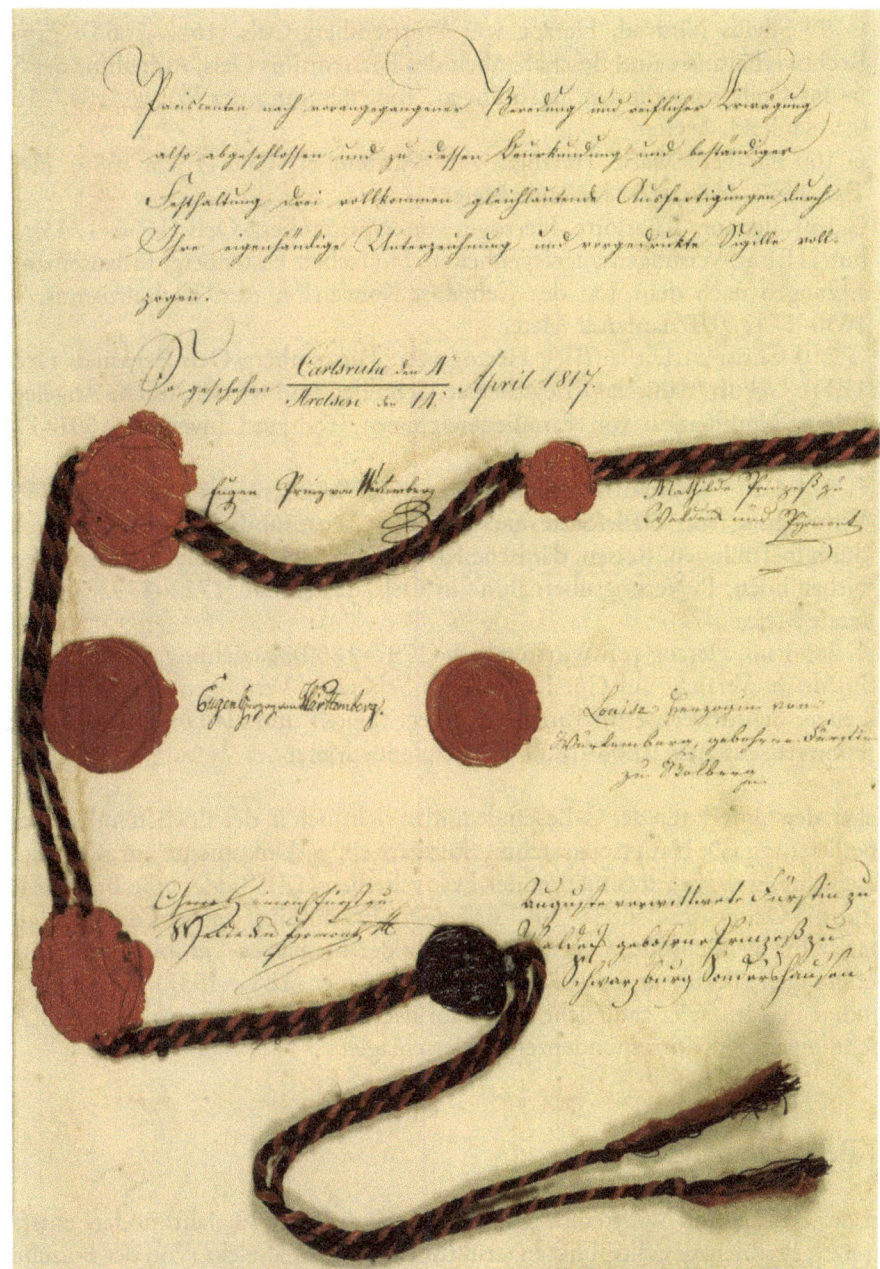

Ehevertrag zwischen Prinz Eugen von Württemberg und Prinzessin Mathilde von Waldeck-Pyrmont,
ausgefertigt in Carlsruhe/Schlesien und Arolsen am 4./14. April 1817. Das acht Seiten zählende Dokument trägt die Unterschriften und Lacksiegel des Brautpaares, der Eltern des Bräutigams sowie des
ältesten Bruders der Braut und der verwitweten Brautmutter. Eingebunden ist der Vertrag in einen
goldfarbenen Seideneinband mit schwarzen und roten Schmuckbändern.
Bildnachweis: Hauptstaatsarchiv Stuttgart, Sign. G 278 U 465.

- G 99 Silvius Nimrod, Herzog von Württemberg-Oels (1622–1664): Erwerb, Rechtsverhältnisse und Beschaffenheit des Fürstentums Oels, Aufnahme der Söhne ins Collegium Illustre in Tübingen, Tod, Beratung der Witwe, 1647–1673, 0,15 laufende Meter
- G 100 Elisabeth Marie, Herzogin von Württemberg-Oels (1625–1686): Heirat, Tod, 1647–1686, 0,01 laufende Meter
- G 130 Eleonore Charlotte, Herzogin von Württemberg-Oels (1656–1743): Geburt, Heirat, Vermögensangelegenheiten, Herrschaft Festenberg, Erbauseinandersetzungen nach dem Tod des Gemahls, Konversion zum Katholizismus, Tod, 1656–1743, 0,97 laufende Meter
- G 210 Christian Ulrich (II.), Herzog von Württemberg-Oels-Bernstadt (1691–1734): Geburt, dänische Kriegsdienste, Schulden und wirtschaftliche Angelegenheiten, Notifikation von Familienereignissen, Tod und Inventur, 1691–1756, 0,12 laufende Meter
- G 224 Carl Christian Erdmann, Herzog von Württemberg-Oels (1716–1792): Verbringung von Halle/Saale nach Stuttgart, Vormundschaft, Erziehung, Studium in Tübingen, Reisen, dänische Kriegsdienste, Verzicht auf Erbansprüche an Nebenlinien, Regierungsübernahme in Oels, Testament, 1722–1792, 0,15 laufende Meter
- G 283 Paul, Herzog von Württemberg (1797–1860): Erziehung, Briefe an König Friedrich, Verzicht auf Gut Luisental in Schlesien, Vermögen und Verbindlichkeiten, Schriftwechsel in Familienangelegenheiten und als Forschungsreisender, Hinterlassenschaft, 1808–1860, 0,65 laufende Meter

Neben den Unterlagen der G-Bestände finden sich auch in der altwürttembergischen Überlieferung des Hauptstaatsarchivs Stuttgart einige Dokumente zur schlesischen Geschichte, so etwa zur Situation der Evangelischen (1717) oder eine Brandkollekte für die Oelser Residenz (1730).[4] Besondere Erwähnung verdient das im Hauptstaatsarchiv als Depositum verwahrte Archiv der Freiherren Varnbüler von und zu Hemmingen (P 10), unterhielt doch Axel Varnbüler (1851–1937) als preußischer Landrat in Tarnowitz zahlreiche Kontakte nach Schlesien, die sich in seinen Aufzeichnungen und Korrespondenzen niederschlagen.

C. Bestandsanalyse

Bei der Bildung des Württembergischen Hausarchivs im 19. Jahrhundert entstand ein nach Pertinenzgesichtspunkten strukturiertes Personalselekt. Von der Forschung wurden die kleinen Einzelbestände zu den „schlesischen Württembergern" in erster Linie zu biographischen Studien herangezogen. Hinsichtlich ihrer Provenienz gehören diese Unterlagen fast ausschließlich in den Kontext des Stuttgarter Hofes. Sie

---

4 Hauptstaatsarchiv Stuttgart, A 96 Bü 28.

finden ihre Gegenüberlieferung in den Beständen des Breslauer Staatsarchivs. Die neu erschlossenen Papiere aus dem Besitz des Freiherrn Axel Varnbüler von und zu Hemmingen stellen eine bemerkenswerte, bisher kaum ausgewertete Quelle über das gesellschaftliche Leben in Schlesien zwischen 1890 und dem Beginn des Ersten Weltkriegs dar.

Karen Lambrecht

Hohenlohe-Zentralarchiv Neuenstein

A. Gesamtgeschichte und Bedeutung

Im Hohenlohe-Zentralarchiv Neuenstein lagert die Überlieferung der Grafen und Fürsten von Hohenlohe, die ursprünglich nicht in Schlesien ansässig waren, sondern als Erben dorthin kamen. Nach 1945 wurden in Neuenstein die Archive der verschiedenen Linien dieses seit Mitte des 12. Jahrhunderts belegten Adelsgeschlechts zusammengefaßt. Das Archiv befindet sich nach wie vor im Eigentum der heutigen sechs Linien des Hauses Hohenlohe, wird aber als Außenstelle der Abteilung Staatsarchiv Ludwigsburg vom Landesarchiv Baden-Württemberg betreut. Die acht Linienarchive (Hohenlohe-Bartenstein, Hohenlohe-Jagstberg, Hohenlohe-Kirchberg, Hohenlohe-Langenburg, Hohenlohe-Oehringen, Hohenlohe-Schillingsfürst, Hohenlohe-Waldenburg und Hohenlohe-Weikersheim) enthalten im Kern vor der Mediatisierung von 1806 Unterlagen der gräflichen und seit dem 18. Jahrhundert fürstlichen Regierungen, der Kammern (Finanzangelegenheiten), der Konsistorien (Kirche und Schule) und der Ämter als Lokalbehörden. Für das 19. und 20. Jahrhundert besteht die Überlieferung im wesentlichen aus Unterlagen der Domänenkanzleien, Rentämter und Forstverwaltungen. Nachlässe von Mitgliedern der fürstlichen Familie, die mitunter bedeutende Positionen im Heiligen Römischen Reich oder bei den Großmächten des 18. und 19. Jahrhunderts innehatten, ergänzen diese relativ geschlossene Quellenüberlieferung. Hervorzuheben sind die in einigen Linienarchiven enthaltenen bedeutenden Karten- und Musikaliensammlungen. Vor allem Friedrich Ludwig zu Hohenlohe-Ingelfingen (1746–1818) hat als Generalinspektor der niederschlesischen Infanterie reiches handschriftliches Kartenmaterial hinterlassen. Das für alle hohenlohische Linien gemeinschaftliche Hausarchiv enthält die ältesten Urkunden der Hohenlohe, das Lehensarchiv, die Senioratsbestände sowie gemeinschaftliche Sammlungen (Karten, Handschriften, Leichenpredigten, Nachlässe). Besonders zu erwähnen ist das Archiv der Herrschaft Weinsberg, in dem sich auch der Nachlaß des Reichserbkämmerers Konrad von Weinsberg (ca. 1370–1448) befindet.

Hohenlohe-Zentralarchiv, Schloß, D-74632 Neuenstein, Tel.: 07942-2277, Fax: 07942-4295, E-Mail: hzaneuenstein@la-bw.de, Homepage: http://www.landesarchiv-bw.de [Zugriff am 27.07.2009]. Möglichkeit der Recherche über Online-Findbücher.

Auswahlliteratur: Taddey, Gerhard: Das Hohenlohe-Zentralarchiv in Neuenstein. In: Beiträge zur Landeskunde. Regelmäßige Beilage im Staatsanzeiger für Baden-Württemberg 6 (1972) 8-13; Hohenlohe-Zentralarchiv Neuenstein. Gesamtübersicht der Bestände. Stand: 1. Januar 2001. Bearb. v. Peter Schiffer und Wilfried Beutter. Stuttgart 2002 (Werkhefte der Staatlichen Archivverwaltung Baden-

Württemberg D 1); Inventar der handschriftlichen Karten im Hohenlohe-Zentralarchiv Neuenstein. Bearb. v. Karl Schumm. Stuttgart 1961 (Inventare der nichtstaatlichen Archive in Baden-Württemberg 8) [Schlesische Karten, 88-109, Nr. 619-764].

B. Bestandsgliederung

Das Hohenlohe-Zentralarchiv ist in seltener Vollständigkeit erhalten, hat weder große Kriegsverluste noch unsachgemäße Kassationen erlebt. Die für den Hohenlohe-Oehringer Fürstenkonzern wichtigen Akten der Berliner Generalverwaltung wurden 1943 nahezu vollständig nach Öhringen transportiert. Die gleichzeitig nach Slawentzitz (poln. Sławięcice) abgegebenen Akten gingen allerdings nach 1945 vermutlich verloren. Bis Ende 2000 waren drei Viertel der Bestände (rund 5.000 laufende Meter) in modernen Findmitteln erschlossen, die teilweise [242 Findbücher, Stand Ende 2009] im Internet einsehbar sind.

GA-Serien: Gemeinschaftliche Archive
GA 55
> Bü 41 Geschichtliche Notizen über Slawentzitz; Beschreibung des Herzogtums Ujest (Herrschaften Slawentzitz, Birawa, Trachhammer – unvollständig); geschichtliche Notizen über die Majoratsherrschaft Oppurg. 1 Fasz. ohne Datum
> Bü 88 Fürst Friedrich Ludwig zu Hohenlohe-Ingelfingen (1746–1818). 1 Fasz. (1795–1796) 1852–1856, 1869

GA 75 Hohenlohe-Bibliothek: Handschriften
> H 4 Urbarium von Slawentzitz 1596
> H 5, 8 verschiedene Verträge (1704, 1752, 1847)
> GA 90 Leichenpredigten (16.–19. Jahrhundert); 148 Viktor I. von Hohenlohe-Schillingsfürst, Herzog von Ratibor

Ni-Serie: Archiv Niederstetten
Ni 5 Herrschaft Haltenbergstetten-Laudenbach
> A. II. 4 Bü 54-66 Erbschaftsprozeß Nesselrode contra Hatzfeldt (1670–1684) vor dem Reichskammergericht Speyer wegen der Herrschaft Trachenberg
> E. II. Auswärtiger Besitz: Trachenberg und Karlsberg, 17 Bü

Ni 10 Rosenberg-Hatzfeldt'sche Herrschaften (1530–1794)
> I Bd. 167 Inventare über Mobilien auf den Hatzfeldtischen Gütern in Schlesien (1658–1666); Bd. 171 Inventare über die hinterlassenen Mobilien (1673–1674); Bd. 209-211 Rechtsstreit des Grafen Hermann von Hatzfeldt um die Hälfte der Herrschaft Trachenberg (1658–1666)
> III Bd. 237 Angelegenheiten der freien Herrschaft Trachenberg (1656–1669) ca. 300 Seiten
> IV Nachlaß des Melchior von Hatzfeldt (1593–1658), 32 Bde.

Ni 50 Nachlässe Hohenlohe (1773–1854)
> I. Nachlaß des Joseph Christian von Hohenlohe-Bartenstein, Fürstbischof von Breslau (1795–1817), 1 Fasz.

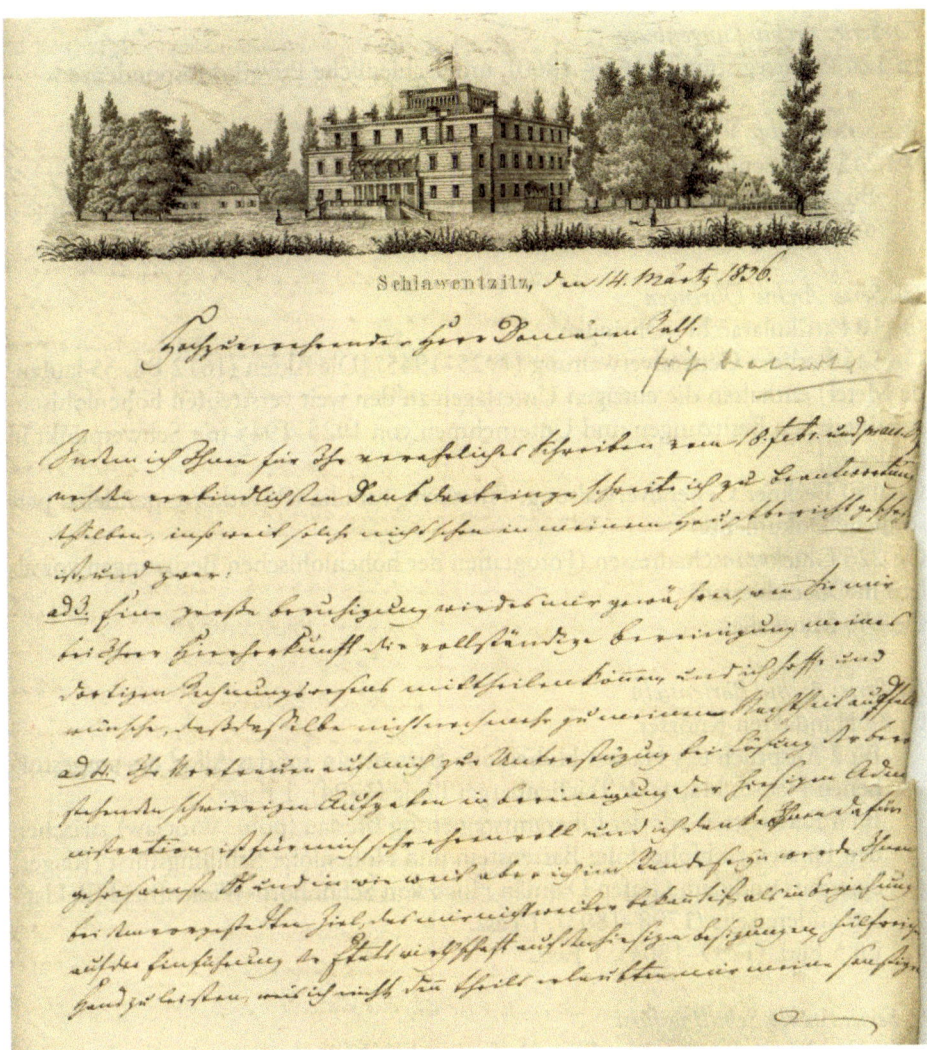

Brief des Assessors Eggel an Domänenrat Mangold in Öhringen über verschiedene Einzelheiten
der Verwaltung der Standesherrschaft Hohenlohe-Oehringen, datiert Schlawentzitz (Slawentzitz),
14. März 1836. Die als Briefkopf benutzte Vedute zeigt das um 1830 erbaute dreistöckige Schloß
mit 45 Wohngelassen und einem Festsaal (seit 1945/48 Ruine), nachdem das alte mittelalterliche
Schloß 1827 durch einen Blitzschlag zerstört worden war.
Bildnachweis: Hohenlohe-Zentralarchiv Neuenstein, provisorische Signatur Oe 4 Bü 6452 Qu. 258.

La-Serie: Archiv Langenburg
La 120 Privatregistratur (1618–1860), unterschiedliche Privatkorrespondenzen

Wa-Serie: Archiv Waldenburg
Wa 245 Hausseniorate
   Bü 41 Konsenserteilung an Hohenlohe-Oehringen zu diversen Erwerbungen und Veräußerungen, 2 Fasz.

Oe-Serie: Archiv Öhringen
Oe 10 Partikulararchiv Öhringen
Oe 145 Berliner Generalverwaltung (1925–1945) [Die Akten (1612 Bü, 35 laufende Meter) enthalten die einzigen Unterlagen zu den weit verstreuten hohenlohisch-oehringischen Besitzungen und Unternehmen von 1925–1945 mit Schwerpunkt in Schlesien]
Oe 150 Berliner Generalverwaltung, Fürstliche Familie (Privatkorrespondenz, persönliche Dokumente)
Oe 226 Glückwunschadressen (Fotografien der hohenlohischen Besitzungen vor allem in Oberschlesien)
Oe 250 Musikalien

Ba-Serie: Archiv Bartenstein
Ba 38 Handakten Knörzer
   Bü 2 Anspruch des Hauses Hohenlohe-Bartenstein auf das Allod des ausgestorbenen Hauses Hatzfeldt Trachenberger Linie (1794), 1 Fasz.
   Bü 4 Rechtsstreit vor der Oberamtsregierung Breslau (poln. Wrocław) zwischen den Fürsten zu Hohenlohe-Bartenstein und Hohenlohe-Schillingsfürst (Kläger) einerseits und dem Grafen Damian Hugo von Schönborn-Wiesentheid (Beklagter) andererseits (1798–1803), 1 Fasz.
   Bü 5 Ebd. (1799–1804), 1 Fasz.

Sf-Serie: Archiv Schillingsfürst
Sf 60 Handakten Forstmeister Elias (Aufseher über die Besitzungen Ratiborhammer)
   Bü 2-8 (1866–1882)
   Bü 19 (1879–1883)
Sf 75 Sammlung kleiner Nachlässe DK Waldenburg
   I. Viktor von Waldenburg-Schillingsfürst, Herzog von Ratibor (1821–1899)

C. Bestandsanalyse

Zum bedeutendsten Zweig des Hauses[1] wurde Hohenlohe-Oehringen, der von bescheidenen Ansätzen auf einem angeheirateten Besitz[2] ein Wirtschaftsimperium aufbaute, das allerdings mit dem Ersten Weltkrieg seine Bedeutung verlor. Die Geschichte der Hohenlohe-Oehringen in der Neuzeit reiht sich ein in die Geschichte der oberschlesischen Magnaten wie der Henckel von Donnersmarck, Ballestrem, Schaffgotsch, Tiele-Winckler und Georg von Giesches Erben und wurde in diesem Rahmen auch schon bearbeitet.[3] Die oberschlesische Montanindustrie wird seit den 1930er Jahren umfangreich erforscht[4] und inzwischen ebenfalls unter neuen Fragestellungen betrachtet.[5] Einzelne Archivalien wurden für personen- und ortsgeschichtliche Forschungen benutzt,[6] die großen Bestände der Berliner Generalverwaltung sind jedoch noch nicht systematisch ausgewertet worden. Große Aktenmengen existieren zu diversen Rechtsstreitigkeiten um die schlesischen Besitzungen. Unter familien-, alltags- und kulturgeschichtlichen Aspekten wären wichtige Bestände wie Tagebücher, Briefe, Reisebeschreibungen zu untersuchen.

---

1 Fischer, Adolf: Geschichte des Hauses Hohenlohe. Öhringen 1866–1871 [zu den schlesischen Besitzungen Bd. 2/2, 94-102].

2 Zur vielfältigen Beziehungsgeschichte vgl. Schukraft, Harald: Dynastische Verbindungen zwischen Südwestdeutschland und Schlesien. Die Herzöge von Württemberg und Fürsten von Hohenlohe. In: Krauss, Karl Peter/Röder, Annemarie (Hg.): Weit in die Welt hinaus ... Historische Beziehungen zwischen Südwestdeutschland und Schlesien / Daleko w świat ... Historyczne związki pomiędzy południowo-zachodnimi Niemcami a Śląskiem. Stuttgart 1998, 13-30; Krauss, Karl Peter (Hg.): Hohenlohe in Oberschlesien. Fürsten, Bauern, Bergleute – historische und volkskundliche Momentaufnahmen 1782–1945. Stuttgart 1993 (Die Deutschen und ihre Nachbarn im Osten 1); Taddey, Gerhard: Die Hohenlohe und Schlesien. In: Jahrbuch der Schlesischen Friedrich-Wilhelms-Universität zu Breslau 29 (1988) 199-237.

3 Z. B. Achterberg, Erich: Berliner Hochfinanz. Kaiser, Fürsten, Millionäre um 1900. Frankfurt/Main 1965.

4 Literaturangaben bei Fuchs, Konrad: Wirtschaftsgeschichte Oberschlesiens 1871–1945. Dortmund 1981 (Veröffentlichungen der Forschungsstelle Ostmitteleuropa A 36). Vgl. auch Knochenhauer, Bruno: Die Oberschlesische Montanindustrie. Gotha 1927; Perlick, Alfons: Oberschlesische Berg- und Hüttenleute. Kitzingen 1953.

5 Kraus, Gerlinde: Christiane Fürstin von der Osten-Sacken. Eine frühkapitalistische Unternehmerin während der Frühindustrialisierung im 18./19. Jahrhundert. Stuttgart 2001 (Beiträge zur Unternehmensgeschichte N. F. 10).

6 Muschol, Bernhard: Die Herrschaft Slawentzitz/Ehrenforst in Oberschlesien. Piastisches Kammergut im Spätmittelalter, sächsischer Adelsbesitz und Hohenlohesche Residenz in der Neuzeit. Sigmaringen 1993 (Beiträge zur Geschichte und Landeskunde Oberschlesiens 3); Friedhoff, Jens: Die Familie von Hatzfeldt. Adelige Wohnkultur und Lebensführung zwischen Renaissance und Barock. Düsseldorf 2004 (Vereinigte Adelsarchive im Rheinland. Schriften 1); ders.: Schloß Trachenberg (Żmigród) in Niederschlesien. Anmerkungen zur Baugeschichte und Ausstattung. In: Burgen und Schlösser 41 (2000) 66-83.

Susann Krüger

Sächsisches Staatsarchiv, Hauptstaatsarchiv Dresden

A. Gesamtgeschichte und Bedeutung

Das Hauptstaatsarchiv Dresden wurde 1834 als zentrales, staatliches Archiv für das Königreich Sachsen gegründet. Die Wurzeln des Archivs reichen zurück bis in die Mitte des 13. Jahrhunderts, als sich in der markmeißnischen Kanzlei ein Urkundendepot herauszubilden begann.

Das Hauptstaatsarchiv Dresden verwahrt, gemessen an seinem Gesamtbestand, nur wenige Archivalien mit schlesischen Inhalten. Hauptsächlich handelt es sich dabei um Verwaltungsschriftgut aus der Zeit von 1472 bis 1549, als die Wettiner die Lehnsherrschaft über das Fürstentum Sagan innehatten. Die sächsischen Herzöge regierten auch nach der Leipziger Teilung von 1485 Sagan und die angrenzenden Herrschaften Sorau, Storkow und Beeskow bis 1504 gemeinsam. Dabei wurde das bis 1485 angesammelte Schriftgut im Zuge der Leipziger Teilung zwischen Ernestinern und Albertinern aufgeteilt, während ein „unteilbarer Rest" im Wittenberger Schloß (sogenanntes Wittenberger Archiv) verwahrt wurde, bis er 1802 ebenfalls den Archiven in Dresden, Weimar und Gotha zugewiesen wurde.

Nach 1547 führte die Archivbildung im albertinischen Kursachsen schrittweise zur Herausbildung großer zentraler Behördenarchive. Das in Folge der sächsischen Verfassungsreformen im Jahr 1834 errichtete Hauptstaatsarchiv Dresden vereinte diese allmählich. Bis 1933 war es das einzige staatliche Archiv in Sachsen. 1949/52 wurde es Landeshauptarchiv, ab 1965 war es als Staatsarchiv Dresden der Staatlichen Archivverwaltung der Deutschen Demokratischen Republik unterstellt. Im Jahr 1993 erfolgte die Rückbenennung in Sächsisches Hauptstaatsarchiv Dresden. Seit 1. Januar 2008 ist es eine Abteilung des Sächsischen Staatsarchivs.

Sächsisches Staatsarchiv, Hauptstaatsarchiv Dresden, Postfach 100 444, D-01074 Dresden [Archivstraße 14, D-01097 Dresden], derzeitige Besucheradresse: Marienallee 12, D-01099 Dresden, Tel.: 0351-8006-0, Fax: 0351-8021-274, E-Mail: poststelle-d@sta.smi.sachsen.de, Homepage: http://www.sachsen.de/archiv [Zugriff am 22.03.2008].

Auswahlliteratur: Lippert, Woldemar: Das Sächsische Hauptstaatsarchiv. Sein Werden und Wesen. Dresden 1922; Kretzschmar, Hellmut: Übersicht über die Bestände des Sächsischen Landeshauptarchivs und seiner Landesarchive. Leipzig 1955; Förster, Bärbel u. a. (Hg.): Die Bestände des Sächsischen Hauptstaatsarchivs und seiner Außenstellen Bautzen, Chemnitz und Freiberg, Bd. 1-2. Leipzig 1994.

B. Bestandsgliederung

Das Hauptstaatsarchiv Dresden mußte kriegsbedingt auch zum Thema Schlesien Verluste hinnehmen. Im Dezember 1942 wurde u. a. der Bestand 10005 Hof- und Zentralverwaltung (Wittenberger Archiv) auf die Festung Königstein ausgelagert. Die Archivalien gelangten im Zusammenhang mit anderen dort ausgelagerten Kunstschätzen nach dem Mai 1945 in die Sowjetunion. Im Rahmen der Rückgabe von Kunstgegenständen seitens der Sowjetunion an die Deutsche Demokratische Republik 1958 kamen 352 Bände der ca. 530 Aktenbände wieder an das damalige Sächsische Landeshauptarchiv. Darunter befand sich das Fürstentum Sagan betreffendes Schriftgut. Die fehlenden ca. 180 Faszikel – darunter weitere Archivalien zu Schlesien – lagern immer noch in einem Sonderarchiv, das heute als Abteilung zum Russischen Staatlichen Militärarchiv in Moskau (russ. Moskva) gehört. Über ihre Rückgabe wird verhandelt.

Für die im Anschluß aufgeführten Bestände dienen bereits im 18. und 19. Jahrhundert erstellte Findbücher und -karteien als Recherchegrundlage. Oftmals wurden diese bis in die heutige Zeit fortgeschrieben, teilweise durch elektronische Findmittel ergänzt oder aus erhaltungstechnischen Gründen vollständig ersetzt. Der Bestand 10024 – Geheimer Rat (Geheimes Archiv) liegt auch als Online-Findbuch vor.[1]

10001 – Ältere Urkunden
Bieberstein
> Teilung der Herrschaften Storkow und Beeskow sowie des Fürstentums Sagan, Priebus und Naumburg am Bober (1491–1505), Erbschaften, Verschreibung des Fürstentums Sagan und der Herrschaften an die sächsischen Herzöge, Huldigungen (1479, 1490), Irrungen, Verträge, Belehnungen (1492), Herrschaften Forst und Pförten (Brody) (1632, 1652)

Sagan
> Fürstentum Sagan und Herrschaften Priebus, Naumburg, Sorau, Beeskow und Storkow unter den Herren von Bieberstein (1312–1658) und den Wettinern (ab 1472, Verkauf des Herzogtums durch Johann II. von Sagan, böhmische Lehnsreichung, Belehnung des ansässigen Adels, Teilung Sagans), Steuerverzeichnis (1515), Lehngüter der Familien Knobelsdorff, Promnitz (auch Fehden, 1475–1515), Rackel, Rothenburg und Warnsdorf [Schuldverschreibungen], Heinrich von Miltitz (1482), Georg von Schlieben (1515) und Georg von Wolfersdorff (1483) als Verweser zu Sagan

Schlesien
> Bestallungen von Hauptleuten der Fürstentümer Schweidnitz und Jauer (1425), Streitigkeiten zwischen Herzog Heinrich von Schlesien und Kurfürst August von Sachsen (1547), Belehnung von Margarethe von Österreich (Ehefrau Herzog Friedrichs II. von Sachsen) durch die Lehen des verstorbenen Herzogs Kon-

---

1 http://www.archiv.sachsen.de/ofind/StA-D/10024/index.htm [Zugriff am 15.01.2009].

rad des Weißen von Schlesien (1474), Schuldbrief Herzog Konrads von Oels für Herzog Albrecht von Sachsen (1420)

10003 – *Diplomatarien und Abschriften*
Sagan
Einigung über die Regierung zwischen den Wettinern in Sagan (1493), Tausch Sagans gegen die Ämter Colditz, Eilenburg und Leisnig (1549)
Schlesien
Schlichtung Kurfürst Friedrichs und Herzog Sigismunds von Sachsen zwischen den Herzögen von Schlesien [Herzog Johann I. von Sagan, Herzog Heinrich von Großglogau und Albrecht von Bieberstein zu Sorau, 1435] und deren Gehorsam, Bekämpfung böhmischer und schlesischer Unruhen [Bündnisse, Vollmacht Kaiser Ferdinands II., 1620/21]

10004 – *Kopiale*[2]
Lehnbriefe, Verschreibungen und Leibgedinge über Güter im Fürstentum Sagan (1474–1540)

10005 – *Hof- und Zentralverwaltung (Wittenberger Archiv)*
Sagan
Schuldverschreibungen der Herzöge von Sagan an zahlreiche Adelige [u. a. Warnsdorf, Unruh, Promnitz, Knobelsdorff, Rothenburg] sowie der Herzöge von Sachsen, Verkauf des Fürstentums Sagan durch Johann II. von Sagan, Korrespondenz Heinrichs von Miltitz, Verweser zu Sagan, mit den Wettinern (1476–84), Fehden, Streitigkeiten, Irrungen zwischen den Wettinern, Herzog Johann II. von Sagan, dem Abt von Sagan und zahlreichen Adeligen [Knobelsdorff, Nostitz, Rackel, Promnitz, Rothenburg, Unruh, Kittlitz, Nechern, Warnsdorf], Irrungen zwischen Heinrich von Miltitz und Heinrich von Schellendorf auf Fürstenstein, Bestallungen, Erbfälle und Teilungen [Nachlaß der saganischen Prinzessin Agnes Betz], Hof- und Haushaltungssachen, Verzeichnis der Huldigungen (1474), Belehnungen (1474), Ritterdienstverzeichnis (1472)

10006 – *Oberhofmarschallamt*
L. Genealogica
Stammtafeln des landtagsfähigen sächsischen Adels

---

2 Das Orts- und Personenregister zu den Kopialbüchern – angefertigt 1703 bis 1730 – wurde 1945 vernichtet. Ein adäquater Ersatz konnte bisher nicht angefertigt werden. Bei der groben Neuverzeichnung wurde u. a. auch nach Provenienzen gegliedert. Quellenangaben zum Bestand finden sich in den Veröffentlichungen von Steller, Georg: Grund- und Gutsherren im Fürstentum Sagan (1400–1940). Sagan 1940; ders.: Lehnbriefe des Fürstentums Sagan von 1508/09. Ein Beitrag zur Geschichte des Saganer Adels. In: Jahrbuch der Schlesischen Friedrich-Wilhelms-Universität zu Breslau 12 (1967) 89-125; ders.: Der Adel des Fürstentums Sagan 1440–1714. Urkundliche Beiträge zu seiner Geschichte, Tl. 2. In: Jahrbuch der Schlesischen Friedrich-Wilhelms-Universität zu Breslau 13 (1968) 7-60; ders.: Der Adel des Sorauer Weichbildes um die Wende des 15. und 16. Jahrhunderts. In: Niederlausitzer Mitteilungen 26 (1938) 1-67.

10024 – Geheimer Rat (Geheimes Archiv)
Bieberstein
>   Genealogie, Streitigkeiten mit den Wettinern, Lehnsangelegenheiten (1482–1530)

Oberlausitz
>   Verzeichnis der Herrschaften, Güter und deren Besitzer, Bestallungen, Irrungen und Verträge der Herzöge und Stände in Schlesien und der Oberlausitz, Handelsbeziehungen zu Schlesien

Promnitz
>   Herrschaften Sorau und Pleß (1738–1745), Teilungsrezesse (1745), Erhebung in den Fürstenstand (1714)

Sagan
>   Verschreibung und Ablösung des Herzogtums Sagan (1515–1520), Lehn- und Gunstbriefe der Herzöge von Sagan und von Sachsen, Teilung des Herzogtums, Erbhuldigung, Tausch des Fürstentums Sagan gegen die Ämter Colditz, Leisnig und Eilenburg (1546–1549), Angelegenheiten des ansässigen Adels [u. a. Bieberstein, Glaubitz, Knobelsdorff, Miltitz, Oppel, Promnitz, Rechenberg, Salza], Beziehungen zu angrenzenden Herrschaften, Ämtern und Städten, Bestallung von Verwesern und Hauptleuten, Ritterdienste, Erbfälle, Inventarium von Schloß Sagan (1505), Streitigkeiten des Adels mit dem Abt von Sagan, Biebersteinische Angelegenheiten (16. Jahrhundert)

Schlesien
>   schlesisch-sächsische Beziehungen [1353–1823, Grenzsachen, Wirtschaft, Aufstände, Kriege], Standeserhebung, Bestallungen, Fürstentage zu Breslau (poln. Wrocław) (1482–1715), kaiserliche Privilegien der schlesischen Stände, Angelegenheiten der Fürstentümer Breslau, Brieg, Crossen an der Oder, Glogau, Jägerndorf, Jauer, Liegnitz, Münsterberg, Oels, Neisse, Oppeln, Ratibor, Schweidnitz, Schwiebus, Teschen und der freien Standesherrschaft Wartenberg [Fehden, Grenzstreitigkeiten, Bestallungen, Lehn- und Bergwerksachen, Vermählungen, Todesfälle, Geburten, Erbfälle, Teilungen, Hof- und Haushaltungsangelegenheiten, 16. und 17. Jahrhundert]

10026 – Geheimes Kabinett
Schlesien
>   Landstände des Fürstentums Teschen, Inventarium der Herrschaft Saabor (1720), Manufaktur des Grafen Flemming in Schlawentitz (1710)

10040 – Obersteuerkollegium
Landsteuerregister Nr. 290
>   Steuerverzeichnis der Dörfer des Saganer und Naumburger Weichbildes, Adelige nach dem Landsteuerregister (1516), Dörfer mit ihren Untertanen (1516) und Adelige des Priebuser Amtes (1520)

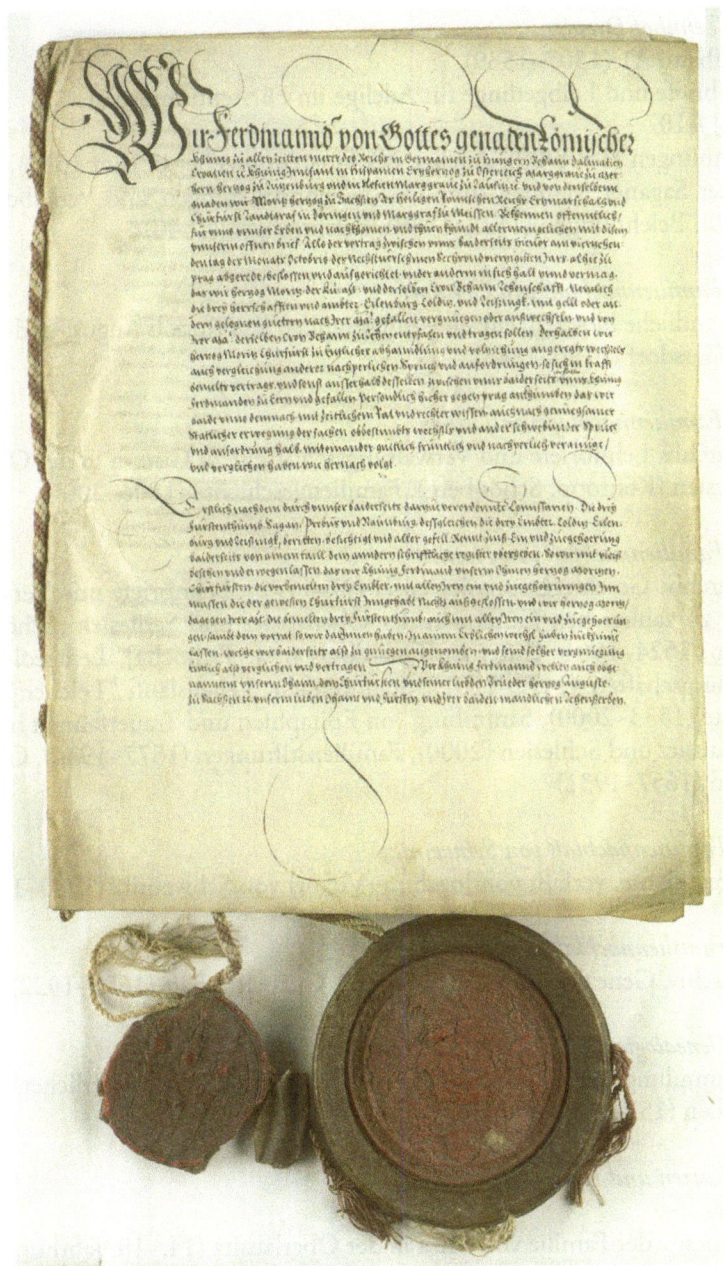

Vertrag vom 8. Juni 1549 zwischen König Ferdinand I. von Böhmen und Kurfürst Moritz von Sachsen über den Tausch des schlesischen Herzogtums Sagan gegen die im Kurkreis gelegenen böhmischen Lehen Colditz, Leisnig und Eilenburg. Herzog Johann II. von Sagan hatte sein Fürstentum in finanzieller Not 1472 an die Wettiner verkauft. Trotz der wettinischen Teilung von 1485 wurde Sagan 77 Jahre lang von beiden Linien gemeinsam regiert.
Bildnachweis: Sächsisches Hauptstaatsarchiv Dresden, 10001 – Ältere Urkunden, Nr. 11392, fol. 1a.

10080 – Lehnhof Dresden
Lehnbriefband A1 (1507–1539)
  Lehnbriefe und Leibgedinge für Adelige im Fürstentum Sagan
Homagial A107
  Belehnungen (1508/09), Adelige des Fürstentums Sagan (um 1510), Verzeichnis der Saganer Mannen (um 1518), Lehnssuchungen und Verleibdingungen (1520), Belehnungen (1522–1538), Belehnungen (1540)

12588 – Familiennachlaß von Gersdorf
familienkundliche Notizen, einzelne Autographen von Rudolf August und Hans Rudolf von Gersdorf (1790–1848)

12597 – Familiennachlaß von Loeben
Familienarchiv, Lehnbriefe und Verwaltungsschriftgut zu Gütern in der Oberlausitz und Schlesien (Kontopp, Schönberg), Familiengeschichte (1806–2005)

12602 – Familiennachlaß von Nostitz
Familienarchiv, Geschlechtsprivilegien (1497–1772), Lehnbriefe und Verwaltungsschriftgut zu zahlreichen Gütern in der Oberlausitz und Schlesien [Schöffenbuch zu Ransen, 1524–1564, Güter im Queiskreis u. a. Tschocha], Leibgedinge, Erbsachen, Bürgschaften (1472–1701), Stammtafeln, Lebensläufe, Leichenpredigten, Testamente (1533–2000), Sammlung von Epitaphien und Trauerfahnen in Kirchen der Oberlausitz und Schlesien (2000), Familienstiftungen (1577–1934), Geschlechterverband (1657–1931)

12616 – Familiennachlaß von Schweinitz
Familiengeschichte, verfaßt von Joachim (Victor) von Schweinitz (1980–1986)

13522 – Familiennachlaß von Wiedebach
Familienarchiv, Genealogica, Gerichtssachen, Gutswirtschaft (1685–1922)

12881 – Genealogica
Materialsammlung zur Geschichte fürstlicher, adeliger und bürgerlicher Personen und Familien (15.–20. Jahrhundert)

12884 – Karten und Risse
Orte A – K
  Güterbesitz der Familie von Salza in der Oberlausitz (14.–18. Jahrhundert)
Schlesien
  Grafschaft Glatz, Fürstentümer Oppeln, Münsterberg, Herrschaften und Städte, Fürstentum Oels, freie Standesherrschaften Trachenberg, Militsch und Wartenberg (18. Jahrhundert)

C. Bestandsanalyse

Den überwiegenden Teil der schlesischen Überlieferung im Hauptstaatsarchiv Dresden macht Verwaltungsschriftgut aus der Zeit der wettinischen Lehnsherrschaft über das Fürstentum Sagan (1472–1549) aus. Sehr beachtenswert ist dabei der Bestand 10005 Hof- und Zentralverwaltung (Wittenberger Archiv), in dem sich Beziehungen von Lehnsherren und ansässigem Adel widerspiegeln.

Die „Geschichte des Fürstentums Sagan" wurde bereits 1795 von Johann Gottlob Worbs publiziert.[3] Arthur Heinrich veröffentlichte 1911 unter Benutzung der Bestände des Hauptstaatsarchivs Dresden eine ebenso betitelte Monographie, welche die Ereignisse bis zum Ende der sächsischen Herrschaft 1549 schildert. Georg Steller begann in den 1930er Jahren den Adel des Herzogtums Sagan und der angrenzenden Herrschaften zu erforschen.[4] Die im Hauptstaatsarchiv Dresden aufgefundenen Dokumente zur Belehnung durch die sächsischen Herzöge veröffentlichte er nach dem Zweiten Weltkrieg in Form von Regesten und Abschriften.[5] Richard von Mansberg gab in „Erbarmanschaft Wettinischer Lande" u. a. Regesten von Urkunden des Familiennachlasses von Nostitz wieder.[6]

---

3 Worbs, Johann Gottlob: Geschichte des Fürstentums Sagan. Züllichau 1795.

4 Steller: Grund- und Gutsherren.

5 Ders.: Lehnbriefe des Fürstentums Sagan; ders.: Der Adel des Fürstentums Sagan; ders.: Der Adel des Sorauer Weichbildes.

6 Mansberg, Richard von: Erbarmanschaft Wettinischer Lande. Urkundliche Beiträge zur obersächsischen Landes- und Ortsgeschichte in Regesten vom 12. bis Mitte des 16. Jahrhunderts, Bd. 4: Ostmark (Niederlausitz), Oberlausitz, Sagan und Nordböhmen. Dresden 1908 [ein Exemplar mit nachgetragenen Quellenangaben in der Archivbibliothek, Sign. BB 4b].

Susann Krüger

Staatsfilialarchiv Bautzen

A. Gesamtgeschichte und Bedeutung

Das Staatsfilialarchiv Bautzen verwahrt das im staatlichen Besitz befindliche Archivgut der Oberlausitz. Es wurde im Jahr 1933 nach der Auflösung der Kreishauptmannschaft Bautzen als erstes staatliches Regionalarchiv in Sachsen gegründet. Sein ursprünglicher Sitz befand sich in der Ortenburg, dem historischen Verwaltungszentrum der Oberlausitz. Nach kriegsbedingter Schließung wurde das Staatsfilialarchiv im Jahr 1949 als Staatliches Zweigarchiv für die Oberlausitz wieder eröffnet. Später erfolgten Umbenennungen in Landesarchiv Bautzen, Historisches Staatsarchiv Bautzen sowie in Außenstelle Bautzen des Staatsarchivs Dresden. Wegen vorgesehener Rekonstruktion der Ortenburg wurde das Archiv 1989 innerhalb Bautzens umgelagert. Ein Teil der Bestände mußte 1996 wegen schwerer Gefährdung ins Staatsarchiv Leipzig verlagert werden. Durch Vereinbarungen zwischen dem Freistaat Sachsen und der Stadt Bautzen in den Jahren 1998 und 2000 wurde der Archivverbund Bautzen gegründet. Er umfaßt das Staatsfilialarchiv und das Stadtarchiv Bautzen. Die gewählte Verbundlösung sichert den Verbleib des staatlichen Archivguts zur Geschichte der Oberlausitz in seinem Entstehungsgebiet.

Das Staatsfilialarchiv verwahrt die Überlieferung des Oberamts der Oberlausitz, der Oberlausitzer Landstände, von Oberlausitzer Rittergütern, der Kreishauptmannschaft Bautzen sowie von weiteren Behörden und Einrichtungen. Der Überlieferungszeitraum erstreckt sich von 1319 bis in die Mitte des 20. Jahrhunderts.

Staatsfilialarchiv Bautzen, Postfach 1109, D-02601 Bautzen [Schloßstraße 10, D-02625 Bautzen], Tel.: 03591-531088, Fax: 03591-42647, E-Mail: stadtarchiv@ bautzen.de, Homepage: http://www.bautzen.de/archivverbund.asp, http://www. sachsen.de/archiv [Zugriff am 22.03.2008].

Auswahlliteratur: Kretzschmar, Hellmut: Übersicht über die Bestände des Sächsischen Landeshauptarchivs und seiner Landesarchive. Leipzig 1955.

B. Bestandsgliederung

Im Staatsfilialarchiv Bautzen befindet sich trotz der territorialen Nähe zu Schlesien nur wenig Archivgut mit direkt schlesischem Bezug. Aus dem Bestand 50002 – Landstände der preußischen Oberlausitz – wurden bereits 1885 3.126 Akten, u. a. auch zu schlesischen Belangen, zum Vernichten verkauft. Nach dem Zweiten

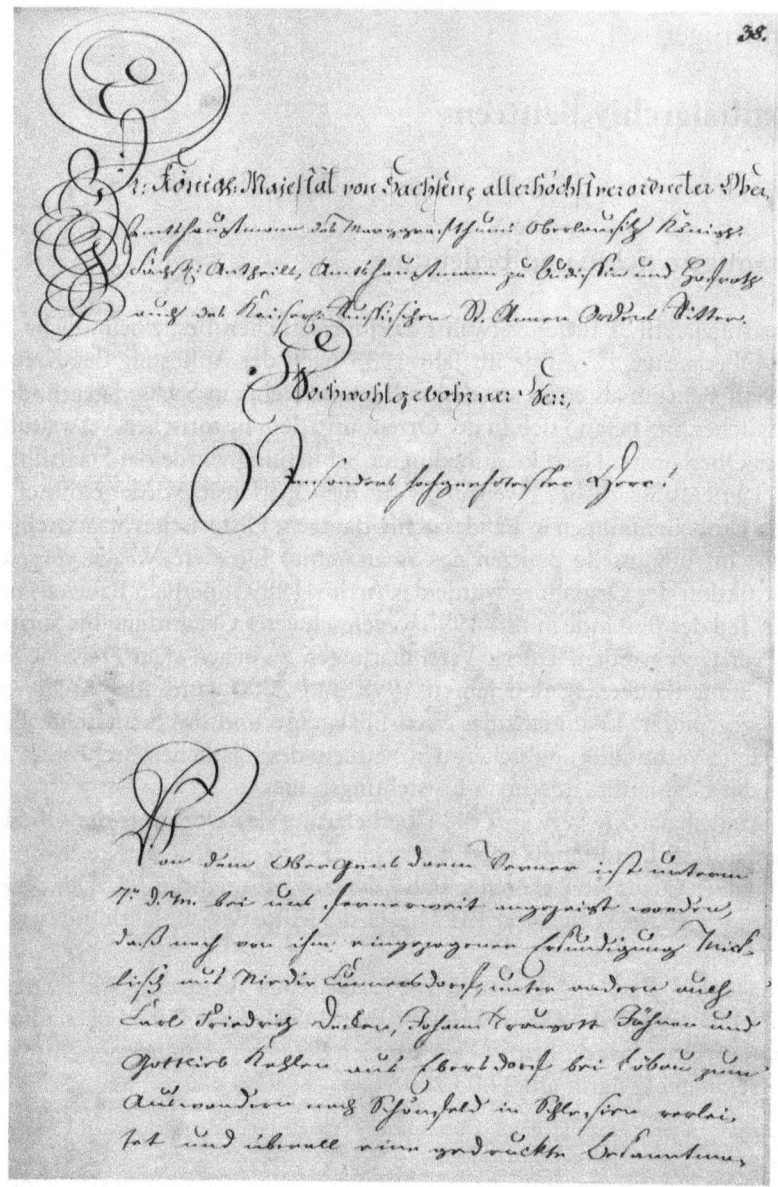

In diesem Brief vom 14. Juni 1816 an den Amtshauptmann des Markgrafentums Oberlausitz sächsischen Anteils wird berichtet, daß Einwohner der Dörfer Cunnersdorf und Ebersdorf bei Löbau zum Auswandern nach Schlesien bewegt wurden. Der Brief entstammt einer umfänglichen Untersuchungsakte, aus der hervorgeht, daß der Landesälteste von Nostitz-Czerwinsky auf Ullersdorf Handwerker anwarb, um auf seinem Gut Schönfeld bei Namslau eine sächsische Fabrikanten-Kolonie zu errichten. Wirtschaftliche Notlagen zwangen die Menschen in der Oberlausitz immer wieder zur Auswanderung in prosperierende Wirtschaftszentren in Schlesien, Böhmen und Preußen – was die sächsischen Behörden mit Nachdruck zu unterbinden versuchten.

Bildnachweis: Staatsfilialarchiv Bautzen, 50009 – Oberamt / Oberamtsregierung, Nr. 4057, fol. 38.0.

Weltkrieg kam der Bestand ins Wojewodschaftsarchiv Breslau (poln. Wrocław). Im November 1961 wurde nur ein Teil der Archivalien zurückgesandt – der Rest lagert noch immer in Breslau. Zu den im Findbuch ausgewiesenen schlesischen Themen (wie Huldigungen, Lehnsprivilegien, Veräußerungen von Rittergütern, Privilegien des Adels, der Standesherrschaften oder Grenzstreitigkeiten mit Schlesien) befinden sich keine Archivalien mehr in Bautzen.

Von Interesse für die Schlesienforschung dürften jedoch die Gutsherrschaftsarchive sein. Zahlreiche Oberlausitzer Familien waren ebenfalls in Schlesien begütert. Mit der Verordnung über die landwirtschaftliche Bodenreform der Landesverwaltung Sachsen vom 10. September 1945 wurden Rittergüter entschädigungslos enteignet. Diese Verordnung wurde am 17. Mai 1946 durch die Anordnung über die Sicherstellung und Verwertung des nichtlandwirtschaftlichen Inventars der durch die Bodenreform enteigneten Gutshäuser ergänzt, die sich dezidiert auch auf das zu diesem Zeitpunkt noch in den Gutshäusern lagernde Archivgut bezog. Im Zuge der sogenannten Schloßbergungsaktion wurde vom Hauptstaatsarchiv Dresden im gesamten damaligen Land Sachsen das noch vorhandene Archivgut von über 400 Grundherrschaften erfaßt, gesichert und später seinen jeweils zuständigen Außenstellen übereignet.

Für die Bestände Fürstentumslandschaft Görlitz und Oberamtsregierung Bautzen sind elektronische Findbücher hinterlegt. Die Gutsherrschaftsarchive sind hauptsächlich durch Karteien und einige Findbücher erschlossen.

50003.1 – Fürstentumslandschaft Görlitz (Akten)
Wertschätzungen von Rittergütern (1825–1934), Angelegenheiten der Fideikommißgüter (1895–1897), Forstbeaufsichtigung verschiedener Rittergüter (1830–1941), Grundakten Oberlausitzer Güter (1827–1938)

50003.2 – Fürstentumslandschaft Görlitz (Karten)
Forst-, Flur- und Wertschätzungskarten Oberlausitzer Güter

50009 – Oberamtsregierung Bautzen
Rechtshandlungen adeliger Personen [Käufe und Verkäufe von Gütern, Streitigkeiten zwischen Herrschaften und mit Untertanen u. a. von Gersdorff, Nostitz, Salza, Schellendorff]; Qualität, Wert und Zustand von Rittergütern, Lehnsangelegenheiten, Fideikommisse [u. a. Nostitz-Ruppersdorf, Salza], Gutsverwaltung, Verpachtung, Hypotheken- und Schuldenwesen, Ablösungen, Erbschaften, Testamente [u. a. Gersdorff, Schellendorff, Kleist, Nostitz, Hohenlohe, Hoym], Nachlässe [u. a. Metzradt, Gersdorff], Vormundschaften [u. a. Metzradt, Gersdorff, Nostitz, Ponickau, Zetzschwitz], Familienvereinbarungen [Nostitz]

50010 – Lehnhof Bautzen
Lehnsverwaltung, Lehnbücher, Konsensbücher, Gunstbücher und Konfirmationsbücher, Lehnsakten einzelner Güter (16.–19. Jahrhundert)

50120 – Gutsherrschaft Baruth (1319–1942)
Familienarchiv von Gersdorff auf Baruth bis 1787, Genealogie, Nachlässe, Testamente, Inventar und Pläne des Schlosses, Familiengeschichte

50122 – Gutsherrschaft Brauna (1691–1901)
Familienarchiv von Stolberg, Ehevertrag zwischen Sophie Gräfin zu Stolberg-Stolberg und Johann Edgar Graf Henckel von Donnersmarck (1901), Testamente und Nachlässe

50126 – Gutsherrschaft Cunnersdorf (1714–1913)
Abschriften von Lehnbriefen für die Familie von Rechenberg (1523–1614)

50133 – Gutsherrschaft Gaußig (1488–1945)
Lehnbriefe der Familie von Schellendorff, Familienangelegenheiten, Gutswirtschaft

50135 – Gutsherrschaft Glossen (1548–1879)
Lehnbriefe der Familie von Gersdorff (1724, 1733, 1776), Vergleich mit der Familie von Uechtritz (1649)

50138 – Gutsherrschaft Großwelka (1798–1919)
u. a. Privatakten der Familie von Hartmann, Grundstücksangelegenheiten

50140 – Gutsherrschaft Guteborn (1532–1944)
Lehnbriefe für die Familien von Hoym, Gersdorff und Wolfersdorff

50146 – Gutsherrschaft Jänkendorf (poln. Jankowo) (1619–1923)
Nachlaß des Elias Caspar von Nostitz zu Jänkendorf und Kaana (1653)

50155 – Standesherrschaft Königsbrück (1452–1930)
Familienarchiv von Schellendorff (1579–1726), Erwerb und Verkauf der Standesherrschaft, Lehnbriefe, Streitigkeiten mit Untertanen und zwischen Untertanen, Erbschaftsangelegenheiten

50160 – Gutsherrschaft Krobnitz (1660–1835)
Angelegenheiten der Familien von Uechtritz, Nostitz, Warnsdorf und Gersdorff [Kauf Vorwerk Dittmannsdorf]

50161 – Gutsherrschaft Kunnersdorf (1635–1832)
Familienarchiv von Schachmann [u. a. Schuldvergleich mit von Salza]

50173 – Gutsherrschaft Milkel (1518–1945)
Familienarchiv von Ponickau, Stammbäume, Lebensläufe, Briefe (1747) und Nachlässe

50175 – Standesherrschaft Muskau (1344–1945)
Nachrichten über Familie von Schönaich (1558–1559), Familienarchiv von Callenberg (ab 1575) und von Pückler

50185 – Gutsherrschaft Niedertaubenheim (1794–1943)
Familienarchiv von Schlieben, Ernennung, Reden (1906) und Briefe (1899–1907) des Staatsministers Richard von Schlieben, Genealogie, astrologische Bibliothek der Elisabeth Freifrau von Gleichen-Reißwurm, geb. von Schlieben

50190 – Gutsherrschaft Oppach (1582–1933)
Familienarchiv von Nostitz, Materialien zum sächsischen Konferenzminister Gottlob Adolf Ernst von Nostitz-Jänkendorf (1756–1856), Berichte, Testament, Lebensbeschreibung; Briefe und andere Dokumente zu verschiedenen Familienangehörigen

50194 – Gutsherrschaft Pulsnitz (1355), (1532–1901)
u. a. Angelegenheiten der Familien von Schlieben und von Schönberg [1580–1711, Verkäufe, Teilungen], von Gersdorff [Testamente, Nachlässe, Käufe, Verkäufe, Vererbungen], Materialien zu angeheirateten Familien, u. a. von Nostitz und von Uechtritz, zugehörige Güter

50223 – Gutsherrschaft Wuischke (1532–1928)
Familienarchiv von Salza und Lichtenau,[1] Urkundenbuch (1197–1833), Lehnbriefe, Familiengeschichte, Korrespondenz, Material zu verschiedenen Personen, Lebensbeschreibung, Nachlaß und Familienstipendium des Fürstbischofs Jakob von Salza

C. Bestandsanalyse

Der Bestand Oberamtsregierung gibt einen guten und umfassenden Überblick zu Rechtshandlungen und zusammen mit den Beständen Fürstentumslandschaft Görlitz und Lehnhof Bautzen auch über das Lehnswesen des Oberlausitzer Adels. Von den ursprünglichen Gutsherrschaftsarchiven sind in vielen Fällen als nachkriegsbedingte Folge der Umnutzung von Gutshäusern nur noch Reste erhalten. Beim Bestand Gutsherrschaft Wuischke handelt es sich um das ehemalige Familienarchiv der von Salza und Lichtenau, das bis zum Ende des Zweiten Weltkriegs zentral alle für die Familie wichtigen Dokumente bewahrte. Zusammen mit den in der Sächsischen Landesbibliothek, Staats- und Universitätsbibliothek in Dresden hinterlegten Handschriften liefert er einen geschlossenen Überblick zur Familiengeschichte. Bei anderen Gutsherrschaftsarchiven ist dies oftmals leider nicht die Regel. Dokumente der

---

1 Im Zuge der Schloßbergungsaktion 1946 gelangten Handschriften aus dem Familienarchiv in die damalige Sächsische Landesbibliothek Dresden. Die Materialien befinden sich heute in den Sondersammlungen der Sächsischen Landesbibliothek, Staats- und Universitätsbibliothek Dresden.

Familien von Gersdorff und von Nostitz sind beispielsweise über zahlreiche Bestände verteilt.

Zur Geschichte des Oberlausitzer Adels und seiner Güter gelten immer noch die Werke von Boetticher und Knothe als Standard.[2] Karlheinz Blaschke lieferte zuletzt einen Beitrag zur Territorialentwicklung der Oberlausitz mit genauer Charakterisierung der Güter.[3] Von Joachim Bahlcke erschien 2001 ein Überblickswerk zur Geschichte der Oberlausitz.[4] Betrachtungen zu Fürstbischof Jakob von Salza lieferte Alfred Sabisch unter reformationsgeschichtlichen Gesichtspunkten.[5]

2 Boetticher, Walter von: Geschichte des Oberlausitzischen Adels und seiner Güter 1635–1815, Bd. 1-3. Görlitz 1912–1919; Knothe, Hermann: Geschichte des Oberlausitzer Adels und seiner Güter vom XIII. bis gegen Ende des XVI. Jahrhunderts. Leipzig 1879.
3 Blaschke, Karlheinz: Das Markgraftum Oberlausitz und das Amt Stolpen 1777. Dresden/Leipzig 2005 (Atlas zur Geschichte und Landeskunde von Sachsen. C: Territorialentwicklung 3).
4 Bahlcke, Joachim (Hg.): Geschichte der Oberlausitz, Herrschaft, Gesellschaft und Kultur vom Mittelalter bis zum Ende des 20. Jahrhunderts. Leipzig ²2004 [¹2001].
5 Sabisch, Alfred: Die Bischöfe von Breslau und die Reformation in Schlesien. Jakob von Salza und Balthasar von Promnitz in ihrer glaubensmäßigen und kirchenpolitischen Auseinandersetzung mit den Anhängern der Reformation. Münster 1975 (Katholisches Leben und Kirchenreform im Zeitalter der Glaubensspaltung 35).

Jürgen Rainer Wolf

Fischbacher Archiv (Abt. D 22) im Hessischen Staatsarchiv Darmstadt

A. Gesamtgeschichte und Bedeutung

Das Fischbacher Archiv ist kein Herrschaftsarchiv mit Gutsverwaltungsakten und Rechnungsserien; deren Verbleib ist unbekannt.[1] Es umfaßt vielmehr nur die Nachlässe des Prinzen Wilhelm von Preußen (1783–1851), seiner Gemahlin Marianne von Hessen-Homburg (1785–1846) sowie – in geringen Resten – ihrer Kinder. Die Papiere waren 1851 nach dem Tod Prinz Wilhelms aus Berlin nach Fischbach verbracht worden. Das Archiv fiel zusammen mit dem Gut Fischbach bei der Erbteilung unter den Kindern an die Tochter Prinzessin Elisabeth (1815–1885), verheiratet mit Prinz Karl von Hessen (1809–1878), und damit an deren Nachkommen, Großherzog Ludwig IV. von Hessen und bei Rhein (1837–1892) und dessen Sohn, Großherzog Ernst Ludwig (1868–1937).

Die Herrschaft Fischbach in Schlesien, etwa 11 km östlich von Hirschberg im Hirschberger Tal des Riesengebirges gelegen, zählte von 1476 bis 1550 zum Besitz der Familie Schaffgotsch. Ende des 16. Jahrhunderts wurde das Schloß für Christoph Friedrich von Kanitz umgebaut. Im März/April 1822 wurde die Herrschaft nach mehrmaligem Besitzwechsel von Freiherr Otto von Zedlitz an Prinz Wilhelm von Preußen verkauft und danach als Sommersitz ausgebaut. Der auf Prinz Ludwig von Hessen übergegangene Besitz, der 1945 an den polnischen Staat fiel, umfaßte 1940 in den Gemarkungen Fischbach, Neudorf, Södrich, Boberstein und Rohrlach 230 ha landwirtschaftlich genutzte Fläche, die an 104 Pächter ausgegeben waren. Dazu kam selbst bewirtschafteter Forst von 997 ha. In den letzten Kriegsjahren diente das bereits mit Kunstwerken ausgestattete Schloß als Zuflucht ausgelagerter Kunstsammlungen des Hauses Hessen-Darmstadt sowie von vermutlich 18 Einzeltransporten der Staatsbibliothek zu Berlin.

Durch eine Anfrage des königlich preußischen Hausarchivars Dr. Georg Schuster wurde Großherzog Ernst Ludwig 1906 auf das Archiv aufmerksam gemacht. Er ließ es nach Darmstadt bringen und dort dem Großherzoglichen Familienarchiv eingliedern. 1912 wurde die in die Bibliothek in Fischbach eingegangene Büchersammlung des Prinzen Adalbert von Preußen (1811–1873), Großonkel des letzten Großherzogs von Hessen, mit 34 Kisten in die Hofbibliothek Darmstadt eingegliedert; wenige Stücke wurden 1914 dem Archivbestand hinzugefügt.

---

1 In der Zweigstelle Hirschberg des Staatsarchivs Breslau befinden sich lediglich Archivalien der Gemeinde. Vgl. Archiwum Państwowe we Wrocławiu Oddział w Jeleniej Górze, Akta gminy Karbniki 1551–1945.

Der Auseinandersetzungsvertrag vom 16. Juli 1919 wies das Fischbacher Archiv als Teil des Großherzoglich Hessischen Familienarchivs aus; die unkündbare Hinterlegung im Staatsarchiv wurde 1930 bestätigt. Der Bestand blieb durch die Auslagerung im Salzbergwerk Kochendorf (poln. Kucharzowice) 1943 bis 1947 nahezu ohne Verluste. 1984 wurden noch geltende Sekretierungen aufgehoben; der Bestand ist gemäß der Benutzungsordnung des Staatsarchivs frei zugänglich.

Hessisches Staatsarchiv Darmstadt, Karolinenplatz 3, D-64289 Darmstadt, Tel.: 06151/165-900, Fax: 06151/165-901, E-Mail: poststelle@stad.hessen.de, Homepage: www.staatsarchiv-darmstadt.hessen.de [Zugriff am 03.03.2008]. Möglichkeit der Recherche über Hessisches Archiv-Dokumentations- und Informations-System.

Auswahlliteratur: Großherzoglich Hessisches Familienarchiv. Fischbacher Archiv. Nachlässe Prinz Wilhelm von Preußen und Prinzessin Marianne geb. von Hessen-Homburg (Abt. D 22) 1792–1849. Bearb. v. Jürgen Rainer Wolf unter Benutzung von Vorarbeiten von Ludwig Clemm. Darmstadt 1994 (Repertorien des Hessischen Staatsarchivs Darmstadt 36).

B. Bestandsgliederung

Der jetzt durch ein modernes Findmittel erschlossene Bestand im Umfang von 9,5 m ist wie folgt gegliedert:
1. Prinz Wilhelm
    1.1 Familie des Prinzen
    1.2 Personalien
    1.3 Briefwechsel
    1.4 Militaria und Tätigkeit als Generalgouverneur von Rheinland und Westfalen
    1.5 Sammlung von Schriftstücken und Nachrufen zu den Befreiungskriegen
2. Prinzessin Marianne
    2.1 Haus Hessen-Homburg
    2.2 Personalien
    2.3 Briefwechsel
    2.4 Tagebücher
    2.5 Sammlungen
3. Kinder
    3.1 Prinz Adalbert
    3.2 Prinzessin Elisabeth
    3.3 Prinz Waldemar
    3.4 Prinzessin Marie

C. Bestandsanalyse

Der Bestand bietet für so heterogene Bereiche wie die Geschichte der Befreiungskriege in Deutschland, der politischen Bewegungen und der Vereine, der romantischen

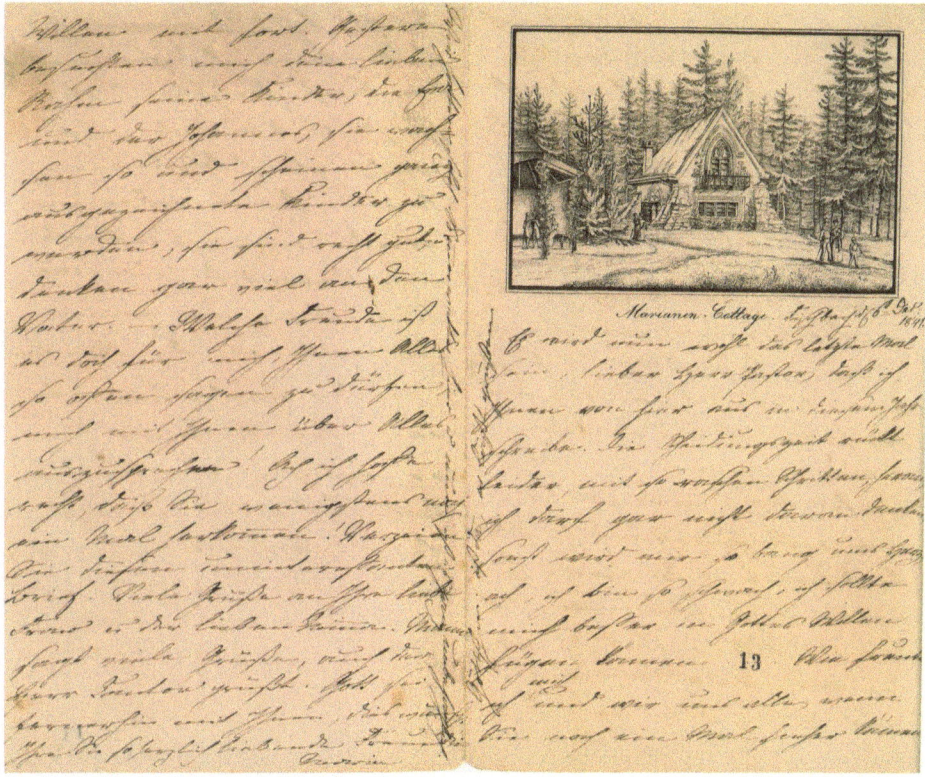

Brief der Prinzessin Marie (1825–1889), Tochter des Prinzen Wilhelm und der Prinzessin Marianne von Preußen, an Pastor Siegert zu Fischbach und Koischwitz, datiert Fischbach, den 6. Dezember 1841. Die Prinzessin verlebte in ihrer Kindheit ausgedehnte Sommermonate im niederschlesischen Fischbach, wo sie auch Kontakte zu den Zillertaler Emigranten pflegte. Nach ihrer Konfirmation, die 1842 in Fischbach in Anwesenheit des preußischen Königspaars stattfand, heiratete sie den bayerischen Kronprinzen Maximilian (II.). Die als Briefkopf benutzte Vedute zeigt das Mariannen-Cottage, einen wahrscheinlich nach 1918 abgerissenen Gartenpavillon in dem von Prinz Wilhelm in englisch-romantischem Stil umgestalteten Park.
Bildnachweis: Hessisches Staatsarchiv Darmstadt, D 22 (Fischbacher Archiv), Nr. 10/50, fol. 13r.

Dichtung und der preußischen Verwaltung des Rheinlands sowie – aufgrund der Sammeltätigkeit – der Geschichte Preußens unter König Friedrich II. wertvolles Material. Für die Geschichte Schlesiens in der ersten Hälfte des 19. Jahrhunderts ist besonders auf die umfangreichen Korrespondenzen, nicht zuletzt mit Angehörigen des schlesischen Adels, zu verweisen. Briefwechsel haben z. B. die Ansiedlung der Zillertaler zum Inhalt. Hervorzuheben ist die ausführliche fürstliche Familienkorrespondenz mit der Pfarrerfamilie Siegert in Fischbach. Daneben bietet der Bestand Unterlagen zu Kriegsereignissen, aber auch zum Bergbau, zum Inventar des Schlosses Fischbach sowie Veduten u. a. Die Tagebücher der Prinzessin Marianne sind bisher regionalgeschichtlich nicht ausgewertet worden.

Dorothee M. Goeze und Peter Wörster

Archiv des Herder-Instituts Marburg, Dokumentesammlung

A. Gesamtgeschichte und Bedeutung

Das 1950 in Marburg an der Lahn gegründete Herder-Institut mit seinen Sammlungen, seinen Publikationen und seiner Forumsaktivität ist eine Service-Einrichtung für die historische Ostmitteleuropa-Forschung. Die Sammlungen stehen dabei im Zentrum des Interesses der Forschung, bieten diese doch das sonst an keiner anderen Stelle verfügbare primäre Forschungsmaterial. Während Bibliothek, Bildarchiv und Kartensammlung weitgehend gleichmäßig das ganze Arbeitsgebiet des Herder-Instituts von Estland bis Ungarn abdecken, ergab sich im Fall des klassischen Archivs im Herder-Institut, der Dokumentesammlung (DSHI), die Notwendigkeit einer regionalen Konzentration. Die im deutschen Archivwesen üblichen eindeutigen, meist regional definierten Zuständigkeiten führten zur Profilbildung der DSHI in der baltischen Region, das heißt zu Anspruch und Wirklichkeit, das zentrale Archiv zur baltischen Geschichte in Deutschland zu sein. Die DSHI ist mit ihrer zeitlichen Ausdehnung (vom Mittelalter bis ins 21. Jahrhundert) wie ihrer thematischen Vielfalt die bedeutendste archivische Baltica-Sammlung in Deutschland und gehört zugleich zu den größten Sammlungen außerhalb der baltischen Länder.

Neben diesem Sammlungs- und Arbeitsschwerpunkt in der baltischen Region verfügt die DSHI über nicht geringe Bestände an „Non-Baltica", die meist in den Jahrzehnten vor der klaren Profilbildung erworben wurden. Dazu gehören auch Archivalien zur Geschichte Schlesiens und vor allem zur Geschichte des schlesischen Adels und seiner Herrschaften. Zur Abrundung der einschlägigen Bestände in anderen Archiven, die für die Erforschung des schlesischen Adels zentrale Bedeutung haben, können die Materialien in der DSHI für Forscher von Interesse sein. Die Dokumentesammlung ist, wie der Name sagt, ein Sammlungsarchiv, kein über die Zeiten gewachsenes Archiv mit Behördenakten, wenn man von den Akten des eigenen Hauses einmal absieht. Dementsprechend gehören zu den Beständen, die die Geschichte des schlesischen Adels betreffen, einige Familienarchive, die von sich aus größere Zusammenhänge eröffnen, sodann archivische Einzelstücke zu bestimmten Herrschaften wie auch Nachlässe und Materialsammlungen von Forschern, die sich mit dem Adel Schlesiens als gesellschaftlicher Formation oder mit einzelnen adeligen Familien beschäftigt haben.

In der DSHI wird ein „Zentralkatalog von Quellen zur Geschichte der historischen deutschen Ostgebiete sowie Ostmittel- und Osteuropas in Archiven der alten Länder der Bundesrepublik Deutschland" aufbewahrt, der nach Kurt Dülfer

(1908–1973), seinem Bearbeiter und Koordinator in den 1950er Jahren, benannt wurde. Dieser Katalog umfaßt 82 Karteischübe mit ca. 90.000 Nachweisen aus über 200 Archiven und Bibliotheken Westdeutschlands. Es wurden nahezu alle Staats-, Landes- und Stadtarchive sowie eine große Zahl von Privatarchiven erfaßt und auf ihre „Ostbestände" hin befragt. Jede einschlägige Archivalieneinheit wurde auf einer normierten Karteikarte mit Angaben zu den besitzenden Archiven, dortiger Signatur und Betreffangabe, verzeichnet. Auf Schlesien entfallen acht Karteischübe mit etwa 10.000 Nachweisen. Berücksichtigt werden Urkunden, Akten, Amtsbücher, Karten, Kirchenbücher, geschriebene und gedruckte Zeitungen, Nachlässe, zeitgeschichtliche Sammlungen, diplomatische Apparate, Gelegenheitsdruckschriften u. a. Sachlich betreffen diese die politischen Beziehungen, persönliche Kontakte in Form von Briefwechseln und Heiratsprojekten, kulturelle Verhältnisse, Kirche und Religion, Lehnssachen, Kriegssachen, Handwerk, Handel, Wirtschaft, Rechtswesen, Auswanderer- und Einwandererfragen, Stadtgeschichte. Der „Dülfer-Katalog" ist ein bemerkenswertes Beispiel einer thematischen Quellenübersicht, wie sie in den ersten beiden Jahrzehnten nach dem Zweiten Weltkrieg mit den damaligen technischen Möglichkeiten erarbeitet wurde.

Dokumentesammlung des Herder-Instituts, Gisonenweg 5-7, D-35037 Marburg, Tel.: 06421-184-140, -145, Fax: 06421-184-139, E-Mail: dshi@herder-institut. de, Homepage: http://www.herder-institut.de/startseite/sammlungen/dokumente-dshi.html [Zugriff am 07.07.2009]. Ausgewählte Bestände können über die DSHI-Archivdatenbank auf der Internetstartseite des Herder-Instituts recherchiert werden.

Auswahlliteratur: Archivbestände zur Geschichte Est-, Liv- und Kurlands in der Dokumentesammlung des Herder-Instituts. Bearb. v. Csaba János Kenéz und Peter Wörster. Marburg 2000 (Sammlungen des Herder-Instituts zur Ostmitteleuropa-Forschung 9), hierin auch eine allgemeine Geschichte der DSHI; Goeze, Dorothee M.: „Gott segne ferner sein Vorhaben". Silesiaca in der Dokumentesammlung des Herder-Instituts. In: Zeitschrift für Ostmitteleuropa-Forschung 56 (2007) 295–307.

B. Bestandsgliederung

Für die Geschichte des schlesischen Adels sind folgende Bestandsgruppen der DSHI zu nennen: Urkunden, Nachlässe, Familien- und Firmenarchive, Städte, Orte, Kleine Erwerbungen. Von den in Kopien vorhandenen Beständen, die für die Forschung von großer Relevanz sind, sei noch auf die Bestandsgruppe der Urkundensammlungen verwiesen. Zu allen Beständen gibt es Findmittel.

Urkunden (DSHI 010)

1. Zehn Urkunden 1230–1297 aus dem ursprünglichen Besitz des Breslauer Staatsarchivs: Glogau (poln. Głogów) 5, 12, 13; Grüssau (poln. Krzeszów) 9; Heinrichau (poln. Henryków) 1, 7, 13, 14; Kamenz (poln. Kamieniec Ząbkowicki) 3, 23 [wichtig für die Geschichte adeliger Familien, betreffen Schenkungen oder

Eingangsseite des Haupturbariums der Stadt Klitschdorf und Wehrau, hier „Was die Dienste anbetrifft überhaupt von den vier Hammerdörfern, als Tieffenfuhrt, Mühlbock, Schnellenfuhrt und
Heiligensee". Ein Urbarium verzeichnet die Güterbestände einer Herrschaft und regelt die Abgabever-
pflichtungen und Arbeitsaufgaben der Abhängigen einer Herrschaft.
Bildnachweis: Archiv des Herder-Instituts Marburg, Dokumentesammlung, DSHI 130 Klitschdorff
01, 82

Bestätigungen von Schenkungen an die genannten Klöster und Kapitel sowie Erwähnungen in den Zeugenreihen].[1]

2. 1564: Herzog Johann von Münsterberg bestätigt den Verkauf von Gerechtsamen am Dorf Berowalde durch Hans von Sebottendorff an die Stadt Münsterberg (poln. Ziębice).

3. 1641: Kaiser Ferdinand III. an Wenzel von Kaltenbron, kaiserlicher Obrist und Proviantmeister in Schlesien, betreffend an diesen zu leistende Zahlungen.

4. 1740: Kaiser Karl VI. verleiht Johann Heinrich von Gutzmar das Inkolat in den Ritterstand in Schlesien.

5. 1790: König Friedrich Wilhelm II. von Preußen beurkundet die Übertragung des Gutes Simmenau im Herzogtum Brieg an Ernst Gottlob Heinrich von Goertz.

6. 1804: Auflassung des Gutes Golkowitz im Herzogtum Brieg an Ernestine Henriette Elisabeth, verwitwete Freiin von Sandretzky.

Nachlässe (DSHI 100)

Günther Grundmann (1892–1976): schlesischer Kunsthistoriker, letzter deutscher Provinzialdenkmalpfleger von Niederschlesien, beschäftigte sich mit schlesischer und allgemeiner Kunstgeschichte. Seine Forschungen zu Burgen, Schlössern, Gutshäusern, Kirchen und Klöstern Schlesiens schließen in vielfacher Weise die Geschichte adeliger Familien ein.

Elisabeth Zimmermann (1898–1988): schlesische Historikerin, beschäftigte sich mit der Sozial-, Wirtschafts- und Kulturgeschichte Niederschlesiens, vor allem in den Kreisen Greiffenberg (poln. Gryfów Śląski) und Hirschberg (poln. Jelenia Góra). Der 260 Archivalieneinheiten umfassende Nachlaß enthält Materialien aus dem Zeitraum 1600–1988. Dazu gehören umfangreiche Unterlagen zur Frömmigkeits- und Sektengeschichte in Schlesien, vor allem im Riesengebirgsvorland, die auch eng mit der Geschichte adeliger Familien verbunden ist. Insbesondere beschäftigte sich Elisabeth Zimmermann mit den Grafen Schaffgotsch.

Familienarchive (DSHI 110)

von Bültzingslöwen: adeliges Geschlecht aus dem Eichsfeld, Sitz vor allem Haynrode unter der Harburg; im Eichsfeld seit dem 14. Jahrhundert bekannt. Die Laufzeit der 71 Archivalieneinheiten erstreckt sich vom 16. bis zum 20. Jahrhundert. Unter Major Karl von Bültzingslöwen wurde um 1800 ein Zweig in Schlesien ansässig. Enthalten sind Wirtschaftsakten, Erbteilungen, Korrespondenzen, Tagebuchaufzeichnungen, Erinnerungen, umfangreiche Materialien zur Genealogie und Geschichte der Familie.

von Poser und Groß-Nädlitz: schlesischer Uradel, seit der zweiten Hälfte des 13. Jahrhunderts durch reiche urkundliche Überlieferung nachweisbar; teilte sich in die

---

1 Zu Einzelheiten vgl. Appelt, Heinrich u. a. (Hg.): Schlesisches Urkundenbuch, Bd. 1-6. Köln/Weimar/Wien 1971-1998.

Stammhäuser Bienowitz-Niklasdorf und Isignisdorf-Mühlatschütz auf; aus diesem gingen die Häuser von Poser und Rohrau [im 17. Jahrhundert ausgestorben], von Poser und Groß-Nädlitz hervor. Die Vertreter dieses Hauses waren überwiegend Landwirte und teilweise nebenher Offiziere und Beamte in verschiedenen Ämtern. Sie verbanden sich durch Heirat mit großen Teilen des schlesischen Adels. Die 238 Archivalieneinheiten des Familienarchivs stammen meist aus dem 19. und 20. Jahrhundert, ältere Betreffe gehen bis zum Anfang des 17. Jahrhunderts zurück, diese aber nur in Abschriften oder Kopien. Es handelt sich um Korrespondenzen, Tagebücher und Erinnerungen verschiedener Angehöriger der Familie [die Sammlung von Briefen Friedrichs II. von Preußen an Johann Gottlieb Sylvius von Poser 1739–1787 sei hervorgehoben], um Materialien und Arbeiten zur Genealogie und allgemein zur Geschichte der Familie und ihrer Besitzungen (vor allem von Oskar Pusch), um Fotos (meist Porträts) sowie um einige Veröffentlichungen von Angehörigen der Familie.

von Türcke: freiherrliche schlesische Adelsfamilie, ursprünglich im Fürstentum Münsterberg ansässig. Der 65 Archivalieneinheiten umfassende Bestand enthält Materialien aus der zweiten Hälfte des 19. und den ersten Jahrzehnten des 20. Jahrhunderts. Im Kern ist es die Überlieferung zu Leopold von Türcke, Rittmeister im Dragoner-Regiment Kaiser Friedrichs III. (2. Schles.) Nr. 8, der 1915 in russischer Kriegsgefangenschaft gestorben ist, und seiner Frau Erika, geborene von Minckwitz: Schule, Schreibübungen (neben französischen auch russische und polnische), Ausbildung, Laufbahn, Heirat, Geburt der Kinder, Korrespondenzen miteinander und mit Familienangehörigen; enthält auch Material der verwandten Familie von Minckwitz.

Städte, Orte (DSHI 130)
1. Klitschdorf (poln. Kliczków) und Wehrau (poln. Osiecznica), Haupt-Urbarium der Herrschaft, begonnen um 1750 (Familie zu Solms-Baruth).
2. Langheinersdorf, Akten der Herrschaft im 19. Jahrhundert (Familie von Kottwitz).
3. Rösnitz, Urkunden und Urkundenabschriften 1504–1816, begonnen um 1830, betreffen u. a. das Verhältnis der Gemeinde zur Grundherrschaft (Familie von Zwolle).
4. Uhyst, Akten der Herrschaft (Familien von Dohna, Bredow), 13 Dokumente von 1681–1865.

Kleine Erwerbungen (DSHI 140)
Schlesien 230:
> Sammlung Professor Ludwig Igálffy von Igály (geb. 1924): Er beschäftigte sich vielseitig mit der Geschichte und Genealogie des schlesischen Adels sowie mit dessen Beziehungen zu den Nachbarregionen. Das Herder-Institut übernahm 2005 große Teile seiner Sammlungen: Bibliotheksbestände gelangten in die Bibliothek des Herder-Instituts, archivische Materialien wurden durch die DSHI übernommen. Zu diesen gehören u. a. über 3.000 Mappen zu Adelsfamilien

aus Schlesien und anderen österreichischen Erblanden (alphabetisch geordnet) sowie bedeutende Reste des Schloßarchivs Bratronitz (tsch. Bratronice) in Böhmen der Familie Vernier von Rougemont.

Schlesien 243:

Sammlung Skal: Die von Michael Skal (geb. 1935) und Walther Reimann (geb. 1939) zusammengestellte Familiengeschichte „Von Skal und Groß-Ellguth" bezieht sich hauptsächlich auf die Materialien von Carl (Cary) Freiherr von Skal und Groß Ellguth.[2] Der Bestand enthält Dokumente zur Familie von Skal (Schlesien und Böhmen) sowie zu etwa 60 weiteren Familien, die mit der Familie verwandt waren.

Schlesische Urkunden (Fotosammlung, DSHI 500)

In den 1930er Jahren begann Leo Santifaller (1890–1974) an der Universität Breslau mit einigen seiner Schüler die Arbeiten am „Schlesischen Urkundenbuch". Die Schlesien betreffenden Urkunden vom 11. Jahrhundert bis 1300 wurden nahezu vollständig fotografiert, um sie geschlossen an einem Ort nutzen zu können. Darüber hinaus wurden Urkunden und für das Urkundenwesen Schlesiens wichtige andere Dokumente auch für die Zeit bis zum 17. Jahrhundert in Auswahl fotografiert. Insgesamt entstand so eine Grundlage für das Urkundenbuch von ca. 14.000 Leica-Aufnahmen. Die Bedeutung der Fotosammlung relativierte sich erst, als die Archivverwaltung der Deutschen Demokratischen Republik 1980 Originalbestände über die polnische Archivverwaltung an das Staatsarchiv Breslau zurückgab, zu denen auch einige tausend ursprünglich Breslauer Urkunden gehörten.

C. Bestandsanalyse

Die hier vorgestellten Bestände sind mit Ausnahme der Fotosammlung zum „Schlesischen Urkundenbuch", der Sammlung Igálffy von Igály und des Familienarchivs von Poser im Hinblick auf die Erforschung des Adels in Schlesien bisher nur punktuell genutzt worden. Die Heterogenität der Bestandsbildner ermöglicht keine einheitliche Beurteilung. Die Bandbreite der Nutzungen und Auswertungen reicht von größeren Editionsvorhaben[3] und wissenschaftlichen Darstellungen[4] bis hin zu sporadischer Einzelnutzung.

---

2 Skal, Michael/Reimann, Walther: Von Skal und Groß-Ellguth. Familiengeschichte. Penzberg 2006.

3 Vgl. exemplarisch Irgang, Winfried (Hg.): Das „Leobschützer Rechtsbuch". Bearb. v. Gunhild Roth. Marburg 2006 (Quellen zur Geschichte und Landeskunde Ostmitteleuropas 5).

4 Pusch, Oskar: Das Geschlecht von Poser und Groß-Naedlitz. Dortmund 1968 (Veröffentlichungen der Ostdeutschen Forschungsstelle im Lande Nordrhein-Westfalen 15).

Simon Donig

Ballestremsches Firmen- und Familienarchiv Berlin

A. Gesamtgeschichte und Bedeutung

Das Ballestremsche Hausarchiv umfaßt die Überlieferung der Familie sowie in geringerem Umfang Quellen zu verwandten Häusern, darunter besonders zu den Familien der Grafen von Saurma-Jeltsch, Stolberg-Stolberg und Walderdorff.

Das Grafengeschlecht stammt aus dem Piemont. 1730 trat mit Giovanni Battista Angelo Ballestro di Castellengo ein Vertreter des Hauses in Weimarer Dienste. Er heiratete die Tochter des kurpfälzischen Kammerherrn und Hofrats Franz Wolfgang Freiherr von Stechow, Maria Elisabeth Auguste. Als dessen einziger Sohn Carl Franz von Stechow 1758 starb, fiel den Kindern des Paars das Stechowsche Fideikommiß mit umfangreichen Besitzungen in Ober- und Niederschlesien zu.[1]

Bei dem Archiv handelt es sich um ein Privatarchiv, das sich nach wie vor im Besitz der Familie befindet. Das Familienarchiv wurde um 1938 von Nikolaus Graf von Ballestrem (1900–1945) gegründet. Bis zum Ende des Zweiten Weltkriegs befand es sich in einem eigens errichteten Gebäude in Gleiwitz (poln. Gliwice). Das heute in Berlin verfügbare Material bildet nur noch einen Teil der ursprünglichen Überlieferung. Das Archiv wurde anfangs durch den Historiker Dr. Ernst Laslowski betreut. Von 1944 bis 2005 verwaltete mit Johannes Graf von Ballestrem ein Familienmitglied den Bestand, der sich zu dieser Zeit in Straubing befand. 2006 wurde das Archiv nach Berlin verlagert und wird seitdem durch das Büro Lothar Uebel neu geordnet (Stand 2008).[2]

Das ehemalige Güterarchiv und die Wirtschaftsverwaltung der Grafen Ballestrem in Gleiwitz, deren Überlieferung von 1801 bis 1945 reicht, befindet sich in der Außenstelle Gleiwitz des Staatsarchivs Kattowitz (poln. Katowice).[3] Das Berliner

---

1 Ballestrem, Wolfgang Graf von: Die Nachkommen des Grafen Giovanni Battista Angelo Ballestrem. Everswinkel 1985; Kowalski, Rafał: Dzieje rodu hrabiów von Ballestrem na Górnym Śląsku w latach 1798–1945 [Geschichte des Geschlechts der Grafen Ballestrem in Oberschlesien in den Jahren 1798–1945]. Ruda Śląska 1998.

2 Der Autor dankt Herrn Nikolaus Graf von Ballestrem für den ihm freundlichst gewährten Zugang zum Familienarchiv sowie Herrn Lothar Uebel für seine Ergänzungen zum aktuellen Erschließungsstand.

3 Archiwum Państwowe w Katowicach – Oddział w Gliwicach, Dyrekcja Dóbr hrabiego Ballestrema w Gliwicach, zespoł Nr. 111. In Kattowitz und Gleiwitz finden sich außerdem die Überlieferungen einer Reihe von Unternehmen, die zum Ballestremschen Besitz gehörten, darunter etwa der Gewerkschaft Castellengo-Abwehr, Gleiwitz.

Familienarchiv enthält sowohl Schriftquellen als auch diverse Sachquellen, darunter besonders Fotografien. Das Archiv wird ergänzt durch eine kleine, aber hochwertige Bibliothek mit Silesiaca. Der Schwerpunkt der Überlieferung liegt auf dem 19. und frühen 20. Jahrhundert. Neben der Privatkorrespondenz von Familienmitgliedern und Verwandten finden sich auch Akten, die auf das Wirtschaften sowie die politische Tätigkeit der Familie bezogen sind, außerdem das mehrbändige Tagebuch des Grafen Franz von Ballestrem (1834–1910).

Ballestremsches Firmen- und Familienarchiv, Tel.: 030-8507-3520, Fax: 030-8507-3522, E-Mail: nikolaus@ballestrem.de, Homepage: http://www.ballestrem.de [Zugriff am 18.12.2008].

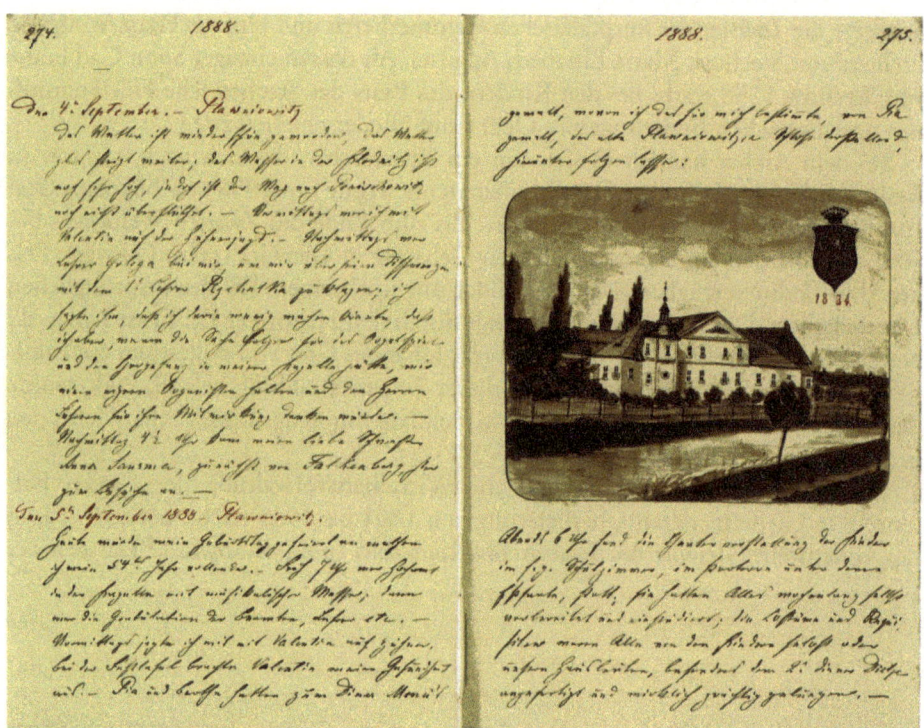

Auszug aus dem Tagebuch von Franz Graf von Ballestrem (1834–1910) mit den Einträgen für den 4. und 5. September 1888. Ballestrem war Majoratsherr von Plawniowitz, Biskupitz und Ruda in Oberschlesien. Der auf Schloß Plawniowitz lebende Unternehmer war zugleich Mitbegründer der schlesischen Zentrumspartei. Als Politiker war Ballestrem ab 1872 Mitglied des Deutschen Reichstags und in der Zeit von 1898 bis 1906 dessen Präsident. Die Abbildung zeigt das 1732 erbaute alte Schloß Plawniowitz in einer Zeichnung seiner Tochter Pia, später verheirateter Freifrau von Fürstenberg. Das alte Schloß wurde 1882 bis 1885 durch das bis heute erhaltene Schloß im Stil der Neorenaissance ersetzt.
Bildnachweis: Ballestremsches Firmen- und Familienarchiv, Berlin

B. Bestandsgliederung

Da das Archiv gegenwärtig (2008) zum ersten Mal seit langer Zeit einer grundlegenden Neuinventarisierung unterzogen wird, kann an dieser Stelle nur ein grober Bestandsüberblick gegeben werden. Später sollen die erschlossenen Archivbestände durch Findmittel über das Internet zugänglich sein. Der Bestand setzt sich im wesentlichen aus zwei Teilen zusammen:

1. Neben Wappen und allgemeinen Texten zur Familiengeschichte enthält das Archiv in sehr unterschiedlichem Umfang Dokumente, Bilder und Fotos zu den einzelnen Familienmitgliedern, die in genealogisch-chronologischer Reihenfolge erschlossen werden.
2. Neben Dokumenten und Fotos zum Privatbesitz der Familie – insbesondere die Schlösser Plawniowitz (poln. Pławniowice) und Obergläsersdorf (poln. Szklary Górne) – existiert umfangreiches Bild- und Textmaterial sowohl über den Industriebesitz in Oberschlesien (Kohlengruben, Hüttenwerke und Verwaltungssitze) als auch über angegliederte soziale Einrichtungen (Bergarbeitersiedlungen, Schulen, Krankenhäuser etc.).

C. Bestandsanalyse

Trotz der noch andauernden Neuordnung zeichnen sich mehrere Bereiche ab, in denen die Überlieferung besonderen Gewinn für die Forschung verspricht. Erfolgreich genutzt wurde das Archiv bereits zu Forschungen zum politischen Katholizismus im Kaiserreich, da einer der bekanntesten Vertreter des Hauses Franz Graf von Ballestrem für einige Zeit die Zentrumsfraktion im Reichstag angeführt hat und später auch selbst als Reichstagspräsident zu den einflußreichsten Persönlichkeiten des Kaiserreichs gerechnet werden darf.[4] Sein mehrbändiges Tagebuch ist eine wichtige Quelle nicht nur zur Gesellschaft und Politik des Kaiserreichs. Es bietet neben der Nationalismusforschung auch für wirtschaftsgeschichtliche Fragestellungen breiten Raum, da die Familie zu den wichtigsten Großindustriellen Schlesiens zählte.[5] Seit längerem laufen Bemühungen, es in einer edierten Form zugänglich zu machen.[6] Die

---

4 Ritthaler, Anton: Ballestrem, Franz Karl Wolfgang Graf von. In: Neue Deutsche Biographie, Bd. 1. Berlin 1953, 561; Neubach, Helmut: „Ich sitze jetzt auf Windthorsts Platz!" Der schlesische Graf Franz v. Ballestrem als Zentrumsführer vor und auf dem Mainzer Katholikentag 1892. In: Mainzer Zeitschrift 94/95 (1999) 317-343; ders.: Franz Graf von Ballestrem – ein Reichstagspräsident aus Oberschlesien. Dülmen 1984; ders.: Die Zentrumspolitiker Franz Graf Ballestrem und Ernst Lieber. In: Jahrbuch der Schlesischen Friedrich-Wilhelms-Universität zu Breslau 24 (1983) 222-233.

5 Zur Industriegeschichte vgl. Laslowski, Ernst: Die Grafen von Ballestrem als oberschlesische Bergherren. In: Historisches Jahrbuch 77 (1958) 517-521.

6 Neubach, Helmut: Das Tagebuch des Grafen Franz von Ballestrem, eine bedeutende Quelle für die Geschichte Schlesiens (1885–1908). In: Śląski Kwartalnik Historyczny Sobótka 3 (2004) 405-410.

Industriegeschichte Oberschlesiens dürfte zudem von den Beständen profitieren, da mit Carl Godulla einer der ehemaligen Beamten der Grafen selbst zu einem bedeutenden Unternehmer aufgestiegen ist[7] und als Figur sogar Eingang in die Populärliteratur gefunden hat.[8] Die Familienüberlieferung und das Bildarchiv lassen sich unter zahlreichen sozial-, alltags- und kulturgeschichtlichen Fragestellungen auswerten.

---

7 Die Godulla-Literatur ist inzwischen sehr umfangreich, so daß an dieser Stelle nur auf einige ausgesuchte Titel hingewiesen werden kann. Vgl. Krzoska, Emanuel: Prawda o Karolu Goduli [Die Wahrheit über Carl Godulla]. In: Zaranie Śląskie. Kwartalnik literacki 21,3 (1958) 69-75; Ślęzak, Władysława: Niezwykłe dzieje testamentu K. Goduli [Die ungewöhnlichen Geschenke des Testaments von Carl Godulla]. Zabrze 1990; Dworak, Jan S.: Karol Godula – pionier przemysłu cynkowego na Górnym Śląsku [Carl Godulla. Pionier des Zinkhandels in Oberschlesien]. Opole/Ruda Śląska ²1995 [¹1979]; Greiner, Piotr: Karol Godula jako przemysłowiec [Carl Godulla als Industrieller]. In: Janeczek, Zdisław/Popławska-Mszyca, Jadwiga (Hg.): Karol Godula – Pionier przedsiębiorczości. Chorzów 2002, 29-36.

8 Kurpiun, Robert: Das schwarze Weib. Die Geschichte eines Einsamen aus dem Volk. Stuttgart/Berlin/Leipzig 1925.

Teil C

Quellen und Darstellungen

Karen Lambrecht

Auswahlbibliographie zur Geschichte und Kultur des Adels in Schlesien

Die folgende Auswahlbibliographie, die ein Hilfsmittel für die qualitativ wie quantitativ in den vergangenen Jahren intensivierte Adelsforschung darstellt, versteht sich als Beitrag zur Grundlagenforschung. Entsprechend der Gesamtkonzeption des Repertoriums ist auch sie transnational und multidisziplinär angelegt. Zur Genese bibliographischer Arbeit in und über Schlesien sowie zum inhaltlichen Einstieg kann hier nur auf den Forschungsbericht von Norbert Conrads zur schlesischen Adelsgeschichte verwiesen werden, der einen zuverlässigen geschichtlichen Abriß bietet, die europäische Dimension des Themas aufzeigt und darüber hinaus Informationen zum aktuellen Forschungsstand und zur Überlieferungsproblematik enthält.[1]

Noch nie war es so leicht, an Informationen zu gelangen wie heute. Allerdings besteht mehr denn je das Problem, das Wichtige vom Unwichtigen zu unterscheiden. Der Bedarf an einem zuverlässigen Wegweiser zur Literatur eines speziellen Fachgebiets ist deshalb nach wie vor ungebrochen. Selbstverständlich hängt der Wert einer Bibliographie von ihrer Nutzbarkeit ab, das heißt von schnellen Zugriffsmöglichkeiten auf gesuchte Informationen. Bei der vorliegenden Auswahlbibliographie handelt es sich um eine Zusammenstellung, die sämtliche einschlägigen Forschungsarbeiten und Quellensammlungen zu erfassen sucht, ohne die aufgenommenen Werke im einzelnen zu kommentieren. Neben Titeln aus den einzelnen Fachgebieten der Geschichtswissenschaft wurden wichtige Titel aus den Nachbardisziplinen, vor allem kunst- und literaturwissenschaftliche Arbeiten, berücksichtigt, sofern diese für eine moderne, interdisziplinäre historische Forschung aussagekräftig erschienen. Die Auswahlbibliographie ist gleichermaßen als wissenschaftliche Dokumentation von Forschungstraditionen wie auch als praktisches Hilfsmittel für alle Interessierten gedacht. Ziel war es, die Gesamtheit der Forschungen zum Rahmenthema Adel – unter denen polnische, tschechische und deutsche Arbeiten aus naheliegenden Gründen dominieren – zusammenzuführen und gleichgewichtig nebeneinander zu stellen.

Die Stärke und das wissenschaftliche Gewicht einer Auswahlbibliographie liegen in der Qualität und Repräsentativität der ausgewählten Titel. Aus der Fülle der oftmals populärwissenschaftlichen und heimatkundlichen Literatur sowie der familiengeschichtlichen Darstellungen mußte eine kritische Auswahl getroffen werden. Die wichtigsten, nicht über Fernleihe entleihbaren Altdrucke wurden in

---

1 Conrads, Norbert: Adelsgeschichte. In: Bahlcke, Joachim (Hg.): Historische Schlesienforschung. Methoden, Themen und Perspektiven zwischen traditioneller Landesgeschichtsschreibung und moderner Kulturwissenschaft. Köln/Weimar/Wien 2005 (Neue Forschungen zur Schlesischen Geschichte 11), 347-381.

den einschlägigen Fachbibliotheken eingesehen. Schwerpunkte der bibliographischen Recherche waren dabei die Universitätsbibliotheken in Breslau (poln. Wrocław) und Prag (tsch. Praha), aber auch zahlreiche weitere Bibliotheken wie die Staatsbibliothek Berlin, das Herder-Institut in Marburg und der Projektbereich Schlesische Geschichte an der Universität Stuttgart. Die Recherche konnte vielfach durch elektronische Datenbanken – genannt sei hier exemplarisch die Marburger „Literaturdokumentation zur Geschichte Ostmitteleuropas" – unterstützt beziehungsweise vorbereitet werden.[2] Jeder Titel – unterschieden in Monographie, Sammelband oder Edition, Aufsatz in einer Zeitschrift, Aufsatz im Sammelband – ist nur an einer Stelle aufgenommen worden; eventuelle Zuordnungsprobleme konnten über mehrfache Registereinträge ausgeglichen werden. Die Aufnahmen wurden durch Autopsie kontrolliert, das heißt die Angaben basieren durchweg auf einer am Originalwerk vorgenommenen Überprüfung der Angaben auf dem Titelblatt und der Seitenzahlen.

Zeitlich berücksichtigt die Auswahlbibliographie den Adel von seinen Ursprüngen im Mittelalter bis zum 20. Jahrhundert, wobei unter „Adel" der gesamte adelige Stand in all seinen Differenzierungen begriffen wird – also sowohl die Fürstenhäuser und der Hoch- und Niederadel als auch Personen, die erst in einem späteren Lebensabschnitt geadelt wurden. Gleichzeitig wird ein personen- sowie ein raumbezogener Ansatz verfolgt, das heißt, es werden neben Arbeiten zum engeren Rahmenthema auch Titel zum schlesischen Adel außerhalb Schlesiens aufgenommen – Titel also, die etwa adelige Studenten aus Schlesien an italienischen Universitäten betreffen oder sich Aspekten adeliger Migration zuwenden. Im Gegensatz zu der 1999 erschienenen umfangreichen zweibändigen Bibliographie von Claus Heinrich Bill zum deutschen Adel berücksichtigt die vorliegende Zusammenstellung auch Literatur zu einzelnen Persönlichkeiten und Familien.[3]

Was die räumlich-territoriale Eingrenzung betrifft, so geht diese Auswahlbibliographie vom Prinzip der historischen Grenzen aus: Das hier unter „Schlesien" verstandene Gebiet umfaßt dabei zunächst diejenigen Gebiete, die bei sich wandelnden Grenzen und in ihrer größten denkbaren Ausdehnung eine gewisse historische Kontinuität bezüglich des Adels aufwiesen: also Ober- und Niederschlesien einschließlich der Grafschaft Glatz, Österreichisch-Schlesiens und der schlesischen Oberlausitz. Im Einzelfall ist hierbei größere Flexibilität notwendig gewesen, zumal Abgrenzungen innerhalb der Forschungsliteratur nicht immer eindeutig zu ziehen waren.

Die Bibliographie erschließt – und zwar erstmals in diesem Umfang – Titel möglichst in ihrer Erstausgabe aus zum Teil nur schwer ermittelbaren Periodika ebenso wie selbständig erschienene Werke von der Erfindung des Buchdrucks bis in die Gegenwart des online-Publizierens.[4] Publikationsgeschichtliche Einzelheiten, die Informationen über Wiederabdrucke, Teilwiederabdrucke, Erstdruckorte, spätere

---

2 http://www.litdok.de (Zugriff am 12.11.2009).
3 Bill, Claus Heinrich: Bibliographie zum deutschen Adel 1200 bis 1999. Eine annotierte Bibliographie, Bd. 1-2. Sonderburg 1999 (Schriftenreihe des Instituts Deutsche Adelsforschung 18,1), 5.
4 Die letzten Titelaufnahmen erfolgten im Dezember 2007.

Auflagen, gegebenenfalls Titeländerungen bei späteren Auflagen und anderes enthalten, konnten als zusätzliche Informationen in der Regel nicht mit angegeben werden.

Die Masse der Literatur, in der nur am Rande auf den Adel in Schlesien eingegangen wird, mußte notgedrungen beschränkt werden. Dies gilt zunächst für allgemeingeschichtliche Darstellungen: Hier finden sich namentlich jene Arbeiten berücksichtigt, die die Rolle des Adels in Schlesien innerhalb der europäischen Geschichte deutlich werden lassen sowie Untersuchungen, die seine Beziehungen zu den Nachbarländern betreffen. Ähnlich verhält es sich mit der nicht minder umfangreichen biographischen Literatur: Auf die Aufnahme einzelner Artikel aus den „Schlesischen Lebensbildern", der „Allgemeinen Deutschen Biographie" beziehungsweise dem „Polski Słownik Biograficzny" sowie weiterer Fachlexika (nachgewiesen in 1.4) ist wegen deren im allgemeinen guter Erreichbarkeit und vorhandener Register verzichtet worden. Einen besonderen Fall bilden dagegen Erinnerungen und Autobiographien, die wegen ihres Quellencharakters Berücksichtigung fanden (2.2.4). Nicht aufgenommen wurden Leichenpredigten, wohl aber deren Verzeichnisse, in denen diese inzwischen bibliographisch erfaßt sind (1.2). Die wichtigsten deutschen, polnischen und tschechischen Fachzeitschriften wurden systematisch ausgewertet, nicht dagegen Tages- und Wochenzeitungen. Unberücksichtigt blieben Tagungsberichte, Miszellen und Rezensionen. Dafür enthält die Auswahlbibliographie vereinzelt gut erreichbares Sonderschrifttum wie ungedruckte Hochschulschriften, maschinenschriftliche Publikationen ohne Erscheinungsorte und gelegentlich sogar handschriftliches Material. Das maßgebliche Aufnahmekriterium hierfür war wie bei den anderen Titeln der Aspekt der Wissenschaftlichkeit.

Inhaltlich eingegrenzt werden mußte die Auswahlbibliographie hinsichtlich ausufernder Themenbereiche. Dies gilt zum Beispiel bei herausgehobenen adeligen Persönlichkeiten wie der hl. Hedwig und Caspar von Schwenckfeld oder bei sonstigen Personen, die in einzelnen Disziplinen umfangreiche Forschungen erfahren haben – genannt seien hier exemplarisch nur der Schriftsteller Joseph von Eichendorff sowie der Musiker Carl Ditters von Dittersdorf. Gleiches gilt für spezielle Themenkomplexe, die durchaus mit dem Rahmenthema verknüpft sind: die Piasten etwa, der Kreisauer Kreis oder auch die vom Adel massiv geförderte oberschlesische Industrie. Zu diesen Arbeitsfeldern liegen in der Regel vollständige Spezialbibliographien, teilweise sogar eigene Periodika wie das „Jahrbuch der Eichendorff-Gesellschaft" vor. Überdies wurde versucht, solche Titel aufzunehmen, die sich mit den jeweiligen Adelsfamilien beschäftigen und nicht nur thematisch begrenzte Zugänge, etwa zu einem konkreten Musiker in Schlesien, bieten. Auch hier war die Abgrenzung bisweilen schwierig. Aus pragmatischen Gründen wurde größtenteils darauf verzichtet, die Primärliteratur von Adeligen als Dichter, Schriftsteller und Verfasser eigenständiger Forschung einzubeziehen – zu denken wäre in diesem Zusammenhang an die botanischen Werke von Heinrich Gottfried Graf von Mattuschka.

Einige Angaben zur Benutzung der vorliegenden Auswahlbibliographie: Vorrang hat eine Sachgliederung, die auf vier Ebenen immer feiner differenziert. Die beiden ersten Hauptebenen finden sich jeweils in den Kopfzeilen wiederholt. Den üblichen Zuordnungsproblemen wurde versucht, mit Registerverweisen zu begegnen. Die

Durchsicht der Texte bedingte eine teilweise völlig andere Systematik, als der Titel auf den ersten Blick vermuten ließ – aber auch hier waren naturgemäß Entscheidungen zu treffen, die nicht immer eindeutig sein konnten. Ausschlaggebend für die Zuordnung war der jeweilige thematische Schwerpunkt einer Arbeit. Bei thematischen Überschneidungen wurde im Zweifelsfall nach der behandelten Adelsfamilie entschieden.

Die erste Hauptebene ist nach Hilfsmitteln (1), gedruckten Quellen (2), Historischen Hilfswissenschaften (3), Forschungsliteratur (4), Literatur aus den Nachbardisziplinen (5) und den abschließenden Indizes (6) gegliedert. Innerhalb dieser Hauptebene wird dann in fachliche Unterabteilungen untergliedert, so zum Beispiel im Bereich der Hilfswissenschaften in die klassischen Abteilungen von Genealogie, Heraldik, Numismatik etc. Am umfangreichsten war die Untergliederung der Forschungsliteratur, bei der versucht wurde, einzelne Fachbereiche wie beispielsweise Rechtsgeschichte (4.4.), Wirtschafts- und Sozialgeschichte (4.5 und 4.6.) oder Kirchengeschichte (4.8) zu erfassen. Die Forschungsliteratur im Bereich einzelner Familien- und Ortsgeschichten (4.14 und 4.15) bildet hier einen Schwerpunkt, auch wenn sie lediglich Titel aufführt, die nicht anders zuzuordnen waren, denn gerade Familien und Orte lassen sich bequem über den Adelsindex und den Ortsindex erschließen.

Die hier berücksichtigte Literatur der Nachbardisziplinen umfaßt die Archäologie (5.1), Kunstgeschichte (5.2), Literaturwissenschaft (5.3), Volkskunde (5.4) und Musikgeschichte (5.5). Weitere Disziplinen wurden zunächst in Betracht gezogen, dann allerdings auf Grund einer weit geringeren Anzahl einschlägiger Titel in die übrigen Rubriken verteilt. Hier bestand besonders die Gefahr von Überschneidungen bei der Abgrenzung von Forschungsliteratur und Elitenkultur (4.10) bzw. Alltags- und Sachkultur (4.11). Für interdisziplinäre Arbeiten sei deshalb der Blick in beide Gliederungsebenen empfohlen.

Innerhalb der Sachsystematik wird nach einer Ebene „Allgemein/Übergreifend" sowie nach insgesamt vier historischen Epochen unterschieden: Mittelalter (bis ca. 1500), Frühe Neuzeit (ca. 1500 – ca. 1800), Neuzeit (ca. 1800 – ca. 1945), Zeitgeschichte (ab ca. 1945). Auch Titel, die sich auf zwei dieser Epochen beziehen, wurden unter „Allgemein" einsortiert. In manchen Gruppierungen fällt mangels Titeln diese Feingliederung weg, und es bleibt lediglich bei der Obergliederung, so zum Beispiel bei der Abteilung Volkskunde (5.4).

Jeder bibliographische Eintrag enthält mehrere Elemente: Die Titelangaben erfolgen in einer verkürzten, in wissenschaftlichen bibliographischen Dokumentationen üblichen Form: Bei Monographien und Sammelbänden werden Autor beziehungsweise Herausgeber (wenn möglich mit ausgeschriebenem Vornamen), Titel, Untertitel (gegebenenfalls Übersetzung), Reihentitel, Erscheinungsort und Erscheinungsjahr genannt. Nur bei wenigen Titeln hat der Sachtitel Vorrang. Mehrere Titel eines Autors sind alphabetisch angeordnet. Entsprechendes gilt für Aufsätze in Zeitschriften und in Sammelbänden. Abgekürzt wurden in der Regel die recht langen Titel von Altdrucken sowie die zum Teil umfangreichen Angaben zu Tagungsorten und -anlässen. Auf weitere Angaben wie Abbildungen, Karten, Hinweise auf eventuell vorhandene Zusammenfassungen ist verzichtet worden. Die fremdsprachigen Haupttitel sind in modernes Deutsch übersetzt worden, wobei vielfach die Titel der bereits im Werk angegebenen deutschen Zusammenfassung korrigiert wurden.

Gliederung der Auswahlbibliographie

1. Hilfsmittel
   1.1 Archivführer, Archivinventare
   1.2 Quellenkunden
   1.3 Bibliographien
   1.4 Lexika, Nachschlagewerke
   1.5 Literaturberichte
2. Gedruckte Quellen
   2.1 Anthologien, Sammlungen [Allgemein]
   2.1 Anthologien, Sammlungen [Mittelalter]
   2.1 Anthologien, Sammlungen [Frühe Neuzeit]
   2.1 Anthologien, Sammlungen [Neuzeit-Zeitgeschichte]
      2.2.1 Quellenwerke – Verwaltung (Urkunden, Gesetze) [Allgemein]
      2.2.1 Quellenwerke – Verwaltung (Urkunden, Gesetze) [Mittelalter]
      2.2.1 Quellenwerke – Verwaltung (Urkunden, Gesetze) [Frühe Neuzeit]
      2.2.1 Quellenwerke – Verwaltung (Urkunden, Gesetze) [Neuzeit-Zeitgeschichte]
      2.2.2 Quellenwerke – Chronistik [Allgemein]
      2.2.2 Quellenwerke – Chronistik [Frühe Neuzeit]
      2.2.3 Quellenwerke – Publizistik/Zeitungs- und Zeitschriftenwesen
      2.2.4 Quellenwerke – Biographische und autobiographische Texte (auch Briefe, Memoiren) [Allgemein]
      2.2.4 Quellenwerke – Biographische und autobiographische Texte (auch Briefe, Memoiren) [Mittelalter]
      2.2.4 Quellenwerke – Biographische und autobiographische Texte (auch Briefe, Memoiren) [Frühe Neuzeit]
      2.2.4 Quellenwerke – Biographische und autobiographische Texte (auch Briefe, Memoiren) [Neuzeit]
      2.2.4 Quellenwerke – Biographische und autobiographische Texte (auch Briefe, Memoiren) [Zeitgeschichte]
      2.2.5 Quellenwerke – Geistliches Schrifttum
      2.2.6 Quellenwerke – Denkschriften, Traktate u.a. [Mittelalter]
      2.2.6 Quellenwerke – Denkschriften, Traktate u.a. [Frühe Neuzeit]
      2.2.6 Quellenwerke – Denkschriften, Traktate u.a. [Neuzeit-Zeitgeschichte]
      2.2.7 Quellenwerke – Sonstiges (Reiseliteratur, Stammbücher) [Allgemein-Mittelalter]
      2.2.7 Quellenwerke – Sonstiges (Reiseliteratur, Stammbücher) [Frühe Neuzeit]

1. Hilfsmittel

1.1 Archivführer, Archivinventare

1. Biermann, G[ottlieb]: Das königliche Provinzial-Archiv in Breslau. In: Notizen-Blatt der historisch-statistischen Section der kais. königl. mährisch-schlesischen Gesellschaft zur Beförderung des Ackerbaues, der Natur- und Landeskunde (1862) 93-96.
2. Braun, Edmund Wilhelm: Über bisher unbekannte Archivalien für die Geschichte der beiden Fürstentümer Troppau und Jägerndorf. In: Zeitschrift für Geschichte und Kulturgeschichte Österreichisch-Schlesiens 5 (1910/11) 30-31.
3. Bruchmann, Karl: Das Reichsgräflich von Oppersdorffsche Schloßarchiv zu Oberglogau. In: Schlesische Geschichtsblätter. Mitteilungen des Vereins für Geschichte Schlesiens 3 (1937) 91-103.
4. Bruchmann, Karl G.: Das Fürstlich Hatzfeldtsche Archiv in Schloß Trachenberg. In: Zeitschrift des Vereins für Geschichte Schlesiens 73 (1939) 248-267.
5. Čoupková, Anna: Über das Familienarchiv Haugwitz in Namiest. In: Adler. Zeitschrift für Genealogie und Heraldik 17 (1993 [1994]) 81-86.
6. Deluga, Waldemar: Schlesische Geschichte der hessischen Fürsten. Archivmaterialien aus dem 19. Jahrhundert in den polnischen Sammlungen. In: Zeitschrift des Vereins für Hessische Geschichte und Landeskunde 97 (1992) 127-135.
7. Dereń, Andrzej/Żerelik, Rościsław (Hg.): Staatsarchiv Breslau. Wegweiser durch die Bestände bis zum Jahr 1945 München 1996 (Schriften des Bundesinstituts für ostdeutsche Kultur und Geschichte 9). [Polnische Fassung: Archiwum Państwowe we Wrocławiu. Przewodnik po zasobie archiwalnym do 1945 roku. Wrocław 1996].
8. Die Inventare der nichtstaatlichen Archive Schlesiens, Bd. 1: Die Kreise Grünberg und Freystadt. Hg. v. Konrad Wutke. Breslau 1908 (Codex diplomaticus Silesiae 24).
9. Die Inventare der nichtstaatlichen Archive Schlesiens, Bd. 2: Kreis und Stadt Glogau. Hg. v. Konrad Wutke. Breslau 1915 (Codex diplomaticus Silesiae 28).
10. Die Inventare der nichtstaatlichen Archive Schlesiens, Bd. 3: Kreis Sprottau. Hg. v. Erich Graber. Breslau 1925 (Codex diplomaticus Silesiae 31).
11. Die Inventare der nichtstaatlichen Archive Schlesiens, Bd. 4: Kreis Sagan. Hg. v. Erich Graber. Breslau 1927 (Codex diplomaticus Silesiae 32).
12. Die Inventare der nichtstaatlichen Archive Schlesiens, Bd. 5: Kreis Neustadt. Hg. v. Erich Graber. Breslau 1928 (Codex diplomaticus Silesiae 33).
13. Die Inventare der nichtstaatlichen Archive Schlesiens, Bd. 6: Kreis Habelschwerdt. Hg. v. Udo Lincke. Breslau 1929 (Codex diplomaticus Silesiae 34).
14. Die Inventare der nichtstaatlichen Archive Schlesiens, Bd. 7: Kreis Jauer. Hg. v. Erich Graber. Breslau 1930 (Codex diplomaticus Silesiae 35).
15. Die Inventare der nichtstaatlichen Archive Schlesiens, Bd. 8: Kreis Neisse, 1: Stadt Neisse. Hg. v. Erich Graber. Breslau 1933 (Codex diplomaticus Silesiae 36).
16. Długajczyk, Edward/Gojniczek, Wacław/Kalinowska-Wójcik, Barbara (Hg.): Archiwa i archiwalia górnośląskie [Oberschlesische Archive und Archivalien],

Bd. 1. Katowice 2008 (Prace Naukowe Uniwersytetu Śląskiego w Katowicach 2552).

17. Döhn, Helga (Bearb.): Der Nachlass Joseph von Eichendorff. Berlin 1971 (Handschrifteninventare der Deutschen Staatsbibliothek 2).

18. Drkal, Stanislav: Silesiaca ve slovenských archivech [Silesiaca in den slowakischen Archiven]. In: Slezský sborník 48 (1950) 81-86.

19. Drkal, Stanislav/Donát, Jaroslav: Slezský stavovský archiv v Opavě 1318–1850. Inventář [Das schlesische Ständearchiv in Troppau 1318–1850. Inventar]. Opava 1972 (Inventáře a katalogy Státního archivu v Opavě 18).

20. Engelbert, Günther/Salm, Hubert (Bearb.): Das Kriegsarchiv des kaiserlichen Feldmarschalls Melchior von Hatzfeld [!] (1593–1658). Analytisches Inventar. Düsseldorf 1993 (Publikationen der Gesellschaft für Rheinische Geschichtskunde 61).

21. Graber, Erich: Die Inventare der nichtstaatlichen Archive als familiengeschichtliche Quellen. In: Genealogie und Heraldik 2 (1949) 83-86.

22. Grobelný, Antonín: Silesiaca v Státním archivu v Krakově (1620–1715) [Die Silesiaca im Staatsarchiv in Krakau (1620–1715)]. In: Slezský sborník 49 (1951) 98-101.

23. Grünhagen, Colmar: Archivalische Miscellen. 2. Das Fürstlich Hatzfeld'sche [!] Archiv zu Trachenberg. In: Zeitschrift des Vereins für Geschichte und Alterthum Schlesiens 13 (1876) 269.

24. Haas, Antonín: Archiv žerotínsko-vrbenský. Listiny a listy z let 1497–1624 [Das Žerotín-Würbensche Archiv. Urkunden und Briefe aus den Jahren 1497–1624]. Praha 1948 (Český zemský archiv. Katalogy, soupisy, regestáře a rozbory jeho fondů IV. Menší fondy a sbírky různé provenience 2).

25. Haas, Antonín: Archiv žerotínsko-vrbenský. Listiny a listy z let 1625–1744 [Das Žerotín-Würbensche Archiv. Urkunden und Briefe aus den Jahren 1625–1744], Bd. 1-2. Opava 1993.

26. Hofmann, Gustav: Rodinný archiv rokytnicko-plánských Nostitzů. Dějiny a rozbor fondu [Das Familienarchiv der Rokitnitzer-Planer Nostitz. Geschichte und Analyse des Bestands]. In: Západočeský sborník historický 3 (1997) 29-74.

27. Igálffy-Igály, Ludwig [Ludwig Igálffy von Igály]: Nová silesiaka v Rakouské národní knihovně ve Vídni [Neue Silesiaca in der Österreichischen Nationalbibliothek in Wien]. In: Archivní časopis 39 (1989) 104-106.

28. Katalog dokumentów przechowywanych w archiwach państwowych Dolnego Śląska [Katalog der in den staatlichen Archiven Niederschlesiens aufbewahrten Urkunden], Bd. 1: Do 1300 r. [Bis 1300]. Bearb. v. Roman Stelmach. Wrocław 1991.

29. Katalog dokumentów przechowywanych w archiwach państwowych Dolnego Śląska [Katalog der in den staatlichen Archiven Niederschlesiens aufbewahrten Urkunden], Bd. 2: 1301–1327. Bearb. v. Roman Stelmach. Wrocław 1991.

30. Katalog dokumentów przechowywanych w archiwach państwowych Dolnego Śląska [Katalog der in den staatlichen Archiven Niederschlesiens aufbewahrten Urkunden], Bd. 3: 1328–1350. Bearb. v. Rościsław Żerelik. Wrocław 1991.

31. Katalog dokumentów przechowywanych w archiwach państwowych Dolnego Śląska [Katalog der in den staatlichen Archiven Niederschlesiens aufbewahrten Urkunden], Bd. 4: 1351–1365. Bearb. v. Roman Stelmach. Wrocław 1991.

32. Katalog dokumentów przechowywanych w archiwach państwowych Dolnego Śląska [Katalog der in den staatlichen Archiven Niederschlesiens aufbewahrten Urkunden], Bd. 5: 1366–1379. Bearb. v. Roman Stelmach. Wrocław 1993.

33. Katalog dokumentów przechowywanych w archiwach państwowych Dolnego Śląska [Katalog der in den staatlichen Archiven Niederschlesiens aufbewahrten Urkunden], Bd. 6: 1380–1391. Bearb. v. Mieczysława Chmielewska. Wrocław 1995.

34. Katalog dokumentów przechowywanych w archiwach państwowych Dolnego Śląska [Katalog der in den staatlichen Archiven Niederschlesiens aufbewahrten Urkunden], Bd. 7: 1392–1400. Bearb. v. Roman Stelmach. Wrocław 1991.

35. Katalog dokumentów przechowywanych w archiwach państwowych Dolnego Śląska, Bd. 8: Indeksy do t. I-VII (do 1400 r.) [Katalog der in den staatlichen Archiven Niederschlesiens aufbewahrten Urkunden, Bd. 8: Register zu den Bd. I-VII (bis 1400)]. Bearb. v. Roman Stelmach u. Rościsław Żerelik. Wrocław 1998.

36. Katalog dokumentów przechowywanych w archiwach państwowych Dolnego Śląska [Katalog der in den staatlichen Archiven Niederschlesiens aufbewahrten Urkunden], Bd. 9: Archiwa książęce i drobne akcesje [Fürstliche Archive und kleinere Zugänge], Teil 1: (1401–1500). Bearb. v. Rościsław Żerelik. Wrocław 1998.

37. Krause, Walter: Piastenurkunden im Herrschaftsarchiv Turawa, Kreis Oppeln. In: Oppelner Heimatblatt 10 (21.4.1934) Nr. 1 [2].

38. Łaborewicz, Ivo: Inwentarze archiwalne gmin Czarne, Grabary i Goduszyn z lat 1729–1900 [Archivalische Bestandsverzeichnisse der Gemeinden Schwarzbach, Hartau und Gotschdorf aus den Jahren 1729–1900]. In: Rocznik Jeleniogórski 34 (2002) 109-114.

39. Macůrek, Josef: Prameny k dějinám Slezska za feudalismu [Quellen zur Geschichte Schlesiens während des Feudalismus]. In: Grobelný, Andělín (Hg.): K otázkám dějin Slezska. Diskuse a materiály z konference. Ostrava 1956 (Publikace Slezského studijního ústavu 14), 157-174.

40. Macůrek, Josef: Silesiaca v budapešťských archivech [Silesiaca in den Budapester Archiven]. In: Slezský sborník 47 (1949) 133-137.

41. Markgraf, Hermann: Archivalische Miscellen. 3. Zur Geschichte Georgs des Frommen. In: Zeitschrift des Vereins für Geschichte und Alterthum Schlesiens 15 (1880) 252.

42. Marsina, Richard: Silesiaca v žilinskom mestskom archíve [Silesiaca im Silleiner Stadtarchiv]. In: Slezský sborník 48 (1950) 87-95.

43. Müller, Karel: Prameny ke genealogii a heraldice těšínské šlechty v Zemském archivu v Opavě [Quellen zur Genealogie und Heraldik des Teschener Adels im Landesarchiv in Troppau]. In: Familia Silesiae 1 (1997) 7-13.

44. Nostitz-Rieneck, [...]: Familienarchive des Adels in der ČSSR. In: Adler. Zeitschrift für Genealogie und Heraldik 14/1 (1988) 9-23.

45. Pilnáček, Josef: Vídeňský archiv hrabat Wilczků [Das Wiener Archiv der Grafen Wilczek]. In: Záhorská kronika 21 (1938/39) 7f.

46. Pückler, Erdmann: Archivalische Mitteilungen. 1. Aus den Archivalien des Schlosses zu Schedlau. In: Zeitschrift des Vereins für Geschichte und Alterthum Schlesiens 10 (1870) 166-169.

47. Pusch, Oskar: Mein historisch-genealogisches Privatarchiv. Neustadt (Aisch) 1982 (Bibliothek familiengeschichtlicher Quellen 27).

48. Sedláček, August: Die altböhmischen Bestände des Oelser Archivs. In: Věstník Královské české společnosti nauk. Třída filosoficko-historicko-jazykozpytná 1887 (1888) 54-71.

49. Šimák, J[osef] V[ítězslav]: Die Handschriften der Graf Nostitz'schen Majorats-bibliothek in Prag. Prag 1910.

50. Šimák, J[osef] V[ítězslav]: Rukopisy majorátní knihovny hrabat z Nostitz a Rhienecka v Praze [Die Handschriften der Majoratsbibliothek der Grafen von Nostitz und Rieneck in Prag]. Praha 1910.

51. Skutil, Jan: Rodinný archiv Münsterberských Poděbradů 16. a 17. století jako genealogický pramen [Das Familienarchiv der Münsterbergischen Podiebrad aus dem 16. und 17. Jahrhundert als genealogische Quelle]. In: Zpravodaj. Klub genealogů a heraldiků Ostrava Domu kultury Vítkovice 39/40 (1989) 1-11.

52. Skutil, Jan: Torzo listinného bohatství archívu krále Jiřího a knížat münster-berských ve Vratislavi [Ein Fragment des Archivreichtums König Georgs von Podiebrad und der Fürsten von Münsterberg in Breslau]. In: Časopis Slezského muzea. Acta Musei Silesiae, Series B: Vědy historické 39 (1990) 172-186.

53. Spyra, Bronisław: Archiwum książąt pszczyńskich. Przewodnik po zespołach 1287–1945 [Archiv der Fürsten von Pleß. Wegweiser durch die Bestände von 1287–1945]. Warszawa 1973.

54. Stelmach, Roman: Archiwum majątku Schaffgotschów w Cieplicach – doku-menty [Das Gutsarchiv der Familie Schaffgotsch in Warmbrunn – Urkunden]. In: Rocznik Jeleniogórski 35 (2003) 33-40; 36 (2004) 79-103.

55. Stojanowska, Aniela: Materiały źródłowe do dziejów Podiebradów śląskich, przechowywane w Archiwum Państwowym we Wrocławiu [Quellenmaterialien aus dem Staatsarchiv Breslau zur Geschichte der schlesischen Podiebrad]. In: Acta Universitatis Wratislaviensis 70. Historia 14 (1968) 179-199.

56. Wajs, Anna (Bearb.): Materiały genealogiczne, nobilitacje, indygenaty w zbio-rach Archiwum Głównego Akt Dawnych w Warszawie [Genealogische Materia-lien, Nobilitierungen, Indigenate in den Beständen des Hauptarchivs der Alten Akten in Warschau]. Warszawa 1995, 2. verb. Aufl. 2001.

57. Wieser, Klemens: Die Bedeutung des Zentralarchivs des Deutschen Ordens für die Landesgeschichte Schlesiens. In: Zeitschrift für Ostforschung 14 (1965) 455-464.

58. Wolanin, Janina: Dokumenty XV–XVIII-wieczne w zasobach Archiwum Państ-wowego w Gliwicach [Urkunden des 15. bis 18. Jahrhunderts in den Beständen des Staatsarchivs Gleiwitz]. In: Rocznik Muzeum w Gliwicach 2 (1985) 211-219.

59. Zivier, E[zechiel]: Oberschlesische Archive und oberschlesische Archivalien. In: Korrespondenzblatt des Gesamtvereins der deutschen Geschichts- und Altertumsvereine 61 (1913) 415.

1.2 Quellenkunden

60. [Anonym]: Der schlesische Adel zur Zeit der Befreiungskriege. In: Adels- und Salonblatt 21 (1912) 164f.

61. [Anonym]: Die Nostitz-Papiere. Mit einem Rückblick auf die 150jährige Geschichte der Firma J. A. Stargadt. Marburg 1980.

62. Biermann, G[ottlieb]: Das Testament Herzogs Friedrich Wilhelms von Teschen. In: Notizen-Blatt der historisch-statistischen Section der kais. königl. mährischschlesischen Gesellschaft zur Beförderung des Ackerbaues, der Natur- und Landeskunde (1863) 6f.

63. Bill, Claus Heinrich: Selbstzeugnisse ostelbischer Niederadliger der Vormoderne. Annotierter Quellenbericht über Autobiographien und Tagebücher 1500 bis 1800. In: Nobilitas. Zeitschrift für Deutsche Adelsforschung 7/34 (2004) 211-245.

64. Büsching, Johann Gustav Gottlieb: Beschreibung einer noch unbekannten Deutschen Handschrift des Lebens der heiligen Hedewig, mit Federzeichnungen. In: Schlesische Provinzialblätter 53 (1811) 215-222 (Lit. Beil.).

65. Drabina, Jan: Die Teschener Piasten in den mittelalterlichen Handschriften des Vatikanischen Archivs. In: Oberschlesisches Jahrbuch 16/17 (2000/01 [2002]) 21-26.

66. Fukala, Radek: Paměti Hynka mladšího Bruntálského z Vrbna. Pramen k poznání olomouckých sněmovních jednání v lednu 1610 [Die Erinnerungen Hynkos d. J. von Würben und Freudenthal. Eine Quelle zur Kenntnis der Landtagsverhandlungen in Olmütz im Januar 1610]. In: Sborník prací Filozofické fakulty Ostravské univerzity – Acta Facultatis Philosophicae Universitas Ostraviensis 139. Historie-Historica 1 (1993) 31-39.

67. Graber, Erich: Nostitzsche Tagebücher im gräflich Wolkensteinschen Archiv zu Lobris, Kr. Jauer. In: Schlesische Geschichtsblätter. Mitteilungen des Vereins für Geschichte Schlesiens 2 (1931) 43f.

68. Gebhard, Peter von: Kundmanns Stammtafeln adeliger und bürgerlicher Geschlechter Schlesiens. In: Familiengeschichtliche Blätter. Monatsschrift für die ges. deutsche Genealogie 25 (1927) 7-12.

69. Gładkiewicz, Ryszard (Hg.): Historyczne księgozbiory Cieszyna na tle śląskim. Rola kulturowa i przedmiot badań [Die historischen Buchbestände Teschens im schlesischen Vergleich. Kulturelle Bedeutung und Forschungsgegenstand]. Cieszyn 2000.

70. Glatzel, Joseph August: Über eine Herzog Heinrich IV. fälschlich zugeschriebene Urkunde. In: Zeitschrift des Vereins für Geschichte und Alterthum Schlesiens 7 (1866) 363-371.

71. Gojniczek, Wacław: Missiva biskupów ołomunieckich jako źródło do dziejów i genealogii Piastów cieszyńskich z XVI wieku [Missiva der Olmützer Bischöfe als Quelle zur Geschichte und Genealogie der Teschener Piasten im 16. Jahrhundert]. In: Barciak, Antoni (Hg.): Piastowie śląscy w kulturze i europejskich dziejach. Katowice 2007, 396-408.

72. Goliński, Mateusz/Żerelik, Rościsław (Hg.): Inwentarze zbrojowni i arsenału księcia legnickiego Ludwika IV z lat 1662–1669 [Die Inventare der Rüstkammer und des Zeughauses Herzog Ludwigs IV. von Liegnitz aus den Jahren 1662–1669]. Legnica 1993.

73. Gottschalk, Joseph: Der historische Wert der Legenda maior de beata Hedwigi. In: Archiv für schlesische Kirchengeschichte 20 (1962) 84-125.

74. Gottschalk, Joseph: Euphemia von Ratibor (gest. 1359). Untersuchung der Quellen zu ihrer Lebensgeschichte. In: Archiv für schlesische Kirchengeschichte 1 (1936) 15-40.

75. Greiff, Joachim: Ostdeutsche Stammbücher in Frankfurt am Main. In: Ostdeutsche Familienkunde 18/3 (1970) 371f.

76. Haberland, Detlef: Joseph von Eichendorff: Handschriften und Dokumente im Besitz der Eichendorff-Gesellschaft, Ratingen-Hösel. Trier 1992 (Ausstellungskataloge Trierer Bibliotheken 23).

77. Haeusler, Wilhelm: Urkundensammlung zur Geschichte des Fürstenthums Oels, bis zum Aussterben der Piastischen Herzogslinie. Breslau 1883.

78. Heckmann, Dieter: Quellen des Geheimen Staatsarchivs Preußischer Kulturbesitz zur schlesischen Geschichte im Überblick. In: Jahrbuch für die Geschichte Mittel- und Ostdeutschlands 41 (1993) 217-233.

79. Heinrich, [...]: Archivalische Miscellen. 1. Über eine Handschrift der „Geschichten Hertzogs Hannß, wie sichs in dem 1488 ergangen hat". (Abgedruckt in den Scriptores rerum Silesiacarum, Bd. 4). In: Zeitschrift des Vereins für Geschichte und Alterthum Schlesiens 17 (1883) 351f.

80. Igálffy-Igály, Ludwig [Ludwig Igálffy von Igály]: Das Wiener Exemplar des Schlesischen Wappenbuches von Crispin und Johann Scharffenberg. In: Adler. Zeitschrift für Genealogie und Heraldik 21 (2002) 325-346.

81. Igálffy-Igály, Ludwig [Ludwig Igálffy von Igály]: Neue Silesiaca in der Österreichischen Nationalbibliothek in Wien. In: Biblos 36 (1987) 240-247.

82. Igálffy von Igály, Ludwig: Neue Silesiaca in der Österreichischen Nationalbibliothek in Wien. In: Der Herold. Vierteljahrsschrift für Heraldik, Genealogie und verwandte Wissenschaften N.F. 12/31 (1988) 129-134.

83. Irgang, Winfried: Eine Leichenpredigt als Quelle zur Biographie von Johann Caspar von Ampringen (1619–1684), Hochmeister des Deutschen Ordens und Landeshauptmann von Schlesien. In: Weber, Matthias/Rabe, Carsten (Hg.): Silesiographia. Stand und Perspektiven der historischen Schlesienforschung. Festschrift für Norbert Conrads zum 60. Geburtstag. Würzburg 1998 (Wissenschaftliche Schriften des Vereins für Geschichte Schlesiens 4), 525-543.

84. Jedin, Hubert: Eine falsche Spur: Die angeblich von Papst Clemens IV. verfaßte Hedwigsvita. In: Archiv für schlesische Kirchengeschichte 8 (1950) 17-26.

85. Jurek, Tomasz: Testament Henryka Probusa. Autentyk czy falsyfikat? [Das Testa-

ment von Heinrich Probus. Echt oder eine Fälschung?]. In: Studia Źródłoznawcze 35 (1994) 79-99.

86. Karge, Marion: „Ein buch von sant hedwigen gemalet": Die Hedwig-Handschriften in der Bibliothek der Grafen von Oettingen-Wallerstein. In: Grunewald, Eckhard/Gussone, Nikolaus (Hg.): Das Bild der heiligen Hedwig in Mittelalter und Neuzeit. München 1996, 79-87.

87. Karger, V[iktor]: Archivalische Beiträge zur Familiengeschichte der Cunrad. In: Zeitschrift für Geschichte und Kulturgeschichte Schlesiens 17 (1922/23) 56-58.

88. Kolbuszewska, Aniela: Katalog zbiorów muzycznych legnickiej biblioteki księcia Jerzego Rudolfa „Bibliotheca Rudolphina" [Katalog der musikalischen Sammlungen in der „Bibliotheca Rudolphina" Herzog Georg Rudolfs in Liegnitz]. Legnica 1992.

89. Körner, Hans: „Geistlicher Wappen-Brauch" (1699–1726). Eine vergessene Quelle zur Genealogie schlesischer Adelsgeschlechter. In: Archiv für Sippenforschung 46/80 (1980) 558f.

90. [Kürschner, Gottlieb]: Bericht über die wissenschaftliche Tätigkeit im schlesischen Landesarchiv zu Troppau. In: Zeitschrift für Geschichte und Kulturgeschichte Österreichisch-Schlesiens 13 (1918) 1-73.

91. [Kürschner, Gottlieb]: Bericht über die wissenschaftliche Tätigkeit im schlesischen Landesarchiv zu Troppau. In: Zeitschrift für Geschichte und Kulturgeschichte Schlesiens 14/15 (1919/20) 1-73.

92. Krusenstjern, Benigna von: Selbstzeugnisse der Zeit des Dreißigjährigen Krieges. Beschreibendes Verzeichnis. Berlin 1997 (Selbstzeugnisse der Neuzeit 6).

93. Kunicki, Wojciech: Von der barocken Repräsentanz zum bürgerlichen Erlebnis. Zu den handschriftlichen Reiseberichten und Reisebeschreibungen aus dem 18. Jahrhundert in den Beständen der Universitätsbibliothek Breslau. In: Orbis Linguarum 13 (1999) 19-42.

94. Landmann, Ortrun: Bemerkungen zu den Dittersdorf-Quellen der Sächsischen Landesbibliothek und zu deren Geschichte. In: Unverricht, Hubert (Hg.): Carl Ditters von Dittersdorf. Leben, Umwelt, Werk. Tutzing 1997 (Eichstätter Abhandlungen zur Musikwissenschaft 11), 23-37.

95. Lölhöffel, Erich von: Ein Poesiealbum aus Schlesien. In: Ostdeutsche Familienkunde 14/3 (1966) 215-219.

96. Lutsch, Hans: Archivalische Miscellen. 7. Der Grabstein des letzten Herzogs von Kosel-Beuthen im Dome zu Venzone. In: Zeitschrift des Vereins für Geschichte und Alterthum Schlesiens 22 (1888) 327-330.

97. Maleczyński, Karol: Kilka nie drukowanych dokumentów śląskich z pierwszej połowy XIII wieku [Einige nicht edierte schlesische Urkunden aus der ersten Hälfte des 13. Jahrhunderts]. In: Śląski Kwartalnik Historyczny Sobótka 20 (1965) 217-223.

98. Maleczyński, Karol/Turoń, Bronisław: Średniowieczne Silesiaca i Polonica w zbiorach bibliotecznych i archiwalnych w Wiedniu [Mittelalterliche Silesiaca und Polonica in den Wiener Bibliotheks- und Archivbeständen]. In: Śląski Kwartalnik Historyczny Sobótka 18 (1963) 84-93.

99. Maťa, Petr: Tagebücher. In: Pauser, Josef/Scheutz, Martin/Winkelbauer, Thomas (Hg.): Quellenkunde der Habsburgermonarchie (16.–18. Jahrhundert). Ein exemplarisches Handbuch. Wien/München 2004, 767-780.

100. Mrozowicz, Wojciech: Materiały rękopiśmienne dotyczące św. Jadwigi w zbiorach Biblioteki Uniwersyteckiej we Wrocławiu [Handschriftliche Materialien zur hl. Hedwig in der Universitätsbibliothek Breslau]. In: Kaczmarek, Michał/Wójcik, Marek L. (Hg.): Księga Jadwiżańska. Wrocław 1995, 234-249.

101. Nentwig, Heinrich: Schaffgotschiana in der Reichsgräflich Schaffgotsch'schen Majoratsbibliothek zu Warmbrunn. Leipzig 1899.

102. Nentwig, Heinrich: Silesiaca in der Reichsgräflich Schaffgothsch'schen Majoratsbibliothek zu Warmbrunn. Leipzig 1902.

103. Neubach, Helmut: Das Tagebuch des Grafen Franz von Ballestrem, eine bedeutende Quelle für die Geschichte Schlesiens (1885–1908). In: Śląski Kwartalnik Historyczny Sobótka 3 (2004) 405-410.

104. Nieländer, Franz: Die Brieger Piasten-Bibliothek. In: Briegische Heimatblätter 62 (1930) 254-256.

105. Nieländer, Franz: Die Piastenbibliothek des Brieger Gymnasiums: Ein Denkmal altschlesischer Kultur. In: Schlesisches Jahrbuch für deutsche Kulturarbeit im gesamtschlesischen Raume 1 (1928) 59-69.

106. Nirtl, Josef: Verlassenschaften adeliger Personen im schlesischen Landesarchiv zu Troppau. In: Monatsblatt der Heraldisch-Genealogischen Gesellschaft „Adler" 11 (1933) 258-261, 286-295.

107. Pater, Mieczysław: Inwentarz majątku Franciszka Wincklera za lata 1839–1840 [Das Gutsverzeichnis Franz von Wincklers aus den Jahren 1839–1840]. In: Śląski Kwartalnik Historyczny Sobótka 10 (1955) 475-495.

108. Pfotenhauer, Paul: Archivalische Miscellen. 4. Ein Unterrichtsplan für schlesische Prinzen von 1601. In: Zeitschrift des Vereins für Geschichte und Alterthum Schlesiens 21 (1887) 388-393.

109. Pobóg-Lenartowicz, Anna: W sprawie autentyczności dokumentu księcia Henryka III dla klasztoru kanoników regularnych na Piasku we Wrocławiu z 25 VII 1256 roku [Zur Frage der Authentizität der Urkunde Herzog Heinrichs III. für das Augustinerchorherren-Stift auf der Breslauer Sandinsel vom 25. Juli 1256]. In: Derwich, Marek/Mrozowicz, Wojciech/Żerelik, Rościsław (Hg.): Memoriae amici et magistri. Studia historyczne poświęcone pamięci Prof. Wacława Korty (1919–1999). Wrocław 2001, 145-153.

110. Procházka, Roman von: Genealogische Quellen und Publikationen für Böhmen-Mähren. In: Genealogisches Jahrbuch 10 (1970) 53-61.

111. Rössler, Robert: Urkunden Herzog Ludwigs I. von Brieg. In: Zeitschrift des Vereins für Geschichte und Alterthum Schlesiens 6 (1864) 1-96; 11 (1872) 429-462.

112. Schmidt, Ludwig: Vermischte Mittheilungen. 3. Eine bisher unbekannte Handschrift der Vita Hedwigis. In: Zeitschrift des Vereins für Geschichte und Alterthum Schlesiens 31 (1897) 333-335.

113. Schulte, Hans: Die angebliche Urkunde des Herzogs Boleslaw IV. vom Jahre 1149. Eine Abwehr. In: Zeitschrift des Vereins für Geschichte Schlesiens 48 (1914) 332-364.

114. Schultz, Alwin: Archivalische Miscellen. 4. Aufzeichnungen des Georg Dresden und eine Notiz über Herrn Hans von Sagan. In: Zeitschrift des Vereins für Geschichte und Alterthum Schlesiens 11 (1872) 212-214.

115. Sedláček, August: Bedeutung des von B. Paprocky verfaßten Speculum für die Geschichte von Oesterr.-Schlesien. In: Zeitschrift für Geschichte und Kulturgeschichte Österreichisch-Schlesiens 11 (1916) 122-136.

116. Soffner, Johannes: Archivalische Miscellen. 8. Schlesische Fürstenbriefe aus der Reformationszeit. In: Zeitschrift des Vereins für Geschichte und Alterthum Schlesiens 21 (1887) 399-414.

117. Stelmach, Roman: Dokumenty księcia Władysława Opolczyka zachowane w zbiorach Archiwum Państwowego we Wrocławiu [Urkunden Wladislaws II. von Oppeln in den Beständen des Staatsarchivs Breslau]. In: Śląski Kwartalnik Historyczny Sobótka 60 (2005) 393-397.

118. Stelmach, Roman: Nieznany dokument Henryka VI z 26 V 1323 roku [Eine unbekannte Urkunde Heinrichs VI. vom 26. Mai 1323]. In: Śląski Kwartalnik Historyczny Sobótka 34 (1979) 95-97.

119. Strantz, Kurd von: Rez. v. „Die Geschichte der Familie v. Haugwitz". In: Der Deutsche Herold. Zeitschrift für Wappen, Siegel- und Familienkunde 41 (1910) 206-207.

120. Svátek, Józef: Polskie patenty i ogłoszenia urzędowe w Archiwum Krajowym w Opawie [Polnische Patente und amtliche Bekanntmachungen im Landesarchiv Troppau]. In: Śląski Kwartalnik Historyczny Sobótka 6 (1951) 225-231.

121. Swientek, Horst-Oskar: Das Kanzlei- und Urkundenwesen Herzog Heinrichs III. von Schlesien (1248–1266). Breslau 1935.

122. Szkudlarek, Włodzimierz: Bolesław Rogatka a sprawa utraty ziemi lubuskiej w średniowiecznych źródłach narracyjnych [Boleslaw II. der Kahle und die Frage des Verlustes des Lebuser Landes in den mittelalterlichen erzählenden Quellen]. In: Strzelczyk, Jerzy (Hg.): Niemcy – Polska w średniowieczu. Poznań 1986 (Historia. UAM 126), 247-254.

123. Turek, A[dolf]: Soupis urbářů ostravského kraje. 15.–18. století [Verzeichnis der Urbare des Ostrauer Kreises. Das 15.–18. Jahrhundert]. Opava 1954 (Publikace Slezského studijního ústavu v Opavě 9).

124. Uhlendorff, Franz: Zwei unbekannte Briefe Eichendorffs an Friedrich Karl von Savigny. In: Aurora. Jahrbuch der Eichendorff-Gesellschaft 18 (1958) 69-72.

125. Walter, Ewald: Neue Ergebnisse zur Hedwigsforschung. Der Verfasser der Legenda maior. Datum der liturgischen Heiligsprechung. In: Archiv für schlesische Kirchengeschichte 43 (1985) 221-245.

126. Weber, Matthias: Quellen zur ländlichen Geschichte Schlesiens in der Frühen Neuzeit. 1. Grundherrschaft und Gutsherrschaft in der Historiographie bis 1945. In: Jahrbuch des Bundesinstituts für ostdeutsche Kultur und Geschichte 6 (1998) 117-143.

127. Wilamowska, Elżbieta: Kronika polsko-śląska. Zabytek pochodzenia lubiąskiego [Die polnisch-schlesische Chronik. Ein Denkmal Leubuser Herkunft]. In: Studia Źródłoznawcze 25 (1980) 79-95.

128. Wójcik, Marek L.: Cztery dokumenty Bolesława I opolskiego dla cystersów henrykowskich z datą 17 XI 1301 roku. Problem autentyczności i okoliczności powstania [Vier Urkunden Boleslaws I. von Oppeln für die Heinrichauer Zisterzienser vom 17. November 1301. Zur Frage nach der Authentizität und den Entstehungsumständen]. In: Derwich, Marek/Mrozowicz, Wojciech/Żerelik, Rościsław (Hg.): Memoriae amici et magistri. Studia historyczne poświęcone pamięci Prof. Wacława Korty (1919–1999). Wrocław 2001, 155-167.

129. Wolfskron, Adolf von: Die Bilder der Hedwigslegende nach einer Handschrift vom Jahre MCCCLIII, in der Bibliothek der P.P. Piaristen zu Schlackenwerth. Mit einem Auszug des Originaltextes und historisch-archäologischen Anmerkungen. Als Versuch eines Beitrages zur Deutschen Alterthumskunde. Wien 1846.

130. Wypler, Jan: Beiträge zur Geschichte des altoberschlesischen Rittergeschlechts der Wypler in der ehemaligen Herrschaft Pless. Kattowitz 1936.

131. Zoebe, Gerhard: Schlesische Urbare vom Ende des 18. Jahrhunderts. In: Ostdeutsche Familienkunde 18/3 (1970) 363-368.

1.3 Bibliographien

132. Anders, Stefan/Beckmann, Sabine/Klöker, Martin (Hg.): Handbuch des personalen Gelegenheitsschrifttums in europäischen Bibliotheken und Archiven, Bd. 1: Breslau/Wrocław. Universitätsbibliothek/Biblioteka Uniwersytecka. Abteilung I: Stadtbibliothek Breslau (Rhedigariana/St. Elisabeth), Teil 1. Mit einer bibliotheksgeschichtlichen Einleitung und einer kommentierten Bibliographie von Klaus Garber. Hildesheim/Zürich/New York 2001.

133. Bibliografie historicko-vlastivědné literatury Severomoravského kraje za léta [...] Pomůcka pro vlastivědnou práci [Bibliographie der historisch-landeskundlichen Literatur des Nordmährischen Kreises für die Jahre [...] Ein Behelf für die landeskundliche Arbeit]. [Bd. 1945–1955. Hg. v. Eva Demčíková/Ivo Stratil. 1968; Bd. 1956–1965. Hg. v. Ladislav Baletka/Miroslava Hoblíková. 1970; Bd. 1966–1970. Hg. v. Jana Dubová. 1972; Bd. 1971–1975. Hg. v. Jana Dubová. 1976; Bd. 1976–1980. Hg. v. Jana Indrová. 1981; Bd. 1981–1985. Hg. v. Jana Indrová. 1987; Bd. 1986–1990. Hg. v. Jana Indrová. 1992; Bd. 1991–1995. Hg. v. Jana Indrová. 1998; Bd. 1996–2000. Hg. v. Jana Indrová. 2004] Opava.

134. Bill, Claus Heinrich: Bibliographie zum deutschen Adel 1200 bis 1999. Eine annotierte Bibliographie, Bd. 1-2. Sonderburg 1999 (Schriftenreihe des Instituts Deutsche Adelsforschung 18, 1/2).

135. Bruckner, János: Abraham von Franckenberg. A bibliographical catalogue with a short-list of his library. Wiesbaden 1988 (Beiträge zum Buch- und Bibliothekswesen 25).

136. Die östliche Oberlausitz im Spiegel der Literatur. Eine Auswahlbibliographie der [...] erschienenen Literatur unter besonderer Berücksichtigung der Stadt Görlitz. Görlitz [1.]1985(1987); 2.1986(1988)-15/16.1999/2000 [Beilage zu: Görlitzer Magazin].

137. Endemann, Karl Johannes: Die Reichsgräflich von Hochbergsche Majoratsbibliothek in den ersten drei Jahrhunderten ihres Bestehens, 1609–1909. Breslau 1910 (Darstellungen und Quellen zur schlesischen Geschichte 11).

138. Gabel, Gernot U.: Daniel Casper von Lohenstein (1635–1683). Bibliographie zu Leben und Werk (bis 2000). Hürth 2005.

139. Halm, Christian (Hg.): Europäische Reiseberichte des späten Mittelalters. Eine analytische Bibliographie, Bd. 1, Teil 1: Deutsche Reiseberichte. Frankfurt 1994 (Kieler Werkstücke, Reihe D: Beiträge zur europäischen Geschichte des späten Mittelalters 5).

140. Heitmann, Margret u. a.: Bibliographie zur Geschichte der Juden in Schlesien, Bd. 1. München 1995 (Bibliographien zur deutsch-jüdischen Geschichte 6).

141. Kessler, Wolfgang: Bücherei des Deutschen Ostens: Bestandskatalog, Bd. 1: Nordostdeutschland; Bd. 2: Brandenburg/Preussen, Nordosteuropa; Bd. 3: Schlesien. Herne 1982–1984.

142. Kubíček, Jaromír/Nádvorníková, Marie: Bibliografie k vývoji Moravy a Slezska. Literatura z let 1801–1993 [Bibliographie zur Entwicklung Mährens und Schlesiens. Die Literatur aus den Jahren 1801–1993]. Brno 1994.

143. Lick, Thomas: Eichendorff-Bibliographie. Forschungsliteratur zu Leben und Werk Joseph von Eichendorffs 1926–1995. St. Katharinen 1998.

144. Pohl, Dieter: Die Grafschaft Glatz (Schlesien): Darstellungen und Quellen. Eine erweiterte Bibliographie. Modautal 1994 (Geschichtsquellen der Grafschaft Glatz, Reihe C: Archive und Bibliotheken).

145. Schlesische Bibliographie. Hg. v. d. Historischen Kommission für Schlesien. Bd. 1: Victor Loewe: Bibliographie der schlesischen Geschichte. Breslau 1927.

146. Veselská, Jiřina: Bibliografie historicko-vlastivědné literatury okresu Frýdek-Místek do roku 1945 [Bibliographie der historisch-landeskundlichen Literatur des Bezirks Friedek-Mistek bis zum Jahr 1945]. Frýdek-Místek 1990.

147. Wodziński, Marcin: Bibliographie zur Geschichte der Juden in Schlesien, Bd. 2. München 2004 (Bibliographien zur deutsch-jüdischen Geschichte 7).

1.4 Lexika, Nachschlagewerke

148. Adreßbuch der Kaufleute, Fabrikanten, Gewerbsleute und Rittergutsbesitzer von Preußisch-Schlesien und Posen. Nürnberg 1866–1875 (Großes Adreßbuch aller Länder der Erde 9).

149. Andreae, Friedrich u. a. (Hg.): Schlesier des 19. Jahrhunderts. Breslau 1922, 2. Aufl. Sigmaringen 1985 (Schlesische Lebensbilder 1).

150. Andreae, Friedrich u. a. (Hg.): Schlesier des 18. und 19. Jahrhunderts. Breslau 1926, 2. Aufl. Sigmaringen 1985 (Schlesische Lebensbilder 2).

151. Andreae, Friedrich u. a. (Hg.): Schlesier des 17. bis 19. Jahrhunderts. Breslau 1928, 2. Aufl. Sigmaringen 1985 (Schlesische Lebensbilder 3).

152. Andreae, Friedrich u. a. (Hg.): Schlesier des 16. bis 19. Jahrhunderts. Breslau 1931, 2. Aufl. Sigmaringen 1985 (Schlesische Lebensbilder 4).

153. Bahlcke, Joachim (Hg.): Schlesische Lebensbilder, Bd. 9. Insingen 2007.

154. Bahlcke, Joachim/Eberhard, Winfried/Polívka, Miloslav (Hg.): Böhmen und Mähren. Handbuch der historischen Stätten. Stuttgart 1998.

155. Bahlow, Hans: Schlesisches Namenbuch. Mit einer Kartenskizze. Kitzingen (Main) 1953 (Quellen und Darstellungen zur schlesischen Geschichte 3).

156. Berner, Karl Gustav Heinrich: Schlesische Landsleute. Ein Gedenkbuch hervorragender, in Schlesien geborener Männer und Frauen aus der Zeit von 1180 bis zur Gegenwart. Leipzig 1901.

157. Boetticher, Walter von: Geschichte des oberlausitzischen Adels und seiner Güter 1635–1815, Bd. 1-4. Görlitz 1912–1923.

158. Dimpfel, Rudolf: Biographische Nachschlagewerke, Adelslexika, Wappenbücher. Systematische Zusammenstellung für Historiker und Genealogen. Wiesbaden 1969.

159. Doerr, August von: Der Adel der böhmischen Kronländer. Ein Verzeichnis derjenigen Wappenbriefe und Adelsdiplome, welche in den böhmischen Saalbüchern des Adelsarchives im k. k. Ministerium des Innern in Wien eingetragen sind. Prag 1900.

160. Doerr, August von/Bourcy, Hans von (Red.): Genealogisches Quellenmaterial zur Geschichte des österreichischen Adels aus dem handschriftlichen Nachlasse, Bd. 1: Aach-Berchtold. Wien [1927–1934].

161. Fazan, Mirosław/Serafin, Franciszek: Śląski słownik biograficzny. Seria nowa [Schlesisches biographisches Wörterbuch. Neue Serie]. Katowice 1999 (Prace Naukowe Uniwersytetu Śląskiego w Katowicach 1762).

162. Forst-Battaglia, Otto: Vermischte Mitteilungen. 1. Ergänzungen und Berichtigungen zu Grotefend-Wutke, Stammtafeln der schlesischen Fürsten (2. Aufl. 1911). In: Zeitschrift des Vereins für Geschichte Schlesiens 47 (1913) 327-329.

163. Frank, Karl Friedrich von: Standeserhebungen und Gnadenakte für das Deutsche Reich und die österreichischen Erblande bis 1806 sowie kaiserlich österreichische bis 1823: mit einigen Nachträgen zum Alt-Österreichischen Adels-Lexicon 1823–1918, Bd. 1-5. Senftenegg 1967–1974.

164. Frank-Döfering, Peter (Hg.): Adelslexikon des österreichischen Kaisertums 1804–1918. Wien [1989].

165. Gauhe, Johann Friedrich: Des Heil. Röm. Reichs Genealogisch-Historisches Adels-Lexicon: Darinnen Die heut zu Tage florirende älteste und ansehnlichste Adeliche, Freyherrliche und Gräfliche Familien [...] vorgestellet werden. Leipzig 1719.

166. Gauhe, Johann Friedrich: Des Heil. Röm. Reichs Genealogisch-historisches Adels-Lexicon: Darinnen die älteste und ansehnlichste adeliche, freyherrliche und gräfliche Familien [...] vorgestellet werden. Nebst einer neuen Vorrede

und Anhange, worinnen des [...] Ministers Christoph von Carlowitz auf Rothenhaus etc. [...] Leben vollständig beschrieben zu lesen. Leipzig 1740.

167. Gerber, Michael Rüdiger: Die Schlesischen Provinzialblätter 1785–1849. Sigmaringen 1995 (Quellen und Darstellungen zur schlesischen Geschichte 27).

168. Goliński, Mateusz: Biogramy mieszczan wrocławskich do końca XIII wieku [Biogramme Breslauer Bürger bis zum Ende des 13. Jahrhunderts]. Wrocław 1995.

169. Graesse, Johann Georg Theodor: Deutsche Adelsgeschichte. Geschlechts-, Namen- und Wappensagen des Adels deutscher Nation. Dresden 1876 [ND Osnabrück 1986].

170. Gritzner, Maximilian: Chronologische Matrikel der brandenburgisch-preussischen Standeserhöhungen und Gnadenacte (von 1600–1873). Berlin 1874.

171. Gritzner, Maximilian: Standes-Erhebungen und Gnaden-Acte deutscher Landesfürsten während der letzten drei Jahrhunderte. Görlitz 1881.

172. Gross, Herbert: Bedeutende Oberschlesier: Kurzbiographien. Dülmen 1995.

173. Hellbach, Johann Christian von: Adels-Lexikon, oder Handbuch über die historischen, genealogischen und diplomatischen, zum Theil auch heraldischen Nachrichten vom hohen und niedern Adel, besonders in den deutschen Bundesstaaten, so wie von dem östreichischen, böhmischen, mährenschen, preussischen, schlesischen und lausitzischen Adel, Bd. 1-2. Ilmenau 1825–1826.

174. Herzig, Arno (Hg.): Schlesier des 14. bis 20. Jahrhunderts. Neustadt an der Aisch 2004 (Schlesische Lebensbilder 8).

175. Hosák, Ladislav: Historický místopis země moravskoslezské [Die historische Topographie des mährisch-schlesisches Landes]. Brno 1938 [ND Praha 2004].

176. Hosák, Ladislav: Přehled historického místopisu Moravy a Slezska v období feudalismu do roku 1848 [Übersicht der historischen Topographie Mährens und Schlesiens im Zeitraum des Feudalismus bis zum Jahr 1848]. Ostrava 1967 (Historický místopis Moravy a Slezska v letech 1848–1960. Úvodní svazek).

177. Hosák, Ladislav/Šrámek, Rudolf: Místní jména na Moravě a ve Slezsku [Die Ortsnamen in Mähren und Schlesien], Bd. 1-2. Praha 1970–1980.

178. Kantyka, Jan/Zieliński, Władysław (Hg.): Śląski słownik biograficzny [Schlesisches biographisches Wörterbuch], Bd. 1-3. Katowice 1977–1981.

179. Kneschke, Ernst Heinrich (Hg.): Neues allgemeines deutsches Adels-Lexicon, Bd. 1-9. Leipzig 1859–1870.

180. Knosalla, Josef: Der ältere Adel aus dem Beuthener Lande. Die Gegend von Zabrze – Hindenburg O.S./Stare rody szlacheckie ziemi bytomskiej: Okolica Zabrza (Hindenburg) na Górnym Śląsku. Essen/Zabrze 1996.

181. Koerner, Bernhard/Hoffmann, Ernst von (Bearb.): Schlesisches Geschlechterbuch (Wappenzeichn. von Heinz Ritt), Bd. 1-4. Görlitz/Limburg 1931–1978.

182. Kouřil, Pavel/Prix, Dalibor/Wihoda, Martin: Hrady českého Slezska [Die Burgen des tschechischen Schlesien]. Brno/Opava 2000.

183. Kundmann, Johann Christian: Silesii in nummis oder Berühmte Schlesier in Müntzen. Dem Druck nebst vielen Kupfern überlassen. Breslau/Leipzig 1738.

1342. z Valdštejna.

Jitka z V.	Beneš z Valdštejna řeč. Černý 1368 D. Z. (věrve z Dětenic viz Ottův slov. nauč. XXVI. 335)	Půta z Valdštejna 1355 ↓ Kačna, dcera Voka z Budišovic 1355 Ždánice D. Z.

Hynek z Valdštejna řeč. Nestějka 1396 C. D. M. XV. 251, Šumice 1308 koupil Kojetice, Rokitánky 1398 koupil Přímělkov, Střížov 1399 řeč. Nestějka C. D. M. XII. 457 1399koupil Mikulovice,1414 † P.I.161,210 ...?	Henik (Hynek) z Valdštejna a ze Štěpánic 1385 čéší morav. prodal dvůr v Senici, drží Brníčko 1407 z Bransoud P. I. 113, 173 1410 ze Štěpánic P. I. 181, Sadská 1417 P. I. 403 (Hašek z Valdšt.)	Vok z Valdšt. 1418 † P. II. 563	Anežka z V. příbuzná Henika 1464 vdova D. Z. ↓Jan Morava z Krátic 1437, 1464 †	Anežka z V. 1437 D. Z. P. III. 497 ↓ Filip z Křižíkova 1437 Pňovice

Anežka z Valdšt. 1447 P. III. 235 ↓ Jan ze Sovince 1447 P. III. 235, 468 ?	Barbora z Valdšt. 1437 D. Z. P. III. 115 ↓ Jan z Pern- štýna 1437 D. Z.	Machna z Valdšt. 1410 P. I. 161 1414 P. I. 291 (Rukštejn) ↓ Zikmund z Křižanova 1410, 1414	Jindřich z Valdšt. a na Rukštelně 1413—1436 † (Kojetice, Rokitánky) Mikulovice, Střížov) 1413 Bransouzy P. I. 278 ↓ Anna, sestra Jana z Pernšteina 1415 D. Z. 1436 P. III. 112, 195 (druhý muž Smil)	Zdeněk z Valdšt. Sádka a Brtnice 1420, 1437 Střížov 1437 Přímělkov 1447 Brtnice P. III. 225, 403 1466† P. IV. 118 ↓ Žofka z Kunštátu 1437	Hynek (Henik) z Valdšt. a na Židlochovicích 1407 sídlem na Štěpáni- cích D. Z. B. IX. 161 1437 prodal Valdtýn a koupil Drahotuš 1448 P. III. 691, 698, 701 1459 † P. IV. 12 I. † Kateřina, dcera Viléma Zajíce z Valueka a Doroty z Královic 1447† P. III. 304 II. ↓ Barbora z Reichenb. 1436 P. III. 150 1447 D. Z. P. IV. 1459 † P. IV. 4	Hašek z Valdšt. a Ostroha 1415 Uh. Ostroh 1425 hejtman Moravy 1437 Valdšt. 1447 žije ↓ Anna z Ryzemb. 1415 Uh. Ostroh D. Z.	Beneš z Valdšt. a Ostroha 1391 z Dětenic C. D. M. XII. 25 1416, 1418 Uh. Ostroh 1418 prodal Valdšt. 1437 z Nov Hradu P. III. 503, 531 1437 z Bludova P. III. 509, 512 ↓ Anna 1391 C. O. M. XII. 25

Beneš z Valdšt. probošt olom. 1490 P. VI. jeho švagr Jiří Tunkl z Brníčka a Záhřeba P. VI. 170	Václav 1440 P. III. 194	Jan 1448 P. III. ž35, 391 1461 † P. IV. 192	Jan z V. a Sádku a na Slás- kově 1446 Sádek, P.III.304,391 1460 P. IV. 39, 42, 49, 121 1484 Slavkov D. Z. 1482 † P. V. 402 ↓ Kateřina z Konice 1460 P. IV. 306, 480 druhý muž Burian z Čisté Studně 1482 P. V. 402	Hynek starší na Brtnici 1459 P. IV. 2 1466 P. IV. 118 1468 P. IV. 213, 218 1481 P.V.296 1482 starší P. V. 402 ↓ Dorota Trčkova z Lípy	Václav na Sádku a Brtnici 1460 P. IV. 42, 49, 121 1468 Rukštein P. IV. 213, 218	Hynek z V. a Židloch. 1448P.III.646 1459 matka Barbora P. IV. 4 1469 táhl do Rakous P. V. 280 1482†P.V.68. (jeho strýc Štěpáno- ský) 1490 † P. VII. 18, 30	Anna na Židloch. 1441—1481 P. III. 305, 577, 635, 546 P. V. 314, 372, 443 z Kunštátu nevlastní hratr	Machna na Židloch. 1448—1480 P. III. 565, 577, 635, 546 1480 Bořitov, aedéním na Otaslavic P. V. 287	Dorota na Židloch. 1446—1480 P. III. 577, 701 P. V. 293, 360 ↓ Jiří z Land- šteina a Moravan 1464, P. IV. ↓ Jiří z Kravař a Strážnice 1446 1481 † P. III. 698 P. V. 373

Alena z Valdšt. (dědička Sádku) 1481 P. V. 29 1492 † P. VII. 42 ↓ Václav z Ludanic 1481 P.V.299, P. VII. 42	Žofka z Valdšt. 1482 P. V. 402 1492 dcera Kateřiny z Konice P. V. 480 1489 hrab. ze sv. Jiří 1493 P. VII. 73, 1502 pečeť I. ↓ Jan Zelený ze Šanova a na Slavkově 1489 † II. ↓ Petr ze sv Jiří a Pecínku (oprav rod č.782) 1489 P. V. 189	dcery (mladší) osiřelé 1482 P. V. 402	Zdeněk z V. a Brtnice 1492 P. V. 242, 468 1493 P. VII. 73 1496 P. VII. 106 1503 P. VII. 247	Burian z V. a Brtnice 1492 P. V. 242, 468 1496 P. VII. 106 ↓ Prokop z Kun- štátu a Jevišo- vic ↓ Kateřina z Ludenic	Žofka 1489 P. V. 203, 243

Zdeněk z Valdštejna na Brtnici a Budějovicich
† 4. října 1561 v Brtnici

↓ Anna z Krajku (Ottův slov. nauč.)

Hynek z V. na Brtnici * 1545 1580 nejv. sudí 1588 nejv. komorník ↓ Kateřina z Kunštátu a Jevišovic	Václav z V. na Brtnici * 1546	Jan z V. na Brtnici 1548	Jindřich z V. na Brtnici a Sádku * 15. srpna 1555 † 7. září 1589 ↓ Zuzana Heltovna z Kementu (viz zde rod č. 728)	dcery	Libuše z V. a Brtnice (Štěpánická) 1590 1615 † ↓ Hanuš Petř. z Petři- valdu a na Račicích 1590

Zdeněk z Valdštejna
na Brtnici, Sádku, Budějovicích a Heralticich
1619 moravský direktor
1622 odsouzen pro povstání
1624 zemřel v žaláři
↓ Magdaléna z Turna a Vaissa, dcera Martina z T. a Anny z Rogendorfu

syn	syn

Seite aus Pilnáček, Josef: Staromoravští rodové [Die altmährischen Geschlechter], Bd. 1-2. Vídeň 1926–1930 [ND Brno 1996] (laufende Nummer 192).

184. Ledebur, Leopold von: Adelslexicon der preussischen Monarchie. Bd. 1-3. Berlin 1854–1856.

185. Megerle von Mühlfeld, Johann Georg: Österreichisches Adels-Lexikon Des Achtzehnten u. Neunzehnten Jahrhunderts: enthaltend alle von 1701 bis 1820 von den Souveränen Österreichs wegen ihrer Verdienste um den Kaiserstaat, in die verschiedenen Grade des deutsch-erbländischen oder Reichs-Adels, erhobenen Personen. Zunächst zum Gebrauche des österreichischen Adels selbst und als nothwendiges Hülfsbuch für das Geschäftsleben gebildeter Stände herausgegeben, Bd. 1-2. Wien 1822–1824.

186. Menzel, Josef Joachim/Petry, Ludwig (Hg.): Schlesier des 15. bis 20. Jahrhunderts. Sigmaringen 1990 (Schlesische Lebensbilder 6).

187. Menzel, Josef Joachim (Hg.): Schlesier des 15. bis 20. Jahrhunderts. Stuttgart 2001 (Schlesische Lebensbilder 7).

188. Modelhart, Artur: Die im Landesarchiv Troppau befindlichen Standeserhöhungen vom Jahre 1642–1760. In: Zeitschrift für Geschichte und Kulturgeschichte Österreichisch-Schlesiens 12 (1917) 74-124.

189. Musil, František/Plaček, Miroslav: Zaniklé hrady, zámky a tvrze Moravy a Slezska [Untergegangene Burgen, Schlösser und Festen Mährens und Schlesiens]. Praha 2003.

190. Nedopil, Leopold: Deutsche Adelsproben aus dem Deutschen Ordens-Central-Archiv, Bd. 1-3. Wien 1868.

191. Neubach, Helmut/Petry, Ludwig (Hg.): Schlesier des 15. bis 20. Jahrhunderts. Würzburg 1968 (Schlesische Lebensbilder 5).

192. Pilnáček, Josef: Staromoravští rodové [Die altmährischen Geschlechter], Bd. 1-2. Vídeň 1926–1930 [ND Brno 1996].

193. Pilnáček, Josef/Müller, Karel (Hg.): Rody starého Slezska [Die Geschlechter des alten Schlesien], Bd. 1-5. Opava 1991–1999.

194. Plaček, Miroslav: Hrady a zámky na Moravě a ve Slezsku [Burgen und Schlösser in Mähren und Schlesien]. Praha 1996.

195. Pohl, Dieter: Handbuch für Grafschaft Glatzer Familienforscher. Modautal 1989.

196. Procházka, Roman von: Genealogische Forschungen in Böhmen und Mähren-Schlesien. In: Genealogisches Jahrbuch 4 (1964) 111-119.

197. Radler, Leonhard: Aus der Geschichte des Kreises Schweidnitz: Adelsfamilien im Schweidnitzer Kreise. In: Tägliche Rundschau 16/25 (1959) 5-10.

198. Radler, Leonhard: Schweidnitzer Ritter in der Schlacht von Tannenberg. In: Tägliche Rundschau 15/10 (1959) 6f.

199. Samek, Bohumil u. a.: Umělecké památky Moravy a Slezska [Kunstdenkmäler Mährens und Schlesiens], Bd. 1-2. Praha 1994–1999.

200. Schlesisches Güter-Adreßbuch. Verzeichnis sämtl. Rittergüter u. selbststränd. Gutsbezirke, sowie solcher größeren Landgüter d. Provinz Schlesien, die innerhalb d. Guts- u. Gemeindebezirke mit e. Grundsteuer-Reinertrage von etwa 1500 Mark u. mehr veranlagt sind. Breslau 1.1870–15.1937. [CD-Rom: Digitale Quellen zur schlesischen Kulturgeschichte 1]

201. Schukraft, Harald: Die erste schlesische Linie (Linie Oels) 1648–1792. In: Lo-

renz, Sönke/Eberlein, Paul Gerhard (Hg.): Haus Württemberg. Ein biographisches Lexikon. Stuttgart 1997.

202. Snoch, Bogdan: Górnośląski leksykon biograficzny [Oberschlesisches biographisches Lexikon]. Katowice 1997.

203. Spurný, František u. a.: Hrady, zámky a tvrze v Čechách, na Moravě a ve Slezsku [Burgen, Schlösser und Festungen in Böhmen, Mähren und Schlesien], Bd. 2: Severní Morava [Nordmähren]. Praha 1983.

204. Szczur, Stanisław/Ożóg, Krzysztof (Hg.): Piastowie. Leksykon biograficzny [Die Piasten. Ein biographisches Lexikon]. Kraków 1999.

205. Weczerka, Hugo (Hg.): Schlesien. Handbuch der historischen Stätten. Stuttgart 1977, 2. Aufl. 2003.

206. Wernicke, Ewald: Urkundliche Beiträge zur Geschichte der Adelsfamilien in den ehemals vereinigten Kreisen Bunzlau-Löwenberg. In: Vierteljahrsschrift für Heraldik, Sphragistik und Genealogie 14 (1886) 411-567; 16 (1888) 339-368.

207. Wolný, Gregor: Kirchliche Topographie von Mähren, meist nach Urkunden und Handschriften, 1. Abtheilung: Brünner Diöcese, Bd. 1-4. Brünn 1856–1861.

208. Wolný, Gregor: Kirchliche Topographie von Mähren, meist nach Urkunden und Handschriften, 1. Abtheilung: Olmützer Erzdiöcese, Bd. 1-5. Brünn 1855–1863.

209. Wolný, G[regor]: General-Index zu dem Werke Kirchliche Topographie von Mähren, Bd. 1-4. Brünn 1866.

210. Zedlitz-Neukirch, Leopold von (Hg.): Neues preußisches Adelslexikon, Bd. 1-4, Suppl.-Bd. 1-2. Leipzig 1836–1843.

211. Żernicki-Szeliga, Emilian von: Der polnische Adel und die demselben hinzugetretenen andersländischen Adelsfamilien. Generalverzeichnis, Bd. 1-2. Hamburg 1900.

212. Żernicki-Szeliga, Emilian von: Die polnische Stammwappen, ihre Geschichten und ihre Sagen. Hamburg 1903.

213. Żychliński, Teodor (Hg.): Złota księga szlachty polskiej [Das goldene Buch des polnischen Adels]. Poznań 1(1879)-31(1908).

1.5 Literaturberichte

214. Bahlcke, Joachim: Ständeforschung. In: Ders. (Hg.): Historische Schlesienforschung. Methoden, Themen und Perspektiven zwischen traditioneller Landesgeschichtsschreibung und moderner Kulturwissenschaft. Köln/Weimar/Wien 2005 (Neue Forschungen zur Schlesischen Geschichte 11), 207-234.

215. Borkowski, Maciej: Władysław Opolczyk we współczesnej historiografii polskiej [Wladislaw II. von Oppeln in der heutigen polnischen Historiographie]. In: Pobóg-Lenartowicz, Anna (Hg.): Władysław Opolczyk jakiego nie znamy. Próba oceny w sześćsetlecie śmierci. Opole 2001, 31-33.

216. Conrads, Norbert: Adelsgeschichte. In: Bahlcke, Joachim (Hg.): Historische Schlesienforschung. Methoden, Themen und Perspektiven zwischen traditio-

neller Landesgeschichtsschreibung und moderner Kulturwissenschaft. Köln/ Weimar/Wien 2005 (Neue Forschungen zur Schlesischen Geschichte 11), 347-381.

217. Dobrowolski, Tadeusz: Stan badań nad nagrobkami książąt piastowskich i innymi średniowiecznymi pomnikami Śląska [Forschungsstand zu den Grabmälern der Piastenherzöge und zu anderen mittelalterlichen Denkmälern in Schlesien]. In: Roczniki Sztuki Śląskiej 10 (1976) 147-171.

218. Goeze, Dorothee M.: „Gott segne ferner sein Vorhaben". Silesiaca in der Dokumentesammlung des Herder-Instituts. In: Zeitschrift für Ostmitteleuropa-Forschung 56 (2007) 295-307.

219. Hohrath, Daniel: Militärgeschichte. In: Bahlcke, Joachim (Hg.): Historische Schlesienforschung. Methoden, Themen und Perspektiven zwischen traditioneller Landesgeschichtsschreibung und moderner Kulturwissenschaft. Köln/ Weimar/Wien 2005 (Neue Forschungen zur Schlesischen Geschichte 11), 323-346.

220. Irgang, Winfried: Sancta Hadwigis. Ducissa Zlesie. Polonorum patrona: Neuere Literatur im Zusammenhang mit einem Jubiläumsjahr. In: Zeitschrift für Ostmitteleuropa-Forschung 49 (2000) 52-61.

221. Macûrek, Josef: Stav a úkoly českého bádání o minulosti Slezska [Stand und Aufgaben der tschechischen Forschung über die Vergangenheit Schlesiens]. In: Slezský sborník 48 (1950) 154-171.

222. Menzel, Josef Joachim: Quellen und Literatur zur schlesischen Geschichte in der ehemaligen Bibliothek der Grafen Kottulinsky auf Neudau/Steiermark. In: Zeitschrift für Ostforschung 14 (1965) 465-484.

223. Perlick, Alfons: Weiteres zur Diepenbrock-Forschung. Ein Gedenkblatt zum 100. Todestage. In: Archiv für schlesische Kirchengeschichte 11 (1953) 210.

224. Petry, Ludwig: Die Mongolenschlacht bei Liegnitz in der neueren polnischen Geschichtsschreibung [Erstdruck: Schlesisches Jahrbuch 8 (1935/36) 141-155]. In: Petry, Ludwig (Hg.): Dem Osten zugewandt. Gesammelte Aufsätze zur schlesischen und ostdeutschen Geschichte: Festgabe zum fünfundsiebzigsten Geburtstag. Sigmaringen 1983 (Quellen und Darstellungen zur schlesischen Geschichte 22), 211-222.

225. Prittwitz und Gaffron, Hans von: (Verzeichnis von) Geschichten schlesischer Familien (des Adels). In: Vierteljahrsschrift für Heraldik, Sphragistik und Genealogie 3 (1875) 27.

226. Prittwitz und Gaffron, Hans von: Verzeichnis gedruckter Familiengeschichten Deutschlands und der angrenzenden Länder und Landestheile. In: Vierteljahrsschrift für Heraldik, Sphragistik und Genealogie 10 (1882) 1-159.

227. Roesener, Bruno: Etwas von den Bolkonen. Schweidnitz 1893.

228. Rozpędowski, Jerzy: Rezydencja piastowska w Brzegu: Z badań w roku 1961: Komunikaty [Die Piastenresidenz in Brieg: Zu den Forschungen im Jahr 1961: Mitteilungen]. In: Zeszyty Naukowe Politechniki Wrocławskiej, Seria 5: Architektura 67 (1963) 85-89.

229. Rozpędowski, Jerzy: Zamek w Legnicy: Z badań archeologicznych z r. 1961 [Das Liegnitzer Schloß: Zu den archäologischen Forschungen im Jahr 1961].

In: Zeszyty Naukowe Politechniki Wrocławskiej, Seria 5: Architektura 67 (1963) 89.

230. Störtkuhl, Beate/Weber, Matthias: Herrschaft und Kultur. Adel in Schlesien – ein deutsch-polnisches Forschungsprojekt [Władza i kultura. Szlachta na Śląsku – polsko-niemiecki projekt naukowy]. In: Dialog 18/72-73 (2005) 138-140,140-142.

231. Szersznik, Leopold Jan/Gojniczek, Wacław (Hg.)/Żerelik, Rościsław (Red.): Materiały genealogiczno-heraldyczne do dziejów szlachty Księstwa Cieszyńskiego/Genealogische und heraldische Materialien zur Geschichte des Adels im Herzogtum Teschen. Cieszyn 2004 (Bibliotheca Tessinensis. Seria Polonica 1).

232. Tarnas-Tomczyk, Agata: Międzynarodowe sympozjum naukowe „Święta Jadwiga w dziejach i kulturze Śląska". Wrocław/Trzebnica 21–23 września 1993 [Die internationale Tagung „Die Hl. Hedwig in der Geschichte und Kultur Schlesiens". Breslau-Trebnitz 21.–23. September 1993]. In: Śląski Labirynt Krajoznawczy 6 (1994) 159-161.

233. Weber, Matthias: Deutsch-polnische Kooperationsprojekte zur Geschichte Schlesiens. Adel in Schlesien – Herrschaft, Kultur, Selbstdarstellung [Szlachta na Śląsku – Władza, kultura, samoreprezentacja]. In: Berichte und Forschungen. Jahrbuch des Bundesinstituts für Kultur und Geschichte der Deutschen im östlichen Europa 13 (2005) 65-86 [Nachdruck in: Weber, Matthias: Szlachta na Śląsku – władza, kultura, autoprezentacja [Adel in Schlesien – Herrschaft, Kultur, Selbstdarstellung]. In: Hałub, Marek/Mańko-Matysiak, Anna (Hg.): Śląska Republika Uczonych – Schlesische Gelehrtenrepublik – Slezská Vědecká Obec, Bd. 2. Wrocław 2006, 530-553].

234. Weber, Matthias/Rabe, Carsten (Hg.): Silesiographia. Stand und Perspektiven der historischen Schlesienforschung. Festschrift für Norbert Conrads zum 60. Geburtstag. Würzburg 1998 (Wissenschaftliche Schriften des Vereins für Geschichte Schlesiens 4).

2. Gedruckte Quellen

2.1 Anthologien, Sammlungen [Allgemein]

235. Carpzov, Johann Benedict: Neueröffneter Ehren-Tempel Merckwürdiger Antiquitæten des Marggraffthums Ober-Lausitz [...]. Leipzig 1719.

236. Dassel, Otto von: Namensliste von fast 1000, meist schlesischen und österreichischen Familien über welche sich genealogische und heraldische Notizen bzw. Stammtafeln in den Sammlungen der Schriftleitung vorfinden. In: Familiengeschichtliche Blätter. Zeitschrift zur Förderung der Familiengeschichtsforschung für Adel und Bürgerstand 2/4-5 (1906/07) 14-16.

237. Dassel, Otto von: Namensliste von 752 meist schlesischen und österreichischen Familien über welche sich Original-Abschriften aus dem Adelsarchiv in Wien betr. Standeserhebungen und Wappenverleihungen z.T. mit Wappenzeichnun-

gen im Besitze der Schriftleitung befinden. In: Familiengeschichtliche Blätter. Zeitschrift zur Förderung der Familiengeschichtsforschung für Adel und Bürgerstand 2/4-5 (1906/07) 48-52.

238. Hennenfeld, Henel von: Silesiographia renovata, necesariis scholiis, observationibus et indice aucta [...], Bd. 1-2. Leipzig 1704.

239. [Hermann, Abraham/Hermann, Leonhard David]: Praxeos heraldico mysticæ, Prima pars, das ist: Erster Theil des Geistlichen Wappen-Brauchs, denen Christ-Edlen Gemüthern, so solche führen, sowohl zum Verfolg Welt- und Geistl-Edler Tugenden [...], Bd. 1-2. Budißin/Görlitz 1726.

240. [Hermann, Abraham/Hermann, Leonhard David]: Praxeos heraldico mysticæ, Bd. 3. Jauer 1724.

241. Krane, Alfred von: Verzeichnis der auf dem Friedhofe zu Görlitz ruhenden Mitglieder adeliger Familien. In: Vierteljahrsschrift für Wappen-, Siegel- und Familienkunde 24 (1896) 230-257.

242. Krane, Alfred von: Nachtrag zum Verzeichnis der auf dem Friedhofe zu Görlitz ruhenden Mitglieder adeliger Familien. In: Vierteljahrsschrift für Wappen-, Siegel- und Familienkunde 25 (1897) 303-315.

243. Lucae, Friedrich: Schlesiens curieuse Denckwürdigkeiten oder vollkommene Chronica von Ober und Niederschlesien. Frankfurt a. Main 1689.

244. Lucae, Friedrich: Schlesische Fürsten-Krone oder eigentliche warhaffte Beschreibung Ober- und Nieder-Schlesiens: in XX Discursen [...]. Frankfurt a. Main 1685.

245. Nirtl, Josef: Adelige Familien in schlesischen Matrikeln (Troppau, Komerau, Zauditz). In: Monatsblatt der Heraldisch-Genealogischen Gesellschaft „Adler" 11 (1934) 413-432, 438-443, 496-500, 525-528, 533-540.

246. Paprocki, Bartłomiej: Paprotzkius enucleus Oder Kern und Auszug: Aus dem so genannten Mährischen Geschicht-Spiegel Bartholomaei Paprotzkii. Aus d. Pohln. von Johanne Woditschka böhm. versetzet, von e. vornehmen Gelehrten als e. deutsch Manuscript besorgt; In Compendio mitgetheilt u. mit einigem Zusatze vermehrt von Christoph Pfeiffer. Breßlau/Leipzig 1730.

247. Schickfus, Jakob: New vermehrte Schlesische Chronica unnd Landes Beschreibung [...]. Leipzig 1625.

248. Schwerin, Friedrich von: Adelige Denkmäler in einzelnen schlesischen Kirchen. In: Vierteljahrsschrift für Heraldik, Sphragistik und Genealogie 11 (1883) 196-265.

249. Weingarten, Johann Jacob von: Fasciculi diversorum iurium [...]. Nürnberg 1690.

2.1 Anthologien, Sammlungen [Mittelalter]

250. Luchs, Hermann: Schlesische Fürstenbilder des Mittelalters. Namens des Vereins für das Museum Schlesischer Alterthümer in Breslau nach Originalaufnahmen von Theodor Blätterbauer u. a. Breslau 1872.

Titelblatt und Frontispiz von Lucae, Friedrich: Schlesische Fürsten-Krone oder eigentliche warhaffte Beschreibung Ober- und Nieder-Schlesiens: in XX Discursen [...]. Frankfurt a. Main 1685 (laufende Nummer 244).

251. Schweinichen, Constantin von: Regesten zur Geschichte des schlesischen Adels 1241–1300. Mit einem Gesamtregister. Breslau 1912 (Unsere Heimat. Supplement).
252. Volkmer, Franz/Hohaus, Wilhelm (Hg.): Urkunden und Regesten zur Geschichte der Grafschaft Glatz bis zum Jahre 1400. Habelschwerdt 1883 (Geschichtsquellen der Grafschaft Glatz 1).
253. Volkmer, Franz/Hohaus, Wilhelm (Hg.): Urkunden und Regesten zur Geschichte der Grafschaft Glatz von 1401 bis 1500. Habelschwerdt 1888 (Geschichtsquellen der Grafschaft Glatz 2).
254. Wattenbach, Wilhelm (Hg.): Urkunden der Klöster Rauden und Himmelwitz, der Dominikaner und der Dominikanerinnen in der Stadt Ratibor. Breslau 1859 (Codex diplomaticus Silesiae 2).

2.1 Anthologien, Sammlungen [Frühe Neuzeit]

255. Andreae, Friedrich: Beiträge zur schlesischen Familienkunde. 22. Schlesische Personen aus einem westpreußischen Stammbuche. In: Schlesische Geschichtsblätter. Mitteilungen des Vereins für Geschichte Schlesiens 3 (1919) 65.
256. Bretschneider, Paul: Beiträge zur schlesischen Familienkunde. 21. Adelige Trauungen in der Pfarrkirche zu Wartha. In: Schlesische Geschichtsblätter. Mitteilungen des Vereins für Geschichte Schlesiens 1 (1919) 33-38.
257. Cunradi, Jo. Henrici: Silesia Togata sive Silesiorum doctrina et virtutibus clarissimorum Elogia singulis distichis comprehensa quibus dies omnium natales et mortuales officiorumque ab ipsis gestorum tituli subjunguntur. Lignicii 1706.
258. Cureus, Joachim [Freistadiensi]: Gentis Silesiae Annales. Witebergae 1571.
259. Eberti, Johann Caspar: Eröffnetes Cabinet deß gelehrten Frauen-Zimmers. Schlesiens hoch- und wohlgelehrtes Frauenzimmer. Frankfurt/Leipzig 1706.
260. Nirtl, Josef: Zur Geschichte des Teschner Adels. In: Adler. Monatsblatt der Vereine für Sippenforschung in der Ostmark 4 (1942) 2-11, 45-53.
261. Pfeiffer, Christoph: Compendieuser Schau-Platz des ehemaligen alten Adels in dem benachbarten Marggraffthum Mähren [...]. Breßlau/Leipzig 1741.
262. Ponickau, Friedrich Seyfried von: Matricul der kayserlichen und königlichen Josephinischen Ritter-Academie in Schlesien zu Liegnitz. Von derselben Inauguration an, nehmlich vom 11. Novemb. 1708 bis 15. Junii 1730. Liegnitz 1730.
263. Sinapius, Johannes: Schlesischer Curiositäten erste Vorstellung. Darinnen die ansehnlichen Geschlechter des Schlesischen Adels mit Erzehlung des Ursprungs, der Wappen, Genealogien der qualificirtesten Cavaliere, der Stamm-Häuser und Güter [...], Bd. 1. Leipzig 1720.
264. Sinapius, Johannes: Des schlesischen Adels anderer Theil oder Fortsetzung schlesischer Curiositäten: darinnen die graeflichen, freyherrlichen und adelichen Geschlechter in voelligem Abrisse dargestellt werden; nebst einer noethigen Vorrede und Register, Bd. 2. Leipzig/Breslau 1728.

Titelblatt und Frontispiz aus Luchs, Hermann: Schlesische Fürstenbilder des Mittelalters. Namens des Vereins für das Museum Schlesischer Alterthümer in Breslau nach Originalaufnahmen von Theodor Blätterbauer u.a. Breslau 1872 (laufende Nummer 250).

265. Thebesius, Georg/Scharff, Gottfried Balthasar: Weyland Georgii Thebesii Lieg-
    nitzische Jahrbücher [...], Bd. 1-3. Jauer 1733.
266. Wahrendorff, Johann Peter: Lignitzische Merckwürdigkeiten Oder Historische
    Beschreibung der Stadt und Fürstenthums Lignitz im Hertzogthum Schlesien:
    Darinnen In zwoen Haupt-Abtheilungen, sowol von denen Catholischen Kir-
    chen, Clöstern u. Stifftern, als auch von denen Evangel. Stadt- und Pfarr-Kir-
    chen, besonders gehandelt [...]. Budißin 1724.

2.1 Anthologien, Sammlungen [Neuzeit-Zeitgeschichte]

267. Ebel, Gerhard/Behnen, Michael (Hg.): Botschafter Paul Graf von Hatzfeldt
    – nachgelassene Papiere (1838–1901), Bd. 1-2. Boppard a. Rhein 1976 (Deut-
    sche Geschichtsquellen des 19. und 20. Jahrhunderts 51).
268. Martin, Rudolf: Jahrbuch des Vermögens und Einkommens der Millionäre in
    Preußen, Bd. 1-2. Berlin 1912.
269. Wrochem, Arthur von: Familiengeschichte des Geschlechts von Wrochem, Bd.
    3: Geschichte der zweiten Linie des Geschlechts und seiner Zeit bis 1912. Ber-
    lin 1912.
270. Wrochem Gellhorn, Carl von: Familiengeschichte des Geschlechts von Wro-
    chem, Bd. 4. Berlin 1915.

2.2.1 Quellenwerke – Verwaltung (Urkunden, Gesetze) [Allgemein]

271. [Arnold, Ignaz Theodor Ferdinand Cajetan]: Sammlung Der wichtigsten und
    nöthigsten, bisher aber noch nicht herausgegebenen Käyser- und Königlichen,
    auch Hertzoglichen Privilegien, Statuten, Rescripten und Pragmatischen Sanc-
    tionen des Landes Schlesien. Leipzig 1736.
272. [Arnold, Ignaz Theodor Ferdinand Cajetan]: Sammlung Der wichtigsten und
    nöthigsten, bisher aber noch nicht herausgegebenen Käyser- und Königlichen,
    auch Hertzoglichen Privilegien, Statuten, Rescripten und Pragmatischen Sanc-
    tionen des Landes Schlesien. Breslau 1739.
273. Brzobohatý, Jan/Drkal, Stanislav (Hg.): Karolínský katastr slezský [Das schlesi-
    sche Kataster Karls VI.], Bd. 1-2. Praha 1972–1973.
274. Kapras, Jan: Pozůstatky knih zemského práva Knížetství opavského. Díl první:
    Knihy přední, 1 (1413–1484) [Die Überreste der Landrechtsbücher des Für-
    stentums Troppau, Teil 1: Die vorderen Bücher, 1 (1413–1484)]. Praha 1906
    (Historický archiv 28).
275. Kapras, Jan: Pozůstatky knih zemského práva Knížetství opavského. Díl druhý:
    Desky zemské, 1 (1431–1536) [Die Überreste der Landrechtsbücher des Für-
    stentums Troppau, Teil 2: Die Landtafel, 1 (1431–1536)]. Praha 1908 (Histo-
    ický archiv 31).

276. Kaeyser- und Koenigl., das Erb-Herzogthum Schlesien concernirende Privilegia, Statuta und Sanctiones Pragmaticae. Mit allergnädigster Kayser- und Königl. Bewilligung dem gemeinen Wesen zum besten zusammengetragen, Bd. 1. [Brachvogel] Breslau 1713.
277. Kaeyser- und Koenigliche Privilegien, Statuten und Sanctiones pragmaticae des Landes Schlesien. Continuation derer Kaeyser- und Koeniglichen Privilegien, Statuten und Sanctionum pragmaticarum des Landes Schlesien, Bd. 2-6. [Brachvogel] Breslau 1715–1730.
278. Meitzen, August: Urkunden schlesischer Dörfer, zur Geschichte der ländlichen Verhältnisse und der Flureintheilung insbesondere. Breslau 1863 (Codex diplomaticus Silesiae 4).
279. Němec, Emerich (Hg.): Listinář Těšínska. Codex diplomaticus Ducatus Tesinensis. Sbírka listinného materiálu k dějinám Těšínského Pobeskydí [Das Urkundenbuch des Teschener Landes. Codex diplomaticus Ducatus Tesinensis. Sammlung des Urkundenmaterials zur Geschichte des Teschener Gebiets Beskiden]. Český Těšín 1958.
280. Němec, Emerich (Hg.): Listinář Těšínska. Codex diplomaticus Ducatus Tesinensis 1460–1495. Sbírka listinného materiálu k dějinám knížectví Těšínského [Das Urkundenbuch des Teschener Landes. Codex diplomaticus Ducatus Tesinensis 1460–1495. Sammlung des Urkundenmaterials zur Geschichte des Teschener Fürstentums]. Český Těšín 1960.
281. Němec, Emerich (Hg.): Listinář Těšínska. Codex diplomaticus Ducatus Tesinensis 1496–1526. Sbírka listinného materiálu k dějinám knížectví Těšínského [Das Urkundenbuch des Teschener Landes. Codex diplomaticus Ducatus Tesinensis 1496–1526. Sammlung des Urkundenmaterials zur Geschichte des Teschener Fürstentums]. Český Těšín 1961.
282. Němec, Emerich (Hg.): Listinář Těšínska. Codex diplomaticus Ducatus Tesinensis 1527–1550. Sbírka listinného materiálu k dějinám knížectví Těšínského [Das Urkundenbuch des Teschener Landes. Codex diplomaticus Ducatus Tesinensis 1527–1550. Sammlung des Urkundenmaterials zur Geschichte des Teschener Fürstentums]. Český Těšín 1966.
283. Němec, Emerich (Hg.): Listinář Těšínska. Codex diplomaticus Ducatus Tesinensis 1551–1570. Sbírka listinného materiálu k dějinám knížectví Těšínského [Das Urkundenbuch des Teschener Landes. Codex diplomaticus Ducatus Tesinensis 1551–1570. Sammlung des Urkundenmaterials zur Geschichte des Teschener Fürstentums]. Český Těšín 1972.
284. Němec, Emerich/Šefčík, Erich (Hg.): Listinář Těšínska. Codex diplomaticus Ducatus Tesinensis 1571–1600. Sbírka listinného materiálu k dějinám knížectví Těšínského [Das Urkundenbuch des Teschener Landes. Codex diplomaticus Ducatus Tesinensis 1571–1600. Sammlung des Urkundenmaterials zur Geschichte des Teschener Fürstentums]. Český Těšín 1978.
285. Němec, Emerich/Šefčík, Erich (Hg.): Listinář Těšínska. Codex diplomaticus Ducatus Tesinensis 1601–1614. Sbírka listinného materiálu k dějinám knížectví

Těšínského [Das Urkundenbuch des Teschener Landes. Codex diplomaticus Ducatus Tesinensis 1601–1614. Sammlung des Urkundenmaterials zur Geschichte des Teschener Fürstentums]. Český Těšín 1981.

286. Němec, Emerich/Šefčík, Erich (Hg.): Listinář Těšínska. Codex diplomaticus Ducatus Tesinensis 1615–1625. Sbírka listinného materiálu k dějinám knížectví Těšínského [Das Urkundenbuch des Teschener Landes. Codex diplomaticus Ducatus Tesinensis 1615–1625. Sammlung des Urkundenmaterials zur Geschichte des Teschener Fürstentums]. Český Těšín 1984.

287. Němec, Emerich/Šefčík, Erich (Hg.): Listinář Těšínska. Codex diplomaticus Ducatus Tesinensis 1625–1652. Sbírka listinného materiálu k dějinám knížectví Těšínského [Das Urkundenbuch des Teschener Landes. Codex diplomaticus Ducatus Tesinensis 1625–1652. Sammlung des Urkundenmaterials zur Geschichte des Teschener Fürstentums]. Český Těšín 1986.

288. Rauscher, Rudolf: Soudní knihy osvětimské a zátorské z r. 1440–1562 [Die Auschwitzer und Zatorer Gerichtsbücher aus den J. 1440–1562]. Praha 1931.

289. Reichenbach, Heinrich von: Urkundliche Geschichte der Grafen von Reichenbach in Schlesien, Bd. 1: Urkundenbuch. Breslau 1907.

290. Schuch, L.: Grabdenkmäler adeliger Personen auf dem alten Militär-Friedhofe zu Breslau. In: Vierteljahrsschrift für Wappen-, Siegel- und Familienkunde 27 (1899) 368-387.

291. Steller, Georg: Der Adel des Fürstentums Sagan 1440–1714. Urkundliche Beiträge zu seiner Geschichte. In: Jahrbuch der Schlesischen Friedrich-Wilhelms-Universität zu Breslau 13 (1968) 7-60.

292. Stibor, Jiří: Regesta českých listin a listů z knížectví Opolsko-ratibořského (1303) 1457–1731. (Výsledky bohemikálního výzkumu v AP Wrocław z let 1990–1994) [Regesten der böhmischen Urkunden und Briefe aus dem Fürstentum Oppeln-Ratibor (1303) 1457–1731. (Ergebnisse der Bohemica-Forschung im Staatsarchiv Breslau 1990–1994)]. In: Sborník archivních prací 47 (1997) 293-447.

2.2.1 Quellenwerke – Verwaltung (Urkunden, Gesetze) [Mittelalter]

293. Bistřický, Jan u. a. (Hg.): Moravské a slezské listiny liechtenštejnského archívu ve Vaduzu [Die mährischen und schlesischen Urkunden des Familienarchivs der regierenden Fürsten von und zu Liechtenstein in Vaduz], Bd. 1: 1173–1380. Brno 1991 (Knižnice Jižní Moravy 13).

294. Gottschalk, Joseph: Die Kanonisationsurkunde der hl. Hedwig. In: Archiv für schlesische Kirchengeschichte 22 (1964) 120-140.

295. Grünhagen, Colmar/Markgraf, Hermann (Hg.): Lehns- und Besitzurkunden Schlesiens und seiner einzelnen Fürstenthümer im Mittelalter, Bd. 1-2. Leipzig 1881–1883 (Publicationen aus den K. Preußischen Staatsarchiven 7/16).

296. Häusler, Wilhelm: Urkundensammlung zur Geschichte des Fürstenthums Oels bis zum Aussterben der Piastischen Herzogslinie. Breslau 1883.

GENTIS SILESIÆ
ANNALES

COMPLECTENTES HISTO‹
RIAM DE ORIGINE, PROPAGATIONE ET MIGRATIONIBVS
gentis,& recitationem præcipuorum euentuum,qui in Eccle‹
sia & Republica vsq; ad necem *LVDOVICI* Hun‹
gariæ & Bohemiæ regis acciderunt.

C O N T E X T I

EX ANTIQVITATE SACRA ET ETHNICA, ET
ex scriptis recentioribus:

A

IOACHIMO CVREO FREISTADIENSI,
PHILOSOPHO ET MEDICO IN INCLYTA
vrbe Glogouiensi.

Cum Priuilegio Cæsareo amplissimo ad annos X.

WITEBERGÆ ·M· D· LXXI·

Titelblatt aus Cureus, Joachim [Freistadiensi]: Gentis Silesiae Annales. Witebergae 1571
(laufende Nummer 258).

297. Hladký, Ladislav: Dvě listiny Jindřicha st. Münsterberského ze 16. srpna 1497? [Zwei Urkunden Heinrichs d. Ä. von Münsterberg vom 16. August 1497?]. In: Kladský sborník 3 (1999) 271-278.

298. Horwat, Jerzy: Kilka uwag na temat dokumentu Henryka I Starszego z dn. 22 stycznia 1475 r. [Einige Bemerkungen zum Dokument Heinrichs I. des Älteren vom 22. Januar 1475]. In: Rocznik Muzeum w Gliwicach 3 (1987 [1990]) 81-83.

299. Jurek, Tomasz (Hg.): Landbuch księstw świdnickiego i jaworskiego [Das Landbuch der Herzogtümer Schweidnitz und Jauer], Bd. 1: 1366–1376. Poznań 2004.

300. Jurek, Tomasz (Hg.): Landbuch księstw świdnickiego i jaworskiego [Das Landbuch der Herzogtümer Schweidnitz und Jauer], Bd. 2: 1385–1395. Poznań 2000.

301. Jurek, Tomasz: Landbuch księstw świdnickiego i jaworskiego [Das Landbuch der Herzogtümer Schweidnitz und Jauer], Bd. 3: 1397–1407. Poznań 2007.

302. Kopetzky, Franz: Regesten zur Geschichte des Herzogthums Troppau (1061– 1464). In: Archiv für österreichische Geschichte 45 (1871) 97-275.

303. Korta, Wacław: W sprawie autentyczności i interpretacji dokumentu księcia Henryka Brodatego dla klasztoru N. Marii Panny we Wrocławiu z 10 maja 1209 r. [Zur Authentizität und Interpretation der Urkunde Herzog Heinrichs des Bärtigen für das Augustinerkloster in Breslau vom 10. Mai 1209]. In: Acta Universitatis Wratislaviensis 461. Historia 30 (1978) 61-76.

304. Markgraf, Hermann/Schulte, J. W. (Hg.): Liber fundationis episcopatus Vratislaviensis. Breslau 1889 (Codex Diplomaticus Silesiae 14).

305. Orzechowski, Kazimierz: Bolko Ziębicki i Luksemburgowie [Bolko von Münsterberg und die Luxemburger]. Wrocław 1976 (Materiały historyczne do dziejów miasta Ziębic i regionu 3).

306. Panic, Idzi: Lista świadków na dokumentach księcia opolskiego Władyslawa (1246–1281) [Die Zeugenliste auf den Urkunden Herzog Wladislaws von Oppeln (1246–1281)]. In: Śląski Kwartalnik Historyczny Sobótka 42 (1987) 171-183.

307. Schlesisches Urkundenbuch. Im Auftrag der Historischen Kommission für Schlesien hg. v. Heinrich Appelt und Josef Joachim Menzel, Bd. 1: 971–1230. Wien 1971.

308. Schlesisches Urkundenbuch. Im Auftrag der Historischen Kommission für Schlesien hg. v. Heinrich Appelt und Josef Joachim Menzel, bearb. v. Winfried Irgang, Bd. 2: 1231–1250. Wien 1977.

309. Schlesisches Urkundenbuch. Im Auftrag der Historischen Kommission für Schlesien hg. v. Heinrich Appelt und Josef Joachim Menzel, bearb. v. Winfried Irgang, Bd. 3: 1251–1266. Wien 1984.

310. Schlesisches Urkundenbuch. Im Auftrag der Historischen Kommission für Schlesien hg. v. Heinrich Appelt und Josef Joachim Menzel, bearb. v. Winfried Irgang, Bd. 4: 1267–1281. Wien 1988.

311. Schlesisches Urkundenbuch. Im Auftrag der Historischen Kommission für

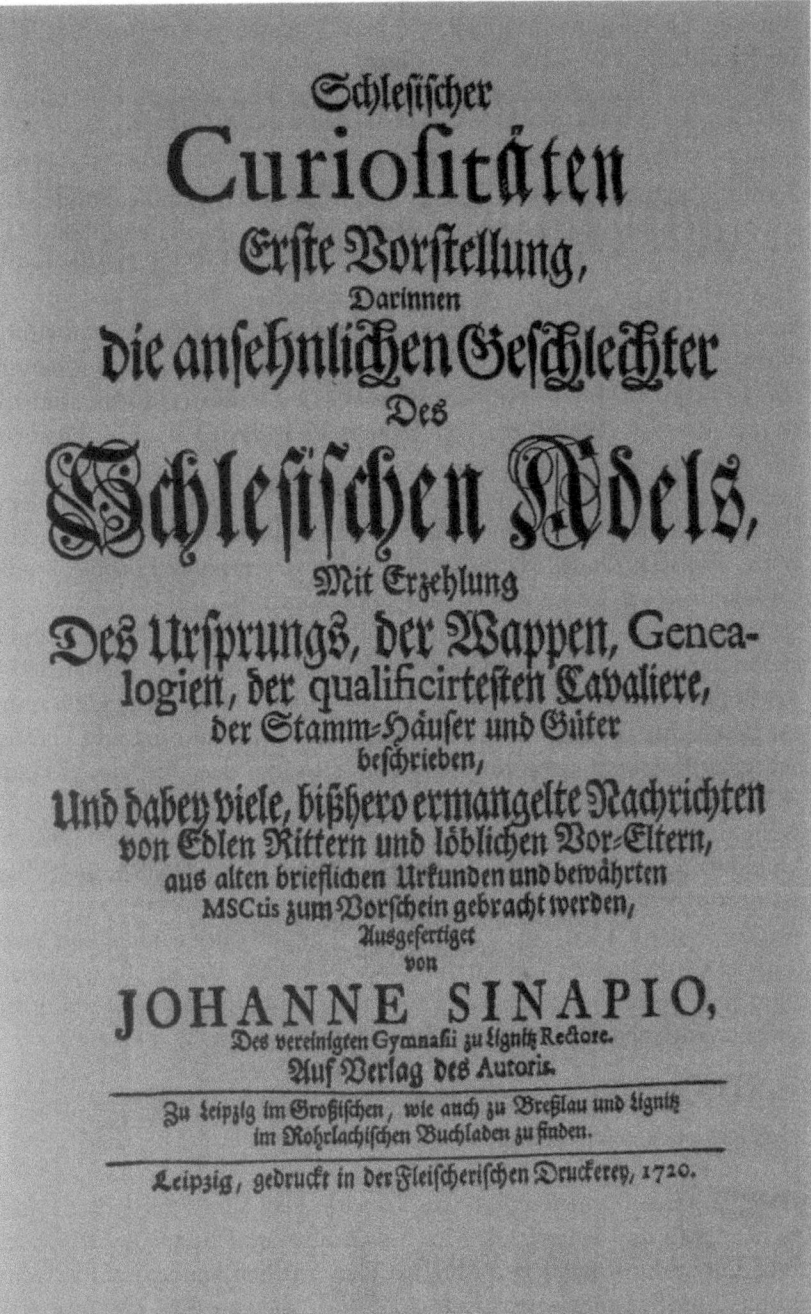

Titelblatt aus Sinapius, Johannes: Schlesischer Curiositäten erste Vorstellung. Darinnen die ansehnlichen Geschlechter des Schlesischen Adels mit Erzehlung des Ursprungs, der Wappen, Genealogien der qualificirtesten Cavaliere, der Stamm-Häuser und Güter [...], Bd. 1. Leipzig 1720 (laufende Nummer 263).

Schlesien hg. v. Heinrich Appelt und Josef Joachim Menzel, bearb. v. Winfried Irgang, Bd. 5: 1282–1290. Wien 1993.

312. Schlesisches Urkundenbuch. Im Auftrag der Historischen Kommission für Schlesien hg. v. Heinrich Appelt und Josef Joachim Menzel, bearb. v. Winfried Irgang u. Mitarb. v. Daphne Schadewaldt, Bd. 6: 1291–1300. Wien 1993.

313. Seydlitz-Kurzbach, Rudolf: Beiträge zur schlesischen Familienkunde. 12. Der schlesische Ritter v. Nimptsch als Sieger auf dem Turnier zu Ofen 1412. In: Schlesische Geschichtsblätter. Mitteilungen des Vereins für Geschichte Schlesiens 3 (1914) 67.

314. Stelmach, Roman: Dwa dokumenty Henryka IV Prawego z archiwum joannitów w Pradze [Zwei Urkunden Heinrichs IV. Probus aus dem Johanniterarchiv in Prag]. In: Bobowski, Kazimierz (Hg.): Źródłoznawstwo i studia historyczne. Wrocław 1989 (Acta Universitatis Wratislaviensis 1112. Historia 76), 387-390.

315. Stelmach, Roman: Śląski dokument rycerski w XIII wieku. Zarys problematyki [Die schlesische Ritterurkunde des 13. Jahrhunderts. Eine Problemskizze]. In: Peltz, Wojciech/Dudek, Jarosław (Hg.): Etos rycerski w Europie Środkowej i Wschodniej od X do XV wieku. Zielona Góra 1997, 127-136.

316. Stenzel, Gustav Adolf: Liber fundationis claustri sanctae Mariae virginis in Heinrichow oder: Gründungsbuch des Klosters Heinrichau. Breslau 1854.

317. Tzschoppe, Gustav Adolf/Stenzel, Gustav Adolf (Hg.): Urkundensammlung zur Geschichte des Ursprungs der Städte und der Einführung und Verbreitung deutscher Kolonisten und Rechte in Schlesien und der Oberlausitz. Hamburg 1832.

318. Wattenbach, Wilhelm: Miscellen. 1. Schlesische Ritter in der Schlacht bei Mühldorf. In: Zeitschrift des Vereins für Geschichte und Alterthum Schlesiens 3/1 (1860) 199-201.

319. Wutke, Konrad: 1361 Jan. 22. Namslau. Einigung der Familie von Frankenberg als Gutherrschaft von Strehlitz, Kr. Namslau, mit der Bauernschaft daselbst [...]. In: Schlesische Geschichtsblätter. Mitteilungen des Vereins für Geschichte Schlesiens 2 (1918) 34-40.

2.2.1 Quellenwerke – Verwaltung (Urkunden, Gesetze) [Frühe Neuzeit]

320. [Anonym]: Edict und Wiederholtes Verboth: Daß kein Schlesischer und Glatzischer Vasall und Unterthan, [Bey Strafe künftig nicht zu gewärtigender Beförderung in Sr. Königlichen Majestät Sämmtlichen Landen] auf auswärtigen Schulen und Universitaeten studiren, [Wider die von Adel aber bey verkommenden Contraventionen, noch überdem mit Confiscation ihres Vermögens verfahren werden] soll. Berlin, den 17. Octobr. 1751. Breslau 1751.

321. [Anonym]: Evangelische Kirchen-, Schul- und Eheordnungen der Herrschaften Freudenthal und Goldstein. In: D'Elvert, Christian (Hg.): Schriften der

historisch-statistischen Sektion der k. k. mähr. schles. Gesellschaft des Ackerbaues, der Natur- und Landeskunde 9. Brünn 1856, 342-354.

322. [Anonym]: Königl. Preußische wiederholte Verordnung: daß kein Schlesischer von Adel, bey Strafe der Confiscation seiner Güther, in fremde Dienste gehen solle, ohne dazu Permission erhalten zu haben; De Dato Potsdam, den 17. April 1747. Breßlau 1747.

323. Acta publica. Verhandlungen und Correspondenzen der schlesischen Fürsten und Stände. Namens des Vereins für Geschichte und Alterthum Schlesiens. Hg. v. Hermann Palm, Bd. 1: 1618. Breslau 1865.

324. Acta publica. Verhandlungen und Correspondenzen der schlesischen Fürsten und Stände. Namens des Vereins für Geschichte und Alterthum Schlesiens. Hg. v. Hermann Palm, Bd. 2: 1619. Breslau 1869.

325. Acta publica. Verhandlungen und Correspondenzen der schlesischen Fürsten und Stände. Namens des Vereins für Geschichte und Alterthum Schlesiens. Hg. v. Hermann Palm, Bd. 3: 1620. Breslau 1872.

326. Acta publica. Verhandlungen und Correspondenzen der schlesischen Fürsten und Stände. Namens des Vereins für Geschichte und Alterthum Schlesiens. Hg. v. Hermann Palm, Bd. 4: 1621. Breslau 1875.

327. Acta publica. Verhandlungen und Correspondenzen der schlesischen Fürsten und Stände. Namens des Vereins für Geschichte und Alterthum Schlesiens. Hg. v. Julius Krebs, Bd. 5: Die Jahre 1622–1625. Breslau 1880.

328. Acta publica. Verhandlungen und Correspondenzen der schlesischen Fürsten und Stände. Namens des Vereins für Geschichte und Alterthum Schlesiens. Hg. v. Julius Krebs, Bd. 6: Die Jahre 1626–1627. Breslau 1885.

329. Acta publica. Verhandlungen und Correspondenzen der schlesischen Fürsten und Stände. Namens des Vereins für Geschichte und Alterthum Schlesiens. Hg. v. Julius Krebs, Bd. 7: Das Jahr 1628. Breslau 1905.

330. Acta publica. Verhandlungen und Correspondenzen der schlesischen Fürsten und Stände. Namens des Vereins für Geschichte und Alterthum Schlesiens. Hg. v. Julius Krebs, Bd. 8: Das Jahr 1629. Breslau 1906.

331. Berg, Julius (Hg.): Die Geschichte der gewaltsamen Wegnahme der evangelischen Kirchen und Kirchengüter in den Fürstenthümern Schweidnitz und Jauer während des siebzehnten Jahrhunderts. Mit zum großen Teile noch ungedruckten Urkunden und Beilagen. Eine Säcularschrift als Beitrag zur schlesischen Kirchengeschichte und zu Begründung einer angemessenen Auseinandersetzung der äußern Verhältnisse der evangelischen Kirche mit dem State und der römisch-katholischen Kirche. Breslau 1884.

332. Braun, Edmund Wilhelm: Die Urkunde über die Verleihung des Fürstentums Troppau an Fürst Karl von Liechtenstein im Jahre 1614. In: Zeitschrift für Geschichte und Kulturgeschichte Österreichisch-Schlesiens 9 (1914) 73-77.

333. Chrząszcz, Johannes: Der Kretscham in Klein Patschin bei Peiskretscham. Ein Verkaufskontrakt des Adolf Freiherren von Eichendorff 1795; der Titel „Baron". In: Schlesische Geschichtsblätter. Mitteilungen des Vereins für Geschichte Schlesiens 1 (1919) 19-23.

334. D'Elvert, Christian (Hg.): Der Entwurf der jägerndorfer Landesordnung von 1673, mit Abänderung der alten mährischen, die Erledigung desselben und des Entwurfes der troppauer Landesordnung von 1673. Die Praxis des olmützer bischöflichen Lehenrechtes. Brünn 1868 (Schriften der historisch-statistischen Sektion der k. k. mährisch-schlesischen Gesellschaft zur Beförderung des Akkerbaus 17).

335. Endemann, J[ohannes]: Verzeichnis der adeligen Hausbesitzer zu Breslau seit Anfang der preußischen Regierung bis zum Jahre 1763. In: Vierteljahrsschrift für Wappen-, Siegel- und Familienkunde 19 (1891) 13-23.

336. Friedenberg, Joannes Antonius: Tractatvs ivridico-practicvs, de generalibvs. Bresslau 1748.

337. Gojniczek, Wacław: Kopiarz majątku ziemskiego w Pruchnej z początków XVIII wieku [Das Kopialbuch des Gutes Pruchna vom Anfang des 18. Jahrhunderts]. In: Długajczyk, Edward u. a. (Hg.): Archiwa i archiwalia górnośląskie. Katowice 2008, 67-105.

338. Heck, Roman/Leszczyński, Józef (Hg.): Urbarze dóbr zamkowych opolsko-raciborskich z lat 1566 i 1567 [Die Urbare der Schloßgüter im Herzogtum Oppeln-Ratibor aus den Jahren 1566 und 1567]. Wrocław 1956 (Urbarze śląskie 1).

339. Heck, Roman/Leszczyński, Józef/Petráň, Josef (Hg.): Urbarze dóbr zamkowych Górnego Śląska z lat 1571–1640 [Die Urbare der oberschlesischen Schloßgüter aus den Jahren 1571–1640]. Wrocław 1963 (Urbarze śląskie 3).

340. Horna, Richard: Návrh Obnoveného zřízení zemského pro knížetství Opavské z r. 1675 [Entwurf einer Verneuerten Landesordnung für das Fürstentum Troppau aus dem J. 1675]. Bratislava 1938.

341. Kapras, Jan: Veliké privilegium knížetství Opolsko-Ratibořského [Das große Privileg des Fürstentum Oppeln-Ratibor]. In: Sborník věd právních a státních 12 (1912) 395-412.

342. Kuczer, Jarosław: Spis lenników księstwa żagańskiego z 1719 roku [Das Vasallenverzeichnis des Herzogtums Sagan von 1719]. In: Studia Zachodnie 10 (2008) 187-194.

343. Kuczer, Jarosław/Strzyżewski, Wojciech (Hg.): Spisy dóbr ziemskich księstwa głogowskiego z lat 1671–1727 [Die Güterverzeichnisse des Herzogtums Glogau aus den Jahren 1671–1727]. Warszawa 2007.

344. Lünig, Johann Christian: III. Vom Schlesischen Adel. In: Lünig, Johann Christian (Hg.): Collectio nova [...], Bd. 1. Frankfurt/Leipzig 1730, Sp. 91-342, Sp. 1537-1566 (Addenda zu denen Fürstenthümern Schweidnitz und Jauer).

345. Lünig, Johann Christian: III. Vom Herzogthum Schlesien. In: Lünig, Johann Christian (Hg.): Corpus Juris Feudalis Germanici [...], Bd. 2. Frankfurt a. Main 1727, Sp. 243-350.

346. Orzechowski, Kazimierz/Szkurłatowski, Zygmunt (Hg.): Urbarze śląskie z końca XVIII wieku [Schlesische Urbare vom Ende des 18. Jahrhunderts]. Wrocław 1961 (Urbarze śląskie 2).

ACTA PUBLICA.

Verhandlungen und Correspondenzen

der

schlesischen Fürsten und Stände.

Namens des Vereins

für

Geschichte und Alterthum Schlesiens

herausgegeben

von

Dr. Julius Krebs,

ord. Lehrer der Realschule am Zwinger.

V. Band: Die Jahre 1622—1625.

Breslau,
Josef Max & Komp.
1880.

Titelblatt aus Acta publica. Verhandlungen und Correspondenzen der schlesischen Fürsten und Stände. Namens des Vereins für Geschichte und Alterthum Schlesiens. Hg. v. Julius Krebs, Bd. 5: Die Jahre 1622–1625. Breslau 1880 (laufende Nummer 327).

347. Rohlík, Miloslav (Hg.): Opavské zemské desky. Knihy zadní 1537–1613 [Die Troppauer Landtafel. Die hinteren Bücher 1537–1613]. Opava [Masch.] 1961.

348. Rohlík, Miloslav (Hg.): Opavské zemské desky. Knihy zadní 1537–1613. Rejstříky [Die Troppauer Landtafel. Die hinteren Bücher 1537–1613. Register]. Opava [Masch.] 1991.

349. Scheibel, Johann Ephraim: Ein wichtiger Beytrag zur Geschichte der drey Herzoge zu Brieg, Liegnitz und Wohlau, George, Ludwig und Christian. In: Schlesische Provinzialblätter 28 (1789) 381-387.

350. Schuster, Alphons: Archivalische Miscellen. 7. Cirkular an die Adeligen in Brieg 1642. In: Zeitschrift des Vereins für Geschichte und Alterthum Schlesiens 24 (1890) 369-373.

351. Šefčík, Erich: Zemské zřízení Těšínského knížectví z konce 16. století. Edice [Die Landesordnung des Teschener Fürstentums vom Ende des 16. Jahrhunderts. Edition]. Český Těšín 2001 (Studie o Těšínsku 17).

352. Wattenbach, Wilhelm: Miscellen. 5. David Nentwig. In: Zeitschrift des Vereins für Geschichte und Alterthum Schlesiens 3/1 (1860) 210-216.

353. Wattenbach, Wilhelm: David Nentwig noch einmal. In: Zeitschrift des Vereins für Geschichte und Alterthum Schlesiens 3/2 (1860) 369-381.

354. Weingarten, Johann Jacob von: Codex Ferdinandeo-Leopoldino-Josephino-Carolinus [...]. Prag 1720.

355. Wentzky und Petersheyde, Georg von: Kurtzer Tractat und Bericht von dem Schlesischen RitterRecht und EhrenGericht. Denen vom Adel und Ritter-Standt zu besonderm dienst und wolgefallen [...]. Leipzig 1615.

356. Wutke, Konrad: Beiträge zur schlesischen Familienkunde. 30. Die Taufe des Friedrich Aug. von der Streithorst (1709). In: Schlesische Geschichtsblätter. Mitteilungen des Vereins für Geschichte Schlesiens 2 (1926) 43f.

357. Wutke, Konrad: Kaiserliche Verfügungen über die Titulaturen der schlesischen Herzöge im 17. und 18. Jahrhundert. In: Schlesische Geschichtsblätter. Mitteilungen des Vereins für Geschichte Schlesiens 1 (1924) 13-16.

358. Zukal, Josef: 1584, September 29. Fundationsbrief Hyneks d. Ä. von Wrbna für das Armenhospital zu Freudenthal. In: Zeitschrift für Geschichte und Kulturgeschichte Österreichisch-Schlesiens 3 (1907/08) 173f.

359. Zukal, Jos[ef]: Die Liechtensteinsche Inquisition in den Herzogtümern Troppau und Jägerndorf aus Anlaß der Mansfeldschen Rebellion 1626–1627. In: Zeitschrift für Geschichte und Kulturgeschichte Österreichisch-Schlesiens 7 (1912) 1-260.

2.2.1 Quellenwerke – Verwaltung (Urkunden, Gesetze) [Neuzeit-Zeitgeschichte]

360. [Anonym]: Allerhöchste Kabinettsorder vom 9ten September 1827 über die Theilnahme der Ritterschaft des Rosenberger Kreises und der Stadt Oels an den Wahlen der Abgeordneten zum Schlesischen Provinzial-Landtage. In: Gesetz-Sammlung für die Königlichen Preußischen Staaten (1827) 127.

361. [Anonym]: Bekanntmachung der unter dem 21. Februar 1848 ergangenen Allerhöchsten Bestimmung wegen Erhebung des Grafen von Hochberg in den Fürstenstand und der Standesherrschaft Pleß zu einem Fürstenthume. Vom 21. Januar 1854. In: Gesetz-Sammlung für die Königlichen Preußischen Staaten (1854) 63.

362. Conrad, Johannes: Agrarstatistische Untersuchungen, Teil 5: Der Großgrundbesitz in Schlesien. In: Jahrbücher für Nationalökonomie und Statistik, 3. Folge 15 (1898) 705-729.

363. Rosenberg-Lipinsky, Albert von: Über den gegenwärtigen Zustand des Schlesischen Grund-Eigenthums. Mit Rücksicht auf die Schrift des Herrn Landesälten Gebel: „Ueber die tiefe Verschuld der Rittergutsbesitzer". Breslau 1836.

364. Rosenberg-Lipinsky, Albert von: Handbuch für den Geschäftsverkehr mit der Schlesischen Landschaft, wie für die Mitglieder und Beamten derselben. Eine übersichtlich geordnete Zusammenstellung der landschaftlichen Gesetzgebung bis auf die jüngste Zeit. Breslau 1851.

2.2.2 Quellenwerke – Chronistik [Allgemein]

365. Büsching, Johann Gustav Gottlieb: Ritterzeit und Ritterwesen, Bd. 1-2. Leipzig 1823.

366. Meisner, Christian: Equites Silesii honoribus academicis fulgentes. Tribus decadibus comprehensi [...], Bd. 1-3. Vitembergae 1706.

367. Klapper, Joseph: Hedwigis electa. Eine Hedwigslegende aus dem Anfang des 14. Jahrhunderts. In: Archiv für schlesische Kirchengeschichte 19 (1961) 53-61.

368. Roepell, Richard: Zur Quellenkunde der schlesischen Geschichte. 1. Benedict's von Posen Chronik der Herzöge von Schlesien. In: Zeitschrift des Vereins für Geschichte und Alterthum Schlesiens 2 (1859) 402-417.

369. Sachs von Löwenheim, Ernst Samuel (Hg.): [Friedrich Wilhelm Sommer von Sommersberg]: Zur Historie und Genealogie von Schlesien, auch denen im Jahre 1729 in Druck gegebenen Zusätze von noch nicht bekannten Urkunden, Stammtafeln, Geschichtschreibern und andern Nachrichten, woraus die Geschichte und Geschlechtsregister von Schlesien und den angrenzenden Ländern je mehr und mehr erläutert werden können, Bd. 1-12. Breslau 1785–1790.

370. Stieff, Christian (Hg.): Schlesisches Historisches Labyrinth oder Sammlung von hundert Historien allerhand Nahmen, Oerter, Personen [...] in Schlesien. Breßlau/Leipzig 1737.

2.2.2 Quellenwerke – Chronistik [Frühe Neuzeit]

371. Gottschalk, Joseph: Beiträge zur Hedwigsverehrung. In: Archiv für schlesische Kirchengeschichte 12 (1954) 52-60, 17 (1959) 1-15.

372. Hausdorff, Salomon (Hg.): Ausführlicher Bericht, Was bey Absendung Herrn Fridrich von Kreckwitzes [...] als Oratoris nach Constantinopel, was hierbey so wohl mit dem Herrn Oratore selbst, als denen Seinigen vorgelauffen, aufgesetzt und schrifftlich hinterlassen von Fridrich Seideln, damahls des Herrn Oratoris Apothecker; und nachmahls Bürgern in Troppaw; und wegen der sonderlichen Begebenheiten [...]. Görlitz 1711.

373. [Köpke, Adam]: Historische Nachricht von dem vor zweyhundert Jahren berühmten und verruffenen schlesischen Edelmann, Herrn Caspar Schwenckfeldt von Ossing, samt beygefügter Anzahl seiner Schrifften. Prentzlau 1744.

374. Lindner, Caspar Gottlieb: Poetische und historische Beschreibung der höchstmerkwürdigen und überaus bluttigen tartarischen Schlacht bey Lignitz in Schlesien, welche sich im Jahr 1241, den 9. April unter dem heldenmüthigen Herzoge in Schlesien Heinrich dem Frommen ereignet hat [...]. Schweidnitz 1739.

375. Münch, Gotthard: Das letzte Lebensjahr des Breslauer Bischofs Franz Ludwig von Pfalz-Neuburg (1683–1732). In: Archiv für schlesische Kirchengeschichte 22 (1964) 311-315.

376. Orzechowski, Kazimierz: Sejmik legnicki w opisie J. Schweinichena. Kilka refleksji [Der Liegnitzer Landtag in der Darstellung Hans Schweinichens. Einige Bemerkungen]. In: Śląski Kwartalnik Historyczny Sobótka 26 (1971) 135-144.

377. Pastyříková, Kateřina: Popis Kladského hrabství Bohuslava Balbína. (Edice) [Die Beschreibung der Grafschaft Glatz von Bohuslav Balbín. (Edition)]. In: Kladský sborník 5 (2003) 259-280.

378. Regehly d. Jüngere, Johann Christian Benjamin: Geschichte und Beschreibung von Carlsruhe in Oberschlesien: von seinem ersten Entstehen im Jahr 1748 bis auf das erste funfzigjährige Jubeljahr 1798; nebst einigen genealogischen Nachrichten des [...] herzoglichen Hauses Würtemberg [...]. Nürnberg 1799 [ND 1801].

379. Seidel, Friedrich: Denckwürdige Gesandtschafft an die Ottomannische Pforte, welche ehmals auf Röm. Kays. Maj. Rudolphi II. Hohen Befehl Herr Fridrich v. Kreckwitz, Sr. Maj. Reichs- Hof-Rath, verrichtet, nebst ausführlichem Bericht [...]. Görlitz 1711.

380. Sommersberg, Friedrich Wilhelm von: Tabulae genealogicae ducum superioris et inferioris Silesiae ab initio seculi XII ad praesens usqve XVIII diplomatum mstorum lapidum et numorum fide confectae. Accedunt diplomata ad Silesiam pertinentia ad huc inedita. Wratislaviae 1723.

2.2.3 Quellenwerke – Publizistik/Zeitungs- und Zeitschriftenwesen

381. Grünhagen, Colmar: Der schlesische Adel vor hundert Jahren im Lichte der öffentlichen Meinung. In: Zeitschrift des Vereins für Geschichte und Alterthum Schlesiens 30 (1896) 1-26.

382. Gulitz, [...]: Liebevolle Zuneigung zu Unterthanen (betr. Wohltätigkeit des schlesischen Adels). In: Schlesische Provinzialblätter 29/2 (1799) 45-48.

383. Kutschelis, Andreas: „Triumph von Schlesien oder Beschreibung der Huldigung zu Breslau". Eine Flugschrift über die Huldigung d. niederschles. Stände vor Friedrich dem Großen [...] 1741. In: Nordost-Archiv 24 (1991) 130-148.

384. Raschke, Günter: Ehrenvolles Gedenken Dr. rer. pol. Rudolf Graf Strachwitz von Gross-Zauche und Camminetz. Koblenz 1971.

385. Runge, Christian: Historiae Piasteae: Pars 1 (prior): Piastus agricola Cruswiciensis; Pars 2 (posterior): Piastus princeps Poloniae creatus: Significat Christianus Rungius, Bd. 1-2. Vratislavia 1724–25.

386. Winckler, Paul: Der Edelmann. Lüneburg 1696 [ND Bern u. a. 1988].

2.2.4 Quellenwerke – Biographische und autobiographische Texte (auch Briefe, Memoiren) [Allgemein]

387. [Anonym]: Skronskische Genealogia, zu [...] Ehren-Gedaechtnuess des [...] Geschlechts derer von Skronsky aufgesetzet und mit historischen Anmerckungen erleuchtet. Brieg 1702.

388. Estor, Johann George: Aus den Urkunden gezogene Nachricht von dem Hochgräflichen und Freyherrlichen Geschlecht, der von Promnitz. In: Ders. (Hg.): Auserlesene Kleine Schriften, Bd. 3, 12. Stück. Gießen 1738, 575-734.

389. Knauth, Christian: Von dem Ursprunge, Herkommen, Alterthum und Ausbreitung des Hochberühmten Geschlechts derer Herren von Nostitz, und deren ersten Stammhause in Ober-Lausitz. Görlitz 1764.

390. Krause (Crusius), Theodor: Miscellanea Gentis Schaffgotschianae, Oder Historisch-Genealogischer Bericht, Von dem Uralten Geschlechte Derer Herren von Schaff-Gotschen [...]. Striegau 1715.

391. Krebs, Julius: Nekrolog Bernhard von Prittwitz und Gaffron. In: Zeitschrift des Vereins für Geschichte Schlesiens 46 (1912) 243-245.

392. Nägele, Anton: Documenta Jeriniana. Archivalische Beiträge zur Biographie des Breslauer Bischofs Andreas von Jerin (1585–1596). In: Archiv für schlesische Kirchengeschichte 1 (1936) 98-156.

393. Naso, Ephraim Ignaz: Monimentum historico-panegyricum, tam antiqui, quam gloriosi stemmatis equitum, baronum, comitum et sacri romani imperii principis ab Herberstein. Wratislaviae 1680.

394. Oppersdorff, Wilhelm Hans von: Oppersdorff. Ad Wappen. [Masch.] [Schloss Birstein o. J.]

395. Oppersdorff, Wilhelm Hans von: Oppersdorff. Regesten, die zweifelsohne die Familie betreffen 1418–1550. [Masch.] [Schloss Birstein 1988].

396. Schönaich-Carolath, Hans Karl (Hg.): Schaffgotschiana: Sammlung von Briefen. Warmbrunn 1865.

397. Schweinitz, David von: Genealogia derer von Schweinitz/Vor der Zeit vom Swentze Genennet. Dabey Ein Kurtzer Discours Von Dem Alten und Schlesischen Adel: Zu Ehren-Gedächtnüß Seines Geschlechts und Befreundeten [...]. Liegnitz 1661.

398. Tralles, Johannes u. a. (Hg.): Mausoleum Schaff-Gotschianum = Ehren und GedechtnißKirchlein Des Uralten hochlöblichen Schaff-Gotschen Hauses/ Herrn und Ritterstandes/Aus sonderlicher devotion und danckbarer Ehrerbietung. Leipzig 1621.

2.2.4 Quellenwerke – Biographische und autobiographische Texte (auch Briefe, Memoiren) [Mittelalter]

399. Bersohn, Mathias: Bolesław Wysoki, książę wrocławski i legnicki [Boleslaw der Lange, Herzog von Breslau und Liegnitz]. Warszawa 1868.
400. Braunfels, Wolfgang (Hg.): Der Hedwigs-Codex von 1353. Bd. 1: Faksimile der vollständigen Handschrift; Bd. 2: Texte und Kommentare. Berlin 1972.
401. Semkowicz, Aleksander (Hg.): Vita Sanctae Hedwigis. In: Monumenta Poloniae Historica, Bd. 4. Lwów 1884 [ND Warszawa 1961], 501-655.
402. Ślęzak, Władysława: Życie wybranych księżnych i księżniczek śląskich w średniowieczu [Lebensgeschichten ausgewählter schlesischer Herzoginnen und Prinzessinnen im Mittelalter]. In: Rocznik Muzeum w Gliwicach 13 (1998) 65-82.
403. Zientara, Benedykt: Bolesław Łysy (Rogatka) [Boleslaw der Kahle (Rogatka)]. In: Garlicki, Andrzej (Hg.): Poczet królów i książąt polskich. Warszawa 1978, 172-177.

2.2.4 Quellenwerke – Biographische und autobiographische Texte (auch Briefe, Memoiren) [Frühe Neuzeit]

404. [Anonym]: Curriculum vitae: Herrn Johann Ullrich von Schaffgotschens, Kayserl. Obristen, Herrns auf Kynast, welcher Anno 1635, den 23. Julii zu Regenspurg unschuldiger Weise enthauptet worden. Hamburg/Leipzig 1743.
405. Andreae, Friedrich: Beiträge zur schlesischen Familienkunde. 29. Zur Lebensgeschichte des Friedrich v. Kreckwitz (gest. 1593). In: Schlesische Geschichtsblätter. Mitteilungen des Vereins für Geschichte Schlesiens 2 (1926) 43.
406. Andreae, Friedrich: Schlesische Adelige in einem Stammbuch aus der zweiten Hälfte des 17. Jahrhunderts. In: Schlesische Geschichtsblätter. Mitteilungen des Vereins für Geschichte Schlesiens 2 (1925) 24-28.
407. Bělohlavý, Václav/Bartoš, František/Volek, Tomislav (Hg.): Ditters von Dittersdorf, Karl: Vzpomínky hudebníka XVIII. století. Svému synu diktoval Karel Ditters z Dittersdorfu [Erinnerungen eines Musikers des XVIII. Jahrhunderts. Seinem Sohn diktiert von Karl Ditters von Dittersdorf]. Praha 1959 (Publikace Slezského studijního ústavu v Opavě 9).
408. Binková, Simona/Polišenský, Josef (Hg.): Česká touha cestovatelská. Cestopisy, deníky a listy ze 17. století [Böhmische Sehnsucht nach Reisen. Reisebeschreibungen, Tagebücher und Briefe aus dem 17. Jahrhundert]. Praha 1989.

409. Blankenburg, Christian Friedrich von: Charakter und Lebensgeschichte des Herrn von Seydlitz, preußischen Generals der Kavallerie. Leipzig 1797.

410. Corpus Schwenckfeldianorum, Bd. 1-5. Leipzig 1907–1914; Bd. 6-14, Leipzig 1922–1936; Bd. 15-19. Pennsburg, Pa. 1959–1961.

411. Czapliński, Marian: Nieznany śląski polonik z XVI wieku [Ein unbekanntes schlesisches Polonicum aus dem 16. Jahrhundert]. In: Śląski Kwartalnik Historyczny Sobótka 19 (1964) 395f.

412. Ditters von Dittersdorf, Karl (Hg.): Lebensbeschreibung. Seinem Sohne in die Feder diktiert. Leipzig 1801.

413. Długoborski, Wacław: Friedrich Wilhelm von Reden jako człowiek oświecenia [Friedrich Wilhelm von Reden als Mann der Aufklärung]. In: Kapała, Zbigniew (Hg.): Friedrich Wilhelm von Reden i jego czasy. Chorzów 2002, 52-69.

414. Doebner, Richard: Archivalische Miscellen. 4. Abschiedsschreiben des letzten Herzogs von Liegnitz-Brieg Georg Wilhelm an Kaiser Leopold I. 1674 kurz vor November 21. In: Zeitschrift des Vereins für Geschichte und Alterthum Schlesiens 18 (1884) 312f.

415. Dvořák, Max (Hg.): Briefe Kaiser Leopold I. an Wenzel Euseb Herzog in Schlesien zu Sagan, Fürsten von Lobkowitz 1657–1674. In: Archiv für österreichische Geschichte 80 (1894) 459–514.

416. Eckhard, Tobias: Vita Friderici Wilhelmi de Posadowsky, liberi Baronis de Postelwitz delineata a Tobia Eckhardo. Quedlinburgi et Ascaniae [1731].

417. Eckhard, Tobias/Posadowsky, Friedrich Wilhelm von: Vitam atque obitum Friderici Wilhelmi de Posadowsky, liberi Baronis de Postelwitz. Quedlinburgi et Ascaniae 1730.

418. Eichendorff, Joseph Carl Benedict von: Lubowitzer Tagebuchblätter. Mit Erl. hg. v. Alfons Nowack. Groß-Strehlitz 1907.

419. [Eichendorff, Joseph von]: Briefe und Dichtungen. Aus dem Nachlass im Auftr. seines Enkels Karl Freiherrn von Eichendorff hg. v. Wilhelm Kosch. Köln 1906 (Vereinsschrift. Görres-Gesellschaft zur Pflege der Wissenschaft im Katholischen Deutschland 3).

420. [Eichendorff, Joseph von]: Sämtliche Werke des Freiherrn Joseph von Eichendorff. Historisch-kritische Ausgabe, Bd. 11: Tagebücher des Freiherrn Joseph von Eichendorff mit Vorw. u. Anmerkungen von Wilhelm Kosch. Regensburg 1908.

421. Engelbert, Kurt: Beiträge zur Geschichte des Breslauer Bischofs Martin von Gerstmann. In: Archiv für schlesische Kirchengeschichte 15 (1957) 171.

422. Francke, August Hermann: Briefe an den Grafen Heinrich XXIV j.L. Reuß zu Köstritz und seine Gemahlin Eleonore aus den Jahren 1704–1727 als Beitr. zur Geschichte des Pietismus. Hg. v. Berthold Schmidt u. Otto Meusel. Leipzig 1905.

423. Fuchs, Konrad: Hrabia Friedrich Wilhelm von Reden [Friedrich Wilhelm Graf von Reden]. In: Kapała, Zbigniew (Hg.): Friedrich Wilhelm von Reden i jego czasy. Chorzów 2002, 70-90.

424. Fülleborn, Johann Friedrich: Genealogia des hochadelichen und freyherrlichen Geschlechts von Seherr-Thoss ans Licht gestellet [...]. Bresslau 1755.

425. Gebauer, Curt: Schlesischer Adel im Spätbarock. Nach den Tagebüchern des Grafen Otto Wenzel von Nostitz, Landeshauptmanns von Breslau. In: Zeitschrift des Vereins für Geschichte Schlesiens 68 (1934) 133-167.

426. Gottschalk, Joseph: Briefe an den resignierten Fürstbischof von Breslau Leopold Graf Sedlnitzky. In: Archiv für schlesische Kirchengeschichte 2 (1937) 185-206.

427. Grieger, Friedrich: Die Oderreise des Grafen Hoditz im Jahre 1776 und Friedrich der Große. In: Schlesische Geschichtsblätter. Mitteilungen des Vereins für Geschichte Schlesiens 2 (1936) 33-40.

428. Griesbeck, Simon: Genealogia stirpis antiqvissimae illustrissimorum principum Lygio-Bregensium […]. Francofurti 1612.

429. Grundmann, Günther: Die Briefe der Gräfin Reden während der Aufrichtung der Bergkirche unseres Erlösers zu Wang. In: Zeitschrift des Vereins für Geschichte Schlesiens 67 (1933) 231-252.

430. Gryphius, Christian: Christiani Gryphii Hoch-Gräfliches Schaff-Gotschisches Ehren-Mahl [Gedächtnisschrift auf Herrn Christoph Leopold von Schaffgotsch Freiherr † 1703]. Leipzig 1708.

431. Heinitz, Samuel: Christliches Gebet zu diesen truebseligen Zeitten […] Olsse 1617.

432. Heinitz, Samuel: Feralis unctura e S. Scriptura [...]. Bresslaw [1630].

433. Hempel, Andreas: Nostitzscher Das ist Rechtschaffener dem Nahmen und Taht nach ken[n]licher Adel Welchen durch verliehene Göttliche Krafft wol und rühmlich geführet Der [...] Herr George von Nostitz/auff Dammitsch/Polgsen/Tauer [...]. Steinau 1664.

434. Henckel von Donnersmarck, Leo Amadeus (Hg.): Briefe der Brüder Friedrichs des Grossen an meine Grosseltern, etc. Berlin 1877.

435. Henckel von Donnersmarck, Wilhelm Ludwig Viktor: Im Dienste König Friedrich Wilhelm des Dritten. Erinnerungen a. d. Leben von Wilhelm Ludwig Viktor Graf Henckel v. Donnersmarck. Leipzig [1910] (Aus vergilbten Pergamenten 4).

436. Hyller, Martin/Reibnitz und Raten, Adam von: Paulinische Sterbenslust […]. Breslau 1628.

437. Knaflitsch, Karl: Troppauer Liechtenstein-Nekrologe aus dem XVIII. Jahrhundert. In: Zeitschrift für Geschichte und Kulturgeschichte Österreichisch-Schlesiens 9 (1914) 36-62.

438. Knorr von Rosenroth, Christian Anton: Lob- und Ehren-Mahl […] Herrn Wilhelm Wentzeln Frey-Herrn von Lilgenau. Breslau 1693.

439. Kosch, Wilhelm: Luise Freiin von Eichendorff in ihren Briefen an Adalbert Stifter. Würzburg 1940 (Deutsche Quellen und Studien 14).

440. Kraack, Detlev: Reisen für Habsburg. Die autobiographischen Aufzeichnungen des schlesischen Adligen Erich Lassota von Steblau (um 1550–1616). In: Bahlcke, Joachim/Dudeck, Volker (Hg.): Welt – Macht – Geist. Das Haus Habsburg und die Oberlausitz 1526–1635. Görlitz/Zittau 2002, 61-72.

441. Krämer, Christel: Beziehungen zwischen Albrecht von Brandenburg-Ansbach und Friedrich II. von Liegnitz: ein Fürstenbriefwechsel 1514–1547. Darstellung und Quellen. Köln 1977 (Veröffentlichungen aus den Archiven Preussischer Kulturbesitz 8).

442. Kropp, Max: Unbekannte Briefe der Gräfin von Reden an die preußischen Könige Friedrich Wilhelm III. und Friedrich Wilhelm IV. In: Zeitschrift des Vereins für Geschichte Schlesiens 75 (1941) 237-251.

443. Kubeš, Jiří (Hg.): Kryštof Václav z Nostic. Deník z cesty do Nizozemí v roce 1705 [Christoph Wenzel von Nostitz. Das Tagebuch aus der Reise in die Niederlande im Jahre 1705]. Praha 2004.

444. Leistner, Ernst (Hg.): Des schlesischen Ritters abenteuerlicher Lebenslauf. Nach des Ritters eigenen Aufzeichnungen wiedererzählt von Ernst Leistner. Bielefeld/Leipzig 1878.

445. Lippert, Woldemar: Zur Entstehung der Tagebücher des Grafen Henckel von Donnersmarck über den siebenjährigen Krieg. In: Forschungen zur brandenburgischen und preußischen Geschichte 13 (1900) 497-502.

446. Löffler, Rainer: „Gnädigster Papa ..." Briefe Carl Adolph Gottlob von Schachmanns an Nikolaus Ludwig Graf von Zinzendorf. In: Görlitzer Magazin 14/15 (2001) 67-79.

447. Milch, Werner: Drei zeitgenössische Quellen zur Biographie Daniel von Czepkos. In: Euphorion 30/3 (1929) 258-281.

448. Nehring, W[ładysław]: Několik dopisů Jindřicha Minsterberského a syna jeho Jiřího k Marketě, provdané kněžně Anhaltské [Einige Briefe Heinrichs von Münsterberg und seines Sohns Georg an Margareta, verehelichte Fürstin von Anhalt]. In: Časopis Musea Království českého 56 (1882) 527-538.

449. Nováček, V[áclav]: Paměti Hynka mladšího Bruntalského z Vrbna o věcech veřejných na Moravě a v Opavsku z let 1610 a 1611 [Die Memoiren Hynkos des Jüngeren von Würben und Freudenthal über die öffentlichen Sachen in Mähren und im Troppauer Land aus den Jahren 1610 und 1611]. In: Věstník Královské české společnosti náuk. Třída filosoficko-historicko-jazykozpytná 12 (1896) 1-48.

450. Nowack, Alfons: Ein Brief Wilhelm von Eichendorffs. In: Schlesische Geschichtsblätter. Mitteilungen des Vereins für Geschichte Schlesiens 1 (1919) 30-32.

451. Nowack, Alfons (Hg.): Fahrten und Wanderungen der Freiherren Joseph und Wilhelm von Eichendorff (1802–1814): nach ungedr. Tagebuchaufzeichnungen mit Erl. Oppeln 1907.

452. Oesterley, Hermann (Hg.): Schweinichen, Hans von: Denkwürdigkeiten. Breslau 1878.

453. Opitz, Martin: Oratio Funebris, Honori & Memoriae Celsissimae Principis Barbarae Agnetis Ducis Silesiae Lignicensis ac Bregensis, Conjugis Schaff-Gotschianae, &c. Ad Illustrissimum Ejus Maritum. Vratislaviae 1631.

454. Pinnov, Christoph: Bey der Baar des [...] Hn. Hanss Friedrich von Schweinitz [...] wolte nach Anleitung der Genealogie dieses Geschlechtes die rechten Kenn-

zeichen derer von Schweinitz in einer [...] Stand-Rede erwegen [...]. Schlichtingsheim [1704].

455. Polak, Jerzy: Erdmann II Promnitz. Wolny pan na Pszczynie i Żarach (1683–1745) [Erdmann II. von Promnitz. Freiherr von Pleß und Sorau (1683–1745)]. Pszczyna 1996.

456. Poser, Karl Friedrich von: Sammlung genealogischer Nachrichten von dem schlesischen Geschlechte derer von Poser nebst einem dergleichen Anhange von den Geschlechtern derer von Reinbaben, von Greifenstern, von Schoenborn, und von Jonau [...]. Jauer 1767.

457. Prittwitz, Christian Wilhelm von: „Ich bin ein Preusse ...": Jugend und Kriegsleben eines preussischen Offiziers im Siebenjährigen Krieg. Paderborn 1989 (Quellen und Schriften zur Militärgeschichte 2).

458. Prittwitz, Christian Wilhelm von: Unter der Fahne des Herzogs von Bevern. Jugenderinnerungen. Christian Wilhelm von Prittwitz und Gaffron. Breslau 1935.

459. Pückler, Erdmann: Hans des Zweiten Pückler von Groditz auf Schedlau Lebensgeschichte. In: Zeitschrift des Vereins für Geschichte und Alterthum Schlesiens 6 (1864) 266-296.

460. Redlich, Paulus Rochus: Osterbergischer Palmen-Baum, oder kurtz-verfasste Genealogia derer Herren [...] von Osterberg. Nachgedruckt [...] von dem zu Prag vorher Anno 1689 in Druck gekommen Exemplar, [non ante 1726]. Breslau 1726.

461. Reibnitz, Anna Magdalena von: Bewegliches und erbauliches Sendschreiben der Frau v. Reibnitz, Welche ehemals Der Evangelischen Religion halber mit sechs meist unerzogenen Kindern ihr Vaterland Schlesien und all ihr Haab und Gut verlassen. Allen Evangelischen Christen besonders jungen Leuten Zur Erweckung; Mit einem kurzen historischen Vorbericht und einigen Anmerkungen aufs neue herausgegeben von C. H. v. B. [Carl Heinrich von Bogatzky]. Halle 1755.

462. Reichenbach, Carl Heinrich Fabian von: Meine biographische Skizze. 1746–1828. Steinkrug 2001.

463. Scharff, Gottfried Balthasar: Die Blühende Hoffnung des hoch-gräflichen Czierotinischen Hauses in der im Herbste des 1719den Jahres blühenden Aloe seines schönen Gartens zu Prauss im Briegischen Fuerstenthume. Brieg 1719.

464. Schickfus, Erbo von: Zwei Briefe Karls von Holtei. In: Schlesische Geschichtsblätter. Mitteilungen des Vereins für Geschichte Schlesiens 2 (1941) 36-39.

465. Schimmelpfennig, C. Adolph: Herzog Karl I. von Münsterberg-Oels und seine Schwester Margaretha von Anhalt. Nach ungedruckten Briefen aus den Jahren 1503–1530. In: Zeitschrift des Vereins für Geschichte und Alterthum Schlesiens 18 (1884) 117-161.

466. Schmidt, Carl August: Denkwürdigkeiten aus dem Leben der Herzogin Dorothea Sibylla von Liegnitz und Brieg gebornen Markgräfin von Brandenburg. Nach Originalquellen bearbeitet. Brieg 1838, 2. Aufl. 1881.

467. Schulz, Hans: Neue Briefe Karls von Zierotin an Hartwich von Stitten aus den Jahren 1610–1612. In: Zeitschrift des Vereines für die Geschichte Mährens und Schlesiens 3 (1899) 121-170.

468. Schulz, Hans: Zierotin-Funde. In: Zeitschrift des Deutschen Vereines für die Geschichte Mährens und Schlesiens 6 (1902) 47-58.

469. Schweinichen, Hans von/Feldmanowski, Hier.: Pamiętnik Hansa Schweinichena, do dziejów Śląska i Polski, 1552-1602: przekład skrócony [Die Erinnerungen Hans von Schweinichens, zur Geschichte Schlesiens und Polens, 1552-1602: gekürzte Übersetzung]. Drezno 1870 (Biblioteka Pamiętników i Podróży po Dawnej Polsce 2).

470. Schwenckfeld, Caspar: Kurze Lebensbeschreibung Caspar Schwenkfelds. O. O. 1700.

471. Schwenckfeld, Caspar von: Kurtze Lebens-Beschreibung Des hoch- von Gott begnadeten und gelehrten Mannes Caspar Schwenckfelds, Nebst Dessen Abschied, So den 10. Decembris des 1562sten Jahres Christlich und seelig abgeschieden 1697.

472. Sedlnitzky, Leopold von: Selbstbiographie des Grafen Leopold Sedlnitzky von Choltitz, Fürstbischofs von Breslau. Nach seinem Tode aus seinen Papieren herausgegeben. Mit Aktenstücken. Berlin 1872.

473. Spiller, Joachim von: Castrvm doloris svper fvnere illvstris et generosi domini Ottonis Liberi Baronis Nostiti. Abdanckung [...]. Görlitz 1666.

474. Telle, Joachim (Hg.): Briefwechsel. Abraham von Franckenberg. Stuttgart 1995.

475. Tschiersky, Friedrich Ludwig von: Auszüge aus dem Tagebuch des Grafen Erdmann von Promnitz. Nebst einer Vorbemerkung. In: Neues Lausitzisches Magazin 22 (1844) 217-254.

476. Tschirnhaus, J. E. V./Reibnitz, Melchior Friedrich von: Trauer- und Trost-Getichte [...]. Breßlau [1660].

477. Wattenbach, Wilhelm: Die letzten Lebenstage des Obersten Hans Ulrich Schaffgotsch. In: Zeitschrift des Vereins für Geschichte und Alterthum Schlesiens 1 (1856) 155-177.

478. Wende, Georg: Debschitzische Genealogia zu unsterblichem Ehren-Ruhm des uhralten hoch-adlichen Geschlechtes derer von Debschitz. Lauban [1695].

479. Wiesner, L.: Zur Geschichte der Herzöge von Oels, Würtembergischer Linie, namentlich Karl Friedrichs von Oels und Karls von Bernstadt. In: Zeitschrift des Vereins für Geschichte und Alterthum Schlesiens 4 (1862) 170-178.

480. Würtzer, Heinrich (Hg.): Briefe eines schlesischen Grafen [C. J. A. von Burghaus] an einen kurländischen Edelmann, den Adel betreffend. Altona 1795.

481. Wutke, Konrad (Hg.): Merkbuch des Hans von Schweinichen. Zum ersten Mal herausgegeben. Im Gedenken an Hans von Schweinichen dem Schlesischen Adel gewidmet. Berlin 1895.

482. Zedlitz, Nicolaus Friedrich von/Zedlitz, Anna Ursula von: Zeitliche Gute Nacht! [...]. Schweidnitz 1688.

483. Żerelik, Rościsław: Portrety słynnych wrocławian XVI–XVII wieku [Porträts berühmter Breslauer des 16. und 17. Jahrhunderts]. In: Śląski Labirynt Krajoznawczy 3 (1991) 107-122.

484. Zukal, Josef: Aus der Korrespondenz Georg Wilhelms von Elkershausen, genannt Klippel. 1630-1651. Beitrag zur Geschichte der Deutsch-Ordensherr-

schaften Freudental und Eulenberg. In: Zeitschrift für Geschichte und Kulturgeschichte Österreichisch-Schlesiens 8 (1913) 65-80.
485. Zukal, Jos[ef]: Paměti Václava st. Lichnovského z Voštic. Zpráva o neznámém
spisovateli českém [Die Erinnerungen Wenzels d. Ä. Lichnowski von Voštice.
Ein Bericht über einen unbekannten tschechischen Schriftsteller]. In: Věstník
Matice opavské 16 (1908) 50-58.

2.2.4 Quellenwerke – Biographische und autobiographische Texte (auch Briefe, Memoiren) [Neuzeit]

486. Adamski, Roman: Briefe des Kardinals Melchior von Diepenbrock an Christoph
von Schmid. In: Archiv für schlesische Kirchengeschichte 4 (1939) 279-285.
487. Andreae, Friedrich (Hg.): Denkwürdigkeiten des Freiherrn Hermann von
Gaffron-Kunern. Festgabe des Vereins für Geschichte Schlesiens zur Jahrhun-
dertfeier der Befreiungskriege. Breslau 1913.
488. Ballestrem, Karl/Laslowski, Ernst (Hg.): Graf Franz von Ballestrem 1834–
1910. Aus den Briefen, Tagebüchern und Reden zusammengestellt und mit
einer Einleitung versehen. Eichstätt 1991.
489. Bethusy-Huc, Valeska von: Erinnerungen. In: Confinium 1 (2006) 298.
490. Clemenz, B[runo]: Generalfeldmarschall von Woyrsch und seine Schlesier.
Eigenhändige Auszüge aus seinem Kriegstagebuch. Lebensgeschichte des Feldherrn. Breslau/Glogau 1919.
491. Eistert, Karl: Der Liegnitzer Archidiakon Heinrich von Steine (gest. 1303), das
Rittergeschlecht der Suevi und ihre Familienkirche in Odersteine, Kr. Ohlau
1906. In: Archiv für schlesische Kirchengeschichte 3 (1938) 58-86.
492. Gottschalk, Joseph: Briefe der Herzogin Julie von Anhalt-Cöthen an den Breslauer Fürstbischof von Schimonsky 1825–1832. In: Archiv für schlesische Kirchengeschichte 3 (1938) 245-282.
493. Hassell, Ulrich von: Eberhard von Rothkirch und Panthen. Ein Lebensbild
nach Briefen und Aufzeichnungen. Berlin 1912.
494. Heiduk, Franz: Zur Selbstbiographie Rudolf von Eichendorffs. In: Aurora.
Jahrbuch der Eichendorff-Gesellschaft 44 (1984) 153-158 [Textabdruck S.
147-152].
495. Henckel von Donnersmarck, Wilhelm Ludwig Victor: Erinnerungen aus mei-
nem Leben, von Wilhelm Ludwig Victor, Grafen Henckel von Donnersmarck
[...]. Zerbst 1846.
496. Herwegh, Marcel (Hg.): Ferdinand Lassalle's Briefe an Georg Herwegh. Nebst
Briefen d. Graefin Sophie Hatzfeldt an Frau Emma Herwegh. Zürich 1896.
497. Hirsch, Helmut/Pelger, Hans: Ein unveröffentlichter Brief von Karl Marx an
Sophie von Hatzfeldt. Zum Streit mit Karl Blind nach Ferdinand Lassalles Tod.
Trier 1983 (Schriften aus dem Karl-Marx-Haus 27).
498. Hoffmann, Hermann: Kardinal Melchior von Diepenbrock und die Herzogin
Dorothea von Sagan: Ein Briefwechsel. Breslau 1931 (Einzelschriften zur schle-
sischen Geschichte 7).

499. Kauhausen, Paul: Ferdinand Lassalle – und Gräfin Sophie von Hatzfeldt – Briefe im Düsseldorfer Stadtarchiv. In: Düsseldorfer Heimatblätter 20 (1954) 215-218.

500. Kohut, Adolph: Ferdinand Lassalle. Auf Grund d. besten u. zuverlässigsten Quellen geschildert. Mit ungedr. Briefen u. Berichten Ferdinand Lassalle's, Georg Klapka's, Johann Philipp Becker's u. d. Gräfin Sophie Hatzfeldt. Sein Leben und Wirken. Leipzig 1889.

501. Kohut, Adolph: Ferdinand Lassalles Testament und Erben. Mit ungedr. Briefen d. Gräfin Sophie Hatzfeldt, Wilhelm Rüstow, Aurel Holthoff u. a. Ein Erinnerungsblatt zum 25. Todestage Lassalles am 31. August 1889. Großenhain/ Leipzig [1889].

502. Koopmann, Helmut (Hg.): Karl von Holtei. Jugend in Breslau. In Verbindung mit d. Komm. zum Studium d. deutschen Geschichte u. Kultur im Osten an d. Univ. Bonn. Berlin 1988 (Deutsche Bibliothek des Ostens).

503. Laslowski, Ernst: Graf Franz von Ballestrem 1834–1910. Aus den Briefen, Tagebüchern und Reden zusammengestellt und mit einer Einleitung versehen. [Privatdruck] O. O. [1991].

504. Lichnowsky, Felix: Erinnerungen aus den Jahren 1837, 1838 und 1839, Bd. 1-2. Frankfurt a. Main 1841.

505. Lichnowsky, Karl Max von: Auf dem Wege zum Abgrund. Londoner Berichte, Erinnerungen und sonstige Schriften, Bd. 1-2. Dresden 1927.

506. Lichnowsky, Wilhelm Carl von: Nachgelassene Briefe aus dem Jahre 1826 und (Briefe) der W(ilhelmine) Herzogin von Sagan aus dem Jahre 1827. Wien 1888.

507. Matuschka, Maria: Meine Erinnerungen aus Deutsch-Ostafrika von 1911– 1919. Leipzig [1920].

508. Neugebauer, Paul: Ein aufschlußreicher Brief des Generalfeldmarschalls Ludwig Grafen Yorck von Wartenburg. In: Schlesische Geschichtsblätter. Mitteilungen des Vereins für Geschichte Schlesiens 1 (1943) 6f.

509. Neugebauer, Paul: Ein unbekannter Brief des Generals Yorck von Wartenburg vom Jahre 1812. In: Schlesische Geschichtsblätter. Mitteilungen des Vereins für Geschichte Schlesiens 3-4 (1941) 45f.

510. Nowack, Alfons (Hg.): Ungedruckte Briefe von und an Kardinal Melchior von Diepenbrock. Breslau 1931.

511. Oppen, Beate Ruhm von (Hg.): Helmuth James von Moltke: Briefe an Freya 1939–1945. München 1988.

512. Oppen, Beate Ruhm von (Hg.): Moltke, Dorothy von: Ein Leben in Deutschland. Briefe aus Kreisau und Berlin 1907–1934. München 1999.

513. Perlick, Alfons: Handschriftliches des Breslauer Kardinals Melchior von Diepenbrock in der Dortmunder Stadt- und Landesbibliothek. In: Archiv für schlesische Kirchengeschichte 8 (1950) 190-204.

514. Pfäfflin, Friedrich/Dambacher, Eva/Kahmen, Volker (Hg.): „Verehrte Fürstin". Karl Kraus und Mechtilde Lichnowsky. Briefe und Dokumente 1916–1958. Göttingen 2001.

515. Pleß, Daisy von: Daisy, Princess of Pless, by Herself. London 1928.

516. Pleß, Daisy von: Tanz auf dem Vulkan. Erinnerungen an Deutschlands und Englands Schicksalswende, Bd. 1-2. Dresden 1929.

517. Pleß, Daisy von: Was ich lieber verschwiegen hätte: Aus der europäischen Gesellschaft vor dem Kriege, Bd. 1-2. Dresden 1932.

518. Prittwitz, Karl Ludwig Wilhelm Ernst von: Beiträge zur Geschichte des Jahres 1813, Bd. 1-2. Potsdam 1843.

519. Reuss, Eleonore von: Friederike Gräfin von Reden geb. Freiin Riedesel zu Eisenbach. Ein Lebensbild nach Briefen und Tagebüchern von Eleonore Fürstin Reuss, etc., Bd. 1-2. Berlin 1888.

520. Reuss, Eleonore von: A pietist of the Napoleonic wars and after. The life of Countess von Reden. Authorised translation by Mrs. Charles Edward Barrett Lennard and M. W. Hoper, with an introductory note by Robert S. Rait. London 1905.

521. Reuss, Eleonore von: Friederike Gräfin von Reden geb. Freiin Riedesel zu Eisenbach. Ein Lebensbild nach Briefen und Tagebüchern von Eleonore Fürstin Reuß. Berlin 1897.

522. Scholz, Joachim J.: Als Abgeordneter aus Ratibor im Frankfurter Parlament. Zum letzten Akt im dramatischen Leben des Fürsten Felix Lichnowsky, Teil 2: Briefe und Zeitdokumente. In: Oberschlesisches Jahrbuch 14/15 (1998/99 [2000]) 71-108.

523. Schweinitz, Kurt von (Hg.): Das Kriegstagebuch eines kaiserlichen Seeoffiziers (1914–1918). Hermann Graf von Schweinitz. Bochum 2003 (Kleine Schriftenreihe zur Militär- und Marinegeschichte 3).

524. Schweinitz, Wilhelm von (Hg.): Denkwürdigkeiten des Botschafters General v. Schweinitz, Bd. 1-2. Berlin 1927.

525. Silberner, Edmund: Sophie von Hatzfeldt Brief an Johann Philipp Becker vom 16. Juli 1865. In: Cahiers internationaux d'histoire économique et sociale 17 (1985) 204-216.

526. Strachwitz, Artur: Wie es wirklich war. Erinnerungen eines Achtzigjährigen. Dülmen 1991.

527. Strachwitz, Hubertus Kraft von: Wie ich Priester wurde. Die Geschichte meines Lebens bis zur Priesterweihe. Saarlouis 1931.

528. Strachwitz, Hubertus Kraft von: Eines Priesters Weg durch die Zeitenwende. Erlebnisse aus 50 Jahren. Dresden 1935.

529. Strobl, Joseph (Hg.): Kardinal Melchior von Diepenbrock, Fürstbischof von Breslau, und der fürstlich Thurn und Taxissche Rat und Prinzenerzieher Joseph Strobl. Eine Freundschaft in Briefen. Nürnberg 1953 (Freie Schriftenfolge der Gesellschaft für Familienforschung in Franken 5).

530. Tiele-Winckler, Eva von: Matka Ewa 31 X 1866–21 VI 1930 [Mutter Eva, 31. Oktober 1866 – 21. Juni 1930]. Katowice 1998.

531. Tiele-Winckler, Eva von: Nichts unmöglich! Erinnerungen und Erfahrungen. 2. Aufl. Dresden [1929].

532. Ullrichová, Maria (Hg.): Clemens Metternich. Wilhelmine von Sagan. Ein Briefwechsel 1813–1815. Graz u. a. 1966 (Veröffentlichungen der Kommission für Neuere Geschichte Österreichs 52).

533. Varnhagen von Ense, Karl August: Leben des Generals Freiherrn von Seydlitz. Berlin 1834.

534. Wolny, Reinhold: Briefe des Fürstbischofs Melchior von Diepenbrock an Fürst Felix Lichnowsky. In: Archiv für schlesische Kirchengeschichte 56 (1998) 123-148.

535. Wolny, Reinhold Joseph: Cosima Wagners Briefe an Karl Max Lichnowsky. In: Sudetenland. Vierteljahresschrift für Kunst, Literatur und Volkstum 30 (1988) 270-281.

536. Wolny, Reinhold: Fürst Felix Lichnowsky (1814–1848). Ein früh vollendetes Ritterleben. Zum 150. Jahresgedenken an seine Ermordung im Frankfurter Septemberaufstand 1848. St. Ottilien 2003.

537. Wutke, Konrad (Hg.): Briefwechsel der Gräfin Reden mit dem Freiherrn v. Stein. In: Schlesische Monatshefte. Blätter für Kultur und Schrifttum der Heimat 1 (1924) 1-7, 49-56, 124-129, 211-220, 281-290.

538. Yorck von Wartenburg, Marion: Die Stärke der Stille. Erinnerungen an ein Leben im deutschen Widerstand. Bearb. v. Claudia Schmölders. Köln 1984.

539. Zedlitz Leipe, August von: Jugendtagebuch und Briefwechsel mit Eltern u. Geschwistern aus d. J. [...], Bd. 1: 1800–1806. [Privatdr.]. O. O. 1910.

540. Zedlitz-Trützschler, Robert von: Zwölf Jahre am deutschen Kaiserhof. Aufzeichnungen des Grafen Robert Zedlitz-Trützschler, ehemaligen Hofmarschalls Wilhelms II. Stuttgart 1924.

2.2.4 Quellenwerke – Biographische und autobiographische Texte (auch Briefe, Memoiren) [Zeitgeschichte]

541. Blomberg, Georg von: Wir erbten ein Schloss in Schlesien. Frankfurt a. Main 1981.

542. Bock, Claus Viktor (Hg.): Briefwechsel 1930–1967 [Wolfgang Frommel. Renata von Scheliha]. Amsterdam 2002.

543. Braun, Juliane (Hg.): Ein Teil Heimat seid ihr für mich. Rundbriefe einer Breslauer Mädchenklasse 1944–2000. 2. Aufl. Berlin 2002.

544. Frisé, Maria: Eine schlesische Kindheit. Stuttgart 1990.

545. Frisé, Maria: Meine schlesische Familie und ich. Erinnerungen. Berlin 2004.

546. Fürstenberg, Gustav von: Im Pulverdampf ergraut [...] ein herrliches Leben. Langwaden 1999.

547. Hanau-Strachwitz, Maria: Eine Linde wollte ich sein. Erinnerungen. München 1996.

548. Maltzan, Maria von: Schlage die Trommel und fürchte dich nicht. Erinnerungen. Frankfurt a. Main/Berlin 1986.

549. Moltke, Freya von: Erinnerungen an Kreisau 1930–1945. München 1997.

550. Mommsen, Momme u. a. (Hg.): Renata von Scheliha (1901–1967). Gedenkbuch. Amsterdam 1972.

551. Mutius, Dagmar von: Draussen der Nachtwind. Aus der Mappe der Jahre. Mit

einem Anhang Kindheit in Schlesien 1872–1885. Erinnerungen des Vaters Gerhard von Mutius. Würzburg 1985.

552. Richthofen, Kunigunde von: Mein Kriegstagebuch. Die Erinnerungen der Mutter des roten Kampffliegers. Berlin 1937.

553. Schönberg, Caspar von: Lebenserinnerungen aus der Zeit des Kirchenkampfes. In: Jahrbuch für Schlesische Kirchengeschichte N.F. 78 (1999) 183-224.

554. Sellai, Melitta: Von Muhrau nach Morawa. Ein ungewöhnliches Leben in Europa und Afrika. Strzegom 2006.

555. Zedlitz, Konrad Sigismund von: Życiorys matki: Dragi von Zedlitz z domu von Olszewska [Der Lebenslauf einer Mutter: Draga von Zedlitz geb. von Olszewska]. In: Szkice Legnickie 15 (1994) 201-208.

2.2.5 Quellenwerke – Geistliches Schrifttum

556. Benrath, Gustav Adolf u. a. (Hg.): Quellenbuch zur Geschichte der Evangelischen Kirche in Schlesien. München 1992 (Schriften des Bundesinstituts für Ostdeutsche Kultur und Geschichte 1).

557. Buckisch, Gottfried Ferdinand: Schlesische Religions-Akten 1517 bis 1675. Bd. 1: Einführung. Bearb. v. Joseph Gottschalk u. a. Köln u. a. 1982 (Forschungen und Quellen zur Kirchen- und Kulturgeschichte Ostdeutschlands 17/1).

558. Buckisch, Gottfried Ferdinand: Schlesische Religions-Akten 1517 bis 1675. Bd. 2: Regesten der Religions-Akten. Bearb. v. Joseph Gottschalk u. a. Köln u. a. 1998 (Forschungen und Quellen zur Kirchen- und Kulturgeschichte Ostdeutschlands 17/2).

559. Cetwiński, Marek: Żywoty świętych jako źródła do genealogii rycerstwa śląskiego w XIII w. [Heiligenviten als Quellen zur Genealogie der schlesischen Ritterschaft im 13. Jahrhundert]. In: Acta Universitatis Wratislaviensis 499. Historia 33 (1980) 51-75.

560. Franckenberg, Abraham von: Des vortrefflich-gelehrten Schlesischen Edelmanns Herrn Abraham von Franckenberchs, Geistliche Seelen-Flucht, ehmahls an eine edele Jungfrau, Barbara Elisabeth [...] nebenst des seligen Herrn Franckenberchs Kupffer-Bildnüsz und Catalogo seiner hinterlassen Schrifften [...]. Amsterdam/Franckfurt/Leipzig 1700.

561. Peuckert, Will-Erich: Die Entwicklung Abrahams v. Franckenberg bis zum Jahre 1641. Leipzig 1927.

562. Wąsowicz, Teresa: Legenda śląska [Schlesische Legende]. Wrocław/Warszawa/Kraków 1967 (Instytut Historii Kultury Materialnej Polskiej Akademii Nauk. Źródła do historii kultury materialnej).

563. Wittstadt, Klaus: Der Schlesier Johann Heinrich Graf von Franckenberg vor der Übernahme der Diözese Mecheln im Jahre 1759. In: Archiv für schlesische Kirchengeschichte 27 (1969) 237-246.

2.2.6 Quellenwerke – Denkschriften, Traktate u. a. [Mittelalter]

564. Gottschalk, Joseph: Die Hedwigs-Predigt des Papstes Klemens IV. vom Jahre 1267. In: Archiv für schlesische Kirchengeschichte 15 (1957) 15-34.

565. Gottschalk, Joseph (Hg.): Die Große Legende der heiligen Frau Sankt Hedwig, geborene Fürstin von Meranien und Herzogin in Polen und Schlesien, Bd. 1-2. Wiesbaden 1963.

566. Jurek, Tomasz: In sede viduali. Nad itinerarium księżnej świdnickiej Agnieszki z lat 1385–1392 [In sede viduali. Zum Itinerarium der Herzogin Agnes von Schweidnitz aus den Jahren 1385 bis 1392]. In: Zielińska-Melkowska, Krystyna (Hg.): Europa Środkowa i Wschodnia w polityce Piastów. Toruń 1997, 275-289.

567. Rhode, Gotthold: Ein Brief des „Tatarenschrecks" Bernhard von Prittwitz an Herzog Albrecht von Preußen, ediert und kommentiert [Forschungsbericht]. In: Zeitschrift für Ostforschung 21/1 (1972) 121-133.

2.2.6 Quellenwerke – Denkschriften, Traktate u. a. [Frühe Neuzeit]

568. [Anonym]: Dem durchlauchtigsten Fürsten […] [Hochzeitsgedicht auf Heinrich LXIII Reuß j. L., Graf, und Eleonore zu Stolberg, 21. Febr. 1819]. Dresden [1819].

569. [Anonym]: Epigrammata gratulatoria in Genealogiam familiae Schweinitzianae, praemissumq[ue] discursum de nobilitate Silesiaca. Legnica [?] non ante 1661.

570. [Anonym]: Gräflich-Hatzfeldische Deduction: daß von dem Hochlöbl. kaiserlichen Cammer-Gericht zu Speyer in deren [...] Herrn Bertram Freyherrn von Nesselrod u. Nahmens seiner Eheliebsten, Frauen Luaciae, geborner von Hatzfeld deß weyland [...] Herrn Melchior, Grafens zu Gleichen und Hatzfeld [...]. Breslau 1671.

571. [Anonym]: Preussisches Lehrgebäude und Verhalten. Oder: Briefe eines Sächsischen Generals an einen Schlesischen von Adel […] zur Antwort auf die Manifeste […] des Preussischen Ministerii [übersetzt aus dem Französischen]. Warschau 1757.

572. [Anonym]: Relation und außführlicher Bericht, welcher Gestalt der Kayserliche nach Pohlen auff den bevorstehenden Königlichen Wahl-Tag destinierte Abgesandte Herr, Herr Christoph Leopold Graff von Schaffgotsch [...] den 7. Junij 1669 empfangen, zur offentlichen Audientz abgeholet, und nach Vollendung [...] in dero Logiament beglaidet worden. O. O. [1669].

573. [Anonym]: Triumph Von Schlesien/Oder Beschreibung Der Huldigung zu Breßlau: Deme beygefüget: Die Nahmen derer Herren Deputirten, Die Gedichte und Devisen der Illumination. Breßlau 1742.

574. Acheln, Tiburtius von: Eines fürnemen vom Adel in Schlesien Tiburtii von Acheln Trostschrifft; An christlich Adeliche und anders Stands Frawensperso-

nen, welchen ihre liebe kinderlein mit tod abgehen, ehe sie getaufft werden können. Amberg 1615.

575. Acheln, Tiburtius von: Kurtze einfeltige Trostschrifft/An alle Christliche Adeliche unnd anders Standes Frawenspersonen [...]. Franckfurt an der Oder 1614.

576. Bahlow, Hans: Das Mandat Herzog Friedrichs II. von Liegnitz 1524. In: Jahrbuch des Vereines für Schlesische Kirchengeschichte 25 (1935) 3-11.

577. Braun, Edmund Wilhelm: Kurtze Verzaichnuß des Proceß so an dem Fürstlichen Beylager alhier zu Jägerndorff gehalten werden soll. In: Zeitschrift für Geschichte und Kulturgeschichte Österreichisch-Schlesiens 8 (1913) 44-46.

578. Eichendorff, Joseph Carl Benedict von: Lubowitz. Neisse [ca. 1940].

579. Gdacius, Adam: O panskim y szlacheckim stanie dyszkurs [...] [Diskurs über den Herren- und Ritterstand (...)]. Brzeg 1679.

580. Kurtzbach-Seydlitz, Johann Balthasar: Sammlung einiger Schriften dem Andenken Sr. Excellenz Herrn Friedrich Wilhelm Frey-Herr v. Seydlitz [...] gewidmet von Johann Balthasar Freyherr Kurtzbach Seydlitz. O. O. 1776.

581. Lohenstein, Daniel Caspar von: Lob-Schrifft, deß weyland durchlauchtigen Fürsten und Herrn, Herrn George Wilhelms Hertzogens in Schlesien, zu Liegnitz, Brieg und Wohlau, Christ-mildesten Andenckens. Brieg 1676.

582. Mamphrasius, Wolfgang: Gründtliche Widerlegung/Der Demütigen Supplication/an alle unnd jede löbliche Landtstände deß Landes Schlesien [...]. Leipzig 1614.

583. Moiban, Ambrosius: Epistola gratulatoria ad Balthasarem a Promnitz. Vratislaviae 1541.

584. Nimptsch, Ernst Gottlieb von: Adeliche Nimptschische Ahnen und Stamm-Tafel [...]. O. O. 1691.

585. Petersen, Johann Wilhelm: Freymüthige Anrede an den Hochgebohrnen Reichs-Graffen von Promnitz-Sorau [...]. Frankfurt/Leipzig 1708.

586. Prittwitz, Caspar Leonhard Moritz von: Rede, welche Caspar Leonhard Moritz von Prittwitz [...] im Namen sämtl. Fürsten und Stände in Nieder-Schlesien bey der den 7. November vollzogenen Erb-Landes-Huldigung an Ihre Königl. Majestät von Preussen gehalten. O. O. 1741.

587. Schinke, Paul: Die Jugendzeit des Fürstbischofs Kurfürst Franz Ludwig im Lichte des Neuburger Prinzenspiegels vom Jahre 1666. In: Archiv für schlesische Kirchengeschichte 15 (1957) 260-264.

588. [Scholz, Gottfried]: Curieuses Supplementum der Liegnitzischen Historie, zeigend das fürstliche Andencken bey den Sophienthalischen Sinnbildern. Liegnitz 1708, 2. Aufl. 1719.

589. Sommersberg, Friedrich Wilhelm: Friderici Wilhelmi Sommeri Vratislaviensis Silesia ante Piastum: Carmen epicum: Elaboratum antea, iam recognitum et auctum. Vratislavia 1720.

590. Suarez, Carl Gottlieb: Gedanken eines Patrioten, über den Entwurf zur Wiederherstellung des allgemeinen Credits des Schlesischen Adels, etc. Mit beygedruckter [...] königlicher Cabinets-Ordre [Friedrichs II.] vom 29. Aug. 1769. Breslau 1770.

2.2.6 Quellenwerke – Denkschriften, Traktate u. a. [Neuzeit-Zeitgeschichte]

591. [Anonym]: Denkschrift über die Standesherrnwürde von Ober-Beuthen und deren Anfall an die Kgl. Kammerherrn Hugo Grafen Henckel von Donnersmarck auf Naklo in Ober-Schlesien. Breslau 1866.

592. [Anonym]: Festschrift zur goldenen Hochzeits-Feier des Herrn Hans Ulrich Grafen Schaffgotsch auf Schloss Koppitz und der Frau Gräfin Johanna geb. Gryczik v. Schomberg-Godulla am 15. November 1908. Beuthen O.S. 1908.

593. [Anonym]: Preisaufgabe eines schlesischen Edelmanns wie er seine Vorrechte am besten benutzen kann. Nebst einer kleinen Darstellung der Verhältnisse der Gutsbesitzer zu ihren sogenannten Unterthanen. Glogau 1801.

594. [Anonym]: Über die gräfliche Würde in Schlesien (Erwiderung). In: Schlesische Provinzialblätter 51 (1810) 170-176.

595. Bissing, Moritz Ferdinand von: Beteiligung des schlesischen Adels an der Wiedergeburt und Erhebung Preußens 1813, geh. Breslau, am 21. Okt. 1912, in d. Freien Vereinigung Schles. Geschlechter. Breslau 1912.

596. Eichendorff, Joseph von: Der Adel und die Revolution. In: Meckel, Christoph (Hg.): Das Marmorbild. Der Adel und die Revolution. Stuttgart/Berlin 1997, 71-99.

597. Fischer, Otto: Rechtsgutachten in Sachen der Bergwerkgesellschaft Georg von Giesches Erben in Breslau gegen den Grafen Franz Hubert von Tiele-Winkler auf Miechowitz. [Als Manuskr. gedr.] Jena 1898.

598. Fischer, Otto: Zweites Rechtsgutachten in Sachen des Freien Standesherrn Grafen Guido Henckel Fürsten von Donnersmarck auf Neudeck, Klägers gegen die Bergwerksgesellschaft Georg von Giesche's Erben zu Breslau, Beklagte. [Als Manuskr. gedr.] Breslau [1912].

599. Fontaine, W. von: Die Schlesische Landschaft als Credit-Institut. Berlin 1867.

600. Fontaine, W. von: Entleuchtung der von Haugwitz-Rosenthal'schen Beleuchtung meiner Schrift: Die schlesische Landschaft als Credit-Institut. Dresden 1868.

601. Frommhold, Georg: Gutachtliche Aeusserung zu dem in Sachen des Freiherrn Ernst von Saurma wider den Freiherrn Friedrich von Saurma wegen der Fideikommissherrschaft Sterzendorf von Prof. Dr. Herbert Meyer in Breslau erstatteten Rechtsgutachten. [Als Manuskr. gedr.] [Breslau 1914].

602. Haugwitz-Rosenthal, Gotthard Julius Ferdinand von: Beleuchtung der Schrift des Rittergutsbesitzers W. von Fontaine auf Deutsch-Crawarn: Die schlesische Landschaft als Credit-Institut. Breslau 1867.

603. Haugwitz-Rosenthal, Gotthard Julius Ferdinand von: Werth der Entleuchtung des Rittergutsbesitzers W. von Fontaine auf Deutsch-Krawarn: Die schlesische Landschaft als Credit-Institut. Breslau 1868.

604. Lichnowsky, Karl Max von: Die Schuld der deutschen Regierung am Kriege. Meine Londoner Mission 1912-1914. Berlin 1918.

605. Lichnowsky, Karl Max von: Meine Londoner Mission 1912-1914 und Eingabe an das preußische Herrenhaus. Berlin 1918.

606. Meyer, Herbert: Erwiderungs-Gutachten in Sachen Saurma-Sterzendorf. [Als Manuskr. gedr.] Breslau [ca. 1915].

607. Momma, Isidor: Die Gräfin Sophia von Hatzfeldt und der Professor Isidor Momma. Düsseldorf 1848 (Düsseldorfer Genrebilder 1).

608. [Momma, Isidor]: Erzählung einer höchst komischen Geschichte, welche vor-gefallen soll sein, Nach dem uns zugegangenen Berichte, Im Jahr 1849, worin eine bekannte Gräfin [Sophie] Hatzfeldt für ein paar lumpichte Thaler Geld sich von ihrem Factotum, genannt [Ferdinand] Lassalle, blamiren läßt über und überall. Köln 1849.

609. Penzler, Johannes (Hg.): Graf Posadowsky als Finanz-, Sozial- und Handelspo-litiker. An Hand seiner Reden dargest., Bd. 1-4. Leipzig 1907–1911.

610. Perlick, Alfons: Zur Heimatkunde von Ptakowitz. G. v. Rimultowskys Bewer-bung um den Landratsposten des Beuthener Kreises. In: Aus dem Beuthener Lande 3/26 (1926) 102.

611. Posadowsky-Wehner, Arthur A. von: Volk und Regierung im neuen Reich. Auf-sätze zur politischen Gegenwart. Berlin 1932.

612. Prittwitz und Gaffron, Walter von: Der Deutsche Edelmann. Der Jugend ge-widmet. Berlin 1885.

613. Schink, Johann Friedrich: Gedächtnisfeier der [...] Herzogin von Curland und Sagan. Altenburg 1821.

614. Schmitt, Albert: Zur Erinnerung an Friedrich Reichsgraf Schaffgotsch, geboren Schloss Warmbrunn 18. Februar 1883, gestorben Schloss Ellingen 26. Mai 1947. München 1947.

615. Stillfried-Alcántara, Rudolf M. von: Vorschläge zu einer den alten und neuen Zwiespalt der Stände versöhnenden Reorganisation des Adels. Ein Beitrag zu den Beleuchtungen des Programms der Adelsreunion in Schlesien. Berlin 1842.

616. Schwind, Ernst Freiherr von: Gutachten zu dem Rechtsstreite des Freiherrn Ernst von Saurma gegen den Freiherrn Friedrich von Saurma wegen der Fidei-kommissherrschaft Sterzendorf. Wien 1915.

617. Zabeler, Karl (Hg.): Militärischer Nachlass des Königlich Preußischen Gene-rallieutenants [...] Viktor Amadäus Grafen Henckel von Donnersmarck, Bd. 1-2. Zerbst 1846.

618. Zerrenner, Carl Michael: Bergrechts-Gutachten in einem Berg-Processe des Herrn Grafen Guido Henckel von Donnermark als Besitzer der freien Standes-herrschaft Beuthen-Tarnowitz gegen den Preussischen Fiscus. Gotha 1864.

619. Zivier, Ezechiel: Anmerkungen zu Professor Meyer's „Erwiderungs-Gutachten in Sachen Saurma-Sterzendorf". O. O. 1918.

2.2.7 Quellenwerke – Sonstiges (Reiseliteratur, Stammbücher) [Allgemein-Mittel-alter]

620. [Anonym]: Zur Kunstbeilage der Nr. 2. Das Grabmal der Familie Schaffgotsch. In: Der Deutsche Herold. Zeitschrift für Wappen, Siegel- und Familienkunde 41 (1910) 61f.

621. Grote, Emmo: Zur Geschichte des Besitzes des schlesischen Adels. In: Vierteljahrsschrift für Heraldik, Sphragistik und Genealogie 9 (1881) 184-191.

622. Grote, Emmo: Zur Geschichte des Besitzes des schlesischen Adels (Schluss). In: Vierteljahrsschrift für Heraldik, Sphragistik und Genealogie 10 (1882) 160-166.

623. Hoverden-Plencken, Adrian J. von: Schlesiens Grab-Denkmale und Grab-Inschriften, Bd. 1: Alphabetisches Register des 1.-15. Bandes der Graf Hoverden'schen Sammlung. Breslau 1870.

624. Hoverden-Plencken, Adrian J. von: Schlesiens Grab-Denkmale und Grab-Inschriften, Bd. 2: Chronologisches Register der Graf Hoverden'schen Sammlung. Band 1-15. Bis zum Jahre 1800. Breslau 1870.

625. Hoverden-Plencken, Adrian J. von: Schlesiens Grab-Denkmale und Grab-Inschriften, Bd. 3: Alphabetisches Register des 16. bis 30. Bandes der Graf Hoverden'schen Sammlung. Breslau 1872.

626. Hoverden-Plencken, Adrian J. von: Schlesiens Grab-Denkmale und Grab-Inschriften, Bd. 4: Chronologisches Register der Graf Hoverden'schen Sammlung. Band 16-30. Bis zum Jahre 1800. Breslau [ca. 1872].

627. Radzikowski, Piotr: Opisanie podróży Mikołaja von Popplau rycerza rodem z Wrocławia [Der Reisebericht Nikolaus' von Popplau, eines aus Breslau stammenden Ritters]. Kraków 1996.

628. Radzikowski, Piotr: Reisebeschreibung Niclas von Popplau Ritters, bürtig von Breslau. Krakau 1998.

629. Zieliński, A. (Hg.): Polskie podróże po Śląsku w XVIII i XIX wieku (do 1863 r.) [Polnische Reisen durch Schlesien im 18. und 19. Jahrhundert (bis 1863)]. Wrocław 1974.

2.2.7 Quellenwerke – Sonstiges (Reiseliteratur, Stammbücher) [Frühe Neuzeit]

630. [Anonym]: Der wahrhaffte Adel in einem musicalischen Prologo Nebst Einer unvergleichlichen Haupt- und Staats-action, genannt: Alba Cornelia [...]. Breslau 1724.

631. [Anonym]: Ein in Schlesien befindliches evanglisches Fräulein-Stift (des Adels). In: Schlesische Provinzialblätter 7 (1789) 58-60.

632. Białek, Edward/Mrozowicz, Wojciech: Die Eintragungen des Daniel Heinsius in den Stammbüchern der Universitätsbibliothek Wrocław (1617–1651). In: Lias. Sources and Documents Relating to the Early Modern History of Ideas 13/2 (1986) 151-164.

633. Białek, Edward/Mrozowicz, Wojciech: Das Stammbuch des Dichters Christian Hoffmann von Hoffmannswaldau. In: Daphnis. Zeitschrift für Mittlere Deutsche Literatur 16/3 (1987) 441-456.

634. Białek, Edward/Mrozowicz, Wojciech: Über den Bunzlauer Dichter Caspar Kirchner und sein Stammbuch. In: Orbis Linguarum 6 (1997) 297-302.

635. Bucquoi, Erdmann Friedrich: Verzeichniß derer gräflich- freyherrlich- und adelichen Geschlechter, wie sie zu Ende des vorigen Jahrhunderts in Schlesien

gewesen sind. In: Bunzlauische Monathschrift zum Nutzen und Vergnügen 7 (1780) 206-210.

636. Bucquoi, Erdmann Friedrich: Fortsetzung des Verzeichnisses derer Freyherrlichen Geschlechter in Schlesien zu Ausgange des vorigen Jahrhunderts. In: Bunzlauische Monathschrift zum Nutzen und Vergnügen 7 (1780) 240-249.

637. Bucquoi, Erdmann Friedrich: Fortsetzung der schlesischen adelichen Familien zu Ende des vorigen Jahrhunderts. In: Bunzlauische Monathschrift zum Nutzen und Vergnügen 7 (1780) 276-282.

638. Bucquoi, Erdmann Friedrich: Beschluß der Anzeige von adelichen Geschlechtern des vorigen Jahrhunderts. In: Bunzlauische Monathschrift zum Nutzen und Vergnügen 8 (1781) 15-19.

639. C[zettritz], Franz Anton Wenzel von: Schlesischer Robinson, oder Frantz A. Wentzels v. C** eines schlesischen Edelmanns denckwürdiges Leben, seltsame Unglücks-Fälle und ausgestandene Abentheuer, Aus übersendeten glaubwürdigen Nachrichten, so wohl zur Belustigung des Lesers, als Unterricht Adelicher Jugend in Druck gegeben, Th. 1: Breslau/Leipzig 1723; Anderer und letzter Theil. Breslau/Leipzig 1724.

640. Conto, Eugenio do (Hg.): Diario de Erich Lasota de Steblavo. Polaco ao servico de Philippe II. 1580–1584. Coimbra 1913.

641. Croon, Gustav: Ein Ehrenhandel des 16. Jahrhunderts. In: Schlesische Geschichtsblätter. Mitteilungen des Vereins für Geschichte Schlesiens 1 (1908) 11-13.

642. Czartoryska, Izabela/Bujańska, Jadwiga (Bearb.): Dyliżansem przez Śląsk. Dziennik podróży do Cieplic w roku 1816 [Mit dem Postwagen durch Schlesien. Ein Reisetagebuch nach Warmbrunn von 1816]. Wrocław/Warszawa/Kraków 1968.

643. Czartoryska, Izabela/Schulze, Katrin (Hg.): Eine schlesische Reise im Jahr 1816. Das Reisetagebuch der polnischen Fürstin Czartoryska. Würzburg 2007.

644. Dumrese, Hans: Nachrichten über Georg Rudolf v. Zedlitz, Landeshauptmann von Glogau. In: Schlesische Geschichtsblätter. Mitteilungen des Vereins für Geschichte Schlesiens (1910) 55-57.

645. Feist, Martin: Beiträge zur schlesischen Familienkunde. 7. Der Ehevertrag des Herzogs Christian Ulrich von Oels mit Gräfin Charlotte Philippine von Redern vom 23. Juni 1711. In: Schlesische Geschichtsblätter. Mitteilungen des Vereins für Geschichte Schlesiens 1 (1912) 14-16.

646. Fuchs, Gottlieb: Fortgesetzte Materialien zur evangelischen Religionsgeschichte von Oberschlesien. Reformations- und Kirchengeschichte der freyen Standesherrschaft Pleß. Breslau 1774.

647. Gawrecká, Marie: Schlesien im Reisebericht des mährischen Adeligen Johann Nepomuk Mitrowsky. In: Acta historica et museologica Universitatis Silesianae Opaviensis 4 (1999) 36-44.

648. Heyer, Alfons: Heinrich von Poser, ein schlesischer Orientreisender. In: Schlesische Geschichtsblätter. Mitteilungen des Vereins für Geschichte Schlesiens (1910) 14-19.

649. Jerin-Gesess, Constantin: Bischof Andreas von Jerin, Kaiser Rudolphs II. Gesandter in Polen 1589–96. Urkundlich nach den Akten des k. k. Haus-, Hof- und Staats-Archivs zu Wien [...]. In: Bericht der wissenschaftlichen Gesellschaft Philomathie in Neisse 30 (1898–1900) 1-102.

650. Jujeczka, Stanisław: Nieznane źródła do dziejów budowy Mauzoleum Piastów w Legnicy [Unbekannte Quellen zur Baugeschichte des Piastenmausoleums in Liegnitz]. In: Szkice Legnickie 23 (2002) 122-136.

651. Jungnitz, Joseph: Beiträge zur schlesischen Familienkunde. 19. Bernhard von Saurma-Jeltsch. In: Schlesische Geschichtsblätter. Mitteilungen des Vereins für Geschichte Schlesiens 2 (1918) 41f.

652. [Lassota von Steblau, Erich]: Erich Lassota de Steblovo. Anno 1580–1584 in Viajes de extrajeros por España y Portugal en los siglos XV, XVI y XVII. Collection de Javier Liske. Traducidos del original y anotados por F.R. Madrid 1880.

653. [Lassota von Steblau, Erich]: Diariusz Eryka Lassoty von Steblau. Rok 1594 [Das Tagebuch Erich Lassotas von Steblau. Das Jahr 1594]. In: Wójcik, Zbigniew (Hg.): Eryka Lassoty i Wilhelma Beauplana Opisy Ukrainy. Warszawa 1972, 55-99.

654. [Lassota von Steblau, Erich]: Putevyia zapiski Ericha Lassoty, otpravlennago rymskim imperatorom Rudolfom' II. k' Zaporozhtsam v 1594. Perevod i primiechaniia F. Bruna [Reisenotizen von Erich Lassota, der 1594 vom römischen Kaiser nach Saporischschja geschickt wurde. Übersetzung und Anmerkungen von F. Brun]. St. Petersburg 1873.

655. Marsch, Angelika/Biller, Josef H./Jacob, Frank-Dietrich (Hg.): Die Reisebilder Pfalzgraf Ottheinrichs aus den Jahren 1536/37 von seinem Ritt von Neuburg a. d. Donau über Prag nach Krakau und zurück über Breslau, Berlin, Wittenberg und Leipzig nach Neuburg. Weißenhorn 2001.

656. Migoń, Krzysztof: Orientbeschreibungen von Heinrich von Poser und Franz Ferdinand von Troilo. In: Kosellek, Gerhard (Hg.): Die oberschlesische Literaturlandschaft im 17. Jahrhundert. Bielefeld 2001 (Tagungsreihe der Stiftung Haus Oberschlesien 11), 233-246.

657. Mrozowicz, Wojciech: Handschriften von und über Nikolaus Henel von Hennenfeld in der Universitätsbibliothek Breslau. In: Kosellek, Gerhard (Hg.): Die oberschlesische Literaturlandschaft im 17. Jahrhundert. Bielefeld 2001 (Tagungsreihe der Stiftung Haus Oberschlesien 11), 269-315.

658. Pusch, Oskar (Hg.): Das Karlsbader Reisetagebuch der Henriette von Poser und Gross-Naedlitz, geb. von Loeben, von 1791 u. 1792. [Masch.] Oberhausen 1959.

659. Samulski, Robert: Ursprung und Fortpflanzung der Schloß-Kapelle zu Trachenberg. In: Heimatblätter für den Kreis Militsch-Trachenberg 12 (1936) 23-25.

660. Schoppe, Georg: Schlesien im Urteile von Nichtschlesiern. 2. Die Reise des Samuel Kiechel von Kiechelsberg durch Schlesien im Jahre 1586. In: Schlesische Geschichtsblätter. Mitteilungen des Vereins für Geschichte Schlesiens 2 (1918) 42-45.

661. Schottin, Reinhold: Das Diarium des Erich Lassota von Steblau, mitgetheilt

aus einer Handschrift der v. Gersdorf-Weicha'schen Stiftsbibliothek von den VII. Collegen. In: Programm des Gymnasiums zu Budissin (1854) 3-26.

662. Schottin, Reinhold (Hg.): Tagebuch des Erich Lassota von Steblau. Nach einer Handschrift der von Gersdorff-Weicha'schen Bibliothek zu Bauzen. Halle 1866.

663. Schubert, Kurt (Hg.): Borwiz, Märten von: Ein deutscher Aventurier oder Die seltsamen und verwunderlichen Begebenheiten eines schlesischen Edelmanns zu Wasser und zu Lande, in der Alten und in der Neuen Welt. Breslau 1935.

664. Schultz[e], Chrysostomus: Monumentum gratitudinis/Fortissimis Patriae, contra Tataros [...]. Breslae [1641].

665. Seydlitz, Melchior von: Gründtliche Beschreibung Der Wallfart nach dem heiligen Lande [...]. [Görlitz] 1580.

666. Troilo, Franz Ferdinand von: Orientalische Reisebeschreibung. Dresden 1676.

667. Wutke, Konrad: Ein fürstliches Geschenk für die herzogliche Rüstkammer zu Brieg (1583). In: Schlesische Geschichtsblätter. Mitteilungen des Vereins für Geschichte Schlesiens 2 (1912) 34-36.

668. Wutke, Konrad: Scharmützel in der Bedeutung von Ritterspiel. In: Schlesische Geschichtsblätter. Mitteilungen des Vereins für Geschichte Schlesiens 3 (1910) 65.

669. Wutke, Konrad: Verwendungsschreiben des Herzogs Georg II. von Brieg für den aus dem Elsaß gebürtigen Hofschneider seiner Gemahlin 1583. In: Schlesische Geschichtsblätter. Mitteilungen des Vereins für Geschichte Schlesiens 1 (1916) 17f.

670. Wynar, Lubomyr R./Subtelny, Orest (Hg.): Habsburgs and Zaporozhian Cossacks. The diary of Erich Lassota von Steblau 1594. Littleton (Col.) 1975.

671. Żerelik, Rościsław: Wykaz szlachty chrześcijańskiej z kampanii tureckiej 1566 roku [Auflistung des christlichen Adels für den Türkenkrieg von 1566]. Poznań/Wrocław 2002.

2.2.7 Quellenwerke – Sonstiges (Reiseliteratur, Stammbücher) [Neuzeit-Zeitgeschichte]

672. [Anonym]: Allerhöchster Erlaß vom 14. März 1859, betreffend die Genehmigung der Beschlüsse des zehnten Generallandtages der Schlesischen Landschaft wegen der Ablösungsgrundsätze der Schlesischen Landschaft und des bei Anwendung derselben zu beobachtenden Verfahrens. In: Gesetz-Sammlung für die Königlichen Preußischen Staaten (1859) 133-179.

673. [Anonym]: Die jährliche Generalversammlung des Vereins der schlesischen Malteserritter (1887). In: Deutsches Adelsblatt. Zeitschrift der Deutschen Adelsgenossenschaft für die Aufgaben des christlichen Adels 5 (1887) 506f.

674. Adlersfeld-Ballestrem, Eufemia von: Katechismus des guten Tons und der feinen Sitte. 2. Aufl. Leipzig 1895 (Webers illustrirte Katechismen 138).

675. Bila-Hainroda, Wolf von: Zusammenstellung des in adeligen Händen befindlichen Grundbesitzes in der Provinz Schlesien (Fortsetzung). In: Deutsches

Adelsblatt. Zeitschrift der Deutschen Adelsgenossenschaft für die Aufgaben des christlichen Adels 23 (1905) 4-7 (Graf Pourtalès bis Roth von Schreckenstein), 20-23 (Rotenhau bis Schleswig-Holstein), 36-38 (Schlichting und Bukowiec bis Sigsfeld), 55-57 (Sittmann bis Türke), 68-70 (Zwickel bis Wilamowitz-Möllendorff), 117-119 (Willert bis Zychlinski), 171-172, 186-187 (Nachträge und Verbesserungen).

676. Maltitz, E. von: Aus dem Standesleben. Gegenwart: von Maltitz'scher Familientag. In: Deutsches Adelsblatt. Zeitschrift der Deutschen Adelsgenossenschaft für die Aufgaben des christlichen Adels 5/21 (1887) 406f.

3. Historische Hilfswissenschaften

3.1 Genealogie

677. [Anonym]: Beiträge zur Genealogie der Herzöge von Auschwitz. In: Notizen-Blatt der historisch-statistischen Section der kais. königl. mährisch-schlesischen Gesellschaft zur Beförderung des Ackerbaues, der Natur- und Landeskunde (1862) 34-37, 44-48.

678. [Anonym]: Zur Familien- und Wappenkunde: I. Die Herren von Keltsch. In: Schlesische Provinzialblätter. Rübezahl 13/1 (1874) 23-25.

679. [Anonym]: Zur Familien- und Wappenkunde: II. Die Herren von Uechtritz. In: Schlesische Provinzialblätter. Rübezahl 13/2 (1874) 79-81.

680. [Anonym]: Zur Familien- und Wappenkunde: III. Die Freiherrliche Familie Roschütz-Rothschütz. In: Schlesische Provinzialblätter. Rübezahl 13/3 (1874) 144-146.

681. [Anonym]: Zur Familien- und Wappenkunde: IV. Die Grafen York von Wartenburg. In: Schlesische Provinzialblätter. Rübezahl 13/4 (1874) 205-207.

682. [Anonym]: Zur Familien- und Wappenkunde: V. von Decker. In: Schlesische Provinzialblätter. Rübezahl 13/4 (1874) 207.

683. [Anonym]: Zur Familien- und Wappenkunde: VI. von Beöczy. In: Schlesische Provinzialblätter. Rübezahl 13/5 (1874) 255f.

684. [Anonym]: Zur Familien- und Wappenkunde: VII. Schilling von Henrichau, Ritter. In: Schlesische Provinzialblätter. Rübezahl 13/7 (1874) 359-361.

685. [Anonym]: Zur Familien- und Wappenkunde: VIII. und IX. Die Grafen von Königsdorf. In: Schlesische Provinzialblätter. Rübezahl 13/9 (1874) 469-471.

686. [Anonym]: Zur Familien- und Wappenkunde: XI. Lange von Burgenkron. In: Schlesische Provinzialblätter. Rübezahl 13/11 (1874) 568f.

687. [Anonym]: Zur Familien- und Wappenkunde: X. Die Fechtmeister des langen Schwerts von Greiffenfels. In: Schlesische Provinzialblätter. Rübezahl 13/10 (1874) 521-524.

688. [Anonym]: Zur Familien und Wappenkunde: XIII. Bethusy. In: Schlesische Provinzialblätter. Rübezahl 14/1 (1875) 17f.

689. [Anonym]: Zur Familien- und Wappenkunde: XIV. Die Familie von Scheliha. In: Schlesische Provinzialblätter. Rübezahl 14/2 (1875) 63-67.

690. [Anonym]: Zur Familien- und Wappenkunde: XV. Biron. In: Schlesische Provinzialblätter. Rübezahl 14/3 (1875) 115-118.

691. [Anonym]: Zur Familien- und Wappenkunde: XVII. von Aulock. In: Schlesische Provinzialblätter. Rübezahl 14/4 (1875) 163f.

692. [Anonym]: Zur Familien- und Wappenkunde: XVIII. Renard. In: Schlesische Provinzialblätter. Rübezahl 14/6 (1875) 271f.

693. Balzer, Oswald: Genealogia Piastów [Genealogie der Piasten]. Kraków 1895 [ND 2005].

694. Bandtke, Georg Samuel: Ueber die gräfliche Würde in Schlesien. Eine Erörterung [...]. Breslau 1810.

695. Białkowski, Leon: Ród Bibersteinów a ród Momotów godła jeleniego rogu w wiekach XIV–XVI [Die Geschlechter Biberstein und Momot mit dem Wappen des Hirschhorns vom 14. bis 16. Jahrhundert]. Lublin 1948.

696. Białkowski, Leon: Ród Bibersteinów. Studjum nad średniowiecznym rodem rycerskim [Das Geschlecht Biberstein. Eine Studie zu einem mittelalterlichen Rittergeschlecht]. Kraków 1908.

697. Biermann, G[ottlieb]: Die Nachkommenschaft Herzog Kasimir I. von Teschen. In: Notizen-Blatt der historisch-statistischen Section der kais. königl. mährisch-schlesischen Gesellschaft zur Beförderung des Ackerbaues, der Natur- und Landeskunde (1863) 7f.

698. Blažek, Konrad [Conrad Blažek]: Beiträge zur Genealogie schlesischer Adelsgeschlechter. (Aus den Matrikeln der Pfarrei Endersdorf bei Zuckmantel 1650–1780). In: Notizen-Blatt der historisch-statistischen Section der kais. königl. mährisch-schlesischen Gesellschaft zur Beförderung des Ackerbaues, der Natur- und Landeskunde (1884) 96, (1885) 7f., 15f.

699. Boniecki, Michał: Książęta szląscy z domu Piastów: Przyczynek do historyj rodzin panujących w Polsce [Die schlesischen Herzöge aus der Piastendynastie: Ein Beitrag zur Geschichte der Herrscherfamilien in Polen], Bd. 1: od 1146 do 1339 roku [Von 1146 bis 1339]. Warszawa 1875.

700. Boniecki, Michał: Książęta szląscy z domu Piastów: Przyczynek do historyj rodzin panujących w Polsce [Die schlesischen Herzöge aus der Piastendynastie: Ein Beitrag zur Geschichte der Herrscherfamilien in Polen], Bd. 2: od 1339 do 1612 roku [Von 1339 bis 1612]. Warszawa 1875.

701. Boniecki, Michał: Książęta szląscy z domu Piastów: Przyczynek do historyj rodzin panujących w Polsce [Die schlesischen Herzöge aus der Piastendynastie: Ein Beitrag zur Geschichte der Herrscherfamilien in Polen], Bd. 3: od 1610 do 1675 roku [Von 1610 bis 1675]. Warszawa 1874.

702. Bretschneider, Paul: Die Grabsteine der Bartholomäuskrypta und des Kreuzkirchhofes zu Breslau. In: Archiv für schlesische Kirchengeschichte 6 (1941) 99-126.

703. Cetwiński, Marek: Pierwsze pokolenie Bibersteinów na ziemiach polskich, czyli drogi i manowce genealogii [Die erste Generation des Geschlechts von Biberstein auf polnischem Gebiet, oder Wege und Abwege der Genealogie]. In: Ja-

worski, Tomasz (Hg.): Bibersteinowie w dziejach pogranicza śląsko-łużyckiego. Zielona Góra 2006, 39-45.

704. Cetwiński, Marek: Rycerstwo śląskie do końca XIII w. Biogramy i rodowody [Die schlesische Ritterschaft bis zum Ende des 13. Jahrhunderts. Biogramme und Stammbäume]. Wrocław 1982 (Prace Wrocławskiego Towarzystwa Naukowego A 229).

705. Charouz, Zdeněk: Slezská šlechta v jihomoravských pramenech [Der schlesische Adel in den südmährischen Quellen]. In: Sborník příspěvků III. setkání genealogů a heraldiků. Ostrava 1986, 45-49.

706. Chocholatý, František: Genealogie opavských Přemyslovců 1255–1525 [Genealogie der Troppauer Přemysliden 1255–1525]. In: Listy Genealogické a heraldické společnosti v Praze, 6. řada, září 5 (1978) 129-153.

707. Chocholatý, František: K otázce manželství Přemka Opavského [Zur Frage der Ehe Přemkos von Troppau]. In: Zpravodaj. Klub genealogů a heraldiků Ostrava při Domu kultury pracujících VŽSKG 20 (1984) 67-71.

708. Chutkowski, Janusz: Piastowscy władcy Głogowa [Die Piastenherzöge von Glogau]. Głogów/Wrocław 1996 (Biblioteczka Popularnonaukowa 2).

709. Czepko v. Reigersfeld, Daniel von: Gynaeceum Silesiacum Ligio-Bregense: Kurtze Historische Beschreibung und Außführung der Stamlinien von den Hochlöblichen Ahnen/etlicher Fürstlicher Frewlin in Schlesien [...]. Breßlaw/Leipzig 1626.

710. Dereń, Andrzej: Zbiory genealogiczne Biblioteki Rehdigera we Wrocławiu [Genealogische Sammlungen der Rehdiger-Bibliothek in Breslau]. In: Śląski Kwartalnik Historyczny Sobótka 4 (1949) 187-191.

711. Doerr, August von: Beiträge zur Geschichte und Genealogie der Familie Henckel von Donnersmarck. In: Jahrbuch der Heraldischen Gesellschaft „Adler" in Wien N.F. 18 (1908) 206-242.

712. Doerr, August von: Genealogische Daten aus den Familienakten. Lit. A-Z des k. k. Hofkammerarchivs in Wien. In: Vierteljahrsschrift für Wappen-, Siegel- und Familienkunde 30 (1902) 353-399.

713. Dworzaczek, Włodzimierz: Genealogia [Genealogie]. Warszawa 1959.

714. Dyhern, Alexandra von: Carl von Holteis Stammtafel. In: Schlesische Geschichtsblätter. Mitteilungen des Vereins für Geschichte Schlesiens 1 (1935) 1-5.

715. Ehrenkrook, Hans Friedrich von/Ehrenkrook, Carola von: Stammfolgen schlesischer Adelsgeschlechter. Unter Förderung der Landesabteilung Schlesien der Deutschen Adelsgenossenschaft. Görlitz 1941.

716. Eistert, Karl: Beiträge zur Genealogie des Breslauer Bischofs Preczlaus von Pogarell. In: Archiv für schlesische Kirchengeschichte 20 (1962) 226-290.

717. Engelmann, Alfred: Salice in Breslau – eine genealogische Irreführung und ihre Widerlegung. In: Archiv für Sippenforschung 54 (1988) 441-447.

718. Fragstein und Niemsdorff, Gerhard Hans Leo von: Die schlesische Herkunft und der außerschlesische Ursprung des uradeligen Geschlechtes von Fragstein und Niemsdorff. [Masch.] Neustadt (Aisch) 1978.

719. Friedrich, [...]: Zur Familien- und Wappenkunde. XII. v. Seherr-Thoß. In: Schlesische Provinzialblätter. Rübezahl 13/12 (1874) 616-621.

720. Friedrich, [...]: Nachtrag zu XII. v. Seherr-Thoß. In: Schlesische Provinzialblätter. Rübezahl 14/2 (1875) 67.

721. Gerlach, Hans: Die Ahnen des Viktor von Poser und Groß Naedlitz. [Handschriftl. Manuskr.] Freiburg/Br. 1954–1956 (Veröffentlichungen der Ostdeutschen Forschungsstelle im Lande Nordrhein-Westfalen B 6).

722. Głogowski, Stefan: Bolka, czyli małżeństwo ostatniej z Piastów bytomskich oraz inne uzupełnienia i poprawki do „Rodowodu Piastów śląskich" [Bolka oder die Ehe der letzten Piastenherzogin von Beuthen und andere Ergänzungen und Berichtigungen zum „Stammbaum der schlesischen Piasten"]. In: Rocznik Muzeum w Gliwicach 7/8 (1991/92 [1994]) 375-379.

723. Głogowski, Stefan: Genealogia Podiebradów, cz. I [Die Genealogie der Podiebrad, Erster Teil]. In: Rocznik Muzeum w Gliwicach 4 (1988 [1991]) 21-72.

724. Głogowski, Stefan: Genealogia Podiebradów, cz. II [Die Genealogie der Podiebrad, Zweiter Teil]. In: Rocznik Muzeum w Gliwicach 5 (1989 [1992]) 183-279.

725. Głogowski, Stefan: Genealogia Podiebradów [Genealogie der Podiebrad]. Gliwice 1997.

726. Głogowski, Stefan: Potomci krále Jiřího z Poděbrad (Genealogie knížat z Minstrberka) [Die Nachfahren König Georgs von Podiebrad (Genealogie der Fürsten von Münsterberg)]. Ostrava 1989.

727. Gritzner, Maximilian: Alphabetischer Nachweis sämtlicher adeligen Familien, welche das schlesische Inkolat erhalten haben. In: Vierteljahrsschrift für Heraldik, Sphragistik und Genealogie 16 (1888) 492-519.

728. Grotefend, Hermann: Stammtafeln der Schlesischen Fürsten bis zum Jahre 1740 (Nachträge und Berichtigungen, etc.). Breslau 1875.

729. Grotefend, Hermann: Zur Genealogie und Geschichte der Breslauer Piasten. Breslau 1873 (Abhandlungen der Schlesischen Gesellschaft für vaterländische Cultur, Phil.-hist. Abt. 1872–73).

730. Gruttschreiber, Karl Ferdinand von: Genealogische Nachlese von einigen Gräflichen, Freyherrlichen und Adelichen Geschlechts-Linien in Schlesien und besonders in dem Oels-Bernstädtischen Fürstenthume [...], Bd. 1-2. Oels 1765.

731. Häussler, Franz Josef: Ahnentafeln und Stammbäume, Lfg. 1-5. Troppau [1929].

732. Honc, Jaroslav: Kněžny a knížata slezská a jejich královští a panští partneři z českých zemí 1175–1679 [Die schlesischen Fürstinnen und Fürsten und ihre königlichen und Herrenstandspartner aus den böhmischen Ländern 1175–1679]. In: Genealogické a heraldické listy 24/3-4 (2004) 32-84.

733. Horwat, Jerzy: Książęta górnośląscy z dynastii Piastów. Uwagi i uzupełnienia genealogiczne [Die oberschlesischen Herzöge aus der Piastendynastie. Bemerkungen und genealogische Ergänzungen]. Ruda Śląska 2005.

734. Horwat, Jerzy/Jedynak, Zdzisław/Kiereś, Zbigniew: Genealogia kilku rodzin szlacheckich z ziemi gliwickiej, toszeckiej i bytomskiej (cz. 2) [Genealogie einiger Adelsfamilien aus dem Gleiwitzer, Toster und Beuthener Land (Teil 2)]. In: Zeszyty Gliwickie 31 (2002) 21-68.

Titelblatt aus Czepko v. Reigersfeld, Daniel von: Gynaeceum Silesiacum Ligio-Bregense: Kurtze
Historische Beschreibung und Außführung der Stamlinien von den Hochlöblichen Ahnen/ etlicher
Fürstlicher Frewlin in Schlesien [...]. Breßlaw/Leipzig 1626 (laufende Nummer 709).

735. Horwat, Jerzy/Jedynak, Zdzisław/Kiereś, Zbigniew: Zarys genealogii kilku rodzin szlacheckich z ziemi gliwickiej, toszeckiej i bytomskiej [Genealogische Skizzen zu einigen adeligen Familien aus dem Gleiwitzer, Toster und Beuthener Land]. In: Zeszyty Gliwickie 30 (2002) 174-222.

736. Hossmann [Hosemann], Abraham: Genealogia Oder Adeliche Stam-Chronica, deß hochberühmten, uhralten [...] Geschlechts deren von Sahlhaussen: wie sie anfänglich von Rom, nachmalen von Meyland und Ferrara auß Welschland in Saphoien, in Piemont und Deutschland komen seynd [...]/beschrieben durch Abrahamum Hossmannum, nachmaln von Joh. Ernesto Hoffmann sowohl durch Christian Friedrichen den Aelteren von Aschenfeld. Continuiret und Anno 1654, item 1655 zum [...] Druck befördert. Dreßden 1661.

737. Igálffy v. Igáli, Ludwig [Ludwig Igálffy von Igály]: Ahnentafeln und Stammbäume des schlesischen Uradels. Als Ergänzung zu Archivrat Josef Häussler's fünf gleichnamigen Heften, erschienen in Troppau 1927, Bd. 1. [Masch.] Wien 1953.

738. Igálffy-Igáli, Ludwig [Ludwig Igálffy von Igály]: Beiträge zur Genealogie der Grafen Neuhaus-Cormons in der Grafschaft Görz und im Fürstentum Troppau. In: Adler. Zeitschrift für Genealogie und Heraldik N.F. 4/3 (1956) 43-47.

739. Igálffy-Igály, Ludwig [Ludwig Igálffy von Igály]: Beiträge zur Geschichte altoberschlesischer Geschlechter in den Orten Broslawitz, Miedar, Kemczowitz und Wilkowitz [Przyczynki do historji starogórnośląskich rodów rycerskich na Zbroslawicach, Miedarach, Kempczowicach i Wilkowicach]. [Masch.] Wien [1970–1972].

740. Igálffy-Igály, Ludwig [Ludwig Igálffy von Igály]: Ergänzungen zum Artikel Lichnowsky. In: Adler. Zeitschrift für Genealogie und Heraldik N.F. 3/12 (1954) 180f.

741. Igálffy v. Igáli, Ludwig [Ludwig Igálffy von Igály]: Neue Stammtafeln des Geschlechts Würben. In: Neues Jahrbuch der Heraldisch-Genealogischen Gesellschaft „Adler" 3. Folge, 4 (1955–1960) 37-88.

742. Igálffy von Igály, Ludwig: Tiroler Adelsgeschlechter in Mähren und Schlesien. In: Der Herold. Vierteljahrsschrift für Heraldik, Genealogie und verwandte Wissenschaften 37/7 (1994) 185-190.

743. Igálffy-Igály, Ludwig [Ludwig Igálffy von Igály]: Korrigierte Stammtafeln der Familie von Knobelsdorf [W. v. Knobelsdorf: Das von Knobelsdorfische Geschlecht in Stammtafeln, 1876]. Wien [o. J.].

744. Igálffy-Igáli, Ludwig [Ludwig Igálffy von Igály]: Schlesische Wappen und Urkunden in der Handschriftensammlung der Wiener Nationalbibliothek. In: Adler. Zeitschrift für Genealogie und Heraldik N.F. 3/9-10 (1954) 117-143.

745. Igálffy-Igály, Ludwig [Ludwig Igálffy von Igály]: Stammtafel der Ritter, Freiherrn, Grafen und Fürsten Lichnowsky v. Woszczyc vom 14. Jahrhundert bis zur Gegenwart. Anhang: Beiträge zur Genealogie der Freiherrn Skrbensky. In: Adler. Zeitschrift für Genealogie und Heraldik N.F. 3/9-10 (1954) 117-143.

746. Jasiński, Kazimierz: Beatrycza, pierwsza żona Ludwika Bawarskiego. Ze studiów nad genealogią Piastów śląskich [Beatrix, die erste Frau Ludwigs des

Bayern. Studien zur Genealogie der schlesischen Piasten]. In: Bardach, Juliusz (Hg.): Europa, Słowiańszczyzna, Polska. Studia ku uczczeniu Kazimierza Tymienieckiego. Poznań 1970 (UAM. Seria Historia 36), 103-114.

747. Jasiński, Kazimierz: Drugie małżeństwo Bolesława Rogatki oraz problem „Zofii z Doren" [Die zweite Ehe Boleslaws des Kahlen und die Frage der „Sofie von Doren"]. In: Śląski Kwartalnik Historyczny Sobótka (1979) 339-358.

748. Jasiński, Kazimierz: Drugie małżeństwo Bolesława Wysokiego i niektóre aspekty koligacji Hohenstaufów z Piastami [Die zweite Ehe Boleslaws des Langen und einige Aspekte der Verwandtschaft zwischen den Hohenstaufen und Piasten]. In: Kuczyński, Stefan K. (Hg.): Społeczeństwo Polski średniowiecznej. Zbiór studiów, Bd. 6. Warszawa 1994, 53-61.

749. Jasiński, Kazimierz: Polityka małżeńska Władysława Jagiełły [Die Heiratspolitik Wladislaws Jagiello]. In: Radzimiński, Andrzej/Wroniszewski, Jan (Hg.): Genealogia. Rola związków rodzinnych i rodowych w życiu publicznym w Polsce średniowiecznej na tle porównawczym. Toruń 1996, 9-28.

750. Jasiński, Kazimierz: Powiązania genealogiczne Piastów (Małżeństwa piastowskie) [Genealogische Verbindungen der Piasten (Eheverbindungen der Piasten)]. In: Heck, Roman (Hg.): Piastowie w dziejach Polski. Zbiór artykułów z okazji trzechsetnej rocznicy wygaśnięcia dynastii Piastów. Wrocław u. a. 1975, 135-148.

751. Jasiński, Kazimierz: Rodowód Piastów Śląskich. Piastowie wrocławscy i legnicko-brzescy. [Genealogie der schlesischen Piasten. Die Breslauer und Liegnitz-Brieger Piasten], Bd. 1. Wrocław 1973 (Travaux de la Société des sciences et des lettres de Wrocław A 154; Wrocławskie Towarzystwo Naukowe).

752. Jasiński, Kazimierz: Rodowód Piastów Śląskich. Piastowie świdniccy, ziębiccy, głogowscy, żagańscy i oleśniccy [Genealogie der schlesischen Piasten. Die Schweidnitzer, Münsterberger, Glogauer, Saganer und Oelser Piasten], Bd. 2. Wrocław 1975 (Travaux de la Société des sciences et des lettres de Wrocław A 167; Wrocławskie Towarzystwo Naukowe).

753. Jasiński, Kazimierz: Rodowód Piastów Śląskich. Piastowie opolscy, cieszyńscy, i oświęcimscy [Genealogie der schlesischen Piasten. Die Oppelner, Teschener und Auschwitzer Piasten], Bd. 3. Wrocław 1977 (Travaux de la Société des sciences et des lettres de Wrocław A 183; Wrocławskie Towarzystwo Naukowe).

754. Jasiński, Kazimierz: Rodowód pierwszych Piastów [Genealogie der ersten Piasten]. Warszawa/Wrocław 1992, 2. Aufl. Kraków 2007.

755. Jasiński, Kazimierz: Uwagi o genealogii Piastów śląskich w XIII w. [Bemerkungen zur Genealogie der schlesischen Piasten im 13. Jahrhundert]. In: Studia Źródłoznawcze 10 (1965) 141-147.

756. Jurek, Tomasz: Panowie z Wierzbnej. Studium genealogiczne [Die Herren von Würben. Eine genealogische Studie]. Kraków 2006.

757. Jurek, Tomasz: Rodowód Pogorzelów [Die Genealogie der Familie von Pogarell]. Kraków 2005.

758. Kapłon, Marian: Głogów i księstwo głogowskie w okresie średniowiecza: Genealogia Piastów głogowskich [Stadt und Herzogtum Glogau im Mittelalter: Genealogie der Glogauer Piasten]. Głogów 2003.

759. Kopetzky, Franz: Zur Geschichte und Genealogie der Přemyslidischen Herzöge von Troppau. In: Archiv für österreichische Geschichte 41 (1869) 1-112.

760. Kospoth, Carl Christian von: Zur Familien und Wappenkunde: XVIII. Die Grafen und Herren von Kospoth. In: Schlesische Provinzialblätter. Rübezahl 14/5 (1875) 215-221.

761. Král von Dobrá Voda, Adalbert (Hg.): Der Adel von Böhmen, Mähren und Schlesien. Genealogisch-heraldisches Repertorium sämtlicher Standeserhebungen, Prädicate, Beförderungen, Incolats-Erteilungen, Wappen und Wappenverbesserungen des gesamten Adels der böhmischen Krone mit Quellen und Wappen-Nachweisen. Prag 1904.

762. Krane, Alfred Freiherr von: Verzeichnis der auf dem Friedhofe zu Görlitz ruhenden Mitglieder adeliger Familien. In: Vierteljahrsschrift für Wappen-, Siegel- und Familienkunde 25 (1897) 303.

763. Kysil, Małgorzata: Rządy baronów Adama, Krzysztofa i Hansa Ulryka Schaffgotschów z linii karpnickiej w baronii żmigrodzkiej w latach 1592–1635 [Die Regierung der Freiherren Adam, Christoph und Hans Ulrich Schaffgotsch aus der Fischbacher Linie in der Standesherrschaft Trachenberg in den Jahren 1592–1635]. In: Rocznik Jeleniogórski 35 (2003) 155-162.

764. Labuda, Gerard: Uzupełnienia do genealogii Piastów, w szczególności śląskich [Ergänzungen zur Genealogie der Piasten, insbesondere der schlesischen]. In: Śląski Kwartalnik Historyczny Sobótka 18 (1963) 1-13.

765. Lampert, Ulrich: Joseph von Eichendorffs evangelische Vorfahren und seine hessische Blutsverwandtschaft. In: Aurora. Jahrbuch der Eichendorff-Gesellschaft 36 (1976) 61-69.

766. Lampert, Ulrich: Verwandte Joseph von Eichendorffs in Schlesien und Hessen. In: Genealogisches Jahrbuch 16/17 (1977) 139-169.

767. Lehsten, Lupold von: Die Ahnenprobe für den Grafen Ladislaus Gotthard von Schaffgotsch. In: Archiv für Familiengeschichtsforschung 9/4 (2005) 300-305.

768. Łukaszewski, Marcin: Genealogia rodu Bibersteinów [Genealogie des Geschlechts von Biberstein]. In: Jaworski, Tomasz (Hg.): Bibersteinowie w dziejach pogranicza śląsko-łużyckiego. Zielona Góra 2006, 31-36.

769. Moepert, Adolf: Graf Andreas Ranzki und Propst Johann von Ruda, ihr Besitz und ihr Geschlecht. Ein Beitrag zur Herkunftsfrage der von Borcke, Brauchitsch und Rheinbaben. In: Zeitschrift des Vereins für Geschichte Schlesiens 74 (1940) 69-94.

770. Neustadt, Louis: Beiträge zur Genealogie schlesischer Fürsten. In: Zeitschrift des Vereins für Geschichte und Alterthum Schlesiens 22 (1888) 194-248.

771. Nirtl, Josef: Die bürgerliche Ahnfrau der Gräfin Larisch-Mönnich. In: Adler. Monatsblatt der Vereine für Sippenforschung in der Ostmark 4 (1942) 136f.

772. Oppersdorff, Wilhelm Hans von: Ahnentafeln der Gräfinnen von Oppersdorff. [Gravenbruch] 1972.

773. Oppersdorff, Wilhelm Hans von: Stammtafeln der Grafen von Oppersdorff. Frankfurt 1968.

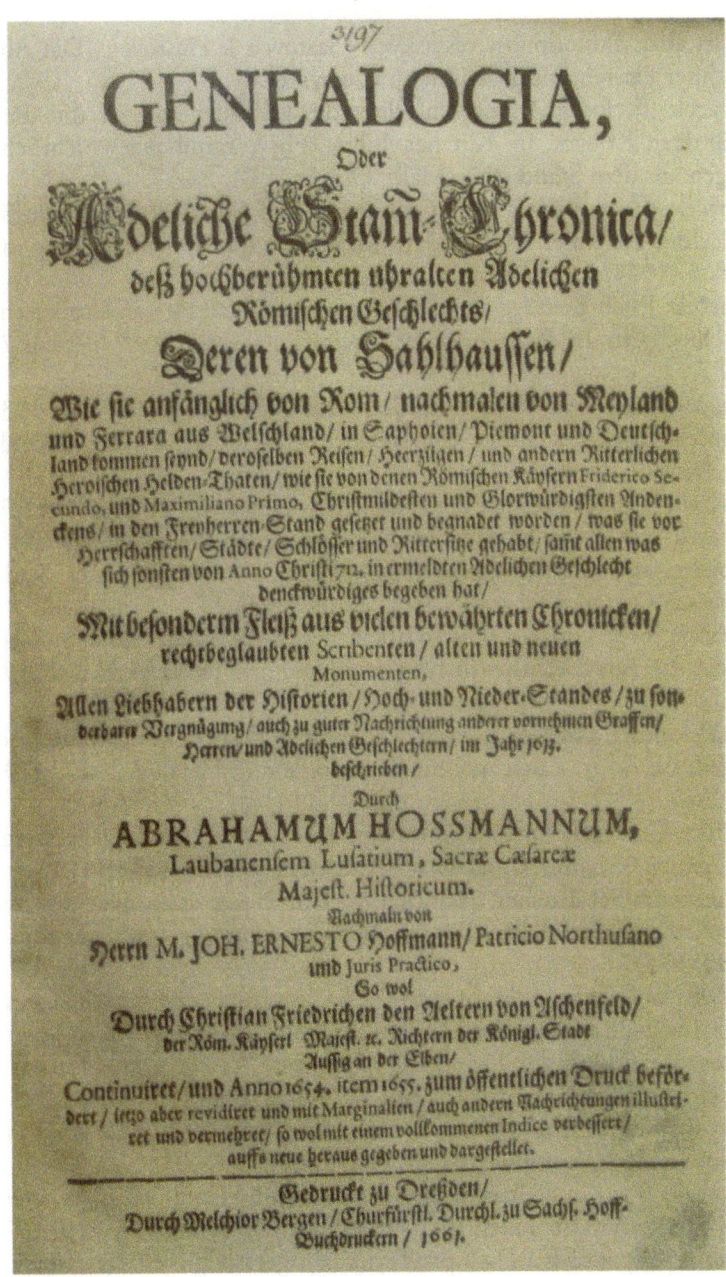

Titelblatt aus Hossmann [Hosemann], Abraham: Genealogia Oder Adeliche Stam-Chronica, deß
hochberühmten, uhralten [...] Geschlechts deren von Sahlhaussen: wie sie anfänglich von Rom, nachmalen von Meyland und Ferrara auß Welschland in Saphoien, in Piemont und Deutschland komen
seynd [...] / beschrieben durch Abrahamum Hossmannum, nachmaln von Joh. Ernesto Hoffmann
sowohl durch Christian Friedrichen den Aelteren von Aschenfeld. Continuiret und Anno 1654, item
1655 zum [...] Druck befördert. Dreßden 1661 (laufende Nummer 736).

774. Panic, Idzi: Posloupnost těšínských Piastovců a Piastoven [Die Abfolge der Teschner Piasten und Piastinnen]. Cieszyn o. J.

775. Pilnacek [!], Josef: Adelsgeschlechter des Ostrauer-Raumes um die Zeit des 30jährigen Krieges. In: Klitzner, Julius (Hg.): Familiengeschichtliche Mitteilungen aus dem Stadtarchiv. Mähr. Ostrau 1944, 22-37.

776. Pilnáček, Josef: Beiträge zur Genealogie und Heraldik alter schlesischer Geschlechter. In: Adler. Monatsblatt der Vereine für Sippenforschung in der Ostmark 5 (1943) 113-125.

777. Pilnáček, Josef: Beiträge zur Genealogie und Heraldik von altoberschlesischen Geschlechtern. In: Zeitschrift des Vereins für Geschichte Schlesiens 77 (1943) 75-87.

778. Pilnáček, Josef: Die älteste Genealogie der Grafen Wilczek. Wien 1936.

779. Pilnáček, Josef: Die älteste Genealogie der Welczek von Dubensko des Stammes Rassycz. Breslau 1938.

780. Pilnáček, Josef: Genealogie der Familie Podstatzky von Prusinowitz. Wien 1936.

781. Pilnacek [!], J[osef]: Heraldik und Genealogie alter Geschlechter des Ostrauer Gebietes. In: Klitzner, Julius (Hg.): Siegel und Wappen des Stadt-Archivs Mährisch Ostrau. Mährisch Ostrau 1943, 13-31.

782. Pilnáček, Josef: Von den ältesten bekannten schlesischen Ahnen und Adelsnachweisen. In: Adler. Zeitschrift für Genealogie und Heraldik N.F. 2 (1951) 172-175.

783. Pilnáček, Josef: Von den ältesten bekannten schlesischen Ahnen und Adelsnachweisen. In: Adler. Zeitschrift für Genealogie und Heraldik N.F. 2 (1952) 192-197.

784. Pisarski, Grzegorz: Drzewo genealogiczne rodu Althannów [Der Stammbaum der Familie Althann]. In: Zeszyty Muzeum Ziemi Kłodzkiej 5 (1994) 111-147.

785. Prennschütz-Schützenau, Heinrich: Sieben Haugwitz-Linien der österreichischen Ahnen. In: Adler. Zeitschrift für Genealogie und Heraldik N.F. 17 (1993) 87-93.

786. Prittwitz und Gaffron, Hans von: Die Sachs v. Löwenheimb'sche Familien-Stiftung. 1800–1870. Denkschrift dem Familien-Vorstande, Herrn Johann Albert v. Rosenberg-Lipinsky, Landschafts-Direktor etc. auf Gutwohne als Zeichen aufrichtiger Verehrung den 8. April 1870 überreicht [...]. Oels 1870.

787. Prittwitz und Gaffron, Hans von: Personalbestand der Familie von Prittwitz am 1. Januar 1867 zusammengestellt. Oels 1867.

788. Procházka, Roman Freiherr von: Genealogisches Handbuch erloschener böhmischer Herrenstandsfamilien 1973–1990, Bd. 1-2. Neustadt (Aisch) 1973–1990.

789. Prokop, Krzysztof R.: Dwa przyczynki do genealogii książąt zatorskich (XV/XVI w.) [Zwei Beiträge zur Genealogie der Herzöge von Zator (15.–16. Jahrhundert)]. In: Prace Naukowe Wyższej Szkoły Pedagogicznej w Częstochowie. Zeszyty Historyczne 6 (2000) 135-152.

790. Pusch, Oskar: Der schlesische Dichter Karl von Holtei in seinen genealogischen Beziehungen zur Grafschaft Mark. In: Der Märker. Heimatblatt für den Bereich der ehemaligen Grafschaft Mark 22 (1973) 123-132.

791. Pusch, Oskar: Die Breslauer Rats- und Stadtgeschlechter in der Zeit von 1241 bis 1741, Bd. 1-5. Dortmund 1986–1991 (Veröffentlichungen der Forschungsstelle Ostmitteleuropa an der Universität Dortmund B, 33, 35, 38, 39, 41).

792. Radimský, Jiří: K dějinám moravských enkláv ve Slezsku [Zur Geschichte der mährischen Enklaven in Schlesien]. In: Slezský sborník 43 (1945) 134-138.

793. Raff, Gerhard: Hie gut Wirtemberg allewege, Bd. 2: Das Haus Württemberg von Herzog Friedrich I. bis Herzog Eberhard III. Mit den Linien Stuttgart, Mömpelgard, Weiltingen, Neuenstadt am Kocher, Neuenbürg und Oels in Schlesien. 3. Aufl. Stuttgart 2003.

794. Raff, Gerhard: Hie gut Wirtemberg allewege, Bd. 3: Das Haus Württemberg von Herzog Wilhelm Ludwig bis Herzog Friedrich Carl. Mit den Linien Stuttgart, Winnental, Neuenstadt am Kocher, Neuenbürg, Mömpelgard, Oels, Bernstadt und Juliusburg in Schlesien und Weiltingen. Stuttgart 2002.

795. Rothkirch und Panthen, Valerius von: Stammbuch des Geschlechts von Rothkirch. Mit 4 Tafeln in Lithographie und 14 Geschlechtstafeln, Bd. 1. Breslau 1879.

796. Rothkirch und Panthen, Valerius von/Rothkirch und Panthen, Friedrich Wilhelm von: Stammbuch des Geschlechts von Rothkirch. Zusammengestellt von Valerius Freiherrn von Rothkirch und Panthen, Bd. 2. Breslau/Oels 1914.

797. Roy, Joachim von: Das schlesisch-preussische Geschlecht von Roy(en). In: Deutsches Familienarchiv 80 (1983) 101-149.

798. Sadowski, Tomasz: Książęta opolscy i ich państwo [Die Oppelner Herzöge und ihre Herrschaft]. Wrocław 2001.

799. Schauer, Franz: Beitrag zur Genealogie schlesischer Adelsgeschlechter. In: Notizen-Blatt der historisch-statistischen Section der kais. königl. mährisch-schlesischen Gesellschaft zur Beförderung des Ackerbaues, der Natur- und Landeskunde (1884) 27-30.

800. Schauer, Franz: Beitrag zur Genealogie des schles. Adels, nach den Kirchenbüchern von Jauernig (Johannesberg) vom Jahre 1640–1800. In: Notizen-Blatt der historisch-statistischen Section der kais. königl. mährisch-schlesischen Gesellschaft zur Beförderung des Ackerbaues, der Natur- und Landeskunde (1885) 62-64, 70-72, 79f.

801. Schickfus, Erbo von: Zur Erforschung der Ratsgeschlechter des alten Breslau. In: Ostdeutsche Familienkunde 12/2 (1964) 289-297.

802. Schimon, Anton: Der Adel von Böhmen, Mähren und Schlesien. Ein alphabet. geordnetes Verzeichn. der sämmtl. böhm., mähr. und schles. Adelsfamilien [...]. Böhm. Leipa 1859.

803. Schlippenbach, Albrecht von: Die Familie von Winancko und Wertenstein. In: Vierteljahrsschrift für Wappen-, Siegel- und Familienkunde 25 (1897) 392-417.

804. Schramm, Johannes: Genealogia Illustrium et Inclytorum Principum et Dominorum, Ducum Silesiae, Legnicensium, Bregensium, et Goltpergensium [...]. Witebergae 1574.

805. Schukraft, Harald: Die Linie Württemberg-Oels. In: Uhland, Robert (Hg.): 900 [Neunhundert] Jahre Haus Württemberg. Leben und Leistung für Land und Volk. Stuttgart u. a. 1984, 379-389.

806. Schukraft, Harald: Dynastische Verbindungen zwischen Südwestdeutschland und Schlesien. Die Herzöge von Württemberg und Fürsten von Hohenlohe. In: Krauss, Karl Peter/Röder, Annemarie (Hg.): Weit in die Welt hinaus [...] Historische Beziehungen zwischen Südwestdeutschland und Schlesien/Daleko w świat [...] Historyczne związki pomiędzy południowymi Niemcami a Śląskiem. Stuttgart 1998, 13-30.

807. Šefčík, Erich: Příspěvek ke genealogii hrabat z Žerotínů, svobodných pánů z Lilgenau [Ein Beitrag zur Genealogie der Grafen Žerotín, Freiherrn von Lilgenau]. In: Severní Morava 23 (1972) 42-44.

808. Semkowicz, Władysław: O początkach rodu Laryczów-Glezynów [Über die Anfänge des Geschlechts Larisch-Gläsen]. In: Miesięcznik Heraldyczny 2 (1909) 39-41.

809. Semkowicz, Władysław: Über die Anfänge des Adelsgeschlechts Larysza (Larisch)-Glezyn (Gläsen) und sein ursprüngliches Wappen. Mit einem Nachtrag von Alfons Heyer. In: Zeitschrift des Vereins für Geschichte Schlesiens 45 (1911) 317-332.

810. Snethlage, Agnes [geb. v. Fragstein und Niemsdorff]: Ueber den Ursprung der Familie von Fragstein und Niemsdorff. In: Familiengeschichtliche Blätter. Monatsschrift für wissenschaftliche Genealogie 31/6 (1933) 125-130.

811. Snoch, Bogdan: Protoplasta książąt śląskich (Władysław II): Z medalionem [Der Stammvater der schlesischen Herzöge (Wladislaw II.): Mit einem Medaillon]. [Katowice 1985].

812. Starý, Marek: Anna „von der Luczka". (K původu první manželky vévody Přemysla I. Opavského) [Anna „von der Luczka". (Zur Abstammung der ersten Ehefrau Herzog Přemkos I. von Troppau)]. In: Ders. (Hg.): Genealogia ac heraldica Bohemica. Praha 2002, 57-65.

813. Starý, Marek: Dynastická spojení opavských Přemyslovců s českou a moravskou šlechtou [Dynastische Verflechtung der Troppauer Přemysliden mit dem böhmischen und mährischen Adel]. In: Genealogické a heraldické listy 18 (1998) 28-51.

814. Starý, Marek: K otázce původu Heleny Litevské, manželky vévody Jana II. Ratibořského [Zur Frage der Abstammung Helenas von Litauen, der Ehefrau Herzog Johanns II. von Ratibor]. In: Genealogické a heraldické listy 20/2-3 (2000) 41-44.

815. Starý, Marek: Tři kněžny Anny z krve opavských Přemyslovců [Drei Fürstinnen Namens Anna aus dem Blut der Troppauer Přemysliden]. In: Genealogické a heraldické listy 16/3-4 (1996) 25-30.

816. Stein, Rudolf: Der Rat und die Ratsgeschlechter des alten Breslau Würzburg 1963 (Veröffentlichung des Göttinger Arbeitskreises 273).

817. Stibor, Jiří: O jedné rodopisné legendě [Über eine genealogische Legende]. In:

Zpravodaj. Klub genealogů a heraldiků Ostrava Domu kultury ROH VŽSKG 27 (1986) 58-61.

818. Stibor, Jiří: Šlechta v matrikách Těrlicka z let 1679–1766 [Der Adel in den Matrikeln von Tierlitzko aus den Jahren 1679–1766]. In: Długajczyk, Edward u. a. (Hg.): Archiwa i archiwalia górnośląskie. Katowice 2008, 11-66.

819. Stibor, Jiří/Müller, Karel: Bludovický zvon z roku 1617. Těšínská šlechta na Dolních a Horních Bludovicích před Bílou horou [Die Bludowitzer Glocke vom Jahr 1617. Der Teschener Adel in Ober- und Niederbludowitz vor der Schlacht am Weißen Berg]. In: Těšínsko. Vlastivědný časopis 45/4 (2002) 9-15.

820. Stosch, Melchior Friedrich von: Genealogia des hoch-gräflich-, freyherrlich- und hoch-adelichen Geschlechts derer von Stosch [...], Bd. 1: Die Historie des gantzen Geschlechts nach dessen Ursprung, Vermehrung, und Zergliederung In Besondere Häuser vorstellet. Breslau/Leipzig 1736.

821. Stosch, Melchior Friedrich von: Genealogia des hoch-gräflich-, freyherrlich- und hoch-adelichen Geschlechts derer von Stosch [...], Bd. 2: Geschlechts-Tabellen, bestehende in Stamm- und Ahnen-Taffeln. Breslau/Leipzig 1736.

822. Stosch, Henning: Genealogie des uradeligen schlesischen Geschlechtes der Grafen von Stosch. [Masch.] [Altkessel] 1927.

823. Tarnas-Tomczyk, Agata: Ród Wierzbnów do końca XIV wieku. Genealogia i rozsiedlenie [Das Geschlecht von Würben bis zum Ende des 14. Jahrhunderts. Genealogie und Verbreitung]. Wrocław 1993 (Acta Universitatis Wratislaviensis 1540. Historia 113).

824. Tesař, Petr: Nejstarší dějiny enklav moravských na Opavsku [Die älteste Geschichte der mährischen Enklaven auf dem Troppauer Lande]. In: Věstník Matice opavské 22 (1914) 1-33; 23 (1917) 59-123; 25 (1919) 1-67; 26-27 (1920/21) 1-44; 28 (1922) 1-21.

825. Walter, Ewald: Zur Genealogie des schlesischen Herzogs Heinrich II. In: Jahrbuch der Schlesischen Friedrich-Wilhelms-Universität zu Breslau 25 (1984) 295-302.

826. Websky, Dankwart von: Geschichte der Familie Websky/v. Websky, Bd. 1: Genealogie. [Masch.] Essen 1974.

827. Wegener, Wilhelm: Die Herzöge von Troppau und Leobschütz, Jägerndorf und Ratibor des Stammes der Přemysliden 1278–1521. Ergänzende Stammtafel zu: Die Přemysliden ca 850–1306 mit einer Einführung. In: Genealogische Tafeln zur mitteleuropäischen Geschichte 2 (1959) 13-24.

828. Weltzel, Augustin: Geschichte des Geschlechts der Saurma und Sauerma. Denkschrift zur 300jährigen Gedächtnißfeier der Fideicommiß-Stiftung Jeltsch am 1. Mai 1869. [Als Manuskr. gedr.] Ratibor 1869.

829. Weltzel, Augustin/Heiduk, Franz (Hg.): Geschichte des edlen und freiherrlichen Geschlechts von Eichendorff. Nach Handschriften und Urkunden bearbeitet [...]. Sigmaringen 1992 (Aurora-Buchreihe 7).

830. Wiszewski, Przemysław: Legnicka tablica pamiątkowa rodu Budziwojowiców. Przyczynek do poznania tradycji genealogicznej rycerstwa na Śląsku w pierwszej połowie XVI wieku [Die Liegnitzer Gedenktafel des Geschlechts Buschewitz.

Ein Beitrag zur genealogischen Tradition der Ritterschaft in Schlesien in der ersten Hälfte des 16. Jahrhunderts]. In: Genealogia. Studia i Materiały Historyczne (2000 [2001]) 69-98.

831. Wutke, Konrad: Vermischte Mitteilungen, Ergänzungen und Berichtigungen. 1. Euphemia, geb. Herzogin von Glogau, verehel. Gräfin von Görz und Tirol (Grotefend, Stammtaf. II, 5). Berichtigung zu Zeitschrift des Vereins für Geschichte Schlesiens 45 (1911) 271-275. In: Zeitschrift des Vereins für Geschichte Schlesiens 53 (1919) 134-138.

832. Wutke, Konrad (Hg.): Stamm- und Übersichtstafeln der Schlesischen Fürsten. Aufgrund von H. Grotefends Stammtafeln der Schlesischen Fürsten bis zum Jahre 1740. Breslau 1911.

833. Wutke, Konrad/Jungnitz, Joseph (Hg.): Stamm- und Übersichtstafeln der schlesischen Piasten. Aufgrund von H. Grotefends Stammtafeln der schlesischen Fürsten bis zum Jahre 1740. Breslau 1910.

834. Zedlitz und Neukirch, Robert von: Das Geschlecht der Herren, Freiherren und Grafen von Zedlitz in Stammtafeln vom ersten Auftreten bis zur Gegenwart. Berlin 1938.

835. Żerelik, Rościsław: Biogramy rycerstwa śląskiego. Uzupełnienia [Biogramme schlesischer Ritter. Ergänzungen]. In: Śląski Kwartalnik Historyczny Sobótka 44 (1989) 459-473.

836. Żerelik, Rościsław: Die dynastischen Verflechtungen der schlesischen und niedersächsischen Herzöge. In: Mrozowicz, Wojciech/Zygner, Leszek (Hg.): Niedersachsen – Niederschlesien. Der Weg beider in die Geschichte. Göttingen/Wrocław 2005, 95-101.

3.2 Namenkunde

837. Bogucki, Ambroży: Nazwy rycerstwa w Regestach Śląskich [Ritterbezeichnungen in den schlesischen Regesten]. In: Śląski Kwartalnik Historyczny Sobótka 46 (1991) 17-25.

838. Bogucki, Ambroży: Termin miles w źródłach śląskich XIII i XIV w. [Der Begriff „miles" in schlesischen Quellen des 13. und 14. Jahrhunderts]. In: Kuczyński, Stefan K. (Hg.): Społeczeństwo Polski średniowiecznej. Zbiór studiów, Bd. 1. Warszawa 1981, 222-263.

839. Burchardt, Jerzy: Szlachta polska wyznania ewangelickiego w księstwie oleśnickim na Dolnym Śląsku w XVIII w. w świetle nazewnictwa [Der polnische Adel evangelischen Glaubens im niederschlesischen Herzogtum Oels im 18. Jahrhundert im Lichte der Namenkunde]. In: Śląski Kwartalnik Historyczny Sobótka 53 (1999) 165-172.

840. Cetwiński, Marek: Kilka uwag o imionach rycerstwa śląskiego w XII–XIII wieku [Einige Bemerkungen zu den Namen schlesischer Ritter im 12. und 13. Jahrhundert]. In: Opuscula minora in memoriam Iosepho Spors (1993) 97-105.

841. Chmielewska, Mieczysława: Dokument herbowy Andreasa Wildau von Lin-

Titelblatt und Frontispiz aus Rothkirch und Panthen, Valerius von: Stammbuch des Geschlechts von Rothkirch.
Mit 4 Tafeln in Lithographie und 14 Geschlechtstafeln, Bd. 1. Breslau 1879 (laufende Nummer 795).

denwiese z 1661 r. [Der Wappenbrief des Andreas Wildau von Lindenwiese aus dem Jahr 1661]. In: Familia Silesiae 1 (1997) 41-50.

842. Gellhorn, Otto von: Irrtümer bei schlesischen Adelsnamen. In: Ostdeutsche Familienkunde 2 (1954) 76.

843. Jasiński, Kazimierz: Przydomek księcia wrocławskiego Henryka IV [Der Beiname des Breslauer Herzogs Heinrich IV.]. In: Jasiński, Kazimierz (Hg.): Prace wybrane z nauk pomocniczych historii. Toruń 1996, 247-256.

844. Jurek, Tomasz: Najdawniejsze wywody szlachectwa na Śląsku [Die ältesten Adelsnachweise in Schlesien]. In: Śląski Kwartalnik Historyczny Sobótka 49 (1994) 191-203.

845. Mika, Norbert: Jaki przydomek nosił Mieszko, syn Władysława II Wygnańca? [Welchen Beinamen trug Mieszko, der Sohn Wladislaws II. des Vertriebenen?]. In: Pobóg-Lenartowicz, Anna (Hg.): Sacra Silentii provincia. 800 lat powstania dziedzicznego księstwa opolskiego (1202–2002). Opole 2003 (Z dziejów kultury chrześcijańskiej na Śląsku 27), 93-100.

846. Wiszewski, Przemysław: Dlaczego Henryk syn Bolesława Wysokiego został Brodatym, czyli wokół różnych znaczeń brody księcia [Warum wurde Heinrich, der Sohn Boleslaws des Langen, „der Bärtige" genannt? Zu verschiedenen Bedeutungen des Herzogsbartes]. In: Moździoch, Sławomir (Hg.): Wędrówki rzeczy i idei w średniowieczu. Wrocław 2004 (Spotkania Bytomskie 5), 41-59.

847. Zgorzelska, Urszula: Szlachta w terminologii źródeł górnośląskich od XIV do XVI wieku [Der Adel in der Terminologie oberschlesischer Quellen vom 14. bis zum 16. Jahrhundert]. In: Kuczyński, Stefan K. (Hg.): Społeczeństwo Polski średniowiecznej. Zbiór studiów, Bd. 3. Warszawa 1985, 279-303.

3.3 Heraldik

848. [Anonym]: Betreffend das Wappen der Burggrafen und Grafen zu Dohna. In: Der Deutsche Herold. Zeitschrift für Wappen, Siegel- und Familienkunde 41 (1910) 32f.

849. Blažek, Konrad: Die Wappen des schlesischen Adels. [ND Neustadt (Aisch) 1977] (J. Siebmacher's großes Wappenbuch 17).

850. Blažek, Konrad (Bearb.): Der Adel von Österreich-Schlesien. Nürnberg 1885 (J. Siebmacher's großes und allgemeines Wappenbuch 4, 11).

851. Blažek, Konrad (Bearb.): Der abgestorbene Adel der preußischen Provinz Schlesien und der Oberlausitz, Bd. 1-3. Nürnberg 1887–1894 (J. Siebmacher's großes und allgemeines Wappenbuch 6, 8).

852. Bretschneider, Paul: Schlesische Wappen in mittelalterlichen Handschriften. In: Zeitschrift des Vereins für Geschichte Schlesiens 72 (1938) 1-24.

853. Bretschneider, Paul: Studien und Bemerkungen über epigraphische und heraldische Denkmäler Schlesiens aus dem 13. und 14. Jahrhundert. In: Zeitschrift des Vereins für Geschichte Schlesiens 64 (1930) 1-38; 65 (1931) 239-271; 67 (1933) 1-31.

Titelblatt und Frontispiz aus Stosch, Melchior Friedrich von: Genealogia des hoch-gräflich-, freyherrlich- und hoch-adelichen Geschlechts derer von Stosch [...], Bd. 1: Die Historie des gantzen Geschlechts nach dessen Ursprung, Vermehrung, und Zergliederung In Besondere Häuser vorstellet. Breslau/Leipzig 1736 (laufende Nummer 820).

854. Bretschneider, Paul: Studien über einige epigraphische Denkmäler Schlesiens aus dem Mittelalter. In: Archiv für schlesische Kirchengeschichte 1 (1936) 41-48.

855. Chmielewska, Mieczysława: Dokument herbowy Seyfrida von Rotha z 1464 roku [Der Wappenbrief Seyfrids von Roth aus dem Jahr 1464]. In: Genealogia. Studia i Materiały Historyczne 4 (1994) 93-99.

856. Dorst von Schatzberg, J. G. Leonard: Schlesisches Wappenbuch oder die Wappen des Adels im souverainen Herzogthum Schlesien, der Grafschaft Glatz und der Oberlausitz, Bd. 1-3. Görlitz 1848.

857. Elsner von Gronow, Martin: Betrachtungen über polnische Wappen und Adelsgeschlechter, insbesondere auch deren Erscheinen in Schlesien. In: Schlesiens Vorzeit in Bild und Schrift 4/17 (1886) 518-527.

858. Felcman, Ondřej: Poděbradové. Rod s celokorunní působností. (Územní expanze Poděbradů a její odraz v rodovém erbu) [Die Podiebrad – ein Geschlecht mit Wirkung in allen Kronländern. (Die Territorialexpansion der Podiebrad und ihre Widerspiegelung im Stammeswappen)]. In: Bobková, Lenka/Konvičná, Jana (Hg.): Korunní země v dějinách českého státu II. Společné a rozdílné. Česká koruna v životě a vědomí jejích obyvatel ve 14.–16. století. Praha 2005, 69-79.

859. Felcman, Ondřej/Fukala, Radek: Poděbradové. Rod českomoravských pánů, kladských hrabat a slezských knížat [Die Podiebrad. Ein Geschlecht der böhmischen Herren, Glatzer Grafen und schlesischen Fürsten]. Praha 2008.

860. Frankiewicz, Edward: Książęce herby w piastowskiej kaplicy w Opolu (przedruk) [Die herzoglichen Wappen in der Oppelner Piastenkapelle (Wiederabdruck)]. In: Kalendarz Opolski 1991[1990] 62-65.

861. Grochowska-Sachs, Ewa/Reichenbach, Heinrich von: Gedenk- und Wappentafeln von Adel, Zünften und Bürgern in der Friedenskirche zu Jauer/Tablice pamiątkowe i herby szlachty, cechów i mieszczan w Kościele Pokoju w Jaworze. Wennigsen u. a. 2005.

862. Haisig, Marian: Herby dynastyczne Piastów i początki godła państwowego Polski [Die Familienwappen der Piasten und die Anfänge des polnischen Staatswappens]. In: Heck, Roman (Hg.): Piastowie w dziejach Polski. Zbiór artykułów z okazji trzechsetnej rocznicy wygaśnięcia dynastii Piastów. Wrocław u. a. 1975, 149-166.

863. Heydebrand u. der Lasa, Fedor von: Die Bedeutung des Hausmarken- und Wappenwesens für die schlesische Vorgeschichte und Geschichte. In: Altschlesien 6/2 (1936) 338-348.

864. Horstmann, Hans: Wappen, Fahnen, Bürgersiegel: Beiträge zur Liegnitzer Heraldik. Lorch/Württ. 1976 (Beiträge zur Liegnitzer Geschichte 6).

865. Igálffy von Igály, Ludwig: Das Wappenbuch Codex Saurma des Vereins Herold (vormals Wappenbuch der Keltsch von Riemberg genannt) und seine Bedeutung. Zur Hauptquelle des „Alten Siebmacher". Mit einem Exkurs über das Breslauer Domkapitel des Jahres 1590. In: Herold-Jahrbuch N.F. 1 (1996) 24-41.

866. Igálffy von Igály, Ludwig: Das Wappenglas des Andreas Augustin von Tepper. In: Der Herold. Vierteljahrsschrift für Heraldik, Genealogie und verwandte Wissenschaften N.F. 13, 35/12 (1992) 371-373.

867. Igálffy von Igály, Ludwig: Die Winanko von Werthenstein aus dem Hause Jungferndorf in Schlesien. In: Der Herold. Vierteljahrsschrift für Heraldik, Genealogie und verwandte Wissenschaften N.F. 13, 34 (1991) 139-147.

868. Jakubowicz, Krzysztof: Herby szlacheckie na Śląsku. Podręczny herbarz rycerstwa, mieszczaństwa i innych osób nobilitowanych na terenach rdzennie śląskich do roku 1616 [Adelswappen in Schlesien. Handbuch der Wappen von Rittern, Bürgern und anderen nobilitierten Personen in Schlesien bis zum Jahr 1616], Bd. 1: Teil A-B. Wrocław 2001.

869. Jakubowicz, Krzysztof: Herby szlacheckie na Śląsku. Podręczny herbarz rycerstwa, mieszczaństwa i innych osób nobilitowanych na terenach rdzennie śląskich do roku 1616 [Adelswappen in Schlesien. Handbuch der Wappen von Rittern, Bürgern und anderen nobilitierten Personen in Schlesien bis zum Jahr 1616], Bd. 2: Teil C-G. Wrocław 2001.

870. Jurek, Tomasz: Herby rycerstwa śląskiego na miniaturach Kodeksu o św. Jadwidze z 1353 roku [Die Wappen der schlesischen Ritterschaft in den Miniaturen des Hedwigskodex von 1353]. In: Genealogia. Studia i Materiały Historyczne 3 (1993) 9-36.

871. Jurek, Tomasz: Zmienność herbów rycerzy niemieckich na Śląsku [Die Veränderlichkeit der Wappen deutscher Ritter in Schlesien]. In: Rocznik Polskiego Towarzystwa Heraldycznego N.S. 2 (1995) 41-51.

872. Kačmaříková, Pavla: Erby v Rytířském sále Frýdeckého zámku [Wappen im Rittersaal des Friedeker Schlosses]. In: Práce a studie Muzea Beskyd 12 (2003) 101-108.

873. Kaganiec, Małgorzata: Heraldyka Piastów śląskich 1146–1707 [Die Heraldik der schlesischen Piasten 1146–1707]. Katowice 1992 (Rozprawy i studia Muzeum Śląskiego).

874. Kaganiec, Małgorzata: Rodowód herbu śląskiego [Die Genese des schlesischen Wappens]. Katowice 1991.

875. Kaganiec, Małgorzata: Ze studiów nad heraldyką Piastów śląskich. Piastowie oleśniccy [Studien zur Heraldik der schlesischen Piasten. Die Oelser Piasten]. In: Śląski Kwartalnik Historyczny Sobótka 36 (1981) 197-218

876. Knötel, Paul: Der schlesische Adler. In: Vierteljahrsschrift für Heraldik, Sphragistik und Genealogie 16 (1888) 391-401.

877. Knötel, Paul: Die Wappen am Westportal der katholischen Pfarrkirche in Patschkau und ihre Bedeutung für deren Baugeschichte. In: Zeitschrift des Vereins für Geschichte Schlesiens 51 (1917) 73-91.

878. Krahl, Ernst August: Mährisches Wappenbuch vom Jahre 1888. Gessertshausen 1986.

879. Krane, Alfred von (Hg.): Wappen- und Handbuch des in Schlesien (einschließlich der Oberlausitz) landgesessenen Adels. Görlitz 1901–1904.

880. Kuzio-Podrucki, Arkadiusz/Nadolski, Przemysław/Woźnicki, Dariusz: Herbarz bytomski [Das Beuthener Wappenbuch]. Bytom 2003.

881. Makowski, Mariusz: Exlibris herbowy Jana Piotra Gabriela von Mattencloita [Das Wappen-Exlibris Johann Peter Gabriel von Mattencloits]. In: Panic, Idzi (Hg.): Ojczyzna wielka i mała. Księga pamiątkowa wydana z okazji 40-lecia Oddziału Polskiego Towarzystwa Historycznego w Cieszynie. Cieszyn 1996, 51-55.

882. Müller, Karel (Hg.): Bartoloměj Paprocký z Hlohol. Štambuch Slezský. Brno 1609. Výběr. Heraldicko-genealogické předmluvy. Strom z erbův starodávných rodů učiněný [Bartoloměj Paprocký z Hlohol. Das schlesische Stammbuch. Brünn 1609. Eine Auswahl. Heraldisch-genealogische Einleitungen. Der aus den Wappen der uralten Geschlechter verfertigte Baum]. Opava 2004.

883. Müller, Karel: Erbovní galerie Řádu německých rytířů ve Slezsku a na severní Moravě I. (17. století) [Wappengalerien des Deutschritterordens in Schlesien und Nordmähren I. (17. Jahrhundert)]. In: Sborník Bruntálského muzea, Bruntál (2001) 25-36.

884. Müller, Karel: Erbovní galerie Řádu německých rytířů ve Slezsku a na severní Moravě II. (18. století) [Wappengalerien des Deutschritterordens in Schlesien und Nordmähren II. (18. Jahrhundert)]. In: Sborník Bruntálského muzea, Bruntál (2002) 37-44.

885. Müller, Karel: Erbovní listiny v archivech Slezska.a severní Moravy [Wappenbriefe in den Archiven Schlesiens und Nordmährens]. Opava 2001.

886. Müller, Karel: Erbovní listiny ve Státním oblastním archivu v Opavě [Wappenbriefe im Staatlichen Gebietsarchiv in Troppau]. Ostrava 1985.

887. Müller, Karel: Erbovní listiny v muzeích a knihovnách Severomoravského kraje [Wappenbriefe in den Museen und Bibliotheken des Nordmährischen Kreises]. Ostrava 1992.

888. Müller, Karel: Erbovní listiny v okresních archívech Severomoravského kraje (s dodatky k soupisu erb. listin v SOA Opava) [Wappenbriefe in den Bezirksarchiven des Nordmährischen Kreises]. Ostrava 1987.

889. Müller, Karel: Heraldika a sfragistika českého Slezska – současný stav a úkoly dalšího výzkumu [Heraldik und Sphragistik des tschechischen Schlesiens – gegenwärtiger Stand und weitere Forschungsaufgaben]. In: Borák, Mečislav (Hg.): Slezsko v dějinách českého státu. Opava 1998, 145-149.

890. Müller, Karel: Heraldik und Sphragistik im ehemaligen Österreichisch-Schlesien. Stand der Forschung und künftige Aufgaben. In: Weber, Matthias/Rabe, Carsten (Hg.): Silesiographia. Stand und Perspektiven der historischen Schlesienforschung. Festschrift für Norbert Conrads zum 60. Geburtstag. Würzburg 1998 (Wissenschaftliche Schriften des Vereins für Geschichte Schlesiens 4), 329-335.

891. Müller, Karel: Heraldická výzdoba stavovské sněmovny v Opavě ze 2. poloviny 16. století [Die heraldische Dekoration des ständischen Landtagssaals in Troppau aus der 2. Hälfte des 16. Jahrhunderts]. In: Prix, Dalibor (Hg.): Pro arte. Sborník k poctě Ivo Hlobila. Praha 2002, 253-259.

892. Müller, Karel: Heraldická výzdoba zemských desk opavských a krnovských [Die heraldische Dekoration der Troppauer und Jägerndorfer Landtafeln]. In: Sborník příspěvků II. setkání genealogů a heraldiků. Ostrava [1984], 33-36.

893. Panic, Idzi: Herb Piastów cieszyńskich i ich stolicy – Cieszyna (Studium heraldyczne) [Das Wappen der Teschener Piasten und ihrer Hauptstadt Teschen (Heraldische Studie)]. In: Rocznik Cieszyński 4/5 (1983) 141-150.

894. Panic, Idzi: Scuta Nobilium Ducatus Teschinensis. Zbiór herbów szlachty księstwa cieszyńskiego. Wprowadzenie do badań [Scuta Nobilium Ducatus Teschinensis. Wappensammlung des Teschener Adels. Eine Einführung in die Forschung]. In: Pamiętnik Cieszyński 15 (2000) 86-88.

895. Pawlik, Krzysztof: Pamiątka rodu Eichendorffów [Andenken an die Familie von Eichendorff]. In: Zeszyty Edukacji Kulturalnej 16 (1997) 4-15.

896. Peter, Anton: Die Wappen in den schlesischen Landtafelbüchern. In: Heraldisch-genealogische Zeitschrift. Organ des heraldischen Vereines „Adler" in Wien 1 (1871) 49f., 60-63, 71f.

897. Piekosiński, Franciszek: Heraldyka polska wieków średnich [Polnische Heraldik des Mittelalters]. Kraków 1899.

898. R., W. v. : Das Wappen der Grafen, Freiherrn und Herren v. Richthofen. In: Der Deutsche Herold. Zeitschrift für Wappen, Siegel- und Familienkunde 41 (1910) 183-185.

899. Scharffenberg, Crispin/Scharffenberg, Johann/Mosch, Hans von: Schlesisches Wappenbuch. Neustadt (Aisch) 1984 (Wappenbücher des Mittelalters 2).

900. Schmidt, Berthold: Das Wappen der Familie v. Maltzan und v. Maltzahn. In: Der Deutsche Herold. Zeitschrift für Wappen, Siegel- und Familienkunde 32 (1901) 98-102.

901. Schwob, Anton: Der deutschprachige Wappenbrief des Herzogs Przemko von Troppau für Oswald von Wolkenstein vom 5. Mai 1419. In: Lasatowicz, Maria Katarzyna/Joachimsthaler, Jürgen (Hg.): Nationale Identität aus germanistischer Perspektive. Opole 1998, 51-61.

902. Schwob, Anton: Der deutschsprachige Wappenbrief des Herzogs Przemko von Troppau für Oswald von Wolkenstein vom 5. Mai 1419. In: Joachimsthaler, Jürgen/Łasatowicz, Katarzyna (Hg.): Nationale Identität aus germanistischer Perspektive. Opole 1998, 63-73.

903. Šebesta, Zdeněk: Genealogické a heraldické památky v Rokytnici v Orl. horách [Genealogische und heraldische Denkmäler in Rokitnitz im Adlergebirge]. In: Heraldika a genealogie 24 (1991) 141-150.

904. Šefčík, Erich: Heraldické vyobrazení na mincích těšínských Piastovců [Heraldische Darstellung auf den Münzen der Teschener Piasten]. In: Vlastivědný věstník moravský 37 (1985) 243-245.

905. Sękowski, Roman: Herbarz szlachty śląskiej. Informator genealogiczno-heraldyczny [Das Wappenbuch des schlesischen Adels. Ein genealogisch-heraldischer Wegweiser], Bd. 1-6: A-C, D-G, H-K, K-Ł, M-N, O-Po. Katowice 2002–2008.

906. Strzyżewski, Wojciech: Herby Bibersteinów w świetle dawnych pieczęci i herbarzy [Die Wappen der Familie von Biberstein im Lichte alter Siegel und Wappenbücher]. In: Jaworski, Krzysztof (Hg.): Bibersteinowie w dziejach pogranicza śląsko-łużyckiego. Zielona Góra 2006, 159-166.

907. Strzyżewski, Wojciech: Herby rycerskie w godłach miast śląskich, pomorskich i nowomarchijskich [Ritterliche Wappen in den Wappenbildern schlesischer, pommerscher und neumärkischer Städte]. In: Peltz, Wojciech/Dudek, Jarosław (Hg.): Etos rycerski w Europie Środkowej i Wschodniej od X do XV wieku. Zielona Góra 1997, 137-144.

908. Strzyżewski, Wojciech: Związki heraldyczne szlachty polskiej i niemieckiej na przykładzie wybranych rodów (XV–XVIII w.) [Heraldische Beziehungen zwischen dem polnischen und deutschen Adel am Beispiel ausgewählter Geschlechter (15.–18. Jahrhundert)]. In: Rocznik Lubuski 18 (1993) 81-87.

909. Trelińska, Barbara: Album armorum nobilium Regni Poloniae XV–XVIII saec. Herby nobilitacji i indygenatów XV–XVIII w. Wstęp, opracowanie i edycja [Die Adelswappen und Indignate vom 15. bis zum 18. Jahrhundert. Einführung, Bearbeitung und Edition]. Lublin 2001.

910. Vendl, V[áclav] K[arel]: Farní kostel sv. Trojice v Raduni u Opavy [Die Pfarrkirche der hl. Dreifaltigkeit in Radun bei Troppau]. In: Časopis Společnosti přátel starožitností českých v Praze 31 (1923) 60-75.

911. Wilczek, Ferdinand/Haeussler, Franz/Halem, Hanno von: Wappen und Ahnentafeln der Ahnen des Reichsgrafen Dr. Ferdinand Wilczek, Frei- u. Bannerherr von Hultschin und Gutenland. Wien/Köln/Graz 1983.

912. Witkowski, Czesław Tadeusz (Bearb.): Herbarz pszczyński. Księga ziemian, rycerzy, władyków i panoszy wolnego pszczyńskiego państwa stanowego od XVI do XVIII wieku (próba prezentacji problemu) [Das Plesser Wappenbuch. Ein Buch der Grundbesitzer, Ritter und Herren in der Freien Standesherrschaft Pleß vom 16. bis 18. Jahrhundert (Versuch einer Problemdarstellung)]. Pszczyna 1998.

913. Woźnicki, Dariusz: Herb Blacha w świetle najnowszych badań [Das Wappen „Blacha" im Lichte neuester Forschungen]. In: Woźnicki, Dariusz (Hg.): Przyczynki do heraldyki i genealogii szlachty śląskiej. Tarnowskie Góry 1998, 43-46.

914. Woźnicki, Dariusz (Hg.): Przyczynki do heraldyki i genealogii szlachty śląskiej [Beiträge zur Heraldik und Genealogie des schlesischen Adels]. Tarnowskie Góry 1999.

915. Zapletal, Florian: Erby Opersdorfů v Dřevohosticích [Die Wappen der Oppersdorff in Dřevohostice]. In: Záhorská kronika 21 (1938/39) 55f.

916. Zapletal, Florian: Erby Skrbenských z Hříště a Badenfeldů v Dřevohosticích a na Fulneku [Die Wappen der Skrbensky von Hříště und der Badenfeld in Dřevohostice und Fulnek]. In: Záhorská kronika 21 (1938/39) 22f.

917. Zelenka, Aleš: Die Wappen der böhmischen und mährischen Bischöfe: Wappen von Antonin Javora. Regensburg 1979 (Veröffentlichungen des Institutum Bohemicum 2; Die Kirchenheraldik von Böhmen – Mähren – Schlesien 1).

3.4 Sphragistik

918. Banik, Joanna: Ikonografia pieczęci śląskich Pogorzelów [Ikonographie des Siegels der schlesischen Pogarell]. In: Rosik, Stanisław/Wiszewski, Przemysław (Hg.): Imago narrat. Obraz jako komunikat w społeczeństwach europejskich. Wrocław 2002 (Acta Universitatis Wratislaviensis 2478, Historia 161), 370-379.

919. Bednarek, Dariusz: O błędnej identyfikacji pieczęci Władysława, księcia legnickiego [Über die fehlerhafte Identifikation des Siegels Herzog Wladislaws von Liegnitz]. In: Śląski Kwartalnik Historyczny Sobótka 45 (1990) 513-516.

920. Bednarek, Dariusz: Refleksje i uwagi na marginesie najnowszych badań z zakresu średniowiecznej śląskiej sfragistyki książęcej [Gedanken und Bemerkungen am Rande neuester Forschungen auf dem Gebiet der mittelalterlichen Sphragistik der schlesischen Herzöge]. In: Śląski Kwartalnik Historyczny Sobótka 46 (1991) 1-16.

921. Chmielewska, Mieczysława: Pieczęć kancelaryjna Zygmunta Jagiellończyka jako księcia śląskiego [Das Kanzleisiegel des Jagiëllonen Sigismund als schlesischer Herzog]. In: Śląski Kwartalnik Historyczny Sobótka 44 (1989) 629-632.

922. Chocholatý, František: Pečeť knížete Přemka Opavského z roku 1429 – symbol ochrany České koruny proti viklefistům a husitům [Das Siegel des Herzogs Přemko von Troppau aus dem Jahr 1429 – ein Symbol des Schutzes der Böhmischen Krone gegen Wyclif-Anhänger und Hussiten]. In: Sborník příspěvků I. setkání genealogů a heraldiků. Ostrava [1980], 34f.

923. Chocholatý, František: Pečetě a znak opavských Přemyslovců [Die Siegel und Wappen der Troppauer Přemysliden]. In: Zpravodaj. Klub genealogů a heraldiků Ostrava při Domu kultury pracujících VŽSKG 4/1-2 (1982) 14-20.

924. Grotefend, Hermann: Die Siegel Boleslaw des II. von Schlesien. Ein Beitrag zur Urkundenkritik. In: Zeitschrift des Vereins für Geschichte und Alterthum Schlesiens 11 (1872) 171-187.

925. Piech, Zenon: O średniowiecznej sfragistyce i heraldyce książęcej na Śląsku [Über die mittelalterliche Sphragistik und Heraldik schlesischer Herzöge]. In: Kwartalnik Historyczny 3 (1992) 3-25.

926. Piech, Zenon: Ikonografia pieczęci Piastów [Die Ikonographie des Piastensiegels]. Kraków 1993.

927. Randt, Erich: Das Siegel des Herzogs Johann Kropidło von Oppeln aus der Zeit seines Kamminer Episkopats (1394–1398). In: Schlesische Geschichtsblätter. Mitteilungen des Vereins für Geschichte Schlesiens 2-3 (1924) 37-39.

928. Sedláček, Pavel: Pečeť frankenštejnského hejtmanství [Die Siegel des Hauptmannsamtes Frankenstein]. In: Paginae historiae. Sborník Státního ústředního archivu v Praze 5 (1997) 26-38.

929. Šefčík, Erich: Heraldická znamení na pečetích těšínských Piastovců [Heraldische Zeichen auf den Siegeln der letzten Piasten]. In: Sborník příspěvků I. setkání genealogů a heraldiků. Ostrava [1980], 55.

930. Šefčík, Erich: Pečetě těšínského knížete Kazimíra II. [Die Siegel des Teschener Fürsten Kasimir II.]. In: Těšínsko. Vlastivědný zpravodaj okresů Karviná a Frýdek-Místek 1 (1980) 17-23.

931. Šefčík, Erich: Pečeti těšínských Piastovců [Die Siegel der Teschener Piasten]. Ostrava 1982.

932. Stanko, Przemysław: Pieczęcie Piastów górnośląskich [Die Siegel der oberschlesischen Piasten]. In: Piech, Zenon/Pakulski, Jan/Wroniszewski, Jan (Hg.): Pieczęcie w dawnej Rzeczypospolitej. Stan i perspektywy badań. Warszawa 2006, 75-118.

933. Strzyżewski, Wojciech: Wczesnonowożytna pieczęć szlachecka na przykładzie księstwa głogowskiego (XVI–XVIII w.) [Das frühneuzeitliche Adelssiegel am Beispiel des Herzogtums Glogau (16.–18. Jahrhundert)]. In: Chlebowska, Agnieszka/Gut, Agnieszka (Hg.): Wokół znaków i symboli. Herby, pieczęcie i monety na Pomorzu, Śląsku i Ziemi Lubuskiej do 1945 roku. Warszawa 2008, 79-90.

934. Wójcik, Marek L.: Herby, hełmy i klejnoty. Uniwersalne i swoiste treści obrazowe pieczęci rycerstwa śląskiego [Wappen, Helme und Kleinodien. Allgemeine und besondere Bildinhalte des schlesischen Rittersiegels]. In: Chlebowska, Agnieszka/Gut, Agnieszka (Hg.): Wokół znaków i symboli. Herby, pieczęcie i monety na Pomorzu, Śląsku i Ziemi Lubuskiej do 1945 roku. Warszawa 2008, 49-66.

935. Wójcik, Marek L.: O kontrasigillach pieczęci księżnej świdnickiej Agnieszki. Uwagi na marginesie szkicu Mieczysławy Chmielewskiej „Pieczęcie Agnieszki, księżnej świdnickiej (1338–1392)" [Über die Kontrasigilla des Siegels der Herzogin Agnes von Schweidnitz. Bemerkungen am Rande der Studie „Die Siegel der Herzogin Agnes von Schweidnitz (1338–1392)" von Mieczysława Chmielewska]. In: Śląski Kwartalnik Historyczny Sobótka 62 (2007) 250-256.

936. Wójcik, Marek L.: Średniowieczne pieczęcie rycerstwa śląskiego [Mittelalterliche Siegel der schlesischen Ritterschaft]. In: Piech, Zenon/Pakulski, Jan/Wroniszewski, Jan (Hg.): Pieczęcie w dawnej Rzeczypospolitej. Stan i perspektywy badań. Warszawa 2006, 251-284.

937. Wółkiewicz, Ewa: Kapituła kolegiacka św. Mikołaja w Otmuchowie. Dzieje – organizacja – skład osobowy (1386–1477) [Das Kollegiatstift St. Nikolaus in Ottmachau. Geschichte – Organisation – Zusammensetzung (1386–1477)]. Opole 2008 (Z Dziejów Kultury Chrześcijańskiej na Śląsku 32).

938. Wutke, Konrad: Eine rätselhafte Siegelumschrift v. J. 1300 (Siegel des Bresl. Domkanzlers Walter Ebrardi a. d. Geschlecht der Gallici). In: Schlesische Geschichtsblätter. Mitteilungen des Vereins für Geschichte Schlesiens 2 (1926) 24-28.

3.5 Numismatik

939. Baum, Walter: Die Münzen und Medaillen der Bischöfe von Breslau. Teil 1: Bis Karl von Österreich (gest. 1624). In: Archiv für schlesische Kirchengeschichte 30 (1972) 1-32.

940. Baum, Walter: Die Münzen und Medaillen der Bischöfe von Breslau. Teil 2: Von Karl Ferdinand (1625–1655) bis Georg Kopp (1887–1914). In: Archiv für schlesische Kirchengeschichte 31 (1973) 87-112.

941. Baum, Walter: Zur Geschichte der Liegnitzer Münze. Münzen von 1211 bis 1675. Medaillen von der Renaissance bis zur Gegenwart. Lorch/Württ. 1981 (Beiträge zur Liegnitzer Geschichte 11).

942. Biermann, G[ottlieb]: Das Münzregale der Herzoge von Teschen. In: Notizen-Blatt der historisch-statistischen Section der kais. königl. mährisch-schlesischen Gesellschaft zur Beförderung des Ackerbaues, der Natur- und Landeskunde (1863) 25-29.

943. Blucha, Vladimír: Krnovské mincování [Jägerndorfer Münzprägungen]. In: Folia numismatica 2. Supplementum ad Acta Musei Moraviae, Scientiae sociales 72 (1987) 9-18.

944. Dewerdeck, Gottfried: Silesia numismatica: oder Einleitung zu dem Schlesischen Müntz-Cabinet [...]. Jauer 1711.

945. Dziallas, Paul: Das Bild der hl. Hedwig auf Münzen und Medaillen (mit 10 Abbildungen). In: Archiv für schlesische Kirchengeschichte 27 (1969) 238-251.

946. Ehrlich, Arnold: Die Münzstätte Oppeln zur Piastenzeit (1163–1532). In: Numismatische Zeitschrift 91 (1977) 75-83.

947. Friedensburg, Ferdinand: Adelswappen auf schlesischen Bracteaten. In: Archiv für Bracteatenkunde 2 (1885) 44-64.

948. Friedensburg, Ferdinand: Adelswappen auf schlesischen Mittelaltermünzen. In: Kultur und Leben. Zeitschrift für Kulturgeschichte und biologische Familienkunde 2 (1925) 158-161.

949. Friedensburg, Ferdinand: Der Fund von Kreuzburg (mit „Brakteat von Oppeln"). In: Schlesiens Vorzeit in Bild und Schrift 38-39/3 (1907) 60f.

950. Friedensburg, Ferdinand: Schlesiens Münzen und Münzwesen vor dem Jahre 1220. Berlin 1886.

951. Friedensburg, Ferdinand: Schlesiens Münzgeschichte im Mittelalter. Breslau 1887 (Codex diplomaticus Silesiae 12).

952. Friedensburg, Ferdinand: Schlesiens neuere Münzgeschichte. Breslau 1899 (Codex diplomaticus Silesiae 19).

953. Friedensburg, Ferdinand/Seger, H.: Schlesiens Münzen und Medaillen der neueren Zeit. Breslau 1901.

954. Gumowski, Marian: Fryderyk II legnicki i jego monety [Friedrich II. von Liegnitz und seine Münzen]. In: Wiadomości Numizmatyczne 5 (1961) 201-214.

955. Halačko, Jan: Neznámá medaile Bedřicha z Oppersdorfu z r. 1616 [Eine unbekannte Medaille Friedrich von Oppersdorfs aus dem J. 1616]. In: Numismatické listy 6 (1951) 107f.

956. Jaschke, Norbert: Neue Beiträge zur schlesischen Münzkunde. In: Schlesien. Eine Vierteljahrsschrift für Kunst, Wissenschaft und Volkskunde 36 (1991) 122-128; 39 (1994) 185-192.

957. Jaschke, Norbert/Maercker, Fritz P.: Schlesiens Münzen und Medaillen. Ergänzung und Weiterführung des Werkes von F. Friedensburg und H. Seger. Breslau 1985.

958. Jaschke, Norbert/Maercker, Fritz P.: Schlesiens Münzen, Medaillen und Abzeichen. Ein weiterer Nachtrag zu dem Werk von F. Friedensburg und H. Seger „Schlesiens Münzen und Medaillen der neueren Zeit". Köln 1994.

959. Kalus, Jaromír: Mincování v Opavě [Das Troppauer Münzwesen]. In: Folia numismatica 2. Supplementum ad Acta Musei Moraviae, Scientiae sociales 72 (1987) 19-26.

960. Kalus, Jaromír: Úvahy o slezských brakteátech Měška Opolsko-Ratibořského [Betrachtungen über die schlesischen Brakteaten Mieskos von Oppeln-Ratibor]. In: Slezský numismatik 18-19 [38-39] (1963) 67-69.

961. Kalus, Jaromír: Uwagi o śląskich brakteatach Mieszka opolsko-raciborskiego [Bemerkungen über die schlesischen Brakteaten Mieszkos von Oppeln-Ratibor]. In: Wiadomości Numizmatyczne 6 (1962) 219-224.

962. Karger, Viktor: Beiträge zur Geschichte des Teschner Münzwesens unter Herzogin Elisabeth Lucretia, Fürstin von Liechtenstein. In: Zeitschrift für Geschichte und Kulturgeschichte Österreichisch-Schlesiens 9 (1914) 77-91.

963. Karger, Viktor: Kleine Beiträge zur Teschner Münzgeschichte des 16. und 17. Jahrhunderts. In: Zeitschrift für Geschichte und Kulturgeschichte Schlesiens 14/15 (1919/20) 181-184.

964. Karger, Viktor: Weitere Beiträge zur Geschichte des Teschner Münzwesens unter Herzogin Elisabeth Lucretia, Fürstin von Liechtenstein. In: Zeitschrift für Geschichte und Kulturgeschichte Österreichisch-Schlesiens 10 (1915) 179-209.

965. Karger, Viktor: Weitere Beiträge zur Geschichte des Teschner Münzwesens unter Herzogin Elisabeth Lucretia, Fürstin von Liechtenstein. In: Zeitschrift für Geschichte und Kulturgeschichte Österreichisch-Schlesiens 13 (1918) 87-98.

966. Kiersnowski, Ryszard: Początki śląskiej monety dzielnicowej – próba rewizji poglądów [Die Anfänge der schlesischen Münze – Versuch einer Neuinterpretation]. In: Acta Universitatis Wratislaviensis 461. Historia 30 (1978) 49-60.

967. Klose, Josef: Příspěvek k úvahám o slezských brakteátech Měška Opolsko-Ratibořského [Ein Beitrag zu den Betrachtungen über die schlesischen Brakteaten Mieskos von Oppeln-Ratibor]. In: Slezský numismatik 1 [61] (1969) 7-13.

968. Knapíková, Jaromíra: Robert hrabě Lichnovský jako numismatik [Robert Graf Lichnowsky als Numismatiker]. In: Numismatické listy 5/6 (2002) 145-155.

969. Köhler, Johann David: Der letzten Fürstin Podiebradischen Stammes zu Münsterberg-Oels, und vermählten Hertzogin zu Würtemberg, Elisabeth Mariae, Begräbnüß-Thaler, von A. 1686. In: Ders. (Hg.): Der wöchentlichen historischen Münz-Belustigung […] Stück: darinnen allerhand merckwürdige und rare Thaler, Ducaten, Schaustücken, andere sonderbahre Gold- und Silber-Münzen, Bd. 6. Nürnberg 1734, 401-408.

970. Kundmann, Johann Christian (Hg.): Register zu den 55 „Schlesischen Stammtafeln": abgeschlossen anno 1738 […]. Regensburg 1980 (Die Fundgrube 39).

971. Mikołajczyk, Andrzej: Těšínské mince knížete Adama Václava (1594–1617) v peněžním oběhu [Die Teschener Münzen des Fürsten Adam Wenzel (1594–1617) im Geldumlauf]. In: Folia numismatica 4-5. Supplementum ad Acta Musei Moraviae, Scientiae sociales 74-75 (1989/90) 33-43.

972. Mrowiński, Eugeniusz: Mennictwo śląskie w okresie habsburskim 1526–1740 [Das schlesische Münzwesen in der Habsburgerzeit 1526–1740]. Warszawa 1983.

973. Nechanický, Zdeněk/Šafář, Oldřich: Kladské mincovnictví [Das Glatzer Münzwesen]. Hradec Králové 1983.

974. Nohejlová-Prátová, Emanuela: O kladském mincovnictví [Über das Glatzer Münzwesen]. In: Kladsko v historii českého státu. Praha 1947, 73-77.

975. Orzechowski, Kazimierz: Ius monetae książąt legnickich [Das ius monetae der Liegnitzer Herzöge]. In: Paszkiewicz, Borys (Hg.): Silesia numismatica. Ducatus Lignicensis et Bregensis. Liber I. Legnica 2001, 41-46.

976. Pánek, Ivo: Dukát knížete Přemka Opavského [Ein Dukat des Fürsten Přemko von Troppau]. In: Numismatické listy 12 (1970) 65-76.

977. Papoušek, František: Mince, bony, medaile, vyznamenání a řády opavských a krnovských knížat z Lichtenštejna [Münzen, Bons, Medaillen, Auszeichnungen und Orden der Troppauer und Jägerndorfer Fürsten von Liechtenstein]. In: Slezský numismatik. 5. zpráva numismatického kroužku při Slezském museu v Opavě. Říjen (1956) 1-6.

978. Papoušek, František: Mince, bony, medaile, vyznamenání a řády opavských a krnovských knížat z Lichtenštejna [Münzen, Bons, Medaillen, Auszeichnungen und Orden der Troppauer und Jägerndorfer Fürsten von Liechtenstein]. In: Slezský numismatik. 6. zpráva numismatického kroužku při Slezském museu v Opavě. Leden (1957) 1-3.

979. Papoušek, František: Neznámé haléře opavských Přemyslovců [Unbekannte Heller der Troppauer Přemysliden]. In: Numismatické listy 12 (1957) 33-37.

980. Papoušek, František: Opavské mincování [Die Troppauer Münzprägungen]. In: Grobelný, A[ndělín]/Sobotík, B[ohumil] (Hg.): Opava. Sborník k 10. výročí osvobození města. Ostrava 1956, 87-95.

981. Papoušek, František: Opavské mincování [Die Troppauer Münzprägungen]. In: Slezský numismatik. 7. zpráva numismatického kroužku při Slezském museu v Opavě. Duben (1957) 1-3.

982. Papoušek, František: Opavské mincování [Die Troppauer Münzprägungen]. In: Slezský numismatik. 8. zpráva numismatického kroužku při Slezském museu v Opavě. Červen (1957) 1-3.

983. Papoušek, František: Opavští Přemyslovci a jejich mincování [Die Troppauer Přemysliden und ihre Münzprägungen]. In: Slezský numismatik. Zpráva Kroužku členů Numismatické společnosti čs. při Slezském museu v Opavě. Říjen (1955) 2-4.

984. Papoušek, František: Příspěvek k dějinám těšínského mincování [Ein Beitrag zur Geschichte des Teschener Münzwesens]. In: Časopis Slezského muzea. Acta Musei Silesiae, Series B: Historia 4 (1954/55) 101-111.

985. Paszkiewicz, Borys: Gdzie są monety Henryka Probusa? [Wo befinden sich die Münzen Heinrichs IV. Probus?]. In: Wachowski, Krzysztof (Hg.): Śląsk w czasach Henryka IV Prawego. Wrocław 2005 (Wratislavia Antiqua. Studia z dziejów Wrocławia 8), 63-69.

986. Paszkiewicz, Borys: Polityka monetarna Władysława I [Die Münzpolitik Wladislaws I.]. In: Pobóg-Lenartowicz, Anna (Hg.): Sacra Silentii provincia. 800 lat powstania dziedzicznego księstwa opolskiego. Opole 2003 (Z dziejów kultury chrześcijańskiej na Śląsku 27), 157-162.

987. Paukrt, Martin: Kladské mincovnictví Jana z Pernštejna [Das Glatzer Münzwesen Johann von Pernsteins]. In: Numismatik 7/4 (2002) 6-10.

988. Paukrt, Martin: Mincovní činnost Jana z Pernštejna v Kladsku. (Analýza dosavadního stavu pramenů a literatury) [Die Münzprägung Johann von Pernsteins in Glatz. (Eine Analyse des bisherigen Quellen- und Literaturstandes)]. In: Sborník prací východočeských archivů 9 (2004) 77-88.

989. Polívka, Eduard: Mincovní památky hraběcího rodu Nosticů [Münzen der Grafenfamilie von Nostitz]. In: Numismatické listy 51 (1996) 14-17.

990. Pošvář, Jaroslav: Mincovní regál ve Slezsku za 30leté války [Das Münzregal in Schlesien während des 30jährigen Krieges]. In: Slezský sborník 54 (1956) 141-144.

991. Rumpl, Antonín: Opavská mincovna v letech 1629–1630 a Morava [Die Troppauer Münzstätte in den Jahren 1629–1630 und Mähren]. In: Numismatické listy 10 (1955) 83-87.

992. Rzehak, Emil: Jägerndorf als Münzstätte der Markgrafen von Brandenburg im XVI. und XVII. Jahrhundert. In: Zeitschrift für Geschichte und Kulturgeschichte Österreichisch-Schlesiens 4 (1908/09) 118-130.

993. Rzehak, Emil: Westschlesische Münzstätten im Mittelalter und in neuerer Zeit. In: Zeitschrift des Deutschen Vereines für die Geschichte Mährens und Schlesiens 21 (1917) 150-167.

994. Saurma-Jeltsch, Hugo von: Die Saurma'sche Münzsammlung deutscher, schweizerischer und polnischer Gepräge, von etwa dem Beginn der Groschenzeit bis zur Kipperperiode, Bd. 1-2. Frankfurt a. Main 1892.

995. Saurma-Jeltsch, Hugo von (Hg.): Schlesische Münzen und Medaillen. Namens des Vereins für das Museum schlesischer Alterthümer. Breslau 1883.

996. Saurma-Jeltsch, Hugo von/Hamburger, L.: Catalog der berühmten Münzsammlung deutscher, schweizerischer u. polnischer Gepräge von etwa dem Beginn der Groschenperiode bis zur Kipperzeit […]. Frankfurt a. Main 1898.

997. Šefčík, Erich: Historie těšínského mincování [Geschichte der Teschener Münzprägungen]. In: Folia numismatica 2. Supplementum ad Acta Musei Moraviae, Scientiae sociales 72 (1987) 3-7.

998. Šefčík, Erich: Krátký přehled mincování vedlejších zemí Koruny české (Kladsko, Lužice, Slezsko) [Kurze Übersicht des Münzwesens der Nebenländer der Böhmischen Krone (Glatz, Lausitz, Schlesien)]. In: Folia numismatica 6-7. Supplementum ad Acta Musei Moraviae. Scientiae sociales 76-77 (1991/92) 9-22.

999. Šefčík, Erich: Počátky tolarového mincování na Krnovsku, Opavsku a Těšínsku [Die Anfänge der Talerprägung im Jägerndorfer, Troppauer und Teschener Land]. In: Folia numismatica 6-7. Supplementum ad Acta Musei Moraviae. Scientiae sociales 76-77 (1991/92) 23-27.

1000. Šefčík, Erich: Výrobní a grafická souvislost mezi mincemi, medailemi a pečetěmi těšínských Piastovců [Herstellungs- und graphische Zusammenhänge zwischen Münzen, Medaillen und Siegeln der Teschener Piasten]. In: Folia numismatica 3. Supplementum ad Acta Musei Moraviae. Scientiae sociales 73 (1988) 57-66.

1001. Šimek, Eduard: K hodnocení významu Valdštejnova mincování v letech 1626–1634 [Zur Würdigung von Wallensteins Münzprägungen in den Jahren 1626–1634]. In: Numismatické listy 12 (1994) 105-109.

1002. Šimek, Eduard: Poznámka k hodnocení významu mincovní činnosti Jana z Pernštejna [Eine Bemerkung zur Würdigung der Bedeutung der Münztätigkeit Johann von Pernsteins]. In: Vorel, Petr (Hg.): Pernštejnové v českých dějinách. Pardubice 1995, 311-314.

1003. Šůla, Jaroslav: Z počátků pernštejnské mincovny v Kladsku [Aus den Anfängen der Pernsteinschen Münzstätte in Glatz]. In: Šůla, Jaroslav (Hg.): Tři studie z české numismatiky. Příloha k 60. číslu „Sběratelských zpráv". Hradec Králové 1989, 9-33.

1004. Temple, Rudolf: Gab es im Herzogthume Auschwitz eine Münzstätte? In: Notizen-Blatt der historisch-statistischen Section der kais. königl. mährisch-schlesischen Gesellschaft zur Beförderung des Ackerbaues, der Natur- und Landeskunde (1887) 40.

1005. Więcek, Adam: Medale pamiątkowe Jerzego Wilhelma, księcia legnicko-brzesko-wołowskiego (W 280 rocznicę śmierci ostatniego Piasta śląskiego 1675–1955) [Gedenkmedaillen Herzog Georg Wilhelms von Liegnitz-Brieg-Wohlau (Zum 280. Todesjahr des letzten schlesischen Piasten 1675–1955)]. In: Kwartalnik Opolski 1/3-4 (1955) 103-115.

1006. Więcek, Adam: Piastowie śląscy: Seria 14 medali pamiątkowych Józefa Stasińskiego wydana przez Muzeum Sztuki Medalierskiej z okazji 300 rocznicy wygaśnięcia dynastii Piastów śląskich 1675–1975. Wstęp oraz katalog [Die schlesischen Piasten: 14 Gedenkmedaillen Józef Stasińskis, herausgegeben vom Museum für Medaillenkunst zum 300. Jahrestag des Aussterbens der schlesischen Piasten 1675–1975. Einleitung und Katalog]. Wrocław 1975.

1007. Wolf, Marek: Úmrtní medaile Felixe Lichnovského [Die Totengedenkmünze Felix Lichnowskys]. In: Slezský numismatik 6 (2003) 5-7.

1008. Wutke, Konrad: Vermischte Mittheilungen. 5. Das Münzprivileg der Grafen von Hardeck. In: Zeitschrift des Vereins für Geschichte und Alterthum Schlesiens 35 (1901) 377.

3.6 Realienkunde und Sonstiges

1009. Chocholatý, František: Náhrobník kanovníka Přemysla, vévody Opavského v Mödlingu [Der Grabstein des Kanonikers Přemko, Herzogs von Troppau, in Mödling]. In: Zpravodaj. Klub genealogů a heraldiků Ostrava při Domu kultury ROH VŽSKG 31 (1989) 16-19.

1010. Czechowicz, Bogusław: Piastowie i kartografia [Die Piasten und die Kartographie]. In: Barciak, Antoni (Hg.): Piastowie śląscy w kulturze i europejskich dziejach. Katowice 2007, 134-150.

1011. Hrbáček, Karel: Náhrobní kámen Jana z Vrbna ve Velkých Heralticích [Der Grabstein Johanns von Würben in Groß Herrlitz]. In: Zpravodaj ostravské pobočky Genealogické a heraldické společnosti v Praze při Domu kultury pracujících Vítkovic v Ostravě 3/2-3 (1981) 17-20.

1012. Igálffy-Igály, Ludwig [Ludwig Igálffy von Igály]: Schlesische Grabdenkmäler, Totenschilder und Ahnentafeln. In: Jahrbuch der Heraldisch-Genealogischen Gesellschaft „Adler" 3. Folge, 8 (1971/73) 47-90.

1013. Irgang, Winfried: Das Urkundenwesen Herzog Heinrichs III. von Schlesien (1248–1266). In: Zeitschrift für Ostforschung 31 (1982) 1-47.

1014. Irgang, Winfried: Das Urkunden- und Kanzleiwesen Herzog Heinrichs IV. von Schlesien (1270–1290). In: Zeitschrift für Ostforschung 36 (1987) 1-51.

1015. Kozina, Irma: Mauzoleum książąt Henckel von Donnersmarck w Świerklańcu [Das Mausoleum der Fürsten Henckel von Donnersmarck in Neudeck]. In: Miasteczko Śląskie. Zeszyty Tarnogórskie 33 (1998) 23-27.

1016. Kozłowska, Krystyna: Knížecí nekropole v klášteře sv. Ducha sester dominikánek (v současnosti muzeum) [Die fürstliche Nekropole im Kloster des hl. Geistes der Dominikarinnen (gegenwärtig ein Museum)]. In: Vlastivědné listy 29/1 (2003) 1-3.

1017. Płóciennik, Tomasz: L'épigraphie du tympanon de Iaxa à Wroclaw. In: Cahiers de Civilisation Médiévale 40/1 (1997) 103-118.

1018. Svoboda, Milan: Nově objevený pramen pro dějiny mauzolea Redernů ve Frýdlantu v Čechách [Eine neu entdeckte Quelle für die Geschichte des Mausoleums der Redern in Friedland in Böhmen]. In: Sborník Severočeského muzea. Historia 13 (2004) 12-16, 130-133.

1019. Swientek, Horst-Oskar: Das Kanzlei- und Urkundenwesen Herzog Heinrichs III. von Schlesien (1248–1266) (Vorarbeiten zum Schlesischen Urkundenbuch). In: Zeitschrift des Vereins für Geschichte Schlesiens 69 (1935) 40-69.

1020. The Nostitz papers. Notes on watermarks found in the German imperial archives of the 17th & 18th centuries, and essays showing the evolution of a number of watermarks. Hilversum 1956 (Monumenta chartae papyraceae historiam illustrantia 5).

4. Forschungsliteratur

4.1 Sammelwerke/übergreifende Literatur [Allgemein]

1021. Andreae, Friedrich: Gestalten des oberschlesischen Adels. In: Aus Oberschlesiens Vergangenheit und Gegenwart. Gleiwitz 1 (1922) 57-74.

1022. Bahlcke, Joachim: Schlesien und die Schlesier. München 1996 (Studienbuchreihe Ostdeutscher Kulturrat 7).

1023. Boras, Zygmunt: Książęta piastowscy Śląska [Die Piastenherzöge Schlesiens]. Katowice 1974.

1024. Conrads, Norbert (Hg.): Schlesien. Berlin 1994, 2. Auf. 2002 (Deutsche Geschichte im Osten Europas).

1025. Czechowicz, Bogusław: Sukcesorzy śląskich Piastów: w trzechsetlecie śmierci ostatniej z rodu (1707–2007) [Die Erben der schlesischen Piasten: zum 300. Todesjahr der letzten Vertreterin des Geschlechts (1707–2007)]. Wrocław 2007 (Biblioteka Dolnego Śląska 3).

1026. Czerner, Olgierd/Bzdziach, Klaus/Runge, Matthias (Hg.): Das Tal der Schlösser und Gärten. Das Hirschberger Tal in Schlesien, ein gemeinsames Kulturerbe/Dolina zamków i ogrodów. Kotlina Jelleniogórska – wspólne dziedzictwo. Jelenia Góra/Berlin 2001.

1027. Dyhern, Alexandra von: Der schlesische Adel im Laufe der Zeiten. In: Schlesische Geschichtsblätter. Mitteilungen des Vereins für Geschichte Schlesiens 2 (1940) 33-42 [96 f. Ergänzungen].

1028. Ebel, Theodor: Gelegenheitsfunde (aus Schlesien betr. die aus Preussen stammenden Familien Meuer, Drylich, v. Tempsky [...]). In: Altpreussische Geschlechterkunde (1954) 7.

1029. Eichendorff, Joseph von: Schlesisches Adelsleben. In: Die neue Schau. Monatsschrift für das kulturelle Leben im deutschen Haus 13 (1962) 201-204.

1030. Fischer-Schirmer, Erica Henrietta: Vom Schlesischen „Bürgeradel". In: Jahrbuch der Schlesischen Friedrich-Wilhelms-Universität zu Breslau 14 (1969) 138-163.

1031. Frankenberg, Karl von: Rückblicke auf Kultur und Geschichte des Adels in Schlesien. In: Deutsches Adelsblatt. Zeitschrift der Deutschen Adelsgenossenschaft für die Aufgaben des christlichen Adels 25 (1907) 122-126, 136f.

1032. Fröhlichsthal, Georg: Anzahl der Adeligen im Kaisertum Österreich im Jahr 1851. In: Adler. Zeitschrift für Genealogie und Heraldik 23 (2005/06) 1-8.

1033. Fukala, Radek: Stavovské a knížecí Slezsko – nástin politického vývoje Slezska v letech 1400-1550 [Das ständische und fürstliche Schlesien – eine Skizze der politischen Entwicklung Schlesiens in den Jahren 1400–1550]. In: Hlobil, Ivo/Perůtka, Marek (Hg.): Od gotiky k renesanci. Výtvarná kultura Moravy a Slezska 1400–1550, Bd. 1. Olomouc 2002, 27-42.

1034. Gawrecki, Dan u. a.: Dějiny Českého Slezska 1740–2000 [Geschichte des Tschechischen Schlesiens], Bd. 1-2. Opava 2003.

1035. Grundmann, Günther: Grosse Soldaten in Schlesien. Breslau 1941.

1036. Grünhagen, Colmar: Geschichte Schlesiens. Erster Band: Bis zum Eintritt der Habsburgischen Herrschaft 1527. Mit einem Bändchen Quellennachweisungen. Zweiter Band: Bis zur Vereinigung mit Preußen (1527 bis 1740). Mit einem Bändchen Quellennachweisungen. Gotha 1884–1886.

1037. Irgang, Winfried/Bein, Werner/Neubach, Helmut: Schlesien. Geschichte, Kultur und Wirtschaft. Köln 1995 (Historische Landeskunde – deutsche Geschichte im Osten 4).

1038. Jaeckel, Georg: Die schlesischen Piasten (1138–1675). Ein Fürstenhaus zwischen West und Ost. In: Schlesien. Land zwischen West und Ost. Lorch/ Württ. 1985 (Beiträge zur Liegnitzer Geschichte 14), 13-50.

1039. Knothe, Hermann: Geschichte des Oberlausitzer Adels und seiner Güter vom 13. bis gegen Ende des 16. Jahrhunderts. Leipzig 1879.

1040. Knothe, Hermann: Fortsetzung der Geschichte des Oberlausitzer Adels und seiner Güter von Mitte des 16. Jahrhunderts bis 1620. In: Neues Lausitzisches Magazin 63 (1888) 1-174.

1041. Kubiciel, Romuald: Ziemia pszczyńska i jej właściciele do połowy XVI wieku. Przyczynek do genezy wolnego państwa stanowego pszczyńskiego [Das Plesser Land und dessen Besitzer bis zur Mitte des 16. Jahrhunderts. Ein Beitrag zur Genese der Freien Standesherrschaft Pleß]. In: Barciak, Antoni (Hg.): Ziemia pszczyńska przez wieki. Stan badań, archiwalia, problemy badawcze. Suszec 2002, 122-210.

1042. Kuzio-Podrucki, Arkadiusz: Rodowód książąt Raciborza z rodów von Hessen i von Hohenlohe [Die Herkunft der Herzöge von Ratibor aus den Geschlechtern Hessen und Hohenlohe]. In: Woźnicki, Dariusz (Hg.): Przyczynki do heraldyki i genealogii szlachty śląskiej. Tarnowskie Góry 1999, 33-44.

1043. Mach, Anton von: Beiträge zur Geschichte des schlesischen Adels. In: Deutsches Adelsblatt. Zeitschrift der Deutschen Adelsgenossenschaft für die Aufgaben des christlichen Adels 2 (1884) 546f., 559f., 567-569.

1044. Mach, Anton von: Nachrichten über einige ausgestorbene Geschlechter des schlesischen Adels. In: Deutsches Adelsblatt. Zeitschrift der Deutschen Adelsgenossenschaft für die Aufgaben des christlichen Adels 3 (1885) 259-261.

1045. Menzel, Josef Joachim: Die schlesischen Piasten. Ein deutsches Fürstengeschlecht polnischer Herkunft. In: Schlesien. Eine Vierteljahrsschrift für Kunst, Wissenschaft und Volkskunde 20 (1975) 129-138.

1046. Müller, K[arl] A[mand]: Vaterländische Bilder, in einer Geschichte und Beschreibung der alten Burgfesten und Ritterschlösser Schlesiens (beider Antheile) so wie der Grafschaft Glatz. Glogau 1837, 2. Aufl. 1844.

1047. Paczensky und Tenczin, Otto von: Schlesiens Adel im politischen Leben der Gegenwart. Vortrag d. Gen.-Maj. z. D. [Otto] v. Paczensky u. Tenczin, geh. in d. Generalversamml. d. Bezirksabt. Schlesien (d. deutschen Adelsgenossenschaft am 10. Februar 1912). In: Deutsches Adelsblatt. Zeitschrift der Deutschen Adelsgenossenschaft für die Aufgaben des christlichen Adels 137 (1912) 137-140, 153-157, 171-173.

1048. Panic, Idzi: Poczet Piastów i Piastówien cieszyńskich [Die Teschener Piasten und Piastinnen]. Cieszyn 2003.

1049. Pückler zu Tannhausen, K.: Über einige dem schlesischen Adel gemachte Vorwürfe. In: Berlinische Monatsschrift 18 (1791) 6-28.

1050. Randt, Erich: Neue Quellen zur Kenntnis der nationalen Herkunft des oberschlesischen Adels. In: Aus Oberschlesiens Vergangenheit und Gegenwart. Gleiwitz 1 (1922) 1-23.

1051. Rosik, Stanisław/Wiszewski, Przemysław: Wielki poczet polskich władców [Die große Reihe der polnischen Herrscher]. Wrocław 2006.

1052. Schweinichen, Constantin von: Zum Artikel Geschichtsklitterung in Nr. 4 d.

Bl. In: Der Deutsche Herold. Zeitschrift für Wappen, Siegel- und Familienkunde 41/5 (1910) 96f.

1053. Sękowski, Roman: Szlachta śląska [Der schlesische Adel]. In: Simonides, Dorota (Hg.): Śląsk Opolski. Dziedzictwo i współczesność. Opole 2005, 57-62.

1054. Seydlitz-Kurzbach, Rudolf: In derselben Angelegenheit ist uns noch nachstehender Artikel zugegangen [Zum Artikel Geschichtsklitterung von Kurd v. Strantz]. In: Der Deutsche Herold. Zeitschrift für Wappen, Siegel- und Familienkunde 41 (1910) 97-99.

1055. Siemko, Piotr: Rody rycerskie z terenu Jastrzębia i okolicy [Rittergeschlechter aus der Umgebung von Jastrzemb]. Jastrzębie Zdrój 2003.

1056. Strantz, Kurd [!] von: Geschichtsklitterung. In: Der Deutsche Herold. Zeitschrift für Wappen, Siegel- und Familienkunde 41/4 (1910) 78.

1057. Strantz, Kurd [!] von: Märkische Schloßgesessene, schlesische Standesherren. In: Der Deutsche Herold. Zeitschrift für Wappen, Siegel- und Familienkunde 42 (1911) 141f.

1058. Strantz, Kurd [!] von: Die staatsrechtliche Stellung und das wirtschaftliche Verdienst der schlesischen Standesherren. In: Deutsches Adelsblatt. Zeitschrift der Deutschen Adelsgenossenschaft für die Aufgaben des christlichen Adels 39 (1921) 198f., 293f.

1059. Taddey, Gerhard: Die Hohenlohe und Schlesien. In: Jahrbuch der Schlesischen Friedrich-Wilhelms-Universität zu Breslau 29 (1988) 199-237.

1060. Wendt, Heinrich: Schlesier in türkischer Gefangenschaft. In: Schlesische Geschichtsblätter. Mitteilungen des Vereins für Geschichte Schlesiens 1 (1916) 1-9.

1061. Wendt, Heinrich: Hohenzollern, Piasten und Polen. In: Schlesische Geschichtsblätter. Mitteilungen des Vereins für Geschichte Schlesiens 3 (1917) 49-55.

1062. Witzendorff-Rehdiger, Hans Jürgen von: Die Breslauer Ratsfamilien der Neuzeit. In: Jahrbuch der Schlesischen Friedrich-Wilhelms-Universität zu Breslau 7 (1962) 163-183.

1063. Witzendorff-Rehdiger, Hans-Jürgen von: Der ritterliche Adel und der Stadtadel in Schlesien. In: Jahrbuch der Schlesischen Friedrich-Wilhelms-Universität zu Breslau 6 (1961) 193-212.

1064. Witzendorff-Rehdiger, Hans Jürgen von: Stadt- und Diplomadel in Breslau. In: Ostdeutsche Familienkunde 9/1 (1961) 298f.

1065. Žáček, Rudolf: Dějiny Slezska v datech [Geschichte Schlesiens in Daten]. Praha 2004.

4.1 Sammelwerke/übergreifende Literatur [Mittelalter]

1066. Anders, Gerhard H.: Schlesische Ritter und Kreuzfahrer im preußischen Ordensland. In: Ostdeutsche Familienkunde 7/1 (1959) 97-102, 132-136, 155-161.

1067. Barański, Marek: Dynastia Piastów w Polsce [Die Piastendynastie in Polen]. Warszawa 2005.

1068. Bobková, Lenka: Velké dějiny zemí Koruny české [Große Geschichte der Länder der Böhmischen Krone], Bd. 4a-4b: 1310–1402. Praha/Litomyšl 2003.

1069. Boetticher, Walter von: Der Adel des Görlitzer Weichbildes um die Wende des 14. und 15. Jahrhunderts. Görlitz 1927.

1070. Cetwiński, Marek: Początki rodów rycerskich ziemi jaworskiej [Die Anfänge der Rittergeschlechter im Jauerer Land]. In: Ders. (Hg.): Śląski tygiel. Studia z dziejów polskiego średniowiecza. Częstochowa 2001, 170-182.

1071. Cetwiński, Marek: Pokolenia rycerzy śląskich w XII–XIII wieku [Generationen schlesischer Ritter im 12. und 13. Jahrhundert]. In: Ders. (Hg.): Śląski tygiel. Studia z dziejów polskiego średniowiecza. Częstochowa 2001, 33-45.

1072. Cetwiński, Marek: Rozbój rycerski na pograniczu śląsko-łużyckim w XIV i XV wieku [Das Raubritterwesen im schlesisch-lausitzischen Grenzgebiet im 14. und 15. Jahrhundert]. In: Ders. (Hg.): Śląski tygiel. Studia z dziejów polskiego średniowiecza. Częstochowa 2001, 203-208.

1073. Cetwiński, Marek: Rycerstwo okolic Złotoryi do połowy XIV wieku [Die Ritterschaft aus der Umgebung von Goldberg bis zur Mitte des 14. Jahrhunderts]. In: Ders. (Hg.): Śląski tygiel. Studia z dziejów polskiego średniowiecza. Częstochowa 2001, 163-169.

1074. Conrads, Norbert: Breslau [bischöfliche Residenz]. In: Paravicini, Werner (Hg.): Höfe und Residenzen im spätmittelalterlichen Reich. Ein dynastisch-topographisches Handbuch, Bd. 2: Residenzen. Ostfildern 2003 (Residenzenforschung 15/1), 76-79.

1075. Conrads, Norbert: Neisse [bischöfliche Residenz]. In: Paravicini, Werner (Hg.): Höfe und Residenzen im spätmittelalterlichen Reich. Ein dynastisch-topographisches Handbuch, Bd. 2: Residenzen. Ostfildern 2003 (Residenzenforschung 15/1), 406-408.

1076. Čornej, Petr: Velké dějiny zemí Koruny české [Große Geschichte der Länder der Böhmischen Krone], Bd. 5: 1402–1437. Praha/Litomyšl 2000.

1077. Hausdorf, Georg Paul Aloysius: Die Piasten Schlesiens. Breslau 1933.

1078. Heck, Roman: Kultura umysłowa odrodzenia na Śląsku [Die geistige Kultur der Renaissance in Schlesien]. In: Gmiński, Jerzy (Hg.): Kultura artystyczna renesansu na Śląsku w dobie Piastów. Brzeg/Opole 1975, 25-39.

1079. Heck, Roman (Hg.): Piastowie w dziejach Polski: Zbiór artykułów z okazji trzechsetnej rocznicy wygaśnięcia dynastii Piastów [Die Piasten in der Geschichte Polens: Eine Aufsatzsammlung zum 300. Jahrestag des Aussterbens der Piastendynastie]. Wrocław u. a. 1975.

1080. Jurek, Tomasz: Die Migration deutscher Ritter nach Polen. In: Wünsch, Thomas/Patschovsky, Alexander (Hg.): Das Reich und Polen. Parallelen, Interaktionen und Formen der Akkulturation im hohen und späten Mittelalter. Ostfildern 2003 (Vorträge und Forschungen 59), 243-276.

1081. Jurek, Tomasz: Geneza szlachty polskiej [Die Herkunft des polnischen Adels]. In: Šlechta, moc a reprezentace ve středověku. Colloquia medievalia Pragensia 9 (2007) 63-140.

1082. Kaczmarek, Michał/Wójcik, Marek L. (Hg.): Księga Jadwiżańska. Międzynarodowe Sympozjum Naukowe Święta Jadwiga w Dziejach i Kulturze Śląska; Wrocław/Trzebnica 21–23 września 1993 roku [Das Hedwigsbuch. Internationale Tagung „Die Hl. Hedwig in der Geschichte und Kultur Schlesiens", Breslau-Trebnitz 21.–23. September 1993]. Wrocław 1995 (Acta Universitatis Wratislaviensis 1720).

1083. Matuszewski, Edward: Piastowie śląscy na Mazurach [Die schlesischen Piasten in Masuren]. In: Kwartalnik Opolski 8/3,4 (1962) 63-70.

1084. Rüther, Andreas: Piasten. In: Paravicini, Werner (Hg.): Höfe und Residenzen im spätmittelalterlichen Reich. Ein dynastisch-topographisches Handbuch, Bd. 1: Dynastien und Höfe. Ostfildern 2003 (Residenzenforschung 15/1), 172-180.

1085. Rüther, Andreas: Schlesien. In: Paravicini, Werner (Hg.): Höfe und Residenzen im spätmittelalterlichen Reich. Ein dynastisch-topographisches Handbuch, Bd. 1: Dynastien und Höfe. Ostfildern 2003 (Residenzenforschung 15/1), 895-905.

1086. Samsonowicz, Henryk: Śląsk w Europie w czasach Henryka IV Probusa [Schlesien im Europa zur Zeit Heinrichs IV. Probus]. In: Wachowski, Krzysztof (Hg.): Śląsk w czasach Henryka IV Prawego. Wrocław 2005 (Wratislavia Antiqua. Studia z dziejów Wrocławia 8), 7-11.

1087. Schmakowsky, Wilhelm Julius: Schlesien unter Herzog Heinrich dem Bärtigen. In: Schlesische Provinzialblätter 106 (1837) 197-202, 307-313, 421-429, 499-506.

1088. Tymieniecki, Kazimierz: W sprawie powstania szlachectwa w Polsce [Zur Genese des Adelsstandes in Polen]. In: Miesięcznik Heraldyczny 13 (1934) 69-73, 86-91.

1089. Wachowski, Krzysztof (Hg.): Śląsk w czasach Henryka IV Prawego [Schlesien zur Zeit Heinrichs IV. Probus]. Wrocław 2005 (Wratislavia Antiqua. Studia z dziejów Wrocławia 8).

1090. Wachowski, Krzysztof/Witkowski, Jacek: Henryk IV Prawy – homo oeconomicus czy homo ludens? [Heinrich IV. Probus – homo oeconomicus oder homo ludens?]. In: Wachowski, Krzysztof (Hg.): Śląsk w czasach Henryka IV Prawego. Wrocław 2005 (Wratislavia Antiqua. Studia z dziejów Wrocławia 8), 71-83.

1091. Witzendorff-Rehdiger, Hans-Jürgen von: Landadel im mittelalterlichen Patriziat Breslaus. In: Ostdeutsche Familienkunde 2 (1954) 117f.

1092. Worbs, Johann Gottlob: Diplomatische Geschichte Heinrichs III. oder des Getreuen, von Glogau. In: Schlesische Provinzialblätter 61 (1815) 501-515; 62 (1815) 10-39.

1093. Zarzycka, Zyta: Piastowscy książęta Koźla [Die Piastenherzöge von Cosel]. In: Nycz, Edward (Hg.): Historyczne i współczesne problemy miasta i jego mieszkańców. Opole 1996, 73-85.

4.1 Sammelwerke/übergreifende Literatur [Frühe Neuzeit]

1094. Bahlcke, Joachim: Regionalismus und Staatsintegration im Widerstreit. Die Länder der Böhmischen Krone im ersten Jahrhundert der Habsburgerherrschaft (1526–1619). München 1994 (Schriften des Bundesinstituts für Ostdeutsche Kultur und Geschichte 3).

1095. Bělina, Pavel/Kaše, Jiří/Kučera, Jan P.: Velké dějiny zemí Koruny české [Große Geschichte der Länder der Böhmischen Krone], Bd. 10: 1740–1792. Praha/Litomyšl 2001.

1096. Deventer, Jörg: Gegenreformation in Schlesien. Die habsburgische Rekatholisierungspolitik in Glogau und Schweidnitz 1526–1707. Köln/Weimar/Wien 2003 (Neue Forschungen zur Schlesischen Geschichte 8).

1097. Garber, Klaus (Hg.): Kulturgeschichte Schlesiens in der Frühen Neuzeit, Bd. 1-2. Tübingen 2005 (Frühe Neuzeit 111).

1098. Gojniczek, Wacław: Spis szlachty księstwa cieszyńskiego z połowy XVII wieku [Das Verzeichnis des Teschener Adels aus der Mitte des 17. Jahrhunderts]. In: Panic, Idzi (Hg.): Ojczyzna wielka i mała. Księga pamiątkowa wydana z okazji 40-lecia Oddziału Polskiego Towarzystwa Historycznego w Cieszynie. Cieszyn 1996, 51-55.

1099. Kuczer, Jarosław: Majątki szlacheckie współczesnej gminy Świdnica w okresie habsburskim [Die Adelsgüter auf dem Gebiet der heutigen Gemeinde Schweinitz in der Habsburgerzeit]. In: Studia Zachodnie 8 (2006) 81-96.

1100. Leszczyński, Józef: Nowożytni Piastowie śląscy [Die frühneuzeitlichen schlesischen Piasten]. In: Heck, Roman (Hg.): Piastowie w dziejach Polski. Zbiór artykułów z okazji trzechsetnej rocznicy wygaśnięcia dynastii Piastów. Wrocław u. a. 1975, 96-114.

1101. Leszczyński, Józef: Renesansowi piastowie śląscy [Die schlesischen Piasten der Renaissance]. In: Gmiński, Jerzy (Hg.): Kultura artystyczna renesansu na Śląsku w dobie Piastów. Brzeg/Opole 1975, 9-24.

1102. Machilek, Franz: Schlesien. In: Schindling, Anton/Ziegler, Walter (Hg.): Die Territorien des Reichs im Zeitalter der Reformation und Konfessionalisierung: Land und Konfession 1500–1650, Bd. 2: Der Nordosten. Münster 1990 (Katholisches Leben und Kirchenreform im Zeitalter der Glaubensspaltung), 102-138.

1103. Vorel, Petr: Velké dějiny zemí Koruny české [Große Geschichte der Länder der Böhmischen Krone], Bd. 7: 1526–1618. Praha/Litomyšl 2005.

1104. Weber, Matthias: Das Verhältnis Schlesiens zum Alten Reich in der Frühen Neuzeit. Köln/Weimar/Wien 1992 (Neue Forschungen zur Schlesischen Geschichte 1).

1105. Zukal, Josef: Paměti opavské. Črty kulturní a místopisné [Troppauer Memoiren. Kulturelle und topographische Skizzen]. Opava 1912.

4.1 Sammelwerke/übergreifende Literatur [Neuzeit-Zeitgeschichte]

1106. Kettner, Adolf: Graubündener Adel in Schlesien. In: Zeitschrift für Geschichte und Kulturgeschichte Österreichisch-Schlesiens 10 (1915) 79-84.
1107. Lange, Wojciech Tadeusz: W stronę Polski, czyli nie odwzajemnione uczucie hrabiego Oppersdorff [In Richtung Polen oder die nicht erwiderten Gefühle des Grafen Oppersdorff]. In: Czubiński, Antoni (Hg.): Problemy narodowościowe Europy Środkowo-Wschodniej w XIX i XX wieku. Księga pamiątkowa dla Profesora Przemysława Hausera. Poznań 2002 (Seria Historia 198), 293-300.
1108. Wienfort, Monika: Adel in der Moderne. Göttingen 2006 (Grundkurs Neue Geschichte).

4.2 Historiographie, Traditionsbildung, Memoria [Allgemein]

1109. Augustynowicz, Christoph: Piast – ein Begriff zwischen politischen Programmen und historischen Traditionen. In: Österreichische Osthefte 43 (2001) 333-351.
1110. Conrads, Norbert: Abstammungssage und dynastische Tradition der schlesischen Piasten. In: Schlesien. Eine Vierteljahrsschrift für Kunst, Wissenschaft und Volkskunde 20 (1975) 213-218.
1111. Czihak, Eugen von: Die Denkmäler des Geschlechts von Saurma und von Sauerma. Breslau 1892.
1112. Gottschalk, Joseph: Hedwigsverehrung durch 700 Jahre außerhalb von Schlesien. In: Archiv für schlesische Kirchengeschichte 24 (1966) 56-66.
1113. Humeńczuk, Grażyna: Aktualizacja bitwy legnickiej (1241) [Aktualisierung der Schlacht von Wahlstatt (1241)]. In: Mazur, Zbigniew (Hg.): Wokół niemieckiego dziedzictwa kulturowego na Ziemiach Zachodnich i Północnych. Poznań 1997, 49-76.
1114. Kocioł, Sylwia: Obraz Bibersteinów panujących we Forście i Brodach w świetle „Heimatkunde der Niederlausitz" Hermanna Standkego [Das Bild der Familie Biberstein in Forst und Pförten in Hermann Standkes „Heimatkunde der Niederlausitz"]. In: Jaworski, Tomasz (Hg.): Bibersteinowie w dziejach pogranicza śląsko-łużyckiego. Zielona Góra 2006, 193-199.
1115. Korta, Wacław (Hg.): Bitwa legnicka: Historia i tradycja [Die Schlacht von Wahlstatt: Geschichte und Tradition]. Wrocław/Warszawa 1994 (Śląskie Sympozja Historyczne 2).
1116. Kuczer, Jarosław: „Kapitał cywilizacyjny" szlacheckości na Śląsku [Das „Kulturkapital" des Adels in Schlesien]. In: Pro libris. Lubuskie Pismo Literacko-Kulturalne 4 (2006) 97-105.
1117. Musil, František: Z historie studia a poznávání moravských a slezských hradů, zámků a tvrzí [Aus der Geschichte der Forschung über mährische und schlesi-

sche Burgen, Schlösser und Festen]. In: Zpravy Krajského vlastivědného muzea v Olomouci 254 (1988) 1-21.

1118. Orzechowski, Marian: Tradycje piastowskie w polskiej myśli politycznej XX wieku [Die piastischen Traditionen im politischen Denken Polens im 20. Jahrhundert]. In: Heck, Roman (Hg.): Piastowie w dziejach Polski. Zbiór artykułów z okazji trzechsetnej rocznicy wygaśnięcia dynastii Piastów. Wrocław u. a. 1975, 269-285.

1119. Petry, Ludwig: Rudolf von Rüdesheim, Bischof von Lavant und Breslau. Ein Forschungsanliegen der vergleichenden Landesgeschichte. In: Mitteilungen des österreichischen Instituts für Geschichtsforschung 78 (1970) 347-357.

1120. Schmilewski, Ulrich: Wahlstatt 1241: Beiträge zur Mongolenschlacht bei Liegnitz und zu ihren Nachwirkungen. Würzburg 1991.

1121. Svoboda, Milan: Die Herren von Bieberstein in der deutschen Regionalgeschichte Nordböhmens bis 1945. In: Jaworski, Krzysztof (Hg.): Bibersteinowie w dziejach pogranicza śląsko-łużyckiego. Zielona Góra 2006, 187-190.

1122. Wenta, Jarosław: Tradycja o Piotrze. Na marginesie jednej z wielkich dyskusji [Die Tradition des Peter. Am Rande einer der großen Diskussionen]. In: Zydorek, Danuta (Hg.): Scriptura custos memoriae. Prace historyczne. Poznań 2001 (Publikacje Instytutu Historii Uniwersytetu Adama Mickiewicza 44), 523-538.

4.2 Historiographie, Traditionsbildung, Memoria [Mittelalter]

1123. [Anonym]: Ausführliche Nachricht von der Tartarischen Schlacht, welche in dem 1241sten Jahre bey Wahlstadt vorgefallen ist. Liegnitz [um 1750].

1124. [Anonym]: Nachricht von einer geschriebenen Liegnitzischen Chronik unter der Aufschrift: vom Ursprung der Schlesier und andern Geschichten. In: Schlesische Provinzialblätter 10 (1789) 257-260.

1125. [Anonym]: Wird Bolco, Herr von Löwenberg und erster Herzog von Schweidnitz nicht verkannt? In: Schlesische Provinzialblätter 1/4 (1785) 326-335.

1126. Biermann, Gottlieb: Seit wann sahen sich die oberschlesischen Piasten als schlesische Fürsten an? In: Zeitschrift des Vereins für Geschichte und Alterthum Schlesiens 8 (1867) 31-54.

1127. Biermann, Gottlieb: Seit wann sahen sich die oberschlesischen Piasten als schlesische Fürsten an? Nachtrag dazu. In: Zeitschrift des Vereins für Geschichte und Alterthum Schlesiens 8 (1867) 55f.

1128. Bink, H.: Vom Ursprung des schlesischen Adels. In: Wir Schlesier 12 (1931) 2-6.

1129. Boroń, Piotr: Wizerunki Henryka Probusa w historiografii [Das Bild Heinrichs IV. Probus in der Geschichtsschreibung]. In: Barciak, Antoni (Hg.): Piastowie śląscy w kulturze i europejskich dziejach. Katowice 2007, 342-356.

1130. Čapský, Martin: Marné hledání paměti. Opavští Přemyslovci ve stínu zájmu nejstaršího dějepisectví moravsko-slezského pomezí [Vergebliches Suchen nach dem Gedächtnis. Die Troppauer Přemysliden im Schatten des Interesses der ältesten Geschichtsschreibung des mährisch-schlesischen Grenzlandes]. In: Časopis Matice moravské 123 (2004) 431-441.

1131. Čapský, Martin: Zeměpán, země a sakrální legitimizace zeměpanské moci na pozdně středověkém Opavsku [Landesherr, Land und sakrale Legitimierung der landesherrlichen Macht im spätmittelalterlichen Troppauer Land]. In: Bobková, Lenka/Konvičná, Jana (Hg.): Korunní země v dějinách českého státu II. Společné a rozdílné. Česká koruna v životě a vědomí jejích obyvatel ve 14.–16. století. Praha 2005, 37-56.

1132. Cetwiński, Marek: Europejskie kontakty Piastów śląskich w relacjach kronik śląskich [Die europäischen Kontakte der schlesischen Piasten im Licht der schlesischen Chroniken]. In: Barciak, Antoni (Hg.): Piastowie śląscy w kulturze i europejskich dziejach. Katowice 2007, 310-317.

1133. Cetwiński, Marek: Opat Piotr o rycerstwie śląskim [Abt Peter über die schlesische Ritterschaft]. In: Acta Universitatis Nicolai Copernici. Historia 26 (1992) 45-54.

1134. Cetwiński, Marek: Post octavam Pasche: Najazd „Tatarów" z 1241 roku a kalendarz liturgiczny [Post octavam Pasche: Der Überfall der „Mongolen" im Jahr 1241 und der kirchliche Festkalender]. In: Korta, Wacław (Hg.): Bitwa legnicka, Bd. 2. Wrocław/Warszawa 1994, 200-220.

1135. Gładkiewicz, Westyna/Gładkiewicz, Ryszard: Z dziejów tradycji piastowskiej na Śląsku. (Sprawa syna Bolka II świdnickiego w nowożytnej historiografii śląskiej) [Aus der Geschichte der Piastentradition in Schlesien. (Der Fall des Sohnes Bolkos II. von Schweidnitz in der schlesischen Historiographie der Frühen Neuzeit)]. In: Matwijowski, Krystyn/Wrzesiński, Wojciech (Hg.): Śląsk, Polska, Niemcy. Wrocław 1990 (Acta Universitatis Wratislaviensis 1100. Historia 74), 73-86.

1136. Gottschalk, Joseph: Beiträge zur Hedwigsverehrung. In: Archiv für schlesische Kirchengeschichte 12 (1954) 52-60.

1137. Gottschalk, Joseph: Mittelalterliche Hedwigs-Erinnerungen. In: Archiv für schlesische Kirchengeschichte 14 (1956) 208-219.

1138. Grunewald, Eckhard/Gussone, Nikolaus: Das Bild der heiligen Hedwig in Mittelalter und Neuzeit. München 1996 (Schriften des Bundesinstituts für Ostdeutsche Kultur und Geschichte 7).

1139. Grünewald, Johannes: Erinnerungen an St. Hedwig. In: Archiv für schlesische Kirchengeschichte 26 (1968) 1-18.

1140. Hauziński, Jerzy: Śląsk wobec cesarstwa Staufów w świetle listu Fryderyka II Hohenstaufa do Bolesława II Łysego [Schlesien und das staufische Kaiserreich im Lichte eines Briefes Friedrichs II. von Hohenstaufen an Boleslaw II. den Kahlen]. In: Śląski Kwartalnik Historyczny Sobótka 40/2 (1985) 203-223.

1141. Heck, Roman: O piastowskich tradycjach średniowiecznego Śląska. Problemy świadomości historycznej i narodowej [Über die piastischen Traditionen des mittelalterlichen Schlesien. Probleme des historischen und nationalen Bewußtseins]. In: Kwartalnik Historyczny 84/1 (1977) 3-22.

1142. Irgang, Winfried: Ritterurkunden in Schlesien bis zum Ausgang des 13. Jahrhunderts – Zeugnisse eines ritterlichen Ethos? In: Peltz, Wojciech/Dudek, Jarosław (Hg.): Etos rycerski w Europie Środkowej i Wschodniej od X do XV wieku. Zielona Góra 1997, 121-125.

1143. Jasiński, Kazimierz: Franciszkanin Henryk z Breny propagatorem kultu św. Jadwigi [Der Franziskaner Heinrich von Brehna als Förderer der Hedwig-Verehrung]. In: Kaczmarek, Michał/Wójcik, Marek L. (Hg.): Księga Jadwiżańska. Wrocław 1995, 339-351.

1144. Kaczmarek, Romuald/Witkowski, Jacek: Reliquien und Reliquiare: Ausprägungen des Hedwig-Kultes. In: Köhler, Joachim/Keil, Gundolf (Hg.): Heilige und Heiligenverehrung in Schlesien. Sigmaringen 1997 (Schlesische Forschungen 7), 113-146.

1145. Klapper, Joseph: Der „Brief des Nikolaus von Posen", ein Lobpreis auf St. Hedwig. In: Archiv für schlesische Kirchengeschichte 15 (1957) 36-43.

1146. Kürbis, Brygida: Wizerunki Piastów w opiniach dziejopisarskich [Das Bild der Piasten im Urteil der Historiographie]. In: Heck, Roman (Hg.): Piastowie w dziejach Polski. Zbiór artykułów z okazji trzechsetnej rocznicy wygaśnięcia dynastii Piastów. Wrocław u. a. 1975, 196-228.

1147. Mahner, Paul (Hg.): Die Wahlstatt-Schlacht in Lied und Wort: Festschrift des Wahlstatt-Verlages zum Siebenhundertjahr-Gedenken des Heldentodes des Herzogs Heinrich II. des Frommen und seiner Schlesier. Breslau [1941].

1148. Marschall, Werner: Mittelalterliche Heiligenkulte in Schlesien. In: Köhler, Joachim/Keil, Gundolf (Hg.): Heilige und Heiligenverehrung in Schlesien. Sigmaringen 1997 (Schlesische Forschungen 7), 19-30.

1149. Mrozowicz, Wojciech: Dlaczego Piotr z Byczyny nic nie wiedział o książętach opolskich? Książęta opolscy w średniowiecznej historiografii śląskiej [Warum wußte Peter von Pitschen nichts über die Oppelner Herzöge? Die Herzöge von Oppeln in der schlesischen Historiographie des Mittelalters]. In: Pobóg-Lenartowicz, Anna (Hg.): Jak powstawało Opole? Miasto i jego książęta. Opole 2006, 89-107.

1150. Mrozowicz, Wojciech: Die hl. Hedwig – Leben und Kult: Mit Bemerkungen zur Handschrift IV F 192 der Universitätsbibliothek Wrocław/Breslau. In: Ehlert, Trude (Hg.): Legenda o św. Jadwidze. Legende der hl. Hedwig. Wrocław 2000, 571-596.

1151. Mrozowicz, Wojciech: Władysław Opolczyk w historiografii średniowiecznej [Wladislaw II. von Oppeln in der mittelalterlichen Historiographie]. In: Pobóg-Lenartowicz, Anna (Hg.): Władysław Opolczyk jakiego nie znamy. Próba oceny w sześćsetlecie śmierci. Opole 2001, 13-22.

1152. Paszkiewicz, Borys: Henryk Probus między historią, archeologią i mitologią. Próba podsumowania [Heinrich Probus zwischen Geschichte, Archäologie und Mythologie. Versuch einer Zusammenfassung]. In: Wachowski, Krzysztof (Hg.): Śląsk w czasach Henryka IV Prawego. Wrocław 2005 (Wratislavia Antiqua. Studia z dziejów Wrocławia 8), 101-103.

1153. Potkowski, Edward: Niemieckie opinie o Piastach śląskich w średniowieczu

[Die deutschen Urteile über die schlesischen Piasten im Mittelalter]. In: Barciak, Antoni (Hg.): Piastowie śląscy w kulturze i europejskich dziejach. Katowice 2007, 282-297.

1154. Rothkirch, Carl Christoph von: Die Vettern von Wahlstatt. In: Deutsches
Adelsblatt. Mitteilungsblatt der Vereinigung der Deutschen Adelsverbände 26
(1987) 128-129.

1155. Rüther, Andreas: Landesbewußtsein im spätmittelalterlichen Schlesien: Formen, Inhalte und Trägergruppen. In: Werner, Matthias (Hg.): Spätmittelalterliches Landesbewußtsein in Deutschland. Ostfildern 2005 (Vorträge und
Forschungen 61), 293-332.

1156. Schmilewski, Ulrich: Familiengeschichtliche Legenden um die Schlacht von
Wahlstatt 1241. In: Ostdeutsche Familienkunde 39/4 (1991) 417-421.

1157. Schönborn, Theodor: Wahlstatt: Schicksalsboden im deutschen Osten: Der
Mongolensturm über Schlesien von 1241. Breslau [1941].

1158. Skiba, Aleksandra: Święta Jadwiga, księżna śląska w źródłach i opracowaniach
historycznych [Die Hl. Hedwig, Herzogin von Schlesien, in Quellen und historischer Literatur]. In: Przegląd Zachodniopomorski 17/3 (2002) 129-139.

1159. Stieff, Christian: Von der Tartarischen Schlacht bey Lignitz An. 1241. In:
Ders. (Hg.): Schlesisches Historisches Labyrinth oder Sammlung von hundert
Historien allerhand Nahmen, Oerter, Personen [...] in Schlesien. Breßlau/
Leipzig 1737, 686-705.

1160. Tunk-Nürnberg, Walter: Die Schlacht bei Wahlstatt im Bilde des Mittelalters.
In: Jomsburg 5 (1941) 195-210.

1161. Walter, Ewald: Anmerkungen zu Leben und Verehrung der hl. Hedwig, Herzogin von Schlesien. In: Köhler, Joachim/Keil, Gundolf (Hg.): Heilige und
Heiligenverehrung in Schlesien. Sigmaringen 1997 (Schlesische Forschungen
7), 51-67.

1162. Zdrenka, Joachim: Polskie i niemieckie badania nad rycerstwem średniowiecznym. Zarys problematyki [Polnische und deutsche Forschungen zum mittelalterlichen Rittertum. Eine Problemskizze]. In: Pakulski, Jan/Wroniszewski,
Jan (Hg.): Genealogia. Stan i perspektywy badań nad społeczeństwem Polski
średniowiecznej na tle porównawczym. Toruń 2003, 139-146.

1163. Zientara, Benedykt: Jak powstają legendy? Tragedia Konrada Kędzierzawego
i jej losy pod piórem dziejopisów [Wie entstehen Legenden? Die Tragödie des
Konrad Kraushaar von Schlesien und ihr Schicksal in der Geschichtsschrei-
bung]. In: Mówią Wieki 15/8-9 (1972) 13-17, 14-17.

4.2 Historiographie, Traditionsbildung, Memoria [Frühe Neuzeit]

1164. Bahlcke, Joachim: „Piasti, Polonorum regum nepotes". Tradition und Selbst-
verständnis der schlesischen Piasten in der frühen Neuzeit. In: XVI Powszechny
Zjazd Historyków Polskich, Wrocław 15–18 września 1999 roku. Toruń 2000
(Pamiętnik 1), 209-219.

1165. Bahlcke, Joachim: Deutsche Kultur mit polnischen Traditionen. Die Piastenherzöge Schlesiens in der frühen Neuzeit. In: Weber, Matthias (Hg.): Deutschlands Osten, Polens Westen. Vergleichende Studien zur geschichtlichen Landeskunde. Frankfurt a. Main 2001 (Mitteleuropa – Osteuropa 2), 83-112.

1166. Bahlcke, Joachim: Eckpfeiler der schlesischen Libertaskultur. Die Liegnitz-
Brieger Piasten in der Frühen Neuzeit. In: Harasimowicz, Jan/Lipińska,
Aleksandra (Hg.): Dziedzictwo reformacji w księstwie legnicko-brzeskim.
Legnica 2007, 23-42.

1167. Bömelburg, Hans-Jürgen: Das polnische Geschichtsdenken und der Piasten-
und Jagiellonenkult in der Frühen Neuzeit. In: Bahlcke, Joachim/Strohmeyer,
Arno (Hg.): Die Konstruktion der Vergangenheit: Geschichtsdenken, Traditionsbildung und Selbstdarstellung im frühneuzeitlichen Ostmitteleuropa.
Berlin 2002 (Zeitschrift für Historische Forschung, Beiheft 29), 193-220.

1168. Fukala, Radek: Mocensko-konfesijní zápasy a krnovská hohenzollernská knížata v zrcadle slezského dějepisectví [Das Macht- und konfessionelle Ringen
und die Hohenzollernerfürsten von Jägerndorf im Spiegel der schlesischen
Geschichtsschreibung]. In: Slezský sborník 99 (2001) 264-279.

1169. Harasimowicz, Jan: Jan Chrystian – książę niezłomny. Nowe spojrzenie na
obraz Bartłomieja Strobla Młodszego w Museo del Prado w Madrycie [Johann
Christian – ein unbeugsamer Fürst. Neue Deutungen des Bildes von Bartholomäus Strobel dem Jüngeren im Museo del Prado in Madrid]. In: Arx Felici-
tatis. Księga ku czci profesora Andrzeja Rottermunda w sześćdziesiątą rocznicę
urodzin od przyjaciół, kolegów i współpracowników. Warszawa 2001, 217-223.

1170. Harc, Lucyna: Piastowie śląscy w opinii intelektualistów doby Oświecenia
[Die schlesischen Piasten im Urteil von Gelehrten der Aufklärung]. In: Barciak, Antoni (Hg.): Piastowie śląscy w kulturze i europejskich dziejach. Katowice 2007, 298-309.

1171. Kaczmarek, Michał: Z najbardziej odległych okolic Śląska i Polski tłumnie
napływał lud: Trzebnickie uroczystości 600-lecia śmierci św. Jadwigi w 1843
roku [Aus den entferntesten Teilen Schlesiens und Polens strömten die Mas-
sen: Die Trebnitzer Feiern zum 600. Todestag der hl. Hedwig im Jahr 1843].
In: Śląski Kwartalnik Historyczny Sobótka (1996) 381-388.

1172. Kisza, Andrzej (Hg.): Jan Chrystian – ewangelicki książę piastowski [Johann
Christian – ein evangelischer Piastenherzog]. Warszawa 1981.

1173. Klin, Eugeniusz: Zeitkritik und Friedensbotschaft im Piastus von Andreas
Gryphius. In: Czarnecka, Mirosława (Hg.): Memoria Silesiae. Leben und
Tod, Kriegserlebnis und Friedenssehnsucht in der literarischen Kultur des Ba-
rock. Zum Gedenken an Marian Szyrocki (1928–1992). Wrocław 2003 (Acta
Universitatis Wratislaviensis 2504), 103-107.

1174. Kubeš, Jiří/Marešová, Marie/Panoch, Pavel: Rodová paměť a „sebepředstavení"
v podání Kryštofa Václava z Nostic (1648–1712). Příspěvek k reprezentačním
strategiím barokní slezské šlechty [Familiengedächtnis und Selbstdarstellung
des Christoph Wenzel von Nostitz (1648–1712). Ein Beitrag zu Repräsentationsstrategien des Barockadels in Schlesien]. In: Dáňová, Helena/Klípa,

Jan/Stolárová, Lenka (Hg.): Slezsko – země Koruny české. Historie a kultura 1300–1740. Praha 2008, 347-374.

1175. Maleczyńska, Ewa: Wrocławskie panie piastowskie i ich partnerzy (Opowieść historyczna) [Die Breslauer Piastinnen und ihre Partner (Eine historische Erzählung)]. Wrocław/Warszawa/Kraków 1966 (Wiedza o Ziemi Naszej 12).

1176. Mrozowicz, Wojciech: Nad źródłami do genealogii rodu Jerzego z Podiebradu. Rękopis Christiana Ezechiela i jego źródła [Über genealogische Quellen zu Georg von Podiebrads Familie. Eine Handschrift Christian Ezechiels und dessen Quellen]. In: Hlaváček, Ivan/Hrdina, Jan (Hg.): Facta probant homines. Sborník příspěvků k životnímu jubileu prof. dr. Zdeňky Hledíkové. Praha 1998, 279-299.

1177. Ruzicka, Dagmar: Friedrich Wilhelm Graf von Haugwitz (1702–1765). Anmerkungen zur Rezeptionsgeschichte. In: Weber, Matthias/Rabe, Carsten (Hg.): Silesiographia. Stand und Perspektiven der historischen Schlesienforschung. Festschrift für Norbert Conrads zum 60. Geburtstag. Würzburg 1998 (Wissenschaftliche Schriften des Vereins für Geschichte Schlesiens 4), 297-303.

1178. Schönthür, Rudolf: Cunradi Silesia Togata. In: Ostdeutsche Familienkunde 9/3 (1961) 361-364.

1179. Skutil, Jan: Štambuch slézský Bartoloměje Paprockého z Hlohol [Das „schlesische Stammbuch" von Bartolomäus Paprocki von Hloholy]. In: Zpravodaj. Klub genealogů a heraldiků Ostrava při Domu kultury pracujících VŽSKG 5/3 (1983) 47-51.

1180. Svoboda, Milan: Velkovaradínský svátek. Festivita jako oslava vítězství nad Turky [Das Großwardeiner Siegesfest. Die Festivität als eine Feier des Sieges über die Türken]. In: Bůžek, Václav/Král, Pavel (Hg.): Slavnosti a zábavy na dvorech a v rezidenčních městech raného novověku. České Budějovice 2000 (Opera historica 8), 381–398.

1181. Weber, Matthias: Die Schlacht von Wahlstatt (1241) und ihre Bewertung im Wandel der Zeiten. In: Schmilewski, Ulrich (Hg.): Wahlstatt 1241. Würzburg 1991, 129-147.

4.2 Historiographie, Traditionsbildung, Memoria [Neuzeit]

1182. [Anonym]: Das neue Schloßmuseum in Brieg: Zu seiner Neuordnung und Eröffnung. In: Antiquitäten-Rundschau und Ausschau auf die Kunst der Gegenwart 29/3 (1931) 33-36.

1183. Braun, Edmund Wilhelm: Die Liechtenstein-Erinnerungs-Ausstellung im Kaiser Franz Joseph-Museum zu Troppau. In: Zeitschrift für Geschichte und Kulturgeschichte Österreichisch-Schlesiens 9 (1914) 122-127.

1184. Frede, Ulrike: „Unvergessene Heimat" Schlesien: eine exemplarische Untersuchung des ostdeutschen Heimatbuches als Medium und Quelle spezifischer Erinnerungskultur. Marburg 2004 (Schriftenreihe der Kommission für

Deutsche und Osteuropäische Volkskunde in der Deutschen Gesellschaft für Volkskunde 88).

1185. Galos, Adam: Piastowie w historiografii polskiej XIX–XX w. [Die Piasten in der polnischen Geschichtsschreibung des 19. und 20. Jahrhunderts]. In: Heck, Roman (Hg.): Piastowie w dziejach Polski. Zbiór artykułów z okazji trzechsetnej rocznicy wygaśnięcia dynastii Piastów. Wrocław u. a. 1975, 249-268.

1186. Gottschalk, Joseph: St. Hedwig in der neuesten polnischen Geschichtsschreibung. In: Archiv für schlesische Kirchengeschichte 23 (1965) 1-12.

1187. Iwańczak, Wojciech: Książęta śląscy w syntezie Franciszka Palackiego [Die schlesischen Herzöge in der Synthese František Palackýs]. In: Barciak, Antoni (Hg.): Piastowie śląscy w kulturze i europejskich dziejach. Katowice 2007, 357-366.

1188. Kopiec, Jan: Karol Szajnocha o Władysławie Opolczyku. Przyczynek do dziewiętnastowiecznej polskiej historiografii opolskiego księcia [Karol Szajnocha über Wladislaw II. von Oppeln. Ein Beitrag zur polnischen Geschichtsschreibung des 19. Jahrhunderts über den Oppelner Herzog]. In: Pobóg-Lenartowicz, Anna (Hg.): Władysław Opolczyk jakiego nie znamy. Próba oceny w sześćsetlecie śmierci. Opole 2001 (Z Dziejów Kultury Chrześcijańskiej na Śląsku 21), 23-29.

1189. Neubach, Helmut: Kammerherr, Magnat und Politiker. Aus der „Selbstbiographie" des oberschlesischen Grafen Hans-Ulrich von Schaffgotsch (1831–1915). In: Archiv für schlesische Kirchengeschichte 66 (2008) 121-143.

1190. Pusch, Oskar: Erbo von Schickfus und Neudorff [Nachruf]. In: Ostdeutsche Familienkunde 12/3 (1964) 346f.

1191. Pusch, Oskar: Familientag der schlesischen von Poser und Groß-Naedlitz. In: Ostdeutsche Familienkunde 13/1 (1965) 28.

1192. Pusch, Oskar: Generalleutnant Hans-Jürgen von Witzendorff-Rehdiger [Nachruf]. In: Ostdeutsche Familienkunde 9/1 (1961) 403-405.

1193. Schaeffer, Heinrich Wilhelm Friedrich: Kronika Wolnego Państwa Stanowego a od 1827 r. Księstwa Pszczyńskiego [Chronik der Freien Standesherrschaft Pleß und ab 1827 des Fürstentums Pleß], Bd. 1-3. Pszczyna 1997–1998.

1194. Schefer, Leopold: Graf Promnitz, der letzte des Hauses: Ein Familienstück. Cottbus 1842.

1195. Taraszczuk, Izabela: Pomiędzy baśnią a historią: podania z odrzykońskiego zamku Bibersteinów [Zwischen Märchen und Geschichte: Sagen vom Bibersteiner Schloß zu Odrzykoń]. In: Jaworski, Krzysztof (Hg.): Bibersteinowie w dziejach pogranicza śląsko-łużyckiego. Zielona Góra 2006, 211-217.

1196. Więcek, Adam: O utworzenie Muzeum Piastów Śląskich w Brzegu [Von der Gründung des Museums der Schlesischen Piasten in Brieg]. In: Komunikaty Instytutu Śląskiego w Opolu 33 (1959) 7-10.

1197. Żelasko, Stefania: Kolumny szklane na cześć Friedricha Wilhelma IV. Schaffgotschowska manufaktura Josephine w Szklarskiej Porębie na tle powiązań kulturowych Berlina z Kotliną Jeleniogórską w XIX w. [Die Glassäulen zu

Ehren Friedrich Wilhelms IV. Die Schaffgotsch-Manufaktur Josephine in Schreiberhau vor dem Hintergrund der kulturellen Verbindungen Berlins mit dem Hirschberger Tal im 19. Jahrhundert]. In: Rocznik Jeleniogórski 35 (2003) 181-190.

4.2 Historiographie, Traditionsbildung, Memoria [Zeitgeschichte]

1198. Haesert, Karl: August von Doerr und das Geschlecht Henckel von Donnersmarck. Berlin-Wilmersdorf 1936.

1199. Henckel von Donnersmarck, Leo Ferdinand: Die Familie Henckel von Donnersmarck im doppelten Spannungsfeld zwischen katholischem und evangelischem Glauben sowie zwischen Habsburg und Hohenzollern. In: Fräss-Ehrfeld, Claudia (Hg.): Kärnten und Böhmen, Mähren, Schlesien. Klagenfurt 2004 (Archiv für vaterländische Geschichte und Topographie 89), 139-149.

1200. Jaschke, Norbert: Neue Hedwigsmedaillen der Jahre 1967–1993. In: Archiv für schlesische Kirchengeschichte 51/52 (1994) 177-182.

1201. Niedzielenko, Andrzej: Obchody 750 rocznicy bitwy pod Legnicą [Die Feiern zum 750. Jahrestag der Schlacht von Wahlstatt]. In: Szkice Legnickie 23 (2002) 151-172.

1202. Przyłęcki, Mirosław: Nasz przyjaciel Zygmunt. Rzecz o Sigismundzie baronie von Zedlitz und Neukirch [Unser Freund Sigismund. Der Fall des Freiherrn Sigismund von Zedlitz und Neukirch]. In: Dolny Śląsk 7 (1999) 313-323.

1203. Urban, Josef: Die Sankt-Hedwigs-Feier 1943. Ein Ausdruck religiösen Lebens im Krieg und unter nationalsozialistischer Herrschaft. Mit 2 Tafeln. In: Archiv für schlesische Kirchengeschichte 41 (1983) 145-164.

4.3 Politik, Ereignisse [Allgemein]

1204. Baldy, Stefan: Księstwo Opolskie za czasów Jana Dobrego [Das Herzogtum Oppeln zur Zeit Johanns des Guten]. Opole 1999.

1205. Gorge, S[amuel]: Zur Geschichte der Troppau-Jägerndorfer Konfiskationen im dreißigjährigen Kriege. In: Zeitschrift für Geschichte und Kulturgeschichte Österreichisch-Schlesiens 1 (1905/06) 40f.

1206. Gorge, S[amuel]: Noch einiges zur Geschichte der Troppau-Jägerndorfer Konfiskationen. In: Zeitschrift für Geschichte und Kulturgeschichte Österreichisch-Schlesiens 1 (1905/06) 142-144.

1207. Irgang, Winfried: Die heilige Hedwig – ihre Rolle in der schlesischen Geschichte. In: Grunewald, Eckhard/Gussone, Nikolaus (Hg.): Das Bild der heiligen Hedwig in Mittelalter und Neuzeit. München 1996, 23-38.

1208. Jaeckel, Georg: Die schlesischen Piasten (1138–1675). Ein Fürstenhaus zwischen West und Ost. In: Jahrbuch für Schlesische Kirchengeschichte N.F. 65 (1986) 54-83.

1209. Kuzio-Podrucki, Arkadiusz: Hohenzollernowie na Śląsku [Die Hohenzollern in Schlesien]. In: Śląsk. Miesięcznik społeczno-kulturalny 3 (1997) 58-60.
1210. Talar, Emanuel: Zum 400. Todestag des letzten oberschlesischen Piastenherzogs Johannes. In: Der Oberschlesier. Monatsschrift für das heimatliche Kulturleben 14 (1932) 139-144.
1211. Webersinn, Gerhard: Karl Georg von Treutler. Ein deutscher Diplomat aus Schlesien. In: Jahrbuch der Schlesischen Friedrich-Wilhelms-Universität zu Breslau 9 (1964) 352-380.

4.3 Politik, Ereignisse [Mittelalter]

1212. Aubin, Hermann: Die Schlacht auf der Wahlstatt bei Liegnitz am 9. April 1241. Breslau 1941.
1213. Bar, Přemysl: Královská koruna a vratislavský vévoda Jindřich IV. Probus. Od polemiky k novým perspektivám v bádání [Die Königskrone und der Breslauer Herzog Heinrich IV. Probus. Von der Polemik zu neuen Forschungsperspektiven]. In: Časopis Matice moravské 125 (2006) 487-507.
1214. Barciak, Antoni: Książę Przemek ścinawski i bitwa siewierska [Herzog Przemislaw I. von Steinau und die Schlacht bei Siewierz]. In: Strzelczyk, Jerzy/ Dobosz, Józef (Hg.): Nihil superfluum esse. Studia z dziejów średniowiecza ofiarowane Profesor Jadwidze Krzyżaniakowej. Poznań 2000, 275-282.
1215. Barciak, Antoni: Tytulatura książąt opolskich – potomków i następców Mieszka, zwanego Laskonogim [Die Titulatur der Herzöge von Oppeln, der Nachkommen und Nachfolger Mieszkos I. Schlenkerbein]. In: Pobóg-Lenartowicz, Anna (Hg.): Sacra Silentii provincia. 800 lat dziedziczonego księstwa opolskiego (1202–2002). Opole 2003, 101-106.
1216. Barciak, Antoni: Tytuł opawski książąt wrocławsko-legnickich w początkach XIV wieku [Der Troppauer Besitztitel der Herzöge von Breslau-Liegnitz zu Beginn des 14. Jahrhunderts]. In: Iwańczak, Wojciech (Hg.): Ludzie – Kościół – Wierzenia. Studia z dziejów kultury i społeczeństwa Europy Środkowej (średniowiecze – wczesna epoka nowożytna). Warszawa 2001, 445-452.
1217. Bereszyński, Zbigniew: Sprawcy i polityczne tło napadu na Będzin i Ziemię Wieluńską w 1447 r. Przyczynek do biografii politycznej księcia opolsko-głogówieckiego Bolesława V Wołoszka [Die Urheber und der politische Hintergrund des Überfalls auf Bendzin und das Wieluner Land. Ein Beitrag zur politischen Biographie Herzog Boleslaws V. von Oppeln und Oberglogau]. In: Śląski Kwartalnik Historyczny Sobótka 59 (2004) 185-208.
1218. Bieniak, Janusz: Polska elita polityczna XII wieku. III A: Arbitrzy książąt – krąg rodzinny Piotra Włostowica [Die politische Elite Polens im 12. Jahrhundert. III A: Schiedsrichter zwischen den Herzögen – das familiäre Umfeld Peter Wlasts]. In: Kuczyński, Stefan K. (Hg.): Społeczeństwo Polski średniowiecznej. Zbiór studiów, Bd. 4. Warszawa 1990, 13-107.
1219. Bieniak, Janusz: Polska elita polityczna XII wieku. III B: Arbitrzy książąt – trudne początki). I. Piotr i Władysław [Die politischen Eliten Polens im 12.

Jahrhundert. III. B: Schiedsrichter zwischen den Herzögen – schwierige Anfänge). I. Peter und Wladislaw]. In: Kuczyński, Stefan K. (Hg.): Społeczeństwo Polski średniowiecznej. Zbiór studiów, Bd. 7. Warszawa 1996, 11-44.

1220. Bláhová, Marie: Slezští Piastovci a poslední Přemyslovci [Die schlesischen Piasten und die letzten Přemysliden]. In: Barciak, Antoni (Hg.): Piastowie śląscy w kulturze i europejskich dziejach. Katowice 2007, 151-167.

1221. Bobková, Lenka: Územní politika prvních Lucemburků na českém trůně [Die territoriale Politik der ersten Luxemburger auf dem böhmischen Thron]. Ústí nad Labem 1993 (Acta Universitatis Purkynianae. Philosophica et historica I. Studia historica. Monographiae 1).

1222. Bobowski, Kazimierz: Ziemia oleśnicka pod panowaniem książąt piastowskich [Das Oelser Land unter der Herrschaft der Piastenherzöge]. In: Bobowski, Kazimierz (Hg.): Materiały i studia źródłoznawcze. Wrocław 1993 (Acta Universitatis Wratislaviensis 1442. Historia 104), 3-23.

1223. Boras, Zygmunt: Sukcesja opolska w pierwszej połowie XVI w. [Die Oppelner Erbfolge in der ersten Hälfte des 16. Jahrhunderts]. In: Studia Historica Slavo-Germanica 3 (1974) 32-64.

1224. Bosl, Karl: Der europäische Rang des größten bayerischen Hochadelsgeschlechtes des 12./13. Jahrhunderts und seine Beziehungen zu Schlesien und Thüringen. In: Jahrbuch der Schlesischen Friedrich-Wilhelms-Universität zu Breslau 24 (1983) 51-66.

1225. Brzeziński, Witold: Pochodzenie Ludmiły żony Mieszka Plątonogiego. Przyczynek do dziejów czesko-polskich w drugiej połowie XII wieku [Die Herkunft Ludmillas, der Frau Mieszkos I. Schlenkerbein. Ein Beitrag zur böhmisch-polnischen Geschichte in der zweiten Hälfte des 12. Jahrhunderts]. In: Zielińska-Melkowska, Krystyna (Hg.): Europa Środkowa i Wschodnia w polityce Piastów. Toruń 1997, 213-219.

1226. Čapský, Martin: Cesta vévody Přemka Opavského mezi familianty budínského dvora. Příspěvek k vytváření uherské strany v předvečer husitské revoluce [Der Weg des Herzogs Přemko von Troppau unter die Klientel des Hofes in Ofen. Ein Beitrag zur Ausbildung der ungarischen Partei am Vorabend der hussitischen Revolution]. In: Doležalová, Eva/Novotný, Robert/Soukup, Pavel (Hg.): Evropa a Čechy na konci středověku. Sborník příspěvků věnovaných Františku Šmahelovi. Praha 2004, 171-186.

1227. Čapský, Martin: Spolek slezských knížat a jeho pokus o společnou obranu jižní hranice Slezska proti husitům. Poznámky k významu a datování grotkovského sněmu [Der schlesische Fürstenbund und seine Versuche für eine gemeinsame Verteidigung der schlesischen Südgrenze gegen die Hussiten. Bemerkungen zu der Bedeutung und Datierung des Grottkauer Fürstentags]. In: Borovský, Tomáš/Libor, Jan/Wihoda, Martin (Hg.): Ad vitam et honorem. Profesoru Jaroslavu Mezníkovi přátelé a žáci k pětasedmdesátým narozeninám. Brno 2003, 341-350.

1228. Čapský, Martin: Vévoda Přemek Opavský a město Opava za husitské revoluce [Herzog Přemko von Troppau und die Stadt Troppau während der hussitischen Revolution]. In: Jurok, Jiří (Hg.): Královská a poddanská města od své geneze k protoindustrializaci a industrializaci. Ostrava/Nový Jičín/Příbor 2002, 103-113.

1229. Čapský, Martin: Vévoda Přemek Opavský (1366–1433). Ve službách posledních Lucemburků [Herzog Přemko von Troppau (1366–1433). In den Diensten der letzten Luxemburger]. Brno/Opava 2005 (Knižnice Matice moravské 17).

1230. Cetwiński, Marek: Porwanie Henryka Grubego. Próba interpretacji [Die Entführung Heinrichs des Dicken. Versuch einer Interpretation]. In: Radzimiński, Andrzej/Wroniszewski, Jan (Hg.): Genealogia. Władza i społeczeństwo w Polsce średniowiecznej. Toruń 1999, 29-45.

1231. Cetwiński, Marek: „Rody" piastowskiej „marchii zachodniej". Władysław Semkowicz o średniowiecznym rycerstwie śląskim [Die „Geschlechter" der piastischen „Westmark". Władysław Semkowicz über das schlesische Rittertum]. In: Genealogia. Studia i Materiały Historyczne 3 (1993) 83-93.

1232. Chocholatý, František: Vévoda Přemek Opavský. (Některé aspekty ovlivňující jeho postoje v období husitských válek) [Herzog Přemko von Troppau. (Einige Aspekte, die seine Haltung in der Periode der Hussitenkriege beeinflußten)]. In: Sborník příspěvků II. setkání genealogů a heraldiků. Ostrava 1984, 104-109.

1233. Doebner, Richard: Über Schlesiens auswärtige Beziehungen vom Tode Herzog Heinrich IV. bis zum Aussterben der Premysliden in Böhmen (1290–1306). In: Zeitschrift des Vereins für Geschichte und Alterthum Schlesiens 13 (1876) 342-367.

1234. Dola, Kazimierz: Rządy Władysława Opolczyka w Księstwie Opolskim [Die Herrschaft Wladislaws II. im Herzogtum Oppeln]. In: Pobóg-Lenartowicz, Anna (Hg.): Władysław Opolczyk jakiego nie znamy. Próba oceny w sześćsetlecie śmierci. Opole 2001, 35-44.

1235. Dušek, Vavř[inec] Jos[ef]: O připojení knížetství Slezských ku koruně České [Über die Angliederung der schlesischen Fürstentümer an die Böhmische Krone]. In: Časopis Musea Království českého 59 (1885) 141-163, 311-333, 471-487.

1236. Dworsatschek, Mariusz: Władysław II Wygnaniec [Wladislaw II. der Vertriebene]. Wrocław 1998, 2. Aufl. Kraków 2009.

1237. Dziaduch, Bronisław: Stosunki i powiązania księcia oleśnicko-kozielskiego Konrada Białego z Polską po wojnach husyckich [Die Beziehungen Herzog Konrads des Weißen von Oels und Cosel zu Polen nach den Hussitenkriegen]. In: Acta Universitatis Wratislaviensis 195. Historia 23 (1974) 153-204.

1238. Dziewulski, Władysław: Pierwszy wolnomyśliciel polski [Der erste Polnische Freidenker]. In: Kwartalnik Opolski 11/2 (1965) 5-14.

1239. Eckelt, Herbert: Der Aufstieg der Familie Podiebrad und die Erhebung des Glatzer Landes zur Grafschaft 1459/62. In: Jahrbuch der Schlesischen Friedrich-Wilhelms-Universität zu Breslau 26 (1985) 293-298.

1240. Eliášová, Jana: Księstwo Głogowskie pod bezpośrednią władzą królów czeskich w latach 1331–1384 [Das Herzogtum Glogau unter der unmittelbaren Herrschaft der böhmischen Könige in den Jahren 1331–1384]. In: Sadowski, Jerzy B. (Hg.): 750-lecie powstania Księstwa Głogowskiego. Głogów 2002, 19-63.

1241. Filip, Václav/Borchardt, Karl: Schlesien, Georg von Podiebrad und die römische Kurie. Würzburg/Karlstadt (Main) 2005 (Wissenschaftliche Schriften des Vereins für Geschichte Schlesiens 6).

1242. Fukala, Radek: Potomci krále Jiřího z Poděbrad a jejich zápas o hlohovské knížectví [Nachkommen von König Georg von Podiebrad und ihr Kampf um das Glogauer Fürstentum]. In: Kladský sborník (2006) 53-84.

1243. Geisheim, Karl: Herzog Heinrichs Heldentod bei Wahlstatt 1241: Historisches Gemälde. In: Schlesische Provinzialblätter 70 (1819) 97-112.

1244. Genzsch, Hans Albrecht: Johann von Hohenmauth, alias von Neumarkt, im Dienst des Herzogs von Münsterberg und König Johanns von Böhmen und seine Beziehungen zum Lande Glatz. In: Zeitschrift des Vereins für Geschichte Schlesiens 69 (1935) 89-119.

1245. Gilewicz, Aleksy: Stanowisko i działalność gospodarcza Władysława Opolczyka na Rusi w latach 1372–1378 [Die Stellung und wirtschaftliche Tätigkeit Wladislaws II. von Oppeln in Ruthenien in den Jahren 1372–1378]. In: Prace historyczne. Wydane ku uczczeniu 50-lecia Akademickiego Koła Historyków Uniwersytetu Jana Kazimierza we Lwowie 1878–1928. Lwów 1929, 71-105.

1246. Goliński, Mateusz: Co się stało w 1335 r. w księstwie świdnickim? (W kwestii własności i funkcji zamków) [Was geschah 1335 im Herzogtum Schweidnitz? (Zur Frage nach Besitz und Funktion der Burgen)]. In: Ders. (Hg.): Studia z historii średniowiecza. Wrocław 2003 (Acta Universitatis Wratislaviensis 2512. Historia 163), 129-182.

1247. Goyski, Maryan: Sprawa zastawu ziemi dobrzyńskiej przez Władysława Opolczyka i pierwsze lata sporu (1391–1399). Szkic historyczny [Die Frage der Pfandherrschaft Wladislaws II. von Oppeln über das Dobriner Land und die ersten Jahre des Konflikts (1391–1399). Eine historische Skizze]. In: Przegląd Historyczny 3 (1906) 22-51.

1248. Grawert-May, Gernot: Das staatsrechtliche Verhältnis Schlesiens zu Polen, Böhmen und dem Reich während des Mittelalters (Anfang des 10. Jahrhunderts bis 1525). Aalen 1971 (Untersuchungen zur deutschen Staats- und Rechtsgeschichte N.F. 15).

1249. Grawert-May, Gernot von: Die Politik der schlesischen Piasten und das staatsrechtliche Verhältnis Schlesiens zu Polen, Böhmen und dem Reich im hohen und späten Mittelalter. In: Schlesien. Eine Vierteljahrsschrift für Kunst, Wissenschaft und Volkskunde 20 (1970) 203-212.

1250. Grünhagen, Colmar: Aus Bolkos I. Zeit. Kampfbereitschaft gegen Böhmen 1295, Bezwingung Breslaus 1296. In: Zeitschrift des Vereins für Geschichte Schlesiens 41 (1907) 311-335.

1251. Grünhagen, Colmar: Breslau und die Landesfürsten. I. Während des Mittelalters. In: Zeitschrift des Vereins für Geschichte und Alterthum Schlesiens 36 (1902) 1-28.

1252. Grünhagen, Colmar: Die Zeit Herzog Heinrichs III. von Schlesien-Breslau

1241–1266. In: Zeitschrift des Vereins für Geschichte und Alterthum Schlesiens 16 (1882) 1-32.

1253. Gruzla, Jaroslaw M.: Między Luksemburgami, Wittelsbachami a Polską. Transformacja polityczna Bolka II Świdnickiego w latach 1348–1364 [Zwischen den Luxemburgern, Wittelsbachern und Polen. Politische Transformation Bolkos II. von Schweidnitz in den Jahren 1348–1364]. In: Rocznik Świdnicki 29 (2001 [2002]) 43-78.

1254. Habsburg, Otto von: Die heilige Hedwig von Schlesien und unsere Zeit. Wien/München 1975. 2. Aufl. Wien 1983.

1255. Hanakówna, Lidia: Tragedia nyska, czyli rzecz o okrutnej śmierci Mikołaja II opolskiego Piasta [Die Neisser Tragödie oder der grausame Tod des Piasten Nikolaus II. von Oppeln]. In: Saeculum Christianum. Pismo Historyczno-Społeczne 4/1 (1997) 27-36.

1256. Heck, Roman: Monarchia Henryków Śląskich [Das Reich der schlesischen Heinriche]. Wrocław 1980.

1257. Heck, Roman: Piastowie śląscy a Królestwo Polskie w XIV–XV w. [Die schlesischen Piasten und das Königreich Polen im 14. und 15. Jahrhundert]. In: Ders. (Hg.): Piastowie w dziejach Polski. Zbiór artykułów z okazji trzechsetnej rocznicy wygaśnięcia dynastii Piastów. Wrocław u. a. 1975, 69-95.

1258. Heck, Roman: Zjazd głogowski w 1462 r. [Die Glogauer Zusammenkunft von 1462]. Wrocław 1962 (Acta Universitatis Wratislaviensis 7. Historia 7).

1259. Holá, Mlada: Územní politika knížete Jana II. Opolského (1476–1532) [Die Territorialpolitik des Fürsten Johann II. von Oppeln (1476–1532)]. In: Historická demografie 33 (2005) 175-195.

1260. Horwat, Jerzy: Czy Kazimierz książę bytomski był pretendentem do tronu w Polsce? [War Herzog Kasimir von Beuthen Thronanwärter in Polen?]. In: Zielińska-Melkowska, Krystyna (Hg.): Europa Środkowa i Wschodnia w polityce Piastów. Toruń 1997, 249-264.

1261. Horwat, Jerzy Krzysztof: Księstwo bytomskie i jego podziały do końca XV wieku [Das Herzogtum Beuthen und seine Teilungen bis zum Ende des 15. Jahrhunderts]. Gliwice 1993.

1262. Horwat, Jerzy: Księstwo strzeleckie za rządów księcia Alberta [Das Herzogtum Groß Strehlitz zur Zeit Herzog Alberts]. In: Rocznik Muzeum w Gliwicach 13 (1998) 17-27.

1263. Horwat, Jerzy: Piastowie górnośląscy wobec Czech i Węgier [Das Verhältnis der oberschlesischen Piasten zu Böhmen und Ungarn]. In: Barciak, Antoni (Hg.): Piastowie śląscy w kulturze i europejskich dziejach. Katowice 2007, 245-260.

1264. Horwat, Jerzy: Stosunki między książętami opolskimi a Henrykiem Probusem w latach 1278–1288 [Das Verhältnis zwischen den Herzögen von Oppeln und Heinrich IV. Probus in den Jahren 1278–1288]. In: Rocznik Muzeum w Gliwicach 6 (1992) 9-21.

1265. Horwat, Jerzy: W sprawie Bolesława, księcia toszeckego i arcybiskupa Ostrzyhomia [Zu Boleslaw, dem Herzog von Tost und Erzbischof von Gran]. In: Rocznik Muzeum w Gliwicach 9 (1993 [1994]) 367f.

1266. Horwat, Jerzy/Jedynak, Zdzisław: Kazimierz książę bytomski w latach 1281–1312 [Herzog Kasimir von Beuthen in den Jahren 1281–1312]. In: Rocznik Muzeum w Gliwicach 2 (1986) 55-60.

1267. Irgang, Winfried: Der Anteil der piastischen Landesherren an der deutschen Besiedlung Schlesiens. In: Schlesien 20 (1975) 193-202.

1268. Irgang, Winfried: Die politische Bedeutung der Heiligen im Mittelalter (Wenzel, Adalbert, Stanislaus, Hedwig). In: Köhler, Joachim/Keil, Gundolf (Hg.): Heilige und Heiligenverehrung in Schlesien. Sigmaringen 1997 (Schlesische Forschungen 7), 31-50.

1269. Jäkel, Hugo: Zum urkundlichen Itinerar Herzog Heinrichs IV. In: Zeitschrift des Vereins für Geschichte und Alterthum Schlesiens 19 (1885) 354-369.

1270. Jankowska, Ewa: Początki kariery dyplomatycznej księcia Władysława Opolczyka [Die Anfänge der diplomatischen Karriere Herzog Wladislaws II. von Oppeln]. In: Rocznik Muzeum w Gliwicach 7/8 (1991/92 [1994]) 72-90.

1271. Jankowska, Ewa: Konflikt Władysława Opolczyka z Królestwem Polskim [Der Konflikt Wladislaws II. von Oppeln mit dem Königreich Polen]. In: Rocznik Muzeum w Gliwicach 9 (1993) 45-81.

1272. Jasiński, Kazimierz: Piastowie świdniccy a Wittelsbachowie w pierwszej połowie XIV w. [Die Schweidnitzer Piasten und die Wittelsbacher in der ersten Hälfte des 14. Jahrhunderts]. In: Zapiski Historyczne 33/3 (1968) 95-108.

1273. Jasiński, Kazimierz: Podłoże polityczne pomorsko-śląskich koligacji dynastycznych w latach 1316–1325/1328 [Der politische Hintergrund der dynastischen Verbindungen zwischen Pommern und Schlesien in den Jahren 1316–1325/1328]. In: Ars historica. Prace z dziejów powszechnych i Polski. Poznań (1976) 455-466.

1274. Jasiński, Tomasz: Henryk II Pobożny wobec podziałów politycznych w Europie Środkowowschodniej. (Przyczynek do poznania genezy najazdu mongolskiego na Polskę) [Heinrich II. der Fromme und die politischen Teilungen in Ostmitteleuropa. (Ein Beitrag zum Verständnis der Genese des Mongoleneinfalls in Polen)]. In: Zielińska-Melkowska, Krystyna (Hg.): Europa Środkowa i Wschodnia w polityce Piastów. Toruń 1997, 53-61.

1275. Jurek, Tomasz: Dziedzic królestwa polskiego książę głogowski Henryk (1274–1309) [Der Erbe des Königreichs Polen, Herzog Heinrich von Glogau (1274–1309)]. Poznań 1993, 2. verb. Aufl. Kraków 2006 (Prace Komisji Historycznej Poznańskiego Towarzystwa Przyjaciół Nauk 45).

1276. Jurek, Tomasz: Henryk Probus i Henryk głogowski. Stosunki wzajemne w latach 1273–1290 [Heinrich Probus und Heinrich von Glogau. Ihre gegenseitigen Beziehungen in den Jahren 1273–1290]. In: Śląski Kwartalnik Historyczny Sobótka 42 (1987) 555-570.

1277. Jurek, Tomasz: Kandydatura Konrada II oleśnickiego do tronu polskiego w roku 1369 [Die Kandidatur Konrads II. von Oels für den polnischen Thron im Jahr 1369]. In: Roczniki Historyczne 57 (1991) 33-71.

1278. Jurek, Tomasz: Konrad I głogowski. Studium z dziejów dzielnicowego Śląska [Konrad I. von Glogau. Eine Studie zur Geschichte des zersplitterten Schlesien]. In: Roczniki Historyczne 54 (1988) 111-141.

1279. Jurek, Tomasz: Księstwo głogowskie pod rządami synów Konrada I (1273–1290) [Das Herzogtum Glogau unter der Herrschaft der Söhne Konrads I. (1273–1290)]. In: Śląski Kwartalnik Historyczny Sobótka 42 (1987) 395-410.

1280. Jurek, Tomasz: Plany koronacyjne Henryka Probusa [Die Krönungspläne Heinrichs IV. Probus]. In: Wachowski, Krzysztof (Hg.): Śląsk w czasach Henryka IV Prawego. Wrocław 2005 (Wratislavia antiqua. Studia z Dziejów Wrocławia 8), 13-29.

1281. Kapras, Jan: Testament knížete Přemka Opavského a jeho provedení [Das Testament des Fürsten Přemko von Troppau und dessen Vollzug]. In: Věstník Matice opavské 15 (1907) 1-8.

1282. Karczewska, Joanna: Kujawsko-dobrzyńskie władztwo Władysława Opolczyka [Die Herrschaft Wladislaws II. von Oppeln über Kujawien und das Dobriner Land]. In: Pobóg-Lenartowicz, Anna (Hg.): Władysław Opolczyk jakiego nie znamy. Próba oceny w sześćsetlecie śmierci. Opole 2001 (Z Dziejów Kultury Chrześcijańskiej na Śląsku 21), 53-59.

1283. Karczewski, Dariusz: Meliorator terrae Russiae. Panowanie Władysława Opolczyka na Rusi (1371–1378) [Meliorator terrae Russiae. Die Herrschaft Wladislaws II. von Oppeln in Ruthenien (1371–1378)]. In: Barciak, Antoni (Hg.): Piastowie śląscy w kulturze i europejskich dziejach. Katowice 2007, 261-281.

1284. Kasperlik, Matthias: Kasimir, Herzog von Beuthen und Miecislaus, Herzog von Teschen: Ein Beitrag zur Geschichte Ober-Schlesiens. In: Schriften der historisch-statistischen Sektion der k. k. mährisch-schlesischen Gesellschaft zur Beförderung des Ackerbaus 12 (1859) 145-169.

1285. Kiełbasa, Antoni: Książę Henryk Brodaty: w 800-lecie rozpoczęcia rządów [Herzog Heinrich der Bärtige: Zum 800jährigen Herrschaftsbeginn]. Wrocław 2001.

1286. Knötel, Paul: Der Schatz und das politische Testament des letzten Oppelner Piastenherzogs Johannes. In: Der Oberschlesier 14 (1932) 145-149.

1287. Knothe, Hermann: Die Huldigung des Görlitzer Rathes an Herzog Heinrich von Jauer 1322. In: Zeitschrift des Vereins für Geschichte und Alterthum Schlesiens 8 (1867) 465-468.

1288. Konvičná, Jana: Dynastické počátky opavských Přemyslovců a jejich vazby na politiku českých králů [Die dynastischen Anfänge der Troppauer Přemysliden und ihre Beziehungen zur Politik der böhmischen Könige]. In: Paginae historiae. Sborník Státního ústředního archivu v Praze 4 (1996) 5-38.

1289. Konvičná, Jana: Opavsko a opavští Přemyslovci za vlády posledních Lucemburků [Das Land Troppau und die Přemysliden von Troppau unter der Regierung der letzten Luxemburger]. In: Paginae historiae. Sborník Státního ústředního archivu v Praze 5 (1997) 5-25.

1290. Kopietz, Johannes Athanasius: Quaestio de incursione per Mongolos in Silesiam facta anno 1241. Suidnicii 1869.

1291. Korta, Wacław: Najazd Mongołów na Polskę i jego legnicki epilog [Der Mongoleneinfall in Polen und sein Liegnitzer Nachspiel]. Katowice 1983.

1292. Krakowski, Stefan: Polska w walce z najazdami tatarskimi w XIII wieku [Polens Kampf gegen die Mongolen im 13. Jahrhundert]. Warszawa 1956.

1293. Kuhn, Walter: Die deutschrechtlichen Städte in Schlesien und Polen in der ersten Hälfte des 13. Jahrhunderts. Marburg 1968.

1294. Kulik, Andrzej T.: Ostatni niezależny Piast śląski [Der letzte unabhängige schlesische Piast]. In: Rocznik Jeleniogórski 25/26 (1987/88) 105-110.

1295. Łaborewicz, Ivo: Kamiennogórskie epizody wojenne z lat 1345 i 1348 a recepcja antyku na Śląsku [Die Landeshuter militärischen Episoden der Jahre 1345 und 1348 und die Rezeption der Antike in Schlesien]. In: Rocznik Jeleniogórski 27 (1989 [1990]) 91-100.

1296. Labuda, Gerard: Piastowie twórcami państwa polskiego [Die Piasten als Begründer des polnischen Staates]. In: Heck, Roman (Hg.): Piastowie w dziejach Polski. Zbiór artykułów z okazji trzechsetnej rocznicy wygaśnięcia dynastii Piastów. Wrocław u. a. 1975, 10-48.

1297. Labuda, Gerard: Testament księcia opolsko-raciborskiego Mieszka II (1246) [Das Testament Herzog Mieszkos II. von Oppeln-Ratibor (1246)]. In: Goliński, Mateusz (Hg.): Viae historicae. Księga jubileuszowa dedykowana Profesorowi Lechowi A. Tyszkiewiczowi w siedemdziesiątą rocznicę urodzin. Wrocław 2001 (Acta Universitatis Wratislaviensis 2306. Historia 152), 283-287.

1298. Liedtke, Antoni: Walka księcia Jana Opolskiego „Kropidły" z Krzyżakami w obronie majątkowych praw diecezji włocławskiej [Der Kampf Herzog Johanns „Kropidlo" von Oppeln mit dem Deutschen Orden um die Vermögensrechte der Diözese Leslau]. Toruń 1932.

1299. Ligęza, Elżbieta: Udział możnowładców wrocławskich w zamachu stanu na Henryka IV Prawego w 1277 r. [Die Beteiligung der Breslauer Oligarchie am Aufstand gegen Heinrich IV. Probus im Jahr 1277]. In: Śląski Kwartalnik Historyczny Sobótka 31 (1976) 549-554.

1300. Lindner, Theodor: Historische Miscellen. 1. Zur Geschichte Bolkos I. von Fürstenberg. In: Zeitschrift des Vereins für Geschichte und Alterthum Schlesiens 9 (1868) 154-156.

1301. Löschke, Theodor: Zur Frage über den Regierungsantritt Heinrich IV. von Breslau. In: Zeitschrift des Vereins für Geschichte und Alterthum Schlesiens 12 (1874) 64-76.

1302. Maetschke, Ernst: Heinrich von Brene (1240–1302). In: Schlesische Geschichtsblätter. Mitteilungen des Vereins für Geschichte Schlesiens 3 (1942) 55-58.

1303. Malicki, Jan: Zapomniany testament księcia opolskiego Mikołaja II [Das vergessene Testament Herzog Nikolaus' II. von Oppeln]. In: Ders. (Hg.): Legat wieku rycerskiego. Studia staropolskie dawne i nowe. Katowice 2006, 93-98.

1304. Mika, Norbert: Mieszko, syn Władysława II Wygnańca, książę raciborski i pan Krakowa – dzielnicowy władca Polski [Mieszko, der Sohn Wladislaws II. des Vertriebenen, Herzog von Ratibor und Herr über Krakau – ein polnischer Teilfürst]. Racibórz 2006.

1305. Milkowitsch, Wladimir: Heinrichs IV. Aufenthalt bei König Ottokar von Böhmen in der Zeit nach 1266. In: Zeitschrift des Vereins für Geschichte und Alterthum Schlesiens 18 (1884) 243-252.

1306. Milkowitsch, Wladimir: Heinrich IV. und Boleslaw II. 1277. In: Zeitschrift des Vereins für Geschichte und Alterthum Schlesiens 19 (1885) 370-385.

1307. Milkowitsch, Wladimir: Über die Zeit des gütlichen Übereinkommens zwischen König Joh. v. Böhmen und Herzog Joh. v. Steinau. In: Zeitschrift des Vereins für Geschichte und Alterthum Schlesiens 19 (1885) 307-315.

1308. Modzelewski, Karol: Comites, principes, nobiles. Struktura klasy panującej w świetle terminologii Anonima Galla [Comites, principes, nobiles. Die Struktur der herrschenden Klasse in der Terminologie des Gallus Anonymus]. In: Kuczyński, Stefan K. u. a. (Hg.): Cultus et cognitio. Studia z dziejów średniowiecznej kultury. Warszawa 1976, 404-412.

1309. Mosbach, August: Piotr syn Włodzimierza, sławny dostojnik polski wieku dwunastego. Kronika opowiadająca dzieje Piotrowe [Peter, Sohn des Wladimir, ein berühmter polnischer Würdenträger des 12. Jahrhunderts]. Ostrów 1865.

1310. Mosbach, August: Über die Gefangennehmung des Bischofs von Kujawien und Herzogs von Oppeln, Johann, Kropidlo genannt, in Breslau am 6. Dezember 1410. In: Zeitschrift des Vereins für Geschichte und Alterthum Schlesiens 7 (1866) 70-109.

1311. Moździoch, Sławomir: The „Castrum Munitissimum Bytom" [an der Oder] – a local power centre of the early Piast State. In: Urbańczyk, Przemysław (Hg.): Polish lands at the turn of the first and the second millenia. Warsaw 2004, 305-318.

1312. Mularczyk, Jerzy: Dwa bunty rycerstwa śląskiego przeciw książętom wrocławskim w drugiej połowie XIII wieku [Zwei Aufstände schlesischer Ritter gegen die Breslauer Herzöge in der zweiten Hälfte des 13. Jahrhunderts]. In: Śląski Kwartalnik Historyczny Sobótka 33 (1978) 1-18.

1313. Mularczyk, Jerzy: Książę legnicki Bolesław II Rogatka na tle sytuacji polityczno-społecznej Śląska [Boleslaw II. der Kahle von Liegnitz und die politisch-soziale Lage Schlesiens]. In: Kuczyński, Stefan K. (Hg.): Społeczeństwo Polski średniowiecznej. Zbiór studiów, Bd. 9. Warszawa 2001, 89-142.

1314. Mularczyk, Jerzy: Księcia wrocławskiego Henryka III debiut polityczny i schyłek panowania [Beginn und Ende der Herrschaft Herzog Heinrichs III. von Breslau]. In: Kwartalnik Opolski 40/2 (1994) 3-10.

1315. Mularczyk, Jerzy: Od Bolesława Chrobrego do Bolesława Rogatki [Von Boleslaw dem Tapferen bis Boleslaw dem Kahlen]. Wrocław 1994.

1316. Mularczyk, Jerzy: Podziały Śląska między synów Henryka II Pobożnego w połowie XIII wieku [Die Teilungen Schlesiens unter den Söhnen Heinrichs II. des Frommen in der Mitte des 13. Jahrhunderts]. In: Przegląd Historyczny 76 (1985) 481-504.

1317. Mularczyk, Jerzy: Władysław książę Śląska, arcybiskup Salzburga (1237–1270) [Wladislaw, Herzog von Schlesien und Erzbischof von Salzburg (1237–1270)]. In: Śląski Labirynt Krajoznawczy 6 (1994) 27-39.

1318. Mularczyk, Jerzy: Władza książęca na Śląsku w XIII wieku [Die herzogliche Herrschaft im Schlesien des 13. Jahrhunderts]. Wrocław 1984 (Acta Universitatis Wratislaviensis 603. Historia 40).

1319. Nikodem, Jarosław: Czy Konrad II, książę oleśnicko-kozielski, był rzeczywistym pretendentem do tronu polskiego w 1369 roku? [War Herzog Konrad II. von Oels und Cosel ein tatsächlicher Anwärter für den polnischen Thron im Jahr 1369?]. In: Scripta minora 2 (1998) 69-82.

1320. Orzechowski, Kazimierz: O władzy książąt lennych na Śląsku za panowania Macieja Korwina [Über die Herrschaft der schlesischen Mediatfürsten unter Matthias Corvinus]. In: Czasopismo Prawno-Historyczne 40/2 (1988) 131-140.

1321. Otto, Karl: Über einen Immunitätsstreit des Breslauer Clerus mit den Herzögen Friedrich und Georg von Brieg-Liegnitz im Jahre 1499. In: Zeitschrift des Vereins für Geschichte und Alterthum Schlesiens 7 (1866) 213-226.

1322. Palacky, Franz: Der Mongolen-Einfall im Jahre 1241. In: Abhandlungen der Kgl. Böhmischen Gesellschaft der Wissenschaften 5/2 (1842) 371-408.

1323. Panic, Idzi: Działalność polityczna i dyplomatyczna księcia cieszyńskiego Przemysława Noszaka w czasach panowania Karola IV jako cesarza (1355–1378) [Die politische und diplomatische Tätigkeit Herzog Przemislaws I. Noszak von Teschen in der Regierungszeit Kaiser Karls IV. (1355–1378)]. In: Watra. Rocznik Bielski 4 (1988) 28-45.

1324. Panic, Idzi: Książęta opolscy, niemodlińscy i strzeleccy na dworze Karola IV [Die Herzöge von Oppeln, Falkenberg und Groß Strehlitz am Hof Karls IV.]. In: Kwartalnik Opolski 35/2 (1989 [1990]) 34f.

1325. Panic, Idzi: Przemko II cieszyński w środkowoeuropejskiej polityce międzynarodowej. Studium z dziejów Śląska w 3 ćwierci XV wieku [Přemko II. von Teschen in der mitteleuropäischen Politik. Eine Studie zur Geschichte Schlesiens im dritten Viertel des 15. Jahrhunderts]. In: Watra. Rocznik Bielski 2 (1981/83 [1986]) 127-140.

1326. Panic, Idzi: Raciborskie otoczenie księcia Władysława Opolczyka (1246–1281) [Das Ratiborer Umfeld Herzog Wladislaws I. von Oppeln (1246–1281)]. In: Zeszyty Raciborskie „Strzecha" 4 (1984) 5-16.

1327. Panic, Idzi: Tytulatura książąt opolskich w XIII wieku. (Uwagi w związku z dyskusją na temat początków Skoczowa) [Die Titulatur der Oppelner Herzöge im 13. Jahrhundert. (Bemerkungen zur Diskussion über die Anfänge Skotschaus)]. In: Pamiętnik Cieszyński 12 (1997) 5-13.

1328. Panic, Idzi: Vliv olomoucké volby na politiku těšínských knížat [Der Einfluß der Olmützer Wahl auf die Politik der Teschener Fürsten]. In: Vlastivědný věstník moravský 31 (1979) 151-159.

1329. Petry, Ludwig: 1241: Schlesien und der Mongolensturm. Breslau/Deutsch-Lissa 1938 (Schlesienbändchen 11).

1330. Pfotenhauer, Paul: Die fünfzig Ritter von 1294. In: Zeitschrift des Vereins für Geschichte und Alterthum Schlesiens 16 (1882) 157-179.

1331. Pieradzka, Krystyna: Piastowie śląscy na Łużycach do poł. XIV. w. [Die schlesischen Piasten in den Lausitzen bis zur Mitte des 14. Jahrhunderts]. Warszawa 1947.

1332. Pieradzka, Krystyna: Bitwa pod Legnicą (1241) [Die Schlacht von Wahlstatt (1241)]. Warszawa 1948 (Biblioteka Ziem Odzyskanych).

1333. Pieradzka, Krystyna: Bitwa pod Legnicą 1241 r. w relacji Jana Długosza [Die Schlacht von Wahlstatt 1241 nach dem Bericht von Jan Długosz]. In: Szkice Legnickie 6 (1971) 47-79.

1334. Pieradzka, Krystyna: Bitwa pod Legnicą w relacji Jana Długosza [Die Schlacht von Wahlstatt nach dem Bericht von Jan Długosz]. Legnica 1982.

1335. Pindur, David: Těšínsko za vlády piastovského knížete Kazimíra II. (1477–1528) [Das Teschener Land unter der Regierung des Piastenherzogs Kasimir II. (1477–1528)]. In: Práce a studie Muzea Beskyd 14 (1992) 1-93.

1336. Piwarski, Kazimierz: Tragiczny zgon Mikołaja II opolskiego w r. 1497 [Der tragische Tod Nikolaus' II. von Oppeln im Jahr 1497]. In: Komunikaty Instytutu Śląskiego 5/47 (1946/47) 1-6.

1337. Plezia, Marian: Palatyn Piotr Włostowic. Sylwetka z dziejów Śląska w XII wieku [Palatin Peter Wlast. Eine Gestalt aus der Geschichte Schlesiens im 12. Jahrhundert]. Warszawa 1947.

1338. Pociecha, Władysław: Śląski bohater Bernard Pretwicz [Der schlesische Held Bernhard von Prittwitz]. In: Śląsk 1/10 (1946) 6-13.

1339. Pošvář, Jaroslav: Poznámky k politickému postavení Slezska v III. čtvrtině 15. století [Glossen zur politischen Stellung Schlesiens im dritten Viertel des 15. Jahrhunderts]. In: Slezský sborník 58 (1960) 39-60.

1340. Prix, Dalibor: Vévoda Václav I. Opavský. Příspěvek k dějinám Opavského vévodství počátkem poslední čtvrtiny 14. století [Fürst Wenzel I. von Troppau. Ein Beitrag zur Geschichte des Fürstentums Troppau Anfangs des letzten Viertels des 14. Jahrhunderts]. In: Acta historica et museologica Universitatis Silesianae Opaviensis 3 (1997) 54-89.

1341. Prokop, Krzysztof R.: Księstwa oświęcimskie i zatorskie wobec Korony Polskiej w latach 1438–1513: Dzieje polityczne [Das Verhältnis der Herzogtümer Auschwitz und Zator zum Königreich Polen in den Jahren 1438–1513: Politische Entwicklung]. Kraków 2002.

1342. Prokop, Krzysztof R.: Podziały księstwa legnickiego w połowie XIV wieku (1342–1364) [Die Teilungen des Herzogtums Liegnitz Mitte des 14. Jahrhunderts (1342–1364)]. In: Żerelik, Rościsław (Hg.): Studia i materiały z dziejów Śląska i Małopolski. Wrocław 2001, 69-103.

1343. Rajman, Edward: Kiedy Mieszko Plątonogi panował w Krakowie? [Wann herrschte Mieszko I. Schlenkerbein in Krakau?]. In: Roczniki Historyczne 65 (1999) 7-26.

1344. Rajman, Jerzy: Mieszko II Otyły książę opolsko-raciborski (1239–1246) [Mieszko II. der Dicke, Herzog von Oppeln-Ratibor (1239–1246)]. In: Kwartalnik Historyczny 100/3 (1993 [1994]) 19-41.

1345. Rajman, Jerzy: Książę Mieszko Plątonogi jako twórca księstwa opolskiego [Herzog Mieszko I. Schlenkerbein als Begründer des Herzogtums Oppeln]. In: Pobóg-Lenartowicz, Anna (Hg.): Sacra Silentii provincia. 800 lat powstania dziedzicznego księstwa opolskiego (1202–2002). Opole 2003 (Z dziejów kultury chrześcijańskiej na Śląsku 27), 83-91.

1346. Rajman, Jerzy: Mieszko Plątonogi, pierwszy książę raciborsko-opolski (1173–

1211) [Mieszko I. Schlenkerbein, der erste Herzog von Ratibor und Oppeln (1173–1211)]. In: Kwartalnik Historyczny 103/1 (1996) 23-41.

1347. Randt, Erich: Grenzbeziehungen der schlesischen Piasten Herzog Heinrich I. und Herzog Heinrich II. mit Herzog Barnim I. von Pommern-Stettin und dem Bistum Kammin. In: Zeitschrift des Vereins für Geschichte Schlesiens 65 (1931) 183-204.

1348. Reitemeier, Arnd: Ritter, Königstreue, Diplomaten. Deutsche Ritter als Vertraute der englischen und deutschen Könige im 14./15. Jahrhundert. In: Zeitschrift für Historische Forschung 24 (1997) 1-23.

1349. Rybotycki, Jan: Księstwo Jaworskie i jego stolica (1264–1392) [Das Fürstentum Jauer und seine Hauptstadt (1264–1392)]. Jawor 1987.

1350. Rymar, Edward: Interwencja niemiecka na Śląsku w 1172 r. a walka potomstwa Władysława II Wygnańca o polski pryncypat w latach 1163–1180 [Das deutsche Eingreifen in Schlesien im Jahr 1172 und der Kampf der Nachkommen Wladislaws II. des Vertriebenen um das polnische Prinzipat in den Jahren 1163–1180]. In: Śląski Kwartalnik Historyczny Sobótka 49 (1994) 175-189.

1351. Rymar, Edward: Synowie Henryka Pobożnego dziedzicami księstwa polskiego [Die Söhne Heinrichs des Frommen als Erben des Herzogtums Polen]. In: Prace Naukowe WSP w Częstochowie. Zeszyty Historyczne 2 (1994) 35-51.

1352. Schiller, Julius: Die Tataren in Schlesien. Breslau [nach 1888].

1353. Schmilewski, Ulrich: Vom ‚kindischen‘ Herzog zum Bewahrer landesherrlicher Rechte? Zur Person und zur Politik von Herzog Boleslaus II. von Liegnitz (gest. 1278). In: Weber, Matthias/Rabe, Carsten (Hg.): Silesiographia. Stand und Perspektiven der historischen Schlesienforschung. Festschrift für Norbert Conrads zum 60. Geburtstag. Würzburg 1998 (Wissenschaftliche Schriften des Vereins für Geschichte Schlesiens 4), 185-197.

1354. Schönborn, Theodor: Der Mongolensturm über Schlesien von 1241: Geschichtliche Einführung. Breslau [1941].

1355. Schulte, Lambert: Vermischte Mitteilungen, Ergänzungen und Berichtigungen. 2. Über die Hinrichtung des Herzogs Nikolaus von Oppeln, 1497. In: Zeitschrift des Vereins für Geschichte Schlesiens 49 (1915) 336.

1356. Smolka, Stanisław: Herzog Heinrichs des Bärtigen auswärtige Beziehungen. In: Zeitschrift des Vereins für Geschichte und Alterthum Schlesiens 12 (1874) 98-135.

1357. Solicki, Stanisław: Między Czechami a Polską (Z dziejów księcia głogowsko-żagańskiego Henryka V Żelaznego) [Zwischen Böhmen und Polen (Aus dem Leben Herzog Heinrichs V. des Eisernen von Glogau und Sagan)]. In: Śląski Kwartalnik Historyczny Sobótka 24 (1969) 187-199.

1358. Sperka, Jerzy: Z dziejów wojen Władysława Jagiełły z księciem opolskim Władysławem. Działania wojenne w latach 1393–1394 [Aus der Geschichte der Kriege Wladislaws Jagiello gegen Herzog Wladislaw II. von Oppeln. Die Kriegshandlungen in den Jahren 1393–1394]. In: Bukowski, Waldemar u. a. (Hg.): Cracovia, Polonia, Europa. Studia z dziejów średniowiecza ofiarowane

Jerzemu Wyrozumskiemu w sześćdziesiątą piątą rocznicę urodzin i czterdziestolecie pracy naukowej. Kraków 1995, 307-322.

1359. Spyra, Janusz R.: Těšínský kníže Přemyslav I. [Der Teschener Fürst Přemko I.]. In: Těšínsko. Vlastivědný zpravodaj okresů Karviná a Frýdek-Místek 2 (1990) 5-8.

1360. Sroka, Stanisław A.: Kariera Władysława Opolczyka na dworze węgierskim w drugiej połowie XIV wieku [Die Karriere Wladislaws II. von Oppeln am ungarischen Hof in der zweiten Hälfte des 14. Jahrhunderts]. In: Zielińska-Melkowska, Krystyna (Hg.): Europa Środkowa i Wschodnia w polityce Piastów. Toruń 1997, 265-274.

1361. Sroka, Stanisław A.: Książę Władysław Opolczyk na Węgrzech [Herzog Wladislaw II. Oppeln in Ungarn]. In: Pobóg-Lenartowicz, Anna (Hg.): Władysław Opolczyk jakiego nie znamy. Próba oceny w sześćsetlecie śmierci. Opole 2001 (Z Dziejów Kultury Chrześcijańskiej na Śląsku 21), 45-51.

1362. Stenzel, Gustav Adolf: Beiträge zur Geschichte des alten einheimischen Schlesischen (Polnischen) Adels. In: Uebersicht der Arbeiten und Veränderungen der schlesischen Gesellschaft für vaterländische Kultur im Jahre 1841. Zur Kenntnißnahme für sämmtliche einheimische und auswärtige wirkliche Herren Mitglieder der genannten Gesellschaft. Breslau 1842, 134-143.

1363. Štěpán, Václav: Nové materiály k vývoji česko-polských vztahů počátkem 15. století [Neue Materialien zur Entwicklung der tschechisch-polnischen Beziehungen Anfang des 15. Jahrhunderts]. In: Časopis Slezského muzea. Acta Musei Silesiae, Series B: Vědy historické 30 (1981) 85-95.

1364. Štěpán, Václav: Účast žoldnéřů z českých zemí (zejména Slezska a severní Moravy) ve „Velké válce 1409–1411" zachycená prameny z velmistrovského archivu řádu německých rytířů [Die Teilnahme der Söldner aus den Böhmischen Ländern (insbesondere aus Schlesien und Nordmähren) am „Großen Krieg 1409–1411" nach den Quellen des Großmeisterarchivs des Deutschen Ritterordens]. In: Časopis Slezského muzea. Acta Musei Silesiae, Series B: Vědy historické 39 (1990) 1-15.

1365. Štěpán, Václav: Úloha pánů z Kravař při vzniku husitského hnutí [Die Rolle der Herren von Krawarn bei der Entstehung der Hussitenbewegung]. In: Časopis Slezského muzea. Acta Musei Silesiae, Series B: Vědy historické 20 (1971) 10-21.

1366. Tanaś, Karol: Bolesław I Wysoki, książę śląski (1163–1201), a Niemcy. Polityczne tło działalności [Herzog Boleslaw I. der Lange von Schlesien (1163–1201) und Deutschland. Der politische Hintergrund seiner Tätigkeit]. In: Scripta minora 2 (1998) 7-35.

1367. Taubitz, Felix: Die Mongolenschlacht bei Wahlstatt am 9. April 1241. In: Schlesische Geschichtsblätter. Mitteilungen des Vereins für Geschichte Schlesiens 3 (1931) 57-68.

1368. Techmańska, Barbara: Jan II żagański – sojusznik króla husyty [Johann II. von Sagan – Verbündeter des Hussitenkönigs]. In: Studia Śląskie 60 (2001) 57-71.

1369. Tęgowski, Jan: Data ślubu Aleksandry, Piastówny cieszyńskiej, z możnowładcą węgierskim Władysławem z Gary [Das Datum der Hochzeit der Piastin Alexandra von Teschen mit dem ungarischen Adeligen László Garai]. In: Genealogia. Studia i Materiały Historyczne 13 (2001) 31-38.

1370. Tęgowski, Jan: Władcy śląscy w polityce małżeńskiej króla Władysława Jagiełły (1386–1412) [Die schlesischen Herrscher in der Heiratspolitik König Wladislaws Jagiello (1386–1412)]. In: Barciak, Antoni (Hg.): Piastowie śląscy w kulturze i europejskich dziejach. Katowice 2007, 232-244.

1371. Temple, R[udolf]: Geschichte Johann II., Herzog von Auschwitz, und seiner Zeit. In: Notizen-Blatt der historisch-statistischen Section der kais. königl. mährisch-schlesischen Gesellschaft zur Beförderung des Ackerbaues, der Natur- und Landeskunde (1886) 58-62, 66f.

1372. Temple, Rudolf: Regenten-Handlungen Herzog Mesko III. von Teschen als Herr zu Auschwitz (Oswiecim). In: Notizen-Blatt der historisch-statistischen Section der kais. königl. mährisch-schlesischen Gesellschaft zur Beförderung des Ackerbaues, der Natur- und Landeskunde (1884) 79f., 86f.

1373. Ulanowski, Boleslaw: Über die Datierung der auf Heinrich IV. von Breslau bezüglichen Urkunden im Formelbuche des Heinricus Italicus. In: Zeitschrift des Vereins für Geschichte und Alterthum Schlesiens 16 (1882) 220-252.

1374. Ulanowski, Boleslaw: Über die Erwerbung von Glatz durch Heinrich IV. In: Zeitschrift des Vereins für Geschichte und Alterthum Schlesiens 16 (1882) 87-110.

1375. Ulanowski, Boleslaw: Über die Zeit der Vermählung Heinrichs IV. mit Mechtilde von Brandenburg. In: Zeitschrift des Vereins für Geschichte und Alterthum Schlesiens 16 (1882) 98-110.

1376. Urban, Jan: Boj o Kladsko (1435–1454) [Das Ringen um Glatz (1435–1454)]. In: Historie a vojenství 43 (1994) 3-26.

1377. Urban, Jan: Boj o Kladsko (1435–1454) [Das Ringen um Glatz (1435–1454)]. In: Kladský sborník 1 (1996) 35-55.

1378. Wałkówski, Andrzej: Umowa księcia Bolesława II Rogatki z arcybiskupem magdeburskim Wilbrandem z 20 kwietnia 1249 roku [Das Abkommen Herzog Boleslaws II. des Kahlen mit dem Magdeburger Erzbischof Wilbrand vom 20. April 1249]. In: Benyskiewicz, Joachim (Hg.): Studia zachodnie. Zielona Góra 1992, 25-35.

1379. Walter, Ewald: Äbtissin Gertrud, die Tochter der hl. Hedwig, und ein Generalkapitelstatut des Zisterzienserordens vom Jahre 1252. In: Archiv für schlesische Kirchengeschichte 24 (1966) 56-66.

1380. Walter, Ewald: Der Todes- und Begräbnistag der hl. Hedwig. In: Archiv für schlesische Kirchengeschichte 22 (1964) 141-176.

1381. Waniek-Kucharska, Zofia: Powiązania genealogiczne śląsko-askańskie w XIII i XIV wieku [Genealogische Verbindungen zwischen Schlesien und den Askaniern im 13. und 14. Jahrhundert]. In: Śląski Kwartalnik Historyczny Sobótka 32 (1977) 435-449.

1382. Wihoda, Martin: Facta est autem distractio regni Bohemiae. Opavsko v čase interregna 1278–1283 [Facta est autem distractio regni Bohemiae. Das Troppauer Land zur Zeit des Interregnums 1278–1283]. In: Acta historica et museologica Universitatis Silesianae Opaviensis 5 (2000) 170-180.

1383. Wihoda, Martin: Mikuláš I. Opavský mezi Přemyslovci a Habsburky [Nikolaus I. von Troppau zwischen Přemysliden und Habsburgern]. In: Český časopis historický 99 (2000) 209-230.

1384. Wiszewski, Przemysław: Henryk III Głogowski i jego czasy [Heinrich III. von Glogau und seine Zeit]. Wrocław 2002 (Poczet Polskich Królów i Książąt 24).

1385. Wiszewski, Przemysław: Henryk Brodaty i jego czasy [Heinrich der Bärtige und seine Zeit]. Wrocław 2002 (Poczet Polskich Królów i Książąt 17).

1386. Wiszewski, Przemysław: Henryk Pobożny i jego czasy [Heinrich der Fromme und seine Zeit]. Wrocław 2002 (Poczet Polskich Królów i Książąt 18).

1387. Wiszewski, Przemysław: Władysław Wygnaniec i jego czasy [Wladislaw der Vertriebene und seine Zeit]. Wrocław 2002 (Poczet Polskich Królów i Książąt 9).

1388. Włodarski, Bronisław: Udział książąt śląskich w wyprawie cesarza Karola IV po koronę cesarską do Rzymu w 1355 roku [Die Beteiligung schlesischer Fürsten am Romzug Kaiser Karls IV. im Jahr 1355]. In: Prace historyczne w 30-lecie działalności profesorskiej Stanisława Zakrzewskiego. Lwów 1934, 211-229.

1389. Wójcik, Marek L.: Podział terytorialny Opolszczyzny po śmierci Bolesława I Opolskiego (zm. 1313) w świetle najstarszej pieczęci księcia niemodlińskiego Bolesława z 1314 roku [Die territoriale Aufteilung des Oppelner Landes nach dem Tod Boleslaws I. von Oppeln (gest. 1313) im Lichte des ältesten Siegels Herzog Boleslaws von Falkenberg aus dem Jahr 1314]. In: Bobowski, Kazimierz (Hg.): Monastycyzm. Słowiańszczyzna i państwo polskie. Wrocław 1994, 144-151.

1390. Wółkiewicz, Ewa: Testament księcia opolskiego Mikołaja II [Das Testament Herzog Nikolaus' II. von Oppeln]. In: Pobóg-Lenartowicz, Anna (Hg.): Miasto czyni wolnym. W 790. rocznicę lokacji Opola (ok. 1217–2007). Opole 2008, 85-103.

1391. Žáček, Rudolf: K počátkům politické kariéry vévody Přemka I. Těšínského [Zu den Anfängen der politischen Karriere Herzog Přemkos I. von Teschen]. In: Acta historica et museologica Universitatis Silesianae Opaviensis 3 (1997) 44-53.

1392. Žáček, Rudolf: K úloze slezských vévodů u lucemburského panovnického dvora [Zur Rolle der schlesischen Herzöge beim Herrscherhof der Luxemburger]. In: Borák, Mečislav (Hg.): Slezsko v dějinách českého státu. Opava 1998, 150-157.

1393. Żerelik, Rościsław: Konrad II oleśnicki panem zastawnym Retzu. Szczegół z działalności politycznej książąt oleśnickich w trzeciej ćwierci XIV wieku w świetle najstarszego kopiarza oleśnickiego [Konrad II. von Oels als Pfandherr von Retz. Ein Detail aus der politischen Tätigkeit der Oelser Herzöge im dritten Viertel des 14. Jahrhunderts im Licht des ältesten Oelser Kopialbuches]. In: Barciak, Antoni (Hg.): Piastowie śląscy w kulturze i europejskich dziejach. Katowice 2007, 117-128.

1394. Żerelik, Rościsław: Treuga pacis, czyli o niepokojach na Śląsku. Przyczynek do problemu etosu rycerstwa śląskiego w średniowieczu [Treuga pacis, oder über Unruhen in Schlesien. Ein Beitrag zum Ethos der schlesischen Ritterschaft im Mittelalter]. In: Peltz, Wojciech/Dudek, Jarosław (Hg.): Etos rycerski w Europie Środkowej i Wschodniej od X do XV wieku. Zielona Góra 1997, 107-111.

1395. Zientara, Benedykt: Bolesław Wysoki – tułacz, repatriant, malkontent. Przyczynek do dziejów politycznych Polski XII wieku [Boleslaw der Lange – Heimatloser, Heimkehrer, Nörgler. Ein Beitrag zur politischen Geschichte Polens im 12. Jahrhundert]. In: Przegląd Historyczny 62/3 (1971) 367-396.

1396. Zientara, Benedykt: Henryk Brodaty i jego czasy [Heinrich der Bärtige und seine Zeit]. Warszawa 1975 [Deutsche Fassung: Heinrich der Bärtige und seine Zeit. Politik und Gesellschaft im mittelalterlichen Schlesien. München 2002 (Schriften des Bundesinstituts für Kultur und Geschichte der Deutschen im östlichen Europa 17)].

1397. Zientara, Benedykt: Preussische Fragen in der Politik Heinrichs des Bärtigen von Schlesien. In: Arnold, Udo/Biskup, Marian (Hg.): Der Deutschordensstaat Preussen in der polnischen Geschichtsschreibung der Gegenwart. Marburg 1982 (Quellen und Studien zur Geschichte des Deutschen Ordens 30), 86-102.

4.3 Politik, Ereignisse [Frühe Neuzeit]

1398. Bahlcke, Joachim: Die Herren von Pernstein und die Herzöge von Teschen. (Ständische Interessenpolitik in der ersten Hälfte des 16. Jahrhunderts). In: Vorel, Petr (Hg.): Pernštejnové v českých dějinách. Pardubice 1995, 203-211.

1399. Bazylow, Ludwik: Księstwo legnickie w II połowie XVI w. na tle stosunku do Polski i Rzeszy Niemieckiej [Das Herzogtum Liegnitz in der zweiten Hälfte des 16. Jahrhunderts vor dem Hintergrund der Beziehungen zu Polen und dem Deutschen Reich]. In: Śląski Kwartalnik Historyczny Sobótka 26 (1971) 471-503.

1400. Chmielewska, Mieczysława: Misja Krzysztofa Leopolda Schaffgotscha na Sejm Elekcyjny w Rzeczypospolitej 1669 roku [Die Gesandtschaft Christoph Leopold von Schaffgotschs zum polnischen Wahlreichstag von 1669]. In: Rocznik Jeleniogórski 34 (2002) 87-94.

1401. Conrads, Norbert: Das preußische Exil des Herzogs Johann Christian von Brieg 1633–1639. In: Arnold, Udo/Glauert, Mario/Sarnowsky, Jürgen (Hg.): Preußische Landesgeschichte. Festschrift für Bernhart Jähnig zum 60. Geburtstag. Marburg 2001 (Einzelschriften der Historischen Kommission für ost- und westpreußische Landesforschung 22), 39-49.

1402. Conrads, Norbert: Der Huldigungsbesuch des letzten Piasten 1675 in Wien. In: Meyer, Dietrich (Hg.): Erinnertes Erbe. Beiträge zur schlesischen Kirchengeschichte. Festschrift für Christian Erdmann-Schott. Herrnhut 2002 (Studien zur schlesischen und Oberlausitzer Kirchengeschichte 8), 207-232.

1403. Conrads, Norbert: Der Übergang des Fürstentums Teschen an das Haus Lothringen 1722. In: Oberschlesisches Jahrbuch 1 (1985) 1-15.

1404. Conrads, Norbert: Regionalismus und Zentralismus im schlesischen Ständestaat. In: Weczerka, Hugo (Hg.): Stände und Landesherrschaft in Ostmitteleuropa in der frühen Neuzeit. Marburg 1995 (Historische und landeskundliche Ostmitteleuropa-Studien 16), 159-170.

1405. Eickels, Christine van: Schlesien im böhmischen Ständestaat. Voraussetzungen und Verlauf der böhmischen Revolution von 1618 in Schlesien. Köln/Weimar/Wien 1994 (Neue Forschungen zur Schlesischen Geschichte 2).

1406. D'Elvert, Christian: Graf Haugwitz. Fürst Sulkowsky. Die Erhebung der Herrschaft Bielitz. In: Notizen-Blatt der historisch-statistischen Section der kais. königl. mährisch-schlesischen Gesellschaft zur Beförderung des Ackerbaues, der Natur- und Landeskunde (1866) 14f.

1407. Feist, Martin: Die Oelser Lehnsübertragung vom Jahre 1648. In: Zeitschrift des Vereins für Geschichte und Alterthum Schlesiens 50 (1916) 130-150.

1408. Fukala, Radek: Diplomatická mise Hartvíka ze Stittenu v březnu 1615 [Die diplomatische Mission Hartwigs von Stitten im März 1615]. In: Slezský sborník 91 (1993) 1-8.

1409. Fukala, Radek: Hartvík ze Stittenu – hohenzollernský tajný rada a nejvyšší zemský úředník [Hartwig von Stitten – Geheimrat der Hohenzollern und oberster Landesbeamte]. In: Acta Universitatis Palackianae Olomucensis. Facultas Philosophica. Historica 30. Sborník prací historických 18 (2001) 85-96.

1410. Fukala, Radek: Hartvík ze Stittenu – Žerotínův politický partner [Hartwig von Stitten – Žerotíns politischer Partner]. In: Spurný, František (Hg.): Karel starší ze Žerotína a jeho doba. Bludov 1995, 21-28.

1411. Fukala, Radek: Jan Jiří Krnovský. Stavovské povstání a zápas s Habsburky [Johann Georg von Jägerndorf. Der Ständeaufstand und das Ringen mit den Habsburgern]. České Budějovice 2005.

1412. Fukala, Radek: Kladsko a pokus stoupenců Friedricha Falckého o zvrat poměrů v letech 1621–1622 [Das Glatzer Land und die Bemühungen der Anhänger Friedrichs von der Pfalz um die Änderung der Verhältnisse in den Jahren 1621–1622]. In: Kladský sborník 4 (2001) 43-56.

1413. Fukala, Radek: Kníže Jan Jiří Krnovský a české stavovské povstání 1618–1620 [Fürst Johann Georg von Jägerndorf und der böhmische Ständeaufstand 1618–1620]. In: Stellner, František/Kovář, Martin (Hg.): Staletí objevů, diplomacie a válek. Sborník k 60. narozeninám profesora Aleše Skřivana. Praha 2003 (Acta Universitatis Carolinae. Philophica et historica 1. Studia historica 55), 193-208.

1414. Fukala, Radek: Markrabě Jiří Friedrich Braniborsko-Ansbašský v zápase s krnovskými a pruskými stavy v druhé polovině 16. století. (Příspěvek k proměnám raněnovověkých mocenských elit v regionu) [Markgraf Georg Friedrich von Brandenburg-Ansbach im Kampf mit den Jägerndorfer und preußischen Ständen in der zweiten Hälfte des 16. Jahrhunderts. (Ein Beitrag zum Wandel der frühneuzeitlichen Machteliten in der Region)]. In: Slezský sborník 98 (2000) 1-25.

1415. Fukala, Radek: Povstalci a rebelové [Aufständische und Rebellen]. In: Acta historica et museologica Universitatis Silesianae Opaviensis 3 (1997) 90-109.

1416. Fukala, Radek: Profil Žerotínových adresátů a politických partnerů v opavsko-krnovské oblasti [Profil der Adressaten und politischen Partner Žerotíns im Troppau-Jägerndorfer Gebiet]. In: Folia historica Bohemica 18 (1997) 142-165.

1417. Fukala, Radek: Protilichtenštejnská opozice na Opavsku v letech 1613–1617 [Die Opposition gegen die Liechtenstein im Herzogtum Troppau in den Jahren 1613–1617]. In: Časopis Matice moravské 120 (2001) 67-90.

1418. Fukala, Radek: Role Jana Jiřího Krnovského ve stavovských hnutích [Die Rolle von Johann Georg von Jägerndorf in den ständischen Bewegungen]. Opava 1997 (Opera Facultatis philosophicae et rerum naturalium Universitatis Silesianae Opaviensis. Studia historica. Monographiae 1).

1419. Fukala, Radek: Šenovský epilog moravského a slezského diplomata. (Jan mladší Bruntálský z Vrbna) [Epilog eines mährischen und schlesischen Diplomaten in Schönhof. (Johann d. J. von Würben und Freudenthal)]. In: Těšínsko. Vlastivědný časopis okresů Frýdek-Místek a Karviná 2 (1994) 1-2.

1420. Fukala, Radek: Španělská kaple a bitva u Nového Jičína v roce 1621 [Die spanische Kapelle und die Schlacht bei Neutitschein im Jahr 1621]. In: Barteček, Ivo/Reska, Jaroslav (Hg.): České země a Španělsko. Z dějin česko-španělských vztahů. Ostrava 1996, 69-80.

1421. Fukala, Radek: Stavovská politika na Opavsku v letech 1490–1631 [Die ständische Politik im Troppauer Gebiet in den Jahren 1490–1631]. Opava 2004.

1422. Fukala, Radek: Tažení Jana Jiřího Krnovského v roce 1621 a bitva u Nového Jičína [Der Feldzug Johann Georg von Jägerndorfs im Jahr 1621 und die Schlacht bei Neutitschein]. In: Vlastivědný sborník okresu Nový Jičín 49 (1992) 45-54.

1423. Fukala, Radek: Záhadná vražda v Podvihovském lese [Der geheimnisvolle Mord im Podvihover Wald]. In: Dějiny a současnost 20/4 (1998) 13-17.

1424. Fukala, Radek: Zápas o opolsko-ratibořské dědictví a mocenské aspirace Jiřího braniborsko-ansbašského v zemích koruny České (1505–1531) [Das Ringen um die Oppeln-Ratiborer Erbschaft und die Machtpolitik Georgs von Brandenburg-Ansbach in den Ländern der Böhmischen Krone (1505–1531)]. In: Familia Silesiae 1 (1997) 30-40.

1425. Fukala, Radek: Zápas o opolsko-ratibořské dědictví a mocenské aspirace slezských knížat na prahu raného novověku [Das Ringen um die Oppeln-Ratiborer Erbschaft und die Machtbestrebungen der schlesischen Fürsten an der Schwelle zur Frühen Neuzeit]. In: Slezský sborník 100 (2002) 81-102.

1426. Fukala, Radek: Žerotínův a Hohenzollernův konfederační pokus v habsburských zemích na počátku 17. století [Der Konföderationsversuch der Žerotín und der Hohenzollern in den habsburgischen Ländern am Anfang des 17. Jahrhunderts]. In: Lesiuk, Wiesław/Lis, Michał (Hg.): Śląsk za panowania Habsburgów. Opole 2001, 161-170.

1427. Gorge, S[amuel]: Zum Besitzwechsel des Herzogtums Jägerndorf im dreißigjährigen Kriege. In: Zeitschrift für Geschichte und Kulturgeschichte Österreichisch-Schlesiens 1 (1905/06) 42f.

1428. Gorge, S[amuel]: Zum Besitzwechsel schlesischer Güter im Dreißigjährigen
Kriege. In: Zeitschrift für Geschichte und Kulturgeschichte Österreichisch-
Schlesiens 1 (1905/06) 43-45.

1429. Grieger, Friedrich: Friedrich der Große und sein Freund, der „schlesische
Oberlandesbaudirektor" Graf Albert Josef von Hoditz. In: Zeitschrift des Vereins für Geschichte Schlesiens 70 (1936) 304-319.

1430. Grünhagen, Colmar: Breslau und die Landesfürsten. II. Unter Habsburgischer Herrschaft. In: Zeitschrift des Vereins für Geschichte und Alterthum
Schlesiens 36 (1902) 225-270.

1431. Grünhagen, Colmar: Breslau und die Landesfürsten. III. Unter Friedrich dem
Großen. In: Zeitschrift des Vereins für Geschichte und Alterthum Schlesiens
38 (1904) 1-70.

1432. Grünhagen, Colmar: Breslau und die Landesfürsten. IV. Breslau unter Friedrich Wilhelm II. In: Zeitschrift des Vereins für Geschichte und Alterthum
Schlesiens 39 (1905) 1-51.

1433. Grünhagen, Colmar: Die Erbverbrüderung zwischen Hohenzollern und Piasten im Jahre 1537. In: Zeitschrift für preußische Geschichte und Landeskunde 5 (1868) 337-366.

1434. Hampl, Václav: Stížnosti a žádosti stavů slezských r. 1790 a 1791 [Die Be-
schwerden und Forderungen der schlesischen Stände im J. 1790 und 1791].
In: Výroční zpráva cís. král. vyšší realky v Rakovníce za školní rok 1893–94,
Praha (1894) 3-27.

1435. Jaeckel, Georg: Johann Georg II. Markgraf von Brandenburg, Herzog von
Jägerndorf 1577–1624. In: Jahrbuch für Schlesische Kirchengeschichte N.F.
52 (1973) 65-82; 53 (1974) 57-95.

1436. Jaeckel, Georg: Die Liegnitzer Erbverbrüderung von 1537 in der brandenburgisch-preussischen Politik bis zum Frieden zu Hubertusburg, 1763. Lorch/
Württ. 1988 (Beiträge zur Liegnitzer Geschichte 18).

1437. Jegel, August: Die schlesischen Besitzungen der fränkischen Hohenzollern.
In: Zeitschrift für Geschichte und Kulturgeschichte Österreichisch-Schlesiens
10 (1915) 85-179.

1438. Kapras, J[an]: Srovnání sporů stavů opavských roku 1534 [Der Vergleich
der Streitigkeiten der Troppauer Stände im Jahr 1534]. In: Věstník Matice
opavské 18 (1910) 1-16.

1439. Kiedroń, Stefan: Christian Hofmann von Hofmannswaldau zwischen Krieg
und Frieden. In: Czarnecka, Mirosława (Hg.): Memoria Silesiae. Leben und
Tod, Kriegserlebnis und Friedenssehnsucht in der literarischen Kultur des Barock. Zum Gedenken an Marian Szyrocki (1928–1992). Wrocław 2003 (Acta
Universitatis Wratislaviensis 2504), 299-307.

1440. Kiereś, Zbigniew: Śląski Piast rywalem Zygmunta III? [Ein schlesischer Piast
als Rivale Sigismunds III.?]. In: Studia i Materiały z Dziejów Śląska 23 (1998)
77-80.

1441. Krebs, Julius: Der Vorstoß Kaiser Ferdinands II. gegen die Piastenherzöge (1629). In: Zeitschrift des Vereins für Geschichte Schlesiens 48 (1914) 89-112.

1442. Krebs, Julius: Melchior von Hatzfeldt und der kleine Krieg um Breslau (Januar bis April 1634). In: Zeitschrift des Vereins für Geschichte und Alterthum Schlesiens 35 (1901) 271-302.

1443. Kürschner, Franz: Einlösung des Herzogtums Troppau durch Wladislaw II., König von Böhmen und Ungarn 1507–1511. Nach archivalischen, bisher unbekannten Quellen. In: Archiv für österreichische Geschichte 37 (1867) 147.

1444. Kuzio-Podrucki, Arkadiusz/Woźnicki, Dariusz: Śląski mariaż Dönhoffa. Przyczynek do dziejów związków śląsko-polskich w XVII w [Dönhoffs schlesische Heirat. Ein Beitrag zur schlesisch-polnischen Beziehungsgeschichte im 17. Jahrhundert]. In: Woźnicki, Dariusz (Hg.): Przyczynki do heraldyki i genealogii szlachty śląskiej. Tarnowskie Góry 1999, 45-50.

1445. Leszczyński, Józef: Franciszek Magni w służbie Władysława IV. [Franz Magni im Dienst Wladislaws IV.]. In: Śląski Kwartalnik Historyczny Sobótka 23 (1968) 24-38.

1446. Loebl, Alfred H.: Der Schlesier Friedrich von Kreckwitz als kaiserlicher Gesandter bei der Hohen Pforte. In: Zeitschrift des Vereins für Geschichte Schlesiens 48 (1914) 160-173.

1447. Meinardus, Otto: Das Gnadengeschenk Friedrichs des Großen für den schlesischen Landadel und die Ernennung Carmers zum Justizminister (1768). In: Zeitschrift des Vereins für Geschichte Schlesiens 44 (1910) 74-109.

1448. Palm, Hermann: Das Verhalten der schlesischen Fürsten und Stände im ersten Jahre der böhmischen Unruhen. In: Zeitschrift des Vereins für Geschichte und Alterthum Schlesiens 5 (1863) 251-307.

1449. Palm, Hermann: Das Verhalten der schlesischen Fürsten und Stände bei der Wahl Friedrich V. von der Pfalz zum Könige von Böhmen im Jahre 1619. In: Zeitschrift des Vereins für Geschichte und Alterthum Schlesiens 7 (1866) 227-259.

1450. Palm, Hermann: Die Conjunction der Herzöge von Liegnitz, Brieg und Oels, so wie der Stadt und des Fürstenthums Breslau mit den Kurfürsten von Sachsen und Brandenburg und der Krone Schweden in den Jahren 1633–35. In: Zeitschrift des Vereins für Geschichte und Alterthum Schlesiens 3/2 (1860) 227-368, 382.

1451. Petry, Ludwig: Breslau und seine Oberherren aus dem Hause Habsburg 1526–1635. Ein Beitrag zur politischen Geschichte der Stadt. Hg. v. Joachim Bahlcke. St. Katharinen 2000 (Beihefte zum Jahrbuch der Schlesischen Friedrich-Wilhelms-Universität zu Breslau 10).

1452. Polišenský, Josef: Viléma Slavaty relace o jednání v příčině knížetství Opavského 1614–1615 [Wilhelm Slawatas Relation über die Verhandlungen wegen des Fürstentums Troppau 1614–1615]. In: Slezský sborník 51 (1953) 488-498.

1453. Pošvář, Jaroslav: Politický vývoj ve Slezsku v letech 1471–1526 [Die politische Entwicklung in Schlesien in den Jahren 1471–1526]. Opava 1960.

1454. Prasek, Vincenc: Boj o češtinu [Der Kampf um die tschechische Sprache]. In: Osvěta 12 (1882) 251-259, 302-310.

1455. Preuss, Georg Friedrich: Das Erbe der schlesischen Piasten und der Große Kurfürst. In: Zeitschrift des Vereins für Geschichte Schlesiens 49 (1915) 1-40.

1456. Procházka, Jiří: Cesta slezského šlechtice do Ruska v roce 1589 [Die Reise eines schlesischen Adeligen nach Russland im Jahre 1589]. In: Slezský sborník 95 (1997) 255-262.

1457. Rezek, Ant[onín]: O sněmu kladském z r. 1512 [Über den Landtag in Glatz aus dem J. 1512]. In: Sborník historický 1 (1883) 5-8.

1458. Rudolf, Franz: Die Jägerndorfer Landtafelbücher. I. Buch. 1404–1522. In: Zeitschrift für Geschichte und Kulturgeschichte Schlesiens 19 (1926/29) 109-121.

1459. Sabisch, Alfred: Der Regierungsantritt Franz Karls von Auersperg im Fürstentum Münsterberg-Frankenstein 1709/10. In: Zeitschrift des Vereins für Geschichte Schlesiens 67 (1933) 85-119.

1460. Salm, Hubert: Armeefinanzierung im Dreißigjährigen Krieg. Der Niederrheinisch-Westfälische Reichskreis 1635–1650. Münster 1990 (Schriftenreihe der Vereinigung zur Erforschung der Neueren Geschichte 16).

1461. Šandera, Martin: Generální sněm zemí Koruny české v Kladsku roku 1512 [Der Generallandtag der Böhmischen Krone in Glatz im Jahr 1512]. In: Kladský sborník 4 (2001) 19-28

1462. Scheliha, Curt von: Beiträge zur schlesischen Familienkunde. 2. Hans Scheliha von Rzuchow. Ein Zeitbild aus dem Anfang des 17. Jahrhunderts. In: Schlesische Geschichtsblätter. Mitteilungen des Vereins für Geschichte Schlesiens (1910) 28-37.

1463. Schulz, Hans: Markgraf Johann Georg von Brandenburg und der Streit um Jägerndorf, Beuthen und Oderberg in den Jahren 1607–1624. In: Zeitschrift des Vereins für Geschichte und Alterthum Schlesiens 32 (1898) 177-214.

1464. Šindelář, Bedřich: Slezská otázka na mírovém kongresu vestfálském 1643–1648 [Die schlesische Frage auf dem Westfälischen Friedenskongreß 1643–1648]. In: Sborník prací Filosofické fakulty Brněnské university 10. Řada historická C 8 (1961) 266-295.

1465. Štěpán, Václav: Nebezpečná kniha. K osudům člena moravskoslezského rodu v Polsku [Ein gefährliches Buch. Zum Schicksal eines Mitglieds eines mährisch-schlesischen Geschlechts in Polen]. In: Časopis Slezského muzea. Acta Musei Silesiae, Series B: Vědy historické 23 (1974) 121-129

1466. Šula, Jaroslav: Počátek a konec pernštejnské zástavy Hrabství kladského [Anfang und Ende der Verpfändung der Grafschaft Glatz durch die Pernstein]. In: Kladský sborník 3 (1999) 69-80.

1467. Tieftrunk, Karel: Rozepře mezi stavy českými a knížaty lehnickými r. 1545 a 1546 [Der Streit zwischen den böhmischen Ständen und den Fürsten von Liegnitz im J. 1545 und 1546]. In: Časopis Musea Království českého 42 (1868) 115-124.

1468. Wendt, Heinrich: Die Stände des Fürstenthums Breslau im Kampfe mit König Matthias Corvinus, 1469–1490. In: Zeitschrift des Vereins für Geschichte und Alterthum Schlesiens 32 (1898) 157-176.

1469. Wutke, Konrad: Vermischte Mittheilungen. 9. Ein Burgfriede Herzog Georgs

II. von Brieg aus dem Jahre 1563. In: Zeitschrift des Vereins für Geschichte und Alterthum Schlesiens 32 (1898) 367f.

1470. Zukal, Josef: Die Belehnung der Erzherzogin Maria Christine und ihres Gemahls Herzog Albert von Sachsen mit dem Fürstentume Teschen, 1766. In: Zeitschrift für Geschichte und Kulturgeschichte Österreichisch-Schlesiens 3 (1907/08) 138-145.

4.3 Politik, Ereignisse [Neuzeit-Zeitgeschichte]

1471. Abmeier, Hans-Ludwig: Michael Graf von Matuschka, hingerichtet 1944. In: Archiv für schlesische Kirchengeschichte 30 (1972) 124-156.

1472. Böhme, Helmut: Guido Graf Henckel von Donnersmarck. Bismarck und der Krieg von 1866. Ein Dokument. In: Tradition. Zeitschrift für Firmengeschichte und Unternehmerbiographie 12/2 (1967) 378-387.

1473. Czapliński, Marek: Die preußischen Landräte in Oberschlesien (1873–1918). Versuch einer Analyse. In: Jahrbuch der Schlesischen Friedrich-Wilhelms-Universität zu Breslau 32 (1991) 221-238.

1474. Fuchs, Konrad: Karl Max Fürst von Lichnowsky. In: Oberschlesisches Jahrbuch 7 (1991) 163-179.

1475. Gaunitz, Lothar O.: Die Flucht und Vertreibung aus Ostpreussen, Westpreussen, Pommern, Schlesien und dem Sudetenland. Friedberg/H. 1987.

1476. [Hauer, Leupold]: Hrabě Richard Belcredi ve Slezsku [Graf Richard Belcredi in Schlesien]. In: Věstník Matice opavské 11 (1903) 17-22.

1477. Kaczmarek, Ryszard: Udział książąt pszczyńskich w życiu politycznym Prus i II Rzeszy Niemieckiej [Die Teilnahme der Fürsten von Pleß am politischen Leben Preußens und des zweiten Deutschen Reiches]. In: Stępiński, Włodzimierz (Hg.): Szlachta i ziemiaństwo polskie oraz niemieckie w Prusach i Niemczech w XVIII–XX w. Szczecin 1996, 179-198.

1478. Laubert, Manfred: Eine Denkschrift Gottlieb Theodor v. Hippels zur Polenfrage 1819. In: Schlesische Geschichtsblätter. Mitteilungen des Vereins für Geschichte Schlesiens 1 (1922) 18-23.

1479. Laubner, Jürgen: Die Stellung der schlesischen Junker im deutschen Kaiserreich 1871–1917/18. Halle/Saale 1982.

1480. Laubner, Jürgen: Guido Henckel von Donnersmarck. Ein oberschlesischer Magnat und die Reichspolitik. In: Mitteilungen des Beuthener Geschichts- und Museumsvereins 50 (1992) 1-24.

1481. Laubner, Jürgen: Guido Henckel von Donnersmarck – Freund und Vertrauter des Reichskanzlers. In: Zeitschrift für Geschichtswissenschaft 39 (1991) 677-686.

1482. Laubner, Jürgen: Oberschlesische Magnaten im deutschen Kaiserreich 1871–1918. In: Mitteilungen des Beuthener Geschichts- und Museumsvereins 51 (1997) 83-98.

1483. Lempart, Matthias: Londýnskie lata księcia Lichnovsky'ego (1912–1914) [Die Londoner Jahre des Fürsten Lichnowsky (1912–1914)]. In: Neuberg,

Jan/Staniszewski, Grzegorz (Hg.): Z dziejów ziemi raciborskiej. Miejsca – Ludzie – Problemy. Racibórz 2003, 117-120.

1484. Ludwig, Gernot: Moritz Freiherr von Auffenberg-Komarów, ein General aus Troppau. In: Altvater 107 (1988) 128f.

1485. Malinowski, Stephan/Reichardt, Sven: Die Reihen fest geschlossen? Adelige im Führungskorps der SA bis 1934. In: Conze, Eckart/Wienfort, Monika (Hg.): Adel und Moderne. Deutschland im europäischen Vergleich im 19. und 20. Jahrhundert. Köln/Weimar/Wien 2004, 119-150.

1486. Nathan, Helene: Graf Oskar Reichenbach, ein Vorkämpfer für deutsche Einheit und Freiheit. In: Zeitschrift des Vereins für Geschichte Schlesiens 49 (1915) 73-90.

1487. Neubach, Helmut: Entstehung und Wirkung des Schlagwortes ‚Man muß die Polen aufs Maul schlagen': zu einem Briefwechsel zwischen dem oberschlesischen Reichstagsabgeordneten Franz Graf v. Ballestrem und seinem Posener Kollegen Josef v. Kościelski (1891). In: Zeitschrift für Ostmitteleuropa-Forschung 54 (2005) 194-215.

1488. Neubach, Helmut: „Ich sitze jetzt auf Windthorsts Platz!": der schlesische Graf Franz v. Ballestrem als Zentrumsführer vor und auf dem Mainzer Katholikentag 1892. In: Mainzer Zeitschrift. Mittelrheinisches Jahrbuch für Archäologie, Kunst und Geschichte 94/95 (1999/2000) 317-343.

1489. Neubach, Helmut: Schlesischer katholischer Adel in der Verwaltung – zugleich ein Beitrag zur Parität in Preußen. In: Archiv für schlesische Kirchengeschichte 64 (2006) 155-190.

1490. Neubach, Helmut: „Wir Katholiken können niemals der Sozialdemokratie angehören, denn sie ist die Todfeindin unserer hl. Kirche": ein Wahlaufruf der oberschlesischen Zentrumspartei für den Grafen Franz von Ballestrem (1898). In: Archiv für schlesische Kirchengeschichte 63 (2005) 135-151.

1491. Perlick, Alfons: Die Bedeutung Diepenbrocks für Schlesien. In: Bröker, Elisabeth (Hg.): Unser Bocholt. Gedenkschrift Melchior von Diepenbrock – Fürstbischof von Breslau. Bocholt 1953, 86-93.

1492. Polak, Jerzy: Działalność książat pszczyńskich na Górnym Śląsku w latach 1922–1945 [Die Tätigkeit der Fürsten von Pleß in Oberschlesien in den Jahren 1922–1945]. [Masch.] Kraków 1989.

1493. Reutter, Hans: Der Kongreß zu Troppau. Eine Darstellung seines Lebens und Treibens nach amtlichen Quellen. In: Zeitschrift für Geschichte und Kulturgeschichte Österreichisch-Schlesiens 11 (1916) 1-92.

1494. Richter, Klaus Christian: Friedrich Wilhelm von Seydlitz. Ein preußischer Reitergeneral und seine Zeit. Osnabrück 1996.

1495. Röhl, John C. G.: Zwei deutsche Fürsten zur Kriegsschuldfrage. Lichnowsky und Eulenburg und der Ausbruch des Ersten Weltkriegs. Eine Dokumentation. Düsseldorf 1971.

1496. Rudkowski, Wilhelm: Hochadel und allgemeine Wehrpflicht vor 90 Jahren. In: Schlesische Geschichtsblätter. Mitteilungen des Vereins für Geschichte Schlesiens 1 (1922) 18-23.

1497. Sahm, Ulrich: Rudolf von Scheliha 1897–1942. Ein deutscher Diplomat gegen Hitler. München 1990.

1498. Schaetzke, Viktor: Das „Trachenberger Protokoll". Erinnerungen an die bedeutungsvolle Monarchen-Zusammenkunft im Schloß des Fürsten von Hatzfeldt vom 9. bis 12. Juli 1813. Trachenberg 1913.

1499. Scholz, Joachim J.: Als Abgeordneter aus Ratibor im Frankfurter Parlament. In: Oberschlesisches Jahrbuch 13 (1997 [1999]) 11-29.

1500. Schulte, Hans: Der Einfluß einer Aristokratin auf den Allgemeinen Deutschen Arbeiterverein. Staatswiss. Diss. [Masch.] Graz 1968.

1501. Spenkuch, Hartwin: Das preußische Herrenhaus. Adel und Bürgertum in der Ersten Kammer des Landtages 1854–1918. Düsseldorf 1998 (Beiträge zur Geschichte des Parlamentarismus und der politischen Parteien 110).

1502. Stein, Ludwig: Bismarck und Guido Henckel von Donnersmarck. In: Nord und Süd. Eine deutsche Monatsschrift (1915) 264.

1503. Wala, Michael: Weimar und Amerika. Botschafter Friedrich von Prittwitz und Gaffron und die deutsch-amerikanischen Beziehungen von 1927 bis 1933. Stuttgart 2001 (Transatlantische historische Studien 12).

1504. Willis, Edward Frederick: Prince Lichnowsky, ambassador of peace. A study of prewar diplomacy, 1912–1914. Berkeley 1942.

1505. Wolny, Reinhold: Die Romreise des schlesischen Fürsten Karl Max Lichnowsky anlässlich des preußischen Thronwechsels. In: Archiv für schlesische Kirchengeschichte 60 (2002) 201-210.

1506. Young, Harry F.: Prince Lichnowsky and the Great War. Athens 1977.

4.4 Verfassung, Recht, Verwaltung [Allgemein]

1507. Boelcke, Willi A.: Verfassungswandel und Wirtschaftsstruktur. Die mittelalterliche und neuzeitliche Territorialgeschichte ostmitteldeutscher Adelsherrschaften als Beispiel. Würzburg 1969 (Jahrbuch der Schlesischen Friedrich-Wilhelms-Universität zu Breslau, Beiheft 8).

1508. D'Elvert, Christian: Die Verfassung und Verwaltung von Oesterreichisch-Schlesien, in ihrer historischen Ausbildung, dann die Rechtsverhältnisse zwischen Mähren, Troppau und Jägerndorf, so wie der mährischen Enklaven zu Schlesien. Brünn 1854.

1509. D'Elvert, Christian: Zur Oesterreichischen Verwaltungs-Geschichte, mit besonderer Rücksicht auf die böhmischen Länder. Brünn 1880 (Schriften der historisch-statistischen Section der k. k. mähr.-schles. Gesellschaft zur Beförderung des Ackerbaues, der Natur- und Landeskunde 24).

1510. Gebel, A.: Die Rechte der Gutsbesitzer gegen die Landschaft aus dem Grundgesetz entwickelt, als nothwendiger Nachtrag zur Schrift: Über die tiefe Verschuldung der Rittergüter nebst einer Anlage die Aufnahme letzter Schrift bei der bezogenen Behörde betreffend. Breslau 1837.

1511. Görtz, K. Sigismund von: Die Verfassung und Verwaltung der Schlesischen

Landschaft. In systematischer Zusammenstellung der staatlichen und der betreffenden allgemeingesetzlichen Bestimmungen. Breslau 1867.

1512. Kapras, Jan: O státoprávních poměrech Opavska [Über die staatsrechtlichen Verhältnisse des Troppauer Landes]. In: Věstník Matice opavské 16 (1908) 35-49; 17 (1909) 17-54.

1513. Lorenz, Kl[emens]: Die rittermäßigen Scholtiseien des Neisser Landes. In: Heimatblätter des Neissegaues 2 (1926) 62-64.

1514. Orzechowski, Kazimierz: Problem śląskiego prawa lennego [Das Problem des schlesischen Lehnsrechts]. In: Acta Universitatis Wratislaviensis 982. Prawo 161 (1988) 3-8.

1515. Ptak, Marian: Sądownictwo szlacheckie księstwa wołowskiego [Die adelige Gerichtsbarkeit im Herzogtum Wohlau]. In: Konieczny, Alfred (Hg.): Studia historycznoprawne. Wrocław 1996 (Acta Universitatis Wratislaviensis 1996. Prawo 249), 23-42.

1516. Ptak, Marian: Sądy prawa polskiego na tle organizacji wymiaru sprawiedliwości księstwa oleśnickiego XIV–XVIII w. [Die Gerichte des polnischen Rechts in der Justizverfassung des Herzogtums Oels vom 14. bis 18. Jahrhundert]. Wrocław 1988 (Acta Universitatis Wratislaviensis 946. Prawo 157).

1517. Rohlík, Miloslav: Zemské desky opavské – Knihy zadní 1431–1803 [Die Troppauer Landtafel – die Hinteren Bücher 1431–1803]. In: Slezský sborník 49 (1951) 299-333.

1518. Ronge, Paul: Geschichte der Deutschwetter Scholtisei bis zum 30jährigen Krieg. In: Heimatblätter des Neissegaues 6 (1930) 44-46.

1519. Trelińska, Barbara: Kancelaria i dokument książąt cieszyńskich 1290–1573 [Kanzlei und Urkunde der Teschener Herzöge von 1290 bis 1573]. Warszawa/Łódź 1983.

4.4 Verfassung, Recht, Verwaltung [Mittelalter]

1520. Adamska, Dagmara: Czeski rycerz na świdnickim dworze. (Przyczynek do kultury politycznej czeskich starostów w księstwie świdnicko-jaworskim) [Ein böhmischer Ritter am Schweidnitzer Hof. (Ein Beitrag zur politischen Kultur der böhmischen Landeshauptleute im Herzogtum Schweidnitz-Jauer)]. In: Bobková, Lenka/Konvičná, Jana (Hg.): Korunní země v dějinách českého státu II. Společné a rozdílné. Česká koruna v životě a vědomí jejích obyvatel ve 14.–16. století. Praha 2005, 25-36.

1521. Adamska-Heś, Dagmara: Burgrabiowie księstwa świdnicko-jaworskiego w drugiej połowie XIV w. [Die Burggrafen des Herzogtums Schweidnitz-Jauer in der zweiten Hälfte des 14. Jahrhunderts]. In: Śląski Kwartalnik Historyczny Sobótka 56 (2001) 213-223.

1522. Adamska-Heś, Dagmara: Personel kancelaryjny księżnej Agnieszki świdnicko-jaworskiej w latach 1368–1392 [Das Kanzleipersonal der Herzogin Agnes von

Schweidnitz-Jauer in den Jahren 1368–1392]. In: Śląski Kwartalnik Historyczny Sobótka 55 (2000) 433-443.

1523. Adamska-Heś, Dagmara: Urzędnicy nadworni księżnej Agnieszki w latach 1368–1392 [Die Hofbeamten der Herzogin Agnes in den Jahren 1368–1392]. In: Śląski Kwartalnik Historyczny Sobótka 55 (2000) 283-296.

1524. Bauch, Alfred: Die Kanzlei Herzog Heinrichs V. von Breslau. In: Zeitschrift des Vereins für Geschichte und Alterthum Schlesiens 16 (1882) 253-265.

1525. Bobková, Lenka: Místo pánů z Bibrštejna v polityce Lucemburků [Die Stellung der Herren von Biberstein in der Politik der Luxemburger]. In: Jaworski, Tomasz (Hg.): Bibersteinowie w dziejach pogranicza śląsko-łużyckiego. Zielona Góra 2006, 168-180.

1526. Bobková, Lenka: Slezští Piastovci na dvoře Karla IV. [Die schlesischen Piasten am Hof Karls IV.]. In: Barciak, Antoni (Hg.): Piastowie śląscy w kulturze i europejskich dziejach. Katowice 2007, 168-180.

1527. Bogucki, Ambroży: O starszeństwie, komasacji i podzielności urzędów śląskich w XIII wieku [Rang, Zusammenlegung und Teilbarkeit schlesischer Ämter im 13. Jahrhundert]. In: Śląski Kwartalnik Historyczny Sobótka 40 (1985) 471-490.

1528. Bogucki, Ambroży: Studia nad urzędnikami śląskimi w XIII wieku [Studien zur schlesischen Beamtenschaft im 13. Jahrhundert]. In: Czasopismo Prawno-Historyczne 36/1 (1984) 1-27.

1529. Breyther, Ernst: Beiträge zur Geschichte des Manngerichts in Schlesien und besonders im Fürstentum Glogau. In: Zeitschrift des Vereins für Geschichte Schlesiens 42 (1908) 289-294.

1530. Buczek, Karol: Prawo rycerskie i powstanie stanu szlacheckiego w Polsce [Das Ritterrecht und die Entstehung des Adelsstandes in Polen]. In: Przegląd Historyczny 69 (1978) 23-44.

1531. Cetwiński, Marek: Kasztelanowie i kasztelanie na Śląsku w XIII i XIV wieku [Die Kastellanen und die Kastellaneien im Schlesien des 13. und 14. Jahrhunderts]. In: Acta Universitatis Wratislaviensis 979. Historia 69 (1989) 3-20.

1532. Cetwiński, Marek: Krewni czy rówieśnicy? Rozważania o mechanizmach życia publicznego na Śląsku w XIII–XIV wieku [Verwandte oder Altersgenossen? Überlegungen zu Mechanismen des öffentlichen Lebens im Schlesien des 13. und 14. Jahrhunderts]. In: Radzimiński, Andrzej/Wroniszewski, Jan (Hg.): Genealogia. Rola związków rodzinnych i rodowych w życiu publicznym w Polsce średniowiecznej na tle porównawczym. Toruń 1996 (Uniwersytet Mikołaja Kopernika. Rozprawy), 181-190.

1533. Dąbrowski, Franciszek: Studia nad administracją kasztelańską Polski XIII wieku [Studien zur Kastellaneiverwaltung im Polen des 13. Jahrhunderts]. Warszawa 2007.

1534. Graniczny, Jarosław: W sprawie identyfikacji Reinska, pierwszego kasztelana Rogowca [Zur Identifikation des ersten Kastellans von Hornschloß, Reinsko]. In: Śląski Kwartalnik Historyczny Sobótka 54 (1999) 529-533.

1535. Grotefend, Hermann: Die Landeshauptleute der Fürstenthümer Schweidnitz und Jauer. In: Zeitschrift des Vereins für Geschichte und Alterthum Schlesiens 12 (1874) 45-63.

1536. Gruzla, Jaroslaw: Udział książąt śląskich w rejzach krzyżackich na Litwę w XIV wieku [Die Teilnahme schlesischer Herzöge an den Kreuzzügen des Deutschen Ordens nach Litauen im 14. Jahrhundert]. In: Rocznik Elbląski 18 (2002) 67-94.

1537. Haracz, Piotr: Panowie von Biberstein jako właściciele trzebielskiego państwa stanowego [Die Herren von Biberstein als Besitzer der Standesherrschaft Triebel]. In: Jaworski, Tomasz (Hg.): Bibersteinowie w dziejach pogranicza śląskołużyckiego. Zielona Góra 2006, 111-122.

1538. Horwat, Jerzy: Podział kasztelanii toszeckiej na początku XIV w. [Die Teilung der Kastellanei Tost zu Beginn des 14. Jahrhunderts]. In: Rocznik Muzeum w Gliwicach 11/12 (1997) 39-43.

1539. Horwat, Jerzy: W sprawie kasztelanii strzeleckiej [Über die Kastellanei Groß Strehlitz]. In: Rocznik Muzeum w Gliwicach 9 (1993 [1994]) 357-360.

1540. Jäkel, Hugo: Die Kanzlei Herzog Heinrichs IV. von Breslau. In: Zeitschrift des Vereins für Geschichte und Alterthum Schlesiens 14 (1878) 124-155.

1541. Jasiński, Tomasz: Rozważania księcia Mikołaja I opolskiego o prawie lennym i o sukcesji po księciu Ludwiku II legnickim [Überlegungen Herzog Nikolaus' I. von Oppeln zum Lehnsrecht und zur Nachfolge nach dem Tod Herzog Ludwigs II. von Liegnitz]. In: Bieniak, Janusz u. a. (Hg.): Homines et societas. Czasy Piastów i Jagiellonów. Studia historyczne ofiarowane Antoniemu Gąsiorowskiemu w sześćdziesiątą piątą rocznicę urodzin. Poznań 1997 (Poznańskie Towarzystwo Przyjaciół Nauk, Wydział Historii i Nauk Społecznych. Prace Komisji Historycznej 55), 285-294.

1542. Jurok, Jiří: Husitské organizační struktury v Lužicích a ve Slezsku [Die Organisationsstrukturen der Hussiten in den Lausitzen und in Schlesien]. In: Časopis Slezského muzea. Acta Musei Silesiae, Series B: Vědy historické 45 (1996) 97-112.

1543. Kapras, Jan: Opavské právní dějiny doby knížecí [Troppauer Rechtsgeschichte der Fürstenepoche]. In: Věstník Matice opavské 24 (1918) 3-46.

1544. Kapras, J[an]: Staatsrechtliche Verhältnisse des Troppauer Landes im Mittelalter. In: Zeitschrift für Geschichte und Kulturgeschichte Österreichisch-Schlesiens 12 (1917) 1-74.

1545. Konvičná, Jana: Opavsko – Morava nebo Slezsko? (Několik poznámek k politicko-správnímu vývoji Opavska do konce husitských válek) [Das Troppauer Gebiet – Mähren oder Schlesien? Einige Anmerkungen zur politisch-administrativen Entwicklung der Troppauer Region bis zum Ende der Hussitenkriege]. In: Bobková, Lenka (Hg.): Korunní země v dějinách českého státu I. Integrační a partikulární rysy českého státu v pozdním středověku. Praha 2003, 59-76.

1546. Korta, Wacław: Rozwój wielkiej własności feudalnej na Śląsku do połowy XIII wieku [Die Entwicklung des Großgrundbesitzes in Schlesien bis zur Mitte des 13. Jahrhunderts]. Wrocław/Warszawa/Kraków 1964 (Monografie Śląskie Ossolineum 8).

1547. Kossmann, Oskar: Vom altpolnischen opole, schlesischen Weichbild und Powiat des Adels. In: Zeitschrift für Ostforschung 42 (1993) 161-194.

1548. Mularczyk, Jerzy: O urzędach i urzędnikach śląskich XIII wieku [Über Ämter und Beamte im Schlesien des 13. Jahrhunderts]. In: Śląski Kwartalnik Historyczny Sobótka 38 (1983) 153-172.

1549. Mularczyk, Jerzy: Dobór i rola świadków w dokumentach śląskich do końca XIII wieku [Die Auswahl und Rolle der Zeugen in schlesischen Urkunden bis zum Ende des 13. Jahrhunderts]. Wrocław 1977 (Prace Wrocławskiego Towarzystwa Naukowego A 189).

1550. Mularczyk, Jerzy: Z rozważań nad urzędnikami śląskimi XIII wieku [Überlegungen zu den schlesischen Beamten im 13. Jahrhundert]. In: Acta Universitatis Wratislaviensis 1163. Historia 82 (1991) 3-50.

1551. Mularczyk, Jerzy: Ze studiów nad prawem patronatu na Śląsku w wiekach średnich [Forschungen über das Patronatsrecht im mittelalterlichen Schlesien]. In: Śląski Kwartalnik Historyczny Sobótka 32 (1977) 133-147.

1552. Musil, František: Vznik manského systému v Kladsku a jeho vývoj do doby husitské [Die Entstehung des Lehenssystems im Glatzer Land und seine Entwicklung bis zur Hussitenzeit]. In: Kladský sborník 3 (1999) 37-60.

1553. Musil, František: K formování sociální a správní stránky manského systému v Kladsku [Zur Ausbildung des sozialen und administrativen Aspekts des Lehenssystems in Glatz]. In: Bobková, Lenka (Hg.): Korunní země v dějinách českého státu I. Integrační a partikulární rysy českého státu v pozdním středověku. Praha 2003, 266-274.

1554. Orzechowski, Kazimierz: Lenna zależność książąt śląskich od Czech w świetle aktów z lat 1327, 1329 i 1336 [Die Lehnsabhängigkeit der schlesischen Herzöge von Böhmen im Lichte der Akten aus den Jahren 1327, 1329 und 1336]. In: Śląski Kwartalnik Historyczny Sobótka 20 (1965) 17-35.

1555. Panic, Idzi: Vztah knížecí moci k právům rytířstva v Knížectví těšínském ve 14. století [Das Verhältnis der fürstlichen Macht zum Recht des Rittertums im Fürstentum Teschen im 14. Jahrhundert]. In: Těšínsko. Vlastivědný zpravodaj okresů Karviná a Frýdek-Místek 1 (1989) 14f.

1556. Pfotenhauer, Paul: Schlesier als kaiserliche Pfalzgrafen und schlesische Beziehungen zu auswärtigen Pfalzgrafen. In: Zeitschrift des Vereins für Geschichte und Alterthum Schlesiens 26 (1892) 319-363.

1557. Pietrzyk, Iwona: Jan II opawsko-raciborski jako starosta kłodzki [Johann II. von Troppau-Ratibor als Glatzer Landeshauptmann]. In: Bobková, Lenka/Konvičná, Jana (Hg.): Korunní země v dějinách českého státu II. Společné a rozdílné. Česká koruna v životě a vědomí jejích obyvatel ve 14.–16. století. Praha 2005, 57-68.

1558. Prasek, Vincenc: Dějiny knížectví Těšínského až do roku 1433 [Geschichte des Fürstentums Teschen bis zum Jahr 1433]. Opava 1894 (Vlastivěda Slezská 4/1).

1559. Prasek, V[incenc]: Několik listů z Fryštátské kanceláře knížete Kazimíra II. [Einige Briefe aus der Freistadter Kanzlei Herzog Kasimirs II.]. In: Věstník Matice opavské 19 (1911) 16-21.

1560. Ptak, Marian J.: Kilka uwag o ustroju politycznym księstw oświęcimskiego i zatorskiego do 1563 roku [Einige Bemerkungen über die politische Verfassung der Herzogtümer Auschwitz und Zator bis 1563]. In: Matuszewski, Jacek/Uruszczak, Wacław (Hg.): Studia z dziejów państwa i prawa polskiego. Łódź 2000, 99-107.

1561. Ptak, Marian: Związek miast księstwa opolskiego i wieluńskiego z 1384 roku [Der Städtebund der Herzogtümer Oppeln und Wieluń von 1384]. In: Acta Universitatis Wratislaviensis 2626. Prawo 288 (2004) 103-116.

1562. Rajman, Jerzy: Kasztelanie górnośląskie w XIII stuleciu. Z problematyki elity władzy i tzw. terytorialności grodów kasztelańskich [Oberschlesische Kastellaneien im 13. Jahrhundert. Zur Frage nach der Herrschaftselite und der sogenannten Territorialität der Kastellaneiburgen]. In: Studia i Materiały z Dziejów Śląska 21 (1996) 21-39.

1563. Rausch, Renate: Die verfassungsgeschichtliche Stellung des schlesischen Adels bis zum Jahre 1241. Diss. [Masch.] Wien 1970.

1564. Rogowski, Stanisław: Sprawy wojskowe w stosunkach lennych książąt śląskich (do końca panowania Luksemburgów) [Die Militärangelegenheiten in den Lehnsbeziehungen der schlesischen Herzöge (bis zum Ende der Luxemburgerherrschaft)]. In: Acta Universitatis Wratislaviensis 612. Prawo 106 (1985) 53-76.

1565. Rüther, Andreas: Die schlesischen Fürsten und das spätmittelalterliche Reich. In: Nolte, Cordula (Hg.): Principes. Dynastien und Höfe im späten Mittelalter. Stuttgart 2002 (Residenzenforschung 14), 33-62.

1566. Schimmelpfennig, C. Adolph: Herzogin Barbara von Liegnitz-Brieg, geborne Markgräfin von Brandenburg, ihr Hofhalt und ihre Regierung von 1586–1595. In: Zeitschrift des Vereins für Geschichte und Alterthum Schlesiens 14 (1878) 337-430.

1567. Seibt, Ferdinand: Tak zwany mandat wikarialny dla księcia Przemysła I cieszyńskiego [Das sogenannte Vikariatsmandat für Herzog Přemko I. von Teschen.]. In: Śląski Kwartalnik Historyczny Sobótka 38 (1983) 365-371.

1568. Sperka, Jerzy: Urzędnicy Władysława Opolczyka w księstwie wieluńskim (1370–1391). Spisy [Die Beamten Wladislaws II. von Oppeln im Herzogtum Wieluń (1370–1391). Verzeichnisse]. In: Panic, Idzi/Sperka, Jerzy (Hg.): Średniowiecze polskie i powszechne, Bd. 3. Katowice 2004 (Prace Naukowe UŚ w Katowicach 2283), 110-121.

1569. Stanko, Przemysław: Prawa i przywileje szlachty oświęcimskiej i zatorskiej do 1564 roku [Die Rechte und Privilegien des Auschwitzer und Zatorer Adels bis 1564]. In: Smołucha, Janusz u. a. (Hg.): Historia vero testis temporum. Księga jubileuszowa poświęcona Profesorowi Krzysztofowi Baczkowskiemu w 70. rocznicę urodzin. Kraków 2008, 511-525.

1570. Stenzel, Gustav Adolf: Beiträge zur Geschichte des alten Ritterrechts in Schlesien. In: Uebersicht der Arbeiten und Veränderungen der schlesischen Gesellschaft für vaterländische Kultur im Jahre 1841. Zur Kenntnißnahme für sämmtliche einheimische und auswärtige wirkliche Herren Mitglieder der genannten Gesellschaft. Breslau 1842, 144-153.

1571. Szczech, Bernard: Przywilej Bernarda, księcia opolsko-strzeleckiego nadany dla Woźnik dnia 3 kwietnia 1454 roku [Das Privileg Herzog Bernhards von Oppeln und Groß Strehlitz für Woischnik vom 3. April 1454]. Zabrze 1997.

1572. Szczech, Bernard: Przywileje miasta Bytomia 1323–1711 [Die Privilegien der Stadt Beuthen 1323–1711]. Zabrze 1996.

1573. Tiller, Franz: Zur Geschichte der Landrechte der Fürstenthümer Jägerndorf und Leobschütz. In: Schriften der historisch-statistischen Sektion der k. k. mähr.-schles. Gesellschaft des Ackerbaues, der Natur- und Landeskunde 9 (1856) 141-160.

1574. Turoń, Bronisław: Formuła datum per manus w dokumentach książąt świdnickich [Die Formel „datum per manus" in den Urkunden der Herzöge von Schweidnitz]. In: Acta Universitatis Wratislaviensis 800. Historia 50 (1985) 275-292.

1575. Turoń, Wanda: Zarys dziejów kancelarii Henryka Probusa (1270–1290) [Historischer Abriß der Kanzlei Heinrichs IV. Probus (1270–1290)]. In: Śląski Kwartalnik Historyczny Sobótka 20 (1964) 39-54.

1576. Wałkówski, Andrzej: Dokumenty i kancelaria księcia Bolesława II Rogatki [Urkunden und die Kanzlei Herzog Boleslaws II. des Kahlen]. Zielona Góra 1991.

1577. Wałkówski, Andrzej: Dokumenty i kancelaria księcia legnickiego Henryka V Grubego [Urkunden und die Kanzlei Herzog Heinrichs V. des Dicken von Liegnitz]. Wrocław 1991 (Acta Universitatis Wratislaviensis 1315. Historia 94).

1578. Wałkówski, Andrzej: Urkunden und Kanzlei Heinrichs V. (des Dicken). Eine Ergänzung. In: Jahrbuch der Schlesischen Friedrich-Wilhelms-Universität zu Breslau 35 (1994) 33-45.

1579. Wójcik, Marek L.: „... dominus Kolhardus cancellarius ..." Czy istniał urząd kanclerza na dworze Władysława, księcia opolskiego (1246–1281)? [„... dominus Kolhardus cancellarius ..." Gab es am Hof Herzog Wladislaws I. von Oppeln (1246–1281) das Amt des Kanzlers?]. In: Śląski Kwartalnik Historyczny Sobótka 54 (1999) 455-465.

1580. Wójcik, Marek L.: Problem proweniencji kancelaryjnej dokumentu księżnej Jadwigi dla cysterek trzebnickich z datą 24 VIII 1242 [Zur Frage der Kanzleiherkunft der Urkunde Herzogin Hedwigs für die Trebnitzer Zisterzienserinnen vom 24. August 1242]. In: Kaczmarek, Michał/Wójcik, Marek L. (Hg.): Księga Jadwiżańska. Wrocław 1995, 223-231.

1581. Wójcik, Marek L.: Quoniam ea que memoria recidit, littera tenet. Dokumenty Kazimierza opolskiego, czyli o stosunku władcy do biurokracji [Quoniam ea que memoria recidit, littera tenet. Die Urkunden Kasimirs von Oppeln oder das Verhältnis des Herrschers zur Beamtenschaft]. In: Pobóg-Lenartowicz, Anna (Hg.): Jak powstawało Opole? Miasto i jego książęta. Opole 2006, 61-79.

1582. Wójcik, Marek L.: W sprawie wiarygodności przywileju księcia śląskiego Henryka Brodatego dla gości ośmiu wsi klasztoru Najświętszej Marii Panny na

Piasku we Wrocławiu z 1221 r. [Zur Frage nach der Glaubwürdigkeit des Privilegs Herzog Heinrichs des Bärtigen von Schlesien für die Gäste in den acht Dörfern des Breslauer Klosters zu Unserer Lieben Frau auf dem Sand von 1221]. In: Śląski Kwartalnik Historyczny Sobótka 44 (1989) 528-542.

1583. Żerelik, Rościsław: Dokumenty i kancelaria Henryka III księcia głogowskiego [Urkunden und die Kanzlei Herzog Heinrichs III. von Glogau]. In: Acta Universitatis Wratislaviensis 683. Historia 42 (1984) 3-100.

1584. Żerelik, Rościsław: Dokumenty i kancelaria Konrada II Garbatego, księcia żagańskiego [Urkunden und die Kanzlei Herzog Konrads II. des Buckligen von Sagan]. In: Acta Universitatis Wratislaviensis 979. Historia 69 (1989) 33-72.

1585. Żerelik, Rościsław: Dokumenty i kancelarie książąt głogowskich w latach 1250–1331 [Urkunden und Kanzleien der Glogauer Herzöge in den Jahren 1250–1331]. Wrocław 1988 (Acta Universitatis Wratislaviensis 902. Historia 59).

1586. Żerelik, Rościsław: Jan de Schellendorf. Z dziejów fałszerstw na średniowiecznym Śląsku [Jan de Schellendorf. Aus der Geschichte der Fälschungen im mittelalterlichen Schlesien]. In: Śląski Kwartalnik Historyczny Sobótka 44 (1982) 221-238.

1587. Żerelik, Rościsław: Personalne związki katedry wrocławskiej i lubuskiej oraz kolegiat śląskich z kancelariami książęcymi (do 1350 r.) [Personelle Verbindungen der Breslauer und Lebuser Domkirchen sowie der schlesischen Stiftskirchen mit den herzoglichen Kanzleien (bis 1350)]. In: Matwijowski, Krystyn (Hg.): Ludzie Kościoła katolickiego na Ziemi Śląskiej. Zbiór Studiów. Wrocław 1994 (Prace Historyczne 10), 9-22.

4.4 Verfassung, Recht, Verwaltung [Frühe Neuzeit]

1588. [Anonym]: Der Bey dem Schlesischen Ober- und Fürstenrecht, Die Herrschaft Plesse betreffende, Wichtigen Rechts-Angelegenheiten, zum Vorschein gekommenen Schriften. Neue Auflage, nach den Originalen accurat gedruckt. Nr. I und II. Arbor Genealogica, Bd. 1-4. Breslau 1738.

1589. Baumgart, Peter: Friedrich Wilhelm Graf Haugwitz, Schlesien und die Österreichische Staatsreform von 1749. In: Forschungen zur brandenburgischen und preußischen Geschichte N.F. 5 (1995) 59-74.

1590. Blasel, Walter: Der Ursprung der landwirtschaftlichen Interessenvertretung in Schlesien und ihre Entwicklung bis zur Stein-Hardenbergschen Reform. Diss. Breslau 1922.

1591. Brodesser, Slavomír: Vznik moravskoslezského gubernia a připojení Slezska k Moravě v roce 1783 [Die Entstehung des mährisch-schlesischen Guberniums und die Angliederung Schlesiens an Mähren im Jahre 1783]. In: Sborník k nedožitým padesátinám PhDr. Jiřího Radimského. Brno 1969, 125-160.

1592. Doebner, Richard: Der Prozeß des Markgrafen Georg Friedrich von Brandenburg mit dem Kaiser über die Tarnowitzer Bergwerke (1560–1570). In: Zeitschrift des Vereins für Geschichte und Alterthum Schlesiens 14 (1878) 79-92.

1593. Dudík, B[eda]: Des Herzogthums Troppau ehemalige Stellung zur Markgrafschaft Mähren. Wien 1957.

1594. D'Elvert, Christian: Das Incolat, die Habilitirung zum Lande, die Erbhuldigung und der Intabulations-Zwang in Mähren und Oesterr.-Schlesien. In:
Notizen-Blatt der historisch-statistischen Section der Kais. königl. mährisch-
schlesischen Gesellschaft zur Beförderung des Ackerbaues, der Natur- und
Landeskunde (1882) 17f., 29-32, 47f., 51-55.

1595. Fukala, Radek: Státoprávní spor o Opavsko v letech 1529–1606 [Der staatsrechtliche Streit um das Fürstentum Troppau in den Jahren 1529 bis 1606].
In: Acta Universitatis Palackianae Olomucensis. Facultas Philosophica. Historica 29. Sborník prací historických 17 (2000) 69-82.

1596. Grobelný, Andělín: Zemské knihy těšínské ze 16.–17. století [Die Teschener
Landbücher aus dem 16.–17. Jahrhundert]. In: Těšínsko 11-12 (1964) 20-23.

1597. Horna, Richard: Návrh zemského zřízení pro Krnovsko z roku 1673. (Příspěvek k dějinám recepce římského práva v zemích českých) [Der Entwurf der
Landesordnung für das Jägerndorfer Gebiet aus dem Jahr 1673. (Ein Beitrag
zur Geschichte der Rezeption des römischen Rechts in den Böhmischen Ländern)]. In: Sborník věd právních a státních 22 (1922) 265-294.

1598. Hudson, Manley O.: The Administration of the Prince of Pless. In: The American Journal of International Law 28 (1934) 2-4.

1599. Jurek, Piotr: Funkcjonowanie śląskich zgromadzeń stanowych na przykładzie
1715 roku [Die Funktionsweise der schlesischen Ständeversammlungen am
Beispiel des Jahres 1715]. Wrocław 1992 (Acta Universitatis Wratislaviensis
1469. Prawo 218).

1600. Kapras, Jan: Český úřední jazyk ve Slezsku. Studie historická [Die tschechische
Amtssprache in Schlesien. Eine geschichtliche Studie]. Moravská Ostrava 1909.

1601. Kapras, Jan: Oberschlesische Landbücher. Ein Beitrag zur Geschichte der öffentlichen Bücher. In: Zeitschrift des Vereins für Geschichte Schlesiens 17
(1908) 60-120.

1602. Kapras, Jan: Pozůstatky zemského práva Opavského a Krnovského [Die Überreste des Troppauer und Jägerndorfer Landrechts]. In: Sborník věd právních
a státních 6 (1906) 43-69.

1603. Kapras, Jan: Privilegia těšínská z roku 1498 a 1572 [Die Teschener Privilegien
aus den Jahren 1498 und 1572]. In: Věstník Matice opavské 20 (1912) 20-33.

1604. Kapras, Jan: Zemská zřízení opolsko-ratibořské a těšínské [Die Oppeln-Ratiborer und Jägerndorfer Landesordnung]. In: Sborník věd právních a státních
22 (1922) 243-265.

1605. Kapras, Jan: Zemské knihy Opolsko-Ratibořské. Příspěvek k recepci českého
práva a českého jazyka v Horním Slezsku [Die Oppeln-Ratiborer Landbücher.
Ein Beitrag zur Übernahme des böhmischen Rechts und der tschechischen
Sprache in Oberschlesien]. In: Časopis Musea Království českého 81 (1907)
1-22.

1606. Kapras, Jan: Zemský soud a zemské knihy Těšínské [Das Landrecht und die Teschener Landbücher]. In: Časopis Musea Království českého 83 (1909) 1-16.

1607. Kaufmann, Johannes: Die Erhaltung der Schaffgotschischen Stammgüter durch Fideicommisse. Leipzig 1925 (Hausgeschichte und Diplomatarium der Reichs-Semperfreien und Grafen Schaffgotsch 2).

1608. Kochan, Anna: Dziedziczenie testamentowe w ordynacji ziemskiej księstwa oleśnickiego [Die testamentarische Erbfolge in der Landesordnung des Herzogtums Oels]. In: Konieczny, Alfred (Hg.): Studia historycznoprawne. Wrocław 2000 (Acta Universitatis Wratislaviensis 2213. Prawo 270), 135-150.

1609. Koredczuk, Bożena/Koredczuk, Józef: Przywileje drukarskie szlachty. Na przykładzie Śląska do końca XVIII w. [Druckprivilegien des Adels. Am Beispiel Schlesiens bis zum Ende des 18. Jahrhunderts]. In: Jurek, Piotr (Hg.): Pozycja prawna stanu szlacheckiego. Wrocław 2004, 103-114.

1610. Kuczer, Jarosław: Obsada urzędów starościńskich w dziedzicznych księstwach śląskich w obliczu absolutyzmu cesarskiego (1629–1741) [Die Besetzung der Ämter des Landeshauptmanns in den schlesischen Erbfürstentümern zur Zeit des kaiserlichen Absolutismus (1629–1741)]. In: Jurkiewicz, Jan/Józefiak, Roman Maria/Strzyżewski, Wojciech (Hg.): „Młodsza Europa". Od Średniowiecza do Współczesności. Prace ofiarowane Profesor Marii Barbarze Piechowiak Topolskiej w siedemdziesiątą rocznicę urodzin. Zielona Góra 2008, 273-286.

1611. Kuczer, Jarosław: Szlachta weichbildu zielonogórskiego w strukturze administracyjno-ekonomicznej księstwa głogowskiego w latach 1526–1740 [Der Adel des Weichbildes Grünberg in der administrativen und wirtschaftlichen Struktur des Herzogtums Glogau in den Jahren 1526–1740]. In: Hładkiewicz, Wiesław/Jaworski, Tomasz (Hg.): Człowiek pogranicza polsko-niemieckiego. Zielona Góra 2007 (Zielonogórskie Studia Łużyckie 5), 69-85.

1612. Kuczer, Jarosław: Zielonogórski „Landhaus" jako miejsce obrad sejmiku szlacheckiego na przełomie XVII i XVIII w [Das Grünberger „Landhaus" als Tagungsort von Adelsversammlungen an der Wende vom 17. zum 18. Jahrhundert]. In: Studia Zielonogórskie 11 (2005) 67-76.

1613. Kuczer, Jarosław: Znaczenie rodu von Kottwiz w enklawie chobieńskiej w latach 1477–1638 [Die Bedeutung des Geschlechts von Kottwitz in der Enklave Köben in den Jahren 1477–1638]. In: Studia Zachodnie 7 (2004) 75-88.

1614. Kürschner, Gottlieb: Die fürstlich Liechtenstein'sche Statthalterei im Herzogtume Troppau-Jägerndorf. 18. Dezember 1659 bis 2. April 1661. In: Zeitschrift für Geschichte und Kulturgeschichte Österreichisch-Schlesiens 9 (1914) 62-73.

1615. Kutzer, Paul: Der Erwerb der Fürstenrechte durch die Breslauer Bischöfe. In: Heimatblätter des Neissegaues 15 (1938) 10.

1616. Lambrecht, Karen: Die verlorene Ehre des Matthes Zippel oder die Folgen eines schlesischen Hexenprozesses im Zeitalter der Gegenreformation. In: Jahrbuch für Schlesische Kirchengeschichte N.F. 76/77 (1997/98) 51-61.

1617. Lepař, Jan: Za jakými příčinami a kdy bylo Opavsko a Krnovsko od Moravy odtrženo a ve Slezsko vtěleno? [Aus welchen Gründen und wann wurde das Troppauer und Jägerndorfer Land von Mähren abgetrennt und Schlesien einverleibt?]. In: Časopis Musea Království českého 34 (1860) 407-419.

1618. Leszczyński, Józef: Stany Górnych Łużyc w latach 1635–1697 [Die Stände der Oberlausitz von 1635 bis 1697]. Wrocław 1963 (Prace Wrocławskiego Towarzystwa Naukowego A 95).

1619. Lindemann, Mary: Liaisons dangereuses. Sex, law, and diplomacy in the age of Frederick the Great. Baltimore 2006.

1620. Lorenz, Klemens: Zur Landesverwaltung unter Johann VI. Sitsch. In: Zeitschrift des Vereins für Geschichte und Alterthum Schlesiens 72 (1938) 235-246.

1621. Maťa, Petr: Der Adel Böhmens und Schlesiens in der Frühen Neuzeit in vergleichender und beziehungsgeschichtlicher Perspektive. In: Harasimowicz, Jan/Weber, Matthias (Hg.): Adel in Schlesien. Herrschaft – Kultur – Selbstdarstellung. München 2009 (Schriften des Bundesinstituts für Kultur und Geschichte der Deutschen im Östlichen Europa 36), 223-262.

1622. Maťa, Petr: Landstände und Landtage in den böhmischen und österreichischen Ländern (1620–1740). Von der Niedergangsgeschichte zur Interaktionsanalyse. In: Ders./Winkelbauer, Thomas (Hg.): Die Habsburgermonarchie 1620 bis 1740. Leistungen und Grenzen des Absolutismusparadigmas. Stuttgart 2006, 345-400.

1623. Myška, Milan: Merita mercatorum aneb jak tři obchodníci z Moravy a Slezska za časů Marie Terezie přišlo k šlechtickým titulům [Merita mercatorum oder wie drei Kaufleute aus Mähren und Schlesien im Zeitalter von Maria Theresia nobilitiert wurden]. In: Wanatowicz, Maria/Panic, Idzi (Hg.): Wieki stare i nowe, Bd. 1. Katowice 2000 (Prace Naukowe Uniwersytetu Śląskiego 1916), 93-109.

1624. Orzechowski, Kazimierz: Konwent – sejm – trybunał. Ze studiów nad zgromadzeniami stanowymi feudalnego Śląska [Konvent – Fürstentag – Ober- und Fürstenrecht. Studien zu den Ständeversammlungen im feudalen Schlesien]. In: Śląski Kwartalnik Historyczny Sobótka 28 (1973) 261-275.

1625. Orzechowski, Kazimierz: Materiały do dziejów urzędników, funkcjonariuszy i służby na Śląsku w ostatnich latach XVII w. [Materialien zur Geschichte der Beamten, Funktionäre und des Dienstpersonals im Schlesien des ausgehenden 17. Jahrhunderts]. In: Acta Universitatis Wratislaviensis 516. Prawo 91 (1980) 51-76.

1626. Orzechowski, Kazimierz: Ogólnośląskie zgromadzenia stanowe [Gesamtschlesische Ständeversammlungen]. Warszawa/Wrocław 1979.

1627. Orzechowski, Kazimierz: Organizacja śląskiego „conventus publicus" [Die Organisation des schlesischen „Conventus publicus"]. In: Śląski Kwartalnik Historyczny Sobótka 28 (1973) 453-476.

1628. Orzechowski, Kazimierz: Przyczynki do funkcjonowania stanów śląskich w drugiej połowie XVII wieku [Beiträge zur Funktionsweise der schlesischen Stände in der zweiten Hälfte des 17. Jahrhunderts]. In: Śląski Kwartalnik Historyczny Sobótka 47 (1992) 375-391.

1629. Orzechowski, Kazimierz: Rachunki śląskich stanów (1527–1741). Studium źródłoznawcze [Die Rechnungen der schlesischen Stände (1527–1741). Eine quellenkundliche Studie]. Wrocław 1994 (Acta Universitatis Wratislaviensis 1609. Prawo 230).

1630. Orzechowski, Kazimierz: Sejm i sejmiki w ustroju feudalnego Śląska [Der Fürstentag und die Landtage in der feudalen Verfassung Schlesiens]. In: Śląski Kwartalnik Historyczny Sobótka 31 (1976) 197-207.

1631. Orzechowski, Kazimierz: Śląskie itinerarium Fryderyka von Redern w I połowie 1555 r. [Das schlesische Itinerar Friedrichs von Redern aus der ersten Jahreshälfte 1555]. In: Śląski Kwartalnik Historyczny Sobótka 44 (1989) 571-584.

1632. Orzechowski, Kazimierz: Z praktyki śląskiego sejmowania w połowie XVI w. [Aus der Praxis der schlesischen Landtage um die Mitte des 16. Jahrhunderts]. In: Śląski Kwartalnik Historyczny Sobótka 45 (1990) 13-37.

1633. Piwoński, Witold: Żarskie państwo stanowe 1558–1765 [Die Standesherrschaft Sorau 1558–1765]. In: Kronika Ziemi Żarskiej 1/4 (1997) 57-62.

1634. Płonka-Syroka, Bożena/Syroka, Andrzej: Ustawodawstwo apteczne Piastów brzeskich w XVII w. [Die Apothekengesetzgebung der Brieger Piasten im 17. Jahrhundert]. In: Śląski Kwartalnik Historyczny Sobótka 40 (1985) 275-280.

1635. Prasek, V[incenc]: Nejvyšší úředníci zemští na Krnovsku a Opavsku [Die obersten Landesbeamten auf dem Jägerndorfer und Troppauer Lande]. In: 12. program českého gymnasia v Opavě. Vydán koncem školního roku 1895, Opava (1895) 3-11.

1636. Prasek, V[incenc]: Opavské „právo hejtmanovo" čili „roky" knížetství někdy Opavského [Das Troppauer „Hauptmannsrecht" oder „roky" (Tagsatzungen) des ehemaligen Fürstentums Troppau]. In: Program českého nižšího gymnasia v Opavě. Vydán konec školního roku 1884, Opava (1884) 3-19.

1637. Ptak, Marian: Chronologia zgromadzeń stanowych księstwa legnickiego (1311–1741) [Chronologie der Ständeversammlungen im Herzogtum Liegnitz (1311–1741)]. In: Acta Universitatis Wratislaviensis 2144. Prawo 264 (1999) 57-103.

1638. Ptak, Marian: Fragmenty najstarszego protokołu sądu dworskiego weichbildu trzebnickiego z lat 1505–1524 [Fragmente des ältesten Hofgerichtsprotokolls aus dem Weichbild Trebnitz von 1505–1524]. In: Acta Universitatis Wratislaviensis 2620. Prawo 290 (2004) 93-111.

1639. Ptak, Marian: Kilka uwag o ordynacji ziemskiej księstwa cieszyńskiego [Einige Bemerkungen zur Landesordnung des Herzogtums Teschen]. In: Śląski Kwartalnik Historyczny Sobótka 47 (1987) 477-483.

1640. Ptak, Marian J[ózef]: Lenno zamkowe Żórawina (1608–1615) [Das Burglehen Rothsürben (1608–1615)]. In: Acta Universitatis Wratislaviensis 2294. Prawo 273. Studia Historycznoprawne (2001) 71-82.

1641. Ptak, Marian: Ordynacja ziemska wolnego państwa sycowskiego [Die Landesordnung der Freien Standesherrschaft Groß Wartenberg]. In: Acta Universitatis Wratislaviensis 137 (1986) 99-118.

1642. Ptak, Marian: Pozycja publicznoprawna wolnych panów stanowych na Śląsku [Die öffentlich-rechtliche Stellung der Freien Standesherren in Schlesien]. In: Acta Universitatis Wratislaviensis 1477. Prawo 222. Studia Historycznoprawne (1993) 79-102.

1643. Ptak, Marian: Śląskie ordynacje ziemskie [Schlesische Landesordnungen]. In: Śląski Kwartalnik Historyczny Sobótka 39 (1979) 17-35.

1644. Ptak, Marian: Syndyk miasta Wrocławia w świetle nominacji z drugiej połowy XVI w. [Der Syndikus der Stadt Breslau im Spiegel der Ernennungen in der zweiten Hälfte des 16. Jahrhunderts]. In: Acta Universitatis Wratislaviensis 2213. Prawo 270 (2000) 51-58.

1645. Ptak, Marian: Urzędy stanowe księstwa brzeskiego (1311–1742) [Ständische Ämter im Herzogtum Brieg (1311–1742)]. In: Acta Universitatis Wratislaviensis 1953. Prawo 256 (1997) 19-46.

1646. Ptak, Marian: Zgromadzenia i urzędy stanowe księstwa cieszyńskiego [Ständische Versammlungen und Ämter im Herzogtum Teschen]. In: Acta Universitatis Wratislaviensis 1193. Prawo 191 (1992) 31-60.

1647. Ptak, Marian: Zgromadzenia i urzędy stanowe księstwa głogowskiego od początku XIV w. do 1742 r. [Ständische Versammlungen und Ämter im Herzogtum Glogau vom Anfang des 14. Jahrhunderts bis 1742]. Wrocław 1991 (Acta Universitatis Wratislaviensis 1344. Prawo 210).

1648. Ptak, Marian: Zgromadzenia i urzędy stanowe księstwa karniowskiego (1377–1743) [Ständische Versammlungen und Ämter im Herzogtum Jägerndorf (1377–1743)]. In: Acta Universitatis Wratislaviensis 1247. Prawo 194 (1992) 47-82.

1649. Ptak, Marian: Zgromadzenia i urzędy stanowe księstwa legnickiego (1311–1741) [Ständische Versammlungen und Ämter im Herzogtum Liegnitz (1311–1741)]. In: Acta Universitatis Wratislaviensis 2070. Prawo 261 (1998) 19-81.

1650. Ptak, Marian: Zgromadzenia i urzędy stanowe wolnego państwa milickiego (1521–1742) [Ständische Versammlungen und Ämter in der Freien Standesherrschaft Militsch (1521–1742)]. In: Śląski Kwartalnik Historyczny Sobótka 45 (1990) 459-475.

1651. Ptak, Marian: Zgromadzenia i urzędy stanowe wolnego państwa pszczyńskiego (1517–1742) [Ständische Versammlungen und Ämter in der Freien Standesherrschaft Pleß (1517–1742)]. In: Acta Universitatis Wratislaviensis 1692. Prawo 240. Studia Historycznoprawne (1994) 105-153.

1652. Ptak, Marian: Zgromadzenia i urzędy stanowe wolnego państwa sycowskiego (1489–1742) [Ständische Versammlungen und Ämter in der Freien Standesherrschaft Groß Wartenberg (1489–1742)]. In: Acta Universitatis Wratislaviensis 1277. Prawo 197 (1992) 5-29.

1653. Ptak, Marian: Zgromadzenia i urzędy stanowe wolnego państwa żmigrodzkiego [Ständische Versammlungen und Ämter in der Freien Standesherrschaft Trachenberg]. In: Acta Universitatis Wratislaviensis 1384. Prawo 213 (1992) 29-58.

1654. Ptak, Marian: Zgromadzenia stanowe księstwa brzeskiego (1311–1742) [Ständeversammlungen im Herzogtum Brieg (1311–1742)]. In: Acta Universitatis Wratislaviensis 1853. Prawo 249 (1996) 39-105.

1655. Ptak, Marian: Związek manów weichbildu złotoryjskiego i miasta Złotoryi z 1452 roku. Ze studiów nad ustrojem stanowym księstwa legnickiego [Der Bund der Lehnsmänner des Weichbildes und der Stadt Goldberg im Jahr 1452. Studien zur Ständeverfassung im Herzogtum Liegnitz]. In: Acta Universitatis Wratislaviensis 2367. Prawo 276 (2002) 61-73.

1656. Šefčík, Erich: Zemské knihy těšínské v 16.–18. století (jejich vývoj a současný stav dochování) [Die Teschener Landtafel im 16.–18. Jahrhundert (ihre Entwicklung und ihr gegenwärtiger Überlieferungsstand)]. In: Časopis Slezského muzea. Acta Musei Silesiae, Series B: Vědy historické 26 (1976) 123-135.

1657. Šefčík, Erich: Zemské zřízení těšínské z roku 1573 a jeho další vývoj za vlády posledních Piastovců [Die Teschener Landesordnung aus dem Jahr 1573 und ihre weitere Entwicklung unter der Regierung der letzten Piasten]. In: Studie o Těšínsku 3 (1974) 255-324.

1658. Šefčík, Erich: Zlomek desk zemských těšínských z první poloviny 17. století [Ein Fragment der Teschener Landtafel aus der ersten Hälfte des 17. Jahrhunderts]. In: Časopis Slezského muzea. Acta Musei Silesiae, Series B: Vědy historické 19 (1970) 71-76.

1659. Šembera, Alois V[ojtěch]: Staré desky zemské i manské v Moravě a v Opavsku [Die alten Land- und Lehentafeln in Mähren und im Troppauer Land]. In: Časopis Musea Království českého 20 (1846) 541-560, 697-730.

1660. Starý, Marek: Frýdlantské vévodství a jeho státoprávní postavení v rámci České koruny [Das Herzogtum Friedland und seine staatsrechtliche Stellung im Rahmen der Böhmischen Krone]. In: Malý, Karel/Soukup, Ladislav (Hg.): Vývoj české ústavnosti v letech 1618–1918. Praha 2006, 135-157.

1661. Starý, Marek: Přijímání moravských a slezských šlechticů do panského stavu Království českého v 16. a na počátku 17. století [Die Aufnahme mährischer und schlesischer Adeliger in den Herrenstand des Königreichs Böhmen im 16. und am Anfang des 17. Jahrhunderts]. In: Bobková, Lenka/Konvičná, Jana (Hg.): Korunní země v dějinách českého státu II. Společné a rozdílné. Česká koruna v životě a vědomí jejích obyvatel ve 14.–16. století. Praha 2005, 251-288.

1662. Steller, Georg: Lehnsbriefe des Fürstentums Sagan von 1508/09. Ein Beitrag zur Geschichte des Saganer Adels. In: Jahrbuch der Schlesischen Friedrich-Wilhelms-Universität zu Breslau 12 (1967) 89-125.

1663. Štěpán, Jan: Zur Problematik des Hofes von Stanislav Pavlovský von Pavlovice, 1579–1598, Fürstbischof von Olmütz. In: Mitteilungen der Residenzen-Kommission der Akademie der Wissenschaften zu Göttingen 19 (2009) 30-35.

1664. Stutzer, Dietmar: Die Verwaltungsgeschichte, die wirtschaftlichen und sozialen Verhältnisse in Oberschlesien und im Fürstentum Troppau-Jägerndorf 1620–1820, dargestellt am Beispiel der Familie Eichendorff. Dülmen 1983 (Stiftung Haus Oberschlesien 2).

1665. Voigt, Emil: Die Burg Greiffenstein bei Greiffenstein/Schles. In: Schlesische Bergwacht 13 (1962) 43.

1666. Voigt, Emil: Die Verwaltung der Gräflich Schaffgotschschen Herrschaften. In: Schlesische Bergwacht 11 (1960) 44, 58, 98, 138, 156, 514, 534, 554, 570, 610, 648.

1667. Weltzel, Augustin: Die Landesbeamten der Fürstenthümer Oppeln-Ratibor von 1532 bis 1741. In: Zeitschrift des Vereins für Geschichte und Alterthum Schlesiens 12 (1874) 19-44.

1668. Wutke, Konrad: Studien über die Entwicklung des Bergregals in Schlesien. Berlin 1897.

1669. Wypler, Jan: Stosunki prawno-małżeńskie szlachty pszczyńskiej od 16 do 18 wieku [Eherechtliche Beziehungen des Plesser Adels vom 16. bis 18. Jahrhundert]. Katowice 1938 (Roczniki Towarzystwa Przyjaciół Nauk na Śląsku).

1670. Wytyczak, Roman: Mapy majątkowe Hochbergów z pierwszej połowy XVIII wieku [Die Güterkarten der Familie Hochberg aus der ersten Hälfte des 18. Jahrhunderts]. In: Annales Silesiae 20 (1990) 29-39.

1671. Ziekursch, Johannes: Bilder aus der Entwicklungsgeschichte der preußischen Bureaukratie im friederizianischen Schlesien. In: Preußische Jahrbücher 130 (1907) 283-308.

1672. Zivier, Ezechiel: Die Entwicklung des Bergregals in Schlesien und die Bergwerksgerechtsame des Fürstentums Pless. Kattowitz 1908.

1673. Zivier, Ezechiel: Rechtsverhältnisse der „Freien Standesherrschaft" Fürstenthum Pless: Entgegnung auf die Schrift: Beiträge zu Schlesiens Rechtsgeschichte von Bruno Bellerode. Kattowitz 1898.

1674. Zukal, Jos[ef]: Knihy zemského práva Krnovského [Die Bücher des Jägerndorfer Landrechts]. In: Věstník Matice opavské 16 (1908) 65-70.

1675. Zukal, Josef: U zemského práva těšínského. 1590–1600 [Bei dem Teschener Landrecht. 1590–1600]. In: Věstník Matice opavské 9 (1901) 1-14.

4.5 Wirtschaft [Allgemein]

1676. Geldern-Crispendorf, Günther von: Die Grundsteuerreinerträge des Ackerlandes in Schlesien. Zwei kartographische Darstellungen mit erläuterndem Text. Breslau 1933.

1677. Grote, Emmo: Zur Geschichte des Besitzes des schlesischen Adels. In: Deutsches Adelsblatt. Zeitschrift der Deutschen Adelsgenossenschaft für die Aufgaben des christlichen Adels 3 (1885) 90f., 104f., 116f., 140f.

1678. Grünberg, Karl: Die Bauernbefreiung und die Auflösung des gutsherrlich-bäuerlichen Verhältnisses in Böhmen, Mähren und Schlesien, Teil 1: Überblick der Entwicklung. Leipzig 1894.

1679. Grünberg, Karl: Die Bauernbefreiung und die Auflösung des gutsherrlich-bäuerlichen Verhältnisses in Böhmen, Mähren und Schlesien, Teil 2: Die Regulierung der gutsherrlich-bäuerlichen Verhältnisse von 1680–1848 nach den Akten. Leipzig 1893.

1680. Heisig, Josef: Die historische Entwickelung der landwirtschaftlichen Verhältnisse auf den reichsgräfl.-freistandesherrlich-Schaffgotschischen Güterkomplexen in Preussisch-Schlesien. Jena 1884 (Sammlung nationalökonomischer und statistischer Abhandlungen des Staatswissenschaftlichen Seminars zu Halle a. d. Saale 3/3).

1681. Jaworski, Tomasz: Uwarunkowania działalności handlowej i gospodarczej Bibersteinów [Bedingungen für die Wirtschafts- und Handelstätigkeit der

Familie Biberstein]. In: Ders. (Hg.): Bibersteinowie w dziejach pogranicza śląsko-łużyckiego. Zielona Góra 2006, 73-94.

1682. Kühndel, Jan: Přehled dějin železářství v Opavském Slezsku [Abriß der Geschichte der Eisenindustrie im Troppauer Schlesien]. In: Slezský sborník 48 (1950) 432-445.

1683. Matějek, František: Feudální velkostatek a poddaný na Moravě s přihlédnutím k přilehlému území Slezska a Polska. Studie o přeměnách na feudálním velkostatku v druhé polovině 15. a v první polovině 16. století [Der feudale Großgrundbesitz und der Untertan in Mähren mit Berücksichtigung des anliegenden Gebiets Schlesiens und Polens. Eine Studie über die Veränderungen auf dem feudalen Großgrundbesitz in der zweiten Hälfte des 15. und ersten Hälfte des 16. Jahrhunderts]. Praha 1959.

1684. Mühlen, Heinz von zur: Zur Entstehung der Gutsherrschaft in Oberschlesien. Die bevölkerungs- und wirtschaftsgeschichtlichen Verhältnisse in der Herrschaft Oberglogau bis ins 18. Jahrhundert. In: Vierteljahrschrift für Sozial- und Wirtschaftsgeschichte 38 (1949) 334-360.

1685. Szewczyk, Wilhelm: Skarb Donnersmercków [Der Schatz der Donnersmarck]. Katowice 1969 (Biblioteka Karola Miarki).

1686. Tramnitz, A.: Die Forstwirtschaft. In: Ein Culturbild der Provinz Schlesien im Hinblick auf ihre Land- und Forstwirtschaft. Festschrift für die XXVII. Versammlung deutscher Land- und Forstwirte zu Breslau, Bd. 2. Breslau 1869, 1-84.

1687. Treue, Wilhelm: Die wirtschaftsgeschichtliche Bedeutung des Oberschlesischen Geschlechts der Henckel von Donnersmarck. In: Schlesien 20/1 (1975) 1-11.

1688. Ziekursch, Johannes: Hundert Jahre schlesischer Agrargeschichte. Vom Hubertusburger Frieden bis zum Abschluß der Bauernbefreiung. Breslau 1927 (Darstellungen und Quellen zur schlesischen Geschichte 20).

4.5 Wirtschaft [Mittelalter]

1689. Gawlas, Sławomir: Piastowie śląscy jako pionierzy modernizacji [Die schlesischen Piasten als Pioniere der Modernisierung]. In: Barciak, Antoni (Hg.): Piastowie śląscy w kulturze i europejskich dziejach. Katowice 2007, 37-49.

1690. Górecki, Piotr: Economy, Society, and Lordship in Medieval Poland 1100–1250. New York/London 1993.

1691. Gottschalk, Joseph: Ein Fürstenmantel der Herzogin Hedwig von Schlesien († 1243) aus chinesischem Goldbrokat? Beiträge zur Handelsgeschichte des Ostens [Forschungsbericht]. In: Zeitschrift für Ostforschung 15 (1966) 403-456.

1692. Grodecki, Roman: Książęca włość trzebnicka na tle organizacji majątków w Polsce w XII wieku [Die Trebnitzer Herzogsgüter vor dem Hintergrund der grundherrschaftlichen Organisation im Polen des 12. Jahrhunderts]. In: Kwartalnik Historyczny 26 (1912) 433-476; 27 (1913) 1-66.

1693. Horwat, Jerzy: Księstwo opolskie i jego podziały do 1532 roku: Książęta, miasta, kościół, urzędy, własność prywatna [Das Herzogtum Oppeln und seine Teilungen bis 1532: Herzöge, Städte, Kirche, Ämter und Privatbesitz]. Rzeszów 2002.

1694. Korta, Wacław: Rozwój średniej i drobnej świeckiej własności feudalnej na Śląsku do połowy XIII wieku [Die Entwicklung des mittleren und kleinen weltlichen Lehnsbesitzes in Schlesien bis zur Mitte des 13. Jahrhunderts]. In: Śląski Kwartalnik Historyczny Sobótka 19 (1964) 18-38.

1695. Missalek, Erich: Der Trebnitzer Grundbesitz des schlesischen Herzogs im 12. Jahrhundert. In: Zeitschrift des Vereins für Geschichte Schlesiens 48 (1914) 241-262.

1696. Moździoch, Sławomir: Funkcje gospodarcze śląskich grodów kasztelańskich w państwie wczesnopiastowskim [Die wirtschaftlichen Funktionen der schlesischen Kastellaneiburgen im frühpiastischen Staat]. In: Studia Lednickie 2 (1991) 23-42.

1697. Prokop, Krzysztof R.: Miasta księstwa legnickiego w polityce ekonomicznej książąt Bolesława III i Wacława I (1306–1364), Teil 1 [Die Städte des Herzogtums Liegnitz in der Wirtschaftspolitik der Herzöge Boleslaw III. und Wenzel I. (1306–1364)]. In: Szkice Legnickie 25 (2004) 7-28.

1698. Sękowski, Roman: Udział rycerstwa śląskiego w rządach i kolonizacji Rusi Czerwonej przez Władysława Opolczyka – problemy genealogiczne i rozeznanie wstępne [Die Teilnahme der schlesischen Ritterschaft an der Herrschaft und Besiedlung Rothreußens durch Wladislaw II. von Oppeln – genealogische Fragen und erster Überblick]. In: Pobóg-Lenartowicz, Anna (Hg.): Władysław Opolczyk jakiego nie znamy. Próba oceny w sześćsetlecie śmierci. Opole 2001 (Z Dziejów Kultury Chrześcijańskiej na Śląsku 21), 115-135.

1699. Temple, Rudolf: Zur Geschichte des Landbaues im Herzogthume Auschwitz. In: Notizen-Blatt der historisch-statistischen Section der kais. königl. mährisch-schlesischen Gesellschaft zur Beförderung des Ackerbaues, der Natur- und Landeskunde (1885) 65-68, 76-78.

1700. Turoń, Wanda: Działalność kolonizacyjna Bolesława Rogatki [Die Siedlungstätigkeit Boleslaws des Kahlen]. In: Szkice Legnickie 13 (1987) 149-167.

1701. Tymieniecki, Kazimierz: Z dziejów rozwoju wielkiej własności na Śląsku w wieku XIII [Zur Entwicklungsgeschichte des Großgrundbesitzes im Schlesien des 13. Jahrhunderts]. Poznań 1926 (Prace Komisji Historycznej Poznańskiego Towarzystwa Przyjaciół Nauk 4).

1702. Wereszczyński, Wiesław: Proces rozbudowy majątku Gotsche II Schoffa, założyciela rodu z Chojnika i Gryfa [Der Ausbau der Güter Gotsche II. Schoffs, des Begründers der Familie auf Kynast und Greiffenstein (Teil 1)]. In: Rocznik Jeleniogórski 34 (2002) 49-74; 35 (2003) 41-154.

1703. Wojnałowicz, Adam: Rola Bibersteinów w rozwoju osadnictwa na Śląsku [Die Rolle der Familie Biberstein in der Siedlungsentwicklung Schlesiens]. In: Jaworski, Tomasz (Hg.): Bibersteinowie w dziejach pogranicza śląsko-łużyckiego. Zielona Góra 2006, 59-70.

4.5 Wirtschaft [Frühe Neuzeit]

1704. Anděl, Rudolf: Kristián Karel z Platz a Ehrenthalu v čele správy gallasovských statků (1690–1722) [Christian Karl von Platz und Ehrenthal an der Spitze der Verwaltung der Gallas'schen Herrschaften (1690–1722)]. In: Vojtíšková, Marie (Hg.): Sborník příspěvků k době poddanského povstání r. 1680 v severních Čechách. Praha 1980, 123-139.

1705. Barborová, Eva: Zprávy o báňském podnikání posledních Rožmberků v Kladsku [Nachrichten über die Bergbauunternehmen der letzten Rosenberg in Glatz]. In: Slezský sborník 65 (1967) 391-399.

1706. Dohnal, Miloš: K otázce procesu původní akumulace na severní Moravě a ve Slezsku [Zur Frage der anfänglichen Akkumulation der Geldmittel in Nordmähren und Schlesien]. In: Slezský sborník 63 (1965) 289-311.

1707. Drkal, Stanislav: K počátkům dolování uhlí v ostravsko-karvinské kamenouhelné pánvi [Zu den Anfängen des Kohlebergbaus im Ostrau-Karwiner Steinkohlebassin]. In: Ostrava. Sborník příspěvků k dějinám a výstavbě města 1 (1963) 69-106.

1708. Eichendorff, Karl von: Der Zusammenbruch des Eichendorffischen Grundbesitzes. In: Aurora. Jahrbuch der Eichendorff-Gesellschaft 4 (1934) 20-24.

1709. Feigl, Helmuth: Die Entwicklung der schlesischen Grundherrschaft. In: Baumgart, Peter (Hg.): Kontinuität und Wandel. Schlesien zwischen Österreich und Preußen. Sigmaringen 1990 (Schlesische Forschungen 4), 135-165.

1710. Grobelný, Andělín/Šmerda, Milan: Pohled do hospodářských a sociálních poměrů drobného statku na Těšínsku v 17. století (Vendryně) [Ein Blick in die Wirtschafts- und Sozialverhältnisse eines kleinen Gutes im Teschener Gebiet im 17. Jahrhundert (Wendrin)]. In: Časopis Slezského muzea. Acta Musei Silesiae, Series B: Vědy historické 15 (1966) 13-41.

1711. Hauer, V[áclav]: Výnos panství Klimkovského r. 1618 [Der Ertrag der Herrschaft Königsberg im J. 1618]. In: Věstník Matice opavské 20 (1912) 34-47.

1712. Hurt, Rudolf: Dějiny rybníkářství na Moravě a ve Slezsku [Geschichte der Teichwirtschaft in Mähren und Schlesien], Bd. 1-2. Ostrava 1960.

1713. Jaworski, Tomasz: Aktywność gospodarcza szlachty środkowonadodrzańskiego obszaru pogranicza polsko-niemieckiego w okresie wczesnonowożytnym [Die wirtschaftliche Aktivität des Adels im deutsch-polnischen Grenzgebiet an der mittleren Oder in der Frühen Neuzeit]. In: Rocznik Lubuski 26/2 (2000) 27-36.

1714. Kallbrunner, Josef: Lazarus Henckel von Donnersmarck. In: Vierteljahrschrift für Sozial- und Wirtschaftsgeschichte 24 (1931) 142-156.

1715. Klimešová, Eva: Proskovská manufaktura fajansí [Die Proskauer Fayencemanufaktur]. In: Časopis Slezského muzea. Acta Musei Silesiae, Series B: Vědy historické 22 (1973) 74-85.

1716. Klotz, Ernst Emil: Die schlesische Gutsherrschaft des ausgehenden 18. Jahrhunderts. Auf Grund der friderizianischen Urbare und mit besonderer Berücksichtigung der alten Kreise Breslau und Bolkenhain-Landeshut. Breslau 1932 (Darstellungen und Quellen zur schlesischen Geschichte 33).

1717. Kuczer, Jarosław: Szlachta jako dzierżawca dóbr królewskich w księstwie głogowskim w XVI i XVII wieku [Der Adel als Pächter der königlichen Güter im Herzogtum Glogau im 16. und 17. Jahrhundert]. In: Studia Lubuskie 3 (2007) 131-143.

1718. Kühndel, Jan: Fuggerové ve Slezsku [Die Fugger in Schlesien]. In: Slezský sborník 53 (1955) 42-60.

1719. Kwaśny, Zbigniew: Rozwój przemysłu w majątkach Schaffgotschów w latach 1750–1850 [Die Entwicklung der Industrie auf den Schaffgotsch-Gütern in den Jahren 1750–1850]. Wrocław 1965 (Prace Wrocławskiego Towarzystwa Naukowego A 110).

1720. Macůrek, Josef: K otázce vývoje a výnosu velkého pozemkového vlastnictví na pohraničí Moravy, Slovenska a Těšínska koncem 16. a počátkem 17. století [Zur Frage der Entwicklung und der Ertragsfähigkeit des Großgrundbesitzes im Grenzgebiet Mährens, der Slowakei und des Teschener Landes am Ende des 16. und Anfang des 17. Jahrhunderts]. In: Sborník prací Filosofické fakulty Brněnské university 6. Řada historická C 4 (1957) 29-104.

1721. Matějček, Jiří: K hospodaření feudálů v uhelném hornictví českých zemí [Zur Wirtschaft der Feudalherren im Kohlebergbau der böhmischen Länder]. In: Studie z dějin hornictví 3 (1973) 63-85.

1722. Matějek, František: Přehled rozvoje rybníkářství na Moravě v 2. pol. 15. a v 1. pol. 16. století s přihlédnutím k přilehlým územím slezským [Überblick des Teichwirtschaftsaufschwungs in Mähren in der 2. Hälfte des 15. und der 1. Hälfte des 16. Jahrhunderts mit Berücksichtigung der angrenzenden schlesischen Gebiete]. In: Časopis Slezského muzea. Acta Musei Silesiae, Series B: Historia 5/2 (1956) 28-59.

1723. Michalkiewicz, Stanisław: Gospodarka magnacka na Śląsku w drugiej połowie XVIII wieku (na przykładzie majątku Książ) [Die Gutswirtschaft in Schlesien in der zweiten Hälfte des 18. Jahrhunderts (am Beispiel des Gutes Fürstenstein)]. Wrocław/Warszawa/Kraków 1969.

1724. Nožička, Josef: K počátkům těžby kamenného uhlí ve Slezsku (1750–1850) [Zu den Anfängen des Steinkohlebergbaus in Schlesien (1750–1850)]. In: Slezský sborník 59 (1961) 349-361.

1725. Pitronová, Blanka: Frýdecké urbáře z let 1580 a 1583 a jejich význam při majetkových změnách na panství [Die Friedeker Urbare aus den Jahren 1580 und 1583 und ihre Bedeutung bei den Besitzwechseln auf der Herrschaft]. In: Slezský sborník 54 (1956) 95-109.

1726. Pošvář, Jaroslav: Jan Turzo a kutnohorská měď. (Příspěvek k česko-polským obchodním stykům) [Johann Thurzo und das Kuttenberger Kupfer. (Ein Beitrag zu den böhmisch-polnischen Handelsbeziehungen)]. In: Slezský sborník 60 (1962) 237-241.

1727. Rümpler, A.: Die Rübenzuckerindustrie in Schlesien vor 100 Jahren. Berlin 1901.

1728. Rzehak, Emil: Beiträge zum schlesischen Münzwesen im 15. Jahrhundert. In: Zeitschrift für Geschichte und Kulturgeschichte Österreichisch-Schlesiens 3 (1907/08) 31-41.

1729. Šigut, František: Odhad raduňského statku roku 1665. (Příspěvek k hospo-dářským dějinám Slezska po třicetileté válce) [Die Schätzung des Gutes Ra-dun im Jahr 1665. (Ein Beitrag zur Wirtschaftsgeschichte Schlesiens nach dem Dreißigjährigen Krieg)]. In: Slezský sborník 57 (1959) 341-349.

1730. Šigut, František: Odhad statku dolnobenešovského roku 1655 [Die Schät-zung des Gutes Beneschau im Jahr 1655]. In: Časopis Slezského muzea. Acta Musei Silesiae, Series B: Vědy historické 17 (1968) 157-165.

1731. Smutný, Bohumír: Jan Ludvík Harbuval Chamaré a jeho hospodářská a orga-nizační činnost [Johann Ludwig Harbuval Chamaré und seine wirtschaftliche und organisatorische Tätigkeit]. In: Sborník prací východočeských archívů 1 (1970) 81-100.

1732. Smutný, Bohumír: Jan Ludvík Harbuval a Chamaré, zakladatel plátenické manu-faktury v Potštejně a jeho rodina [Johann Ludwig Harbuval und Chamaré, der Gründer der Leinenmanufaktur in Pottenstein, und seine Familie]. In: Pro-cházka staletími. Dissertationes historicae I. Hradec Králové 1993, 159-163.

1733. Smutný, Bohumír: Loscani a Chamaré o východočeské plátenictví. Studie o hospodářské politice habsburské monarchie mezi slezskými válkami a válkou sedmiletou a edice korespondence z let 1754–1757 [Loscani und Chamaré über die ostböhmische Leinwanderzeugung. Eine Studie über die Wirtschaftspolitik der Habsburgermonarchie zwischen den schlesischen Krie-gen und dem Siebenjährigen Krieg und Edition der Korrespondenz aus den Jahren 1754–1757]. Zámrsk 1998 (Sborník prací východočeských archivů. Supplementum 2).

1734. Štěpán, Václav/Novák, Jaromír: Exploatace zlata na Bruntálsku v 16. století [Die Goldgewinnung im Freudenthaler Gebiet im 16. Jahrhundert]. In: Časopis Slezského muzea. Acta Musei Silesiae, Series B: Vědy historické 35 (1986) 46-60.

1735. Stutzer, Dietmar: Die Ertrags- und Lohnverhältnisse in den landwirtschaftli-chen Betrieben der Familie von Eichendorff in Oberschlesien um 1800. In: Zeitschrift für Ostforschung 28 (1979) 1-27.

1736. Šůla, Jaroslav: Boj kladských měst s místní šlechtou o právo vaření piva v XVI. století [Das Ringen der Glatzer Städte mit dem lokalen Adel um das Brau-recht im XVI. Jahrhundert]. In: Kladský sborník 4 (2001) 29-42.

1737. Szymczyk, Maciej: Papiernia Heinricha von Korna w Zakrzowie [Die Papier-fabrik Heinrich von Korns in Sakrau]. In: Śląski Kwartalnik Historyczny So-bótka 57 (2002) 21-42.

1738. Wiatrowski, Leszek: Gospodarstwo wiejskie w dobrach pszczyńskich od po-łowy XVII do początku XIX wieku [Die Landwirtschaft auf den Plesser Gü-tern von der Mitte des 17. bis zum Beginn des 19. Jahrhunderts]. Wrocław 1965 (Acta Universitatis Wratislaviensis 38. Historia 11).

1739. Wutke, Konrad: Die Bergbauunternehmungen Herzog Georgs II. von Brieg (1547–1586). In: Silesiaca. Festschrift des Vereins für Geschichte und Alter-thum Schlesiens zum 70. Geburtstag seines Präses Colmar Grünhagen. Bres-lau 1898, 289-320.

1740. Žáček, Rudolf: K systému řízení hospodářství slezského feudálního velkostatku v polovině 18. století [Zum System der Wirtschaftsleitung der schlesischen feudalen Großgrundherrschaft Mitte des 18. Jahrhunderts]. In: Časopis Slezského muzea. Acta Musei Silesiae, Series B: Vědy historické 43 (1994) 284-288.

1741. Zukal, Jos[ef]: O panství bruntálském a o dolování v horách jesenických v 16. století [Über die Herrschaft Freudenthal und den Bergbau in den Freiwaldauer Bergen im 16. Jahrhundert]. In: Věstník Matice opavské 11 (1903) 6-16.

1742. Zukal, Jos[ef]: Urbář panství Hradeckého z r. 1574 [Urbar der Herrschaft Grätz aus dem J. 1574]. In: Věstník Matice opavské 14 (1906) 1-8.

4.5 Wirtschaft [Neuzeit-Zeitgeschichte]

1743. Achterberg, Erich: Berliner Hochfinanz. Kaiser, Fürsten, Millionäre um 1900. Frankfurt a. Main 1965.

1744. Bernhardi, Friedrich: Geschichte der Bergwerksgesellschaft Georg v. Giesche's Erben: Festschrift zum zweihundertjährigen Jubiläum der Gesellschaft am 22. November 1904, Bd. 2: Die Entwicklung des Besitzes der Gesellschaft vom Jahre 1851 ab. Breslau 1904.

1745. Büttner, Hans: Ein schlesisches Rittergut. Ein Beitrag zur landwirtschaftl. Betriebslehre. Breslau. Diss. 1901 (Mitteilungen der landwirtschaftlichen Institute der Kgl. Universität Breslau 1/5).

1746. Czaja, Margarete: Der industrielle Aufstieg der Beuthen-Siemianowitzer und Tarnowitz-Neudecker Linie der Henckel vom Donnersmarck bis zum Weltkrieg. München 1936.

1747. Długoborski, Wacław: Die schlesischen Magnaten in der frühen Phase der Industrialisierung. In: Pierenkemper, Toni (Hg.): Industriegeschichte Oberschlesiens im 19. Jahrhundert. Rahmenbedingungen, Gestaltungskräfte, infrastrukturelle Voraussetzungen und regionale Diffusionen. Wiesbaden 1992 (Studien der Forschungsstelle Ostmitteleuropa an der Universität Dortmund 8), 107-128.

1748. Dohnal, Miloň: Tradice železářství na Sobotínsku a podnikatelská účast hraběte Antonína Friedricha Mitrowského a prof. F. X. Riepla na vzniku a výstavbě sobotínských železáren [Die Tradition der Eisenindustrie im Gebiet Zöptau und die unternehmerische Teilnahme des Grafen Anton Friedrich Mitrowsky und Prof. F. X. Riepl an Entstehung und Ausbau der Eisenwerke in Zöptau]. In: Sborník prací Filozofické fakulty Ostravské univerzity. Acta Facultatis Philosophicae Universitas Ostraviensis 208. Historie-Historica 10 (2003) 59-67.

1749. Fuchs, Konrad: Andreas Maria Graf Renard (1795–1875) und seine Bedeutung für die oberschlesische Industrie. In: Jahrbuch der Schlesischen Friedrich-Wilhelms-Universität zu Breslau 23 (1982) 215-224.

1750. Fuchs, Konrad: Andreas Maria Graf Renard (1797–1875) und seine Bedeutung für die oberschlesische Industrie. In: Ders. (Hg.): Beiträge zur Wirtschafts- und Sozialgeschichte Schlesiens. Dortmund 1985, 107-116.

1751. Fuchs, Konrad: Gestaltungskräfte in der Geschichte Oberschlesiens, Nieder-schlesiens und Sudetenschlesiens. Dortmund 2001 (Veröffentlichungen der Forschungsstelle Ostmitteleuropa an der Universität Dortmund A 52).

1752. Fuchs, Konrad: Guido Georg Friedrich Graf Henckel v. Donnersmarck 1830–1916. Wirtschaftliche Führungskräfte in Schlesien 1850–1914. In: Ders. (Hg.): Wirtschaftsgeschichte Oberschlesiens, 1871–1945: Aufsätze. Dortmund 1981 (Veröffentlichungen der Forschungsstelle Ostmitteleuropa. Reihe A 36), 76-91.

1753. Fuchs, Konrad: Hans Heinrich XI. Herzog von Pleß als Wirtschaftsförde-rer. In: Jahrbuch der Schlesischen Friedrich-Wilhelms-Universität zu Breslau 38/39 (1997/98) 637-650.

1754. Fuchs, Konrad: Wirtschaftliche Führungskräfte in Schlesien 1850–1914. In: Zeitschrift für Ostforschung 21 (1972) 264-288.

1755. Fuchs, Konrad: Zur Bedeutung des schlesischen Magnatentums für die wirt-schaftliche Entwicklung Oberschlesiens. In: Ders. (Hg.): Beiträge zur Wirt-schafts- und Sozialgeschichte Schlesiens 1985, 123-152.

1756. Graff-Höfgen, Gisela: Schlesische Spitzen. Eine Dokumentation über die schlesische Klöppel- und Nadelspitzenherstellung. München 1976 (Silesia 15).

1757. Heiden, Detlef: Der Graf und die Feuermaschine. Friedrich Wilhelm von Re-den und die spätmerkantilistische Industrialisierung Oberschlesiens. In: Dor-fey, Beate (Hg.): Adel und Innovation: Industriepioniere aus der Familie von Reden. Katalog zur Ausstellung. Detmold 1996, 37-43.

1758. Henckel von Donnersmarck, Andreas: Die unternehmerischen Leistungen und die wirtschaftliche Bedeutung einer oberschlesischen Magnatenfamilie am Beispiel der Henckel von Donnersmarck. [Masch.] Wien 1989.

1759. Jacob, Thierry: Das Engagement des Adels der preußischen Provinz Sachsen in der kapitalistischen Wirtschaft 1860–1914/18. In: Reif, Heinz (Hg.): Adel und Bürgertum in Deutschland. Entwicklungslinien und Wendepunkte im 19. Jahrhundert, Bd. 2. Berlin 2000, 233-271.

1760. Jeřábek, Ed[uard]: Pozemková reforma na Hlučínsku [Die Bodenreform im Hultschiner Land]. In: Věstník Matice opavské 35/2 (1930) 18-31.

1761. Kania, Josef: Das historische Dreigestirn am Werdehimmel der Großindustrie Oberschlesiens: Georg von Giesches Erben, Carl Godulla, Franz [v.] Winck-ler. In: Schlesischer Musenalmanach 6 (1920) 179-194.

1762. Kania, Josef: Die oberschlesischen Fugger – Winckler, Grundmann und Go-dulla. In: Schlesien (1910/11) 437-442.

1763. Knochenhauer, Bruno: Die oberschlesische Montanindustrie. Die deutsche Wirtschaft und ihre Führer. Hg. v. Kurt Weidenfeld. Gotha 1927.

1764. Korzeniowska, Wiesława: Wielka własność ziemska na Górnym Śląsku dru-giej połowy XIX wieku. Próba charakterystyki [Der Großgutsbesitz der zwei-ten Hälfte des 19. Jahrhunderts. Versuch einer Charakteristik]. In: Studia i Materiały z Dziejów Śląska 22 (1997) 47-52.

1765. Krauss, Karl Peter (Hg.): Hohenlohe in Oberschlesien. Fürsten, Bauern, Bergleute – historische und volkskundliche Momentaufnahmen 1782–1945. Stuttgart 1993 (Die Deutschen und ihre Nachbarn im Osten 1).

1766. Kwaśny, Zbigniew: Die Entwicklung der oberschlesischen Industrie in der ersten Hälfte des 19. Jahrhunderts. Dortmund 1998 (Veröffentlichungen der Forschungsstelle Ostmitteleuropa an der Universität Dortmund B 61).

1767. Kwaśny, Zbigniew: Hutnictwo żelaza na Śląsku w drugiej połowie XVIII i na początku XIX w. [Das Eisenhüttenwesen in Schlesien in der zweiten Hälfte des 18. und zu Beginn des 19. Jahrhunderts]. In: Kapała, Zbigniew (Hg.): Friedrich Wilhelm von Reden i jego czasy. Chorzów 2002, 32-51.

1768. Kwaśny, Zbigniew: Rozmiary zatrudnienia oraz ciągłość pracy robotników w zakładach hutniczych księcia Hohenlohe w powiecie lublinieckim w drugim ćwierćwieczu XIX wieku [Das Beschäftigungsausmaß und die Arbeitskontinuität der Arbeiter in den Hüttenwerken des Fürsten von Hohenlohe im Kreis Lublinitz im zweiten Viertel des 19. Jahrhunderts]. In: Wiatrowski, Leszek (Hg.): Studia nad przemianami społecznymi na Górnym Śląsku w XIX i na początku XX wieku. Wrocław 1986 (Acta Universitatis Wratislaviensis 671. Historia 44), 71-87.

1769. Kwaśny, Zbigniew: Rozwój przemysłu na Górnym Śląsku w pierwszej połowie XIX wieku [Die Entwicklung der Industrie in Oberschlesien in der ersten Hälfte des 19. Jahrhunderts]. Wrocław 1983 (Acta Universitatis Wratislaviensis 570. Historia 39).

1770. Laslowski, Ernst: Die Grafen von Ballestrem als oberschlesische Bergherren. In: Historisches Jahrbuch 77 (1958) 517-521.

1771. Laubner, Jürgen: Zwischen Industrie und Landwirtschaft. Die oberschlesischen Magnaten – aristokratische Anpassungsfähigkeit und Krisenbewältigung. In: Reif, Heinz (Hg.): Ostelbische Agrargesellschaft im Kaiserreich und in der Weimarer Republik. Agrarkrise, junkerliche Interessenpolitk, Modernisierungsstrategien. Berlin 1994, 251-266.

1772. Lohse, U.: Guido Henckel von Donnersmarck und seine industriellen Schöpfungen. In: Stahl und Eisen. Zeitschrift für die Herstellung und Verarbeitung von Eisen und Stahl 37 (1937) 156.

1773. Martin, Rudolf: Jahrbuch des Vermögens und Einkommens der Millionäre in der Provinz Schlesien. Berlin 1913 (Das Jahrbuch der Millionäre Deutschlands 10).

1774. Myška, Milan: Die Entwicklung der Österreichisch-Schlesischen Wirtschaft im 19. Jahrhundert unter besonderer Berücksichtigung der Rothschild. In: Jahrbuch der Schlesischen Friedrich-Wilhelms-Universität zu Breslau 44 (2003) 265-284.

1775. Perlick, Alfons: Franz von Winckler und Friedrich Harkort. In: Mitteilungen des Beuthener Geschichts- und Museumsvereins 15/16 (1954/55) 136-138.

1776. Perlick, Alfons: Oberschlesische Berg- und Hüttenleute. Lebensbilder aus dem oberschlesischen Industrierevier. Kitzingen a. Main 1953.

1777. Pierenkemper, Toni: Unternehmeraristokraten in Schlesien. In: Fehrenbach,

Elisabeth (Hg.): Adel und Bürgertum in Deutschland 1770–1848. München 1994 (Schriften des Historischen Kollegs 31), 129-158.

1778. Plennikowski, Waldemar: Dzieje fortuny Schaffgotschów na Górnym Śląsku [Die Geschichte des Schaffgotsch-Vermögens in Oberschlesien]. In: Kronika Katowic 7 (1997) 79-92.

1779. Puhle, Hans-Jürgen: Agrarische Interessenpolitik und preussischer Konservatismus im wilhelminischen Reich (1893–1914). Ein Beitrag zur Analyse des Nationalismus in Deutschland am Beispiel des Bundes der Landwirte und der Deutsch-Konservativen Partei. Hannover 1967 (Schriftenreihe des Forschungsinstituts der Friedrich-Ebert-Stiftung B 51).

1780. Richter, Hanns-Joachim: Die Entwicklung des Großgrundbesitzes in Schlesien seit 1891. Eine agrastatistische Untersuchung auf Grund schlesischer Güteradreßbücher. Breslau 1938.

1781. Skibicki, Klemens: Industrie im oberschlesischen Fürstentum Pless im 18. und 19. Jahrhundert. Zur ökonomischen Logik des Übergangs vom feudalen Magnatenwirtschaftsbetrieb zum modernen Industrieunternehmen. Stuttgart 2002 (Regionale Industrialisierung 2).

1782. Skrzypek, Beata/Kiełkowski, Tomasz/Pomykalski, Paweł: Górnośląscy potentaci. Dziedzictwo Ballestremów [Die oberschlesischen Großindustriellen. Das Erbe der Ballestrem]. Gliwice 2008.

1783. Stępiński, Włodzimierz (Hg.): Szlachta i ziemiaństwo polskie oraz niemieckie w Prusach i Niemczech w XVIII–XX w. [Die deutschen und polnischen Adeligen und Grundbesitzer in Preußen und Deutschland vom 18. bis 20. Jahrhundert]. Szczecin 1996.

1784. Theilemann, Wolfram G.: Adel im grünen Rock. Adliges Jägertum, Großprivatwaldbesitz und die preußische Forstbeamtenschaft 1866–1914. Berlin 2004 (Elitenwandel in der Moderne 5).

1785. Treue, Wilhelm: Georg von Giesche's Erben, 1704–1964. Hamburg 1964.

1786. Wendt, Heinrich: Geschichte der Bergwerksgesellschaft Georg v. Giesche's Erben: Festschrift zum zweihundertjährigen Jubiläum der Gesellschaft am 22. November 1904, Bd. 3: Verfassungs- und Verwaltungsgeschichte der Gesellschaft. Breslau 1904.

1787. Wutke, Konrad: Die Verwendung von Kirchenglocken zum Kanonenguß und die Herstellung von Geschütz aus schlesischem Eisen 1813/1814. Zum Gedächtnis des Schöpfers der schlesischen Eisen- und Steinkohlenindustrie Grafen Friedrich Wilhelm von Reden (gest. 3. Juli 1815). In: Zeitschrift des Vereins für Geschichte Schlesiens 49 (1915) 41-72.

1788. Wutke, Konrad: Geschichte der Bergwerksgesellschaft Georg v. Giesche's Erben. Festschrift zum zweihundertjährigen Jubiläum der Gesellschaft am 22. November 1904, Bd. 1: Die allgemeine Geschichte der Gesellschaft bis zum Jahre 1851. Breslau 1904.

4.6 Soziales [Allgemein]

1789. Carsten, Francis L.: Geschichte der preußischen Junker. Frankfurt a. Main 1988.
1790. Dyhrenfurth, Gertrud: Ein schlesisches Dorf und Rittergut. Geschichte und soziale Verfassung. Leipzig 1906.
1791. Görlitz, Walter: Die Junker. Adel und Bauer im deutschen Osten. Geschichtliche Bilanz von sieben Jahrhunderten. Glücksburg/Ostsee 1956.
1792. Igálffy-Igály, Ludwig [Ludwig Igálffy von Igály]: Schotten im östlichen Mitteleuropa. In: Adler. Zeitschrift für Genealogie und Heraldik N.F. 19/8 (1998) 241-250.
1793. Kaupert, Werner: Seltene Berufsbezeichnungen im böhmisch-schlesischen Adel. In: Genealogie. Deutsche Zeitschrift für Familienkunde 10/7 (1970) 188-190.
1794. Steller, Georg: Die Grund- und Gutsherren im Fürstentum Sagan (1400–1940). Sagan 1994.

4.6 Soziales [Mittelalter]

1795. Barciak, Antoni: Przybysze z Czech i Moraw w otoczeniu książąt górnośląskich w średniowieczu [Ankömmlinge aus Böhmen und Mähren im Umfeld oberschlesischer Herzöge des Mittelalters]. In: Gmiterek, Henryk/Iwańczak, Wojciech (Hg.): Polacy w Czechach. Czesi w Polsce X–XVIII wiek. Lublin 2004, 31-40.
1796. Bogucki, Ambroży: Polskie nazwy rycerstwa w średniowieczu. Przyczynki do historii ustroju społecznego [Polnische Ritternamen im Mittelalter. Beiträge zur Sozialgeschichte]. Włocławek 2001.
1797. Cetwiński, Marek: Pochodzenie etniczne i więzy krwi rycerstwa śląskiego [Ethnische Herkunft und Blutsbande der schlesischen Ritterschaft]. In: Kuczyński, Stefan K. (Hg.): Społeczeństwo Polski średniowiecznej. Zbiór studiów, Bd. 1. Warszawa 1981, 40-85.
1798. Cetwiński, Marek: Panowie von Reichenbach: problem tożsamości elity śląskiej [Die Herren von Reichenbach: zur Frage der Identität der schlesischen Elite]. In: Wroniszewski, Jan (Hg.): Genealogia – Polska elita polityczna w Polsce w wiekach średnich na tle porównawczym. Toruń 1993, 163-174.
1799. Cetwiński, Marek: Polak Albert i Niemiec Mroczko. Zarys przemian etnicznych i kulturalnych rycerstwa śląskiego do połowy XIV w. [Der Pole Albert und der Deutsche Mroczko. Abriß der ethnischen und kulturellen Veränderungen der schlesischen Ritterschaft bis zur Mitte des 14. Jahrhunderts]. In: Strzelczyk, Jerzy (Hg.): Niemcy – Polska w średniowieczu. Poznań 1986 (Historia. UAM 126), 157-169.
1800. Cetwiński, Marek: Rycerstwo pogranicza łużycko-śląskiego w XIII–XIV wieku [Die Ritterschaft im schlesisch-lausitzischen Grenzgebiet des 13. und 14.

Jahrhunderts]. In: Oettel, Günther (Hg.): Die Besiedlung der Neißeregion. Urgeschichte, Mittelalter, Neuzeit. Zittau 1995 (Mitteilungen des Zittauer Geschichts- und Museumsvereins 22), 22-27.

1801. Cetwiński, Marek: Rycerstwo śląskie do końca XIII w. Pochodzenie – gospodarka – polityka. [Die schlesische Ritterschaft bis zum Ende des 13. Jahrhunderts. Herkunft – Wirtschaft – Politik]. Wrocław 1980 (Prace Wrocławskiego Towarzystwa Naukowego A 210).

1802. Chocholatý, František: Rody Opavska za vlády vévody Přemka Opavského. Několik poznámek k vývoji rodových držav na Opavsku v letech 1377-1434 [Die Geschlechter des Troppauer Landes unter der Regierung Herzog Přemkos von Troppau. Einige Bemerkungen zur Entwicklung der Familienbesitzungen im Troppauer Land in den Jahren 1377-1434]. In: Sborník příspěvků IV. setkání genealogů a heraldiků. Ostrava 1992, 38-45.

1803. Dąbrowska, Zofia: Dwór brzeski w czasach Ludwika I. (1358-1398) [Der Brieger Hof zur Zeit Ludwigs I. (1358-1398)]. In: Acta Universitatis Wratislaviensis 70. Historia 14 (1968) 42-58.

1804. Grotefend, Hermann: Die Streitigkeiten zwischen Adel und Städten der Fürstenthümer Schweidnitz und Jauer und die Privilegienbücher des Schweidnitz-Jauer'schen Adels. In: Zeitschrift des Vereins für Geschichte und Alterthum Schlesiens 10 (1870) 294-314.

1805. Grott, Bogumił: Próba analizy stosunków narodowościowych wśród rycerstwa oleśnickiego w latach 1312-1412 [Versuch einer Analyse der ethnischen Verhältnisse unter der Oelser Ritterschaft in den Jahren 1312-1412]. In: Acta Universitatis Wratislaviensis Historia 23 (1974) 113-151.

1806. Hoffmann, Richard C.: Land, liberties, and lordship in a late medieval countryside. Agrarian structures and change in the Duchy of Wrocław. Philadelphia 1989 (University of Pennsylvania Press Middle Ages series 7).

1807. Jungandreas, Wolfgang: Westdeutsche Zeugnisse für oberschlesische Adelige des 13. Jahrhunderts vor der Auswanderung. In: Der Oberschlesier. Monatsschrift für das heimatliche Kulturleben 20 (1938) 335-340.

1808. Jurek, Tomasz: Bibersteinowie i średniowieczne wędrówki niemieckich rycerzy na Śląsk [Die Familie Biberstein und mittelalterliche Wanderungen deutscher Ritter nach Schlesien]. In: Jaworski, Tomasz (Hg.): Bibersteinowie w dziejach pogranicza śląsko-łużyckiego. Zielona Góra 2006, 21-29.

1809. Jurek, Tomasz: Elity Śląska w późniejszym średniowieczu [Die Eliten Schlesiens im Spätmittelalter]. In: Fałkowski, Wojciech (Hg.): Kolory i struktury średniowiecza. Warszawa 2004, 404-420.

1810. Jurek, Tomasz: Fremde Ritterschaft in Schlesien bis zur Mitte des 14. Jahrhunderts. In: Inter Finitimos 6 (1994) 8-13.

1811. Jurek, Tomasz: Obce rycerstwo na Śląsku do połowy XIV wieku [Fremde Ritterschaft in Schlesien bis zur Mitte des 14. Jahrhunderts]. Poznań 1996 (Prace Komisji Historycznej Poznańskiego Towarzystwa Przyjaciół Nauk 54).

1812. Jurek, Tomasz: U początków niemieckiej imigracji rycerskiej na Śląsk. Świadkowie układu Bolesława Rogatki z arcybiskupem magdeburskim Wilbrandem z 1249 roku [Zu den Anfängen der Einwanderung deutscher Ritter nach Schlesien. Die Zeugen des Vertrags Boleslaws des Kahlen mit dem Magdeburger Erzbischof Wilbrand von 1249]. In: Kuczyński, Stefan K. (Hg.): Społeczeństwo Polski średniowiecznej. Zbiór studiów, Bd. 7. Warszawa 1996, 107-127.

1813. Jurek, Tomasz: Wędrowni rycerze i ich damy. Małżeństwa obcych rycerzy na Śląsku w XIII i XIV wieku [Wanderritter und ihre Damen. Die Ehen fremder Ritter im Schlesien des 13. und 14. Jahrhunderts]. In: Gąsiorowski, Antoni (Hg.): Kobieta w kulturze średniowiecznej Europy. Prace ofiarowane professor Alicji Karłowskiej-Kamzowej. Poznań 1995 (Prace Komisji Historii Sztuki. Poznańskie TPN 21), 61-70.

1814. Kozák, Petr: Dvorská společnost hlohovského a opavského vévody Zikmunda Jagellonského [Die Hofgesellschaft Sigismunds Jagiello, des Herzogs von Glogau und Troppau]. In: Dvořáčková-Malá, Dana/Zelenka, Jan (Hg.): Dvory a rezidence ve středověku II. Skladba a kultura dvorské společnosti. Praha 2008 (Mediaevalia Historica Bohemica. Supplementum 2), 257-284.

1815. Panic, Idzi: Problem stratyfikacji szlachty w księstwie cieszyńskim w XV wieku w świetle źródeł kancelaryjnych [Die Frage der adeligen Schichtung im Herzogtum Teschen des 15. Jahrhunderts im Licht der Kanzleiquellen]. In: Przegląd Historyczny 85 (1994) 21-33.

1816. Panic, Idzi: Těšínská šlechta v terminologii pramenů 14. a 15. století [Der Teschener Adel in der Terminologie der Quellen des 14. und 15. Jahrhunderts]. In: Těšínsko. Vlastivědný zpravodaj okresů Karviná a Frýdek-Místek 2 (1990) 8-12.

1817. Pfeiffer, Gerhard: Das mittelalterliche Patriziat der Stadt Breslau. Breslau 1929 (Darstellungen und Quellen zur schlesischen Geschichte 30) [ND Aalen 1973].

1818. Pietrzyk, Iwona: Otoczenie Przemyślidów opawskich do początku XV wieku [Das Umfeld der Troppauer Přemysliden bis zum Beginn des 15. Jahrhunderts]. In: Gmiterek, Henryk/Iwańczak, Wojciech (Hg.): Polacy w Czechach, Czesi w Polsce X–XVIII wiek. Lublin 2004, 41-50.

1819. Primke, Robert/Szczerepa, Maciej: Rycerze-rabusie ze Śląska i Łużyc. Raubritterzy, zamki, skarby [Die Raubritter aus Schlesien und der Lausitz. Raubritter, Burgen und Schätze]. Kraków 2006.

1820. Schmilewski, Ulrich: Der schlesische Adel bis zum Ende des 13. Jahrhunderts. Herkunft, Zusammensetzung und politisch-gesellschaftliche Rolle. Würzburg 2001 (Wissenschaftliche Schriften des Vereins für Geschichte Schlesiens 5).

1821. Semkowicz, Władysław: Rycerstwo śląskie do końca XVI wieku. Uwagi o polskich rodach rodzimych [Die schlesische Ritterschaft bis zum Ende des 16. Jahrhunderts. Bemerkungen zu einheimischen polnischen Geschlechtern]. In: Genealogia. Studia i Materiały Historyczne 2 (1992) 9-25.

1822. Šigut, František: Pokus o zřízení prvního fideikomisu ve Slezsku [Versuch einer Errichtung des ersten Fideikommisses in Schlesien]. In: Slezský sborník 67 (1969) 99-105.

1823. Sochacka, Irena: Polityka Bibersteinów wobec ludzi luźnych [Die Politik der Biberstein gegenüber dem Gesinde]. In: Jaworski, Tomasz (Hg.): Bibersteinowie w dziejach pogranicza śląsko-łużyckiego. Zielona Góra 2006, 125-130.

1824. Starý, Marek: Manželství opavských Přemyslovců [Die Ehen der Troppauer Přemysliden]. In: Genealogické a heraldické informace 3/18 (1998) 38-47.

1825. Szafrański, Franciszek: Stosunki narodowościowe i społeczne dworu brzesko-legnickiego w pierwszej połowie XV wieku [Die ethnischen und sozialen Verhältnisse am Brieg-Liegnitzer Hof in der ersten Hälfte des 15. Jahrhunderts]. In: Acta Universitatis Wratislaviensis 70. Historia 14 (1968) 59-81.

1826. W., H.: Adelsgeschichtliches. Eine schlesische Rittergesellschaft des Mittelalters. In: Deutsches Adelsblatt. Zeitschrift der Deutschen Adelsgenossenschaft für die Aufgaben des christlichen Adels 20 (1902) 59.

1827. Wiszewski, Przemysław: Średniowieczne księżne śląskie wobec świata – świadectwa sfragistyczne [Die Beziehungen mittelalterlicher schlesischer Herzoginnen zur Außenwelt – sphragistische Zeugnisse]. In: Dzieduszycki, Wojciech/Wrzesiński, Jacek (Hg.): Kobieta, śmierć, mężczyzna. Funeralia Lednickie, spotkanie, Bd. 5. Ponań 2003, 149-157.

1828. Witkowski, Sławomir: Własność ziemska w kasztelanii bytomskiej w średniowieczu [Der mittelalterliche Grundbesitz in der Kastellanei Beuthen]. Katowice 2004.

4.6 Soziales [Frühe Neuzeit]

1829. Banet, Ilona: D. C. v. Lohenstein. Neues Quellenmaterial zu seiner Tätigkeit als Syndikus. In: Germanica Wratislaviensia 55 (1984) 195-204.

1830. Banik, Joanna: Rody opolskie [Oppelner Geschlechter]. Żyrardów 2005.

1831. Bellerrode, Bruno: Beiträge zur schlesischen Rechtsgeschichte (Das schlesische „jus ducale"). Breslau 1899.

1832. Birkenmajer, Aleksander: Nobilitacja Szarffenbergerów [Die Nobilitierung der Familie Scharffenberger]. Kraków 1926.

1833. Blaschka, Anton: Die Grafschaft Glatz nach dem Dreißigjährigen Kriege. Studien auf Grund der Glatzer Rolla. In: Jahrbuch des Vereines für Geschichte der Deutschen in Böhmen 1 (1926) 43-146.

1834. Bonin, Henning von: Der Adel in der höheren Beamtenschaft der preußischen Monarchie, 1794–1806. Ein Beitrag zur Sozialstruktur des preußischen Staates vor den Reformen. Diss. [Masch.] Göttingen 1961.

1835. Bonin, Henning von: Adel und Bürgertum in der höheren Beamtenschaft der preußischen Monarchie 1794–1806. In: Jahrbuch für die Geschichte Mittel- und Ostdeutschlands 15 (1966) 139-174.

1836. Dola, Kazimierz: Opieka społeczna i zdrowotna w księstwie legnickim w latach 1530–1740 [Die Sozial- und Gesundheitsfürsorge im Herzogtum Liegnitz in den Jahren 1530–1740]. In: Szkice Legnickie 12 (1984) 69-95.

1837. D'Elvert, Christian: Die Fideicommisse in Mähren und Schlesien. In: Noti-

POZNAŃSKIE TOWARZYSTWO PRZYJACIÓŁ NAUK
WYDZIAŁ HISTORII I NAUK SPOŁECZNYCH
PRACE KOMISJI HISTORYCZNEJ
TOM 54

TOMASZ JUREK

OBCE RYCERSTWO
NA ŚLĄSKU
DO POŁOWY XIV WIEKU

PTPN

POZNAŃ 1996
WYDAWNICTWO POZNAŃSKIEGO TOWARZYSTWA PRZYJACIÓŁ NAUK

Titelblatt aus Jurek, Tomasz: Obce rycerstwo na Śląsku do połowy XIV wieku [Fremde Ritterschaft in Schlesien bis zur Mitte des 14. Jahrhunderts]. Poznań 1996 (Prace Komisji Historycznej Poznańskiego Towarzystwa Przyjaciół Nauk 54) (laufende Nummer 1811).

zen-Blatt der historisch-statistischen Section der kais. königl. mährisch-schlesischen Gesellschaft zur Beförderung des Ackerbaues, der Natur- und Landeskunde (1860) 41-46, 50-55.

1838. Frühwald, Wolfgang: „Schlesische Toleranz" und „preußische Reform". Sozialgeschichtliche Grundlagen einer Jugendbiographie Joseph von Eichendorffs. In: Hahn, Gerhard/Weber, Ernst (Hg.): Zwischen den Wissenschaften. Beiträge zur deutschen Literaturgeschichte. Bernhard Gajek zum 65. Geburtstag. Regensburg 1994, 10-24.

1839. Fukala, Radek: Dánský vpád do Slezska a rozklad opavské stavovské společnosti [Der Einfall der Dänen nach Schlesien und die Auflösung der Troppauer Ständegesellschaft]. In: Slezský sborník 99 (2001) 81-94.

1840. Górna, Krystyna: Roedernowie w krapkowickiej społeczności lokalnej w latach 1682–1773 [Die Roedern in der Krappitzer lokalen Gemeinschaft von 1682 –1773]. In: Genealogia. Studia i Materiały Historyczne 4 (1994) 55-68.

1841. Helbig, Karl Gustav: Eine fürstliche Ehe des 16ten Jahrhunderts. In: Zeitschrift des Vereins für Geschichte und Alterthum Schlesiens 4 (1862) 160-169.

1842. Igálffy von Igály, Ludwig: Im Beuthnischen 1650, 1700 und 1783 ansässige Gutsbesitzer. In: Mitteilungen des Beuthener Geschichts- und Museumsvereins 21/22 (1960) 223f.

1843. Jaworski, Tomasz: Przemiany w strukturze społecznej Polski i Europy Zachodniej na przełomie XV i XVI wieku [Die Veränderungen in der Gesellschaftsstruktur Polens und Westeuropas an der Wende vom 15. zum 16. Jahrhundert]. In: Mincer, Franciszek (Hg.): Polska a świat zachodni na przełomie średniowiecza i nowożytności. Zielona Góra 1995, 68-85.

1844. Kettner, Adolf: Verleihung eines Wappenbriefes an Martin Johann Weidlich aus Freiwaldau. In: Zeitschrift für Geschichte und Kulturgeschichte Österreichisch-Schlesiens 8 (1913) 39-42.

1845. Korbelářová, Irena: Socioprofesní struktura obyvatel Rakouského Slezska ve světle konskripce z konce 18. století [Die soziale und berufliche Struktur der Einwohner aus Österreichisch Schlesien im Lichte einer Konskription vom Ende des 18. Jahrhunderts]. In: Acta historica et museologica Universitatis Silesianae Opaviensis 6 (2003) 213-222.

1846. Kuczer, Jarosław: Kryteria definiujące elitę szlachecką księstwa głogowskiego po wojnie trzydziestoletniej (1648–1741) [Kriterien für die Zugehörigkeit zur adeligen Elite im Herzogtum Glogau nach dem Dreißigjährigen Krieg (1648–1741)]. In: Śląski Kwartalnik Historyczny Sobótka 61 (2006) 276-289.

1847. Kuczer, Jarosław: Podstawy kształtowania kontaktów szlachty krośnieńskiej i głogowskiej z prowincją wielkopolską w okresie wczesnonowożytnym (1526–1741) [Die Grundlagen für die Gestaltung der Beziehungen des Crossener und Glogauer Adels mit der Provinz Großpolen in der Frühen Neuzeit (1526–1741)]. In: Wyder, Grażyna/Nodzyński, Tomasz (Hg.): Polacy – Niemcy. Pogranicze. Studia historyczne. Zielona Góra 2006, 95-109.

1848. Kuczer, Jarosław: Pomiędzy prowincją a uniwersalizmem stanowym. Szlachta weichbildu zielonogórskiego w okresie 1526–1740 [Zwischen Provinz und ständischem Universalismus. Der Adel im Grünberger Weichbild 1526–1740]. In: Bayerl, Günter/Belzyt, Leszet (Hg.): Zielona Góra – Chociebuż. Historia społeczeństw i gospodarki, Bd. 1. Zielona Góra 2008, 13-45.

1849. Kuczer, Jarosław: Szlachcianka w życiu społeczno-gospodarczym księstwa głogowskiego w XVI–XVIII w [Die Adelige im gesellschaftlichen und wirtschaftlichen Leben des Herzogtums Glogau vom 16. bis 18. Jahrhundert]. In: Pro libris. Lubuskie Pismo Literacko-Kulturalne 4 (2005) 124-130.

1850. Kuczer, Jarosław: Szlachta w życiu społeczno-gospodarczym księstwa głogowskiego w epoce habsburskiej 1526–1740 [Der Adel im gesellschaftlichen und wirtschaftlichen Leben des Herzogtums Glogau in der Habsburgerzeit (1526–1740)]. Zielona Góra 2007.

1851. Kuczer, Jarosław: Transfer arystokracji a ewolucja śląskiego Herrenstand w pierwszej połowie XVIII wieku [Der Adelstransfer und die Entwicklung des schlesischen Herrenstands in der ersten Hälfte des 18. Jahrhunderts]. In: Studia Zachodnie 10 (2008) 47-67.

1852. Kwaśniewski, Artur: Szlachta na ziemi Kłodzkiej 1450–1625. Pochodzenie i własność ziemska [Der Adel im Glatzer Land 1450–1625. Herkunft und Grundbesitz]. In: Kladský sborník 5 (2003) 59-83.

1853. Leszczyński, Józef: Chłop śląski w walce z kontrreformacją w drugiej połowie XVII stulecia [Der schlesische Bauer im Kampf gegen die Gegenreformation in der zweiten Hälfte des 17. Jahrhunderts]. In: Kwartalnik Opolski 4 (1958) 104-133.

1854. Leszczyński, Józef: Ruchy chłopskie na Pogórzu Sudeckim w drugiej połowie XVII wieku [Bauernbewegungen im Sudetenvorland in der zweiten Hälfte des 17. Jahrhunderts]. Wrocław 1961 (Monografie Śląskie Ossolineum 2).

1855. Leszczyński, Józef: Ruchy chłopskie w dzisiejszym Gorzanowie po wojnie trzydziestoletniej [Bauernbewegungen im heutigen Grafenort nach dem Dreißigjährigen Krieg]. In: Rocznik Ziemi Kłodzkiej 4-5 (1959/60) 43-93.

1856. Leszczyński, Józef: Stolec – niespokojna wieś. (Przyczynek do dziejów ruchów chłopskich w księstwie ziębickim) [Stolz – ein unruhiges Dorf. (Ein Beitrag zur Geschichte der Bauernbewegung im Herzogtum Münsterberg)]. In: Śląski Kwartalnik Historyczny Sobótka (1971) 303-313.

1857. Leszczyński, Józef: Walka protestanckiej ludności wiejskiej na Pogórzu Sudeckim z kontrreformacją [Der Kampf der protestantischen Landbevölkerung im Sudetenvorland gegen die Gegenreformation]. In: Studia i Materiały z Dziejów Śląska 4 (1962) 23-64.

1858. Leszczyński, Józef: Zwalnianie chłopów od poddaństwa na Pogórzu Sudeckim w drugiej połowie XVII wieku [Die Aufhebung der bäuerlichen Erbuntertänigkeit im Sudetenvorland in der zweiten Hälfte des 17. Jahrhunderts]. In: Studia i Materiały z Dziejów Śląska 4 (1962) 5-21.

1859. Maťa, Petr: Der Adel aus den böhmischen Ländern am Kaiserhof 1620–1740. Versuch, eine falsche Frage richtig zu lösen. In: Bůžek, Václav/Král, Pavel (Hg.): Šlechta a císařský dvůr (1526–1740). České Budějovice 2003 (Opera historica 10), 191-233.

1860. Pfotenhauer, Paul: Der Adel des Fürstentums Oels im 16. Jahrhundert. In: Zeitschrift des Vereins für Geschichte und Alterthum Schlesiens 21 (1887) 318-368.

1861. Pfotenhauer, Paul: Die Ritterschaft von Teschen im 16. Jahrhundert. In: Zeitschrift des Vereins für Geschichte und Alterthum Schlesiens 18 (1884) 270-286.

1862. Radimský, Jiří: Berní sumář Těšínska z r. 1619 [Das Steuersummarium des Teschener Landes aus dem J. 1619]. In: Slezský sborník 51 (1953) 1-7.

1863. Radimský, Jiří: Moravské enklávy ve Slezsku na základě rozboru lánských rejstříků [Die mährischen Enklaven in Schlesien aufgrund einer Analyse der Lehnregister]. In: Slezský sborník 43 (1945) 209-225.

1864. Radler, Leonhard: Aus der Geschichte des Kreises Schweidnitz: Händel und Fehden der Schweidnitzer und Striegauer Ritter. In: Tägliche Rundschau 17 (1959) 3-7; 18 (1959) 8-10.

1865. Šigut, František: Majetková držba na Opavsku r. 1552 [Der Grundbesitz im Troppauer Land im J. 1552]. In: Slezský sborník 64 (1964) 372-390, 510-524.

1866. Šmerda, Milan: Franz Anton von Blanc ve Slezsku: Střet západního osvícence s nevolnictvím [Franz Anton von Blanc in Schlesien: die Begegnung eines westlichen Aufklärers mit der Leibeigenschaft]. In: Slezský sborník 98 (2000) 264-278.

1867. Šmerda, Milan: Generál András Török a povstání poddaných na Těšínsku v roce 1766 [General András Török und der Untertanenaufstand im Teschener Land im Jahr 1766]. In: Slezský sborník 97 (1999) 1-20.

1868. Šmerda, Milan: Nejvyšší kancléř hrabě Rudolf Chotek a povstání na Těšínsku v roce 1766 [Oberstkanzler Graf Rudolf Chotek und der Aufstand im Teschener Land im Jahr 1766]. In: Časopis Matice moravské 117 (1998) 11-38.

1869. Šmerda, Milan: Nevolnictví na slezskoostravském panství v 18. století [Die Leibeigenschaft auf der Herrschaft Schlesisch Ostrau im 18. Jahrhundert]. In: Ostrava. Sborník příspěvků k dějinám a výstavbě města 12 (1983) 106-138.

1870. Šmerda, Milan: Vrchnost, město a poddaný lid na Bohumínsku v 18. století [Die Obrigkeit, die Stadt und das untertänige Volk im Gebiet Oderberg im 18. Jahrhundert]. In: Grobelný, Andělín/Čepelák, Bohumil (Hg.): Bohumín. Studie a materiály k dějinám a výstavbě města. Ostrava 1976, 97-131.

1871. Šmerda, Milan/Korbelářová, Irena: Sociální hnutí na Těšínsku ve 2. polovině 18. století (s edicí poddanských stížností z roku 1766) [Die soziale Bewegung im Teschener Land in der 2. Hälfte des 18. Jahrhunderts (mit einer Edition der Untertanenbeschwerden aus dem Jahr 1766)]. Opava 1998.

1872. Stibor, Jiří: Nerovné sňatky na Těšínsku [Unebenbürtige Ehen im Teschener Land]. In: Borák, Mečislav (Hg.): Slezsko v dějinách českého státu. Opava 1998, 220-236.

1873. Turek, A[dolf]: Šlechta v knížectví krnovském r. 1619 [Der Adel im Fürstentum Jägerndorf im J. 1619]. In: Časopis Slezského muzea. Acta Musei Silesiae, Series B: Vědy historické 24 (1975) 84-86.

1874. Zukal, Josef: Rozdíl synův Mikuláše Kravařského ze Šlevic o zboží otcovské r. 1550 [Die Aufteilung des väterlichen Gutes unter die Söhne des Nikolaus

Kravařský von Šlevice im Jahr 1550]. In: Věstník Matice opavské 19 (1911) 22-29.

1875. Zukal, Josef: Slezské konfiskace. 1620–1630. Pokutování provinilé šlechty v Krnovsku, Opavsku a Osoblažsku po bitvě bělohorské a po vpádu Mansfeldově [Die schlesischen Konfiskationen. 1620–1630. Die Bestrafung des schuldigen Adels im Jägerndorfer, Troppauer und Hotzenplotzer Gebiet nach der Schlacht am Weißen Berg und nach dem Mansfeld-Einfall]. Praha 1916 (Historický archiv 42).

4.6 Soziales [Neuzeit-Zeitgeschichte]

1876. D'Elvert, Christian: Adels- und Ordens-Verleihungen an Landwirthe und Industrielle in Mähren und Oesterr. Schlesien. In: Notizen-Blatt der historisch-statistischen Section der kais. königl. mährisch-schlesischen Gesellschaft zur Beförderung des Ackerbaues, der Natur- und Landeskunde (1866) 45f.

1877. Golka, Thomas A./Wieder, Horst: Geschichte der Fürst Donnersmarck-Stiftung 1916–1991. Berlin 1991.

1878. Korzeniowska, Wiesława: Ziemiaństwo górnośląskie i jego „małe ojczyzny" (wiek XIX – początek XX) [Die oberschlesischen Gutsbesitzer und ihre „Heimat" (im 19. und Anfang des 20. Jahrhunderts)]. In: Trojan, Mieczysław (Hg.): Ich małe ojczyzny. Lokalność, korzenie i tożsamość w warunkach przemian. Wrocław 2003, 175-186.

1879. Korzeniowska, Wiesława: Ziemiaństwo na Górnym Śląsku w XIX i XX wieku. Studium monograficzne [Die Gutsbesitzer in Oberschlesien im 19. und 20 Jahrhundert. Eine monographische Studie]. Opole 1997.

1880. Krejčík, Tomáš: Poznámky k proměnám elit na severní Moravě a v rakouském Slezsku v 18. a 19. století [Bemerkungen zum Elitenwandel in Nordmähren und in Österreichisch-Schlesien im 18. und 19. Jahrhundert]. In: Sborník prací Filozofické fakulty Ostravské univerzity. Acta Facultatis Philosophicae Universitas Ostraviensis 219. Historie-Historica 12 (2005) 233-241.

1881. Kučera, Rudolf: Állam, nemesség és civiltársadalom. Nemesi címadományozások Csehországban és Sziléziában, 1806–1871 [Staat, Adel und Zivilgesellschaft. Adelsverleihungen in Böhmen und Schlesien zwischen 1806 und 1871]. In: Korall. Társadalomtörténeti folyóirat 3 (2007) 31-58.

1882. Laubner, Jürgen: „Adliger Stand mit bürgerlichem Sinn" – die oberschlesischen Magnaten im deutschen Kaiserreich. In: Stępiński, Włodzimierz (Hg.): Szlachta i ziemiaństwo polskie oraz niemieckie w Prusach i Niemczech w XVIII–XX w. Szczecin 1996, 141-157.

1883. Maser, Peter: „Berathung der Armuth". Das soziale Wirken des Barons Hans Ernst von Kottwitz zwischen Aufklärung und Erweckungsbewegung in Berlin und Schlesien. Frankfurt a. Main u. a. 1991 (Forschungen zur praktischen Theologie 10).

1884. Myška, Milan: „Nová šlechta" z řad peněžníků, obchodníků a průmyslníků v českých zemích v 19. století (poznámky – problémy – perspektivy výzkumu) [Der „neue Adel" aus den Reihen der Finanziers, Handelsleute und Industriellen in den böhmischen Ländern im 19. Jahrhundert (Anmerkungen – Probleme – Forschungsperspektiven)]. In: Malíř, Jiří/Chocholáč, Bronislav (Hg.): Pocta Janu Janákovi. Předsedovi Matice moravské a profesoru Masarykovy univerzity věnují k sedmdesátinám jeho přátelé a žáci. Brno 2002, 355-361.

1885. Myška, Milan: Šlechta v Čechách, na Moravě a ve Slezsku na prahu buržoazní éry. (Hospodářská aktivita české aristokracie a tzv. „kapitalistická modernizace") [Der Adel in Böhmen, Mähren und Schlesien an der Schwelle des bürgerlichen Zeitalters. (Die wirtschaftliche Aktivität der böhmischen Aristokratie und die sogenannte „kapitalistische Modernisierung")]. In: Časopis Slezského muzea. Acta Musei Silesiae, Series B: Vědy historické 36 (1987) 46-65.

1886. Oertzen, Dietrich von (Hg.): Von Wichern bis Posadowsky. Zur Geschichte der Sozialreform und der christlichen Arbeiterbewegung. Hamburg 1908.

1887. Pokluda, Zdeněk: Desková velkostatkářská držba v Rakuském Slezsku ve druhé polovině 19. a počátkem 20. století [Der landtäfliche Großgrundbesitz in Österreichisch-Schlesien in der zweiten Hälfte des 19. und am Anfang des 20. Jahrhunderts]. In: Slezský sborník 77 (1979) 15-31.

1888. Rodan, Kamil: Schematismus jakožto pramen pro výzkum velkostatků tzv. Rakouského Slezska ve druhé polovině 19. a na počátku 20. století [Der Schematismus als Quelle für die Untersuchung der Großgrundbesitze des sogenannten Österreichisch-Schlesiens in der 2. Hälfte des 19. und zu Beginn des 20. Jahrhunderts]. In: Sborník prací Filozofické fakulty Ostravské univerzity. Acta Facultatis Philosophicae Universitas Ostraviensis 215. Historie-Historica 11 (2004) 157-162.

1889. Schmidt, Martin: Graf Posadowsky. Staatssekretär des Reichsschatzamtes und des Reichsamtes des Innern 1893–1907. Diss. Halle 1935.

1890. Schwabe, Klaus (Hg.): Die preussischen Oberpräsidenten 1815–1945. Boppard a. Rh. 1995 (Deutsche Führungsschichten in der Neuzeit 15; Büdinger Forschungen zur Sozialgeschichte 1981).

1891. Wagner, Patrick: Bauern, Junker und Beamte. Lokale Herrschaft und Partizipation im Ostelbien des 19. Jahrhunderts. Göttingen 2005 (Moderne Zeit 9).

1892. Wiese, Leopold von: Posadowsky als Sozialpolitiker. Ein Beitrag zur Geschichte der Sozialpolitik des Deutschen Reiches. Köln 1909.

4.7 Bevölkerung, Demographie [Allgemein]

1893. Bokajło, Wiesław: Proces narodowościowej transformacji Dolnoślązaków do początków XX wieku [Der Prozeß der ethnischen Transformation der Niederschlesier bis zum Anfang des 20. Jahrhunderts]. Wrocław 1993 (Acta Universitatis Wratislaviensis 1576. Politologia 11).

1894. Goliński, Mateusz: Powstanie i zanik „miasteczek w Borach" [Die Entstehung und das Verschwinden der „Heidestädtchen"]. In: Buśko, Cezary u. a. (Hg.): Civitas & villa. Miasto i wieś w średniowiecznej Europie Środkowej. Wrocław 2002, 65-72.

1895. Jurek, Tomasz: Trzynastowieczne lokacje miejskie w dobrach Pogorzelów [Die Stadtgründungen der Pogarell auf ihren Gütern im 13. Jahrhundert]. In: Cezary Buśko u. a. (Hg.): Civitas & villa. Miasto i wieś w średniowiecznej Europie Środkowej. Wrocław 2002, 89-98.

1896. Veldtrup, Dieter: Prosopographische Studien zur Geschichte Oppelns als herzoglicher Residenzstadt im Mittelalter. Berlin 1995 (Schriften der Stiftung Haus Oberschlesien. Landeskundliche Reihe 7).

4.7 Bevölkerung, Demographie [Frühe Neuzeit]

1897. Bartkiewicz, Kazimierz: Szlachta pogranicza śląsko-lubuskiego w okresie wczesnonowożytnym (XVI–XVIII wiek) [Der Adel im Grenzgebiet Schlesiens und des Lebuser Landes in der Frühen Neuzeit (16.–18. Jahrhundert)]. In: Rocznik Lubuski 26/2 (2000) 11-26.

1898. Bartkiewicz, Kazimierz: Szlachta pogranicza śląsko-lubuskiego w świetle „klasyfikacji" z 1718 roku [Der Adel im Grenzgebiet Schlesiens und des Lebuser Landes im Licht der „Klassifikation" von 1718]. In: Osękowski, Czesław (Hg.): Ziemie Zachodnie. Polska-Niemcy. Integracja europejska. Księga pamiątkowa z okazji siedemdziesiątej rocznicy urodzin prof. dra hab. Hieronima Szczegóły. Zielona Góra 2001, 75-88.

1899. Mykietów, Bogusław: XVII-wieczne krośnieńskie żałobne druki ulotne poświęcone baronowi Rudolfowi von Gerssdorf [Crossener Trauerflugblätter aus dem 17. Jahrhundert auf Rudolf Freiherr von Gerssdorf]. In: Rocznik Lubuski 27/2 (2001) 173-180.

1900. Radimský, Jiří: Sčítání lidu v moravských enklávách ve Slezsku r. 1763 [Die Volkszählung in den mährischen Enklaven in Schlesien im J. 1763]. In: Slezský sborník 44 (1946) 202-208.

1901. Żerelik, Rościsław: Mapy graniczne Hochbergów z pierwszej połowy XVIII wieku [Grenzkarten der Familie Hochberg aus der ersten Hälfte des 18. Jahrhunderts]. In: Annales Silesiae 20 (1990) 41-47.

4.8 Kirche, Konfession [Allgemein]

1902. Adamska, Dagmara: Fundacje dewocyjne rycerstwa księstwa świdnicko-jaworskiego w średniowieczu [Fromme mittelalterliche Stiftungen der Ritterschaft aus dem Herzogtum Schweidnitz-Jauer]. Poznań/Wrocław 2005 (Badania z Dziejów Społecznych i Gospodarczych 64).

1903. Adamska, Dagmara: Schlesische Klöster als Begräbnisstätten des Adels im Fürstentum Schweidnitz-Jauer des Spätmittelalters. In: Kruppa, Nathalie (Hg.):

Adlige – Stifter – Mönche. Zum Verhältnis zwischen Klöstern und mittelalterlichem Adel. Göttingen 2007 (Veröffentlichungen des Max-Planck-Instituts für Geschichte 227; Studien zur Germania Sacra 30), 291-306.

1904. Antoniewicz, Marceli/Zbudniewek, Janusz (Hg.): Książę Władysław Opolczyk fundator klasztoru Paulinów na Jasnej Górze w Częstochowie [Herzog Wladislaw II. von Oppeln als Stifter des Paulinerklosters auf dem Hellen Berg in Tschenstochau]. Warszawa 2007.

1905. Bahlcke, Joachim: Konfessionspolitik und Staatsinteressen. Zur Funktion der brandenburgisch-preußischen Interventionen zugunsten der ungarischen Protestanten nach dem Westfälischen Frieden. In: Jahrbuch für Schlesische Kirchengeschichte N.F. 76-77 (1997/98) 177-187.

1906. Ballestrem, Marco: Der katholische Adel Schlesiens und die schlesischen Benediktiner. In: Rose, Ambrosius (Hg.): Grüssauer Gedenkbuch. Stuttgart 1949 (Die Dominsel 2), 150-155.

1907. Biermann, G[ottlieb]: Geschichte des Protestantismus in Österreichisch-Schlesien. Prag 1897.

1908. Bremer, Józef: Europejska święta. (Wystawa „Książęta i święci" z okazji 750 rocznicy śmierci św. Jadwigi, Andechs (Niemcy), VII–VIII 1993 r.) [Eine europäische Heilige. (Die Ausstellung „Fürsten und Heilige" zum 750. Todestag der Hl. Hedwig, Andechs (Deutschland), Juli–August 1993)]. In: Przegląd Powszechny 111 (1994) 355-358.

1909. Brzoska, Emil: Katholische Edelleute Schlesiens im Bischofsamt. Ein Beitrag zur ständischen Herkunft des deutschen Episkopats. In: Unser Oberschlesien. Organ der Landsmannschaft der Oberschlesier 14-15 (1965) 1-40.

1910. Brzoska, Emil: Vom Eigenkirchenrecht zum Patronat. Die Entwicklung der Pfarrorganisation und der geschichtliche Beitrag des Adels zum Kirchentum Oberschlesiens. In: Unser Oberschlesien. Organ der Landsmannschaft der Oberschlesier 5/2 (1955) 4.

1911. Harasimowicz, Jan: Die heilige Hedwig von Schlesien aus evangelischer Sicht. In: Grunewald, Eckhard/Gussone, Nikolaus (Hg.): Das Bild der heiligen Hedwig in Mittelalter und Neuzeit. München 1996, 89-116.

1912. Harasimowicz, Jan: Kult świętej Jadwigi Śląskiej w okresie reformacji i odnowy trydenckiej Kościoła [Die Verehrung der hl. Hedwig von Schlesien in der Zeit der Reformation und tridentinischen Erneuerung der Kirche]. In: Kaczmarek, Michał/Wójcik, Marek L. (Hg.): Księga Jadwiżańska. Wrocław 1995 (Acta Universitatis Wratislaviensis 1720), 387-405.

1913. Heyne, Johann: Dokumentirte Geschichte des Bisthums und Hochstiftes Breslau: Aus Urkunden, Aktenstücken, älteren Chroniken und neueren Geschichtsschreibern, Bd. 1: Denkwürdigkeiten aus der Kirchen- und Diözesan-Geschichte des Christenthums in Schlesien bis zur böhmischen Oberherrschaft über dieses Land (966–1355). Breslau 1860 [ND Aalen 1969].

1914. Heyne, Johann: Dokumentirte Geschichte des Bisthums und Hochstiftes Breslau: Aus Urkunden, Aktenstücken, älteren Chroniken und neueren Geschichtsschreibern, Bd. 2: Denkwürdigkeiten aus der Geschichte der katholischen Kirche Schlesiens. Von der Mitte des vierzehnten bis zum Anfange des fünfzehnten Jahrhunderts im Entwicklungsgange der kirchengeschichtlichen Thatsachen urkundlich dargestellt. Breslau 1864 [ND Aalen 1969].

1915. Heyne, Johann: Dokumentirte Geschichte des Bisthums und Hochstiftes Breslau: Aus Urkunden, Aktenstücken, älteren Chroniken und neueren Geschichtsschreibern, Bd. 3: Denkwürdigkeiten aus der Geschichte der katholischen Kirche Schlesiens. Von der ersten Hälfte des fünfzehnten bis in die Mitte des siebzehnten Jahrhunderts (1418–1648) im Entwicklungsgange der kirchlichen Thatsachen und Zustände urkundlich dargestellt. Breslau 1868.

1916. Hoffmann, Hermann: Fürst Carolath contra Glogauer Jesuiten. Ein Beitrag zur Friderizianischen Kabinettsjustiz. In: Archiv für schlesische Kirchengeschichte 1 (1936) 167-201.

1917. Jungnitz, Joseph: Die Grabstätten der Breslauer Bischöfe. Breslau 1895.

1918. Karłowska-Kamzowa, Alicja: Święta Jadwiga patronka Królestwa Polskiego [Die hl. Hedwig als Schutzheilige des Königreichs Polen]. In: Kaczmarek, Michał/ Wójcik, Marek, L. (Hg.): Księga Jadwiżańska. Wrocław 1995, 357-370.

1919. Kiełbasa, Antoni: Święta Jadwiga patronką dnia wyboru Jana Pawła II [Die hl. Hedwig als Patronin des Wahltags Johannes Pauls II.]. Rzym/Trzebnica 1985.

1920. Kiełbasa, Antoni: Święta Jadwiga śląska [Die hl. Hedwig von Schlesien]. In: Dolny Śląsk 9 (2001) 325-337.

1921. Köhler, Joachim/Keil, Gundolf (Hg.): Heilige und Heiligenverehrung in Schlesien. Sigmaringen 1997 (Schlesische Forschungen 7).

1922. Kopiec, Jan: Zasługi Piastów dla Kościoła na Śląsku w relacjach ad limina (Komunikat) [Die Verdienste der Piasten um die schlesische Kirche in den Ad-limina-Berichten (Mitteilung)]. In: Barciak, Antoni (Hg.): Piastowie śląscy w kulturze i europejskich dziejach. Katowice 2007, 129-133.

1923. Kysil, Małgorzata: Prepozytura cysterska w Cieplicach od XVI do XIX wieku [Die Zisterzienserpropstei in Warmbrunn vom 16. bis zum 19. Jahrhundert]. In: Rocznik Jeleniogórski 34 (2002) 155-162.

1924. Skobel, Paul: Das Schicksal der Nostiz-Nassau'schen Stiftung auf dem Hartheberge bei Neuland Kr. Löwenberg i. Schlesien. In: Archiv für schlesische Kirchengeschichte 9 (1951) 225-234.

1925. Sobeczko, Jan Helmut: Kult liturgiczny świętych Odrowążów na Śląsku [Liturgischer Kult der heiligen Mitglieder der Familie Odrowąż in Schlesien]. In: Mateja, Erwin (Hg.): Jubileusz uczy. 900-lecie Kamienia Śląskiego. Opole 2005, 7-21.

1926. Weltzel, Augustyn/Pixa, Józef (Bearb.): Pomniki pobożności po ślachetnej rodzinie hrabiów z Gaszyna w Górnym Szląsku [Die Frömmigkeitsdenkmäler der adeligen Familie der Grafen von Gaschin in Oberschlesien]. Opole 2003 (Z dziejów kultury chrześcijańskiej na Śląsku 24).

1927. Wróblewski, Stanisław: Szlacheckie fundacje kościelne na ziemi dzierżoniowskiej [Adelige Kirchenstiftungen im Reichenbacher Land], Teil 1: Fundacje rodziny von Almesloe [Stiftungen der Familie von Almesloe]. In: Rocznik Dzierżoniowski 14 (2004) 45-54.

4.8 Kirche, Konfession [Mittelalter]

1928. Adriányi, Gabriel/Gottschalk, Joseph/Świdziński, Stanisław: Herzog von Oppeln, Ladislaus († 1401) und die Gründung der Paulinerklöster Tschenstochau in Polen und Wiese bei Oberglogau/Oberschlesien. In: Archiv für schlesische Kirchengeschichte 36 (1978) 33-77.

1929. Araszczuk, Stanisław: Kult św. Jadwigi na Śląsku w świetle przedtrydenckich wrocławskich ksiąg liturgicznych [Der Hedwigskult in Schlesien im Licht der vortridentinischen liturgischen Bücher aus Breslau]. Opole 1995.

1930. Barciak, Antoni: Książęta Górnego Śląska a klasztor w Rudach [Die oberschlesischen Herzöge und das Kloster Rauden]. In: Derwich, Marek/Pobóg-Lenartowicz, Anna (Hg.): Klasztor w społeczeństwie średniowiecznym i nowożytnym/De ordinum religiosorum in societate medii et recentioris aevi partibus. Opole/Wrocław 1996 (Opolska Biblioteka Teologiczna 7), 389-393.

1931. Cetwiński, Marek: Ród Jeszka Poduszki i kościół w Brzezimierzu [Die Familie des Jeszko Poduszka und die Kirche in Wüstebriese]. In: Ludzie Oławy. Studia, szkice i materiały. Wrocław 1992 (Acta Universitatis Wratislaviensis 1282. Historia 91), 11-26.

1932. Czachorowska, Irena: Klaryski wobec śląskiej dynastii piastowskiej [Klarissinnen und die schlesische Piastendynastie]. In: Napiórkowski, Stanisław Celestyn/Koc, Wiesław (Hg.): Święta Klara z Asyżu. W 800-lecie urodzin. Niepokalanów 1995, 184-198.

1933. Derwich, Marek: Piastowie śląscy a benedyktyni (XII–XIII w.) [Die schlesischen Piasten und der Benediktinerorden (12.–13. Jahrhundert)]. In: Dziurla, Henryk/Bobowski, Kazimierz (Hg.): Krzeszów uświęcony łaską. Wrocław 1997, 38-43.

1934. Dobosz, Józef: Monarchia i możni wobec Kościoła w Polsce do początku XIII wieku [Monarchie und Adel gegenüber der Kirche in Polen bis zum Beginn des 13. Jahrhunderts]. Poznań 2002.

1935. Dola, Kazimierz: Piastowie śląscy na europejskich stolicach biskupich [Die schlesischen Piasten auf europäischen Bischofsstühlen]. In: Barciak, Antoni (Hg.): Piastowie śląscy w kulturze i europejskich dziejach. Katowice 2007, 181-188.

1936. Dola, Kazimierz: Postawa religijna świętej Jadwigi. Próba charakterystyki [Die religiöse Haltung der hl. Hedwig. Versuch einer Charakteristik]. In: Kaczmarek, Michał/Wójcik, Marek, L. (Hg.): Księga Jadwiżańska. Wrocław 1995, 109-115.

1937. Dola, Kazimierz: Religijność rycerstwa śląskiego i mieszczan w XIII wieku [Die Religiosität der schlesischen Ritterschaft und Bürger im 13. Jahrhundert]. In: Korta, Wacław (Hg.): Bitwa legnicka. Historia i tradycja. Wrocław/Warszawa 1994 (Śląskie Sympozja Historyczne 2), 333-351.

1938. Dziewulski, Władysław: Herezja Bolka opolskiego [Die Ketzerei Bolkos von Oppeln]. In: Studia z Dziejów Kościoła Katolickiego 1 (1960) 181-193.

1939. Frelek, Stanisław: Władztwo biskupstwa wrocławskiego w kasztelanii milickiej

[Die Herrschaft des Bistums Breslau in der Kastellanei Militsch]. In: Śląski Kwartalnik Historyczny Sobótka 18 (1963) 371-404.

1940. Gąsiorowska, Patrycja: Klaryski z dynastii Piastów [Klarissinnen aus der Piastendynastie]. In: Nasza Przeszłość 94 (2000) 119-134.

1941. Gebauer, Josef: K české reformaci na Opavsku [Zur böhmischen Reformation im Troppauer Land]. In: Časopis Slezského muzea. Acta Musei Silesiae, Series B: Vědy historické 38 (1989) 225-240.

1942. Gottschalk, Joseph: Die Förderer der Heiligsprechung Hedwigs. In: Archiv für schlesische Kirchengeschichte 21 (1963) 73-132.

1943. Gottschalk, Joseph: Hedwigspredigten aus 700 Jahren. In: Archiv für schlesische Kirchengeschichte 40 (1981) 129-164.

1944. Gottschalk, Joseph: St. Hedwig, Herzogin von Schlesien. Köln/Graz 1964 (Forschungen und Quellen zur Kirchen- und Kulturgeschichte Ostdeutschlands 2).

1945. Gottschalk, Joseph: St. Hedwig und der Zisterzienserorden. In: Archiv für schlesische Kirchengeschichte 25 (1967) 38-51.

1946. Grüger, Heinrich: Der Nekrolog des Klosters Heinrichau (ca. 1280–1550). 3. Die Beziehungen des Klosters zu Landesherrschaft, Adel und Hierarchie. Mit einer Stammtafel der Erbvögte von Münsterberg, Frankenberg, Löwenstein und Frankenstein. In: Archiv für schlesische Kirchengeschichte 32 (1974) 207-221.

1947. Hervay, Ferenc: Die Geschwister der heiligen Hedwig in Ungarn. Mit 2 Tafeln. In: Archiv für schlesische Kirchengeschichte 40 (1982) 223-240.

1948. Hewner, Katarzyna: Piotr Włostowic czy Piotr Wszeborowic? O fundacji i fundatorze klasztoru norbertanek w Strzelnie [Peter Wlast oder Peter Wszeborowic? Über die Stiftung und den Stifter des Prämonstratenserinnenklosters in Strzelno]. In: Nasza Przeszłość 94 (2000) 47-84.

1949. Hilman, Krzysztof: Władysław Opolczyk. Próba oceny w 600-lecie śmierci [Wladislaw II. von Oppeln. Versuch einer Beurteilung zum 600. Todestag]. In: Pobóg-Lenartowicz, Anna (Hg.): Władysław Opolczyk jakiego nie znamy. Próba oceny w sześćsetlecie śmierci. Opole 2001, 155-159.

1950. Hoffmann, Paul: Heinrich I. von Würben, Bischof von Breslau. Diss. Breslau 1904.

1951. Irgang, Winfried: Zur Kirchenpolitik der schlesischen Piasten im 13. Jahrhundert. In: Zeitschrift für Ostforschung 27 (1978) 221-240.

1952. Jamroziak, Emilia: Klosterstiftungen polnischer Adliger im 12. Jahrhundert. Fragen nach Motiven und „Selbstdarstellung". In: East Central Europe – L'Europe du Centre-Est 29 (2002) 155-166.

1953. Jasiński, Kazimierz: Franciszkańskie pochówki Piastów [Die Piastengräber der Franziskaner]. In: Kłoczowski, Jerzy (Hg.): Zakony franciszkańskie w Polsce, Bd. 1: Franciszkanie w Polsce średniowiecznej, Teil 2-3: Franciszkanie na ziemiach polskich [Lublin 1989], 177-195.

1954. Kapłon, Marian: Książęta śląscy a klasztor kanoników regularnych w Żaganiu w latach 1217–1439 [Die schlesischen Herzöge und das Augustiner-Chorherrenstift in Sagan 1217–1439]. In: Acta Universitatis Wratislaviensis 126. Historia 19 (1970) 133-148.

1955. Kiełbasa, Antoni: Jadwiga Śląska [Hedwig von Schlesien]. Kraków 2004 (Wielcy Ludzie Kościoła).

1956. Kloch, Bogdan: Piastowie śląscy a kościoły parafialne do schyłku XIV wieku na przykładzie związków władców opolsko-raciborskich [Die schlesischen Piasten und die Pfarrkirchen bis zum Ende des 14. Jahrhunderts am Beispiel der Herzöge von Oppeln-Ratibor]. In: Barciak, Antoni (Hg.): Piastowie śląscy w kulturze i europejskich dziejach. Katowice 2007, 101-116.

1957. Knötel, Paul: Ein Votivschild Heinrichs IV. von Breslau. In: Zeitschrift des Vereins für Geschichte Schlesiens 66 (1932) 68-72.

1958. Könighaus, Waldemar P.: Die Zisterzienserabtei Leubus in Schlesien von ihrer Gründung bis zum Ende des 15. Jahrhunderts. Wiesbaden 2004 (Quellen und Studien des Deutschen Historischen Instituts Warschau 15).

1959. Kozaczewski, Tadeusz: Fundacje klasztorne Henryka Brodatego i Henryka Pobożnego. Zagadnienie wielkości i chronologii fundacji [Klosterstiftungen Heinrichs des Bärtigen und Heinrichs des Frommen. Zur Frage der Größe und der Chronologie der Stiftungen]. In: Śląski Kwartalnik Historyczny Sobótka 28 (1973) 429-440.

1960. Lipińska, Agnieszka: Bibersteinowie i ich wpływ na życie religijne pogranicza śląsko-łużyckiego [Der Einfluß der Familie Biberstein auf das religiöse Leben im schlesisch-lausitzischen Grenzgebiet]. In: Jaworski, Tomasz (Hg.): Bibersteinowie w dziejach pogranicza śląsko-łużyckiego. Zielona Góra 2006, 135-143.

1961. Manikowska, Halina: Princeps fundator w przedlokacyjnym Wrocławiu. Od Piotra Włostowica do Henryka Brodatego [Princeps fundator in Breslau vor der Stadtgründung. Von Peter Wlast bis zu Heinrich dem Bärtigen]. In: Opaliński, Edward/Wiślicz, Tomasz (Hg.): Fundacje i fundatorzy w średniowieczu i epoce nowożytnej. Warszawa 2000, 37-57.

1962. Mendys, Michał: Udział Władysława II w krucjacie r. 1147 [Die Teilnahme Wladislaws II. am Kreuzzug von 1147]. In: Rocznik Zakładu Narodowego im. Ossolińskich 1 (1927) 399-434.

1963. Michael, E.: Die schlesische Kirche und ihr Patronat im Mittelalter unter polnischem Recht. Görlitz 1926.

1964. Mitáček, Jiří: Čeští johanité 1367–1397 – správci a diplomaté [Die böhmischen Johanniter 1367–1397 – Verwalter und Diplomaten]. In: Časopis Národního muzea. Řada historická 174 (2005) 113-135.

1965. Mitáček, Jiří: Ziemovit Těšínský – generální převor řádu johanitů a slezský kníže [Ziemowit von Teschen – Generalprior des Johanniterordens und schlesischer Fürst]. In: Sborník prací Filosofické fakulty Brněnské university 48. Řada historická C 46 (1999) 17-40.

1966. Mrozowicz, Wojciech: Z dyskusji nad początkami klasztorów w średniowiecznej historiografii śląskiej [Zur Diskussion über die Anfänge der mittelalterlichen Klöster in der schlesischen Geschichtsschreibung]. In: Rosik,

Stanisław/Wiszewski, Przemysław (Hg.): Origines mundi, gentium et civitatum. Wrocław 2001 (Acta Universitatis Wratislaviensis 2339), 171-178.

1967. Muschiol, Gisela: Zur Typologie weiblicher Heiliger vom frühen Mittelalter bis zur „Legenda maior". In: Grunewald, Eckhard/Gussone, Nikolaus (Hg.): Das Bild der heiligen Hedwig in Mittelalter und Neuzeit. München 1996, 39-54.

1968. Orzechowski, Kazimierz: Wacław Legnicki biskup wrocławski i jego „Kirchen-Recht" [Der Breslauer Bischof Wenzel von Liegnitz und sein „Kirchen-Recht"]. In: Matwijowski, Krystyn (Hg.): Ludzie Kościoła katolickiego na Ziemi Śląskiej. Zbiór studiów. Wrocław 1994 (Prace Historyczne 10), 23-31.

1969. Overath, Joseph: Sentire ecclesiam. Zum Kirchenbild des Breslauer Alumnatsspirituals Karl von Dittersdorf (1793–1851). In: Archiv für schlesische Kirchengeschichte 40 (1982) 177-189.

1970. Paschke, Hans: Die Herzöge Conrad und Ladislaus von Schlesien und der Bischofsstuhl von Bamberg. Ein Beitrag zu den Wechselbeziehungen zwischen Franken und Schlesien. In: Bericht des Historischen Vereins für die Pflege des ehemaligen Fürstbistum Bamberg 95 (1956) 209-241.

1971. Pauk, Marcin R.: „Program fundacyjny" Piastów śląskich w XIII wieku i jego środkowoeuropejskie konteksty [Das „Stiftungsprogramm" der schlesischen Piasten im 13. Jahrhundert und sein mitteleuropäischer Kontext]. In: Barciak, Antoni (Hg.): Piastowie śląscy w kulturze i europejskich dziejach. Katowice 2007, 73-100.

1972. Pobóg-Lenartowicz, Anna: Działalność fundacyjna książąt opolskich w średniowieczu [Die Stiftungstätigkeit der Oppelner Herzöge im Mittelalter]. In: Kopiec, Jan (Hg.): Milenium Kościoła na Śląsku. Opole 2000 (Uniwersytet Opolski. Wydział Teologiczny. Sympozja 38), 89-103.

1973. Prokop, Krzysztof R.: Działalność Henryka legnickiego (ok. 1350/55–1398) przed wyniesieniem na biskupstwo włocławskie [Die Tätigkeit Heinrichs von Liegnitz (um 1350/55–1398) vor der Ernennung zum Breslauer Bischof]. In: Ożóg, Krzysztof/Szczur, Stanisław (Hg.): Polska i jej sąsiedzi w późnym średniowieczu. Kraków 2000, 123-137.

1974. Rajman, Jerzy: Jarosław/Kazimierz i Woszczyce – pierwsze fundacje cysterskie w księstwie opolsko-raciborskim (koniec XII i pierwsza połowa XIII wieku) [Jaroslaw/Kasimir und Woschczytz – die ersten Zisterzienserstiftungen im Herzogtum Oppeln-Ratibor (Ende des 12. und erste Hälfte des 13. Jahrhunderts)]. In: Śląski Kwartalnik Historyczny Sobótka 53 (1998) 1-18.

1975. Rosik, Stanisław: Pius princeps. O pobożności Henryka Brodatego w tradycji wieków średnich [Zur Frömmigkeit Heinrichs des Bärtigen in der mittelalterlichen Tradition]. In: Barciak, Antoni (Hg.): Piastowie śląscy w kulturze i europejskich dziejach. Katowice 2007, 383-395.

1976. Sabisch, Alfred: Die Bischöfe von Breslau und die Reformation in Schlesien. Jakob von Salza u. Balthasar von Promnitz in ihrer glaubensmässigen und kirchenpolitischen Auseinandersetzung mit den Anhängern der Reformation.

Münster 1975 (Katholisches Leben und Kirchenreform im Zeitalter der Glaubensspaltung 35).

1977. Salamon, Maciej: Władysław Opolczyk a kraje kultury prawosławnej [Wladislaw II. von Oppeln und die orthodoxen Länder]. In: Barciak, Antoni (Hg.): Piastowie śląscy w kulturze i europejskich dziejach. Katowice 2007, 221-231.

1978. Sroka, Stanisław: Bolesław – arcybiskup ostrzyhomski (1321–1328) [Boleslaw von Tost – Erzbischof von Gran (1321–1328)]. In: Nasza Przeszłość 79 (1993) 121-147.

1979. Sroka, Stanisław A.: Herzog Ladislaus von Oppeln als ungarischer Palatin (1367–1372). In: Zeitschrift für Ostmitteleuropa-Forschung 46 (1997) 235-243.

1980. Sroka, Stanisław A.: Mecenat Piastówny cieszyńskiej Jadwigi († 1521) nad klasztorem kartuzów w Lapis Refugii na Spiszu [Das Mäzenatentum der Piastenherzogin Hedwig von Teschen († 1521) für die Kartause zu Lapis Refugii in der Zips]. In: Derwich, Marek/Pobóg-Lenartowicz, Anna (Hg.): Klasztor w społeczeństwie średniowiecznym i nowożytnym. Opole/Wrocław 1996, 395-397.

1981. Stelmach, Roman: Początki prepozytury cystersów krzeszowskich w Cieplicach [Die Anfänge der Grüssauer Zisterzienserpropstei in Warmbrunn]. In: Rocznik Jeleniogórski 34 (2002) 75-82.

1982. Szymański, Andrzej: Świątobliwa Eufemia (Ofka) raciborska – księżna i dominikanka [Die gottgefällige Euphemia (Ofka) von Ratibor – Fürstin und Dominikanerin]. In: Studia Śląskie 64 (2005) 217-230.

1983. Walter, Ewald: Bischof Preczlaus von Pogarell und die bauliche Abhängigkeit des Kleinchors des Breslauer Domes von der Marienkapelle der Krakauer Kathedrale. In: Archiv für schlesische Kirchengeschichte 31 (1973) 201.

1984. Walter, Ewald: Der Eintritt Ursulas, Tochter des Kurfürsten Albrecht Achilles von Brandenburg, in das Katharinenstift zu Breslau. In: Zeitschrift des Vereins für Geschichte Schlesiens 77 (1943) 66-74.

1985. Walter, Ewald: Der franziskanische Einfluß auf die Religiösität der heiligen Hedwig. In: Wissenschaft und Weisheit 40 (1977) 146-157.

1986. Walter, Ewald: Franziskanische Armutsbewegung in Schlesien. War die Herzogin Anna († 1265), die Schwiegertochter der hl. Hedwig, eine Terziarin des Franziskanerordens? In: Archiv für schlesische Kirchengeschichte 40 (1982) 207-221.

1987. Walter, Ewald: Zu den Anfängen des Franziskanerklosters St. Jakob und des Klarissenklosters St. Klara auf dem Breslauer Ritterplatz. In: Archiv für schlesische Kirchengeschichte 53 (1995) 225-240.

1988. Walter, Ewald: Zur Gründungsgeschichte des Breslauer Klarenstifts. In: Jahrbuch der Schlesischen Friedrich-Wilhelms-Universität zu Breslau 32 (1991) 21-28.

1989. Wąs, Gabriela: Franciszkanie w społeczeństwie Śląska w średniowieczu i dobie nowożytnej [Die Franziskaner in der mittelalterlichen und neuzeitlichen Gesellschaft Schlesiens]. In: Derwich, Marek/Pobóg-Lenartowicz, Anna (Hg.):

Klasztor w społeczeństwie średniowiecznym i nowożytnym. Opole/Wrocław 1996, 105-137.

1990. Wattenbach, Wilhelm: Zwei Synoden des Bischofs Heinrich von Würben. In: Zeitschrift des Vereins für Geschichte und Alterthum Schlesiens 4 (1862) 225-271.

1991. Winiarska-Warzecha, Magdalena: Polityka kościelna Władysława Opolczyka [Die Kirchenpolitik Wladislaws II. von Oppeln]. In: Pobóg-Lenartowicz, Anna (Hg.): Władysław Opolczyk jakiego nie znamy. Próba oceny w sześćsetlecie śmierci. Opole 2001, 85-89.

1992. Wiszewski, Przemysław: Stifterfamilie und Konvent. Soziale Wechselbeziehungen zwischen schlesischen Nonnenklöstern und Ritterfamilien im späten Mittelalter. In: Heimann, Heinz-Dieter (Hg.): Adelige Welt und familiäre Beziehung. Aspekte der „privaten Welt" des Adels in böhmischen, polnischen und deutschen Beispielen vom 14. bis zum 16. Jahrhundert. Potsdam 2000 (Quellen und Studien zur Geschichte und Kultur Brandenburg-Preußens und des Alten Reiches), 87-103.

1993. Wiszewski, Przemysław: Związki fundatorów z klasztorami żeńskimi na Śląsku (XIII–połowa XIV w.). Wybrane aspekty [Die Beziehungen der Stifter zu den Frauenklöstern in Schlesien (13. bis Mitte des 14. Jahrhunderts). Ausgewählte Aspekte]. In: Radzimiński, Andrzej/Wroniszewski, Jan (Hg.): Genealogia. Władza i społeczeństwo w Polsce średniowiecznej. Toruń 1999, 303-332.

1994. Wójcik, Marek L.: Piastowie górnośląscy a opactwo tynieckie w średniowieczu [Die oberschlesischen Piasten und die Abtei Tyniec im Mittelalter]. In: Derwich, Marek/Pobóg-Lenartowicz, Anna (Hg.): Klasztor w państwie średniowiecznym i nowożytnym. Wrocław/Opole 2005, 65-90.

1995. Wółkiewicz, Ewa: Władysław Opolczyk a duchowieństwo świeckie [Wladislaw II. von Oppeln und die Weltgeistlichkeit]. In: Pobóg-Lenartowicz, Anna (Hg.): Władysław Opolczyk jakiego nie znamy. Próba oceny w sześćsetlecie śmierci. Opole 2001, 103-113.

1996. Zbudniewek, Janusz: Fundacje Opolczyka dla paulinów [Die Stiftungen Wladislaws II. von Oppeln für die Pauliner]. In: Pobóg-Lenartowicz, Anna (Hg.): Władysław Opolczyk jakiego nie znamy. Próba oceny w sześćsetlecie śmierci. Opole 2001, 61-72.

4.8 Kirche, Konfession [Frühe Neuzeit]

1997. Bahlcke, Joachim: Zwischen Wien und Rom. Sozialer Aufstieg und kirchenpolitisches Selbstverständnis des Waitzener Bischofs Kardinal Michael Friedrich Graf von Althann (1680–1734). In: Archiv für schlesische Kirchengeschichte 55 (1997) 181-196.

1998. Baumgart, Peter: Johann Ignaz von Felbiger (1724–1788). Ein schlesischer Schulreformer der Aufklärung zwischen Preußen und Österreich. In: Jahrbuch der Schlesischen Friedrich-Wilhelms-Universität zu Breslau 31 (1990) 121-140.

1999. Baumgarten, Jens: Konfession, Bild und Macht. Visualisierung als katholisches Herrschafts- und Disziplinierungsinstrument in Rom und im habsburgischen Schlesien (1560–1740). Hamburg 2004 (Hamburger Veröffentlichungen zur Geschichte Mittel- und Osteuropas 11).

2000. Bobowski, Kazimierz: Fryderyk II, książę Śląska, pan legnicko-brzeski (1480–1547) – reformator Kościoła katolickiego i humanista [Der schlesische Herzog Friedrich II. von Liegnitz-Brieg (1480–1547) – Reformator der katholischen Kirche und Humanist]. In: Śląski Kwartalnik Historyczny Sobótka 51 (1996) 339-342.

2001. Buchmann, Paul: Friedrich, Landgraf von Hessen-Darmstadt, Malteserritter, Kardinal und Bischof von Breslau. Breslau 1883.

2002. Buchmann, Wilhelm: Herzog Johann Christian von Brieg: Ein evangelischer Fürst in der Zeit des 30jährigen Krieges. Barmen 1888 (Für Feste und Freunde des Gustav-Adolf-Vereins 91).

2003. Bunzel, Manfred/Hultsch, Gerhard: Die geschichtliche Entwicklung des evangelischen Begräbniswesens in Schlesien während des 16., 17. und 18. Jahrhunderts. Lübeck 1981.

2004. Cauer, Eduard: Die Ernennung des Grafen Schaffgotsch zum Coadjutor des Bischofs von Breslau im Jahre 1744. In: Zeitschrift des Vereins für Geschichte und Alterthum Schlesiens 4 (1862) 225-271.

2005. Conrads, Norbert: Die Rekatholisierungspolitik in Teschen und die Ambitionen des letzten Herzogs von Teschen. In: Jahrbuch für Schlesische Kirchengeschichte N.F. 76-77 (1997/98) 99-119.

2006. Conrads, Norbert: Die testamentarischen Verfügungen des Kurfürsten Franz Ludwig von Pfalz-Neuburg. In: Archiv für schlesische Kirchengeschichte 39 (1981) 97-136.

2007. Conrads, Norbert: Religionspolitische Überlegungen in Wien nach dem Heimfall der Fürstentümer Liegnitz, Brieg und Wohlau 1675. In: Hayduk, Alfons (Hg.): Schlesische Studien. München 1970, 49-56.

2008. Demel, Bernhard: Franz Ludwig von Pfalz-Neuburg als Hoch- und Deutschmeister (1694–1732) und Bischof von Breslau (1683–1732). In: Jahrbuch der Schlesischen Friedrich-Wilhelms-Universität zu Breslau 36/37 (1995/96) 93-150.

2009. Deventer, Jörg: Adelskonfessionalisierung? Überlegungen zum Rollenspiel katholischer Adelseliten im Milieu der Bikonfessionalität. In: Ammerer, Gerhard u. a. (Hg.): Bündnispartner und Konkurrenten der Landesfürsten? Die Stände in der Habsburgermonarchie. Wien/München 2007, 442-460.

2010. Dolański, Dariusz/Konopnicka, Małgorzata: Stosunki wyznaniowe na pograniczu śląsko-lubuskim w XVI–XVII wieku [Die konfessionellen Verhältnisse im Grenzgebiet Schlesiens und des Lebuser Landes im 16. und 17. Jahrhundert]. In: Rocznik Lubuski 26/2 (2000) 51-75.

2011. Eberlein, Paul Gerhard: Ketzer oder Heiliger? Caspar von Schwenckfeld, der schlesische Reformator und seine Botschaft. Metzingen/Württ. 1998 (Studien zur schlesischen und Oberlausitzer Kirchengeschichte 6).

2012. Engelbert, Kurt: Beiträge zur Geschichte des Breslauer Bischofs Kaspar von Logau (1562–1574). In: Archiv für schlesische Kirchengeschichte 10 (1952) 121-147; 11 (1953) 65-89.

2013. Engelbert, Kurt: Der Breslauer Bischof Kaspar von Logau (1562–1574) und sein Domkapitel. In: Archiv für schlesische Kirchengeschichte 7 (1949) 61-125.

2014. Engelbert, Kurt: Kaspar von Logau, Bischof von Breslau (1562–1574). Ein Beitrag zur schlesischen Reformationsgeschichte, Theil 1. Breslau 1926 (Darstellungen und Quellen zur schlesischen Geschichte 28).

2015. Engelbert, Kurt: Maßnahmen des Bischofs Kaspar von Logau (1562 bis 1574) zur Hebung des Katholizismus im Bistum Breslau. In: Archiv für schlesische Kirchengeschichte 3 (1938) 127-151; 4 (1939) 149-164.

2016. Fukala, Radek: Náboženská politika markrabě Jiřího Braniborsko-Ansbašského v Krnovském knížectví [Die Religionspolitik des Markgrafen Georg von Brandenburg-Ansbach im Fürstentum Jägerndorf]. In: Bůžek, Václav/Král, Pavel (Hg.): Aristokratické rezidence a dvory v raném novověku. České Budějovice 1999 (Opera historica 7 [1999]), 535-557.

2017. Fukala, Radek: Náboženství a protestantské školství za krnovského knížete Jiřího Friedricha [Religion und protestantisches Schulwesen unter dem Jägerndorfer Fürsten Georg Friedrich]. In: Sborník Bruntálského muzea. Bruntál (2000) 25-39.

2018. Fukala, Radek: Slezská reformace [Die schlesische Reformation]. In: Slezský sborník 98 (2000) 241-263.

2019. Göller, Andreas: Hinein ins Ghetto? Zur Judenpolitik Franz Ludwigs von Pfalz-Neuburg als Erzbischof von Trier (1716–1729). In: Hirschmann, Frank G./Mentgen, Gerd (Hg.): Campana pulsante convocati. Festschrift anläßlich der Emeritierung von Prof. Dr. Alfred Haverkamp. Trier 2005, 197-222.

2020. Grieger, Rudolf: Hans von Schweinichen als lutherischer Christ. In: Jahrbuch für Schlesische Kirchengeschichte N.F. 72 (1993) 77-107.

2021. Grünhagen, Colmar: Die Bischofswahl des Kardinals von Sinzendorf 1732. In: Zeitschrift des Vereins für Geschichte und Alterthum Schlesiens 26 (1892) 196-212.

2022. Gundermann, Iselin: Markgraf Georg der Fromme von Ansbach. In: Jahrbuch für Schlesische Kirchengeschichte N.F. 73 (1994) 205-224.

2023. Gundermann, Iselin: Markgraf Georg von Brandenburg-Ansbach und die Einführung der Reformation in Oberschlesien. In: Wünsch, Thomas (Hg.): Reformation und Gegenreformation in Oberschlesien. Die Auswirkungen auf Politik, Kunst und Kultur im ostmitteleuropäischen Kontext. Berlin 1994 (Tagungsreihe der Stiftung Haus Oberschlesien 3), 31-45.

2024. Haertler, Christian: Der Breslauer Fürstbischof Leopold Graf von Sedlnitzky (1835–1840) im Spiegel katholischer Kirchenblätter. In: Archiv für schlesische Kirchengeschichte 45 (1987) 145-185.

2025. Hampe, Otto: Zur Biographie Kaspars von Schwenckfeld. Jauer 1882 (Städtisches Evangelisches Gymnasium „Jauer". Programm 17).

2026. Harasimowicz, Jan: Funkcje katolickiego mecenatu artystycznego na Śląsku w dobie reformacji i ‚odnowy trydenckiej' Kościoła [Die Funktionen des katholischen Kunstmäzenatentums in Schlesien zur Zeit der Reformation und der ‚tridentinischen Erneuerung' der Kirche]. In: Śląski Kwartalnik Historyczny Sobótka 41 (1986) 561-581.

2027. Harasimowicz, Jan/Lipińska, Aleksandra (Hg.): Dziedzictwo reformacji w księstwie legnicko-brzeskim/Das Erbe der Reformation in den Fürstentümern Liegnitz und Brieg. Legnica 2007 (Źródła i Materiały do Dziejów Legnicy i Księstwa Legnickiego 4).

2028. Hoffmann, Franz: Caspar Schwenckfelds Leben und Lehren. Teil 1. Berlin 1897 (Wiss. Beil. zum Jahresbericht d. 1. Städt. Realschule zu Berlin 1897).

2029. Jedin, Hubert: Die Krone Böhmen und die Breslauer Bischofswahlen 1468–1732. In: Ders. (Hg.): Kirche des Glaubens – Kirche der Geschichte. Ausgewählte Aufsätze und Vorträge, Bd. 1: Kirchengeschichtsschreibung. Italien und das Papsttum. Deutschland, Abendland und Weltkirche. Freiburg/Basel/Wien 1966, 413-453.

2030. Jedin, Hubert: Originalbriefe des Bischofs Jakob v. Salza an die Päpste Clemens VII. und Paul III. betr. seine Stellung zur Reformation (1524–1536). In: Zeitschrift des Vereins für Geschichte Schlesiens 62 (1928) 82-100.

2031. Jungnitz, Joseph: Martin von Gerstmann, Bischof von Breslau. Ein Zeit- und Lebensbild aus der schlesischen Kirchengeschichte des 16. Jahrhunderts. Breslau 1898.

2032. Kaczmarek, Michał/Kiełbasa, Antoni/Swastek, Józef (Hg.): Kardynał Melchior von Diepenbrock 1798–1853. Odnowiciel życia religijnego na Śląsku [Kardinal Melchior von Diepenbrock 1798–1853. Der Erneuerer des religiösen Lebens in Schlesien]. Wrocław 2000 (Rozprawy Naukowe. Papieski Fakultet Teologiczny we Wrocławiu 27).

2033. Kadelbach, Oswald: Ausführliche Geschichte Kaspar v. Schwenkfelds und der Schwenkfelder in Schlesien, der Ober-Lausitz und Amerika, nebst ihren Glaubensschriften von 1524–1860. Lauban 1860.

2034. Klekner, Tibor/Nagy, J. Győző: A két Althann váci püspöksége 1718–1756 [Das Episkopat der beiden Althann in Waitzen 1718–1756]. Vác 1941 (Vácegyházmegye multjából 1).

2035. Kliesch, Gottfried: Bischof Balthasar von Promnitz (1539–1562), Oberlandeshauptmann von Schlesien. In: Jahrbuch der Schlesischen Friedrich-Wilhelms-Universität zu Breslau 29 (1988) 73-102.

2036. Kliesch, Gottfried: Bischof Balthasar von Promnitz (1539–1562) als Landesfürst. In: Mitteilungen des Beuthener Geschichts- und Museumsvereins 49 (1989) 33-72.

2037. Köhler, Joachim: Revision eines Bischofsbildes? Erzherzog Karl von Österreich, Bischof von Breslau (1608–1624) und Brixen (1613–1624), als Exponent der habsburgischen Hausmachtpolitik. In: Archiv für schlesische Kirchengeschichte 32 (1974) 103-126.

2038. Köhler, Joachim: Zwischen den Fronten. Anmerkungen zur Biographie der Breslauer Fürstbischöfe Sinzendorf (1732–1742) und Schaffgotsch (1747–

1795). In: Baumgart, Peter (Hg.): Kontinuität und Wandel. Schlesien zwischen Österreich und Preußen. Sigmaringen 1990 (Schlesische Forschungen 4), 273-285.

2039. König, Bruno: Die Lehensvasallen der Fürstbischöfe von Breslau. In: Zeitschrift für Geschichte und Kulturgeschichte Schlesiens 14/15 (1919/20) 167-181.

2040. Kuczer, Jarosław: Współdziałanie szlachty protestanckiej księstwa głogowskiego w obronie wyznania w XVII i na początku XVIII [Die Zusammenarbeit des protestantischen Adels im Herzogtum Glogau bei der Verteidigung des Glaubens im 17. und zu Beginn des 18. Jahrhunderts]. In: Studia Zachodnie 8 (2006) 121-136.

2041. Kumor, Johannes: Die Ämter und Würden des Breslauer Bischofs Franz Ludwig von Pfalz-Neuburg (1683–1732) im Lichte der päpstlichen Korrespondenz im Breslauer Diözesanarchiv. In: Archiv für schlesische Kirchengeschichte 41 (1983) 241-247.

2042. Kumor, Johannes: Die Subdiakonatsweihe des Breslauer Bischofs Franz Ludwig von Pfalz-Neuburg (1664–1732) im Jahre 1687 in Köln und ihre Bedeutung. In: Archiv für schlesische Kirchengeschichte 32 (1974) 127-141.

2043. Kumor, Johannes: Wolfgang Georg Franz von Pfalz-Neuburg (1659–1683) als Kandidat der Breslauer Bischofswahl im Jahre 1682. In: Archiv für schlesische Kirchengeschichte 39 (1981) 157-164.

2044. Kwaśniewski, Artur: Geneza założenia kalwaryjskiego w Wambierzycach w ziemi kłodzkiej w świetle mitologii rodowej Osterbergów [Die Entstehung der Kalvarienanlage in Albendorf im Glatzer Land im Licht der Familienmythologie der Osterberg]. In: Lubos-Kozieł, Joanna (Hg.): Pielgrzymowanie i sztuka. Góra Świętej Anny i inne miejsca pielgrzymkowe na Śląsku. Wrocław 2005, 371-384.

2045. Lambrecht, Karen: „Die nötige Erziehung in der Religion und in den bürgerlichen Pflichten" – Die katholischen Reformbemühungen Johann Ignaz von Felbigers und Karl Egon von Fürstenbergs. In: Bahlcke, Joachim/Lambrecht, Karen/Maner, Hans-Christian (Hg.): Konfessionelle Pluralität als Herausforderung. Koexistenz und Konflikt in Spätmittelalter und Früher Neuzeit. Winfried Eberhard zum 65. Geburtstag. Leipzig 2006, 575-601.

2046. Lec, Zdzisław: Biskupi wrocławscy w dobie reformacji i reformy Kościoła [Die Breslauer Bischöfe in der Zeit der Reformation und Kirchenreform]. In: Saeculum Christianum. Pismo Historyczno-Społeczne 2/1 (1995) 211-220.

2047. Lorenz, Kl[emens]: Bischof Schaffgotsch im Oppelner Exil (1763–66). In: Schlesische Geschichtsblätter. Mitteilungen des Vereins für Geschichte Schlesiens 2 (1930) 31-38.

2048. Maleczyńska, Ewa: Fryderyk II legnicki wobec lewego nurtu reformacji na Śląsku [Friedrich II. von Liegnitz und die linke Strömung der Reformation in Schlesien]. In: Dies./Maleczyński, Karol (Hg.): Studia z dziejów polskich i czechosłowackich, Bd. 1. Wrocław 1960, 225-248.

2049. McLaughlin, R. Emmet: Caspar Schwenckfeld, reluctant radical. His life to 1540. New Haven 1986 (Yale historical publications. Miscellany 134).

2050. Müller, Konrad: Markgraf Georg von Brandenburg-Ansbach-Jägerndorf. In: Jahrbuch für Schlesische Kirche und Kirchengeschichte N.F. 34 (1955) 7-30.

2051. Münch, Gotthard: Charlotte von Holstein-Sonderburg. Ein Lebensbild aus dem schlesischen Barock. Breslau 1941 (Zur schlesischen Kirchengeschichte 44).

2052. Münch, Gotthard: Charlotte von Liegnitz, Brieg und Wohlau, die Schwester des letzten Piasten. In: Archiv für schlesische Kirchengeschichte 10 (1952) 148-188; 11 (1953) 127-168; 12 (1954) 112-169; 13 (1955) 172-227.

2053. Nentwig, Heinrich: Schaffgotsch'sche Gotteshäuser und Denkmäler im Riesen- und Isergebirge. Warmbrunn 1898 (Mittheilungen aus dem Reichsgräflich Schaffgotsch'schen Archive 2).

2054. Orzechowski, Kazimierz: Franciszek Ludwik Neuburski – biskup i śląski mąż stanu [Franz Ludwig von Neuburg – Bischof und schlesischer Staatsmann]. In: Matwijowski, Krystyn (Hg.): Ludzie śląskiego Kościoła katolickiego. Wrocław 1992, 33-38.

2055. Otto, Carl: Über die Wahl Jacobs von Salza zum Bischof von Breslau und die derselben unmittelbar folgenden Ereignisse (September 1520 bis September 1521). In: Zeitschrift des Vereins für Geschichte und Alterthum Schlesiens 11 (1872) 303-327.

2056. Pater, Józef: Eliasz Daniel Sommerfeld sufragan wrocławski (1681–1742) [Der Breslauer Weihbischof Elias Daniel von Sommerfeld (1681–1742)]. In: Mandziuk, Józef/Pater, Józef (Hg.): Misericordia et veritas. Księga pamiątkowa ku czci księdza biskupa Wincentego Urbana. Wrocław 1986, 265-282.

2057. Pater, Józef: Wrocławska kapituła katedralna w XVIII wieku. Ustrój – skład osobowy – działalność [Das Breslauer Domkapitel im 18. Jahrhundert. Verfassung – Zusammensetzung – Tätigkeit]. Wrocław 1998 (Papieski Fakultet Teologiczny we Wrocławiu. Rozprawy Naukowe 23).

2058. Pękalska, Ewa: Mäzenat und gegenreformatorische Tätigkeit Georgs III. von Oppersdorff. In: Czarnecka, Mirosława (Hg.): Zur Literatur und Kultur Schlesiens in der Frühen Neuzeit aus interdisziplinärer Sicht. Wrocław 1998, 153-158.

2059. Petry, Ludwig: Das Haus Neuburg und die Ausläufer der Gegenreformation in Schlesien und der Pfalz. In: Ders. (Hg.): Dem Osten zugewandt. Gesammelte Aufsätze zur schlesischen und ostdeutschen Geschichte. Sigmaringen 1983 (Quellen und Darstellungen zur schlesischen Geschichte 22), 338-357.

2060. Petry, Ludwig: Das Meisteramt (1694–1732) in der Würdenkette Franz Ludwigs von Pfalz-Neuburg (1664–1732). Zwischenbilanz für ein Forschungsanliegen. In: Ders. (Hg.): Dem Osten zugewandt. Gesammelte Aufsätze zur schlesischen und ostdeutschen Geschichte. Sigmaringen 1983 (Quellen und Darstellungen zur schlesischen Geschichte 22), 358-369.

2061. Petry, Ludwig: Das Verhältnis der Schlesischen Piasten zur Reformation und zu den Hohenzollern. In: Schlesien. Eine Vierteljahrsschrift für Kunst, Wissenschaft und Volkskunde 21 (1976) 206-214.

2062. Petry, Ludwig: Rheinisch-schlesische Beziehungen am Beispiel der Fürstbischöfe Rudolf von Rüdesheim und Franz Ludwig von Pfalz-Neuburg. In: Ders. (Hg.): Dem Osten zugewandt. Gesammelte Aufsätze zur schlesischen und ostdeutschen Geschichte. Sigmaringen 1983 (Quellen und Darstellungen zur schlesischen Geschichte 22), 161-169.

2063. Prasek, V[incenc]: Křižovníci sv. Jana na Opavsku [Die Kreuzherren des hl. Johannes im Troppauer Gebiet]. In: 8. program českého gymnasia v Opavě. Vydán koncem školního roku 1891, Opava [1891] 3-33.

2064. Rauchbach, Sigrid: Das reformatorische Werk des Markgrafen Georg von Brandenburg (1484–1543). In: Jahrbuch des Vereines für Schlesische Kirchengeschichte 30 (1940) 8-38.

2065. Roesch, Walter: Die Geschichte der Kapelle auf der Schneekoppe im Riesengebirge und ihre Beziehungen zu dem reichsgräflichen Hause Schaffgotsch. In: Archiv für schlesische Kirchengeschichte 8 (1950) 105-116.

2066. Romberg, Winfried: Johann Ignaz von Felbiger und Kardinal Johann Heinrich von Franckenberg. Sigmaringen 1999 (Arbeiten zur schlesischen Kirchengeschichte 8).

2067. Sabisch, Alfred: Balthasar von Promnitz als Kanonikus in Breslau 1526 bis 1539. In: Zeitschrift des Vereins für Geschichte Schlesiens 70 (1936) 224-250.

2068. Sabisch, Alfred: Das Hirtenschreiben des Breslauer Bischofs Balthasar von Promnitz an den Klerus und die Weihekandidaten vom Jahre 1555, seine Veranlassung und seine Folgen. In: Archiv für schlesische Kirchengeschichte 8 (1950) 77-104.

2069. Sabisch, Alfred: Die ältesten Bischofsgräber im Breslauer Dom. Studien zur Freilegung der Grüfte im unteren Planum des Hohen Chores (November 1950 bis März 1951). In: Archiv für schlesische Kirchengeschichte 20 (1962) 126-225.

2070. Sabisch, Alfred: Zur Geschichte des Breslauer Bischofs Balthasar von Promnitz (1539–1562). Herkunft und Studiengang. In: Archiv für schlesische Kirchengeschichte 2 (1937) 101-116.

2071. Schulig, Heinrich: Geschichte des Protestantismus im Herzogthume Jägerndorf. In: Jahrbuch der Gesellschaft für die Geschichte des Protestantismus in Österreich 13 (1892) 1-27, 57-80, 196-207.

2072. Schultz, Selina Gerhard: Caspar Schwenckfeld von Ossig (1489–1561). Spiritual Interpreter of Christianity. Apostle of the Middle Way. Pioneer of Modern Religous Thought. Norristown 1946.

2073. Schwerdtfeger, Regina Elisabeth: Friedrich von Hessen-Darmstadt. Ein Beitrag zu seinem Persönlichkeitsbild anhand der Quellen im Vatikanischen Archiv. In: Archiv für schlesische Kirchengeschichte 41 (1983) 165-240.

2074. Sikorski, Marek: War der Breslauer Bischof Johannes Sitsch (1600–1608) ein Kunstmäzen? Mit 5 Abbildungen. In: Archiv für schlesische Kirchengeschichte 46 (1988) 77-89.

2075. Šmerda, Milan: Kněžna Alžběta Lukrecie a protireformace na Těšínsku (1625–1653) [Fürstin Elisabeth Lukrezia und die Gegenreformation im Teschener Gebiet (1625–1653)]. In: Těšínsko. Vlastivědný časopis 47/4 (2004) 1-10; 48/1 (2005) 1-7.

2076. Sofsky, Günter: Das Testament des Wormser Fürstbischofs Franz Ludwig von Pfalz-Neuburg. In: Archiv für mittelrheinische Kirchengeschichte 14 (1962) 467-471.

2077. Spatzier, [Johann]: Kirchenordnungen im Fürstenthum Jägerndorf. In: Notizen-Blatt der historisch-statistischen Section der kais. königl. mährisch-schlesischen Gesellschaft zur Beförderung des Ackerbaues, der Natur- und Landeskunde (1871) 59-62.

2078. Spratek, Daniel: Právní aspekty luterské reformace na Těšínsku [Die rechtlichen Aspekte der lutherischen Reformation im Teschener Gebiet]. In: Slezský sborník 102 (2004) 1-22.

2079. Sroka, Stanisław A.: Ślązacy w episkopacie węgierskim w dobie panowania Macieja Korwina [Schlesier im ungarischen Episkopat unter der Regierung des Matthias Corvinus]. In: Smołucha, Janusz u. a. (Hg.): Historia vero testis temporum. Księga jubileuszowa poświęcona Profesorowi Krzysztofowi Baczkowskiemu w 70. rocznicę urodzin. Kraków 2008, 283-294.

2080. Steller, Georg: Graf Promnitz-Sorau contra Saganer Regierung (1668–1678). Ein Beitrag zur Geschichte der Saganer Gegenreformation. In: Archiv für schlesische Kirchengeschichte 3 (1938) 172-201.

2081. Steller, Georg: Wenzel Eusebius von Lobkowitz und die Kirchenvisitation im Fürstentum Sagan vom Jahre 1670. Beiträge zur Geschichte der Gegenreformation. Breslau 1937 (Zur schlesischen Kirchengeschichte 30).

2082. Strnad, Alfred A.: Der Kampf um ein Eligibilitätsbreve. Römische Quellen zur Breslauer Bischofswahl des Kardinals Philipp Ludwig von Sinzendorf (1732). In: Archiv für schlesische Kirchengeschichte 33 (1975) 68-124.

2083. Strnad, Alfred A.: Der Kampf um ein Eligibilitätsbreve. Römische Quellen zur Breslauer Bischofswahl des Kardinals Philipp Ludwig von Sinzendorf (1732). In: Ders. (Hg.): Dynast und Kirche. Studien zum Verhältnis von Kirche und Staat im späteren Mittelalter und in der Neuzeit. Innsbruck 1997 (Innsbrucker Historische Studien 18-19), 587-630.

2084. Strnad, Alfred A.: Wahl und Informationsprozeß Erzherzog Leopold Wilhelms von Österreich, Fürstbischof von Breslau (1655–1662). Nach römischen Quellen. In: Archiv für schlesische Kirchengeschichte 26 (1968) 153-190.

2085. Szpaczyński, Przemysław: Bibersteinowie wobec Reformacji na ziemi żarskiej [Die Biberstein und die Reformation im Sorauer Land]. In: Jaworski, Krzysztof (Hg.): Bibersteinowie w dziejach pogranicza śląsko-łużyckiego. Zielona Góra 2006, 147-155.

2086. Troska, Ferdinand: Die Bewerbung des Markgrafen Johann Albrecht von Brandenburg um den Breslauer Bischofssitz im Jahre 1520 und 1521. In: Zeitschrift des Vereins für Geschichte und Alterthum Schlesiens 29 (1895) 1-34.

2087. Velsen, Dorothee: Die Gegenreformation in den Fürstentümern Liegnitz-Brieg-Wohlau: Ihre Vorgeschichte u. ihre staatsrechtlichen Grundlagen. Leipzig 1931 (Quellen und Forschungen zur Reformationsgeschichte 15).

2088. Wachler, Albrecht: Leben und Wirken Caspar Schwenckfelds von Ossig während seines Aufenthaltes in Schlesien 1490–1528. In: Schlesische Provinzialblätter 97 (1833) 119-130, 209-221, 301-310, 381-389, 477-483, 98 (1833) 16-24, 118-127.

2089. Wagner, Romuald: Beiträge zur Geschichte des Breslauer Bischofs Johannes von Sitsch. (1600–1608). In: Archiv für schlesische Kirchengeschichte 4 (1939) 209-221.

2090. Wąs, Gabriela: Kaspar von Schwenckfeld. Myśl i działalność do 1534 roku [Caspar von Schwenckfeld. Ideologie und Tätigkeit bis 1534]. Wrocław 2005 (Acta Universitatis Wratislaviensis 2660. Historia 169).

2091. Wąs, Gabriela: Kaspar von Schwenckfeld. Reformator i myśliciel religijny [Caspar von Schwenckfeld. Reformator und religiöser Denker]. In: Hałub, Marek/Mańko-Matysiak, Anna (Hg.): Śląska Republika Uczonych – Schlesische Gelehrtenrepublik – Slezská Vědecká Obec, Bd. 2. Wrocław 2006, 28-52.

2092. Wąs, Gabriela: Zarys historii recepcji myśli Kaspra von Schwenckfelda (1489–1561) [Abriß der Rezeptionsgeschichte der Gedankenwelt Caspar von Schwenckfelds (1489–1561)]. In: Śląski Kwartalnik Historyczny Sobótka 57 (2002) 141-154.

2093. Webersinn, Gerhard: Der Schlesier Jakob Ernst Julius Reichsgraf von Liechtenstein, Fürsterzbischof von Salzburg 1745–1747. In: Archiv für schlesische Kirchengeschichte 31 (1973) 113-133.

2094. Wehrmann, Martin: Johann Herzog von Oppeln als Bischof von Camin. In: Zeitschrift des Vereins für Geschichte und Alterthum Schlesiens 31 (1897) 225-230.

2095. Weigelt, Horst: Die Emigration der Schwenckfelder aus Schlesien nach Pennsylvanien. Gründe, Verlauf und Bedeutung. In: Jahrbuch für Schlesische Kirchengeschichte N.F. 64 (1985) 108-126.

2096. Weigelt, Horst: Spiritualistische Tradition im Protestantismus. Die Geschichte des Schwenckfeldertums in Schlesien. Berlin 1973 (Arbeiten zur Kirchengeschichte 43).

2097. Weigelt, Horst: Von Schlesien nach Amerika. Die Geschichte des Schwenckfeldertums. Köln/Weimar/Wien 2007 (Neue Forschungen zur Schlesischen Geschichte 14).

2098. Wrabec, Jan: Kościół dworski w Cieszkowie. Fundator i architekt – architektura i jej funkcja [Die Hofkirche zu Freyhan. Stifter und Baumeister – Architektur und ihre Funktion]. In: Świechowski, Zygmunt (Hg.): Z dziejów sztuki śląskiej. Warszawa 1978, 303-334.

2099. Wutke, Konrad: Die Bewerbung der Brieger Herzöge um die Dompropstei und den erzbischöflichen Stuhl von Magdeburg. In: Zeitschrift des Vereins für Geschichte und Alterthum Schlesiens 32 (1898) 105-156.

2100. Wutke, Konrad: Die Bewerbung der Brieger Herzöge um die Magdeburger Dompropstei. In: Zeitschrift des Vereins für Geschichte und Alterthum Schlesiens 30 (1896) 99-127.

2101. Zanters, Dagmar: Franz Ludwig von Pfalz-Neuburg. Erzbischof und Kurfürst von Trier (1716–1729). In: Kurtrierisches Jahrbuch 38 (1998) 75-98.

2102. Zukal, Josef: Aktenstücke zur katholischen Gegenreformation im Fürstentume Jägerndorf. In: Zeitschrift für Geschichte und Kulturgeschichte Österreichisch-Schlesiens 5 (1909/10) 49-62.

2103. Zukal, Josef: Die Einführung der Reformation in Troppau. In: Zeitschrift für Geschichte und Kulturgeschichte Österreichisch-Schlesiens 2 (1906/07) 163-190.

4.8 Kirche, Konfession [Neuzeit-Zeitgeschichte]

2104. [Anonym]: Der Verein katholischer Edelleute in Schlesien. In: Deutsches Adelsblatt. Zeitschrift der Deutschen Adelsgenossenschaft für die Aufgaben des christlichen Adels 11 (1893) 532; 12 (1894) 532; 13 (1895) 472f.

2105. [Anonym]: Der Verein der schlesischen Malteserritter. In: Deutsches Adelsblatt. Zeitschrift der Deutschen Adelsgenossenschaft für die Aufgaben des christlichen Adels 13 (1895) 488; 37 (1919) 81-83.

2106. [Anonym]: Die Generalversammlung der schlesischen Malteser-Ritter (in Breslau am 27.6.1893 mit Tätigkeitsbericht). In: Deutsches Adelsblatt. Zeitschrift der Deutschen Adelsgenossenschaft für die Aufgaben des christlichen Adels 11 (1893) 531f.

2107. [Anonym]: Eine bedenkliche Rede (des Grafen v. Strachwitz auf der Generalversammlung des Vereins kathol. Edelleute Schlesiens des Jahres 1895). In: Deutsches Adelsblatt. Zeitschrift der Deutschen Adelsgenossenschaft für die Aufgaben des christlichen Adels 13 (1895) 484f.

2108. [Anonym]: Noch einmal die Rede des Grafen v. Strachwitz. In: Deutsches Adelsblatt. Zeitschrift der Deutschen Adelsgenossenschaft für die Aufgaben des christlichen Adels 13 (1895) 500-502.

2109. [Anonym]: 100 Jahre Vereinigung Katholischer Edelleute Schlesiens. In: Deutsches Adelsblatt. Mitteilungsblatt der Vereinigung der Deutschen Adelsverbände 28 (1989) 187.

2110. [Anonym]: 100 Jahre Vereinigung Katholischer Edelleute Schlesiens 1890–1990. Hg. v. der Vereinigung Katholischer Edelleute Schlesiens. Limburg (Lahn) 1993.

2111. Holzhey, Andreas: Maximilian Graf von Lüttichau und die Kirchengemeinde Niesky. In: Meyer, Dietrich (Hg.): Erinnertes Erbe. Beiträge zur schlesischen Kirchengeschichte. Festschrift für Christian Erdmann-Schott. Mainz 2002 (Studien zur schlesischen und Oberlausitzer Kirchengeschichte 8), 344-351.

2112. Jungnitz, Joseph: Die Beziehungen des Kardinals Melchior von Diepenbrock zu König Friedrich Wilhelm IV. Breslau 1903.

2113. Jungnitz, Joseph: Die Breslauer Weihbischöfe. Breslau 1914.

2114. Kiełbasa, Antoni: Die Restauration der Orden unter Bischof Melchior von Diepenbrock (1845–1853). In: Archiv für schlesische Kirchengeschichte 59 (2001) 247-270.

2115. Knapíková, Jaromíra: Děkan olomoucké metropolitní kapituly Robert hrabě

Lichnovský [Der Dechant des Olmützer Metropolitankapitels Graf Robert Lichnowsky]. In: Střední Morava 12 (2001) 4-16.

2116. Kölbing, Rudolf: Leopold Graf Sedlnitzky, ein zur evangelischen Kirche übergetretener Fürstbischof von Breslau nach seiner selbstverf. Lebensbeschreibung dargest. Barmen [ca. 1892] (Für die Feste und Freunde des Gustav-Adolf-Vereins 138).

2117. Krzywon, Ernst Josef: Joseph von Eichendorff (1788–1857) in seinen Wechselbeziehungen zum Diözesanklerus des Bistums Breslau. In: Köhler, Joachim/ Bendel, Rainer (Hg.): Geschichte des christlichen Lebens im schlesischen Raum, Bd. 2. Münster 2002 (Religions- und Kulturgeschichte in Ostmittel- und Südosteuropa 1,2), 731-756.

2118. Laaf, Brigitte: Der soziale Einsatz der katholischen Kirche zur Zeit des Breslauer Fürstbischofs Kardinal Melchior von Diepenbrock (1845–1853). In: Archiv für schlesische Kirchengeschichte 39 (1981) 137-155.

2119. Leichsenring, Jana: Gabriele Gräfin Magnis. Sonderbeauftragte Kardinal Bertrams für die Betreuung der katholischen „Nichtarier" Oberschlesiens. Auftrag – Grenzüberschreitung – Widerstand? Stuttgart 2000 (Arbeiten zur schlesischen Kirchengeschichte 9).

2120. Lob, Brigitte: Albert Schmitt O.S.B., Abt in Grüssau und Wimpfen. Sein kirchenpolitisches Handeln in der Weimarer Republik und im Dritten Reich. Köln/Weimar/Wien 2000 (Forschungen und Quellen zur Kirchen- und Kulturgeschichte Ostdeutschlands 31).

2121. Mai, Paul: Melchior Kardinal von Diepenbrock. Zur 200. Wiederkehr seines Geburtstages. In: Archiv für schlesische Kirchengeschichte 56 (1998) 123-148.

2122. Maser, Peter: Hans Ernst von Kottwitz. Studien zur Erweckungsbewegung des frühen 19. Jahrhunderts in Schlesien und Berlin. Göttingen 1990 (Kirche im Osten 21).

2123. Neubach, Helmut: Die geheime Mission des schlesischen Grafen Franz von Ballestrem in Rom 1886: Ein Beitrag zur Biographie des Breslauer Bischofs Georg Kopp. In: Archiv für schlesische Kirchengeschichte 58 (2000) 279-319.

2124. Neubach, Helmut: Die Schloßkapläne des Reichstagspräsidenten Franz Graf v. Ballestrem. Ein Beitrag zur Geschichte der Geistlichkeit, des Adels und des Nationalitätenproblems in Oberschlesien (1885–1910). In: Meyer, Dietrich (Hg.): Erinnertes Erbe. Beiträge zur schlesischen Kirchengeschichte. Festschrift für Christian-Erdmann Schott. Mainz 2002 (Studien zur schlesischen und Oberlausitzer Kirchengeschichte 8), 270-288.

2125. R., F. Fr. von: Carl Freiherr von Richthofen, früher Domherr in Breslau. Ein Lebensbild aus den kirchlichen Kämpfen der Gegenwart. Nach handschriftlichem Nachlaß und mütterlicher Erinnerung. Leipzig 1877.

2126. Radler, Aleksander: Amor Fidei Perfectio. Die Heilsordnung als geistige Grundstruktur in der Frömmigkeit Eva von Tiele-Wincklers. In: Pietismus und Neuzeit 17 (1991) 134-155.

2127. Rautenberg, Gustav: Wichern und der schlesische Adel. In: Jahrbuch für Schlesische Kirche und Kirchengeschichte N.F. 33 (1954) 91-102.

2128. Rok, Bogdan: Św. Jadwiga w polskim piśmiennictwie religijnym czasów nowożytnych [Die hl. Hedwig im polnischen religiösen Schrifttum der Neuzeit]. In: Kaczmarek, Michał/Wójcik, Marek L. (Hg.): Księga Jadwiżańska. Wrocław 1995, 251-260.

2129. Rzega, Henryk: Religijność Josepha von Eichendorffa [1788-1857] w okresie dzieciństwa i wczesnej młodości [Die Religiosität Joseph von Eichendorffs (1788-1857) in seiner Kindheit und Jugend]. In: Neuberg, Jan/Staniszewski, Grzegorz (Hg.): Z dziejów ziemi raciborskiej. Miejsca – Ludzie – Problemy. Racibórz 2003, 99-103.

2130. Ślęzak, Władysława: Joanna i Hans Ulryk Schaffgotschowie jako fundatorzy kościołów w okolicy Bytomia [Johanna und Hans Ulrich Schaffgotsch als Kirchenstifter in der Umgebung von Beuthen]. Bytom 1992.

2131. Theiner, Augustin: Der Cardinal Johann Heinrich Graf von Franckenberg, Erzbischof von Mecheln, Primas von Belgien, und sein Kampf für die Freiheit der Kirche und die bischöflichen Seminarien unter Joseph II. Freiburg/Br. 1850.

2132. Urban, Wincenty: Leopold hrabia Sedlnicki książę biskup wrocławski 1836–1840 na tle dziejów Kościoła na Śląsku w pierwszej połowie XIX wieku [Leopold Graf Sedlnicky als Breslauer Fürstbischof 1836–1840 vor dem Hintergrund der schlesischen Kirchengeschichte in der ersten Hälfte des 19. Jahrhunderts]. Warszawa 1955 (Studia Historico Ecclesiastica 10).

2133. Wycisło, Janusz: „Czerwony faroż" w obronie demokracji [Der „Rote Pfarrer" als Verteidiger der Demokratie]. In: Z Tej Ziemi. Śląski Kalendarz Katolicki na rok 2003 [2002] 173-181.

2134. W., B.: Warum ist Graf Leopold Sedlnitzky Fürstbischof von Breslau zur evangelischen Kirche übergetreten? Ein Gedenkblatt zu seinem hundertjährigen Geburtstag (29. Juli 1886). Breslau 1887.

4.9 Bildung und Wissenschaft [Allgemein]

2135. Mašek, Petr/Turková, Helga: Zámecké, hradní a palácové knihovny v Čechách, na Moravě a ve Slezsku. K výstavě 50 let oddělení zámeckých knihoven Knihovny Národního muzea 1954–2004. Muzeum knihy Žďár nad Sázavou květen-říjen 2004 [Die Schloß-, Burg- und Palastbibliotheken in Böhmen, Mähren und Schlesien. Zur Ausstellung „50 Jahre der Abteilung der Schloßbibliotheken der Bibliothek des Nationalmuseums 1954-2004". Das Buchmuseum Žďár nad Sázavou, Mai–Oktober 2004]. Praha 2004.

2136. Hudeček, Jiří/Hanák, František: Historie přírodovědných aktivit v aristokratických kruzích na severovýchodní Moravě a ve Slezsku se zřetelem k zoologii [Die Geschichte der naturwissenschaftlichen Aktivitäten in den aristokratischen Kreisen in Nordmähren und Schlesien mit Rücksicht auf die Zoologie]. In: Vlastivědný věstník moravský 53 (2001) 61-64.

2137. Nave, Georg: Die Reichsgräflich Schaffgotsch'schen Sammlungen in Bad Warmbrunn. Bad Warmbrunn 1928.

4.9 Bildung und Wissenschaft [Mittelalter]

2138. Czechowicz, Bogusław: Książęcy mecenat artystyczny na Śląsku u schyłku średniowiecza [Das fürstliche Kunstmäzenatentum in Schlesien am Ende des Mittelalters]. Warszawa 2005.

2139. Henschel, A. G. E. v.: Die Wunderheilung der hl. Hedwig in Schlesien. In: Janus. Central-Magazin für Geschichte u. Litterärgeschichte d. Medicin, ärztl. Biographik, Epidemiographik, medicinische Geographie und Statistik 2 (1853) 177-192.

2140. Schulte, Lambert: Vermischte Mitteilungen. 2. Die Abfindung des Breslauer Bischofs Wenzel, Herzogs von Liegnitz (1417). In: Zeitschrift des Vereins für Geschichte Schlesiens 45 (1911) 347f.

2141. Wolański, Andrzej: Minnesang piastowskich książąt wrocławskich [Der Minnesang der Breslauer Piastenherzöge]. In: Tomaszewski, Mieczysław (Hg.): Pieśń polska – rekonesans. Odrębności i pokrewieństwa, inspiracje, echa. Studia. Kraków 2002, 303-312.

2142. Wutke, Konrad: Studien zur älteren schlesischen Geschichte. 6. Zur Geschichte des Herzogs Konrad IV. Senior von Öls, Bischofs von Breslau. In: Zeitschrift des Vereins für Geschichte Schlesiens 44 (1910) 248-252.

2143. Żerelik, Rościsław: Kultura rękopiśmienna na śląskich dworach rycerskich w średniowieczu [Die handschriftliche Kultur an den schlesischen Ritterhöfen des Mittelalters]. In: Wachowski, Krzysztof (Hg.): Kultura średniowiecznego Śląska i Czech. Zamek. Wrocław 1996 (Kultura średniowiecznego Śląska i Czech. Międzynarodowe Sympozjum 2), 27-31.

2144. Żerelik, Rościsław: Pisarze rycerzy i mieszczan śląskich (do połowy XIV wieku) [Die Schreiber der schlesischen Ritter und Bürger (bis zur Mitte des 14. Jahrhunderts)]. In: Bobowski, Kazimierz (Hg.): Monastycyzm. Słowiańszczyzna i państwo polskie. Wrocław 1994, 163-171.

4.9 Bildung und Wissenschaft [Frühe Neuzeit]

2145. [Anonym]: Adliche Erziehung in Schlesien in der letzten Hälfte des sechzehnten Jahrhunderts. In: Schlesische Provinzialblätter 8/9 (1788) 201-215.

2146. [Anonym]: Noch eine an Ketten geschmiedete Bibliothek in Schlesien. In: Schlesische Provinzialblätter. Litterarische Beilage 4 (1804) 97-101.

2147. Absmeier, Christine: Herzog Georg II. von Brieg – ein Bild von einem Mäzen. Funktion und Nutzen frühneuzeitlichen Bildungsmäzenatentums am Beispiel eines schlesischen Renaissancefürsten. In: Flöter, Jonas/Ritzi, Christian (Hg.): Bildungsmäzenatentum. Privates Handeln – Bürgersinn – kulturelle Kompetenz seit der Frühen Neuzeit. Köln/Weimar/Wien 2007, 107-123.

2148. Bahlcke, Joachim: Joachim vom Berge (1526–1602). Ein europäischer Gelehrter und Amtsträger aus dem schlesisch-sächsisch-brandenburgischen Kulturbereich. In: Jahrbuch für brandenburgische Landesgeschichte 48 (1997) 69-86.

2149. Bahlcke, Joachim: Späthumanismus und Landespatriotismus in Schlesien. Zum Leben und Werk des Herrndorfer Juristen Joachim vom Berge (1526–1602). In: Acta historica et museologica Universitatis Silesianae Opaviensis (Sborník k 10. výročí ÚHM) 5 (2000) 214-232.

2150. Bakala, Jaroslav: Poznámka o zámecké knihovně v Dolních Životicích z r. 1790 [Glosse über die Schloßbibliothek in Schönstein aus dem J. 1790]. In: Časopis Slezského muzea. Acta Musei Silesiae, Series B: Historia 7 (1958) 114-117.

2151. Bardong, Otto: Die Breslauer an der Universität Frankfurt (Oder). Ein Beitrag zur schlesischen Bildungsgeschichte 1648–1811. Würzburg 1970 (Quellen und Darstellungen zur schlesischen Geschichte 14).

2152. Baszczyn, Elżbieta/Humeńczuk, Grażyna/Wojtasik, Łucja Teresa: Akademia Rycerska w Legnicy. Katalog wystawy [Die Ritterakademie zu Liegnitz. Ausstellungskatalog]. Legnica 1981.

2153. Bauch, Gustav: Hieronymus Gürtler von Wildenberg. Der Begründer der Goldberger Particularschule. In: Zeitschrift des Vereins für Geschichte und Alterthum Schlesiens 29 (1895) 159-196.

2154. Bauch, Gustav: Der humanistische Dichter Georg von Logau. In: 73. Jahresbericht der Schlesischen Gesellschaft für vaterländische Cultur 3 (1896) 5-33.

2155. Białek, Edward/Mrozowicz, Wojciech: Die Bildungsreisen der Schlesier in die Niederlande im Spiegel der Stammbucheintragungen (Ein Beitrag zur Erforschung der schlesisch-niederländischen Kulturbeziehungen im 17. Jh.). In: Acta Universitatis Wratislaviensis 942. Neerlandica Wratislaviensia 3 (1986 [1987]) 199-217.

2156. Catalano, Alessandro: L'educatione del Principe: Ferdinand August Leopold von Lobkowitz e il suo primo viaggio in Italia. In: Porta Bohemica. Sborník historických prací 2 (2003) 104-27.

2157. Conrads, Norbert: Bildungswege zwischen Schlesien und Wien. Ein historischer Überblick vom Mittelalter bis zur Aufklärung. In: Archiv für schlesische Kirchengeschichte 50 (1992) 169-204.

2158. Conrads, Norbert: Das Incognito. Standesreisen ohne Konventionen. In: Babel, Rainer/Paravicini, Werner (Hg.): Grand Tour. Adeliges Reisen und europäische Kultur vom 14. bis zum 18. Jahrhundert. Stuttgart 2005 (Beihefte der Francia 60), 591-607.

2159. Conrads, Norbert: Eine vornehme Rivalin der Breslauer Leopoldina: Die Ritterakademie Liegnitz vor 300 Jahren. In: Silesia nova. Vierteljahresschrift für Kultur und Geschichte 5/2 (2008) 19-27.

2160. Conrads, Norbert: Gründung und Bedeutung der Ritterakademie Liegnitz in habsburgischer Zeit 1708–1740. In: Ders.: Schlesien in der Frühmoderne. Zur politischen und geistigen Kultur eines habsburgischen Landes. Hg. v. Joachim Bahlcke. Köln/Weimar/Wien 2009 (Neue Forschungen zur Schlesischen Geschichte 16), 269-290.

2161. Conrads, Norbert: Historie und Jus publicum an der Landschaftsakademie in Wien. Ein Beitrag zum Leben des Historikers und Juristen Gottfried Ferdinand von Buckisch und Löwenfels (1641–1698). In: Adriányi, Gabriel/Gott-schalk, Josef (Hg.): Festschrift für Bernhard Stasiewski. Beiträge zur ostdeut-schen und osteuropäischen Kirchengeschichte. Köln 1975, 120-136.

2162. Conrads, Norbert: Neue Quellen zur Vorgeschichte der Jesuitenuniversität Breslau. In: Zeitschrift für Ostforschung 37 (1988) 376-416.

2163. Conrads, Norbert: Ritterakademien der Frühen Neuzeit. Bildung als Standes-privileg im 16. und 17. Jahrhundert. Göttingen 1982 (Schriftenreihe der Hi-storischen Kommission bei der Bayerischen Akademie der Wissenschaften 21).

2164. Conrads, Norbert: Tradition und Modernität im adligen Bildungsprogramm der Frühen Neuzeit. In: Schulze, Winfried (Hg.): Ständische Gesellschaft und soziale Mobilität. München 1988 (Schriften des Historischen Kollegs. Kollo-quien 12), 389-403.

2165. Čuprová, Ludmila: Jihoslovenica, sorabica a rumunica v moravských a slezských knihovnách v 17. a 18. století [Die Südslavica, Sorabica und Ru-munica in den mährischen und schlesischen Bibliotheken im 17. und 18. Jahrhundert]. In: Časopis Matice moravské 90 (1971) 36-62.

2166. Čuprová, Ludmila: Literatura o Polsku v knihovnách na Moravě a v opavsko-krnovském knížectví v 17. a 18. století [Die Literatura über Polen in den Bi-bliotheken in Mähren und im Fürstentum Troppau-Jägerndorf im 17. und 18. Jahrhundert]. In: Slezský sborník 66 (1968) 379-402.

2167. Čuprová, Ludmila: Rusika v moravských a opavsko-krnovských knihovnách v 17. a 18. století [Die Russika in den mährischen und Troppau-Jägerndorfern Bibliotheken des 17. und 18. Jahrhunderts]. In: Časopis Matice moravské 89 (1970) 27-45.

2168. Čuprová, Ludmila: Znalost hornouherské a dolnouherské literatury na Mo-ravě a ve Slezsku v 17. a 18. století [Die Kenntnis der oberungarischen und niederungarischen Literatur in Mähren und Schlesien im 17. und 18. Jahr-hundert]. In: Časopis Matice moravské 92 (1973) 105-158.

2169. Czechowicz, Bogusław: Czytelnictwo i kolekcjonerstwo duchowieństwa i szlachty Hrabstwa Kłodzkiego w XVII i XVIII wieku w świetle inwentarzy z Gorzanowa i Nowej Rudy [Die Lese- und Sammeltätigkeit von Geistlich-keit und Adel in der Grafschaft Glatz des 17. und 18. Jahrhunderts im Licht der Bestandsverzeichnisse aus Grafenort und Neurode]. In: Kladský sborník 7 (2006) 241-246.

2170. Drozd, Józef: Biblioteka Podiebradów oleśnickich w świetle inwentarza z 1818 r. [Die Bibliothek der Oelser Podiebrad im Licht des Bestandsver-zeichnisses von 1818]. In: Acta Universitatis Wratislaviensis 126. Historia 19 (1970) 189-205.

2171. Dudík, Beda: Karl von Žerotins böhmische Bibliothek zu Breslau. Prag 1877.

2172. Dudík, Beda: Über die Bibliothek Karl's von Žerotin in Breslau. In: Zprávy o zasedání Královské české společnosti nauk v Praze 1877 [1878] 210-267.

2173. Dynak, Władysław (Hg.): Biblioteka łańcuchowa [Die Kettenbibliothek]. Oleśnica 2003 (Zapiski Oleśnickie 3).

2174. Dziurla, Henryk: Józefińska królewska Akademia Rycerska w Legnicy. Z badań nad jej założeniem i budową [Die Königliche Josephinische Ritterakademie in Liegnitz. Forschungen zu Gründung und Bau]. In: Szkice Legnickie 11 (1985) 159-180.

2175. Gawlik, Stanisław: Działalność oświatowa i pedagogiczna Piastów brzeskich [Die pädagogische und Bildungstätigkeit der Brieger Piasten]. In: Szkice Brzeskie 2 (1985).

2176. Gerlic, Henryk: Górnośląska młodzież rycerska w Gimnazjum cysterskim w Rudach [Die oberschlesische Ritterjugend im Zisterziensergymnasium in Groß Rauden]. In: Rocznik Muzeum w Gliwicach 11/12 (1997) 145-195.

2177. Gottschalk, Joseph: Der Bayer Johann Michael Sailer († 1832) und seine Beziehungen zu evangelischen Schlesiern. In: Zeitschrift für Ostforschung 21 (1972) 247-263.

2178. Hähnel, G[eorg]: Zur Geschichte der Schloßkirche und des kirchlichen Lebens im Herzogtum und in der Gemeinde Oels. Oels 1910.

2179. Harasimowicz, Jan: Akademia Rycerska [Die Ritterakademie]. In: Ders. (Hg.): Kultura artystyczna dawnej Legnicy. Opole 1991, 74-82.

2180. Harrach, Wichard von: Der Stifter des Schlesischen Konvikts zu Halle. Zum 200. Geburtstag des Grafen Carl P. von Harrach am 16.11.1795. In: Jahrbuch für Schlesische Kirchengeschichte N.F. 74 (1995) 209-238.

2181. Igálffy-Igáli, Ludwig [Ludwig Igálffy von Igály]: Ritterakademien und Ritterlichkeit. Bildungsinstitutionen im Spannungsfeld der Politik. In: Jahresbericht des Öffentlichen Gymnasiums der Stiftung „Theresianische Akademie" in Wien 1986/87 [1987] 15-28.

2182. Indra, Bohumír: Škola fulneckého kláštera a Jan Skrbenský z Hřiště [Die Schule des Fulneker Klosters und Johann Skrbenský von Hříště]. In: Slezský sborník 46 (1948) 60-62.

2183. Iwanek, Marian: Biblioteka Schaffgotschów w Cieplicach Śl. Zdroju [Die Schaffgotsch-Bibliothek in Bad Warmbrunn]. In: Rocznik Jeleniogórski 24 (1986) 43-57.

2184. Kašparová, Jaroslava: K dvěma českým renesančním vazbám konce 16. a počátku 17. století z knihovny Johanna Matthäuse Wackera z Wackenfelsu [Zu zwei Renaissanceeinbänden vom Ende des 16. und Beginn des 17. Jahrhunderts aus der Bibliothek des Johann Matthäus Wacker von Wackenfels]. In: Minulostí Západočeského kraje 37 (2002) 235-248.

2185. Kaumann, Friedrich Wilhelm: Versuch einer Geschichte der Königlichen Ritterakademie zu Liegnitz. Erste Abtheilung. Liegnitz 1829.

2186. Keil, Gundolf: Der „Freywillig aufgesprungene Granatapfel" der Eleonora Maria Rosalia, Herzogin von Troppau und Jägerndorf. In: Kosellek, Gerhard (Hg.): Die oberschlesische Literaturlandschaft im 17. Jahrhundert. Bielefeld 2001 (Tagungsreihe der Stiftung Haus Oberschlesien 11), 443-485.

2187. Klopsch, Christian David: Geschichte des berühmten Schönaichischen Gymnasiums zu Beuthen an der Oder, aus den Urkunden des Fürstlich-Carolatischen Archivs und den besten darüber vorhandenen Schriften gesammelt. Groß-Glogau 1818.

2188. Koch, Ernst: Böhmische Edelleute auf dem Görlitzer Gymnasium und Rektor Dornavius. In: Neues Lausitzisches Magazin 93 (1917) 1-48.

2189. Kolbuszewska, Aniela/Kurzeja, Zdzisław: Akademia Rycerska w Legnicy [Die Ritterakademie zu Liegnitz]. Legnica 1993.

2190. Konietzny, Theophil: Die Schloßbücherei von Oberglogau. In: Schlesische Geschichtsblätter. Mitteilungen des Vereins für Geschichte Schlesiens 3 (1937) 86-91.

2191. Kotek, Vladislav: Zbytky knihovny Johanna Matthäuse Wackera z Wackenfelsu (1550–1619) [Die Reste der Bibliothek des Johann Wacker von Wackenfels (1550–1619)]. In: Miscellanea oddělení rukopisů a starých tisků Národní knihovna České republiky 14 [1997 (1999)] 78-96.

2192. Lenz, Rudolf: Zur Restaurierung der Kettenbuch-Bibliothek in der Schloßkirche zu Oels. In: Orbis Linguarum 14 (1999) 159-176.

2193. Luchs, Hermann: Originalnotiz des Breslauer Bischofs Johann V. Turzo. In: Zeitschrift des Vereins für Geschichte und Alterthum Schlesiens 4 (1862) 395.

2194. Madurowicz-Urbańska, Helena: Feliks Łoyko – wychowanek Akademii Rycerskiej w Legnicy [Feliks Łoyko – ein Schüler der Liegnitzer Ritterakademie]. In: Szkice Legnickie 8 (1974) 19-44.

2195. Mainka, Peter: Die Erziehung der adligen Jugend in Brandenburg-Preußen. Curriculare Anweisungen Karl Abrahams von Zedlitz und Leipe für die Ritterakademie zu Liegnitz. Eine archivalische Studie zur Bildungsgeschichte der Aufklärungszeit. Würzburg/Karlstadt (Main) 1997 (Wissenschaftliche Schriften des Vereins für Geschichte Schlesiens 3).

2196. Marx, Julius: Die Amtslaufbahn des Grafen Sedlnický bis 1817. In: Jahrbuch für Landeskunde von Niederösterreich 27 (1938) 189-207.

2197. Marx, Julius: Die Amtslaufbahn des Grafen Sedlnický bis 1817. (Ein neuer Beitrag.). In: Jahrbuch für Landeskunde von Niederösterreich 32 (1955/56) 181-191.

2198. Mašitová, Petra: František Josef, hrabě z Hodic – barokní intelektuál, alchymista a milovník umění ze zámku v Melči [Franz Josef Graf von Hoditz – ein Barockintellektueller, Alchemist und Kunstfreund aus dem Schloß in Meltsch]. In: Časopis Národního muzea. Řada historická 174 (2005) 191-203.

2199. Mrass, Peter: Georg III. von Oppersdorff und seine politisch-religiös-kulturellen Maßnahmen in Oberglogau. In: Kosellek, Gerhard (Hg.): Die oberschlesische Literaturlandschaft im 17. Jahrhundert. Bielefeld 2001 (Tagungsreihe der Stiftung Haus Oberschlesien 11), 487-502.

2200. Myška, Milan: Rudoltická knihovna hr. Alberta Josefa Hodice [Die Roßwalder Bibliothek des Grafen Albert Joseph Hoditz]. In: Sborník prací Filozofické fakulty Ostravské univerzity. Acta Facultatis Philosophicae Universitatis Ostraviensis 193. Litterarum studia 4 (2000) 69-76.

2201. Pietrzak, Ewa: Das Brieger Gymnasium und seine Rektoren in den Jahren 1604–1633. In: Germanica Wratislaviensia 88 (1989) 29-46.

2202. Pfotenhauer, Paul: Ein Unterrichtsplan für schlesische Prinzen von 1601. In: Zeitschrift des Vereins für Geschichte und Alterthum Schlesiens 21 (1887) 388-394.

2203. Rethwisch, Conrad: Der Staatsminister Frh. v. Zedlitz und Preußens höheres Schulwesen im Zeitalter Friedrichs des Großen. Berlin 1881.

2204. Rothkegel, Martin: Georg von Logaus Versuch der Einrichtung einer katholischen Druckerei in Breslau (1548). In: Archiv für schlesische Kirchengeschichte 60 (2002) 211-214.

2205. Sachs, Michael: Das sogenannte Arzneibuch der Eleonora Maria Rosalia, Herzogin von Troppau und Jägerndorf: eine unter dem Titel „Freywillig aufgesprungener Granat-Apffel" erstmals 1695 erschienene Rezeptsammlung der Fürstin Eleonora Maria Rosalia von Eggenberg (1647–1703), geb. Fürstin von Lichtenstein, Herzogin von Jägerndorf und Troppau. In: Würzburger medizinhistorische Mitteilungen 14 (1996) 45-62.

2206. Sachs, Rainer: Die „Flora Silesiaca" des Heinrich Gottfried Graf von Matuschka. Eine Quelle zur Landes- und Kulturgeschichte Schlesiens im 18. Jahrhundert. In: Jahrbuch der Schlesischen Friedrich-Wilhelms-Universität zu Breslau 22 (1981) 92-115.

2207. Samocka-Lipińska, Marta: Inwentarz księgozbioru dawnej biblioteki ewangelickiego kościoła zamkowego obecnie kościoła parafialnego pw. św. Jana Ewangelisty w Oleśnicy [Das Bücherverzeichnis der ehemaligen Bibliothek der evangelischen Schloßkirche und jetzigen St. Johannes-Pfarrkirche in Oels]. Wrocław 2001 (Acta Universitatis Wratislaviensis 2247. Bibliothecalia Wratislaviensia).

2208. Schenner, F.: Zierotins Bibliothek in Breslau. In: Zeitschrift des Deutschen Vereines für die Geschichte Mährens und Schlesiens 5 (1901) 393-398.

2209. Schönthür, Rudolf: Schlesier an der Universität Helmstedt. In: Ostdeutsche Familienkunde 9/1 (1961) 300-336.

2210. Schönwälder, Karl Friedrich/Guttmann, J. J.: Geschichte des Königlichen Gymnasiums zu Brieg. Zur 300jährigen Jubelfeier. Breslau 1869.

2211. Schulz, Hans: Stammbücher eines schlesischen Fürsten und eines Breslauer Bürgers. In: Zeitschrift des Vereins für Geschichte und Alterthum Schlesiens 33 (1899) 307-320.

2212. Šefčík, Erich: Alchymistické práce Michala Sendivoje v tovačovské sbírce tisků [Alchimistische Werke Michael Sendivojs in der Tobitschauer Sammlung der Drucke]. In: Časopis Slezského muzea. Acta Musei Silesiae, Series B: Vědy historické 27 (1978) 88-90.

2213. Šembera, A[lois] V[ojtěch]: Bibliotéka a podobizna Karla z Žerotína ve Vratislavi [Die Bibliothek und das Bildnis Karl von Žerotíns in Breslau]. In: Časopis Musea Království českého 49 (1875) 214f.

2214. Šípek, Richard: Několik slov k někdejší javorské zámecké knihovně Otty mladšího z Nostic [Ein paar Worte zur ehemaligen Schloßbibliothek Ottos des Jüngeren von Nostitz in Jauer]. In: Miscellanea oddělení rukopisů a starých tisků Národní knihovny České republiky 18 (2003/04) 164-192.

2215. Šípek, Richard: Pozůstalostní inventář Otty mladšího z Nostic [Das Nach-laßinventar Ottos des Jüngeren von Nostitz]. In: Radimská, Jitka (Hg.): Vita morsque et librorum historia. K výzkumu zámeckých, měšťanských a cír-kevních knihoven. České Budějovice 2006 (Opera romana 9), 361-376.

2216. Stanzel, Josef: Die Schulaufsicht im Reformwerk des Johann Ignaz von Fel-biger (1724–1788). Schule, Kirche und Staat in Recht und Praxis des aufge-klärten Absolutismus. Paderborn 1976 (Rechts- und staatswissenschaftliche Veröffentlichungen der Görres-Gesellschaft N.F. 18).

2217. Svátek, Josef: Katalog členů slezského národa studujících v l. 1588–1741 na Germaniku v Římě [Katalog der Mitglieder der schlesischen Nation, die in den Jahren 1588–1741 auf dem Germanicum in Rom studierten]. In: Vla-stivědný věstník moravský 9 (1954) 129-132.

2218. Szafarz, Jolanta: Hans von Schweinichens Polenreise. In: Honsza, Norbert (Hg.): Studien zur Literatur- und Sprachwissenschaft. Wrocław 1995 (Acta Universitatis Wratislaviensis 1604. Germanica Wratislaviensia 107), 59-64.

2219. Szelong, Krzysztof: Podróże edukacyjne szlachty cieszyńskiej (do końca XVII w.). Motywy, kierunki, konsekwencje [Die Bildungsreisen des Teschener Adels (bis zum Ende des 17. Jahrhunderts). Motive, Reiseziele und Folgen]. In: Spy-ra, Janusz (Hg.): Książka, biblioteka, szkoła w kulturze Śląska Cieszyńskiego. Cieszyn 2001, 59-115.

2220. Tiggesbäumker, Günter: Die fürstliche Bibliothek in Corvey. Das Lebenswerk des August Heinrich von Fallersleben. Höxter 2002 (Kultur im Kreis Höxter 4).

2221. Walter, Rudolf: Der Reisebericht des Subpriors von Strachwitz, Kloster Rau-den, zum Generalkapitel in Cîteaux im Jahr 1699. In: Unverricht, Hubert (Hg.): Beiträge zur Musikgeschichte Ostmittel-, Ost- und Südosteuropas. Sinzig 1999, 83-95.

2222. Walther, Ludwig: Bildungsreise und Stammbuch des Schlesiers Wolfgang von Rechenberg zu Pürschkau und die Tübinger Adelsakademie im frühen 17. Jahrhundert. In: Zeitschrift für württembergische Landesgeschichte 67 (2008) 63-127.

2223. Wattenbach, Wilhelm: Johann von Wentzky, Dechant zu Brieg. In: Zeitschrift des Vereins für Geschichte und Alterthum Schlesiens 4 (1862) 378-383.

2224. Wattenbach, Wilhelm: Studienplan des Herzogs Hans Georg von Brieg. In: Zeitschrift des Vereins für Geschichte und Alterthum Schlesiens 4 (1862) 387-390.

2225. Wendt, Georg: Geschichte der Königlichen Ritter-Akademie zu Liegnitz, Bd. 1: 1708–1840. Liegnitz 1893.

2226. Wijaczka, Jacek: Podróż śląskiego szlachcica na studia do Królewca w 1719 roku [Die Reise eines schlesischen Adeligen zum Studium nach Königsberg im Jahr 1719]. In: Mikulski, Krzystof/Zieliński-Nowicki, Agnieszka (Hg.): Między zachodem a wschodem. Etniczne, kulturowe i religijne pogranicza Rzeczpospolitej w XVI–XVII wieku. Toruń 2006, 278-287.

2227. Wollgast, Siegfried: Zum Schönaichianum in Beuthen an der Oder. In: Jahr-buch der Schlesischen Friedrich-Wilhelms-Universität zu Breslau 35 (1994) 63-103.

2228. Wünsch, Thomas: „Bildungswege" und Konfession. Oberschlesier auf den Universitäten Europas zwischen ausgehendem Mittelalter und dem Abschluß der Gegenreformation. In: Ders. (Hg.): Reformation und Gegenreformation in Oberschlesien. Die Auswirkungen auf Politik, Kunst und Kultur im ost-mitteleuropäischen Kontext. Berlin 1994 (Tagungsreihe der Stiftung Haus Oberschlesien 3), 69-97.

2229. Zientara, Włodzimierz: Schlesier im 17. und Anfang des 18. Jahrhunderts auf Polenreise. In: Jahrbuch der Schlesischen Friedrich-Wilhelms-Universität zu Breslau 42-44 (2001/03) 113-128.

2230. Zonta, Claudia: Schlesische Studenten an italienischen Universitäten. Eine prosopographische Studie zur frühneuzeitlichen Bildungsgeschichte. Köln/Weimar/Wien 2004 (Neue Forschungen zur Schlesischen Geschichte 10).

4.9 Bildung und Wissenschaft [Neuzeit-Zeitgeschichte]

2231. Antczak, Jacek: Bohema studenckiej enklawy [Die Bohème der studentischen Enklave]. In: Kalendarz Wrocławski 43 (2002) 294-300.

2232. Čáda, František: Rukopisné svazky v zámecké knihovně na Hradci u Opavy [Handschriften in der Schloßbibliothek in Grätz]. In: Slezský sborník 53 (1955) 283-292.

2233. Köhler, Willibald: Im Dienste Eichendorffs in Neisse. Augsburg 1966.

2234. Orlík, Josef: Počátky Gymnasijního muzea v Opavě [Die Anfänge des Gymnasialen Museums in Troppau]. In: 150 let Slezského muzea. Ostrava 1964, 19-38.

2235. Polišenský, Josef: Společenské předpoklady vzniku opavského muzea [Die gesellschaftlichen Voraussetzungen der Entstehung des Troppauer Museums]. In: 150 let Slezského muzea. Ostrava 1964, 9-18.

2236. Šefčík, E[rich]: Der Naturwissenschaftler Franz Mückusch von Buchberg (1749–1873) und die Anfänge des Museumswesens in Troppau-Opava. In: Adler. Zeitschrift für Genealogie und Heraldik 16/5 (1992) 138-141.

2237. Šípek, Richard: Pražská majorátní knihovna hrabat z Nostic a Rienecka [Die Prager Majoratsbibliothek der Grafen von Nostitz und Rieneck]. In: Zprávy památkové péče 65 (2005) 28-33.

4.10 Elitenkultur/Hofkultur/geistige Kultur (Theater, Zeremoniell usw.) [Mittelalter]

2238. Adamska-Heś, Dagmara: Wokół problematyki tumby nagrobnej Bolka II w Krzeszowie [Zur Frage des Sarkophags Bolkos II. in Grüssau]. In: Goliński, Mateusz (Hg.): Viae historicae. Księga jubileuszowa dedykowana Profesorowi Lechowi A. Tyszkiewiczowi w siedemdziesiątą rocznicę urodzin. Wrocław 2001 (Acta Universitatis Wratislaviensis 2306. Historia 152), 321-330.

2239. Buśko, Cezary: Nurt dworski w ikonografii kafli śląskich [Die höfische Strömung in der Ikonographie schlesischer Kacheln]. In: Wachowski, Krzysztof (Hg.): Kultura średniowiecznego Śląska i Czech. Zamek/Wrocław 1996 (Kultura średniowiecznego Śląska i Czech. Międzynarodowe Sympozjum 2), 51-60.

2240. Cetwiński, Marek: Bolezlaus (II Rogatka) fatuorum opera exercuit. Z dziejów poczucia humoru średniowiecznych Ślązaków [Boleslaw (II. der Kahle) fatuorum opera exercuit. Zur Geschichte des schlesischen Humors im Mittelalter]. In: Goliński, Mateusz/Rosik, Stanisław (Hg.): Viae historicae. Księga jubileuszowa dedykowana Profesorowi Lechowi A. Tyszkiewiczowi w siedemdziesiątą rocznicę urodzin. Wrocław 2001 (Acta Universitatis Wratislaviensis 2306. Historia 152), 288-299.

2241. Czechowicz, Bogusław: Fundacje artystyczne Przemysława Toszeckiego (1445–1484). Przyczynek do dziejów mecenatu artystycznego książąt śląskich u schyłku średniowiecza [Die Kunststiftungen Przemislaws von Tost (1445–1484). Ein Beitrag zur Geschichte des Kunstmäzenatentums schlesischer Fürsten am Ende des Mittelalters]. In: Rocznik Muzeum w Gliwicach 18 (2003) 149-162.

2242. Doroszewska, Anna: Otoczenie Henryka Brodatego i Jadwigi jako środowisko społeczne [Das Umfeld Heinrichs des Bärtigen und Hedwigs als gesellschaftliches Milieu]. Warszawa 1978 (Prace Instytutu Historycznego Uniwersytetu Warszawskiego 7).

2243. Frontczyk, Marian: Władysław Opolczyk, fundator obrazu częstochowskiego [Wladislaw II. von Oppeln, der Stifter des Marienbildes von Tschenstochau]. In: Nasza Przeszłość 52 (1979) 91-106.

2244. Grunewald, Eckhard: Kam Ritter Lancelot bis zur Oder? Die schlesischen Herzöge des 13./14. Jahrhunderts als Dichter und Mäzene. In: Hałub, Marek/Stucke, Frank (Hg.): Germanistischer Brückenschlag im deutsch-polnischen Dialog, Bd. 4: Kulturwissenschaft. Wrocław/Dresden 2006, 71-80.

2245. Jurek, Tomasz: Rotacja elity dworskiej na Śląsku w XII–XIV w. [Die Rotation der Hofelite in Schlesien vom 12. bis 14. Jahrhundert]. In: Radzimiński, Andrzej/Wroniszewski, Jan (Hg.): Genealogia. Władza i społeczeństwo w Polsce średniowiecznej. Toruń 1999, 7-27.

2246. Jurek, Tomasz/Rzepiela, Michał: Lubiąskie epitafium księcia Henryka Głogowskiego. Nowo odkryty zabytek poezji łacińskiej z początku XIV wieku [Das Leubuser Epitaphium Herzog Heinrichs von Glogau. Ein neuentdecktes Denkmal der lateinischen Dichtung vom Anfang des 14. Jahrhunderts]. In: Roczniki Historyczne 71 (2005) 185-199.

2247. Kruse, Holger (Hg.): Ritterorden und Adelsgesellschaften im spätmittelalterlichen Deutschland. Ein systematisches Verzeichnis. Frankfurt a. Main/Bern/New York 1991 (Kieler Werkstücke, Reihe D: Beiträge zur europäischen Geschichte des späten Mittelalters 1).

2248. Młynarska-Kaletynowa, Marta: W sprawie początków dworu książęcego w Leśnicy [Zu den Anfängen des Fürstenhofs in Deutsch Lissa]. In: Goliński, Mateusz (Hg.): Viae historicae. Księga jubileuszowa dedykowana Profesorowi Lechowi A. Tyszkiewiczowi w siedemdziesiątą rocznicę urodzin. Wrocław 2001 (Acta Universitatis Wratislaviensis 2306. Historia 152), 277-282.

2249. Oelsner, Ludwig/Roepell, Richard: Der Hof Heinrichs V. von Breslau. Berichtigung zu Klose, Von Breslau I, 578. In: Zeitschrift des Vereins für Geschichte und Alterthum Schlesiens 1 (1856) 145-149.

2250. Pobóg-Lenartowicz, Anna: Mecenat artystyczny Piastów opolskich w średniowieczu [Das Kunstmäzenatentum der Oppelner Piasten im Mittelalter]. In: Barciak, Antoni (Hg.): Piastowie śląscy w kulturze i europejskich dziejach. Katowice 2007, 50-65.

2251. Świechowski, Zygmunt: Fundacje Piotra Włostowica [Die Stiftungen Peter Wlasts]. In: Rozpędowski, Jerzy (Hg.): Architektura Wrocławia, Bd. 3: Świątynia. Wrocław 1997, 9-21.

2252. Szafrański, Franciszek: Stosunki kulturalne dworu brzesko-legnickiego w pierwszej połowie XV wieku [Die kulturellen Verhältnisse am Brieg-Liegnitzer Hof in der ersten Hälfte des 15. Jahrhunderts]. In: Śląski Kwartalnik Historyczny Sobótka 26/3 (1971) 265-275.

2253. Wółkiewicz, Ewa: Pinguis pastor, oves macre. W kwestii organizacji dworu biskupa wrocławskiego Jodoka z Rožmberka (1456–1467) [Pinguis pastor, oves macre. Zur Hoforganisation des Breslauer Bischofs Jobst von Rosenberg (1456–1467)]. In: Dvořáčková-Malá, Dana/Zelenka, Jan (Hg.): Dvory a rezidence ve středověku II. Skladba a kultura dvorské společnosti. Praha 2008 (Mediaevalia Historica Bohemica. Supplementum 2), 363-385.

2254. Zdrenka, Joachim: Etos rycerski a Bibersteinowie śląsko-łużyccy w XIV–XV wieku [Das ritterliche Ethos und die schlesisch-lausitzischen Biberstein im 14. und 15. Jahrhundert]. In: Peltz, Wojciech/Dudek, Jarosław (Hg.): Etos rycerski w Europie Środkowej i Wschodniej od X do XV wieku. Zielona Góra 1997, 97-105.

4.10 Elitenkultur/Hofkultur/geistige Kultur (Theater, Zeremoniell usw.) [Frühe Neuzeit]

2255. [Anonym]: Sitten des Schlesischen Hofadels zu den Zeiten K. Maximilian II. und Rudolph II. In: Schlesische Provinzialblätter 9/1 (1789) 2-20; 9/6 (1789) 492-514.

2256. [Anonym]: Sitten des Schlesischen Hofadels unter K. Rudolph II. In: Schlesische Provinzialblätter 10/7 (1789) 34-58; 10/10 (1789) 293-316.

2257. [Anonym]: Sitten des Schlesischen Hofadels unter K. Rudolphs II. Regierung. In: Schlesische Provinzialblätter 10 (1789) 485-509; 11 (1790) 114-141, 399-424; 12 (1790) 240-252, 300-327.

2258. [Anonym]: Aus dem Hofleben des XVI. Jahrhunderts. Ein kulturhistorischer Beitrag. In: Deutsches Adelsblatt. Zeitschrift der Deutschen Adelsgenossenschaft für die Aufgaben des christlichen Adels 5 (1887) 534f., 550-552, 566-568.

2259. Behr, Hans-Joachim: Landesherren als Minnesänger. Zur Lieddichtung Markgraf Ottos IV. von Brandenburg (mit dem Pfeil), Herzog Heinrichs IV. von

Breslau und König Wenzels II. von Böhmen. In: Jahrbuch der Oswald von Wolkenstein Gesellschaft 6 (1990/91) 85-92.

2260. Boras, Zygmunt: Śląski książę renesansu i jego hulaszczy żywot [Ein schlesischer Renaissancefürst und sein ausschweifendes Leben]. Katowice 1985 (Śląskie Epizody Historyczne).

2261. Boženek, Karel: Předchůdci operních orchestrů v bývalém Rakouském Slezsku [Die Vorgänger der Opernorchester im ehemaligen Österreichisch-Schlesien]. In: Acta historica et museologica Universitatis Silesianae Opaviensis 6 (2003) 223-235.

2262. Braun, Edmund Wilhelm: Ein Maskenfest zu Troppau im Jahre 1724. In: Zeitschrift für Geschichte und Kulturgeschichte Österreichisch-Schlesiens 7 (1912) 271-274.

2263. Burzec, Anna: Rola Piastów legnicko-brzeskich w rozwoju kultury na Śląsku [Die Rolle der Piasten von Liegnitz-Brieg in der kulturellen Entwicklung Schlesiens]. In: Maleczyńska, Ewa (Hg.): Z dziejów postępowej ideologii na Ślasku w. XIV–XVI. Warszawa 1956, 188-225.

2264. Campanini, B.: Auszug aus der von der Frau Gräfin Campanini errichteten Stiftung. In: Schlesische Provinzialblätter 12 (1790) 240-252, 300-327.

2265. Czechowicz, Bogusław: Ostatnia gotycka modernizacja zamku w Legnicy. Przyczynek do badań mecenatu artystycznego księcia Fryderyka II [Die letzte gotische Erneuerung des Liegnitzer Schlosses. Ein Beitrag zur Erforschung des Kunstmäzenatentums Herzog Friedrichs II.]. In: Szkice Legnickie 26 (2005) 51-64.

2266. Fukala, Radek: Život na krnovském zámku za vlády hohenzollernských knížat (1523–1621) [Das Leben auf dem Jägerndorfer Schloß unter den Fürsten von Hohenzollern (1523–1621)]. In: Kokojanová, Michaela (Hg.): Měšťané, šlechta a duchovenstvo v rezidenčních městech raného novověku (16.–18. století). Prostějov 1997, 135-148.

2267. Godebski, Xawery (Hg.): Pamiętniki Hansa Szlązaka z XVI wieku [Die Tagebücher des Schlesiers Hans (von Schweinichen) aus dem 16. Jahrhundert]. Paryż 1847.

2268. Grundmann, Günther: Pałac w Moszy i hrabiowska rodzina von Tiele-Wincklerów [Das Schloß in Moschen und die gräfliche Familie von Tiele-Winckler]. In: Zeszyty Edukacji Kulturalnej/Hefte für Kultur und Bildung 40 (2003) 90-103.

2269. Hultsch, Paul: Das denkwürdige Tagebuch des schlesischen Ritters Hans von Schweinichen. In: Schlesien 7 (1962) 166f.

2270. Kaczmarek-Löw, Klara: Działalność Fryderyka II legnicko-brzeskiego na polu mecenatu artystycznego i kulturalnego – stan i perspektywy badań [Das Kunst- und Kulturmäzenatentum Friedrichs II. von Liegnitz-Brieg – Forschungsstand und Perspektiven]. In: Dąbrowski, Stanisław (Hg.): Tradycje nauki legnickiej. Legnica 2007, 80-88.

2271. Karger, Viktor: Jezdecké ex libris Hynka Běrky z Nasile [Das Reiter-Exlibris Hynkos Běrka von Násilé]. In: Časopis Slezského muzea. Acta Musei Silesiae, Series B: Historia 6/2 (1957) 98f.

2272. Karger, V[iktor]: Eine schlesische Duellaffäre aus dem Jahre 1669. In: Zeitschrift für Geschichte und Kulturgeschichte Österreichisch-Schlesiens 13 (1918) 133-137.

2273. Krebs, Julius: Ein Prinzenbesuch am Hofe der Brieger Piasten (1618–1621). In: Zeitschrift des Vereins für Geschichte und Alterthum Schlesiens 14 (1878) 431-450.

2274. Kruczek, Jan/Włodarska, Teresa: Życie dworskie w Pszczynie (1765–1848) [Das Hofleben in Pleß (1765–1848)]. 2. Aufl. Pszczyna 2003.

2275. Morr, Josef: Aus der Illuminatio Oppaviae des Karl Ferdinand v. Schertz. In: Zeitschrift für Geschichte und Kulturgeschichte Schlesiens 19 (1926/29) 75-81.

2276. Müller-Prem, Fritz: Das Musikleben am Hofe der Herzöge von Württemberg in Carlsruhe in Oberschlesien. Carl Maria v. Weber als herzogl. Musikintendant und Herzog Eugen als Componist. Diss. [Masch.] Breslau 1922.

2277. Oszczanowski, Piotr: Śląskie castra doloris cesarza Leopolda I. Przyczynek do ikonografii władcy i gloryfikacji panującego [Die schlesischen castra doloris Kaiser Leopolds I. Ein Beitrag zur Ikonographie und Glorifizierung des Herrschers]. In: Czechowicz, Bogusław/Dobrzyniecki, Arkadiusz (Hg.): O sztuce sepulkralnej na Śląsku. Wrocław 1997, 105-146.

2278. Radler, Leonhard: Das letzte Ritterturnier in Schlesien auf Burg Fürstenstein am 19. August 1800. In: Jahrbuch der Schlesischen Friedrich-Wilhelms-Universität zu Breslau 21 (1980) 163-170.

2279. Richtsteig, Eberhard: Ungehobene Schätze der Piastenbücherei zu Brieg. In: Zeitschrift des Vereins für Geschichte Schlesiens 76 (1942) 55-62.

2280. Riemen, Alfred: Adelsleben und Zeitgeschehen. Beobachtungen Eichendorffs zur napoleonischen Zeit. In: Aurora. Jahrbuch der Eichendorff-Gesellschaft 59 (1998) 69-88.

2281. Seiler, Karl Günther: Samuel von Butschky und die höfische Geisteshaltung. Ein Beitrag zur höfischen Kultur der Barockzeit in Schlesien. Breslau 1937 (Sprache und Kultur der germanischen und romanischen Völker. B: Germanistische Reihe 22).

2282. Slavíček, Lubomír: Dvě podoby barokního šlechtického sběratelství 17. století v Čechách – Sbírky Otty Nostice ml. (1608–1665) a Františka Antonína Berky z Dubé (1649–1706) [Zwei Arten der barocken adeligen Sammellust im 17. Jahrhundert in Böhmen – die Sammlungen Ottos des Jüngeren von Nostitz (1608–1665) und Franz Anton Berka von Duba (1649–1706)]. In: Bůžek, Václav (Hg.): Život na dvorech barokní šlechty. České Budějovice 1996 (Opera historica 5), 483-513.

2283. Śliwowska, Anna: Uroczyste wjazdy monarsze do Wrocławia w latach 1527–1620 [Feierliche Herrschereinzüge in Breslau in den Jahren 1527–1620]. Wrocław 2008 (Biblioteka dawnego Wrocławia 2).

2284. Svátek, Josef: Hudba a divadlo na zámcích Slezské Rudoltice a Velké Hoštice [Musik und Theater auf den Schlössern Roßwald und Groß Hoschütz]. In: Studie Muzea Kroměřížska 91 (1991) 48-50.

2285. Więcek, Adam: Ezechiel Paritus – nadworny malarz Piastów śląskich [Ezechiel Paritus – der Hofmaler der schlesischen Piasten]. In: Biuletyn Historii Sztuki 24 (1962) 410-416.

4.10 Elitenkultur/Hofkultur/geistige Kultur (Theater, Zeremoniell usw.) [Neuzeit]

2286. Boženek, Karel: Ferenc Liszt a jeho vztahy k zámku Hradci nad Moravicí ve světle písemných pramenů [Franz Liszt und seine Beziehungen zu Schloß Grätz im Lichte der schriftlichen Quellen]. In: Československo-maďarské vztahy v hudbě. Ostrava 1981, 141-144.
2287. Knapíková, Jaromíra: Robert hrabě Lichnovský a střelecké bratrstvo sv. Huberta ve Slezsku [Robert Graf Lichnowsky und die Schießbruderschaft des hl. Hubertus in Schlesien]. In: Acta historica et museologica Universitatis Silesianae Opaviensis 6 (2003) 240-251.
2288. Konietzny, Th[eophil]: Beethoven in Oberglogau. In: Der Oberschlesier 7 (1925) 142-145.
2289. Linke, Otto: Königin Luise in Fürstenstein. In: Schlesische Geschichtsblätter. Mitteilungen des Vereins für Geschichte Schlesiens 2 (1908) 30-33.
2290. Malz-Rosik, Joanna: Die schlesische Episode August Heinrich Hofmanns von Fallersleben. In: Mrozowicz, Wojciech/Zygner, Leszek (Hg.): Niedersachsen – Niederschlesien. Der Weg beider in die Geschichte. Göttingen/Wrocław 2005, 115-126.
2291. Mikovec, F[erdinand] B[řetislav]: Vojtěch Josef hrabě Hodic, moravský podivín [Albert Joseph Graf Hoditz, ein mährischer Sonderling]. In: Lumír. Belletristický týdenník 2 (1852) 232-236.
2292. Racek, Jan: Beethoven auf Schloß Grätz (Hradec) bei Troppau (Opava) in den Jahren 1806 und 1811. Ein Beitrag zur Frage Beethoven und die böhmischen Länder. In: Sitzungsberichte der Österreichischen Akademie der Wissenschaften. Philosophisch-Historische Klasse 271 (1971) 215-235.
2293. Racek, Jan: Beethoven na zámku Hradci [Beethoven auf Schloß Grätz]. In: Hradec. Slezské kulturní středisko. Státní zámek a památky okolí. Praha 1962, 31.
2294. Scholtis, August: Beethovens treuester Freund mußte Geduld haben: Karl Fürst Lichnowsky. In: Hayduk, Alfons (Hg.): Große Schlesier. Geistestaten, Lebensfahrten, Abenteuer. München 1958, 87.
2295. Settari, Olga: Haugwitzovská hudební kultura na zámku Nový Světlov na Moravě v 19. století [Die Haugwitz'sche Musikkultur auf Schloß Neu Swietlau in Mähren im 19. Jahrhundert]. In: Studie Muzea Kroměřížska 91 (1991) 41-45.

4.11 Alltag/Sachkultur [Allgemein]

2296. Bischoff, Friedrich: Schloß Lubowitz. In: Aurora. Jahrbuch der Eichendorff-Gesellschaft 15 (1955) 30-40.

2297. Brunner, Otto: Adeliges Landleben und europäischer Geist. Leben und Werk Wolf Helmhards von Hohberg, 1612–1688. Salzburg 1949.

2298. Dobkiewiczowa, Kornelia: Szkarłatny rycerz. Podania i opowieści o zamkach śląskich [Der scharlachrote Ritter. Sagen und Erzählungen über schlesische Burgen]. Katowice 1990.

2299. Doerr, August von: Die legitimirten Nachkommen der letzten Herzoge von Teschen aus Piastischem Geblüt. In: Jahrbuch der Heraldischen Gesellschaft „Adler" in Wien N.F. 18 (1908) 243-247.

2300. Doerr, August von: Die legitimierten Nachkommen der letzten Herzoge von Teschen aus Piastischem Geblüt. In: Zeitschrift für Geschichte und Kulturgeschichte Österreichisch-Schlesiens 10 (1915) 1-6.

2301. Markgraf, Hermann: Vermischte Mittheilungen. 3. Der Grabstein der Herzogin Salome von Münsterberg in Heiligenkreuz. In: Zeitschrift des Vereins für Geschichte und Alterthum Schlesiens 23 (1889) 318.

2302. Nentwig, Heinrich: Der gräflich Schaffgotsch'sche Orden der Ritter und Damen von der alten Hacke. Warmbrunn 1908 (Mittheilungen aus dem Reichsgräflich Schaffgotsch'schen Archive 4).

2303. Schukraft, Harald: Die Grablegen des Hauses Württemberg. Stuttgart 1989.

2304. Świderska, Urszula: Miłość dworna w średniowiecznej Polsce [Die Hofliebe im mittelalterlichen Polen]. In: Peltz, Wojciech/Dudek, Jarosław (Hg.): Etos rycerski w Europie Środkowej i Wschodniej od X do XV wieku. Zielona Góra 1997, 35-43.

2305. Zajączkowski, Andrzej: Szlachta polska. Kultura i struktura [Der polnische Adel. Kultur und Struktur]. Warszawa 1993.

2306. Zdrenka, Joachim: Pomniki nagrobne Bibersteinów w kościele dziekańskim we Frydlancie i ich inskrypcje [Die Bibersteiner Grabdenkmäler in der Dekanatskirche zu Friedland und ihre Inschriften]. In: Jaworski, Tomasz (Hg.): Bibersteinowie w dziejach pogranicza śląsko-łużyckiego. Zielona Góra 2006, 169-186.

4.11 Alltag/Sachkultur [Mittelalter]

2307. Frankiewicz, Edward: Grobowce i płyty nagrobne Piastów Opolskich [Die Grabmäler und -tafeln der Oppelner Piasten]. In: Zaranie Śląskie. Kwartalnik Regionalny 20 (1957) 90-95.

2308. Gardavský, Zdeněk: Známe skutečnou podobu slezských hradů? (Úvaha nad hradem Fulštejnem) [Kennen wir das wirkliche Gesicht der schlesischen Burgen? (Eine Überlegung zur Burg Füllstein)]. In: Slezský sborník 61 (1963) 285-292.

2309. Goliński, Mateusz: Służba rycerska a potencjał militarny księstw śląskich w późnym średniowieczu, I: Księstwo nysko-otmuchowskie [Der Ritterdienst und die militärische Stärke der schlesischen Herzogtümer im Spätmittelalter, 1: Das Fürstentum Neisse-Ottmachau]. In: Śląski Kwartalnik Historyczny Sobótka 53 (1998) 33-67.

2310. Goliński, Mateusz: Służba rycerska a potencjał militarny księstw śląskich w późnym średniowieczu, II: Księstwo wrocławskie na tle innych ziem dziedzicznych Korony Czeskiej [Der Ritterdienst und die militärische Stärke der schlesischen Herzogtümer im Spätmittelalter, 2: Das Herzogtum Breslau vor dem Hintergrund anderer Erbländer der Böhmischen Krone]. In: Śląski Kwartalnik Historyczny Sobótka 53 (1998) 519-545.

2311. Goliński, Mateusz: Służba rycerska a potencjał militarny księstw śląskich w późnym średniowieczu. III. Uwagi ogólne [Der Ritterdienst und die militärische Stärke der schlesischen Herzogtümer im Spätmittelalter, 3: Allgemeine Bemerkungen]. In: Śląski Kwartalnik Historyczny Sobótka 54 (1999) 1-17.

2312. Gottschalk, Joseph: Erinnerungsstücke aus dem Nachlaß der hl. Hedwig? Mit zwei Abbildungen. In: Archiv für schlesische Kirchengeschichte 29 (1971) 214-222.

2313. Ławrynowicz, Olgierd: Pas rycerski na Śląsku i w Małopolsce w wiekach średnich. Studium ikonograficzne [Der Rittergürtel im mittelalterlichen Schlesien und Kleinpolen. Eine ikonographische Studie]. In: Kwartalnik Historii Kultury Materialnej 53 (2005) 3-15.

2314. Małecka, Monika: Uzbrojenie rycerskie według śląskich pieczęci pieszych w średniowieczu [Die Bewaffnung der Ritter auf schlesischen Fußsiegeln im Mittelalter]. In: Sborník prací Filozofické fakulty Ostravské univerzity 226. Historica 13 (2006) 173-186.

2315. Panic, Idzi: Trasy podróży i stacje książęce Władysława Opolskiego (1246–1281/1282) [Reisewege und Stationen Herzog Wladislaws von Oppeln (1246–1281/1282)]. In: Sborník prací Filozofické fakulty Ostravské univerzity. Acta Facultatis Philosophicae Universitas Ostraviensis 182. Historie-Historica 7 (1999) 5-15.

2316. Piech, Zenon: Strój, insygnia i atrybuty książąt piastowskich do końca XIV w. [Kleidung, Insignien und andere Merkmale der Piastenherzöge bis zum Ende des 14. Jahrhunderts]. In: Kwartalnik Historii Kultury Materialnej 38/1-2 (1990) 3-35; 38/3-4 (1990) 199-222.

2317. Piwowarczyk, Dariusz: Odys z Wrocławia [Der Odysseus aus Breslau (Nikolaus von Popplau)]. In: Mówią wieki 9 (2006) 37-41.

2318. Porwoł, Paweł: Dawny kościół Dominikanek w Raciborzu pw. Świętego Ducha – Nekropolia książąt raciborskich [Die ehemalige Heilig-Geist-Kirche der Dominikanerinnen zu Ratibor – Begräbnisstätte der Herzöge von Ratibor]. In: Wroński, Marek (Hg.): Architektura i sztuka sakralna na Górnym Śląsku IV. XIII Tarnogórska Sesja Naukowa. Miasteczko Śląskie 2002, 67-79.

2319. Radzikowski, Piotr: Wrocławski podróżnik Niklas von Popplau i jego pielgrzymka po Europie [Der Breslauer Reisende Nikolaus von Popplau und seine

Pilgerfahrt durch Europa]. In: Wiesiołowski, Jacek/Kowalski, Jacek (Hg.): Ziemia Święta w rzeczywistości i legendzie średniowiecza. Materiały XVI Seminarium Mediewistycznego. Poznań 1996 (Poznańskie Towarzystwo Przyjaciół Nauk. Wydział Nauk o Sztuce. Prace Komisji Historii Sztuki 24), 81-87.

2320. Wawrzonowska, Zdzisława: Uzbrojenie i ubiór rycerski Piastów śląskich od XII do XIV wieku [Die Bewaffnung und Ritterkleidung der schlesischen Piasten vom 12. bis zum 14. Jahrhundert]. Łódź/Wrocław 1976 (Acta Archaeologica Lodziensia 25).

2321. Wawrzonowska, Zdzisława: Uzbrojenie średniowiecznego rycerstwa śląskiego [Die Bewaffnung der schlesischen Ritterschaft im Mittelalter]. Wrocław 1984.

4.11 Alltag/Sachkultur [Frühe Neuzeit]

2322. Bill, Claus Heinrich: Edelleute als Forstkundige in Schlesien im 18. Jahrhundert. In: Nobilitas. Zeitschrift für Deutsche Adelsforschung 2 (1999) 359.

2323. Čapský, Martin: Zlomený meč Valentina Hrbatého. Poslední z opavských Přemyslovců [Das zerbrochene Schwert Valentins des Buckligen. Der letzte der Troppauer Přemysliden]. In: Dějiny a současnost 28/2 (2006) 34-36.

2324. Crkovský, František: Prostředí slezského zámku v 17. století [Das schlesische Schloßmilieu im 17. Jahrhundert]. In: Časopis Slezského muzea. Acta Musei Silesiae, Vědy historické: Historia 10 (1961) 121-125.

2325. Igálffy-Igály, Ludwig [Ludwig Igálffy von Igály]: Die Ritterdienste anno 1550 im Neumarktischen und Namslauischen Weichbild. In: Der Herold. Vierteljahrsschrift für Heraldik, Genealogie und verwandte Wissenschaften 37/6 (1994) 151-156.

2326. Igálffy-Igály, Ludwig [Ludwig Igálffy von Igály]: Schlesische Grabdenkmäler, Totenschilder und Ahnentafeln. In: Adler. Zeitschrift für Genealogie und Heraldik 8 (1969/70) 173-179, 185-189, 206-211, 322-328.

2327. Kaganiec, Małgorzata: Nagrobki piastowskie (księżnych legnickich) w Weiden [Die Grabmäler der (Liegnitzer) Piast(inn)en in Weiden]. In: Szkice Legnickie 27 (2006) 107-118.

2328. Mašitová, Petra: Hmotný odkaz barokního kavalíra z Kravař. (Pozůstalostní inventář Ferdinanda Burcharda, svobodného pána z Eichendorfu) [Das materielle Vermächtnis eines Barockkavaliers aus Krawarn. (Das Verlassenschaftsinventar von Ferdinand Burchard Freiherrn von Eichendorff)]. In: Sborník prací Filozofické fakulty Ostravské univerzity. Acta Facultatis Philosophicae Universitas Ostraviensis 215. Historie-Historica 11 (2004) 149-156.

2329. Mrozowicz, Wojciech: Dziecięce pochówki w krypcie wirtemberskiej w kościele zamkowym w Oleśnicy [Die Kindergräber in der württembergischen Krypta der Schloßkirche zu Oels]. In: Dzieduszycki, Wojciech/Wrzesiński, Jacek (Hg.): Dusza maluczka a strata ogromna. Poznań 2004 (Funeralia Lednickie. Spotkanie 6), 167-172.

2330. Mrozowicz, Wojciech/Żerelik, Rościsław: Wielka podróż Wilhelma von Posadowsky'ego po Europie [Die große Reise Wilhelm von Posadowskys durch Europa]. In: Śląski Labirynt Krajoznawczy 4 (1992) 125-129.

2331. Oszczanowski, Piotr: Epitafium Mikołaja Rehdigera w kościele św. Elżbiety we Wrocławiu [Das Epitaphium Nikolaus Rehdigers in der St. Elisabeth-Kirche zu Breslau]. In: Zlat, Mieczysław (Hg.): Z dziejów wielkomiejskiej fary. Wrocławski kościół św. Elżbiety w świetle historii i zabytków sztuki. Wrocław 1996 (Acta Universitatis Wratislaviensis 1826. Historia Sztuki 10), 179-200.

2332. Šikulová, Vlasta: Habánské umyvadlo Jana Jiřího Krnovského nalezené v Opavě [Das Habaner Waschbecken Johann Georgs von Jägerndorf, das in Troppau gefunden wurde]. In: Opava. Sborník k dějinám města 4 (2004) 19-28.

2333. Stibor, Jiří: Černá ovce rodu Orlíků z Laziska. (Ze života těšínské šlechty v 17. století) [Das schwarze Schaf des Geschlechts Orlik von Lazisko. (Aus dem Leben des Teschener Adels im 17. Jahrhundert)]. In: Těšínsko. Vlastivědný časopis okresů Frýdek-Místek a Karviná 4 (1993) 7-10.

2334. Švejda, František: Náhrobky Biberštejnů ve frýdlantském kostele [Die Grabsteine der Herren von Biberstein in der friedländischen Dekanatskirche]. In: Jaworski, Tomasz (Hg.): Bibersteinowie w dziejach pogranicza śląsko-łużyckiego. Zielona Góra 2006, 179-182.

2335. Wiszewski, Przemysław: Gezähmte Fremdheit. Die niedersächsische Episode in der Reisebeschreibung von Friedrich Wilhelm von Posadowsky. In: Mrozowicz, Wojciech/Zygner, Leszek (Hg.): Niedersachsen – Niederschlesien. Der Weg beider in die Geschichte. Göttingen/Wrocław 2005, 103-113.

4.11 Alltag/Sachkultur [Neuzeit-Zeitgeschichte]

2336. Grundmann, Günther: Erlebter Jahre Widerschein. Von schönen Häusern, guten Freunden und alten Familien in Schlesien. München 1972.

2337. Świerc, Piotr: Juliusz Roger na Górnym Śląsku [Julius Roger in Oberschlesien]. Racibórz 1958.

2338. Świerc, Piotr: Juliusz Roger [Julius Roger]. In: Studia Śląskie S. N. 26 (1974) 325-333.

4.12 Siedlung, Baugeschichte [Allgemein]

2339. Alvensleben, Udo von: Als es sie noch gab [...]. Adelssitze zwischen Altmark und Masuren. Hg. v. Harald von Koenigswald. Berlin 1996.

2340. Arndt, Holger Rüdiger: Das Kesselschloß in Schosdorf, Kreis Löwenberg. In: Schlesien heute 5/5 (2002) 36-38.

2341. Arndt, Holger Rüdiger: Schloß Modlau, Kreis Bunzlau. In: Schlesien heute 5/8 (2002) 29-32.

2342. Arndt, Holger Rüdiger: Schloß Nieder-Heidersdorf, Kreis Lauban. In: Schlesien heute 5/2 (2002) 32-34.

2343. Arndt, Holger Rüdiger: Schloß Nieder-Schönbrunn, Kreis Lauban. In: Schlesien heute 5/3 (2002) 36-39.

2344. Arndt, Holger Rüdiger/Arndt, Jörg: Schloß Jahmen, Kreis Rothenburg/OL. In: Schlesien heute 5/12 (2002) 29-33.

2345. Bossowski, Józef Andrzej/Wrzesiński, Szymon: Historia książęcego pałacu w Skale koło Lwówka Śląskiego [Geschichte des fürstlichen Schlosses in Hohlstein bei Löwenberg]. Lwówek Śląski 2005.

2346. Bossowski, Józef Andrzej/Wrzesiński, Szymon: Pałac w Brunowie koło Lwówka Śląskiego [Das Schloß Braunau bei Löwenberg]. Lwówek Śląski 2005.

2347. Bossowski, Józef Andrzej/Wrzesiński, Szymon: Pałac we Lwówku Śląskim [Das Löwenberger Schloß]. Lwówek Śląski 2005.

2348. Braun, Edmund Wilhelm: Zwei Alttroppauer Adelshäuser. In: Zeitschrift für Geschichte und Kulturgeschichte Österreichisch-Schlesiens 1 (1905/06) 136-138.

2349. Czechowicz, Bogusław: Zamek jako manifest władcy – przyczynek do dziejów i ikonologii zamku w Cieszynie [Die Burg als Manifest des Herrschers – ein Beitrag zur Geschichte und Ikonologie der Teschener Burg]. In: Antoniewicz, Marceli (Hg.): Zamki i przestrzeń społeczna w Europie Środkowej i Wschodniej. Warszawa 2002, 529-536.

2350. Dědková, Libuše: Zámek v Litultovicích – příspěvek k dějinám a stavebnímu vývoji [Das Schloß in Leitersdorf – ein Beitrag zur Geschichte und Bauentwicklung]. In: Časopis Slezského muzea. Acta Musei Silesiae, Series B: Vědy historické 41 (1992) 224-233.

2351. Deluga, Waldemar: Die Residenz der hessischen Fürsten in Fischbach [Karpniki]. In: Der gemeinsame Weg 63 (1991) 17-20.

2352. Emmerling, Danuta (Hg.): Śląskie zamki i pałace. Opolszczyzna. Historie zamków i pałaców, dzieje rodów, legendy, herby [Schlesische Burgen und Schlösser. Das Oppelner Land. Burg-, Schloß- und Familiengeschichten, Legenden und Wappen]. Opole 1998.

2353. Francke, Czesław: Dzieje zamków województwa wałbrzyskiego [Die Geschichte der Burgen in der Woiwodschaft Waldenburg]. In: Rocznik Województwa Wałbrzyskiego 1989–1991 (1992) 51-90.

2354. Franke, Arne: Das schlesische Elysium. Burgen, Schlösser, Herrenhäuser und Parks im Hirschberger Tal. Potsdam 2004 (Potsdamer Bibliothek östliches Europa. Kulturreisen).

2355. Gano-Kotula, Ariana: Pałace województwa śląskiego [Die Schlösser in der Woiwodschaft Schlesien]. In: Bożek, Gabriela (Hg.): Architektura rezydencjonalna. Katowice 2003, 29-37.

2356. Hlubinka, Milan: Ke stavebně historickému vývoji zámku v Kravařích [Zur baugeschichtlichen Entwicklung des Schlosses in Krawarn]. In: Sborník památkové péče v Severomoravském kraji 2 (1973) 98-104.

2357. Hlubinka, Milan: Otázky kolem obnovy kravařského zámku [Fragen betreffend die Erneuerung des Schlosses in Krawarn]. In: Sborník památkové péče v Severomoravském kraji 2 (1973) 65-74.

2358. Janeczek, Zdzisław: Zameczek michałkowicki (Michałkowice k. Głubczyc), jego właściciele i rezydenci [Das Schlößchen in Michelsdorf, seine Besitzer und Bewohner]. Katowice 1995.

2359. Kolářová, Eva: Z historie a současnosti zámku v Raduni [Aus der Vergangenheit und Gegenwart des Schlosses in Radun]. In: Sborník památkové péče v Severomoravském kraji 7 (1987) 143-168.

2360. Kouřil, Pavel/Wihoda, Martin: Die Burgen Tschechisch Schlesiens. Ihre Entstehung, Funktion und Stellung in der Siedlungsstruktur. In: Wachowski, Krzysztof (Hg.): Kultura średniowiecznego Śląska i Czech. Zamek. Wrocław 2000 (Kultura średniowiecznego Śląska i Czech. Międzynarodowe Sympozjum 2), 67-84.

2361. Kuzio-Podrucki, Arkadiusz/Krawczyk, Jarosław Aleksander: Zamki i pałace Donnersmarcków [Burgen und Schlösser der Donnersmarck]. 2. Aufl. Radzionków 2003.

2362. Kwaśniewski, Artur: Społeczeństwo: kultura materialna i duchowa. Majątki i rezydencje szlacheckie [Gesellschaft: materielle und geistige Kultur. Adelige Güter und Wohnorte]. In: Przerwa, Tomasz (Hg.): W cieniu Wielkiej Sowy. Monografia Gór Sowich. Dzierżoniów 2006, 64-77.

2363. Laskowski, Gregor: Schloß Friedersdorf im Kreis Lauban. Begegnung mit alter deutscher Adelsgeschichte. In: Schlesien heute 5/7 (2002) 16-18.

2364. Lipinski, Ruth: Schloß Pläswitz. In: Jahrbuch der Schlesier 17 (1995) 53-56.

2365. Makowski, Mariusz: Šlechtická sídla na Těšínském Slezsku [Die Adelssitze im Teschener Schlesien]. Český Těšín 2005.

2366. Mletzko, G.: Die deutsche Landschaft bei den Fürsten Pückler von Muskau. Diss. Greifswald 1914.

2367. Nienałtowski, Marek/Podurgiel, Zbigniew: Zamek książęcy w Oleśnicy [Die herzogliche Burg in Oels]. Oleśnica 2006.

2368. Oborny, Alojzy: Pałac w Pszczynie. Dzieje budowlane i artystyczne [Das Plesser Schloß. Seine Bau- und Kunstgeschichte]. Pszczyna 1972.

2369. Oborny, Alojzy/Płazak, Ignacy: Zespół pałacowo-ogrodowy w Pszczynie [Die Schloß- und Gartenanlage in Pleß]. Pszczyna 1977.

2370. Olczak, Mariusz: Grodziec. Zamek, kościół, pałac. Rys historyczny pewnej starej śląskiej warowni wraz z planem zamku. Przewodnik historyczny [Gröditzberg. Burg, Kirche und Schloß. Historischer Abriß einer alten schlesischen Festung mit einem Burgplan. Ein historischer Wegweiser]. Warszawa 2004.

2371. Perzyński, Marek: Górskie warownie Piastów śląskich. Grodno, Chojnik, Bolków, Grodziec [Die Gebirgsfestungen der schlesischen Piasten. Kynsburg, Kynast, Bolkenhain und Gröditzberg]. Wrocław 2006.

2372. Perzyński, Marek: Zamki, twierdze i pałace Dolnego Śląska i Opolszczyzny. Przewodnik dla dociekliwych [Burgen, Festungen und Schlösser Niederschlesiens und des Oppelner Landes. Ein Wegweiser für Forschende]. Wrocław 2006.

2373. Peter, Anton: Burgen und Schlösser im Herzogthum Schlesien. Mit steter Bezugnahme auf die Orts-, Adels- und Landes-Geschichte, Bd. 1. Teschen 1879.

2374. Sękowski, Roman: Majątki i ich właściciele w gminie Lewin Brzeski [Güter und ihre Besitzer in der Gemeinde Löwen]. In: Peszko, Andrzej (Hg.): Historyczne dziedzictwo Ziemi Brzeskiej. Opole/Brzeg 2005, 83-100.

2375. Štěrbová, Jarmila/Pavelčík, Jiří: Macákové z Ottenburku. (Historie jednoho opavského domu ve světle archivních pramenů a archeologického výzkumu) [Die Macak von Ottenburg. (Geschichte eines Troppauer Hauses im Lichte der archivalischen Quellen und der archäologischen Erforschung)]. In: Sborník prací Filozofické fakulty Ostravské univerzity. Acta Facultatis Philosophicae Universitas Ostraviensis 168. Historie-Historica 5 (1997) 145-172.

2376. Tkáč, Vladimír: Mähren-Schlesien. Führer durch Museen, Burgen, Schlösser, Denkmäler, Galerien, Skansen, Freilichtmuseen, Kirchen- und technische Denkmäler, Nationale Kulturdenkmäler, Natur- und Landschaftschutzgebiete und Nationalparks. Opava 1995.

2377. Walker, Martyna: Wybrane zespoły rezydencjonalne województwa śląskiego na tle przemian założeń pałacowo-parkowych w Europie [Ausgewählte Wohnkomplexe in der Woiwodschaft Schlesien vor dem Hintergrund des Wandels europäischer Schloß- und Parkanlagen]. In: Bożek, Gabriela (Hg.): Architektura rezydencjonalna. Katowice 2003, 38-44.

2378. Zgorzelska, Urszula: Dzieje zamku lublinieckiego [Die Geschichte der Lublinitzer Burg]. In: Szkice Lublinieckie 3 (1992) 8-15.

2379. Zuber, Rudolf u. a.: Jesenicko v období feudalismu do roku 1848 [Das Gebiet Freiwaldau im Zeitalter des Feudalismus bis zum Jahr 1848]. Ostrava 1966.

4.12 Siedlung, Baugeschichte [Mittelalter]

2380. Bober-Tubaj, Anna u. a.: Średniowieczna warownia rycerza-rabusia Czarnego Krzysztofa w świetle badań archeologicznych i historycznych [Die mittelalterliche Festung des Raubritters „Schwarzer Christoph" im Licht archäologischer und historischer Forschungen]. [Jelenia Góra] 2005.

2381. Boguszewicz, Artur: Siedziby możnowładczo-rycerskie w Wierzbnej koło Świdnicy w świetle badań archeologicznych [Die Herren- und Rittersitze in Würben bei Schweidnitz im Licht archäologischer Forschungen]. In: Olczak, Jerzy (Hg.): Przeszłość z perspektywy źródeł materialnych i pisanych. Toruń 2005, 297-305.

2382. Buśko, Cezary: Die Burg Lahn im 12.–17. Jahrhundert. In: Quaestiones medii aevi novae 3 (1998) 273-285.

2383. Chorowska, Małgorzata: Rezydencje średniowieczne na Śląsku. Zamki, pałace, wieże mieszkalne [Die mittelalterlichen Residenzen in Schlesien. Burgen, Schlösser und Wohntürme]. Wrocław 2003.

2384. Chorowska, Małgorzata: Zamek jako rezydencja książęca na Dolnym Śląsku w XIII wieku na tle zachodnioeuropejskim [Die Burg als Fürstenresidenz im Niederschlesien des 13. Jahrhunderts im westeuropäischen Vergleich]. In: Antoniewicz, Marceli (Hg.): Zamki i przestrzeń społeczna w Europie Środkowej i Wschodniej. Warszawa 2002, 182-208.

2385. Dymek, Katarzyna/Piekalski, Jerzy: Trzynastowieczny zamek książęcy we Wleniu [Die herzogliche Burg in Lähn aus dem 13. Jahrhundert]. In: Kwartalnik Architektury i Urbanistyki 40/1 (1995) 27-32.

2386. Edgar, Emil: Zámek ve Frankštejnu, dílo českého královského stavitele [Das Schloß in Frankenstein, das Werk eines böhmischen königlichen Bauherrn]. In: Slezský sborník 52 (1954) 551-553.

2387. Fedorowicz, Anna: Rycerska wieża mieszkalna w Siedlęcinie [Der ritterliche Wohnturm in Boberröhrsdorf]. Wrocław 1969.

2388. Francke, Czesław: Zamek Szczerba w Gniewoszowie [Die Burg Schnallenstein in Seitendorf]. In: Karkonosz. Sudeckie Materiały Krajoznawcze 7 (1992) 46-61.

2389. Francke, Czesław: Zamek Szczerba w Gniewoszowie pow. Kłodzko. Dotychczasowe wyniki badań [Die Burg Schnallenstein in Seitendorf, Kreis Glatz. Bisherige Forschungsergebnisse]. In: Różycka-Rozpędowska, Ewa/Chorowska, Małgorzata (Hg.): Nie tylko zamki. Szkice ofiarowane Jerzemu Rozpędowskiemu w siedemdziesiątą piątą rocznicę urodzin. Wrocław 2005, 97-101.

2390. Jedynak, Zdzisław/Szczech, Bernard: Zamek Piastów w Bytomiu [Die Piastenburg in Beuthen]. In: Szydłowska, Elżbieta (Hg.): Ze studiów nad średniowiecznym Bytomiem. Bytom 1990, 59-64.

2391. Kozierowski, Stanisław: Obce rycerstwo w Wielkopolsce w XIII–XVI wieku [Fremde Ritterschaft in Großpolen vom 13. bis 16. Jahrhundert]. Poznań 1929.

2392. Kozierowski, Stanisław: Studya nad pierwotnem rozsiedleniem rycerstwa wielkopolskiego, 5: Ród Przosnów [Eine Studie über die ursprüngliche Ansiedlung der großpolnischen Ritterschaft, 5: Das Geschlecht Przosna]. Poznań 1917.

2393. Kuhn, Walter: Die Städtegründungspolitik der schlesischen Piasten im 13. Jahrhundert, vor allem gegenüber Kirche und Adel. Mit einer Landkarte. In: Archiv für schlesische Kirchengeschichte 29 (1971) 32-67; 30 (1972) 33-69; 31 (1973) 1-35; 32 (1974) 1-20.

2394. Lamparska, Joanna: Panków [Penkendorf]. In: Dies. (Hg.): Niezwykłe miejsca wokół Wrocławia, Bd. 3. Wrocław 2002, 97.

2395. Lamparska, Joanna: Zamek Cisy [Die Zeisburg]. In: Dies. (Hg.): Dolny Śląsk jakiego nie znacie, Bd. 1. Wrocław 2002, 103f.

2396. Lamparska, Joanna: Zamek Grodno w Zagórzu Śląskim [Die Kynsburg im schlesischen Bergland]. In: Dies. (Hg.): Dolny Śląsk jakiego nie znacie, Bd. 1. Wrocław 2002, 126-133.

2397. Młynarska-Kaletynowa, Marta: Gród ryczyński w XIII wieku [Die Burg Ritschen im 13. Jahrhundert]. In: Dworaczyk, Marek (Hg.): Świat Słowian wczesnego średniowiecza. Praca zbiorowa. Szczecin/Wrocław 2006, 161-165.

2398. Panic, Idzi: Relacje przestrzenne na styku zamek książęcy – miasto w księstwie cieszyńskim w średniowieczu [Die räumlichen Verhältnisse zwischen Herzogsburg und Stadt im mittelalterlichen Herzogtum Teschen]. In: Sborník prací Filozofické fakulty Ostravské univerzity. Acta Facultatis Philosophicae Universitas Ostraviensis 204. Historie-Historica 9 (2002) 97-110.

2399. Panic, Idzi: Zamek książęcy – miasto na Górnym Śląsku w średniowieczu.

Próba modelu przestrzeni fizycznej na przykładzie księstwa cieszyńskiego [Herzogsburg – Stadt im mittelalterlichen Oberschlesien. Versuch eines räumlichen Modells am Beispiel des Herzogtums Teschen]. In: Antoniewicz, Marceli (Hg.): Zamki i przestrzeń społeczna w Europie Środkowej i Wschodniej. Warszawa 2002, 168-181.

2400. Piekalski, Jerzy/Żurek, Adam: Rezydencje obronne pogranicza śląsko-wieluńskiego w XIII–XVII wieku [Befestigte Residenzen im Grenzgebiet Schlesiens und des Wieluńer Landes vom 13. bis 17. Jahrhundert]. In: Horbacz, Tadeusz J./Kajzer, Leszek (Hg.): Między północą a południem. Sieradzkie i Wieluńskie w późnym średniowieczu i w czasach nowożytnych. Sieradz 1993, 169-183.

2401. Przyłęcki, Mirosław: Budowle i zespoły obronne na Śląsku. Geneza, modernizacja i ewolucja do XVII wieku [Befestigte Bauten und Baukomplexe in Schlesien. Entstehung, Modernisierung und Entwicklung bis zum 17. Jahrhundert]. Warszawa 1998.

2402. Rutkowska-Płachcińska, Anna: Strzelin, Ścinawa i Grodków: nieudane możnowładcze założenia targowe w XIII wieku [Strehlen, Steinau und Grottkau: mißlungene Marktgründungen des Adels im 13. Jahrhundert]. In: Studia z Dziejów Osadnictwa 3 (1965) 39-69.

2403. Sczaniecki, Michał: Nadania ziemi na rzecz rycerzy w Polsce do końca XIII wieku [Die Vergabe von Grundbesitz an Ritter in Polen bis zum Ende des 13. Jahrhunderts]. Poznań 1938.

2404. Stulin, Stanisław J.: Wykusz z Chojnika. Zamkowa kaplica czy prywatne oratorium [Der Altan von Kynast. Eine Burgkapelle oder ein privates Oratorium]. In: Różycka-Rozpędowska, Ewa/Chorowska, Małgorzata (Hg.): Nie tylko zamki. Szkice ofiarowane Jerzemu Rozpędowskiemu w siedemdziesiątą piątą rocznicę urodzin. Wrocław 2005, 109-118.

2405. Weczerka, Hugo: Die Residenzen der schlesischen Piasten. In: Patze, Hans/Paravicini, Werner (Hg.): Fürstliche Residenzen im spätmittelalterlichen Europa. Sigmaringen 1991 (Vorträge und Forschungen 36), 311-347.

2406. Wereszczyński, Wiesław: Fünfhausen – zaginione lenno zamkowe u podnóża Gór Izerskich [Fünfhausen – ein verschwundenes Burglehen am Fuß des Isergebirges]. In: Rocznik Jeleniogórski 36 (2004) 51-74.

4.12 Siedlung, Baugeschichte [Frühe Neuzeit]

2407. Bakala, Jaroslav: Osídlení Frýdecka a Jablunkovska v období vrcholného feudalismu [Die Besiedlung der Gebiete Friedek und Jablunkau im Zeitalter des Hochfeudalismus]. Frýdek-Místek 1982 (Kulturně historický místopis 3).

2408. Bakala, Jaroslav: Osídlení Místecka a Brušperska v období vrcholného feudalismu [Die Besiedlung der Gebiete Mistek und Braunsberg im Zeitalter des Hochfeudalismus]. Frýdek-Místek 1983 (Kulturně historický místopis 6).

2409. Fukala, Radek: Krnov – rezidenční město a základna moci hohenzollernských knížat na území českého předbělohorského státu [Jägerndorf – Residenzstadt und Machtgrundlage der Hohenzollernfürsten auf dem Gebiet des böhmischen Staates in der Zeit vor der Schlacht am Weißen Berg]. In: Sborník Bruntálského muzea, Bruntál (2001) 3-24.

2410. Grüger, Heinrich: Franz Ludwig von Pfalz-Neuburg als Bauherr in Schlesien (1683–1732) und Kurtrier (1716–1729). In: Jahrbuch der Schlesischen Friedrich-Wilhelms-Universität zu Breslau 29 (1988) 121-155.

2411. Guttmejer, Karol: Dwór Wettinów w Naroczycach na Dolnym Śląsku [Der Wettiner Hof im niederschlesischen Nährschütz]. In: Ochrona Zabytków 52 (1999) 428-437.

2412. Indra, Bohumír: Přestavba starého a stavba nového zámku ve Velkých Heralticích koncem 17. a 18. století [Der Umbau des alten und Bau des neuen Schlosses in Groß Herlitz gegen Ende des 17. und 18. Jahrhunderts]. In: Časopis Slezského muzea. Acta Musei Silesiae, Series B: Vědy historické 45 (1996) 1-15.

2413. Indra, Bohumír: Stavba barokního poutního kostela P. Marie ve Frýdku a jeho architekt. (Příspěvek k dílu Umělecké památky Moravy a Slezska) [Der Bau der Wallfahrtskirche der Jungfrau Maria in Friedek und ihre Architektur. Ein Beitrag zum Werk „Umělecké památky Moravy a Slezska"]. In: Časopis Slezského muzea. Acta Musei Silesiae, Series B: Vědy historické 41 (1992) 44-58.

2414. Jiřík, Karel: K historii hradu ve Slezské Ostravě [Zur Geschichte der Burg in Schlesisch Ostrau]. In: Ostrava. Sborník příspěvků k dějinám a výstavbě města 14 (1987) 156-186.

2415. Kozák, Petr: Dvůr a rezidence Bernarda ze Žerotína a z Fulneka ve světle testamentu z 23.7.1532. Alternativa zaniklého zeměpanského dvora pro opavskou nobilitu? [Der Hof und Sitz Bernhards von Žerotín und Fulnek im Lichte seines Testaments aus dem 23. Juli 1532. Eine Alternative zum untergegangenen landesherrlichen Hof für den Troppauer Adel?]. In: Bobková, Lenka/Konvičná, Jana (Hg.): Korunní země v dějinách českého státu III. Rezidence a správní sídla v zemích české koruny ve 14.–17. století. Praha 2007, 217-231.

2416. Kubeš, Jiří: Sídelní strategie knížat z Lobkovic ve Vídni v raném novověku (1624–1734) [Die Residenzstrategie der Fürsten von Lobkowitz in Wien in der Frühen Neuzeit (1624–1734)]. In: Porta Bohemica. Sborník historických prací 3 (2005) 86-119.

2417. Kuczer, Jarosław: Siedziby szlacheckie księstwa głogowskiego w okresie 1526–1741 [Adelssitze im Herzogtum Glogau im Zeitraum 1526–1741]. In: Pro libris. Lubuskie Pismo Literacko-Kulturalne 2 (2006) 97-103.

2418. Kwaśniewski, Artur: Problem obronności siedzib szlacheckich na Śląsku i ziemi kłodzkiej w okresie renesansu [Die Verteidigungsfähigkeit der Adelssitze Schlesiens und des Glatzer Landes in der Renaissance]. In: Różycka-Rozpędowska, Ewa/Chorowska, Małgorzata (Hg.): Nie tylko zamki. Szkice ofiarowane Jerzemu Rozpędowskiemu w siedemdziesiątą piątą rocznicę urodzin. Wrocław 2005, 129-146.

2419. Malý, Josef: Panská sídla a selské usedlosti na Opavsku v 17. a počátkem 18. století [Herrensitze und Bauerngüter im Troppauer Land im 17. und zu Beginn des 18. Jahrhunderts]. In: Časopis Vlasteneckého spolku musejního v Olomouci 53 (1940) 57-90.

2420. Mašitová, Petra: Opava jako rezidenční město hornoslezské šlechty v raném novověku na příkladu členů rodu Bruntálských z Vrbna [Troppau als Residenzstadt des oberschlesischen Adels in der Frühen Neuzeit am Beispiel des Geschlechts von Würben und Freudenthal]. In: Bobková, Lenka/Konvičná, Jana (Hg.): Korunní země v dějinách českého státu III. Rezidence a správní sídla v zemích české koruny ve 14.–17. století. Praha 2007, 233-242.

2421. Prasek, Vincenc: Svobodný dům někdy hrabat Vlčkův v Opavě [Das ehemalige freie Haus der Grafen Wilczek in Troppau]. In: 5. program českého nižšího gymnasia v Opavě. Vydán konec školního roku 1888, Opava [1888] 3-25.

2422. Šigut, František: Blücherův palác v Opavě [Das Blücher-Palais in Troppau]. In: Časopis Slezského muzea. Acta Musei Silesiae, Series B: Vědy historické 14 (1965) 107-113.

2423. Šigut, František: Historie stavby zámku v Raduni u Opavy [Die Baugeschichte des Schlosses in Radun]. In: Časopis Slezského muzea. Acta Musei Silesiae, Series B: Vědy historické 13 (1964) 65-69.

2424. Sikorski, Marek: Das schlesische Arkadien – oder über das Schloß zu Parchau (Parchów). In: Schlesien. Kunst, Wissenschaft, Volkskunde. Eine Vierteljahresschrift 35/2 (1990) 73-76.

2425. Šopák, Pavel/Vojtal, Petr: Opava jako barokní rezidenční město. Příspěvek k tématu [Troppau als Residenzstadt des Barock. Ein Beitrag zum Thema]. In: Opava. Sborník k dějinám města 1 (1998) 97-112.

2426. Svoboda, Milan: Rezidence pánů z Redernu na přelomu 16. a 17. století [Die Residenzen der Herren von Redern an der Wende vom 16. zum 17. Jahrhundert]. In: Bůžek, Václav/Král, Pavel (Hg.): Aristokratické rezidence a dvory v raném novověku. České Budějovice 1999 (Opera historica 7), 201-222.

2427. Turek, Adolf: K stavebnímu vývoji zámku Hradce [Zur baugeschichtlichen Entwicklung des Schlosses in Grätz]. In: Slezský sborník 53 (1955) 141-144.

2428. Žáček, Rudolf: Pobeskydí od husitství do Bílé hory [Das Gebiet der Beskiden vom Hussitentum bis zur Schlacht am Weißen Berg]. Frýdek-Místek 1986 (Kulturně historický místopis 7).

2429. Žáček, Rudolf: Pobeskydí v letech 1618–1848 [Das Gebiet der Beskiden in den Jahren 1618–1848]. Frýdek-Místek 1992 (Kulturně historický místopis 9).

4.12 Siedlung, Baugeschichte [Neuzeit-Zeitgeschichte]

2430. Hartmann, Idis Birgit: Die Besitzer von Buchwald. Friedrich Wilhelm Graf von Reden und Friederike Gräfin von Reden. In: Das Tal der Schlösser und Gärten. Das Hirschberger Tal in Schlesien – ein gemeinsames Kulturerbe. Berlin 2001, 152-168.

2431. Hlawacz, Roman: Moszna. Zamek i park [Moschen. Schloß und Park]. Moszna 1996.

2432. Kolářová, Eva: Romantismus a novogotika v exteriérech a interiérech Bílého zámku v Hradci nad Moravicí [Romantik und Neogotik im Exterior und Interior des Weißen Schlosses in Grätz]. In: Mžyková, Marie (Hg.): Kamenná kniha. Sborník k romantickému historismu – novogotice. Sychrov 1997, 107-111.

2433. Kruczek, Jan: Nowe wnętrza w zamku pszczyńskim [Neue Innenräume im Plesser Schloß]. In: Materiały Muzeum Wnętrz Zabytkowych w Pszczynie 6 (1990) 180-193.

2434. Łaborewicz, Ivo/Szwedzik, Leszek: Śląskie zamki i pałace w prasie po 1945 roku (1). Pałac Schaffgotschów w Cieplicach [Schlesische Burgen und Schlösser in der Presse nach 1945 (1). Das Schloß der Schaffgotsch in Warmbrunn]. In: Skarbiec Ducha Gór. Pismo poświęcone ochronie środowiska naturalnego oraz zabytków i dorobku kulturalnego Kotliny Jeleniogórskiej 4 (1997) 6f.

2435. Przyłęcki, Mirosław: Pałac i park w Kamieńcu Ząbkowickim – wybitny zespół architektoniczno-krajobrazowy [Schloß und Park in Kamenz – ein herausragender architektonisch-landschaftlicher Komplex]. In: Dolny Śląsk 3 (1996) 223-234.

2436. Stanicka-Brzezicka, Ksenia: Nieistniejący pałac hrabiego Henckel von Donnersmarck we Wrocławiu – dzieło Juliusa Schultza (1780–ok. 1850) [Das nicht mehr existierende Schloß des Grafen Henckel von Donnersmarck in Breslau – ein Werk von Julius Schultz (1780–um 1850)]. In: Dzieła i Interpretacje 9 (2004) 47-69.

2437. Szponar-Regulska, Elżbieta: Założenia pałacowo-parkowe II połowy XIX w. na Górnym Śląsku [Oberschlesische Schloß- und Parkanlagen in der zweiten Hälfte des 19. Jahrhunderts]. In: Materiały Państwowego Muzeum Zamkowego w Pszczynie 9 (1996) 251-257.

2438. Zedlitz und Neukirch, Sigismund von: Die Zedlitze im Hirschberger Tal. In: Das Tal der Schlösser und Gärten. Das Hirschberger Tal in Schlesien – ein gemeinsames Kulturerbe. Berlin 2001, 87-100.

4.13 Frauen- und Geschlechtergeschichte [Mittelalter]

2439. [Anonym]: Kurze Lebensbeschreibung der heil. Hedwig. In: Bunzlauische Monathschrift zum Nutzen und Vergnügen 1 (1774) 213-218.

2440. [Anonym]: Heirats Brieff Herrn Caspar Schlickens mit Frawen Agnesen Herzogyn in Schlesingen. In: Schlesische Provinzialblätter 87 (1828) 54-56.

2441. Dobbertin, Hans: Die Piastin Richza von Everstein und ihre Verwandtschaft. Hameln 1957 (Schriftenreihe der „Genealogischen Gesellschaft Hameln" zur Geschichte der Stadt Hameln und des Kreises Hameln Pyrmont 14).

2442. Dobbertin, Hans: Die Piastin Richza von Everstein und ihre Verwandtschaft. In: Archiv für schlesische Kirchengeschichte 15 (1957) 1-15.

2443. Dziewulski, Władysław: Bułgarka księżną opolską [Eine Bulgarin als Herzogin von Oppeln]. In: Śląski Kwartalnik Historyczny Sobótka 24 (1969) 159-183.

2444. Engelbert, Kurt: Die deutschen Frauen der Piasten von Mieszko I. (gest. 992) bis Heinrich I. (gest. 1238). In: Archiv für schlesische Kirchengeschichte 12 (1954) 1-51.

2445. Görlich, Franz Xaver: Das Leben der Heiligen Hedwig, Herzogin von Schlesien. Breslau 1843.

2446. Görres, Ida Friederike Coudenhove: Hedwig von Schlesien. Meitingen/Freising 1967.

2447. Gottschalk, Joseph: Anna von Schweidnitz, die einzige Schlesierin mit der Kaiserinnenkrone (1353–1362). In: Jahrbuch der Schlesischen Friedrich-Wilhelms-Universität zu Breslau 17 (1972) 25-42.

2448. Gottschalk, Joseph: Die Ehe des Herzogs Konrad X. von Öls mit der schönen Dorothea Rinkenberg († 1471). In: Schlesien 17/2 (1972) 77-81.

2449. Gottschalk, Joseph: Schlesische Piastinnen in Süddeutschland während des Mittelalters. In: Zeitschrift für Ostforschung 27 (1978) 275-293.

2450. Horwat, Jerzy: Grzymisława, księżniczka opolska [Grimislawa Herzogin von Oppeln]. In: Rocznik Muzeum w Gliwicach 7/8 (1991/92 [1994]) 380-384.

2451. Jurek, Tomasz: Married to a Foreigner. Wives and Daughters of German Knights in Silesia During the 13th and 14th century. In: Acta Poloniae Historica 81 (2000) 37-50.

2452. Jurek, Tomasz: Ślub z obcym. Żony i córki niemieckich rycerzy na Śląsku w XIII–XIV w. [Eheschließung mit einem Fremden. Die Frauen und Töchter deutscher Ritter im Schlesien des 13. und 14. Jahrhunderts]. In: Nowak, Zenon Hubert/Radzimiński, Andrzej (Hg.): Kobieta i rodzina w średniowieczu i na progu czasów nowożytnych. Toruń 1998, 35-44.

2453. Jurek, Tomasz: Zapomniana Piastówna. Elżbieta córka Bolka II świdnickiego [Eine vergessene Piastin. Elisabeth, Tochter Bolkos II. von Schweidnitz]. In: Przegląd Historyczny 84 (1993 [1994]) 433-442.

2454. Kaczmarek, Romuald: Święta Jadwiga Śląska (ok. 1174–1243). W 750 rocznicę śmierci [Die hl. Hedwig (um 1174–1243). Zum 750. Todestag]. Wrocław 1993 (Acta Universitatis Wratislaviensis 1577).

2455. Kaganiec, Małgorzata: Święta Jadwiga władczyni Śląska [Die hl. Hedwig, Herrscherin über Schlesien]. Katowice 1994.

2456. Kałucka, Helena: Córka i wnuczki Łokietka na dworach Piastów śląskich [Die Tochter und die Enkelinnen Wladislaws Ellenlang an den Höfen der schlesischen Piasten]. In: Acta Universitatis Wratislaviensis 70. Historia 14 (1968) 5-39.

2457. Kiełbasa, Antoni: Rola św. Jadwigi w kształtowaniu postaw Henryka Pobożnego i jego synów [Die Rolle der hl. Hedwig bei der Erziehung Heinrichs des Frommen und seiner Söhne]. In: Korta, Wacław (Hg.): Bitwa legnicka. Historia i tradycja. Wrocław/Warszawa 1994 (Śląskie Sympozja Historyczne 2), 352-367.

2458. Kiełbasa, Antoni: Święta Jadwiga Śląska jako wychowawczyni własnych dzieci i swoich wnuków [Die hl. Hedwig von Schlesien als Erzieherin ihrer Kinder und Enkel]. Trzebnica 1994.

2459. Knoblich, Augustin: Lebensgeschichte der Heiligen Hedwig, Herzogin und Landespatronin von Schlesien: 1174–1243 [...]. Breslau 1860.

2460. Knoblich, A[ugustin]: Herzogin Anna von Schlesien 1204–1265: Erinnerungsblätter zu ihrem sechshundertjährigen Todestage gesammelt. Breslau 1865.

2461. Krause, Walter: Herzogin Magdalena, die Mutter des letzten Oppelner Herzogs. In: Oppelner Heimatblatt 7/7 (1931) [2].

2462. Krupiński, Tadeusz/Kwiatkowska, Barbara/Rajchel, Zbigniew: Antropolodzy o św. Jadwidze [Die hl. Hedwig aus anthropologischer Sicht]. In: Kalendarz Wrocławski 36 (1995) 182-185.

2463. Ksyk, Patrycja Magdalena: Vita Annae Ducissae Silesiae. In: Nasza Przeszłość 79 (1992) 126-150.

2464. Machilek, Franz: Anna von Schweidnitz (1338/39–1362). In: Bein, Werner/ Schmilewski, Ulrich (Hg.): Schweidnitz im Wandel der Zeiten. Würzburg 1990, 317-322.

2465. Małecki, Marian: Konstancja – księżna wodzisławska i jej księstwo [Constanze. Die Herzogin von Loslau und ihr Herzogtum]. Wodzisław Śląski 1997.

2466. Maleczyńska, Ewa: Wrocławskie panie piastowskie i ich partnerzy [Piastinnen aus Breslau und ihre Partner]. Wrocław/Warszawa/Kraków 1966.

2467. Mierzwińska, Danuta: Sytuacja majątkowa i publicznoprawna śląskiej księżny na przykładzie dokumentu z 1472 r. [Die öffentlich-rechtliche und Vermögenslage einer schlesischen Herzogin am Beispiel einer Urkunde aus dem Jahr 1472]. In: Acta Universitatis Wratislaviensis 1692. Prawo 240. Studia Historycznoprawne (1994) 67-80.

2468. Mrozowicz, Wojciech: Eine unbekannte „Vita beatae Hedwigis" aus den Sammlungen der Universitätsbibliothek Breslau/Wrocław. In: Grunewald, Eckhard/Gussone, Nikolaus (Hg.): Das Bild der heiligen Hedwig in Mittelalter und Neuzeit. München 1996, 55-79.

2469. Mularczyk, Jerzy: Czy książę śląski Bolesław Rogatka porwał swoje siostry z klasztoru cysterek w Trzebnicy? [Entführte der schlesische Herzog Boleslaw der Kahle seine Schwestern aus dem Trebnitzer Zistersienserinnenkloster?]. In: Szkice Legnickie 19 (1997) 32-39.

2470. Nigg, Walter: Hedwig von Schlesien. Würzburg 1991.

2471. Nigg, Walter: Święta Jadwiga śląska [Die hl. Hedwig von Schlesien]. Opole 1997.

2472. Panic, Idzi: Alesz z Orle. Przyczynek do dziejów szlachty w księstwie cieszyńskim w 15 wieku [Alesz aus Orle. Ein Beitrag zur Geschichte des Adels im Herzogtum Teschen des 15. Jahrhunderts]. In: Pamiętnik Cieszyński 7 (1993) 140-143.

2473. Ratajczak, Krzysztof: Edukacja kobiet z kręgu dynastii piastowskiej w średniowieczu [Die Ausbildung der Piastinnen im Mittelalter]. Poznań 2005.

2474. Schütz, Alois (Hg.): Hedwig von Andechs: Eine deutsch-polnische Heilige/ Jadwiga z Andechs – polsko-niemiecka święta. München 1992.

2475. Sroka, Stanisław: Kim była pierwsza żona Władysława Opolczyka? [Wer war die erste Ehefrau Wladislaws II. von Oppeln?]. In: Waldemar Bukowski u. a.

(Hg.): Cracovia, Polonia, Europa. Studia z dziejów średniowiecza ofiarowane Jerzemu Wyrozumskiemu w sześćdziesiątą piątą rocznicę urodzin i czterdziestolecie pracy naukowej. Kraków 1995, 455-463.

2476. Sroka, Stanisław: Piastówna opolska Kunegunda klaryską na Węgrzech [Die Oppelner Piastin Kunigunde als Klarissin in Ungarn]. In: Rocznik Muzeum w Gliwicach 8 (1993) 35-43.

2477. Sroka, Stanisław: Piastówna śląska Maria, królową Węgier [Die schlesische Piastin Maria, Königin von Ungarn]. In: Ders. (Hg.): Z dziejów stosunków polsko-węgierskich w późnym średniowieczu. Szkice. Kraków 1995, 29-48.

2478. Sroka, Stanisław: Wokół mariażu Karola Roberta z Piastówną śląską Marią [Zur Eheschließung Karl Roberts mit der schlesischen Piastin Maria]. In: Biuletyn Polskiego Towarzystwa Heraldycznego 11 (1994) 1-5.

2479. Suchoń, Benigna: Święta Jadwiga, księżna śląska [Die hl. Hedwig, Herzogin von Schlesien]. In: Nasza Przeszłość 53 (1980) 5-132.

2480. Veldtrup, Dieter: Die Ehefrauen und Töchter des Herzogs Ladislaus. Neue Erkenntnisse zur Genealogie der Oppelner Piasten. In: Pobóg-Lenartowicz, Anna (Hg.): Władysław Opolczyk jakiego nie znamy. Próba oceny w sześćsetlecie śmierci. Opole 2001, 91-102.

2481. Veldtrup, Dieter: Frauen um Herzog Ladislaus (1401). Oppelner Herzoginnen in der dynastischen Politik zwischen Ungarn, Polen und dem Reich. Warendorf 1999 (Studien zu den Luxemburgern und ihrer Zeit 8).

2482. Wutke, Konrad: Vermischte Mittheilungen. 6. Eine noch unbekannte Herzogin von Münsterberg. In: Zeitschrift des Vereins für Geschichte und Alterthum Schlesiens 35 (1901) 378.

2483. Wutke, Konrad: Studien zur älteren schlesischen Geschichte. 8. Über die Vermählung Bolkos I. von Schweidnitz-Jauer mit Beatrix von Brandenburg (1284). In: Zeitschrift des Vereins für Geschichte Schlesiens 45 (1911) 257-270.

2484. Wutke, Konrad: Studien zur älteren schlesischen Geschichte. 9. Euphemia geb. Herzogin von Glogau, verehel. Gräfin von Görz und Tirol. In: Zeitschrift des Vereins für Geschichte Schlesiens 45 (1911) 271-274.

2485. Wutke, Konrad: Studien zur älteren schlesischen Geschichte. 11. Eine bisher unbekannte schlesische Fürstentochter. Beate, Tochter des Herzogs Bernhard von Schweidnitz. In: Zeitschrift des Vereins für Geschichte Schlesiens 46 (1912) 166-169.

4.13 Frauen- und Geschlechtergeschichte [Frühe Neuzeit]

2486. Ahlfeld, [Friedrich]: Anna Magdalena von Reibnitz, ein Kind aus gemischter Ehe und eine Frau in gemischter Ehe. Ein Beitrag zur Geschichte des Elends der gemischten Ehen. Leipzig 1854.

2487. Feist, Martin: Eleonore Charlotte, Herzogin von Oels. In: Zeitschrift des Vereins für Geschichte und Alterthum Schlesiens 38 (1904) 110-154.

2488. Gebhardt, Erich: Gräfin Friederike von Reden: Die Wohltäterin des Riesengebirges. Diesdorf 1906.

2489. Gojniczek, Wacław: Małgorzata Kostlachówna z Kremże – matka Wacława Godfryda barona z Hohensteinu, nieślubnego syna księcia cieszyńskiego Adama Wacława. Przyczynek do genealogii Piastów śląskich [Margarete Kostlach von Krems – die Mutter des Wenzel Gottfried Freiherrn von Hohenstein, des unehelichen Sohnes Adam Wenzels von Teschen. Ein Beitrag zur Genealogie der schlesischen Piasten]. In: Genealogia. Studia i Materiały Historyczne 15 (2003) 45-61.

2490. Kaganiec, Małgorzata: Dorota Elżbieta legnicko-brzeska, księżna Nassau-Dillenburg (1646–1691) [Dorothea Elisabeth von Liegnitz-Brieg, Fürstin von Nassau-Dillenburg (1646–1691)]. In: Szkice Legnickie 28 (2007) 199-208.

2491. Pfotenhauer, Paul: Archivalische Miscellen. 2. Eine schlesische Prinzessin als ungarische Königsbraut. In: Zeitschrift des Vereins für Geschichte und Alterthum Schlesiens 25 (1891) 331-340.

2492. Schimmelpfennig, C. Adolph: Die Ehepacten Herzog Johann Christians mit Anna Hedwig von Sitsch und der Vergleich der Herzöge Georg und Christian mit ihren Halbbrüdern, den Freiherrn von Liegnitz. In: Zeitschrift des Vereins für Geschichte und Alterthum Schlesiens 12 (1874) 136-145.

2493. Schimmelpfennig, C. Adolph: Herzog Johann Christians von Brieg zweite Ehe mit Anna Hedwig von Sitsch und die aus derselben abstammende piastische Neben-Linie der Freiherrn von Liegnitz. In: Zeitschrift des Vereins für Geschichte und Alterthum Schlesiens 11 (1872) 120-170.

2494. Schubert, Heinrich: Gräfin Friederike von Reden. Ein kurzes Lebensbild. In: Der Wanderer im Riesengebirge 33 (1913) 6-10, 20-24.

2495. Schück, Karl Eduard: Drei schlesische Fürstenfrauen. In: Zeitschrift des Vereins für Geschichte und Alterthum Schlesiens 8/1 (1867) 73-108.

2496. Wunder, Heide: Überlegungen zur Konstruktion von Männlichkeit und männlicher Identität in Selbstzeugnissen der Frühen Neuzeit. Hans von Schweinichen (1552–1616) in seinem Memorial. In: Ruhe, Doris (Hg.): Geschlechterdifferenz. Texte, Theorien, Positionen. Würzburg 2000, 151-171.

2497. Wutke, Konrad: Eine schlesische Magnatenehe des XVI. Jahrhunderts. In: Zeitschrift des Vereins für Geschichte und Alterthum Schlesiens 38 (1904) 234-275.

2498. Wutke, Konrad: Kleinere Mittheilungen. 3. Herzog Heinrichs II. (IV.) von Glogau Vermählung mit Mechtild von Brandenburg. In: Zeitschrift des Vereins für Geschichte und Alterthum Schlesiens 37 (1903) 335-337.

2499. Wutke, Konrad: Vermischte Mitteilungen. 1. Der Todestag der Herzogin Anna, Witwe des Herzogs Georg I. von Brieg, geb. Herzogin von Pommern, 25. April 1550. In: Zeitschrift des Vereins für Geschichte Schlesiens 48 (1914) 413f.

4.13   Frauen- und Geschlechtergeschichte [Neuzeit]

2500. [Anonym]: v. Wagendhoff-Schwarzbach'sches Damenheim, Jauer in Schl. In: Adels- und Salonblatt 20/5 (1911) 57, 59, 62.
2501. Baer, Oswald: Der Engel von Ruhberg. Ein Beitrag zur Jugendgeschichte Kaiser Wilhelm I. Mit einem Porträt der Prinzessin Elisa Radziwill. Breslau 1889.
2502. Brühl, Clemens: Die Sagan: das Leben der Herzogin Wilhelmine von Sagan, Prinzessin von Kurland. Berlin 1941.
2503. Bunsen, Marie von: Talleyrands Nichte, die Herzogin von Sagan. Stuttgart/ Berlin 1925.
2504. Eschenburg, Harald: Die polnische Prinzessin Elisa Radziwill: die Jugendliebe Kaiser Wilhelms I. Stuttgart 1986 (Engelhorns Lebensbilder).
2505. Feckes, Elisabeth: Dorothea, Herzogin von Dino und Sagan. Ihr Leben mit besonderer Berücksichtigung ihrer Beziehung zum preußischen Königtum und zu Deutschen Politikern. Krefeld 1917.
2506. Gies McGuigan, Dorothy: Wilhelmine von Sagan. Zwischen Napoleon und Metternich. Berlin 1994.
2507. Grieger, Rudolf: Friederike Gräfin Reden in Buchwald als evangelische Christin. In: Schlesischer Gottesfreund 40/4 (1989) 57-60.
2508. Habermann, Gisela/Habermann, Paul: Fürstin von Liegnitz. Ein Leben im Schatten der Königin Luise. Berlin 1988.
2509. Harrach, Wichard von: Auguste Fürstin von Liegnitz. Ihre Jahre an d. Seite König Friedrich Wilhelms III. von Preussen (1824–1840). Berlin 1987 (Preußische Köpfe 101).
2510. Hirsch, Helmut: Sophie von Hatzfeldt. In Selbstzeugnissen, Zeit- u. Bilddokumenten. Düsseldorf 1981 (Schriftenreihe des Stadtmuseums Düsseldorf).
2511. Koch, W. John: Daisy von Pleß. Fürstliche Rebellin. Frankfurt a. Main/Berlin 1990.
2512. Kraus, Gerlinde: Christiane Fürstin von der Osten-Sacken. Eine frühkapitalistische Unternehmerin und ihre Erben während der Frühindustrialisierung im 18./19. Jahrhundert. Stuttgart 2001 (Beiträge zur Unternehmensgeschichte 10).
2513. Pflaum, Rosalynd: By influence and desire. The true story of three extraordinary women – the Grand Duchess of Courland and her daughters. New York 1986.
2514. Sobková, Helena: Kateřina Zaháňská [Katharina von Sagan]. Praha 1995 (Edice Osudy 8).
2515. Szewczyk, Barbara Grażyna: Niepokorna hrabina. Literacka kariera Valeski von Bethusy-Huc [Die unbotmäßige Gräfin. Der literarische Aufstieg der Valeska von Bethusy-Huc]. Katowice 1999 (Prace Naukowe Uniwersytetu Śląskiego w Katowicach 1804).
2516. Thieme, Walter: Mutter Eva, die Lobsängerin der Gnaden Gottes. Das Lebensbild der Schwester Eva von Thiele-Winckler. Berlin 1932.
2517. Wienfort, Monika: Gesellschaftsdamen, Gutsfrauen und Rebellinnen. Adelige Frauen in Deutschland. In: Conze, Eckart/Wienfort, Monika (Hg.): Adel und

Moderne. Deutschland im europäischen Vergleich im 19. und 20. Jahrhundert. Köln/Weimar 2004, 181-203.
2518. Ziegler, Philipp: Die Herzogin von Dino. Berlin 1965.

4.14 Familien [Allgemein]

2519. [Anonym]: Das gräfliche Haus Schaffgotsch (mit Wappenbild). In: Archiv für Geschichte, Genealogie, Diplomatik und verwandte Fächer 3 (1847) 236-242.
2520. [Anonym]: Das reichsgräfliche Haus Henckel unter besonderer Berücksichtigung des Wirkens des Reichsgrafen Hugo Henckel von Donnersmarck. In: Österreichisch-ungarische Revue N.F. 12 (1891/92) 257-288.
2521. [Anonym]: Das reichsgräfliche Haus Henckel unter besonderer Berücksichtigung des Wirkens des Reichsgrafen Hugo Henckel von Donnersmarck. In: Österreichisch-ungarische Revue N.F. 13 (1892) 36-62, 107-122.
2522. [Anonym]: Zur Geschichte der Familie von Prittwitz. [Nachdr. d. Hs. v.] 1857.
2523. [Anonym]: Ueber Namen und Wappen der schlesischen Familie von Prittwitz. In: Schlesische Provinzialblätter (1864) 107.
2524. [Goedsche, K.]: Chronik von der Stadt Trachenberg. Trachenberg 1903.
2525. Albert, F[ranz]: Die von Haugwitz auf Pischkowitz (1346–1819). In: Glatzer Heimatblätter 18 (1932) 77.
2526. Andreae, Friedrich: Zum Tode des Fürsten von Pless. In: Jomsburg 2/1 (1938) 83-85.
2527. Baletka, Tomáš: Páni z Kravař. Z Moravy až na konec světa [Die Herren von Krawarn. Von Mähren bis zum Ende der Welt]. Praha 2004.
2528. Baxa, Jakob: Die Familie von Proskowetz. In: Mährisch-Schlesische Heimat 3 (1960) 215-226.
2529. Beyer, Anton H.: Die Magirus v. Logau. Kurzer Abriß zur Geschichte der Familie Magir, Magirus u. Magirus v. Logau. Heitersheim 1998.
2530. Białkowski, Leon: Ród Czamborów-Rogalów w dawnych wiekach [Das Geschlecht Czambor-Rogalla in vergangenen Jahrhunderten]. In: Rocznik Towarzystwa Heraldycznego we Lwowie 6 (1921/23) 81-115.
2531. Biberstein, Kuno Rogalla von: Von Bieberstein und Rogalla von Bieberstein. Rede in Sorau. In: Jaworski, Tomasz (Hg.): Bibersteinowie w dziejach pogranicza śląsko-łużyckiego. Zielona Góra 2006, 221-231.
2532. Bieniak, Janusz: Ród Łabędziów [Das Geschlecht Łabędź]. In: Hertel, Jacek/Wroniszewski, Jan (Hg.): Genealogia. Studia nad wspólnotami krewniaczymi i terytorialnymi w Polsce średniowiecznej na tle porównawczym. Toruń 1987, 9-13.
2533. Blaschek, Wilhelm/Igálffy-Igály, Ludwig: Regestensammlung zur Geschichte des ritterlichen, freiherrlichen und gräflichen Geschlechtes der Mittrowsky v. Nemysl. [Masch.] Wien [1965–1970].
2534. Blücher, Leberecht von: Geschichte der Familie von Blücher von 1914 bis 2003. Merzhausen 2003.

2535. Blücher, Ulrich Vicco von: Neueste Geschichte der Familie von Blücher 1870–1914. Schwerin 1914.

2536. Bock, Woldemar von: Die schlesischen Bocks, eine Familien Geschichte in Umrissen. Vortrag. O. O. 1909.

2537. Bock, Woldemar von (Bearb.): Bockiana nec non Bockiana Silesiaca. Die Adelsgeschlechter von Bock, insbesondere die von Bock (Pack) in Schlesien. Berlin 1910.

2538. Braun, Magnus von: Alte Schlesische Geschlechter. Die Freiherrn von Braun. In: Jahrbuch der Schlesischen Friedrich-Wilhelms-Universität zu Breslau 6 (1961) 213-228.

2539. Braun-Neucken, Magnus von: Die Freiherren von Braun. Geschichte eines Schlesisch-Ostpreußischen Geschlechts. [Masch.] O. O. [1957].

2540. Buben, Milan M.: Strachwitzové [Die Strachwitz]. In: Střední Evropa 11/52 (1995) 110-117.

2541. Chocholatý, František: Herzog Przemko von Troppau (1365–1433) im Lichte seiner Zeit. In: Adler. Zeitschrift für Genealogie und Heraldik N.F. 13/9-10 (1985) 299-306, 333-343, 369-376.

2542. Chrzanowski, Witold: Henryk II Pobożny. Najazd mongolski na Polskę 1241 r. [Heinrich II. der Fromme. Der Mongoleneinfall in Polen im Jahr 1241]. Kraków 2001.

2543. Czettritz und Neuhaus, Hugo von (Bearb.): Geschichte des Geschlechts von Czettritz und Neuhaus, Bd. 1-2. Görlitz 1907–1911.

2544. Dobschütz, Günther von: Eine oberschlesische Ahnentafel um 1620. In: Ostdeutsche Familienkunde 11 (1963) 234-237.

2545. Dobschütz, Sigismund von: Ahnenliste der Geschwister Christina von Dobschütz (* 1976) und Felix von Dobschütz (* 1978). [Masch.] Langen 1995.

2546. Dobschütz, Sigismund von: Der reiche Onkel in Amerika. Moritz Julius von Dobschütz – ein Schlesier aus Westfalen in Belleville, Illinois. In: Ostdeutsche Familienkunde 17 (2005) 283-305.

2547. Dobschütz, Sigismund von: Die oberschlesische Familie v. Dobschütz. In: Archiv ostdeutscher Familienforscher 13 (1995/97) 386-391.

2548. Dobschütz, Sigismund von: Die oberschlesische Familie von Dobschütz [Nachträge und Korrekturen]. In: Archiv ostdeutscher Familienforscher 12 (1992/94) 318-320, 320-324, 457.

2549. Dobschütz, Sigismund von: Quellen-Hinweise auf Mitglieder der Familie v. Dobschütz. [Masch.] Langen 1995.

2550. Dobschütz, Sigismund von: Stammliste der Familie von Dobschitz. [Masch.] O. O. [2006].

2551. Dobschütz, Sigismund von: Stammliste der Familie von Dobschütz (1476–2006). [Masch.] O. O. [2006].

2552. Dobschütz, Sigismund von: Stammliste der älteren Dobschicz (1290–1476) [Masch.] O. O. [ca. 1995].

2553. Dobschütz, Sigismund von: Von Dobschütz – Stammliste eines über 500jährigen oberschlesischen Geschlechts. In: Archiv ostdeutscher Familienforscher 8 (1980) 105-132.

2554. Dobschütz, Sigismund von: „Von Dobschütz". Eine Familie aus Schlesien. Stammliste über 15 Generationen. [Masch.] Langen 1995.

2555. Dohna, Siegmar zu: Aufzeichnungen über die erloschenen Linien der Familie Dohna, Bd. 1-2, Berlin 1875–1876.

2556. Dvorský, Frant[išek]: O starožitném panském rodě Benešoviců [Über das altertümliche Herrengeschlecht der Beneschau], Bd. 1: O Benešovicích – vyjímaje rod pánů z Kravař [Über die Benešovici – ausgenommen das Geschlecht der Herren von Krawarn]. Brno 1907.

2557. Dvorský, Frant[išek]: O starožitném panském rodě Benešoviců [Über das altertümliche Herrengeschlecht der Benešovici], Bd. 2: O rodě pánů z Kravař [Über das Geschlecht der Herren von Krawarn]. Brno 1910.

2558. Elsner, Richard Konstantin Ferdinand Joachim von: Geschichte der in Schlesien blühenden Familie von Elsner und ihres Grundbesitzes [...]. Breslau [1859].

2559. D'Elvert, Christian: Die Schaaffgotsche. In: Taschenbuch für die Geschichte Mährens und Schlesiens 3 (1829) 70-129.

2560. Esbach, Friedrich-Carl: Das herzogliche Haus Württemberg zu Carlsruhe in Schlesien. Stuttgart 1906.

2561. Fidyk, Marcin/Woźnicki, Dariusz: Ród Wyplerów [Das Geschlecht Wypler]. In: Woźnicki, Dariusz (Hg.): Przyczynki do heraldyki i genealogii szlachty śląskiej. Tarnowskie Góry 1998, 9-26.

2562. Frankenberg und Ludwigsdorff, Moritz von: Notizen über die Familie der Grafen, Freiherren und Herren von Frankenberg-Proschlitz, Ludwigsdorff und Lüttwitz. Darmstadt 1878.

2563. Frankenberg und Ludwigsdorff, Moritz von: Nachtrag zu den Notitzen über die Familie der Grafen, Freiherren und Herren von Frankenberg-Proschlitz, Ludwigsdorff und Lüttwitz. Darmstadt 1887.

2564. Frommhold, [...]: Zur Geschichte des uradligen Geschlechts von Geisler (auch von Geissler u. Stohnsdorff genannt). In: Familiengeschichtliche Blätter. Monatsschrift für wissenschaftliche Genealogie 29 (1931) 261-264.

2565. Gellhorn, Otto von: Besteht eine Abstammungsgemeinschaft zwischen den bürgerlichen Gel(l)horn-Familien und dem schlesischen Uradelsgeschlecht von Gellhorn? In: Ostdeutsche Familienkunde (1954) 88-90.

2566. Gojniczek, Wacław: Cieszyński bohater bitwy pod Obertynem [Der Teschener Held der Schlacht bei Obertyn] In: Kalendarz Cieszyński 12 (1996 [1995]) 193f.

2567. Gojniczek, Wacław: Tschammerowie z Iskrzyczyna w drugiej połowie XV wieku i w XVI wieku [Die Familie Tschammer aus Iskrzyczyn in der zweiten Hälfte des 15. Jahrhunderts und im 16. Jahrhundert]. In: Familia Silesiae 2 (1997) 5-23.

2568. Górska, Hanna: Das Herrenhaus in Bruschewitz (Kreis Trebnitz, Schlesien). Eine historisch-architektonische Untersuchung. Bonn 2001.

2569. Hatzfeldt, Friedrich von/Kowalski, Ireneusz/Kogut, Mieczysław: Żmigród – gmina i miasto. Zarys historii i czasy współczesne [Trachenberg – Gemeinde und Stadt. Historischer Abriß und Gegenwart]. Żmigród 1998.

2570. Haugwitz, Eberhard von: Die Geschichte der Familie von Haugwitz. Nach den Urkunden und Regesten aus den Archiven von Dresden, Naumburg, Breslau, Prag, Brünn und Wien, Bd. 1: Darstellung; Bd. 2: Regesten. Leipzig 1910.

2571. Heiduk, Franz: Das Geschlecht der Hofmann von Hofmannswaldau. In: Schlesien (1968) 31-41.

2572. Helbig, Julius/Hirtz, Albert (Hg.): Urkundliche Beiträge zur Geschichte der edlen Herren von Biberstein und ihrer Güter. Reichenberg/Böhmen 1911.

2573. Heydebrand u. der Lasa, Fedor von: Das Liegnitzer Geschlecht von der Heyde. In: Mitteilungen des Geschichts- und Altertums-Vereins für die Stadt und das Fürstentum Liegnitz 12 (1928/29) 244-295.

2574. Igálffy-Igály, Ludwig [Ludwig Igálffy von Igály]: Beiträge zur Genealogie der Kornitz-Familien. In: Adler. Zeitschrift für Genealogie und Heraldik N.F. 3 (1953/55) 71-74, 89-94, 106-111, 158-162, 209-214.

2575. Igálffy-Igáli, Ludwig [Ludwig Igálffy von Igály]: Beiträge zur Genealogie schlesischer Adelsfamilien. Die Freiherren Dambrowka v. Jaschin. In: Ostdeutsche Familienkunde 8/2 (1960) 226-229.

2576. Igálffy-Igály, Ludwig [Ludwig Igálffy von Igály]: Berichtigung und Nachtrag zum Eichendorff Artikel in Heft 11. In: Adler. Zeitschrift für Genealogie und Heraldik 14/12 (1988) 444.

2577. Igálffy von Igali, Ludwig [Ludwig Igálffy von Igály]: Das Geschlecht der Skal von Gross-Ellguth, ehemals Landsassen von Beuthen. In: Mitteilungen des Beuthener Geschichts- und Museumsvereins 21/22 (1960) 86-97.

2578. Igálffy von Igály, Ludwig: Das oberschlesische Geschlecht der Borschke von Mahliau, auch Burssky von Malejow genannt (13.–19. Jhdt.). In: Mitteilungen des Beuthener Geschichts- und Museumsvereins 50 (1992) 176-187.

2579. Igálffy-Igály, Ludwig [Ludwig Igálffy von Igály]: Die Eichendorff und die Kloch von Kornitz, ein Beitrag zum Eichendorff-Jahr. In: Adler. Zeitschrift für Genealogie und Heraldik 14/11 (1988) 409-415.

2580. Igálffy-Igáli, Ludwig [Ludwig Igálffy von Igály]: Die Entstehung der schlesischen Kornitz-Familien mit Beiträgen zur Genealogie der Sobek, Bielik, Rogowski und Dubovzy von Kornitz. In: Adler. Zeitschrift für Genealogie und Heraldik N.F. 3/4-5 (1953) 41-55.

2581. Igálffy von Igály, Ludwig: Die Freiherrn Trach von Birkau. Ein Beitrag zur Geschichte des Kieferstädtler Landes. In: Mitteilungen des Beuthener Geschichts- und Museumsvereins 19/20 (1958/59) 134-157.

2582. Igálffy von Igály, Ludwig: Die Freiherrn Wolczynski und die Freiherrn von Doleschek. Ein Beitrag zur Geschichte von Mikultschütz im 17. und 18. Jahrhundert. In: Mitteilungen des Beuthener Geschichts- und Museumsvereins 50 (1992) 201-204.

2583. Igálffy de Igály, Ludwig [Ludwig Igálffy von Igály]: Die Kiczka-Karwinsky. Eine Studie über die Herkunft der Freiherrn Karwinsky von Karwin und Czegota von Slupsk und aller anderen Familien desselben Wappens. [Masch.] Wien [ca. 1970].

2584. Igálffy von Igály, Ludwig: Die Kornitz-Familien in Oberschlesien. In: Mitteilungen des Beuthener Geschichts- und Museumsvereins 17/18 (1956/57) 104-114.

2585. Igálffy von Igály, Ludwig: Die Kornitz-Familien in Oberschlesien. Ergänzungen. In: Mitteilungen des Beuthener Geschichts- und Museumsvereins 19/20 (1958/59) 178.

2586. Igálffy von Igály, Ludwig: Die Ottieslaw von Koppinitz, genannt Ramsch, und die älteste Kirchenmatrik von Oberschlesien. In: Mitteilungen des Beuthener Geschichts- und Museumsvereins 45/47 (1983/85) 120-138.

2587. Igálffy von Igály, Ludwig: Die Rogoisky von Rogoźnik – eine bedeutende Familie im Großraum Beuthen. In: Mitteilungen des Beuthener Geschichts- und Museumsvereins 45/47 (1983/85) 17-42.

2588. Igállfy von Igály, Ludwig: Die Schick von Lenke und von Koschütz und andere in Oberschlesien, Böhmen und Mähren. In: Mitteilungen des Beuthener Geschichts- und Museumsvereins 51 (1997) 25-81.

2589. Igállfy von Igály, Ludwig: Die schlesischen Schick. In: Mitteilungen des Beuthener Geschichts- und Museumsvereins 27/28 (1965/66) 199-204.

2590. Igálffy-Igály, Ludwig von [Ludwig Igálffy von Igály]: Die Trnawski und die Harrassowski, zwei bedeutende Geschlechter im Raume der mährischen Pforte vom 14. bis zum 20. Jahrhundert. In: Adler. Zeitschrift für Genealogie und Heraldik N.F. 10/10 (1976) 245-249, 279-289.

2591. Igálffy von Igály, Ludwig: Die Wrochen, ein Urgeschlecht des Beuthener Landes. In: Mitteilungen des Beuthener Geschichts- und Museumsvereins 48 (1987) 1-24.

2592. Igálffy von Igály, Ludwig: Ein Beitrag zur Genealogie der Grafen Wilczek. In: Adler. Zeitschrift für Genealogie und Heraldik N.F. 6 (1963) 11–14.

2593. Igalffy-Igály, Ludwig [Ludwig Igálffy von Igály]: Geschichte des uradeligen Rittergeschlechtes der Wipplar von Uschitz. Diss. [Masch.] Wien 1966.

2594. Igálffy von Igály, Ludwig: Leopold Graf Otieslaw von Koppinitz, der mährische Herkules, und seine Erben aus der Familie von Holly. In: Mitteilungen des Beuthener Geschichts- und Museumsvereins 48 (1987) 131-133.

2595. Igálffy von Igály, Ludwig: Neue Beiträge zur Genealogie der Harrassowsky. In: Adler. Zeitschrift für Genealogie und Heraldik N.F. 13/2 (1983) 38-43.

2596. Igálffy von Igály, Ludwig: Neue Forschungen über die Abstammung der Grafen Wilczek und der übrigen Familien des Wappens Kozel. In: Gall, Franz (Hg.): Adler – Festschrift zur Neunzigjahrfeier der Heraldisch-Genealogischen Gesellschaft Adler 1870–1960. Im Auftrage der Heraldisch-Genealogischen Gesellschaft „Adler". Wien 1961, 40-69.

2597. Igálffy von Igály, Ludwig: Zur Genealogie der Kornitz-Familien. In: Mitteilungen des Beuthener Geschichts- und Museumsvereins 21/22 (1960) 230-236.

2598. Jaeckel, Georg (Bearb.): Geschichte der Liegnitz-Brieger Piasten, Bd. 1: Die geschichtliche Entwicklung bis zu Herzog Georg II. von Liegnitz-Brieg-Wohlau (1547–1586). Lorch/Württ. 1980 (Beiträge zur Liegnitzer Geschichte 10).

2599. Jaeckel, Georg (Bearb.): Geschichte der Liegnitz-Brieger Piasten, Bd. 2: Joachim Friedrich von Liegnitz-Brieg-Wohlau (1586–1602) bis zum Ende des Piastengeschlechts. Lorch/Württ. 1982 (Beiträge zur Liegnitzer Geschichte 12).

2600. Jureczko, Andrzej: Henryk III Biały, książę wrocławski (1247–1266) [Herzog Heinrich III. der Weiße von Breslau (1247–1266)]. Kraków 1986, 2. Aufl. 2007 (Prace Monograficzne Wyższej Szkoły Pedagogicznej w Krakowie 76).

2601. Kalckreuth, Albert Philipp Wilhelm von: Historisch-Genealogische Beiträge zur Geschichte der Herren, Freiherren und Grafen von Kalckreuth. Potsdam 1904.

2602. Karwowski, Stanislaw: Beziehungen der Reichsgrafen von Oppersdorf zu Polen. In: Jahres-Bericht des Königlichen Katholischen Gymnasiums zu Leobschütz für das Schuljahr [...], mit welchem zur öffentlichen Schlussfeier am [...] ergebenst einladet das Lehrer-Kollegium 1892/93 (1893) 1.

2603. Kaufmann, Johannes: Hausgeschichte und Diplomatarium der Reichs-Semperfreien und Grafen Schaffgotsch, Bd. 2: Besitzgeschichte, Teil 2: Die Erhaltung der Schaffgotschischen Stammgüter durch Fideicommisse. Warmbrunn 1925.

2604. Kettner, Adolf: Beiträge zur Geschichte des schlesischen Adelsgeschlechtes Mikusch-Buchberg und der rittermäßigen Scholtisei Schwarzwasser. In: Zeitschrift für Geschichte und Kulturgeschichte Österreichisch-Schlesiens 5 (1909/10) 12-25.

2605. Kettner, Adolf: Füllstein (Fulmenstein), Sedlnitzky, Hoditz und Badenfeld. Ein Gedenkblatt zum 50. Todestag des Eduard Silesius. In: Zeitschrift für Geschichte und Kulturgeschichte Österreichisch-Schlesiens 5 (1910) 161-165.

2606. Kettner, Adolf: Waldfräuleins Heimgang. Erinnerungen an die Familien Binzer und Zedlitz. In: Zeitschrift für Geschichte und Kulturgeschichte Österreichisch-Schlesiens 6 (1911) 60-64.

2607. Kiełbasa, Antoni: Pamięć o Henryku Brodatym w Trzebnicy w 800-lecie przejęcia rządów przez księcia [Die Erinnerung an Heinrich den Bärtigen in Trebnitz zum 800. Jahrestag der Regierungsübernahme]. In: Goliński, Mateusz/Rosik, Stanisław (Hg.): Viae historicae. Księga jubileuszowa dedykowana Profesorowi Lechowi A. Tyszkiewiczowi w siedemdziesiątą rocznicę urodzin. Wrocław 2001 (Acta Universitatis Wratislaviensis 2306. Historia 152), 305-320.

2608. Kincel, Ryszard: Eichendorffowie w Kraju Hulczyńskim i Opawie [Die Eichendorff im Hultschiner Ländchen und in Troppau]. In: Neuberg, Jan/Staniszewski, Grzegorz (Hg.): Z dziejów ziemi raciborskiej. Miejsca – Ludzie – Problemy. Racibórz 2003, 85-97.

2609. Kling-Mathey, Christiane: Gräfin Hatzfeldt 1805–1881. Eine Biographie. Bonn 1989.

2610. Klopsch, Christian David: Geschichte des Geschlechts von Schönaich, Bd. 1-4. Glogau 1847–1856.

2611. Knobelsdorff, Wilhelm von: Das von Knobelsdorff'sche Geschlecht im Jahre 1873. Berlin 1873.

2612. Knobelsdorff, Wilhelm von: Das von Knobelsdorff'sche Geschlecht im Jahre 1909. Neuabdr. des von Wilhelm v. Knobelsdorff u. Udo v. Knobelsdorff i. J.

1891 zsgst. Geschlechtsverzeichnisses. Vervollst. durch Heinrich v. Knobelsdorff. Giessen 1909.

2613. Knobelsdorff, Wilhelm von: Das von Knobelsdorff'sche Geschlecht in Stammtafeln von der ältesten bis auf die neueste Zeit. Berlin 1876.

2614. Knobelsdorff, Wilhelm von: Zur Geschichte der Familie von Knobelsdorff. [Als Manuskr. gedr.] Berlin 1855–1860.

2615. Knothe, Hermann: Beiträge zur Genealogie des Laubaner Geschlechts der „Zeidler" (von Rosenberg). In: Neues Lausitzisches Magazin 72 (1896) 212-235.

2616. Köckritz, Diepold von: Geschichte des Geschlechtes von Köckritz von 1209–1512 und der schlesischen Linie bis in die Neuzeit [...]. Breslau 1895.

2617. Kopiec, Jan: Władysław von Oppeln (Opolczyk – der Stifter des Klosters Jasna Góra. Betrachtungen eines Historikers zum 600. Todestag). In: Zeszyty Edukacji Kulturalnej/Hefte für Kultur und Bildung 37 (2002) 98-111.

2618. Kornke, Theodor: Der Adelsstreit der Grafen Wrbna. Historisch juristische Studie. Wien 1914.

2619. Koschitzky, Hanko von: Geschichte der Familie v. Koschitzky oder v. Koschützki, letztere seit 1811 v. Koschützki-Larisch und seit 1939 v. Koschütz-Larisch. Kiel 1994.

2620. Koscielski, Oskar von: Entwurf zu einer Geschichte der Familie „von Koscielski": Polnisch-Schlesischen Uradels. Stargard 1902.

2621. Koscielski, Oskar von: Entwurf zu einer Geschichte der Familie von Koscielski, hier Anlage 4: Kantate am Vermählungstage des Hochwohlgeb. Ritters u. Herrn Wilhelm von Koscielsky, Lt. d. hochlöbl. Infantrie-Regiments von Ruits mit dem Hochwürden Frl. Henriette v. Schikfus, Stiftsfrl. d. heil. Grabes, den 20. Jan. 1796. Stargard 1902.

2622. Kouřil, Pavel/Wihoda, Martin: Wüstehubové. Ďáblovo plémě nebo tvůrcové kulturní krajiny? [Die Wüstenhub. Teufelsgeschlecht oder Gestalter der Kulturlandschaft?]. In: Časopis Slezského zemského muzea, Série B: Vědy historické 50/3 (2001) 205-217.

2623. Kowalski, Ireneusz: Arystokraci niemieccy w Polsce. Historia i współczesność. Hatzfeldt, Hochberg, Maltzan, Moltke, Thadden [Deutscher Adel in Polen. Geschichte und Gegenwart. Hatzfeldt, Hochberg, Maltzan, Moltke und Thadden]. Milicz 1997.

2624. Krause, Walter: Das Krappitzer Vogtgeschlecht von Temchen (Temchin von Borgene). Zur Familiengeschichte der Seidlitz, Kurzbach, Lippa, Thümel. In: Oppelner Heimatblatt 10/8 (1934/35) 1-5, 12.

2625. Kruczek, Jan: Książęta pszczyńscy w Bielskiem [Die Fürsten von Pleß in der Umgebung von Bielitz]. In: Kalendarz Beskidzki 26 (1985) 117-122.

2626. Kuczer, Jarosław: Baronowie von Rechenberg [Die Freiherren von Rechenberg]. In: Pro libris. Lubuskie Pismo Literacko-Kulturalne 3 (2007) 74-82.

2627. Kuczer, Jarosław: Hrabowie von Dünnewald [Die Grafen von Dünnewald]. In: Pro libris. Lubuskie Pismo Literacko-Kulturalne 1 (2007) 123-132.

2628. Kuczer, Jarosław: Hrabowie von Fernemont [Die Grafen von Fernemont]. In: Pro libris. Lubuskie Pismo Literacko-Kulturalne 2 (2007) 104-111.

2629. Kuzio-Podrucki, Arkadiusz: Henckel von Donnersmarckowie – kariera i fortuna rodu [Die Henckel von Donnersmarck – Karriere und Familienglück]. Bytom 2003.

2630. Kuzio-Podrucki, Arkadiusz: Rodzina von Tiele-Winckler. Zarys dziejów [Die Familie von Tiele-Winckler. Ein historischer Abriß]. In: Szturc, Jan (Hg.): Matka Ewa z Miechowic. Ewa von Tiele-Winckler (1866–1930). Katowice 2006, 10-28.

2631. Kuzio-Podrucki, Arkadiusz: Schaffgotschowie. Zmienne losy śląskiej arystokracji [Die Schaffgotsch. Wechselvolle Schicksale der schlesischen Aristokratie]. Bytom 2007.

2632. Kuzio-Podrucki, Arkadiusz: Tiele-Wincklerowie. Arystokracja węgla i stali [Die Familie Tiele-Winckler. Kohle- und Stahladel]. Bytom 2006.

2633. Laslowski, Ernst: Zur Geschichte der Grafen von Ballestrem. In: Zeitschrift des Vereins für Geschichte Schlesiens 77 (1943) 88-94.

2634. Lichnowsky, Leonore: Aus der Geschichte unserer Familie. In: Staehelin, Martin (Hg.): Das Beethoven-Bildnis des Isidor Neugaß und die Familie Lichnowsky. Bonn 1983, 41-50.

2635. Lieres und Wilkau-Gallowitz, Theodor von: Beiträge zur Geschichte der Familie von Lieres und Wilkau. Die Begründung der Zweige I-IV u. deren Grundbesitz 1726/49–1945. Berichte über die Güter im Landkreis Breslau, die bis 1945 im Besitz von Angehörigen der Familie gewesen sind: Gallowitz, Reppline, Pasterwitz, Grunau. [Masch.] Bonn 1984.

2636. Lutowniewski, Adam: O rodzinie Sedlnitzky von Choltitz, ostatnich właścicielach pałacu w Łące Prudnickiej [Über die Familie Sedlnitzky von Choltitz, die letzten Besitzer des Schlosses in Gräflich Wiese]. In: Dereń, Andrzej/ Weigt, Antoni (Hg.): Ziemia Prudnicka. Opole 2002, 37-42.

2637. Maciejewska, Beata: Byłam w kręgu [Ich war im Kreis]. In: Kronika Doliny Baryczy 9 (2003) 105-112.

2638. Marklowski, Arwed von: Urkunden und Nachrichten über die Familie derer von Marklowski, Pernstein von Marklowsky, Freiherr Marklowsky von Zebracz und Pernstein. Wien 1909.

2639. Matuschka, Viktor von: Die Matuschkas von Topolczan in Breslau und Europa. In: Zeszyty Edukacji Kulturalnej/Hefte für Kultur und Bildung 37 (2002) 130-139.

2640. Mieroszowski, [...]: Die Salomo, früher Besitzer von Myslowitz. In: Zeitschrift des Vereins für Geschichte und Alterthum Schlesiens 12 (1874) 395-400.

2641. Mika, Norbert/Wawoczny, Grzegorz: Książęta opolsko-raciborscy: Wybrane postacie [Die Herzöge von Oppeln-Ratibor: Ausgewählte Gestalten]. Racibórz 2000 (Biblioteczka Ziemi Raciborskiej).

2642. Mosch, Hans von (Bearb.): Urkunden und Regesten zur Geschichte und Genealogie der Familie von Mosch 1245–1945, Bd. 1-4. München 1981–1992.

2643. Murín-Meese, Alexandre: Politická činnost knížete Karla Maxe Lichnowského na počátku I. světové války [Die politische Tätigkeit des Fürsten Karl Max

FRIEDRICH GRAF SCHAFFGOTSCH
Erb-Land-Hofmeister von Schlesien

HAUSGESCHICHTE
UND DIPLOMATARIUM
DER
REICHS-SEMPERFREIEN
UND
GRAFEN SCHAFFGOTSCH

LEIPZIG IM JAHRE MCMXXV

Titelblatt und Frontispiz aus Kaufmann, Johannes: Hausgeschichte und Diplomatarium der Reichs-Semperfreien und Grafen Schaffgotsch, Bd. 2: Besitzgeschichte, Teil 2: Die Erhaltung der Schaffgotschischen Stammgüter durch Fideicommisse. Warmbrunn 1925 (laufende Nummer 2603).

Lichnowsky am Anfang des Ersten Weltkrieges]. In: Orlice. Časopis pro genealogii, heraldiku a další pomocné vědy historické (1990) 61-70.

2644. Nentwig, Heinrich: Von der Familie Schaffgotsch (Ältere Zeit bis 1742). In: Schlesien. Illustrierte Zeitschrift für die Pflege heimatlicher Kultur 1 (1907/08) 359-361, 401-404.

2645. Neumann, Alfons: Die Familie von Maltitz und ihr Grundbesitz im ehemaligen Fürstentum Neisse 1401. In: Jahresbericht des Kunst- und Altertums-Vereins Neisse 36 (1932) 44-47.

2646. Neumann-Reppert, Ekkehart: Hiob von Rothkirch, ein schlesischer Edelmann, und seine Kinder und Enkel. In: Genealogie. Deutsche Zeitschrift für Familienkunde 41/7 (1992) 170-180.

2647. Neuss, Erich: Geschichte des Geschlechtes v. Wilmowsky. Eine Grundlegung von Erich Neuss. Halle (Saale) 1938.

2648. Nostitz und Jänckendorf, Gottlob Adolf von: Beiträge zur Geschichte des Geschlechts von Nostitz, Bd. 1-2. Leipzig 1874–1876.

2649. Nostitz und Jänckendorf, Gottlob Adolf von/Nostitz-Wallwitz, Karl von: Beiträge zur Geschichte des Geschlechts von Nostitz, Bd. 3: Ergänzungen. Leipzig 1935.

2650. Nostitz und Jänckendorf, Gottlob Adolf von: Beiträge zur Geschichte des Geschlechts von Nostitz, Bd. 4: Ergänzungen. Leipzig 1977.

2651. Nowack, Alfons: Die Reichsgrafen Colonna Freiherrn von Fels, auf Groß Strehlitz, Tost und Tworog in Oberschlesien. Groß Strehlitz 1902.

2652. Ohlen, Joachim von: Geschichte der schlesischen Familie Ohl von Adlerscron (v. Ohlen und Adlerscron). Limburg 1971.

2653. Oppersdorff, Wilhelm Hans von: Chronik, Status, Wappen und Devise der Grafen von Oppersdorff. Frankfurt a. Main 1963.

2654. Oppersdorff, Wilhelm Hans von: Die Familie von Oppersdorff. [Neu-Isenburg] 1980.

2655. Perlick, Alfons: Das Geschlecht derer von Tieschowitz auf Rokittnitz (Martinau). In: Mitteilungen des Beuthener Geschichts- und Museumsvereins 17/18 (1956/57) 127-129.

2656. Pilnáček, Josef: Genealogie Lipovských z Lipovic [Zur Genealogie der Familie Lipowsky von Lipowitz], Bd. 1. Vídeň 1937.

2657. Pilnáček, Josef: Genealogie der schlesischen uradeligen Familie von Donat. Wien 1939.

2658. Pilnáček, Josef/Igálffy-Igály, Ludwig: Familiengeschichte der Familie Pelka v. Borislawitz aus Schlesien, sowie anderer Pelka Familien im schles.-mährischen Raum. [Masch.] Wien 1971.

2659. Pollok, Ewald Stefan: Historia Żyrowej, rodu von Gaschin fundatorów klasztorów i kalwarii na Górze św. Anny [Die Geschichte von Zyrowa und der Familie von Gaschin, der Stifter des Klosters und Kalvarienbergs in St. Annaberg]. Żyrowa 1999.

2660. Posadowsky-Wehner, Arthur Adolf von: Geschichte des schlesischen uradligen Geschlechtes der Grafen Posadowsky-Wehner, Freiherrn von Postelwitz, nebst einem Anhange enthaltend Nachrichten über das Breslauer Patrizier-Geschlecht von Wehner. Breslau 1891.

2661. Posadowsky-Wehner, Arthur Adolf von: Die schlesischen Habdanks. Ein Beitrag zur Urgeschichte der Grafen Posadowsky-Wehner Freiherrn von Postelwitz. Berlin 1925.

2662. Prittwitz, Robert von: Das v.-Prittwitz'sche Adels-Geschlecht. Breslau 1870.

2663. Prittwitz und Gaffron, Bernhard von: Die ersten 50 Jahre des von Prittwitz und Gaffron'schen Familienvereins zum 27. Februar 1908 als dem 50jährigen Gedenktage der Gründung des Vereins zusammengestellt und statt Handschrift gedruckt. Breslau 1908.

2664. Prittwitz und Gaffron, Hans von: Personal-Bestand der Familie v. Prittwitz am 1. Januar 1867. Oels [1867].

2665. Prus, Konstanty: Świętobliwa księżniczka Ofka i klasztor ss. dominikanek w Raciborzu. Kartka z dawnych dziejów Śląska [Die gottgefällige Herzogin Euphemia und das Dominikanerinnenkloster in Ratibor. Eine Notiz aus der Vergangenheit Schlesiens]. Bytom 1910.

2666. Pusch, Oskar: Das Geschlecht von Poser und Groß-Naedlitz. Abgestorbene Stämme und Äste. Dortmund 1968 (Veröffentlichungen der Ostdeutschen Forschungsstelle im Lande Nordrhein-Westfalen 15).

2667. Pusch, Oskar: Das schlesische uradelige Geschlecht von Poser, insonderheit von Poser und Gross-Naedlitz. Neustadt (Aisch) 1957 (Bibliothek familiengeschichtlicher Arbeiten. Zentralstelle für Deutsche Personen- und Familiengeschichte 22).

2668. Raczek, Friedrich Wilhelm von/Tschammer-Quaritz, August von: Geschichte der freiherrlichen Familie von Tschammer [...]. Breslau 1868.

2669. Radler, Leonhard: Beiträge zur Geschichte der Grafen von Würben. In: Archiv für schlesische Kirchengeschichte 17 (1959) 84-117; 18 (1960) 36-69.

2670. Radler, Leonhard: Beiträge zur Geschichte von Peterwitz Kreis Schweidnitz. In: Archiv für schlesische Kirchengeschichte 16 (1958) 265-302.

2671. Radler, Leonhard: Beiträge zur Geschichte der Grafen von Poseritz/Striegau und ihres Dorfes Hohenposeritz. In: Jahrbuch für Schlesische Kirchengeschichte N.F. 55 (1976) 7-37.

2672. Radler, Leonhard: Die Grafen von Würben. In: Schlesien 2 (1934) 157-159.

2673. Radler, Leonhard: Hatte Graf Peter Wlast auch im Kreise Striegau Besitz? In: Archiv für schlesische Kirchengeschichte 18 (1960) 301-305.

2674. Randow, Olof von: Die Randows. Eine Familiengeschichte. Neustadt (Aisch) 2001 (Deutsches Familienarchiv 135-136).

2675. Reibnitz, Paul von: Geschichte der Herren und Freiherren v. Reibnitz 1241 bis 1901. Berlin 1901.

2676. Reichenbach, Heinrich von: Urkundliche Geschichte der Grafen von Reichenbach in Schlesien, Bd. 2: Geschichtliche Darstellung. Breslau 1907.

2677. Rosenbaum, Sebastian: Die Ballestrems – von Piemont nach Oberschlesien. In: Zeszyty Edukacji Kulturalnej/Hefte für Kultur und Bildung 36 (2002) 100-119.

2678. Rosenbaum, Sebastian: Franz Graf von Ballestrem – Großgrundbesitzer, Industrieller, Politiker. In: Zeszyty Edukacji Kulturalnej/Hefte für Kultur und Bildung 38 (2003) 68-93.

2679. Rosenberg-Lipinsky, Hermann Albert Alfred: Genealogische Nachrichten über die Familie v. Rosenberg-Lipinsky [...]. Breslau 1859.

2680. Rucková, Iveta: Das Adelsgeschlecht der Lichnowskys. Eine kulturelle Kontinuität. In: Germanoslavica 18 (2007) 101-116.

2681. Rucková, Iveta: Das Adelshaus der Lichnowskys. Eine kulturelle Kontinuität. Ostrava 2007 (Vydavatelství Ostravské Univerzity v Ostravě. Řada Spisy Filozofické fakulty Ostravké univerzity 171).

2682. Rudziński, Władysław: Koligacje śląskie na tle historii rodziny Rudzińskich [Schlesische Verwandtschaften vor dem Hintergrund der Geschichte der Familie Rudzinski]. Warszawa 1995.

2683. Rybotycki, Jan: Zamek piastowski w Jaworze [Die Piastenburg in Jauer]. Jawor 1988.

2684. S[zotek], H[alina]: Stritzcy [Die Familie Stritzky]. In: Kalendarz Skoczowski 4 (1996 [1995]) 79-84.

2685. Sachs, Ewa Beata: Kilka opowieści z życia Kurzbachów – panów z Doliny Baryczy [Einige Erzählungen aus dem Leben der Kurzbach, der Herren aus dem Bartschtal]. In: Kronika Doliny Baryczy 9 (2003) 119-134.

2686. Sadowski, Tomasz (Hg.): Poczet książąt Wrocławia [Die Breslauer Herzöge]. Wrocław 1999.

2687. Sauer, Albert: Anmerkungen zur Geschichte der Freiherrlichen Familie v. Skal. In: Der Altvaterbote 9 (1956) 58-62.

2688. Sauer, Albert: Einiges über die Familiengeschichte des Dichters Joseph von Eichendorff. In: Der Altvaterbote 9 (1956) 242-246.

2689. Sawicki, Krzysztof: Radociny, pałac Nowy Dwór (Neuhof), rodzina książęca Reuss, Feodora Reuss prawnuczka królowej brytyjskiej Victorii [Neuhof, das Schloß, die Prinzenfamilie von Reuß und Feodora Reuß, die Urenkelin der englischen Königin Victoria]. In: Rocznik Jeleniogórski 38 (2006) 93-106.

2690. Scheliha, Curt von: Die Familie von Scheliha. E. Nachweisung des Mitgliederbestandes der Familie. Trebnitz 1911.

2691. Schickfus und Neudorff, Erbo von: Schickfus: Geschichte eines schlesischen Geschlechts, Bd. 1: Erste bis achte Generation 1474 bis Mitte des 18. Jahrhunderts, Bd. 2: Neunte bis elfte Generation. Von der Mitte des 18. Jahrhunderts bis zu den deutschen Einigungskriegen (Ergänzungen, Berichtigungen, Bilder). [Masch.] Freiburg/Br. 1957–1961.

2692. Schimmelpfennig, C. Adolph: Die Piastische Nebenlinie der Freiherrn von Liegnitz. In: Zeitschrift des Vereins für Geschichte und Alterthum Schlesiens 11 (1872) 275-302.

2693. Schmettow, Matthias von: Schmettau und Schmettow: Geschichte eines Geschlechts aus Schlesien. [Masch.] Büderich bei Düsseldorf 1961.

2694. Schmidt, Berthold (Hg.): Geschichte des Geschlechts von Maltzan und von Maltzahn, Bd. 1: Stamm- und Ahnentafeln; Bd. 2,1: Das Mittelalter; Bd. 2,2:

ujednolicenie liturgii oraz zgodność z kościelnymi przepisami. Przyczynił się do rozwoju kultu św. Anny.

Jan Turzo, zwolennik humanizmu, był prekursorem nowych idei renesansu na Śląsku. Korespondował z Erazmem z Rotterdamu, Marcinem Lutrem i Filipem Melanchtonem. Luter nazwał go „najlepszym biskupem stulecia". Kupował także cenne obrazy Albrechta Dürera czy Łukasza Cranacha.

2) Wrocław. Nagrobek bpa Jana Turzo w katedrze.

Zmarł 2 sierpnia 1520 r. w Nysie. Pochowano go w kryptach katedry wrocławskiej. Jego nagrobek ze śpiącą figurą biskupa był pierwszym tego typu na Śląsku i stał się symbolem początku nowej epoki, renesansu[77].

Stanisław – pierwszy Turzo biskup

Stanisław, choć najmłodszy z trójki swych krewniaków-biskupów, na tronie biskupim zasiadł najwcześniej[78].

Prawo i teologię studiował na uniwersytecie w Padwie. Po powrocie został kanonikiem kapituły w Ołomuńcu. Papież Aleksander VI Borgia ignorował prawo kapituły do wyboru biskupa i mianował swych kandydatów. Kapituła

---

[77] ks. J. Pater, *Poczet biskupów wrocławskich*, Wrocław 2000, s. 65; *Historia Śląska*, pr. zb. (M. Czapliński, E. Kaszuba, G. Wąs, R. Żerelik), Wrocław 2002, s. 108-109; B. Snoch, *Górnośląski Leksykon Biograficzny*, Katowice 1997, s. 217.

[78] Franciszek z linii orawskiej Turzonów, bp Nitry, nigdy nie otrzymał święceń kapłańskich i zrezygnował z godności.

25

Seite aus Kuzio-Podrucki, Arkadiusz: Henckel von Donnersmarckowie – kariera i fortuna rodu [Die Henckel von Donnersmarck – Karriere und Familienglück]. Bytom 2003 (laufende Nummer 2629).

Das 16. und 17. Jahrhundert; Bd. 2,3: Aus dem 17. bis 19. Jahrhundert. Bd. 2,4: Aus dem 18. bis 20. Jahrhundert. Schleiz 1900–1926.

2695. Schnurpfeil, Heinrich: Geschichte und Beschreibung der Stadt Ober-Glogau in Oberschlesien. Mit der Genealogie der Grafen von Oppersdorf. Ober-Glogau 1860.

2696. Scholz, [...]: Zur Geschichte der Grafen von Proskau. In: Oppelner Heimatblatt 1/17 (15.11.1925) [3].

2697. Schück, Karl Eduard: Johann Christian Herzog in Schlesien, zu Liegnitz und Brieg. In: Schlesische Provinzialblätter 112 (1840) 344-353, 436-448, 547-551.

2698. Schwarzer, Otfried: Beiträge zur Geschichte des Geschlechts v. Seydlitz. Klein-Wilkau 1910.

2699. Schweinichen, Constantin von: Das Geschlecht derer von Schweinichen, Bd. 1: Zur Geschichte des Geschlechts derer von Schweinichen; Bd. 2: Regesten und Urkunden (1801–1815) nebst Nachträgen und Gesamt-Register zu Bd. 1 u. 2 (1108–1815); Bd. 3: Zur Geschichte des Geschlechtes derer von Schweinichen. Breslau 1904–1907.

2700. Schweinitz, Friedrich-Karl von: Sułów i rodzina Schweinitz-Krain [Sulau und die Familie Schweinitz-Krain]. In: Kronika Doliny Baryczy 6 (1997) 60-62.

2701. Sedláček, August: Ein Beitrag zur Geschichte der Herzöge von Troppau-Münsterberg. In: Zeitschrift des Vereins für Geschichte Schlesiens 48 (1914) 151-159.

2702. Šefčík, Erich: Rod svobodných pánů Kleinů z Vízmberka [Das Geschlecht der Freiherren Klein von Wisenberg]. In: Severní Morava 26 (1973) 21-27.

2703. Seydewitz, Otto Theodor von: Beyträge zur Geschichte der Familie von Seydewitz, den Zeitraum von 1299 bis 1875 umfassend. [Anhang: Urkunden betreffend die Familie von Seydewitz]. Görlitz 1875.

2704. Siemion, Ignacy Z.: Gorycze uczonego w świecie konfliktów politycznych. Rzecz o Juliuszu Braunie (1875–1939) [Die Bitternis eines Gelehrten in einer Welt politischer Konflikte. Der Fall Julius Braun (1875–1939)]. In: Hałub, Marek/Mańko-Matysiak, Anna (Hg.): Śląska Republika Uczonych – Schlesische Gelehrtenrepublik – Slezská Vědecká Obec, Bd. 2. Wrocław 2006, 312-328.

2705. Sikorski, Franciszek: Dwa rody Ziemi Legnickiej. Hrabiowie Olszewscy i baronowie Zedlitzowie [Zwei Geschlechter aus dem Liegnitzer Land. Die Grafen Olszewski und die Freiherren Zedlitz]. In: Szkice Legnickie 15 (1991) 181-199.

2706. Sommer, Hans-Friedrich: Das Geschlecht der von Rimultowsky und Kornitz auf dem Rittergut Dramatal-Ost (Ptakowitz), Kreis Beuthen OS. In: Mitteilungen des Beuthener Geschichts- und Museumsvereins 17/18 (1954/56) 107-118.

2707. Spyra, Janusz: Adam Nechay (1749–1820) i jego rodzina [Adam Nechay (1749–1820) und seine Familie]. In: Kalendarz Skoczowski 4/6 (1996 [1995]) 46-48.

2708. Spyra, Janusz: Szlachecka rodzina Bludowskich z Dolnych Bludowic herbu Kozioł i zabytki sztuki z nią związane [Die adelige Familie Bludowski aus Nie-

Studia rozpoczął w 1609 r. w Tybindze. Kontynuował je w Altdorf i Lipsku. Dwa lata później wyruszył w zwyczajową w owym czasie podróż kawalerską po zachodniej Europie[1]. We Włoszech zobaczył m.in. Mediolan. Zapisał się do grona słuchaczy kilku włoskich uniwersytetów. Najpierw wiosną 1611 r. zapisał się na studia w Padwie. Latem tego samego roku został wybrany konsyliarzem studentów prawa nacji niemieckiej. Kilka miesięcy później wpisał się na listę studentów w Sienie. W podróży po uniwersytetach towarzyszył mu daleki krewniak Bernard IV Schaffgotsch z Trzcińska[2].

W dalszą drogę wyruszył do Hiszpanii, a potem do Francji, Anglii i Niderlandów. Po powrocie na Śląsk w 1614 r. przejął ojcowskie dobra i majątki ze żmigrodzkim państwem stanowym włącznie[3]. Dwa lata później - 20 sierpnia 1616 r. - spalił się zamek w Starej Kamienicy, jedna z najstarszych siedzib rodziny Schaffgotschów. Odbudowany został już w kolejnym roku[4].

W 1616 r. jako przedstawiciel śląskich stanów posłował do Pragi na dwór królewski[5]. Był tam świadkiem

Gryfów. Figury w kaplicy grobowej Schaffgotschów, od lewej: Krzysztof (zm. 1601 r.); jego żona, Magdalena Schaffgotsch (zm. 1587 r.); teściowa, Magdalena Schaffgotsch, z d. Zedlitz (zm. 1585 r.), wdowa po Hansie II.

koronacji na królową Czech Anny Habsburg, żony cesarza i króla Macieja Habsburga. W tym samym czasie król mianował go podskarbim[6].

---

[1] *Piastowie. Leksykon biograficzny....* s. 541; *ADB*, Bd XXX, s. 541; *Deutsche Biographische Enzyklopädie*, hrsg. Walther Killyt und Rudolf Vierhaus, Bd 8, München 1998, s. 556; *Lexicon der Deutschen Geschichte*, Stuttgart 1977, s. 1113; C. Zonta, op. cit., s. 380; Th. Eisenmänger, op. cit., s. 48; T. Bugaj, *Proces i egzekucja...*, s. 131; *Biographisches Lexikon des Kaiserthums Österreich...*, s. 76; M. Kysil, *Rządy baronów...*, s. 161.

[2] C. Zonta, op. cit., s. 61, 379, 380; M. Kysil, *Rządy baronów...*, s. 160. O pobycie w Padwie i Mediolanie, w: J. Krebs, op. cit., s. 8. Ogólnie o wyprawie do Włoch wspomniane w: J. H. Zedler, op. cit., s. 799; Th. Eisenmänger, op. cit., s. 48; T. Bugaj, *Proces i egzekucja...*, s. 131; *ADB*, Bd XXX, s. 541.

[3] *Piastowie. Leksykon biograficzny...*, s. 541; *Deutsche Biographische Enzyklopädie*, hrsg. Walther Killyt und Rudolf Vierhaus, Bd 8, München 1998, s. 556; *Lexicon der Deutschen Geschichte*, Stuttgart 1977, s. 1113; J. H. Zedler, op. cit., s. 799; J. Krebs, op. cit., s. 9; Th. Eisenmänger, op. cit., s. 48; J. G. Bergmann, *Beschreibung und Geschichte von Warmbrunn...*, s. 57. O podróży po Francji, Anglii i Niderlandach w: T. Bugaj, *Proces i egzekucja...*, s. 131; *Biographisches Lexikon des Kaiserthums Österreich...*, s. 76; *ADB*, Bd XXX, s. 541; M. Kysil, *Rządy baronów...*, s. 161.

[4] A. Franke, op. cit., s. 401; J. Krebs, op. cit., s. 9; J. G. Knie, op. cit., s. 281 (autor twierdzi, że odbudowa trwała kilkanaście lat); W. Kapałczyński, J. Kotlarski, *Zabytki Jeleniej Góry...*, s. 120; W. Kapałczyński, P. Napierała, *Zamki, pałace...*, s. 132.

[5] *Deutsche Biographische Enzyklopädie...* Bd 8, s. 556; *ADB*, Bd XXX, s. 541-545; *Das Breslau-Lexikon*, Dülmen 1994, T. II, s. 1451-52.

[6] J. H. Zedler, op. cit., s. 799; J. Krebs, op. cit., s. 9; *Biographisches Lexikon des Kaiserthums Österreich...*, s. 76. Królowa Anna zmarła jeszcze w tym samym roku – 8 marca – w Graz (data w: R. Reifenscheid, *Die Habsburger In Lebesnbildern. Von Rudolf I bis Karl I.*, Graz Wien Köln 1982,

25

Seite aus Kuzio-Podrucki, Arkadiusz: Schaffgotschowie. Zmienne losy śląskiej arystokracji [Die Schaffgotsch. Wechselvolle Schicksale der schlesischen Aristokratie]. Bytom 2007 (laufende Nummer 2631).

der Bludowitz (Wappengemeinschaft Kozioł) und die mit ihr verbundenen Kunstdenkmäler]. In: Familia Silesiae 1 (1997) 14-29.

2709. Stein, Franz (Hg.): Die kleine Residenz. Wappenführende Familien in Ullersdorf, Kreis Glatz/Schlesien: von Magnis, von Oppersdorff, von Lindheim, von Löbbecke und das Geschlecht Gründel. Lüdenscheid 1996.

2710. Stibor, Jiří: Baroni z Gastheimbu [Die Barone von Gastheimb]. In: Těšínsko 3 (1992) 13-15.

2711. Stibor, Jiří: Rod Celestů z Celestinu [Das Geschlecht der Celesta von Celestin]. In: Těšínsko 1 (1992) 24f.

2712. Stillfried-Alcántara, Rudolf M.: Geschichtliche Nachrichten vom Geschlechte Stillfried von Rattonitz, Bd. 1: Geschichte. Berlin 1870.

2713. Stillfried-Alcántara, Rudolf M. (Hg.): Beiträge zur Geschichte des schlesischen Adels, Bd. 1: Stammtafel und Beiträge zur älteren Geschichte der Grafen Schaffgotsch. Berlin 1860.

2714. Stillfried-Alcántara, Rudolf M.: Beiträge zur Geschichte des schlesischen Adels, Bd. 3: Die Ahnen des Leopold Christian Gotthard Grafen Schaffgotsch, gegenwärtigen Herrn der freien Standesherrschaft Kynast [...]. Berlin 1864.

2715. Stillfried-Alcántara, Rudolf M.: Beiträge zur Geschichte des schlesischen Adels, Bd. 4: Die Ahnen des Hans Ulrich Schaffgotsche und der Barbara Agnes, Herzogin von Liegnitz und Brieg, der Eltern des Christoph Leopold, ersten Grafen aus der schlesischen Linie Schaffgotsch zu Kynast. Berlin 1864.

2716. Stillfried-Alcántara, Rudolf M.: Beiträge zur Geschichte des schlesischen Adels, Bd. 5: Haus Schaffgotsch sowie genealogische Übersicht der Familie Schaffgotsch. Berlin 1864.

2717. Tippel, Otto: Familie von Kytlicz (Kittlitz). In: Adler. Zeitschrift für Genealogie und Heraldik 14/11 (1988) 166f.

2718. Twardoch, Irena: Z dziejów rodu Schaffgotschów [Zur Geschichte der Familie Schaffgotsch]. Ruda Śląska 1999.

2719. Uslar-Gleichen, Heimrat von: Das Geschlecht (von) Beym aus Kosel/Oberschlesien. In: Archiv ostdeutscher Familienforscher 4 (1968–1970) 112-114.

2720. Voigt, Emil: Titelgeschichte des Erlauchten Reichsgräflich Schaffgotsch'schen Hauses, Bd. 1. Hermsdorf/Kynast 1925.

2721. Weigelt, Carl: Die Grafen von Hochberg vom Fürstenstein. Ein Beitrag zur vaterländischen Culturgeschichte. Breslau 1896.

2722. Weltzel, Augustin: Żywot Błogosł. Eufemii, Księżnej Raciborskiej, ze zakonu Świętego Dominika [Das Leben der seligen Euphemia, der Herzogin von Ratibor aus dem Orden des hl. Dominikus]. Gleiwitz o. J.

2723. Wernicke, Ewald: Geschichte des Gräflichen u. Freiherr[lichen] Geschl[echtes] von Strachwitz. Steglitz b. Berlin 1902.

2724. Wigger, Friedrich: Geschichte der Familie von Blücher, Bd. 1-2. Schwerin 1870–1879.

2725. Witzendorff-Rehdiger, Hans Jürgen von: Die Herkunft der 1904 ausgestorbenen von Rhediger. In: Ostdeutsche Familienkunde 2/1 (1954) 73.

2726. Witzendorff-Rehdiger, Hans-Jürgen von: Die Schaffgotsch, eine genealogi-

BIBLIOTHEK FAMILIENGESCHICHTLICHER ARBEITEN · BAND XXII

Das schlesische
uradelige Geschlecht von Poser

insonderheit von Poser und Groß-Naedlitz

Von

Regierungsrat Dipl. rer. pol. O s k a r P u s c h

Mitglied des Vereins „Herold" in Berlin, der Arbeitsgemeinschaft Ostdeutscher Familienforscher in Wolfenbüttel
und des Westfälischen Bundes für Familienforschung in Münster

Neustadt an der Aisch 1957

VERLAG DEGENER & CO., INHABER GERHARD GESSNER

Titelblatt und Frontispiz aus Pusch, Oskar: Das schlesische uradelige Geschlecht von Poser, insonderheit von Poser und Gross-Naedlitz. Neustadt (Aisch) 1957 (Bibliothek familiengeschichtlicher Arbeiten. Zentralstelle für Deutsche Personen- und Familiengeschichte 22) (laufende Nummer 2667).

sche Studie. In: Jahrbuch der Schlesischen Friedrich-Wilhelms-Universität zu Breslau 4 (1959) 104-123.

2727. Witzendorff-Rehdiger, Hans-Jürgen von: Die Tschammer und die Stosch. In: Jahrbuch der Schlesischen Friedrich-Wilhelms-Universität zu Breslau 8 (1963) 7-30.

2728. Wodarz, Eva-Susanna: „Ich will wirken in dieser Zeit ...": bedeutende Frauen aus den historischen deutschen Ostgebieten. 52 Kurzbiographien. Bonn 2000.

2729. Wolf, Bruno: Die Grafen Gessler in Schoffschütz. In: Heimatkalender des Kreises Rosenberg OS. (1933) 39-41.

2730. Worbs, Johann Gottlob: Geschichte des Herzogs Johann von Steinau. In: Schlesische Provinzialblätter 71 (1820) 478-495; 72 (1820) 127-152.

2731. Worbs, Johann Gottlob: Geschichtliche Darstellung der Familie von Haug-witz mit besonderer Rücksicht auf den Minister Graf Haugwitz. In: Schlesi-sche Provinzialblätter 95 (1832) 408.

2732. Wrobel, Ralph Michael: Die adelige Siedlungstätigkeit im mittelalterlichen Oberschlesien: Die Herrschaft Körnitz und Alt-Kuttendorf als Beispiel. In: Oberschlesisches Jahrbuch 14/15 (1998/99 [2000]) 31-48.

2733. Wrochem, Max von: Familiengeschichte des Geschlechts von Wrochem, Bd. 1-2. Ratibor 1908–1912.

2734. Wroński, Marek: Z dziejów rodu Henckel von Donnersmarck [Aus der Ge-schichte der Familie Henckel von Donnersmarck]. Tarnowskie Góry 1990 (Zeszyty Tarnogórskie 10; Materiały i Źródła 1).

2735. Zimmermann, Friedrich Albert: Gesammelte Nachrichten von der adelichen Familie von Wentzky. Breslau 1803.

4.14 Familien [Mittelalter]

2736. Antoniewicz, Marceli: Mikołaj Kornicz Siestrzeniec sławny burgrabia będziński [Mikołaj Kornicz Siestrzeniec, der berühmte Burggraf von Bendzin]. Katowice 1987.

2737. Bakala, Jaroslav: První těšínský vévoda Měško [Der erste Teschener Herzog Mieszko]. In: Sborník prací Filozofické fakulty Ostravské univerzity. Acta Facultatis Philosophicae Universitas Ostraviensis 215. Historie-Historica 12 (2005) 197-204.

2738. Bandtke, Georg Samuel: Versuch einer kritischen Geschichte der vier ersten Herzoge von Schlesien, Boleslaus des Hohen, Miecislaus I. von Rattibor, Conrad I. von Glogau, und Jaroslaus von Oppeln und Neisse. In: Schlesische Provinzialblätter 35/6 (1802) 495-519.

2739. Barciak, Antoni (Hg.): Książęta i księżne Górnego Śląska [Die Herzöge und Herzoginnen Oberschlesiens]. Katowice 1995.

2740. Bauch, Gustav: Ritter Georg Sauermann, der erste adelige Vorfahr der Gra-fen Saurma-Jeltsch. In: Zeitschrift des Vereins für Geschichte und Alterthum Schlesiens 19 (1885) 146-181.

Rautenburg, pałac w Prusach
Wsch. własność hr.
Keyserlingków, XVII w.

Rautenburg Ostpr., Palais von
Graf Keyserlingk, 17. Jh.
(A. Duncker, *Die ländlichen
Wohnsitze, Schlösser...*, 1855)

Drugą linię założył jego
brat Otto Ernst († 1790), zwa-
no ją Neustadt (Wejherowo),
od nazwy majątku. Pruski tytuł hrabiowski — 8 II 1777.

Joanna Maria była
główną spadkobierczynią
po ojcu Janie hr. Re-
nardzie. Małżeństwo jej
było bezdzietne. Była ostatnią z rodu hr. Renardów. Mąż jej Henryk Krystian hr.
Keyserlingk był właścicielem Rautenburga, zmarł w 1939 roku. Joanna Maria mieszkała
ostatnio w Judytach (pow. Bartoszyce). W czasie wkroczenia wojsk sowieckich ucie-
kała pieszo z Judyt. Zaginęła 10 II 1945 roku[46].

Śmierć Andrzeja hr. Renarda

Stroskany i osamotniony Andrzej hr. Renard nie długo żył po stracie syna Jana. Zmarł
po otrzymaniu Sakramentów świętych w pałacu w Strzelcach 21 XI 1874 roku mając
prawie 80 lat. Na nim zakończyła się hrabiowska linia Renardów.

Noch im schmerzlichen Bewusstsein von dem für unsern
Kreis folgenschweren Tod des Herrn Grafen Johannes Renard
wird die Bürgerschaft der Stadt Gross-Strehlitz von dem am
21. d. Mts. erfolgten Hinscheiden seines greisen Vaters

Sr. Excellenz des Herrn Grafen Andreas Renard

mit tiefster Wehmuth erfüllt.

Die Trauerfahne, welche vom Majorats-Schlosse weht, ist
das Wahrzeichen einer allgemeinen Trauer.
In dem Entschlafenen erlischt der Name, mit dem sich unsere Stadt seit einem halben Säculum auf das Innigste verknüpft hatte.
Das Bild seiner freundlichen Persönlichkeit wird allen un-
verwischt bleiben, seine Geistesfrische aber, welche in der
freiheitlichen Gesinnung seines Sohnes von Neuem auflebte
und die Errungenschaften unserer Zeit und des grossen Vater-
landes mit Jugendlichkeit begrüsste, seine bürgerliche Einfach-
heit, sein Gerechtigkeitsgefühl und seine lebhafte Theilnahme
an allen Fragen unserer städtischen Entwickelung wird ihn
in' den Herzen unserer Bürgerschaft das Andenken eines
Schutzherrn im edlen Sinne bewahren.

Gross-Strehlitz, 23. November 1874. [2096]

Der Magistrat und die Stadtverordneten.

Pogrzeb odbył się 25 XI 1874
roku. Kazanie wygłosił proboszcz
ksiądz Bertnik. Obecni byli m.in.:
Książę Ujazdu (Książę Hohenlohe), premier von Hagemeister, hr.
Brühl, hr. Eulenburg. 26 listopada
odbyło się uroczyste „requiem"
i złożenie zwłok do mauzoleum
grobowego.

W „Schlesische Zeitung"
i „Breslauer Zeitung" ukazało się
kilka nekrologów[47].

„Breslauer Zeitung" z 1874 r., nr 551

80

Seite aus Rudziński, Władysław: Koligacje śląskie na tle historii rodziny Rudzińskich [Schlesische
Verwandtschaften vor dem Hintergrund der Geschichte der Familie Rudzinski]. Warszawa 1995
(laufende Nummer 2682).

2741. Bieda, Karol: W sprawie drugiej żony Władysława II Wygnańca [Zur Frage der zweiten Ehefrau Wladislaws II. des Vertriebenen]. In: Śląski Kwartalnik Historyczny Sobótka 23 (1968) 106-110.

2742. Bieniek, Stanisław: Piotr Włostowic. Postać z dziejów średniowiecznego Śląska [Peter Wlast. Eine Gestalt aus der mittelalterlichen Geschichte Schlesiens]. Wrocław/Warszawa/Kraków 1965.

2743. Breiter, Ernest T.: Władysław książę Opolski, pan na Wieluniu, Dobrzyniu i Kujawach, palatyn węgierski i wielkorządca Polski i Rusi. Zarys biograficzny [Wladislaw, Herzog von Oppeln, Herr über Wieluń, Dobrzyń und Kujawien, ungarischer Palatin sowie Statthalter von Polen und Reußen]. Lwów 1889.

2744. Brodko, Jan: Ostatni z Piastów opolskich – w 450 rocznicę jego śmierci [Der letzte der Oppelner Piasten – zum 450. Todestag]. In: Kalendarz Opolski 25 (1983) 95-100.

2745. Brodko, Stanisław: Piast-husyta. Książę opolski Bolko V i jego ród [Der Hussitenpiast. Herzog Bolko V. von Oppeln und sein Geschlecht]. In: Maleczyńska, Ewa (Hg.): Z dziejów postępowej ideologii na Śląsku w. XIV–XVI. Warszawa 1956, 68-97.

2746. Büsching, Johann Gustav Gottlieb: Beitrag zur Geschichte Heinrich des 3ten von Glogau. In: Schlesische Provinzialblätter 62 (1815) 125f.

2747. Cetwiński, Marek: Piotr Włostowic czy Piotr Rusin? [Peter Wlast oder Peter der Ruthene?]. In: Śląski Kwartalnik Historyczny Sobótka 29 (1974) 429-433.

2748. Decker-Hauff, Hans-Martin: Agnes von Liegnitz-Schlesien. In: Lorenz, Sönke/Schäfer, Volker/Setzler, Wilfried (Hg.): Frauen im Hause Württemberg. Leinfelden-Echterdingen 1997, 11-19.

2749. Dobbertin, Hans: Stammte die Hildesheimer Ritterfamilie Svaf (Suevi) aus Schlesien? In: Archiv für schlesische Kirchengeschichte 19 (1961) 62-73.

2750. Dobbertin, Hans: Nachträge zum Aufsatz über die Familie Swaf (Suevi). In: Archiv für schlesische Kirchengeschichte 21 (1963) 306-309.

2751. Eistert, Karl: Die Bedeutung der Ritter Czambor für die frühmittelalterliche schlesische Kirchengeschichte. In: Archiv für schlesische Kirchengeschichte 4 (1939) 46-69.

2752. Eistert, Karl: Peter Wlast, Vinzenzstift und Wallonen in Stadt und Kreis Ohlau. In: Zeitschrift des Vereins für Geschichte Schlesiens 76 (1942) 10-39.

2753. Eistert, Karl: Peter Wlast und die Ohlauer Blasiuskirche. In: Archiv für schlesische Kirchengeschichte 13 (1955) 1-16.

2754. Engelbert, Kurt: Starb Herzog Heinrich I. am 19. März 1238 im Banne? In: Archiv für schlesische Kirchengeschichte 18 (1960) 28-35.

2755. Friedberg, Marian: Ród Łabędziów w wiekach średnich [Das Geschlecht Łabędź im Mittelalter]. In: Rocznik Towarzystwa Heraldycznego we Lwowie 7 (1924/25) 1-100.

2756. Gottschalk, Joseph: Das Geburtsjahr der hl. Hedwig – ein Beitrag zur Chronologie der schlesischen Piasten im 13. Jahrhundert. In: Archiv für schlesische Kirchengeschichte 19 (1961) 25-52.

2757. Gottschalk, Joseph: Der „Bruderzwist" unter den Söhnen der hl. Hedwig. In: Archiv für schlesische Kirchengeschichte 9 (1951) 45-58.

2758. Gottschalk, Joseph: Der Grabstein des Herzogs Przemislaus (gest. 1493). In: Hayduk, Alfons (Hg.): Schlesische Studien. München 1970, 32-36.

2759. Gottschalk, Joseph: Die oberschlesischen Piastenherzöge im 12. und 13. Jahrhundert. Oppeln 1932 (Schriftenreihe der Vereinigung für oberschlesische Heimatkunde 2).

2760. Gottschalk, Joseph: Mittelalterliche Hedwigs-Erinnerungen. In: Archiv für schlesische Kirchengeschichte 14 (1961) 211-219.

2761. Grünhagen, Colmar: Boleslaw der Lange, Herzog von Schlesien (1163–1201). In: Zeitschrift des Vereins für Geschichte und Alterthum Schlesiens 11 (1872) 300-415.

2762. Grünhagen, Colmar: Die Vertreibung Wladislaus II. von Polen und die Blendung Peter Wlasts. In: Zeitschrift des Vereins für Geschichte und Alterthum Schlesiens 12 (1874) 77-97.

2763. Grünhagen, Colmar: Hoger von Preticz und die Prittwitze. In: Zeitschrift des Vereins für Geschichte und Alterthum Schlesiens 8 (1867) 470f.

2764. Heck, Roman: Mentalność i obyczaje pierwszego księcia legnickiego Bolesława Rogatki [Mentalität und Gewohnheiten des ersten Liegnitzer Herzogs Boleslaw des Kahlen]. In: Szkice Legnickie 9 (1976) 27-53.

2765. Heck, Roman: Piotr Włostowic [Peter Wlast]. In: Heck, Roman u. a. (Hg.): Ludzie dawnego Wrocławia. Wrocław 1958, 7-12.

2766. Heydebrand u. der Lasa, Fedor von: Die Methodik der Sippenkunde als Hilfswissenschaft der schlesischen Geschichtsforschung im 13. Jahrhundert, erläutert an den schlesischen Geschlechtern Odrowons, Zaremba und Zalecz-Jelen. In: Zeitschrift des Vereins für Geschichte Schlesiens 75 (1941) 35-78.

2767. Heydebrand u. der Lasa, Fedor von: Die staatsrechtliche Stellung des „comes Magnus Wratislaviensis" i. J. 1093. In: Zeitschrift des Vereins für Geschichte Schlesiens 74 (1940) 19-68.

2768. Heydebrand u. der Lasa, Fedor von: Peter Wlast und die nordgermanischen Beziehungen der Slawen. In: Zeitschrift des Vereins für Geschichte Schlesiens 61 (1927) 274-278.

2769. Horwat, Jerzy: Gierałtowscy herbu Pobóg [Die Gieraltowski aus der Wappengemeinschaft Pobóg]. In: Rocznik Muzeum w Gliwicach 7/8 (1991/92 [1994]) 353-360.

2770. Horwat, Jerzy: Mieszko I Plątonogi, książę raciborski, opolski oraz krakowski 1131–1211 [Mieszko I. Schlenkerbein, Herzog von Ratibor, Oppeln und Krakau 1131–1211]. In: Bukowski, Waldemar u. a. (Hg.): Cracovia, Polonia, Europa. Studia z dziejów średniowiecza ofiarowane Jerzemu Wyrozumskiemu w sześćdziesiątą piątą rocznicę urodzin i czterdziestolecie pracy naukowej. Kraków 1995, 207-220.

2771. Horwat, Jerzy: Z dziejów rodziny Rudzkich w XV wieku [Aus der Geschichte der Familie Rudzki im 15. Jahrhundert]. In: Rocznik Muzeum w Gliwicach 7/8 (1991/92 [1994]) 361-370.

2772. Horwat, Jerzy/Jedynak, Zdzisław: Córka Kazimierza księcia bytomskiego, Maria, królową Węgier [Maria, Tochter Herzog Kasimirs von Beuthen und Königin von Ungarn]. In: Magazyn Bytomski 6 (1984) 89-92.

2773. Irgang, Winfried: Die Jugendjahre Herzog Heinrichs IV. von Schlesien († 1290). In: Zeitschrift für Ostforschung 35 (1986) 321-345.

2774. Jasiński, Kazimierz: Bolesław Rogatka i jego małżeństwa [Boleslaw der Kahle und seine Ehen]. In: Szkice Legnickie 9 (1976) 5-25.

2775. Jasiński, Kazimierz: Uwagi o Mieszku – pierwszym księciu cieszyńskim [Bemerkungen zu Mieszko, dem ersten Herzog von Teschen]. In: Rocznik Cieszyński 6/7 (1991) 25-31.

2776. Jureczko, Andrzej: Bolesław Rogatka – próba charakterystyki [Boleslaw der Kahle – Versuch einer Charakteristik]. In: Rocznik Naukowo-Dydaktyczny WSP im. Komisji Edukacji Narodowej w Krakowie 109. Prace Historyczne 12 (1987) 71-80.

2777. Jurek, Tomasz: Die Familie von Pannewitz. Aufstieg und Karriere einer deutschen Adelsfamilie in Schlesien im 13. und 14. Jahrhundert. In: Jahrbuch der Schlesischen Friedrich-Wilhelms-Universität zu Breslau 33 (1992) 229-233.

2778. Jurek, Tomasz: Kim był komes wrocławski Magnus? [Wer war der Breslauer comes Magnus?]. In: Radzimiński, Andrzej (Hg.): Venerabiles nobiles et honesti. Studia z dziejów społeczeństwa Polski średniowiecznej. Prace ofiarowane Profesorowi Januszowi Bieniakowi w siedemdziesiątą rocznicę urodzin i czterdziestopięciolecie pracy naukowej. Toruń 1997, 181-192.

2779. Jurek, Tomasz: Najdawniejsze dobra śląskich Pogorzelów [Die ältesten Güter der schlesischen Pogarell]. In: Roczniki Historyczne 68 (2002) 27-55.

2780. Jurek, Tomasz: Rodzina von Pannewitz. Awans i kariera Niemców na Śląsku w XIII–XIV w. [Die Familie von Pannewitz. Aufstieg und Karriere einer deutschen Familie im Schlesien des 13. und 14. Jahrhunderts]. In: Śląski Kwartalnik Historyczny Sobótka 45 (1990) 439-457.

2781. Jurek, Tomasz: Slesie stirps nobilissima. Jeleńczycy – ród biskupa wrocławskiego Tomasza I. [Slesie stirps nobilissima. Die Jelenczyk – das Geschlecht des Breslauer Bischofs Thomas I.]. In: Roczniki Historyczne 58 (1992) 23-58.

2782. Karczewska, Joanna: Rodzina von Leslav i jej działalność w XIV–XV wieku [Die Familie von Leslav und ihre Tätigkeit im 14. und 15. Jahrhundert]. In: Studia Zachodnie 9 (2007) 75-80.

2783. Karwowski, Stanislaw: Dziembowscy herbu Pomian. Dzieje rodziny od XV do początku XX wieku [Die Dziembowski aus der Wappengemeinschaft Pomian. Die Geschichte der Familie vom 15. bis zum Anfang des 20. Jahrhunderts]. Hg. von Piotr Maciej Dziembowski. In: Genealogia. Studia i Materiały Historyczne 9 (1997) 23-82.

2784. Kiersnowska, Teresa: Jeszcze o Piotrze Włostowicu i pochodzeniu rodu Łabędziów [Noch einmal zu Peter Wlast und der Herkunft des Geschlechts der Łabędź]. In: Kuczyński, Stefan K. (Hg.): Społeczeństwo Polski średniowiecznej, Bd. 9. Warszawa 2001, 55-64.

2785. Klapper, Joseph: Der Bischof Preczlaus von Pogarell. In: Ders. (Hg.): Deutsche Schlesier des Mittelalters. Nach schlesischen Klosterhandschriften. Breslau 1937, 15f.

2786. Królińska, Janina: Książę Henryk Brodaty [Herzog Heinrich der Bärtige]. Warszawa 1948 (Biblioteka Ziem Odzyskanych).

2787. Krukowski, Jan: Genealogia rodziny Czelo [Genealogie der Familie Czelo]. In: Rocznik Muzeum w Gliwicach 5 (1989 [1992]) 281-298.

2788. Łodyński, Witold: Heinrich der Bärtige zum zweitenmal Herzog von Krakau. In: Zeitschrift des Vereins für Geschichte Schlesiens 52 (1918) 58-65.

2789. Łowmiański, Henryk: Dynastia Piastów we wczesnym średniowieczu [Die Piastendynastie im frühen Mittelalter]. In: Tymieniecki, Kazimierz (Hg.): Początki państwa polskiego. Księga tysiąclecia, Bd. 1. Poznań 1962, 2. Aufl. 2002 (Wznowienia 10), 111-162.

2790. Lustig, [...]: Verhältnis der Herrschaft Myslowitz zur Herrschaft Pleß seit frühester Zeit. In: Zeitschrift des Vereins für Geschichte und Alterthum Schlesiens 9 (1868) 73-83.

2791. Maetschke, Ernst: Wann wurde Heinrich IV. von Breslau geboren? In: Zeitschrift des Vereins für Geschichte Schlesiens 66 (1932) 58-67.

2792. Markgraf, Hermann: Die Gewaltthat auf dem Neisser Landtage von 1497. Hinrichtung Nikolaus II. In: Zeitschrift des Vereins für Geschichte und Alterthum Schlesiens 22 (1888) 296-309.

2793. Moepert, Adolf: Besitz und Verwandtschaft des Grafen Willcho aus dem Haus Tschammer (1257). In: Zeitschrift des Vereins für Geschichte Schlesiens 75 (1941) 79-88.

2794. Moepert, Adolf: Peter Wlast und die Stiftung des Augustinerklosters auf dem Zobten. In: Archiv für schlesische Kirchengeschichte 4 (1939) 1-45.

2795. Mosbach, August: Über den Zunamen des Peter Wlast. In: Zeitschrift des Vereins für Geschichte und Alterthum Schlesiens 6 (1864) 138-148.

2796. Nazimek, Bernard: Losy polityczne miasta i księstwa głogowskiego w latach 1331–1526 [Politisches Schicksal der Stadt und des Herzogtums Glogau in den Jahren 1331–1526]. In: Matwijowski, Krystyn (Hg.): Materiały do dziejów Głogowa. Wrocław 1989 (Acta Universitatis Wratislaviensis 1068. Historia 72), 43-79.

2797. Nentwig, Heinrich: Schoff II. Gotsch genannt, Fundator (c. 1346–1420). Warmbrunn 1904 (Mittheilungen aus dem Reichsgräflich Schaffgotsch'schen Archive 3).

2798. Panic, Idzi: Książę cieszyński Przemysław Noszak (ur. ok. 1332/1336–zm. 1410). Biografia polityczna [Herzog Przemislaw Noszak von Teschen (geb. um 1332/1336–gest. 1410). Eine politische Biographie]. Cieszyn 1996.

2799. Perlbach, Max: Die Herren von Kauffung auf dem Hummelschlosse. In: Zeitschrift des Vereins für Geschichte und Alterthum Schlesiens 10 (1870) 34-86.

2800. Pietrzykowski, Ryszard: Bolko Świdnicki [Bolko von Schweidnitz]. Warszawa 1970.

2801. Pietrzykowski, Ryszard: Henryk IV Probus [Heinrich IV. Probus]. Warszawa 1948.

2802. Pilnáček, Josef: Jan Trnka z Ratibořan, opavský hejtman [Jan Trnka von Ra-tibořany, Troppauer Hauptmann]. In: Slezský sborník 47 (1949) 247f.

2803. Pór, A.: Piasztok és a magyar Anjouk közötti rokonság [Die Verwandtschaft zwischen den Piasten und den ungarischen Anjous]. In: Századok 26 (1892) 232-236.

2804. Prasek, Vincenc: Kníže Mikuláš II. 1318–1365 [Fürst Nikolaus II. 1318–1365]. In: Věstník Matice opavské 24 (1918) 47-68.

2805. Prinke, Rafał T./Sikorski, Andrzej: Małgorzata z Felbrigg. Piastówna cieszyńska na dworze Ryszarda II króla Anglii [Margarete von Felbrigg. Eine Teschener Piastin am Hof des englischen Königs Richard II.]. In: Roczniki Historyczne 67 (2001) 107-130.

2806. Prittwitz und Gaffron, Hans-Georg von: Die Herren von Prittwitz in Schle-sien vom Ende d. 13. bis Anf. d. 15. Jahrh. Übersicht über alle bekannten urkundl. Nachweise im Codex diplomaticus Silesiae, i. Familienarchiv u. a. [Flensburg] 1963.

2807. Prix, Dalibor: Páni z Krnova a Lobenštejna na středověkém Opavsku [Die Herren von Jägerndorf und Lobenstein im mittelalterlichen Troppauer Ge-biet]. In: Acta historica et museologica Universitatis Silesianae Opaviensis 1 (1994) 43-58.

2808. Prix, Dalibor: Vévoda Václav II. Opavský a Hlubčický ve stínu otce, husitů a bezvládí [Fürst Wenzel II. von Troppau und Leobschütz im Schatten seines Vaters, der Hussiten und des Interregnums], Teil 1-2. In: Časopis Slezského zemského muzea, Série B: Vědy historické 48/2 (1999) 152-192; 48/3 (1999) 193-223.

2809. Prokop, Krzysztof R.: Data urodzenia księcia legnickiego Ruperta I [Das Ge-burtsdatum Herzog Ruprechts I. von Liegnitz]. In: Genealogia 5 (1995) 9-24.

2810. Prokop, Krzysztof R.: Rzekomi synowie księcia legnickiego Ruperta I. Z dzie-jów historiograficznej omyłki [Die angeblichen Söhne Herzog Ruprechts I. von Liegnitz. Zur Geschichte eines historiographischen Irrtums]. In: Genea-logia 6 (1995) 75-88.

2811. Rajman, Jerzy: Mieszko II., der Dicke, Herzog von Oppeln (1239–1256). In: Archiv für schlesische Kirchengeschichte 53 (1995) 241f.

2812. Reiche, Friedrich: Die Herkunft des Peter Wlast. In: Zeitschrift des Vereins für Geschichte Schlesiens 60 (1926) 127-132.

2813. Richthofen-Jakobsdorf, Wilhelm von: Beiträge zur schlesischen Familienkun-de. 11. Stammen die Tieschowitz von Tieschowa von dem uradeligen Ge-schlechte der Czelo von Czechowitz ab? In: Schlesische Geschichtsblätter. Mitteilungen des Vereins für Geschichte Schlesiens 3 (1913) 63-67.

2814. Richtsteig, Eberhard: Peter Wlast. In: Archiv für schlesische Kirchengeschich-te 18 (1960) 1-27; 19 (1961) 1-24; 20 (1962) 1-29.

2815. Rößler, Robert: De rebus internis ducatus Bregensis regnante duce Ludovico I. (1358–1398). Diss. Vratislaviae 1865.

2816. Rößler, Robert: Das Leben Herzog Heinrichs VIII. von Brieg: Ein Beitrag zur schlesischen Geschichte. Breslau 1869.

2817. Rymar, Edward: Pochodzenie Ludgardy, żony Władysława, księcia bytomsko-kozielskiego. Polityczne motywy mariażu (ok. 1328–1369) [Die Herkunft Ludgards, der Ehefrau Herzog Wladislaws von Cosel-Beuthen. Politische Motive der Eheschließung (um 1328–1369)]. In: Zapiski Historyczne 55/1 (1990) 7-21.

2818. Schindler, Karl August: Beytrag zur Geschichte Bolko des Streitbaren, Herzogs von Schlesien, Herrn von Löwenberg und Fürstenberg, des größten und weisesten Fürsten seiner Zeit. In: Schlesische Provinzialblätter 5/6 (1787) 508-531.

2819. Schindler, Karl August: Geschichte des Herzogs Bolko des Streitbaren: Fortsetzung. In: Schlesische Provinzialblätter 6/8 (1787) 128-147.

2820. Schott, Christian-Erdmann: Hedwig von Andechs-Meranien. Herzogin von Schlesien und Heilige. Zu ihrem 750. Todestag am 15. Oktober 1993. In: Jahrbuch für Schlesische Kirchengeschichte N.F. 73 (1994) 183-204.

2821. Schulte, Wilhlem: Der Todestag Herzog Boleslaws I. und seiner Gemahlin Adelheid. In: Zeitschrift des Vereins für Geschichte und Alterthum Schlesiens 39 (1905) 293-299.

2822. Śliwiński, Błażej: Kasztelan wrocławski Jaksa. Pochodzenie i kariera [Der Breslauer Kastellan Jaksa. Seine Herkunft und Karriere]. In: Śląski Kwartalnik Historyczny Sobótka 44 (1989) 543-556.

2823. Śliwiński, Błażej: Kilka uwag o pochodzeniu Wierzbnów [Einige Bemerkungen zur Herkunft der Familie Würben]. In: Przegląd Zachodniopomorski 21/4 (2006) 71-81.

2824. Šmahel, František: Der böhmische Herr Krušina im schlesischen Goldberg? Eine rätselhafte Episode des hussitischen Zeitalters. In: Iwańczak, Wojciech/Kuczyński, Stefan K. (Hg.): Ludzie, Kościół, wierzenia. Studia z dziejów kultury i społeczeństwa Europy Środkowej (średniowiecze – wczesna epoka nowożytna). Warszawa 2001, 391-398.

2825. Smolka, Stanisław: Henryk Brodaty: Ustęp z dziejów epoki Piastowskiej [Heinrich der Bärtige: Eine Episode aus der Geschichte der Piastenzeit]. Lwów 1872.

2826. Sperka, Jerzy: Piotr Szafraniec herbu Stary Koń na urzędzie starosty głogowskiego. Z dziejów kontaktów Cieszyna z Głogowem w pierwszej połowie XV w. [Peter Szafraniec aus der Wappengemeinschaft Stary Koń als Landeshauptmann von Glogau. Aus der Geschichte der Beziehungen zwischen Teschen und Glogau in der ersten Hälfte des 15. Jahrhunderts]. In: Panic, Idzi (Hg.): Z badań nad dziejami politycznymi i społeczno-gospodarczymi Cieszyna od średniowiecza do czasów współczesnych. Cieszyn 2005, 14-22.

2827. Sperka, Jerzy: Szafrańcowie herbu Stary Koń. Z dziejów kariery i awansu w późnośredniowiecznej Polsce [Die Familie Szafraniec aus der Wappengemeinschaft Stary Koń. Aus der Geschichte einer Karriere im spätmittelalterlichen Polen]. Katowice 2001.

2828. Sroka, Stanisław: Kilka uwag o rodzinie księcia Władysława Opolczyka [Einige Bemerkungen zur Familie Herzog Wladislaws II. von Oppeln]. In: Herold 3/6 (1992) 18-22.

2829. Steinert, Alfred: Die Herren von Proskau im Mittelalter. In: Oppelner Heimatblatt 1/19 (1925) [1f.].

2830. Stillfried, Alfons: Die Premysliden und der Ursprung des Hauses Stillfried. [Wien 1971].

2831. Střeštíková, Markéta: Králův syn. Dětství a jinošství Mikuláše I. Opavského [Der Königssohn. Die Kindheit und das Jünglingsalter Nikolaus' I. von Troppau]. In: Opava. Sborník k dějinám města 3 (2003) 12-16.

2832. Strzelecka, Anna: Piotr Włast [Peter Wlast]. In: Śląsk 1/2 (1946) 15-18.

2833. Strzelecka, Anna: Święta Jadwiga [Die hl. Hedwig]. In: Śląsk 1/1 (1946) 20-22.

2834. Swastek, Józef: Rodzina świętej Jadwigi [Die Familie der hl. Hedwig]. In: Kaczmarek, Michał/Wójcik, Marek L. (Hg.): Księga Jadwiżańska. Wrocław 1995, 43-59.

2835. Szafrański, Franciszek: Ludwik II brzesko-legnicki, feudał śląski z doby późnego średniowiecza [Ludwig II. von Liegnitz und Brieg, ein schlesischer Feudalherr des Spätmittelalters]. Wrocław u. a. 1972 (Monografie śląskie Ossolineum 22).

2836. Szkudlarek, Włodzimierz: Bolesław Łysy zwany Rogatką. Próba rehabilitacji [Boleslaw der Kahle genannt Rogatka. Versuch einer Rehabilitierung]. In: Przegląd Lubuski 11 (1986) 17-29.

2837. Temple, Rudolf: Herzog Johann I. von Auschwitz (1324–1370). In: Notizen-Blatt der historisch-statistischen Section der kais. königl. mährisch-schlesischen Gesellschaft zur Beförderung des Ackerbaues, der Natur- und Landeskunde (1882) 12-16, 19-21.

2838. Temple, Rudolf: Herzog Kasimir von Auschwitz (Oswiecim) (reg. 1414–1433). In: Zeitschrift des Vereins für Geschichte und Alterthum Schlesiens 14 (1878) 41-51.

2839. Temple, Rudolf: Notizen zur Geschichte der Herzöge Johann I. und Johann II. von Auschwitz. In: Notizen-Blatt der historisch-statistischen Section der kais. königl. mährisch-schlesischen Gesellschaft zur Beförderung des Ackerbaues, der Natur- und Landeskunde (1870) 43-45.

2840. Temple, Rudolf: Regierungszeit Herzog Kasimirs von Auschwitz. In: Notizen-Blatt der historisch-statistischen Section der kais. königl. mährisch-schlesischen Gesellschaft zur Beförderung des Ackerbaues, der Natur- und Landeskunde (1872) 17-19.

2841. Tr[ample]r, R[ichard]: Streitigkeiten zwischen den Besitzern von Jägerndorf, besonders Georg von Schellenberg und dem Klosterconvent der Dominicanerinnen von Ratibor wegen Bauerwitz. In: Notizen-Blatt der historisch-statistischen Section der kais. königl. mährisch-schlesischen Gesellschaft zur Beförderung des Ackerbaues, der Natur- und Landeskunde (1868) 61-64, 71f.

2842. Trąba, Mariusz/Bielski, Lech: Henryk Brodaty 1228–1229; 1232–1238 [Heinrich der Bärtige 1228–1229; 1232–1238]. In: Dies. (Hg.): Poczet królów i książąt polskich. Bielsko-Biała 2005, 166-177.

2843. Trąba, Mariusz/Bielski, Lech: Władysław II Wygnaniec 1138–1146 [Wladislaw II. der Vertriebene 1138–1146]. In: Dies. (Hg.): Poczet królów i książąt polskich. Bielsko-Biała 2005, 94-105.

2844. Turoń, Wanda: Sylwetki Piastów legnickich [Gestalten der Liegnitzer Piasten]. In: Szkice Legnickie 1 (1962) 81-98.

2845. Uhtenwoldt, Hermann: Peter Wlast, der Siling (Zobten) und Breslau. In: Beiträge zur Geschichte der Stadt Breslau 2 (1936) 32-102.

2846. Uhtenwoldt, Hermann: Peter Wlast, Graf von Breslau, ein Wikinger auf deutschem Boden. Breslau 1940 (Ostmark. Du Erbe meiner Väter 8).

2847. Uhtenwoldt, Hermann: Peter Wlast Graf von Breslau. Breslau 1942.

2848. Urban, C.: Ferdinand von Schills Familienbeziehungen zu Schlesien. In: Zeitschrift des Vereins für Geschichte und Alterthum Schlesiens 39 (1905) 305-310.

2849. Urbański, Marek: Henryk I Brodaty [Heinrich I. der Bärtige]. In: Urbański, Marek (Hg.): Poczet królów i książąt polskich. Warszawa 2005, 94-105.

2850. Walter, Ewald: Studien zum Leben der hl. Hedwig, Herzogin von Schlesien. Stuttgart 1972.

2851. Wójcik, Marek L.: Mieszko II Otyły. Władca znany i nieznany [Mieszko II. der Dicke. Ein bekannter und unbekannter Herrscher]. In: Pobóg-Lenartowicz, Anna (Hg.): Jak powstawało Opole? Miasto i jego książęta. Opole 2006, 109-132.

2852. Worbs, Johann Gottlob: Berichtigungen der Geschichte der ältern Herzöge von Glogau. In: Schlesische Provinzialblätter 30 (1799) 353-372.

2853. Worbs, Johann Gottlob: Geschichte Hans I. Herzogs zu Sagan. In: Schlesische Provinzialblätter 19/4 (1794) 352-364.

2854. Worbs, Johann Gottlob: Geschichte Heinrichs X., Herzogs zu Glogau. In: Schlesische Provinzialblätter 36 (1802) 257-279, 289-303, 353-369.

2855. Worbs, Johann Gottlob: Historische Nachrichten von Herzog Heinrich IX. von Glogau, Rumpold genannt. In: Schlesische Provinzialblätter 20/11 (1794) 417-424.

2856. Wutke, Konrad: Studien zur älteren schlesischen Geschichte. 2. Über das Geburtsjahr Herzog Heinrichs III. von Breslau. In: Zeitschrift des Vereins für Geschichte Schlesiens 44 (1910) 236.

2857. Wutke, Konrad: Studien zur älteren schlesischen Geschichte. 10. Über die Geburtsdaten der Gebr. Bernhard, Heinrich und Bolko, Herzöge von Schweidnitz, Jauer und Münsterberg, Herren von Fürstenberg. a) Herzog Bernhard von Schweidnitz. In: Zeitschrift des Vereins für Geschichte Schlesiens 45 (1911) 275-280.

2858. Wutke, Konrad: Studien zur älteren schlesischen Geschichte. 10. Über die Geburtsdaten der Gebr. Bernhard, Heinrich und Bolko, Herzöge von Schweidnitz, Jauer und Münsterberg, Herren von Fürstenberg. b) Herzog Heinrich I. von Jauer. c) Herzog Bolko II. von Münsterberg. In: Zeitschrift des Vereins für Geschichte Schlesiens 46 (1912) 159-165.

2859. Wutke, Konrad: Studien zur älteren schlesischen Geschichte. 13. Über das Ableben des Breslauer Domkanzlers Friedemann von Profen (gest. am 14. Juli 1323). In: Zeitschrift des Vereins für Geschichte Schlesiens 51 (1917) 218-220.

2860. Wutke, Konrad: Studien zur älteren schlesischen Geschichte: 18. Über die

Nachkommenschaft Herzog Heinrichs VI. von Sagan und Krossen. In: Zeitschrift des Vereins für Geschichte Schlesiens 51 (1917) 266-271.

2861. Wutke, Konrad/Türk, Gustav: Die Mitglieder des Geschlechtes Gruttschreiber in älterer Zeit. Mit einer Stammtafel. In: Zeitschrift des Vereins für Geschichte Schlesiens 75 (1941) 17-27.

2862. Žáček, Rudolf: K úloze těšínských vévodů u dvora Karla IV. (Vladislav Těšínský) [Zur Rolle der Teschener Herzöge am Hofe Karls IV. (Vladislav von Teschen)]. In: Acta historica et museologica Universitatis Silesianae Opaviensis 2 (1995) 72-78.

2863. Zajchowski, Stanisław: Książę Bolko I opolski – próba rysu biograficznego [Herzog Bolko I. von Oppeln – Versuch einer biographischen Skizze]. In: Zeszyty Naukowe WSP w Opolu. Historia Śląska 1 (1966) 23-61.

2864. Zielonka, Zbigniew: Henryk Prawy [Heinrich IV. Probus]. Katowice 1982.

2865. Zientara, Benedykt: Henryk I Brodaty [Heinrich I. der Bärtige]. In: Garlicki, Andrzej (Hg.): Poczet królów i książąt polskich. Warszawa 1978, 155-164.

2866. Zientara, Benedykt: Henryk II Pobożny [Heinrich II. der Fromme]. In: Garlicki, Andrzej (Hg.): Poczet królów i książąt polskich. Warszawa 1978, 165-171.

2867. Zientara, Benedykt: Henryk III Głogowski [Heinrich III. von Glogau]. In: Garlicki, Andrzej (Hg.): Poczet królów i książąt polskich. Warszawa 1978, 232-237.

2868. Zientara, Benedykt: Konrad Kędzierzawy i bitwa pod Studnicą [Konrad Kraushaar und die Schlacht bei Steudnitz]. In: Przegląd Historyczny 70 (1979) 27-55.

4.14 Familien [Frühe Neuzeit]

2869. [Anonym]: Der schwarze Christoph. In: Schlesische Provinzialblätter 13 (1791) 35-51, 139-150.

2870. Arnold, Ignaz Theodor Ferdinand Cajetan: Karl von Dittersdorf. Seine kurze Biographie und ästhetische Darstellung seiner Werke. Erfurt 1810.

2871. Baer, Oswald: Hans Anton Graf von Schaffgotsch (1674–1742). In: Schlesische Monatshefte 3 (1926) 166-171.

2872. Baldy, Stefan: Powrót Jana Dobrego [Die Rückkehr Johanns des Guten]. Opole 1999.

2873. Becker, H.: Beiträge zur schlesischen Familienkunde. 31. Zur Familiengeschichte Friedrichs von Logau (gest. 1615). In: Schlesische Geschichtsblätter. Mitteilungen des Vereins für Geschichte Schlesiens 3 (1926) 69-71.

2874. Becker, Robert: Beiträge zur schlesischen Familienkunde. 27. Die Familie v. Seel. In: Schlesische Geschichtsblätter. Mitteilungen des Vereins für Geschichte Schlesiens 2/3 (1924) 39-42.

2875. Bentzinger, Julius: Peter Schoff von Maschkowitz. Zur Berichtigung einer Neisser Tradition. In: Zeitschrift des Vereins für Geschichte und Alterthum Schlesiens 25 (1891) 318-328.

2876. Boehlich, Ernst: Der schlesische Kammerpräsident Horaz von Forno (gest. 1654) und seine Nachkommen. In: Zeitschrift des Vereins für Geschichte Schlesiens 60 (1926) 178-209.

2877. Brandenburg, Hans: Joseph von Eichendorff. Sein Leben und sein Werk. Mit einem Bildnis und einer Handschriftprobe des Dichters. München 1922.

2878. Bröker, Elisabeth (Hg.): Melchior Kardinal von Diepenbrock, Fürstbischof von Breslau. Gedenkschrift anl. d. 100. Wiederkehr s. Todestages. Bocholt 1953.

2879. Buxbaum, Emil: Friedrich Wilhelm von Seydlitz. Königlich preußischer General der Cavallerie, Bd. 1-2. Kassel 1882, Leipzig 1907.

2880. Chocholatý, František: Opavští Přemyslovci a rod Barbory z Lobkovic [Die Troppauer Přemysliden und das Geschlecht Barbaras von Lobkowitz]. In: Heraldika a genealogie 22 (1989) 269-288.

2881. Chrząszcz, Johannes: Kleinere Mittheilungen. 2. Herzog Boleslaw von Tost, nachmals Erzbischof von Gran (gest. 1329). In: Zeitschrift des Vereins für Geschichte und Alterthum Schlesiens 37 (1903) 334f.

2882. Conrads, Norbert: Der Aufstieg der Familie Troilo. Zum kulturellen Profil des katholischen Adels in Schlesien zwischen Späthumanismus und Gegenreformation. In: Deventer, Jörg u. a. (Hg.): Zeitenwenden. Herrschaft, Selbstbehauptung und Integration zwischen Reformation und Liberalismus. Festgabe für Arno Herzig zum 65. Geburtstag. Münster/Hamburg/London 2002 (Geschichte 39), 273-305.

2883. Conrads, Norbert: Herkunft und Familie des Schulreformers Johann Ignaz von Felbiger. In: Archiv für schlesische Kirchengeschichte 63 (2005) 17-40.

2884. Dersch, Wilhelm: Beiträge zur Geschichte des Kardinals Friedrich von Hessen, Bischofs von Breslau (1671–1682). In: Zeitschrift des Vereins für Geschichte Schlesiens 62 (1928) 272-330.

2885. Dyhern, Alexandra von: Beiträge zur schlesischen Familienkunde. 17. Ein Beitrag zur Dyhrnschen Familiengeschichte. In: Schlesische Geschichtsblätter. Mitteilungen des Vereins für Geschichte Schlesiens 1 (1917) 38-43.

2886. Dyhern, Alexandra von: Beiträge zur schlesischen Familienkunde. 23. Ein Beitrag zur Dyhrnschen Familiengeschichte. In: Schlesische Geschichtsblätter. Mitteilungen des Vereins für Geschichte Schlesiens 3 (1919) 65-67.

2887. Dyhern, Alexandra von: Beiträge zur schlesischen Familienkunde. 25. Ein Beitrag zur Dyhrnschen Familiengeschichte. In: Schlesische Geschichtsblätter. Mitteilungen des Vereins für Geschichte Schlesiens 1 (1922) 13f.

2888. Ellinger, Georg: Abraham von Franckenberg (1595–1652). Ein Lebensbild. In: Familien-Zeitschrift derer von Franckenberg 3 (1921) 17-21, 25-29.

2889. D'Elvert, Christian: Beiträge zur mähr.-schlesischen Adelsgeschichte. In: Notizen-Blatt der historisch-statistischen Section der kais. königl. mährisch-schlesischen Gesellschaft zur Beförderung des Ackerbaues, der Natur- und Landeskunde (1892) 19-29.

2890. D'Elvert, Christian: Der Alchemist Sendivogius; der Gründer der freiherrlichen Familie Eichendorf in Mähren und Schlesien. In: Notizen-Blatt der historisch-statistischen Section der kais. königl. mährisch-schlesischen Gesellschaft zur Beförderung des Ackerbaues, der Natur- und Landeskunde (1883) 20-22.

2891. D'Elvert, Christian: Die Freiherren von Eichendorf. In: Notizen-Blatt der historisch-statistischen Section der kais. königl. mährisch-schlesischen Gesellschaft zur Beförderung des Ackerbaues, der Natur- und Landeskunde 11 (1871) 82-84.

2892. D'Elvert, Christian: Die Freiherren Skrbensky von Hrzistie. In: Notizen-Blatt der historisch-statistischen Section der kais. königl. mährisch-schlesischen Gesellschaft zur Beförderung des Ackerbaues, der Natur- und Landeskunde (1877) 65-71.

2893. D'Elvert, Christian: Die Fürsten, Grafen und Freiherren Lichnowsky. In: Notizen-Blatt der historisch-statistischen Section der kais. königl. mährisch-schlesischen Gesellschaft zur Beförderung des Ackerbaues, der Natur- und Landeskunde (1887) 25-29.

2894. D'Elvert, Christian: Die Grafen von Chorinsky. In: Notizen-Blatt der historisch-statistischen Section der kais. königl. mährisch-schlesischen Gesellschaft zur Beförderung des Ackerbaues, der Natur- und Landeskunde (1865) 33-39.

2895. D'Elvert, Christian: Die Grafen von Hoditz. In: Notizen-Blatt der historisch-statistischen Section der kais. königl. mährisch-schlesischen Gesellschaft zur Beförderung des Ackerbaues, der Natur- und Landeskunde (1870) 81-87, 89-91.

2896. D'Elvert, Christian: Die Grafen Praschma von Bilkau. In: Notizen-Blatt der historisch-statistischen Section der kais. königl. mährisch-schlesischen Gesellschaft zur Beförderung des Ackerbaues, der Natur- und Landeskunde (1875) 73-75, 84-88.

2897. D'Elvert, Christian: Die Grafen Vetter von der Lilie. In: Notizen-Blatt der historisch-statistischen Section der kais. königl. mährisch-schlesischen Gesellschaft zur Beförderung des Ackerbaues, der Natur- und Landeskunde (1877) 73-75.

2898. D'Elvert, Christian: Die Grafen von Larisch-Mönnich. In: Notizen-Blatt der historisch-statistischen Section der kais. königl. mährisch-schlesischen Gesellschaft zur Beförderung des Ackerbaues, der Natur- und Landeskunde (1891) 1-5.

2899. Enzinger, Moriz: Eichendorff und das alte Österreich. Würzburg 1958 (Schriftenreihe Kulturwerk Schlesien).

2900. Feist, Martin: Sylvius Friedrich, Herzog von Oels. In: Zeitschrift des Vereins für Geschichte und Alterthum Schlesiens 37 (1903) 63-98.

2901. Feist, Martin: Sylvius Nimrod, Herzog von Oels. In: Zeitschrift des Vereins für Geschichte Schlesiens 52 (1918) 85-102.

2902. Frankenberg und Ludwigsdorf, Franz von/Frankenberg und Ludwigsdorf, Egberg: Die von Frankenberg in der Armee. Berlin 1914.

2903. Friedhoff, Jens: Die Familie von Hatzfeldt. Adelige Wohnkultur und Lebensführung zwischen Renaissance und Barock. Düsseldorf 2004 (Vereinigte Adelsarchive im Rheinland. Schriften 1).

2904. Frühwald, Wolfgang: Der Regierungsrat Joseph von Eichendorff. In: Riemen, Alfred (Hg.): Ansichten zu Eichendorff. Beiträge der Forschung 1958 bis 1988. Sigmaringen 1988, 239-276.

2905. Fukala, Radek: Die Rolle der Jägerndorfer Fürsten von Hohenzollern in der frühneuzeitlichen Geschichte Schlesiens. In: Prague Papers on History of International Relations (2001) 5-26.

2906. Fukala, Radek: Felix Moš z Moravčína – kladský johanitský komtur a opavský rytíř [Felix Mošovský von Moravčín – Glatzer Kommendator der Johanniter und Troppauer Ritter]. In: Kladský sborník 5 (2003) 245-248.

2907. Fukala, Radek: Hohenzollernové v evropské politice 16. století. Mezi Ansbachem, Krnovem a Královcem [Die Hohenzollern in der europäischen Politik des 16. Jahrhunderts. Zwischen Ansbach, Jägerndorf und Königsberg]. Praha 2005.

2908. Fukala, Radek: Karel, Jiří a Jan Bruntálští z Vrbna a jejich životní osudy v pobělohorské emigraci [Karl, Georg und Johann von Würben und Freudenthal und ihre Lebensschicksale im Exil nach der Schlacht am Weißen Berg]. In: Hrubá, Michaela (Hg.): Víra nebo vlast? Exil v českých dějinách raného novověku. Ústí nad Labem 2001, 238-248.

2909. Fukala, Radek: Po stopách polského alchimisty [Auf den Spuren eines polnischen Alchimisten]. In: Dějiny a současnost 23/1 (2001) 18-22.

2910. Fukala, Radek: Portréty krnovských Hohenzollernů – majitelů bohumínského zástavního panství v letech 1523–1621 [Die Porträts der Jägerndorfer Hohenzollern – der Besitzer der Oderberger Pfandherrschaft in den Jahren 1523–1621]. In: Těšínsko. Vlastivědný časopis okresů Frýdek-Místek a Karviná 2 (1993) 1-4.

2911. Fukala, Radek: Slezský kníže Jan Minstrbersko-Olešnický (jeho kulturní politika a mecenát) [Der schlesische Fürst Johann von Münsterberg-Oels (seine Kulturpolitik und sein Mäzenat)]. In: Sborník prací Filozofické fakulty Ostravské univerzity. Acta Facultatis Philosophicae Universitas Ostraviensis 219. Historie-Historica 12 (2005) 197-216.

2912. Fukala, Radek: Žerotínův slezský epilog [Žerotíns schlesischer Epilog]. In: Sborník prací Filozofické fakulty Ostravské univerzity. Acta Facultatis Philosophicae Universitas Ostraviensis 144. Historie-Historica 2 (1994) 69-79.

2913. Geppert, Georg: Der Schlesier Kardinal von Franckenberg (gest. 1804) als Vertriebener. In: Archiv für schlesische Kirchengeschichte 18 (1960) 286-299.

2914. Gillet, J[ohann] F[ranz] A[lbert]: Ein Brief Cratos über seine Absetzung als Stadtarzt in Breslau 1561. In: Zeitschrift des Vereins für Geschichte und Alterthum Schlesiens 9 (1868) 389-394.

2915. Gumowski, Marian: Dola i niedola Henryka XI, księcia legnickiego [Glück und Unglück Herzog Heinrichs XI. von Liegnitz]. In: Kwartalnik Opolski 1 (1956) 45-64.

2916. Gussone, Nikolaus (Hg.): Joseph Freiherr von Eichendorff, 1788–1857. Leben, Werk, Wirkung. Köln 1983 (Schriften des Rheinischen Museumsamtes 21).

2917. Haas, Antonín: Karel Bruntálský z Vrbna [Karl von Würben und Freudenthal]. Praha 1947.

2918. Hás, Jiří/Tovačovský, Jaroslav: Genealogie Nosticů z Nostic [Genealogie der Nostitz von Nostitz]. In: Heraldika a genealogie 35 (2002) 3-34.

2919. Haupt, Herbert: Fürst Karl I. von Liechtenstein. Obersthofmeister Kaiser Rudolfs II. und Vizekönig von Böhmen: Hofstaat und Sammeltätigkeit. Edition der Quellen aus dem liechtensteinischen Hausarchiv. Wien 1983 (Quellen und Studien zur Geschichte des Fürstenhauses Liechtenstein 1).

2920. Haupt, Herbert: Von der Leidenschaft zum Schönen: Fürst Karl Eusebius von Liechtenstein (1611–1684), Bd. 1. Wien 1998 (Quellen und Studien zur Geschichte des Fürstenhauses Liechtenstein 2).

2921. Heiduk, Franz: Die Brüder Wilhelm und Joseph von Eichendorff als Studenten an der Leopoldina in Breslau (1803–1805). In: Aurora. Jahrbuch der Eichendorff-Gesellschaft 56 (1996) 127-132.

2922. Heiduk, Franz: Wilhelm und Joseph von Eichendorff als Schüler, Studenten und Konviktoren in Breslau 1801–1805. In: Schlesien 39/4 (1994) 194-201.

2923. Hildenbrandt, Walter: Eichendorff. Tragik und Lebenskampf in Schicksal und Werk. Danzig 1937.

2924. Holzhey, Andreas: Auf der Suche nach El. Das Leben der Fürstin Eleonore Reuß, geb. Gräfin zu Stolberg-Wernigerode. Zum 100. Todestag am 18. September 2003. Jänkendorf/Ullersdorf 2003.

2925. Horwat, Jerzy: Kilka uwag o Danielu Ziemięckim, staroście toszeckim [Einige Bemerkungen zum Toster Kreishauptmann Daniel Ziemietzki]. In: Rocznik Muzeum w Gliwicach 4 (1988 [1990]) 263f.

2926. Horwat, Jerzy/Szymański, Jarosław: Jan Gierałtowski, pan na Chudowie [Jan Gierałtowski, Herr auf Chudow]. Katowice 2007.

2927. Hübner, H.: Beiträge zur schlesischen Familienkunde. 23. Ein Beitrag zur Geschichte der Familie v. Eichendorff. In: Schlesische Geschichtsblätter. Mitteilungen des Vereins für Geschichte Schlesiens 1 (1923) 6f.

2928. Hyckel, Georg: Der irrende Ritter. In: Aurora. Jahrbuch der Eichendorff-Gesellschaft 17 (1957) 86-88.

2929. Hyckel, Georg: Die Eichendorff-Besitzungen Slawikau (Bergkirch) und Summin 1814. In: Aurora. Jahrbuch der Eichendorff-Gesellschaft 20 (1960) 94f.

2930. Igály-Igálffy, Ludwig [Ludwig Igállfy von Igály]: Verdugové, hrabata z Talaverry v Čechách a ve Slezsku [Die Verdugo, Grafen von Talaverry in Böhmen und Schlesien]. In: Heraldika a genealogie 23 (1990) 121-132.

2931. Igálffy von Igály, Ludwig: Zur ältesten Genealogie von Eichendorff anläßlich der Neuauflage von A. Weltzels Monographie. In: Adler. Zeitschrift für Genealogie und Heraldik 17 (1993) 20f., 58-61.

2932. Jaekel, Georg: Über das Leben von Joseph Christian Fürst zu Hohenlohe-Waldenburg-Bartenstein Fürstbischof von Breslau (1795–1817). Breslau 1937.

2933. Jaworski, Tomasz (Hg.): Bibersteinowie w dziejach pogranicza śląsko-łużyckiego [Die Biberstein in der Geschichte des schlesisch-lausitzischen Grenzgebiets]. Zielona Góra 2006.

2934. Józefiak, Roman Maria: Rody żarskie. Promnitzowie [Sorauer Familien. Die Promnitz]. In: Kronika Ziemi Żarskiej 6/2 (2002) 112-116.

2935. Jungnitz, Joseph: Anton Lothar Graf von Hatzfeldt-Gleichen, Kanonikus, Offizial und Generalvikar von Breslau. Breslau 1908 (Darstellungen und Quellen zur schlesischen Geschichte 7).

2936. Kapała, Zbigniew (Hg.): Friedrich Wilhelm von Reden i jego czasy [Friedrich Wilhelm von Reden und seine Zeit]. Chorzów 2002.

2937. Kasperlik Edler von Teschenfeld, Mathias: Burian Czelo von Czechowicz und Burian Barsky von Barsstie, Pfandinhaber von Friedek. In: Notizen-Blatt der historisch-statistischen Section der kais. königl. mährisch-schlesischen Gesellschaft zur Beförderung des Ackerbaues, der Natur- und Landeskunde (1873) 84-87, 95.

2938. Kasperlik Edler von Teschenfeld, Mathias: Friedrich Kasimir von Teschen. Sein Hof in Freistadt, sein Nachlass und dessen Theilung. Lehensverhältnisse, Verkauf der Herrschaften (status minores). In: Notizen-Blatt der historisch-statistischen Section der kais. königl. mährisch-schlesischen Gesellschaft zur Beförderung des Ackerbaues, der Natur- und Landeskunde (1873) 73-80, 87f.

2939. Kasperlik Edler von Teschenfeld, Mathias: Herzog Wenzel's von Teschen Familienverhältnisse. In: Notizen-Blatt der historisch-statistischen Section der kais. königl. mährisch-schlesischen Gesellschaft zur Beförderung des Ackerbaues, der Natur- und Landeskunde (1873) 57-60.

2940. Kasperlik Edler von Teschenfeld, Mathias: Herzog Wenzel's von Teschen Wirksamkeit: I. in Angelegenheiten der Städte; II. im Verhältnisse zu den Landständen; III. als treuer, aufopfernder Vasall des Kaisers; IV. sein Tod. In: Notizen-Blatt der historisch-statistischen Section der kais. königl. mährisch-schlesischen Gesellschaft zur Beförderung des Ackerbaues, der Natur- und Landeskunde (1874) 1-5, 9-12, 19-24, 31f.

2941. Kasperlik Edler von Teschenfeld, Mathias: Kasimir II. (1477–1528) in seiner Wirksamkeit als oberster Hauptmann in Schlesien und als Herzog von Teschen, nebst einem Rückblick auf den älteren Länderbesitz. In: Notizen-Blatt der historisch-statistischen Section der kais. königl. mährisch-schlesischen Gesellschaft zur Beförderung des Ackerbaues, der Natur- und Landeskunde (1873) 1-6, 9-15, 17-22.

2942. Kastner, August: Biographie Eustachius von Knobelsdorf. In: Schlesisches Kirchenblatt (1858) 195-200.

2943. Kausch, Johann Joseph: An Schlesien, beim Eingehen des letzten Stammes seiner alten Herzoge. In: Schlesische Provinzialblätter 16/12 (1792) 536f.

2944. Keiter, Heinrich: Joseph von Eichendorff. Sein Leben und seine Dichtungen zur hundertjährigen Geburtstagsfeier am 10. März 1888. Köln 1887.

2945. Klindert, Karl: Christoph II. von Redern. Der Letzte aus dem Hause Friedland. (Ein Lebensbild aus dem dreißigjährigen Kriege). In: Mittheilungen des Vereines für Heimatkunde des Jeschken-Isergaues 3 (1909) 73-108.

2946. Klöhr, Friedhelm: Daniel Czepko von Reigersfeld (1605–1660) – Historiograph und Mystiker. In: Bein, Werner/Schmilewski, Ulrich (Hg.): Schweidnitz im Wandel der Zeiten. Würzburg 1990, 218-222.

2947. Köhler, Joachim: Das Testament des Breslauer Bischofs Andreas von Jerin (1585–1596). In: Adriányi, Gabriel/Gottschalk, Josef (Hg.): Festschrift für Bernhard Stasiewski. Beiträge zur ostdeutschen und osteuropäischen Kirchengeschichte. Köln 1975, 107-119.

2948. Kopietz, Johannes Athanasius: Karl Friedrich Wilhlem v. Korckwitz, Kgl. Rittmeister a. D., Landrat des Kreises Brieg (1738–1809). In: Schlesische Geschichtsblätter. Mitteilungen des Vereins für Geschichte Schlesiens 1 (1911) 13-15.

2949. Koprowski, Jan (Bearb.): Józef Eichendorff. Ostatni rycerz romantyzmu [Joseph von Eichendorff. Der letzte Ritter der Romantik]. Warszawa 1995.

2950. Korte, Hermann: Joseph von Eichendorff. Reinbek 2000.

2951. Kosch, Wilhelm/Eichendorff, Karl von (Hg.): Joseph Freiherr von Eichendorff. Sein Leben und seine Schriften. 3. Aufl. Leipzig 1923.

2952. Kowalski, Ireneusz: Hatzfeldtowie i księstwo żmigrodzkie [Die Hatzfeldt und das Fürstentum Trachenberg]. In: Hatzfeldt, Friedrich von/Kogut, Mieczysław/Kowalski, Ireneusz (Hg.): Żmigród-gmina i miasto: zarys historii i czasy współczesne. Żmigród 1998, 52-84.

2953. Krause, Erhard: H. Ulrich v. Schaffgotsch, der berühmte General Wallensteins. In: Friedländer Heimatbrief 46/558 (1995) 7.

2954. Krebs, Julius: Aus dem Leben des kaiserlichen Feldmarschalls Grafen Melchior von Hatzfeldt 1632–1636. Ein Beitrag zur Geschichte des Dreissigjährigen Krieges. Breslau 1926.

2955. Krebs, Julius: Hans Ulrich Freiherr von Schaffgotsch. Ein Lebensbild aus der Zeit des dreißigjährigen Krieges. Breslau 1890.

2956. Kuczer, Jarosław: Baron Johann von Schönaich zwany Nieszczęśliwym [Johann Freiherr von Schönaich, genannt „der Unglückliche"]. In: Pro libris. Lubuskie Pismo Literacko-Kulturalne 1 (2008) 104-109; 2 (2008), 137-142.

2957. Kuczer, Jarosław: Rodzina von Biberstein w księstwie głogowskim w XVI w. [Die Familie von Biberstein im Herzogtum Glogau des 16. Jahrhunderts]. In: Jaworski, Krzysztof (Hg.): Bibersteinowie w dziejach pogranicza śląskołużyckiego. Zielona Góra 2006, 97-109.

2958. Kuczer, Jarosław: Rodzina von Kitlitz jako właściciele majątku Świdnica w okresie wczesnonowożytnym [Die Familie von Kitlitz als Besitzer des Gutes Schweinitz in der Frühen Neuzeit]. In: Kuleba, Mirosław (Hg.): Świdnica. 700 lat historii. Świdnica 2005, 73-76.

2959. Küken, Inge/Küken, Lothar: Erfinder des Meißener Porzellans. Erinnerung an Ehrenfried Walther Graf von Tschirnhaus – bedeutender Philosoph, Mathematiker und Naturwissenschaftler. In: Schlesien heute 8/9 (2005) 50f.

2960. Kunisch, J[ohann] G[ottlieb]: Herzog Heinrich der Zweite von Niederschlesien. Nebst zwei Abbildungen Heinrichs II. in der Vincent-Kirche zu Breslau. Breslau 1834.

2961. Künzel, Iris: Ehrenfried Walther von Tschirnhaus' philosophische Theorie. In: Bal, Karol (Hg.): Frühaufklärung in Deutschland und Polen. Berlin 1991, 197-228.

2962. Kuzio-Podrucki, Arkadiusz: Korzenie i śląskie dzieje rodu von Hohenlohe [Die Wurzeln und die schlesische Geschichte der Familie von Hohenlohe]. In: Woźnicki, Dariusz (Hg.): Przyczynki do heraldyki i genealogii szlachty śląskiej. Tarnowskie Góry 1998, 27-41.

2963. Kuzio-Podrucki, Arkadiusz: Spiskie początki śląskich Donnersmarcków [Die Anfänge der schlesischen Donnersmarck in der Zips]. In: Woźnicki, Dariusz (Hg.): Przyczynki do heraldyki i genealogii szlachty śląskiej. Tarnowskie Góry 1999, 5-28.

2964. Kysil, Małgorzata: Pałac w Modle na tle dziejów rodów Bibranów i Rittbergów (1564-1972) [Das Schloß in Modlau und die Geschichte der Familien Bibran und Rittberg (1564-1972)]. In: Rocznik Jeleniogórski 33 (2001) 79-90.

2965. Kysil, Małgorzata: Testament Marii Anny Johanny von Schaffgotsch z domu von Hatzfeldt [Das Testament von Maria Anna Johanna von Schaffgotsch, geb. von Hatzfeldt]. In: Rocznik Jeleniogórski 36 (2004) 105-110.

2966. Lambrecht, Karen: Aufstiegschancen und Handlungsräume in ostmitteleuropäischen Zentren um 1500. Das Beispiel der Unternehmerfamilie Thurzó. In: Zeitschrift für Ostmitteleuropa-Forschung 47/3 (1998) 317-346.

2967. Laslowski, Ernst: Ballestrem als oberschlesische Bergherren. In: Schlesien 10 (1965) 106-122.

2968. Lenz, Rudolf: „Von der Kinder Gottes leben/Glück unnd Zeitlicher abforderung". Zur Geschichte eines untergegangenen schlesischen Adelsgeschlechtes. In: Orbis Linguarum 31 (2007) 131-184.

2969. Liebich, Curt: Der letzte Adelige auf Oberlinda, Kr. Lauban, und seine Familie. In: Ostdeutsche Familienkunde 12/4 (1964) 363-365.

2970. Lindner, Theodor: Johann Matthäus Wacker von Wackenfels. In: Zeitschrift des Vereins für Geschichte und Alterthum Schlesiens 8 (1867) 319-351.

2971. Lölhöffel, Erich von: Die Stämme der ostpreußischen Familie Lölhöffel bis zum 18. Jahrhundert. In: Ostdeutsche Familienkunde 18/1 (1970) 257-261.

2972. Mainka, Peter: Karl Abraham von Zedlitz und Leipe (1731-1793). Ein schlesischer Adliger in Diensten Friedrichs II. und Friedrich Wilhelms II. von Preußen. Berlin 1995 (Quellen und Forschungen zur Brandenburgischen und Preußischen Geschichte 8).

2973. Markgraf, Hermann: Nikolaus Henels von Hennenfeld (1582-1656) Leben und Schriften. In: Zeitschrift des Vereins für Geschichte und Alterthum Schlesiens 25 (1891) 1-41.

2974. Micklitz, Oskar: Der Komponist Karl Ditters von Dittersdorf und seine Beziehungen zu Freiwaldau. In: Zeitschrift für Geschichte und Kulturgeschichte Österreichisch-Schlesiens 2 (1906/07) 124-133.

2975. Milch, Werner: Beiträge zur Geschichte der Familie von Czepko im 17. Jahrhundert. In: Zeitschrift des Vereins für Geschichte Schlesiens 63 (1929) 262-280.

2976. Mrština, Oldřich: Spory kladského hraběte Stillfrieda [Die Kämpfe des Glatzer Grafen Stillfried]. In: Orlické hory a Podorlicko 6 (1974) 375-378.

2977. Müller, August: Das Testament des Bischof Balthasar von Promnitz. In: Jahresbericht des Neisser Kunst- und Altertumsvereins (1921) 10-13.

2978. Niemirowski, Władysław: Fryderyk Reden (1752–1815) [Friedrich von Reden (1752–1815)]. Katowice 1988.

2979. Nitschke, Richard: Beiträge zur schlesischen Familienkunde. 19. Beiträge zur Stammesgeschichte der Familie von Frankenberg-Proschlitz. In: Schlesische Geschichtsblätter. Mitteilungen des Vereins für Geschichte Schlesiens 2 (1918) 34-40.

2980. Novák, Ferd[inand]: Jakub st. Vojska z Bogdunčovic [Jakob der Ältere Vojska von Bogdunčovice]. In: Záhorská kronika 23 (1939/40) 15-17.

2981. Nowacki, Marek: Rodzina von Knobelsdorff na obszarze świebodzińskim jako przykład postaw szlachty miejscowej wobec spraw śląskich w okresie wczesnonowożytnym [Die Familie von Knobelsdorff im Schwiebuser Gebiet als Beispiel für die Haltung des lokalen Adels zu schlesischen Angelegenheiten in der Frühen Neuzeit]. In: Rocznik Lubuski 26/2 (2000) 123-147.

2982. Nusek, Jindřich: David, Jindřich a Hans Hendrich Lorenzdorfové. K středočeskému působení slezského rodu [David, Heinrich und Hans Lorenzdorf. Zum Wirken eines schlesischen Geschlechts in Mittelböhmen]. In: Časopis Slezského zemského muzea, Série B: Vědy historické 53/3 (2004) 211-217.

2983. Oszczanowski, Piotr (Hg.): W blasku Luksemburgów, Habsburgów i Wazów: studia nad mecenatem artystycznym panów Głogówka w XIV–XVIII wieku [Im Glanz der Luxemburger, Habsburger und Wasa: Studien zum Kunstmäzenatentum der Herren auf Oberglogau vom 14. bis 18. Jahrhundert]. Głogówek/Wrocław 2008.

2984. Pękalska, Ewa: Jerzy III von Oppersdorff. Jego życie i mecenat artystyczny [Georg III. von Oppersdorff. Sein Leben und künstlerisches Mäzenatentum]. In: Lenart-Juszczewska, Krystyna (Hg.): Jan Kazimierz na Śląsku. Pamiętnik sesji popularnonaukowej. Opole 1996, 13-15.

2985. Peter, Anton: Zur Genealogie der Stosche. In: Notizen-Blatt der historisch-statistischen Section der kais. königl. mährisch-schlesischen Gesellschaft zur Beförderung des Ackerbaues, der Natur- und Landeskunde (1884) 20-22.

2986. Pietrzak, Ewa: Biographie. In: Pietrzak, Ewa (Hg.): Wencel Scherffer von Scherffenstein: Geist- und weltlicher Gedichte Erster Teil. Brieg 1652. Tübingen 1997 (Rara ex bibliotecis Silesiis 6), 3*-25*.

2987. Pörnbacher, Hans: Joseph Freiherr von Eichendorff als Beamter. Dargestellt auf Grund bisher unbekannter Akten. Dortmund 1964 (Veröffentlichungen der Ostdeutschen Forschungsstelle des Landes Nordrhein-Westfalen A 7).

2988. Priesdorff, Kurt von: Seydlitz. Berlin 1933 (Die großen preußischen Generale 1).

2989. Prittwitz, Bernhard von: Die Schaff im Oelsnischen. In: Zeitschrift des Vereins für Geschichte und Alterthum Schlesiens 14 (1878) 528-531.

2990. Quedlinburg, Wilhelm: Ein Universalgenie Schlesiens. Ehrenfried Walther Graf von Tschirnhaus – Philosoph und Naturwissenschaftler. In: Schlesien heute 2/12 (1999) 42f.

2991. Radler, Leonhard: Die Adelsfamilie von Zedlitz im Schweidnitzer Land. In: Tägliche Rundschau 79/15 (1961) 9f.

2992. Randt, Erich: Beiträge zur schlesischen Familienkunde. 27. Zur Geschichte des gräflichen Hauses Gellhorn. In: Schlesische Geschichtsblätter. Mitteilungen des Vereins für Geschichte Schlesiens 1 (1925) 15f.

2993. Rehm, Walther: Jacob Burckhardt und Eichendorff. Freiburg 1960.

2994. Richter, Eduard: Albert Graf von Hoditz, sein Grabmal und Ehevertrag. In: Notizen-Blatt der historisch-statistischen Section der kais. königl. mährisch-schlesischen Gesellschaft zur Beförderung des Ackerbaues, der Natur- und Landeskunde (1870) 87.

2995. Ronge, Paul: Das Geschlecht Bauke von Rostock und Bischof Sebastian von Rostock. In: Der schlesische Familienforscher 2 (1936) 7-9.

2996. Rosendorfer, Herbert: Leben und Wirken von drei Dichter-Juristen. Hoffmann, Eichendorff und Kafka. In: Weber, Hermann (Hg.): Dichter als Juristen. Berlin 2004 (Juristische Zeitgeschichte 6, 18. Recht, Literatur und Kunst in der Neuen Juristischen Wochenschrift 6), 69-85.

2997. Ruzicka, Dagmar: Friedrich Wilhelm Graf von Haugwitz (1702–1765). Weg, Leistung und Umfeld eines schlesisch-österreichischen Staatsmannes. Frankfurt a. Main 2002.

2998. Rybička, A[ntonín]: Pan Hynek mladší Bruntálský z Vrbna. Obrázek z minulosti domácí [Herr Hynko der Jüngere von Würben und Freudenthal. Ein Bild aus der heimatlichen Vergangenheit]. In: Časopis Matice moravské 7 (1975) 21-26.

2999. Samulski, Robert: Zum Leben des schlesischen Kirchenhistorikers Gottfried Ferdinand von Buckisch und Löwenfels. In: Zeitschrift des Vereins für Geschichte Schlesiens 66 (1932) 155-161.

3000. Schaube, Adolf: Der illustrierte Stammbaum Herzog Georgs II. im Innern des Brieger Piastenschlosses. In: Schlesische Geschichtsblätter. Mitteilungen des Vereins für Geschichte Schlesiens 1 (1930) 1-9.

3001. Schaube, Adolf: Eine Doppelgängerin in der Stammtafel der Liegnitz-Brieger Piasten. In: Schlesische Geschichtsblätter. Mitteilungen des Vereins für Geschichte Schlesiens 1 (1927) 1-6.

3002. Schinke, Paul: Der Breslauer Bischof Kurfürst Franz Ludwig im Lichte zweier Leichenreden. In: Archiv für schlesische Kirchengeschichte 13 (1955) 290-295.

3003. Schinke, Paul: Der Panegyrikus des Mainzer Jesuitenkollegs auf Kurfürst Franz Ludwig bei seiner Besitznahme von Kurmainz am 6. April 1729. In: Archiv für schlesische Kirchengeschichte 14 (1956) 257.

3004. Schmidt, Ferdinand: Dorothea Sibylla, Herzogin von Liegnitz und Brieg. Lebensbild eines brandenburgischen Fürstenkindes. Leipzig 1881.

3005. Schodrok, Christine: Wilhelm von Eichendorff, des Dichters Bruder. In: Aurora. Jahrbuch der Eichendorff-Gesellschaft 26 (1966) 7-21.

3006. Schönberg, Brita von: Das Verhältnis der Brüder Eichendorff, dargelegt an biographischen und dichterischen Zeugnissen, insbesondere dem Novellenfragment „Das Wiedersehen". In: Aurora. Jahrbuch der Eichendorff-Gesellschaft 28 (1968) 36-44.

3007. Schück, Karl Eduard: Georg III. Herzog in Schlesien zu Liegnitz und Brieg. In: Schlesische Provinzialblätter 110 (1839) 395-406, 495-503; 111 (1840) 11-21, 125-139.

3008. Schück, Karl Eduard: Johann Christian Herzog in Schlesien, zu Liegnitz und Brieg. Breslau 1842.

3009. Schück, Karl Eduard: Zur Geschichte Johann Christians, Herzogs in Schlesien zu Brieg. In: Schlesische Provinzialblätter 124 (1846) 537-541.

3010. Schultz, Alwin: Einige biographische Notizen über Crato von Kraftheim. In: Zeitschrift des Vereins für Geschichte und Alterthum Schlesiens 8/1 (1867) 195f.

3011. Schulz, Hans: Markgraf Johann Georg von Brandenburg-Jägerndorf. Generalfeldoberst. Halle 1899 (Hallesche Abhandlungen zur Neueren Geschichte 37).

3012. Šefčík, Erich: Michal Sendivoj Freiherr von Skorkau. Alchemist und Herr auf Krawarn. In: Oberschlesisches Jahrbuch 8 (1992) 11-24.

3013. Sękowski, Roman: Kopice i ich właściciele [Koppitz und seine Besitzer]. In: Peszko, Andrzej (Hg.): Historyczne dziedzictwo Ziemi Brzeskiej. Opole/ Brzeg 2005, 101-111.

3014. Seldern, Gustav von: Forschungen über die Abstammung und Beiträge zur Geschichte der Grafen von Wrbna und Freundenthal. In: Jahrbuch des Heraldisch-Genealogischen Vereines „Adler" 4 (1874) 1-25.

3015. Seydewitz, Max von: Beiträge zur Geschichte der Familie v. Seydewitz. [Masch.] Dresden 1942.

3016. Smutný, Bohumír: Dvě cesty Jana Ludvíka Harbuvala Chamaré do Krkonoš roku 1755 [Zwei Reisen Johann Ludwigs Harbuval Chamaré ins Riesengebirge im Jahr 1755]. In: Krkonoše – Podkrkonoší 7 (1983) 91-108.

3017. Stenzel, Gustav Adolf (Hg.): Herzog Hans der Grausame von Sagan im Jahre 1488 und Hans Schweinichen's Leben Herzog Heinrichs XI. von Liegnitz. Breslau 1850 (Scriptores Rerum Silesiacarum oder Sammlung schlesischer Geschichtschreiber 4; Sammlung von Quellenschriften zur Geschichte Schlesiens 2).

3018. Stibor, Jiří: Chudoba cti netratí. (Příspěvek ke genealogii Stařinských z Bítkova) [Armut ist keine Schande. (Ein Beitrag zur Genealogie von Stařinský von Bítkov)]. In: Těšínsko. Vlastivědný časopis okresů Frýdek-Místek a Karviná 2 (1994) 6-11.

3019. Stibor, Jiří: Eichendorfové. (Příspěvek k charakteristice a genealogii pobělohorských přistěhovalců [Die Eichendorff. (Ein Beitrag zur Charakterzeichnung und Genealogie der Zuwanderer nach der Schlacht am Weißen Berg)]. In: Zpravodaj. Klub genealogů a heraldiků Ostrava při Domu kultury pracujících VŽSKG 19 (1984) 47-56.

3020. Stibor, Jiří: Genealogické poznámky k rodu Tluků z Tošonovic [Genealogische Bemerkungen zum Geschlecht der Tluk von Tošonovice]. In: Těšínsko. Vlastivědný časopis okresů Frýdek-Místek a Karviná 3 (1994) 6-9.

3021. Stibor, Jiří: Genealogické poznámky k rodu Tluků z Tošonovic [Genealogische Bemerkungen zum Geschlecht der Tluk von Tošonovice]. In: Těšínsko. Vlastivědný časopis okresů Frýdek-Místek a Karviná 4 (1994) 13-17.

3022. Stibor, Jiří: Pohnuté osudy Jana Kryštofa Vaneckého (1600–1674) na Horní Polance u Moravské Ostravy [Die bewegenden Schicksale Johann Christophs Vanecký (1600–1674) auf Horní Polanka bei Mährisch Ostrau]. In: Ostrava. Příspěvky k dějinám a současnosti Ostravy a Ostravska 18 (1997) 323-342.

3023. Stibor, Jiří: Příspěvek k dějinám panství Linhartov a ke genealogii Sedlnických z Choltic [Ein Beitrag zur Geschichte der Herrschaft Geppersdorf und der Genealogie der Sedlnický von Choltice]. In: Časopis Slezského muzea. Acta Musei Silesiae, Series B: Vědy historické 44 (1995) 1-18.

3024. Stibor, Jiří: Rod Štyrnských ze Štyrn a Lidmila Rotmberkovna, roz. Štyrnská na Olšanském dvoře v Opavě-Kateřinkách [Das Geschlecht der Štyrnský von Štyrn und Lidmila Rotmberkovna, geb. Štyrnský auf dem Olšanský-Hof in Troppau-Katherein]. In: Časopis Slezského muzea. Acta Musei Silesiae, Series B: Vědy historické 41 (1992) 125-133.

3025. Stibor, Jiří: Skrbenští z Hříště a jejich náboženské vyznání [Die Familie Skrbensky von Hříště und ihre Konfession]. In: Familia Silesiae 2 (1997) 24-46.

3026. Stibor, Jiří: Tlukové z Tošonovic (dokončení) [Die Tlucks von Toschonowitz (Schluß)]. In: Těšínsko. Vlastivědný časopis okresů Frýdek-Místek a Karviná 1 (1995) 1-8.

3027. Stöcklein, Paul: Joseph von Eichendorff. In Selbstzeugnissen und Bilddokumenten. Reinbek bei Hamburg 1963.

3028. Strzyżewski, Wojciech: Kariera rodziny Fernemont w księstwie głogowskim w świetle wczesnonowożytnych pieczęci (XVII–XVIII wiek) [Die Karriere der Familie Fernemont im Herzogtum Glogau im Licht frühneuzeitlicher Siegel (17.–18. Jahrhundert)]. In: Wyder, Grażyna/Nodzyński, Tomasz (Hg.): Polacy – Niemcy. Pogranicze. Studia historyczne. Zielona Góra 2006, 139-145.

3029. Stutzer, Dietmar: Die Güter der Herren von Eichendorff in Oberschlesien und Mähren. Würzburg 1974 (Aurora-Buchreihe 1).

3030. Stutzer, Dietmar: Die Landeshauptleute Jakob und Hartwig Erdmann von Eichendorff. In: Schlesien 30 (1985) 9-18.

3031. Svoboda, Milan: Kryštof II. z Redernu, pobělohorský exulant [Christoph II. von Redern, ein Exulant nach der Schlacht am Weißen Berg]. In: Hrubá, Michaela (Hg.): Víra nebo vlast? Exil v českých dějinách raného novověku. Ústí nad Labem 2001, 222-237.

3032. Swoboda, L[eopold] M.: Die Herren von Füllstein. In: Notizen-Blatt der historisch-statistischen Section der kais. königl. mährisch-schlesischen Gesellschaft zur Beförderung des Ackerbaues, der Natur- und Landeskunde (1868) 25-29, 37f.

3033. Thomas, [...]: Hans Ulrich Schaff-Gotsche. Hirschberg 1829.

3034. Trapp, M.: Descendenz der Herren und Grafen von Zierotin Freiherren von Lilgenau. In: Notizen-Blatt der historisch-statistischen Section der kais.

königl. mährisch-schlesischen Gesellschaft zur Beförderung des Ackerbaues, der Natur- und Landeskunde (1879) 49-53.

3035. Turek, Adolf: Jan Skrbenský z Hřiště na Fulneku a Dřevohosticích [Johann Skrbenský von Hříště auf Fulnek und Dřevohostice]. In: Naše Valašsko. Sborník prací o jeho životě a potřebách 6 (1940) 14-26, 72-81.

3036. Wahner, E[rnst]: Die letzten Tage des am 23. Juli 1635 zu Regensburg hingerichteten Grafen Hans Ulrich von Schaffgotsch. In: Zeitschrift für deutsche Kulturgeschichte 21 (1856) 492-501.

3037. Weltzel, Augustin: Geschichte des edlen Geschlechts von Praschma. Ratibor 1883.

3038. Winkelbauer, Thomas: Fürst und Fürstendiener. Gundaker von Liechtenstein, ein österreichischer Aristokrat des konfessionellen Zeitalters. Wien/München 1999 (Mitteilungen des Instituts für Österreichische Geschichtsforschung. Ergänzungsbd. 34).

3039. Winter, Eduard (Hg.): E. W. von Tschirnhaus und die Frühaufklärung in Mittel- und Osteuropa. Berlin 1960 (Quellen und Studien zur Geschichte Osteuropas 7).

3040. Witzendorff-Rehdiger, Hans-Jürgen von: Die Rehdiger in Breslau. In: Jahrbuch der Schlesischen Friedrich-Wilhelms-Universität zu Breslau 2 (1957) 93-106.

3041. Wohlhaupter, Eugen/Seifert, H. G. (Hg.): Dichterjuristen, Bd. 2: Zacharias Werner, E. T. A. Hoffmann, Eichendorff, Uhland, Grabbe, Immermann, Heine. Tübingen 1955.

3042. Wojciechowski, Zygmunt: Das Ritterrecht in Polen vor den Statuten Kasimirs des Großen. Breslau 1930 (Bibliothek geschichtlicher Werke aus den Literaturen Osteuropas 5).

3043. Wolf, Adam: Fürst Wenzel Lobkowitz, erster geheimer Rath Kaiser Leopold's I. 1609–1677. Sein Leben und Wirken. Wien 1869.

3044. Woliński, Janusz: Poselstwo Krzysztofa Schaffgotscha na elekcję polską 1674 r. [Die Gesandtschaft Christoph von Schaffgotschs zur polnischen Königswahl 1674]. In: Śląski Kwartalnik Historyczny Sobótka 7 (1952) 143-163.

3045. Wollgast, Siegfried: Ehrenfried Walther von Tschirnhaus und die deutsche Frühaufklärung. Berlin 1988 (Sitzungsberichte der Sächsischen Akadmie der Wissenschaften zu Leipzig. Philologisch-historische Klasse 128/1).

3046. Wollgast, Siegfried: Ehrenfried Walther von Tschirnhaus (1651–1708) – europejska sława z Górnych Łużyc [Ehrenfried Walther von Tschirnhaus (1651–1708) – eine europäische Berühmtheit aus der Oberlausitz]. In: Zbliżenia. Polska-Niemcy 3 (1995) 127-135.

3047. Wunderlich, Winfried: Träger des Namens Wunderlich in Schlesien. In: Ostdeutsche Familienkunde 13/1 (1965) 7-9.

3048. Wutke, Konrad: Beiträge zur schlesischen Familienkunde. 10. Über die Ehe des achtzigjährigen Herrn Hans (al. Hans Sigismund) von Schweinichen auf Schweinhaus, Kolbnitz, Merzschütz usw. i. J. 1590. In: Schlesische Geschichtsblätter. Mitteilungen des Vereins für Geschichte Schlesiens 2 (1912) 55-61.

3049. Wutke, Konrad: Beiträge zur schlesischen Familienkunde. 13. Aus der Familiengeschichte des Geschlechts von Frankenberg. In: Schlesische Geschichtsblätter. Mitteilungen des Vereins für Geschichte Schlesiens 3 (1915) 40-42.

3050. Wutke, Konrad: Beiträge zur schlesischen Familienkunde. 15. Aus der Familiengeschichte des Geschlechts von Frankenberg. In: Schlesische Geschichtsblätter. Mitteilungen des Vereins für Geschichte Schlesiens 1 (1916) 11-16.

3051. Wutke, Konrad: Beiträge zur schlesischen Familienkunde. 16. Aus der Familiengeschichte des Geschlechts von Frankenberg. In: Schlesische Geschichtsblätter. Mitteilungen des Vereins für Geschichte Schlesiens 2 (1916) 37-47.

3052. Wutke, Konrad: Beiträge zur schlesischen Familienkunde. 31. Vier Epitaphien in der Kirche zu Stabelwitz. In: Schlesische Geschichtsblätter. Mitteilungen des Vereins für Geschichte Schlesiens 3 (1934) 4-7.

3053. Wutke, Konrad: Das Geburtsdatum des Breslauer Fürstbischofs Philipp Gotthard Schaffgotsch (geb. 3. Juni 1716 zu Jauer). In: Zeitschrift des Vereins für Geschichte Schlesiens 68 (1934) 168-177.

3054. Wutke, Konrad: Das Todesdatum des Breslauer Domherrn und Kantors am Kreuzstift Lutko v. Kulpe. In: Schlesische Geschichtsblätter. Mitteilungen des Vereins für Geschichte Schlesiens 3 (1925) 56f.

3055. Wutke, Konrad: Zur Geschichte des Geschlechts der Gallici (Walch) und ihres Grundbesitzes in Schlesien im 13./16. Jahrhundert. In: Zeitschrift des Vereins für Geschichte Schlesiens 61 (1927) 279-311.

3056. Zapletal, Florian: Kdy zemřel Hynek starší Bruntálský z Vrbna? [Wann starb Hynko der Ältere von Würben und Freudenthal?]. In: Záhorská kronika 13 (1930/31) 65-74.

3057. Zaunick, Rudolph: Ehrenfried Walther von Tschirnhaus. Mit einer biograph. Notiz zu Rudolph Zaunick hg. v. Lothar Dunsch. Dresden 2001 (Dresdner Miniaturen 10).

3058. Zedlitz-Neukirch, Conrad Dieter von: Joseph Christian von Zedlitz. Leben und Schaffen eines Schulkameraden Eichendorffs. In: Aurora. Jahrbuch der Eichendorff-Gesellschaft 29 (1969) 70-91.

3059. Ziątkowski, Leszek: Poselstwo Krzysztofa Leopolda Schaffgotscha do Polski w latach 1667–1674. (Przyczynek do organizacji i funkcjonowania poselstw austriackich w II połowie XVII w.) [Die Gesandtschaft Christoph Leopold von Schaffgotschs nach Polen in den Jahren 1667–1674. (Ein Beitrag zur Organisation und Funktionsweise österreichischer Gesandtschaften in der zweiten Hälfte des 17. Jahrhunderts)]. In: Śląski Kwartalnik Historyczny Sobótka 43 (1988) 31-48.

3060. Ziolko, Karl-Heinz: Die Erfindung des europäischen Porzellans durch Tschirnhaus. Siegen 2002.

3061. Zuber, Rudolf: Karel Ditters z Dittersdorfu/Karl Ditters von Dittersdorf. Šumperk 1970.

3062. Zukal, Jos[ef]: Alchymista Michal Sendivoj pánem na Kravařích a Koutech. Hlavně dle akt zemského archivu Opavského [Der Alchimist Michael Sendivoj als Herr auf Krawarn und Kauthen. Besonders aufgrund der Akten des Troppauer Landesarchivs]. In: Věstník Matice opavské 17 (1909) 1-8.

4.14 Familien [Neuzeit]

3063. [Anonym]: Darstellung des Lebens und Wirkens dreyer hochgesinnten Männer Oesterreichs. Seiner Excellenz des hochgebornen Grafen Rudolphs von Wrbna, [...] des hochgebornen Grafen Ignaz Carls von Chorinsky, [...] des hochgebornen grafen Prokops von Lazanzky [...] Exzellenz Rudolfs Karls. Wien 1823.

3064. Bahlcke, Joachim: Sozialpolitik als Kulturaufgabe. Zu Leben und Wirken des schlesischen Politikers Arthur Graf Posadowsky-Wehner (1845–1932). In: Silesia nova 3 (2006) 93-100.

3065. Bergsträsser, Ludwig: Das unbekannte Leben des bekannten Fürsten Felix Lichnowsky. In: Hochland. Monatsschrift für alle Gebiete d. Wissens, d. Literatur u. Kunst 31/2 (1933/34) 233-249.

3066. Bill, Claus Heinrich: Adelsanerkennungen ausländischer Familien in Preußen. Der lange Weg der ungarisch-schlesischen Familie v. Beöczy in den preußischen Adel 1889 bis 1927. In: Nobilitas. Zeitschrift für Deutsche Adelsforschung 3/11 (2000) 535-546.

3067. Born, Karl Erich: Arthur Graf Posadowsky-Wehner, 1845–1932. In: Lauterbach, Erich (Hg.): Maenner der deutschen Verwaltung. 23 biographische Essays. Köln 1963, 211-228.

3068. Castle, Eduard: Zedlitz Anstellung im Staatsdienst. In: Jahrbuch der Grillparzer-Gesellschaft 17 (1907) 145-164.

3069. Dobschütz, Sigismund von: General Leopold Wilhelm von Dobschütz: Wittenbergs „Befreier aus Franzosennot". In: Ostdeutsche Familienkunde 13 (1992) 283-305.

3070. D'Elvert, Christian: Die Freiherren Klein v. Wisenberg. In: Notizen-Blatt der historisch-statistischen Section der kais. königl. mährisch-schlesischen Gesellschaft zur Beförderung des Ackerbaues, der Natur- und Landeskunde (1890) 41-44.

3071. Förster, Heinrich: Cardinal und Fürstbischof Melchior von Diepenbrock. Ein Lebensbild. Breslau 1859.

3072. Frankenberg, Fred von: Chronik der Herrschaft Tillowitz und des Geschlechtes ihrer Besitzer der Grafen v. Frankenberg-Ludwigsdorf Freiherrn v. Schellendorf von 1835–1885 geschrieben zur Feier des 50jährigen Besitzes der Herrschaft. Tillowitz/Berlin 1885.

3073. Friedrich, Hermann: Prinz Emil von Schönaich-Carolath. Berlin 1903.

3074. Fuchs, Konrad: Franz von Winckler. In: Ders. (Hg.): Beiträge zur Wirtschafts- und Sozialgeschichte Schlesiens. Dortmund 1985, 117-122.

3075. Fuchs, Konrad: Neue Beiträge zum Leben und Wirken des Diplomaten Paul Graf von Hatzfeld-Wildenburg. In: Nassauische Annalen 94 (1983) 335-340.

3076. Gottschalk, Joseph: Übertritt, Tod und Grabstätte des ehemaligen Breslauer Fürstbischofs Graf Leopold von Sedlnitzky. In: Archiv für schlesische Kirchengeschichte 5 (1940) 206-213.

3077. Grossmann, Stefan: Lassalle und die Hatzfeldt. In: Das Tage-Buch 5 (1924) 71-74.

3078. Harrach, Wichard von: Ferdinand Graf Harrach. Maler und Kavalier. Dülmen 1992.

3079. Hirsch, Helmut: Eine Prinzessin verbündet sich mit Bürgern, Kleinbürgern und Proletariern. In: Düsseldorfer Familienkunde 2 (1981) 79-81.

3080. Hirsch, Helmut: Sophie von Hatzfeldt und Ferdinand Lassalle – ein Ehekrieg hinter Kalkumer Schloßmauern. In: Heimat-Jahrbuch Wittlaer 1 (1980) 27-30.

3081. Hirsch, Helmut: Zuflucht auf Schloß Trachenberg. Eine Episode aus dem Leben der Gräfin Sophie von Hatzfeldt. In: Schlesien 4 (1981) 216-221.

3082. Hirsch, Helmut: Zur Problemehe Edmund und Sophie von Hatzfeldts. Revision eines geschichtlichen Urteils. In: Heimat-Jahrbuch Wittlaer 9 (1988) 28-33.

3083. Horstmecke, Johannes: Melchior von Diepenbrock als Übersetzer spanischer Dichtungen. Münster i. Westf. 1915.

3084. Jongen, Anton: Leopold Graf von Sedlnitzky. Fürstbischof von Breslau. Preußischer Staatsrat, Freund und Förderer Wicherns 1787–1871. Zu seinem 100. Todestag. In: Jahrbuch für Schlesische Kirchengeschichte N.F. 50 (1971) 125-162.

3085. Kaczmarek, Ryszard: Johann Heinrich XV. Fürst von Pless. Aus der Geschichte der deutschen Minderheit in Polnisch-Oberschlesien in den Jahren 1918–1939. In: Laubner, Jürgen (Hg.): Adel und Junkertum im 19. und 20. Jahrhundert. Biographische Studien zu ihrer politischen, ökonomischen und sozialen Entwicklung. Halle (Saale) 1990 (Wissenschaftliche Beiträge. Martin-Luther-Universität Halle-Wittenberg 17, C 48), 41-52.

3086. Kincel, Ryszard: Karol Maksymilian książę von Lichnovsky (1860–1928) – najsławniejszy z rodu [Karl Max Fürst von Lichnowsky (1860–1928) – der berühmteste seiner Familie]. In: Neuberg, Jan/Staniszewski, Grzegorz (Hg.): Z dziejów ziemi raciborskiej. Miejsca – Ludzie – Problemy. Racibórz 2003, 105-116.

3087. König, Sigrid: Joseph Graf Sedlnitzky von Choltitz (1778–1855). Dipl.-Arb. Univ. Wien 1991.

3088. Königsfeld, Ernst: Graf Reden. Das letzte Jahrzehnt. In: Schlesien 33 (1988) 193-212.

3089. Koning, Henk J.: Friedrich Christian Eugen Baron von Vaest (1792–1855) – Weltmann, Literat, Zeitungsredakteur und Theaterdirektor in Breslau. In: Schlesien. Eine Vierteljahrsschrift für Kunst, Wissenschaft und Volkskunde 38 (1993) 34-43, 74-83.

3090. Kosch, Wilhelm: Melchior von Diepenbrock. M.-Gladbach 1913.

3091. Kowalski, Rafał: Dzieje rodu hrabiów von Ballestrem na Górnym Śląsku w latach 1798–1945 [Geschichte der Grafen von Ballestrem in Oberschlesien in den Jahren 1798–1945]. Ruda Śląska 1998 (Rudzki Rocznik Muzealny. Muzeum Miejskie im. M. Chroboka w Rudzie Śląskiej 1).

3092. Kramná, Jaromíra: Osobnost Felixe knížete Lichnovského ve světle archivních pramenů [Die Persönlichkeit des Felix Fürst Lichnowski im Licht der Archivquellen]. In: Národní obrození a rok 1848 v evropském kontextu. Litomyšl 1998, 173-180.

3093. Krebs, Julius: Herzog Christian von Wohlau. In: Zeitschrift des Vereins für Geschichte und Alterthum Schlesiens 35 (1901) 144-154.

3094. Kubrakiewicz, Zofia: Niemiecki pisarz-polonofil K. v. Holtei [Der polonophile deutsche Schriftsteller K. v. Holtei]. In: Przegląd Zachodni 6/11-12 (1950) 548-554.

3095. Kuczyński, Krzysztof A.: Śladami powojennych losów rodziny Kornów [Auf den Nachkriegsspuren der Familie Korn]. In: Kwartalnik Opolski 41/1 (1995) 69-72.

3096. Laubner, Jürgen: Guido Henckel von Donnersmarck – Aristokrat durch Geld und Geburt. In: Ders. (Hg.): Adel und Junkertum im 19. und 20. Jahrhundert. Biographische Studien zu ihrer politischen, ökonomischen und sozialen Entwicklung. Halle (Saale) 1990 (Wissenschaftliche Beiträge. Martin-Luther-Universität Halle-Wittenberg 17, C 48), 27-40.

3097. Liebich, Curt: Otto von Gellhorn [Nachruf]. In: Ostdeutsche Familienkunde 10/4 (1962) 118.

3098. Loichinger, Alexander: Melchior Diepenbrock. Seine Jugend und sein Wirken im Bistum Regensburg (1798–1845). Regensburg 1988 (Beiträge zur Geschichte des Bistums Regensburg 22).

3099. Maenner, Ludwig: Prinz Heinrich zu Schönaich-Carolath. Ein parlamentarisches Leben der wilhelminischen Zeit (1852–1920). Stuttgart 1931.

3100. Makowski, Mariusz: Die freiherrliche Familie Mattencloit im Teschener Schlesien. In: Geseker Heimatblätter 52/374 (1994) 1-5

3101. Makowski, Mariusz: Rodzina baronów von Mattencloitów na Zebrzydowicach (1747–1888) [Die Familie der Freiherren von Mattencloit auf Seibersdorf (1748–1888)]. In: Familia Silesiae 2 (1997) 47-68.

3102. Maser, Peter: Hinweise zur Familiengeschichte des Barons Hans Ernst von Kottwitz (1757–1843). In: Jahrbuch für Schlesische Kirchengeschichte N.F. 71 (1992) 121-138.

3103. Mayer, Gustav: Gräfin Sophie von Hatzfeldt, Bismarck und das Duell Lassalle-Racowitza. In: Historische Zeitschrift 134 (1926) 47-56.

3104. Mayer, Gustav (Hg.): Ferdinand Lassalle. Nachgelassene Briefe und Schriften, Bd. 3: Der Briefwechsel zwischen Lassalle und Marx: nebst Briefen von Friedrich Engels und Jenny Marx an Lassalle und von Karl Marx an Gräfin Sophie Hatzfeldt. Osnabrück 1967 (Deutsche Geschichtsquellen des neunzehnten und zwanzigsten Jahrhunderts 6).

3105. Meese, Alexander: Německý velvyslanec v Londýně a počátek světové války [Der deutsche Botschafter in London und der Anfang des Weltkrieges]. In: Dějiny a současnost 18/3 (1996) 36-39.

3106. Müller, Konrad: Graf Leopold Sedlnitzky, Fürstbischof von Breslau. In: Jahrbuch für Schlesische Kirche und Kirchengeschichte N.F. 38 (1959) 129-138.

3107. Neubach, Helmut: Die Zentrumspolitiker Franz Graf Ballestrem und Ernst Lieber. In: Jahrbuch der Schlesischen Friedrich-Wilhelms-Universität zu Breslau 24 (1983) 222-233.

3108. Neubach, Helmut: Robert Graf von Zedlitz-Trützschler (1837–1914), Oberpräsident. In: Der Kulturwart 38/181 (1990) 31-36.

3109. Neubach, Helmut: Robert Graf von Zedlitz-Trützschler (1837–1914). In: Jeserich, Kurt G. A. u. a. (Hg.): Persönlichkeiten der Verwaltung. Stuttgart 1991, 228-233.

3110. Neubach, Helmut: Otto v. Seydewitz (1818–1898), Präsident des Deutschen Reichstags, Oberpräsident der Provinz Schlesien und Präsident der Oberlausitzischen Gesellschaft der Wissenschaften. In: Schmidt, Martin (Hg.): Sammeln – Erforschen – Bewahren. Zur Geschichte und Kultur der Oberlausitz. Ernst Heinz Lemper zum 75. Geburtstag. Hoyerswerda/Görlitz 1999, 310-316.

3111. Niehus, Vera: Paul von Hatzfeldt (1831–1901). Politische Biographie eines kaiserlichen Diplomaten Berlin 2004 (Quellen und Forschungen zur Brandenburgischen und Preussischen Geschichte 27).

3112. Polak, Jerzy: Jan Henryk XV książę von Pless – życie i działalność (1861–1938) [Fürst Hans Heinrich XV. von Pleß – Leben und Wirken (1861–1938)]. In: Materiały Muzeum Wnętrz Zabytkowych w Pszczynie 6 (1990) 129-156.

3113. Prittwitz und Gaffron, Hans von/Prittwitz und Gaffron-Breslau, Bernhard von: Die Familie von Prittwitz u. Gaffron nach ihrem Bestande am 1. Januar 1900. Breslau 1900.

3114. Prittwitz und Gaffron, Karl von: Die Kriegsopfer des Geschlechts derer von Prittwitz und Gaffron 1914–1918. O. O. [1927].

3115. Pusch, Oskar: Das Herkommen des schlesischen Dichters Karl von Holtei. In: Schlesien (1967) 216-221.

3116. Pusch, Oskar: Die Ahnen und Nachfahren des Dortmunder Berghauptmanns Alexander von Mielęcki. In: Mitteilungen des Beuthener Geschichts- und Museumsvereins (1963/64) 111-117.

3117. Reinkens, Joseph Hubert: Melchior von Diepenbrock. Ein Zeit- und Lebensbild. Leipzig 1881.

3118. Rosenbaum, A.: Carl von Holtei. Dresden 1910.

3119. Rust, Hermann: Reichskanzler Fürst Chlodwig zu Hohenlohe-Schillingsfürst und seine Brüder Herzog von Ratibor, Cardinal Hohenlohe und Prinz Constantin Hohenlohe. Düsseldorf 1897.

3120. Samulski, Robert: Wo wurde die Gräfin Sophie von Hatzfeldt (1805–1881) geboren? In: Zeitschrift für Ostforschung 28 (1979) 648-653.

3121. Schimmelpfennig, Max: Robert Graf von Zedlitz und Trützschler. In: Zeitschrift des Vereins für Geschichte Schlesiens 56 (1922) 73-90.

3122. Seyfarth, H.: Aus dem Leben und den Werken des Prinzen Emil von Schönaich-Carolath. Leipzig 1909.

3123. Słowik, Eugenia: Dzieje rodziny Tiele-Wincklerów [Die Geschichte der Familie Tiele-Winckler]. In: Ewangelik. Kwartalnik Diecezji Katowickiej Kościoła Ewangelicko-Augsburskiego w RP 1 (2003) 47-63.

3124. Słowik, Eugenia: Tiele-Wincklerowie: z Miechowic do Mosznej [Die Tiele-Winckler: von Miechowitz bis Moschen]. In: Szturc, Jan (Hg.): Matka Ewa z Miechowic. Ewa von Tiele-Winckler (1866–1930). Katowice 2006, 30-44.

3125. Stibor, Jiří: Jak se dostali potomci kozáků do Radkova. (Genealogie hrabat Razumovských) [Wie sind die Nachfahren der Kosaken nach Radkov gekommen. (Genealogie der Grafen Razumowski)]. In: Zpravodaj. Klub genealogů a heraldiků Ostrava Domu kultury ROH VŽSKG 24 (1985) 67-76.

3126. Tiggesbäumker, Günter: Viktor I. Herzog von Ratibor und Fürst von Corvey, Prinz zu Hohenlohe-Schillingsfürst (1818–1893). In: Westfälische Zeitschrift 144 (1994) 265-280.

3127. Tiggesbäumker, Günter: Von Franken nach Westfalen und Schlesien. Der Erbprinz von Hohenlohe-Schillingsfürst wird erster Herzog von Ratibor und Fürst von Corvey. In: Frankenland N.F. 55/3 (2003) 207-212.

3128. Tippel, O[tto]: Vermischte Mittheilungen. Generalleutnant Graf von Götzen gest. In: Zeitschrift des Vereins für Geschichte und Alterthum Schlesiens 34 (1900) 409.

3129. Uhlíř, Dušan: Kníže Felix Lichnovský jako představitel militantního konzervatismu na prahu revoluce 1848 [Felix Fürst Lichnowsky als Repräsentant des militanten Konservatismus an der Schwelle zur Revolution 1848]. In: Acta historica et museologica Universitatis Silesianae Opaviensis 3 (1997) 122-145.

3130. Wagner, Ernst: Viktor von Heydebrand u. d. Lasa. Ein Nekrolog. In: Zeitschrift des Vereins für Geschichte Schlesiens 43 (1909) 342-344.

3131. Weidenhaupt, Hugo: Gräfin Sophie von Hatzfeldt und Ferdinand Lassalle. In: Bader, Walter (Hg.): Schloss Kalkum. Köln 1968, 249-260.

3132. Wernicke, Ewald: Hans von Prittwitz und Gaffron. Ein Nekrolog. In: Zeitschrift des Vereins für Geschichte und Alterthum Schlesiens 19 (1885) 416-418.

3133. Wiese, Hugo von: Die patriotische Tätigkeit des Grafen Götzen in Schlesien in den Jahren 1808 und 1809. In: Zeitschrift des Vereins für Geschichte und Alterthum Schlesiens 27 (1893) 28-53.

3134. Zářický, Aleš: Rothschildové a ti druzí aneb Dějiny velkopodnikání v Rakouském Slezsku před první světovou válkou [Die Rothschild und die anderen oder die Geschichte der Großindustrie in Österreichisch-Schlesien vor dem Ersten Weltkrieg]. Ostrava 2005.

3135. Zedlitz, Conrad Dieter von: Zedlitz. Leben und Schaffen eines Schulkameraden Eichendorffs. In: Aurora. Jahrbuch der Eichendorff-Gesellschaft 29 (1969) 70-91.

3136. Zurek, Werner: Vorfahren und Nachkommen der adligen, deutsch-polnischen Familie Werner sowie deutsche und polnische Bürger und Adelsfamilien im Lauf der Jahrhunderte. Genealogien, Wappen und bibliographische Erschließungen von bürgerlichen und adligen Werner-Familien. Frankfurt a. Main 1998.

4.14 Familien [Zeitgeschichte]

3137. Lukas, Joachim: Ihres Schicksals Schmied. Zum Tod von Maria Reichsgräfin Schaffgotsch. In: Kulturpolitische Korrespondenz 1030 (1998) 16f.

3138. Webersinn, Gerhard: Carl Freiherr von Hoiningen gen. Huene, der schlesische Bauernkönig. In: Jahrbuch der Schlesischen Friedrich-Wilhelms-Universität zu Breslau 17 (1972) 143-188.

3139. Webersinn, Gerhard: Christian von Rother. Ein Leben für Preußen und Schlesien. In: Jahrbuch der Schlesischen Friedrich-Wilhelms-Universität zu Breslau 10 (1965) 150-187.

4.15 Orte [Allgemein]

3140. Adamska-Heś, Dagmara/Heś, Robert: Lutomia pod Świdnicą nekropolią rodu Atze czy Betschau? [Leutmannsdorf bei Schweidnitz als Begräbnisstätte der Familie Atze oder Betschau?]. In: Rosik, Stanisław/Wiszewski, Przemysław (Hg.): Imago narrat. Obraz jako komunikat w społeczeństwach europejskich. Wrocław 2002 (Acta Universitatis Wratislaviensis 2478. Historia 156), 381-391.

3141. Adamska-Heś, Dagmara/Heś, Robert/Szołtysek, Roman: Dzieje zamku w Chudowie [Geschichte der Burg Chudow]. Katowice 2001.

3142. Biermann, G[ottlieb]: Geschichte des Herzogthums Teschen. Teschen 1897.

3143. Biermann, G[ottlieb]: Geschichte der Herzogthümer Troppau und Jägerndorf. Teschen 1874.

3144. Blucha, Vladimír: Historie města Krnova [Geschichte der Stadt Jägerndorf]. Krnov 1969.

3145. Borák, Mečislav/Gawrecki, Dan (Hg.): Nástin dějin Těšínska [Eine Skizze der Geschichte des Teschener Landes]. Opava/Ostrava/Praha 1992.

3146. Chromik, Grzegorz Marek: Feudalni panowie Czechowic [Die adeligen Herren von Czechowitz]. Czechowice/Dziedzice 1997.

3147. Cichoń-Bitka, Maria: Zamek w Mosznej [Das Schloß in Moschen]. Opole 1987.

3148. Engelbert, Kurt: Aufsätze über Trebnitz und die hl. Hedwig. Breslau 1934 (Zur schlesischen Kirchengeschichte 10).

3149. Esbach, Friedrich Carl: Carlsruhe in Schlesien. Ein württembergischer Fürstensitz. In: Schlesien 1 (1907) 201-203.

3150. Franke, Arne/Rzepa, Joanna: 900 Jahre Kamenz, Kamieniec Ząbkowicki. Spuren deutscher und polnischer Geschichte – 900 lat Kamieńca Ząbkowickiego, Kamenz ślady niemieckiej i polskiej historii. Görlitz 1996.

3151. Franzkowski, Joseph: Die Herren von Braun als Besitzer der freien Herrschaft Wartenberg und Zustände unter deren Regierung. In: Zeitschrift des Vereins für Geschichte und Alterthum Schlesiens 24 (1890) 127-161.

3152. Galke, [...]: Welchen Adelsgeschlechtern ich beim Studium der Geschichte unserer Pfarrkirche begegnete. In: Heimatkalender des Kreises Falkenberg (1927) 70f.

3153. Girke, Herbert: Die Ritter von Gerlachsheim. In: Jahrbuch für Schlesische Kirchengeschichte N.F. 62 (1983) 79-85.

3154. Glaeser, Edmund: Schloss Lissa. Rastort gesch. Persönlichkeiten durch sieben Jahrhunderte. In: Schlesische Geschichtsblätter. Mitteilungen des Vereins für Geschichte Schlesiens 1 (1939) 1-11.

3155. Gojniczek, Wacław: Z dziejów szlachty w księstwie cieszyńskim ze szczególnym uwzględnieniem protestantów [Zur Adelsgeschichte im Herzogtum Teschen mit besonderer Berücksichtigung der Protestanten]. In: Szkice Archiwalno-Historyczne 2 (2000) 5-24.

3156. Grad, H.: Studium historyczno-stylistyczne parku w Pokoju (woj. Opolskie) [Eine historisch-stilistische Studie des Parks in Carlsruhe O.S. (Woiwodschaft Oppeln)]. [Masch.] Wrocław 1977.

3157. Grobelný, Andělín u. a.: Ostravsko do roku 1848. Kapitoly k historickému vývoji Slezska a Ostravska od pravěku k revolučnímu roku 1848 [Das Gebiet Ostrau bis zum Jahr 1848. Kapitel zur historischen Entwicklung Schlesiens und des Gebiets Ostrau von der Urzeit bis zum Revolutionsjahr 1848]. Ostrava 1968.

3158. Hatzfeldt, Friedrich von: Die Herrschaft Trachenberg/Schlesien (seit 1945 Zmigrod) über 300 Jahre im Besitz der Familie Hatzfeldt (1641–1945). Köln 1995.

3159. Hatzfeldt, Friedrich von (Bearb.): Die Herrschaft Trachenberg und die Familie Hatzfeldt in Schlesien 1641–1945. Ausstellung im Haus Schlesien – Museum für Landeskunde 20. April bis 2. Juni 1996. Königswinter/Heisterbacherrott 1996.

3160. Häusler, Wilhelm: Geschichte des Fürstenthums Oels bis zum Aussterben der piastischen Herzogslinie. Breslau 1883.

3161. Houwald, Götz von: Die Niederlausitzer Rittergüter und ihre Besitzer, Bd. 2: (Kreis Sorau). Neustadt a. d. Aisch 1981 (Bibliothek familiengeschichtlicher Quellen 26).

3162. Hyckel, Georg: Erinnerungen an Schloß Krawarn im Oppatal. In: Aurora. Jahrbuch der Eichendorff-Gesellschaft 22 (1962) 100-103.

3163. Igállfy, Ludwig [Ludwig Igálffy von Igály]: Der Adel der Herrschaft Beuthen in den Jahren 1602 bis 1604. In: Mitteilungen des Beuthener Geschichts- und Museumsvereins 27-28 (1965/66) 257f.

3164. Indra, Bohumír: Šlechtická kapela ve Velkých Hošticích v 2. pol. 18. stol. [Die Schloßkapelle in Groß Hoschütz in der zweiten Hälfte des 18. Jahrhunderts]. In: Slezský sborník 53 (1955) 122-124.

3165. Indra, Bohumír: Zámecká kapela ve Frýdku v 2. polovině 18. století [Die Schloßkapelle in Friedek in der zweiten Hälfte des 18. Jahrhunderts]. In: Časopis Slezského muzea. Acta Musei Silesiae, Series B: Vědy historické 16 (1967) 85f.

3166. Kerber, Paul (Bearb.): Geschichte des Schlosses und der freien Standesherrschaft Fürstenstein in Schlesien. Breslau 1885.

3167. Koch, W[olfram] John: Schloss Fürstenstein. Erinnerungen an einen schlesischen Adelssitz. Eine Bilddokumentation. Würzburg 1989.

3168. Kogut, Mieczysław: Średniowieczne dzieje Żmigrodu [Geschichte Trachenbergs im Mittelalter]. In: Kronika Doliny Baryczy 7 (1998) 21-27.

3169. Kogut, Mieczysław: Zarys dziejów milickiej linii rodu von Maltzan [Abriß der Geschichte der Militscher Linie der Maltzan]. In: Kronika Doliny Baryczy 6 (1997) 48-57.

3170. Kotrba, Viktor u. a.: Hradec. Slezské kulturní středisko, státní zámek a památky v okolí [Grätz. Schlesisches Kulturzentrum, staatliches Schloß und Sehenswürdigkeiten in der Umgebung]. Praha 1962.

3171. Kowalski, Ireneusz: Dzieje dominium w Wierzchowicach 1595–1945 [Geschichte des Dominiums Wirschkowitz 1595–1945]. In: Kronika Doliny Baryczy 7 (1998) 22-52.

3172. Kozaczewski, Tadeusz: Zamek piastowski na Ostrówku w Opolu [Die Piastenburg in Oppeln]. Wrocław 1957.

3173. Kozerski, Paweł: Z dziejów Piastów brzeskich [Aus der Geschichte der Brieger Piasten]. Opole 1982 (Biblioteczka Krajoznawcy).

3174. Laskowski, Gregor: Gestern für Heute – Heute für Gestern. Kirchliches und nationales Miteinander in Striese/Strzeszów bei Trebnitz. In: Schlesien heute 7/5 (2004) 42-44.

3175. Loesch, Achim von: Kammerswaldau. Die Geschichte eines schlesischen Dorfes, seines Schlosses und seines Rittergutes. Würzburg 2001 (Einzelschriften des Vereins für Geschichte Schlesiens 3).

3176. Lubojacki, Josef: Neue Forschungen zur Geschichte der Herzogin Lukretia von Teschen und des Teschner Adels. In: Zeitschrift für Geschichte und Kulturgeschichte Österreichisch-Schlesiens 9 (1914) 29-35.

3177. Łuczyński, Romuald M.: Zamek Książ [Schloß Fürstenstein]. Jelenia Góra 2000.

3178. Muschol, Bernhard: Die Herrschaft Slawentitz/Ehrenforst in Oberschlesien. Piastisches Kammergut im Spätmittelalter, sächsischer Adelsbesitz und Hohenlohesche Residenz in der Neuzeit. Sigmaringen 1993 (Beiträge zur Geschichte und Landeskunde Oberschlesiens 3).

3179. Musioł, Ludwig/Igálffy-Igály, Ludwig: Das Registrum oder das älteste Landbuch der freien Standesherrschaft Pless (Pszczyna) von 1520 bis 1550 (insgesamt bis 1582 reichend) – böhmische Handschrift im Archiv Schloß Pless (Pszczyna). O. O. 1930-1990.

3180. Niemirowski, Władysław: Śladami Jana Gierałtowskiego [Auf den Spuren von Johann Gieraltowski]. In: Kroniki Miasta Zabrza 16 (1987) 127-146.

3181. Prasek, V[incenc]: Slavní někteří mužové z Těšínska [Einige ruhmvolle Männer aus dem Teschener Land]. In: Kalendář Slezský 6 (1902) 50-54.

3182. Próchnicka, E.: Parki zabytkowe w Pokoju – Die historischen Parks in Carlsruhe (Pokój). [Masch.] Opole 1982.

3183. Radler, Leonhard: Beiträge zur Geschichte der Dörfer des Kreises Schweidnitz und ihrer Kirchen. In: Jahrbuch für Schlesische Kirchengeschichte N.F. 56 (1977) 7-36.

3184. Radler, Leonhard: Beiträge zur Siedlungs- und Kirchengeschichte des Kreises Schweidnitz: Saarau, Königszeit. In: Jahrbuch für Schlesische Kirchengeschichte N.F. 59 (1980) 44-61.

3185. Radler, Leonhard: Beiträge zur Siedlungs- und Kirchengeschichte des Kreises Schweidnitz: Die friderizianischen „Bethäuser" in Striegau, Freiburg, Oelse, Peterwitz, Domanze, Leutmannsdorf, Ober-Weistritz, Konradswaldau, Gräditz, Groß-Rosen. In: Jahrbuch für Schlesische Kirchengeschichte N.F. 60 (1981) 90-132.

3186. Radler, Leonhard: Beiträge zur Siedlungs- und Kirchengeschichte des Kreises Schweidnitz: Der Fideikommiß der Grafen von Moltke in Kreisau, Gräditz, Wierischau. In: Jahrbuch für Schlesische Kirchengeschichte N.F. 62 (1983) 87-113.

3187. Radler, Leonhard: Beiträge zur Siedlungs- und Kirchengeschichte des Kreises Schweidnitz: Seiferdau. In: Jahrbuch für Schlesische Kirchengeschichte N.F. 66 (1987) 140-156.

3188. Richter, Ed[uard]: Adelige, welche in Hotzenplotz gelebt haben, oder daselbst geboren, getauft, gestorben sind und auch begraben worden. In: Notizen-Blatt der historisch-statistischen Section der kais. königl. mährisch-schlesischen Gesellschaft zur Beförderung des Ackerbaues, der Natur- und Landeskunde (1884) 73-75.

3189. Rüffler, Alfred: Geschichte des Rittergutes und Dorfes Sillmenau, Kreis Breslau. In: Jahrbuch der Schlesischen Friedrich-Wilhelms-Universität zu Breslau 21 (1980) 114-157.

3190. Schubert, Heinrich: Beschreibung und Geschichte der Burg Kinsberg in Schlesien. 3. Aufl. Breslau 1910.

3191. Schwarzbach, Kurt: Das Dominum Linda (Kr. Lauban) und seine Besitzer bis 1850. In: Ostdeutsche Familienkunde 12/2 (1964) 309-314, 339-341.

3192. Semrad, Gregor: Die letzten Besitzer von Ostschlesiens einstigen Schlössern. In: Archiv ostdeutscher Familienforscher 13 (1995–1997) 269-272.

3193. Slawik, W. M.: Der Adel in den ältesten Kirchenbüchern von Beuthen. In: Der Familienforscher. Monatsschrift für Familiengeschichte und Wappenkunde 3 (1928) 48-61, 154-161, 220-231, 238-249.

3194. Stibor, Jiří: Šlechtické rody knížectví Těšínského [Die Adelsgeschlechter des Fürstentums Teschen]. In: Těšínsko 1 (1992) 25-27.

3195. Stillfried-Alcántara, Rudolf M. von: Burg Schweinhaus und seine Besitzer. Eine geschichtliche Darstellung. Hirschberg 1833.

3196. Svoboda, Leopold: Z pozůstalosti Leopolda Svobody. Příspěvky k historické topografii knížetství Opavského a Krnovského [Aus dem Nachlaß Leopold Svobodas. Beiträge zur historischen Topographie des Fürstentum Troppau und Jägerndorf]. In: Věstník Matice opavské 15 (1907) 9-58.

3197. Turek, Adolf: Z minulosti Hradce a panství hradeckého [Aus der Vergangenheit von Grätz und der Herrschaft Grätz]. Opava 1960.

3198. Turek, Adolf: Dějiny zámku Hradce [Die Geschichte des Schlosses Grätz]. Ostrava 1971.

3199. Walerjański, Dariusz: Dzieje zamku w Chudowie [Geschichte der Burg Chudow]. In: Rocznik Muzeum w Gliwicach 7/8 (1991/92 [1994]) 395-399.

3200. Wechmar, Carl von: Geschichte des Dorfes und Rittergutes Zedlitz (Kreis Steinau). In: Zeitschrift des Vereins für Geschichte und Alterthum Schlesiens 12 (1874) 1-48.

3201. Wilk, Andrzej: Burgen und Adelsresidenzen im Hirschberger Tal in den Beschreibungen von Polen/Zamki i arystokratyczne rezydencje Kotliny Jeleniogórskiej w opisach Polaków. In: Czerner, Olgierd/Herzig, Arno (Hg.): Das Tal der Schlösser und Gärten. Das Hirschberger Tal in Schlesien – ein gemeinsames Kulturerbe. Berlin 2002, 264-276.

3202. Worbs, Johann Gottlob: Geschichte der Herrschaften Sorau und Triebel. Sorau 1826.

3203. Wutke, Konrad: Zur Geschichte von Würben bei Schweidnitz. In: Zeitschrift des Vereins für Geschichte und Alterthum Schlesiens 25 (1891) 236-273.

3204. Zemplin, A.: Beschreibung und Geschichte der Burg Kynsberg im Schlesierthale des Fürstenthums Schweidnitz bis zum Jahre 1823. 2. Aufl. Breslau 1827.

3205. Zivier, Ezechiel: Fürstenstein 1509–1909. Festschrift zur Feier des 400jährigen Besitzes der Freien Standesherrschaft Fürstenstein durch die Reichsgrafen von Hochberg Kattowitz 1909.

3206. Zlat, Mieczysław: Zamek piastowski w Brzegu [Das Piastenschloß in Brieg]. Opole 1988 (Encyklopedia wiedzy o Śląsku).

3207. Zukal, Josef: Urkunden zur Geschichte des Fürstenthums Neisse österr. Antheils, vornehmlich das Gut Jungferndorf betreffend. In: Notizen-Blatt der historisch-statistischen Section der kais. königl. mährisch-schlesischen Gesellschaft zur Beförderung des Ackerbaues, der Natur- und Landeskunde (1884) 32, 35-39.

4.15 Orte [Mittelalter]

3208. [Anonym]: Piastowie brzescy i ich epoka [Die Brieger Piasten und ihre Zeit]. Opole 1973.

3209. [Anonym]: Der Adel des Glätzer Landes bis 1319. [Berlin o. J.].

3210. Bakala, Jaroslav: K počátkům Frýdlantu n. O. [Zu den Anfängen von Friedland an der Ostrawitza]. In: Těšínsko. Vlastivědný časopis okresů Frýdek-Místek a Karviná 4 (1993) 1-4.

3211. Benyskiewicz, Krzysztof: Gniewomir ze Świebodzina i jego następcy w XIV–XV wieku [Gniewomir aus Schwiebus und seine Nachfolger im 14. und 15. Jahrhundert]. In: Strzyżewski, Wojciech (Hg.): Świebodzin – 700 lat historii. Materiały z jubileuszowej konferencji naukowej. Świebodzin 2002, 79-91.

3212. Biermann, Gottlieb: Jägerndorf unter der Regierung der Hohenzollern. In: Zeitschrift des Vereins für Geschichte und Alterthum Schlesiens 11 (1872) 36-96.

3213. Cetwiński, Marek: „Synowie Beliala". Z dziejów rycerstwa śląskiego w I połowie XIV wieku na przykładzie dziejów zamku Friedberg i jego właścicieli [„Die Söhne Belials". Aus der Geschichte der schlesischen Ritterschaft in der ersten Hälfte des 14. Jahrhunderts am Beispiel der Burg Friedberg und ihrer Besitzer]. In: Wachowski, Krzysztof (Hg.): Kultura średniowiecznego Śląska i Czech. Zamek. Wrocław 1996 (Kultura średniowiecznego Śląska i Czech. Międzynarodowe Sympozjum 2), 21-25.

3214. Gottschalk, Joseph: Zur mittelalterlichen Geschichte der Oppelner Burgen. In: Zeitschrift des Vereins für Geschichte Schlesiens 70 (1936) 111-151.

3215. Grünhagen, Colmar: Breslau unter den Piasten als deutsches Gemeinwesen. Breslau 1861.

3216. Kouřil, Pavel: Hrad Vartnov a jeho postavení ve vývoji hradů na Opavsku [Burg Vartnov und ihre Stellung in der Entwicklung der Burgen im Troppauer Lande]. In: Rodná země. Sborník k 100. výročí Muzejní a vlastivědné společnosti v Brně a k 60. narozeninám PhDr. Vladimíra Nekudy, CSc. Ostrava 1988, 285-304.

3217. Mika, Norbert: Przejęcie księstwa raciborskiego przez władcę opawskiego Mikołaja II [Die Übernahme des Herzogtums Ratibor durch Nikolaus II. von Troppau]. In: Opava. Sborník k dějinám města 2 (2000) 11-13.

3218. Panic, Idzi: Księstwo cieszyńskie w średniowieczu. Studia z dziejów politycznych i społecznych [Das Herzogtum Teschen im Mittelalter. Studien zur politischen und sozialen Geschichte]. Cieszyn 1988.

3219. Rüther, Andreas: Jägerndorf. In: Paravicini, Werner (Hg.): Höfe und Residenzen im spätmittelalterlichen Reich. Ein dynastisch-topographisches Handbuch, Bd. 2: Residenzen. Ostfildern 2003 (Residenzenforschung 15/1), 282f.

3220. Rzehak, Emil: Zur alten Geschichte der ehemaligen Burg und Stadt Grätz a. d. Mohra von 1031 bis 1500. In: Zeitschrift für Geschichte und Kulturgeschichte Österreichisch-Schlesiens 3 (1907/08) 65-83.

3221. Schönwälder, Karl Friedrich: Die Piasten zum Briege oder Geschichte der Stadt und des Fürstenthums Brieg, Bd. 1: Von den ältesten Nachrichten bis zum Jahre 1521, mit der Genealogie des Fürstenhauses. Brieg 1855.

3222. Schulte, Wilhelm: Zur Geschichte der Burg Oppeln. In: Zeitschrift des Vereins für Geschichte und Alterthum Schlesiens 36 (1902) 418-422.

3223. Ślęzak, Władysława: Bytom za panowania Piastów [Beuthen unter der Herrschaft der Piasten]. Bytom 1996.

3224. Stillfried-Alcántara, Rudolf M. (Hg.): Beiträge zur Geschichte des schlesischen Adels, Bd. 2, Teil 1: Auszüge aus dem Glätzer Amtsbuch (Mannrechtsprotocollbuch de anno 1346 bis 1390), mit erläuternden Anmerkungen; Teil 2: Erläuternde Anmerkungen zum Ältesten Glätzer Amtsbuch. Den Adel des Glätzer Landes betreffend. Berlin 1864.

3225. Temple, Rudolf: Ueber das der Stadt Auschwitz (Oswiecim) im J. 1291 verliehene Prvilegium des Herzogs Mesco von Teschen. In: Notizen-Blatt der historisch-statistischen Section der kais. königl. mährisch-schlesischen Gesellschaft zur Beförderung des Ackerbaues, der Natur- und Landeskunde 8 (1869) 65-68.

3226. Trampler, R[ichard]: Wok I. von Kravář (1269–1328). In: Notizen-Blatt der historisch-statistischen Section der kais. königl. mährisch-schlesischen Gesellschaft zur Beförderung des Ackerbaues, der Natur- und Landeskunde (1870) 22-24, 27-32.

3227. Voigt, Emil: Die Burg Kynast und ihre Besitzer im Mittelalter. In: Archiv für schlesische Kirchengeschichte 17 (1959) 118-152.

3228. Volkholz, Friedrich: Die Piastenburg in Oppeln im XIII. und XIV. Jahrhundert. In: Deutsche Kulturdenkmäler in Oberschlesien. Jahrbuch der Oberschlesischen Denkmalpflege nebst dem Bericht des Provinzialkonservators (1934) 90-100.

3229. Wahner, E[rnst]: Zur Geschichte der Standesherrschaft Beuthen O/S. In: Zeitschrift des Vereins für Geschichte und Alterthum Schlesiens 21 (1887) 149-167.

3230. Wendt, Heinrich: Das Falkenberger Land unter den Piasten. In: Praschma, Hans von (Hg.): Geschichte der Herrschaft Falkenberg in Oberschlesien. Falkenberg 1929, 1-34.

3231. Wendt, Heinrich: Die Herrschaft Falkenberg unter den Pückler, Promnitz, Poser. In: Praschma, Hans von (Hg.): Geschichte der Herrschaft Falkenberg in Oberschlesien. Falkenberg 1929, 53-66.

3232. Wrobel, Ralph Michael: Die Burg Woytowitz im Spannungsfeld zwischen Oberglogau und Repsch. Aspekte einer historischen Dreiecksbeziehung. In: Oberschlesisches Jahrbuch 18/19 (2002/03) 11-48.

3233. Wrobel, Ralph Michael: Die Gründung und frühe Entwicklung der Stadt Oberglogau. In: Oberschlesisches Jahrbuch 20 (2004) 13-66.

3234. Zivier, Ezechiel: Geschichte des Fürstentums Pleß, Bd. 1: Entstehung der Standesherrschaft Pleß (bis 1517). Kattowitz 1906.

4.15 Orte [Frühe Neuzeit]

3235. Braunmühl, Carl von: Geschichte der Herrschaft Scharfeneck: Teil 1 (bis 1625). In: Glatzer Heimatblätter 12 (1926) 33-61.

3236. Cichoń-Bitka, Maria: Moszna. Der Stammsitz der Familie Tiele-Winckler. Opole 1995.

3237. Enden, Hans: Eichendorff und das Coseler Land. In: Aurora. Jahrbuch der Eichendorff-Gesellschaft 21 (1961) 50-56.

3238. Franzkowski, Joseph: Die Erwerbung von Wartenberg durch den Grafen E. Joh. von Biron, 1733–1735. In: Zeitschrift des Vereins für Geschichte und Alterthum Schlesiens 33 (1899) 171-186.

3239. Gussone, Nikolaus: Carlsruhe – eine oberschlesische Residenz des 18. Jahrhunderts und ihre zeitgenössische Beschreibung. In: Archiv für schlesische Kirchengeschichte 64 (2006) 57-92.

3240. Heiduk, Franz: Andreas Gryphius, Glogau und die Herren von Oppersdorf. In: Schlesien. Eine Vierteljahrsschrift für Kunst, Wissenschaft und Volkskunde 23 (1978) 74-79.

3241. Heinz, Hans: Deutsch-Krawarn. In: Aurora. Jahrbuch der Eichendorff-Gesellschaft 28 (1968) 33-35.

3242. Kaczorowski, Włodzimierz: Elias von Löben lekarzem miejskim w Byczynie [Elias von Löben als Stadtphysikus in Pitschen]. In: Kwartalnik Opolski 41/3-4 (1995) 101-104.

3243. Kasperlik Edler von Teschenfeld, Mathias: Auseinandersetzung mit der Vormundschaft Herzog Wenzel's von Teschen und Auslösung der Herrschaft Friedek. In: Notizen-Blatt der historisch-statistischen Section der kais. königl. mährisch-schlesischen Gesellschaft zur Beförderung des Ackerbaues, der Natur- und Landeskunde (1873) 55f.

3244. Kasperlik Edler von Teschenfeld, Mathias: Die vormundschaftliche Verwaltung des Herzogthums Teschen unter Johann von Pernstein (1529 bis 1545). In: Notizen-Blatt der historisch-statistischen Section der kais. königl. mährisch-schlesischen Gesellschaft zur Beförderung des Ackerbaues, der Natur- und Landeskunde (1873) 30-32, 40.

3245. Klawitter, [Willy]: Die Zeit der Zierotins 1650–1779. In: Praschma, Hans von (Hg.): Geschichte der Herrschaft Falkenberg in Oberschlesien. Falkenberg 1929, 67-134.

3246. Klawitter, [Willy]: Falkenberg im Besitze der Grafen Praschma 1779 bis zur Gegenwart. In: Praschma, Hans von (Hg.): Geschichte der Herrschaft Falkenberg in Oberschlesien. Falkenberg 1929, 67-134.

3247. Kubiak, Anna: Pałac w Zielonym Lesie [Das Schloß im Grünen Wald]. In: Kronika Ziemi Żarskiej 7/1 (2003) 101-105.

3248. Kuczer, Jarosław: Szlachta enklawy świebodzińskiej w życiu księstwa głogowskiego doby habsburskiej (XVI–XVIII wiek) [Der Adel der Schwiebuser Enklave in der Entwicklung des Herzogtums Glogau in der Habsburgerzeit (16.–18. Jahrhundert)]. In: Strzyżewski, Wojciech (Hg.): Świebodzin – 700 lat historii. Świebodzin 2002, 111-123.

3249. Menzel, Steffen: Karl Andreas von Meyer zu Knonow – ein Lebensbild der Spätaufklärung In: Görlitzer Magazin 7 (1993) 36-55.

3250. Münch, Gotthard: Das Wiedersehen mit Breslau im Herbst 1809. In: Aurora. Jahrbuch der Eichendorff-Gesellschaft 23 (1963) 11-35.

3251. Oppersdorff, Wilhelm Hans von: Beethoven und der Graf von Oppersdorff. In: Schlesien. Eine Vierteljahrsschrift für Kunst, Wissenschaft und Volkskunde 26 (1981) 65-76.

3252. Oppersdorff, Wilhelm Hans von: Die Bedeutung der Herrschaft Oberglogau. In: Schlesische Geschichtsblätter. Mitteilungen des Vereins für Geschichte Schlesiens 3 (1937) 65-69.

3253. Pfotenhauer, Paul: Schloß Jeltsch bei Ohlau und seine historische Bedeutung. In: Zeitschrift des Vereins für Geschichte und Alterthum Schlesiens 25 (1891) 185-210.

3254. Pistorius, Arwed: Kleine Mitteilungen. 4. Ernst von Poser und die Herrschaft Falkenberg. In: Zeitschrift des Vereins für Geschichte Schlesiens 71 (1937) 373-378.

3255. Popiołek, F[ranz]: Das Piastenschloß in Teschen. In: Zeitschrift für Geschichte und Kulturgeschichte Österreichisch-Schlesiens 6 (1910/11) 124-128.

3256. Rolle, Gustav Robert: Zur Entstehungsgeschichte von Sibyllenort. In: Zeitschrift des Vereins für Geschichte und Alterthum Schlesiens 40 (1906) 302-313.

3257. Sabisch, Alfred: Abriß der politischen Entwicklung des Fürstentums Münsterberg-Frankenstein. In: Schlesische Geschichtsblätter. Mitteilungen des Vereins für Geschichte Schlesiens 3 (1930) 49-53.

3258. Saurma, Wolfgang: Köben unter den Herren von Kottwitz 1477–1648. Köben 1923.

3259. Schimmelpfennig, C. Adolph: Pastor Schiller in Krummendorf und der Freiherr von Waffenberg in Prieborn. Ein Beitrag zur Geschichte der Verwaltung und Rechtspflege in Schlesien unter österreichischer Herrschaft. In: Zeitschrift des Vereins für Geschichte und Alterthum Schlesiens 15 (1880) 273-300.

3260. Schönborn, Theodor: Die Standesherrschaft Wartenberg im Besitz des Herzogs Biron von Kurland und des Feldmarschalls Münnich (1741–64). In: Zeitschrift des Vereins für Geschichte und Alterthum Schlesiens 14 (1878) 451-485.

3261. Schönwälder, Karl Friedrich: Die Piasten zum Briege oder Geschichte der Stadt und des Fürstenthums Brieg, Bd. 2: Von der Kirchenreformation bis zur Verleihung des Majestätsbriefes. Brieg 1855.

3262. Schönwälder, Karl Friedrich: Die Piasten zum Briege oder Geschichte der Stadt und des Fürstenthums Brieg, Bd. 3: Von Verleihung des Majestätsbriefes bis zum Erlöschen des Fürstenhauses 1609–1675. Mit einem Anh. über die kaiserliche Regierung 1675–1741 und die alte Verfassung des Landes. Brieg 1856.

3263. Schwencker, Friedrich: Der Grundherr von Saabor und seine Untertanen im Anfang des 18. Jahrhunderts. In: Zeitschrift des Vereins für Geschichte Schlesiens 42 (1908) 121-150.

3264. Smutný, Bohumír: Činnost Jindřicha Kajetána Blümegena na Moravě v letech 1748–1652 a jeho úloha při koupi panství Náměšť nad Oslavou Fridrichem Vilémem Haugvicem. (Ke vztahům představitelů tereziánské státní správy) [Die Tätigkeit Heinrich Kajetan von Blümegens in Mähren in den Jahren 1748–1752 und dessen Beteiligung beim Erwerb der Herrschaft Namiest (an der Oslawa) durch Friedrich Wilhelm von Haugwitz. (Zu den gegenseitigen Beziehungen zwischen den Vertretern der theresianischen Staatsverwaltung)]. In: Časopis Matice moravské (2001) 397-431.

3265. Smutný, Bohumír: Hospodářský stav panství Náměšť nad Oslavou v roce 1752 [Der wirtschaftliche Zustand der Herrschaft Namiest im Jahr 1752]. In: Západní Morava 5 (2001) 181-187.

3266. Stadler, Willy: Erinnerungen an Schloß Tost? In: Aurora. Jahrbuch der Eichendorff-Gesellschaft 27 (1967) 44-52.

3267. Stibor, Jiří: Osudy majitelů zámku v Porubě v 16. a 17. století [Schicksale der Besitzer des Schlosses in Poruba im 16. und 17. Jahrhundert]. In: Ostrava. Příspěvky k dějinám a současnosti Ostravy a Ostravska 17 (1995) 301-317.

3268. Stutzer, Dietmar: Das Eichendorff-Gut Sedlnitz in Mähren 1655–1890. In: Aurora. Jahrbuch der Eichendorff-Gesellschaft 34 (1974) 39-43.

3269. Stutzer, Dietmar: Der Eichendorff-Haushalt zu Krawarn 1699. In: Schlesien 24 (1979) 215-218.

3270. Stutzer, Dietmar: Die Eichendorff-Herrschaft Tost. 1791–1797. In: Aurora. Jahrbuch der Eichendorff-Gesellschaft 36 (1976) 70-74.

3271. Triller, Eugenia: Gotfryd Buckisch, zapomniany historyk i archiwariusz Piastów brzeskich [Gottfried Buckisch, ein vergessener Historiker und Archivar der Brieger Piasten]. In: Sprawozdania Wrocławskiego Towarzystwa Naukowego 9 (1954) 51f.

3272. Volkmer, Franz: Die Besitzer, Genuß- und Pfandinhaber des Glatzer Landes bis zur Einverleibung in die preußische Monarchie In: Glatzer Heimatblätter 9 (1923) 1-17.

3273. Wutke, Konrad: Beiträge zur schlesischen Familienkunde. 14. Nicht Koppendorf, Kr. Grottkau, sondern Juppendorf, Kr. Guhrau war alter Kreckwitzscher Familienbesitz. In: Schlesische Geschichtsblätter. Mitteilungen des Vereins für Geschichte Schlesiens 2 (1916) 37-47.

3274. Zukal, Josef: Zur Geschichte der Herrschaft Wagstadt im 16. und 17. Jahrhundert. In: Zeitschrift für Geschichte und Kulturgeschichte Österreichisch-Schlesiens 2 (1906/07) 1-37.

4.15 Orte [Neuzeit]

3275. Bernhard, Claus/Tietz, Hans-Joachim: Christian Friedrich von Schrikell. Ein Görlitzer Bürger um 1800. In: Görlitzer Magazin 4 (1990) 62-75.

3276. Chrząszcz, Johannes: Geschichte der Toster Burg und der Herrschaft Tost-Peiskretscham in Oberschlesien bis zum Anfange des 16. Jahrhunderts. In: Zeitschrift des Vereins für Geschichte und Alterthum Schlesiens 35 (1901) 218-240.

3277. Korzeniowska, Wiesława: Donnersmarckowie i ich udział w przemianach kulturowych Świętochłowic (wiek XIX i początki XX) [Die Donnersmarck und ihr Anteil am kulturellen Wandel von Schwientochlowitz (19. Jahrhundert und Beginn des 20. Jahrhunderts)]. In: Rocznik Świętochłowicki 3 (2001) 5-23.

3278. Kozina, Irma: Die oberschlesischen Residenzen in den Jahren 1850–1914. In: Störtkuhl, Beate (Hg.): Hansestadt, Residenz, Industriestandort. München 2002 (Schriften des Bundesinstituts für Kultur und Geschichte der Deutschen im östlichen Europa 19), 225-231.

3279. Schmidt, Jacek: Pokój – Carlsruhe 1748–1945. Monografia [Monographie]. Pokój 1998.

3280. Wiedemann, Franz: Blücher als Gutsherr in Krieblowitz. In: Schlesische Geschichtsblätter. Mitteilungen des Vereins für Geschichte Schlesiens 3 (1934) 29-39.

5. Literatur aus den Nachbardisziplinen

5.1 Archäologie

3281. [Anonym]: Die Rothkirche bei Wahlstatt. In: Schlesische Provinzialblätter N.F. 1 (1862) 306.

3282. Jaworski, Krzysztof: Die Ritterorden in Schlesien. Archäologische Quellen. In: Castle and Church. Castrum Bene 5 (1996) 61-72.

3283. Krupiński, Tadeusz/Kwiatkowska, Barbara/Rajchel, Zbigniew: Szczątki kostne świętej Jadwigi Śląskiej w ujęciu antropologicznym: rekonstrukcja czaszki i głowy [Knochenüberreste der hl. Hedwig aus anthropologischer Sicht: Kopf- und Schädelrekonstruktion]. In: Kaczmarek, Michał/Wójcik, Marek L. (Hg.): Księga Jadwiżańska. Wrocław 1995, 125-134.

3284. Wachowski, Krzysztof: Spätmittelalterliche Gürtel des Adels in Schlesien im Lichte archäologischer Quellen. In: Zeitschrift für Archäologie des Mittelalters 29 (2001) 87-112.

5.2 Kunstgeschichte, Architektur [Allgemein]

3285. Andrzejewski, Tomasz/Motyl, Krzysztof: Siedziby rycerskie w księstwie głogowskim. Zamki i dwory Rechenbergów i Schönaichów [Rittersitze im Herzogtum Glogau. Die Schlösser und Gutshöfe der Familien Rechenberg und Schönaich]. Nowa Sól 2002.

3286. Bieniek, Stanisław: W sprawie grobowca Piotra Włostowica [Zur Frage des Grabmals Peter Wlasts]. In: Roczniki Sztuki Śląskiej 3 (1965) 7-14.

3287. Bimler, Kurt: Das Piastenschloß zu Brieg. Breslau 1934 (Schlesische Burgen und Schlösser 2).

3288. Bimler, Kurt: Das Piastenschloß zu Ohlau. Breslau 1936 (Schlesische Burgen und Schlösser 3).

3289. Biszorski, Edward: Skoczowski zamek i jego użytkownicy [Die Skotschauer Burg und ihre Bewohner]. In: Biszorski, Edward u. a. (Hg.): Dzieje Skoczowa od zarania do współczesności. Skoczów 1993, 355-359.

3290. Czerner, Olgierd/Rozpędowski, Jerzy: Bolków. Zamek w Świnach [Bolkenhain. Die Burg Schweinhaus]. Wrocław 1960.

3291. Degen, Kurt (Hg.): Die Bau- und Kunstdenkmäler des Kreises Namslau. Breslau 1939 (Die Bau- und Kunstdenkmäler Schlesiens 2).

3292. Dittrich, Hermann: Grabdenkmäler adeliger Personen auf Neisser Friedhöfen. In: Jahresbericht des Neisser Kunst- und Altertumsvereins 19 (1915) 26-37.

3293. Dittrich, Hermann: Grabdenkmäler adeliger Personen auf Neisser Friedhöfen. In: Heimatblätter des Neissegaues 4 (1928) 83-86, 92f.

3294. Dziedzic, Marcin: Zamki i pałace Wrocławia i okolic [Burgen und Schlösser in Breslau und Umgebung]. Wrocław 2000.

3295. Emmerling, Danuta (Hg.): Górnośląskie zamki i pałace. Województwo śląskie. Historie zamków i pałaców, dzieje rodów, legendy, herby [Oberschlesische Burgen und Schlösser. Woiwodschaft Schlesien. Burg-, Schloß- und Familiengeschichten, Legenden und Wappen]. Opole 1999.

3296. Frankiewicz, Edward Paweł: Kaplica piastowska w Opolu [Die Piastenkapelle in Oppeln]. Wrocław 1963 (Prace Opolskiego Towarzystwa Przyjaciół Nauk. Wydział Nauk Historyczno-Społecznych).

3297. Gaworski, Marek: Zamki, pałace i dwory ziemi strzeleckiej [Burgen, Schlösser und Gutshöfe des Groß Strehlitzer Landes]. Opole 2005.

3298. Gluziński, Wojciech: Wykopaliska w Chojnowie i renesansowe kafle piastowskiego zamku [Die Ausgrabungen in Haynau und die Renaissancekacheln der Piastenburg]. In: Szkice Legnickie 3 (1966) 153-160.

3299. Gottschalk, Joseph: Hedwigsreliquare aus 600 Jahren. In: Archiv für schlesische Kirchengeschichte 39 (1981) 165-187.

3300. Grundmann, Günther: Die Baumeisterfamilie Frantz. Ein Beitrag zur Architekturgeschichte des 18. Jhs. in Schlesien, Schweden und Polen. Breslau 1937 (Forschungen zur deutschen Kunstgeschichte 22).

3301. Grundmann, Günther: Die Lebensbilder der Herren von Schönaich auf Schloß Carolath. In: Jahrbuch der Schlesischen Friedrich-Wilhelms-Universität zu Breslau 6 (1961) 229-320.

3302. Grundmann, Günther: Stätten der Erinnerung in Schlesien. Grabmale und Denkmäler aus acht Jahrhunderten. Konstanz/Stuttgart 1964 (Schriften des Kopernikuskreises 7).

3303. Grundmann, Günther: Schlesische Architekten im Dienste der Herrschaft Schaffgotsch und der Propstei Warmbrunn. Straßburg 1930 (Studien zur deutschen Kunstgeschichte 274).

3304. Grundmann, Günther: Schloß Buchwald und seine Besitzer Graf und Gräfin von Reden. In: Ders. (Hg.): Kunstwanderungen im Riesengebirge. Studien aus 50 Jahren 1917–1967. München 1969, 159-174.

3305. Grundmann, Günther: Burgen, Schlösser und Gutshäuser in Schlesien, Bd. 1: Die mittelalterlichen Burgruinen, Burgen und Wohntürme. Frankfurt a. Main 1982 (Bau- und Kunstdenkmäler im östlichen Mitteleuropa 1).

3306. Grundmann, Günther/Grossmann, Dieter (Bearb.): Burgen, Schlösser und Gutshäuser in Schlesien, Bd. 2: Schlösser und feste Häuser der Renaissance. Frankfurt a. Main 1987 (Bau- und Kunstdenkmäler im östlichen Mitteleuropa 3).

3307. Guerquin, Bohdan: Zamki śląskie [Schlesische Burgen]. Warszawa 1957.

3308. Guldan, Bożena: Płyta z nagrobka Henryka II Pobożnego [Die Grabplatte Heinrichs II. des Frommen]. Wrocław 1991 (Śląska sztuka średniowieczna 14).

3309. Harasimowicz, Jan (Hg.): Kultura artystyczna dawnej Legnicy [Kunst und Kultur im alten Liegnitz]. Opole 1991.

3310. Hoffmann, Hermann: Die katholische Pfarrkirche in Liegnitz und die Piastengruft. Schweidnitz 1931 (Führer zu Schlesischen Kirchen).

3311. Irrgang, Walter: Bemerkenswerte Parkanlagen in Schlesien. Dortmund 1978

(Veröffentlichungen der Forschungsstelle Ostmitteleuropa an der Universität Dortmund A 33).

3312. Kania, Josef: Schloß Neudeck und das Geschlecht der Grafen Henckel von Donnersmarck. In: Schlesien 1 (1908) 493-495.

3313. Kapałczyński, Wojciech/Napierała, Piotr: Zamki, pałace i dwory Kotliny Jeleniogórskiej [Burgen, Schlösser und Gutshöfe im Hirschberger Kessel]. Jelenia Góra/Wrocław 2005.

3314. Karłowska-Kamzowa, Alicja: Fundacje artystyczne księcia Ludwika I brzeskiego. Studia nad rozwojem świadomości historycznej na Śląsku XIV–XVIII w. [Die künstlerischen Stiftungen Herzog Ludwigs I. von Brieg. Studien zur Entwicklung des historischen Bewußtseins in Schlesien vom 14. bis 18. Jahrhundert]. Opole/Wrocław 1970.

3315. Kąsinowska, Róża: Architektura rezydencjonalna powiatu nowosolskiego [Die Architektur der Residenzen im Kreis Neusalz]. Nowa Sól 2003.

3316. Kębłowski, Janusz: Horyzonty artystyczne mecenatu Piastów legnickobrzeskich [Die künstlerischen Horizonte des piastischen Mäzenatentums in Liegnitz und Brieg]. In: Szkice Legnickie 12 (1984) 5-26.

3317. Kębłowski, Janusz: Nieznany rysunek mauzoleum piastowskiego w Legnicy [Eine unbekannte Zeichnung des Piastenmausoleums in Liegnitz]. In: Szkice Legnickie 5 (1969) 184-188.

3318. Klimek, Stanisław/Kulaga, Krzysztof/Kosmulska, Anna (Hg.): Schloß Fürstenstein – Architektur und Geschichte. Wrocław 2001.

3319. Knaflitsch, C[arl]: Geschichtliche Schlesier in der Miniature. In: Zeitschrift für Geschichte und Kulturgeschichte Österreichisch-Schlesiens 1 (1905) 39-40.

3320. Knötel, Paul: Fürstengräber in Oberschlesien. In: Schlesischer Heimatkalender (1920) 72-74.

3321. Konietzny, Theophil: Piasten-Urkunden aus dem Kreise Neustadt OS. In: Beiträge zur Heimatkunde Oberschlesiens (1931) 167-172.

3322. Konietzny, Theophil: Schloß Ober-Glogau. In: Oberschlesische Heimat 16 (1920) 1-4.

3323. Kos, Jerzy Krzysztof: Czy Carl G. Langhans był twórcą Pałacu Hatzfeldów? [War Carl G. Langhans der Baumeister des Hatzfeldt-Palais?]. In: Architektura Wrocławia, Bd. 1: Dom. Wrocław 1995, 189-200.

3324. Kozina, Irma: Pałace i zamki na pruskim Górnym Śląsku w latach 1850–1914 [Schlösser und Burgen in Preußisch-Oberschlesien in den Jahren 1850–1914]. Katowice 2001.

3325. Krawczyk, Jarosław Aleksander/Kuzio-Podrucki, Arkadiusz: Zamki i pałace Donnersmarcków [Schlösser und Paläste der Familie Donnersmarck]. Tarnowskie Góry 2001.

3326. Łomnicki, Jerzy: Rezydencja Piastów śląskich w Brzegu [Die Residenz der schlesischen Piasten in Brieg]. In: Biuletyn Historii Sztuki 17/3 (1955) 371.

3327. Łuczyński, Romuald M.: Zamki i pałace Dolnego Śląska. Sudety i Przedgórze Sudeckie [Burgen und Schlösser Niederschlesiens. Sudeten und Sudetenvorland]. Wrocław 1997.

3328. Łuczyński, Romuald M.: Zamki sudeckie [Burgen in den Sudeten]. Jelenia Góra 1993.

3329. Łuczyński, Romuald M.: Zamki i pałace Dolnego Śląska. Przedgórze Sudeckie i Nizina Śląska – część wschodnia [Burgen und Schlösser Niederschlesiens. Sudetenvorland und Schlesische Tiefebene – östlicher Teil]. Wrocław 2001.

3330. Łuczyński, Romuald M.: Zamki i pałace Dolnego Śląska. Przedgórze Izerskie, Pogórze Kaczawskie, Nizina Śląska – część zachodnia [Burgen und Schlösser Niederschlesiens. Isergebirgsvorland, Katzbachgebirge, Niederschlesische Tiefebene – westlicher Teil]. Wrocław 1998.

3331. Maciejowska, Jadwiga: Historia prawdziwa odkrycia i rekonstrukcji głowicy kolumny pierwszego piętra krużganków dziedzińca zamku Piastów w Brzegu [Die wahre Geschichte der Entdeckung und Wiederherstellung des Säulenknaufs im ersten Stockwerk der Hofkreuzgänge des Brieger Piastenschlosses]. In: Różycka-Rozpędowska, Ewa/Chorowska, Małgorzata (Hg.): Nie tylko zamki. Szkice ofiarowane Jerzemu Rozpędowskiemu w siedemdziesiątą piątą rocznicę urodzin. Wrocław 2005, 147-152.

3332. Makowski, Mariusz/Koenig, Piotr: Via ducalis. Droga książęca. Zamki, pałace, kościoły i muzea na Śląsku Cieszyńskim – Via ducalis. Herzogsstrasse. Schlösser, Paläste, Kirchen und Museen im Teschener Schlesien. Cieszyn 2005.

3333. Markowski, Stanisław/Markowski, Aleksander: Zamki Śląska [Die Schlösser Schlesiens]. Warszawa 1997.

3334. Marsch, Angelika: Das Hirschberger Tal und die Sommerschlösser der Hohenzollern. In: Jahrbuch der Schlesischen Friedrich-Wilhelms-Universität zu Breslau 42-44 (2003) 285-310.

3335. Mateja, Erwin/Wotzlaw, Helmut: Schloß Groß Stein mit St.-Hyazinth-Kapelle: vormals Familiensitz der Grafen von Strachwitz. Dülmen 2003.

3336. Mazurska, Teresa/Rachwalski, Eugeniusz/Zaleski, Jerzy: Zamki Dolnego Śląska [Die Schlösser Niederschlesiens], Bd. 1-2. Wrocław 1996.

3337. Natusiewicz, Ryszard: Z teki Ryszarda Natusiewicza [Aus der Mappe von Ryszard Natusiewicz]. Wrocław 1998 (Zamki Dolnego Śląska 41).

3338. Okólska, Halina: Miejsca spoczynku władców Wrocławia oraz członków władz miejskich na przestrzeni dziejów [Die Ruhestätten der Herrscher Breslaus und der Mitglieder des Stadtregiments im Lauf der Jahrhunderte]. Wrocław 2006.

3339. Okólska, Halina u. a.: Mauzolea piastowskie na Śląsku: Ratusz wrocławski [Die piastischen Mausoleen in Schlesien: das Breslauer Rathaus]. Wrocław 1993.

3340. Panic, Idzi/Iwanek, Witold: Zamek rybnicki [Die Rybniker Burg]. Rybnik 1990.

3341. Perlick, Alfons: Grabsteine Adeliger auf dem alten Friedhof in Patschkau. In: Oberschlesisches Jahrbuch 3 (1926) 125.

3342. Romanow, Jerzy: Zamek książęcy w Koźlu [Die Herzogsburg in Cosel]. In: Szkice Kędzierzyńsko-Kozielskie 10 (2005) 17-31.

3343. Rozpędowski, Jerzy: Zamek Grodno w Zagórzu Śląskim i zamki Nowy Dwór, Radosno, Rogowiec [Die Kynsburg in Kynau und die Burgen Neuhaus, Freundenburg und Hornschloß]. Wrocław 1960.

3344. Rudziński, Zbigniew: Zamki Sudetów polskich [Die Schlösser der polnischen Sudeten]. Gorzów Wielkopolski 1997.

3345. Sieber, Helmut: Schlösser und Herrensitze in Schlesien. Nach alten Stichen. Frankfurt a. Main 1957 (Schlösser und Herrensitze 2).

3346. Sieber, Helmut: Burgen und Schlösser in Schlesien. Nach alten Stichen. Frankfurt a. Main 1962 (Herrensitze 35. Schlesien 2).

3347. Sieber, Helmut: Schlösser in Schlesien. Ein Handbuch mit 197 Aufnahmen. Frankfurt a. Main 1971.

3348. Stetten, [...]: Die Piastengruft in Brieg betr[effend]. In: Schlesische Provinzialblätter 128 (1848) 507f.

3349. Turska-Straszewska, Julia: Mauzoleum Piastów [Das Piastenmausoleum]. In: Śląsk 1/8-9 (1946) 2-7.

3350. Weber, Robert: Schlesische Schlösser, Bd. 1-3. Dresden/Breslau 1909–1913.

3351. Zieliński, Andrzej: Zamki dolnośląskie na dawnej rycinie [Niederschlesische Schlösser auf alten Stichen]. Wrocław 1991.

3352. Zlat, Mieczysław: Brzeg [Brieg]. Wrocław 1960 (Śląsk w zabytkach sztuki).

5.2 Kunstgeschichte, Architektur [Mittelalter]

3353. [Anonym]: Die Piastengruft und die Hedwigskirche in Brieg. In: Schlesische Provinzialblätter 128 (1848) 385-390.

3354. [Anonym]: Die Schlacht von Wahlstatt in der bildenden Kunst: Ausstellung, veranstaltet im April 1941 vom Niederschlesischen Museum zu Liegnitz. [Liegnitz] 1941.

3355. [Anonym]: Święta Jadwiga w sztuce śląskiej [Die hl. Hedwig in der schlesischen Kunst]. Wrocław 1994.

3356. Braun, Edmund Wilhelm: Drei Grabsteine von Mitgliedern des Troppauer Fürstenhauses der Przemisliden. In: Zeitschrift für Geschichte und Kulturgeschichte Österreichisch-Schlesiens 13 (1918) 73-83.

3357. Brockhusen, Hans Joachim von: Zur angeblichen Tumbenplatte des Peter Wlast (gest. 1153). In: Zeitschrift für Ostforschung 19 (1970) 446-448.

3358. Büsching, Johann Gustav Gottlieb: Grabmal des Herzogs Heinrich des IV. von Breslau: Ein Beitrag zur Geschichte der altdeutschen Kunst im dreizehnten Jahrhundert. Nebst einer urkundlichen Darstellung des Lebens Heinrich des IV. und 5 Abbildungen. Breslau 1826.

3359. Chorowska, Małgorzata/Kudła, Andrzej: Architektura i historia średniowiecznego zamku w Miliczu [Architektur und Geschichte der mittelalterlichen Burg in Militsch]. In: Chorowska, Małgorzata/Różycka-Rozpędowska, Ewa (Hg.): Nie tylko zamki. Szkice ofiarowane profesorowi Jerzemu Rozpędowskiemu w siedemdziesiątą piatą rocznicę urodzin. Wrocław 2005, 83-96.

3360. Czechowicz, Bogusław: Gotyckie nagrobki szlacheckie na Śląsku [Gotische Adelsgrabmäler in Schlesien]. In: Annales Silesiae 24 (1994) 33-47.

3361. Dobrzeniecki, Tadeusz: Wrocławski pomnik Henryka IV: Z dziejów pomników piastowskich na Śląsku do połowy XIV wieku. [Das Breslauer Denkmal Heinrichs IV.: Aus der Geschichte der Piastendenkmäler in Schlesien bis zur Mitte des 14. Jahrhunderts]. Warszawa 1964 (Klejnoty sztuki polskiej).

3362. Dziurla, Henryk: Die Grüssauer Klosterkirche und das Piastenmausoleum: Zur Baumeisterfrage. In: Zeitschrift des Deutschen Vereins für Kunstwissenschaft 28 (1974) 54-82.

3363. Eysymontt, Krzysztof: Średniowieczny dwór w Bagieńcu [Der mittelalterliche Hof in Teichenau]. In: Chorowska, Małgorzata/Różycka-Rozpędowska, Ewa (Hg.): Nie tylko zamki. Szkice ofiarowane Jerzemu Rozpędowskiemu w siedemdziesiątą piątą rocznicę urodzin. Wrocław 2005, 119-128.

3364. Eysymontt, Rafał: Zamek w Grodźcu – architektura „rezydencji turniejowej" przełomu epoki gotyku i renesansu [Die Burg in Gröditzberg – Architektur einer „Turnierresidenz" an der Wende von der Gotik zur Renaissance]. In: Wachowski, Krzysztof (Hg.): Kultura średniowiecznego Śląska i Czech. Zamek. Wrocław 1996 (Kultura średniowiecznego Śląska i Czech. Międzynarodowe Sympozjum 2), 39-50.

3365. Goliński, Mateusz: Książę, biskup i zamki [Fürst, Bischof und Burgen]. In: Chorowska, Małgorzata/Różycka-Rozpędowska, Ewa (Hg.): Nie tylko zamki. Szkice ofiarowane Jerzemu Rozpędowskiemu w siedemdziesiątą piątą rocznicę urodzin. Wrocław 2005, 41-53.

3366. Gottschalk, Joseph: Die ehemalige „kleine Hedwigskapelle" in der Zisterzienserinnenkirche in Trebnitz, „darin die fromme Fürstin [Hedwig] zu beten pflegte". In: Archiv für schlesische Kirchengeschichte 13 (1955) 26-61.

3367. Gottschalk, Joseph: Hedwigsdarstellungen außerhalb Schlesiens. In: Archiv für schlesische Kirchengeschichte 10 (1952) 19-29.

3368. Gottschalk, Joseph: Mittelalterliche Bildnisse der Anna von Schweidnitz, Gemahlin Kaiser Karls IV. In: Schlesien 7 (1962) 192-201.

3369. Gromadzki, Jan: Średniowieczne cykle obrazowe z legendą o św. Jadwidze [Mittelalterliche Bilderzyklen mit der Hedwigslegende]. In: Korta, Wacław (Hg.): Bitwa legnicka. Historia i tradycja. Wrocław/Warszawa 1994 (Śląskie Sympozja Historyczne 2), 310-319.

3370. Grossmann, Dieter: Die Piasten und die Kunst. In: Schlesien 21/2 (1976) 65-76.

3371. Grunewald, Eckhard: Die Hedwig-Bilderzyklen des Mittelalters und der frühen Neuzeit. In: Berichte und Forschungen. Jahrbuch des Bundesinstituts für Kultur und Geschichte der Deutschen im östlichen Europa 3 (1995) 69-106.

3372. Grzybkowski, Andrzej: Die Grabkapelle Herzog Boleslaus' III. in Leubus. In: Jahrbuch der Schlesischen Friedrich-Wilhelms-Universität zu Breslau 34 (1993) 34-54.

3373. Grzybkowski, Andrzej: Die Kreuzkirche in Breslau – Stiftung und Funktion. In: Zeitschrift für Kunstgeschichte 51 (1988) 461-479.

3374. Grzybkowski, Andrzej: Die Schloßkapelle in Brieg. Mit 18 Abbildungen. In: Archiv für schlesische Kirchengeschichte 51/52 (1994) 183-198.

3375. Grzybkowski, Andrzej: Średniowieczne kaplice zamkowe Piastów śląskich: XIII–XIV wiek [Mittelalterliche Burgkapellen der schlesischen Piasten: 13. –14. Jahrhundert]. Warszawa 1990 (Rozprawy Uniwersytetu Warszawskiego 336).

3376. Hünefeld, Hans: Das Grabmal Ulrichs I. „mit dem Daumen" von Württemberg und der Agnes von Liegnitz (gest. 1265) in der Stiftskirche von Stuttgart. In: Schlesien 19 (1974) 79-86.

3377. Jeleńska-Hombek, Wiesława/Humeńczuk, Grażyna: Bitwa pod Legnicą 1241 w sztukach plastycznych 1353–1991 [Die Schlacht von Wahlstatt 1241 in den bildenden Künsten 1353–1991]. Legnica 1991.

3378. Jeżewska, Maria: Nagrobek księcia Henryka IV Probusa z kościoła Św. Krzyża we Wrocławiu [Das Grabmal Herzog Heinrichs IV. Probus aus der Breslauer Kreuzkirche]. Wrocław 1978 (Śląska sztuka średniowieczna 10).

3379. Kaczmarek, Romuald: Das Bild der heiligen Hedwig: Zeugnisse der Kunst vom 13. bis zum 18. Jahrhundert. In: Grunewald, Eckhard/Gussone, Nikolaus (Hg.): Das Bild der heiligen Hedwig in Mittelalter und Neuzeit. München 1996, 137-158.

3380. Kaczmarek, Romuald: Nagrobek księcia Henryka IV Probusa a wrocławska rzeźba architektoniczna [Das Grabmal Herzog Heinrichs IV. Probus und die architektonische Skulptur in Breslau]. In: Czechowicz, Bogusław/Dobrzyniecki, Arkadiusz (Hg.): O sztuce sepulkralnej na Śląsku. Wrocław 1997, 23-34.

3381. Kaczmarek, Romuald/Witkowski, Jacek: Gotyckie epitafia obrazowe na Śląsku [Gotische Bildepitaphien in Schlesien]. In: Sztuki plastyczne na średniowiecznym Śląsku. Studia i materiały, Bd. 2. Wrocław/Poznań 1990, 5-35.

3382. Kaczmarek, Romuald/Witkowski, Jacek: Nagrobek księcia Henryka I Brodatego i wielkiego mistrza krzyżackiego Konrada von Feuchtwangen w kościele cysterskim w Trzebnicy [Das Grabmal Herzog Heinrichs I. des Bärtigen und des Deutschordenshochmeisters Konrad von Feuchtwangen in der Trebnitzer Zisterzienserkirche]. Wrocław 1988.

3383. Karłowska-Kamzowa, Alicja: Społeczeństwo w malarstwie gotyckim na Śląsku (do 1450 r.) [Die Gesellschaft in der gotischen Malerei Schlesiens (bis 1450)]. In: Gajda, Krystyna (Hg.): Dawna historiografia Śląska. Opole 1980, 158-166.

3384. Karłowska-Kamzowa, Alicja: Zagadnienie aktualizacji w śląskich wyobrażeniach Bitwy Legnickiej 1354–1504 [Die Frage der Vergegenwärtigung der Schlacht von Wahlstatt in schlesichen Bildnissen 1354–1504]. In: Studia Źródłoznawcze 17 (1972) 91-118.

3385. Karłowska-Kamzowa, Alicja: Zu den Residenzen Ludwigs I., Ruprechts und Ludwigs II. von Liegnitz und Brieg. In: Patze, Hans/Paravicini, Werner (Hg.): Fürstliche Residenzen im spätmittelalterlichen Europa. Sigmaringen 1991 (Vorträge und Forschungen 36), 311-347.

3386. Kębłowski, Janusz: Nagrobki gotyckie na Śląsku [Gotische Grabmäler in Schlesien]. Poznań 1969.

3387. Kębłowski, Janusz: Nagrobek księcia Wacława i Anny w Legnicy [Das Grabmal Herzog Wenzels und Annas in Liegnitz]. In: Szkice Legnickie 4 (1967) 39-72.

3388. Kębłowski, Janusz: Ideologiczno-polityczne aspekty sztuki w kręgu Piastów legnicko-brzeskich [Die ideologisch-politischen Aspekte der Kunst im Umfeld der Liegnitz-Brieger Piasten]. In: Gmiński, Jerzy (Hg.): Kultura artystyczna renesansu na Śląsku w dobie Piastów. Brzeg/Opole 1975, 129-143.

3389. Kębłowski, Janusz: Pomniki Piastów śląskich w dobie średniowiecza [Die Denkmäler schlesischer Piasten im Mittelalter]. Wrocław/Warszawa/Kraków 1971 (Monografie śląskie Ossolineum 20).

3390. Kębłowski, Janusz: Treści ideowe gotyckich nagrobków na Śląsku [Der Ideengehalt gotischer Grabmäler in Schlesien]. Poznań 1970 (Prace Wydziału Filozoficzno-Historycznego, Historia sztuki 4).

3391. Knötel, Paul: Die Entwicklung des Hedwigstypus in der schlesischen Kunst. In: Zeitschrift des Vereins für Geschichte Schlesiens 55 (1921) 17-28.

3392. Knötel, Paul: Eine fürstliche Begräbnisstätte in Oppeln. In: Der Oberschlesier 1 (1920) 72-74.

3393. Kostowski, Jakub: Das Breslauer Triptychon der Hedwigslegende: Herkunft und Ikonographie. In: Grunewald, Eckhard/Gussone, Nikolaus (Hg.): Das Bild der heiligen Hedwig in Mittelalter und Neuzeit. München 1996, 159-181.

3394. Kostowski, Jakub: Mauzoleum Piastów [Das Piastenmausoleum]. In: Harasimowicz, Jan (Hg.): Kultura artystyczna dawnej Legnicy. Opole 1991, 63-73.

3395. Kutzner, Marian: „Na drodze ku chwale" – ideowe programy fundacji artystycznych księcia śląskiego Henryka Brodatego [„Auf dem Weg zum Ruhm" – ideologische Programme der Kunststiftungen Herzog Heinrichs des Bärtigen von Schlesien]. In: Kaczmarek, Michał/Wójcik, Marek L. (Hg.): Księga Jadwiżańska. Wrocław 1995, 135-150.

3396. Lepiarczyk, Józef: Legnickie „Monumentum Piasteum" [Das Liegnitzer „Monumentum Piasteum"]. In: Szkice Legnickie 1 (1962) 99-111.

3397. Lodowski, Jerzy: Relikty zamku rycerskiego odkryte w Górach Bardzkich koło Barda [Die im Warthagebirge bei Wartha entdeckten Reste einer Ritterburg]. In: Chorowska, Małgorzata/Różycka-Rozpędowska, Ewa (Hg.): Nie tylko zamki. Szkice ofiarowane Jerzemu Rozpędowskiemu w siedemdziesiątą piątą rocznicę urodzin. Wrocław 2005, 103-107.

3398. Małachowicz, Edmund: Książęce rezydencje, fundacje i mauzolea w lewobrzeżnym Wrocławiu [Herzogliche Residenzen, Stiftungen und Mausoleen im linksufrigen Breslau]. Wrocław 1994.

3399. Małachowicz, Edmund: Mauzoleum Piastów wrocławskich [Das Mausoleum der Breslauer Piasten]. Wrocław 1973.

3400. Małachowicz, Edmund: Wrocławski zamek książęcy i kolegiata Św. Krzyża na Ostrowie [Das Breslauer Fürstenschloß und die Hl. Kreuz-Stiftskirche auf der Dominsel]. Wrocław 1994.

3401. Małachowicz, Edmund: Wrocławski zamek książęcy na Ostrowie [Das Breslauer Fürstenschloß auf der Dominsel]. In: Kwartalnik Architektury i Urbanistyki 36 (1991 [1992]) 187-206.

3402. Małachowicz, Edmund: Wrocławski zamek Piastów na Ostrowie [Das Breslauer Piastenschloß auf der Dominsel]. In: Śląski Labirynt Krajoznawczy 3 (1991) 67-87.

3403. Morelowski, Marian: Ocalałe komnaty i mury piastowskich rezydencji we Wrocławiu [Die erhaltenen Gemächer und Mauern der Piastenresidenzen in Breslau]. In: Sobótka 7 (1952) 19-56.

3404. Mruczek, Roland: Wieloboczny bergfried zamku we Wleniu na tle architektury śląskiej i europejskiej [Der vieleckige Bergfried der Burg in Lähn vor dem Hintergrund der schlesischen und europäischen Architektur]. In: Chorowska, Małgorzata/Różycka-Rozpędowska, Ewa (Hg.): Nie tylko zamki. Szkice ofiarowane Jerzemu Rozpędowskiemu w siedemdziesiątą piątą rocznicę urodzin. Wrocław 2005, 55-71.

3405. Münch, Gotthard: Wahlstatt, Schlesiens barockes Ehrenmal. In: Archiv für schlesische Kirchengeschichte 14 (1956) 174-190.

3406. Niegoda, Jerzy: Zamek we Wleniu [Die Burg in Lähn]. In: Wachowski, Krzysztof (Hg.): Kultura średniowiecznego Śląska i Czech. Zamek. Wrocław 1996 (Kultura średniowiecznego Śląska i Czech. Międzynarodowe Sympozjum 2), 93-99.

3407. Nowakowski, Dominik: Siedziby książęce i rycerskie księstwa głogowskiego w średniowieczu [Die Herzogs- und Rittersitze im mittelalterlichen Herzogtum Glogau]. Wrocław 2008.

3408. Pater, Józef: Ikonografia św. Jadwigi i bł. Czesława na tle zagrożeń religijno-politycznych [Die Ikonographie der hl. Hedwig und des seligen Ceslaus vor dem Hintergrund religiös-politischer Bedrohungen]. In: Korta, Wacław (Hg.): Bitwa legnicka. Historia i tradycja. Wrocław/Warszawa 1994 (Śląskie Sympozja Historyczne 2), 406-424.

3409. Piąty, Barbara: Średniowieczne nagrobki Piastów Śląskich [Die mittelalterlichen Grabmäler der schlesischen Piasten]. Wrocław 1969.

3410. Pieńkowska, Hanna: Uratowane skarby artystyczne kościołów wrocławskich. Nagrobki Henryka IV i Henryka II [Die geretteten Kunstschätze der Breslauer Kirchen. Die Grabmäler Heinrichs IV. und Heinrichs II.]. In: Komunikaty Instytutu Śląskiego w Opolu 7/7 (1947) 1-4.

3411. Pietrzak, Jacek: Próba identyfikacji postaci z nagrobka pary książęcej w dawnym kościele Dominikanek w Raciborzu na podstawie przesłanek bronioznawczych (książę raciborski Jan III Młodszy) [Versuch einer Identifizierung der auf dem Grabmal des Herzogspaars abgebildeten Person in der ehemaligen Dominikanerinnenkirche in Ratibor aufgrund waffenkundlicher Voraussetzungen (Herzog Johann III. der Jüngere von Ratibor)]. In: Ziemia Śląska 6 (2005) 139-157.

3412. Popiołek, Franciszek: Zamek piastowski w Cieszynie, jego przeszłość historyczna i przedhistoryczna [Das Teschener Piastenschloß, seine historische und prähistorische Vergangenheit]. In: Komunikaty Instytutu Śląskiego w Opolu 7/7 (1947) 1-6.

3413. Pressler, Guido: Die Holzschnitte der deutschen Hedwigslegende (Breslau 1504); Bildbeschreibungen, buch- und kunsthistorische Bemerkungen sowie

szenischer Exkurs über einen eventuellen Zusammenhang der Holzschnitt-
folgen und ihrer Künstler im „Schatzbehalter" (Nürnberg 1491) und in der
„Hedwigslegende" (Breslau 1504). Hürtgenwald 1997.

3414. Prix, Dalibor: Slezskoostravský donátor. K identifikaci rytíře na gotickém
obraze Madony ze Slezské Ostravy [Ein Donator aus Schlesisch Ostrau. Zur
Identifizierung des Ritters auf dem gotischen Madonnenbild aus Schlesisch
Ostrau]. In: Acta historica et museologica Universitatis Silesianae Opaviensis
6 (2003) 142-179.

3415. Przała, Jan: Sarkofagi Piastów w Brzegu i Legnicy [Die Sarkophage der Piasten
in Brieg und Liegnitz]. In: Roczniki Sztuki Śląskiej 9 (1973) 39-65.

3416. Ratkowska, Paulina: Tympanon księcia Jaksy. Kompozycja środkowa i jej hi-
potetyczny pierwowzór [Das Tympanon des Fürsten Jaxa. Der mittlere Aufbau
und sein hypothetisches Vorbild]. In: Derwich, Marek/Pobóg-Lenartowicz,
Anna (Hg.): Klasztor w społeczeństwie średniowiecznym i nowożytnym.
Opole/Wrocław 1995, 423-432.

3417. Roszkowska, Wanda: Maria Karolina ks. de Bouillon ostatnia wnuczka Jana III
Sobieskiego [Maria Karolina Fürstin de Bouillon, die letzte Enkelin Johanns
III. Sobieski]. In: Matwijowski, Krystyn (Hg.): Studia i materiały z dziejów
Oławy. Wrocław 1987 (Acta Universitatis Wratislaviensis 903. Historia 60),
5-28.

3418. Rudkowski, Tadeusz: Mecenat artystyczny Jerzego II księcia brzeskiego
[Das Kunstmäzenatentum Herzog Georgs II. von Brieg]. In: Studniarkowa,
Elżbieta (Hg.): Funkcja dzieła sztuki. Warszawa 1972, 193-206.

3419. Rudkowski, Tadeusz: Mecenat artystyczny Jerzego II księcia brzeskiego
[Das Kunstmäzenatentum Herzog Georgs II. von Brieg]. In: Studniarkowa,
Elżbieta (Hg.): Funkcja dzieła sztuki. Warszawa 1972, 526-537.

3420. Steinert, Alfred: Fürstliche Grabstätten in Oppelner Kirchen. In: Oppelner
Heimatblatt 6 (1930) [keine Seitenzählung].

3421. Stronczyński, Kazimierz: Legenda obrazowa o świętej Jadwidze księżnie śląskiej według rękopisu z r. 1353 przedstawiona i z późniejszymi tejże treści
obrazami porównana [Die Bildlegende der hl. Hedwig, Herzogin von Schlesien, nach einer Handschrift von 1353 vorgestellt und mit späteren Bildern
desselben Inhalts verglichen]. Kraków 1887.

3422. Sugalska, Agnieszka: Rezydencje książąt śląskich w późnośredniowiecznym
i wczesnonowożytnym Wrocławiu [Die Residenzen der schlesischen Herzöge
im spätmittelalterlichen und frühneuzeitlichen Breslau]. In: Gołdyn, Paweł (Hg.):
Miasta polskie w średniowieczu i czasach nowożytnych. Kraków 2008, 95-113.

3423. Walter, Ewald: Baugeschichte und architektonische Gestaltung der ältesten
feststellbaren Grabeskirche Herzog Heinrichs II. von Schlesien (früher St. Ja-
kobs- jetzt St. Vinzenzkirche in Breslau). In: Archiv für schlesische Kirchengeschichte 6 (1941) 59-98.

3424. Walter, Ewald: Das Doppelgrab des Grafen Peter Wlast und seiner Gemahlin
in St. Vinzenz auf dem Elbing. In: Archiv für schlesische Kirchengeschichte
51/52 (1994) 221-256.

3425. Walter, Ewald: Das Modell der Trebnitzer Klosterkirche als Attribut der hl. Hedwig, insbesondere auf dem Hauptaltarbild der St.-Hedwigs-Kapelle daselbst. In: Archiv für schlesische Kirchengeschichte 16 (1958) 39-59; 17 (1959) 16-47.

3426. Walter, Ewald: Die erste Grabstätte der hl. Hedwig. In: Archiv für schlesische Kirchengeschichte 20 (1962) 29-83.

3427. Walter, Ewald: Die Grabstätte Konrads, des Sohnes der hl. Hedwig, in Trebnitz und die angeblich als Krypta in die Klosterkirche einbezogene alte Peterskirche daselbst. In: Archiv für schlesische Kirchengeschichte 14 (1956) 24-58.

3428. Walter, Ewald: Die von Anna, der böhmischen Königstochter und Herzogin von Schlesien (gest. 1265), ihrer Schwiegermutter, der hl. Hedwig (gest. 1243), gewidmete Corona in Trebnitz. In: Archiv für schlesische Kirchengeschichte 15 (1957) 44-84.

3429. Walter, Ewald: Zur Baugeschichte der gotischen Grabkapelle der hl. Hedwig in Trebnitz. In: Archiv für schlesische Kirchengeschichte 32 (1974) 207-221.

3430. Weger, Tobias: Beatrix – eine deutsche Königin aus Schlesien. Schlesische Spuren in der Ferne: Reste eines gotischen Hochgrabes im Münchner Dom. In: Silesia nova 2/5 (2005) 26-31.

3431. Więcek, Adam: Ilustrowane drzewa genealogiczne Piastów śląskich w Brzegu [Illustrierte Stammbäume der schlesischen Piasten in Brieg]. In: Kwartalnik Opolski 3/4 (1957) 4-27.

3432. Witkowski, Jacek: Szlachetna a wielce żałosna opowieść o Panu Lancelocie z Jeziora. Dekoracja malarska wielkiej sali wieży mieszkalnej w Siedlęcinie [Die edle und sehr schmerzvolle Geschichte von Lancelot vom See. Die Gemälde im großen Saal des Wohnturms zu Boberröhrsdorf]. Wrocław 2001 (Acta Universitatis Wratislaviensis 2291).

3433. Wrabec, Jan: Legnickie Pole [Wahlstatt]. Wrocław 1991 (Śląsk w zabytkach sztuki).

5.2 Kunstgeschichte, Architektur [Frühe Neuzeit]

3434. [Anonym]: Das Herzogliche Schloß zu Brieg. In: Schlesische Provinzialblätter 87 (1828) 58-60.

3435. Bergner, Paul: Verzeichnis der Gräflich Nostitzschen Gemälde-Galerie zu Prag. Prag 1905.

3436. Bimler, Kurt: Architektonischer Auf- und Abstieg von Carlsruhe OS. In: Deutsche Kulturdenkmäler in Oberschlesien. Jahrbuch der Oberschlesischen Denkmalpflege nebst dem Bericht des Provinzialkonservators (1934) 130-139.

3437. Bimler, Kurt: Christoph Hackners Schloßbau in Trachenberg. In: Schlesische Monatshefte. Blätter für Kultur und Schrifttum der Heimat 9 (1932) 246-248.

3438. Braun, Edmund Wilhelm: Das Epitaph des Fürsten Karl Liechtenstein in der Troppauer Pfarrkirche und sein Meister, Bildhauer Johannes Georg Lehnert. In: Zeitschrift für Geschichte und Kulturgeschichte Österreichisch-Schlesiens 5 (1909/10) 25-39.

3439. Chlíbec, Jan: Sochařské donace Jiřího Pruskovského z Pruskova. Glosa k rene-
sančnímu sochařství v Čechách [Georg von Pruskaus Schenkungen von Bild-
hauerwerken. Eine Glosse zur Renaissance-Bildhauerkunst in Böhmen]. In:
Listy starohradské kroniky (1999) 9-20.

3440. Chrzanowski, Tadeusz: Płyty nagrobne z postaciami w XVI–XVIII wieku na
Śląsku Opolskim [Grabplatten mit Figuren im Oppelner Schlesien des 16.
und 17. Jahrhunderts]. In: Roczniki Sztuki Śląskiej 7 (1970) 75-102.

3441. Czarnecka, Mirosława: Dekorative Anwendung der Emblematik am Beispiel
von Sophienthalschen Sinnbildern der Herzogin Anna Sophia von Liegnitz
(1628–1666). In: Daphnis. Zeitschrift für mittlere deutsche Literatur und
Kultur der frühen Neuzeit (1400–1750) 23 (1994) 1-35.

3442. Czechowicz, Bogusław: Dwie drogi? Fryderyk II legnicko-brzeski i Karol I
ziębicko-oleśnicki oraz ich siedziby w Legnicy i Ząbkowicach Śląskich [Zwei
Wege? Friedrich II. von Liegnitz-Brieg und Karl I. von Münsterberg-Oels sowie ihre Residenzen in Liegnitz und Frankenstein]. In: Szkice Legnickie 28
(2007) 23-54.

3443. Duncker, Alexander (Hg.): Die ländlichen Wohnsitze, Schlösser und Residenzen der Ritterschaftlichen Grundbesitzer in der Preussischen Monarchie
nebst den Königlichen Familien-, Haus-Fideicommiss- u. Schatull-Gütern in
naturgetreuen, künstlerisch ausgeführten, farbigen Darstellungen nebst be-
gleitendem Text, Bd. 1-16. Berlin 1857–1883 [ND 2000].

3444. Duncker, Alexander: Ländliche Idylle – Schlesische Schlösser im Ansichten-
werk von Alexander Duncker. Würzburg 2002.

3445. Fleischer, Victor: Fürst Karl Eusebius von Liechtenstein als Bauherr und
Kunstsammler (1611–1684). Wien/Leipzig 1910 (Veröffentlichungen der
Gesellschaft für Neuere Geschichte Österreichs 1).

3446. Friedhoff, Jens: Schloß Trachenberg (Żmigród) in Niederschlesien. Anmerkungen zur Baugeschichte und Ausstattung. In: Burgen und Schlösser 41
(2000) 66-83.

3447. Gmiński, Jerzy: Kultura artystyczna Renesansu na Śląsku w dobie Piastów
[Kunst und Kultur der Renaissance im Schlesien der Piastenzeit]. Opole 1975.

3448. Gorzelik, Jerzy: Oberglogau (Głogówek) – eine oberschlesische Residenzstadt
im Zeitalter des Barocks. In: Störtkuhl, Beate (Hg.): Hansestadt, Residenz,
Industriestandort. München 2002, 191-197.

3449. Grüger, Heinrich: Die Liegnitzer Fürstengruft und ihre Schändung im Jahre
1812 und 1813. In: Archiv für schlesische Kirchengeschichte 51/52 (1994)
199-211.

3450. Gottschalk, Joseph: Ein unbekanntes Hedwigsbild aus dem Jahre 1537. In:
Zeitschrift für Ostforschung 21 (1972) 304-306.

3451. Grundmann, Werner: Die Oberschlesischen Figurengrabmäler des XVI.–
XVIII. Jahrhunderts. In: Deutsche Kulturdenkmäler in Oberschlesien. Jahrbuch der Oberschlesischen Denkmalpflege nebst dem Bericht des Provinzialkonservators (1934) 31-49.

3452. Harasimowicz, Jan: Die ‚nahe‘ und ‚ferne‘ Vergangenheit in den ständischen
Bildprogrammen der Frühen Neuzeit: Schlesien und Großpolen im histori-

schen Vergleich. In: Bahlcke, Joachim/Strohmeyer, Arno (Hg.): Die Konstruktion der Vergangenheit: Geschichtsdenken, Traditionsbildung und Selbstdarstellung im frühneuzeitlichen Ostmitteleuropa. Berlin 2002 (Zeitschrift für Historische Forschung, Beiheft 29), 221-244.

3453. Harasimowicz, Jan: Mors janua vitae – śląskie epitafia i nagrobki wieku reformacji [Mors janua vitae – die schlesischen Epitaphien und Grabmäler der Reformationszeit]. Wrocław 1992 (Acta Universitatis Wratislaviensis 1098).

3454. Harasimowicz, Jan: Śląskie epitafia i nagrobki wieku reformacji jako ,tekst kultury' [Schlesische Epitaphien und Grabmäler der Reformationszeit als ,Kulturtext']. In: Biuletyn Historii Sztuki 56 (1994) 241-259.

3455. Harasimowicz, Jan: Tod, Begräbnis und Grabmal im Schlesien des 16. und 17. Jh. In: Acta Poloniae historica 65 (1992) 5-45.

3456. Harasimowicz, Jan: Treści i funkcje ideowe sztuki śląskiej reformacji (1520–1650) [Inhalte und ideelle Funktionen der schlesischen Reformationskunst (1520–1650)]. Wrocław 1986 (Acta Universitatis Wratislaviensis 819. Historia Sztuki 2).

3457. Hartmann, Alexander: Der Neubau der Ritterakademie Liegnitz (1728–1738). In: Nogossek, Hanna u. a. (Hg.): Beiträge zur Kunstgeschichte Ostmitteleuropas. Marburg (Lahn) 2001 (Tagungen zur Ostmitteleuropa-Forschung 13), 189-211.

3458. Heiduk, Franz: Die Wachsporträts der Familie von Eichendorff aus dem Jahre 1800. In: Aurora. Jahrbuch der Eichendorff-Gesellschaft 48 (1988) 149-153.

3459. Hinrichs, Walther Th.: Carl Gotthard Langhans, ein schlesischer Baumeister 1733–1808. Straßburg 1909 (Studien zur deutschen Kunstgeschichte 116).

3460. Hladík, Tomáš/Vlnas, Vít/Václavek, Ludvík: Sub umbra alarum. Vzájemné vztahy barokního umění Čech a Slezska ve světle kulturních investic české aristokracie a katolické církve [Sub umbra alarum. Die Wechselverhältnisse der Barockkunst Böhmens und Schlesiens im Lichte der kulturellen Investitionen der böhmischen Aristokratie und der katholischen Kirche]. In: Kapustka, Mateusz u. a. (Hg.): Slezsko – perla v České koruně. Historie – kultura – umění. Praha 2007, 197-234.

3461. Hołownia, Ryszard: Krzeszowskie mauzoleum Piastów świdnicko-jaworskich w aspekcie sukcesji książęcej [Das Grüssauer Mausoleum der Piasten von Schweidnitz-Jauer unter dem Aspekt der fürstlichen Erbfolge]. In: Dziurla, Henryk/Bobowski, Kazimierz (Hg.): Krzeszów uświęcony łaską. Wrocław 1997, 272-312.

3462. Indra, Bohumír: Ke vzniku galerie podobizen římských císařů na fulneckém zámku koncem 16. století [Zur Entstehung der Porträtgalerie der römischen Kaiser auf dem Fulneker Schloß Ende des 16. Jahrhunderts]. In: Vlastivědný sborník okresu Nový Jičín 16 (1975) 25-27.

3463. Jannasch, Ophelia: Der Bildhauer Caspar Gottlob von Rodewitz. Ein Beitrag zur Barockplastik in der Oberlausitz. In: Görlitzer Magazin 6 (1992) 79-101.

3464. Jung, Hans: Christoph Hackner. Ein schlesischer Barockbaumeister. Breslau 1939 (Einzeluntersuchungen zur Bestandsaufname der Bau- und Kunstdenkmäler Schlesiens 1).

3465. Kaczmarek, Romuald: Nagrobki średniowiecznych fundatorów w barokowych przebudowach cysterskich kościołów na Śląsku. Historyzm i aktualizacja [Grabmäler mittelalterlicher Stifter in den im Barockstil umgebauten schlesischen Zisterzienserkirchen. Historismus und Gegenwartsbezug]. In: Dziurla, Henryk/Bobowski, Kazimierz (Hg.): Krzeszów uświęcony łaską. Wrocław 1997, 146-153.

3466. Kaczmarek, Romuald/Witkowski, Jacek: Die Trebnitzer Äbtissin Christina Katharina von Würben-Pawlowska als Förderin der Kunst. Mit 6 Tafeln. In: Archiv für schlesische Kirchengeschichte 44 (1986) 133-145.

3467. Kalinowski, Konstanty: Architektura barokowa na Ślasku w drugiej połowie XVII wieku [Die Architektur des schlesischen Barocks in der zweiten Hälfte des 17. Jahrhunderts]. Wrocław 1974 (Studia z historii sztuki 21).

3468. Kalinowski, Konstanty: Die Glorifizierung des Herrschers und des Herrscherhauses in der Kunst Schlesiens im 17. und 18. Jahrhundert. In: Wiener Jahrbuch für Kunstgeschichte N.F. 28 (1975) 106-122.

3469. Kalinowski, Konstanty: Gloryfikacja panującego i dynastii w sztuce Śląska XVII i XVIII wieku [Die Glorifizierung des Herrschers und der Dynastie in der schlesischen Kunst des 17. und 18. Jahrhunderts]. Warszawa/Poznań 1973 (Poznańskie Towarzystwo Przyjaciół Nauk, wydział Historii i Nauk Społecznych. Prace Komisji Historii Sztuki 9/2).

3470. Kalinowski, Konstanty: Rysunek Seydlitza Mauzoleum Piastowskiego w Legnicy jako źródło [Seydlitzs Zeichnung des Piastenmausoleums in Liegnitz als Quelle]. In: Szkice Legnickie 5 (1969) 189-194.

3471. Kalinowski, Konstanty: Rzeźba barokowa na Śląsku [Die barocke Skulptur in Schlesien]. Warszawa 1986.

3472. Kappner, Hermann: Die Erbgruft der Herzogsfamilie Württemberg-Oels. Oels 1910.

3473. Karłowska-Kamzowa, Alicja: Sztuka Piastów śląskich w średniowieczu: Znaczenie fundacji książęcych w dziejach sztuki gotyckiej na Śląsku [Die Kunst der schlesischen Piasten im Mittelalter: Die Bedeutung der herzoglichen Stiftungen für die schlesische Gotik]. Warszawa 1991.

3474. Kobielus, Stanisław: Obraz Piety z fundacji opata Bernarda Rosy. Przykład recepcji średniowiecza w baroku [Das Bild der Pieta aus der Stiftung des Abts Bernhard Rosa. Ein Beispiel für die Rezeption des Mittelalters im Barock]. In: Biuletyn Historii Sztuki 56/4 (1994) 359-371.

3475. Kos, Jerzy Krzysztof: Pałac Hatzfeldów we Wrocławiu. Problem autorstwa projektu i źródeł koncepcji architektonicznej [Das Hatzfeldt-Palais in Breslau. Zur Frage der Autorschaft und der Ursprünge des architektonischen Konzepts]. In: Ostrowska-Kębłowska, Zofia (Hg.): Dylemata klasycyzmu. O sztuce Wrocławia XVIII–XIX wieku i jej europejskich kontekstach. Wrocław 1994 (Acta Universitatis Wratislaviensis 1627. Historia Sztuki 8), 13-54.

3476. Kouřilová, Dana: Výsledky stavebně historického a uměleckohistorického průzkumu zámku v Hradci nad Moravicí [Ergebnisse des baugeschichtlichen und kunsthistorischen Untersuchung des Schlosses in Grätz]. In: Sborník památkové péče v Severomoravském kraji 7 (1987) 104-130.

3477. Kouřilová, Dana: Výsledky stavebního a uměleckohistorického průzkumu zámku ve Velkých Hošticích [Ergebnisse der Bau- und kunsthistorischen Untersuchung des Schlosses in Groß Hoschütz]. In: Časopis Slezského muzea. Acta Musei Silesiae, Series B: Vědy historické 27 (1978) 51-61.

3478. Kozerski, Paweł/Maruszak, Marek: Zamek i Muzeum Piastów śląskich w Brzegu. The castle and museum of the Silesian Piasts in Brzeg. Brzeg 1997.

3479. Kramarczyk, Stanisław: Renesansowa budowa zamku piastowskiego w Brzegu i jej tło historyczne [Der Bau des Renaissanceschlosses der Brieger Piasten und sein historischer Hintergrund]. In: Biuletyn Historii Sztuki 24/3-4 (1962) 323-343.

3480. Krsek, Ivo u. a.: Umění baroka na Moravě a ve Slezsku [Die Kunst des Barock in Mähren und Schlesien]. Praha 1996.

3481. Kunz, Hermann: Das Schloß der Piasten zum Briege: Ein vergessenes Denkmal alter Bauherrlichkeit in Schlesien: Die Schicksale des Baues, sein einstiger und jetziger Zustand sowie die Rekonstruktionen des Schlosses in Bild und Wort. Brieg 1885.

3482. Kwaśniewski, Artur: Treści heraldyczne w sztuce renesansowej ziemi kłodzkiej [Heraldische Inhalte in der Renaissancekunst des Glatzer Landes]. In: Kladský sborník 5 (2003) 85-96.

3483. Kwaśniewski, Artur: Zamek jako kreacja przestrzeni mitycznej. Geneza architektury XVII-wiecznego zamku w Ratnie Dolnym w świetle legendy rodowej Osterbergów [Das Schloß als Gestaltung des mythischen Raums. Die Genese der Architektur des aus dem 17. Jahrhundert stammenden Schlosses in Niederrathen im Licht der Familienlegende der Osterberg]. In: Antoniewicz, Marceli (Hg.): Zamki i przestrzeń społeczna w Europie Środkowej i Wschodniej. Warszawa 2002, 560-568.

3484. Lorenz, Hellmut: Das Palais Hatzfeld in Breslau/Wrocław. Carl Gotthard Langhans oder Isidore Caneval. In: Österreichische Zeitschrift für Kunst- und Denkmalpflege 50 (1996) 86-93.

3485. Machytka, Lubor: Podobizna Jana Hertvíka Nostice od Karla Škréty [Das Bildnis des Johann Hartwig Nostitz von Karel Škréta]. In: Umění 29 (1981) 74-78.

3486. Machytka, Lubor: Vznik nostické obrazárny a její vývoj do začátku 19. století [Die Entstehung der Nostitzschen Bildgalerie und ihre Entwicklung bis zum Anfang des 19. Jahrhunderts]. In: Umění 31 (1983) 244-246.

3487. Matuszkiewicz, Felix: Das verkannte „Schönaichsche" Grabmal zu Beuthen (Oder). In: Schlesische Geschichtsblätter. Mitteilungen des Vereins für Geschichte Schlesiens 2 (1942) 40-49.

3488. Mlčák, Leoš: Štukové figurální stropy na zámku v Dřevohosticích [Stuckfiguren im Schloß von Dřevohostice]. In: Sborník Státního okresního archivu Přerov 9 (2001) 40-46.

3489. Mrozowicz, Wojciech: Krypta wirtemberska w kościele zamkowym w Oleśnicy [Die württembergische Krypta in der Oelser Schloßkirche]. Oleśnica/Wrocław 2004.

3490. Oszczanowski, Piotr: Ikonografia cesarza Rudolfa II (1576–1612) w nowożytnej sztuce Śląska [Die Ikonographie Kaiser Rudolfs II. (1576–1612) in der frühneuzeitlichen Kunst Schlesiens]. In: Dzieła i Interpretacje 1 (1993) 27-63.

3491. Oszczanowski, Piotr: Johann Sigismund von Haunold (1634–1711) – mecenas i kolekcjoner [Johann Sigismund von Haunold (1634–1711) – Mäzen und Sammler]. In: Okólska, Halina (Hg.): Mieszczaństwo wrocławskie. Wrocław 2003, 240-258.

3492. Popp, Dietmar: Das Skulpturenprogramm des Schloßportals in Brieg/Schlesien (um 1550–1556). Zur Selbstdarstellung eines Fürsten im Spannungsfeld der territorial-politischen Interessen der Großmächte Mitteleuropas. In: Beyer, Andreas (Bearb.): Bildnis, Fürst und Territorium. Zur Darstellung und Selbstdarstellung adelig-fürstlicher Herrschaft in der frühen Neuzeit. München/Berlin 2000 (Rudolstädter Forschungen zur Residenzkultur 2), 110-125.

3493. Rybka-Ceglecka, Iwona: Siedziba szlachecka w Nowej Rudzie i towarzyszące jej urządzenia dworskie, ogrody i folwarki [Der Adelssitz in Neurode mit seinen Einrichtungen, Gärten und Vorwerken]. In: Kladský sborník 4 (2001) 165-182.

3494. Samulski, Robert: Das Grabdenkmal des Feldmarschalls Grafen Melchior von Hatzfeldt in der katholischen Pfarrkirche zu Prausnitz, Bez. Breslau. In: Schlesische Geschichtsblätter. Mitteilungen des Vereins für Geschichte Schlesiens 3 (1938) 65f.

3495. Sedlář, Jaroslav: Příspěvek k dílu F. Ř. I. Ecksteina. Freska v zámecké kapli v Kravařích u Opavy [Ein Beitrag zum Werk von F. Ř. I. Eckstein. Ein Fresko in der Schloßkapelle in Krawarn bei Troppau]. In: Umění 15 (1967) 421-427.

3496. Šefčík, Erich: Náhrobek těšínské kněžny Žofie z roku 1541 [Das Grabmal der Teschener Herzogin Sophia aus dem Jahr 1541]. In: Familia Silesiae 1 (1997) 51-54.

3497. Seidel-Grzesińska, Agnieszka: Die Bildausstattung der sogenannten Fürstensteiner Loge in der Friedenskirche zu Schweidnitz als Beispiel eines Impresenzyklus in einem sakralen Raum Schlesiens. In: Czarnecka, Mirosława (Hg.): Literatur und Kultur Schlesiens in der Frühen Neuzeit aus interdisziplinärer Sicht. Wrocław 1998, 127-136.

3498. Slavíček, Lubomír: Nosticové jako sběratelé a podporovatelé umění [Die Nostitz als Sammler und Förderer der Kunst]. In: Slavíček, Lubomír (Hg.): Artis pictoriae amatores. Evropa v zrcadle pražského barokního sběratelství. Praha 1993, 171-183.

3499. Slavíček, Lubomír: Paralipomena k dějinám berkovské a nostické obrazové sbírky. (Materiálie k českému baroknímu sběratelství II) [Paralipomena zur Geschichte der Berkaschen und Nostitzschen Bildersammlung. (Materialien zur böhmischen Barocksammeltätigkeit II)]. In: Umění 43 (1995) 445–471.

3500. Slavíček, Lubomír: Příspěvky k dějinám nostické obrazové sbírky. (Materiálie k českému baroknímu sběratelství) [Beiträge zur Geschichte der Nostitzschen

Bildersammlung. (Materialien zur böhmischen Barocksammeltätigkeit)]. In: Umění 31 (1983) 219-243.

3501. Slavíček, Lubomír: Theatrvm pictorivm. Flámské obrazy 17. století z bývalé nostické obrazárny v Praze [Theatrvm pictorivm. Flämische Gemälde des 17. Jahrhunderts aus der ehemaligen Nostitzschen Gemäldegalerie in Prag]. Zlín 1990.

3502. Stehlík, Miloš: Plastická výzdoba zámku v Slezských Rudolticích. Příspěvek k dílu Jana Schuberta [Die plastische Dekoration des Schlosses in Roßwald. Ein Beitrag zum Werk von Johann Schubert]. In: Umění 7 (1959) 157-165.

3503. Stępniewska, Barbara/Stępniewski-Janowski, Marcin/Szkoda, Paweł: Rezydencje na Śląsku w XVIII wieku. Pałace, ogrody i parki krajobrazowe [Residenzen im Schlesien des 18. Jahrhunderts. Paläste, Gärten und Parkanlagen]. Wrocław 1993.

3504. Svátek, Josef: Renesanční přestavba stavovské sněmovny v Opavě [Der Renaissance-Umbau der Landstube der Stände in Troppau]. In: Časopis Slezského muzea. Acta Musei Silesiae, Series B: Historia 8 (1959) 127-129.

3505. Walcher, Karl: Die Skulpturen des Stuttgarter Lusthauses auf dem Schloß Lichtenstein. In: Württembergische Vierteljahreshefte für Landesgeschichte 9 (1886) 190f.

3506. Weber-Karge, Ulrike: „... einem irdischen Paradeiß zu vergleichen ...", das neue Lusthaus in Stuttgart. Untersuchungen zu einer Bauaufgabe der deutschen Renaissance. Sigmaringen 1989.

3507. Weltzel, Augustin: Das Grabmal Hans, Herzogs von Oppeln, 1532. Mit einer Einleitung über die oberschlesischen Herzöge. In: Schlesiens Vorzeit in Bild und Schrift 1 (1859/69) 178-182.

3508. Wernicke, Ewald: Die italienischen Architekten des 16. Jahrhunderts in Brieg. In: Schlesiens Vorzeit in Bild und Schrift 38/39 (1881) 265-275, 296-311, 427-433.

3509. Więcek, Adam: Nieznany portret Jerzego Wilhelma księcia legnicko-brzesko-wołowskiego [Ein unbekanntes Porträt Herzog Georg Wilhelms von Liegnitz, Brieg und Wohlau]. In: Przegląd Zachodni 1/2 (1956) 147-154.

3510. Więcek, Adam: Wizerunki księżnej Ludwiki, matki ostatniego Piasta śląskiego [Die Abbildungen der Herzogin Luise, der Mutter des letzten schlesischen Piasten]. In: Kwartalnik Opolski 11/4 (1965) 64-69.

3511. Wilhelm, Franz: Notizen zur schlesischen Kunsttopographie. Aus Aktenstücken des fürstlich Liechtensteinschen Hausarchives. In: Zeitschrift für Geschichte und Kulturgeschichte Österreichisch-Schlesiens 9 (1914) 116-121.

3512. Wrabec, Jan: Barocke Raumordnungen am Beispiel einiger Residenzstädte in der ehemaligen Grenzregion zwischen Schlesien und Polen. In: Störtkuhl, Beate (Hg.): Hansestadt, Residenz, Industriestandort. München 2002, 191-197.

3513. Zakrzewska, Elżbieta: Pomnik nagrobny Henryka Gotfryda von Spaetgena we Wrocławiu. Interpretacja treści [Das Grabmal Heinrich Gottfried von Spaetgens in Breslau. Eine Interpretation des Inhalts]. In: Roczniki Sztuki Śląskiej 10 (1976) 178-183.

3514. Zakrzewska-Kołaczkiewiczowa, Elżbieta: Die Kapelle Melchior von Hatzfeldts in Prusice. Entstehungsgeschichte und die Fragen der Autorschaft. In: Kalinowski, Konstanty (Hg.): Barockskulptur in Mittel- und Osteuropa. Poznań 1981, 187-201.

3515. Zeller, Adolf: Die Reliefs am Grabdenkmal Graf Melchiors von Hatzfeldt in Prausnitz, ihre kunst- und kriegsgeschichtliche Bedeutung. In: Schlesische Geschichtsblätter. Mitteilungen des Vereins für Geschichte Schlesiens 1 (1941) 22-36.

3516. Zlat, Mieczysław: Brama zamkowa w Brzegu [Das Schloßtor in Brieg]. In: Biuletyn Historii Sztuki 24/3-4 (1962) 284-322.

3517. Zukal, Josef: Friedlose Wanderung fürstlicher Leichen. In: Zeitschrift für Geschichte und Kulturgeschichte Österreichisch-Schlesiens 9 (1914) 1-3.

5.2 Kunstgeschichte, Architektur [Neuzeit]

3518. [Anonym]: Das Monument der Gräfin Laura Henckel von Donnersmark. In: Carinthia I 53 (1863) 254f., 335f.

3519. Bandurska, Zofia: Zamek w Myśliborzu koło Jawora i jego twórca Carl Wolf (1820–1876) [Das Schloß in Moisdorf bei Jauer und sein Schöpfer Carl Wolf (1820–1876)]. In: Roczniki Sztuki Śląskiej 15 (2000) 119-127.

3520. Bonczol, Józef: Krypta von Tiele Wincklerów w kościele miechowickim [Die Gruft der Familie von Tiele-Winckler in der Miechowitzer Kirche]. In: Drabina, Jan (Hg.): Cmentarze bytomskie od średniowiecza do współczesności. Bytom 1999, 157f.

3521. Bösch-Supan, Eva/Harb, Ulrich: Das Mausoleum der Familie Henckel-Donnersmarck in Wolfsberg. In: Österreichische Zeitschrift für Kunst- und Denkmalpflege 40/1-2 (1986) 28-43.

3522. Deuer, Wilhelm: Der Umbau von Schloss Wolfsberg im Kärntner Lavanttal durch einen schlesischen Magnaten als zeittypische Aufgabe des romantischen Historismus. In: Fräss-Ehrfeld, Claudia (Hg.): Kärnten und Böhmen, Mähren, Schlesien. Klagenfurt 2004 (Archiv für vaterländische Geschichte und Topographie 89), 153-181.

3523. Fifková, Renáta: Park u sobotínského mauzolea svobodných pánů Kleinů z Wiesenberga [Der Park beim Zöptauer Mausoleum der Freiherren Klein von Wiesenberg]. In: Zprávy památkové péče 63 (2003) 160-164.

3524. Gajewska, Elżbieta/Ławicka, Magdalena: Witraże kościoła NMP w Legnicy inspirowane legendą legnicką [Die von der Liegnitzer Legende inspirierten Glasmalereien der Marienkirche in Liegnitz]. In: Korta, Wacław (Hg.): Bitwa legnicka. Historia i tradycja, Bd. 2. Wrocław/Warszawa 1994 (Śląskie sympozycja historyczne 2), 306-310.

3525. Grundmann, Günther: Schlösser und Villen des 19. Jahrhunderts von Unternehmern in Schlesien. In: Tradition. Zeitschrift für Firmengeschichte und Unternehmerbiographie 10/4 (1965) 149-162.

3526. Hartmann, Idis Birgit: Friederike von Reden. „Alles kommt von unserm teuren König". In: Jahrbuch Stiftung Preußische Schlösser und Gärten Berlin-Brandenburg 1 (1995/2001) 181-189.

3527. Hirsch, Helmut: Gräfin als Modell. Wie Sophie von Hatzfeldt auf 2 Wandgemälden in Schloß Heltorf kam. In: Heimat-Jahrbuch Wittlaer 3 (1982) 35-41.

3528. Kaczanowska, Maria: Bitwa z Tartarami pod Legnicą w 1241 roku w twórczości Aleksandra Lessera [Die Schlacht von Wahlstatt 1241 gegen die Mongolen im Werk Aleksander Lessers]. In: Szkice Legnickie 13 (1987) 199-204.

3529. Keller, Peter: Alexander von Minutoli (1806–1886) – Die Vorbildersammlung des Gewerbedezernenten. In: Keller, Peter (Hg.): Glück, Leidenschaft und Verantwortung. Das Kunstgewerbemuseum und seine Sammler. Berlin 1996, 16-19.

3530. Kontna, Irena: Witraże heraldyczne w pałacu myśliwskim w Promnicach [Heraldische Glasmalereien im Promnitzer Jagdschloß]. In: Dudek-Bujarek, Teresa (Hg.): Witraże na Śląsku. Katowice 2002, 111-120.

3531. Kozerski, Paweł: „Śląski Wawel". Muzeum Piastów Śląskich w Brzegu [Der „Schlesische Wawel". Das Museum der schlesischen Piasten in Brieg]. Opole 2003.

3532. Kozina, Irma: Dzieje budowy kościoła w Goduli – „Fabrica Ecclesiae" 2. połowy XIX wieku [Die Baugeschichte der Kirche in Godullahütte – „Fabrica Ecclesiae" in der zweiten Hälfte des 19. Jahrhunderts]. In: Chojecka, Ewa (Hg.): Przestrzeń. Architektura. Malarstwo. Wybrane zagadnienia sztuki górnośląskiej. Katowice 1995, 41-45.

3533. Lewczyński, Jerzy: „Wilhelm von Blandowski herbu Wieniawa". Zarys działalności fotograficznej [„Wilhelm von Blandowski aus der Wappengemeinschaft Wieniawa". Abriß der fotografischen Tätigkeit]. In: Rocznik Muzeum w Gliwicach 10 (1994) 161-189.

3534. Nadolski, Przemysław: Dzieje pomnika hrabiego Friedricha Wilhelma von Redena w Królewskiej Hucie (Chorzowie) [Die Geschichte des Friedrich Wilhelm Graf von Reden-Denkmals in Königshütte]. In: Kapała, Zbigniew (Hg.): Friedrich Wilhelm von Reden i jego czasy. Chorzów 2002, 117-135.

3535. Polách, Drahomír: Palladiovské mauzoleum rodiny Kleinů v Sobotíně na Šumpersku [Das Palladianische Mausoleum der Familie Klein in Zöptau]. In: Zprávy památkové péče 63 (2003) 156-159.

3536. Vogelsang, Bernd (Bearb.): Beamteneinkauf. Die Sammlungen des Freiherrn Alexander von Minutoli in Liegnitz. Eine Dokumentation zur Geschichte des ersten deutschen Kunstgewerbemuseums. Dortmund 1986 (Veröffentlichungen der Forschungsstelle Ostmitteleuropa an der Universität Dortmund A 46).

3537. Zgórniak, Marek: Pałac w Świerklańcu – zapomniane dzieło Hectora Lefuela [Der Palast in Neudeck – das vergessene Werk Hector Lefuels]. In: Grygiel, Tomasz (Hg.): Architektura XIX i początku XX wieku. Wrocław/Warszawa/Kraków 1991, 101-111.

5.3 Literaturwissenschaft [Allgemein]

3538. Bartoszewski, Konrad: Bitwa legnicka w literaturze pięknej [Die Schlacht von Wahlstatt in der schönen Literatur]. In: Szkice Legnickie 1 (1962) 57-80.
3539. Bein, Werner: „Ein großes vaterländisches Faktum": Die Schlacht von Wahlstatt in der deutschen Literatur. In: Schmilewski, Ulrich (Hg.): Wahlstatt 1241. Würzburg 1991, 149-170.
3540. Strzelczyk, Jerzy: Die Piasten – Tradition und Mythos in Polen. In: Schmilewski, Ulrich (Hg.): Wahlstatt 1241. Würzburg 1991, 113-131.
3541. Szarota, Elida Maria: Piastowie w literaturze niemieckiej XVII w. [Die Piasten in der deutschen Literatur des 17. Jahrhunderts]. In: Schmilewski, Ulrich (Hg.): Wahlstatt 1241. Würzburg 1991, 154-186.
3542. Zuchhold, Hans: Die Schlacht von Wahlstatt in der deutschen Dichtung. In: Schönborn, Theodor (Hg.): Liegnitz. Breslau 1942–1943.

5.3 Literaturwissenschaft [Mittelalter]

3543. Banaszkiewicz, Jacek: Podanie o Piaście i Popielu: Studium porównawcze nad średniowiecznymi tradycjami dynastycznymi [Die Sage von Piast und Popiel: Eine Vergleichsstudie zu mittelalterlichen dynastischen Traditionen]. Warszawa 1986.
3544. Bandtke, Georg Samuel: Primislaus Herzog von Auschwitz und seine Gemahlin Cäcilia, ein uralter polnisch-schlesischer Roman aus dem 15ten Jahrhunderte, nebst einem historischen Anhange. In: Schlesische Provinzialblätter 55 (1812) 193-216.
3545. Dziatzko, Karl: Ein älteres lateinisches Gedicht auf die Hinrichtung des Herzogs Nikolaus von Oppeln (1497). In: Zeitschrift des Vereins für Geschichte und Alterthum Schlesiens 20 (1886) 255-259.
3546. Ehlert, Trude/Łukosz, Jerzy/Mrozowicz, Wojciech (Hg.): Legenda o św. Jadwidze [Die Hedwigslegende]. Wrocław 2000.
3547. Gottschalk, Joseph/Maschek, Harald: Mittelalterliche Hedwigs-Hymnen. In deutsche Verse übertragen. In: Archiv für schlesische Kirchengeschichte 8 (1950) 26.
3548. Pater, Józef (Hg.): Legenda św. Jadwigi [Die Hedwigslegende]. Wrocław 1993.
3549. Seppelt, Franz Xaver: Mittelalterliche deutsche Hedwigslegenden. In: Zeitschrift des Vereins für Geschichte Schlesiens 48 (1914) 1-18.
3550. Wutke, Konrad: Der Minnesänger Herzog Heinrich von Pressela in der bisherigen Beurteilung. In: Zeitschrift des Vereins für Geschichte Schlesiens 56 (1922) 1-32.

5.3 Literaturwissenschaft [Frühe Neuzeit]

3551. [Anonym]: Piastus e cive oppidano princeps Poloniae creatus, ex historiarum monumentis actu scenico repraesentatus. O. O. 1626.

3552. [Anonym]: Piastus e cive oppidano vel agricola Cruswicensi princeps Poloniae creatus [...]. Wratislaviae [1772].

3553. Asmuth, Bernhard: Daniel Caspar von Lohenstein. Stuttgart 1971 (Realienbücher für Germanisten D, M 97).

3554. Béhar, Pierre: Der Widerstand gegen die Habsburger im Werk Daniel Caspers von Lohenstein. In: Ders. (Hg.): Der Fürst und sein Volk. Herrscherlob und Herrscherkritik in den habsburgischen Ländern der frühen Neuzeit. St. Ingbert 2004 (Annales Universitatis Saraviensis. Philosophische Fakultät 23), 269-291.

3555. Beifuss, Helmut: Dorothea Eleonora von Rosenthal. Eine schlesische Dichterin und ihr Werk „Poetische Gedancken an einen der Deutschen Poesie sonderbaren Beförderern". In: Hörner, Petra (Hg.): Vergessene Literatur – Ungenannte Themen deutscher Schriftstellerinnen. Berlin 2001 (Deutsche Literatur in Mittel- und Osteuropa. Mittelalter und Neuzeit 2), 219-240.

3556. Bein, Werner: Dittersdorfs schlesischer Mäzen: Philipp Gotthard von Schaffgotsch (1716–1795), Fürstbischof von Breslau. In: Unverricht, Hubert (Hg.): Carl Ditters von Dittersdorf. Leben – Umwelt – Werk. Tutzing 1997 (Eichstätter Abhandlungen zur Musikwissenschaft 11), 75-89.

3557. Böhm, Christoph: Piastus novem saeculorum Princeps in Friderico II. Borussorum Rege [...] et Supremo Duce Silesiae redivivus. Liegnitz 1744.

3558. Bojdak, Markus: Wenzel Scherffer von Scherffenstein – barokowy poeta ze Śląska/Wenzel Scherffer von Scherffenstein – ein Barockdichter aus Schlesien. In: Zeszyty Edukacji Kulturalnej/Hefte für Kultur und Bildung 16 (1997) 36-43.

3559. Brichtová, Jaroslava/Schwarz, František: Básník Josef Eichendorff a Sedlnice [Der Dichter Josef Eichendorff und Sedlnitz]. In: Vlastivědný sborník okresu Nový Jičín 44 (1989) 27-37.

3560. Conrads, Norbert: Ephraim Ignaz Naso von Löwenfels – der verhinderte schlesische Herodot. In: Hałub, Marek/Mańko-Matysiak, Anna (Hg.): Śląska Republika Uczonych – Schlesische Gelehrtenrepublik – Slezská Vědecká Obec, Bd. 1. Wrocław 2004, 175-195.

3561. Czarnecka, Mirosława: Die geistliche Lyrik der Schlesierinnen Christina Cunrad und Elisabeth von Senitz. In: Weltgeschick und Lebenszeit. Andreas Gryphius. Ein schlesischer Barockdichter aus deutscher und polnischer Sicht Düsseldorf 1993 (Schriften der Stiftung Gerhart-Hauptmann-Haus. Deutsch-Osteuropäisches Forum), 187-212.

3562. Czarnecka, Mirosława: Die „verse=schwangere" Elysie. Zum Anteil der Frauen an der literarischen Kultur Schlesiens im 17. Jahrhundert. Wrocław 1997 (Acta Universitatis Wratislaviensis 1882).

3563. Czarnecka, Mirosława: Funkcje barokowej poezji matrymonialnej w rytuale weselnym na przykładzie epitalamiów śląskiej poetki Elisabeth von Senitz

(1629–1679) [Die Funktionen der barocken Hochzeitsdichtung im Hochzeitsritus am Beispiel von Epithalamien der schlesischen Dichterin Elisabeth von Senitz (1629–1679)]. In: Hałub, Marek (Hg.): Silesia Philologica. I Kongres Germanistyki Wrocławskiej. Wrocław 2002 (Acta Universitatis Wratislaviensis 2386), 87-96.

3564. Czarnecka, Mirosława: Marianne von Bressler (1690–1728) – eine unbekannte Dichterin aus Breslau. In: Garber, Klaus (Hg.): Stadt und Literatur im deutschen Sprachraum der Fühen Neuzeit, Bd. 1. Tübingen 1998, 961-972.

3565. Czarnecka, Mirosława: Zwischen höfischer Orientierung und bürgerlicher Gesinnung. Der Barockdramatiker Daniel Casper von Lohenstein (1635–1683). In: Silesia nova 3/1 (2006) 93-97.

3566. Drechsler, Paul: Wencel Scherffer und die Sprache der Schlesier. Ein Beitrag zur Geschichte der deutschen Sprache. Breslau 1895.

3567. Eitner, Gustav (Hg.): Friedrich von Logau. Sämmtliche Sinngedichte. Stuttgart 1872 (Bibliothek des literarischen Vereins 113).

3568. Frinta, A[ntonín]: K. B. Skrbenský, slezský spisovatel XVII. stol. [K. B. Skrbensky, ein schlesischer Schriftsteller des 17. Jahrhunderts]. In: Věstník Matice opavské 25 (1919) 67-81.

3569. Grieger, Rudolf: Die „Denkwürdigkeiten aus dem Leben der Herzogin Dorothea Sibylla von Liegnitz und Brieg gebornen Markgräfin von Brandenburg" – Geschichte einer Fälschung. In: Jahrbuch für Schlesische Kirchengeschichte N.F. 71 (1992) 69-104.

3570. Hipler, Franz: Eustachius von Knobelsdorff, Domcustos von Ermland und Domdechant von Breslau. In: Pastoralblatt für die Diözese Ermland 15/9 (1883) 100-107.

3571. Hipler, Franz: Trauergedicht und Grabschrift auf den erml. Prälaten Eustachius von Knobelsdorf (1519–1571). In: Pastoralblatt für die Diözese Ermland 22/10 (1890) 115-118.

3572. Holzhey, Andreas: Dichtung und soziales Engagement. Eleonore Fürstin Reuß. In: Jahrbuch für Schlesische Kirchengeschichte N.F. 75 (1996) 85-92.

3573. Hultsch, Gerhard: Daniel Czepko von Reigersfeld (1605–1660). In: Jahrbuch für Schlesische Kirchengeschichte N.F. 39 (1960) 91-113.

3574. Igálffy-Igály, Ludwig [Ludwig Igálffy von Igály]: Des Albert Grafen von Hoditz Gedichte über Maria Theresia. In: Jahresbericht des Öffentlichen Gymnasiums der Stiftung „Theresianische Akademie" in Wien 1979/80 (1980) 84-90.

3575. Ingen, Ferdinand van: Philipp von Zesens zehnte Muse. Dorothea Eleonora von Rosenthal „Poetische Gedancken" u. „Poetischer Rosen-Wälder Vorgeschmack". Textanhang: Doroteen Eleonoren von Rosenthal, „Poetische Gedancken" und „Poetischer Wälder Vorsch". In: Ester, Hans/Gemert, Giullaume van (Hg.): Grenzgänge, Literatur und Kultur im Kontext. Für Hans Pörnbacher zum sechzigsten Geburtstag und zum Abschied von der Universität Nijmegen. Amsterdam 1990 (Amsterdamer Publikationen zur Sprache und Literatur 88), 85-110.

3576. Kiedroń, Stefan: Christian Hofmann von Hofmannswaldau und seine „niederländische Welt". Wrocław/Dresden 2007.

3577. Kiesant, Knut: Andreas Gryphius' Festspiel „Piastus" (1660). In: Pädagogische Hochschule „Karl Liebknecht", Bd. 1. Potsdam 1989, 38-47 (Deutsche Literatur im Wirkungs- und Rezeptionsfeld mittel- und osteuropäischer Literaturen).

3578. Klin, Eugeniusz: Das Singspiel „Piastus" von Andreas Gryphius: Zur Geschichte seiner Entstehung und Uraufführung. In: Beer, Samuel (Hg.): Andreas Gryphius und das Theater des Barock. Esslingen 1994 [1995], 15-22.

3579. Koch, Max (Hg.): Friedrich Baron de La Motte Fouqué und Josef Freiherr von Eichendorff. Stuttgart 1893 (Deutsche National-Litteratur 146, Abt. 2).

3580. Krabiel, Klaus Dieter: Joseph von Eichendorff. Kommentierte Studienbibliographie. Frankfurt a. Main 1971.

3581. Kucharska, Elżbieta: Anreden des Adels in der deutschen und der polnischen Briefkultur vom 17. bis Anfang des 20. Jahrhunderts. Eine vergleichende sprachwissenschaftliche Untersuchung. Mit einer Auswahlbibliographie. Neustadt/Aisch 2000.

3582. Kunisch, Dietmar: Joseph von Eichendorff, fragmentarische Autobiographie. Ein formtheoretischer Versuch. München 1985.

3583. Kunisch, Dietmar: Zum Autobiographischen bei Eichendorff. In: Aurora. Jahrbuch der Eichendorff-Gesellschaft 48 (1989) 135-149.

3584. Kunisch, Dietmar (Hg.): Autobiographische Fragmente. Text und Kommentar. Tübingen 1998 (Sämtliche Werke des Freiherrn Joseph von Eichendorff 5, 4: Erzählungen, Teil 3).

3585. Ludolf, Heidrun: Kritik und Lob am Fürstenhof. Stilunterschiede in den Epigrammen Friedrich von Logaus. Hildesheim/Zürich/New York 1991 (Germanistische Texte und Studien 39).

3586. Milch, Werner: Daniel von Czepko: Persönlichkeit und Leistung. Breslau 1934 (Einzelschriften zur schlesischen Geschichte 12).

3587. Morr, Josef: Ein literarisches Mausoleum des Troppauer Jesuitenkollegiums aus dem Jahre 1643 für den Fürsten Maximilian von Liechtenstein. In: Zeitschrift für Geschichte und Kulturgeschichte Österreichisch-Schlesiens 9 (1914) 3-28.

3588. Müller, Conrad: Beiträge zum Leben und Dichten Daniel Caspers von Lohenstein. Breslau 1892 (Germanistische Abhandlungen 1).

3589. Münch, Gotthard: Kaspar von Lohenstein und Matthias Rauchmiller. In: Jahrbuch der Schlesischen Friedrich-Wilhelms-Universität zu Breslau 11 (1966) 51-62.

3590. Myška, Milan: Albert Josef Hodic – „Gründer und Grossmeister" vídeňské zednářské lóže Aux trois canons [Albert Joseph Hoditz – „Gründer und Großmeister" der Wiener Freimaurerloge Aux trois canons]. In: Sborník prací Filozofické fakulty Ostravské univerzity. Acta Facultatis Philosophicae Universitatis Ostraviensis 202. Studia Slavica 6 (2002) 183-188.

3591. Neumann, Otto: Studien zum Leben und Werk des Lausitzer Poeten August Adolph von Haugwitz (1647–1706). Ein Beitrag zur deutschen Barockforschung. Bad Oeynhausen 1937.

3592. Noack, Lothar: Christian Hoffmann von Hoffmannswaldau (1616–1679). Leben und Werk. Tübingen 1999 (Frühe Neuzeit 51. Studien und Dokumente zur deutschen Literatur und Kultur im europäischen Kontext).

3593. Nowicki, Paweł: Liryk okolicznościowy śląskiego poety Hansa Assmanna von Abschatz „Zu Römisch-Hungarisch-Königl. Vermählung/Glückwünschendes Europa" [Ein Gelegenheitsgedicht des schlesischen Dichters Hans Assmann von Abschatz „Zu Römisch-Hungarisch-Königl. Vermählung/Glückwünschendes Europa"]. In: Hałub, Marek (Hg.): Silesia Philologica. I Kongres Germanistyki Wrocławskiej. Wrocław 2002 (Acta Universitatis Wratislaviensis 2386), 97-104.

3594. Oberle, Werner (Hg.): Der adelige Mensch in der Dichtung. Eichendorff, Gotthelf, Stifter, Fontane. Basel 1950 (Basler Studien zur deutschen Sprache und Literatur 10).

3595. Olszewska, Ewa: O białej damie z błękitnej komnaty [Über die weiße Dame aus dem blauen Gemach]. In: Olszewska, Ewa/Wiącek, Aleksander (Hg.): Legendy o Lwówku Śląskim i okolicach. Częstochowa 2000, 95-98.

3596. Olszewska, Ewa: O giermku Melchiorze i rycerskim rumaku [Über den Schildträger Melchior und das ritterliche Roß]. In: Olszewska, Ewa/Wiącek, Aleksander (Hg.): Legendy o Lwówku Śląskim i okolicach. Częstochowa 2000, 91-94.

3597. Paur, Theodor: Über den „Piastus" des Andreas Gryphius: Ein Beitrag zur Geschichte der schlesischen Poesie. In: Zeitschrift des Vereins für Geschichte und Alterthum Schlesiens 2/1 (1858) 167-181.

3598. Pietrzak, Ewa: Andreas Gryphius und die schlesischen Piasten. In: Weltgeschick und Lebenszeit. Andreas Gryphius. Ein schlesischer Barockdichter aus deutscher und polnischer Sicht. Düsseldorf 1993 (Schriften der Stiftung Gerhart-Hauptmann-Haus, Deutsch-Osteuropäisches Forum), 229-242.

3599. Pietrzak, Ewa: Ein schlesisches carmen heroicum. Wencel Scherffers von Scherffenstein „Pitschnische Schlacht" im Vergleich mit ihrer wiedergefundenen lateinischen Quelle. In: Daphnis. Zeitschrift für mittlere deutsche Literatur und Kultur der frühen Neuzeit (1400–1750) 30 (2001) 417-440.

3600. Pietrzak, Ewa: Schlesier in den deutschen Sprachgesellschaften des 17. Jahrhunderts. In: Garber, Klaus/Wismann, Heinz (Hg.): Europäische Sozietätsbewegung und demokratische Tradition. Die europäischen Akademien der Frühen Neuzeit zwischen Frührenaissance und Spätaufklärung, Bd. 2. Tübingen 1996 (Frühe Neuzeit 27), 1286-1319.

3601. Piprek, Jan: Piastowicze w poezji Scherffera von Scherffenstein [Die Piasten in der Dichtung Scherffers von Scherffenstein]. In: Germanica Wratislaviensia 1 (1957) 37-57.

3602. Piprek, Jan: Wacław Scherffer von Scherffenstein poeta śląski i polonofil XVII wieku [Wenzel Scherffer von Scherffenstein, ein polonophiler schlesischer Dichter des 17. Jahrhunderts]. Opole 1961.

3603. Rostropowicz, Joanna: Georg III. Graf von Oppersdorff, ein neulateinischer Dichter aus Oberglogau. In: Kosellek, Gerhard (Hg.): Die oberschlesische

Literaturlandschaft im 17. Jahrhundert. Bielefeld 2001 (Tagungsreihe der Stiftung Haus Oberschlesien 11), 125-134.

3604. Rostropowicz, Joanna: Kilka uwag o edukacyjnej roli łacińskiego teatru na Górnym Śląsku i twórczości dramatycznej Georga Oppersdorffa w Głogówku [Einige Bemerkungen zur Erziehungsfunktion des lateinischen Theaters in Oberschlesien und zum dramatischen Werk Georg Oppersdorffs in Oberglogau]. In: Barciak, Antoni (Hg.): Kultura edukacyjna na Górnym Śląsku. Katowice 2002, 238-247.

3605. Rotermund, Erwin: Christian Hofmann von Hofmannswaldau. Stuttgart 1963.

3606. Rusterholz, Sibylle: Rhethorica mystica: Zu Daniel Czepkos Parentatio auf die Herzogin Louise. In: Garber, Klaus (Hg.): Kulturgeschichte Schlesiens in der Frühen Neuzeit, Bd. 2. Tübingen 2005, 235-251.

3607. Schneider, Reinhold: Eichendorff. Die Sendung des christlichen Ritters. Eine Ansprache. Mit einem Anh.: Ewig ist das Rittertum: Gedichte von Joseph von Eichendorff. Aschaffenburg 1949 (Die schlesische Reihe 5).

3608. Solicki, Stanisław: Chrystian Hofmann von Hofmannswaldau a sprawy polskie [Christian Hoffmann von Hoffmannswaldau und die polnischen Angelegenheiten]. In: Śląski Kwartalnik Historyczny Sobótka 29 (1974) 485-504.

3609. Spellerberg, Gerhard: Lohensteins Beitrag zum Piasten-Mausoleum in der Liegnitzer Johannis-Kirche. In: Daphnis. Zeitschrift für mittlere deutsche Literatur und Kultur der frühen Neuzeit (1400–1750) 7 (1978) 647-687.

3610. Starnawski, Jerzy Eustachius von Knobelsdorff (1519–1571). Ein lateinischer Dichter der Renaissance. In: Daphnis. Zeitschrift für mittlere deutsche Literatur und Kultur der frühen Neuzeit (1400–1750) 23 (1994) 431-449.

3611. Stroka, Anna: Die Piasten zu Brieg in der Zeit Friedrich von Logaus. In: Althaus, Thomas/Seelbach, Sabine (Hg.): Salomo in Schlesien. Beiträge zum 400. Geburtstag Friedrich von Logaus (1605–2005). Amsterdam 1995 (Chloe. Beihefte zum Daphnis 39), 253-273.

3612. Stroka, Anna: Daß beim Bösen Gutes stünde. Friedrich von Logau (1604–1655) – sein Leben, Zeitbezug und Aktualität seiner Epigramme. In: Silesia nova 2/5 (2005) 86-91.

3613. Stroka, Anna: Piastowie w twórczości Fryderyka Logaua [Die Piasten im Werk Friedrich von Logaus]. In: Germanica Wratislaviensia. Zeszyty Naukowe Uniwersytetu Wrocławskiego im. Bolesława Bieruta, Seria A: 9, 1 (1957) 97-112.

3614. Szarota, Elida Maria: Lohensteins Arminus als Zeitroman. Sichtweisen des Spätbarock. Bern 1970.

3615. Szarota, Elida Maria: Piastowie w literaturze niemieckiej XVII wieku [Die Piasten in der deutschen Literatur des 17. Jahrhunderts]. In: Zygmunt, Jan (Hg.): Europejskie związki literatury polskiej. Warszawa 1969, 155-186.

3616. Szyrocki, Marian: Marcin Opitz na służbie u książąt piastowskich i u króla Władysława IV [Martin Opitz im Dienst der Piastenherzöge und König Wladislaws IV.]. In: Germanica Wratislaviensia. Zeszyty Naukowe Uniwersytetu Wrocławskiego im. Bolesława Bieruta, Seria A 9,1 (1957) 59-96.

3617. Trippenbach, Max: Emanuel Geibel und die Fürstin Alma Carolath. In: Zeitschrift des Vereins für Geschichte Schlesiens 72 (1938) 330-346.

3618. Wattenbach, Wilhelm: Epigramme auf den Tod des Herrn von Pein im Jahre 1705. In: Zeitschrift des Vereins für Geschichte und Alterthum Schlesiens 4 (1862) 198-203.

3619. Wegener, Carl Hanns: Hans Assmann Freiherr von Abschatz. Ein Beitrag zur Geschichte der deutschen Literatur im 17. Jahrhundert. Berlin 1910 (Forschungen zur neueren Literaturgeschichte 38).

3620. Wieckenberg, Ernst-Peter: Herrscherlob und Hofkritik bei Friedrich von Logau. In: Bircher, Martin (Hg.): Europäische Hofkultur. Hamburg 1981, 67-74.

3621. Woods, Jean M.: Dorothea von Rosenthal, Maria von Hohendorff and Martin Opitz. In: Becker-Cantarino, Barbara (Hg.): Martin Opitz. Studien zu Werk und Person. Amsterdam 1982 (Daphnis 11,3), 613-627.

3622. Żygulski, Zdzisław: „Piastus" Andrzeja Gryphiusa [„Piastus" von Andreas Gryphius]. In: Kwartalnik Neofilologiczny 2 (1955) 137-140.

5.3 Literaturwissenschaft [Neuzeit]

3623. Arndt, Margarete: Ida von Düringsfeld. Eine schlesische Dichterin des 19. Jahrhunderts. In: Jahrbuch der Schlesischen Friedrich-Wilhelms-Universität zu Breslau 24 (1983) 279-298.

3624. Bein, Werner: Poesie und Politik – Joseph Christian Freiherr von Zedlitz (1790–1862). In: Oberschlesisches Jahrbuch 6 (1990) 11-40.

3625. Bonter, Urszula: Der Populärroman in der Nachfolge von E. Marlitt: Wilhelmine Heimburg, Valeska Gräfin Bethusy-Huc, Eufemia von Adlersfeld-Ballestrem. Würzburg 2005 (Epistemata. Reihe Literaturwissenschaft 528).

3626. Bonter, Urszula: „Odkrycie" górnośląskiego robotnika w utworach Valeski von Bethusy-Huc [„Die Entdeckung" des oberschlesischen Arbeiters im Werk Valeska von Bethusy-Hucs]. In: Hałub, Marek (Hg.): Silesia Philologica. I Kongres Germanistyki Wrocławskiej. Wrocław 2002 (Acta Universitatis Wratislaviensis 2386), 140-149.

3627. Brasch, Moritz: Rudolf von Gottschall. Ein literarisches Portrait. Leipzig 1893.

3628. Burdach, Konrad: Schlesisch-böhmische Briefmuster aus der Wende des vierzehnten Jahrhunderts. Berlin 1929 (Vom Mittelalter zur Renaissance 5).

3629. Dziemianko, Leszek: Zum soziokulturellen Schlesienbild in Karl von Holteis Lebenserinnerungen. In: Białek, Edward (Hg.): Eine Provinz in der Literatur. Schlesien zwischen Wirklichkeit und Imagination. Wrocław 2003 (Orbis Linguarum, Beihefte 19), 47-68.

3630. Elster, Hanns Martin (Hg.): Strachwitz, Moritz von: Sämtliche Lieder und Balladen. Mit einem Lebensbilde des Dichters und Anmerkungen. Berlin 1912.

3631. Gottschalk, Hanns: Das schlesische Balladenbuch: von Strachwitz bis z. Gegenwart. München 1973 (Silesia 13).

3632. Haberland, Detlef: „Liebe, Wahnsinn, Einzelhaft" – Zum Roman „Geburt" Mechtilde Fürstin Lichnowskys. In: Ders. (Hg.): „Die Großstadt rauscht gespenstisch fern und nah". Literarischer Expressionismus zwischen Neisse und Berlin. Berlin 1995 (Tagungsreihe der Stiftung Haus Oberschlesien 6), 127-144.

3633. Kirchbach, Esther von: Eleonore Fürstin Reuss, die Dichterin unseres Silvesterliedes. Stuttgart 1940 (Begegnungen 3).

3634. Koppitz, Hans Joachim: Moritz Graf Strachwitz zu seinem 150. Todestage. In: Jahrbuch der Schlesischen Friedrich-Wilhelms-Universität zu Breslau 40/41 (1999/2000) 187-208.

3635. Marek, Franciszek Antoni: Polskie reminiscencje w życiu i twórczości Eichendorffa [Polnische Reminiszenzen im Leben und Werk Eichendorffs]. In: Pośpiech, Jerzy (Hg.): Joseph von Eichendorff wybitny niemiecki poeta romantyczny z ziemi raciborskiej. Gliwice 2000, 67-74.

3636. Milleker, Felix: Joseph Christian Freiherr von Zedlitz. Sein Leben und sein Dichten. Mit besonderer Berücksichtigung seines Banater Aufenthaltes in den Jahren 1817–1836. Wrschatz 1922.

3637. Moschner, Alfred: Holtei als Dramatiker. Breslau 1911 (Breslauer Beiträge zur Literaturgeschichte 28).

3638. Münch, Gotthard: Zur Familiengeschichte des Freiherrn Josef Christian von Zedlitz-Nimmersatt. In: Der Oberschlesier 22 (1940) 178-183.

3639. Nickel, Gerhard: O języku Josepha von Eichendorffa [Über die Sprache Joseph von Eichendorffs]. In: Pośpiech, Jerzy (Hg.): Joseph von Eichendorff wybitny niemiecki poeta romantyczny z ziemi raciborskiej. Gliwice 2000, 64-66.

3640. Nolte, Cornelia: Frau ohne Sprache. Zum Roman „Delaide" von Mechtilde Lichnowsky. In: Oberschlesisches Jahrbuch 3 (1987) 225-234.

3641. Oniszczuk-Awiżeń, Krystyna/Toczyńska-Rudysz, Krystyna: Karl von Holteis Beziehungen zum Glatzer Land. In: Andree, Christian u. a. (Hg.): Karl von Holtei (1798–1880). Ein schlesischer Dichter zwischen Biedermeier und Realismus. Würzburg 2005, 215-232.

3642. Pośpiech, Jerzy: Ogólna charakterystyka twórczości Józefa von Eichendorffa [Allgemeine Charakteristik des Werks Joseph von Eichendorffs]. In: Ders. (Hg.): Joseph von Eichendorff wybitny niemiecki poeta romantyczny z ziemi raciborskiej. Gliwice 2000, 11-31.

3643. Pośpiech, Jerzy: Zarys życia i twórczości Józefa von Eichendorffa [Abriß des Lebens und Werks Joseph von Eichendorffs]. In: Ders. (Hg.): Joseph von Eichendorff wybitny niemiecki poeta romantyczny z ziemi raciborskiej. Gliwice 2000, 6-10.

3644. Rottensteiner, Franz: Die gespenstische Eufemia von Adlersfeld-Ballestrem (1854–1941). In: Rzeszotnik, Jacek (Hg.): Zwischen Flucht und Herrschaft. Phantastische Frauenliteratur. Passau 2002, 233-240.

3645. Rucková, Iveta: Das Bild des Fürsten Karl Max Lichnowsky in August Scholtis' Roman „Schloß Fürstenkron". In: Brücken. Germanistisches Jahrbuch Tschechien – Slowakei 13 (2005 [2006]) 339-347.

3646. Schindler, Karl: Das Hedwigsgedicht des Erdmann Hunger (1821). In: Archiv für schlesische Kirchengeschichte 27 (1969) 247-254.
3647. Schmidt, Ludwig: Eine autobiographische Skizze Josef Christian von Zedlitz'. In: Jahrbuch der Grillparzer-Gesellschaft 18 (1908) 172-176.
3648. Sonnek, Ladislav: Německá spisovatelka Mechtilde Lichnovská [Die deutsche Schriftstellerin Mechtilde von Lichnowsky]. In: Vlastivědné listy Slezska a Severní Moravy 21/1 (1995) 30-33.
3649. Strachwitz, Maja Maria: Moritz Graf Strachwitz, Dichter zwischen Tradition und Revolution, Bd. 1. St. Michael 1982, 2. Aufl. 1992.
3650. Strachwitz, Maja Maria: Moritz Graf Strachwitz, Dichter zwischen Tradition und Revolution. Aus dem Nachlaß seiner Mutter zusammengest. und hg. v. Ralph Falkenstein, Bd. 2. Frankfurt a. Main 1999.
3651. Strobel, Jochen: Der Adel und die Revolution im Nachmärzroman. Zu Karl von Holteis „Christian Lammfell" (1852) und Gustav Freytags „Soll und Haben" (1855). In: Andree, Christian u. a. (Hg.): Karl von Holtei (1798–1880). Ein schlesischer Dichter zwischen Biedermeier und Realismus. Würzburg 2005, 161-176.
3652. Szewczyk, Grażyna: Motywy polskie w opowiadaniach górnośląskiej pisarki Valeski Bethusy-Huc [Polnische Motive in den Erzählungen der oberschlesischen Schriftstellerin Valeska von Bethusy-Huc]. In: Malicki, Jan/Heska-Kwaśniewicz, Krystyna (Hg.): Śląskie miscellanea. Literatura – folklor, Bd. 4. Warszawa 1992 (Prace Komisji Historycznoliterackiej. Polska Akademia Nauk. Oddział w Katowicach 12), 41-47.
3653. Voigt, Felix: Gottlob Adolf Ernst von Nostitz und Jänckendorf (Arthur von Nordstern) als Dichter. In: Neues Lausitzisches Magazin 105 (1928) 61-75.
3654. Wolny, Reinhold: Rainer Maria Rilkes Briefe an Mechtilde Lichnowsky. In: Sudetenland. Vierteljahresschrift für Kunst, Literatur und Volkstum 45/4 (2003) 401-413.

5.4 Volkskunde, Ethnologie

3655. [Anonym]: Barbara z zamku Czocha [Barbara von der Burg Tzschocha]. In: Janczak, Julian (Hg.): Legendy zamków śląskich. Wrocław 1995, 27-29.
3656. [Anonym]: Mysi skarb [Der Mäuseschatz]. In: Janczak, Julian (Hg.): Legendy zamków śląskich. Wrocław 1995, 5-7.
3657. [Anonym]: Zbójnickie gniazdo [Das Räubernest]. In: Janczak, Julian (Hg.): Legendy zamków śląskich. Wrocław 1995, 45-49.
3658. [Anonym]: Zemsta Agnieszki [Die Rache der Agnes]. In: Janczak, Julian (Hg.): Legendy zamków śląskich. Wrocław 1995, 8-9.
3659. Gerber, Michael Rüdiger: Die Schlesische Gesellschaft für Vaterländische Cultur (1803–1945). Sigmaringen 1988 (Beihefte zum Jahrbuch der Schlesischen Friedrich-Wilhelms-Universität zu Breslau 9).
3660. Goliński, Mateusz: Renesansowa zbrojownia zamkowa na podstawie kolekcji broni książąt brzesko-legnickich [Die Waffenkammer eines Renaissanceschlos-

ses auf der Grundlage der Waffensammlung der Herzöge von Liegnitz-Brieg].
In: Wachowski, Krzysztof (Hg.): Kultura średniowiecznego Śląska i Czech.
Zamek. Wrocław 1996, 61-66.

3661. Klapper, Joseph: Die Tatarensage der Schlesier. In: Mitteilungen der Schlesischen Gesellschaft für Volkskunde 31/32 (1931) 160-169.

3662. Kühnau, Richard: Mittelschlesische Sagen geschichtlicher Art. Breslau 1929.

3663. Mańczyk-Krygiel, Monika: Motyw Liczyrzepy w wybranych utworach Rudolfa von Gottschall [Das Rübezahl-Motiv in ausgewählten Werken Rudolf von Gottschalls]. In: Hałub, Marek (Hg.): Silesia Philologica. I Kongres Germanistyki Wrocławskiej. Wrocław 2002 (Acta Universitatis Wratislaviensis 2386), 129-139.

3664. Radler, Leonhard: Wappensagen Schweidnitzer Adelsfamilien. In: Tägliche Rundschau 82/3 (1964) 1-3.

3665. Smolińska, Teresa: Tradycja ludowa dotycząca miasta Opola [Die Volkstradition der Stadt Oppeln]. In: Studia Śląskie. Seria nowa 28 (1975) 331-349.

3666. Solicki, Stanisław: Geneza legendy tatarskiej na Śląsku [Die Entstehung der Mongolenlegende in Schlesien]. In: Korta, Wacław (Hg.): Bitwa legnicka. Historia tradycja. Wrocław/Warszawa 1994 (Śląskie Sympozja Historyczne 2), 125-149.

3667. Ziegler, H. von: Vergangenheit. Zur Geschichte der Grafen von Schaffgotsch. Schlesische Sage. In: Deutsches Adelsblatt. Zeitschrift der Deutschen Adelsgenossenschaft für die Aufgaben des christlichen Adels 5/6 (1887) 109-110.

5.5 Musikgeschichte [Allgemein-Frühe Neuzeit]

3668. [Anonym]: Musikkultur in Schlesien zur Zeit von Telemann und Dittersdorf. Berichte der musikwisssenschaftlichen Konferenzen in Pszczyna/Pless und Opava/Troppau 1993. [Sinzig] 2001 (Edition IME, Reihe I: Schriften 5).

3669. Čeleda, Jaroslav: Lud. van Beethoven a slezský Hradec [Ludwig van Beethoven und das schlesische Grätz]. In: Věstník Matice opavské 22 (1914) 46-58.

3670. Freemanová, Michael: Heinrich Wilhelm Haugwitz, „Übersetzer der Iphigenia in aulis". In: Hudební věda 40 (2003) 361-370.

3671. Gregor, Vladimír: Zámecká kapela ve Slezských Rudolticích v 2. polovině 18. století [Die Schloßmusik in Roßwald in der zweiten Hälfte des 18. Jahrhunderts]. In: Slezský sborník 54 (1956) 402-406.

3672. Jůzová, Markéta: Problematischer Hintergrund der Repetoirewurzeln der Kapelle von Náměšť des Grafen Heinrich Wilhelm von Haugwitz im Wiener Musikleben 1780–1810. In: Macek, Petr (Hg.): Das internationale musikwissenschaftliche Kolloquium „Wenn es nicht Österreich gegeben hätte ...", 30.9.–2.10.1996. Brno 1997, 235-239.

3673. Kouřil, Petr: Dittersdorf als Amtshauptmann und Forstmeister in Freiwaldau. In: Tarliński, Piotr/Unverricht, Hubert (Hg.): Carl Ditters von Dittersdorf. Z życia i twórczości muzycznej/Carl Ditters von Dittersdorf. Beiträge zu seinem Leben und Werk. Opole 2000 (Sympozja. Uniwersytet Opolski. Wydział Teologiczny 40), 21-29.

3674. Polka, Pavel: Jindřich Vilém hrabě Haugwitz (1770–1842) a jeho vztah k dílu hudebního skladatele Georga Friedricha [Heinrich Wilhelm Graf von Haugwitz (1770–1842) und seine Beziehung zum Werk des Komponisten Georg Friedrich Händel]. Praha 1999.

3675. Ratte, Franz Josef: Die musikalischen Werke des Matthäus Apelles von Löwenstern. In: Kosellek, Gerhard (Hg.): Die oberschlesische Literaturlandschaft im 17. Jahrhundert. Bielefeld 2001 (Tagungsreihe der Stiftung Haus Oberschlesien 11), 357-387.

3676. Racek, Jan: Z hudební minulosti zámku Hradce u Opavy. Příspěvek k hudebním dějinám Slezska [Aus der Musikvergangenheit des Schlosses Grätz. Ein Beitrag zur Musikgeschichte Schlesiens]. In: Časopis Slezského muzea. Acta Musei Silesiae, Series B. Vědy historické 22 (1973) 1-21.

3677. Reimann, Heinrich: Beethoven und Graf Oppersdorf. Ein Beitrag zur Geschichte der c-Moll-Symphonie (1879 und 1888). In: Musikalische Rückblicke 1 (1900) 111-115.

3678. Štědroň, Miloš: Die Harfenkompositionen des Karl Wilhelm Haugwitz. (Zur Typologie der Schloß-Salonmusik einer Subkultur). In: Sborník prací Filosofické fakulty Brněnské university 22. Řada hudebněvědná H 8 (1973) 81-93.

3679. Steinitz, Hugo: Ueber das Leben und die Compositionen des Matthaeus Apelles von Löwenstern. Breslau 1892.

3680. Unverricht, Hubert: Der Musikbestand der Liegnitzer Bibliotheca Rudolphina (Rudolfina) [Literaturbericht]. In: Zeitschrift für Ostmitteleuropa-Forschung 44 (1995) 92-96.

3681. Unverricht, Hubert (Hg.): Carl Ditters von Dittersdorf. Leben, Umwelt, Werk. Tutzing 1997 (Eichstätter Abhandlungen zur Musikwissenschaft 11).

3682. Unverricht, Hubert/Bein, Werner: Carl Ditters von Dittersdorf (1739–1799), Bd. 1: Mozarts Rivale in der Oper. Würzburg 1989.

3683. Unverricht, Hubert/Landmann, Ortrun (Hg.): Carl Ditters von Dittersdorf (1739–1799), Bd. 2: Der schlesische Opernkomponist. Würzburg 1991.

3684. Unverricht, Hubert (Hg.): Carl Ditters von Dittersdorf (1739–1799), Bd. 3: Sein Wirken in Österreichisch-Schlesien und seine letzten Jahre in Böhmen. Würzburg 1993.

3685. Walter, Rudolf: Musikalische Komposititionen zur Verehrung der heiligen Hedwig aus Schlesien. In: Grunewald, Eckhard/Gussone, Nikolaus (Hg.): Das Bild der heiligen Hedwig in Mittelalter und Neuzeit. München 1996, 195-223.

3686. Wilhelmi, Thomas: Der oberschlesische Dichter Matthias Apelles von Löwenstern und das schlesische Kirchenlied. In: Oberschlesisches Jahrbuch 16/17 (2000/01) 193-203.

5.5 Musikgeschichte [Neuzeit]

3687. Dvořáková, Jana/Štědroň, Miloš: Beethoven nebo Haugwitz? [Beethoven oder Haugwitz?]. In: Opus musicum 21 (1989) 229-238.

3688. Haugwitzové a hudba. Sborník přednášek z muzikologického sympózia konaného na zámku Náměšti nad Oslavou dne 22. září 2002 v rámci projektu „Vivat musica" u příležitosti výročí 250 let od zakoupení panství hraběcím rodem Haugwitzů [Die Haugwitz und die Musik. Sammelband der Vorträge des musikwissenschaftlichen Symposiums, das am 22. September 2002 auf Schloß Namiest an der Oslawa im Rahmen des Projekts „Vivat musica" anläßlich des Gedenktages zum 250. Jahrestag des Erwerbs der Herrschaft durch das Grafengeschlecht der Haugwitz stattgefunden hat]. Náměšť nad Oslavou 2003.

3689. Jůzová, Markéta: K repertoáru náměšťské kapely hraběte Haugwitze [Zum Repertoire der Namiester Kapelle der Grafen Haugwitz]. In: Opus musicum 30 (1998) 27-32.

3690. Kalusová, Jana/Kolářová, Eva: Ferenc Liszt a Hradec nad Moravicí [Franz Liszt und Grätz]. In: Vlastivědné listy Severomoravského kraje 14/2 (1988) 25-28.

3691. Sehnal, Jiří: Divadlo hraběte Haugvice v Náměšti nad Oslavou a jeho počátky [Das Theater des Grafen Haugwitz in Namiest an der Oslawa und seine Anfänge]. In: Opus musicum 32/3 (2000) 23-29.

3692. Štědroň, Miloš: Klavírní tvorba C. W. Haugwitze. (Několik poznámek ke vztahu artificiální a nonartificiální hudby ve 30.–70. letech 19. století) [Das Klavierschaffen von C. W. Haugwitz. (Einige Bemerkungen zum Verhältnis der artifiziellen und nonartifiziellen Musik in den dreißiger bis siebziger Jahren des 19. Jahrhunderts)]. In: Opus musicum 23 (1991) 102-107.

3693. Wolny, Reinhold: Franz Liszt und Felix Lichnowsky – eine legendäre Freundschaft. In: Sudetenland. Vierteljahresschrift für Kunst, Literatur und Volkstum 1 (1987) 42-47.

Teil D

Verzeichnisse

Register

Personen

(die kursiv gesetzten Zahlen beziehen sich auf die fortlaufenden Nummern in der Auswahlbibliographie, die normal gesetzten auf die Seitenzahlen)

Abmeier, Hans-Ludwig *1471*
Absmeier, Christine *2147*
Acerenza Pignatelli, Johanna Katharina Fstn., geb. von Kurland-Sagan 183, 186
Acheln, Tiburtius von *574f.*
Achterberg, Erich *1743*
Adalbert, Prinz von Preußen 455f.
Adam Wenzel, Hzg. von Teschen 295
Adamska[-Heś], Dagmara *1520-1523, 1902f., 2238, 3140f.*
Adamski, Roman *486*
Adlersfeld-Ballestrem, Eufemia von *674*
Adriányi, Gabriel *1928*
Aehrenthal, Familie 319
Agnes (Betz), Prinzessin von Sagan 443
Agnes, Hzgn. von Schweidnitz-Jauer 48
Ahlfeld, Friedrich *2486*
Albert, Familie 165
Albert, Franz *2525*
Albrecht, Hzg. von Sachsen 443
Albrecht Achilles, Kfst. von Brandenburg 411
Allert, Zacharias 288
Almesloe, Familie 208, 334
Almesloe, Justus (genannt Tappe) von 305
Althann, Familie 147, 165, 265f.
Althann, Ferdinand Michael von 266
Alvensleben, Familie 228
Alvensleben, Udo von 155; *2339*
Anděl, Rudolf *1704*
Anders, Gerhard H. *1066*
Anders, Stefan *132*
Andreae, Friedrich 240f.; *149-151, 255, 405f., 487, 1019, 2526*

Andrzejewski, Tomasz 190; *3285*
Anhalt-Köthen, Familie 73, 108
Anna, Hzgn. von Liegnitz, geb. Hzgn. von Württemberg 306
Anna, Hzgn. von Teschen, geb. Markgfn. von Brandenburg-Ansbach 17f., 338
Anna Maria von Anhalt 305
Anna Sophia, Hzgn. von Münsterberg und Oels 328
Anna von Glogau 294
Anna von Schweidnitz-Jauer 48
Antczak, Jacek *2231*
Antoniewicz, Marceli *1904, 2736*
Appelt, Heinrich *307-311*
Araszczuk, Stanisław *1929*
Arco, Familie 397, 401
Arco, Heinrich d' 397
Arndt, Holger Rüdiger *2340-2344*
Arndt, Jörg *2344*
Arndt, Margarete *3623*
Arnim, Familie 228, 235
Arnold, Ignaz Theodor Ferdinand Cajetan *271f., 2870*
Asmuth, Bernhard *3553*
Asseburg, Familie 228
Aubin, Hermann 33, 98; *1212*
Auersperg, Familie 71, 314, 324, 330, 343, 357f.
Auersperg, Ferdinand 330
Auersperg, Franz Karl 330
Auersperg, Johann Weikhard 324, 330
Auersperg, Josef Joachim von 358
August, Kfst. von Sachsen 171, 442
August der Jüngere, Hzg. von Braunschweig-Lüneburg 423
Augustynowicz, Christoph *1109*
Aulock, Hubertus von 88
Axleben, Leonhard von 229

Bachstein, Familie 218
Baer, Oswald *2501, 2871*
Bahlcke, Joachim 135, 371, 454; *153f., 214, 1022, 1094, 1164-1166, 1398, 1905, 1997, 2148f., 3064*

Orte mit Ortsnamenkonkordanz

Autorinnen und Autoren dieses Bandes

Joachim Bahlcke, Prof. Dr., Universität Stuttgart, Historisches Institut, Lehrstuhl für Geschichte der Frühen Neuzeit, Keplerstraße 17, D-70174 Stuttgart

Adam Baniecki, M.A., Archiwum Państwowe we Wrocławiu Oddział w Lubaniu, ul. Bankowa 6, PL-59-800 Lubań Śląski

Milena Běličová, PhDr., Archiv Národního muzea, Na Zátorách 6, CZ-17000 Praha 7

Martin Čapský, Mgr., Ph.D., Ústav historických věd, FPF Slezské univerzity v Opavě, Masarykova ulice 37, CZ-74601 Opava

Soňa Černocká, Mgr., Roudnická lobkovická knihovna, Zámek Nelahozeves, CZ-27751 Nelahozeves

Tomáš Černušák, Mgr., Ph.D., Moravský zemský archiv v Brně, Palachovo náměstí 1, CZ-62500 Brno

Simon Donig, M.A., Universität Passau, Lehrstuhl für Neuere und Neueste Geschichte Osteuropas und seiner Kulturen, Innstraße 25, D-94032 Passau

Agata Duda-Koza, Dr., Biblioteka Śląska, pl. Rady Europy 1, PL-40-021 Katowice

Tadeusz Dzwonkowski, Dr., Archiwum Państwowe w Zielonej Górze z siedzibą w Starym Kisielinie, ul. Pionierów Lubuskich 53, PL-66-002 Stary Kisielin

Albrecht Ernst, Dr., Landesarchiv Baden-Württemberg, Hauptstaatsarchiv Stuttgart, Konrad-Adenauer-Straße 4, D-70173 Stuttgart

Roland Gehrke, Priv.-Doz. Dr., Universität Stuttgart, Historisches Institut, Keplerstraße 17, D-70174 Stuttgart

Dorothee M. Goeze, M.A., Herder-Institut Marburg, Dokumentesammlung, Gisonenweg 5-7, D-35037 Marburg

Wacław Gojniczek, Dr., Uniwersytet Śląski, Instytut Historii, Zakład Archiwistyki i Historii Śląska, ul. Bankowa 11, PL-40-007 Katowice

Bartosz Grygorcewicz, M.A., Archiwum Państwowe we Wrocławiu Oddział w Kamieńcu Ząbkowickim, pl. Kościelny 4, PL-57-230 Kamieniec Ząbkowicki

Jan Kahuda, Mgr., Národní archiv, Archivní 4, CZ-14901 Praha 4

Jerzy Kaliszuk, Dr., Uniwersytet Warszawski, Instytut Informacji Naukowej i Studiów Bibliologicznych, ul. Nowy Świat 69, PL-00-927 Warszawa

Petr Kopička, Mgr., Státní oblastní archiv v Litoměřicích – pracoviště Žitenice, Zámek 1, CZ-41141 Žitenice

Susann Krüger, M.A., Staatliche Kunstsammlungen Dresden (SKD), Skulpturensammlung, Güntzstraße 34, D-01307 Dresden

Jiří Kubeš, Mgr., Ph.D., Katedra historických věd Fakulty filozofické Univerzity Pardubice, Studentská 84, CZ-53210 Pardubice

Zuzana Kulová, Mgr., Oddělení rukopisů a starých tisků, Národní knihovna ČR, Klementinum 190, CZ-11000 Praha 1

Edyta Łaborewicz, M.A., Archiwum Państwowe we Wrocławiu Oddział w Legnicy, ul. Piłsudskiego 1, PL-59-220 Legnica

Ivo Łaborewicz, M.A., Archiwum Państwowe we Wrocławiu Oddział w Jeleniej Górze, ul. płk. Wacława Kazimierskiego 3, PL-58-500 Jelenia Góra

Karen Lambrecht, Dr., Universität St. Gallen, Kulturwissenschaftliche Abteilung, Gatterstrasse 1, CH-9010 St. Gallen

Marie Marešová, Mgr., Státní oblastní archiv v Plzni, pracoviště Klášter (5. oddělení), Klášter 101, CZ-33501 Nepomuk

Barbara Maresz, Dr., Biblioteka Śląska, pl. Rady Europy 1, PL-40-021 Katowice

Petr Maťa, Ph.D., Universität Wien, Institut für Österreichische Geschichtsforschung, Dr. Karl Lueger-Ring 1, A-1010 Wien

Wojciech Mrozowicz, Dr., Uniwersytet Wrocławski, Instytut Historyczny, Zakład Historii Polski i Powszechnej do XV w., ul. Szewska 49, PL-50-139 Wrocław

Henryk Niestrój, Dr., Archiwum Państwowe w Opolu, ul. Zamkowa 2, PL-45-018 Opole

Ivo Nußbicker M.A., Universität Stuttgart, Historisches Institut, Keplerstraße 17, D-70174 Stuttgart

Krystyna Oniszczuk-Awiżeń, Dr., Muzeum Ziemi Kłodzkiej, ul. Łukasiewicza 4, PL-57-300 Kłodzko

Krzysztof Pawlik, M.A., Muzeum w Nysie, ul. Biskupa Jarosława 11,
PL-48-300 Nysa

Marian Ptak, Prof. Dr. hab., Uniwersytet Wrocławski, Instytut Historii Państwa
i Prawa, ul. Kuźnicza 46/47, PL-50-138 Wrocław

Stanisław Rosik, Dr., Uniwersytet Wrocławski, Instytut Historyczny, Zakład
Historii Polski i Powszechnej do XV w., ul. Szewska 49, PL-50-139 Wrocław

Ulrich Schmilewski, Dr., Stiftung Kulturwerk Schlesien, Kardinal-Döpfner-Platz 1,
D-97070 Würzburg

Alexander Schunka, Prof. Dr., Forschungszentrum Gotha der Universität Erfurt,
Postfach 100561, D-99855 Gotha

Helena Sedláčková, PhDr., Národní archiv, Milady Horákové 133,
CZ-16000 Praha 6

Rafael Sendek M.A., Universität Stuttgart, Historisches Institut, Keplerstraße 17,
D-70174 Stuttgart

Richard Šípek, PhDr., Knihovna Národního muzea, Oddělení rukopisů a starých
tisků, Václavské náměstí 68, CZ-11579 Praha 1

Aleš Stejskal, PhDr., PaedDr., Ph.D., Státní oblastní archiv v Třeboni, pracoviště
Český Krumlov, Zámek 59, CZ-38111 Český Krumlov

Krzysztof Szelong, M.A., Książnica Cieszyńska, ul. Mennicza 46,
PL-43-400 Cieszyn

Peter Wörster, Dr., Herder-Institut Marburg, Dokumentesammlung, Gisonenweg 5-7,
D-35037 Marburg

Witold Wojciechowski, M.A., Biblioteka Śląska, pl. Rady Europy 1,
PL-40-021 Katowice

Jürgen Rainer Wolf, Dr., Sächsisches Staatsarchiv, Wilhelm-Buck-Straße 4,
D-01097 Dresden

Rościsław Żerelik, Prof. Dr. hab., Uniwersytet Wrocławski, Instytut Historyczny,
Zakład Nauk Pomocniczych Historii, ul. Szewska 49, PL-50-139 Wrocław

Bei Fragen zur Produktsicherheit wenden Sie sich bitte an:
If you have any questions regarding product safety,
please contact:

Walter de Gruyter GmbH
Genthiner Straße 13
10785 Berlin
productsafety@degruyterbrill.com